ISBN 978-0-483-11925-3

PIBN 10705103

L'AMI

DE LA RELIGION,

JOURNAL ECCLÉSIASTIQUE,

POLITIQUE ET LITTÉRAIRE.

Videte ne quis vos decipiat per philosophiam
et inanem fallaciam. COLOSS. II, 8.
Prenez garde qu'on ne vous séduise par les faux
raisonnemens d'une vaine philosophie.
ANNALES CATHOLIQUES.

TOME CENT VINGT-SIXIÈME.

PARIS.
LIBRAIRIE D'ADRIEN LE CLERE ET Cⁱᵉ,
RUE CASSETTE, 29, PRÈS SAINT-SULPICE.
—
1845.

TABLE

L" TOME CENT VINGT-SIXIÈME.

Missions de la Californie espagnole, 1

Histoire de la société domestique, etc., par M. l'abbé Gaume, 3

Discussion avec la *Gazette de France* sur l'ultramontanisme et le suffrage universel, 6, 26, 48, 69

Distribution de prix, 10, 3o8, 371, 392, 397, 408, 486, 510, 546, 551

Cérémonies diverses, 11, 32, 52, 53, 71, 86, 110, 127, 130, 131, 142, 145, 189, 209, 231, 232, 248, 251, 270, 290, 329, 350, 368, 391, 468, 513, 526, 530, 570, 572, 609, 610, 629, 632, 637, 652, 653, 670, 692, 693, 705, 707, 714, 750, 767, 768, 784, 785

Affaires de la religion en Norwège, 12, 232, 332, 449, 471, 488, 514, 652

Sur les nouvelles sectes religieuses d'Allemagne, 12, 13, 52, 171, 231, 232, 291, 292, 309, 331, 348, 409, 427, 430, 451, 531, 553, 572, 589, 590, 612, 630, 671, 710, 769, 786

Abjurations, conversions, baptêmes, 13, 30, 145, 188, 231, 330, 370, 448, 485, 606, 709, 711, 731, 766

Affaires de la religion en Prusse, 13, 53, 111, 112, 190, 267, 268, 291, 309, 333, 410, 431, 631, 691, 749, 769

Du conflit entre les ouvriers charpentiers et les entrepreneurs, 14, 147, 293, 490, 518

Evénemens politiques en Espagne, 15, 37, 130, 150, 198, 219, 239, 298, 318, 334, 339, 498, 518, 578, 659, 696

Troubles du Liban, 18, 33, 38, 90, 147, 151, 173, 192, 310, 634,

Histoire religieuse, politique et littéraire de la Compagnie de Jésus, etc., par J. Crétineau-Joly, 21

Erreur de l'*Univers* au sujet des attributions de la congrégation des affaires ecclésiastiques extraordinaires, 25, 47, 106

Adhésions à la condamnation du *Bien-Social*, 28, 87, 142, 208, 467

Restauration de Notre-Dame, 29, 121

Affaires de la religion en Suisse, 32, 91, 113, 233, 334, 367, 432, 450, 532, 573, 624, 652, 672, 753

Du nouveau drapeau qu'on élève sous le nom de parti catholique, 33

Orages, incendies, catastrophes, 36, 56, 137, 215, 254, 317, 318, 335, 355, 437, 452, 453, 468, 476, 499, 578, 718

Motifs et résultats de la propagande protestante, 41

Visites pastorales, 50, 108, 372, 469, 610

Arrivée d'évêques dans leur diocèse, 50, 381

Procès intéressant la religion, 50, 51, 264

Révocation des édits contre l'exercice de la religion chrétienne en Chine, 54, 271, 311, 372

Caractères de l'époque actuelle, 54

Histoire de saint Jérôme, etc., par F. Z. Collombet, 61

Résultat des négociations de M. Rossi à Rome, 65, 87, 91, 141, 152, 227, 228, 368

Lettre de M. le cardinal-évêque d'Arras, au sujet des tendances et des doctrines du *Courrier des Campagnes*, 69

Recettes de l'association pour la Propagation de la Foi, 70

Lettre de M. de Metternich au chargé d'affaires d'Autriche en Suisse, au sujet de la victoire remportée par Lucerne, 74

Le clergé catholique durant les grandes calamités, 81

Etat de la religion dans le vicariat apostolique de la Sonde et de Port-Essington, 88

Election d'un abbé au monastère de Bellefontaine, 89

Des sectes se disant germano-catholiques, de leurs dissidences et de leur prosélytisme, 101, 161

Séance de la congrégation des Rits, 106

Propagande protestante, 107, 109

Réception de M. l'évêque de Nantes à Machecoul et à Saint-Même, 108

Mort des abbés : Duflot, 109; Dubois, 109 et 328; le P. Ch. Bretonnière, 131; Guamilh, 350; Dumaine, 371; Van Zeeland, 391; André, 470; d'Espinassoux, 483; Petitier, 550; Drujlhet, 589; de Lapeyrière, 669; Villemagne, 691; Ungarelli, 705; Duval, 785

Conseils donnés au clergé de l'Allemagne par le prince Alexandre de Hohenlohe, évêque de Sardique, 110

Véritable situation de notre conquête d'Afrique, 113, 335

Insulte faite à M. Alley de Ciprey, ministre de France à Mexico, 115, 375

Nominations de pairs de France, 115, 405

Travaux de la diète Suisse, 119, 249, 367, 380, 409

Sur un trait de barbarie rapporté par un journal d'Alger, 120, 135, 149, 170, 214, 434

Discussion en Collége de France, 128, 172, 188

Bill des colléges d'Irlande, 132, 251, 750

Réponse du ministère de Hollande à une interpellation sur la situation des évêques jansénistes, 133

Sur la discussion du projet de loi relatif aux chemins de fer de Paris à Lyon et de Lyon à Avignon, 133

Traité avec le Maroc, 135, 475, 551

Interpellations de M. le marquis de Boissy, relativement aux Jésuites, 141, 152

Retraites ecclésiastiques, 142, 209, 248, 447, 521, 529, 551, 632, 650, 652, 728, 749, 783

Circulaire de M. l'évêque de Marseille pour ordonner des quêtes à l'effet de subvenir aux frais du procès de béatification de Benoît-Joseph Labre, 143

Affaires de la religion en Angleterre, 145, 211, 232, 251, 270, 351, 391, 590, 709, 731

Affaires de la religion en Espagne, 146, 211, 251, 450, 415, 449, 486, 567, 573, 611, 671, 786

Examen de conscience pour les prêtres qui font leur retraite, etc., 160

Sur la nécessité de donner à nos soldats les moyens de remplir leurs devoirs de religion, 164

Cours d'histoire ecclésiastique de M. l'abbé Blanc, 168, 179

Beaux traits de charité, 169, 249, 296

Appel à la charité en faveur de la paroisse de Saumane, 170

Prédications, retraites, 171, 308, 330, 469, 471, 730

Manifestes electoraux, 172, 312, 352

Lettre sur le journalisme religieux, et discussion à ce sujet, 181, 206, 269, 306

Intolérance et abjection de l'Eglise grecque orthodoxe, 186, 289, 426

Lettre de M. l'évêque de Langres à un catholique, 201

Voyage de M. le comte et de madame la comtesse de Molina, 209, 257, 316, 698, 755

Coup d'œil sur la situation des pays voisins de la France, 212

Incendie de Smyrne, 215, 254, 294

Rixe entre des compagnons de divers devoirs, 218, 238

Sur une réclamation de M. l'abbé Rohrbacher, au sujet de son Histoire universelle de l'Eglise catholique, 221, 241, 501, 561

Le communisme en Suisse, 233, 261

Assassinat de M. Leu d'Ebersol, 235, 259, 279, 309, 34, 340, 354, 357, 432

Mort de MM. Manners-Sutton, 239; d'Esclaibes, 376; Grey, 438; Royer-Collard, 619; Davis, 739, 759

Circulaire et ordonnance de M. l'évêque de Carcassonne au sujet de la liturgie, 246

Discours de MM. l'archevêque de Bourges et l'évêque de Tulle à M. le duc de Nemours, et réponse du prince, 247, 370

Colonie belge de Guatemala, 249

Les habitans des îles Wallis, 250

La statue du duc d'Orléans et la fontaine de Notre-Dame, 252

Notice sur Mgr Soyer, 266, 321

Tendances du protestantisme à emprunter les institutions catholiques, 267

L'église Saint-Martin de Tours, 269

Sur la célébration des anniversaires de juillet, 271

Association du Rappel, 273, 278, 439, 479, 597

Histoire des sciences de l'organisation et de leurs progrès, par MM. de Blainville et Maupied, 2 1

L'empereur et le pape, suivant le Siècle, 288

Du travail des enfans dans les manufactures, 293

Société des Missions britanniques, ses entreprises dans la Nouvelle-Zélande, 301

Lettre pastorale pour prise de possession, 307

Missionnaires protestans en Syrie, 310

OEuvre de la Sainte-Enfance, 316

Sur le Juif-Errant, 328, 387, 507

Bénédiction d'églises et de chapelles, 329, 370, 512, 692, 785

Intolérance du gouvernement russe, 331, 389, 534, 633, 766

Du rapport de M. le garde des sceaux sur les travaux du conseil d'État, etc., 341

Introduction philosophique à l'étude du christianisme, par M. l'Archevêque de Paris, 345

Sur les patriarches de Constantinople, 349, 405

Prosodie latine; par M. Prompsault, 359

Histoire du concile de Trente, par le P. Pallavicini, 361

Document curieux relatif aux événemens de 1830, 373

Prorogation du parlement anglais, 374

Agitation politique en Suisse, 374

Réaction contre les tentatives de schisme en Allemagne, 381, 429, 766

Exemple mémorable des aberrations de notre siècle, etc., par Mgr d'Astros, 388

Circulaire de M. Borély, procureur-général près la cour royale d'Aix, au sujet du colportage des mauvais livres, 390

Voyage de la reine d'Angleterre, 399, 418, 437, 454, 499, 539, 579, 615, 632, 634, 655

Histoire générale de l'Eglise, par J. Alzog, etc., 401

Lettre de Silvio Pellico, 407
De la loi relative à la démonétisation, 411
Mort du prétendu duc de Normandie, 416
Clavier-transpositeur pour l'orgue et le piano, 420, 680
Lettre et notice sur Mgr Mac'Donnell, 421
Procession du vœu de saint Louis, 428, 448
Revenus des évêchés anglais, 430
Erection de statues, 433, 794
Troubles à Leipsick, 438, 450, 455, 471, 500, 736, 769, 791
Visite pastorale de Mgr Jauffret dans le diocèse de Lyon en 1804, 441, 461
Situation des affaires religieuses au royaume de Wurtemberg, 446, 581, 601
Le patronage de l'Eglise et les prêtres du peuple, 456
Situation religieuse de la Gallicie autrichienne, 464
Le guide de l'enfant chrétien, par G. M. de Villers, 480
Changement de liturgie dans le diocèse de Gap, 481
Nomination et sacre d'évêques, 485, 727
La religion dans l'Inde, 489, 591
Lettre du Solitaire au sujet de diatribes contenues dans le Courrier des Campagnes, 510
Inauguration du monument de M. Frayssinous, 511, 552
Singulière décision de pasteurs presbytériens, 514
Le Constitutionnel et sa bonne, 514
Détails historiques sur la Sorbonne, 526
Nouveau Rituel de Nevers, 528
La Réforme contre la Reforme, traduit de Hœninghaus, 541
Lettre de M. de Montalembert à M. l'abbé Chevray, au sujet de son Histoire de saint Pierre II, 571
Lettre sur le clergé des colonies, 586
Congrès scientifique, 594, 667, 689
De la race Kabyle, 599
Sur une mesure prise par M. de Salvandy au sujet de M Merruau, 606
Sur Mgr Hiliani, archevêque de Damas, 608
Translation des reliques de saint Alphonse de Liguori, 612
De l'influence du clergé et des royalistes sur les classes ouvrières, 614
Nouveau manuel de l'architecte des monumens religieux, par J. P. Schmit, 621
Il y a trop de prêtres en France, 626

Eloge de M. le cardinal-évêque d'Arras, par le conseil-général du Pas-de-Calais, 628
Entretiens du Prêtre avec Jésus-Christ. — Memorial du Clergé, par M. l'évêque de Belley, 641, 661
De l'œuvre des Apprentis, 645
De l'instruction primaire, 648
Jubilé épiscopal semi-séculaire de Mgr Gaspard-Maximilien Droste de Vischering, 651, 732
Valeur et sincérité des actes des hommes politiques, 654
Instruction et ordonnance de M. l'évêque du Mans, touchant les reliques de la vraie croix et des saints, 665
Votes hostiles à la religion émis par le conseil-général de la Vendée, 666
De la destruction des ordres religieux en France au XVIIIe siècle, par M. Prat, 681, 701, 721
Consistoire, 688, 727
Reliques de saint Eutrope, 690, 748
Circulaire du gouvernement de Lucerne à l'occasion de la fête annuelle d'actions de graces, 692
Sur l'ordonnance qui institue une commission pour régler le chant et les compositions musicales dans les écoles normales et primaires, 705
Déclaration de M. l'abbé P. Matalène, 707
Curieuses révélations sur les sociétés secrètes de la Suisse, 712
Mort de Mgr Louis Nevi, 728
M. de Lamartine et la question de la liberté d'enseignement, 733
Ouverture des Etats de Saxe, 736
Etablissement d'une caisse de retraite pour les prêtres agés ou infirmes dans le diocèse de Viviers, 741
Lettre de M. le contre-amiral Cécille au roi de la Cochinchine pour obtenir la liberté de Mgr Lefèvre, 747
Réflexions a l'occasion des nouvelles élections de députés, 751, 753
Congrès catholique à Zug, 772
Situation de l'Eglise catholique en Danemarck, 761
De l'impartialité de l'opposition, 771
Expédition de Tamatave, 772
Rescrit du ministère prussien qui supprime l'association des Amis des Lumières, 774
Mort de Mgr de San Blas, 785
Discorde dans le parti révolutionnaire, 788

FIN DE LA TABLE DU CENT VINGT-SIXIÈME VOLUME.

L'AMI DE LA RELIGION.

MISSIONS CATHOLIQUES DE LA CALIFORNIE ESPAGNOLE.

———

Un voyageur distingué, M. Duflot de Mofras, a publié un ouvrage intéressant sur ses courses lointaines. Ne pouvant embrasser ici tout ce qui a fourni des observations importantes au savant voyageur, nous nous bornons à lui emprunter les détails curieux et pleins d'un intérêt vraiment religieux sur les colonies et les missions de la Nouvelle-Espagne :

« On désigne sous le nom de Californie l'immense région située au nord-ouest de la Nouvelle-Espagne, et qui, baignée par le grand océan Pacifique, embrasse une étendue de côtes de près de cinq cents lieues, comprises entre les 23e et 42e degrés de latitude.

» Fernand Cortez fut le premier qui explora militairement la Californie. Après lui, plusieurs expéditions de découvertes par terre et par mer se dirigèrent vers cette province, par ordre des vice-rois de la Nouvelle-Espagne. Ces expéditions étoient accompagnées de religieux qui fondoient successivement des missions, en avançant vers le nord. Le nombre de ces établissemens jusqu'à nos jours s'est élevé à quarante-trois; mais il est certain qu'il eût été plus considérable si le gouvernement de Mexico n'avoit pas paralysé les efforts des missionnaires en leur enlevant l'administration temporelle.

» Sous le régime espagnol, une savante combinaison de missions et de présidios arrêtoit les déprédations des Indiens, et répandoit parmi leurs tribus sauvages les bienfaits du catholicisme et les lumières de la civilisation. La ligne stratégique, qui comprenoit une étendue de plus de douze cents lieues, commençoit à Monte-Rey, dans la Haute-Californie, et descendoit du nord au sud jusqu'à San-Diégo. De là elle envoyoit un double embranchement pour ceindre les deux côtes de la Basse-Californie, puis, traversant le Rio Colorado, elle longeoit le Rio Gila, passoit la Sierra Madre, et après avoir protégé le nouveau Mexique et le Texas, elle venoit finir à l'extrémité des Florides, coupant ainsi l'Amérique dans toute sa largeur, et mettant en communication les bords de l'Atlantique avec ceux de la mer du Sud. En-dedans de cette ligne, les infatigables missionnaires appeloient les colons, fondoient des pueblos (villages composés d'Indiens convertis), et leur enseignoient les arts mécaniques, la culture des terres et l'exploitation des mines. Ces divers points étoient reliés entre eux, et formoient un système complet de colonisation et de défense; mais de si précieux résultats ne furent point obtenus sans de terribles sacrifices, et plusieurs religieux payèrent

de leur sang le dévoûment apostolique : les Indiens les firent périr dans
d'affreux supplices.

» Les missions sont toutes construites sur un plan analogue. L'une
des plus vastes, celle qui est placée sous l'invocation de saint Louis,
roi de France, s'élève non loin de la mer, dans une délicieuse vallée,
au bord d'une petite rivière dont le cours fertilise des jardins, des vi-
gnobles et des vergers; le bâtiment quadrilatère présente une façade
avec galerie couverte de cinq cents pieds. L'église qui peut contenir
trois mille personnes, occupe un des côtés; le centre de l'édifice est
formé par une cour carrée et entourée d'arcades comme un cloître,
plantée d'arbres et ornée de fontaines jaillissantes.

» Ces bâtimens, d'une architecture simple, sont construits avec une
grande solidité. Ils renferment les cellules des moines, les ateliers des
charpentiers, des forgerons et des tailleurs, les métiers à tisser; enfin des
filatures de laine et de coton où se fabriquent les étoffes destinées à habiller les Indiens convertis et à attirer ceux des tribus idolâtres. Les
écoles sont situées dans les parties les plus paisibles de l'établissement.
L'enseignement s'y exerce d'une manière patriarcale : les enfans des
indigènes, mêlés aux enfans de race blanche, y viennent recevoir les
premiers élémens de l'éducation, du chant et de la musique. Les Indiens ont pour cet art une aptitude naturelle si extraordinaire, que dans
les fêtes religieuses, qui se célèbrent avec la plus grande pompe au son
des cloches et au bruit de l'artillerie, ils touchent l'orgue, jouent de tous
les instrumens et entonnent le plaint-chant avec une justesse qu'on
trouve rarement dans nos villages européens. Quel ne fut pas notre
étonnement d'entendre à la mission de Santa-Cruz, pendant le défilé
d'une procession, la troupe des musiciens indiens jouer les deux airs
populaires en France de *la Marseillaise* et de *Vive Henri Quatre !*

» C'est ici le lieu de remarquer que l'Indien des missions de Californie, en renonçant à l'adoration des grotesques divinités qu'adoroient
ses pères, en se convertissant au christianisme, a toujours ignoré les
applications morales de la religion. Il prit part au travail de la communauté, parce qu'elle lui donnoit des moyens de subsistance plus assurés, mais sans comprendre entièrement son principe évangélique; il
la défendit contre les attaques des peuplades rebelles, entraîné bien
plus par les haines invétérées communes aux races indiennes, que par
un sentiment de reconnoissance et conviction

» Autour de la mission de Saint-Louis sont groupés les bâtimens d'exploitation, le corps-de-garde des soldats, les hangars, les magasins,
les cabanes des Indiens convertis et les maisons de quelques colons
blancs.

» L'hospitalité, dans sa plus noble expression, étoit et est encore
exercée dans les missions. Les étrangers, et particulièrement nos compatriotes, y sont accueillis avec cordialité. En 1831, deux missionnaires
français, MM. Bachelot et Short, chassés des îles Sandwich par les in-

ligues des méthodistes, et jetés sans secours sur la côte de Californie,
furent recueillis par les Franciscains espagnols; ils y séjournèrent plusieurs années, et la manière dont ils exercèrent leur saint ministère
leur valut les regrets de tous les habitans. »

Histoire de la Société domestique chez tous les peuples anciens et modernes, ou
Influence du christianisme sur la famille, par M. l'abbé GAUME, vicaire-
général du diocèse de Nevers, chevalier de l'ordre de Saint-Sylvestre, etc. — Chez MM. Gaume frères, rue Cassette, 4, à Paris.

2 volumes in-8°. Prix : 13 francs.

Publié depuis quelques mois seulement, l'ouvrage que nous annonçons a déjà reçu le double honneur réservé de nos jours à toute production tant soit peu remarquable : la traduction en langues étrangères, et la contrefaçon en Belgique.

Régénération de la famille par le christianisme, et par le christianisme
seulement, telle est la question fondamentale que l'auteur essaie d'environner d'une vive lumière. Son ouvrage est consacré tout entier non
pas à discuter cette question au point de vue rationnel, mais à la résoudre par les faits avec une logique solide. Il présente successivement
quatre grands tableaux; dans le premier, on voit ce qu'étoit la famille
avant le christianisme; dans le second, ce qu'elle est devenue par le
christianisme; dans le troisième, ce qu'elle est encore sans le christianisme, partout où cette religion divine n'a pas suffisamment pénétré;
et dans le quatrième, ce qu'elle devient à mesure qu'il s'en éloigne.
Abus de la force, oppression du foible, corruption, cruauté, servitude,
tels sont les traits qui caractérisent plus ou moins la famille antique
chez les païens, ou chez les peuples non encore régénérés par le christianisme. Le père y est souvent tyran, la femme esclave, dégradée, instrument de corruption, et l'enfant victime de la barbarie, de l'ava-
rice et du libertinage : c'est à ce triste état dont le christianisme a tiré
la famille, qu'elle tendroit sans doute à redescendre, aussitôt qu'elle
viendroit à cesser d'être chrétienne. Pour se former une idée de ce
qu'elle doit au bienfait de l'Evangile, il faut lire les treize chapitres
où l'auteur traite de la régénération de la société domestique par le
christianisme.

Dans une *Introduction* ou discours préliminaire, destiné surtout aux
hommes appelés aujourd'hui au gouvernement des nations, l'auteur
trace à grands traits, mais un peu forcés, l'effrayant et trop fidèle tableau des plaies de l'Europe, et des tendances anti-chrétiennes qui, si
l'on ne se hâte de les arrêter, conduiront infailliblement la société à

de nouvelles catastrophes. Non content de parler à l'esprit par des raisonnemens bien liés, il s'adresse à tout ce qu'il y a de généreux dans les cœurs, et interpelle en ces termes le monde actuel, transfuge du christianisme :

« Nations, familles, hommes, jeunes gens, femmes même de notre époque qui abjurez le christianisme, qui en faites le sujet de vos risées sacriléges, qui vous moquez également et de ses préceptes et de ses menaces, et de ses promesses; qui le souffletez sur les deux joues par l'indifférence insultante de votre conduite, et par le blasphème plus insultant encore de vos discours ou de vos écrits; qui le chassez ignominieusement comme un malfaiteur, en lui disant : «Sors de nos gouvernemens, sors de nos académies, sors de nos maisons, sors de nos pensées, nous ne voulons pas que tu règnes sur nous;» quel mal vous a-t-il fait, quel mal a-t-il fait au genre humain?

» Race humaine, fille ingrate, on connoît ton histoire; si tu l'as oubliée, nous allons te la redire; et pour ne soulever ici qu'un coin du voile qui cache ton ignominie, reporte-toi à dix-huit siècles. Te souviens-tu des monstres couronnés qui régnoient au Capitole, de ces bêtes dévorantes qui buvoient ton sang et le sang de tes enfans? Te souviens-tu de ce que tu étois? Encore un coup, si tu l'as oublié, nous allons te le redire. La veille même du jour où le christianisme brilla dans les hauteurs des cieux, nous t'avons vue rampant dans la poussière, courbée sous un sceptre de fer, attendant, pour respirer, pour vivre ou pour mourir, l'ordre du despote qui te tenoit le pied sur la gorge. *Trois cent cinquante fois* nous t'avons vue chargée de fers, traînée au char des triomphateurs, destinée à l'esclavage ou au supplice. Te souviens-tu de ce qui se passoit alors dans la grande Rome?..... De peur que tu ne l'oublies, tous ces lieux sinistres, où furent immolés tes fils et tes filles, tous ces théâtres éclatans de ton humiliation, les amphithéâtres, les naumachies, les thermes; cette prison Mamertine, noire, humide, horrible; toutes ces ruines éloquentes, la Providence a pris soin de les conserver, afin de te redire éternellement ce que tu étois, et ce que tu serois encore sans le christianisme; lui, lui seul a brisé le sceptre de tes tyrans; lui, lui seul t'a donné la gloire, la liberté, la vie; et tu le soufflettes, ingrate! et tu dis : *Le christianisme me pèse*, et tu demandes sa mort! Quel t'a-t-il donc fait? »

Voici encore un tableau digne de celui qui précède. Après avoir indiqué la place élevée et le rôle admirable que le christianisme assigne à la femme, M. l'abbé Gaume montre cet être si méprisé, si opprimé, si avili dans le monde ancien, tout à coup réhabilité, glorifié, environné de respect et de protection chez les nations chrétiennes.

«La glorification de la femme dans Marie, dit-il, descendit promptement des hauteurs de l'ordre religieux dans les mœurs sociales. Non-seulement elle répandit sur l'être foible un reflet divin qui lui servit de défense contre les injures des enfans du nord; mais encore se traduisant en actes matériels, elle organisa une ligue armée pour protéger la femme, et venger son honneur, sa liberté, ses droits outragés Oui, et je ne sais si je rêve en écrivant ces choses; à la femme, à cet être infortuné que le monde païen, exécuteur impitoyable et souvent injuste des anathèmes divins, se faisoit un jeu d'opprimer et d'avilir, l'Eglise donne une garde d'honneur plus brillante, plus nombreuse et plus dévouée que celle des puissans monarques. Grand Dieu! qu'eussent dit les Grecs de Lycurgue et de Solon, les Romains de Romulus ou d'Auguste, si, revenus à la vie et parcourant l'Europe du moyen-âge, ils avoient rencontré sur leur chemin ces légions de nobles chevauers, bardés de fer, dévoués corps et biens à la défense de la femme, et vengeurs intrépides de ses droits méconnus; l'oppresseur protégeant l'opprimé, le bourreau la victime, et les peuples applaudissant à ce dévouement incompréhensible! Cependant, grâce au christianisme, le monde a vu sans s'étonner, ce prodige inouï; et les paroles que l'Eglise adressoit au noble chevalier, en le revêtant de son armure, retentiront à jamais comme un glorieux témoignage de sa sollicitude maternelle pour la femme adoptée par son amour et régénérée par ses soins. »

C'étoit peu d'avoir signalé le mal, il falloit indiquer les remèdes. Avec une précision qui ne peut être que le résultat d'une étude approfondie, l'auteur nomme les plus pressans et dont l'application est actuellement possible. Mais il ne se dissimule pas que les gouvernemens, absorbés par les besoins et l'entraînement des intérêts politiques, ou ne les comprendront pas ou refuseront d'y avoir recours, abandonnant ainsi la société domestique à son triste sort et s'abdiquant eux-mêmes. S'adressant donc une dernière fois à la famille, son historien lui dit :

« Nous venons d'exposer avec franchise les devoirs les plus sacrés des gouvernemens. Nous désirons qu'ils les comprennent et qu'ils les accomplissent.... Mais s'ils restent sourds à tant de voix; s'ils laissent tranquillement périr les uns après les autres tous les élémens de salut qui nous restent, ah! du moins que la famille sache prendre en main sa propre cause : pour elle aussi il y va de la vie ou de la mort..... Quand au milieu de l'océan l'horrible tempête couvre le ciel d'épais nuages; quand la foudre sillonnant l'horizon laisse entrevoir la gueule béante de l'abîme; quand les voiles du navire volent en lambeaux; quand les mâts se brisent; quand le gouvernail échappe aux mains du pilote; quand le capitaine a perdu toute sagesse, quand enfin il n'y a plus rien à attendre des efforts ni des conseils humains, chaque passager pourvoit à son salut; les planches, les cordages, la chaloupe deviennent ses ancres de miséricorde, et plus d'une fois le succès couronna ces efforts désespérés; le vaisseau périt, les marchandises furent perdues, mais l'équipage fut sauvé. Vaisseau sans lest, sans gouvernail et sans boussole, notre société antichrétienne est battue par d'affreuses tempêtes; le navire fait eau de toutes parts, et les pilotes et les capitaines, ou demeurent endormis ou ne s'entendent pas sur les moyens de salut. Cependant les vagues s'amoncèlent et les vents furieux bouleversent, jusque dans ses profondeurs, le redoutable océan : encore un peu, et le vaisseau et les marchandises se seront abîmés dans les flots.

» Membres de la famille, tous tant que vous êtes, passagers sur ce navire désespéré, vous abdiquerez-vous vous-mêmes? que ceux qui veulent périr périssent; pour vous, si vous voulez vivre, il est temps de prendre l'unique moyen de salut qui vous reste. Il y a dix-huit siècles la société païenne, cet autre navire sans Dieu, repoussa opiniâtrément le christianisme, et disparut sous le flot de la barbarie; la famille pourvut à sa propre conservation; elle garda le principe de vie qu'elle avoit reçu; le christianisme, caché au foyer domestique, pénétra profondément dans les mœurs, il grandit, il monta enfin sur le trône impérial, et par la famille le monde fut sauvé. Même situation, mêmes devoirs : que celui qui a des oreilles pour entendre, entende. »

Voilà certes des élans pleins de zèle, des vœux ardens, de saints avertissemens capables, s'ils sont entendus, de sauver la société en péril. Mais cette intention de l'honorable écrivain, présentée d'ailleurs sous cette forme un peu trop déclamatoire, sera-t-elle bien comprise par les hommes d'Etat qui sont en outre embarrassés eux-mêmes dans d'inextricables difficultés politiques? Il y a lieu d'en douter. Mais le livre par lequel un prêtre zélé, un homme de foi et de talent s'efforce de lutter contre tant d'obstacles, n'en a pas moins le mérite très-recommandable de la sainte entreprise et du noble but qu'il s'est proposé.

REVUE ET NOUVELLES ECCLÉSIASTIQUES.

PARIS.

La *Gazette de France* essayoit hier dans un très-long article de répondre au reproche que paroissent enfin lui avoir adressé comme nous ses propres amis :

« Vous tenez trop à vos idées : pourquoi accepter ou soulever tant de discussions irritantes sur l'ultramontanisme et le gallicanisme en religion? Pourquoi en politique vous montrer si susceptibles et si difficiles quand il s'agit de stipuler, en face des conditions du pouvoir monarchique, les conditions de la liberté? »

Ce n'est pas ici le lieu d'examiner ce que valent les raisons alléguées par la *Gazette* pour justifier aux yeux des royalistes quelque peu scandalisés, ses doctrines du suffrage universel, de la souveraineté nationale et de cent autres nouveautés libérales dont elle a successivement grossi son symbole politique. Nous devons nous renfermer dans la question religieuse.

Quels sont donc les motifs si pressans qui font que depuis dix à douze ans ce journal croit devoir ajouter à la fâcheuse irritation des débats si graves où le catholicisme se trouve engagé, le feu non moins ardent de quelques querelles théologiques?

Nous avons tant de fois exprimé notre surprise et notre blâme de cet aveuglement de la *Gazette,* que nous avons dû recueillir avec une attention sérieuse les explications qu'elle donne à ses amis sur son opiniâtre persistance à maintenir dans les discussions de la presse périodique, malgré leur anachronisme et leur danger, ces controverses de l'école. Ces explications, les voici en substance : que nos lecteurs les apprécient.

Il y a dans ce siècle deux espèces de chrétiens, les chrétiens par droit de naissance, *chrétiens de tradition qui ont reçu sans effort, sans lutte, comme un héritage de famille, les doctrines religieuses;* et les chrétiens par droit de conquête, qui ont *acquis leurs idées à la sueur de leur front, qui ont connu les amertumes de l'incertitude et les angoisses du doute,* et qui ne sont devenus chrétiens *qu'après un long combat, qu'après s'être convaincus que les objections qui s'opposoient dans leur esprit et dans leur cœur au christianisme, etoient fondées ou sur des abus que l'Eglise n'avoit jamais approuvés, ou sur des opinions facultatives que jamais elle n'avoit erigées en dogmes.*

Les écrivains de la *Gazette* nous apprennent — ce que nous ignorions — *qu'ils appartiennent à cette seconde classe de chrétiens.* Or, plus la conquête a été pour eux laborieuse, plus ils ont à cœur de la rendre facile et douce à leurs frères. Se servant d'une belle comparaison de Mgr

Wiseman, qui peint l'Eglise catholique comme un édifice immense auquel un grand nombre d'avenues conduisent, ces messieurs croiroient manquer à un devoir sacré de fraternité en murant derrière eux une de ces voies par lesquelles ils sont parvenus eux-mêmes à la vie, à la justice et à la vérité.

Jusque-là, rien de mieux : nous nous associons de toute la chaleur de notre ame à ce noble sentiment de justice et de prosélytisme chrétien. Mais nous ne voyons pas que ces beaux sentimens nous mènent à la question : nous ne voyons pas très-clairement comment on fermeroit à ses frères une de ces voies de salut, parce qu'on s'abstiendroit de faire dans les colonnes de la *Gazette* une guerre à outrance à des adversaires qui, tout aussi bons catholiques, mais plus prudens que les écrivains de ce journal, refusent tous les jours · d'accepter un combat qui seroit presque puéril aujourd'hui, s'il n'étoit pas si dangereux.

Achevons cependant d'exposer dans tout son jour le système d'excuse développé par la *Gazette de France*. Nous ferons mieux connoître le fond de sa pensée, nous dirions presque son idée fixe, en citant ses paroles : « Il faut, dit-elle, distinguer avec un soin particulier ce qui tient au fond même du catholicisme, de ce qui n'est qu'une affaire d'opinion. Le fond du catholicisme attire, tandis qu'il y a quelques-unes des opinions soutenues parmi les catholiques qui éloignent. Laisser ériger ces opinions en dogmes, ce ne seroit pas un sacrifice fait à la paix, ce seroit un préjudice porté au catholicisme, dont on rendroit ainsi l'accès plus difficile, ce seroit un lâche abandon de la vérité, un obstacle créé au triomphe, un argument, une arme remise aux mains de l'erreur. »

Ainsi voilà le secret de cette polémique incessante, voilà le double fondement de ce devoir impérieux dont votre conscience sollicite, dites-vous, le rigoureux accomplissement ; c'est pour attaquer dans le catholicisme *quelques-unes des opinions qui éloignent ;* c'est pour ne pas *laisser ériger ces opinions en dogmes,* que vous voulez entraîner les esprits dans les discussions irritantes dont vos amis se plaignent comme nous ; c'est à cela que vous sacrifiez héroïquement la paix, ce bien si excellent selon vous-mêmes, que *c'est la marque d'un mauvais esprit et d'un cœur méchant que de ne pas l'aimer !*

Vous ne pouvez pas *laisser ériger ces opinions en dogmes !* Mais c'est vouloir vous donner un souci bien inutile. En droit, qui pourroit les *ériger en dogmes ?* en fait, y songe-t-on ? Il n'est pas nécessaire d'être théologien, ni même *chrétien de tradition,* pour savoir que dans l'Eglise de Jésus-Christ, on ne fait pas des dogmes avec des opinions.

Vous vous croyez obligés d'attaquer journellement ces opinions, sous prétexte qu'elles éloignent vos frères du catholicisme. Mais d'abord, en admettant la réalité de ces répugnances, il y auroit un moyen moins dangereux et plus facile de les écarter, ce seroit de dire tout simplement à

ces esprits prévenus — ce qui est la vérité, — que ces opinions sont
libres, qu'on peut entrer dans l'Eglise sans passer sous leur joug; —
c'est le glorieux privilége et le divin caractère de la foi catholique de
n'imposer à notre intelligence que des vérités révélées et définies par
l'Eglise.

. Ne pourroit-on pas ensuite vous demander de quel droit, tout en
croyant vos opinions plus raisonnables, vous frappez de notes injurieuses
et flétrissantes les opinions contraires? N'y a-t-il pas bien de l'intolérance à ne donner droit de cité, en fait d'opinions libres, qu'à celles que
vous avez adoptées? N'y a-t-il pas bien de l'orgueil à proscrire de par la
seule autorité de vos lumières ce que l'Eglise n'a ni condamné ni indirectement désapprouvé? Enfin, n'y a-t-il pas au moins une témérité
bien grande à soutenir que des opinions qui trouvent faveur dans la
plupart des écoles théologiques hors de France, et peut-être même en
France, éloignent les ames du catholicisme, et élèvent entre elles et la
vérité chrétienne un mur de fatale séparation? Mais s'il en étoit ainsi,
il ne vous resteroit plus qu'à dénoncer cette multitude innombrable
d'évêques, de prêtres, de docteurs, d'écrivains catholiques de tous les
pays, comme coupables ou complices d'une erreur qui seroit le scandale et la ruine de plusieurs millions d'ames!

Croyez-nous plutôt : ne vous attribuez ni plus de lumières ni plus de
sagesse que l'Eglise. Laissez à toutes les opinions libres la liberté que
l'Eglise leur donne. Nous vous en adjurons par les intérêts les plus sacrés, cessez cette polémique imprudente et sans objet sérieux. Le clergé
a-t-il fait la moindre manifestation qui puisse justifier de votre part
cette guerre acharnée contre les vains fantômes de l'ultramontanisme?
Est-ce bien sérieusement que vous croyez le pouvoir temporel menacé par la domination du pouvoir spirituel? Où sont les défenseurs publics de ces doctrines que vous attaquez avec une colère aussi risible
que déplorable? Prenez-y garde : les réactions sont trop souvent l'effet
inévitable des attaques passionnées. Vos folles provocations peuvent à
la longue lasser la patience de ceux qui se croient le droit d'avoir sur
ces questions purement théologiques des opinions différentes des vôtres,
sans souffrir qu'on les flétrisse pour cela comme de mauvais citoyens,
comme des enfans indignes de la France. Or, quand vous aurez fait de
ces paisibles controverses dont on s'occupe à peine sur les bancs des séminaires, le sujet brûlant de vos discussions publiques dans la presse,
pensez-vous de bonne foi que vous aurez bien mérité de l'Eglise et de la
France? Et si par un sentiment de prudence et de modération que vous
devriez comprendre, on persiste à vous laisser le ridicule honneur d'un
combat sans adversaire, ne vous apercevrez-vous pas enfin que votre
inqualifiable conduite seconde merveilleusement les projets des ennemis de l'Eglise? A force de crier tous les jours contre ces ultramontains qui ne se montrent nulle part, vous finirez par faire croire à ces
ennemis sans bonne foi, peut-être même à une partie de vos lec-

teurs qu'il existe en effet dans le sein de la France parmi les hommes, religieux, parmi le clergé surtout, un parti anti-national, un parti ennemi des lois, des traditions et des institutions de son pays. Votre voix mêlée aux mille voix confuses de tous ces hommes perfides ou trompés, qui découvrent un ultramontain sous la robe de chaque prêtre, n'aura fait qu'augmenter le désordre et fortifier les préventions de cette cohue d'aboyeurs. Quelle responsabilité vous assumez sur votre tête! Et vous êtes étonnés que vos amis s'en alarment! Et vous vous plaignez que les hommes religieux de la catholique Bretagne hésitent à vous donner un vote qui pourroit paroître une publique approbation de votre déplorable polémique! En vérité, vous êtes bien aveugles!

La *Gazette de France* pousse encore plus loin aujourd'hui ses aberrations théologiques. Elle prétend en effet très-sérieusement nous apprendre que le pape ne peut *abroger ni modifier aucun dogme.* Est-ce donc à des musulmans que l'on s'adresse ici? Comme si jamais un catholique avoit besoin de se rappeler ce point du catéchisme, à savoir, que les vérités dogmatiques ou de foi sont révélées de Dieu, et que par conséquent ni elles ne *s'inventent ni elles ne se modifient.* Voici les propres paroles de ces nouveaux théologiens :

« Aujourd'hui l'univers catholique, la nation française à sa tête, reconnoît le gouvernement spirituel du pape et des évêques; *mais en ce sens, bien entendu, qu'il ne peut abroger ni modifier aucun des dogmes,* qui forment la constitution catholique que le pape et les évêques sont tenus de suivre et de conserver.

» Le gouvernement spirituel en effet tient son droit d'être obéi de la constitution de l'Eglise, c'est-à-dire, de l'Evangile, des traditions apostoliques, des décrets des premiers conciles et des saints canons; toute décision du gouvernement spirituel qui s'appuie sur cette base, entraîne forcément l'obéissance, et les fidèles n'ont plus qu'à s'incliner et à se soumettre.

» C'est en ce sens qu'il est exact d'affirmer que les décisions rendues par le pape et les évêques sont infaillibles; *mais hors de la constitution de l'Eglise, l'infaillibilité n'existeroit plus.* »

Ceci est assez curieux : *Hors de la constitution de l'Eglise,* non-seulement il n'y auroit plus d'infaillibilité, mais pas même d'Eglise divinement constituée. Et dès-lors que signifient ces étranges paroles? Poursuivons :

« Aujourd'hui la situation de l'Eglise de France présente un caractère alarmant de gravité; *une grande agitation règne dans le clergé ; l'autorité légitime des évêques est méconnue;* on attaque la liberté de l'enseignement et les congrégations religieuses, leurs plus puissans auxiliaires. »

Où donc est cette grande agitation dans l'Eglise? Pontifes et prêtres rivalisent d'union, de zèle et de charité. Les partisans seuls d'une certaine émancipation *canonique* paroissoient vouloir troubler cet accord unanime; vous-mêmes aviez partagé ce déplorable entraînement, et voilà qu'à la voix des suprêmes juges des questions agitées, tous les prêtres sincères s'empressent de désavouer sans retour quelques instans d'égarement involontaire. C'est donc la paix et l'union qui reviennent. Ne cherchez pas à les troubler en vous ingérant sans mission dans le gouvernement de l'Eglise, en décidant, comme vous faites, de l'opportunité des conciles généraux ou particuliers.

Enfin, les écrivains de la *Gazette* disent en terminant leur article déjà si singulier :

« Nous voulons pour l'Eglise l'application de tous les principes en vigueur dans les plus beaux jours de son existence, la *constitution catholique des temps primitifs.* »

. *La constitution des temps primitifs* ! l'Eglise l'a donc perdue? De grâce, dites-le-nous, depuis quelle époque? Les réformateurs du xvi° siècle, les jansénistes et les auteurs de la constitution civile du clergé au siècle dernier ne demandoient pas autre chose et dans les mêmes termes employés si malheureusement aujourd'hui par la *Gazette de France.*

————◆————

La distribution solennelle des prix a eu lieu lundi au petit séminaire de Saint-Nicolas. En l'absence de M. l'Archevêque de Paris, actuellement aux eaux de Plombières, c'est M. l'Archevêque de Chalcédoine qui a présidé cette intéressante réunion. Autour du respectable prélat, étoit rangée l'élite du clergé de Paris, MM. les archidiacres du diocèse, plusieurs de MM. les chanoines et curés de la capitale, un grand nombre d'illustres personnages, heureux de donner aux maîtres et aux élèves de ce pieux établissement un témoignage public des vives sympathies que justifient de plus en plus les fortes études, l'esprit d'ordre et de piété chrétienne qui distinguent cette maison. M. l'abbé Dupanloup, que des préoccupations plus étendues et des travaux d'un intérêt plus général ne peuvent pas détourner des soins paternels que réclament de sa sollicitude les jeunes et nombreux élèves, ne pouvoit pas manquer de leur adresser, dans une circonstance aussi solennelle, quelques-unes de ces paroles graves et affectueuses, qui leur tracent de saints devoirs en excitant dans leurs cœurs de douces émotions. Dans un discours plein de chaleur et de vues philosophiques d'un ordre élevé, il a exposé les caractères et l'obligation *du respect* et *de l'amour* d'un enfant envers son père et sa mère. Nous sommes heureux de reproduire un des derniers passages de cette éloquente allocution :

« Vous, mes enfans, et c'est un hommage qu'il m'est aussi doux de vous rendre qu'il peut vous être glorieux de le recevoir, vous avez favorisé l'ambition sainte et noble qui inspira notre dévouement. Au milieu de ces générations qu'on proclame indociles et tumultueuses, sans respect et sans amour; vous nous avez procuré le bonheur de former une génération nouvelle d'enfans élevés à l'école du respect, dignes d'être un jour la consolation de leurs familles, l'ornement de la société, et pourquoi ne l'ajouterois-je pas? la vraie gloire et l'espérance de leur pays.

» Seulement, soyez fidèles et gardez-vous de trahir jamais l'éducation que vous avez reçue. Laissez les enfans dont la religion n'a pas formé le cœur, chercher leur gloire, et par un juste retour ne trouver que leur honte dans la vaine ostentation d'une liberté sans bornes. Vous, soyez graves, réservés, modestes; quoique pleins d'une noble ardeur, défians quelquefois et timides ; respectueux et empressés pour la vieillesse, et soumis toujours avec joie à l'autorité tendre et vénérable de vos parens.

» S'il y a des enfans impatiens de toute contrainte, et qui ne veulent plus recevoir de loi que de leurs folles humeurs, de leurs fantaisies dépravées, et quelquefois de leurs passions les plus fougueuses, vous, disciples de la religion, goûtez au sein de vos familles, goûtez avec bonheur le noble plaisir d'écouter la voix d'un père : obéissez avec une docilité honorable aux sages conseils de son expérience ; obéissez avec amour à la voix chérie de votre mère.

» Soyez de bons fils ! ils sont si rares aujourd'hui, que pour eux seuls quelquefois le monde retrouve encore l'enthousiasme depuis long-temps éteint parmi nous d'une admiration vertueuse !

» Honorez-vous vous-mêmes aux yeux de tous par cette aimable simplicité qui est le plus bel ornement de votre âge, et dont le charme est si puissant qu'il embellit la vertu même, qu'il relève les succès du talent, et ajoute pour ceux-là même que cette illustration importune, un nouvel éclat à l'illustration de la naissance.

» En un mot, que votre respect, que votre docilité, que votre candeur, que vos jeunes vertus ornent et réjouissent la maison paternelle ! Qu'à l'accent de votre voix, désirée pendant toute une année, qu'à la simplicité de vos demandes, à la douceur de vos réponses, au calme de vos paroles, à l'innocence de vos jeux, on reconnoisse une enfance vertueuse et chrétienne. »

Nous sommes heureux dit l'*Union de l'Ouest*, d'annoncer que l'état de M. l'évêque de Quimper, qui donnoit de vives inquiétudes, est aujourd'hui satisfaisant. On espère que, dans quelques jours, il pourra être transporté dans son diocèse sans danger ; en attendant, le prélat reçoit les soins les plus empressés au château de Pratulo, chez M. le comte Jegou du Laz.

On lit dans le *Mémorial des Pyrénées* du 24 :

« Dans le séjour que M. l'évêque de Bayonne a fait à Pau, Sa Grandeur a présidé les diverses sociétés des Dames de la Providence, de Saint-Vincent-de-Paul (pour l'apprentissage des enfans), de Saint-Joseph (pour les ouvriers charpentiers; elle compte une cinquantaine de membres), et de Sainte-Anne (pour le placement et la surveillance des filles de service ; elles sont au nombre de 140), ainsi que les Ecoles des Frères de la Doctrine chrétienne et des Sœurs de la Croix.

»Sur la proposition du digne et respectable prélat, les Dames de la Providence ont bien voulu prendre sous leur patronage la salle-ouvroir qu'on se propose d'établir à Pau, et dont la destination est de former les jeunes filles pauvres aux travaux manuels. 1,300 francs ont été donnés, pour cette œuvre, par une dame charitable.

» M. l'évêque a parlé dans ces diverses réunions, et ses paroles bienveillantes ont été recueillies avec une vive gratitude. »

Un fait touchant vient de se passer au collége d'Aumale. Soixante élèves internes venoient de faire leur première communion. Après la cérémonie, les parens, admis dans le parloir pour embrasser les élèves, ont été vivement émus des paroles suivantes prononcées par un vieux marin de quatre-vingt-onze ans, décoré de plusieurs ordres et d'une belle couronne de cheveux blancs :

« Mon enfant, a-t-il dit à son fils, si tu verses ton sang pour la France, comme je l'ai fait au combat de la *Surveillante*, quand le brave Ducouëdic a coulé bas la corvette anglaise le *Quebec*, tu te rappelleras que c'est après avoir prié Dieu que nous avons remporté la victoire. »

On nous écrit de Stockholm :

a Monsieur le Rédacteur,

» Il n'y a que quelques semaines que la Norwège avoit encore dans son code une loi qui condamnoit à la peine capitale tout prêtre catholique qui oseroit mettre le pied sur le sol norwégien, et à l'exil quiconque se hasarderoit à lui donner l'hospitalité. Aujourd'hui cette loi barbare vient d'être non-seulement abrogée, mais, comme on le sait déjà, la diète (Storthing) a décidé d'une voix presque unanime la *liberté de conscience pleine et entière*. Chose remarquable ! la grande minorité qui s'opposoit à cette liberté ne demandoit qu'à l'interdire aux seuls catholiques et quakers, à l'exclusion de toute autre secte. Mais voici qui prouve plus que tout le reste combien la Norwège a su se mettre au-dessus des anciens préjugés protestants, préjugés dont sa sœur jumelle, la Suède, est encore tout aveuglée. Qui auroit cru que dans un pays luthérien comme la Norwège, on eût choisi pour patron de l'Université un personnage autre que Luther ou un des héros de la Réforme ? Or la Norwège, qui est occupée actuellement à construire une nouvelle Université à Christiania, a cru devoir élever un monument à saint Olaf. On a représenté le saint faisant venir *Holbein Starke* pour renverser, à Tingsvallen, près Hundorp, en présence des paysans assemblés, la statue de *Thor* (dieu du tonnerre, le Jupiter du Nord). Voilà donc, aux yeux des Norwégiens, le véritable héros de la civilisation. Ceci prouve quel est l'esprit qui règne maintenant en Norwège. Une souscription s'étoit ouverte à l'occasion de cette statue, et la souscription avoit dépassé de beaucoup la somme nécessaire. De l'excédant, la commission a résolu de faire faire une copie lithographiée pour être distribuée à tous les souscripteurs, afin que chacun ait continuellement devant les yeux l'image de celui qui a véritablement introduit la civilisation en Norwège. »

ALLEMAGNE. — Le curé catholique de Francfort sur le Mein a présenté au grand-conseil de cette ville libre, une plainte contre la célébration du culte Rongien dans un temple, qui avoit été concédé à cet effet. Il n'a pu être fait droit à sa demande, parce que le temple en question étoit une propriété particulière. Quant à la demande de suppression de cette secte à laquelle concluoit le mémoire du curé, elle sera résolue par la réponse que doit faire aux rongiens le sénat auquel ils ont demandé leur reconnoissance officielle.

— Le 5 juin, fête de saint Boniface, l'on a posé, à Wiesbade, capitale du duché de Nassau, la première pierre de l'église catholique qui va y être élevée en l'honneur du grand apôtre de l'Allemagne. La personne du duc y étoit représentée par le chef de son ministère qui, avant de sceller la pierre, y a renfermé le premier exemplaire de la vie du saint, écrite par un membre de l'Université de Gœttingue.

ANGLETERRE. — Le *Standard* annonce que M. Copes, ministre de l'église anglicane, et appartenant à l'église de Saint-Jean-Baptiste, à Londres, vient d'abjurer le protestantisme pour embrasser la religion catholique.

IRLANDE. — La réunion des évêques catholiques romains d'Irlande ajournée en mai dernier vient d'être reprise à Maynooth. Douze prélats, y compris l'archevêque de Tuam, sont déjà arrivés. L'archevêque Murray et plusieurs autres prélats n'étoient pas encore arrivés; il n'y aura pas de réunion avant demain. (La lettre est de Dublin le 24 juin.) Aujourd'hui on ne s'est occupé que de questions purement administratives et académiques. Les prélats pendant leur réunion consacreront leur attention aux nouveaux arrangemens rendus nécessaires par la dotation de Maynooth, et ils se prononceront définitivement sur le nouveau mode d'enseignement. Ces discussions occuperont plusieurs jours; on n'en connoîtra le résultat qu'à l'issue des conférences.   (*Times.*)

HANOVRE. — L'évêque de Hildesheim vient de publier un Mandement, qui exclut de l'Eglise et soumet à la peine canonique de l'excommunication majeure, les directeurs et les membres des communautés schismatiques, et tous ceux qui ont embrassé leurs divers symboles. Il défend aux curés et aux personnes employées au ministère ecclésiastique tous rapports, *in sacris*, avec les personnes frappées de cette censure, et leur prescrit de leur refuser toute participation aux sacremens, jusqu'à ce qu'elles aient fait pénitence de leur apostasie et réparé le scandale qu'elle a donné. Ce Mandement a été publié dans toutes les églises catholiques du royaume, avec approbation spéciale du gouvernement royal.

PROVINCES RHÉNANES. — L'on mande de Cologne, qu'après les refus multipliés du gouvernement prussien, d'autoriser la fondation d'un journal uniquement voué à la défense de la cause et des intérêts catholiques, sous le vain prétexte que la nécessité d'une pareille feuille ne se faisoit pas sentir dans les provinces rhénanes, où abondent cependant les organes de la publicité protestante, l'on espère obtenir sous peu cette permission si long-temps et toujours vainement sollicitée par la population catholique de ces provinces. La déplorable partialité du ministère à cet égard, avoit été vivement relevée et caractérisée dans la dernière session des Etats provinciaux du Rhin, par le respectable baron de Loë, en contradiction avec le gouverneur de la province, et l'on a toute raison de supposer que cette vigoureuse manifestation de l'esprit public, dans la voie légale, a ramené le ministère et le roi lui-même à un sentiment d'équité dont il n'eût jamais fallu se départir.

REVUE POLITIQUE.

Depuis nos réflxions sur le regrettable conflit qui s'est élevé entre les ouvriers charpentiers et les maitres entrepreneurs, la question est devenue presque
un événement politique entre les journaux radicaux d'une part et les organes du
gouvernement de l'autre. La motion de M. Ledru-Rollin à cet égard dans la
chambre des députés, par sa forme et sa transparence républicaine, n'a fait qu'a-
jouter de l'irritation et des alarmes, là où tout réclamoit la plus extrême réserve et
la plus grande modération d'examen. Voilà deux jours que le *National* et la
Réforme, qui se sont hâtés de se faire les patrons exclusifs des ouvriers charpentiers, s'irritent contre la mesure prise par M. le ministre de la guerre, d'envoyer
dans les ateliers abandonnés par les charpentiers civils, ceux des militaires qui
savent les travaux de charpente. Comme M. Ledru-Rollin, les journaux radicaux
prétendent que le gouvernement intervient ici en faveur des maitres charpentiers,
au détriment des travailleurs qui vont ainsi être réduits à la misère, et peut-être
à la révolte. Nous voudrions bien que les écrivains partisans de la république em-
ployassent tous leurs efforts et leur éloquence à préserver en effet les ouvriers de
ces fléaux et des malheurs inséparables de la cessation des travaux et de l'émeute.
Ils se montreroient en cela les véritables amis du peuple et de la classe ouvrière.
Mais nous ne pouvons avec eux, et par les mêmes motifs, blâmer la mesure qui
rétablit les travaux dans Paris, par l'accession des ouvriers militaires. Il nous
semble qu'il doit y avoir d'autres moyens de concilier les intérêts froissés, que
cette imposition générale de la *grève.* Si les charpentiers sont au nombre de
quatre mille, comment ne pas s'affliger des malheurs que doit introduire dans beaucoup de familles la cessation du travail qui nourrit et entretient une multitude d'enfans privés ainsi des secours légitimes! La caisse
commune aura beau fournir une part d'indemnité, rien n'équivaut pour la tenue
d'une maison et d'un ménage au juste et honorable salaire du chef de famille
par le moyen duquel il les a placés dans une espèce de situation prospère. Et
puis, voyez la constitution même de ce système de cessation du travail d'après
l'exposé de l'honorable M. Lebobe, à la chambre des députés! Ces quatre mille
ouvriers charpentiers sont à la merci des huit cents *compagnons du devoir,* qui
prétendent, eux, dans leur aristocratique puissance, régler le temps et les heures
du travail, comme le taux des salaires. En général, ces compagnons du
devoir sont jeunes et célibataires; ils peuvent, par conséquent, supporter mieux
que le reste des ouvriers la suspension des travaux, soit par plaisir, soit par les
exigences des saisons et de la main-d'œuvre. Mais encore une fois; ce sont les
pères de famille qu'il faut plaindre et considérer ici. Les maitres charpentiers, le
gouvernement, et particulièrement M. le ministre du commerce, doivent être empressés de réunir leurs efforts pour mettre fin, d'une manière profitable pour tous,
à ce conflit cruellement prolongé. L'établissement des conseils de prud'hommes
est réclamé à grands cris de toutes parts en cette circonstance. Si cette mesure
ne guérit pas toute la plaie que la question des *salaires* montre toute vivante
entre les travailleurs et leurs maitres de notre temps, du moins aidera-t-elle
d'une manière plus pacifique à la solution du problème, si solution il y a pour
l'avenir. Au moyen-âge, de pareils conflits s'apaisoient toujours par l'influence
de la religion; ce qui unissoit les ouvriers et les maitres sous le patronage d'un

. at révéré dans l'Eglise, servoit toujours à corriger, sinon à éteindre ce que les
sions cherchoient à diviser, C'étoit un beau et noble compagnonage que ce-
.i qui imposoit les devoirs chrétiens à chaque membre de l'association. Par suite,
'ouvrier devoit être plus exact et plus laborieux, et le maître plus juste, plus
équitable, et de plus en plus humain et charitable. L'institution des *compagnons
du devoir*, malgré tous les avantages qu'on lui suppose, ne remplacera jamais les
effets du lien religieux parmi les travailleurs. Nous ne voulons point terminer ces
réflexions, qu'une sincère sympathie pour les ouvriers charpentiers nous a inspirées, sans leur tenir compte de l'empressement religieux que cette honorable société met chaque année à venir dans les églises de Paris, au jour de la fête de
eur patron saint Joseph ; cette année-ci, ils étoient réunis au nombre de près de
huit cents à Saint-Sulpice, et de quinze cents dans l'église paroissiale de Saint-
Laurant ; ils ont assisté avec une tenue respectueuse au saint sacrifice, et écouté
avec attention les paroles toutes paternelles des dignes pasteurs de ces deux immenses paroisses. Puissent-ils aujourd'hui recueillir le fruit de ces hautes leçons
de la religion! Cela leur sera, certes, plus utile que les utopies que leur prope-
sent les phalanstériens, et moins dangereux surtout que les encouragemens tant
soit *peu* suspects des journaux radicaux-républicains.

Le général Narvaez, ministre de la guerre en Espagne, a fait publier dans la
Gazette officielle une circulaire adressée à tous les capitaines généraux, et portant la date de Barcelone, le 18 juin. Nous croyons devoir la mettre sous les
yeux de nos lecteurs:

« Excellence, des instructions ont été adressées par la présidence du conseil
des ministres à tous les ministères, en vertu des ordres de S. M. notre reine (que
Dieu garde), pour qu'on expédie aux autorités du royaume les ordres les plus formels, dans le but de surveiller les ennemis du repos public et de réprimer avec
toute la sévérité des lois leurs tentatives, sous quelque aspect qu'elles se présen-
tent, comme étant contraires aux droits légitimes de la reine et à la constitution
de l'Etat. Le cœur royal de S. M. est profondément persuadé que la communication d'actes récens et la lecture des documens qui ont été mis au jour ne sauroient
causer dans l'esprit de ses loyaux sujets la sensation qu'en attendoient leurs auteurs.

» L'acte de la prétendue abdication de don Carlos, qui révèle la plus insigne
mauvaise foi et dénote l'aveugle obstination de jeter le pays dans de nouvelles
discordes et de troubler l'heureuse paix dont nous jouissons, ne doit inspirer que
le mépris, et ne peut alarmer sérieusement la nation. Comme ce fait peut cependant ouvrir le champ à de nouvelles espérances, et entraîner des hommes égarés
qui tenteroient de ramener les jours de deuil et de désolation dont le pays a déjà
tant souffert, S. M. m'ordonne de rappeler à Votre Excellence que le rebelle don
Carlos et toute sa famille sont hors la loi, exclus par la constitution de l'Etat et
par des lois spéciales de la succession à sa couronne, et privés des droits dont ils
jouissoient en qualité d'infans d'Espagne. Tous ceux qui prendroient part à la
réalisation de leurs chimériques prétentions, quel que soit le voile dont ils se cou-
vriroient, devront être poursuivis jusqu'à extermination, s'ils se montrent sur le
territoire espagnol.

» Les coupables qui seroient saisis seront jugés sommairement et dans un bref
délai par les conseils de guerre, comme traîtres et comme ennemis déclarés du
trône et des libertés nationales, la loi devant être inexorable pour ceux qui ten-

dent directement ou indirectement à bouleverser les institutions du royaume et l'ordre de succession à la couronne, sous des promesses trompeuses et par des sacrifices menteurs, que la reine, comme chef suprême de l'Etat, et la nation entière, repoussent énergiquement.

» *Le ministre de la guerre, président du conseil,* RAMON NARVAEZ. »

NOUVELLES ET FAITS DIVERS.

INTÉRIEUR.

PARIS, 30 juin. — On lit dans le *Messager* :

« Plusieurs sous-préfets, que le gouvernement a cru devoir changer de résidence, dans l'intérêt du service public, dont il est juge, ont publié à ce sujet des lettres insérées dans divers journaux. Empruntant le langage habituel de la presse de l'opposition, ils ont attribué à des influences irrégulières les déterminations très-légitimes et très fondées de l'autorité supérieure. L'administration, qui a toute la responsabilité, est et doit rester maîtresse dans le choix et l'emploi de ses agens. Elle ne leur doit pas compte de ses motifs, et n'engage pas de discussion avec eux. Si cette discussion ne lui étoit pas interdite par tous les principes de gouvernement, il lui seroit facile d'établir et de justifier les raisons de chaque changement. Elle ne souffrira pas que les liens de la discipline administrative se relâchent, et les attaques dirigées contre elle par d'anciens fonctionnaires, qu'elle étoit loin d'avoir traités sévèrement, ne l'empêcheront pas d'accomplir ses devoirs avec équité et modération, mais avec fermeté et persévérance. »

— Une ordonnance du 28 porte que les conseils d'arrondissement se réuniront le 21 juillet prochain pour la première partie de leur session, qui ne pourra durer plus de dix jours.

— Avant de se séparer, les chambres doivent s'occuper d'une pétition ayant pour but de réclamer l'abolition et subsidiairement la modification de la loi sur la contrainte par corps.   (*Débats.*)

— Le tribunal correctionnel de la Seine a rendu vendredi son jugement dans l'affaire de l'association dite *Œuvre de Saint-Louis.*

Le tribunal, faisant application des articles 291, 292 du code pénal, 1er et 2 de la loi du 10 avril 1854, a déclaré dissoute la société de l'*Œuvre de Saint-Louis,* et condamné MM. le duc d'Escars, le prince de Robecq, chacun à 300 fr. d'amende; le chevalier de Lépinois à 100 fr., et Charbonnier de la Guesnerie à 50 fr. de la même peine; tous solidairement aux dépens. Il a été fait appel de cet inexplicable jugement.

— L'académie française a procédé, dans sa dernière séance, au renouvellement de son bureau. M. E. Dupaty a été nommé directeur, et M. Sainte-Beuve, chancelier.

— Le conseil municipal de Paris a ouvert, vendredi, sa session ordinaire de 1845, qui doit être consacrée, entre autres, à l'examen du budget de la ville pour l'an prochain.

— Dès qu'on apprit, à la Martinique, le vote du projet de loi sur le régime colonial, une pétition y a été rédigée pour être adressée à la chambre des députés; elle est couverte de nombreuses signatures, parmi lesquelles on remarque celles du conseil colonial, des maires et des principaux habitans. On y proteste avec énergie contre les tendances désorganisatrices du projet de loi qui sacrifie nos colonies à l'Angleterre.

Nous apprenons, d'un autre côté, que le Petit-Bourg (Guadeloupe) a été le théâtre de troubles sérieux. Sur plusieurs points de cette colonie et à Marie-Ga-

..te, des ateliers complets ou de grandes fractions se sont refusés au travail et
.t déserté l'habitation de leurs maîtres, se prétendant libres. Ces esclaves
..oient entendu parler du projet de loi sur le régime colonial, et ils ont voulu se
..ocurer par anticipation les douceurs de la liberté dont il leur offre la pers-
,-ctive.

— Madame de Montgolfier vient de mourir à Paris à l'âge de cent onze ans. Elle
.. reçu les consolations de la religion, et a voulu être assistée dans ses derniers
..omens par M. l'abbé Grivel, anmônier de la chambre des Pairs.

— Une galerie souterraine vient d'être établie pour se rendre à couvert du
.hâteau des Tuileries sur la terrasse du bord de l'eau. Un pavillon formant piédestal recouvre la sortie de l'escalier de la terrasse, et l'on vient d'y placer la
statue couchée de Cléopâtre, qui étoit auparavant dans la niche de l'un des per-
-ons de cette terrasse.

— M. de Remilly se propose de demander aux chambres que tous les chiens
existant en France soient soumis à une taxe dont le maximum sera de 15 fr. par
-te. Les chiens habitant les villes seront considérés comme chiens de luxe, et
paieront le maximum de la taxe. Paris compte en ce moment 10,000 chiens ; le
usc aura donc à prélever 150,000 fr. sur cette nouvelle espèce de contribuables.
En définitive, cette taxe, à cause des différentes exceptions qu'elle est obligée
d'admettre, ne rapportera au trésor que 8 millions 500,000 fr., car les statisticiens
les mieux renseignés ne portent la population canine de la France qu'à 4 mil-
ions 375,000 têtes.

— Le conseil municipal d'Angers a eu une première séance. Le secrétaire
nommé est M. Plancherault, il a obtenu 19 voix contre 16 accordées à M. Fres-
lon, membre de l'ancienne majorité.

— Les ouvriers charpentiers se sont mis en grève simultanément à Tours, à
Blois et à Amboise. Dans cette dernière ville, après trois jours d'interruption, les
maîtres ont accordé aux ouvriers les 25 centimes qu'ils demandoient ; à Tours et
à Blois la grève continue.

— On lit dans le *Progrès du Pas-de-Calais* : « Un jeune homme d'Auchy
vient de faire une action qui l'honore trop pour être passée sous silence : voyant
ses parens poursuivis pour dettes, et tout leur avoir déjà saisi par le ministère
d'un huissier de Lens, ce jeune homme est allé trouver un agent d'affaires et s'est
vendu comme remplaçant. La somme qu'il a retirée de ce noble sacrifice a suffi
pour payer la dette de ses parens. Il a été immédiatement incorporé ; ses chefs
n'oublieront pas, sans doute, pourquoi il s'est vendu. »

— Une diligence partie de Lille pour Douai, il y a deux jours, a été arrêtée
par la douane aux portes de Lille. Chevaux et voiture ont été saisis, et force a
été aux voyageurs de rentrer en ville. Une estafette a été expédiée à Douai pour
porter les dépêches confiées à cette diligence, qui fait service de courrier.

— Voici une soustraction d'une singulière espèce. Une statue de femme en
marbre blanc, d'un mètre et demi de hauteur, et dans un bel état de conservation, auroit été découverte à Sainte-Colombe, près de Condrieu, et vendue secrètement par la personne qui l'auroit trouvée, au préjudice du propriétaire du
terrain où elle étoit enfouie probablement depuis bien des siècles. Le propriétaire, informé de la trouvaille qui paroît avoir un grand prix, a cité l'inventeur
devant le juge de paix pour obtenir la reconnoissance de son droit, et, par suite,
la résiliation de la vente.

— Vendredi 20, une des digues du Rhin a failli être emportée par la force des
eaux, entre Offendorff et Herlisheim; l'alerte a été heureusement donnée à .

temps; le tocsin a été sonné, et les habitans, accourus sur les lieux, ont rivalisé de zèle et d'efforts et empêché le désastre : la perte eût été incalculable.

EXTÉRIEUR.

ANGLETERRE. — Le roi et la reine des Belges, partis d'Ostende jeudi dernier, ont débarqué le même jour dans l'après-dînée à Woolwich et se sont immédiatement rendus au palais de Buckingham, où la reine Victoria et le prince Albert les attendoient.

Le *Standard* annonce d'une manière positive que le roi de Hollande visitera aussi l'Angleterre d'ici à quelques jours, et que des appartemens sont même retenus pour lui et sa suite à l'hôtel Mivart, à Londres.

La présence simultanée de ce monarque et du roi Léopold à la cour d'Angleterre offrira quelque chose d'étrange : on sait que Léopold a épousé la princesse Charlotte, à la main de laquelle le roi actuel de Hollande prétendoit; et depuis, la révolution de Belgique a donné à l'un ce qui devoit échoir à l'autre. Les deux rivaux se rencontreront pour la première fois depuis les événemens qui les ont séparés.

— La chambre des lords d'Angleterre a voté mardi la deuxième lecture du bill sur l'indemnité des fermiers d'Irlande. La mesure a été combattue par le marquis de Londonderry et par le comte de Roden, qui tous deux sont de grands propriétaires en Irlande, et ont attaqué le projet de loi comme attentatoire au droit de propriété. Lord Stanley l'a défendu en raison seulement des circonstances exceptionnelles dans lesquelles se trouve l'Irlande, et la deuxième lecture a été votée par 48 voix contre 34.

— Une pétition, revêtue de trois mille signatures d'habitans de Liverpool, demandant l'abolition de la peine du fouet dans l'armée et dans la marine, a été présentée la semaine dernière à la chambre des communes. C'est une jeune dame, la fille de sir W. Ross, qui a eu l'idée de cette pétition et s'est occupée de recueillir des signatures.

SUISSE. — On assure que les trois gendarmes lucernois qui ont favorisé l'évasion du docteur Steiger, en le revêtant d'un de leurs uniformes, ont reçu de ses amis politiques une somme d'argent assez considérable. On parle de 15 ou 20,000 francs.

PRUSSE. — Un journal allemand parle d'une espèce d'émeute qu'une coalition de compagnons menuisiers a causée à Posen. Par suite de dissentimens avec leurs maîtres, une centaine de ces ouvriers s'étoient entendus pour ne plus travailler. La police étant intervenue, ils firent semblant de céder et rentrèrent dans les ateliers; mais dans la matinée du 18 juin, à un signal convenu, ils les quittèrent tous simultanément, et s'étant rassemblés à un endroit désigné d'avance, ils résolurent d'émigrer sur-le-champ; ils étoient déjà en route, lorsque le président de police, instruit du fait, se mit à leur poursuite à la tête d'un détachement de hussards, et les ayant atteints et cernés près d'Urbanowo, les fit ramener de force à Posen; rentrés dans la ville, les principaux meneurs furent arrêtés et mis à la disposition de l'autorité judiciaire, qui instruit leur procès. Quant aux autres, on les a relâchés immédiatement.

SYRIE. — Les affaires du Liban se compliquent de plus en plus; les Maronites avoient battu les Druses à Cornail; mais dans la plaine de Beyrouth (Sahel) les Druses remportèrent une victoire sur les chrétiens, incendièrent plusieurs villages, commirent les plus grandes cruautés. Ils attaquèrent aussi le village d'Abey et massacrèrent une partie d'un détachement de 54 maronites qui s'étoient défendus pendant quatre jours derrière leurs retranchemens contre 1,700 ennemis. On vit avec horreur pénétrer les Druses dans le couvent des capucins d'Abey et tuer quatre moines sans défense, puis brûler le cadavre du Père Carlo. Il se manifeste en général chez eux une grande irritation contre les prêtres chrétiens; un missionnaire catholique romain a également péri d'une manière lamentable. Les habitans d'Abey se réfugièrent à Beyrouth, mais sans ressources, et beaucoup parmi eux couverts de blessures; les chrétiens et les européens leur offrirent un refuge dans les jardins.   (*Gazette d'Augsbourg.*)

Les Turcs font cause commune avec les Druses contre les Maronites. Partout où ceux-ci sont les plus forts, les troupes de Vedji-Pacha interviennent; partout où les Druses ont le dessus, elles s'abstiennent. Le consul français a dénoncé cette odieuse connivence, et a proposé des mesures pour y mettre un terme. Le colonel Ro-e, consul d'Angleterre à Beyrouth, a nié péremptoirement les faits reprochés aux Turcs, et les massacres vont leur train. Notre cabinet, parfaitement informé de la situation, ne fera sans doute rien; il ne faut pas, pour si peu de chose, pour quelques chrétiens qui meurent au loin en invoquant le nom de la France, courir le risque de troubler l'entente cordiale.

AMÉRIQUE. — On a reçu des nouvelles assez importantes du Texas et du Mexique par les journaux et les correspondances de New-York qui vont jusqu'au 12 juin.

Toute crainte de nouvelle guerre entre le Mexique et le Texas a cessé. le gouvernement mexicain ayant reçu du Congrès les pouvoirs nécessaires pour traiter avec les commissaires texiens. Le décret du Congrès a été voté par 41 voix contre 15, et adopté à l'unanimité par le sénat. Un projet de loi pour un emprunt de 7 millions de dollars a aussi été voté.

Le président du Texas a, de son côté, convoqué une assemblée constituante pour le 4 juillet, afin de décider la question de l'annexion. Mais les dispositions du peuple texien paroissent si prononcées en faveur de cette mesure, qu'elle sera peut-être résolue avant cette époque.

CANADA. — Un terrible incendie vient de jeter la ville de Québec, au Canada, dans la consternation. Quinze ou 1,800 maisons sont devenues la proie des flammes; plus de cent personnes ont péri, et plus de 12,000 sont sans asile. C'est le 28 mai, vers midi, que le feu s'est déclaré dans une tannerie, et bientôt favorisé par un vent violent, la ligne de maisons qui s'étend sur la longueur d'un mille, de la rue Saint-Vallier à la rue Saint-Charles, étoit la proie des flammes.

L'hôpital principal se trouvoit à une grande distance du foyer de l'incendie, on y avoit transporté des malades d'autres hôpitaux et une grande quantité d'effets mobiliers, mais le feu s'y est déclaré malgré l'éloignement. C'est là qu'une centaine de malheureux ont trouvé la mort la plus cruelle.

On évalue les pertes à 25 ou 30 millions.

CHAMBRE DES DÉPUTÉS.

La chambre des députés a voté samedi avec une grande rapidité, et pour ainsi dire sans discussion :

1° Le projet de loi relatif à la reconstruction de l'arsenal d'Amiens;

2° Le projet de loi relatif à l'agrandissement et à l'appropriation de bâtimens pour les ministères de la guerre et de l'instruction publique, et pour l'école d'état-major;

3° Le projet de loi relatif aux travaux à exécuter à l'hôtel du président de la chambre des députés;

4° Le projet de loi relatif à la reconstruction d'un pont sur l'Adour, entre Bayonne et Saint-Esprit; d'un pont sur le Tech, au Boulou, sur la route de Perpignan en Espagne ; et d'un pont sur la Rance, à Dinan.

5° Le projet de loi relatif à l'amélioration de plusieurs ports et comprenant : l'établissement d'un bassin à flot à Dunkerque, à Granville, à Morlaix, à Port-Launay; l'établissement d'un port de refuge dans le havre de Port-en-Bessin ; le perfectionnement des jetées du port de Boulogne et du port de Calais; la construction d'un môle au port de l'île de Batz et au port de Bandol; l'agrandissement du port de Bastia; l'amélioration du port de Fécamp, du port de Marans, du port des Sables-d'Olonne ; enfin la construction d'un quai au port de Lorient ;

6° Le projet de loi relatif au bassin de Saint-Nazaire, avant-port de Nantes ;

7° Le projet de loi relatif à l'achèvement des bâtimens des cours royales de Bordeaux et de Lyon ;

8° Le projet de loi relatif aux ouvrages de la petite rade de Toulon et à l'amélioration de Port-Vendres.

En tout, huit projets de loi et des crédits s'élevant à environ 54 millions de francs, répartis sur les exercices de 1845 et de 1846.

Aujourd'hui la chambre a discuté le projet de loi relatif à la restauration de Notre-Dame de Paris. M. Allier a attaqué sous le rapport de l'art le plan de restauration que le gouvernement et la commission ont approuvé. M. Durand de Romorantin a aussi critiqué le projet, qui à ses yeux seroit un acte de vandalisme. M. Luneau a manifesté la crainte que l'on ne profite de l'interruption forcée de l'exercice du culte pendant les travaux, pour rendre le *Panthéon* au culte catholique. M. Martin (du Nord), garde des sceaux, s'est borné à répondre qu'il ne sait pas si l'exercice du culte sera oui ou non interrompu par l'exécution des travaux. Le projet de loi a été adopté sans modification, par 231 voix contre 4.

Malgré la demande de M. Beaumont (de la Somme), la chambre a maintenu à l'ordre du jour le projet de loi relatif aux chemins de fer de Tours à Nantes et de Paris à Strasbourg, ainsi que le projet de loi relatif aux embranchemens de Dieppe, de Fécamp et d'Aix. Elle a également maintenu à l'ordre du jour la proposition de l'impôt du sel, dont M. Glais-Bizoin demandoit le renvoi à une autre session.

L'ordre du jour ayant appelé le projet de loi relatif aux chemins de fer de Tours à Nantes et de Paris à Strasbourg, la chambre a adopté le projet de bail pour l'exploitation du premier de ces chemins, et les deux premiers articles du projet de loi autorisant le ministre des travaux publics à procéder à l'adjudication par la voie de la publicité et de la concurrence.

Dans le cours de la séance, le rapport sur le projet de loi du chemin de fer de l'Ouest a été déposé par M. Lacrosse.

Le Gérant, **Adrien Le Clere.**

BOURSE DE PARIS DU 30 JUIN 1845.

CINQ p. 0/0. 121 fr. 45 c.	Quatre canaux 0000 fr. 00 c.
TROIS p. 0/0. 83 fr. 50 c.	Caisse hypothécaire. 695 fr. 00 c.
QUATRE p. 0/0. 110 fr. 50 c.	Emprunt belge. 5 p. 0/0. 000 fr. 0/0.
Quatre 1/2 p. 0/0. 000 fr. 00 c.	Emprunt romain. 104 fr. 6/0.
Emprunt 1841. 00 fr. 00 c.	Rentes de Naples. 101 fr. 50 c.
Oblig. de la Ville de Paris. 1465 fr. 00 c.	Emprunt d'Haïti. 000 fr. 00 c.
Act. de la Banque. 3227 fr. 50 c.	Rente d'Espagne. 5 p. 0/0. 00 fr. 0/0.

PARIS. — IMPRIMERIE D'ADRIEN LE CLERE ET C°, rue Cassette, 29.

HISTOIRE RELIGIEUSE, POLITIQUE ET LITTÉRAIRE DE LA COMPAGNIE DE JÉSUS,

composée sur les documens inédits et authentiques,

PAR J. CRÉTINEAU-JOLY ;

Ouvrage orné de portraits et fac-simile.

—

II° et III° volumes. — (Voyez le Numéro du 26 juin.)

—

Au milieu de ce vaste ébranlement qui mettoit aux prises l'idée avec l'idée, le principe avec le principe, la croyance avec la croyance, et l'affection avec l'affection, dans cette fermentation de toutes choses, il naissoit sur les divers points de l'Europe, et même du nouveau Monde, un fléau qui accompagne presque toujours la guerre et en redouble les horreurs. La peste envahit successivement Rome, Salamanque, Louvain, Lyon, Toulouse, Avignon, Paris, Stockholm et le Mexique. Quel est le rôle des Jésuites en présence de ces calamités, qui brisent parfois l'énergie des ames les plus fortes ? Ils affrontent avec un courage qui ne se dément jamais l'ennemi invisible. Dans les cités où il se trouve des ministres protestans, ceux-ci désertent le théâtre où sévit la contagion, ou bien ils s'enferment solitairement dans le secret de leur domicile pour se consacrer à des soins plus circonscrits que ceux de l'humanité. L'enfant de Calvin et de Luther a donné vingt fois cet exemple d'égoïste délaissement, comme s'il vouloit attester qu'en prenant une épouse et une famille, il a étouffé au fond de son ame tous les sentimens surnaturels qui élèvent l'homme au-dessus de lui-même. Il n'en va point ainsi du sacerdoce véritable. Il élargit ses entrailles; il adopte pour enfans tous ceux qui pleurent, et qui souffrent dans la vallée des larmes. Aussi les Jésuites, de concert avec nos évêques et nos prêtres, se montrent-ils partout dans ces tristes circonstances au poste de l'honneur, c'est-à-dire là où le péril est le plus grand. Ils entrent dans les hôpitaux avec la même joie et le même entraînement que nous dans une maison préparée pour une fête. Ils organisent des secours intelligens, ils réveillent les sentimens de compassion et de miséricorde, ils raffermissent les défaillances du malade, ils remuent sa couche de douleur, ils soignent ses plaies, ils préparent au redoutable passage de l'éternité ces milliers de victimes que se dispute le trépas; pour que le secret de la confession soit respecté, ils collent leurs oreilles et leurs bouches sur ces visages, d'où coule un poison immonde, et où se remarque déjà le travail de la mort. Ils ne suspendront leur glorieux ministère que pour s'étendre eux-mêmes sur le grabat que leur charité a environné de tant de consolations. La liste de ceux qui succombèrent quatre années auparavant le Jésuite avoit baptisé la veille même de son arrestation. Isabelle soulève l'enfant qui, comme tous les chrétiens, étoit couvert de ses plus beaux vêtemens, et elle dit : « Le voici, mon » Père; il se réjouit de mourir avec nous! » Puis s'adressant au petit Ignace : « Regarde, continue-t-elle, celui qui t'a fait enfant du bon » Dieu, celui qui t'a révélé une vie mille fois préférable à celle que nous » allons laisser. Mon fils, implore sa bénédiction pour toi et pour ta » mère. » Ignace se met à genoux; il joint ses petites mains, et déjà presque entouré de flammes, le confesseur, éprouvé par vingt années de tribulations, bénit ce martyr au berceau. Un cri de pitié s'échappe de toutes les bouches. Pour le comprimer les juges donnent le signal de l'exécution, et les trente-une têtes de chrétiens tombent les unes après les autres. »

Ainsi mouroient les Jésuites, tandis que de lâches trafiquans marchoient et crachoient sur la Croix de Jésus-Christ, pour obtenir ou garder le privilège de gagner un peu d'or. La tolérance philosophique ne s'élève pas contre ces honteuses apostasies. En revanche, elle ne sauroit pardonner à nos missionnaires leur intrépide charité. Au reste, elle a fait autrefois mieux que les diffamer ou les livrer au ridicule. Elle a égorgé sur les mers, par la main des sectaires protestans, des prêtres inoffensifs qui alloient apprendre aux barbares à prononcer avec amour le nom de Jésus-Christ. Un écumeur de mer du nom de Sourie, massacra impitoyablement quarante Jésuites qu'il surprit sur des vaisseaux portugais dans les parages de Palma. C'étoit une haine de religion; car ce fanatique dévot à Calvin épargna tous les autres passagers, tandis qu'il fit mettre à mort les adversaires de son culte. Les lauriers de ce pirate empêchèrent de dormir un autre de ses pareils. Capdeville acheva l'œuvre de sa vengeance. De soixante-onze Pères ou novices qui se rendoient au Brésil, pas un seul n'échappa à la fureur de la réforme qui nous parle aujourd'hui de sa clémence, et qui organisoit alors la persécution jusque sur les flots. Il faut flétrir avec la sainte indignation de l'homme et du chrétien ces actes d'atroce barbarie que n'excusera jamais aucune dissidence dans les principes ou dans les opinions.

Nous avons esquissé rapidement les trois tableaux que nous avions promis. Maintenant quelle est la signification de ces faits nombreux, constans, et se reproduisant toujours les mêmes avec une invariable et sublime persévérance? On accuse les Jésuites d'intrigues, de cupidité, d'ambition, d'hypocrisie; que sais-je? de servilité et de révolte contre les institutions nationales! Il est peu de crimes dont on ne les charge avec une libéralité toute gratuite. Il semble que contre eux tout soit permis

fait d'extravagance et d'audace. Mais qui nous expliquera pourquoi
odieuse discipline à laquelle on les dresse, ainsi que s'expriment leurs
nemis, produit des fruits si étonnans? Par quel étrange phénomène
us les grands noms du siècle viennent-ils briguer l'honneur d'entrer
ins une Compagnie qui ne leur offre, en échange de ce qu'ils ont aban-
nné, que les invectives et les calomnies de la part des pouvoirs ja-
ux, la pourpre du martyre de la part des sectaires ou des sauvages?
y a là une contradiction que la raison ne peut pénétrer. Et cepen-
ant, les merveilles de charité, de patience et de dévoûment que l'his-
ire rapporte, sont authentiques. Rien de mieux attesté, rien de plus
niforme, rien de plus universel. Eh! mon Dieu! le problème est fa-
ile à résoudre: c'est que, suivant la déclaration du concile de Trente,
l'Institut est pieux; c'est que l'iniquité ne s'attache à le diffamer que
pour le bien qu'il fait et le mal qu'il empêche. Telle est notre conviction bien arrêtée à nous autres chrétiens. Notre critérium est infaillible : nous jugeons, avec notre divin maître, l'arbre d'après ses fruits,
et l'homme d'après ses œuvres.

L'étendue de cet article ne nous permet pas d'insister sur d'autres
parties de cette histoire non moins brillantes et non moins solides que
celles dont nous avons étudié le contenu. Nous avons remarqué dans
ces différens livres des morceaux d'une critique bien informée et judicieuse. On a entassé tant de mensonges à l'occasion de cet ordre, que
son historien est contraint de s'arrêter à chaque pas, afin de redresser
les mille falsifications que l'on a fait subir aux événemens et aux intentions. Cette tache n'est pas la moins importante chez M. Crétineau-
Joly. Heureusement il a eu sous la main une foule de documens inédits que lui ont fournis les rayons du Vatican et les archives du Gesù.
Les morts sont sortis encore une fois de leur tombeau pour rendre témoignage à la vérité et confondre le mensonge.   XX.

REVUE ET NOUVELLES ECCLÉSIASTIQUES.

PARIS.

On écrit de Rome à l'*Univers* que la congrégation des affaires
ecclésiastiques extraordinaires, *réunie pour examiner les graves questions
soulevées par les interpellations de M. Thiers et arrêter la réponse à faire aux
ouvertures de l'envoyé extraordinaire de Sa Majesté le roi des Français, a décidé à l'unanimité dans la séance du 12 que le Saint-Siége ne pouvoit, ni ne
devoit prendre aucune part à des mesures qui concernent les droits constitutionnels de citoyens français.*

Nous pouvons affirmer que l'*Univers* a été complètement induit en
erreur par son correspondant. La congrégation des AFFAIRES ECCLÉSIAS-
TIQUES EXTRAORDINAIRES ne rend point de décisions, encore moins des

décisions qui soient destinées dans aucun cas à sortir de son enceinte. Elle n'a ni attributions déterminées, ni réunions périodiques, ni préfet, comme les autres congrégations. Elle ne s'assemble que lorsqu'elle est convoquée par le pape dont elle est le conseil théologal, et elle n'est appelée qu'à exprimer un simple avis quand Sa Sainteté juge à propos de le lui demander. Ses délibérations sont donc par leur nature même essentiellement secrètes, et il est sans exemple que rien de ce qui s'y passe ait jamais transpiré au dehors. Ce ne sont pas seulement leurs habitudes si connues de prudence et de discrétion profonde qui rendent ce secret inviolable aux vénérables membres de la congrégation ; un serment spécial leur en fait de plus une obligation de conscience.

Nous n'entendons nullement préjuger par ces réflexions quelle sera sur les questions dont il s'agit et l'opinion de la congrégation et la décision ultérieure du pape. Notre observation n'a pour objet que de mettre l'opinion publique en garde contre des rumeurs nécessairement incertaines et l'empêcher de prendre pour une décision formelle d'une congrégation de Rome, ce qui n'a et ne peut avoir aucun caractère d'authenticité. Ne pourrions-nous pas ajouter que lorsqu'il s'agit de résolutions émanant du Saint-Siége, et se rattachant à des négociations de si haute importance, il y auroit convenance et sagesse à ne leur accorder quelque valeur qu'après qu'elles ont été manifestées par leurs voies et dans leur forme régulière ?

Quand on se trouve par quelque nécessité fâcheuse engagé dans une discussion avec la *Gazette de France*, il est bien malaisé de la retenir sur le terrain de la question débattue. Elle agite aussitôt tant d'autres points de controverse, elle remue tant de sujets à la fois et soulève autour de la véritable, de l'unique question, un tel nuage de poussière qu'on ne sait plus par quel côté la ressaisir.

Elle s'est vue réduite, il y a peu de jours, à justifier aux yeux de ses amis mécontens, son opiniâtre persistance à batailler sans fin, ni cesse, ni raison, contre le prétendu danger des opinions ultramontaines.

Nous avons écouté sa justification, nous en avons fait connoître et discuté les principaux moyens : ils ne nous ont paru ni solides ni sérieux, et nous avons fini par supplier la *Gazette* de cesser, dans son intérêt comme pour le bien général de l'Eglise, une polémique inutile, inopportune, imprudente et dangereuse.

La question, comme on le voit, étoit simple et nettement posée : nous l'avions prise sur le terrain même où la *Gazette* l'avoit placée dans l'article auquel nous répondions.

Aujourd'hui tout est changé : par une de ces manœuvres qui lui sont trop familières, la *Gazette*, en humeur de courir la campagne, nous appelle et nous provoque sur dix points à la fois :

Nous en voulons, dit-elle, à son orthodoxie, parce que nous l'avertissons qu'il y a plus de naïveté que de théologie à nous apprendre sé-

ricusement que « l'univers catholique, la nation française à sa tête, re-
» connoît le gouvernement spirituel du pape et des évêques, *mais en ce*
« *sens, bien entendu, qu'il ne peut ni abroger, ni modifier aucun des dogmes.*»

«Nous faisons *des efforts honnêtes pour la pousser au schisme et à l'hérésie,*»
parce que nous lui crions qu'il y a un abîme au bout de ses idées
sur la constitution de l'Eglise.

« Nous aimons mieux nuire à la religion que de ne pas nuire à nos
» adversaires ; » ce que prouve sans réplique le conseil que nous donnons à
la *Gazette* de mettre un terme à une polémique qui alarme ses amis, qui
divise les catholiques, qui seconde merveilleusement les desseins des
ennemis de l'Eglise.

Que sais-je encore? « Nous foulons aux pieds la pourpre romaine, nous
» attaquons le cardinal de la Luzerne, le cardinal de Bausset, M. Frays-
» sinous, M. l'Archevêque de Paris, le pape, Bossuet,» parce que derrière
ces autorités vénérables et ces noms illustres, il y a un homme que
nous prions de se taire, qui compromet leur doctrine, qui contriste leur
ame en livrant aux débats irritans de la presse, des opinions que ces
sages évêques ont soigneusement renfermées dans de graves écrits et pour
les pacifiques controverses des écoles, entre des prêtres capables de les
discuter sans danger.

Ceci nous ramène au point précis du débat d'où la *Gazette* n'auroit
pas dû sortir.

Y a-t-il nécessité, y a-t-il opportunité à soulever aujourd'hui dans
les journaux ces questions d'ultramontanisme? Nous avons dit cent fois
non.

La *Gazette* persiste, et, pour dernière raison, elle nous dit : « M. de
» La Mennais, M. de Montalembert, M. de Cormenin, l'*Avenir*, la *Liberté*
» *comme en Belgique*, le livre de M. Rohrbacher, voilà l'origine de ces dé-
» bats que nous n'avons pas fait naître, mais que nous avons dû accep-
» ter. » Un peu plus loin, c'est l'*Univers* qu'on nous oppose.

Reprenons.

L'*Avenir* est mort il y a treize ans.

Hélas! ce n'est certes pas par son ultramontanisme que M. de La
Mennais est dangereux aujourd'hui.

M. de Cormenin vous déclare qu'il n'est ni ultramontain, ni gallican,
et il se contente de laisser sur vos épaules de *trouble-clergé* l'empreinte
de sa verve sanglante.

L'*Univers*, dont vous pouvez tout à votre aise blâmer les exagéra-
tions, s'inquiète si peu d'opinions ultramontaines que depuis deux
ans que vous le harcelez, il n'a pas cru devoir vous répondre une fois.

Nous citer la *Liberté comme en Belgique*, c'est se moquer de nous,
de vous-même et du clergé. — Dispensez-nous d'en dire davantage.

Reste M. le comte de Montalembert. La haute position du noble
pair, l'éclat de son talent, la brillante et glorieuse position qu'il a prise
parmi les défenseurs de la liberté religieuse, peuvent, à vos yeux comme

aux nôtres, donner à ses opinions personnelles sur les questions dont il s'agit, une importance qu'elles n'auroient pas dans la bouche de tout autre orateur, et sous la plume de tout autre écrivain.

Mais s'il est vrai que M. de Montalembert ait cru pouvoir à une autre époque porter ces opinions à la tribune, l'admirable sagesse avec laquelle il a compris qu'il devoit aujourd'hui écarter ces questions de nos discussions publiques, ne vous ôte-t-elle pas le droit de vous prévaloir du bruit qu'ont pu faire des manifestations que nous avons nous-mêmes sincèrement regrettées? Pourquoi ne pas imiter ce sage retour et cette prudente réserve? pourquoi ne pas employer ce que Dieu vous a donné de talent à couvrir l'Eglise par les côtés où ses ennemis la menacent, au lieu de porter dans son sein, comme fit l'*Avenir*, le trouble et la confusion? Croyez-le bien, nous n'avons aucun désir de vous trouver comme adversaire dans la lice où nous sommes descendus pour défendre les intérêts menacés de la foi catholique. Nous n'avons jamais eu la pensée de combattre votre candidature : mais si votre persistance à continuer ces débats imprudens doit nous faire craindre de vous voir un jour les transporter de la presse à la tribune de la chambre, nous n'hésitons pas à vous le déclarer, nous ferons publiquement des vœux pour que les hommes religieux de la Bretagne vous refusent leurs suffrages.

Après cela, appelez-nous *des endormeurs.....* et encore *des gens qui ne veulent plaire qu'au-delà des monts...*

M. l'évêque de Digne vient d'adresser à son clergé une lettre circulaire portant condamnation du *Bien Social*, et qui se termine ainsi :

« Tout récemment, Messieurs et chers Coopérateurs, le recueil hebdomadaire intitulé le *Bien Social*, a été de la part de Mgr l'Archevêque de Paris l'objet d'une censure détaillée. Le savant prélat a relevé d'abord une partie des outrages odieux que cette feuille n'a pas craint de déverser sur l'épiscopat. Le dégoût que de pareils excès inspirent, non-seulement à toute ame sacerdotale, mais même à toute ame honnête, doit en être la flétrissure, avant même toute condamnation. Ensuite, Mgr l'Archevêque a extrait de ce recueil 21 propositions qu'il a notées, chacune en particulier, et dont plusieurs sont respectivement téméraires, fausses, injurieuses au Saint-Siége et à l'épiscopat, scandaleuses, attentatoires à la constitution de l'Eglise et à ses droits, contraires à son enseignement et à la tradition, suspectes de schisme et d'hérésie, et plusieurs fois condamnées soit par les conciles, soit par le clergé de France, soit par le Saint-Siége. Vous trouverez ci-joint un exemplaire de ce remarquable Mandement, que nous avons demandé l'autorisation de réimprimer.

» Si nous n'avons pas cru, Messieurs et chers Coopérateurs, par la raison que nous vous avons donnée, devoir publier nous-même une condamnation formelle et spéciale de ces doctrines, dont la propagation pouvoit être si pernicieuse, nous nous empressons au moins aujourd'hui, après avoir pris l'avis de notre chapitre, de joindre notre voix et notre autorité à la voix et à l'autorité de nos frères dans l'épiscopat, et nous réprouvons et condamnons toutes les erreurs qu'ils ont réprouvées et condamnées.

» Au reste, Messieurs et chers Coopérateurs, nous aurons bientôt occasion, en publiant le réglement de notre officialité diocésaine et les motifs sur lesquels s'appuient les détails de son organisation, de mettre dans tout leur jour les véritables principes de l'autorité des évêques et de leur juridiction.

» Recevez, Messieurs et chers Coopérateurs, la nouvelle assurance de notre bien sincère et bien tendre attachement.

» Digne, le 15 juin 1845.

» † Marie-Dominique-Auguste, évêque de Digne.

» P. S. Nous apprenons à l'instant avec une grande joie que M. l'abbé Clavel, rédacteur en chef du *Bien Social*, suivant le noble exemple des frères Allignol, vient de faire sa soumission à Mgr l'Archevêque de Paris, et de se retirer complètement du journal qu'il dirigeoit. Nous souhaitons que ses anciens collaborateurs aient comme lui le courage d'abjurer leurs erreurs et de reconnoître leurs torts. Nous croyons inutile de faire observer que si le journal qu'ils veulent substituer au *Bien Social* suivoit la même ligne, ses doctrines tomberoient nécessairement sous le coup de la même condamnation. »

M. l'évêque de Digne apprendra avec douleur que le *Courrier des Campagnes*, qui a pris la clientèle du *Bien Social*, suit les mêmes erremens que son devancier. Dans l'un de ses derniers numéros, il y étoit dit entre autres énormités, que M. l'évêque de Liége *avoit surpris la religion du Saint-Père*, et l'avoit trompé dans l'exposition des faits relativement à la situation *anti-canonique* des desservans de France et de la Belgique.

———◆◆◇◆◆———

On lit dans le *Journal des Débats* :

« On commence à prendre les mesures indispensables pour conserver la plus importante cathédrale de France, Notre-Dame de Paris. Déjà on a étavé les points signalés depuis deux ans par le conseil des bâtimens civils comme étant en péril imminent. A l'aide d'étais disposés pour soutenir les arcatures de la galerie des rois, on a pu, ces jours derniers, remplacer trois des colonnes brisées retenues seulement aujourd'hui par quelques ceintures de fer; plusieurs autres, exactement dans le même état, vont être remplacées par de nouvelles en pierre dure et choisie. Ces colonnes, et en général toutes les pierres qui seront incrustées dans les différentes parties de ce monument, seront teintées de façon à ne pas faire taches dans l'ensemble.

» Pour juger de l'exactitude scrupuleuse qui préside à l'exécution de ce travail, il suffira de dire que non-seulement on reproduira sur les nouvelles colonnes de la galerie des rois jusqu'aux moindres indications des peintures anciennes qui peuvent s'y distinguer, mais de plus que les fragmens des vieilles seront numérotés, classés et rangés dans une partie du grand comble, où ils formeront la base d'une collection de fragmens et d'estampages provenant de la métropole; de cette façon il sera toujours facile de recourir aux sources et d'apprécier le mérite des restaurations.

» Mais d'abord il s'agit de consolider, de soutenir; il importe, avant tout, de remplacer les placages et les mastics qui déshonorent ce monument par de belles et bonnes pierres solidement soudées au cœur de la maçonnerie; il est indispensable de pourvoir à l'écoulement des eaux, à l'entretien de la couverture, à la suppression des tuyaux de descente qui suintent le long des murailles, et enfin à l'assainissement des parties inférieures du monument. Ce sont là les premiers travaux à exécuter, et ceux pour lesquels on a déjà trop tardé; car, il faut bien le dire, pour une cause ou pour une autre, la cathédrale de Paris est celle de toutes les cathédrales de France que l'on a laissée dans le plus complet état d'abandon. Nous l'avons déjà dit, depuis l'Empire la somme employée pour l'entretien ne pouvoit pas excéder trois mille francs!»

Ce n'est pas jusqu'au temps de l'Empire qu'il faut remonter pour constater les besoins de réparations urgentes que réclamoit le plus beau des monumens religieux et gothiques de la capitale. Sous la Restauration on porta d'abord tous les soins à ce qu'il y avoit de plus indispensable; de toutes parts les vocations pour le sanctuaire dépeuplé et presque désert, furent d'abord favorisées, et l'éducation cléricale rendue à son libre exercice. Les soins pour le matériel des édifices vinrent ensuite. L'état de dégradation actuel de Notre-Dame de Paris date de 1830, du pillage de l'archevêché à cette époque et aux déplorables et sombres journées de février 1831.

Les rancunes politiques de ces jours néfastes ne permirent jamais, durant la vie de l'illustre Mgr de Quelen, de réparer les pertes qu'éprouvèrent, et la demeure du saint archevêque, et la sacristie, et l'église même de Notre-Dame. Telles sont les causes véritables du délaissement où l'on avoit laissé jusqu'ici la métropole de Paris. De tels souvenirs ont quelque chose de blessant, nous ne saurions le nier, mais l'histoire ne s'invente et ne se refait pas plus aujourd'hui dans l'intérêt de la politique, qu'elle ne s'écrivoit jadis selon les caprices des anciens tyrans ou monarques absolus.

Des Israélites, au nombre de huit, parmi lesquels on remarquoit une dame anglaise et son fils, ont reçu solennellement le baptême, à la fête de saint Pierre et saint Paul. La cérémonie a eu lieu dans la chapelle de Saint-Jean-de-Dieu, dont le sanctuaire ne suffisoit point au grand nombre de fidèles qui avoient voulu jouir de cette belle fête. M. l'abbé Ratisbonne, qui a versé l'eau régénératrice sur le front des catéchumènes, a vivement ému la nombreuse assemblée en racontant les vicissitudes de l'ancien peuple de Dieu, et ses destinées futures, annoncées par les prophètes. En terminant son discours, il a invité les fidèles à une prochaine cérémonie dans laquelle plusieurs jeunes gens et dames israélites auront le bonheur d'être incorporés dans la grande famille catholique.

On lit dans la *Gazette de Metz* :

« Jeudi 26 juin courant, M. Paul-Abraham Giral, ancien représentant du peuple, puis membre du conseil des cinq cents, a abjuré les erreurs du calvinisme et a reçu le baptême en présence d'un nombreux concours de fidèles de la paroisse de Warize.

» Depuis deux ou trois ans, M. Giral se préparoit à ce grand acte et il l'a accompli avec une visible satisfaction : après le baptême qui lui fut donné conditionnellement par M. Bettinger, curé, et l'absolution aussi conditionnellement, M. Giral a communié; une foi vive et une tendre dévotion se remarquoient en lui et donnoient à sa figure quelque chose de radieux.

···r à la foi catholique de cet homme instruit et qui a joué un si grand rôle dans notre triste révolution, est bien fait pour consoler la religion de l'oubli et de l'indifférence de quelques-uns , et pour ramener à elle ceux qu'une demi-instruction et les sophismes des hommes superficiels ont pu égarer. »

On vient de publier le bulletin de la société géologique qui rend compte de la séance extraordinaire tenue l'année dernière à Chambéry. Parmi les discours savans, nous citerons celui de Mgr Billet, évêque d'Annecy, plusieurs discussions très-profondes, soutenues par M. l'archevêque de Chambéry. M. Chamousset, professeur de physique au collège des Jésuites a été l'ame de la société : c'est lui qui dirigeoit la compagnie savante dans ses excursions, car il a une connoissance approfondie de la localité et de tous les accidens géologiques de la Savoie. Le clergé français a été représenté au congrès géologique, par le jeune abbé Landriot, supérieur du séminaire d'Autun, qui a soutenu plusieurs questions avec une rare sagacité et une érudition profonde ; il a été élu secrétaire de la société réunie à Chambéry ; le président étoit Mgr d'Annecy.

BAVIÈRE. — Nous apprenons de Munich que Mgr Morichini, nouveau nonce apostolique en Bavière, est arrivé dans cette capitale dans la nuit du 22 au 23 juin. Son prédécesseur, Mgr Viale-Prélà, devant partir incessamment pour remplacer à Vienne Mgr Altiéri, le ministre d'Autriche préparoit, en son honneur, un splendide banquet auquel devoient prendre part tous les ministres bavarois, ainsi que tout le corps diplomatique accrédité près la cour de Bavière.

ÉCOSSE. — Mgr Gillis, coadjuteur d'Edimbourg, vient de publier une lettre dont les catholiques de France doivent lui savoir gré. Cette lettre, adressée au *Caledonian Mercury*, est motivée sur de faux renseignemens donnés à ses confrères d'Ecosse par M. Frédéric Monod, ministre protestant de Paris, qui est allé assister à l'assemblée générale de *l'église libre*, tenue à Edimbourg. M. Monod dit, à ce qu'il paroît, que les catholiques de notre capitale étoient dans l'usage, lorsque leurs confesseurs leur infligeoient une pénitence, de payer quelque vieille femme. faisant métier de prier pour les autres; que M. l'Archevêque de Paris a découvert naguère des reliques de la passion de N. S., et qu'il a aussitôt invité les *paroissiens à les adorer;* que les fonds de la Propagation de la Foi sont envoyés à Lyon par le pape. M. l'évêque de Nanci, en outre, a été signalé à l'Ecosse par M. Monod; nous ne savons trop le crime dont il s'est rendu coupable aux yeux de ce ministre protestant.

Mgr Gillis n'a pas cru devoir laisser passer sous silence les erreurs de M. Monod; il les relève une à une et avec d'autant plus de facilité qu'il connoît la France, et surtout la France catholique, beaucoup mieux que M. Monod lui-même.

ATS SARDES. — Un beau trait de pieuse libéralité est mentionné
. < Ga:ette piémontaise. M. l'abbé Prosper Barberis, chanoine de la
:drale et procureur-général du séminaire d'Asti, a fait à l'évêque
.. .iocèse, Mgr Ph. Artico, une donation de 50,000 fr. Cette somme
doit être employée à ériger dans l'enceinte du séminaire, auquel le vénérable pontife a récemment procuré la précieuse visite du roi de Sardaigne, une église dont cette maison avoit besoin pour l'exercice du
culte, et qui manquoit à la piété des élèves.

PRUSSE. — Sous la date du 25 juin, Mgr de Diepenbroke a fait
ses adieux à la ville de Ratisbonne, dans une adresse que le journal
local a publiée. Le même jour, le nouveau prince-évêque de Breslau s'est mis en route pour prendre possession de sa résidence épiscopale.

SAXE. — Le professeur Wigard, de Dresde, se disant président de la
communauté des séparatistes prétendus catholiques, vient, par ordre
du ministre des cultes, d'être appelé en justice, pour avoir, contrairement à la défense du gouvernement, autorisé la célébration d'un mariage par le prêtre apostat Eickhorn. Celui-ci, de même que le tailleur
Séry, dont il avoit béni le mariage, ont également été mis en cause, et
le professeur Wigard aura en outre à répondre de quelques baptêmes
qu'il a laissé faire par des prêtres vagabonds, dont le gouvernement
saxon ne reconnoît pas le caractère.

SUISSE. — Les RR. PP. Simen et Burgstaller, de la Compagnie de
Jésus, l'un ancien provincial, l'autre missionnaire distingué, sont arrivés le 26 juin à Lucerne, pour y prendre possession de l'établissement
qui leur est destiné.

— Les habitans du canton de Zug, au nombre de plusieurs milliers, se
sont rendus en pélerinage sur le tombeau du B. Nicolas de Fluë; les
préposés des communes, plusieurs membres du gouvernement et tous
les prêtres, un seul excepté, s'étoient joints au pieux cortége. Le P. Vé-
réconde, dans un discours éloquent, exhorta ses nombreux auditeurs à
rendre à Dieu de justes actions de grâces pour le remercier de la victoire signalée qu'il leur a fait remporter. Après l'office divin, les Unter-
waldois reçurent leurs fidèles alliés dans leurs demeures et leur donnèrent l'hospitalité la plus cordiale. Tous se promirent une fidélité à
toute épreuve, tous jurèrent de combattre ensemble jusqu'à la mort pour
la défense de leurs droits, de leur liberté, de leur religion.

— Dimanche, 8 juin, le bourg de Rorschach, canton de Saint-Gall,
a vu célébrer dans son église catholique une solennité d'une nature
aussi rare que touchante. Un vieillard de 72 ans, M. Jean-Ulric Signer,
de Teuffen, canton d'Appenzell, Rhodes extérieures, y célébroit sa première messe. Il avoit été pendant longues années ministre protestant.

et avoit, en cette qualité, desservi plusieurs paroisses dans sa patrie, ainsi qu'au canton de Thurgovie, sans être parvenu à tranquilliser sa conscience sur la rectitude de sa foi. D'innombrables et d'incroyables obstacles mirent la fermeté de son caractère, ainsi que la sincérité de son retour à l'Eglise, à de bien rudes épreuves dont, par la grâce de Dieu, il sortit triomphant. La vocation au sacerdoce et l'ordination ecclésiastique en devinrent la récompense.

MONT-LIBAN. — Une trève a été signée entre les Druses et les Maronites; ces derniers ont beaucoup souffert; ils ont perdu plus de 2,000 personnes, au nombre desquelles les femmes, les enfans, les vieillards figurent en majorité. Les pertes des Druses s'élèvent environ à 1,000 personnes, la plupart hommes valides. Tous les villages chrétiens des districts mixtes ont été brûlés, les moissons ravagées, les mûriers détruits; en un mot, la ruine est complète. Notre consul, M. Poujade, au milieu de ces douloureuses conjonctures, a été admirable de courage, d'activité, de charité. Il a été heureusement secondé par M. du Panouet, commandant du brick le *Cerf*, qui a mis toutes les provisions de son bord à la disposition des malheureux montagnards.

Les Lazaristes d'Antoma, obligés de renvoyer leurs élèves, ont fait de leur collège une maison de secours où ils ont consacré toutes leurs ressources à alimenter les affamés.

REVUE POLITIQUE.

La *Revue des Deux-Mondes* croit résumer toute la politique de la lutte religieuse actuelle par ces mots étranges :

« Un mouvement énergique s'est déclaré depuis peu contre les EMPIÉTEMENS DU PARTI ULTRAMONTAIN. La France, pleine de respect pour la foi de ses pères, défend les droits de l'Etat et l'indépendance de l'esprit humain contre les tentatives d'une réaction aveugle... »

D'une autre part, on élève un nouveau drapeau sous le nom de *parti catholique*, autre, dit-on, que le *parti national* et le *parti français*. De sorte que les hommes religieux et sincères qui prétendoient placer les questions religieuses au-dessus et en dehors de toutes les animosités de partis, ne sauront plus à qui s'unir pour rester dans la modération et la sagesse. Quel déplorable aveuglement s'empare donc aujourd'hui même des esprits les plus courageusement dévoués aux intérêts de l'Eglise, et les porte à donner en quelque sorte un juste prétexte d'être nommés par nos ennemis communs des hommes passionnés et réactionnaires ? N'est-ce pas assez que le *Constitutionnel* et M. Thiers, que les *Débats* et M. Dupin, que le *National* et la *Réforme* répètent, dans leur croisade insensée contre l'Eglise, ces mots de *parti-prêtre*, de *parti des évêques*; que la *Gazette* s'unisse à tous ces journaux pour dénoncer on ne sait quel *parti ultramontain*? Faut-il encore voir, dans les rangs des défenseurs de la cause religieuse, s'élever une fraction nouvelle d'hommes instruits et généreux s'attribuant, avec le nom de *parti*, le nom, le nom si beau, si universel, si peu propre à l'exclusion, le

nom de *catholique?* Non, la France, grâces à Dieu, ne sera pas réduite à
voir sa foi antique, la croyance de ses aïeux, réduite aux proportions mesquines
d'un *parti catholique.* Ni le protestantisme, ni la philosophie impie, ni l'indifférentisme, ni les utopies fouriéristes, réunis pour attaquer les principes et la hiérarchie de l'Eglise catholique, apostolique et romaine, ne sauroient placer en minorité dans ce beau pays tous ceux qui tiennent comme par
un héritage paternel à l'antique foi de la patrie. 93, dans ses fureurs, a
fait nommer *réfractaires* les héros et les victimes de la foi chrétienne; nulle
part on ne trouve, dans ce temps néfaste d'oppression et de sanglante persécution contre l'Eglise, le nom désolant de *parti catholique.* Ce mot n'a de valeur
que dans les pays où l'erreur, assise sur le trône et dominatrice dans les lois,
réduit les véritables enfans de Jésus-Christ presque à la condition d'esclaves ou
de parias. « Mais *on a beau faire,* disoit Napoléon, en France la religion catholi-
» que ne sauroit être que la mère et la maîtresse des autres cultes. » Qu'importe
que les passions conjurées et hostiles confondent à dessein les noms de catholiques et d'ultramontains! nous ne devons point permettre, nous, catholiques
fidèles, que les partis et leur aveugle emportement fassent descendre dans
l'arène de leurs combats acharnés le plus beau de nos titres religieux. M. Dupin et la *Gazette de France* exigent que le clergé professe le gallicanisme, afin
d'être, disent-ils, un *clergé national;* dans un camp opposé, on déclare que ce
même clergé ne peut et ne doit être qu'*ultramontain.* Comme si un corps aussi
important, aussi respectable, et aussi instruit par caractère et par vocation, devoit être entraîné par les doctrines du *Manuel,* ou par d'autres publications nouvelles, produites par le choc des opinions du moment. Si jamais on avoit pu
croire à l'établissement d'un *parti catholique* en France, certes, ce fut au moment où M. de La Mennais et ses jeunes amis, réunis par d'entraînantes convictions et des talens si connus, fondèrent un journal qui succomba sous la réprobation des évêques de France d'abord, et enfin par l'encyclique du pape Grégoire XVI. Ce que l'*Avenir* et M. de La Mennais ont été impuissans à établir en
1831, qui oseroit aujourd'hui l'essayer? D'ailleurs, l'Eglise est à tous; elle est la
mère de tous ceux qui ont été marqués du sceau de la foi. Que les hommes ardens se combattent sur le terrain des opinions politiques, mais qu'ils laissent l'é-
pouse de Jésus-Christ assise majestueusement, calme et miséricordieuse pour
tous, dans son sanctuaire de la vérité et de la charité.

NOUVELLES ET FAITS DIVERS.

INTÉRIEUR.

PARIS, 2 juillet. — M. le maréchal Soult continue de ne pas paroître à la
chambre; on dit qu'il souffre d'une forte courbature.

— On lit dans le *Moniteur* d'aujourd'hui :

« M. le ministre de l'instruction publique a obtenu du roi un congé de trois
semaines pour compléter le rétablissement de sa santé. »

— M. le comte de Larochefoucault est parti de Paris pour Florence, où il est
appelé à remplacer M. Bellocq comme ministre de France.

— La princesse Borghèse et le prince Salviati, son fils, sont arrivés hier à Paris
venant de Bruxelles.

— Le *Courrier des Etats-Unis* rapporte que, dans une entrevue qu'il a eue au Port-au-Prince avec le général Pierrot, à propos des réclamations de la France contre Haïti, notre consul-général, M. Levasseur, auroit eu tellement à se plaindre de la brusquerie des formes et de l'inconvenance de langage du nouveau président de la république, qu'il auroit demandé ses passeports.

— L'état-major de la garde nationale de Paris a conçu, dit-on, le projet de modifier le service des gardes nationaux, soit dans le poste des mairies, soit dans les grands postes, comme les Tuileries, le Louvre, la Préfecture de la Seine, etc. D'après ce projet, qui seroit mis à exécution le 1er août prochain, les postes des mairies seroient occupés par un sergent et douze hommes ; pendant la nuit il n'y auroit plus de factionnaires ; les portes des mairies seroient fermées, et les gardes nationaux pourroient se livrer tranquillement au sommeil, non pas dans leurs lits, mais sur les lits de camp du poste.

Les grands postes seroient tenus par quarante-huit hommes commandés par un capitaine et un lieutenant. Parmi les quarante-huit hommes, vingt-quatre seroient de service pendant le jour et vingt-quatre pendant la nuit. Ce seroit au sort à décider qui, parmi les quarante-huit, feroit le service soit pendant le jour, soit pendant la nuit. Ceux que le sort auroit désignés pour le service du jour pourroient aller se coucher chez eux pendant la nuit ; ceux que le sort auroit désignés pour le service de nuit seroient entièrement libres pendant toute la journée.

Ce projet a été inspiré par le désir d'alléger l'ennuyeuse tâche des gardes et de diminuer la répugnance de beaucoup de gens à s'acquitter de cet impôt civique.

— On assuroit hier que la question qui divise en ce moment les maîtres et les ouvriers charpentiers avoit fait un pas vers un terme d'arrangement. On parle d'un conseil arbitral et conciliateur qui seroit nommé pour résoudre la question. Au reste, les ouvriers maçons, terrassiers, couvreurs, serruriers, n'ont pas un seul instant discontinué leurs travaux.

— On lit dans l'*Union* de Saint-Germain-en-Laye du 29 juin :

« Les ouvriers charpentiers employés aux travaux du chemin de fer atmosphérique ont repris leurs travaux, qu'ils avoient abandonnés, à l'imitation des charpentiers de Paris. Il y a tout lieu d'espérer que nous ne verrons pas se renouveler cette suspension, qui, du reste, a été de courte durée, mais dont les résultats auroient pu être si funestes si elle s'étoient prolongée. »

— La chapelle de Saint-Ferdinand, élevée sur le lieu où le prince royal, où le duc d'Orléans a perdu la vie, est achevée. Elle est d'une simplicité noble et touchante. Le duc d'Orléans est couché endormi sur son tombeau, la tête entre les mains d'un ange, et cet ange est la dernière inspiration de la princesse Marie, morte avant lui. Quelle pieuse idée ! quelle triste rapprochement ! Le génie de la sœur appelé à décorer la tombe du frère !

La chapelle a été élevé en partie sur le terrain qu'occupoit la maison de l'épicier, en partie sur un terrain appartenant au plus riche de nos marquis. Quand on vint demander au marquis s'il vouloit vendre sa propriété, il en refusa le prix : il voulut en faire don. Plus tard, la reine lui envoya une pendule d'un admirable travail et estimée 12,000 fr., somme bien supérieure au prix d'une parcelle de terrain. Dans un petit salon qui tient à la chapelle, on voit aussi deux pendules qui doivent toujours marquer la même heure : à l'une, c'est l'heure de l'événement ; à l'autre, c'est l'heure de la mort.

— L'ancien premier valet de chambre de l'empereur, M. Constant Wairy, plus connu sous le seul nom de Constant, est mort à Breteuil (Eure), samedi dernier, dans sa 67e année.

— Une découverte du plus grand intérêt vient d'avoir lieu aux environs de Toulouse, dans la commune de Belbèze. M. Leymerie, professeur à la Faculté des sciences, chargé par le gouvernement d'études géologiques dans le département, vient de trouver un gîte considérable de pierres lithographiques. Cette découverte est extrêmement précieuse. L'industrie méridionale, qui aujourd'hui fait venir des pierres à grands frais de Munich, sera désormais à même de s'approvisionner dans la ville la plus centrale du Midi.

— On lit dans l'*Observateur des Pyrénées* :

« Mardi dernier, jour de grand marché à Mauléon, il a éclaté un soulèvement à l'occasion de la cherté des grains. Trois ou quatre mille personnes se trouvoient réunies sur les lieux, tant à cause du marché qu'à cause de la fête de Licharre, commune dépendante de Mauléon.

» Le prix du maïs ayant été fixé ce jour même à 8 fr. la conque (ou demi-hectolitre), prix qui parut exorbitant à la population, la masse s'exaspéra et se porta chez un individu qui avoit dans ses greniers des provisions très-abondantes. Après avoir chassé le propriétaire, elle s'empara de son maïs qu'elle vendit à 6 fr. a conque.

» Le maire et quelques gendarmes ayant voulu s'opposer à cette violation, on les repoussa. Le maire reçut un coup de bâton qui le blessa grièvement à la tête. Les gendarmes furent aussi fort maltraités.

» Dès que cette nouvelle fut connue à Pau, on envoya un exprès à M. le préfet qui se trouvoit en ce moment à Caresse. »

— Les journaux des départemens nous apportent encore les détails les plus sinistres, sur les suites des derniers orages. Partout les récoltes ont souffert très-sérieusement. Dans la Haute-Marne où plusieurs trombes d'eau sont tombées le même jour, un grand nombre de communes ont été dévastées ; celle de Saint-Urbain, l'une des plus riches, a été pour ainsi dire anéantie ; vingt-cinq maisons ont été enlevées par le torrent qui a roulé leurs débris jusqu'à l'extrémité du village ; quarante autres maisons ont été tellement ébranlées qu'il faudra les démolir ; le reste est plus ou moins endommagé. Le vignoble est détruit ; on cite entre autres phénomènes une vigne qui a glissé tout entière dans la vallée ; les arbres sont rentrés en terre jusqu'aux branches, et une source considérable, qui n'existoit pas, jaillit de plus de vingt mètres.

Plusieurs communes de l'Allier et du Cher ont essuyé aussi des ravages considérables. La petite ville de Giroussens a été frappée de stupeur par suite de l'orage qui a éclaté la nuit du 14. Le ravin qui la borde a renversé avec fracas une maison habitée par une pauvre femme et sa fille âgée de 11 ans. Un voisin a donné l'alarme ; tout le village fut bientôt sur pied. Chacun de voler au secours, le curé en tête. L'eau continuoit de tomber à torrens. « N'importe ! mes amis, disoit le curé, nous ne quitterons ce lieu que lorsque nous aurons retiré de là-dessous ces malheureuses créatures... » En effet, on les retira ; mais la jeune fille étoit morte et n'avoit plus forme humaine. Sa mère succomba deux jours après.

Dans la Corrèze, la foudre a tué quatre personnes. Elle est tombée à Lanteuil sur le château de M. de Lapraderie ; la tour de cet édifice a été fortement endommagée, et des lézardes ont été faites dans le mur.

Sur plusieurs points de la Charente, les orages ont occasionné de grands désastres, surtout dans les communes de Bunzac, Combiers, Saint-Martial de Montmoreau, etc. A Oradour-Fanais, plusieurs bâtimens ont été emportés par les eaux de la Bloue ; des bestiaux ont été noyés ; un pont construit sur le ruisseau de Fougrive, il y a deux ans, a été totalement détruit.

A Bailleul (Nord), le tonnerre est tombé sur la caserne des préposés des douanes où il a causé les effets les plus surprenans. Il s'est abattu sur le pignon de la

...ncore du brigadier, a percé le mur de plusieurs trous, principalement aux endroits où sont placées les ancres en fer. Il est ensuite entré dans sa mansarde et a brisé le lit sur lequel il étoit couché ; puis, après avoir passé par les ouvertures du ...yon dans la chambre basse, et y avoir cassé tous les carreaux de vitre, il a culbuté un bureau, et de là, se dirigeant vers la cheminée, a brisé les bois de deux carabines qui y étoient accrochées ; ces carabines étant chargées, l'une d'elles a fait feu, et la balle a traversé le plafond. Enfin le fluide électrique s'est fait une petite ouverture dans le mur qui sépare la maison de la cuisine, a renversé tout ce qui s'y trouvoit, brisé les carreaux de vitre et est allée en sortant tuer le chien du sous-brigadier Pagnier.

Quelques maisons de Montluçon ont été renversées ; un quartier de la ville a été inondé. On compte plusieurs victimes.

Le département de Maine-et-Loire a particulièrement souffert. Un propriétaire de cette contrée, M. de Gibot, a fait prévenir tous ses fermiers qu'ils pouvoient aller prendre leurs quittances sans avoir besoin de lui compter d'argent. Ce noble exemple n'a pas besoin d'éloges. Il nous suffit de le constater, et nous espérons que M. de Gibot trouvera des imitateurs.

À Châteauroux, l'Indre a dévasté la basse ville. Ses ravages se sont étendus sur les villes d'Ardentes et de Busançais, et dans toutes les campagnes qu'elle arrose. La Creuse s'est élevée, à Argentac, à une hauteur prodigieuse. Toutes les boutiques du bas de la ville ont été inondées. Il en a été de même à Aubusson. Les campagnes offrent le plus triste aspect.

EXTÉRIEUR.

ESPAGNE.—La Bourse de Madrid a été livrée dans ces derniers temps à un agiotage effréné qui a occasionné la ruine de nombreuses familles. Le gouvernement avoit voulu déjà, lors de la réunion des cortès, porter remède à une situation aussi fâcheuse à tous égards. Le projet de loi n'ayant pas pu être présenté à temps et des événemens récens ayant amené une fluctuation extraordinaire dans les négociations opérées à la Bourse, le ministère s'est décidé, sous sa responsabilité, à faire promulguer provisoirement un décret qui réforme les dispositions législatives et le réglement d'organisation de la Bourse.

La Gazette du 25 juin publie le nouveau réglement d'organisation de la Bourse. L'article 1er porte que le chef politique de Madrid est le chef immédiat de la Bourse. En son nom, et pour le représenter, l'inspecteur assistera à tous les actes et à toutes les réunions qui auront lieu à la Bourse.

Aux termes de l'article 2, c'est l'inspecteur qui, à la clôture de la Bourse, devra transmettre aux ministres des finances et de la marine, du commerce et des colonies, aux directions générales du Trésor public, à la Caisse d'amortissement et au chef politique le bulletin contenant la cote des effets publics et des valeurs de commerce ; à la fin de chaque mois, il transmettra des bulletins généraux.

L'article 3 permet l'entrée de la Bourse à tout individu, national ou étranger, contre lequel ne s'élève aucune cause d'incapacité légale.

Les articles suivans portent que pendant l'heure destinée aux opérations sur les effets publics il ne sera pas permis de fumer dans les salons de la Bourse. La Bourse sera ouverte tous les jours, à l'exception des fêtes religieuses. des jeudi et vendredi de la semaine sainte, du 2 mai et du jour de la fête de la reine. La durée des réunions sera de deux heures, de midi à deux heures, sans que la séance puisse être prolongée. La première heure sera exclusivement consacrée aux opérations commerciales. Dans l'heure qui suivra, on traitera des négociations.

ANGLETERRE. — On lit dans le *Globe* de Londres, du 28 juin :

« La reine et le prince Albert quitteront l'Angleterre pour le continent aussitôt après la prorogation du parlement, qui aura lieu, dit-on, sinon à la fin de juillet, du moins au commencement d'août. Le 26 août, le 27ᵉ anniversaire de la naissance du prince Albert sera célébré à Saxe-Gotha, durant la visite de S. M. et du prince à leurs illustres parens, le duc et la duchesse régnans de Saxe-Cobourg-Gotha. La reine sera accompagnée, durant son voyage, par le comte d'Aberdeen. S. M. ira à Ostende sur le yacht royal ; de là elle se rendra à Bruxelles, en route pour l'Allemagne. »

— Les négocians anglais se prononcent très-fortement contre la situation déplorable dans laquelle la politique sauvage de Rosas a plongé le commerce autrefois considérable de la Plata. Deux pétitions signées par les négocians notables de Liverpool et de Manchester, et sollicitant la libre navigation de la rivière de la Plata jusqu'au Paraguay, ont été présentées, le 28 juin, à la chambre des lords, par le duc de Richmond et lord Brougham. Ces pétitions, que le nombre et la valeur personnelle de leurs signataires rendoient fort importantes, ont amené le comte Aberdeen à faire la déclaration suivante :

« Je suis tout disposé à reconnoître les avantages commerciaux considérables qui pourroient dériver d'une libre communication avec les Etats de l'intérieur de l'Amérique du sud, si l'on pouvoit ouvrir le commerce avec eux. Il y a quelqu'espoir d'arriver à ce résultat. Le gouvernement de la reine *travaille* avec les ministres de S. M. le roi des Français à opérer la *pacification* des républiques de Rio de la Plata, en proie à la perturbation. Le résultat de ces démarches seroit d'augmenter le commerce de l'Angleterre avec ces Etats. J'ajouterai qu'il seroit très-préjudiciable de recourir à des mesures hostiles ou même à des menaces, pour obtenir des relations commerciales avec les nombreux petits Etats des régions dont j'ai parlé. L'indépendance de tous les peuples doit être respectée, et je suis bien décidé à la respecter. »

— Hier, dit le *Sun* du 28 juin, une véritable consternation régnoit dans Woolwich : on venoit d'y apprendre que le navire *Apollo*, parti de Sherness dans les premiers jours d'avril, avec deux compagnies d'artillerie qu'il transportoit au Canada, s'est perdu sur la côte de Newfoundland, et que 80 personnes parmi celles qui étoient à bord, ont trouvé la mort dans ce naufrage. On ignore encore les détails de ce funeste évément.

— Mercredi dernier, dans l'après-midi, deux convois se sont rencontrés sur la ligne de Bristol à Birmingham. Une locomotive a été détruite, et l'autre mise hors de service. Un mécanicien a reçu des contusions effrayantes, et trente ou quarante voyageurs ont été blessés ; aucun d'eux n'a reçu de blessures mortelles.

ORIENT. — Les dernières nouvelles de Syrie sont moins inquiétantes. Bien que les deux partis fussent encore en armes, la guerre civile étoit suspendue et les chefs des Druses et des Maronites, réunis à Beyrouth sur l'invitation des consuls, avoient signé une suspension d'armes. Cependant les Druses se montroient moins conciliants que les Maronites ; leurs chefs ne sont arrivés à Beyrouth que lorsque les Maronites y étoient déjà depuis trois jours.

« Les Druses, dit une lettre que nous trouvons dans le *Journal de Constantinople,* ne veulent pas entendre parler, surtout, de la nomination d'un chef chrétien pour administrer tous les chrétiens du Liban ; ils prétendent que ceux-ci, dans les districts mixtes, soient soumis à la juridiction druse. Ils sont encouragés dans ces idées par des émissaires étrangers, qui, tout en ayant l'air de travailler pour la Sublime-Porte, ne songent qu'à leurs propres intérêts. »

—Les journaux de Constantinople sont presque uniquement remplis de détails
sur les noces de la sultane Alidé. Le 11 juin étoit le jour fixé pour le grand dîner
donné au corps diplomatique. Le sultan est venu recevoir les félicitations des
ambassadeurs, mais il n'a pas assisté au banquet, qui a été présidé par le grand-
vizir, ayant à sa droite lady Canning et à sa gauche l'ambassadeur d'Angleterre.

Le 12, la sultane Alidé a passé le Bosphore pour se rendre au palais de Defter-
lar-Bournou, qu'elle doit habiter avec son époux. De nombreuses salves d'artillerie annoncèrent le départ du cortège. Au même instant, plus de cent bateaux
de parade, quittant le palais de Beyler-Bey, se détachèrent à force de rames, et
dans le plus grand ordre, vers le palais de Defterdar-Bournou. En tête du cortège
marchoient plusieurs des longs caïques dorés qui accompagnent d'ordinaire le
bateau de parade du sultan dans ses visites de cérémonie; les caïques portoient
les cadeaux destinés par le sultan à la nouvelle épouse. Ces cadeaux étoient renfermés dans quatorze cassettes garnies d'argent et d'un travail précieux; douze
autres cassettes d'argent massif, vingt caisses recouvertes de velours, le tout
contenant des châles, des fourrures, de riches habits et tous les objets de toilette destinés à la sultane. Venoient ensuite douze plateaux d'argent sur lesquels
étoient étalés des diamans, des bijoux et des parures; puis, quatorze autres plateaux du même métal supportant des aiguières, des manglas, des zarfs, des tasses
à café, de la vaisselle plate et une multitude d'objets richement travaillés. Les
caïques qui portoient les présens étoient suivis de S. A. le grand-visir, du
cheik-ul-Islam, des ministres et des hauts fonctionnaires, tous dans leurs bateaux de parade et en grand costume de cérémonie. Venoient enfin la sultane
mère, et un grand nombre de femmes du harem impérial, et au milieu d'elles, la
nouvelle épouse dans un bateau recouvert qui la cachoit à tous les yeux. Le kis-
lar agha et tous les eunuques du palais fermoient le cortège, également accompagné de corps de musiciens exécutant des symphonies.

CHAMBRE DES PAIRS.

La chambre des pairs a tenu hier une courte séance; elle a adopté sans discussion le projet de loi sur la célébration des fêtes de juillet, le projet de loi relatif aux fortifications de Paris, et divers projets de loi d'intérêt local.

Dans la même séance, M. le ministre des finances a présenté le projet de loi
sur le budget des dépenses, et M. le ministre de la marine le projet de loi relatif
à la station sur la côte occidentale d'Afrique.

Aujourd'hui, la chambre, après avoir entendu plusieurs rapports, s'est retirée dans ses bureaux pour examiner le projet de budget des dépenses pour 1846,
le projet de loi de crédit pour la station navale sur la côte d'Afrique, et divers autres projets de loi récemment votés par la chambre des députés.

A la reprise de la séance, la chambre a adopté le projet de loi sur la police des
chemins de fer, dont l'art. 5 avoit été renvoyé à sa commission.

CHAMBRE DES DÉPUTÉS.

Après une courte discussion sur le cahier des charges du chemin de fer de Paris à Strasbourg, la chambre a approuvé hier les quatre autres articles du projet
de loi relatif à ce chemin et à celui de Tours à Nantes, et elle a adopté l'ensemble
du projet à la majorité de 246 voix contre 5.

Après ce vote, la chambre a adopté sans discussion et à l'unanimité, le projet
de loi relatif à la vente des poisons. Ce projet annule les articles 34 et 35 de la

loi du 21 germinal an 11, et porte que les contraventions aux ordonnances royales
sur la vente, l'achat et l'emploi des substances vénéneuses, seront punis d'une
amende de 100 fr. à 3,000 fr., et d'un emprisonnement de six jours à deux mois,
sauf application de l'article 463 du code pénal, mais avec confiscation des substances saisies.

Par un troisième vote, la chambre a autorisé le ministre des travaux publics à
concéder les deux embranchemens de Dieppe et de Fécamp sur la route de Rouen
au Havre, et celui d'Aix sur la route de Marseille à Avignon. La durée de la concession des deux premiers embranchemens ne doit pas dépasser la concession
accordée à la compagnie de Rouen au Havre, et déterminée par la loi du 11 juin
1842; la durée de la concession de l'embranchement d'Aix ne dépassera pas quarante-cinq ans.

La chambre a encore eu le temps d'adopter les six articles du projet de loi relatif à l'établissement d'un comptoir de la Banque à Alger. Un amendement de
M. de Panat, ayant pour but de constituer cet établissement sous forme de société
anonyme avec le concours et la direction de la banque, a été rejeté.

Dans le courant de cette séance, M. le général Bellonet a déposé son rapport
sur le projet de loi relatif au chemin de fer de Dijon à Mulhouse.

Aujourd'hui le projet de loi relatif à la banque d'Alger a été adopté par 212
voix contre 20.

Cette institution de crédit aura cela de particulier qu'elle participera à la fois
de la nature des comptoirs proprement dits et de celle des banques départementales organisées en sociétés anonymes. Son capital est fixé à dix millions, dont
deux seront fournis par la Banque de France et huit par des actionnaires, au
moyen d'une émission de huit mille actions de 1,000 fr. L'administration de ce
comptoir sera sous la direction de la Banque, mais il sera tenu pour lui une
comptabilité distincte et spéciale, et ses opérations seront publiées isolément.
Une ordonnance royale déterminera la forme et la contexture des billets au porteur et à vue.

La chambre a voté à l'unanimité le projet de loi pour les lettres de grande na-
turalisation de M. le maréchal-de-camp de Perron.

Le projet de loi ayant pour but l'abrogation de l'art. 8 de la loi du 11 juin 1842,
qui a inauguré le système mixte pour l'établissement des chemins de fer, a aussi
été adopté à la presque unanimité. Désormais les départemens et les communes
ne seront plus tenus de rembourser à l'Etat les deux tiers des indemnités dues
pour les terrains et les bâtimens dont l'occupation est nécessaire à l'établissement des chemins de fer et à leurs dépendances.

Aucun projet de loi n'étant plus à l'ordre du jour, la chambre a commencé la
discussion du budget des recettes.

Le Gérant, **Adrien Le Clere.**

BOURSE DE PARIS DU 2 JUILLET 1843.

CINQ p. 0/0. 121 fr. 35 c.
TROIS p. 0/0. 83 fr. 65 c.
QUATRE p. 0/0. 000 fr. 00 c.
Quatre 1/2 p. 0/0. 000 fr. 00 c.
Emprunt 1841. 00 fr. 00 c.
Oblig. de la Ville de Paris. 1440 fr. 00 c.
Act. de la Banque. 3220 fr. 00 c.

Quatre canaux 1275 fr. 00 c.
Caisse hypothécaire. 640 fr. 00 c.
Emprunt belge. 5 p. 0/0. 000 fr. 0/0.
Emprunt romain. 104 fr. 1/8.
Rentes de Naples. 000 fr. 00 c.
Emprunt d'Haïti. 000 fr. 00 c.
Rente d'Espagne. 5 p. 0/0. 00 fr. 0/0.

PARIS. — IMPRIMERIE D'ADRIEN LE CLERE ET Cᵉ, rue Cassette, 29.

MOTIFS ET RÉSULTATS DE LA PROPAGANDE PROTESTANTE.

—

Qui ne seroit frappé de cette nouvelle ardeur du protestantisme en Europe, quand on le croyoit mort, et réduit, selon l'expression de M. de La Mennais, *à l'état de cadavre?* C'est sans doute pour donner signe de vie qu'aujourd'hui il se redresse contre l'Eglise romaine, comme s'il pouvoit lui disputer ses enfans et les arracher à son sein maternel. Sans examiner les succès plus ou moins contestables des apôtres de l'erreur, soit dans les pays infidèles, soit surtout dans nos contrées catholiques, le fait de leur propagande n'en est pas moins étonnant au xixᵉ siècle, époque de l'indifférentisme. A la vue de cette agitation des sectes dissidentes, des courses vagabondes de leurs missionnaires sur tous les points du globe, une foule de réflexions se présentent aux esprits un peu observateurs. Pour les résumer, ils se demandent quels doivent être les motifs et les résultats de cette fièvre de prosélytisme qui travaille si étrangement les prétendus réformés. D'où viendroit donc un tel prosélytisme, et où aboutiroit-il? Voilà les deux questions qu'on est curieux de voir résoudre une bonne fois.

D'abord, à la question des motifs, il va sans dire que les protestans propagateurs croiront répondre suffisamment en nous disant qu'ils prétendent faire ce qu'ont fait avant eux Luther et Calvin. Mais, Messieurs, répondrons-nous à notre tour, qu'y a-t-il de commun entre vous et ces deux chefs de la réforme? Ne nous avez-vous pas cent fois abandonné ces deux hommes qui se méprisèrent réciproquement, dont l'histoire a mis la vie à nu, et qui sont justement décriés, même parmi les protestans? De fait, quel est l'honnête réformé de notre époque qui ne rougiroit d'imiter, par exemple, la conduite immorale et la dureté de Calvin? Quel est le ministre génevois qui se feroit le garant de ses doctrines, de son dogme favori de la prédestination absolue à la damnation éternelle? Quoi donc, disciples inconséquens, vous auriez abjuré les actes, l'enseignement d'un maître devenu insupportable par son intolérance, et vous recommenceriez aujourd'hui les manœuvres de sa propagande! Et nous serions condamnés à présent à voir la pâle reproduction de tout ce qui se pratiquoit au temps de ce grand réformateur! Chez nos modernes évangélistes, en effet, ce sont les mêmes voies et moyens employés jadis par Calvin. Car lui aussi s'efforçoit de recruter en France, et son rêve étoit de faire la conquête du royaume de saint Louis. Il y avoit alors à Genève, dit l'historien Audin, des faiseurs de livres protestans, et l'hérésiarque les envoyoit colporter dans

les pays voisins, au profit de la nouvelle réforme. L'historien ajoute :
« Les intelligences vulgaires avoient aussi leur emploi dans ce système
» de propagande; elles étoient chargées de semer hors du territoire de
» la république les pamphlets qu'elles jetoient dans les chaumières,
» dans les salons des grands, dans les comptoirs des marchands. De re-
» tour à Genève, Calvin connoissoit par les rapports de ses mission-
» naires nomades, les dispositions des populations et des gouvernemens
» catholiques, surtout quelle étoit l'influence extérieure de la presse ré-
» formée. Des colporteurs cachoient au fond de leurs balles des *Psalmes*
» *rimés, lacés, réglés et dorés*, dont ils faisoient présent aux jeunes
» filles (1). »

Vous voyez là, et dans la suite de l'histoire de Calvin, ces petits
moyens mis en œuvre par ce chef de parti. Or, ce sont précisément les
mêmes qu'ont adoptés de nos jours les évangélistes genevois (2). Mais
un exemple pris à l'origine du calvinisme pour le fond et pour la forme
de la propagande, pourroit-il bien fournir aux nouveaux propagateurs
un motif d'imitation assez plausible, ou même un prétexte pour justifier tous les mouvemens qu'ils se donnent auprès des populations catholiques, à l'effet d'implanter au milieu d'elles et de faire prévaloir je
ne sais quelle réforme qui n'est pas même le fantôme de l'ancienne,
puisqu'aujourd'hui sans vie religieuse, sans vérités positives, sans nul
vestige de la discipline créée à Genève par les premiers réformateurs,
les derniers venus travaillent sur le néant, sur un vague de religiosité
qui ne sauroit être une réforme?

Jetons un coup-d'œil sur d'autres motifs plus sérieux dont se di-
roient animés les nouveaux prédicans. Par hasard, ce grand mouvement de prosélytisme seroit-il un élan de zèle? Ne scroit-il pas plutôt
une boutade, une rivalité de l'esprit de parti, qui transporteroit d'ici et
de là ces inquiets propagateurs, pour gagner du terrain sur le catholicisme? Apparemment qu'ils voudroient faire mentir le philosophe
Leibnitz, qui adressoit à ses coréligionnaires le reproche *de laisser aux*
prêtres catholiques l'héroïsme du zèle. Franchement, il n'est pas présumable que le motif si noble, si désintéressé, d'un zèle pur pour la gloire
de Dieu et le salut des ames, animât le grand nombre des prédicans
momiers ou évangélistes. Quoi qu'il en soit, ce prétendu zèle auroit en
vue, sinon ces trois avantages, ces trois motifs, du moins un des trois :
savoir, ou le motif d'étendre le règne de la religion chrétienne, ou celui de fonder des Eglises à l'instar de celle de Genève, ou enfin celui

(1) *Histoire de Calvin*, par Audin, t. II, p. 163.
(2) Voir le troisième anniversaire de l'assemblée générale de la société évangélique de Genève, p. 43.

de sauver les catholiques. Or, ces trois avantages qu'on nous donne pour motifs, sont-ils autre chose que des chimères?

1° *Le motif d'enseigner la religion seroit-il sérieux?* Et aux yeux de tout homme un peu réfléchi ne se présentera-t-il pas toujours comme une illusion? Le moyen, en effet, d'établir une religion qui n'en est pas l'ombre? de la faire régner quelque part, lorsqu'on ne peut présenter au peuple qu'il s'agit d'enrôler un corps de doctrines positives, lorsqu'on n'a pour lien religieux, pour point de ralliement, ni symbole, ni profession de foi? Votre religion, dicez-vous, seroit le christianisme. Mais, en vérité, cette religion seroit-elle divine? Seroit-elle la religion du Christ, alors que vous ne reconnoissez plus la divinité de Jésus-Christ? alors que vous n'avez plus rien d'arrêté dans les dogmes, dans les principes, et qu'il n'y a de fixé et de constant au sein de votre prétendue réforme que ses éternelles variations? Tout au plus, le protestantisme actuel auroit pour dernier refuge la religiosité de Benjamin-Constant, ou encore l'idéalisme du docteur Strauss, qui ne veut voir dans les miracles et les mystères de l'Evangile que des *mythes*. Le protestantisme moderne se réduit donc, comme nous l'avons dit, au néant en matière de religion, au naufrage de toutes les croyances, au rationalisme, à un scepticisme désolant, dernier état de dégradation intellectuelle, qu'avoit prédit Bossuet à ces fiers réformateurs de la société chrétienne.

Voilà en définitive cet anti-christianisme, simulacre de religion dont la propagande protestante voudroit doter la France et tout le genre humain!

2° *Maintenant, et sans le principe constitutif d'une religion, formez donc avec votre prosélytisme des Eglises sur l'ancien modèle de celle de Genève!* De bonne foi, comment parler d'Eglise qui ne sauroit exister chez les sectes dissidentes? Evidemment, il ne sauroit y avoir de société chrétienne là où il n'y a que des individus, là où il n'y a nul fondement religieux, là où l'Evangile à la main chacun doit chercher ses dogmes à l'aide du libre examen, et sans recours à un juge infaillible des controverses. Par le fait, l'Eglise de Jésus-Christ n'est-elle pas un corps dont tous les membres professent les mêmes articles de foi? Or, nous défions de trouver, même à Genève, deux protestans qui s'accordent sur les mêmes croyances, qui adoptent le même symbole, et qui, en suivant le principe favori de l'examen personnel à chaque adepte savant ou ignorant, nous présentent des doctrines uniformes et positivement arrêtées. Il est clair qu'avec ce dévergondage d'idées qui divisent en mille pièces la réforme, au lieu d'un édifice spirituel qu'on nomme l'Eglise, vous ne sauriez, ministres protestans, bâtir autre chose, comme par le passé, que des tours de Babel. Dès-lors, que devient votre second motif, de multiplier des prosélytes pour former des Eglises ?

3° Admirez la naïveté de quelques prétendus réformés, car plusieurs se piqueroient d'une certaine bonne foi. Ces néophytes prédicans ne prétendroient-ils pas qu'il faut parcourir la France dans tous les sens, y multiplier les écoles, les prêches, les oratoires du nouveau culte par le besoin de sauver les ames des catholiques ! Mais qui donc peut ignorer que depuis long-temps les plus doctes protestans accordent le salut à ces catholiques, pour lesquels la bienveillance de ces faux pasteurs affecte de la commisération ? Qui ne connoît la fameuse décision de l'université d'Helmstadt (du 28 avril 1707), laquelle tranche formellement en faveur du salut des catholiques ? Et tout récemment encore (en juin 1839), le savant Ernest Naville n'a-t-il pas soutenu dans l'Académie de Genève une thèse publique, dont l'impression a été votée par les docteurs de la Faculté de théologie, toujours pour prouver que le salut est accordé à l'Eglise romaine ? Ce fut précisément ce motif du salut généralement accordé aux catholiques, qui décida la conversion du roi Henri IV. Il faisoit ce raisonnement bien simple au ministre Dumoulin : « Tous conviennent que je puis me sauver dans l'Eglise ro- »maine. Or, vous autres protestans êtes les seuls à prétendre que je »puis aussi me sauver dans la réforme ; il n'y a donc pas à balancer, et »le parti le plus sûr, comme le plus prudent, c'est de me faire catho- »lique. » Si quelqu'un pouvoit douter encore de la futilité de ce dernier motif des convertisseurs protestans, il suffiroit de le renvoyer au célèbre luthérien, le baron de Starck (1).

Ministres de toutes les sectes luthériennes et calvinistes, momiers, anabaptistes, méthodistes, évangélistes, convenez d'une chose : qu'aux termes des oracles de votre réforme, et qu'avec vos principes larges, la voie du salut est ouverte à tout le monde, partant ouverte aux catholiques. Dès-lors pourquoi abuser plus long-temps de la crédulité d'une tourbe ignorante qui court à vos prêches, quand votre conscience vous crie qu'il n'y a nul avantage au changement de religion, par rapport aux catholiques, qu'il n'y a rien à gagner pour le ciel ni pour la terre, à moins de dire qu'ici-bas le sensualisme y trouve son compte pour l'affranchissement de la mortification chrétienne ? Or, avec de telles convictions, que n'avez-vous la franchise de Mélancthon, ce premier disciple de Luther ? La foi de sa vieille mère s'étoit troublée

(1) *Entretiens philosophiques sur la réunion des différentes communions chrétiennes.*

au fracas des doctrines nouvelles du protestantisme. « A qui faut-il en
croire, dit-elle à son fils? » Et Mélancthon de lui répondre : « Continuez, ma mère, de croire et de prier comme vous l'avez fait jusqu'à
présent, et ne vous laissez point troubler par le conflit des disputes
sur la religion. »

Il est donc impossible d'excuser la propagande protestante auprès
des populations catholiques par aucun motif utile, spécieux, ou même
apparent au point de vue religieux.

Non, le progrès de la religion n'est point l'objet du prosélytisme protestant; car, qu'on ne s'y méprenne point, c'est le catholicisme qui seroit ici en cause, et qui deviendroit le point de mire d'une horde d'ennemis qui conspirent contre sa hiérarchie et contre sa foi. Eh! comment ne pas voir dans cette terrible lutte des partisans de l'hérésie, la
flagrante conjuration d'un libéralisme enté sur le protestantisme? Il a
brisé, au xvi° siècle, la pensée européenne née du christianisme; il
s'efforce à cette heure plus que jamais de renverser cette antique foi
qui a sauvé le monde. Les faits ici parlent trop haut pour avoir besoin
d'autres preuves. Pourquoi cette agitation des sectes d'Allemagne pour
soutenir l'édifice de la réforme qui s'écrouloit de toutes parts? Pourquoi
le schisme de Ronge et de Czersky a-t-il été si encouragé, si fêté par le
protestantisme? Est-ce bien sérieusement parce que la piété y aperce-
voit quelque avantage spirituel? Pensez-vous donc que la Prusse protestante ait ouvert les bras à ces prêtres apostats, que les sociétés phi-
lantropiques aient épuisé leurs trésors pour les églises germano-catholiques, tudesco-catholiques, comme on les appelle, à cause de la pureté
de leurs mœurs ou de leurs doctrines? A-t-on salué autre chose dans
ces défections scandaleuses qu'un renfort pour le protestantisme, ou de
nouveaux auxiliaires dans cette guerre animée contre l'Eglise romaine?
N'est-ce pas en réalité le rationalisme, l'illuminisme, le communisme,
la franc-maçonnerie qu'on a portés en triomphe avec le schismatique Ronge?

Les journaux d'Allemagne nous apprennent qu'aussitôt après avoir
proclamé son schisme, Ronge a été élu *frère orateur* de la principale
loge maçonnique de la ville de Breslau, et qu'en cette qualité, il a obtenu une place fort honorable dans la franc-maçonnerie prussienne.

On ne sauroit donc plus se le dissimuler, l'ardeur du prosélytisme
protestant ne tend qu'à augmenter la division, qu'à allumer un schisme
dans toute l'Europe, à arrêter, à paralyser l'action du Siége de Rome.
Son but est visiblement d'opprimer l'Eglise catholique, de l'écraser s'il
est possible, et d'élever sur ses ruines, je ne sais quoi qu'on appellera
religion réformée, religion nationale, l'éclectisme, peu importe le

nom. C'est assez de savoir que l'impiété est au fond de ce mouvement général de propagande protestante.

Dites tant qu'il vous plaira qu'il y a chez les meneurs ou les fauteurs de cette étrange propagande un motif politique, celui de servir l'ambition du pouvoir. Ce motif n'exclut pas l'autre, puisque rien n'est plus irréligieux, ne ressent plus la haine contre l'Eglise de Jésus-Christ que ce funeste besoin de briser les liens qui nous attachent à l'unité et au centre du catholicisme. Volontiers, nous en convenons, les hommes qui ne comprennent pas la divinité de l'institution de l'Eglise poussent le pouvoir civil vers la réforme protestante, parce qu'aussi le protestantisme étant d'institution humaine, il est toujours un instrument plus commode pour plier à son gré la religion, et régner sur les intelligences. C'est le prétexte que nos grands philosophes donnoient à Napoléon, lorsqu'il fut question du concordat, de se déclarer souverain au spirituel comme au temporel. On croyoit flatter par là l'ambition du conquérant, et on lui montroit l'exemple de l'Angleterre où le chef de l'Etat est aussi le chef suprème de la religion. N'étoit-ce pas encore tout dernièrement le même prétexte de la lâche apostasie du roi Bernadotte, lequel s'est imaginé se rendre plus populaire en Suède, et mieux asseoir le règne de sa dynastie, en se déclarant luthérien ? Certes, si ce prince catholique eût cru au royaume du ciel, l'eût-il échangé contre celui de la terre? C'est donc constamment le défaut de foi qui opère de pareils changemens. Prétendre maintenant donner un motif religieux dans ces avances faites à l'hérésie de la part des puissances, c'est comme si vous disiez que c'est un motif de religion chez l'autocrate de Russie qui le porte à propager le schisme dans ses vastes Etats, à persécuter la Pologne catholique, et qui l'a porté à faire rompre avec l'Eglise plus de trois millions de grecs-unis.

Quel ne seroit pas l'avenir de notre malheureuse patrie, si une semblable politique venoit à prévaloir! Quand M. Thiers est venu à la tribune former des vœux pour les corps-francs en Suisse, il demandoit tout uniment le triomphe du protestantisme sur le catholicisme. C'est comme quand il disoit à un orateur chrétien bien connu dont il venoit d'entendre le discours : « Qu'est-il donc tant nécessaire, Monsieur, de » nous prêcher l'attachement au Siége de Rome? Est-ce que nous ne » pourrions pas nous en passer ? » Autant valoit dire avec un certain diplomate, que pour *orléaniser la France, il faut la protestantiser.* Un autre nous disoit fort candidement qu'il seroit expédient de mettre entre les mains du pouvoir civil la suprématie spirituelle. Or, ces discours et d'autres semblables, indiqueroient le véritable but de l'appui et des faveurs accordées au protestantisme par le parti libéral le plus avancé.

Nous voilà bien avertis : désormais nous saurons où l'on veut mener le royaume très-chrétien.

E. C.

REVUE ET NOUVELLES ECCLÉSIASTIQUES.

PARIS.

Nous sommes de ceux qui prennent au sérieux et par son côté le plus élevé la mission d'un journal religieux. Combattre les fausses doctrines n'est pas notre unique devoir ; il en est un autre non moins impérieux et quelquefois plus pénible: celui de rétablir, sur des faits d'un grave intérêt pour l'Eglise, la vérité dénaturée par le zèle trop souvent précipité de ceux qui défendent habituellement la même cause que nous.

C'est ce devoir que nous avons rempli au sujet de la prétendue déci-sion de la CONGRÉGATION DES AFFAIRES ECCLÉSIASTIQUES EXTRAORDINAIRES pu-bliée par l'*Univers* d'après sa correspondance de Rome. Nous avons dé-montré que cette nouvelle n'a et ne peut avoir aucun caractère d'au-thenticité.

L'*Univers*, dont on connoît l'exquise politesse, nous fait l'honneur de *nous répondre que notre article contient à peu près autant de* BÉVUES (1) *que de mots; et voulant nous rendre le même service qu'aux rédacteurs du Siècle,* il se donne la peine de *nous expliquer un peu longuement ce que sont les congrégations romaines en général et la congrégation des affaires extraordinaires en particulier.*

Au lieu de nos *bévues* que nous aurions été charmés de reconnoître, nous avons retrouvé dans ce hors-d'œuvre sur les congrégations ro-maines, touchant la congrégation des affaires ecclésiastiques, précisé-ment ce que nous en avons dit nous-mêmes aussi pertinemment peut-être que ceux qui prennent aujourd'hui le soin de nous instruire. Ce qu'on a cru pouvoir ajouter comme explication à nos propres rensei-gnemens mérite que nous en laissions tout l'honneur à qui de droit :

« Le secret le plus inviolable est imposé aux membres des congrégations ro-maines pour tout ce qui se passe dans leur sein ; ils y sont tenus par un serment spécial, et cette obligation est aussi rigoureuse pour la Congrégation des affaires extraordinaires que pour toutes les autres. *Mais lorsque la décision est prise et que l'application doit avoir lieu dans le for extérieur, l'obligation du secret cesse natu-rellement. Chaque membre peut, sans violer son serment, dire quelle a été cette décision, et il est des circonstances telles, que la sagesse et une véritable prudence conseillent de le publier.* »

L'*Univers* complète cette étrange théorie sur l'obligation du serment que prêtent les cardinaux comme membres de ces congrégations, par ce curieux passage :

« Si les délibérations sont secrètes, la décision ne l'est point ; l'*Ami de la Reli-

---

(1) Puisqu'il s'agit de *bévues*, l'*Univers* devroit bien nous dire en quel endroit du Nouveau-Testament se trouvent ces mots que son correspondant met dans la bouche des Apôtres : *Domine, ecce perimus et fiet tranquillitas.* Plus que jamais nous doutons que dans cette correspondance de l'*Univers*, tout soit parole d'Evangile.

gion en a aujourd'hui une preuve de fait ; seulement , _il est vrai que d'ordinaire on ne révèle pas ce secret avant le temps_ ni A TOUT LE MONDE.

» Nous n'insistons pas ; tout le monde a senti, en lisant la lettre de notre correspondant, qu'elle se justifioit par elle-même ; il est des choses qu'on n'invente point. »

Nous, nous insisterons, et nous affirmerons plus fortement que jamais, que votre nouvelle est fausse ; que le secret des délibérations qui ont pu avoir lieu dans le sein de la congrégation des affaires ecclésiastiques extraordinaires, au sujet des négociations avec la France, n'a été révélé à qui que ce soit au monde. Il y a eu bien de la témérité à dire le contraire dans un premier moment d'irréflexion, mais le soutenir encore, après qu'on a reconnu l'existence du serment qui lie les cardinaux, c'est un véritable outrage envers ces vénérables conseillers du souverain Pontife.

A l'appui des raisons que nous avons déjà fait valoir, et qui établissent pour tout homme de bon sens et de bonne foi l'_impossibilité_ de connoître la décision que l'_Univers_ public comme authentique, nous n'ajouterons qu'une dernière remarque, qui ne sauroit être pour nous ni pour l'_Univers_, une _preuve négative_. Il y a à Paris un représentant du Saint-Siége. Il est permis de présumer qu'une nouvelle de cette importance, connue depuis quatre jours dans les bureaux de l'_Univers_, aura sans nul doute été communiquée au Nonce apostolique, ou officiellement par son gouvernement, ou officieusement par quelque personnage aussi bien placé à Rome que puisse l'être le correspondant de l'_Univers_. Eh bien ! nous invitons ce journal à faire aujourd'hui ce qu'il auroit dû faire avant de livrer si témérairement une pareille nouvelle aux commentaires de la presse : qu'il aille prendre des informations, et qu'il ait la conscience d'en dire le résultat à ses lecteurs et au public qu'il persiste à tromper.

─────────────

Là où des esprits sincères et sans passion ne trouveront qu'une preuve nouvelle de notre impartialité, la _Gazette de France_ affecte de ne voir qu'une _incroyable contradiction_.

Parce que à la distance de quelques pages, dans le même numéro, nous blâmons en même temps, et les vains emportemens de son gallicanisme, et la pensée malheureuse conçue par quelques hommes religieux de former en France un _parti catholique_, la _Gazette_ triomphe et s'écrie dans sa joie : « L'_Ami de la Religion_ dit le blanc et le noir, nous absout et nous condamne, parle comme nous et contre nous.... il y a donc deux esprits, » deux rédactions, deux directions ; il y a donc des hommes de vérité et » des hommes de passion dans la même association d'écrivains. »

Bien entendu que nous sommes les _hommes de vérité_ quand nous _parlons comme elle_, et les _hommes de passion_ quand c'est _contre elle_ que nous parlons.

Tant que les faits qui causent nos regrets et provoquent notre blâme subsisteront, notre langage sera le même, et la _Gazette_ n'aura cepen-

dant aucun prétexte plausible de nous prier de nous mettre d'accord.
Nous allons en quelques mots le lui prouver.

Les écrivains honorables qui ont eu, selon nous, le faux espoir de
donner plus de force à l'action des hommes religieux, en les appelant
de toutes parts sous le drapeau d'un *parti catholique*, ne forment nullement ce que la *Gazette de France*, avec une perfide intention, désigne
sous le nom de *parti ultramontain*. Leurs efforts n'ont qu'un but, leurs
travaux n'ont qu'un objet : la défense de la liberté religieuse dans la
presse, dans les élections ou dans les chambres. Les opinions ultramontaines, dans le sens rigoureux et seul vrai de ce nom, sont tout-à-
fait en dehors des questions qu'ils agitent. Vous ne parviendrez donc
jamais à nous persuader, à faire croire à la France, qu'il est urgent,
qu'il est indispensable que vous soyez toujours là sur la brèche des libertés et maximes gallicanes, le glaive en main et le cri de guerre à la
bouche, pour repousser les assauts d'ennemis qui ne songent nullement à forcer ce côté de la place. Donc, tant que vous continuerez
cette parade ridicule et dangereuse, nous *parlerons contre vous*, sans que
vous puissiez pour cela nous appeler des *hommes de passion*.

Que si maintenant, laissant de côté la question de l'ultramontanisme,
vous vous prenez à déplorer l'erreur qui entraîne dans une voie pleine
de périls ces défenseurs généreux de l'Eglise qui se donnent si fatalement à eux-mêmes le nom de *parti catholique*, oh ! sans doute, nous dé-
plorerons comme vous cette funeste illusion, car dès le premier jour où
cette regrettable dénomination de *parti catholique* s'est produite dans la
presse, nous avons de toutes nos forces et au nom des intérêts mêmes
de l'Eglise, protesté contre elle. Mais, quoiqu'il puisse nous arriver alors
de parler comme vous, nous n'en serons pas moins *des hommes de
vérité*. *L'Ami de la Religion,* par cette conduite que vous êtes si
intéressé à faire passer pour une contradiction, ne se sera jamais
mais montré plus fidèle à lui-même, plus fidèle aux doctrines qu'à
toutes les époques il a défendues. Il ne sera ni du *parti gallican* de la
Gazette et de M. Dupin, ni du *parti catholique* si malheureusement imaginé : il sera avec le pape, avec les évêques, avec le clergé de France ;
il sera avec l'Eglise.

La *Gazette de France*, qui substitue avec plus d'habileté que de bonne
foi au nom de *parti catholique* celui de *parti ultramontain*, affecte dans les
mêmes intentions d'embrasser sans cesse M. le comte de Montalembert dans ses accusations contre les écrivains de l'*Univers*.

Pour lui ôter ce prétexte à de continuelles attaques, nous appren-
drons à la *Gazette*, si tant est qu'elle l'ignore, que le noble pair est
complètement étranger à la direction comme à la rédaction de ce
journal. Il y a long-temps que nous sommes autorisés à le dire : nous
saisissons avec empressement, pour faire cette déclaration publique,
l'occasion que nous fournissent les accusations si mal fondées de la
Gazette de France.

M. l'évêque de Montpellier a fait, le 24 juin, une visite pastorale à la commune de Saint-André de Saugoins. Toute la population s'est portée avec empressement à sa rencontre, et le discours qu'il a prononcé à son arrivée a produit sur tous une pieuse et profonde impression. Les bons effets de cette visite pastorale se feront sentir de plus en plus au milieu de l'excellente population de Saint-André.

On lit dans le *Toulonnais* :

« M. Wicart, nommé évêque de Fréjus en remplacement de M. Michel, décédé, a fait son entrée dans notre ville hier, à six heures du soir, au milieu d'un concours immense de peuple. Le clergé des diverses paroisses et les congrégations étoient allés l'attendre au champ de Mars, où un autel avoit été dressé, et quelques troupes du 43e de ligne et du 3e d'infanterie de marine s'étoient aussi portées sur ce point pour rendre à M. Wicart les honneurs dus à son rang.

» Le nouvel évêque a été reçu sous le dais et a parcouru divers quartiers de la ville avant de se rendre à l'église majeure Sainte-Marie, devant laquelle on avoit élevé un arc de triomphe. Les prêtres de la plupart des communes de l'arrondissement de Toulon suivoient la procession.

» M. Wicart est descendu chez M. Cordouan, curé de Sainte-Marie. Il a reçu aujourd'hui les visites de corps.

» On annonce que M. Wicart passera plusieurs jours à Toulon. »

COUR D'ASSISES DE L'ARDÈCHE.
Affaire de MM. Marthins, Bauméa et Badiou, prêtres.

On lit dans le *Journal de l'Ardèche* :

« De toutes les affaires jugées dans ces dernières assises, aucune n'a excité autant d'intérêt que celle où trois ecclésiastiques étoient accusés devant le jury d'avoir enlevé ou détourné une jeune fille protestante pour la convertir à la religion catholique. Pendant trois jours entiers la salle d'audience a été pleine, surtout le dernier jour où l'on a entendu la plaidoirie de l'accusation et de la défense. Les billets pour les places réservées derrière le parquet n'étoient accordés qu'aux dames.

» L'attente étoit grande, elle a été satisfaite. Le ministère public a rempli son devoir avec énergie et vivacité ; la défense a été calme, noble, éloquente. M. Romain Cornut, avocat à la cour royale de Paris, principal défenseur, a dirigé les débats avec un aplomb parfait et une grande présence d'esprit. Son plaidoyer aussi remarquable par la hauteur de la pensée, que par le charme de la diction et du débit, a constamment tenu l'auditeur en haleine et fait verser des larmes d'attendrissement et d'admiration. La ville de Privas se souviendra long-temps des paroles éloquentes et généreuses qui l'ont si vivement émue, et bientôt l'Ardèche entière pourra s'associer à ses sentimens : car nous apprenons à l'instant même que l'orateur, pour satisfaire au désir public, se propose de livrer son discours à l'impression. Nous nous félicitons d'une si bonne nouvelle qui ne peut que faire plaisir à nos abonnés comme à tous les amis de la justice et de la religion.

» La plaidoirie de Me Jouve, en faveur de M. Badiou, curé de Saint-Romain-la-Chalme, a fait plaisir par sa lucidité et son à-propos ; Me Taupenas a terminé la défense par quelques mots touchans dans lesquels il s'est contenté d'implorer publique pour le malheureux Glaise, son client.

» Après le résumé clair et impartial de M. Maigron, président, le jury s'est
retiré quelques instans et a bientôt apporté un verdict d'acquittement. Si ce
triomphe dû à la bonté de la cause et à l'éloquence du principal défenseur a réjoui les catholiques, les protestans doivent se louer du zèle impartial du ministère
public, et rendre justice à la modération de la défense, qui, dans une cause si
délicate, a su dire toute sa pensée et mettre au grand jour l'innocence des accusés
sans blesser en rien les susceptibilités de leurs adversaires.   V. B. »

Une pauvre religieuse du tiers-ordre de Saint-Dominique, nommée
Marguerite Grenouillet, habitant, depuis douze années, la commune
de Saint-Eloi (Puy-de-Dôme), préparoit les enfans à la première communion; elle leur enseignoit le catéchisme et quelques prières. Elle
agissoit en toute sécurité, et il n'y avoit pas jusqu'au maire de la commune qui n'eût envoyé ses enfans chez elle.

Cependant, un instituteur fut nommé à Saint-Eloi. Il crut voir une
rivale dans Sœur Marguerite, et la dénonça au procureur du roi d'Ambert comme tenant une école clandestine. Peu après, elle fut appelée à
comparoître devant le tribunal correctionnel, qui la condamna, le 19
décembre 1844, à 50 fr. d'amende. Mais, ignorant les dispositions de
ce jugement, et rassurée par ses supérieurs ecclésiastiques sur l'effet
des poursuites, elle continua à quelques enfans ses pieux enseignemens.

L'instituteur Roussel adressa alors au procureur du roi la lettre suivante, véritable curiosité en fait de pensées et de style :

« Monsieur le procureur,

» Le maire de Saint-Eloi est indigné de ce que votre justice n'a pas exécuté
la loi contre cette mauvaise fille, Marguerite Grenouillet, qui se permet toujours,
sans être nantie de brevet de capacité, d'ouvrir une école clandestine, où elle reçoit les deux sexes; il m'a chargé de vous prier instamment de l'exécuter, donc
ponctuellement, car il veut que le bon ordre règne dans sa commune, comme
magistrat de caractère et de justice. Elle se moque du jugement que votre justice
a rendu contre elle, car non-seulement elle continue de faire l'école, mais même
elle a recueilli les élèves de celle qui s'est conformée dès-lors qu'elle fut traduite
devant votre justice. Cette Marguerite Grenouillet est seule rebelle ; il est donc
d'une nécessité absolue que la loi soit exécutée contre elle.

» Si votre justice ne réprime pas ces abus criminels qui paralysent la société
qui réclame les citoyens instruits et civilisés ; en effet, sans une bonne instruction
et éducation, qu'est la société ? Si votre justice connoissoit la mauvaise conduite
de cette mauvaise fille, elle la feroit enfermer de suite.

» Le curé desservant a débité dans ses prônes, et en présence du maire, que
les lois du gouvernement étoient imbéciles, et qu'il étoit composé d'une catégorie
d'hommes furieux, fous, impuissans et possédés du démon ! Quelle méchanceté
et quelle opiniâtreté ont ces hommes avides de l'absolutisme !

» Je prie donc bien instamment votre justice, d'après une lettre que j'ai reçue
du recteur de l'Académie de Clermont, que j'espère vous faire voir, par laquelle
il me dit de prendre des mesures rigoureuses contre les personnes qui se permettent d'ouvrir des écoles clandestines.

» Je suis obligé d'écrire sur le verso, t. n.

»Vu tout cela, j'espère que votre justice ne mettra plus de retard dans ces choses si urgentes. Cette fille mérite la poursuite et la poursuite rigoureuse comme rebelle ; elle a de quoi payer ; elle a acheté une maison, elle a un mobilier et des marchandises, car elle est marchande, et la prise de corps.

» C'est dans ces sentimens bien sincères que je suis, avec le respect le plus profond, de votre justice, M. le procureur du roi,

» Le plus fidèle et le plus soumis sujet de mon gouvernement, auquel je suis tout dévoué,   Roussel,
instituteur communal de Saint-Eloi. »

De nouvelles poursuites suivirent cette lettre. Le 10 avril dernier, le tribunal d'Ambert, appliquant l'article 6 de la loi du 28 juin 1833, modifié par l'article 463, ne prononça, malgré la récidive, qu'une condamnation à 100 fr. d'amende,

Appel fut interjeté par M. le procureur du roi devant la cour royale de Riom, qui vient de statuer sur cette affaire. M. Romeuf de la Vallette, avocat-général, a demandé l'infirmation du jugement. M⁰ Grelet en a réclamé le maintien ; il a appelé l'intérêt sur la Sœur Marguerite, qui ne s'étoit rendue coupable de récidive que par ignorance du premier arrêt. En terminant, il a cité ces paroles que M. Guizot a prononcées dans la discussion du projet de loi sur l'instruction primaire : « Nous n'aurons jamais assez de coopérateurs dans la noble et pénible entreprise de l'instruction populaire. Tout ce qui servira cette belle cause est sûr de trouver en nous une protection reconnoissante. »

Mais la cour a déclaré que le tribunal d'Ambert avoit mal jugé, et elle a condamné la Sœur Marguerite à quinze jours de prison, et à l'amende déjà prononcée contre elle.

Voilà un grave sujet de réflexions sur les dures extensions pénales des lois relatives à l'enseignement.

***

ALLEMAGNE. — L'on apprend de Wiesbaden, capitale du duché de Nassau, que le gouvernement du duché vient d'adopter les dispositions décrétées par le roi de Hanovre, et en vertu desquelles le schisme dit catholique allemand ne doit point être reconnu comme communauté chrétienne. Il paroît qu'une vive et menaçante agitation du peuple catholique, dans les contrées rhénanes, vient de se déclarer contre les moteurs et les fauteurs de ce schisme, et à ce dangereux symptôme vient se joindre une défiance générale de la population catholique à l'égard de leurs gouvernemens pour tout ce qui touche aux matières religieuses. L'on pense en Allemagne qu'il est grand temps, pour les gouvernemens protestans, de sortir des fausses routes dans lesquelles ils se sont si étrangement fourvoyés, et de montrer *par des faits* que l'on ne songe pas, ou que du moins l'on a renoncé à vouloir entamer la vieille Eglise catholique en favorisant un parti réformateur dont le seul nom est une injure pour elle.

***

ANGLETERRE. — Dimanche, en présence d'une nombreuse et brillnte assemblée, le révérend docteur Griffiths, vicaire apostolique du district de Londres, a célébré une grand'messe dans la nouvelle église catholique de Woolwich. A cette occasion, le révérend Thomas Sisk, de la chapelle de Chelsea, a fait un sermon. A la fin, une collecte a été faite, destinée à entretenir l'église construite sur une portion de terre cédée par la couronne. Cette église est fort commode pour les nombreux soldats catholiques des régimens en garnison à Woolwich, ainsi que pour bon nombre d'employés aux chantiers.

DUBLIN, *le 26 juin.* — Les évêques catholiques, réunis en conférence au séminaire de Maynooth, se sont encore occupés hier de la question du bill des nouveaux établissemens académiques. Les prélats ont déclaré que leur opinion sur ce bill n'a point changé, et qu'ils adhèrent de tout point au mémoire et à la résolution à l'appui, adoptés à l'unanimité dans la précédente conférence. Après mûre délibération sur la question de savoir si on présenteroit une pétition au parlement contre le bill, leurs seigneuries ont jugé qu'il n'étoit pas de leur dignité de faire une telle démarche auprès de la législature ; toute décision à cet égard a été en conséquence ajournée.

L'assemblée s'est ensuite occupée de divers objets et entre autres des dispositions à prendre par suite de l'augmentation de l'allocation accordée au séminaire de Maynooth.

Le bruit a couru aujourd'hui à Dublin que les protestans du comté de Cavan ont incendié et détruit une église catholique pour venger l'assassinat de M. Booth, le magistrat orangiste. Ce bruit ne s'est pas confirmé, mais les nouvelles de cette partie de l'Irlande sont toujours très-alarmantes. Il n'est pas de nuit que les molly-maguires ne commettent quelque acte de brigandage : sur plusieurs points l'autorité n'est pas en force pour réprimer ou prévenir leurs excès.

PROVINCES RHÉNANES. — Dans la soirée du 24 juin, à l'occasion de la fête de Mgr de Geissel, coadjuteur de la métropole de Cologne, la bourgeoisie de cette ville a donné au vénérable prélat une brillante sérénade. Plus de 6,000 personnes se sont réunies sous les fenêtres du palais archiépiscopal, et la musique du 25e régiment a fait retentir l'air de morceaux d'harmonie. A la fin de chaque morceau, 200 membres de la société chorale exécutoient une pièce de musique vocale ; puis la musique militaire reprenoit : on a ainsi continué jusqu'à onze heures du soir.

Pendant que duroient ces ravissans concerts, une députation des habitans les plus notables de la ville est allée présenter à Mgr l'archevêque-coadjuteur, l'hommage de son respect et de son dévoûment. Mgr l'archevêque a accueilli la députation avec une extrême bienveillance ; son émotion étoit visible à la vue des témoignages de sympathie dont il étoit l'objet, et de l'allégresse qu'exprimoit la foule réunie de-

vant son palais. Après avoir reconduit la députation, le prélat s'est
montré au peuple qui le demandoit à grands cris, et du haut du balcon il lui a adressé de pieuses exhortations.

(*Gazette de Metz.*)

CHINE. — Nous avons déjà dit que des nouvelles récentes venues de
Chine annonçoient la révocation des édits qui proscrivoient l'exercice
de la religion chrétienne dans ce vaste empire. Voici ce qu'on lit à ce
sujet dans le numéro du 20 juin d'un journal anglais ordinairement
bien informé sur ces matières, *Allen's Indian mail.*

« Il circule un rapport assez généralement cru, que l'empereur de la Chine est
disposé à tolérer la profession et la propagation de la religion chrétienne dans ses
domaines. Ce n'est pas à nous de spéculer sur les résultats possibles d'une pareille
tolérance; mais si le rapport est vrai, les amis de l'humanité ont vraiment lieu de
s'en réjouir. C'est déjà pour nous un grand sujet de joie de contempler les grands
avantages qui doivent résulter pour notre commerce et nos manufactures, de
l'accès de ce vaste empire aux entreprises de nos marchands : et assurément nos
sentimens ne doivent pas être moins vifs ni moins sincères dans ce qui concerne
la conversion probable de ces myriades d'habitans au christianisme. Partout où
la religion chrétienne sera tolérée elle avancera, sinon avec la rapidité qui signala ses triomphes dans les âges apostoliques, du moins d'un pas sûr et ferme.
Si un événement tel que celui de l'introduction permanente du christianisme en
Chine a lieu, ce sera certainement le plus remarquable de notre siècle, et celui
duquel il aura le plus sujet de se réjouir. »

REVUE POLITIQUE.

L'industrie et l'agiotage seront, quoi qu'on en dise, les deux caractères marquans de l'ère qui remonte à nos quinze ou vingt dernières années. Les tripo-
tages de bourse, les spéculations inouies sur l'asphalte et sur les terrains, les
scandaleux marchés sur les chemins de fer, tous ces exploits d'avidité qui ont
fait tant de victimes et tant de ruines, demeurent comme sans remède malgré les
cris desolans de tout ce que la France compte d'ames honnêtes. *Devenez plus prudens et moins crédules,* c'est tout ce qu'ont pu obtenir en fait de consolations, les
malheureuses et trop nombreuses dupes de cet instrument déplorable. Quelque
chose sembloit rester pourtant au milieu de ce torrent de cupidités surexcitées par
l'appat de la fortune acquise sans labeur, c'est la presse avec ses mille voix, toujours prête pour donner de sages avertissemens et des leçons de morale. Née avec
les mœurs constitutionnelles, participant à ce choc et à cette lutte des opinions et
des intérêts que ce régime met nécessairement en jeu, la presse, avec sa liberté
d'allure et de pensées, étoit destinée, disoit-on, non-seulement à représenter l'opinion publique, mais aussi et surtout à la corriger dans ses écarts, et à la ramener
aux limites des véritables principes. Il est bien vrai qu'au premier aspect des agiotages sans frein qui désoloient notre industrie et nos plus belles entreprises de
communications ou d'échange, la presse n'a pas épargné l'éloquence de ses am-
plifications. Ni la verve sanglante, ni les flétrissures les plus justes n'ont manqué
dans les journaux contre les agioteurs et les spéculateurs sans entrailles et sans
'eur. C'étoient là les beaux jours de la presse vertueuse et de la littérature se

tuxchant encore par un reste d'honnêteté, à l'honorable et illustre famille des grands écrivains.

Cherchez maintenant les auteurs de ces austères philippiques contre l'agiotage, dans le journalisme et la littérature libérale. Vous trouvez d'abord des romanciers célèbres, des auteurs dramatiques, des noms enfin qui se sont dits purement et sans blesser leur robuste modestie, les *maréchaux de la littérature française*. Ces écrivains sont vendus ou attachés à la littérature du roman-feuilleton d'un journal, celui-ci pour quatorze ans, celui-là pour vingt ans, et avec des émolumens énormes. Voilà pour les écrivains moralistes. Les rhéteurs de la Grèce et de Rome, dont on a dit tant de mal, faisoient-ils plus honteusement métier de leur talent et de leurs déclamations vertueuses?

De leur côté, voici les journaux qui se jettent aussi dans la spéculation la plus large. Nous arrivons avec eux au développement du *format* monstre. Non point qu'il soit question en cela d'éclairer, de diriger avec plus de talent et d'étendue, par des aperçus ou des discussions approfondies, cette opinion publique dont on se croit le précepteur et le guide. Non, le grand format vers lequel la presse en général se porte en conquérante, comme sur d'immenses plaines de terre nouvelle ; ce grand format ne doit améliorer ni étendre sa politique, sa prétendue morale et son savoir si profond. Les journaux, nous vous l'indiquions en commençant, sont devenus spéculateurs. En conséquence, la dernière feuille de leur immense *verso* est destiné à grossir les revenus de la caisse; car cette dernière feuille dite d'*annonces* vient d'être vendue cent mille écus... Cherchez là maintenant la bonne littérature; celle de la science et de la critique consciencieuses, du bon goût et du bon ton qui resplendissent dans les livres du xvıı° siècle; dont le xvıı°, malgré les excès et les débauches de la régence, nous redonna un écho assez éclatant, et dont l'empire et la restauration retrouvèrent de beaux instans d'inspiration chrétienne; il n'y a plus d'autres livres maintenant que ceux des patrons ou des rédacteurs du *Constitutionnel* et du *Siècle*; cherchez-y aussi la politique ferme autant que haute: celle qui dirigeoit la plume des illustres écrivains du *Conservateur*; qui se montra incisive et mordante, quoique souvent injuste, dans ceux de la *Minerve*; qui dicta de si belles pages aux écrivains royalistes en 1830 ; des pages non moins éloquentes à Fonfrède et à Armand Carrel ! Désormais les journaux sont des comptoirs de commerce, nos écrivains d'habiles escompteurs. Oui, c'est là en effet un progrès très-remarquable! chez un peuple surtout qui repousse, dit-on, l'immobilité, le calme et l'apaisement des passions qu'amènent à leur suite les associations religieuses, autrement dit, les moines et les couvens. Avec ces institutions, il est vrai, nos pères alloient conquérir la Terre-Sainte et de lointaines possessions ; avec des armées immenses, les milliards d'un budget sans précédent dans nos finances, et des journaux d'un immense format, nous laissons, nous, les Druses piller, incendier, dévaster et détruire les Maronites du Mont-Liban, nos frères dans la foi, les amis si fidèles du nom français !

NOUVELLES ET FAITS DIVERS.

INTÉRIEUR.

PARIS, 4 juillet. — Par une circulaire du 18 juin, M. le ministre de l'intérieur a prescrit une statistique générale de tous les biens communaux, avec des indications sur le mode d'exploitation employé dans chaque commune.

— Le *Phare des Pyrénées* publie l'article suivant au sujet de nos démêlés avec Abder-Rhaman :

« On sait que nos affaires avec le Maroc avoient été remises en question par suite du refus de l'empereur de ratifier le traité de délimitation signé à Maghrnia le 18 mars par le général Delarue et les plénipotentiaires marocains. Tout motif de discorde à ce sujet auroit disparu complètement s'il étoit vrai, comme l'assure une lettre de Gibraltar, reçue hier par une maison de commerce de notre ville, que l'empereur s'étoit décidé enfin à autoriser la ratification du traité tel qu'il avoit été rédigé le 18 mars, et que le pacha de Larrache attendoit incessamment pour remplir cette formalité M. le général Delarue.

» La lettre de Gibraltar reçue à Bayonne, et qui nous a été communiquée, est datée du 22, et assure que la nouvelle de la ratification du traité étoit regardée par le commerce de cette ville comme positive. »

Le délai fixé pour la ratification expiroit le 18 juin. D'après l'*Algérie*, M. le général Delarue étoit attendu à Tanger du 12 au 15. M. Léon Roches étoit le 11 à Larrache pour s'entendre avec Bou-Sellam sur la marche à suivre pour que la ratification ait lieu avant le 18 juin.

— Le *Messager* publie divers rapports de M. le maréchal Bugeaud, des généraux de Lamoricière, Cavaignac et d'Arbouville, du colonel Pélissier. Ces rapports ne vont pas au-delà des dernières nouvelles et ne donnent aucun fait essentiel qui ne soit connu.

— Le ministère de l'agriculture et du commerce vient de publier le tableau des importations et exportations de céréales pendant les cinq premiers mois de cette année. Il en résulte qu'il a été importé, en froment, 62,272 quintaux métriques ; en autres grains, 2,443 quintaux métriques ; en farine, 356 quintaux métriques ; et qu'il a été exporté, en froment, 23,442 quintaux métriques ; en autres grains, 34,977 quintaux métriques ; en farine, 20,898 quintaux métriques. Il existoit dans les entrepôts, au 1er juin, 171,598 quintaux métriques de froment, et 13,582 de farines

— M. de Salvandy, ministre de l'instruction publique, est parti hier au soir pour les eaux d'Ems.

— Les travaux de charpente ont été repris hier à Paris par les ouvriers charpentiers, dans le faubourg Saint-Germain, dans les grands ateliers du Gros-Caillou, de Grenelle, de Chaillot et du faubourg du Temple ; un certain nombre de maîtres charpentiers ayant consenti à donner de l'augmentation aux ouvriers.

— Un malheureux événement vient d'arriver sur la rivière de la Moselle. On célébroit une noce au village de Portieux. Deux jeunes gens qui y étoient invités voulurent se donner le plaisir d'une promenade sur l'eau. Ils s'embarquèrent au nombre de dix dans une nacelle, et voguèrent quelques instans sur la rivière ; mais tout à coup la nacelle chavira, et quatre d'entre eux, un garçon et trois filles, furent noyés sans qu'on pût leur porter secours.

— Le dimanche 8 juin, jour de la fête de Saint-Médard, tous les habitans de Fapio (Rhône), étoient réunis à l'église paroissiale, lorsque tout à coup la voûte s'affaissa comme un manteau de fer sur les assistans. Figurez-vous 200 personnes se débattant dans les convulsions de l'agonie ; mais Dieu avoit voulu que trois personnes ne fussent pas atteintes, M. le curé, M. Doutre, maire, et M. Pantel, le marguillier. Ces hommes courageux s'élancèrent aussitôt dans un chantier de bois situé près de la sacristie, où se trouvoient plusieurs haches ; ils s'en emparèrent en toute hâte, et, aidés par quelques habitans, ils parvinrent bientôt à percer le plafond et à retirer toutes les victimes les unes après les autres; mais hélas! beaucoup d'entre elles avoient succombé. La plus grande partie a été rappelée à la vie par les soins empressés de ces courageux citoyens.

— On écrit de Thann, le 1er juillet, que M. l'abbé Wagner, curé de Buethwiller, a succombé, samedi dernier, aux blessures résultant du coup de feu qui a été dirigé contre lui par un des habitans de cette commune, le nommé Freyburger. Il n'est pas vrai, dit l'*Impartial du Rhin*, que M. Wagner ait refusé la sépulture ecclésiastique à la femme de son meurtrier; d'après l'assertion formelle de M. le maire de Buethwiller, cette sépulture n'a même jamais été demandée.

— On lit dans l'*Observateur des Pyrénées* :

« La cour royale de Pau vient d'évoquer l'affaire des troubles de Mauléon et d'envoyer sur les lieux, pour procéder à une enquête, MM. Lamothe-d'Incamps, avocat-général, et Dutey, conseiller.

» D'après les renseignemens qui nous sont parvenus, quelques arrestations auroient été opérées. Un piquet de troupes de ligne a été mis, à cet effet, à la disposition de l'officier de gendarmerie.

» Le maire de la commune eût infailliblement été tué sans le secours que lui ont prêté les gendarmes et quelques citoyens. Plusieurs gendarmes ont été blessés grièvement.

» Les esprits sont toujours dans l'effervescence et ne laissent pas que de donner de sérieuses inquiétudes. Deux compagnies du 72e sont parties hier de Pau pour Mauléon et sont sans doute arrivées ce matin à leur destination. Comme c'est aujourd'hui même la fête locale, on aura jugé à propos de prendre toutes les mesures propres à prévenir de nouveaux désordres.

» Un escadron des chasseurs en garnison à Tarbes a passé ce matin sans s'arrêter et se rend à Mauléon, ainsi qu'une autre compagnie du 72e qui est partie, aussi ce matin.

» On nous affirme, dit la *Sentinelle*, que des troubles pareils auroient éclaté sans aucun doute à Saint-Jean-pied-de-Port, si de riches propriétaires du pays ne s'étoient entendus pour acheter en commun une grande quantité de maïs et le revendre à prix coûtant aux pauvres campagnards. Les plus forts propriétaires de Tardets ont agi de même, et le marché de lundi 25 s'est passé tranquillement. Nous ne saurions donner trop d'éloges à ce généreux et sage procédé. »

— Mardi matin, une machine à vapeur de la force de trois ou quatre chevaux a fait explosion dans l'atelier de M. Billette, constructeur à Saint-Sever, hameau des Brouettes, aux environs de Rouen.

La commotion s'est fait sentir dans un rayon assez étendu, et l'effet a été si violent que la toiture de l'atelier où étoit placée la machine a été lancée à une hauteur considérable. Les murs de cet atelier, construits en briques, ont été en même temps renversés et projetés avec force dans toutes les directions.

Par un heureux hasard, ce cataclysme de décombres, retombant sur les chemins, sur les maisons et dans les jardins habités, n'a fait aucune victime. Les ouvriers de M. Billette étoient tous à déjeûner au moment de l'événement, et le dommage a été tout matériel.

— Le fléau des sauterelles menace de nouveau les colons de l'Algérie. La ponte des nuées de sauterelles qui ont infesté le pays vient d'éclore. C'est par myriades que les petits se montrent. Les vieux Arabes prétendent avoir vu, dans une année semblable, tous les végétaux dévorés, et les arbres même, dépouillés de leur écorce, périr dans toute la contrée.

Heureusement, sous l'administration française, il n'en sera pas de même que sous l'administration turque ou arabe, qui n'apportoit pas un seau d'eau pour éteindre un incendie, ou qui ne mettoit pas une digue à un torrent, parce qu'il c'étoit s'opposer aux volontés du ciel. Par ordre du gouverneur-général, des bat — tues viennent d'être organisées pour la destruction de ces myriades d'insectes rongeurs.

Tous les habitans de chaque commune, la gendarmerie même, le maire en tête, sont mis en réquisition pour détruire partout ces jeunes sauterelles qui, par leur nombre et leur nature, pourroient causer un effroyable préjudice à la colonie.

EXTÉRIEUR.

ESPAGNE. — Nous recevons par voie extraordinaire les journaux de Madrid du 28 juin.

La garnison de Madrid avoit passé la nuit sous les armes. Il paroît, à ce que dit l'*Heraldo*, que les autorités avoient reçu l'avis que les *patriotes* vouloient tenter un mouvement. La tranquillité n'a pas été troublée ; mais il règne toujours dans les esprits une assez grande inquiétude.

ANGLETERRE — La discussion sur le bill relatif à la fondation de collèges en Irlande, touche à sa fin. La chambre des communes a voté successivement treize articles dans la séance de lundi 30 juin. M. O'Connell a fait entendre de nouvelles protestations contre les tendances de ce bill. Il a déclaré que, nonobstant les modifications que le gouvernement avoit apportées à son projet primitif, le clergé d'Irlande ne protestoit pas moins contre un système d'éducation qui ne faisoit pas la part de l'instruction religieuse.

Deux amendemens ont été proposés sur le premier et le dixième article. Le premier avoit pour objet d'ordonner la construction, dans chaque nouveau collège, d'une salle destinée à l'enseignement de la théologie, en laissant aux familles des élèves le soin de doter les professeurs dont elles préféreroient les instructions. L'amendement a été écarté par 117 voix contre 42.

L'autre amendement consistoit à établir que le gouvernement nommeroit les premiers professeurs, ainsi que le veut la loi ; mais qu'on auroit recours à des examens pour remplacer ces professeurs au fur et à mesure des vacances. Cet amendement a aussi été rejeté.

— On annonce que le gouvernement anglais a l'intention d'établir un comptoir de déportation sur la côte septentrionale de l'Australie, au-delà des limites de cette colonie. On n'a pas encore exactement fixé l'endroit. On parle de la baie d'Halifax, comme offrant un emplacement favorable. Les premiers navires ayant des condamnés à bord arriveront sous peu à Sidney. Un meeting où se trouveront sir George Gipps, sir Earden Wilmot et M. Latrobe, surintendant de Port-Philippe, sera tenu à l'effet d'aviser aux moyens les plus expéditifs de mettre ce projet à exécution.

— On vient de soumettre à la chambre des communes une statistique très-volumineuse et des plus curieuses. C'est la liste alphabétique des personnes qui ont pris des actions sur les chemins de fer. On y voit figurer d'énormes bénéfices réalisés par cette spéculation. Un trait entre mille suffira. M. Hudson, de York, a pris 8,000 actions dans la ligne de Berwick à Newcastle, qui forment un total de 12,000 liv. st. Or, ces actions sont en hausse à tel point, que M. Hudson pourroit obtenir 18 liv. et 10 sh. pour une action qui lui a coûté 1 liv. 10 sh. ; c'est-à-dire que cette seule affaire de 12,000 liv. offre un bénéfice de 136,000 liv. st. ! C'est ce que l'on appelle faire sa fortune en chemin de fer, dit le *Morning-Advertiser*.

HOLLANDE. — La clôture des états-généraux a eu lieu samedi 28 juin.

SUISSE. — L'anarchie la plus déplorable règne de nouveau dans le canton de Berne ; les scènes de désordre et les actes de violence sont à l'ordre du jour.

« Dernièrement, dit le *Courrier Suisse,* un étranger arriva de Thoune à Berne dans une voiture traînée par quatre chevaux. On s'attroupe autour de lui ; déjà le mot de *Jésuite,* qui, depuis quelque temps, est toujours chez nous l'avant-coureur de quelque infamie, circule de bouche en bouche. Cependant, le voyageur s'avance vers l'hôtel de l'ambassadeur de France ; puis il a des manières si distinguées, un air si noble, une démarche si imposante ! la foule se dissipe. Or, l'étranger qui a failli devenir la victime de nos bédouins, c'étoit M. le marquis de Dreux-Brézé, pair de France. »

ORIENT. — Le *Sémaphore* publie des nouvelles de Syrie jusqu'au 11 juin, mais elles n'ajoutent que peu de choses à nos dernières correspondances. Ainsi que nous l'avions pressenti, l'armistice du 2 juin n'est nullement définitif. On ne s'est point entendu, on ne pouvoit pas s'entendre, toutes les questions d'indemnité et d'administration sont restées sans décision aucune.

Les Druses et les troupes irrégulières du pacha continuent leurs atrocités. Le 8 juin, dans un village appelé Roumié, des femmes ont été égorgées par les troupes, quelques-unes ont été pendues par les cheveux.

La plus grande misère règne parmi les chrétiens du Liban. Des souscriptions ont été faites pour leur procurer quelque soulagement ; mais on n'a pu recueillir grand'chose. Le comité de secours établi à Beyrouth s'est adressé à l'Europe chrétienne, surtout à la France ; il faut espérer que dans quelques mois des fonds viendront donner du pain aux malheureux montagnards du Liban, que les récens événemens ont plongés dans la détresse. Ces secours viendront d'autant plus à propos, que la misère est plus à redouter pour ces montagnards pendant l'hiver que pendant l'été.

Des commissaires ont été nommés, et on a choisi trois personnes parmi les voyageurs français, témoins des événemens, qui ont accepté la mission spéciale de poursuivre en France cette œuvre de charité. Ces trois personnes sont : MM. Haut du Mesnil, Casimir Lecomte et Plichon.

CHAMBRE DES PAIRS.

La chambre a adopté aujourd'hui presque sans discussion : 1° à la majorité de 97 voix contre 8, le projet de loi relatif à la police des chemins de fer ; 2° à la majorité de 93 voix contre 9, le projet de loi relatif aux crédits de l'Algérie.

CHAMBRE DES DÉPUTÉS.

Présidence de M. Sauzet. — *Séance du 3 juillet.*

L'ordre du jour appelle la suite de la discussion du budget des recettes.

MM. BLIN DE BOURDON et DELESPAUL présentent des observations : le premier sur la sous-répartition de l'impôt des portes et fenêtres dans le département de la Somme ; le second sur l'exemption de timbre accordée à la partie des journaux qui est consacrée à la reproduction des documens législatifs.

M. CLAPPIER demande que le timbre *maximum* des journaux soit réduit de 6 c. à 5. Il faut, dit-il, encourager les journaux à agrandir leur format, afin qu'ils puissent donner une plus grande place aux documens législatifs et administratifs.

M. GAVE-LAPLAGNE, ministre des finances, combat cet amendement, qui aura pour résultat de former une sorte de monopole dans la presse, en tuant les journaux spéciaux, qui, ayant moins d'annonces, ne pourroient plus soutenir la concurrence.

M. E. DE GIRARDIN prétend au contraire que laisser les choses comme elles sont, c'est consacrer un monopole.

M. LHERBETTE, tout en appelant une réduction de droit de timbre sur les journaux, demande avant tout que le timbre soit proportionnel, et laisse à toutes les opinions le moyen de se faire jour et de se contrôler.

+ M. CLAPPIER trouve que les raisons données par les adversaires de son amendement sont importantes, et propose en conséquence de déclarer que le timbre sera réduit de 6 c. à 5, de 5 à 4, et de 4 à 3.

Cet amendement n'est pas adopté.

Sur la proposition de M. Delessert, et malgré l'opposition de M. le ministre des finances, le prix des passeports à l'étranger est réduit de 10 fr. à 2 fr.

M. MURET DE BORD, à l'occasion du paragraphe relatif au sel, prie le gouvernement de rendre une ordonnance pour que les sels soient livrés en franchise aux agriculteurs dans les départemens où les foins ont été avariés. On sait, dit-il, qu'une petite quantité de sel ajoutée à ces foins peut les rendre propres à la nourriture des animaux, dont à présent ils ne peuvent fournir que le tiers.

M. LACAVE-LAPLAGNE répond qu'il s'est préoccupé de la nécessité qui lui est signalée, et qu'une ordonnance à ce sujet est en ce moment soumise au conseil d'État : il ne sera pas accordé franchise absolue, mais une diminution considérable.

M. DE SAINT-PRIEST développe son amendement relatif à la réforme postale, mais après quelques observations de MM. Monier de la Sizeranne et Lacave-Laplagne, il déclare le retirer.

L'amendement de M. de Remilly, tendant à établir un impôt sur les chiens, comme en Angleterre et en Belgique, est rejeté après une courte discussion.

M. ISAMBERT se plaint que le gouvernement ait négligé trop long-temps de faire valoir les droits de l'État sur le Temple de Paris occupé par des religieuses.

M. LACAVE-LAPLAGNE, ministre des finances, répond que pour sa part il n'a pas à se reprocher d'avoir négligé cette affaire ; que la question est litigieuse, et qu'il se félicite d'avoir cherché à la résoudre à l'amiable.

Tous les articles du budget des recettes ayant été successivement adoptés, la chambre procède au scrutin de division sur l'ensemble du projet de loi. Cette opération donne pour résultat l'adoption du projet par 240 voix contre 20.

Séance du 5.

La chambre s'est occupée d'un rapport de la commission des pétitions. Aucun débat intéressant n'a eu lieu. La séance de demain sera encore consacrée à des rapports de pétitions.

Le Gérant, Adrien Le Clere.

BOURSE DE PARIS DU 4 JUILLET 1843.

CINQ p. 0/0. 121 fr. 70 c.	Quatre canaux 0000 fr. 00 c.
TROIS p. 0/0. 83 fr. 50 c.	Caisse hypothécaire. 617 fr. 50 c.
QUATRE p. 0/0. 110 fr. 20 c.	Emprunt belge. 5 p. 0/0. 000 fr. 0|0.
Quatre 1/2 p. 0/0. 000 fr. 00 c.	Emprunt romain. 104 fr. 0/0.
Emprunt 1841. 00 fr. 00 c.	Rentes de Naples. 101 fr. 30 c.
Oblig. de la Ville de Paris. 1435 fr. 00 c.	Emprunt d'Haïti. 880 fr. 00 c.
Act. de la Banque. 3215 fr. 00 c.	Rente d'Espagne. 5 p. 0/0. 00 fr. 0/0.

PARIS. — IMPRIMERIE D'ADRIEN LE CLERE ET C°, rue Cassette, 29.

HISTOIRE DE SAINT JÉROME,

PÈRE DE L'ÉGLISE AU IVe SIÈCLE ; — SA VIE, SES ÉCRITS ET SES DOCTRINES,
par *F. Z. Collombet*, ouvrage approuvé par *Mgr le Cardinal de Bonald*.
2 vol. grand in-8°, 1844 (1).

———

Saint Jérôme est une des figures les plus originales et les plus attachantes qu'il y ait eu dans l'histoire des premiers siècles ; il méritoit une *histoire* détaillée, et il a trouvé dans M. Colombet, déjà préparé par la traduction de ses œuvres, un homme capable de remplir cette tâche. Il étoit difficile de faire comprendre le caractère de saint Jérôme et de montrer ce qu'il fallut d'abord à ce Romain jeune et ardent, de vigilance pour dompter sa nature fougueuse. Saint Jérôme trouvoit en son tempérament particulier un ennemi toujours renaissant ; et se vaincre soi-même, c'est le plus beau triomphe que l'homme puisse remporter. Là est surtout le caractère de la sainteté de saint Jérôme. Lui-même nous a laissé dans ses lettres les détails de cette lutte intérieure et de cette sanctification lentement accomplie depuis les rumeurs de Rome jusqu'au silence de Béthléem. Une chose qui nous a frappé en lisant ces deux volumes si sagement écrits, c'est combien peu saint Jérôme étoit fait naturellement pour la solitude et l'humilité. On sent parfois le lion qui se dresse et s'irrite, mais le chrétien arrive qui remet tout dans l'ordre. Et c'est un exemple profitable de contempler comment le travail et la fatigue des nuits sont venus dompter cette exubérante verdeur d'esprit et de vie, et comment la grâce de Dieu, ainsi appelée dans le labeur et les austérités, vient achever son merveilleux ouvrage.

Nous ne suivrons pas M. Collombet dans les détails de cette vie immense et bien remplie, mais nous nous attacherons à mettre en relief quelques points sur lesquels il est utile d'insister aujourd'hui. Et d'abord, je veux montrer à ce professeur du Collège de France, qui a publié un pamphlet si infâme sur *le prêtre et la femme,* qu'il n'a pas même inventé une calomnie, et qu'il a appliqué à Bossuet, ce que *ces chiens enragés contre le Christ,* pour me servir de l'expression de saint Jérôme, appliquèrent au IVe siècle à saint Jérôme et aux autres prêtres. Tout le monde sait dans quel état la philosophie, le paganisme et le rationalisme nous ont laissé l'humanité ; tout le monde sait que le christianisme, en se levant sur les intelligences et les cœurs, trouva les deux tiers du genre humain dans l'esclavage, et la femme dans l'abrutissement. Il est bien reconnu d'un autre côté que la femme n'a de valeur que chez les peuples chrétiens, et que la valeur de la femme, le respect pour sa dignité baissent d'une manière sensible dès que l'esprit chrétien s'affoiblit chez un peuple ou dans un homme. Le christianisme et

(1) Paris, Paul Mellier, place Saint-André-des-Arts, 11.

son sacerdoce ont introduit dans la société et dans le mouvement de
l'histoire morale un élément qui étoit inconnu aux peuples de l'antiquité; quelque chose de patient, de doux et de calme qui répand sur
tous les événemens une harmonie qu'on ne peut méconnoître. Ce n'est
plus le mouvement brusque, saccadé, impérieux de l'histoire antique ou de celle des peuples que la lumière du christianisme n'a point
éclairés; mais c'est un développement régulier où l'on remarque l'empreinte de la volonté humaine. Le cœur étoit absent de la société et de
tous ses rapports; le christianisme l'y a mis en introduisant la femme.
Avec le cœur dirigé par la foi, tout un nouvel ordre de sentimens et
d'idées y a pénétré : la charité, la miséricorde, la compassion, l'affabilité et toutes ces vertus exquises et délicates, qui sont comme les
nuances légères et gracieuses d'un même fond et que l'esprit peut à
peine distinguer les unes des autres, ont communiqué à la vie leur salutaire influence, et donné à toutes les relations, je ne sais quoi de
bienveillant, de familier et d'intime, qui n'existe point là où les femmes sont exclues de la société.

Saint Jérôme est un des premiers Pères de l'Eglise qui ait reconnu
à la femme une valeur sociale. Il écrivoit ces paroles : « Les prêtres et
les pharisiens crucifient le Fils de Dieu, et Marie-Magdeleine pleure au
pied de la croix, prépare des parfums, cherche un tombeau, interroge
le jardinier, reconnoît le Seigneur, se rend auprès des apôtres, leur
annonce qu'il est trouvé. Ceux-là doutent, celle-ci a confiance... Quand
Jésus-Christ rencontre près du puits la Samaritaine, et qu'il boit à son
urne, ce n'est pas inutilement qu'il lui parle des dons de Dieu. » Lorsqu'on a lu le livre de M. Collombet, il est facile de comprendre quel
salutaire ascendant l'imagination de saint Jérôme, soutenue par un esprit droit et l'enseignement orthodoxe, put exercer à Rome sur l'élite
de ces illustres matrones, de ces pieuses vierges, qui réclamèrent ses conseils, ses instructions, et voulurent être comme ses élèves. La femme
même qui étoit sortie du paganisme, vivoit encore au milieu d'un
monde tout pénétré des erreurs de la Gentilité. Il lui falloit quelqu'un
pour la mettre résolument sur une route chrétienne, pour la discipli-
ner, pour la séquestrer de la société romaine; et ce fut l'œuvre de saint
Jérôme, œuvre admirable, qui sera toujours un de ses plus beaux titres
de gloire. Il faut lire dans l'ouvrage de M. Collombet des détails sur la
vie précieuse de ces femmes qui recherchèrent les leçons de saint Jérôme : Paula, cette fleur de la noblesse et de la piété; sa fille Eustochium, si dignement et si souvent louée par le saint docteur; Blezilla,
sœur d'Eustochium; Lea, si éclatante de vertu; Azella, qui voulut mener à Rome la vie de la solitude; Marcella, si grande dans sa viduité,
et qui prêtoit son palais solitaire de l'Aventin aux réunions où se formoient les pensées de tant de saintes œuvres. Le chœur de vierges l'environnoit; l'étude avoit donné lieu à l'assiduité, l'assiduité à la familiarité, la familiarité à la confiance; jamais, toutefois, elles ne purent voir

en lui quelque chose qui ne fût pas d'un chrétien. Aussi il pouvoit écrire avec une noble assurance : « Ai-je reçu de l'argent d'aucune d'elles ? Les dons, soit grands soit petits, ne les ai-je pas dédaignés ? L'or d'autrui a-t-il jamais retenti dans mes mains ? Mon langage a-t-il été équivoque ? mon œil pétulant ? Est-ce que des vêtemens soyeux, des pierreries éclatantes, un visage fardé m'ont captivé ? » Eh bien ! malgré tout cela, Onasus, le Michelet de cette époque, répandit et propagea des calomnies infâmes.

Le cœur triste de se voir méconnu dans la droiture de ses pensées et de ses efforts, saint Jérôme voulut rompre avec les agitations de la ville, et se jeter dans la solitude. « Là, écrivoit-il à Marcella, un pain grossier, des légumes arrosés de nos mains, nous donneront une nourriture simple, il est vrai, mais innocente. En vivant ainsi, le sommeil ne nous arrachera point à l'oraison, ni la satiété à la lecture. En été, l'ombre d'un arbre nous prêtera une retraite; en automne, un air tempéré et la feuille gisant par terre nous montreront un lieu de repos. Au printemps les champs s'émaillent de fleurs, et au milieu du ramage des oiseaux, l'on chante plus agréablement les psaumes. En hiver, s'il y a de la brume et de la neige, je n'achèterai pas de bois, et je veillerai ou dormirai plus chaudement. Que Rome ait donc ses tumultes, l'arène ses fureurs, le cirque ses folies, les théâtres leur pompe luxuriante;.... pour nous, il nous est bon de nous attacher au Seigneur, et de placer en lui notre espoir. » Enfin un navire l'emporta bien loin des régions occidentales et des calomnies.

A la porte de Bethléem, saint Jérôme se fit une cellule où il cacha sa vie dans les plus âpres labeurs. Il avoit fui Rome, et Rome vint le retrouver dans la solitude. Paula, sa fille Eustochium, et un grand nombre de ces femmes romaines qui étoient habituées à son enseignement, vinrent s'établir à Bethléem, y fonder un monastère. Et ces filles des consuls de l'ancienne Rome, élevées dans le luxe, portées dans les rues par des mains d'eunuques; qui trouvoient trop lourd un manteau de soie ; ces mêmes femmes portoient des habillemens grossiers, s'occupoient des plus humbles emplois de la communauté, apprêtoient les lampes, attisoient le feu, nettoyoient les légumes, dressoient les tables et servoient les pèlerins. Et tout le temps que leur laissoient les devoirs de l'hospitalité, elles l'employoient à l'étude. Jalouses de lire nos livres sacrés dans cette langue, au dire des savans orientalistes, concise, énergique et imagée, en laquelle ils ont été écrits; elles étudièrent l'hébreu, et chantèrent les psaumes dans ces mêmes accens qu'avoit trouvés l'inspiration des prophètes d'Israël. Saint Jérôme secondoit la vive intelligence et l'ardeur de ces généreuses femmes, leur expliquant les difficultés des Ecritures, leur en exposant les profondeurs et les mystères par les nombreux écrits qu'il leur dédioit. Car, chose bien remarquable, ces travaux d'exégèse biblique qui effraient l'érudition et la patience des travailleurs modernes, ont été

composés pour ces femmes romaines. Un jour, les paisibles études
de Bethléem furent troublées; Jérôme exposoit le prophète Ezé-
chiel, lorsqu'arrivèrent en foule les débris de cette société romaine qui
peut-être avoit ri des calomnies d'Onasus; les Goths les avoient violemment dispersés sur toutes les mers et dans toutes les provinces. A
Bethléem, ils trouvèrent des soins et des consolations, ils trouvèrent
des amis qui partagèrent leur patriotique douleur.

Dans une lettre à Læta, saint Jérôme pose les véritables bases de
l'éducation chrétienne des femmes. Il seroit curieux de rapprocher les
conseils d'un Père de l'Eglise du iv° siècle, du livre si pratique de Fénelon. Jérôme veut qu'on éloigne la petite Paula de tout ce qui pourroit ternir son innocence; point de domestiques ou d'enfans dont la
contagion seroit dangereuse. Elle ignorera les chansons profanes; sa
tendre raison s'accoutumera à chanter les psaumes. Dès qu'elle apprendra les premiers élémens de la lecture, il faudra lui donner des
lettres de buis ou d'ivoire : elle s'en servira pour jouer, et le jeu deviendra instructif pour elle. Saint Jérôme demande que sa prononcia-
tion soit nette et forte, et pour mieux animer l'enfant à cette ingrate
combinaison des lettres et des syllabes, il conseille de promettre les petits
présens que l'âge comporte, des pâtisseries, du vin miellé, des fleurs
printanières, d'élégantes poupées. Les mots qu'elle devra prononcer
pour exercer sa mémoire, il faudra les choisir dans l'Ecriture sainte.
Lorsque d'une main encore tremblante elle commencera à promener
le *style* sur la cire, il faudra qu'une main étrangère conduise ses petits
doigts, qu'on lui imprime sur la tablette les caractères des lettres, afin
qu'elle suive les mêmes sillons et ne puisse pas s'en écarter. Il sera
bon de lui donner des compagnes d'études, dont les succès viennent
piquer son émulation. Elle ne devra pas être gourmandée, si elle est
lente; mieux vaudra l'encourager par des éloges, en sorte qu'elle ait de
la joie d'avoir réussi ou du chagrin d'avoir été surpassée... Son vêtement sera simple; au lieu d'aimer les pierres précieuses et les habits
soyeux, qu'elle aime les livres sacrés, qu'elle en confie à sa mémoire
les admirables leçons et la sublime magnificence; elle saura manier
la quenouille, mettre la corbeille sur ses genoux et tourner le fuseau.
Enfin saint Jérôme dit à Læta que, si elle trouvoit que ce fût difficile
d'observer ce plan d'éducation à Rome, elle pouvoit envoyer à Bethléem la jeune Paula, qu'elle y seroit entourée des plus tendres soins.
Lui-même avec candeur s'offrit à lui servir de maître et de nourricier.
« Je la porterai sur mes épaules, et, tout vieux que je suis, je me fera
des balbutiemens enfantins; beaucoup plus honoré en ceci qu'Aristote
car j'instruirai non point un roi de Macédoine, destiné à périr par l
venin de Babylone, mais une servante et une épouse du Christ, qu
doit lui être présentée dans les cieux. »

Nous nous arrêterons à ce touchant tableau. Nous avons voulu mon
trer comment le livre de M. Collombet est devenu actuel, puisqu'

fait connoître le prêtre qui s'est le plus occupé de la position sociale et chrétienne des femmes. L'Eglise semble ainsi avoir toujours répondu d'avance à toutes les attaques. Saint Jérôme mourut en 420. Le repos lui étoit bien dû, après toutes ces tribulations du corps et de l'ame, après cette constante lutte pour la foi catholique, après ces longues années d'austère pénitence et d'amour de Dieu.　　　　　E. C. de M.

REVUE ET NOUVELLES ECCLÉSIASTIQUES.

PARIS.

Le *Moniteur* du 6 juillet a publié la note suivante :

« Le gouvernement du roi a reçu des nouvelles de Rome. La négociation dont il avoit chargé M. Rossi a atteint son but. La congrégation des Jésuites cessera d'exister en France et va se disperser d'elle-même; ses maisons seront fermées, et ses noviciats seront dissous. »

C'est le 23 juin que M. Rossi a reçu la réponse d'après laquelle il s'est empressé d'adresser, le soir même, à son gouvernement, par courrier extraordinaire, les dépêches qui ont sans doute servi de base à la note du *Moniteur*.

Une lettre de Rome, datée du même jour, nous a informés de la solution qui venoit d'être donnée à la négociation de M. Rossi, mais par des concessions, selon notre correspondance, beaucoup moins étendues que celles dont fait mention la note du journal officiel.

Aujourd'hui, on nous communique une note qui, à certains égards, s'accorderoit avec nos premiers renseignemens.

Nous la reproduisons textuellement :

« Nous recevons de Rome, du 28 juin, des lettres qui nous mettent à même d'assurer ce qui suit : La nouvelle donnée par le *Messager*, du 6 juillet, sur l'issue de la négociation de M. Rossi à Rome, est inexacte. Le gouvernement n'a rien obtenu du Pape, si ce n'est un refus absolu. Ce qu'il a obtenu, il ne l'a obtenu que de la volonté du R. P. Général des Jésuites. »

De son côté la *Quotidienne* publie ce *post-scriptum* :

« P. S. — *Onze heures du soir.* — Des LETTRES DE ROME du 28 et du 29 juin nous sont communiquées. Elles contredisent la note insérée hier dans le *Messager*, et ce matin dans le *Moniteur*. Cette note repose sur une équivoque scandaleuse. Des concessions ont été faites, il est vrai, mais non point de la nature de celles qu'indique l'article officiel. Surtout elles ne proviennent pas de l'autorité vénérable qu'on a voulu associer à la politique de M. Guizot. En un mot, l'honneur et le droit du Saint-Siége sont saufs, et la trame ourdie par le gouvernement doctrinaire se dévidera à sa honte et à son détriment. »

Au milieu des doutes qui naissent de cette contradiction entre les notes ministérielles et les renseignemens puisés à d'autres sources, on comprendra notre réserve : sur des questions et sur des faits de cette nature, nous avons l'habitude de n'affirmer que ce que nous savons avec une entière certitude. Une chose seulement n'est que trop positive, et nous éprouvons le besoin d'en exprimer tout haut notre profonde

douleur. Des prêtres, des religieux à tant de titres recommandables.
cédant à la violence d'un orage amassé par les passions, vont faire
dans un sentiment de paix et de généreuse abnégation, le plus coûteux
de tous les sacrifices, celui d'une partie de leur liberté et de leurs droits
de citoyens. Dans quelque mesure que ce sacrifice leur soit imposé,
quelle que soit l'autorité sainte qui le leur demande—leur Supérieur-
Général ou le Père commun de tous les fidèles—les Jésuites montreront à leurs ennemis tout ce qu'il y a d'héroïque grandeur dans cette
soumission filiale qu'on a tant de fois représentée comme le signe dé-
gradant d'une ame sans élévation et d'un cœur sans noblesse : ils ne
se seront peut-être jamais montrés plus dignes de la haute estime, de
l'admiration et des vifs regrets de leurs nombreux amis.

Le résultat des négociations de M. Rossi, accepté par les journaux
d'hier dans les termes que le *Moniteur* l'annonce, a fortement, quoique
de différente manière, ému tous ces organes de la publicité. Nous empruntons à la *Presse* une partie de la revue qu'elle fait ce matin de ces
diverses opinions :

« Nous parierions volontiers qu'il ne se passera pas une année avant que le *Constitutionnel* n'imprime que les Jésuites qui vivoient ouvertement en commun, sur
la tête desquels étoient toujours suspendues les rigueurs de la loi, dont on pouvoit fermer les maisons aux acclamations de la foule, sont à regretter, qu'ils
étoient bien moins dangereux que les Jésuites *sécularisés*, que les Jésuites *honteux*
qu'on ne sait plus comment saisir ni comment frapper! S'il en doit être ainsi,
nous dira-t-on, le souverain Pontife n'aura fait qu'un acte de foiblesse ou de condescendance, en fermant de ses propres mains les maisons de Jésuites qui étoient
ouvertes en France, et non un acte de sagesse et de pacification, puisqu'il aura
manqué le but qu'il avoit l'espoir d'atteindre, et qu'il n'aura pas réussi à mettre
le clergé et la religion catholique à l'abri d'aucune des attaques passionnées de
la mauvaise foi! Pour être spécieuse, cette objection n'en est pas moins erronée.
Nous croyons, au contraire, que c'est alors seulement que la vérité apparoîtra
dans tout son jour, et que la réaction se fera dans les esprits!

» Ce qui distingue d'ordinaire les journaux de l'opposition, ce n'est pas l'originalité ; aussi le langage du *Siècle* ne diffère-t-il pas sensiblement de celui du *Constitutionnel*. Lui aussi ne veut pas croire à son triomphe, et voici dans quels
termes il l'annonce à ses lecteurs :

« Pour le coup, nous suivons le conseil donné par la feuille des Jésuites, nou-
» restons dans le doute jusqu'à ce que les faits soient officiellement constatés.
» Nous nous bornerons à faire observer que la première nouvelle étoit bien plus
» conforme à l'esprit de la cour de Rome, et à tous égards bien plus vraisemblable
» que celle qui est aujourd'hui garantie par la *Presse*. Qui sait pourtant le pacte
» qui aura été conclu avec le Saint-Siège? Qui sait à quelles conditions il sera
» permis à nos ministres de faire exécuter les lois de la France? Quand on va si
» loin en pélerinage, on y porte toujours quelque offrande. M. Rossi, sans doute,
» n'a pas manqué à cet usage. Est-il vraisemblable, autrement, qu'il eût réussi
» dans sa mission ? »

» Voilà donc comment le *Siècle*, qui prétend n'attaquer que les Jésuites, respecte
chef suprême de l'Eglise catholique !

Le même mot d'ordre paroît avoir été donné sur toute la ligne. Le *Courrier français* s'exprime ainsi : « En affligeant notre Eglise ultramontaine par la disso-, lution de la corporation des Jésuites, le ministère n'a-t-il pas songé à lui don-, ner pour fiche de consolation le silence des deux chaires du collège de France?» En effet, il faut avouer que, si, après avoir chassé les Jésuites de chez eux, les avoir forcés de s'expatrier, on interdisoit à MM. Michelet et Quinet de les atta-, quer en chaire, et de publier contre eux pamphlets sur pamphlets, ce seroit une véritable lâcheté !

» Le *Commerce,* la *Démocratie pacifique* et le *National* gardent le silence.

»La *Réforme*, qui prêche la liberté d'association, qui probablement, si elle con-, noissoit quelque club révolutionnaire, ne se croiroit pas tenue d'aller le dénoncer à l'autorité, ne désapprouve, dans la fermeture des maisons de Jésuites, que l'in-, tervention du pape. « Avoir sollicité l'appui d'un gouvernement étranger pour » exécuter une mesure que la loi française enjoignoit d'appliquer à la société des « Jésuites, c'est avoir, — dit-elle, — sacrifié la souveraineté de son pays. »

» Le *Journal des Débats*, qui, plus que tout autre journal, a contribué à allu-, mer la guerre entre le clergé et l'Université, exprime un espoir que nous ne croyons pas qu'il ait, mais il le fait en des termes que nous n'avons qu'à louer et que nous nous plaisons à citer : « Le gouvernement avoit pleine confiance dans la sagesse et dans la prudence de la cour de Rome; nous sommes heureux de » pouvoir dire que son attente a été réalisée. On croira sans peine que la négo-, « ciation a rencontré de grandes et nombreuses difficultés. Mais, grace à l'esprit » éclairé du pape Grégoire XVI, à la sagesse et à l'expérience de ses conseillers, » et, nous ajouterons aussi, à la perspicacité du général des Jésuites, ces obstacles « ont successivement disparu, et la cause de la légalité, de la prudence et de la » paix a fini par triompher. Nous voulons espérer que cette heureuse solution » aura pour effet de calmer les esprits momentanément excités par des manifesta-, » tions imprudentes, et mettra un terme à des différends que nous avons toujours » regrettés. »

»S'il est vrai que le *Journal des Débats* ait toujours regretté les différends dont il parle, il lui sera facile de donner des preuves de sa sincérité en reprenant, alors que la question de la liberté de l'enseignement sera agitée de nouveau devant la chambre à la session prochaine, l'attitude et le langage par lesquels il s'étoit fait distinguer en 1836, attitude et langage que nous n'avons fait que continuer.

»Quant à l'*Univers*, que nous avons réservé pour le mentionner le dernier, il se borne à faire suivre la note du *Messager* d'hier soir de ces lignes, qui sont em-, preintes, nous devons en convenir, d'une grande tristesse, mais aussi d'une grande et noble soumission :

« Cette nouvelle, qu'aucune lettre de Rome ne nous avoit laissé prévoir, brise » nos cœurs ; rien ne peut ébranler notre foi. Si Rome l'ordonne, les Jésuites se « soumettront. L'Eglise de France luttera sans eux comme elle a lutté pour eux. » Leur départ n'enlève rien à ses droits, il ajoute à ses devoirs : Dieu ne per-, « mettra pas que les épreuves diminuent son courage. »

»Que l'*Univers* persévère dans ce langage exempt de violences et de récrimina-, tions, et, nous le lui disons : ce n'est pas de son côté que sera le désavantage, même aux yeux des lecteurs les plus prévenus contre les Jésuites. Un journalisme étroit et soupçonneux les a fait proscrire, la liberté de la presse les ramènera, car, pour son propre honneur, elle ne voudra pas qu'on puisse dire d'elle qu'ils lui ont fait peur !»

On lit dans *la France* :

« La décision de l'affaire des Jésuites prouvera bientôt que l'existence des Jésuites n'étoit qu'un prétexte pour le parti anti-religieux, et que les évêques, en élevant-la voix dans cette circonstance, n'étoient mus que par un sentiment profond des dangers de la religion et de l'Eglise.

» Si le gouvernement a sollicité de la cour de Rome une décision pour que les embarras créés par l'ordre du jour motivé de la chambre des députés fussent aplanis, nous pensons qu'il a dû prendre de son côté des engagemens pour protéger efficacement la liberté religieuse. Le prétexte de l'existence de la Congrégation des Jésuites, dont on s'est servi pour envenimer la question de l'enseignement, ne subsistant plus, il faudra bien que l'on s'occupe de la loi qui doit reconnoître et régler le droit des pères de famille. Le gouvernement s'est adressé à la cour de Rome et aux Jésuites au nom de la paix et de la religion, et en invoquant des considérations de prudence, sa prière a été entendue. C'est maintenant le tour du gouvernement de se mettre en règle vis-à-vis de la religion, vis-à-vis des catholiques et du clergé en ce qui concerne l'Université. Nous voulons bien supposer qu'il en a le désir, et nous croyons savoir qu'il en a manifesté la volonté ; mais le pourra-t-il, l'osera-t-il ? Vaincu par M. Thiers dans l'affaire des congrégations, n'est-il pas encore dominé par le rapport de M. Thiers sur l'enseignement ?

» Le cabinet du 29 octobre est donc soumis à la tutelle de M. Thiers....

» La nouvelle officielle donnée par le *Messager*, et qui porte que la congrégation des Jésuites *va se disperser d'elle-même*, est accueillie par l'*Univers* dans les termes suivans :

« Cette nouvelle, qu'aucune lettre de Rome ne nous avoit laissé prévoir, brise » nos cœurs ; rien ne peut ébranler notre foi. Si Rome l'ordonne, les Jésuites se » soumettront. L'Eglise de France luttera sans eux comme elle a lutté pour eux. » Leur départ n'enlève rien à ses droits, il ajoute à ses devoirs : Dieu ne per- » mettra pas que les épreuves diminuent son courage. Le mouvement excité par » les ordonnances de 1828 fut l'origine de la renaissance religieuse à laquelle » nous assistons aujourd'hui. »

» Ce journal renonce à sa polémique avec l'*Ami de la Religion* qui, dans cette circonstance, avoit été bien informé. »

Voici comment s'exprime sur le même sujet le *Gazette de France* :

« M. Guizot triomphe bien à tort de la mission de M. Rossi. Il avoit dans l'entente cordiale avec Rome un soutien moral de sa politique, puisque le clergé de France avoit abandonné la politique à cause de Rome, espérant avoir la protection du pouvoir dans les intérêts religieux. *Mais aujourd'hui tout est clair. Bologne, Ferrare et Ravennes, voilà le secret de Louis-Philippe pour faire faire à Rome ce qu'il désire !* M. Guizot a donc affoibli la force morale qu'il tiroit de Rome. »

Et le *Globe* fait cette réflexion :

« Voilà donc le Saint-Père qui, pour des motifs temporels et terrestres, vend au roi des Français des décisions spirituelles ! et c'est un prêtre qui dit cela ! Déjà M. de Genoude, comme royaliste, a fait cause commune avec les républicains ; comme prêtre, il fait déjà cause commune avec les hérétiques ; et du reste, à voir le vagabondage de ses idées, il n'est pas difficile de prédire qu'il finira par se séparer de l'Eglise, »

Nous ne serons certes pas aussi sévères que le *Globe*. Mais nous demanderons aux rédacteurs de la *Gazette de France*, si lorsqu'on a le malheur d'écrire de pareilles paroles, on a besoin de chercher dans de prétendus *motifs occultes* la cause des plaintes que nous élevons quelquefois contre eux.

Le journal qui a remplacé le *Bien Social*, le *Courrier des Campagnes*, répond à la note que nous avons ajoutée à la circulaire de M. l'évêque de Digne, par de basses injures et d'odieuses personnalités contre nous. On comprendra que nous avons bien mieux à faire que de le suivre sur un pareil terrain. Seulement, nous voulons qu'il connoisse les seuls et graves motifs qui nous ont fait agir, lorsque nous avons cru devoir signaler la déplorable suite qu'il donne à l'esprit et aux égaremens du *Bien Social*, si formellement condamné par les évêques de France. Voici, entre autres autorités que nous pourrions citer sur le même sujet, la lettre que S. Em. M. le cardinal-évêque d'Arras nous a fait l'honneur de nous écrire sur les tendances et les doctrines du *Courrier des Campagnes* :

« Monsieur le Rédacteur,

» La victoire remportée sur le *Bien Social* n'est pas complète. Il paroît qu'on a changé de nom, sans ramener la doctrine à la pure vérité. On cherche un asile pour les mêmes erreurs, dans le *Courrier des Campagnes*. Ce dernier journal m'inspire quelque crainte, car on aperçoit en lui une hostile influence.

» Je ne puis trop vous recommander, Monsieur, de le lire et de le juger. Peut-être croirez-vous nécessaire d'en démasquer le venin. Je le désire de tout mon cœur.

» Habitué à servir la vérité, il vous en coûtera peu de tourner vos armes vers le *Courrier des Campagnes*.

» Je me félicite de la nouvelle occasion que cet incident me fournit de vous renouveler, Monsieur, l'assurance de mon estime, et avec elle celle de ma considération très-distinguée,   ✝ CH., CARD. DE LA TOUR D'AUVERGNE,
                                                            évêque d'Arras.

» Arras, 1er juillet 1845. »

La *Gazette de France*, à qui nous opposions dernièrement le silence prudent que garde l'*Univers* depuis deux ans sur les *opinions ultramontaines*, a cru nous mettre dans un grand embarras en nous répondant que ce journal n'acceptoit pas notre explication de son silence. Nous désirons que la *Gazette* trouve plus satisfaisante l'explication que l'*Univers* lui adresse aujourd'hui directement. Voici cette réponse :

« Dernièrement nous disions, en ridiculisant l'aveuglement des prétendus conservateurs, que rien ne pouvoit leur ouvrir les yeux, pas même l'intérêt de la *dynastie, cette chose suprême et supérieure à tout.* Personne ne s'est mépris sur le sens ironique de cette phrase. Un journal, pourtant, a voulu s'en servir pour établir que nous mettons la dynastie au-dessus de tout, et probablement au-dessus de Dieu. Comme nous faisons profession de mépriser les insinuations de ce journal, nous n'avons pas relevé son erreur très-volontaire. Il profite de notre mépris, et il revient à son mensonge. Seulement, au lieu de citer exactement la phrase, il dit aujourd'hui que nous avons écrit : *La dynastie est ce qu'il y a de suprême et de supérieur à tout.* On voit ce que deviennent les choses entre ses mains.

» Avons-nous besoin de nommer le journal qui emploie cette honnête tactique? Mais de pareils traits n'appartiennent qu'à lui. D'ailleurs, nous ne le nommons jamais, par un reste d'égards qu'il ne mérite point. Nous ne voulons point lui faire l'honneur de le combattre, afin de n'avoir pas le chagrin de le juger; et cette réponse, qu'il cherche à s'attirer depuis deux ans par les manœuvres les plus répugnantes, est tout ce qu'il obtiendra de nous. »

Le cinquième et dernier volume de l'*Histoire de la Compagnie de Jésus,* par M. J. Crétineau-Joly, est en vente. Nos lecteurs connoissent déjà toute l'importance de ce bel ouvrage. Ce volume, qui contient le récit de la destruction et de la résurrection de la société, emprunte encore un nouvel attrait aux graves circonstances dans lesquelles nous nous trouvons. Il abonde en documens du plus haut intérêt pour l'histoire de l'Eglise, il est plein de faits nouveaux, et il donne à tous ces événemens jusqu'alors si controversés une physionomie tout-à-fait inattendue. Nous en rendrons compte très-incessamment.

Les recettes de l'association pour la Propagation de la Foi, se sont élevées en 1844 à la somme de 4,035,207 fr. 71 c., et les dépenses à celle de 3,743.908 fr. 14 c. Il y a donc un excédant de recettes de 291,299 fr. 57 c. Voici dans quelle proportion figurent, au tableau des recettes, les principales contrées où cette sainte association est établie :

France,	1,933,809 fr. 82 c.
Etats Sardes,	258,528 55
Iles britanniques et colonies,	236,914 30
Prusse,	182,126 · 90
Belgique,	177,686 03
Etats de l'Eglise,	114,620 43
Deux-Siciles,	100,953 39
Pays-Bas,	96,927 51
Royaume Lombard-Vénitien,	86,990 19
Amérique du Nord,	63,117 06
Toscane,	59,356· 14
Allemagne,	57,590 61
Suisse,	56,937 24
Portugal,	42,123 20

Les diocèses qui ont le plus contribué sont les suivans : Lyon, 175,067 fr. 60 c.; Paris, 92,371 fr. 85 c.; Cambrai. 89,806 fr. 16 c.; Cologne, 82,465 fr. 11 c.; Turin, 61,000 fr. 29 c.; Nantes, 60,168 fr. 70 c.; Rennes, 54.637 fr. 80 c.; Toulouse, 53,218 fr. 30 c.; Rome, 52,115 fr. 49 c; Dublin, 49,465 fr. 12 c.; Naples, 47,893 fr. 62 c.; Le Mans, 44,714 fr. 25 c.; Gand, 43,639 fr. 74 c.; Strasbourg, 41,883 fr. 35 c.;

Saint-Brieuc, 41,010 fr,; Bordeaux, 40,982 fr. 15 c.; Angers, 40,038 fr. 15 c.

La Belgique avec ses six diocèses figure, au tableau des recettes, dans les proportions suivantes : Gand, 43,639 fr. 74 c.; Malines, 36,330 fr. 21 c.; Liége, 33,615 fr. 22 c.; Tournai, 31,635 fr. 05 c.; Bruges, 22,249 fr.; Namur, 10,216 fr. 81 c.

Les Pays-Bas ont produit, savoir : Vicariat apostolique de Bois-le-Duc, 31,159 fr. 68 c.; celui du Limbourg, 15,528 fr. 03 c.; celui du Luxembourg, 11,168 fr. 72 c.; celui de Bréda, 5,714 fr. 30 c.; divers archiprêtrés, 33,356 fr. 18 c.

Parmi les dons particuliers, les 4 plus forts ont été envoyés des diocèses suivans, savoir : Alby, 10,000 fr ; Bâle, 7,887 fr. 15 c.; Tournai, 5,847 fr. 59 c.; Savone, 4,336 fr. 85 c,

Les *Annales* de l'association sont tirées annuellement à 171,900 exemplaires, savoir : Français, 94,000; Italiens, 30,000; Allemands, 24,000; Anglais, 14,000; Flamands, 4,800; Portugais, 2,500; Hollandais, 1,100.

Les dons envoyés de France et de Belgique pour le rachat des enfans chinois, s'élèvent à la somme de 14,811 fr. 44 c.

La répartition des aumônes entre les missions des diverses parties du monde, pour 1844, a été faite dans l'ordre suivant :

Missions d'Europe,	655,984 fr. 00 c.	
— d'Asie,	966,947	04
— d'Afrique,	300,848	00
— d'Amérique,	1,127,162	70
— de l'Océanie,	430,889	26

M. Dupont des Loges, évêque de Metz, est à Rennes, où il doit passer quelque temps dans sa famille. Dimanche, 29 juin, pour la fête de saint Pierre, il a officié aux vêpres de la cathédrale. M. l'abbé Fournier, curé de Saint-Nicolas de Nantes, a ensuite prêché. L'Eglise catholique, dont le patron de la fête de dimanche est la pierre angulaire, a trouvé en lui un digne panégyriste. Si M. l'abbé Fournier n'étoit pas retenu à Nantes par les soins de la paroisse qu'il dirige; si, missionnaire, il alloit porter de ville en ville la parole évangélique, nous ne craignons pas de dire qu'il seroit bientôt classé parmi les célébrités de la chaire contemporaine. (*Hermine.*)

Mgr l'archevêque de Damas est à Lyon depuis quelques jours ; il vient de Constantinople, où il a pu après de longs efforts faire rapporter un firman qui défendoit, dans les provinces confiées à sa sollicitude, aux schismatiques de se faire catholiques, et aux catholiques de se faire schismatiques. Le vénérable prélat se loue beaucoup du zèle que M. Eugène Boré a mis à le seconder dans ses démarches, et à rendre ainsi plus fructueux ses travaux évangéliques. (*Gazette de Lyon.*)

Différentes lettres annoncent l'arrivée du P. de Smet et de ses compagnons à leur destination. Les six Sœurs de Notre-Dame ont été établies à Willamette où ile P. de Vos, que le P. de Smet avoit laissé chez les Têtes-Plates, leur avoit préparé un couvent. C'est le 19 août que la messe a été célébrée pour la première fois dans leur chapelle. Après un peu de repos, le P. de Smet s'est empressé de retourner chez ses chers sauvages, dans l'espoir d'entreprendre bientôt un voyage chez les Pieds-Noirs, une des tribus les plus féroces de ces contrées et qui est toujours en guerre avec ses voisins. Chose remarquable ! le même navire qui a porté les Sœurs, a emmené plusieurs ministres protestans et leurs femmes, qui s'en retournent aux Etats-Unis, après plusieurs années de tentatives inutiles de corrompre les enfans des catholiques.

On lit dans l'*Union Suisse :*
« NN. SS. les évêques de Fribourg et de Sion avoient sollicité la grâce de M. Steiger auprès du gouvernement de Lucerne. »

ILE BOURBON. — Une lettre de Saint-Denis, du 21 mars, annonce que deux missionnaires, MM. Deniaud et Cotain, arrivés dans cette colonie, se disposoient à aller prêcher l'Evangile à Madagascar.

« On est inquiet, dit la correspondance, sur le sort réservé à ces apôtres. En 1829 ou 1830, M. de Solage, vice-préfet apostolique, entreprit une sainte mission dans la grande île, et mourut victime de son zèle. Les Houvas ne firent contre lui aucune attaque ; mais le courageux missionnaire ayant persisté, malgré les avis que lui donnoient les traitans, à s'avancer dans l'intérieur des terres, se trouva bientôt au milieu des forêts marécageuses, sans guide, sans ressources. Défense avoit été faite à tous les chefs de village de lui faire accueil et de lui donner des vivres. M. de Solage en fut réduit à manger des racines ; sans asile, privé de tous les soins que le climat exige, il fut pris de la fièvre et périt misérablement »

REVUE POLITIQUE.

L'Espagne, l'Irlande et la Suisse paroissent arrivées par des causes différentes à cette situation d'anxiété et d'agitation sourde et inquiète qui est comme le prélude de quelque terrible tempête. A Madrid, il y a quelques jours, tout sembloit disposé pour l'émeute. La populace avoit assailli et dévasté la boutique d'un étalagiste qui avoit exposé la gravure du comte de Montemolin ; les exaltés et les espartéristes s'étoient assemblés tumultueusement à la porte *del Sol*, si fameuse en d'autres rencontres pareilles ; la police et la force armée étoient sur pieds. On dit aujourd'hui que tout est rentré dans le calme de ce côté. En attendant le chef véritable du gouvernement, le quasi dictateur Narvaez commence à prendre les allures de son prédécesseur Espartero. Sans parler de la mauvaise intelligence qui règne, à ce que l'on assure, entre lui et Marie-Christine, on peut s'en rapporter à quelques actes plus récens de Narvaez, comme premier ministre, pour trouver sans témérité qu'il s'avance vers une domination exclusive. L'enlèvement de six rédacteurs de journaux, le manifeste odieusement empreint de colère contre don Carlos et

son fils, et enfin la destitution d'un grand nombre de chefs militaires qui ne partagent ni ses sentimens politiques, ni peut-être l'admiration des familiers pour
la personne du premier ministre, tels sont les griefs que la sagesse et la prudence des politiques modérés reprochent justement à Narvaez. C'est par l'armée
qu'Espartero étoit parvenu à dominer en Espagne et à forcer la régente humiliée
et presque captive à Barcelonne, de renoncer à la puissance et aux graves devoirs de l'éducation de sa fille, et de s'exiler de l'Espagne. On sait comment a
fini Espartero, si tant est que son rôle soit en effet terminé. Son exemple ne
pourroit-il pas servir de tout point de leçon à Narvaez ? On assure que ce dernier
ne désespère pas d'éloigner de nouveau Marie-Christine de l'Espagne, et de régner plus heureusement que son rival sous le nom d'Isabelle, dont le mariage ne
seroit enfin conclu qu'à l'époque fixée par lui et avec le seul candidat de son
choix et de sa convenance. On voit que la révolution d'Espagne n'est pas encore
arrivée à ses jours de déclin.

En Irlande, les meurtres publics recommencent. Les détails rapportés par les
journaux de Dublin en date du 3 juillet, sont terribles sur l'événement qui s'est
passé à la foire de Ballinbassing, qui a lieu tous les ans vers le 30 juin. Dans
une lutte qui a eu lieu entre la police et le peuple, le sang a coulé, huit personnes
ont été tuées sur la place, et les blessés sont en très-grand nombre. Le deuil et
la douleur sont dans un grand nombre de familles ; mais ce qui domine tout, c'est
l'exaspération et l'agitation les plus inquiétantes. Les curés et les prêtres catholiques se sont portés partout sur la place publique et dans les maisons pour calmer cette irritation, et donner surtout les secours de leur saint ministère, aux
blessés et aux mourans. De leur côté, les orangistes et les ministres protestans
ne cherchent guère à favoriser le calme et la paix en Irlande. Ils ont tenu une
assemblée pour la fameuse bataille de la Boyne.

L'assemblée étoit présidée par le révérend M. Eyre. La soirée a été ouverte
par des prières, et l'on a chanté des psaumes.

M. Ferrand, qui a pris la parole le premier, a dit positivement que les ministres étoient traîtres à la religion, à la patrie, à la souveraine, à Dieu !

Une voix : Peel est un imposteur !

En chœur : C'est vrai !

Une voix : Peel est un traître !

En chœur : C'est vrai !

M. Ferrand : C'est le pire traître qui ait jamais existé ! Peel est le Maroto du
conservatisme, je prouverai qu'il a trahi sa souveraine !

Une voix : Peel est un infidèle !

En chœur : C'est vrai !

Une autre voix : Nous le ferons tomber, le traître ! A bas le traître !

Le révérend M. Tresham a pris ensuite la parole, déclamant contre le pape, le
papisme et Peel.

Après cette soirée, les orangistes ont défilé dans plusieurs rues de la ville, faisant halte autour de la statue du roi Guillaume ; ils ont proféré des vivats et des
hurrahs pour le héros de la Boyne. On a remarqué dans cette procession plusieurs hommes qui tenoient à la main et agitoient des couteaux. La population

étoit effrayée. A Trinity Street la confusion est devenue telle que c'étoit une véritable mêlée dans laquelle un jeune garçon a été blessé.

L'Irlande va-t-elle revoir ses plus mauvais jours de réaction et de pillage, au
moment même où ses souffrances, et l'oppression qui pèse sur elle, trouvent enfin quelque sympathie efficace dans les hautes régions de la politique anglaise ? Il
faut encore espérer mieux.

En Suisse, le radicalisme et les corps francs voudroient aussi réveiller les plus
mauvaises passions et les vieilles haines éteintes. Lucerne et sa victoire exigent,
disent-ils, une éclatante réparation. On suscite toutes les susceptibilités religieuses; on veut former une nouvelle *Eglise libre*, qui renverse et détruise l'*ultramontanisme*. C'est-à-dire qu'après avoir attaqué les Lucernois et les catholiques sur le point de liberté, on voudroit maintenant s'en prendre à leur
croyance. C'est bien là l'aveugle haine des révolutions et des révolutionnaires.
Une fois de plus, ils oublient que la persécution et la réaction font des martyrs,
et, multiplient au centuple, les prosélytes du christianisme.

M. de Metternich a adressé la dépêche suivante, en date du 10 avril, au chargé
d'affaires d'Autriche, M. de Philippsberg :

« La victoire remportée par le canton de Lucerne et de fidèles alliés, sur une
agression des plus hardies dont l'histoire fasse mention, a une signification
humanitaire. Elle affermit la croyance aux vertus des ancêtres qui existe encore
dans une grande partie du peuple suisse, ainsi que le sentiment du droit et du
devoir et le dévouement fondé en la confiance en Dieu. En faisant échouer les
plans bien combinés et appuyés par les forces imposantes d'une faction impie,
elle donne l'espoir que le terme de ces manœuvres est arrivé, et que le pays qui
a besoin de tranquillité obtiendra enfin la paix tant désirée. Enfin, elle autorise
tous les Etats Européens, notamment les Etats voisins de la Suisse, à espérer que
le nombre des hommes honnêtes dans ce pays est assez grand pour mettre un
terme à l'anarchie qui cause la ruine de la Suisse et compromet la tranquillité
morale dans tout le corps social, et écarter ainsi, pour l'honneur de la confédération, les complications dangereuses que produiroit nécessairement un état de
choses aussi extraordinaire.

» La gloire d'avoir atteint un si noble but sur le terrain du droit appartient à
la courageuse population de Lucerne, de Zug et de ces cantons primitifs auxquels
la Suisse doit son origine et son nom respecté dans le monde; à la fermeté et aux
sages mesures du gouvernement, qui, pleins de confiance en Dieu et en leur bon
droit, ont loyalement accepté le combat, l'ont dirigé avec ensemble et l'ont courageusement terminé.

» L'esprit que le peuple et les autorités ont manifesté dans cette circonstance,
est une garantie qu'on suivra jusqu'au bout la véritable voie.

» C'est une observation fidèle de la foi jurée et du pacte fédéral. Si, sans avoir
égard à la conduite opposée tenue envers lui par d'autres, le canton de Lucerne et
les cantons qui partagent son opinion continuent, maintenant que leur bonne épée
a triomphé, à n'exiger de leurs confédérés que ce qui leur appartient d'après le
pacte fédéral helvétique; s'ils s'abstiennent de franchir la ligne que le devoir fédéral trace aux Etats de la Suisse; si, au courage militaire, ils savent joindre la
modération et à la résolution l'amour de la paix, ces Etats auront donné un noble
exemple qui, certainement, ne sera pas perdu.

» Ce qu'il y a dans le reste de la Suisse d'hommes honorables dans le conseil et au dehors ne pourront leur refuser leur estime, en laissant de côté tout esprit de parti politique et religieux ; des rapprochemens auront lieu et devront avoir lieu, et il arrivera aussi qu'autour de la bannière de la confédération des frères divisés se réuniront de nouveau en nombre et force suffisante pour imposer silence aux fau'eurs de troubles étrangers ,et nationaux, et aux factions, la paix. La cour impériale d'Autriche fait les vœux les plus sincères pour que ce but soit atteint.

« En tout cas, vous féliciterez en notre nom le gouvernement de Lucerne du bonheur qu'il a eu de détourner un grand danger avec le secours de Dieu, de son énergie, ainsi que de celle de ses alliés.

» Recevez, etc.   Signé METTERNICH. »

NOUVELLES ET FAITS DIVERS.

INTÉRIEUR.

PARIS, 7 juillet. — *Le Moniteur* publie aujourd'hui l'ordonnance du roi qui charge de l'intérim du ministère de l'intérieur M. Dumon, ministre des travaux publics.

— M. le ministre de l'intérieur est parti pour les eaux d'Ems.

— M. de Salvandy vient de quitter Paris pour aller passer deux mois à Essonnes, près Corbeil, où il vient de louer une maison de campagne pour deux mois. M. de Salvandy se rend à Essonnes, afin d'être à proximité de son docteur et de se faire extirper une loupe qui a commencé à prendre un fâcheux développement au-dessus de l'oreille gauche.

— M. Lagarde, sous-préfet de Brioude, est nommé sous-préfet de l'arrondissement de Bellac, en remplacement de M. Gérard, appelé à la sous-préfecture de Saint-Gaudens.

— Par ordonnance du roi, en date du 3 juillet, le deuxième collège électoral du département du Bas-Rhin est convoqué à Strasbourg, pour le 26 de ce mois, à l'effet d'élire un député, par suite de la démission de M. Schutzenberger.

— Par une autre ordonnance du 5, le 5e collège électoral du département du Gard est convoqué au Vigan pour le 2 août prochain, à l'effet d'élire un député, par suite de la nomination de M. Chabaud-Latour au grade de colonel.

— Par suite de la démission de M. Tourangin, député du Doubs, le 4e collège électoral de ce département est convoqué à Montbéliard, pour le 2 août prochain, à l'effet d'élire un député.

—Il n'étoit bruit aujourd'hui, à la séance de la chambre des députés, que de la prochaine nomination d'une vingtaine de pairs, qui seroient tous pris parmi les députés du centre. On citoit M. Sauzet, président de la chambre, comme devant faire partie de cette fournée. Le ministère voulant satisfaire M. Dupin aîné en le portant de nouveau à la présidence de la chambre lors de la session prochaine, et ne voulant pas cependant mécontenter M. Sauzet, n'auroit rien trouvé de mieux que de reléguer ce dernier sur les bancs de la chambre viagère. M. Sauzet, dit-on, ne se montroit pas trop disposé d'abord à échanger sa présidence contre la pairie. Mais on lui auroit fait entendre que le ministère, malgré toute sa bonne volonté, ne pourroit probablement pas le faire nommer de nouveau à la présidence, attendu que M. Dupin aîné avoit beaucoup de partisans, même parmi les conservateurs les plus dévoués au système du 29 octobre.   (*Réforme.*)

— Les journaux du Midi annoncent, d'après des correspondances particulières, que l'empereur du Maroc se seroit enfin décidé à accorder satisfaction. Mais ces correspondances ne s'expliquent pas clairement sur les causes de ce changement de dispositions. Quelques-unes donnent à entendre qu'il s'agiroit d'une ratification pure et simple du traité pour la conclusion duquel l'empereur a fait jeter ses agens en prison. D'autres affirment, au contraire, que la France a cédé sur la question des frontières et sur les avantages commerciaux que M. le général Delarue avoit d'abord stipulés, ce qui expliqueroit la nouvelle résolution d'Abd-er-Rhaman. En l'absence de renseignemens certains, nous attendrons que le gouvernement juge à propos d'en donner au pays.   (*Presse.*)

— On lit dans une correspondance adressée de Berlin à la *Gazette d'Aix-la-Chapelle*, en date du 28 juin :

« Je suis à même de vous communiquer une nouvelle d'une haute importance, que je tiens d'une personne en mesure d'être parfaitement informée. Pendant le mois d'août, LL. MM. le roi et la reine passeront trois jours au château de Stolzenfels sur les bords du Rhin, avec le roi Louis-Philippe et la reine d'Angleterre. La reine de Prusse partira dans les premiers jours du mois de juillet pour les bains de Kissingen, où le roi ira la prendre au commencement de juillet, afin de se rendre avec elle sur les bords du Rhin. LL. MM. inviteront la reine d'Angleterre à visiter aussi Berlin et Sans-Souci. Plusieurs équipages de la cour très-brillans, pris dans les remises de Berlin et de Postdam, partiront ces jours-ci pour Coblence. »

— M. le ministre de la guerre vient de statuer définitivement sur le sort des dix-sept élèves de l'Ecole polytechnique qui avoient été congédiés l'an passé, par suite du refus général des élèves de se présenter aux examens. Les dix-sept élèves exclus ont été autorisés à subir les examens de cette année, pour passer, ceux de première année dans la première division, ceux de deuxième année dans les services publics; mais les uns et les autres auront perdu une année sur leurs camarades. Ce retard d'une année dans leur carrière sera leur punition.

— Dans un rapport de mer du capitaine Amouroux, publié par le *Phare de la Loire*, nous remarquons ce passage :

« Les bâtimens français ne sont plus admis pour faire du commerce dans les îles et ports portugais de la côte d'Afrique; les navires anglais seuls ont ce privilége, par suite d'un traité entre l'Angleterre et le Portugal. Mis à exécution cette année, ce traité sera bien préjudiciable à notre navigation sur cette côte. »

— M. le ministre des finances vient de publier le tableau général des propriétés de l'Etat au 1er janvier 1845.

La valeur approximative de ces propriétés est de 1 milliard 288 millions 375 mille 440 fr , savoir ; 548 millions 692,980 fr. pour les propriétés affectées à des services publics, et 739 millions 682,460 fr. pour les propriétés non affectées à des services publics. Dans cette dernière somme les forêts figurent pour plus de 752 millions.

— On lit dans l'*Algérie* :

« L'ex-khalifa d'Abd-el-Kader dans le Ziban, Ahmed-Bel-Hadj, expulsé de l'Aurès par suite de l'expédition du général Bedeau, s'étoit d'abord réfugié à Nefta, capitale de l'Oasis tunisienne du Bled-el-Djerid. Il avoit à sa suite et à sa solde 310 hommes, débris de ses réguliers. Les habitans de Nefta ne voulurent pas le recevoir, craignant de s'exposer à la colère de leur maître, le bey de Tunis. Celui-ci, consulté, auroit imposé à l'admission de Bel-Hadj les conditions suivantes : 1° licenciement immédiat des 300 hommes qui l'accompagnent; 2° habitation dans la ville de Nefta avec défense d'en sortir. A de telles conditions, Bel-Hadj refusa l'hospitalité tunisienne. On le dit rentré dans le Sahara algérien.

L'ex-bey de Constantine est caché, assure-t-on, chez les Beni-Melkem de l'Aurès. Pendant quelques jours, on l'avoit dit parti pour le Djerdjera. Ces bruits contradictoires indiquent qu'on ne sait réellement pas où il est.

—Nous recevons des lettres de la Guadeloupe jusqu'au 10 juin ; elles nous apportent la triste nouvelle de la mort du contre-amiral Gourbeyre, gouverneur, qui a succombé le 7 juin, après onze jours de maladie. Cet événement a produit dans la colonie la plus pénible sensation ; le deuil étoit général : à la Pointe, les affaires ont été suspendues et les magasins fermés.

—On assure que c'est au roi des Français qu'est échu le lot de 50,000 fr. du tirage des obligations de la ville de Paris, le 1er de ce mois.

—Samedi a eu lieu, à la chapelle de la chambre des pairs, au milieu d'un grand concours de notabilités parlementaires, judiciaires et administratives, le mariage de M. d'Audiffret-Pasquier avec Mlle de Fontenillat.

—Dans la nuit du jeudi à vendredi dernier, une maison formant l'angle de la rue Louis-Philippe et de la rue Grenier-sur-l'Eau, s'est écroulée avec fracas. Cette maison autrefois se trouvoit appuyée sur d'autres qui ont été abattues lors du percement de la rue Louis-Philippe. On avoit essayé depuis de la reconsolider tant bien que mal ; mais son état de vétusté rendit ces soins infructueux, et, comme elle menaçoit ruine, l'autorité ordonna sa démolition par mesure de précaution. Depuis quelque temps elle avoit été louée en totalité à un principal locataire qui vouloit en tirer parti, et il a fallu employer la rigueur pour le forcer à déménager, lui et ceux qui s'y trouvoient installés. Il y a huit jours à peine que cette mesure a reçu son effet, et, sans cette sage précaution, il en seroit résulté un affreux malheur. La maison, en s'écroulant, s'est affaissée sur elle-même comme si on avoit pris les plus grandes précautions pour l'abattre, et sa chute n'a occasionné aucun dégât aux propriétés voisines.

— On reçoit du Mans de très-fâcheuses nouvelles. Deux anciens notaires et un notaire en exercice se seroient, dit-on, trouvés dans l'impossibilité de satisfaire à divers engagemens, et l'on parle de déficits considérables. Il est aussi question d'une grave déconfiture à La Flèche.

—Les journaux d'Indre-et-Loire et de Loir-et-Cher annoncent, pour le 1er novembre prochain, l'inauguration et la mise en activité de la section du chemin de fer de Bordeaux entre Orléans et Tours.

— L'*Impartial du Nord*, de Valenciennes, vient d'être condamné à 3,000 fr. de dommages-intérêts envers M. Régnier, ancien notaire, maire de Bouchain.

— Il y a quelques jours, plusieurs ouvriers maçons se trouvoient à Mâcon sur un échafaudage mal assuré. Le trop foible plancher, surchargé de matériaux et de bois, se brise, entraîne dans sa chute les travailleurs, excepté deux qui eurent le temps de se cramponner à une pièce de bois à moitié brisée. Les deux malheureux sentoient leur appui fléchir. — Jean, dit l'un d'eux, nous sommes trop de deux, un seul pourroit attendre du secours !... — C'est vrai, Pierre, qui se dévouera ? — J'ai quatre enfans, murmura le premier ! — Alors, adieu, Pierre, reprit le second, et il se laissa tomber en jetant un regard résigné vers le ciel.— Les passans, qui ramassèrent le corps mutilé de Jean, ne surent que plus tard le dévoûment sublime de ce pauvre ouvrier.

—Un respectable ecclésiastique, savant fort distingué, l'abbé Vidal de Toulon, vient de faire une découverte de la plus haute importance pour la santé publique, car désormais toutes ces odieuses falsifications, dont les vins et les alcools sont journellement l'objet, vont devenir impossibles. A l'aide d'un instrument aussi simple qu'ingénieux, inventé par l'abbé Vidal, et qu'il appelle alcoomètre, chacun peut aujourd'hui apprécier en quelques secondes les titres des alcools, même combinés avec d'autres substances, ainsi que la richesse alcoolique d' vins, bières, cidres et eaux-de-vie. On comprend de suite toute la portée d'un contrôle dont le résultat est aussi rigoureux et mathématique que facile à obtenir, et la découverte de l'abbé Vidal va très-certainement devenir la garantie de la loyauté de toutes les transactions sur les liquides, et servir en même temps de base invariable pour la perception des droits sur les boissons.

— Par une de ces bravades stupides assez fréquentes chez les ivrognes, deux ouvriers de Bourg, après avoir bu déjà outre mesure, ont fait assaut à qui ingurgiteroit le plus d'eau-de-vie. Ils en avoient bu *à peine un litre*, dit un journal du pays, quand l'un d'eux, le sieux Pagneux, maréchal-ferrant, est tombé ivre-mort. Les soins qu'on lui a donnés n'ont pu le rappeler à la vie. Son compagnon, quoique très-malade, ne succombera pas, on l'espère, à cet excès de boisson, dont le blâme doit retomber en partie sur le cabaretier qui l'a favorisé en vendant de l'eau-de-vie à des hommes déjà pris de vin.

— On écrit de Blois :

« Il y a quelques jours, un journalier travaillant à la démolition d'une vieille masure, située à Villejambau, et appartenant à M. Legras, maire de Villerbon, brisa un vase de terre qui contenoit près de 300 monnoies en argent.

» Le plus grand nombre de ces monnoies appartiennent aux règnes de Henri III et de Henri IV; quelques-unes portent le nom de Charles X (cardinal de Bourbon) et de Louis XIII.

» La valeur intrinsèque de ces médailles est de 900 grammes environ. »

EXTÉRIEUR.

ESPAGNE. — Nous avons reçu par courrier les journaux de Madrid du 30 juin. De légers troubles ont eu lieu à Séville le 26. On a crié : *Vive la constitution de 1837!* et on a promené des drapeaux. La garnison a été mise sous les armes, et en peu de temps la tranquillité a été rétablie. Les journaux de Madrid continuent à demander le prompt retour de la reine dans la capitale.

— Un traité vient d'être conclu entre l'Espagne et la république de Venezuela : l'Espagne reconnoît l'indépendance de la république, qui s'engage, en retour, à payer une indemnité de 5 millions de douros aux particuliers dont les biens ont été confisqués pendant la guerre.

— L'*Heraldo*, parlant des réclamations que l'Espagne fait en vertu du traité d'Utrecht, pour que les sucres de ses colonies soient admis dans les ports de la Grande-Bretagne au taux en usage pour les produits des nations les plus favorisées, fait entendre que, s'il n'est pas fait droit à cette prétention, les tarifs espagnols seront modifiés dans un sens anti-anglais.

ANGLETERRE. — Lord Aberdeen a présenté jeudi, à la chambre des lords, un bill pour mettre à exécution la convention conclue entre S. M. britannique et le gouvernement brésilien, à l'effet d'abolir la traite des nègres. Sur la motion du noble comte, le bill a été lu une première fois.

— « Un terrible événement est arrivé à la foire de Ballinhassig. Tous les ans, le 30 juin, dans ce village se tient une foire très-suivie. Tous les fermiers des environs s'y donnent rendez-vous, et l'on y envoie toujours un petit détachement de police pour y maintenir l'ordre. Vers sept heures et demie du soir, les affaires commerciales étant terminées, quelques hommes étoient restés près du champ de foire dans le voisinage d'un cabaret. Au même endroit stationnoient dix-neuf hommes de la troupe de police. Deux hommes vinrent à se prendre de querelle, la police crut devoir intervenir; elle s'empara de l'un des deux combattans.

aussitôt plusieurs voix jetèrent ce cri menaçant : « Il ne faut pas le laisser emmener ! »

» La foule grossissoit à chaque instant, la menace à la bouche. La police battit en retraite, emmenant ses prisonniers, non sans essuyer des coups de pierre et d'autres projectiles. Réfugiée dans son poste, elle y fut serrée de près. La population, animée par le désir de sauver le prisonnier, envahit la cour et le jardin de la maison. La troupe reçut l'ordre de charger ses armes. Bientôt elle fit feu par les fenêtres et par la porte. Aucun magistrat n'étoit présent. Le *riot-act* n'avoit pas été lu. La première décharge fit de tristes ravages dans les rangs du peuple. Les hommes de la police firent ensuite une sortie. Le peuple prit la fuite dans toutes les directions. Des chirurgiens ont été mandés de Cork pour donner des soins aux blessés ; ils sont très-nombreux et les blessures sont dangereuses ; huit personnes ont été tuées.

» Une agitation extraordinaire règne dans les pays environnans ; heureusement on a fait comprendre à la population que ce qu'elle avoit de mieux à faire étoit de procéder judiciairement. La magistrature locale s'occupe de recueillir des renseignemens précis sur l'affaire. Le coroner a annoncé qu'il convoqueroit cinquante à soixante notables pour former un jury de vingt-trois membres qui sera appelé à statuer sur cette déplorable affaire. »　　　　　　(*Morning-Crhonicle.*)

ALLEMAGNE. — Dans sa séance du 19 juin, la diète germanique a adopté la résolution suivante : « En reconnoissant les sentimens et les principes de charité chrétienne qui ont déterminé les cours de la Grande-Bretagne , d'Autriche, de Prusse et de Russie à faire le traité du 20 décembre 1841 pour supprimer la traite des nègres, et animés du désir de contribuer de leur côté autant qu'il dépend d'eux à l'abolition pleine et entière de ce trafic criminel, les gouvernemens allemands ont décidé d'un commun accord qu'ils prohiberoient la traite. En conséquence, à défaut de lois particulières , la traite sera punie comme piraterie ; et dans les États où il n'y a point de loi sur la piraterie, la peine sera celle du rapt des hommes ou une peine plus grande. »

ITALIE. — On écrit de Naples, le 28 juin, que l'éruption du Vésuve, annoncée par différens symptômes, est commencée depuis quelques jours. Le volcan lance des flammes et des pierres par la bouche du cône qui s'est formé au milieu du cratère il y a quelques mois. La lave rougie s'est ouvert un vaste passage au-dessous, et commence à couler sur le flanc de la montagne. Les touristes affluent pour être témoins de ce magnifique spectacle.

AMÉRIQUE. — Le paquebot des Indes-Occidentales , qui vient d'arriver à Southampton, apporte des nouvelles du Mexique.

Santa-Anna a été condamné à un bannissement perpétuel. En conséquence , il a été extrait de la forteresse de Perote, et conduit à bord du *Medway*, paquebot anglais. Il étoit accompagné de sa femme , jeune Française de seize ans , de son beau-père, de son neveu et d'une fille qu'il a eue d'un autre lit. Il traînoit après lui un immense attirail de bagages et environ 100,000 fr. en espèces.

Il a demandé qu'on le déposât à la Havane. On ignore si son projet est de rester dans cette ville, ou s'il viendra en Europe. Il y a lieu de croire pourtant qu'il tient à ne pas trop s'éloigner du Mexique, afin d'être en mesure de profiter de tous les événemens qui pourroient survenir.

Le nouveau gouvernement a supprimé l'ancien tarif qui va être remplacé par un autre où il y aura, dit-on, beaucoup moins de prohibitions et de restrictions. Une nouvelle preuve de la participation de nos agens dans les intrigues anglaises qui ont pour but de contrecarrer l'annexion du Texas aux Etats-Unis, se trouve dans le fait suivant :

Quand le consul-général de l'Angleterre au Texas est revenu de México à Galveston, porteur du décret qui reconnoissoit tardivement l'indépendance texienne, c'est sur un bâtiment de guerre français le *La Pérouse*, qu'il a pris passage. On a lieu de s'étonner de voir le pavillon de notre marine royale mis ainsi au service de diplomates étrangers, dans des circonstances où la neutralité seroit non-seulement conforme à nos devoirs, mais encore à nos intérêts.

CHAMBRE DES PAIRS.

Samedi, la chambre a repris le scrutin sur le projet de loi relatif à la police des chemins de fer. Ce projet de loi a été adopté par 97 voix contre 2.

Ensuite, après une courte discussion qui n'a présenté que peu d'intérêt, le projet de loi tendant à accorder au ministère un crédit supplémentaire de 14 millions 787,000 fr. pour les dépenses de l'Algerie, a été voté par 95 voix contre 9.

Aujourd'hui, la chambre des pairs a assez longuement discuté le projet de loi relatif aux travailleurs libres, aux établissemens agricoles et au concours de l'Etat pour le rachat des esclaves dans nos colonies. On se rappelle que le premier projet de loi sur le régime colonial a été, dans la même chambre, l'objet d'un très-vif débat, et que le système du gouvernement n'a prévalu qu'à grand'peine sur le système de la commission. Le projet actuel, qui a été présenté d'abord à la chambre des députés, a eu pour but de faciliter l'exécution des mesures prises en ce qui concerne le pécule et le rachat forcé des esclaves. Ce projet tendoit uniquement à combler, par l'appel des travailleurs européens, les vides que devoient faire dans les ateliers les affranchissemens provoqués par le premier projet. Mais la chambre des députés, où l'abolition immédiate a de très-nombreux partisans, a saisi l'occasion qui lui étoit offerte d'ouvrir au rachat forcé de nouvelles voies, et elle a alloué, dans le 4º paragraphe du premier article un crédit de 400,000 fr., pour mettre le gouvernement en mesure de concourir au rachat des esclaves. C'est cette disposition surtout qui a été attaquée, dans la séance d'aujourd'hui, par MM. le prince de la Moskowa, Charles Dupin, Crouzeilhes, Mérilhou. Le projet a été défendu par M. le ministre de la marine et M. le duc de Broglie. La chambre a adopté les articles, mais elle ne s'est pas trouvée en nombre pour voter l'ensemble du projet.

CHAMBRE DES DÉPUTÉS.

La chambre a entendu samedi un rapport de la commission des pétitions. Les pétitions rapportées n'ont soulevé aucun débat. La chambre s'est ensuite séparée sans ajournement fixe. MM. les députés seront convoqués à domicile pour entendre lecture de l'ordonnance de clôture de la session.

Le Gérant, **Adrien Le Clere.**

PARIS. — IMPRIMERIE D'ADRIEN LE CLERE ET Cᵉ, rue Cassette, 29.

LE CLERGÉ CATHOLIQUE DURANT LES GRANDES CALAMITÉS.

M. Alfred Nettement, dans ses lettres critiques sur le *Juif-Errant*, a fait d'après l'histoire un bel éloge du clergé, qui mérite de trouver ici une véritable place d'honneur.

« Jamais, dit le spirituel et éloquent écrivain, on peut le dire, l'intervention du christianisme n'eut plus d'à-propos et de puissance que dans les grandes calamités. Quand toutes les têtes s'abaissent, quand tous les esprits sont vaincus par la force du mal, quand l'espérance, cette dernière consolation des affligés, a cessé de mêler quelques-uns de ses rayons aux nuages qui assombrissent l'horizon, alors l'œuvre du christianisme commence là où l'œuvre de l'humanité s'est arrêtée, et sa main secourable vient soutenir les nations tremblantes, pendant qu'elles traversent les mauvais jours de leur pélerinage. M. de Châteaubriand l'a dit dans le *Génie du Christianisme* : «Inventez telle douleur que vous voudrez, et soyez sûr que la religion chrétienne y a songé avant vous pour placer le remède à côté. »

» C'est que la religion se souvient de son origine. Venue au milieu des plus épouvantables désastres qui aient peut-être affligé le globe que nous habitons, ses premiers regards virent l'empire romain s'écrouler sur des mœurs corrompues et des croyances détruites, comme un édifice encore imposant sous lequel des supports vermoulus viennent à manquer. Ce fut elle qui soutint le genre humain pendant cette époque de confusion, de bouleversemens et d'agonie, qui s'écoula entre la mort de l'ancien monde et la naissance du nouveau; ce fut elle qui, au temps des invasions du nord, se plaça entre la civilisation et la barbarie qui se rûoient instinctivement à de grandes fiançailles, et sa bienveillante intervention put seule adoucir le choc. Pour ceux qui savent remonter à l'origine, afin de juger les choses de haut, le christianisme est le triomphe de la nature intellectuelle sur la nature matérielle, la prépondérance de l'homme moral sur l'homme physique, et c'est cela même qui le rend un si bon consolateur de toutes les afflictions, le médecin de toutes les maladies et le soutien né de toutes les misères. Parcourez l'histoire, partout vous le rencontrerez remplissant cette belle mission, qui consiste à relever la nature humaine du sein de ses ruines.

»Alaric est maître de la ville éternelle avec ses hordes belliqueuses.—«Je sens quelque chose en moi qui me pousse à brûler Rome, » s'écrie le barbare. Qui fera tomber la torche de sa main incendiaire et sauvera Rome vaincue? Ce sera le triomphe de la religion. Les mains pacifiques d'un évêque s'élèveront entre la civilisation renversée et la barbarie menaçante qui lève déjà le pied pour écraser sa victime, et le christianisme, élevant la force morale à sa plus haute expression, lui fera remporter sur la force matérielle sa plus belle victoire.

»Voyez encore Attila qui, entraînant un monde armé à sa suite, change les royaumes en solitude, et marquant sa route comme un incendie par un long sillon de ruines fumantes, vient, pour consacrer son œuvre de vengeance et de destruction, frapper à la porte de Rome. Où trouver un Scipion pour répondre au défi de ce gigantesque Annibal? Qui viendra, comme Marius, étendre sa main puissante entre Rome et le déluge du Nord? Ce sera l'œuvre du christianisme. Il va payer à sa manière l'hospitalité homicide que les empereurs lui ont donnée dans le Colysée. Apercevez-vous ce vieillard qui marche, le front levé et l'œil serein, au milieu des craintes de tout un peuple? Il va au-devant du péril que les hommes armés n'ont pas osé attendre. De quel pas il s'avance vers le camp terrible des

Huns! Ne craignez rien, c'est le député du christianisme auprès de la barbarie. Ce chétif vieillard devient le protecteur du Capitole et le seul rempart de la ville éternelle. La force matérielle qui réside dans Attila s'humiliera devant la force morale que le christianisme a placée dans son ambassadeur, et voici que le fléau de Dieu s'arrête devant l'homme de Dieu.

» Feuilletez les archives des siècles; les lieux, les événemens, les personnages changent, la mission du christianisme ne change pas; et comment changeroit-elle, puisqu'il est toujours foi, espérance et amour? C'est dans les jours de deuil que sa puissance se relève, et les misères humaines sont comme un piédestal qui rehausse sa grandeur. Jetez les yeux sur Marseille, l'antique reine de la France méridionale, dans ses jours néfastes où elle fut visitée par une affreuse calamité. Là le fléau n'étoit point personnifié dans un homme, il ne se nommoit ni Attila, ni Alaric; mais, plus terrible encore, il frappoit des coups plus multipliés et plus sûrs. Quand tout le monde fuyoit ou trembloit devant la peste, qui donc se présenta pour lui disputer l'empire de la ville? Qui demanda à vivre en tiers avec la désolation et la mort? C'étoit le droit du christianisme, et on sait s'il le réclama. Ne rappelons point ces miracles d'héroïsme qui vivent dans toutes les mémoires, et ne déroulons point cette belle épopée chrétienne qui se résume tout entière dans le nom de Belzunce; mais répétons seulement, avec la postérité reconnoissante, que l'immensité de la charité surpassa la grandeur du mal, et que dans ce duel entre le plus horrible des fléaux et un évêque, le champ de bataille demeura à la religion.

» En présence du choléra, il alloit se passer quelque chose de pareil. Certes le gouvernement d'alors ne fit rien pour mettre le christianisme en possession de son rôle. Nul recours aux prières, nul appel à la religion qui lève ses mains pleines de supplications vers le ciel et les rabaisse pleines de miséricordes vers la terre; rien qui pût faire perdre aux hommes qui tenoient alors le pouvoir leurs droits au titre de gouvernement athée, cet idéal politique qu'on réalisoit après l'avoir préconisé pendant si long-temps. Mais la religion n'attendit pas qu'on l'invitât à remplir sa mission.

» Nous ne savons si l'on se souvient de la situation du catholicisme et du clergé catholique, à cette époque, dans notre pays et surtout dans le premier diocèse du royaume où le fléau sévissoit avec plus d'intensité que partout ailleurs. Les longues préventions accumulées contre le clergé pendant la restauration par suite de la fausse position où on l'avoit placé en lui donnant, au lieu de liberté dont il avoit besoin, une protection maladroite quoique bienveillante et animée de bonnes intentions, avoient porté leurs fruits. Le sac de l'archevêché coïncidoit le 29 juillet 1830 avec le sac des Tuileries, et des émeutiers aux mains sanglantes allèrent chercher M. de Quelen jusqu'à Conflans pour le mettre à mort.

» Depuis ce moment, les manifestations et les actes les plus hostiles s'étoient succédé. L'église de Sainte-Geneviève avoit été enlevée au culte. On avoit vu le sac de Saint-Germain-l'Auxerrois à l'occasion du service anniversaire pour le repos de l'ame de M. le duc de Berry, et le second pillage et la destruction de l'archevêché, à laquelle assista M. Thiers, alors sous-secrétaire-d'Etat, qui dit froidement à un garde national qui le conjuroit d'intervenir et de faire intervenir la garde nationale pour arrêter cette dévastation sauvage : « Il ne faut pas compromettre la garde nationale avec ce peuple; c'est bien avancé, il n'y a qu'à laisser » finir. » Conflans avoit été pillé, la croix du Christ avoit été renversée du faîte des églises. Comme le disoit douloureusement M. de Quelen, dans un de ses mandemens : « Le signe du Christ étoit effacé du front de la reine des cités. » Le premier pasteur de la ville de Paris étoit réduit à se cacher comme un malfaiteur, et à changer souvent d'asile pour échapper aux attentats dirigés contre sa personne.

» Pour se faire une idée exacte de cette situation du catholicisme et du clergé, il faut avoir assisté à la discussion du budget ecclésiastique dans l'année qui précéda celle du choléra. Il nous souvient encore de ce jour de tumulte et d'orage. Les stoïques députés de 1830 faisoient comparoître à leur barre toute la hiérarchie de la milice ecclésiastique; et chaque fois qu'il s'agissoit de mesurer le pain de notre religion nationale, c'étoient des scrupules d'économie à édifier, surtout de la part d'une chambre qui donnoit à la police sans compter, et qui comptoit par milliards ce qu'elle donnoit au juste-milieu. Les archevêques avoient comparu en tête, après eux les évêques, puis les simples prêtres; les injures, les sarcasmes pleuvoient à chaque vote; c'étoit un martyre que ce budget, et la tribune d'une chambre française et chrétienne ne ressembloit pas mal au tribunal du haut duquel Julien, de païenne mémoire, persécutoit et persifloit les chrétiens. Il n'y avoit pas si mince orateur de bourgade qui n'eût en portefeuille son injure, son épigramme voltairienne, ou, si l'on aime mieux, son coup de pied législatif.

» Quand chaque ministre du christianisme eut passé par le scrutin et par les verges, arriva le tour des chanoines. Alors un député s'élança à la tribune, le front radieux de la gloire qu'il alloit acquérir, et de cet air qui semble dire : « Çà, » qu'on m'écoute, je vais être cruellement railleur! » On écouta le député, et il dit : « A quoi bon les chanoines? » comme s'il eût demandé : « A quoi bon les » mauvaises herbes? à quoi bon les ronces et les épines? à quoi bon les feuille- » tons-romans? » La chambre, qui avoit l'esprit fort, s'épanouit en entendant cette saillie philosophique, et l'on décida d'enthousiasme que si l'on ne pouvoit pas malheureusement tuer les chanoines, on s'en consoleroit en leur ôtant la faculté de recruter leurs rangs. *A quoi bon les chanoines?* répétoient les grands esprits de la chambre en riant de leur plus gros rire; ils eussent dit : « *A quoi bon* » *le christianisme?* » s'ils eussent osé; car sa suppression eût laissé une place vacante à la grande table du budget, et l'on eût grossi la part de la police, au grand avantage de la morale et du pays et un peu du juste milieu. Témoin muet de cette scène, je me disois : « Patience, le christianisme répondra. » Le choléra vint lui offrir l'occasion de cette réponse; vous savez si le christianisme la saisit.

» Oh! que j'ai souvent désiré, depuis, me retrouver avec le fier député pour savoir ce qu'il pensoit de la réplique ! Jadis aussi, les sceptiques demandoient du temps de la régence : A quoi sont bons les Capucins? Survint la peste du Midi, et les Capucins répondirent à leur manière, ils moururent tous à la peine; pas un n'en réchappa, et la charité eut ses Thermopyles. Nos beaux-esprits ont quelque raison de le dire, les chanoines et tous les prêtres catholiques sont quelque peu Capucins. Bons à servir l'humanité, bons à la consoler, bons à mourir pour elle, voilà tout le mérite des simples champions du christianisme. Les esprits forts de la chambre qui parloient d'or et faisoient de si belles épigrammes, avoient de tout autres devoirs sans doute, car lorsque le danger arriva, on trouva le clergé dans les hôpitaux, et le parlement sur le grand chemin.

» Dès que le fléau fut dans Paris, M. de Quelen rompit son ban et reparut. Il pensoit, comme Fénelon, que les évêques aussi ont leurs jours de bataille, et il n'étoit pas homme à manquer au rendez-vous du péril. Il avoit prédit dans ses mandemens « l'inondation de ce fleuve de mort, dont les gardes les plus vigi- » lantes et les plus sévères précautions ne sauroient arrêter le cours, » et il ajou- toit, dans une lettre pastorale du 29 septembre 1831, adressée au clergé de son diocèse : « Le moment n'est pas éloigné où la vertu commune ne suffira plus, et

» où il faudra l'héroïsme du dévoûment. » Sa parole étoit ainsi engagée d'avance,
il vint la tenir au milieu du danger.

» Les passions l'avoient condamné à la retraite, mais l'heure étoit venue pour
lui d'exercer, contre les passions humaines, les sublimes représailles de la croix.
Tandis que tant d'ames foibles et pusillanimes se faisoient d'inaccessibles refuges
gardés par l'égoïsme et verrouillés par la peur, M. de Quelen sortit de sa retraite.
C'est à l'Hôtel-Dieu que le fléau sévit le plus cruellement, c'est là qu'est sa place,
celle-là, il ne la cédera à personne, n'essayez pas de la lui disputer. Pour la première fois, depuis plus d'un an, il paroissoit en public, c'étoit le 2 avril 1832;
son diocèse, qui l'avoit perdu, le retrouvoit sur le champ des douleurs. Le peuple
venoit de jeter à l'eau deux sergens de ville qu'il croyoit complices des prétendus
empoisonneurs, lorsque M. de Quelen arriva à l'Hôtel-Dieu. Ce danger de plus
ne put arrêter son zèle; nouveau Charles Borromée, il franchit le seuil de l'hospice, visite toutes les salles, s'arrête auprès des lits, apprend avec bonheur que la
plupart des malades ont pu recevoir les secours de la religion. Il avoit, dès le
premier jour où le choléra se déclara, mis 10,000 fr. à la disposition de la caisse
de secours, il y ajouta 1,000 fr. en sortant de l'Hôtel-Dieu, pour remplacer les
vêtemens des cholériques qu'on brûloit à leur entrée dans l'hôpital. Dépouillé,
pillé, ruiné, il ne calculoit point ses ressources, il ne calculoit que les besoins
qui étoient immenses.

» Tout le clergé de Paris suit la noble initiative de son archevêque. A sa voix,
l'abbé Garnier, supérieur-général de la Congrégation de Saint-Sulpice, offre son
séminaire pour recevoir les cholériques, et ses élèves pour servir d'infirmiers.
M. de Quelen met en même temps à la disposition de l'autorité sa maison de
Conflans pour en faire un hôpital ou une infirmerie de convalescence; de sorte
que ceux-là mêmes peut-être qui avoient dévasté cette maison y trouvèrent un
asile. De tout côté la milice sainte répond à l'appel de son chef. Messieurs de
Saint-Lazare, les professeurs et les suppléans de la faculté de théologie de Paris,
des prêtres appartenant au diocèse de Paris et aux diocèses voisins, se mettent
à la disposition de l'autorité (1); les religieuses de Bon-Secours, les religieuses
Augustines, les Hospitalières, sont à leur poste. Les laïques ne font pas défaut,
et un grand nombre de jeunes gens du faubourg Saint-Germain, parmi lesquels
on compte MM. de Kergorlay, de Vogué et de Champagny, s'offrent comme infirmiers ou comme visiteurs. M. de Quelen excite ou guide ce zèle de la grande
armée de la charité, il parcourt tous les hôpitaux de Paris, et ses lettres pastorales communiquent à toutes les ames la sainte contagion de la vertu. « Allez,
» écrivoit-il aux professeurs de théologie, en les envoyant à l'hospice de la Cha-
» rité, allez, la moisson est bonne, et le nombre des ouvriers est petit. » Puis,
dans la lettre adressée aux curés de Paris, le 6 avril : « Noùs ambitionnerons,
» leur disoit-il, qu'à la suite de ces temps malheureux, on puisse dire de chacun
» de nous ce que l'histoire rapporte de ce vénérable prêtre, saint Vincent de
» Paul, que nous avons pris pour modèle; au milieu des factions qui se dispu-
» toient, se déchiroient et mettoient la société en péril, voué tout entier aux
» bonnes œuvres et au soulagement de l'humanité souffrante, il répondoit à ceux
» qui l'interrogeoient sur son opinion : *Je suis pour Dieu et pour les pauvres.* »

» Enfin, dans le Mandement qui ordonnoit des prières pour la cessation du
fléau, Mandement écrit au pied de la croix, le 18 avril, un des jours de la Semaine-Sainte, l'Archevêque disoit avec une exprimable tendresse: « L'ame toute
» remplie des émotions que font naître ces jours lugubres et solennels, nous

(1) Dans une lettre insérée au *Moniteur* du 3o avril.

» éprouvons le besoin, en vous exhortant à la pénitence, aux prières et aux
» bonnes œuvres, de vous parler aussi de la sollicitude pastorale qui nous attache
» de plus en plus à vous, qui nous fait regarder les malheurs de chacun de nos
» diocésains comme s'ils nous étoient personnels, et qui vous consacre de nou-
» veau tout ce qui nous reste de bien et de vie pour les adoucir. S'il en étoit
» quelqu'un parmi vous qui pût trouver, dans l'examen de sa propre conduite à
» notre égard, quelque motif de douter de ces dispositions, nous oserions lui dire
» comme le Joseph de l'ancienne loi : Je suis votre frère, ne craignez point, ne
» vous troublez pas de ce qui est arrivé, c'est par la volonté de Dieu. Il a changé
» en bien le mal qu'on a voulu me faire, il a conduit les choses à ce point, et il a
» voulu se servir encore de moi pour en sauver plusieurs. »

» Il disoit vrai, le pieux et noble archevêque, car toutes ses actions étoient en
harmonie avec ses paroles. On le vit transporter dans ses bras des malades (1) atteints du fléau, dans un temps où l'on discutoit encore sur la question de savoir
si le choléra étoit ou n'étoit pas contagieux. Tant que le mal sévit, le pontife de
Jésus-Christ se trouve sur ses pas pour soutenir les victimes qu'il abat, pour sauver les ames du désespoir, et faire luire aux regards des mourans un rayon d'immortalité. Dans le cours de ces visites vraiment pastorales, et au chevet d'un de
ces moribonds, il se passa une terrible scène. L'agonie étoit commencée, et le
pieux archevêque levoit sur l'agonisant ses mains pour le bénir, lorsque celui-
ci tournant vers le pasteur un visage où respiroient encore, au milieu des teintes
bleuâtres de la mort, les passions de la vie, cria d'une voix formidable : « Reti-
rez-vous de moi, je suis un des pillards de l'Archevêché! » A ces mots le front
du prélat rayonna d'une tendre pitié et d'un ineffable pardon. Continuant, sur la
tête du moribond, sa bénédiction commencée : « Mon frère, dit-il, c'est une raison de plus pour moi de me réconcilier avec vous, et de vous réconcilier avec
» Dieu. »

» Maintenant, comparez à ces scènes les scènes peintes par M. Sue, les égorge-
mens du parvis Notre-Dame, le carrier gigantesque dépeçant en lambeaux
sanglans Goliath que la hideuse Ciboule a abattu en lui crevant l'œil d'un coup
de sabot, la dernière orgie de Couche-tout-Nu, son duel à l'eau-de-vie avec le
montreur de bêtes, les bouffonneries impies de Nini-Moulin, la mascarade du
choléra, les plaisanteries nauséabondes de la multitude sur la voiture des morts,
le spectacle de ce cadavre en putréfaction qui, sortant de sa bierre brisée, roule
sous les pieds des chevaux qui emportent la voiture de madame de Morienval, et
dites de quel côté est la supériorité, même au point de vue littéraire, et ce qu'il
y a de plus dramatique, de plus beau, au point de vue de l'art, de plus capable
de frapper l'esprit et de remuer le cœur, le choléra tel qu'il apparoît dans le roman de M. Sue, ou le choléra tel que le peint l'histoire?

» Encore n'avons-nous pas tout dit. Tandis que l'archevêque parloit de Dieu
aux mourans, un grand nombre d'entre eux, avant d'entrer dans l'éternité, jetoient un regard en arrière. Les pères expirans, les mères agonisantes, conservant la chaleur de l'amour au milieu du froid de la mort, lui parloient de leurs
enfans orphelins demeurés sans protecteurs dans leurs berceaux abandonnés. A
ces paroles, les entrailles du pieux archevêque s'émeuvent, une grande et chrétienne pensée germe dans son cœur, il étend les bras en face du lit de mort des
parens consolés, et au nom du christianisme, ce père universel de tous les orphelins, il adopte leurs enfans. C'est dans le sein de l'Hôtel-Dieu même, au milieu des ravages du fléau, sur le champ de bataille de la charité, que l'œuvre ré-

(1) Mandement de MM. les vicaires-généraux après la mort de M. de Quelen.

paratrice des orphelins du choléra est fondée, cette œuvre qui, au moment où nous écrivons ces lignes, vient de finir après avoir tenu toutes ses promesses. Le nouveau Vincent de Paul a rassuré ces mères expirantes, en donnant à leurs pauvres orphelins la charité chrétienne pour mère. « Mes forces s'épuiseront, disoit-il, avant que mon zèle et mon courage se refroidissent. »

» Voilà ce que fut le christianisme au temps du choléra, voilà ce que fit le clergé. Aussi ce fut de cette époque que data cette heureuse réaction des esprits en faveur du catholicisme, plus tard interrompue et suspendue seulement, du moins nous l'espérons, par les imprudences de quelques-uns et par les mauvaises passions des autres, auxquelles M. Sue sert d'interprète et d'auxiliaire. Il lui a convenu de jeter un voile sur toute cette partie du choléra, si honorable pour l'humanité, et de dévoiler au contraire, en l'exagérant par des détails puisés dans une imagination naturellement tournée au mélodrame, le côté hideux du fléau. Il a pensé que ce seroit une belle et noble chose de diffamer ces prêtres que l'histoire vient de nous montrer offrant leurs maisons pour hospices, et s'offrant eux-mêmes pour infirmiers, pardonnant, priant, secourant, consolant les malades, adoptant les orphelins, et il s'est donné la joie de les représenter comme des factieux qui, par leurs placards incendiaires, excitoient le peuple au désespoir et au meurtre, comme des capteurs de testament et des cupides qui empoisonnent l'agonie de M. Hardy d'ascétisme et d'opium pour s'emparer de sa part de succession, comme des lâches qui fuyoient à l'aspect des cholériques, comme des intrigans qui parcouroient les mansardes, non pour y soigner des malades et y secourir les pauvres, mais pour y découvrir des Rose-Pompon fringantes et hardiment décolletées, et les jeter en travers des amours des héritiers et des héritières qu'ils vouloient déposséder. Voilà ce que M. Sue a fait de l'action du christianisme, du clergé et de tous les hommes de cœur au temps du choléra ; il n'a voulu montrer que les passions honteuses et hideuses de l'humanité ; la peur, la lâcheté, la cupidité, la haine, l'intrigue, la fureur aux mains sanglantes, l'indifférence et l'abrutissement stupides, la débauche brutale et folle ; il a fermé les yeux pour ne pas voir le courage, la charité aux mains secourables, le dévoûment héroïque et toutes les vertus de la pitié et du pardon. Eh bien ! il a été puni, même au point de vue de l'art, de ce tort moral qui a fermé à son talent une source de beautés littéraires admirables. On aura beau faire, un de ces actes de dévoûment et de générosité sublimes qui révèle dans notre nature le souffle du divin ouvrier fera toujours vibrer plus sûrement le cœur de l'homme, que la peinture la plus matériellement exacte d'un cadavre en putréfaction ou d'une scène d'égorgement. L'homme sera toujours plus touché de ce qui l'élève jusqu'à Dieu, que de ce qui le ravale jusqu'à la brute et jusqu'à la nature inanimée.

» ALFRED NETTEMENT. »

REVUE ET NOUVELLES ECCLÉSIASTIQUES.

· ROME. — Le mardi 24 juin, la fête de saint Jean-Baptiste a été solennellement célébrée avec la pompe accoutumée, dans la basilique de Latran. Le Pape, entouré du Sacré-Collége, y a assisté à la messe chantée par le cardinal Barberini, archiprêtre de cette église. Après l'Evangile, M. Coletti, élève du séminaire romain, a prononcé un élégant discours latin à la louange du précurseur de l'Homme-Dieu.

Pendant la neuvaine qui a précédé la solennité de Saint-Pierre, le Pape est descendu tous les jours dans la basilique Vaticane, pour y

suivre les pieux exercices de prières en l'honneur du prince des apôtres. Le jour de la fête, le Saint-Père n'a point chanté la messe solennelle : mais, le lendemain, fête de la commémoration de saint Paul,
Sa Sainteté est allée célébrer une messe basse dans l'église *Saint-Paul
hors des murs*.

Le R. P. Vaures, pénitencier français de la basilique de Saint-
Pierre, a été élu provincial de son ordre. C'est un bien juste hommage rendu à la piété, au zèle éclairé et à l'infatigable charité de ce
religieux, dont tous les Français qui ont visité Rome connoissent particulièrement la parfaite bienveillance.

PARIS.

Les discussions qu'a soulevées dans la presse la note ministérielle,
qui annonçoit le résultat de la négociation de M. Rossi, se poursuivent
depuis deux jours avec la même vivacité.

La gravité de cette nouvelle et les incidens qui l'ont accompagnée
expliquent suffisamment les préoccupations de l'opinion publique.
Nous avouons qu'il ne ressort pour nous de ces débats aucune raison
de nous y engager plus avant : mais pour fixer nos lecteurs sur le véritable état des choses, nous ajouterons une déclaration plus positive à
ce que nous avons dit dans notre dernier Numéro.

Il est certain que la négociation diplomatique de M. Rossi avec la
cour de Rome a rencontré des difficultés insurmontables. Aucune espèce de transaction n'a eu lieu entre le Gouvernement Pontifical et le
négociateur français.

Après avoir échoué dans sa mission officielle, M. Rossi s'est adressé
au supérieur-général des Jésuites, et c'est alors seulement qu'il a atteint le but dont parle la note du *Moniteur*. Le P. général de la Compagnie de Jésus, pour des motifs que tous proclament honorables, a
promis d'inviter les Jésuites de France à faire des sacrifices dont le
gouvernement se déclare satisfait.

Ces deux choses sont certaines, et, selon nous, doivent suffire.
Mais on veut connoître jusque dans leurs moindres détails les concessions obtenues par le négociateur français : on veut surtout déterminer
la part plus ou moins directe, plus ou moins personnelle que le souverain Pontife aura prise à cette négociation. Cette dernière question est
désormais superflue. Ce que le Pape a fait, ou plutôt ce qu'il a refusé
de faire, nous venons de le dire.

Quant aux concessions faites par le P. général des Jésuites, n'est-ce
pas assez que ceux qui les ont loyalement promises et ceux qui les
ont sollicitées, en connoissent l'étendue ? Quel avantage peut-on se
promettre d'une plus longue discussion sur ce point ?

Les adhésions à la condamnation du *Bien Social* continuent de parvenir à M. l'Archevêque de Paris ; c'est là une preuve de plus en plus

significative de la réprobation exprimée par les évêques de France contre des doctrines dont on a espéré cacher le venin sous le titre d'un autre journal. A la liste déjà publiée sur ces adhésions on doit ajouter les suivantes :

M. l'archevêque d'Alby; MM. les évêques de Marseille, de Versailles, du Puy, de Montpellier et de Sécz.

On lit dans le *Journal des Villes et Campagnes* :

« La violence injurieuse du *Bien Social* se retrouve dans la feuille qui s'est attribué le rôle fâcheux de continuer ses traditions. Libre à elle, bien que ce soit un singulier expédient pour relever le journalisme dont elle déplore la dégradation. Mais ce qui ne lui est pas permis, ce qui contredit son attitude de moraliste, c'est de donner à notre ligne politique, à nos intentions religieuses une interprétation entièrement opposée à la vérité. Pareil système pour se recommander au public est peu avouable, et nous plaignons les dupes qui se laisseront prendre à une aussi triste amorce. Quant aux personnalités que le journal en question se permet à notre sujet, nous n'y attachons aucune importance; car, en bien et en mal, elles sont frappées au coin de la même *moralité*. »

Mgr Brady, sacré à Rome le 25 mai dernier, évêque de Pertk et vicaire apostolique de la Sonde et de Port-Essington, dans la partie occidentale de la Nouvelle-Hollande, est en ce moment à Paris pour les intérêts de sa mission.

Ce prélat, dont le diocèse a plus de huit cents lieues d'étendue, ne possède ni église ni évêché. Tout est à créer sur cette terre lointaine où la religion n'a point encore répandu sa divine lumière. Plus de deux millions de sauvages font partie de l'immense troupeau de Mgr Brady. Ces peuples nomades vivent de chasse et de pêche. Ils admettent les deux principes bon et mauvais. Cependant ils sont nos frères..... Bien qu'ils soient partagés en tribus et qu'ils aient des chefs choisis parmi eux, ils sont presque toujours en guerre d'extermination.

Mgr Brady a vécu dans les bois avec ces hommes encore si éloignés de toute civilisation. Cet intrépide missionnaire étoit heureux au milieu d'eux. Avec quelle infatigable patience il leur apprenoit à connoître et à bénir le vrai Dieu! Frappés d'admiration à la vue du zèle et de la charité du nouvel apôtre qui sacrifioit tout et se sacrifioit lui-même pour les rendre heureux, ils venoient en foule auprès de la *robe noire* et recevoient avec joie et reconnoissance les paroles de consolation et de paix qu'il leur adressoit. Ils pourvoyoient avec empressement à tous les besoins de l'homme de Dieu; c'étoit à qui tueroit la plus belle pièce de gibier, ou pêcheroit le plus beau poisson pour l'offrir à la *robe noire*.

Plein de sécurité au milieu de ses bons et chers sauvages, Mgr Brady mit à profit tous les instans; il s'appliqua à l'étude de leur langue dont il fit un vocabulaire que la sacrée Propagande vient de faire imprimer. Ce livre sera d'une très-grande utilité pour tous ceux qui doivent travailler à la conversion de ces pauvres sauvages. Ces peuples montrent

les plus heureuses dispositions pour la religion : « Demeure avec nous,
»disoient-ils souvent à Mgr Brady, pour nous instruire et nous consoler :
»nous aurons soin de toi, nous chasserons et nous pêcherons pour toi. »
Le zèle et les vertus de Mgr Smith, qui le premier a visité ces sauvages,
firent sur eux une impression si vive et si salutaire, qu'au moment de
les quitter pour venir en Europe, ils ne cessoient de lui répéter : « Re-
»viens, reviens bientôt au milieu de nous pour nous apprendre à con-
»noître et à aimer le grand Dieu.... Ah! quand verrons-nous des *robes*
»*noires* demeurer toujours avec nous!... »

Daigne le Seigneur exaucer les vœux du digne évêque de Perth, qui
est venu de Rome à Paris pour y solliciter les secours qu'exige l'état de
son immense diocèse!...

———————◆◆◆———————

Le vendredi 11 juillet 1845, jour anniversaire de la mort de Mgr de
Forbin-Janson, évêque de Nancy, des messes seront célébrées à son intention dans la chapelle funéraire où il repose, rue de Picpus, n° 15,
notamment à neuf, dix et onze heures du matin.

Les amis du vénérable prélat et les associés de l'Œuvre de la Sainte-
Enfance, sont invités à y assister, ou à s'unir de prières pour le repos
de son ame.

———————◆———————

M. l'abbé Desmazure, Père latin du Saint-Sépulcre, a quitté Paris, pour aller prêcher à Bourges, en faveur de la Terre-Sainte.

Nous lisons dans l'*Union de l'Ouest* :

« Le 30 juin dernier, au monastère de Bellefontaine, on a procédé à l'élection
de R. P. abbé, en remplacement du P. Fulgence, qui a donné sa démission.
L'élection d'un abbé dans une communauté de Trappistes est une de ces
graves déterminations dont l'accord ne se forme évidemment, dans l'austère
silence de ces solitudes, que sous l'influence immédiate du ciel. Un habitant notable du pays avoit été choisi, selon l'usage, pour en être l'heureux témoin : c'est de lui que nous tenons les détails de l'élection de Bellefontaine.
A une heure donc, lundi 30 juin, cette imposante cérémonie a eu lieu, et les
suffrages se sont réunis, presque à l'unanimité, sur un homme de trente-six ans,
dom Augustin-Marie, appartenant à une famille bien connue, et dont le père, M. de
Divonne, occupa jadis un poste militaire important dans la capitale. Trois fois à
cette annonce le jeune et humble religieux s'est jeté aux genoux de ses frères pour
les conjurer de ne pas lui imposer cette charge effrayante pour sa foiblesse; trois
fois leur choix a été le même.

» Par l'un de ces rapprochemens extraordinaires qui touchent d'autant plus
qu'aucune prévision humaine ne les a ménagés, madame de Divonne venoit d'arriver à Bellefontaine pour voir son fils, qui l'avoit quittée à l'âge de 15 ans et qui ne
l'avoit pas vue depuis, c'est-à-dire depuis 21 ans. Elle amenoit avec elle deux
jeunes filles, nées postérieurement au départ de leur frère, et dont les yeux, par
conséquent, n'auroient pu seuls le distinguer au milieu des autres religieux. Nous
laissons à ceux qui connoissent les émotions du sang maternel et l'impétueuse et
intelligente vivacité de celui qui unit les enfans d'une même mère, le soin de nous

dire ce qui se passa dans le cœur de ces trois femmes, lorsque pour la première fois elles frappèrent à la porte de cette pieuse retraite. On leur annonça que dom Augustin-Marie venoit d'être élu abbé. A cette nouvelle inattendue, cette mère pleine de foi tomba à genoux avec ses deux filles, et, fondant en larmes, elle conjura le Seigneur d'avoir pitié de son fils, et de lui donner les grâces nécessaires à l'emploi redoutable dont il avoit été jugé digne. »

Le nouvel élu étoit entré au monastère de la Trappe en 1823. Un de ses frères est religieux comme lui dans la même communauté.

———————

On mande de Cologne, le 4 juillet :

« Mgr Viale-Prela, nommé nonce apostolique près la cour de Vienne, en remplacement de Mgr le prince Altieri, rappelé à Rome, est arrivé ici mardi dernier, venant de Munich, pour rendre visite au digne chef de notre archevêché. Les deux prélats ont quitté hier Cologne. Avant-hier, S. Exc. s'étoit rendue à Aix-la-Chapelle par le premier convoi du chemin de fer, accompagnée de Mgr le coadjuteur, de l'évêque suffragant et de plusieurs notabilités. Le nonce a recueilli partout les marques du plus profond respect. Tous ceux qui ont eu le bonheur de lui être présentés ont été charmés de ses manières affables et surpris des connoissances qu'il possède, tant en ce qui touche l'Allemagne en général que notre province en particulier. »

Une lettre de Bonn nous apprend aussi que Mgr Viale-Prela a visité, le 3 juillet, avec M. l'archevêque de Cologne, la pédagogie des théologiens catholiques, où les prélats ont été reçus par les professeurs. Le soir, les étudians en théologie ont donné une brillante sérénade au nonce et à l'archevêque. Le premier a quitté Bonn dans la matinée du 4, se rendant à Vienne.

———————

On ne peut trop faire connoître le sort horrible qu'a fait aux chrétiens de la Syrie la politique imprévoyante des puissances européennes. Nous trouvons dans la *Gazette du Midi* une lettre de Beyrouth, du 10 juin, écrite par un religieux italien, le Père préfet des Capucins, dans laquelle sont retracées brièvement et d'une manière saisissante les scènes de barbarie dont les Maronites ont été victimes.

« Le Père préfet déclare en commençant que ses larmes plus que sa main doivent tracer ce déplorable récit. Il se trouvoit dans le village d'Abei, et vit de ses yeux tuer à coups de sabre et de fusil quatre malheureux cultivateurs chrétiens, dont pas un seul n'étoit armé. Huit jours avant, les soldats du gouvernement turc étoient venus dans le village, et leur chef s'étoit montré ouvertement hostile aux chrétiens qu'il désarmoit, tandis qu'il laissoit aux Druses tous les moyens d'attaque.

» On assiégea le couvent des Capucins, et le Père Charles, de Lorette, ayant voulu se sauver, fut renversé à coups de sabre sur la tête et sur les épaules. Ses assassins l'achevèrent à coups de fusil, lui ouvrirent le ventre et brûlèrent son cadavre. Ils enlevèrent ensuite les vases sacrés et les linges de l'autel, déchirèrent un beau tableau représentant l'Assomption de la Vierge, et mirent la cloche de l'église en mille pièces. Le professeur arabe de l'école, un moine maronite et deux jeunes élèves âgés de douze ans, périrent avec le Père Charles. Les missionnaires américains ont trois maisons à Abei, elles furent respectées, et eux se montrèrent tout-à-fait indifférens au désastre des catholiques.

» Dans la province de Melen, écrit le Père préfet, les chrétiens avoient d'abord été victorieux ; mais plus tard les Druses brûlèrent toutes leurs maisons et saccagèrent notre couvent de Solima, où ils prirent tout ce qu'y avoient laissé nos deux missionnaires, lesquels prévoyant ce qui pouvoit arriver, étoient descendus à Beyrouth depuis quelques jours. On ne voit plus dans ce pays une seule maison ni une seule église; il y a eu grand massacre des chrétiens, et surtout des ecclésiastiques. Ceux qui ont pu éviter la mort, et en particulier les femmes et les enfans, fugitifs et dispersés à Beyrouth et ailleurs, tirent les larmes des yeux à ceux qui les voient ainsi languir de misère ; et les cruautés qui ont eu lieu à Gazim et aux environs font horreur à entendre.

» Les Druses attaquèrent ces localités quoiqu'on y eût placé des soldats pour maintenir le bon ordre ; mais ceux-ci firent tout le contraire, car ils ne permirent pas aux chrétiens de se défendre. Ces barbares, ainsi déchaînés et libres, commirent les plus horribles cruautés et les barbaries les plus exécrables, tuèrent autant de chrétiens qu'ils purent en trouver, violèrent les femmes (chose en horreur chez les Turcs), mutilèrent de jeunes filles, égorgèrent des enfans dans les bras de leurs mères, et assassinèrent les prêtres et les moines qui n'eurent pas la possibilité de fuir. Ensuite ils saccagèrent le pays, de concert avec les soldats du gouvernement, mirent le feu aux maisons, aux églises, comme aussi aux cadavres des prêtres et des religieux.

» Tout est détruit, on ne trouve plus rien d'entier de ce qui appartenoit aux chrétiens. On compte plus de 40 prêtres et moines massacrés, 120 églises incendiées et démolies, et avec elles douze monastères. Quant aux maisons brûlées et en ruines, elles sont innombrables. On voit clairement que ceci est une guerre contre la religion, et si les souverains de l'Europe ne mettent pas un frein à cette persécution, je ne sais comment la chose finira pour tous les missionnaires. Depuis trente-neuf ans, je suis dans cette mission de Syrie, et je n'ai jamais rien vu de pareil. Ici, dans les villes de Beyrouth et de Seyde, nous avons un grand nombre de chrétiens que l'intervention des consuls a délivrés. Ils sont à demi-nus, privés de tous leurs biens, exposés aux rigueurs de la saison, et si les Européens et MM. les consuls n'avoient eu pitié et n'étoient venus à leur secours par des aumônes dignes de leur générosité, ils auroient certainement péri de misère et de faim.

» A l'instant même, j'apprends que dans le village de Gézin 40 Maronites, hommes et femmes, qui y étoient demeurés cachés, ont été découverts par les Druses, et obligés de se faire musulmans pour échapper à la mort. »

SUISSE. — Les deux PP. Jésuites arrivés le 26 juin à Lucerne, ont été mis immédiatement en possession du couvent et de l'église des Cordeliers, sécularisés par le précédent gouvernement, et maintenant dévolus, non à la Compagnie de Jésus, comme le prétendent les radicaux, mais à un séminaire épiscopal dont la ville et le canton étoient privés ; la direction de cette maison a été confiée aux RR. PP. Ils ont pris possession de la charge d'ames attachée à cette église, qui toujours servoit de succursale à la paroisse.

REVUE POLITIQUE.

Ces jours derniers, tous les journaux s'étoient accordés à flétrir je ne sais quelle pièce dynastique jouée aux Français, sous le titre de Tour de Babel. Vigoureu-

sement sifflée au-dedans, disoit-on, elle ne méritoit dans le public et surtout dans
la presse, sans distinction de parti, que réprobation et honte universelle. Le plan,
le sujet, le style et la morale, tout y étoit faux et indigne de notre scène française, et le nom même de l'auteur désigné sur l'affiche, n'étoit qu'un mensonge
de plus. Car M. Anatole Bruant servoit de pseudonyme, disoient encore les journaux les plus courroucés, à M. de Larnac, secrétaire des commandemens de
M. le duc de Nemours. Cette énormité littéraire avoit donc jeté la confusion dans tous les rangs de la presse et de la littérature du feuilleton. Toutefois
cette influence pernicieuse du nom de *Babel*, ce désordre de composition d'une
part, cette confusion de colères et d'indignation de l'autre, peuvent à peine
donner une idée de cette autre mêlée d'idées et d'expressions confuses, extravagantes et presque bouffonnes, que la nouvelle relative aux succès de M. Rossi à
Rome, a jetées dans ces mêmes rangs de la presse. C'est à ne pas croire ce qu'on lit.
Avant-hier, *Rome faisoit preuve de son antique et invariable prudence; nous allions jouir désormais de la paix et de l'harmonie entre l'Eglise et l'Etat; le gouvernement avoit heureusement atteint le but de la chambre; à M. Thiers la gloire
de l'initiative; à M. Guizot, le protestant, l'honneur insigne d'avoir si bien compris comment il falloit négocier avec le Saint-Siége*. Ceux qui ne parloient pas ainsi
affectoient un silence dédaigneusement significatif, ou bien laissoient apercevoir
leur désappointement ou leur colère rentrée. Le *National* n'avoit pas voulu commettre la dignité de sa haine contre le clergé, mais la *Réforme* n'avoit pu s'empêcher de dire au nom de la république, que c'étoit *une honte de plus que d'être
allé mendier à Rome la solution de la question des Jésuites*. On sait en effet que
93 tranche autrement de semblables difficultés.

Eh bien ! aujourd'hui la confusion du langage des journaux semble avoir atteint
un plus haut degré d'exaltation et de délirantes appréciations. *Pauvres Jésuites*,
s'écrie le *Siècle*; les *voilà sacrifiés* par le Pape, *après avoir été compromis par les
évêques*!... Entendez-vous ce mot sorti de la bouche d'un des ennemis les plus
acharnés de ces prêtres vénérables et contre lesquels il s'élevoit chaque jour, en
prétendant que les *Jésuites* compromettoient les évêques! Tous les rôles sont
changés présentement pour le *Siècle* et *ses autres confrères ennemis de l'Eglise*,
et nous allons voir, à ce qu'il paroît, toutes leurs forces jadis conjurées contre les
disciples de saint Ignace, monter à l'assaut contre les évêques et les prêtres qui
ne sont pas encore sacrifiés et bannis de la France. Mais là n'est pas toute la con_
fusion et le désordre. Entendez maintenant le *National*, lui qui nous a dit le len_
demain de 1850, quand on eut renversé un trône et une dynastie qu'il détes_
toit; le *National*, qui, il nous en souvient, fit cette déclaration devenue célèbre : *En
attaquant les Jésuites durant les quinze ans de la restauration, nous n'avons fait
qu'une comédie; nous en voulions à autre chose*; aujourd'hui donc, le même journal prononce de nouveau le mot de *comédie* et de *mystification*; voici son article,
qui a la prétention de résumer la situation des esprits et des choses :

« Cette affaire de l'expulsion des Jésuites tourne à la comédie. Il y a d'un côté
des mystificateurs, de l'autre des mystifiés. Quant à présent, c'est le public qui
est mystifié, et le mystificateur c'est M. Guizot. Mais avant peu les rôles seront
probablement changés, et le ministère ne rira peut-être pas le dernier.

» Voici l'histoire, elle est curieuse :

» Il y a quelques jours, les journaux religieux annonçoient avec des accens de triomphe que la négociation de M. Rossi avoit échoué auprès du Pape; que le Saint-Père refusoit d'intervenir entre *les catholiques* et le Gouvernement, disant qu'il n'avoit point à régler les droits constitutionnels des citoyens français, etc.

» Le lendemain la *Presse* affirmoit que les journaux religieux étoient mal informés; que les efforts de M. Rossi, loin d'avoir échoué, avoient au contraire complètement réussi; que dans cette délicate circonstance la cour de Rome avoit donné une nouvelle preuve de sa haute sagesse, etc.

» Les choses en étoient là et le public se trouvoit assez empêché entre ces deux affirmations contradictoires, lorsque le gouvernement consentit enfin à s'expliquer et fit paroître dans le *Messager* et dans le *Moniteur* la note que tout le monde a lue et que nous reproduisons pour qu'on la puisse relire avec un peu plus d'attention :

« Le gouvernement a reçu des nouvelles de Rome. La négociation dont il avoit » chargé M. Rossi a atteint son but. La congrégation des Jésuites cessera d'exister » en France et va se dissiper d'elle-même; ses maisons seront fermées et ses » noviciats seront dissous. »

» A peine cette note eut-elle paru, il n'y eut dans toute la presse et dans le public tout entier qu'une seule interprétation. Jésuites, ultra-catholiques, catholiques, sincères conservateurs, opposans, radicaux, tout le monde comprit que M. Rossi avoit réussi *auprès du Pape*; que le Pape avoit accueilli toutes les demandes du gouvernement; que l'autorité pontificale étoit intervenue en faveur du gouvernement et contre les Jésuites; tout le monde comprit, enfin, que c'étoit en vertu d'une injonction papale que les Jésuites alloient se disperser d'eux-mêmes. De là, comme on sait, le triomphe du gouvernement, et la désolation des Jésuites, et la stupéfaction du public, qui cherchoit à s'expliquer pourquoi le gouvernement avoit subordonné à l'autorité du Pape l'exécution des lois de l'Etat, l'action de l'autorité civile.

» Eh bien! cette interprétation, si naturelle d'ailleurs, étoit complètement erronée. En relisant avec attention la note du *Moniteur*, on s'aperçoit, en effet, que le gouvernement ne dit point du tout que M. Rossi ait réussi dans ses négociations *auprès du Pape*. Il dit qu'il a reçu des nouvelles de Rome; que la mission de M. Rossi a atteint son but; que la congrégation des Jésuites va cesser d'exister en France. Mais du Pape et de son intervention dans cette affaire, pas un mot. C'est donc du triple jésuitisme qu'a fait ici le protestant qui dirige nos affaires extérieures, en donnant à penser qu'il avoit obtenu quelque chose du Pape, lorsqu'en réalité le Pape s'est abstenu de rien accorder comme aussi de rien refuser.»

———————

La *Patrie*, qui se prétend bien informée, soutient de nouveau que M. Rossi a complètement réussi dans sa mission :

« C'est auprès de la cour de Rome que M. Rossi a été envoyé, c'est avec le Saint-Siége et non avec le général des Jésuites qu'il a négocié; la dépêche qui a annoncé au gouvernement la solution de l'affaire avoit été communiquée au cardinal Lambruschini, ministre de la cour de Rome. et les termes mêmes en ont été convenus avec lui. Mgr Lambruschini n'étoit pas apparemment le mandataire de la Société de Jésus : il étoit le représentant du Pape, et chargé par lui de suivre la négociation. C'est à ce titre qu'il a vu M. Rossi, qu'il a discuté avec lui l'affaire et qu'il l'a menée à fin.

» Notre envoyé extraordinaire n'avoit rien à démêler avec le général des Jésuites,

et s'il se fût directement adressé à lui, il eût accepté de gaîté de cœur la situa—
tion la plus fausse qui se puisse imaginer. Mais ce que M. Rossi ne pouvoit faire,
le cardinal Lambruschini l'a fait très-probablement. »

Nous lisons dans la *Presse* :

« Si nous sommes bien informés, voici ce qui se seroit passé dans le sein du
conseil de la congrégation des Jésuites, à Rome, au sujet de la mission confiée à
M. Rossi :

» Ce conseil est composé de neuf membres. Dès les premières ouvertures de
la négociation avec la congrégation, cinq membres se seroient prononcés pour le
rappel des Jésuites de France ou leur dispersion. Après les discussions, deux autres membres se seroient joints aux cinq premiers, et la décision auroit été prise
par la congrégation, à une majorité de sept voix contre deux. »

Le même journal enregistre les aveux suivans du *Courrier Français* sur les
Jésuites :

« Leur plus grand tort à nos yeux, dit le *Courrier*, étoit de prendre trop de
temps et de tenir trop de place dans la politique qui a mieux à faire. Les controverses rétrospectives et les batailles avec les fantômes n'ont jamais lieu qu'aux
dépens des discussions vitales. Il devenoit fatigant de voir pendante encore une
question archi-jugée. Et cela est si vrai que le bon sens public, tout en repoussant les Jésuites, n'a pas épargné le ridicule à quelques-uns de leurs adversaires
à outrance. Le jésuitisme étoit si bien passé à l'état de *croquemitaine*, qu'il étoit
permis de s'amuser des terreurs et des grands coups de lance de ses persécuteurs
ou de ses victimes. »

La *Presse* ajoute :

« Quel que soit le cynisme de ces aveux, nous n'en persistons pas moins à
penser que la mesure prise par la cour de Rome est une bonne et sage mesure
qui ne tardera pas à produire la réaction que nous avons annoncée dans l'esprit
de tous les gens de bonne foi qui reconnoîtront qu'ils ont été indignement abusés
par des journaux qui se qualifient eux-mêmes de *maîtres en jésuitisme*, et qui,
en donnant aujourd'hui aux Jésuites le nom de *Croquemitaines*, avouent effron-
tément qu'ils se moquoient hier de leurs lecteurs !

» Nous avons dit que si un journalisme étroit et soupçonneux a fait proscrire
les Jésuites, la liberté de la presse les ramèneroit tôt ou tard, pour son propre
honneur. Nos paroles se vérifient déjà.

» Le vieil esprit d'intolérance et de destruction du XVIII° siècle, caractérisé par
ce mot d'ordre célèbre : *Ecrasons l'infâme !* et l'esprit nouveau d'examen, mais
de reconstruction du XIX°, apparoissent tout entiers dans ces citations, dont le
contraste ne sauroit manquer de faire réfléchir tous les gens sensés. »

———————

Le chapitre des aveux échappés aux journaux, en ce qui concerne les Jésuites,
se complète chaque jour. Hier, le *Courrier français* leur donnoit le surnom de
Croquemitaine, aujourd'hui le *Commerce* dit qu'ils ont joué, depuis deux ans, le
même rôle que la *queue du chien d'Alcibiade*.

Voici l'article du *Commerce* :

« Le plus mauvais tour qu'ils nous aient joué (les Jésuites), c'est peut-être
d'avoir servi à détourner l'attention d'intérêts plus graves, de questions plus importantes. Il n'y avoit plus de place que pour eux dans la polémique. Ils avoient
fait oublier les réformes inscrites en tête du programme de l'opposition. On se

rappelle que l'armement des fortifications de Paris fut mis à l'ordre du jour après les interpellations sur les congrégations religieuses, comme la petite pièce après la grande. Nous trouvions, quant à nous, que l'établissement de la rue des Postes, si formidable qu'il semblât à quelques-uns, étoit moins à craindre que les seize forts érigés autour de la capitale, et les trente individus qu'il renfermoit nous inspiroient moins de frayeur que les deux mille canons qu'on proposoit de braquer sur Paris. Mais il convenoit sans doute à ceux qui n'étoient pas de notre avis que la discussion de cette loi d'armement allât se perdre dans le retentissement causé par les interpellations sur les congrégations. Tel en effet qui s'étoit montré le plus ardent dans cette affaire des Jésuites s'est empressé de voter l'armement de la capitale et ne s'est pas même levé pour voter l'amendement qui a relégué le matériel à Bourges. Les *Jésuites*, nous l'avons déjà dit, *ont joué depuis un an le même rôle que la queue du chien d'Alcibiade.* »

NOUVELLES ET FAITS DIVERS.

INTÉRIEUR.

PARIS, 9 juillet. — On écrit de Tanger, le 21 juin, au *Sud* de Marseille :

« M. Léon Roche est revenu hier au soir de Larache, avec la ratification de l'empereur du Maroc au traité conclu entre le ministre de ce souverain et le général de Larue. L'arrivée sur notre rade de trois navires de guerre français, *le Véloce, le Titan* et *le Cygne*, a contribué à ce bon résultat, et est venue seconder à propos les efforts intelligens du général de Larue, de notre chargé d'affaires, M. de Chateau, et de M. Léon Roche. »

— Par ordonnance du roi, en date du 7 de ce mois, le 3e collège électoral du département des Hautes-Pyrénées est convoqué à Bagnères, pour le 2 août prochain, à l'effet d'élire un député, par suite de la démission de M. Gauthier d'Hauteserve.

— On lit dans un journal :

« M. Thiers, étant ministre *de l'intérieur*, reçut du préfet des Bouches-du-Rhône une dépêche demandant l'avis de Son Excellence sur l'ouverture de la maison des Jésuites à Aix, *et le magistrat opinoit pour que le gouvernement les laissât s'y établir*..... M. Thiers ne crut pas devoir prendre la chose sur lui : il en référa à son collègue des sceaux, qui étoit alors M. Barthe, pour demander s'il existoit réellement des lois applicables à la congrégation de Saint-Ignace?..... M. Barthe répondit que c'étoit une question très-grave, et qu'il ne falloit pas trancher. — Réponse de M. Thiers à M. Barthe, par laquelle le premier insistoit auprès du ministre de la justice pour que le gouvernement tolérât la maison d'Aix, *tout-à-fait inoffensive*, disoit-il, ET RÉCLAMÉE PAR LA POPULATION TOUT ENTIÈRE.....

» Or, le jour des interpellations, M. Martin avoit cette correspondance dans son portefeuille, et il l'en eût fait sortir, si M. Thiers avoit excédé les bornes posées d'avance par lui Thiers, Louis-Philippe et Martin (du Nord), dans un intérêt commun.

» Voilà la vérité. »

— On lit dans le *National* :

« On a refusé à M. Bugeaud, duc d'Isly, 500,000 fr. par an qu'il demandoit pour soutenir la splendeur de son rang; mais on a fait néanmoins quelque chose pour lui. En ce moment, et depuis douze ou quinze jours, on emballe dans la seconde cour du ministère de la guerre, un mobilier tout princier, en bois de palissandre, payé par le budget (nous ne saurions dire sur quel chapitre), et qu'on va embarquer pour Alger. Ce mobilier, qui est estimé plus de 60,000 écus, est destiné à orner le palais de M. le maréchal Bugeaud. Nous ne pouvons croire que ce mobilier splendide (il y a des glaces qui coûtent de 800 à 1,000 fr.) doive servir indéfiniment au vainqueur de l'Isly, et nous voyons dans cet envoi un indice de plus du projet qui consisteroit à faire un peu plus tard de l'Algérie une vice-royauté au profit de M. le duc d'Aumale. »

— M. le lieutenant-général comte de Sparre, pair de France, est mort subitement ce matin, frappé d'une congestion cérébrale en assistant à une manœuvre au Champ-de-Mars.

— Les ouvriers charpentiers travailloient hier mardi aux Tuileries, dans la cour du Louvre et à l'échafaudage des clochetons de la Sainte-Chapelle, au Palais-de-Justice.

De nombreux propriétaires qui font élever de grandes constructions dans les faubourgs Saint-Germain, du Roule, Saint-Honoré, dans le quartier de la Madeleine et sur les boulevards du centre, pour ne pas voir retarder leurs constructions, ont pris le parti d'écrire à la mère des compagnons pour qu'elle leur envoie, aux uns quinze, vingt ouvriers, aux autres trente et quarante. Les ouvriers ont sur-le-champ répondu à ces invitations, et aujourd'hui ils poursuivent activement les travaux, sous la direction unique des architectes, qui vont faire les acquisitions de bois dans les chantiers.

Avant huit jours tous les travaux de charpente seront repris dans le département de la Seine, avec ou sans le concours des maîtres charpentiers.

— Il résulte de documens officiels que, du 1er janvier au 31 décembre 1844, 1,683 affranchissemens ont été prononcés dans les colonies françaises. Les affranchissemens accordés antérieurement, à dater de 1830, s'élèvent à 43,742, sur lesquels 22,000 environ n'ont été que la régularisation de libertés de fait accordées avant 1830.

— Il y a quinze ans, on comptoit à peine 30,000 voitures circulant dans les rues de Paris; on en compte aujourd'hui 70,000, parmi lesquelles il faut placer au premier rang 400 omnibus, qui, à raison de 800 kilomètres (20 lieues) chacun, donnent un parcours journalier de 32,000 kilomètres (8,000 lieues).

— Un funeste accident est arrivé lundi, entre midi et une heure, dans l'église des Invalides. Cinq ouvriers maçons étoient occupés sous la coupole du dôme aux travaux de construction du tombeau de l'empereur; placés sur un échafaud élevé de dix mètres environ, ils manœuvroient une pierre de taille destinée au monument, quand un faux mouvement leur fit perdre l'équilibre, et tous cinq tombèrent sur le sol. L'un d'eux, le sieur Bernier, maître compagnon, fut tué sur le coup, les quatre autres furent plus ou moins grièvement blessés, et furent transportés, l'un à l'hôpital Necker, où les soins les plus empressés lui ont été prodigués, et les autres, sur leur demande, à leurs domiciles. La situation de ces derniers ne paroît pas devoir présenter d'inquiétudes sérieuses pour leurs jours; l'état du premier est plus grave; cependant on espère pouvoir le conserver à la vie.

— Hier, à six heures du matin, le tonnerre est tombé sur le clocher, récemment bâti, de l'hospice de l'Enfant-Jésus, rue d'Enfer, et y a causé quelques dommages.

— Un orage violent a éclaté sur le Havre l'avant-dernière nuit. La foudre est tombée plusieurs fois. On ignore encore les accidens causés. A Bolbec, la grêle est tombée avec une telle force que deux mille carreaux de vitres ont été cassés; dans les environs, un grand nombre d'arbres ont été déracinés.

oment, la commune de Bron (Isère) est fort agitée. Plusieurs arresations y ont été opérées ; elles sont motivées sur des faits graves qui se sont produits dans les dernières élections municipales : des bulletins déposés dans l'urne électorale en auroient été arrachés violemment. Les personnes arrêtées ont été transférées dans la prison de Vienne.

— M. de Gaalon, maire de Saint-Jean-d'Angely, et ses deux adjoints viennent de donner leur démission. On dit que cette détermination se rattache à un conflit assez vif que soulève, dans cette ville, la question de propriété des bâtimens du collège.

— C'est vers le 8 août que seront réunies les troupes destinées à former le camp de la Gironde, qui aura pour commandant en chef le duc d'Aumale. La première brigade d'infanterie, sous les ordres de M. le maréchal-de-camp Talandier, se composera des 25ᵉ léger, 65ᵉ et 72ᵉ de ligne ; la seconde, des 14ᵉ, 40ᵉ et 55ᵉ de ligne, sous les ordres du maréchal-de-camp Perrot ; la brigade de cavalerie, commandée par M. le maréchal-de-camp de Chabannes-Lapalice, comptera trois régimens, les 1ᵉʳ et 13ᵉ chasseurs, et le 1ᵉʳ de lanciers. En artillerie, il y aura une batterie à pied montée du 12ᵉ régiment, et une batterie à cheval du 1ᵉʳ. Le 2ᵉ régiment du génie fournira une compagnie. Des détachemens des équipages militaires, des ouvriers d'administration et de la gendarmerie complèteront l'organisation.

— On lit dans l'*Echo de Cambrai* du 6 juillet :

« Deux maréchaux-des-logis du 2ᵉ cuirassiers, en garnison à Cambrai, se sont battus en duel jeudi dernier dans une chambre du quartier. Ils avoient, dit-on, obtenu la permission de leurs chefs, et le maître d'armes du régiment présidoit au duel. L'un des combattans, nommé Baumal, a été traversé de part en part d'un coup d'épée ; il est mort sur le coup. »

Le *Journal des Débats* répète cet article sans exprimer de doute sur la permission que les chefs auroient donnée aux deux combattans, et cependant un autre organe du ministère prétendoit, il y a peu de temps, qu'un fait semblable n'étoit pas possible.

— Niort a eu jeudi dernier le spectacle d'un carrousel donné par le 1ᵉʳ régiment de lanciers. Aux exercices ordinaires de l'arme ont succédé des courses de bague, l'enlèvement, à la pointe du sabre, de têtes de fer semées sur l'arène, la course du dard, dans laquelle une tête de Méduse a été mise en pièces par les dards lancés par des cavaliers au galop, et enfin la spirale à laquelle ont pris part tous les pelotons, et qui avoit quelque chose de fantastique.

— Voici un excellent puff que nous empruntons à un journal sérieux, mais de grand format ; le grand format oblige à bien des choses !

« À mesure que se répandent en Allemagne les journaux *illustrés*, on commence a y prendre goût aux rébus. La concurrence est telle en ce moment que quelques éditeurs se sont avisés d'attacher un prix à la solution d'un rébus. Le libraire Dittmarch, à Stuttgard, annonce dans la *Gazette d'Augsbourg* qu'il donnera chaque mois un rébus avec une prime de 100 florins (250 fr.) pour celui qui le devinera. »

Et si deux, trois, quatre, dix, vingt, cent personnes devinent le rébus, à qui et comment la prime sera-t-elle décernée ?

— Un événement malheureux a eu lieu dernièrement dans les mines de lignite exploitées sur le territoire de la commune de Saint-Julien, arrondissement d'Uzès.

La voûte de l'une des galeries s'est affaissée, et le jeune ouvrier Henri Boiron, âgé de vingt-un ans, a été écrasé sous les décombres. La mort a dû être instantanée.

Cet ouvrier travailloit en ce moment avec un vieux mineur nommé Achard, qui, entendant un craquement à peine perceptible à une oreille non expérimentée, se dit à Boiron : « Serre-toi contre moi, voilà un éboulement. » Mais Boiron, effrayé, s'est précipité vers le puits au lieu de suivre ce conseil, et il est mort avant d'avoir fait deux pas en avant. Paul Charpail, qui le précédoit, poussant sa brouette chargée, n'a reçu aucun mal ; le rocher est tombé à quelques décimètres derrière lui. Quant à Achard, qui restoit au fond de la mine, il a pu, après l'éboulement, sortir par une fissure qu'avoit produite ce même éboulement. Il est arrivé sain et sauf au puits, d'où il s'est élevé jusqu'au sol.

Les ouvriers des autres galeries se sont de suite occupés à déblayer et à retirer le cadavre de leur camarade.

<hr>

EXTÉRIEUR.

ESPAGNE. — On lit dans *el Castellano*, journal de Madrid, le 2 juillet :

« Nous apprenons avec plaisir que la reine ne se rendra pas cette année dans les provinces basques. S. M. reviendra à Madrid en passant par Saragosse, après avoir pris les bains dans le Puda. Diverses lettres de Barcelone, en date du 28 juin, donnent cette nouvelle comme certaine. Le retour de la reine à Madrid produira d'heureux résultats. Le ministère se trouvera de nouveau réuni : les inquiétudes et les clameurs cesseront, et les ennemis de l'ordre seront déconcertés en voyant que les ministres pourroient prendre d'accord les mesures les plus sages et les plus énergiques pour déjouer leurs projets. »

— La *Gazette* publie la convention qui vient d'être conclue avec la banque de Saint-Ferdinand pour assurer le service du trésor, à raison de 60 millions de réaux par mois pour le trimestre courant ; la convention est facultative pour le dernier trimestre de l'année. Au moyen de l'engagement pris par la banque de faire ce versement mensuel, les revenus de l'Etat sont mis à sa disposition.

ORIENT. — Des lettres de Beyrouth, du 12 et du 13 juin, annoncent que l'armistice, conclu à grand'peine le 5 du même mois, étoit sur le point d'être rompu. Les Maronites, au nombre de 6 à 7,000 hommes, occupoient Zahlé et les environs ; les Druses, avec des forces égales, ravageoient les districts qui longent le côté opposé de la route de Damas. On s'attendoit d'un moment à l'autre à la reprise des hostilités. Les Turcs avoient 2,000 hommes de troupes.

La situation de l'Arabie paroît ne pas être meilleure que celle de la Syrie ; la conduite arbitraire et cruelle d'Osman-Pacha, gouverneur de Dschedda, y a compromis sans retour l'autorité de la Porte. A la date des dernières nouvelles, les Bédouins le tenoient assiégé dans sa ville.

— Des correspondances publiées par la *Gazette d'Augsbourg* assurent que, dans la Syrie, les Anglais ont favorisé secrètement les Druses, tandis que les Turcs les secondoient ouvertement.

Elles annoncent, en outre, un fait des plus graves ; trois émirs de la famille Schahab, récemment exilés dans l'Asie-Mineure, auroient été massacrés par les soldats turcs mêmes qui leur servoient d'escorte.

Il a éclaté de nouvelles collisions sur la frontière de la Grèce et de la Turquie. Voici ce qu'on en écrit au *Journal de Francfort* :

« Des actes de violence, des procédés contraires à l'humanité et au droit des gens sont commis par les autorités turques sur les différens points de la frontière ; des consuls hellènes ont eu à souffrir des procédés violens des autorités militaires ; ils se sont vus insultés et leurs diplômes déchirés.

« Un chef de troupes irrégulières, connu sous le nom de Bachi-Bozouki, a

et saisir des sujets hellènes, et les a fait bâtonner après les avoir liés à des canons. »

ALLEMAGNE. — Un corps nombreux de troupes autrichiennes sera réuni, au mois de septembre prochain, dans un camp de manœuvres aux environs de Vienne.

PROVINCES-RHÉNANES. — Le 27 juin, la ville de Posen présentoit un air de fête et de joie inaccoutumé. D'élégans carrosses attelés de cinq chevaux, et appelés *piontha* dans la langue polonaise, parcouroient la ville en tous sens; une foule nombreuse d'hommes et de femmes en habits de dimanche se pressoit dans les rues, et, à voir le mouvement qui régnoit partout dans les boutiques et les cafés, on auroit pu se croire un instant transporté dans l'une des cités les plus animées de l'Europe. C'est que c'étoit la fête de saint Jean, autrement dite la *Jolaniscrsure*, qui est le jour le plus important pour tout le duché de Posen, et pour tous les peuples slaves en général. C'est l'époque consacrée pour toutes les transactions. Achats et ventes de biens, affermages, contrats, baux, loyers, tout se règle, tout se fait ce jour-là pour tout le cours de l'année. Aussi voit-on à ce moment affluer du fond de la province les propriétaires et les gentilshommes campagnards pour régler leurs affaires d'argent. Les Slaves aiment à étaler un grand luxe dans ces occasions publiques; ils amènent avec eux cocher, valets, cuisiniers, tout en ne possédant guère qu'une fortune de 60,000 fr. de capital. La plus grande partie de leurs revenus annuels est dépensée le jour de la Saint-Jean pour satisfaire leurs goûts de luxe. Les femmes polonaises achètent alors tout ce qui passe pour être porté de plus élégant et de plus distingué à Paris, et que le marchand fait tout bonnement venir de Berlin et de Leipsick.

C'est le marché surtout qui offre l'aspect le plus bizarre. Les domestiques slaves ont l'habitude de se mettre en gage pour toute l'année. Aussi le jour de Saint-Jean on voit arriver de la province les cochers, les cuisiniers et les cuisinières sans place, qui restent du matin au soir sur le marché public. C'est-là que se rendent les maîtres qui ont besoin de serviteurs, et qui examinent depuis les pieds jusqu'à la tête les sujets qu'ils veulent prendre à leur service. Aussi la place où ces marchés sont conclus se nomme-t-elle le *Marché-des-Hommes*.

SUÈDE. — STOCKHOLM, 26 juin. — Il est question d'un changement de ministère.

Lors de la nomination à une place de juge, le choix se trouvoit balancé entre deux candidats dont l'un étoit noble et l'autre bourgeois. Le premier, homme possédant d'assez grandes connoissances, jouissoit d'une bonne réputation et avoit de grandes protections, tandis que le dernier ne se distinguoit que par une instruction plus étendue que celle de son concurrent. La loi de Suède voulant que la supériorité du talent l'emporte dans un cas semblable, le roi, ayant pris connoissance de l'affaire, se décida pour le candidat bourgeois.

L'exportation du fer augmente considérablement.

(*Nouvelle Gazette de Hambourg.*)

MEXIQUE. — Voici le manifeste de la république mexicaine contre les États-Unis. Le congrès national décrète ce qui suit :

« La nation mexicaine appelle tous ses fils à la défense de l'indépendance nationale, présentement menacée par la séparation du Texas, conformément à la loi d'annexion votée par la chambre des députés et sanctionnée par le président. Le gouvernement appelle aux armes tous les hommes de la milice permanente, conformément aux droits que lui donnent les lois en vigueur, dans le but de maintenir l'ordre public et les institutions existantes. Le gouvernement convoquera, en cas de nécessité, l'armée de réserve, et usera du pouvoir que lui donne la loi du 8 décembre 1814, pour faire de nouvelles levées dans l'intérêt de la défense et de l'indépendance des lois. (*Morning-Chronicle*.)

— A Mexico, notre chargé d'affaires, M. Alley de Cyprey, vient d'être gravement insulté : son domestique ayant été maltraité par le propriétaire d'un abreuvoir où il avoit mené ses chevaux, cet agent, accompagné de plusieurs personnes de l'ambassade, a voulu intervenir. Le propriétaire de l'abreuvoir lui a tiré un coup de carabine pendant que la populace accabloit sa suite d'une grêle de pierres ; M. de Gouy, secrétaire de légation, a été atteint et assez grièvement blessé ; la garde est survenue, mais au lieu de s'emparer des perturbateurs, elle a conduit au poste, malgré ses réclamations, M. de Cyprey, ainsi que les personnes de l'ambassade. Ces messieurs n'ont été relâchés que par l'intervention d'un officier supérieur. M. Alley de Cyprey a envoyé à don Luis Cuevas une note dans laquelle il réclame une réparation et déclare que, si elle ne lui accordée prompte et entière, il demandera ses passeports.

CHAMBRE DES PAIRS.

Aujourd'hui, la chambre, après avoir adopté au scrutin secret, à la majorité de 86 voix contre 15, le projet de loi sur les colonies, s'est occupée du projet relatif à la station navale sur la côte occidentale d'Afrique. MM. de Boissy et Dubouchage ont élevé diverses objections contre le traité conclu à Londres pour la suppression du droit de visite réciproque. Ces critiques consistoient à dire, d'une part, qu'on avoit accepté une charge trop lourde pour notre marine et nos finances, en consentant à élever à 26 voiles le chiffre de notre croisière sur la côte occidentale ; d'autre part, que notre gouvernement s'étoit montré peu soucieux de nos intérêts maritimes et commerciaux, en abandonnant à l'Angleterre la surveillance exclusive de la côte orientale.

L'auteur du traité, M. le duc de Broglie, a défendu son œuvre : il a établi que le droit de la France demeuroit entier, en ce qui concerne la côte orientale, et qu'elle étoit maîtresse d'y envoyer autant de bâtimens qu'elle voudroit. Il étoit parfaitement inutile d'insérer dans le traité une clause dans ce sens, et il eût été dangereux et malhabile de s'imposer des obligations nouvelles. D'ailleurs, si quelques faits de traite se produisent sur la côte orientale, les négriers n'appartiennent à aucun des pavillons que la France a le droit de visiter : c'est l'Angleterre seule qui peut réprimer efficacement la traite dans ces parages, puisqu'on n'y voit guère que des négriers portugais, et qu'elle a un traité avec le Portugal. Après ces explications et quelques mots de M. Guizot, la chambre a adopté le projet de loi à la majorité de 102 voix contre 8.

Elle a adopté également à la presque unanimité les deux projets sur l'arsenal d'Amiens et sur la construction de trois ponts.

Le Gérant, **Adrien Le Clere.**

BOURSE DE PARIS DU 9 JUILLET 1845.

CINQ p. 0/0. 121 fr. 10 c.	Quatre canaux 1275 fr. 00 c.
TROIS p. 0/0. 83 fr. 20 c.	Caisse hypothécaire. 615 fr. 00 c.
QUATRE p. 0/0. 030 fr. 00 c.	Emprunt belge. 5 p. 0/0. 000 fr. 0/0.
Quatre 1/2 p. 0/0. 000 fr. 00 c.	Emprunt romain. 103 fr. 6/8.
Emprunt 1841. 00 fr. 00 c.	Rentes de Naples. 000 fr. 00 c.
Oblig. de la Ville de Paris. 1425 fr. 00 c.	Emprunt d'Haïti. 390 fr. 00 c.
Act. de la Banque. 3212 fr. 50 c.	Rente d'Espagne. 5 p. 0/0. 00 fr. 0/0.

PARIS. — IMPRIMERIE D'ADRIEN LE CLERE ET C°, rue Cassette, 29.

DES SECTES SE DISANT GERMANO-CATHOLIQUES,
DE LEURS DISSIDENCES ET DE LEUR PROSÉLYTISME.

Une année ne s'est point encore écoulée depuis que l'Allemagne protestante et rationaliste a poussé un cri de joie dont l'Europe s'est émue. Un prêtre apostat avoit prêté son nom à une infâme diatribe, rédigée par un riche propriétaire de Silésie (1), contre la Sainte-Robe de Trèves et contre l'immense pélerinage des populations catholiques, accourues pour vénérer le vêtement sacré du divin Sauveur. La presse protestante joignit les éclats de ses nombreuses trompettes (2) aux virulentes déclamations de Ronge, l'encourageant à se constituer chef d'une Eglise nouvelle à laquelle les sympathies les plus actives du protestantisme allemand étoient d'avance acquises. Au même temps un prêtre du diocèse de Posen fondoit de son côté une communauté schismatique, dans le seul but de couvrir par un mariage sacrilége le scandale de ses désordres publics.

En tout cela il n'y avoit rien de nouveau : les premiers réformateurs s'étoient mariés comme Czersky; ils avoient blasphêmé les saintes reliques comme Ronge, et le système protestant avoit le sein assez large pour y accueillir quelques apostats de plus, sans qu'il y eût là matière à tant de bruit, à tant de chants de triomphe. Ce qui exaltoit l'ivresse protestante n'étoit donc pas la défection de quelques prêtres catholiques suivis de quelques laïques ignorans et égarés comme eux; c'étoit la hardiesse avec laquelle ils prétendoient, contrairement au bon sens, retenir la dénomination de *catholiques*, en y ajoutant l'épithète nationale *d'allemands*, ce qui leur sembloit un moyen plus sûr d'étendre le schisme dans l'Allemagne tout entière, en la séparant du grand centre de l'unité catholique, et l'émancipant, suivant une théorie bien connue, de ce qu'ils appellent la tyrannie romaine. À cette condition le catholicisme germain eût obtenu la fraternelle adhésion du protestantisme positif aussi bien que du protestantisme rationaliste, en dépit de toute divergence en matière de foi; ils savoient bien, d'ailleurs, que la soumission hiérarchique à la chaire apostolique étant rompue, le maintien du dogme devenoit impossible.

(1) Le comte de Reichenbach, qui jugea plus à propos de la faire paroître sous le nom d'un prêtre catholique que sous le sien propre. Ronge, d'ailleurs, n'eût pas eu même la médiocre capacité qu'il falloit pour l'écrire.

(2) Le catalogue de la journalistique allemande, publié à Leipsick, par J. J. Weber, pour 1845, nomme en tout, 148 journaux dits ecclésiastiques, dont 45 seulement rédigés par des catholiques. Une douzaine à peu près sont des organes du judaïsme; tout le reste appartient à la polémique protestante et rationaliste.

Un catholicisme-schismatique étoit donc le rêve insensé qui souriait à leurs plus chères espérances; c'étoit une plaie mortelle dont ils croyoient frapper le catholicisme-romain, en lui opposant un catholicisme-national, comme s'il pouvoit exister une contradiction plus formelle, plus flagrante que la réunion de deux mots dont l'un est la négation de l'autre.

Ce qu'il étoit facile de prévoir arriva : ce prétendu catholicisme ne put se constituer. Les Eglises rongienne et czerskienne ne purent se réunir, car leurs deux chefs n'avoient garde de renoncer à leur indépendance ni d'entrer en partage des avantages pécuniaires que chacun d'eux comptoit retirer de sa situation. Czersky, le premier, comprit la nécessité de donner à son Eglise prétendue un symbole et un culte. Il adopta provisoirement le symbole des apôtres, en le réduisant à *neuf* articles; il supprima, de plus, la doctrine de la transsubstantiation, en conservant néanmoins les cérémonies extérieures de la messe et sa liturgie, moins les mémoires des saints et les prières pour les morts, et substitua au latin des prières liturgiques la langue vulgaire. Il abolit le célibat sacerdotal, les fêtes de l'Eglise, ses jeûnes et ses abstinences, et quant aux sacremens, il les réduisit d'abord à cinq, puis à trois, puis à deux : le baptême, et la cène qu'il administre sous les deux espèces. Avec cette confession de foi, il eût pu, comme l'on voit, adopter tout simplement la confession d'Augsbourg, mais cela eût été incompatible avec le nom de *catholique*, qu'avant tout il vouloit conserver à sa congrégation. Du reste, la secte de Czersky ne put ni prendre racine sur le sol où elle venoit de naître, ni s'étendre en Allemagne où Ronge s'étoit établi par droit de priorité.

Celui-ci étoit trop bien conseillé par les hommes qu'il s'étoit adjoints, pour marchander sur les dogmes et pour capituler avec certaines doctrines catholiques. D'un seul bond, il se lança dans le parti rationaliste et se déclara démagogue au spirituel. A son appel, une réunion de laïques de toutes sortes de professions se forme à Leipsick. Ce n'est pas même lui, c'est un collecteur du théâtre de Dresde qui en prend la présidence, et déclare l'assemblée *concile œcuménique*. On réduit à trois points la foi de la nouvelle Eglise; encore déclare-t-on que ce court symbole n'est que provisoirement admis; que tous les quatre ans, un nouveau concile pourra le réformer, et que, communes ou individus, conservent dans toute sa plénitude le droit d'y ajouter ou d'en retrancher ce qu'ils jugeront nécessaire ou inutile. Sur cette base se forment, dans quelques localités d'Allemagne, de maigres congrégations rongiennes; elles échouent dans les pays catholiques, et ne peuvent s même prendre racine en certains pays protestans, comme le royaume de Wurtemberg et le grand-duché de Bade. A Berlin, la partie la plus considérable de la congrégation germano-catholique déserte la cause de son fondateur et repousse son concile de Leipsick. Partout est la confusion, la discorde : au point que dégoûté de son apostolat, l'honnête Ronge songe à abandonner son bâton pastoral, et à se dédommager des pertes que lui occasionnera son abdication, en épousant une riche héritière éprise de la triste célébrité du novateur.

Il est vrai, qu'abandonné à ses propres forces et à ses très-médiocres talens, le patriarche des prétendus dissidens catholiques n'étoit pas de taille à suffire à la tâche qu'il s'étoit imposée. Il avoit espéré l'appui des puissances protestantes d'Allemagne, et celles-ci, justement épouvantées d'une réunion d'hommes dont la confession de foi *n'avoit plus aucun élément chrétien*, refusent de les reconnoître en qualité d'Eglise, de leur accorder l'usage de temples, et aux actes de leurs ministres aucune valeur légale, les renvoyant au ministère des pasteurs protestans pour toutes les fonctions dont l'attestation produit des effets civils. Ainsi, foudroyés en quelque sorte par le pouvoir politique, non moins que par la puissance spirituelle, ils n'ont et ne pourront avoir à l'avenir, qu'une existence précaire, équivoque et languissante; jusqu'à ce que d'eux-mêmes, une partie de ces sectaires, mus par un salutaire repentir, reviennent à leur première Eglise, ce qui déjà a eu lieu en plusieurs localités, et que les autres se laissent tranquillement absorber dans la confusion protestante.

En semblable situation, il paroîtroit naturel de s'abstenir de porter ailleurs l'ardeur du prosélytisme que la secte avoit originairement déployée et qui lui a si mal réussi sur son propre terrain. Mais l'esprit de secte ne se dément jamais; en mourant même il répand encore son venin le plus loin possible.

Le premier pays où il pouvoit espérer d'établir, après l'Allemagne, son empire, devoit être la Suisse, où les élémens anti-catholiques abondent, et où les gouvernemens radicalisés tendent la main à tout ce qui se montre hostile au *romanisme,* c'est-à-dire à la suprématie pontificale. Depuis plusieurs années, Berne avoit accueilli avec empressement un ancien Franciscain de Lucerne qui, après avoir rompu ses vœux monastiques, s'y étoit réfugié, y avoit pris femme, et avoit hautement déclaré ses sympathies pour les corps francs, armés pour porter la flamme et le fer au sein de sa ville natale. Cet apostat, déjà coupable d'un premier méfait, celui de la rédaction et de la publication d'une fausse bulle du Saint-Siége, vient de publier un libelle infâme contre les dogmes et les pratiques de l'Eglise catholique (il n'avoit pour cela qu'à copier ou à commenter la lettre de Ronge); il y exhorte les catholiques à se séparer de cette Babylone, à laquelle il prodigue toutes les injures ramassées dans les œuvres des premiers réformateurs, et il finit par déclarer que s'il pouvoit découvrir quelque commune, quelque société, ou seulement une famille où l'on seroit disposé à accueillir son ministère, il se chargeroit volontiers, et *avec une réserve tout apostolique, du soin de leurs ames*; en d'autres termes, qu'il est tout disposé à pervertir tous ceux qui voudront de lui, à la condition de pourvoir à ses besoins physiques. Jusqu'ici cette proposition n'a séduit personne ; les protestans se contentent du prêche de pasteurs soldés par l'État, et les catholiques infidèles à leur foi se croient assez forts pour n'avoir pas besoin d'un pareil guide.

L'Angleterre est, comme l'on sait, le pays classique de toutes les dissidences; il eût donc été fort extraordinaire que personne n'eût cherché à y introduire le schisme rongien. Beaucoup d'Allemands sont établis à Londres, c'est par eux que l'on a commencé l'œuvre de la propagation de cette cabale. Il y a été aisément répandu une sorte de programme de la nouvelle église, que quelques-uns ont considéré comme une plaisanterie, tant son contenu a paru ridicule, mais dont le caractère très sérieux ne peut être révoqué en doute que par ceux qui n'ont pas été en situation de pouvoir suffisamment apprécier les premiers élémens de ces détestables menées. En tête se trouve ce titre : *Confession de foi de Londres.* Au milieu de la feuille se voient les armes d'Angleterre avec la devise : *Honni soit qui mal y pense.* Aux deux côtés figurent les aigles de Prusse et des États-Unis, et entre elles cette inscription : *La seconde réforme,* 1844. Suivent deux textes des saintes Écritures : l'un de la prophétie de Daniel (VIII, 44), l'autre de l'épître aux Galates (IV, 24). Vient ensuite une paraphrase du Décalogue, où percent les tendances anti-sociales de la secte. Le troisième commandement, par exemple, est ainsi rendu : Tout septième jour, vous vous reposerez de vos travaux rudes et *superflus*; vous voucrez cette journée à votre édification en Dieu, et à la restauration de vos ames et de vos corps.—Au quatrième : Vous honorerez et aimerez vos pères et mères, votre épouse, vos enfans, vos proches, vos voisins et tout le genre humain; vous aimerez jusqu'à l'animal qui vous sert. Au septième : Vous ne demanderez ni ne prendrez à votre prochain ce qui lui appartient, car la moindre des choses qui appartient *aux bons* est pour eux une bénédiction; *il n'en est pas ainsi du superflu du méchant.* Le neuvième et le dixième commandement n'ont pas paru au paraphraseur susceptibles d'un développement qui pût lui convenir, aussi les a-t-il transformés en préceptes adressés aux rois et aux peuples, et conçus suivant les idées modernes.

Voici maintenant le texte du symbole de foi proposé aux futurs adeptes :

« Je crois en Dieu, le Dieu (et non le Créateur) du ciel et de la terre, et en Jésus-Christ le béni, notre Messie, qui *est sorti* de l'Esprit saint, *né de Marie*, la vierge, a souffert, est mort pour nous ; *monté dans l'essence du Tout-Puissant*, qui juge (et non pas qui viendra juger) les vivans et les morts. Je crois en une Eglise chrétienne, sainte et universelle, *à la communauté de tous les bons ;* à la réconciliation et à la rémission des péchés, et à la vie éternelle. Amen. »

Suit une espèce de serment fort vague dans ses expressions, et dont le sens véritable pourra être expliqué plus tard aux adeptes :

« Je sais que je suis toujours en la présence de Dieu, l'éternel, l'infini. Je dirai la vérité, ainsi Dieu me soit en aide ! Que sa grâce soit toujours avec nous ! »

La feuille se termine par un propos que l'on prête à l'empereur Maximilien, et dont on fixe la date à l'an 1520, tandis que cet empereur est mort en 1519.

« Ce pape-ci, auroit dit cet empereur, s'est aussi montré scélérat à mon égard, et je puis dire maintenant que tant que j'ai vécu, aucun pape ne m'a été fidèle ; *aussi espéré-je en Dieu que celui-ci sera le dernier.* »

Cette espérance a été celle de bien d'autres, et jamais elle ne s'est accomplie. Comment un Ronge peut-il penser que ce qu'aucune force humaine n'a pu réaliser, ce sera lui, pauvre hère, qui l'exécutera ?

Ce seroit assurément un travail bien superflu que celui de commenter le symbole et le décalogue de la secte dite catholique allemande (1). L'impiété religieuse et le communisme radical s'y manifestent assez clairement pour n'avoir pas besoin d'être mis en lumière. De plus en plus, le pouvoir politique se convaincra de l'indissoluble affinité qui unit en une seule masse les aberrations irréligieuses et anti-sociales. Mais en attendant que le glaive apostolique et celui des rois frappent d'un commun accord un ennemi commun, contemplons avec une sainte confiance les luttes doctrinales, qui environnent le berceau de cette prétendue réforme, nous rappelant cet axiome de la divine sagesse : *Si donc Satan est divisé contre lui-même, comment subsistera son royaume ?*   H.

(1) Chacun comprendra sans explication la signification des *bons* et des *méchans* dont parlent le décalogue et le symbole. *La propriété des bons, qui sont nos frères, est sacrée ; celle des méchans, qui ne sont pas des nôtres, est un superflu dont nous devons nous emparer.*

REVUE ET NOUVELLES ECCLÉSIASTIQUES.

ROME. — Dans la congrégation ordinaire des Rits tenue le 14 juin dernier, Son Em. le cardinal Lambruschini, rapporteur de la cause du bienheureux Pierre Fourier et de celle de la vénérable Germaine Cousin, proposa les doutes ou questions sur la reprise de la première de ces causes et sur l'introduction de la seconde.

On sait qu'en 1730 un bref du pape Benoît XIII décerna le titre et les honneurs de *bienheureux* à l'ancien curé de Mattaincourt. Quant à Germaine Cousin, que la France se glorifie aussi de compter parmi ses enfans, la S. Congrégation des Rits prenant en considération la bonne odeur de ses vertus, la constante réputation de sainteté de cette pauvre bergère, les instances multipliées d'une grande partie des évêques de France, de plusieurs chapitres et corporations religieuses, qui pour la gloire de Dieu sollicitent ardemment sa béatification, fut d'avis que sa cause devoit être introduite, et le même jour le Saint Père approuvant cet avis signa de sa main la *commission d'introduction*.

PARIS.

Dans un esprit de paix et de conciliation, nous avions résolu de nous taire sur l'incident relatif à la *Congregation des affaires ecclésiastiques extraordinaires*.

L'*Univers*, en reproduisant aujourd'hui les deux derniers articles de l'*Ami de la Religion* sur les nouvelles de Rome, les accompagne des réflexions suivantes :

« La réserve dont ce journal fait profession et la circonspection extraordinaire qu'il a montrée dans toute cette affaire ne permettent pas même aux plus défians de suspecter son témoignage.

» Nous n'avons plus qu'une chose à demander à l'*Ami de la Religion*. Il nous a publiquement accusés d'avoir sciemment cherché à tromper nos lecteurs en leur faisant connoître l'avis soumis au souverain Pontife par la Congrégation des affaires ecclésiastiques extraordinaires. L'*Ami de la Religion* doit savoir maintenant d'une manière certaine que sur ce point nous n'avons dit que la vérité ; il doit comprendre pourquoi on a voulu que ce témoignage porté en faveur des Jésuites et des catholiques de France, par une congrégation composée des plus illustres cardinaux, fût rendu public, au moment où la Compagnie de Jésus alloit consentir, *dans un sentiment de paix et de généreuse abnégation*, à de si douloureux sacrifices. Nous espérons que l'*Ami de la Religion* voudra bien reconnoître qu'il s'étoit trompé. »

Nous regrettons vivement que cette nouvelle interpellation ne nous permette plus de garder le silence que n'avoient pu nous faire rompre des attaques dont nous cherchions à oublier la violente amertume.

L'*Univers* nous demande la vérité : nous allons la lui redire.

Nous ne voudrions ni aigrir, ni prolonger ce débat. Nous nous bornons à déclarer que nous maintenons encore aujourd'hui, d'après des informations postérieures et non moins positives, ce que nous avons déjà dit avec une entière certitude. Nous n'avons point accusé l'*Uni-*

vrs de tromper sciemment ses lecteurs. Nous aimons à croire que sa per-
sistance à soutenir son premier dire ne provient que d'une équivoque.
Ne prendroit-il pas pour une *décision de la Congrégation des affaires ecclé-*
siastiques extraordinaires, l'avis particulier de quelques cardinaux qui
ont pu être consultés? Nous serions loin de contester ce dernier point.

Demain dimanche 13 juillet, Mgr Courvezy, évêque de Bida, par délégation de M. l'Archevêque de Paris, conférera l'ordre de la prêtrise
à un jeune diacre du séminaire de Saint-Sulpice. Cette ordination *extrà*
tempora aura lieu à sept heures et demie dans la chapelle des Sœurs de
Bon-Secours, rue Notre-Dame-des-Champs.

M. l'abbé de Gonct, premier aumônier de l'hôpital Saint-Louis, a été
nommé à la cure d'Ivry-sur-Seine. La cérémonie de son installation a
eu lieu le 10 juillet ; elle a été présidée par M. l'abbé Buquet, archidiacre de Saint-Denis, et en présence d'un grand nombre d'ecclésiastiques de Paris et de la banlieue.

PROPAGANDE PROTESTANTE.

On lit dans *Gazette du Midi* :

«Les missionnaires protestans semblent avoir choisi le département du Var
pour le théâtre de leur propagande. Ils ne se bornent pas à circonvenir les
paysans par des discours artificieux, par des distributions gratuites de petits livres hérétiques : ils les disputent en quelque sorte publiquement aux leçons de
leurs curés. Il n'y a pas long-temps qu'un de ceux-ci s'est vu apostrophé sur la
place même de l'église par un ministre qui est venu engager une controverse
avec lui. Il est vrai que l'agresseur n'a pas eu à se féliciter de cette lutte dans laquelle il a trouvé un adversaire parfaitement préparé, quoiqu'il s'agît de questions qui n'entrent pas ordinairement dans les instructions que les curés des communes rurales adressent à leurs paroissiens.

»Nous avons entre les mains une de ces brochures que les missionnaires distribuent gratuitement. Elle a pour titre : *Appel à la conscience de tous les catho-*
liques romains particulièrement adressé au Pape sur le vrai sens de ces paroles :
Tu es Petrus, etc.

»Nous n'avons pas besoin de dire que le vrai sens est, suivant l'auteur :

«Tu es Pierre, et sur cette pierre je ne bâtirai pas mon Eglise, et je ne
« te donnerai pas les clefs du royaume des cieux, car tu n'es rien de plus que
« les onze apôtres tes frères. »

»Tout cela est établi par un dialogue entre un ministre protestant et un prêtre
catholique, lequel n'est là que pour se faire battre comme un sot, pour se laisser
dire, par exemple, qu'en vertu des paroles du Sauveur : « Tout ce que tu délieras
« sur la terre sera délié dans le ciel, tout ce que tu auras lié sur la terre sera lié
« dans le ciel, » saint Pierre et les Papes ses successeurs, peuvent à leur gré
perdre ou sauver un homme, sans égard à sa foi et à ses œuvres.

»Ailleurs, M. le pasteur A. Bost, auteur de ce beau livre, dit qu'en s'adressant
à saint Pierre en particulier, le Sauveur vouloit seulement lui rendre le droit de
lier et de délier, qu'il avoit eu comme tous les apôtres, mais qu'il avoit perdu en
reniant son Maître, tandis que les autres avoient conservé leurs pouvoirs.

» Assurément des théologiens de cette force ne sont pas dangereux pour tout homme qui a tant soit peu d'instruction. L'ennui qu'ils traînent après eux est même un assez bon préservatif pour nos pauvres paysans ; mais nous voudrions bien savoir ce que le gouvernement diroit, si des prêtres catholiques alloient ainsi prendre corps à corps le pasteur protestant sur la porte de son prêche, lutter avec lui devant ses coréligionnaires, et semer dans toutes les chaumières hérétiques des livres de controverse? »

AU RÉDACTEUR.

Monsieur, je viens de lire dans le n° du 19 juin de votre estimable journal la relation de l'enthousiasme des habitans de Machecoul à la réception de notre vénérable évêque de Nantes. Oui, la chose est vraie et parfaitement vraie; mais permettez-moi, je vous en prie, d'y ajouter quelques faits et de revendiquer, pour l'honneur de la petite commune de Saint-Même, la part qui lui revient dans cet enthousiasme religieux.

Ce fut le dimanche 8 juin au soir que le prélat arriva à Machecoul, escorté par 80 cavaliers, qui, de cette ville, étoient allés le chercher au château de la Salle où il avoit dîné après avoir donné la confirmation dans l'église de Fresnay. A l'arrivée de notre digne évêque la population tout entière de Machecoul étoit sur pied et dans l'ivresse de la joie la plus pure. Le lendemain, après avoir confirmé environ 400 personnes, le prélat partit pour Luçon d'où il arriva à Machecoul dans la nuit du mardi au mercredi. Avant son départ, il m'avoit fait écrire pour m'informer que, vu la difficulté des chemins, il me prioit de lui envoyer une charrette pour venir à Saint-Même. J'en donnai avis à mes paroissiens qui de suite en mirent une à ma disposition et s'empressèrent à l'envi de la garnir de planches, de l'orner de tapis, de la couvrir de magnifiques draperies, et de suspendre en dedans des siéges garnis. La charrette ainsi disposée fut conduite à Machecoul par 34 paires de bœufs couverts de fleurs et de rubans. Lorsque le prélat, accompagné de M. l'abbé Vrignaud, son vicaire-général, et de M. le curé de Machecoul, fut monté, le convoi défila majestueusement de la cure et traversa la ville pour se rendre à Saint-Même. C'étoit jour du marché, toutes les rues que parcourut le convoi étoient encombrées des habitans de la ville et des paroisses voisines. Tous étoient dans l'admiration et ravis d'un tel spectacle; tellement que seize hommes à cheval qui marchoient en avant de la charrette avoient peine à ouvrir le passage. J'allai, accompagné d'un bon nombre d'ecclésiastiques qui étoient venus des paroisses voisines et d'autres de fort loin pour assister à la cérémonie, et des habitans de la paroisse, à la rencontre du prélat à peu de distance du village où étoit un premier arc de triomphe. Là le vénérable évêque descendit de la charrette et alluma un feu de joie. De là, jusqu'auprès de l'église, la route étoit remplie de monde; le digne prélat bénissoit et serroit entre ses bras avec la bonté la plus paternelle les petits enfans que lui présentoient les pères et les mères. A ce spectacle les larmes couloient de tous les yeux. Auprès de l'église tous les bœufs étoient rangés en deux rangs et les bouviers étoient à leur tête. Mgr adressa à chacun de ces bons paysans ses remerciemens de la manière la plus touchante. Quel beau spectacle de voir tous ces braves gens se prosterner et demander la bénédiction de l'évêque qui la leur accorda et les embrassa tous! Non, jamais le souvenir de cette belle journée ne s'effacera de la mémoire des habitans de Saint-Même! De toutes parts il y avoit de magnifiques arcs de triomphe recouverts de voiles des bateaux des marins du port. Quoiqu'étrangers au diocèse, ils firent tous leurs efforts pour contribuer à la beauté de la fête. Partout notre digne évêque a été reçu avec les démonstations de la joie la plus pure, preuve incontestable de l'attachement que conservent à la religion les bons habitans de notre pays.

Agréez, etc.

DOUET, curé de Saint-Même.

Saint-Même, le 1er juillet 1845.

———

M. l'abbé Duflot, curé doyen, depuis 1803, de Campagne-lès-Hesdin (diocèse d'Arras), vient de mourir à l'âge de 82 ans. Religieux de la célèbre abbaye de Saint-Vaast, en 1784, il fut ordonné prêtre en 1787. Forcé par la révolution de quitter le monastère, il se retira chez ses parens. En 1792, il émigra en Belgique, en Hollande, à Paderborn, en Westphalie, et enseigna la philosophie dans le monastère de Marien-Munster jusqu'à son retour en France, en 1799. Sa mort a été édifiante comme l'avoit été toute sa vie.

———

On nous écrit du diocèse de Bordeaux :

« Notre diocèse vient de faire une grande perte dans la personne de M. l'abbé Dubois, curé de Sivrac, emporté à quarante-sept ans par une fièvre maligne. Cette perte a été vivement sentie par le clergé de ce vaste diocèse, et a plongé dans la désolation le petit troupeau que cet excellent confrère dirigeoit depuis vingt-trois ans, et surtout les pauvres qui ont perdu en lui un père, un ami et une seconde providence. Outre les revenus de sa cure, il leur distribuoit le peu de bien qu'il avoit reçu de ses parens, et quand ces deux ressources étoient épuisées, il alloit frapper à la porte des riches : or ceux-ci ne répondoient pas toujours à son appel ; car dans ce pays de foi les pauvres ne sont pas séquestrés, ils vont librement solliciter l'aumône qui ne leur est jamais refusée. Alors l'abbé Dubois avoit recours à l'emprunt. Pendant vingt-trois ans qu'il a passés dans l'exercice du saint ministère, que de privations il a dû s'imposer, pour subvenir aux besoins de ceux qu'il aimoit à appeler ses amis, et pour éteindre des dettes que sa charité ne cessa de renouveler, jusqu'au moment où il a plu à Dieu de le réunir aux nouveaux Lazare qu'il avoit nourris et consolés !

» Dans les visites fréquentes que je lui faisois, j'ai souvent trouvé chez lui de pauvres vieillards qu'il hébergeoit dans son presbytère, et quand, ennuyés d'une vie qu'ils auroient dû trouver si douce, l'esprit de vagabondage leur faisoit quitter un asile offert de si bon cœur, je le trouvois triste et soucieux. Comme je voyois que les pauvres et son église le tenoient toujours dans un état de gêne incroyable, je ne pouvois m'empêcher de lui dire : « Mon ami, si tu deviens infirme, ta place est à l'hôpital. — Tant mieux, s'écrioit-il alors, au moins là il n'y a pas de trou d'aiguille à passer. »

» Possesseur d'une petite propriété ébréchée, et peut-être absorbée par les dettes, il avoit fait son testament long-temps avant sa maladie, et avoit établi Mgr l'archevêque de Bordeaux son légataire universel, lui donnant toute liberté de disposer à sa volonté du peu qu'il laisseroit après sa mort. Sa Grandeur ne peut refuser un pareil héritage, il est trop honorable : ce qu'il y a de plus clair, c'est qu'il laisse une mère âgée de quatre-vingts ans et en état d'enfance, et un père paralytique à peu près du même âge. Vénérables vieillards dont M. l'abbé Dubois étoit le fils unique et qu'il ne cessa d'environner des plus tendres soins, craignant tellement de les contrarier, qu'il refusa, pour ne point les déplacer, des postes beaucoup plus importans que celui qu'il occupoit.

» Jamais je n'ai connu un cœur comme le sien. Il ressentoit aussi vivement les

douleurs d'autrui que les siennes propres. Souvent il a fait des emprunts pour ses amis. Quand il étoit appelé à opérer une réconciliation, il disoit: La seule foiblesse de notre misérable nature, que jamais je n'ai pu comprendre, c'est qu'on puisse s'en vouloir. « Mon cher ami, écrivoit-il un jour à un confrère qui l'avoit cruelle-
» ment offensé, qui liroit notre correspondance nous regarderoit comme deux en-
» nemis irréconciliables, et cependant Dieu sait que jamais je ne t'ai aimé d'un
» amour plus vrai. » Toujours soumis à la volonté de ses supérieurs, il ne crai-
gnoit pas de leur parler avec une noble fermeté toutes les fois qu'il se trouvoit un confrère à défendre ou à protéger.

» Le concours de plus de dix paroisses réunies à ses obsèques, parle plus haut que tout ce qu'on pourroit dire en faveur de cette vie d'abnégation et de dévoue-ment. M. Boyer, curé de l'arrondissement, a voulu faire son éloge funèbre, mais sa douleur a été plus forte que sa volonté; au milieu du discours il s'est trouvé mal. Rien ne pourroit dépeindre le douloureux saisissement qui s'est alors em-paré de l'assemblée. Ce saisissement et ce lugubre silence en disoient plus en-core que toutes les paroles.

» O Eglise de France, la sève sacerdotale n'est point tarie dans ton sein! Elle coule au contraire plus abondante et plus pure. Ne te laisse donc point effrayer par les nuages qui semblent s'amonceler à l'horizon. Les orages peuvent endom-mager quelques moissons; mais ils rafraîchissent l'air et le purifient.

» Votre abonné,   BERTRAND, curé de Valeyrac. »

─────────◆─────────

Une cérémonie solennelle et touchante a eu lieu la semaine der-nière à Riom. On sait qu'avant de mourir M. le comte Chabrol-Volvic exprima le désir d'être inhumé dans la chapelle de l'Hôpital de cette ville, sous la garde des pauvres dont il fut le bienfaiteur. Ce dernier vœu, témoignage suprême du dévoûment de cet homme illustre pour le pays qui honore en lui un de ses plus dignes enfans, vient de recevoir son exécution.

Les neveux de l'ancien préfet de la Seine, MM. de Chabrol et M. d'Arbelles, ont eux-mêmes remis ce précieux dépôt à l'hôpital de Riom, où il restera désormais comme un symbole et un exemple de cette admirable bienfaisance chrétienne qui est la première vertu des riches, et que le peuple rémunère toujours par ses regrets et par ses prières. A voir, en effet, ce nombreux concours de toutes les classes et de tous les partis, on comprenoit que de si unanimes hommages ne pouvoient avoir pour objet qu'un de ces hommes privilégiés de Dieu, dont on peut dire avec le psalmiste : *In memoria æterna erit justus.*

(*Union provinciale de Clermont.*)

─────────◆─────────

S. A. le prince Alexandre de Hohenlohe, évêque de Sardique, vi-caire-général et grand-prévôt du chapitre de Grand-Wardein (Hon-grie), vient d'adresser au clergé de l'Allemagne une épître digne d'un apôtre. Tout en encourageant ce corps vénérable dans sa mission diffi-cile, il lui trace, pour les circonstances épineuses du jour, la route qu'il doit suivre s'il veut éviter les écueils.

« Celui, dit-il, qui fortifia Paul dans ses combats, qui soutint

Pierre défaillant sur les flots, celui-là est assez puissant pour nous protéger. Cramponnons-nous à sa main droite qui sauve, et les efforts, les malices de l'enfer ne pourront rien contre nous. »

Après avoir démontré, en peu de mots, que c'est la révolution française qui a tout corrompu et a perverti l'Allemagne, le prince donne à ses chers confrères dans le sacerdoce ce prophétique avertissement :

« Ne craignez rien, les adversités actuelles ne sont que le prélude d'adversités plus grandes; attendez-vous-y. Nous devons, surtout aujourd'hui, répéter en nous ces paroles de l'apôtre : *Si hominibus placerem, Christi servus non essem...*

« Elevons nos regards vers celui qui se sert de nous comme d'un foible instrument; et, dussions-nous souffrir comme saint Paul dans l'accomplissement de nos devoirs, nous souffrirons volontiers : *Libenter impendar.* »

A ceux qui demandent quelle conduite le clergé doit tenir à l'égard des gouvernemens protestans, le saint prélat répond par un conseil :
« Soyez, dit-il, des prêtres orthodoxes, vous formerez de bons chrétiens, et les bons chrétiens ont toujours été des sujets fidèles; de cette manière vous servirez l'Etat sans être esclaves de l'Etat. »

———

Nous lisons dans le *Journal de Bruxelles* :

« Quatre cents protestans de Breslau, à la tête desquels se trouvent le premier pasteur de cette ville, plusieurs ministres et un professeur de la faculté de théologie protestante, viennent de publier une sorte de manifeste qui excite en ce moment une vive sensation en Allemagne. Les signataires de ce document protestent contre les tendances à la domination manifestées par un certain nombre de membres de l'église évangélique, qui veulent limiter les discussions religieuses, et repoussent toute interprétation nouvelle des dogmes établis par les réformateurs du XVIᵉ siècle. Inutile de dire que cette protestation est inspirée par le rationalisme, et qu'elle est l'œuvre de ce qu'on est convenu d'appeler des protestans avancés. Il n'y a là rien de bien nouveau; car il ne s'écoule pas de jour sans que l'une ou l'autre gazette allemande ne fasse, en termes pompeux, quelque protestation semblable. Aussi ce document auroit passé inaperçu comme toutes les pièces du même genre, s'il n'alloit droit à l'adresse du gouvernement prussien, à qui l'on prête, non sans motifs, l'intention de mettre une digue aux progrès de la dissolution qui menace d'une ruine prochaine l'église évangélique.

» Plusieurs fois nous avons signalé les efforts tentés par le cabinet de Berlin et plus particulièrement par le ministre des cultes, M. Eichhorn, pour sauver les derniers débris du protestantisme. M. Eichhorn ne laisse passer aucune occasion d'insister sur la nécessité d'une religion positive. Mais, hélas! il se donne une peine inutile. Il n'est plus temps d'arrêter le flot du rationalisme qui monte avec une effrayante rapidité, et qui montera toujours jusqu'à ce qu'il atteigne la cîme de l'édifice élevé par Luther. Le gouvernement prussien a été le premier à en ébranler les fondemens, en instituant l'église évangélique. Aujourd'hui il cherche en vain à revenir sur ses pas; il recule seul; personne ne veut le suivre dans ce mouvement rétrograde, sauf quelques hommes isolés, qui agissent avec une entière foi, mais dont l'action est paralysée par les efforts d'adversaires plus puissans. Le manifeste de Breslau est l'œuvre de ceux-ci. C'est le secret de l'im-

portance que la presse d'outre-Rhin y attache. Du reste, cette pièce n'a en elle-
même aucune valeur; c'est un tissu de phrases retentissantes, mais où l'on
chercheroit vainement une idée sérieuse, quelque chose qui ressemble à un principe. De grands mots, sonnant creux, c'est tout ce qu'il a fallu cette fois-ci,
comme toujours, pour mettre en émoi l'Allemagne protestante. »

Le docteur Theiler, de Berlin, vient de forger une liturgie à l'usage
de *l'église catholico-allemande*. Il a fait imprimer cet ouvrage à 2000
exemplaires pour en inonder l'Allemagne.

Theiler a un frère mieux inspiré que lui; ce frère, après avoir parcouru l'Europe, faisant des recherches sur l'histoire universelle, arrivé
à Rome, fut touché de la splendeur du culte catholique, et y abjura le
protestantisme dont il comprit la nullité. Ce savant orientaliste reçut
les ordres sacrés, et est aujourd'hui à la tête de l'Institut de Saint-Phi-
lippe de Néri. Quel contraste entre deux frères!

(*Gazette de Metz.*)

ALLEMAGNE. — Le sénat de Francfort vient de se permettre un
acte de tyrannie religieuse jusqu'ici inouï en Allemagne. Il a fait
éconduire de son territoire, sous escorte de la gendarmerie, le chapelain Roos, sur la plainte formée contre lui par un habitant, d'*avoir refusé l'absolution à sa femme*. Une protestation de l'évêque de Limbourg,
duquel dépend la paroisse catholique de Francfort, deviendra, dans le
cas facile à prévoir où le sénat n'y feroit pas droit, la matière d'une
réclamation à la diète germanique.

PRUSSE. — Une lettre de Posen annonce que le désir de la haute
cléricature catholique, de voir ériger en faculté théologique le séminaire de cette métropole, va être accompli. Il paroîtroit que cette concession du gouvernement seroit due aux dernières réclamations de l'assemblée des Etats, ainsi qu'à l'intervention personnelle du nouvel archevêque, qui ne vouloit plus consentir à ce que sa jeune recrue cléricale allât chercher son instruction théologique aux universités mixtes,
et religieusement parlant si mal famées, de Bonn et de Breslau. L'on ne
connoît pas encore d'une manière précise l'époque où le nouvel institut pourra entrer en activité, mais il y a tout lieu d'espérer qu'il ne
tardera pas à être organisé, puisque déjà l'on s'occupe du choix des
maîtres qui lui seront préposés. L'érection de l'institut projeté est,
pour les métropoles réunies de Gnesne et de Posen, d'une importance
d'autant plus grande, que, suivant la législation prussienne, aucun
prêtre catholique ne pouvoit ni obtenir un bénéfice, ni exercer la
charge d'ames, avant d'avoir fourni la preuve authentique qu'il avoit
fait son cours de théologie dans l'une des universités du royaume. C'est
principalement aux effets de cette malheureuse loi que l'on doit attribuer les défections de Ronge, de Czersky et consorts.

SUISSE. — Le gouvernement de Berne a adressé, sous la date du 13 juin dernier, aux cantons de Soleure, d'Argovie, de Bâle-Campagne, de Thurgovie et de Schaffhouse, l'invitation de munir leurs députations à la diète des instructions nécessaires pour convenir entre eux de l'établissement d'un *Institut théologique catholique*. L'évêque de Bâle demeurant en dehors de cette négociation, ne pourra la reconnoître, et se trouvera forcé de refuser l'ordination aux sujets (s'il s'en trouve), qui sortiront de cette espèce de séminaire anti-canonique; de ce défaut de préalable accord naîtront d'inévitables collisions entre ces cantons et l'autorité diocésaine.

REVUE POLITIQUE.

Les nouvelles les plus récentes, aussi bien que les derniers rapports officiels sur l'Algérie, nous montrent la véritable situation de cette belle conquête de la Restauration. Notre brave armée continue de se livrer avec autant de succès que de patiente intrépidité, à ces courses, à ces combats opiniâtres et sans fin que les Arabes non soumis rendront à ce qu'il paroît long-temps encore difficiles, nécessaires et périlleux. La gloire et l'*expéditif* des grands coups de main de la stratégie moderne, qui a porté si haut le nom et la bravoure française dans nos dernières guerres européennes, ne sont plus de mise présentement en Algérie. L'étendue de ce sol africain, les rivages si escarpés de cette côte, ces plaines et ces montagnes boisées ou arides, mais accidentées d'une manière si abrupte et si singulière, ces Arabes Kabyles si agiles, si prompts, si indomptables et si cruels, tout cela réclame du chef militaire, officier supérieur ou subalterne, et presque du moindre soldat, une entente, une tactique de guerre jusqu'alors inouie. Et puis cet émir insaisissable, Abd-el-Kader, qui part, va comme un trait des environs de Fez au désert, pour s'abattre le long du Sahara sur les tribus qui peuvent l'aider à rentrer dans nos possessions, Abd-el-Kader, par son audace et ses fabuleuses évolutions, tient en haleine l'armée la plus aguerrie et la plus infatigable des temps modernes. Jamais les Romains n'ont poursuivi avec tant de persévérance, d'habileté et de courage, le chef Numide qui leur disputoit la possession paisible de l'ancienne Afrique. L'historien de Rome qui a le mieux essayé de nous faire connoître cet *ennemi africain*, disoit en son style concis que le Numidien avoit trois qualités qui le rendoient imprenable: il étoit à un rare degré *fourbe, cruel et cavalier infatigable*. Ceux qui ont vu de près l'émir Abd-el-Kader peuvent redire si le chef arabe l'emporte par ces trois côtés sur son devancier. Ce qu'il y a de certain, c'est que l'ennemi de la conquête française ajoute un nouveau prestige aux qualités attribuées par l'histoire à Jugurtha, à Siphax et autres chefs numidiens du temps de Rome. Il est marabout, c'est-à-dire chef religieux des musulmans, les plus fanatiques de tous les sectateurs connus. Ainsi, malgré les répulsions du Maroc, les cercles puissamment tracés autour de lui par nos armes françaises, Abd-el-Kader, suivi seulement de 300 cavaliers, nous tourmente et inquiète nos possessions, plus que ne pourroient le faire des milliers de populations armées. La bataille d'Isly en est une preuve. Toujours sur le point d'être pris, il ne laisse entre nos mains que ses tentes et ses manteaux de soie ou les richesses de sa smala. C'est qu'il a deux refuges qu'il faudra bien atteindre; le désert du Sahara et l'ascendant du fanatisme religieux. L'épée et les travaux du soldat peuvent faire la première; la croix seule fera la seconde et définitive conquête.

En attendant, la colonisation de l'Algérie occupe beaucoup et avance peu. C'est vraiment le temps de la semaille; temps de labeurs, d'orages, de sueurs et d'espérances, malgré tant de preuves de découragement. Tous les colons ne sont pas aussi ardens au travail qu'ils étoient âpres à s'emparer des terres. Jouir est la chose la plus facile et la plus naturelle, mais lutter avec les difficultés du défrichement et de la culture, oh ! c'est, comme dit le peuple, le *travail du galérien*; le poète, malgré les charmes de sa belle langue, le nomme *labor improbus*. La civilisation est très-puissante et très-habile; la voici à la tâche en Algérie. Qu'elle la remplisse aussi glorieusement que la religion acheva la sienne sur les terres incultes des temps antérieurs. Les moines travaillèrent seuls, armés et soutenus seulement de l'esprit de pénitence et de prière; ils ont fait notre Occident riche et fécond. Aujourd'hui, la religion prêtera encore son concours à la civilisation qui veut coloniser l'Afrique. Pourquoi la mère et la fille réunies ne viendroient-elles pas à bout de ce que l'une des deux, seule, accomplit au milieu de l'invasion des barbares du Nord? Assurément, le tort ne sauroit venir de celle qui fut toujours généreuse, même envers ses ennemis et les ingrats. Ceci doit aller à l'adresse de ceux qui ont trouvé mauvais que M. le ministre de la guerre fît une concession de terrains incultes aux religieux Trappistes de l'Algérie. Comme c'est au *Siècle* qu'il appartient de relever toujours les prétendus envahissemens du clergé, le *Globe* ne manque pas d'opposer à ce journal patronné par la famille Barrot, les concessions obtenues tout récemment en Algérie par d'autres que par de pauvres religieux.

« Ce bon M. Ferdinand Barrot, dit-il, ce digne frère du grand Odilon, est entré à la chambre sous la bannière des incorruptibles. A-t-il perdu son temps dans des poursuites stériles? Certes, non. Il a compris que toucher vingt-quatre mille francs par an, en qualité d'avocat du Trésor, étoit une fortune fort mesquine pour son immense mérite. Il s'est lancé dans les bureaux du ministre de la guerre, et il s'est résigné, dans un dévoûment des plus héroïques, à solliciter une concession de terres en Algérie. — Cette concession renferme une prairie qui, à elle seule, rapporte QUARANTE-DEUX MILLE FRANCS par année.

» Ainsi, le budget de la famille Barrot, de cent trente mille francs qu'il étoit, atteint à peu près à cette heure la somme ronde de *deux cent mille francs* par an.

» L'honorable M. Ferdinand Barrot a décoré, pour son propre compte, de *sacrifice patriotique*, de *dévoûment à la colonisation*, la faveur qu'il a obtenue de la bienveillance, nous devrions dire de la générosité de M. le ministre de la guerre.

» Un rédacteur du *Siècle* n'a-t-il pas sollicité et obtenu d'être nommé, au 1er mai, chevalier de la Légion-d'Honneur? »

Nous ne voulons, nous, opposer au *Siècle* ni la concession, ni la croix d'honneur obtenues. Mais ne devroit-il pas mettre un peu plus de pudeur et de modération dans ses clameurs journalières contre l'ambition et l'*avidité cléricale*? Ce n'est point par là d'ailleurs que nous voulons terminer notre revue sur l'Algérie.

Avec plus d'intérêt, une correspondance particulière nous parle ainsi de ce climat et de ce pays d'Alger : « Si vous connoissez quelque amateur ou colon qui veuille venir ici, dites-lui d'avoir soin de se munir de flanelle. Moi, qui l'avois quittée il y a trente ans, j'ai été obligé de la reprendre. Les fraîcheurs du soir sont perfides. Sauf l'excessive chaleur, le pays est beau. J'ai vu déjà des villages géométriques de colons, qui ont deux ou trois ans d'antiquité. C'est curieux, mais cela ne vaudroit pas la peine de faire le voyage tout exprès. »

Plusieurs versions ont circulé à propos de l'insulte grave dont le baron Alley de Ciprey, notre ministre à Mexico, vient d'être l'objet. Le *Morning Chronicle*, entre autres, a donné de cet événement une relation dont nous nous sommes défiés à bon droit, et qui, empreinte d'un bout à l'autre de l'esprit le plus malveillant pour la France et son représentant, attribuoit à M. Alley de Ciprey tous les torts de l'agression. Un journal français qui s'imprime à Mexico, et qui a puisé ses renseignemens aux sources les plus authentiques, publie au contraire, sur ce qui s'est passé, des détails parfaitement conformes à notre récit. Il en résulte que ce n'est, en effet, qu'après s'être vu assailli lui et les trois amis dont il étoit accompagné, par les *leperos*, espèce de lazzaroni mexicains, et après avoir essuyé un coup de carabine, que M. Alley de Ciprey a riposté par un coup de pistolet qui n'a, du reste, atteint personne. Dégagé par cette démonstration énergique, M. Alley de Ciprey se retiroit avec ses amis, lorsqu'il rencontra une patrouille d'une douzaine d'hommes, commandée par un officier nommé Oleiro. Cet officier, au lieu de protéger les personnes de la légation et de leur prêter main-forte, les arrêta en commençant par le ministre, bien qu'il lui eût décliné ses titres et qualités; et ajoutant à cette violation du droit des gens les formes les plus brutales, il ordonna au baron Alley de Ciprey de descendre de cheval, et lui déclara qu'il alloit le conduire à la citadelle, à pied, au milieu des soldats, comme un malfaiteur. Le baron ayant demandé à rester à cheval, l'officier répondit : « *Aunque sea vd., ministro, me seguira vd. y a pié como el ultimo lepero.* » (Bien que vous soyez ministre, vous me suivrez, et cela à pied, comme le dernier lepero.) On voit que si Santa-Anna est banni, il n'en reste pas moins dans l'armée mexicaine quelques traces de l'esprit qu'il s'étoit efforcé d'y introduire.

Arrivé à la citadelle au milieu des soldats, qui, à chacun de ses mouvemens, croisoient la baïonnette et faisoient mine de tirer sur lui, le ministre de France fut reçu par l'officier de garde, don Sébastien Frejo Carbajal, qui lui témoigna tous les égards dus à son rang, et après lui avoir fait des excuses au sujet des procédés indignes employés envers lui, le fit mettre sur-le-champ en liberté.

Tels sont les faits pour lesquels notre ministre a demandé au gouvernement mexicain une réparation qu'il semble impossible qu'il n'obtienne pas.

Quand au secrétaire de légation, M. Goury du Rozlan, bien que grièvement blessé, il paroît être hors de danger.

NOUVELLES ET FAITS DIVERS.

INTÉRIEUR.

PARIS, 11 juillet.— Par ordonnances individuelles, en date du 9 de ce mois, sont élevés à la dignité de pair de France, MM. le baron Buchet, lieutenant-général; Jayr, préfet du département du Rhône; le marquis de Portes, ancien député; le vicomte Lemercier, ancien député; le baron d'Angosse, ancien député; de Montépin, ancien député; Anisson Duperron, ancien député.

— Le roi et la famille royale sont partis aujourd'hui pour Dreux, afin d'assister à la cérémonie funèbre de l'anniversaire du 13 juillet.

— Jusqu'à ce que le gouvernement se soit expliqué dans le *Moniteur*, ou ait publié les documens officiels, il sera difficile de savoir la vérité au sujet du résultat auquel sont arrivées les négociations reprises avec l'empereur du Maroc. Hier, les feuilles du Midi parloient d'une ratification *pure et simple* du traité primitif. Aujourd'hui, le *Standard*, journal anglais ordinairement bien informé, dit que les lettres reçues de Maroc par le dernier paquebot de la Compagnie Peninsulaire, établissent formellement qu'il n'y a eu arrangement qu'au sujet de la délimitation des frontières; que, quant aux avantages commerciaux concédés au général Delarue par les plénipotentiaires marocains, il n'en seroit plus question.

— Le *Messager* publie des rapports de M. le maréchal Bugeaud et de MM. les maréchaux-de-camp Reveu et de Bourjolly. Il en résulte que les opérations sont à peu près terminées dans le Dahara; que dans l'Ouarenscnis, le désarmement est achevé, mais que dans l'Aurès, le succès de M. le général Bedeau n'est pas définitif. Du moins, M. le maréchal pense-t-il qu'il y faudra revenir. Il pense qu'au 15 juillet, toutes les troupes seront rentrées dans leurs stations habituelles.

Abd-el-Kader n'a pas réussi à pénétrer dans le Tell; il s'est retourné vers l'ouest, mais il n'est pas rentré au Maroc.

— On lit dans la *Gazette des Tribunaux*:

« M. le garde des sceaux s'occupe en ce moment d'un projet d'ordonnance qui auroit pour but de changer l'époque des vacances judiciaires. Les vacances commenceroient le 15 août et finiroient le 15 octobre. »

— Mercredi, à midi, le roi est arrivé aux Tuileries, où l'attendoient plusieurs ministres.

En se rendant au château, M. le maréchal Soult a éprouvé un accident qui heureusement n'a pas eu de suite grave. L'essieu de derrière de sa voiture s'est rompu devant la caserne du quai d'Orsay. La roue de droite s'est détachée, la caisse de la voiture est tombée sur le côté et a été traînée ainsi l'espace de vingt à trente pas, le temps qu'il a fallu au cocher pour arrêter ses vigoureux chevaux. Enfin, l'équipage a fait halte, le valet de pied, jeté à la renverse, s'est relevé, et est accouru ouvrir la portière du côté gauche. Le maréchal a pris son bras et est arrivé à pied aux Tuileries, où les médecins de service ont jugé prudent de lui pratiquer une légère saignée. Le roi assistoit à l'opération, après laquelle M. le maréchal Soult a été reconduit chez lui, dans un équipage de la cour. A cinq heures, le roi est retourné à Neuilly.

Suivant le *Messager*, M. le maréchal n'a éprouvé qu'une légère secousse, dont sa santé n'a été nullement altérée, et qui ne l'a pas empêché de se rendre à pied aux Tuileries, de travailler avec le roi et d'assister ensuite à la séance de la chambre des pairs. Les détails publiés à ce sujet sont donc complétement controuvés.

— Voici, d'après une correspondance de Tunis, dont nous reproduisons le texte, quelques détails sur le séjour du duc de Montpensier dans cette ville :

« Le dimanche, le prince, accompagné de son état-major et d'un assez grand nombre de Français domiciliés à Tunis, s'est rendu à Carthage, dans une berline du bey, attelée de huit mules, pour visiter le monument que le roi a fait ériger à la mémoire de son aïeul sur le monticule même où saint Louis expira. En entrant dans la chapelle, où une messe a été célébrée, la plus vive émotion se peignoit sur le visage du prince : c'est que de grands, de touchans souvenirs se dressoient devant le jeune guerrier qui, comme il l'a dit lui-même, étoit le seul descendant de saint Louis qui eût mis le pied sur ce coin de terre, où l'illustre auteur de sa race avoit reçu l'immortalité...

» Le mardi, le bey, suivi de son état-major tout étincelant de dorures, est venu rendre visite à S. A. R. Après les premiers complimens, le prince tunisien a attaché à la boutonnière du prince français une décoration en diamans, exactement pareille à celle dont le port est exclusivement réservé aux membres de la famille regnante de Tunis. L'entretien a été des plus affectueux, les deux princes ont eu réciproquement les attentions les plus aimables ; ils se sont séparés fort satisfaits l'un de l'autre.

» Dans l'après-midi du même jour, le bey a envoyé en cadeau à S. A. R. un magnifique sabre enrichi de brillans, et trois chevaux de grand prix. Le soir S. A. R. a dîné chez M. de Lagau.

» Mgr le duc de Montpensier a quitté Tunis mercredi matin à 8 heures ; il est parti bien portant, émerveillé de l'accueil du bey, qui, suivant les propres expressions du prince, l'a reçu admirablement. S. A. R. a fait ses adieux au bey à la Goulette, et s'est rembarquée, se dirigeant, dit-on, vers Constantinople. »

— La corvette à vapeur le *Caméléon* est arrivée à Alger le 3 juillet, venant de Tunis, et ayant à bord M. le lieutenant-général de Bar, madame de Bar, mesdemoiselles Léonie d'Isly et de Mac-Leod ; MM. le colonel Eynard, premier aide-de-camp du gouverneur-général, et les capitaines Vaubert de Gentis et de Garraube, attachés aux états-majors du gouverneur et du lieutenant-général, qui avoient accompagné le duc de Montpensier dans son voyage à Tunis, et qui se louent beaucoup de l'accueil plein de cordialité qu'ils ont reçu du bey et de ses ministres.

— M. le ministre de l'instruction publique, avant de profiter de son congé, a voulu visiter la bibliothèque royale avec M. le ministre des travaux publics, pour hâter enfin la solution de la question qui s'élève au sujet de cet établissement. Les deux ministres s'y sont transportés dimanche dernier. Ils ont parcouru toutes les parties de ce vaste édifice, examiné tous les plans et fait espérer que la question seroit soumise aux chambres dans la session prochaine.

— L'un des plus anciens généraux de l'armée, le lieutenant-général Cordellier Delanoue, est mort hier dans sa 78e année.

— Cent cinq maîtres charpentiers sur deux cent soixante environ, ont consenti au nouveau tarif, et mille ouvriers ont été mis à leur disposition. Les autres entrepreneurs de charpente se contentent des ouvriers militaires, qui continuent de travailler sans rencontrer la moindre opposition de la part des ouvriers inoccupés.

Hier encore trois ou quatre cents ouvriers charpentiers se sont réunis pour rendre les derniers devoirs à un de leurs camarades, au cimetière du Mont-Parnasse, et en sortant, se sont dispersés à l'instant pour éviter de donner aucune inquiétude par l'apparence d'un rassemblement.

— Mardi, vers six heures et demie, un effroyable coup de tonnerre a réveillé les habitans de Paris, qui étoient encore au lit à cette heure matinale pour la ville ; mais à Grenelle on étoit déjà levé, et l'on a pu suivre les effets de la foudre qui tomboit rue du Commerce, à peu de distance de la barrière de la Motte-Piquet, et à 400 pas du paratonnerre qui surmonte le dôme de l'Ecole militaire. La décharge électrique a frappé d'abord la cheminée de la maison de M. Rousselier, 7, qu'elle a démolie ; puis le fluide, descendant entre les deux pignons, a suivi des liens en fer, a traversé un mur de 50 centimètres d'épaisseur, et débouché dans la chambre à coucher des sieur et dame Teissèdre, marchands de vin au n. 9, entraînant une tringle de rideau de croisée, fondant les anneaux, brisant un secrétaire, un seau en zinc, placé auprès d'un lit où dormoient deux enfans qui ne se sont pas éveillés. Après cela, la foudre a brisé une espagnolette en trois morceaux, et, passant sous le châssis de la croisée, s'est emparée d'un auvent en zinc qu'elle a détruit : de là, elle est entrée au rez-de-chaussée de la même maison où elle a brisé vingt-huit carreaux, s'est introduite dans la salle à manger, a passé entre quatre personnes qui s'y trouvoient, a cassé un carreau sur le derrière pour gagner une gouttière en fonte de la maison Rousselier; remontée sur le toit recouvert en zinc, elle l'a déchiré, et traversant la rue qui a 10 ou 12 mètres de largeur, elle est allée fondre 17 fr. de sous et pièces d'argent que la dame Louis Hilaire, laitière, placée devant et à l'angle du cabaret du Grand-Orient, n. 6, tenoit dans son tablier; puis elle est entrée au Grand-Orient, a traversé la cuisine pour aller dans la salle à manger, située derrière, où elle a cassé huit carreaux. Ç'a été son dernier exploit.

Toutes les pièces métalliques, rasoirs, clefs, barres de fer, débris du secrétaire qui se trouvoient chez M. Toissèdre, sont aimantés avec une grande puissance.

Les sous et l'argent de la laitière ont été réduits en grenaille et répandus dans la rue. Cette dame a été, durant vingt-quatre heures, paralysée de tous ses membres. Enfin le boucher qui habite à côté de la maison de M. Rousselier a eu 4 ou 500 kilogrammes de viande gâtée, et qu'il a fallu jeter immédiatement.

— Nicolas Maginot, rémouleur, coupable d'avoir frappé successivement, rue de la Huchette et rue de la Harpe, avec le même instrument, sa femme qui a succombé quatre jours plus tard, et deux de ses parentes, a été condamné mercredi à la peine de mort par la cour d'assises de la Seine.

— Par une lettre collective, MM. les jurés de la deuxième session de la cour d'assises d'Indre-et-Loire, au nombre de 26 sur 31, ont demandé à M. le président Perrot que la croix fut rétablie dans les salles du Palais-de-Justice.

— Samedi dernier, une orage épouvantable a éclaté sur Nancy vers neuf heures du soir. L'*Espérance* nous apprend que la grêle tomba pendant près d'une demi-heure, brisant et broyant tout. Les dégâts sont très-grands.

EXTÉRIEUR.

ESPAGNE. — D'après les dernières nouvelles, la plus grande tranquillité régnoit à Madrid. On avoit fait courir le bruit de soulèvemens dans les provinces, mais ce n'étoit qu'une manœuvre de Bourse.

ANGLETERRE. — Dans la chambre des communes de lundi, sir Robert Peel a annoncé quelles étoient les mesures que le gouvernement se proposoit de maintenir à l'ordre du jour pour le reste de la session. En première ligne, vient le bill des Facultés d'Irlande. Sir Robert Peel a annoncé aussi qu'un bureau spécial seroit créé au département du commerce pour la section des chemins de fer. Le bill qui admet les juifs aux fonctions municipales, et qui a déjà passé à la chambre des lords, sera aussi maintenu.

Le gouvernement renonce pour cette année au bill sur les médecins et les chirurgiens, qui avoit soulevé une très-vive opposition; au bill sur la situation du domicile paroissial, qui avoit été vivement combattu comme renversant entièrement l'ancien système paroissial de l'Angleterre, et au bill projeté sur la réforme des listes électorales en Irlande.

Le revenu trimestriel publié le 5 n'est pas aussi favorable que les précédens. Bien qu'il y ait une augmentation sur l'année, il y a eu néanmoins diminution sur le trimestre correspondant de l'année dernière, dans les douanes d'abord, et surtout dans l'accise, qui donne la mesure des objets de consommation. Une augmentation considérable a eu lieu dans le revenu du timbre. Cela est dû à la fièvre de spéculation qui s'est portée sur les chemins de fer, et qui a été telle que le timbre a produit près de 13 millions 225,000 fr. de plus que l'année dernière. La poste a produit sur l'année 1 million 175,000 fr. d'augmentation.

Une enquête est ouverte en Irlande sur la malheureuse collision qui a eu lieu près de Cork entre les paysans et la police. Le nombre des morts se monte maintenant à dix. Un journal anglais publie une espèce de manifeste adressé au peuple des campagnes par *Molly Maguire*, dont le nom, comme celui de *Rebecca* dans le pays de Galles, sert de désignation à des sociétés secrètes. (*Molly* est un diminutif du nom de Marie.)

— Sir Robert Peel ayant retiré de l'ordre du jour du parlement anglais bon nombre de projets de loi, à cause de l'époque déjà avancée de la session, cette circonstance sert aujourd'hui de texte à la polémique des journaux anglais. Le *Standard* accuse les orateurs de l'opposition d'avoir gaspillé la majeure partie de la session en soulevant des discussions futiles. Le *Times*, au contraire, félicite ironiquement sir Robert Peel de la résolution qu'il a prise; il regrette seulement qu'elle n'ait pas été plus complète.

— Le roi de Hollande, dont la visite étoit attendue depuis quinze jours en Angleterre, arrivera vers le 15 du courant à l'hôtel Mivart, à Londres, accompagné de plusieurs personnages distingués de sa cour. Le grand-duc héréditaire de Bade l'y précède; il y est arrivé mardi dernier.

SUISSE. — Lundi 7 juillet a eu lieu, à Zurich, l'ouverture de la session ordinaire de la diète suisse. Le corps diplomatique tout entier, à l'exception du nonce apostolique, assistoit à cette solennité, qui a eu lieu dans la principale église de la ville.

Dans un discours que l'abondance des matières nous empêche de reproduire in *extenso*, M. le bourgmestre Fürrer a particulièrement insisté sur l'esprit de paix et de conciliation dont l'assemblée devoit se pénétrer pour se mettre en état de résoudre légalement les questions pendantes. Il a flétri avec force toutes les tentatives anarchiques; et, tout en maintenant le droit absolu de la Suisse, de pourvoir à son administration intérieure, il y a ajouté l'obligation de ne négliger aucun des devoirs qu'imposent au pays ses relations internationales.

Après ce discours, accueilli avec une faveur marquée par les assistans et par l'opinion publique, l'assemblée s'est rendue au lieu ordinaire de ses séances, où elle a entendu la lecture du rapport du vorort. On a ensuite procédé à l'accomplissement des formalités préliminaires et d'installation.

Le soir, les membres du corps diplomatique, les députés des trois principaux cantons, les membres du conseil d'Etat de Zurich, et les premiers employés de la chancellerie fédérale, se sont réunis au banquet officiel, donné par M. le président de la diète.

Nous tiendrons nos lecteurs au courant des délibérations de cette assemblée, délibérations dont il ne faut du reste pas espérer de grands résultats. Il pourra y avoir des séances orageuses, il n'y en aura pas de décisives. Les partis se retrouvent en présence avec des forces à peu près égales, et les cantons n'ont pas modifié d'une manière sensible les instructions de leurs députés. Saint-Gall et Genève garderont la sage neutralité qui a prévenu, il y a trois mois, une conflagration générale. Ils n'ont pas voulu se réunir aux radicaux pour empêcher les Jésuites d'entrer à Lucerne; il n'y a pas pour eux de raison de changer de politique, aujourd'hui que la question est tranchée par le fait et que le décret qui appelle les Jésuites a reçu son exécution.

CONSTANTINOPLE, 18 juin. — Le 12 du courant, Murad-Bey, agent des Maronites, a remis à la Porte ottomane une note en faveur de ses commettans, et a en même temps sollicité la protection des ambassadeurs des grandes puissances pour ses malheureux compatriotes. L'ambassadeur de France et l'internonce d'Autriche ont eu une conférence avec Shekib-Effendi, dans laquelle il a été question de transplanter les Maronites des districts mixtes dans une autre contrée. Cependant rien n'a été décidé · Shebik-Effendi veut attendre le résultat des instructions qu'a reçues Wedschche-Pacha, le gouverneur de la Syrie. Ces instructions lui enjoignent de rétablir la tranquillité dans ce pays, en employant au besoin la force, et de réintégrer les Maronites dans les localités d'où ils ont été expulsés. Sir Stratford Canning a envoyé ces jours derniers des instructions au colonel Rose. Les autres ambassadeurs attendent des instructions plus précises de leurs gouvernemens.

— L'Arménien Jussuf, dont les biens avoient été confisqués, parce qu'il s'étoit récemment converti au catholicisme, vient d'être réintégré par le muphti de Tokat, sur un ordre de la Porte-Ottomane ; ce résultat est dû aux efforts communs des ambassadeurs de France et d'Angleterre, qui peuvent beaucoup sur le divan quand ils sont unis. Autrefois l'influence seule de la France suffisoit dans des cas semblables.

CHAMBRE DES PAIRS.

La chambre s'est occupée aujourd'hui du projet de loi du chemin de fer de Paris à Lyon.

M. le comte Daru a voulu signaler de nouveau le danger que peuvent faire naître les grandes dépenses nécessitées par les nouvelles voies de communication. M. le comte d'Argout a parlé dans un sens opposé.

La chambre n'a rien décidé. Après avoir entendu M. le ministre des travaux publics, M. Charles Dupin et M. le comte Chollet, elle a renvoyé la discussion à demain.

Dans le cours de la séance, M. le prince de la Moskowa a demandé à M. le ministre de la guerre des explications sur un fait de barbarie rapporté par le journal l'*Akhbar*. Suivant ce journal, M. le colonel Pélissier auroit, après quelques sommations infructueuses, fait cerner dans des grottes des Arabes de la tribu des Ouled-Riah, puis à l'aide de fascines enflammées jetées devant l'entrée de ces grottes, les auroit tous asphyxiés sans qu'il pût s'en échapper aucun. M. le maréchal Soult s'est borné à répondre que ce fait ne lui étoit connu que par la publication des journaux, et qu'il attendoit de nouveaux renseignemens pour donner des explications. Il a ajouté que si le fait étoit vrai, le gouvernement le désapprouvoit hautement et le déploroit.

Le Gérant, **Adrien Le Clere.**

BOURSE DE PARIS DU 11 JUILLET 1845.

CINQ p. 0/0. 121 fr. 00 c.	Quatre canaux 1275 fr. 00 c.
TROIS p. 0/0. 83 fr. 15 c.	Caisse hypothécaire. 652 fr. 50 c.
QUATRE p. 0/0. 110 fr. 20 c.	Emprunt belge. 5 p. 0/0. 0/0 fr. 0/0.
Quatre 1/2 p. 0/0. 000 fr. 00 c.	Emprunt romain. 104 fr. 4/8.
Emprunt 1841. 00 fr. 00 c.	Rentes de Naples. 000 fr. 00 c.
Oblig. de la Ville de Paris. 1425 fr. 00 c.	Emprunt d'Haïti. 385 fr. 00 c.
Act. de la Banque. 3212 fr. 50 c.	Rente d'Espagne. 5 p. 0/0. 00 fr. 0/0.

PARIS. — IMPRIMERIE D'ADRIEN LE CLERE ET Cᵉ, rue Cassette, 29.

RAPPORT DE M. LE COMTE DE MONTALEMBERT,
SUR LE PROJET DE LOI RELATIF A LA RESTAURATION DE NOTRE-DAME DE PARIS.

Tous ceux qui, sans avoir au même degré l'intelligence et le goût de l'art chrétien, partagent le noble et saint amour de M. le comte de Montalembert pour les vieux monumens de la France catholique, accueilleront avec un vif intérêt le rapport que l'illustre pair a bien voulu nous communiquer, et que nous nous empressons de mettre sous les yeux de nos lecteurs. La *Presse*, qui l'a publié, mais en omettant quelques passages que nous rétablissons, l'appelle à juste titre une œuvre éminente par la pensée et l'expression.

« Messieurs les pairs, on a souvent remarqué la différence curieuse qui existe entre la nature apparente des grands événemens historiques et les résultats positifs qu'ils produisent. C'est ainsi qu'un succès, au premier aspect complet et éclatant, se transforme souvent en une source d'embarras et de défaites ; que d'autres fois, une calamité vivement redoutée devient la source de compensations imprévues, et que sans cesse les conséquences indirectes ou définitives d'une crise politique suivent un courant opposé à celui des idées ou des passions qui ont précédé cette crise. Rien ne semble plus propre à démontrer cette loi de l'histoire que l'influence indirecte de la révolution de juillet sur nos monumens religieux. A coup sûr, le lendemain de cette grande modification des lois et des destinées de la France, personne ne se fût imaginé qu'il en sortiroit une tendance éminemment favorable à l'étude et à la conservation de ces monumens. Et cependant le régime qui a suivi la révolution de juillet a vu s'effectuer la réhabilitation complète de notre art chrétien et national, et le gouvernement sorti de cette révolution a plus fait en quinze ans, pour sauver et orner nos édifices religieux, que ne l'avoit fait l'ancien régime pendant les deux derniers siècles de son existence, ou les gouvernemens réparateurs de l'empire et de la restauration.

» Le XVIIe siècle défiguroit nos églises gothiques par des additions en style païen : le XVIIIe les mutiloit systématiquement ; et pendant l'empire et la restauration, la France a vu périr plus de monumens sacrés et curieux que pendant les saturnales de l'anarchie. Tout au contraire, le gouvernement nouveau, à peine installé, signaloit sa nouvelle tendance par la création de cette inspection générale des monumens historiques qui a commencé une réaction, malheureusement trop tardive, contre les excès d'un infatigable vandalisme. Depuis lors, il a persévéré dans cette ligne. Comme on pouvoit s'y attendre, tous les efforts tentés pour réparer le mal n'ont pas été également heureux : il y a eu des tâtonnemens, des anomalies, des fautes : il a fallu subir les conséquences du passé, et de cette ignorance profonde des conditions et des principes de l'art du moyen âge, dans laquelle tous nos artistes ont été élevés ; il en est résulté que des édifices qui pouvoient être facilement sauvés ont été abandonnés et sacrifiés ; que d'autres ont été restaurés avec un manque absolu d'intelligence, de goût et de sentiment historique ; et nous sommes encore loin de pouvoir nous vanter d'œuvres savamment et complètement réparatrices, comme celles qui honorent l'Angleterre, la Prusse, et surtout la Bavière. Mais cette part faite à une trop juste critique, il faut le reconnoître et le proclamer, en général le bien l'a emporté sur le mal, l'impulsion salutaire une fois donnée a été maintenue, et le gouvernement marche chaque jour d'un pas plus assuré dans la bonne voie ; et la sollicitude active et éclairée qu'il déploie au profit de nos monumens religieux et historiques mérite tous nos éloges, et lui vaudra certainement la reconnoissance de l'avenir.

» Ce n'est pas là, du reste, comme on l'a prétendu, un bienfait conféré à l'Eglise, ce n'est qu'une justice; car l'Etat, en s'emparant de toutes les propriétés ecclésiastiques, a contracté expressément l'obligation de pourvoir à l'entretien des édifices destinés aux cultes. C'est, en outre, l'accomplissement d'un devoir envers la civilisation, envers l'histoire, envers les arts; devoir inséparable de la conservation des monumens les plus importans de la civilisation chrétienne, les les plus essentiels à l'intelligence de notre histoire, les plus féconds en enseignemens pour nos architectes et nos sculpteurs; c'est, enfin, un acte du patriotisme le plus élevé et le plus pur, puisqu'il s'agit de dérober aux atteintes du temps et d'une ignorance barbare des édifices qui attestent la suprématie du génie de la France au moyen âge, et qui forment encore aujourd'hui le plus bel ornement de la patrie.

» Votre commission donne donc son entière adhésion à la marche du gouvernement dans cet ordre d'idées, et elle s'applaudit unanimement de lui voir reporter sa sollicitude, par le projet de loi qui vous est soumis, sur Notre-Dame de Paris.

» Personne d'entre vous n'exige à coup sûr qu'on vienne lui démontrer les titres de Notre-Dame aux secours du trésor national. Ils n'ont besoin ni d'être énumérés, ni surtout d'être exagérés. Notre-Dame n'est pas la métropole de la France, car l'archevêché de Paris, érigé le dernier de tous en 1622, n'a aucune sorte de supériorité sur les diocèses autres que ceux qui forment sa province ecclésiastique. Comme monument, Notre-Dame de Paris n'est pas non plus la première des églises de France. Notre-Dame de Reims, Notre-Dame de Chartres et Notre-Dame d'Amiens rivalisent avec elle par la beauté et la grandeur de l'ensemble, comme les cathédrales de Strasbourg, de Coutances, de Rouen, de Bourges, par la perfection de certaines parties. Mais, en revanche, la métropole de Paris a droit de compter au premier rang de nos chefs-d'œuvre, par sa noble simplicité, par la sévère et majestueuse beauté de sa façade occidentale, surtout par l'harmonie si rare qui règne dans ce vaste édifice, dont aucune addition postérieure au XIVe siècle n'est venue altérer la sublime unité.

» En outre, placée au centre de la capitale de la France, et de la plus grande ville du continent européen, elle est la plus célèbre et la plus populaire de nos cathédrales, et devoit par conséquent occuper la première place dans la sollicitude de l'Etat.

» L'assentiment unanime que le projet de loi rencontre dans la commission, et que nous aimons à prévoir dans la chambre même, nous dispense d'entrer dans les détails des travaux proposés.

» Nous nous bornons à vous rappeler que le crédit demandé s'applique à deux objets distincts, quoique réunis par leur nature, et a pour but :

» 1° La réparation et la consolidation des parties mutilées ou compromises de l'église métropolitaine;

» 2° La construction d'une sacristie, dont cette église est privée depuis 1831.

» En ce qui touche au premier de ces deux objets, l'exposé de M. le garde-des-sceaux vous a fait suffisamment connoître les tristes motifs qui démontrent l'urgence de la dépense proposée. Le délabrement de Notre-Dame est non-seulement déplorable, mais dangereux. Des symptômes chaque jour plus alarmans ne permettent plus d'hésiter ou d'attendre. La solidité de l'immense édifice est menacée. Le système d'étaiement provisoire qui sert de palliatif au péril ne sauroit être trop tôt remplacé par des mesures définitives.

« Nous avons examiné avec soin les travaux proposés : ils nous ont paru se renfermer dans les bornes du plus strict nécessaire. Les architectes chargés de cette haute et laborieuse mission ont écarté tout ce qui n'étoit pas exigé pour le salut et la consolidation du monument. Tout projet de décoration, en dehors des réparations nécessaires, est ajourné. Mais ces réparations elles-mêmes, faites comme elles doivent l'être par des hommes de goût et de conscience, produiront sous le rapport de l'art et de l'ornementation un effet excellent. Ainsi, l'on verra disparoître ces placages de ciment ou de mastic qui, tout en offensant l'œil, endommageoient les parties encore solides de la maçonnerie ; ainsi, on enlèvera ce badigeon des voûtes intérieures qui ne servoit qu'à déguiser le mal qu'il importoit le plus de connoître, et à rajeunir par un fard ridicule l'antique et solennelle beauté de la métropole. Ainsi, on substituera aux chênaux modernes, qui ont produit de si funestes dégradations, les anciennes gargouilles. Or, on sait que ces gargouilles sont à la fois indispensables à l'entretien matériel de l'édifice par un bon système d'écoulement des eaux, et inséparables de l'effet général des ornemens d'architecture ogivale, où toutes les formes et tous les détails condamnés par l'ignorance moderne avoient un sens déterminé et un but raisonnable.

» A l'aide des échafaudages dressés pour la consolidation nécessaire de la grande façade, on remplacera dans la grande galerie dite des *Rois* vingt-huit statues dont l'absence laisse un vide fâcheux. Les fragmens de quelques-unes de ces statues détruites en 1793 ont été retrouvés : la reproduction des autres se fera facilement d'après les originaux de la même date qui existent à Reims et à Chartres. Enfin, on rétablira le grand portail central de cette même façade, qu'un vandalisme stupide fit détruire en 1771, afin de laisser un libre passage, lors des processions extérieures, à ces dais tendus en bougran, comme les ornemens sacerdotaux de la France moderne, au lieu d'être, comme en Italie, et partout ailleurs, en étoffes flexibles. Tel fut le pitoyable motif qui, au milieu d'un siècle impie et frivole, fit sacrifier un chef-d'œuvre de la foi et de l'art de nos pères, et mutiler cette porte qui, pendant les siècles de ferveur et de foi, avoit suffi à tous les besoins du culte catholique. Depuis soixante-dix ans, l'ogive bâtarde et les colonnes difformes de Soufflot sont restées comme une injure sur la face glorieuse de Notre-Dame. On les fera disparoître, et on reproduira, d'après un dessin fidèle, le trumeau et le tympan de cet admirable portail, tels qu'ils sortirent de la pensée des architectes du XIII° siècle. Le gouvernement, excité à cette œuvre réparatrice par le vœu du conseil des bâtimens civils, que le vote de la chambre des députés a appuyé, et que le vôtre ne tardera sans doute pas à confirmer, aura ainsi donné une grande et salutaire leçon aux esprits téméraires qui ne craignent pas de greffer leurs mesquines inventions sur les plus vénérables monumens de l'antiquité chrétienne.

» Les fenêtres de la galerie qui surmonte les voûtes des bas côtés de la nef ont subi une altération moins éclatante, mais très-fâcheuse et très-considérable. Elles ont aujourd'hui une forme très-disgracieuse en elle-même, tout-à-fait inusitée pendant le moyen-âge, et qui contraste de la manière la plus pénible avec toutes les autres baies de l'édifice. Nous souhaitons vivement que les architectes, conformément au projet qu'ils ont soumis au ministre des cultes, et aux dessins qui nous ont été communiqués, puissent substituer à cette difformité le système d'arcature et de meneaux employés au XIII° siècle.

» Il nous reste à vous parler, Messieurs, de l'érection d'une nouvelle sacristie. Ici encore, dans la proposition qui vous est soumise, la nécessité de l'œuvre projetée et la modicité des crédits demandés nous paroissent également démontrées. Notre-Dame n'a pas de sacristie convenable. Cet appendice essentiel de la moindre paroisse manque à la métropole de Paris. Lors des grandes solennités de l'Eglise, l'Archevêque, son chapitre et son clergé sont réduits à s'habiller au pied d'un escalier, dans une sorte de vestibule, sans feu au milieu des plus grands froids. Le chapitre n'a ni vestiaire ni salle capitulaire. Le service de la sacristie paroissiale a lieu dans deux chapelles latérales enlevées pour cela au culte et à la décoration générale de l'édifice. Un pareil état de choses ne sauroit durer. Il sera donc pourvu à cette nécessité urgente par une construction placée sur le flanc méridional du chœur, et dont la distribution arrêtée d'accord avec Mgr l'Arche-vêque de Paris, doit être conforme aux besoins du service, quoiqu'elle nous ait paru restreinte, et tenir trop peu de compte de la coexistence du chapitre et de la paroisse.

» Mais, ce dont nous félicitons sans réserve l'administration et les auteurs du projet, c'est d'avoir substitué l'emplacement que nous venons de désigner au projet ridicule qui vouloit élever la sacristie sur le prolongement du chevet de l'église, et continuer l'abside circulaire à toît aigu par un bâtiment carré, avec un toît en terrasse.

. » Un pareil projet ne pouvoit être conçu qu'au mépris de toutes les traditions de l'art et de l'Eglise : aucun édifice ogival n'offre l'exemple d'une excroissance analogue; au contraire, le moyen âge a vu presque partout s'élever à côté de ses grandes églises des dépendances dans le genre de la sacristie qui vous est propo-sée. C'est une grande erreur que de croire, comme on l'a trop souvent soutenu dans ces derniers temps, que les cathédrales gothiques ont besoin d'être complé-tement isolées pour produire tout l'effet que comporte leur architecture : les con-structeurs de ces cathédrales ne partageoient pas cette idée, et nulle part on ne les a vus la mettre en pratique. Il n'existe pas en Europe une cathédrale qui n'ait été dans l'origine flanquée au nord ou au midi, non-seulement de ses sacristies , mais encore du palais de l'évêque, du cloître des chanoines, de leur salle capitu-laire, et des vastes bâtimens qu'il falloit pour loger les chapitres, presque tou-jours très-nombreux et très-riches. En Angleterre, beaucoup de cathédrales ont conservé ces dépendances bâties dans le même style que le corps de l'église, et bien que les cathédrales anglaises soient pour la plupart très-inférieures aux nô-tres, elles frappent souvent davantage au premier aspect, précisément à cause de cet entourage dont les proportions inférieures font d'autant plus valoir celles dû monument central.

» En thèse générale, la grandeur des admirables édifices du moyen âge, comme toute grandeur d'ici-bas, a besoin de points de comparaison qui la fassent appre-cier et ressortir. L'isolement absolu leur est fatal. Il ne faut pas, à coup sûr, en-tasser les constructions voisines, de manière à dérober des portions notables de l'ensemble à l'œil qui les contemple ; il ne faudra pas permettre, comme à Rouen et ailleurs, que les maisons viennent s'incruster entre les contre-forts. Mais il ne faut pas non plus faire le vide autour de vos cathédrales, de manière à noyer dans ce vide les magnifiques dimensions qu'elles ont reçues de leurs auteurs. Elles n'ont point été faites pour le désert comme les Pyramides d'Egypte, mais, au con-traire, pour planer sur les habitations serrées et les rues étroites de nos anciennes villes ; pour dominer et enlever les imaginations par leur vaste étendue et leur immense hauteur, symboles immobiles mais éloquens de la vérité et de l'autorité de cette église, dont chaque cathédrale étoit l'image en pierre.

» L'emplacement choisi pour la nouvelle sacristie est donc tout-à-fait conforme aux lois de l'architecture gothique et de la tradition ecclésiastique. Loin de nuire à la perspective du monument, les nouvelles constructions qui doivent laisser en-tièrement libre la façade du transept méridional, y ajouteront une beauté de plus.

Le style adopté par les architectes, est celui du XIVᵉ siècle, le même qui a été suivi dans les chapelles latérales du chœur, auprès desquelles la sacristie s'élèvera. Si l'on y observe les lois de sobriété et de simplicité que comporte l'ensemble de Notre-Dame, l'effet en sera irréprochable.

» La construction de la sacristie que nous vous proposons de voter, subviendra donc aux besoins les plus urgens du culte dans la métropole. Elle aura, en outre, l'avantage de rendre à sa destination naturelle une portion de ce terrain qui fut souillé par le pillage et l'émeute, dans des jours funestes dont la prudence du gouvernement et le patriotisme des bons citoyens sauront empêcher le retour.

» Nous vous avons déjà dit que la dépense totale du projet nous sembloit non-seulement modérée, mais renfermée dans les bornes de la plus stricte économie. Elle est inférieure de beaucoup aux sommes que vous votez journellement pour des travaux moins pressans et moins essentiels à la gloire du pays.

» La ville de Paris a promis de concourir à l'embellissement de sa métropole en faisant abaisser le sol actuel de la place du Parvis-Notre-Dame, de manière à laisser rétablir quelques-unes des treize marches qui précédoient autrefois l'entrée principale de l'Église. Il n'est personne qui ne puisse apprécier tout ce que la façade principale doit gagner à cette élévation.

» Plus tard, il faut l'espérer, la ville de Paris et l'Etat, quand les finances de l'une et de l'autre seront moins obérées, sauront s'entendre afin de pourvoir à la décoration intérieure de la métropole, qui est aujourd'hui la moins ornée des églises de Paris. Alors on s'occupera de l'ornementation des chapelles, en leur conservant le vocable sous lequel elles sont connues dans l'histoire; alors on pourra amortir la lumière beaucoup trop abondante qui arrive par les grandes fenêtres, en remplaçant les vitraux que ruina le goût impur et novateur des chanoines du XVIIIᵉ siècle. Alors on examinera s'il convient de conserver à l'extrémité du chœur cette décoration théâtrale en marbre qui encaisse les colonnes encore existantes et les ogives du rond-point, et qui forme un si fâcheux contraste avec le reste de l'Église; alors, enfin, on songera sans doute à reconstruire cette flèche en bois qui s'élevoit au point d'intersection de la nef et du transept, et dont l'effet étoit si heureux. Cette dernière dépense, d'après les devis soumis au conseil des bâtimens civils par les architectes chargés de la restauration, ne s'élèveroit qu'à 61,888 fr. Nous devons regretter qu'une restitution, dont les frais seroient si modiques, n'ait pas été comprise dans le projet actuel.

» MM. Lassus et Viollet Leduc, auxquels le gouvernement a confié l'œuvre importante que vous allez sanctionner, ont mérité ce choix par des antécédens très-favorables. Après de longues et sérieuses études sur l'art du moyen âge, ils ont l'un et l'autre appliqué leurs connoissances avec succès à plusieurs monumens de cette époque. M. Lassus a pris, aux réparations de la Sainte-Chapelle, une part qui lui a valu le suffrage des juges les plus compétens, et M. Viollet Leduc a déployé autant de zèle que d'intelligence pour la conservation de l'immense église abbatiale de Vézelay, qui n'est inférieure que de 21 pieds en longueur à Notre-Dame elle-même. Nous avons examiné avec soin le rapport qu'ils ont présenté au ministre sur les travaux qui vont leur être confiés, et nous avons été complétement rassurés par la prudente réserve de leurs intentions, la solidité de leurs argumens et l'exacte conformité de leurs projets avec le style général des monumens; nous sommes convaincus qu'ils se montreront dignes de l'insigne honneur de présider à une œuvre réparatrice, destinée à servir de modèle à toutes celles de même nature qui seront entreprises désormais.

» En terminant, votre commission doit vous soumettre deux observations essentielles. Voici la première :

» On ne doit pas conclure de cette loi, ni de celle relative à l'achèvement de la façade de Saint-Ouen, qu'il entre dans les projets du gouvernement de terminer tout ce qui est inachevé dans nos monumens du moyen âge, et de compléter, au point de vue moderne, ces vestiges de notre passé. Après avoir consacré des sommes importantes à la plus belle église de la Normandie, après avoir préservé la Métropole de Paris d'une ruine imminente, le gouvernement saura s'arrêter ; et désormais, muni de tous les renseignemens convenables, entouré de commissions où siégent les hommes les plus expérimentés dans cette matière, il n'accordera des subsides extraordinaires qu'aux édifices dont les dégradations menaçantes réclament impérieusement le secours de l'Etat. Il ne manquera pas d'occasions pour être généreux dans ses dons, car le nombre de nos anciennes églises qui menacent ruine est considérable. Mais en agir autrement, se prêter aux fantaisies de certains artistes, subir les exigences de certaines influences locales, ce seroit entrer dans une voie aussi contraire aux intérêts de l'art qu'à ceux du trésor. Votre commission proteste formellement contre l'idée d'habiller à neuf toutes les vieilles cathédrales, de remettre des têtes à toutes les statues mutilées, et des statues dans toutes les niches vides, de refaire toutes les façades , ou de substituer une façade à une abside, comme on veut le faire à Besançon, et de planter des flèches sur des tours qui s'en passent très-bien depuis six siècles, comme on le projette à Reims.

» Elle exhorte les jeunes architectes qui nourrissent ces ambitions déplacées à renfermer leur activité dans une sphère plus humble, mais plus utile et plus féconde ; à étudier sérieusement l'art de consolider les monumens qu'ils prétendent embellir, et à chercher les moyens de faire prévaloir dans les nombreuses églises nouvelles qui s'élèvent en France, les principes et les formes de ce style sévère et simple du xiii° siècle, dont l'économie incontestable et l'origine française sont aujourd'hui démontrées, et par conséquent la convenance parfaite à notre climat et à notre sol.

» En second lieu, nous devons déclarer que, s'il peut être quelquefois bon de compléter les édifices anciens, comme Saint-Ouen ; s'il est excellent de sauver ceux qui menacent ruine, comme Notre-Dame, il est encore mieux de ne pas laisser détruire ceux qui restent debout sans exiger autre chose qu'une surveillance éclairée. Cela est à la fois plus court, plus facile et moins cher ; sans sortir de Paris, on a tous les jours à déplorer la mutilation ou l'anéantissement de quelques-uns de nos trop rares débris du moyen âge que renferme cette capitale. L'admirable hôtel de La Trémouille, la dernière tourelle de la célèbre abbaye de Saint-Victor, sont devenus récemment encore la proie du vandalisme destructeur. L'hôtel de Sens, l'hôtel Carnavalet, sont destinés, dit-on, à subir dans peu le même sort. Si l'on nous objecte que la ville de Paris, qui a si magnifiquement pourvu aux dépenses de son Hôtel-de-Ville, n'est point assez riche pour sauver, en les rachetant, ces monumens si dignes de sa sollicitude, nous répondrons qu'alors elle auroit dû se trouver assez pauvre, pour respecter le collége des Bernardins, qui lui appartient, et qui vient de subir une déplorable mutilation. Ce précieux édifice du xiii° siècle, divisé, comme une cathédrale, en trois nefs, chacune de dix-sept travées et de 270 pieds de long, lesquels se reproduisent à chacun de ses trois étages voûtés, est unique de son espèce, non-seu'ement à Paris, mais en France. Après avoir servi tour à tour d'école et de magasin, il vient d'être transformé en caserne de pompiers. Nous ne voulons pas juger la convenance de cette destination ; et nous ne doutons pas des précautions prises par notre collègue, M. le préfet de la Seine, pour empêcher toute dégradation inutile. Nous savons aussi très-bien que pour qu'un édifice soit conservé, il doit re-

tevoir une destination quelconque. Mais on gémit de voir que cette appropriation récente ait fourni l'occasion de détruire l'ancienne toiture. La charpente de
cette toiture formoit une seule salle immense, sans cloison, disposée avec cet art
merveilleux qui avoit fait donner à ce genre de comble le nom de *forêt*. Cette
charpente étoit du XIII° siècle, comme l'édifice lui-même, et Notre-Dame seule
offre un autre exemple d'une charpente de ce genre et de cette date.

» Eh bien ! sous le vain prétexte qu'un certain nombre de chevrons étoient attaqués par l'humidité, et avec cette funeste manie de substituer partout du nouveau à l'ancien, on a jeté bas cette charpente tout entière, et on lui a substitué
un toit à l'italienne, un toit aplati, et n'ayant d'autre caractère que celui d'un
grossier anachronisme : on a divisé l'étage du milieu avec son double rang de colonnes, en une infinité de petites pièces qui en détruisent tout l'effet : on a défi-
guré l'extérieur du monument par la construction d'un pavillon d'avant-corps et
d'un attique, et on a recouvert le tout d'un badigeon jaune. L'importance de cet
édifice pour l'art et l'histoire ne pouvoit être méconnue, car il a été relevé et gravé
avec le plus grand soin par les ordres du ministre de l'instruction publique dans
la *Statistique de Paris*, publiée par M. Albert Lenoir aux frais de l'Etat. On a
peine à concevoir qu'une pareille dévastation ait pu être effectuée en 1845, sous
les yeux des inspecteurs-généraux et de la commission des monumens historiques,
et au moment où l'on vous demande des millions pour achever Saint-Ouen et
Notre-Dame.

» Votre commission vous propose à l'unanimité l'adoption du projet de loi. »

REVUE ET NOUVELLES ECCLÉSIASTIQUES.

ROME. — Le *Diario* du 5 juillet donne des détails intéressans sur la
solennité qui a eu lieu dans la basilique de *Saint-Paul hors des murs*, le
jour de la fête de l'Apôtre des nations. Après avoir offert le saint sacrifice sur l'autel de la *Confession*, ainsi que nous l'avons annoncé, le
Pape a assisté à la messe solennelle fondée par une constitution de Benoît XIV, du 1" avril 1743, et qui a été chantée par Mgr Baluffi, archevêque de Pirgi, secrétaire de la congrégation des évêques et réguliers. Les cardinaux Mattei, Brignole, Amat, Tosti, Acton, Asquini et
Riario Sforza, étoient rangés à la droite du trône papal. Le patriarche
de Constantinople, plusieurs archevêques et évêques assistans au trône
étoient placés en face des vénérables membres du sacré collège. Un second rang de siéges avoit été disposé pour les prélats de la maison du
Saint-Père, et pour les membres de la congrégation spécialement
chargée de la réédification de la basilique de Saint-Paul. Un grand
nombre d'illustres personnages appartenant à la noblesse étrangère et
romaine, et un immense concours de fidèles de toute condition s'é-
toient rendus de bonne heure à cette solennité. Une même prière montoit secrètement de tous les cœurs vers le ciel : tous demandoient à
Dieu que le vénérable pontife dont le zèle a si activement pressé les
travaux de la nouvelle basilique, ait la consolation de bénir et de rendre
un jour au culte les autres parties de ce monument religieux, qui sera
l'une des gloires du règne de Grégoire XVI. On a l'espoir que ce vœu
pourra être exaucé : le Saint-Père, en visitant les travaux, a pu donner

avec une grande effusion les éloges les plus mérités aux membres de la congrégation qui préside à cette belle et sainte entreprise : les charpentes et la couverte des nefs latérales sont terminées : les magnifiques colonnes de la nef principale sont déjà surmontées de leurs riches corniches et de leurs arceaux en marbre de Carrare.

— Le 1ᵉʳ juillet, le Saint-Père a établi sa résidence d'été au palais du Quirinal.

DISCUSSION DU COLLÉGE DE FRANCE.

Nous empruntons au *Journal des Débats* le compte-rendu suivant :

« Comme on l'avoit annoncé, les professeurs du Collége de France ont tenu aujourd'hui la séance qui a lieu chaque année avant la clôture des cours. L'assemblée étoit nombreuse : elle se composoit de vingt-quatre membres, y compris MM Quinet et Michelet. Après l'ouverture de la séance, le président, M. Letronne, a donné lecture d'une lettre dans laquelle M. le ministre de l'instruction publique lui demandoit de communiquer à l'assemblée une autre lettre qu'il avoit adressée au mois de mars dernier à M. Letronne, et qui avoit pour objet d'appeler l'attention des professeurs sur la nécessité de se renfermer dans les limites tracées par le programme. M. de Salvandy ajoutoit ces mots : « Partout où, dans » le professorat placé directement sous ma responsabilité, j'ai vu l'enseignement » près de toucher à la polémique, je suis intervenu. » M. le ministre demandoit ensuite à l'assemblée de se servir des pouvoirs que lui confère le réglement pour ramener les choses à l'état normal.

» Avant d'aller plus loin, constatons un double fait qui ressort de la correspondance ministérielle. D'abord la date de la première lettre du ministre prouve que le gouvernement n'a pas attendu, comme le prétendent certains journaux, le succès de la négociation de M. Rossi avec la cour de Rome, pour appeler l'attention des professeurs du Collége de France sur les cours de MM. Michelet et Quinet. Dès l'origine, il avoit été décidé que cette question seroit réservée pour la fin des cours. C'est là, du reste, ce que M. de Salvandy annonçoit déjà à la chambre des pairs, dans la séance du 14 avril dernier. Il résulte ensuite de la même correspondance que, malgré les dénégations des feuilles ultra-catholiques, le gouvernement est intervenu auprès de certains professeurs de l'Université qui se laissoient entraîner à faire de la polémique dans leurs cours.

» Après la lecture de ces lettres, la discussion a commencé. MM. Quinet et Michelet ont pris à plusieurs reprises la parole pour déclarer que, quoiqu'il fût impossible, à leur avis, de poser les limites d'un cours du Collége de France, où l'on devoit, à propos de chaque branche de l'enseignement, pouvoir parler de tout, ils tenoient néanmoins à affirmer devant l'assemblée que leur intention n'avoit jamais été de sortir du cadre tracé par le programme de leur cours. Ils ont ajouté que la demande du ministre menaçoit à leurs yeux la liberté de l'enseignement en France, et que jamais la Restauration, dans ses plus mauvais jours, n'avoit rien tenté de semblable. A ce point, M. Thénard a pris la parole pour rappeler que la Restauration avoit frappé impitoyablement des professeurs qui ne faisoient pas de politique dans leurs cours, et que le réglement, contre l'application duquel on réclamoit aujourd'hui, avoit été rédigé et approuvé par le Collége de France comme une garantie accordée aux professeurs; que cependant si l'assemblée ne vouloit pas se servir du pouvoir disciplinaire que lui conféroit ce réglement, le ministre reprendroit ses droits, et pourroit en user de manière à porter atteinte aux priviléges du Collége de France ; que c'est surtout dans cette vue, et pour éviter ce résultat, qu'il adjuroit ses deux honorables collégues de rentrer dans les véritables limites de leur enseignement. On doit regretter qu'une telle prière, adressée à MM. Quinet et Michelet par un homme si grave et si justement estimé, n'ait pas été mieux accueillie par ces deux savans professeurs qui n'y ont répondu qu'en reproduisant leurs premières déclarations. Après un débat prolongé, auquel les membres les plus anciens du Collége de France ont pris part, M. le président a mis aux voix une proposition faite par M. Thénard, et qui consistoit à dire que l'assemblée invitoit instamment chaque professeur à se renfermer dans les limites du programme rédigé par lui et approuvé par l'assemblée. Cette proposition auroit été adoptée si, comme plusieurs personnes sembloient s'y attendre, MM. Michelet et Quinet s'étoient abstenus de voter dans leur propre cause. Après avoir réuni d'abord douze voix contre douze au premier tour de scrutin, cette proposition a été écartée ensuite à la majorité de treize voix contre onze. La discussion alors s'est portée sur une foule d'autres propositions. M. Tissot demandoit une enquête. M. Magendie vouloit qu'on déclarât purement et simplement que MM. Quinet et Michelet avoient parfaitement agi. Enfin on a adopté une proposition de M. Elie de Beaumont, par laquelle l'assemblée accepte la déclaration de MM. Quinet et Michelet, qui affirment n'avoir pas eu l'intention de sortir du cadre de leur enseignement, et ajoute qu'aucun des professeurs n'a pu vouloir sortir des limites du programme rédigé par eux et approuvé par l'assemblée. Cette résolution, contre laquelle ont voté MM. Quinet et Michelet, a été prise à la majorité de dix-sept voix contre sept. Les professeurs présens étaient MM. Binet, Libri, Biot, Regnauld, Thénard, Magendie, Elie de Beaumont, Duvernoy, Coste, de Portets, Lerminier, Michel Chevalier, Michelet, Letronne, Quatremère, Caussin de Perceval, Desgranges, Stanislas Julien, Burnouf, Boissonade, Nisard, Tissot, Chasles et Quinet. Trois seulement, MM. Jaubert, Barthélemy Saint-Hilaire et Ampère, absens ou souffrans, n'ont pas pris part à ce vote.

» Nous nous abstiendrons aujourd'hui de tout commentaire sur ce vote, qui, quelle qu'en soit la modération, aura, nous voulons encore l'espérer, pour résultat de ramener naturellement MM. Michelet et Quinet au programme qu'ils avoient adopté en commençant leurs cours. C'est là surtout une question de bon sens et de bonne foi. Avec tout l'esprit et toutes les subtilités du monde, on ne sauroit persuader à personne qu'un cours intitulé : *Langues et littératures de l'Europe méridionale*, puisse, sans changer de nature, être publié sous ce titre : *Le Christianisme et la Révolution Française !* D'ailleurs le programme du dernier semestre, que nous avons sous les yeux, porte que M. Quinet donnera deux leçons par semaine, et que dans celle du vendredi il doit traiter de la littérature et des institutions comparées du midi de l'Europe. Nous voulons bien passer condamnation sur celle-ci, et admettre, pour un moment, que l'on puisse faire, sans sortir de ce cadre, plusieurs leçons sur la bataille de Waterloo ! Mais les leçons des vendredis, que le professeur a intitulées : *Explication des textes et commentaires historiques*, ne semblent pas susceptibles de la même latitude. Aussi dit-on que pour ne pas tomber à cet égard dans quelque contradiction, le professeur a supprimé de son propre mouvement cette seconde leçon.

» Depuis huit jours, cette affaire du Collége de France a fait un bruit qui nous paroît excessif. Animés par ces mêmes néo-catholiques qui, il y a deux ans, vouloient les réduire par la force au silence, MM. Quinet et Michelet crient au scandale et à la persécution, et traitent d'Escobar, de traître et de Jésuite quiconque, dans l'intérêt du Collége de France comme dans leur propre intérêt, refuse de les suivre sur un terrain périlleux et leur donne des conseils de modération. Ces emportemens auront un terme, et, en tous cas, ils ne sauroient nous atteindre. »

La *Presse* ajoute sur cette séance les réflexions suivantes :

« Les conclusions du collège de France ont en quelque sorte été celles de ces deux membres. Ces conclusions n'apportent aucune solution sérieuse dans le débat qui s'est élevé sur ce sujet entre le ministre de l'instruction publique et le collège de France. Elles ne donnent aucune satisfaction à l'opinion publique. Elles n'attaquent en aucune façon MM. Michelet et Quinet. Cette déclaration peut-elle les empêcher de professer demain ce qu'ils ont professé hier? Evidemment non. Cependant MM. Michelet et Quinet, nous l'espérons du moins, suffisamment prévenus des tristes conséquences de leurs leçons pour l'avenir du collège de France, rentreront franchement dans le programme de leurs cours, et quoi qu'ils aient dit à cet égard devant leurs collègues, Dieu veuille qu'ils s'inspirent désormais dans leurs leçons, non pas des passions du temps, mais de cette impartialité et de cette modération qui ont toujours été l'honneur de la science et la gloire de ceux qui l'ont cultivée. »

Une messe anniversaire, en mémoire de S. A. R. Mgr le duc d'Orléans, a été célébrée le samedi 12, à midi, dans la chapelle du Luxembourg. La chambre des pairs assistoit en corps à cette pieuse cérémonie, qui avoit réuni en outre des députés, des magistrats, des généraux et un grand nombre de hauts fonctionnaires de l'ordre administratif.

Le même jour, un service a été célébré à Dreux, par Mgr Corbi, prélat sicilien, assisté de M. l'évêque de Maroc et d'un nombreux clergé; il s'est terminé à midi et demi.

LL. MM. et la famille royale y assistoient.

A cette occasion, nous ferons remarquer que c'est par erreur que plusieurs journaux désignent Mgr Corbi comme évêque de Palerme. Palerme est un siége archiépiscopal dont le titulaire actuel est le cardinal Pignatelli.

On lit dans la *Gazette de Metz* du 12 juillet :

« Mgr l'Archevêque de Paris, venant de Plombières, est arrivé hier au soir au palais épiscopal. Le prélat n'a séjourné que quelques heures à Metz, et s'est embarqué ce matin sur un des bateaux à vapeur de la Moselle pour se rendre aux eaux d'Ems. »

Mgr l'évêque d'Evreux, après s'être arrêté quelques momens à Paris, en est reparti hier matin pour se rendre aux eaux de Cauterets. Les fatigues de ses prédications et de ses visites pastorales ont rendu ce voyage nécessaire : une affection au larynx paroît avoir principalement déterminé le zélé prélat à suivre dans cette circonstance les conseils des médecins.

Nous lisons dans le *Journal d'Orléans* :

« Mgr l'évêque d'Orléans, accompagné de M. Valgalier, son vicaire-général, est arrivé dans notre ville vendredi dernier. Mgr n'a pas de mission pour Rome, bien qu'il ait plu au *Loiret* et au *National* de l'annoncer.

» Nous sommes heureux, du reste, de pouvoir commettre une indiscrétion à propos du voyage de six semaines que vient de faire Mgr Fayet. Il a, pendant ce temps, travaillé à un important ouvrage qui paroîtra probablement vers la fin de l'année, et que nous pourrions nommer si nous ne craignions d'en dire trop. »

M. l'évêque de Saint-Flour, de retour de la tournée pastorale qu'il vient de faire dans l'arrondissement de Mauriac, est rentré dans sa ville épiscopale le lundi 30 juin. Sa Grandeur a officié pontificalement dimanche 29, à Murat, à l'occasion de la fête de saint Pierre.

Le prélat a présidé les exercices de la retraite pastorale qui s'est ouverte le 8 du courant.

Le P. Charles Bretonnière, supérieur-général des communautés des Sœurs de la Retraite chrétienne ou Sœurs grises, est décédé le 3 juillet, au Fontcmeille, à l'âge de 75 ans. Ce religieux, supérieur depuis 41 ans, laisse un nom universellement vénéré, et plus particulièrement dans le Midi.

Le P. Charles avoit succédé au P. Antoine, son ami, qui fonda cette congrégation de la Retraite chrétienne dans un village de la Franche-Comté où il étoit curé en 1789. La société de la Retraite chrétienne, qui avoit pour but de renouveler dans tous les rangs des fidèles l'esprit de recueillement chrétien, comptoit parmi ses membres un grand nombre de prêtres et de Frères, connus dans le Midi sous le nom de *Frères Gris*. Ils avoient en 1817 un petit séminaire à Aix, dans la maison dite de *Saint-Joachim*, qui a fourni plusieurs ecclésiastiques remarquables par leur piété et leur zèle fervent. Le supérieur actuel est le P. Jérôme, qui est originaire des environs d'Aix, et dont nous avons pu apprécier de bonne heure les vertus solides et les aimables qualités qui distinguoient déjà en 1816 son adolescence ecclésiastique. Bonaparte sévit en 1811 contre les prêtres de la Retraite à l'occasion d'une brochure publiée par le P. Modeste, contre la captivité de Pie VII et l'intrusion des évêques nommés par l'empereur malgré les représentations de l'auguste et vénérable chef de l'Eglise. Au moment de la Restauration, le P. Charles, secondé par le P. Modeste, rendit à la société de la Retraite son premier élan. Il établit ou renouvela les maisons d'Autun, de Boulogne-sur-Mer, de Montrouge, d'Aix, de Marseille et autres villes de France. L'austérité de cette règle de la Retraite n'a point empêché le succès de la congrégation qui a dû obtenir enfin de Rome l'approbation qu'elle sollicitoit depuis long-temps. Les prédications du P. Charles ont eu du retentissement principalement dans le Midi; son fameux sermon sur le jugement dernier produisoit un effet extraordinaire. Cette piété, cette austérité de vie sacerdotale, ce zèle si laborieux pour le salut des ames auront sans doute mérité au P. Charles la récompense éternelle qui en avoit été si sérieusement le but pendant son pèlerinage sur la terre.

ADOPTION DU BILL DES COLLÉGES D'IRLANDE.

La discussion qui a eu lieu jeudi à la chambre des communes prouve que, malgré la bonne volonté de sir Robert Peel, l'Irlande est toujours et sera long-temps encore le grand embarras du gouvernement. A propos de la troisième lecture du bill relatif à la nouvelle organisation des établissemens d'instruction publique, M. Osborne a proposé un amendement pour demander qu'il fût fait une enquête sur l'état actuel du collége de la Trinité de Dublin. Ce collége a un revenu net de 45,000 liv. sterl., que se partagent un petit nombre de protestans, les catholiques et les dissidens étant très-rigoureusement privés du droit d'y professer. M. Osborne trouve d'abord que le maintien d'une pareille exclusion seroit, de la part du ministère, une impardonnable inconséquence, ensuite une véritable spoliation. Le collége de la Trinité a été fondé en 1592, avec le produit des biens confisqués sur un catholique, le comte Desmond, et sur l'emplacement du couvent catholique de Allhallows. Jusqu'à l'époque où, pour augmenter les revenus de la couronne et persécuter les dissidens, Strafford et Laud en chassèrent les catholiques, c'étoit un établissement d'utilité publique ouvert à tous les sujets irlandais. M. Osborne demandoit que le collége de la Trinité fût rendu à sa destination primitive, et qu'on y admît tout le monde, sans distinction de croyances. C'est là-dessus que s'est engagée la discussion. Le ministère repoussoit l'amendement. M. Sheil a prononcé un long et brillant discours, où il a fait très-nettement ressortir l'inconséquence du ministère et les funestes conséquences que cette inconséquence doit produire. On a recommandé, dit-il, à l'Irlande de se tenir tranquille et d'attendre en paix l'effet des bonnes intentions du gouvernement. Il faut avouer que c'est une singulière façon de prouver sa bonne volonté, que de repousser l'amendement de M. Osborne. On demande pour les catholiques le droit de professer les mathématiques, l'anatomie et la géologie. Le gouvernement le leur refuse, et puis il s'étonne que les catholiques lui témoignent peu de confiance.

M. Sheil rappelle à sir Robert Peel qu'il a lui-même reconnu qu'il n'y avoit rien à faire en Irlande par la force, et que c'est alors qu'il a essayé de la conciliation. Cette conciliation sera impossible tant qu'on n'aura pas accordé aux Irlandais l'égalité sociale, religieuse, politique et académique. C'est cette quadruple égalité que réclame l'Irlande ; tant qu'on ne la lui aura pas donnée, on peut se dispenser de lui envoyer des adresses pacifiques, et de prendre des demi-mesures qui resteront sans efficacité. Renoncez à vos inutiles palliatifs, a dit M. Sheil en finissant, ou bien attendez-vous encore à une terrible explosion de l'indignation populaire.

Sir Robert Peel a répondu qu'il croyoit avoir assez fait pour l'égalité que demande M. Sheil, en proposant l'établissement du collége de Maynooth sur les bases récemment adoptées par les chambres. Quant au collége de la Trinité, sir Robert Peel prétend que c'est-là un établissement fondé pour propager les principes de l'église protestante, et il ajoute qu'il est bien décidé à ne rien faire qui puisse lui ôter ce caractère.

Malgré l'appui prêté à M. Sheil par lord John Russell, l'amendement a été repoussé par 198 voix contre 91.

De pareils votes ne sont pas de nature à faire beaucoup avancer l'œuvre de pacification irlandaise que le ministère sembloit avoir entreprise sans arrière-pensée. Il est clair que c'est une plaisanterie de dire qu'on travaille à faire disparoître de l'Irlande la prépondérance protestante, lorsque, par exemple, la chaire de chimie étant ouverte aux protestans de toutes les nations, on en écarte impiloyablement, parce qu'il est catholique, le docteur Kane , dont sir Robert Peel a parlé dernièrement comme du premier chimiste et du premier géologue qu'il y eût dans le pays.

———————————•—————————

HOLLANDE. — Lors de la discussion du budget des cultes, dans laquelle la doctrine de l'absolue liberté de conscience a été énergiquement établie et défendue, il a été adressé au ministère une interpellation sur la situation des évêques jansénistes. L'archevêque d'Utrecht avoit, suivant l'usage de la secte, nommé et institué un suffragant à Harlem, et le ministère n'avoit voulu ni confirmer cette élection ni empêcher le nouvel élu de remplir les fonctions de sa charge. Voici le résumé de la réponse faite par le ministre aux questions qui lui furent adressées à ce sujet :

« L'Eglise catholique romaine n'a point d'évêques reconnus dans ce pays et soldés par l'Etat. La démarche du clergé de Harlem a donc obligé le gouvernement à demander à son chef, *s'il appartient à l'Eglise catholique romaine.* A cette question l'archevêque d'Utrecht a répondu qu'il se trouvoit obligé, en son ame et conscience, de déclarer que lui et ses adhérens mettent le plus grand prix *à ne pas se séparer de l'*UNITÉ *de l'Eglise catholique romaine, et à ne pas nier la* PRIMAUTÉ DU SIÉGE DE SAINT PIERRE ; *qu'ils espèrent au contraire vivre et mourir dans cette foi.* Puis donc, ajoute le ministre, que le clergé janséniste persiste à déclarer qu'il est uni avec l'Eglise romaine, il ne peut prétendre à aucune faveur dont né jouit pas celle-ci ; car dans le cas où l'Etat reconnoîtroit l'évêque de Harlem, il se verroit obligé à reconnoître également les évêques (catholiques) d'Amsterdam et de Bois-le-Duc ; qu'au reste les dissidences religieuses sont hors de la compétence de l'Etat qui n'en peut être le juge. »

A cette occasion l'on apprend que, sur 1,100,000 catholiques, le schisme de Jansénius ne compte que 5 à 6,000 adhérens.

———————————————————

REVUE POLITIQUE.

La chambre des pairs a terminé samedi dernier la discussion du projet de loi relatif aux chemins de fer de Paris à Lyon et de Lyon à Avignon. Le débat s'est concentré sur un seul point, l'embranchement de Grenoble, dont M. le baron de Bussière a demandé la suppression. L'honorable pair n'a pas contesté en principe l'utilité, voire même la nécessité de cet embranchement; il s'est borné à invoquer contre son adoption immédiate l'insuffisance des études faites jusqu'à présent, insuffisance telle que l'administration est encore à savoir où sera le point d'attache à la ligne principale, et il a surtout insisté sur le tort que causeroit à cette dernière l'adjonction d'un embranchement , d'une exécution très-dispendieuse , et d'un revenu plus que médiocre. M. le rapporteur, dans sa réponse, n'a pas cherché à dissimuler la gravité de cette dernière objection ; seulement, il l'a fort habilement retournée contre son auteur en disant que, puisque l'embranchement se trouvoit dans de si mauvaises conditions, il y avoit nécessité de le confondre avec la ligne principale; car on ne parviendroit jamais à en faire l'objet d'une concession isolée.

Ces raisons, que M. Bérenger (de la Drôme), et surtout M. le général Dode de la Brunerie, avec l'autorité qui leur appartient en pareille matière, sont venus renforcer de considérations puisées dans l'intérêt de la défense nationale, ont prévalu devant la chambre, et l'amendement de M. de Bussière a été écarté. Au scrutin sur l'ensemble du projet, il ne s'est trouvé que 21 voix contre 91 pour protester contre cette décision.

Cette discussion sur le chemin de fer de Lyon à Marseille a présenté en outre des considérations du plus haut intérêt politique que les orateurs avoient jusqu'ici paru ne pas faire ressortir. D'abord M. le comte Daru a vivement représenté le danger qu'il falloit craindre ou du moins prévoir sur cet engagement général des fonds de notre pays dans ce gouffre des chemins de fer. Nous avons la paix partout, l'entente est cordiale et générale, dit-on, avec tous les autres gouvernemens; mais ne pourroit-il rien surgir de périlleux et de conflagrant à l'occasion de la Turquie, de la Syrie, de la Grèce, et peut-être de notre alliée antique et si voisine, l'Espagne, perpétuellement en évolutions nouvelles dans sa révolution? Quelles seroient alors les ressources du pays, s'il lui falloit tout à coup user de ses armes et suspendre tout ce travail colossal des chemins de fer entrepris imprudemment à la fois sur presque toute la surface de la France? M. le ministre des travaux publics et M. le comte d'Argout ont répondu à M. Daru que rien ne justifioit de pareilles alarmes, et que la paix actuelle étoit justement un motif de se hâter d'achever sur tous les points du pays l'application du système des chemins de fer. Quoi qu'il en soit, dût l'avis de M. le comte Daru ressembler à celui que répétoit sans cesse le grave Caton dans le sénat de Rome, les chambres et le pays ne peuvent se dispenser d'en tenir compte. et d'en savoir gré au noble pair.

L'autre considération négligée jusqu'ici et qui méritoit une égale attention, c'est que le chemin de fer de Lyon à Marseille, qu'on ne vote qu'à cette heure, auroit dû par son importance intérieure et extérieure, obtenir la priorité de vote et d'entreprise sur tous ceux qu'on a exécutés jusque-là. Cette voie en effet relie Paris, la capitale, à notre conquête de l'Algérie. Vouloir coloniser l'Afrique et la laisser pour ainsi dire séparée de la France, comme ces autres colonies à esclaves, qui se meurent dans leur isolement, ou qui ne vivent encore pour la France qu'en fixant des regards pleins d'espérances sur cette métropole qui doit leur rendre un jour un autre régime et des rapports plus fréquens avec elle; vouloir laisser Alger dans une situation presque semblable, n'est-ce pas être sous une préoccupation fatale à tous nos intérêts? Si les exigences de la politique de notre gouvernement depuis 1830 nous ont portés plutôt à abréger les distances de Paris à Londres par Rouen, le Havre ou Calais, n'est-il pas temps enfin de rapprocher notre colonie d'Alger et le territoire africain, qui sont devenus une cause brillante de gloire pour notre armée, et qui sont appelés peut-être à devenir une véritable source de richesses et de productions pour la France? Les Romains ont laissé de nobles et illustres traces dans le Midi que doit traverser le chemin de fer de Lyon; ils ont su long-temps tirer d'abondantes ressources de l'Afrique; notre civilisation et notre puissance plus éclairées et mieux établies, ne doivent pas leur céder sous ce point de vue politique et de véritable intérêt producteur.

A toutes ces considérations déjà si intéressantes à propos de l'Algérie, un autre incident fourni par les nouvelles de notre armée d'Afrique, est venu ajouter un peu de trouble et de pénibles impressions sur cette discussion à la chambre des pairs. M. le prince de la Moskowa a demandé à M. le ministre de la guerre s'il étoit informé par les rapports de ses subordonnés, d'un acte de cruauté révoltante que les nécessités de la guerre ne sauroient excuser. Cinq cents Kabyles indomptables et réfugiés dans une caverne profonde et inaccessible à nos soldats, auroient été, à l'aide du feu allumé par les Français à l'ouverture de la caverne, cinq cents Kabyles, combattans, vieillards, femmes et enfans, auroient été brûlés ou asphyxiés plutôt que de se rendre aux sommations réitérées du chef français ! Quel spectacle que celui de cette guerre opiniâtre et cruelle ! Le fanatisme et la barbarie luttant en désespérés contre la civilisation et la science de la stratégie moderne ! Quelle triste chose, si l'histoire de notre temps étoit obligée de retrouver la cruauté du côté de la civilisation !...

NOUVELLES ET FAITS DIVERS.

INTÉRIEUR.

PARIS, 14 juillet. — Le journal l'*Algérie* donne, sur la ratification par l'empereur du Maroc du traité de Lalla-Maghrnia, les détails suivans :

« Le 1er juin, le pacha Bou-Sellam-Ben-Ali avoit reçu à El-Araich la ratification du traité du 18 mars, avec une note additionnelle portant restriction sur l'exécution des articles relatifs à la liberté du commerce, non contrôlée, par la frontière de terre. Cette note parut au pacha ne pas répondre aux intentions du gouvernement français, qui exigeoit d'abord la ratification pure et simple du traité, et acceptoit ensuite la suspension du traité du 18 mars, en ce qui concerne le commerce par la frontière de terre, jusqu'à ce que, conformément à l'article 7 du traité du 10 septembre, les deux puissances eussent procédé à la conclusion d'un nouveau traité, basé sur les traités actuellement en vigueur, ayant pour but de les consolider et de les compléter, dans l'intérêt des relations politiques et commerciales des deux empires.

» Le pacha renvoya donc à l'empereur le traité revêtu de son cachet, avec la note qui y étoit annexée, en lui faisant mieux comprendre que la France vouloit le maintien de ce qui avoit été accepté à Lalla-Maghrnia par ses plénipotentiaires; se réservant, si bon lui sembloit, d'y apporter des modifications, alors que les traités anciens sur les relations commerciales de France et du Maroc seroient revisés et mis en harmonie, pour la frontière de terre et pour la frontière de mer, avec les besoins de la situation actuelle de la France, comme puissance limitrophe de l'empire de Maroc. L'empereur se rendit aux raisons qui lui étoient données par le pacha Bou-Sellam, et lui accorda plein pouvoir pour terminer. On nous assure qu'il a été convenu entre le pacha et M. le général Delarue qu'il seroit procédé immédiatement à la révision des anciens traités de commerce, réglant à la fois nos relations de commerce par terre et par mer et les harmonisant avec les traités qui existent entre le Maroc et les puissances étrangères, de manière à ne pas créer de nouveaux embarras, de ce côté, à l'empereur Moulei-Abd-er-Rhaman. A cet effet, l'empereur doit envoyer temporairement un ministre prénipotentiaire à Paris. »

— On a reçu une série de numéros du journal de Taïti, l'*Océanie française*, jusqu'au mois de décembre dernier. Il ne s'y trouve aucune nouvelle politique

intéressante. Seulement, ils parlent d'une excursion faite par M. le gouverneur
Bruat à l'île de Morea, dont les chefs étoient désireux de lui montrer un pays qu'ils
ont su maintenir tranquille, et où, sauf quelques rares exceptions, la raison l'a
emporté sur les suggestions mauvaises.

Les chefs de quelques îles qui font partie du groupe de Taïti ont voulu se placer
sous le protectorat de l'Angleterre. Lord Aberdeen n'a pas jugé à propos de
prendre ce protectorat; mais en même temps qu'il le refusoit, il a clairement
donné à entendre qu'il ne souffriroit pas que la France voulût établir le sien sur
ces îles.

—Le rôle des patentes de la ville de Paris s'étoit élevé, en 1844, à 9,100,000 fr.
Il ne s'élève, en 1845, qu'à 7,400,0''0 fr. Différence en moins : 1,700,000 fr. Elle
étoit primitivement d'environ trois millions; mais elle a été amoindrie par l'inscription, sur le rôle, de nouveaux patentables, que la loi ne devroit peut-être
pas atteindre. On croit que près de 5,000 électeurs seront éliminés des listes.

—M. le comte Bresson, ambassadeur de France en Espagne, vient d'arriver à
Paris.

—La dernière promotion des pairs porte à trente-deux le nombre des pairs
nommés depuis le 6 avril dernier.

— M. Lowasy de Loinville, sous-préfet de Mirande, vient d'être nommé
sous-préfet de Bar-sur-Seine. Il a été en même temps décoré de la croix d'officier de la Légion d'Honneur.

M. Laporte, membre du conseil général pour le canton de Masseube (Gers), ancien juge de paix, est nommé sous-préfet de Mirande, en remplacement de M. Lowasy.

— Le fait suivant, accueilli par quelques journaux de Paris, circule également
dans les journaux étrangers :

« Le ministère a réglé à huis-clos l'indemnité de 25,000 fr. allouée au missionnaire Pritchard. Il y a huit jours environ que le Trésor a payé trois lettres de
change tirées du cap de Bonne-Espérance par le sieur Pritchard; l'une étoit de
5,000 fr., et les deux autres de 10,000 fr. Il avoit fait escompter ces traites par
une maison de banque de la ville du Cap (MM. George Greg et compagnie), et
c'est pour le compte de cette maison que les traites ont été encaissées à Paris. »

—M le baron Alleye de Ciprey, qui vient d'être à Mexico victime d'un affreux
guet-apens, est un des plus anciens membres du corps diplomatique. Entré aux
affaires sous le premier ministère de Talleyrand, il a rempli sous l'empire et la
restauration les fonctions de chef de division du ministère; depuis il a été chargé
de plusieurs missions en Allemagne. Partout où il a été, il s'est distingué par la
pénétration de son esprit et la fermeté de son caractère.

— D'après le règlement approuvé par le grand-maître pour le prochain concours des collèges de Paris et de Versailles, la distribution générale des prix du
concours est fixée au mardi 12 août; la distribution particulière des prix dans tous
les collèges aura lieu le lendemain. L'ouverture des vacances est fixée au 14 du
même mois, et la rentrée des classes au lundi 6 octobre.

— M. Bourdeau, pair de France, grand-officier de la Légion-d'Honneur, vient
de mourir à Limoges.

— On lit dans le *Globe* :

« Le *Constitutionnel* annonce, ce matin, que le roi et la reine ont envoyé FÉ-
LICITER madame la comtesse de Sparre sur la mort de son mari.

» Le rédacteur en chef du *Constitutionnel* est un professeur de l'*Université*, et
s'il apprend à ses élèves le français qu'il parle lui-même, la génération qui sor-

tira de ses mains ne peut manquer de faire le plus grand honneur à la corporation dont il est un des membres les plus distingués. »

— Voici la façon toute facétieuse dont un journal anglais, l'*Edinburg Advertiser*, raconte un acte abominable d'antropophagie ; il est vrai qu'il s'agit d'un Français :

« M. Thierry, qui eut la fantaisie de se constituer souverain indépendant de la Nouvelle-Zélande, ayant déplu ou donné ombrage à ses barbares sujets, vient d'être occis, accommodé et mangé par ceux-ci dans un repas solennel. »

Nous aimons encore à croire que ce journal a été mal informé, et qu'il en sera pour l'odieux de la forme de sa nouvelle.

— Le voyage de la cour à Dreux a été l'occasion d'un bien déplorable malheur. Par suite d'une querelle survenue entre un adjudant gardien et un sous-adjudant, nommé Machard, à propos de prérogatives, Machard s'est brûlé la cervelle d'un coup de pistolet, à Dreux même, et est mort.

— *Le Lætizia*, arrivé de Bastia à Marseille, avoit à son bord les deux frères Augé, meuniers à Dôle, dont la banqueroute et la fuite avoient fait tant de bruit.

Leur extradition avoit été demandée par le gouvernement. C'est à Florence qu'ils ont été arrêtés. On les a embarqués à Livourne avec leur voiture et 280,948 fr. saisis dans leurs malles.

— Des voleurs s'étant introduits la nuit du 3 au 4, en brisant une des fenêtres, dans l'église d'Illiat (Ain), ont fracturé le tabernacle à l'aide d'un coutre de charrue, qu'on a retrouvé dans la sacristie, et ils ont enlevé tous les vases sacrés qu'il renfermoit.

— On mande de Toulouse, le 8 juillet :

« Dimanche dernier, la diligence qui fait le service de Revel à Toulouse a été enveloppée, à Saint-Orens, par une trombe d'air qui l'a soulevée et transportée à environ vingt mètres ; elle a été renversée. Une dame a reçu une blessure, à la suite de laquelle on a été obligé de lui faire l'amputation d'une jambe. »

— On écrit de Bastia, le 5 juillet, au journal *le Droit* :

« Un incendie a éclaté, dans la nuit du 5 au 6 de ce mois, au pensionnat des Sœurs de Saint-Joseph de-Léon, à Bastia. Le second étage a presque été dévoré par les flammes. Les douaniers et les sentinelles de l'hôpital et du colonel du 10e de ligne ont vu le feu sortir du toit et ont appelé du secours. Tout dormoit profondément dans la maison. On sonne le tocsin. La population accourt, les marins du *Napoléon* et de l'*Antiloque*, la compagnie des grenadiers sous les ordres du capitaine Dabin, sont là. On enfonce les portes. On sauve les dix-sept Sœurs et les pensionnaires.

» Ce qu'il y avoit de bien touchant, c'étoit de voir les pensionnaires se serrer, presque nues, au cou des Sœurs ; les mères, accourues sur le lieu du sinistre et appelant leurs filles ; celles-ci fuyant sans souliers, presque endormies, épouvantées. Un moment après que les pensionnaires avoient quitté le dortoir, le plafond est tombé et le toit aussi.

» On avoit attribué un instant cet accident aux fusées tirées le soir que la ville de Bastia a reçu la nouvelle que la chambre des députés avoit voté les fonds nécessaires pour doter cette ville d'un nouveau port. Mais ce bruit étoit sans fondement. Le feu avoit pris à la cheminée de la cuisine ; on croyoit l'avoir éteint ; mais une poutre se trouvoit placée dans le tuyau, et le feu s'y est concentré : de là tous les ravages que nous venons de signaler. Cette maison appartient à M. l'avocat Carbuccia. Les Sœurs ont reçu l'hospitalité chez les voisins. La supérieure étoit malade. Elle a été emportée par une femme sur ses bras. »

ESPAGNE. — Des troubles viennent d'éclater dans plusieurs petites villes du cercle de Barcelone, à l'occasion de la *quinta* ou levée d'un homme sur cinq pour le service militaire.

Jusqu'à ce jour Barcelone et son district n'étoient point soumis à cette réquisition comme les autres provinces d'Espagne. Une contribution particulière étoit versée par les habitans dans la caisse des municipalités, et les autorités municipales se chargeoient ou de fournir au gouvernement le nombre d'hommes requis, ou de payer une somme fixe pour en tenir lieu. Le gouvernement n'a plus voulu reconnoître le privilége de la Catalogne, et il a transmis au capitaine-général Concha des ordres pour que le tirage du recrutement se fît cette année à Barcelone et dans tout le pays comme dans le reste de l'Espagne.

Le jour même désigné pour le tirage des recrues, la résistance a éclaté sur plusieurs points à la fois dans les alentours de Barcelone, à Molins-de-Rey, à San-Andrès, à Sabadell, à Tarassa, à Badalona, à Esparaguera, à Golders et à San-Felice de Penon.

Nous n'avons pas encore de détails circonstanciés sur les caractères de cette émeute, mais elle paroît avoir été accompagnée de graves excès et même de meurtres sur quelques points. Ainsi, à Badalona, les listes du tirage ont été brûlées, et deux agens de la sécurité publique ont été tués; à Tarassa, l'alcade a été assassiné; à San-Andrès, les habitans ont dispersé les autorités à coups de fusil. A Molins-de-Rey, à la suite d'une révolte de même nature, le peuple a arrêté la poste, les diligences publiques et les courriers. Cette petite ville étant située à quatre lieues de Barcelone, sur la grande route de Barcelone à Madrid par Saragosse, toutes les communications se sont trouvées un moment interrompues.

Bien plus, à Sabadell, à cinq lieues seulement de Barcelone, les progressistes exaltés, profitant de l'irritation populaire, avoient déjà cherché à installer une junte centrale au nom d'Espartero, et formé un rassemblement de deux mille hommes armés.

Ces nouvelles ayant été transmises très-rapidement à Barcelone, le capitaine s'est mis en marche le jour même en toute hâte, à la tête d'une colonne d'infanterie et de cavalerie appuyée de quelques pièces de canon. Les insurgés ont été débusqués de Sabadell, où ils ont perdu 25 hommes tués et un assez grand nombre de prisonniers. Le général les a poursuivis jusqu'à Tarassa, et ils sont maintenant en fuite dans la montagne.

A Barcelone, où se trouvent encore les deux reines et une partie du ministère, la tranquillité n'avoit pas été troublée. Il est vrai que plusieurs jours à l'avance le général Concha avoit pris des dispositions militaires propres à prévenir tout mouvement de révolte pour le jour du tirage : de forts piquets d'infanterie occupoient les principales églises et les citadelles; une batterie d'artillerie stationnoit sur la place de la Constitution, et toutes les troupes de la nombreuse garnison de Barcelone avoient leurs postes indiqués et leurs mouvemens tracés en cas d'émeute.

—On lit dans le *Journal des Débats* :

« Nous avions reproduit il y a trois jours, d'après les journaux de Madrid, la nouvelle d'un prétendu soulèvement carliste en Galice, qui annonçoit que l'ancien général de don Carlos, Zariatéguy, s'étoit mis à la tête de ce mouvement. *Nous nous sommes empressés hier de démentir cette nouvelle, qui n'avoit aucun fondement.*

» Nous recevons en outre aujourd'hui une lettre du général Zariatéguy, datée des environs de Paris, dans laquelle ce général déclare formellement que ni lui ni ses amis ne pensent nullement dans ce moment à rallumer la guerre civile en Espagne, prenant pour règle de conduite le manifeste de paix et de réconciliation du comte de Montemolin, et attendant patiemment dans l'exil que le temps ait fait justice d'odieuses calomnies, et ait éteint les discordes civiles et les haines des partis. »

ANGLETERRE. — Un long débat a été engagé mardi, dans la chambre des communes, sur le traité du 29 mai relatif à l'abolition du droit de visite. Lord Palmerston a critiqué plusieurs des articles de ce traité, qu'il a réprésenté comme très-inférieur en général à ceux qui avoient été conclus sous son administration, et comme étant loin d'offrir les mêmes garanties pour la suppression efficace de la traite des esclaves. Sir Robert Peel a discuté successivement et réfuté toutes les objections de lord Palmerston, et a fait ressortir surtout l'avantage immense que donnoit à la nouvelle convention la certitude d'un concours sincère et cordial du peuple français, concours qu'on ne pouvoit plus attendre tant que subsisteroient des traités condamnés par l'opinion publique en France. Lord Palmerston ayant déclaré qu'il ne vouloit point proposer un vote de censure qui seroit certainement rejeté par une majorité de 100 voix ou plus, le vote n'a porté que sur la demande de production des papiers, combattue par le gouvernement et qui a été rejetée par 94 voix contre 31.

— Une nouvelle collision a eu lieu en Irlande entre des paysans et des hommes de police. Un des paysans a été tué.

— A la suite de courses de chevaux qui avoient réuni une grande affluence de spectateurs dans l'île de Jersey, des rixes ont éclaté entre les habitans et les militaires de la garnison ; les soldats irrités et ivres pour la plupart, avoient résisté aux ordres de leurs officiers, et refusoient de quitter le théâtre de la lutte, lorsque le gouverneur, le général Napier, arriva lui-même et les décida à rentrer au quartier. Malheureusement la populace les suivit en les sifflant, et il devint dèslors impossible de les contenir ; ils se précipitèrent sur la foule et renversèrent un grand nombre de personnes qu'ils foulèrent aux pieds après les avoir meurtries de coups. Au milieu du tumulte, un nommé Barbet, fils d'un joaillier de Jersey, frappa le général d'un coup de bâton, et fut arrêté sur-le-champ. « Il est évident, dit la *Gazette de Jersey*, qu'une grande antipathie règne entre les habitans et la garnison. »

ALLEMAGNE. — Le roi de Wurtemberg a couru, ces jours derniers, un danger assez grave. Il assistoit à une expérience d'une nouvelle espèce de bombe, quand un des projectiles éclata. Plusieurs des assistans furent grièvement blessés.

TURQUIE. — Les nouvelles que nous recevons aujourd'hui de Constantinople par voie de Trieste, démentent heureusement le fait de l'assassinat de trois emirs de la famille Schehab.

« Le gouvernement turc, dit le correspondant d'un journal allemand, s'est trouvé cette fois meilleur que sa réputation : nous n'aurons point à enregistrer cette atrocité qui non-seulement auroit porté un coup mortel au ministère, mais qui eût été de nature à avancer la dernière heure de ce pays. »

A la date du 25 juin, on étoit à Constantinople sans nouvelle de Syrie; on savoit seulement que la Porte y avoit envoyé des troupes de Salonique. Le 18, l'ambassadeur d'Angleterre a expédié à Beyrouth le vapeur l'*Hecla*, avec des dépêches pour son consul.

AMÉRIQUE. — Les journaux des Etats-Unis du 17 juin annoncent la mort du général Jackson, ancien Président de l'Union.

Voici quelques détails extraits d'une lettre de New-York :

« André Jakson a expiré à l'Hermitage, à six heures du soir, dimanche 8 juin : il s'étoit évanoui le matin, lorsqu'on voulut le porter de son lit sur un sofa. La nouvelle de sa mort se répandit tout de suite à Nashville; mais il se remit un peu et vécut quelques heures de plus. Le noble vieillard est mort en pleine connoissance, disant dans le plus grand calme possible un éternel adieu à sa famille, aux amis qui étoient auprès de lui, à ses domestiques, et manifestant la plus grande confiance dans l'heureuse immortalité qui l'attend dans un autre monde.

» Le général Houston, ex-président du Texas, arrivé à Nashville dans l'après-midi, se rendoit en toute hâte à l'Hermitage ; mais il rencontra en route le médecin de la famille qui lui apprit la douloureuse nouvelle.

» Aussitôt qu'on a su à New-York que le général Jackson avoit terminé sa longue et glorieuse carrière, le pavillon de l'Hôtel-de-Ville a été amené à mi-mât en signe de deuil public. »

Le général Jackson, né en 1767, étoit dans sa soixante-dix-huitième année. Sa victoire de la Nouvelle-Orléans lui avoit donné un grand ascendant sur l'esprit belliqueux des Américains.

CHAMBRE DES PAIRS.

La chambre des pairs a adopté samedi, à la majorité de 81 voix contre 21, le projet de loi sur le chemin de fer de Paris à Lyon et de Lyon à Avignon; à la majorité de 97 voix contre 5, le projet de loi relatif au comptoir d'Alger, et à la majorité de 99 contre 3, le projet de loi relatif à la pension de M. Vicat.

La chambre a également adopté le projet de loi relatif à l'achèvement du palais de justice de Lyon et de celui de Bordeaux, le projet de loi relatif à l'ouverture d'un crédit pour les travaux à exécuter à l'hôtel de la présidence de la chambre des députés, et plusieurs projets de loi d'intérêt local.

Aujourd'hui, la chambre a adopté les projets de loi relatifs à l'amélioration de divers ports maritimes, à l'amélioration du port de Toulon, aux embranchemens de Dieppe et de Fécamp sur le chemin du Havre, à l'embranchement d'Aix sur le chemin d'Avignon à Marseille, à la restauration de la cathédrale de Paris (à la majorité de 101 voix contre 2), à la vente des substances vénéneuses, et à plusieurs circonscriptions territoriales

La séance s'est terminée par des rapports de pétitions. L'un de ces rapports concernoit des pétitions adressées par les notaires des arrondissemens de Marseille, Tours, Dôle, Chinon, Pau, Rodez, Issoudun, Loches et Epernay, demandant un tarif pour les honoraires des actes notariés. Ces pétitions ont été renvoyées au ministre de la justice.

Le Gérant, **Adrien Le Clere.**

BOURSE DE PARIS DU 14 JUILLET 1845.

CINQ p. 0/0. 121 fr. 25 c.	Quatre canaux 1275 fr. 00 c.
TROIS p. 0/0. 83 fr. 20 c.	Caisse hypothécaire. 652 fr. 50 c.
QUATRE p. 0/0. 000 fr. 00 c.	Emprunt belge. 5 p. 0/0. 000 fr. 0/0.
Quatre 1/2 p. 0/0. 118 fr. 00 c.	Emprunt romain. 104 fr. 2/8.
Emprunt 1841. 00 fr. 00 c.	Rentes de Naples. 000 fr. 00 c.
Oblig. de la Ville de Paris. 1425 fr. 00 c.	Emprunt d'Haïti. 385 fr. 00 c.
Act. de la Banque. 3220 fr. 00 c.	Rente d'Espagne. 5 p. 0/0. 36 fr. 6/8.

PARIS. — IMPRIMERIE D'ADRIEN LE CLERE ET Cᵉ, rue Cassette, 29.

REVUE ET NOUVELLES ECCLÉSIASTIQUES.

PARIS.

MM. les députés se trouvant déjà sur toutes les routes qui les ra_
mènent à leurs affaires domestiques, et MM. les pairs de France ayant
en général fort peu de goût pour les débats de nature brûlante, il étoit
présumable que la négociation de M. Rossi relative aux Jésuites ne se_
roit point portée à la tribune des chambres. On savoit que M. le comte
de Montalembert, pour des motifs dont nous ne pouvons que louer la
sagesse, avoit résolu de ne point adresser d'interpellations aux minis_
tres. Mais l'initiative a été prise par M. le marquis de Boissy : une dis_
cussion tout-à-fait imprévue s'est engagée ; M. le ministre des affaires
étrangères a accepté le débat avec empressement ; M. le comte de Mon_
talembert ne pouvoit plus garder le silence. Son discours et celui de
M. Guizot ont pour nos lecteurs une importance qui nous les fait re_
produire en entier d'après le *Moniteur :* on les trouvera au compte_
rendu de la séance de la chambre des pairs.

Les explications données par M. le ministre des affaires étrangères
ne se ressentent nullement de l'incertitude que les discussions trop
prolongées des journaux ont entretenue dans l'opinion publique sur
les phases diversement racontées de la grave négociation qui vient
d'aboutir à d'aussi douloureux sacrifices. Les deux faits que nous avons
dû reconnoître et donner pour certains, malgré la profonde affliction
que nous en avons ressentie, M. Guizot les a formellement établis à la
tribune avec une satisfaction que la chambre, nous devons le dire, a
paru partager.

Trop loyal pour contester ce succès au ministère sans avoir des do_
cumens contraires à lui opposer, M. le comte de Montalembert, au lieu
de compromettre l'autorité de sa parole par de vains démentis aussi
peu dignes de son beau caractère que de la cause catholique, a simple_
ment accepté la solution dans les termes par lesquels le ministre l'a_
voit définie ; puis, par la plus noble et la plus touchante expression
de ses vives sympathies et de sa pitié pour les victimes que ces mesures
vont frapper, il a refoulé jusque dans le cœur de M. Guizot la joie de
son propre triomphe. Et, cette part ainsi faite aux généreux et péni_
bles sentimens de son ame, il a nettement défini la situation nouvelle
où la dispersion des Jésuites va laisser les défenseurs des libertés reli_
gieuses.

Nous croyons que M. Guizot s'est grandement mépris sur la véri_
table pensée de M. de Montalembert en prenant trop à la lettre quel_
ques vives images que l'eloquent orateur a semées dans son discours.
Ce ne sont ni des projets d'agitation, ni des plans de bataille qui se ca_
chent sous les riches ornemens de ce style figuré. Que le *Constitutionnel*
se rassure ; que le *Journal des Débats* ne prenne pas le change : aucune

croisade cléricale ne menace l'Etat. Il ne s'agit pour M. de Montalembert, comme pour le clergé, comme pour tous les hommes religieux, que d'obtenir par les voies régulières de la discussion, la liberté d'enseignement promise par la Charte. Il n'est surtout pas ici question de *parti catholique*. Le langage même de M. de Montalembert devant la chambre nous autoriseroit à le dire. Mais si, loin d'imiter à cet égard la sage réserve du noble pair, quelques écrivains persistent encore dans la malheureuse pensée d'opposer à l'Etat *un parti catholique ayant à sa tête nos quatre-vingts évêques*, nous ne cesserons pour notre part de protester de toutes nos forces contre une pareille dénomination. Nos évêques ne sont et ne veulent être que les chefs vénérés de l'Eglise de France : ils repoussent, nous en sommes certains, et tout le clergé repousse avec eux le nom funeste qui les désigneroit comme des hommes de parti.

De nouvelles adhésions au Mandement de Mgr l'Archevêque contre le *Bien Social*, parviennent chaque jour à Paris. A la date du 15 juillet, on comptoit encore celles des prélats suivans : M. l'archevêque de Sens, MM. les évêques d'Evreux, de Rodez, de Saint-Flour et de Meaux.

Samedi prochain, 19 juillet, la fête de saint Vincent de Paul sera célébrée solennellement dans la chapelle des Lazaristes, rue de Sèvres, 95. La grand'messe sera chantée à neuf heures et vêpres à deux heures.

Mgr Bonamie, archevêque de Chalcédoine, officiera pontificalement le matin et le soir. Le panégyrique du saint sera prêché par M. l'abbé Deguerry, curé de Saint-Eustache. Après le panégyrique, il y aura salut solennel.

Pendant toute l'octave, la châsse du saint restera exposée, et des messes seront dites à toutes les heures de la matinée.

M. le cardinal-archevêque de Lyon, arrivé à Saint-Rambert samedi à six heures, a été reçu par le conseil municipal ayant à sa tête M. le maire qui a complimenté le prélat. Conduit processionnellement à l'église, S. Em. a été de nouveau complimentée par le curé; on a ensuite procédé à la bénédiction de la nouvelle paroisse. Le lendemain le cardinal-archevêque a donné la confirmation à un grand nombre de personnes. A la sortie de vêpres il s'est rendu chez M. le maire qui lui a fait visiter les nombreuses antiquités religieuses de l'île Barbe.

La présence du cardinal excitoit partout un enthousiasme mêlé de respect.

Deux retraites ecclésiastiques viennent d'être prêchées au grand séminaire de Tulle par M. l'abbé Chaignon, dont la parole pleine d'onction et de force a produit les fruits les plus heureux. Le vénérable chef du diocèse a présidé tous les exercices, auxquels la plus grande partie de son clergé a assisté avec un édifiant empressement. Le prélat a parlé plusieurs fois, et toujours avec cette éloquence du cœur qui lui est si familière, et qui sembloit puiser encore, dans le témoignage de dévoùment et dans la piété de ses prêtres, de nouveaux moyens de force et d'entraînement.

Les deux retraites se sont terminées par l'imposante cérémonie de la rénovation des promesses cléricales. Parti processionnellement du grand séminaire, le clergé s'est rendu avec Mgr Berthaud à la cathédrale, et, après un sermon sur le sacerdoce, il a renouvelé, aux pieds de son évêque, la promesse de se dévouer au salut et au bonheur des peuples.

⸺⬦⬦⸺

Mgr Donney, évêque de Montauban, vient de passer à Toulouse, se rendant aux eaux de Cauterets.

⸺⬦⬦⸺

Nous avons fait connoître dans notre N° 4013, t. cxxiv, l'invitation pressante adressée par Son Em. le cardinal-évêque d'Arras aux prêtres de son diocèse de concourir par leurs offrandes aux frais du procès qui s'instruit à Rome pour la béatification de Benoît-Joseph Labre. La gloire de ce vénérable serviteur de Dieu n'appartient pas à un seul diocèse : elle intéresse toute l'Eglise de France. C'est dans cette haute et religieuse pensée, que Mgr l'évêque de Marseille vient de faire pour le même objet un appel au zèle et à la charité de son clergé. Nous nous empressons de publier la lettre circulaire du respectable prélat :

Lettre circulaire à Messieurs les Curés et Recteurs du diocèse de Marseille.

Marseille, le 2 juillet 1845.

Monsieur le curé, l'Eglise entière et surtout la France s'entretiennent depuis long-temps avec édification des vertus éminentes et tout-à-fait extraordinaires dont le vénérable Benoît-Joseph Labre nous a laissé l'exemple. Né vers le milieu du dernier siècle dans un village de la Picardie, il fut dans sa personne une sorte de protestation vivante contre l'impiété et les désordres de ce siècle si coupable; placé parmi les derniers de la terre, il devint, ainsi que saint Paul, *un spectacle au monde, aux anges et aux hommes.* Malgré l'obscurité de sa naissance et l'abjection volontaire de son genre de vie, on le vit environné aux yeux des peuples de tout l'éclat de la plus haute sainteté. Des dons surnaturels accompagnoient ses pas. Nos provinces méridionales conservent encore par tradition le souvenir de ce véritable pauvre de Jésus-Christ, qui les traversa en y laissant des traces touchantes du pouvoir dont le Seigneur glorifie quelquefois ici-bas ses plus humbles serviteurs. Les secrets divins *cachés aux sages du siècle lui avoient été révélés*, et il choisit la pauvreté et ses continuelles humiliations dans l'état même de mendicité comme la portion de son héritage sur la terre. Mais les trésors de la grâce s'accumuloient dans son ame, il recueilloit sans cesse une ample moisson de mérites; la main tendue vers ses frères pour demander le pain de la charité, il élevoit vers le ciel une voix écoutée de Dieu, et sa prière déjà étoit une puissante protection. Il honora par sa vertu une voie méprisée du monde, et qui n'est pas exempte de périls. Ce fut en lui une vocation tout extraordinaire qui communément n'appelle pas l'imitation, mais qui commande une pieuse admiration par la manière dont il l'a remplie, et dont le Seigneur l'a justifiée en accordant des prodiges à son intercession durant sa vie et après sa mort.

A peine depuis peu de temps étoit-il descendu dans la tombe, que l'on commença à instruire à Rome la cause de sa béatification. Les événemens de la révolution française, l'invasion de nos armées en Italie, l'occupation de Rome par une de ces armées et la captivité du Pape Pie VI interrompirent la procédure. Elle fut reprise en des temps plus tranquilles; et, par un décret de l'année 1842, Sa Sainteté Grégoire XVI glorieusement régnant a déclaré que les vertus du vénérable serviteur de Dieu, Benoît-Joseph Labre, s'étoient élevées à un degré héroïque. Il ne reste plus qu'à procéder juridiquement à la reconnoissance des miracles attribués à son intercession. Mais les formes requises à cet effet sont d'une rigueur extrême dans l'examen de la vérité et de la nature des faits. Elles sont fort longues et fort multipliées. La gravité des conséquences qu'on veut en tirer exige nécessairement qu'on s'en entoure comme d'autant de précautions indispensables pour constater, de manière à ne laisser point de place au doute, ce qui est l'objet des sévères investigations de la sacrée Congrégation des Rits. Ces formes ont lieu contradictoirement entre des parties chargées de soutenir des thèses opposées. Elles s'accomplissent par des débats prolongés et par l'impression et la publication d'un grand nombre de pièces probantes revêtues de tous les caractères qui peuvent en assurer la vérité et l'authenticité. On imprime et on publie aussi un grand nombre de mémoires et autres écrits des théologiens et consulteurs de la Congrégation des Rits, mémoires et écrits très-volumineux où les questions, minutieusement discutées, sont examinées sous toutes leurs faces et approfondies jusque dans leurs derniers replis. Enfin le Saint-Siège ne prononce jamais qu'après avoir acquis humainement la certitude la plus complète et la plus incontestable, indépendamment de l'assistance surnaturelle qui lui vient d'en-haut.

Or, Monsieur le curé, pour parvenir à ce résultat, des dépenses considérables sont nécessaires. Les fonds destinés à subvenir aux frais de la cause du vénérable Benoît-Joseph Labre sont aujourd'hui épuisés, et je suis prié par le postulateur de cette cause et par un consulteur de la sacrée Congrégation des Rits, au nom de S. E. le cardinal-vicaire de Sa Sainteté, de faire un appel à la générosité des fidèles de mon diocèse, afin qu'ils contribuent par leurs aumônes à la continuation d'une procédure vraiment intéressante pour la France, qui a donné à l'Eglise le saint personnage qu'il s'agit de placer sur les autels.

Vous ferez donc, Monsieur le curé, pendant trois dimanches consécutifs, une quête à cet effet dans votre église. Vous aurez auparavant lu en chaire cette présente circulaire, et vous aurez fait comprendre à vos paroissiens combien il leur importe d'avoir leur part dans une bonne œuvre aussi glorieuse à Dieu qu'utile à eux-mêmes. Ils s'estimeront sans doute heureux de pouvoir par là se donner ce grand serviteur de Dieu pour protecteur et le donner au même titre à leurs familles. Ils voudront aussi obtenir qu'il protège dans notre patrie, qui fut la sienne, cette religion sainte, le plus précieux de leurs biens, et qui a fait de lui le héros de l'humilité chrétienne et de la pauvreté évangélique. Comme ils ne lui eussent pas refusé l'aumône que de son vivant il eût demandée à leur porte, ils donneront volontiers aussi l'aumône demandée à leur piété pour sa glorification au sein de l'Eglise militante. Puisse son intercession nous être à tous en aide à la vie et à la mort!

C'est là le vœu que je fais pour vous, Monsieur le curé, et pour vos paroissiens, en vous donnant ma bénédiction paternelle.

† CHARLES-JOSEPH-EUGÈNE, *évêque de Marseille.*

ALLEMAGNE. — La réforme religieuse, qui du protestantisme a gagné le judaïsme d'Allemagne, continue à s'y développer. A Mayence il s'est formé une réunion d'*amis de la réforme* qui a mis en délibération *l'objet* et les *limites* de la réforme dont, en principe, elle a reconnu la nécessité. Il y a été décidé : 1°.que l'on n'entreroit point dans les voies réformatrices proposées et adoptées par les sociétés de Berlin et de Francfort, attendu *qu'elles ont une trop grande affinité avec le radicalisme,* et qu'à ce titre, elles ne pourroient compter sur les sympathies gouvernementales; 2° d'adhérer à l'œuvre de la réforme, qui a été entreprise par l'assemblée des ·rabbins, attendu qu'il *doit en résulter la construction d'un solide édifice religieux et son développement régulier du noyau du judaïsme,* moyen plus lent mais plus sûr de parvenir au but désiré. En d'autres termes, le judaïsme allemand se partage, comme le protestantisme, en deux grands courans qui, bien que prenant à leur source une direction divergente, finiront par se réunir dans le grand océan de l'incrédulité. A Mayence, l'on veut un *judaïsme réformé* à l'instar du protestantisme presbytérien, fondé sur la libre critique des Ecritures et purgé de toutes les traditions interprétatives. A Francfort et à Berlin, l'on veut une réforme franchement rationaliste : là on conservera le Pentateuque comme organe de la révélation ; ici l'on acceptera le code philosophique de Hégel avec les absurdes théorèmes de Schelling.

ANGLETERRE. — Le jour de la fête de la Visitation de la sainte Vierge, on a posé avec pompe la première pierre d'une église qu'on va construire à Great-Marlow (Buckinghamshire). M. l'évêque d'Ariopolis, assisté de plusieurs prêtres du voisinage, présidoit à la cérémonie. L'édifice, qui doit être exécuté dans un style élégant, sous la direction du célèbre architecte Pugin, sera entièrement construit aux frais de M. Scott-Murray, membre du parlement, nouvellement converti à la foi catholique, et dont la conversion, qui eut lieu dans un voyage qu'il fit à Rome il y a un an, eut un si grand retentissement. Le beau château qu'il habite n'est qu'à un mille du lieu où on construit l'église.

— Le révérend J. M. Capes, ministre anglican de l'église de Saint-Jean-Baptiste à Bridge-Water, qui vient d'abjurer l'anglicanisme pour embrasser la foi catholique, a écrit une longue lettre à ses paroissiens, en date du 26 juin, pour leur annoncer et justifier sa démarche, fondée sur une parfaite conviction. A cette conversion remarquable, que nous avions déjà fait connoître, nous devons ajouter celle du révérend J. Montgomery, curé de Castleknock, qui eut lieu en même temps.

— L'évêque catholique de Londres vient de faire une visite à l'île de Jersey, où il a administré avec une grande solennité, à Saint-Hilier, dans les deux chapelles, anglaise et française, au milieu d'un grand concours de peuple, le sacrement de confirmation à 254 personnes, dont une grande partie étoient des nouveaux convertis.

AUTRICHE. — La *Gazette d'Augsbourg* annonce que l'abbé de Muri (l'abbaye supprimée par les radicaux d'Argovie) est arrivé avec trois de ses religieux à Bolzen, dans le Tyrol, et s'est installé avec eux dans le couvent de Griess, voisin de cette ville.

ESPAGNE. — On lit dans la *Gazette de Madrid* du 9 juillet :

« Les communautés religieuses étant supprimées en Espagne, il étoit besoin que des établissemens fussent ouverts à ceux que leur zèle et leur ardeur pour la foi engageroient à faire les études nécessaires pour les missions des Philippines et de la Terre-Sainte. Pour répondre à ce besoin, on a conservé les couvens des Dominicains d'Aaria, des Augustins de Valladolid et des Franciscains de Monteagudo en Navarre. On parle du rétablissement du couvent des Franciscains du Saint-Esprit-du-Mont, près de Moreviedro. Cet établissement recevra les missionnaires jaloux de se consacrer à la garde des lieux saints de Jérusalem. Parmi les missionnaires qui partent de Valence pour la Terre-Sainte se trouvent de jeunes élèves de l'Université littéraire de cette ville; aucun d'eux n'a plus de vingt ans : admirables jeunes gens qui se dévouent à propager la civilisation et le christianisme. »

PROVINCES-RHÉNANES. — Le *Mercure de Westphalie* apporte une triste nouvelle. **Mgr** de Droste-Vischering, archevêque de Cologne, est dangereusement malade, et les médecins conservent peu d'espoir de le sauver. Des prières publiques ont commencé pour l'illustre prélat dans toutes les églises de Münster.

REVUE POLITIQUE.

Le comité de la gauche constitutionnelle vient d'adresser aux électeurs de cette nuance une circulaire pour les prochaines élections, en cas de dissolution de la chambre actuelle. C'est à la fois de la prévoyance et une nouvelle manière de formuler les principes et les actes de l'opposition qui reconnoît pour chef M. Odilon Barrot. Les termes de cette circulaire se distinguent par une modération prudemment calculée. Il y a loin de ces expressions de blâme ou de reproches adressés au ministère par le comité de la gauche; il y a loin, disons-nous, de cette circulaire au fameux *compte-rendu* de la gauche de 1834. On sait que les journées des 5 et 6 juin furent attribuées à ce manifeste de l'opposition de gauche de cette triste époque. Aussi trouvera-t-on que c'est une leçon, ou du moins une preuve que les partis s'accordent tous à reconnoître maintenant que le temps de la force matérielle est passé et qu'il ne reste plus que celui de la persuasion et du droit reconnu par conviction. Cependant on a remarqué avec raison que cette circulaire du comité de la gauche n'est point un chef-d'œuvre de franchise et d'impartialité. Des hommes qui abordent toutes les grandes questions de politique extérieure et intérieure de la France, ne devoient point passer sous silence des faits aussi importans que ceux relatifs à la loi des fortifications et au vote sur les associations religieuses.

Voilà d'éclatantes omissions qui donneront certainement à penser aux hommes véritablement indépendans.

La *grève* des ouvriers charpentiers n'a cessé que d'une manière malheureusement trop restreinte. Ceux des maîtres entrepreneurs qui ont consenti à l'augmentation du salaire, seuls ont reçu le concours des ouvriers, et ce n'est pas la majorité de ces entrepreneurs qui a cru devoir se rendre aux conditions exigées. Les journaux ont publié les lettres de ceux qui persistent à déclarer oppressive et funeste aux intérêts de tous cette manière d'avoir raison par le nombre et par la force matérielle. On a publié aussi les motifs qu'ont les ouvriers de persister dans leur refus de travailler d'après le taux primitif. De tout cela résulte toujours une collision fâcheuse d'intérêts et de prétentions difficiles à concilier. On voit maintenant si l'intervention des ouvriers militaires a beaucoup froissé les intérêts des charpentiers. Le gouvernement a usé d'une tactique qui ne manque ni de prudence ni d'habileté, et les ouvriers de leur côté agissent non moins habilement et avec une persévérance que nous voudrions bien voir tourner à leur profit. Toujours est-il que ce conflit n'est que trop regrettable sous tous les rapports.

Les nouvelles de Syrie et du Mont-Liban ne paroissent pas plus rassurantes sur la situation des Maronites; les interpellations si chaleureuses de M. le comte de Montalembert et la réponse de M. Guizot en font foi. Mais quelques notes diplomatiques échangées seront bien impuissantes à couvrir tant de malheurs.

Voici, du reste, sur les deux populations qui se font la guerre dans le Liban, si cela peut s'appeler la guerre, quelques détails publiés par le *Sémaphore* de Marseille, en réponse à un article du *Journal des Débats* rempli d'erreurs matérielles, d'après le premier de ces journaux :

« Il est notoirement faux, dit-il, que le nombre des Maronites s'élève seulement à 20,300; il s'élève, au contraire, à 482,000 ames répandues çà et là sur toute l'étendue du Liban, et à 43,000 réparties entre Alep, Damas, le Caire, l'île de Chypre et quelques autres lieux d'Afrique ou d'Asie et Constantinople; ce qui, suivant la statistique nationale que la notabilité ecclésiastique dresse tous les cinq ans pour l'envoyer au Saint-Siége, monte en totalité à 525,000. Cette population peut facilement mettre sous les armes 50 à 60 mille hommes. On sera peut-être étonné de voir cette disproportion numérique entre les Druses, qui s'élèvent à 18,000, et les Maronites, sans que ces derniers aient toujours remporté la victoire sur leurs ennemis. Pour cela un mot d'explication suffit.

» On sait que la population druse du mont Liban se trouve presque toute concentrée dans un rayon de quelques lieues seulement, et qu'à une déclaration de guerre, en faisant un appel à la nation, réunir toutes ses forces militaires en un jour et massacrer ou mettre en déroute le petit nombre de chrétiens qui habitent les mêmes villages que les Druses. Mais, malheureusement pour les Maronites, il n'en est point ainsi, puisque leurs villages sont disséminés dans toutes les provinces du Liban; ils ne peuvent donc se rassembler que difficilement, à cause de l'éloignement des lieux et de l'escarpement du terrain.

» Outre ces difficultés notables, les Turcs et les Anglais, qui favorisent ouvertement les Druses, accourent à leur secours s'ils les voient battre en retraite devant les troupes maronites, et rétablissent le combat au cruel désavantage de ces derniers. Voilà donc ce qui a rendu quelquefois impuissante l'héroïque valeur des Maronites contre leurs rivaux. Qu'on laisse les Maronites à nombre égal et même inférieur vider leurs querelles politiques ou religieuses sans aucune intervention étrangère, et l'on verra alors si les Druses pourront résister long-temps à l'impétuosité de leurs attaques, à l'opiniâtreté de leur courage.

» Les Grecs catholiques sont au nombre de 20,000 au lieu de 8,665 ; les Grecs non unis ou schismatiques, 7,020 au lieu de 6,225 ; le total des chrétiens du Liban est de 509,025 au lieu de 30,190.

» Revenons maintenant aux autres nationalités dissidentes. Le nombre des Druses s'élève à 18,000 au lieu de 68,000 ; les musulmans sont environ 100 individus dispersés sur divers points de la montagne, au lieu de 2,138 ; les Juifs 12 ou 13 seulement au lieu de 58, et les Métualis 800 hommes environ. Total général des populations libanaises 527, 935 au lieu de 44,207. Ce dernier chiffre a donc été bénévolement et inconsidérément donné aux lecteurs des *Débats* comme véritable statistique de cette contrée. »

Les lignes suivantes feront d'ailleurs facilement comprendre la haine des Anglais contre les Maronites :

« Depuis le temps de Louis XIV jusqu'à Napoléon, les consuls français à Beyrouth ont toujours été de la nation maronite, sans recevoir toutefois de la France, qu'ils représentoient, ni faveur, ni traitement, et jamais leur zèle, jamais leur dévoûment, ne se sont ralentis. Notre drapeau national flotte toujours sur les couvens, les séminaires et les colléges maronites Dans leur contrée, les bâtimens et les voyageurs français sont accueillis avec empressement et distinction, avec une franche et cordiale hospitalité. Dans leurs églises, ils réservent à nos consuls une place d'honneur où ceux-ci tiennent l'*épée nue à la lecture de l'Evangile, en signe de protection*. Cette marque de vive affection n'a jamais été accordée aux représentans des autres puissances chrétiennes. Lors des derniers événemens politiques et même à l'heure où nous écrivons ces lignes, les Maronites ont souffert et souffrent encore le martyre en repoussant les Anglais et leurs missionnaires protestans, par attachement à l'Eglise occidentale et par dévoûment inviolable pour la France.

» Ces sentimens des Maronites à notre égard n'ont jamais été contestés. Les voyageurs français qui ont visité ces contrées à différentes époques reconnoissent d'une manière indubitable la véracité de ce fait *irrécusable*, et pour vous en convaincre compulsez Volney, lisez Châteaubriand, feuilletez Lamartine, etc., et vous verrez si ces illustres voyageurs ne s'unissent pas dans un même concert d'éloges et de satisfaction en nous dépeignant l'hospitalité désintéressée, les sympathies, les affections des Maronites pour la France, qu'ils sont fiers d'exalter en Orient, au risque des plus grands dangers. »

Puisse la France redevenir par son influence l'espoir et le salut des chrétiens de tout l'Orient !

NOUVELLES ET FAITS DIVERS.

INTÉRIEUR.

PARIS, 16 juillet. — M. le ministre de l'intérieur vient d'adresser aux préfets des départemens une circulaire contenant des instructions sur l'exécution de la loi du 25 avril 1845, qui modifie les dispositions de l'article 10 de la loi du 19 avril 1831, en ce qui concerne les conditions exigées pour la translation du domicile politique.

D'après la loi de 1831, les électeurs, pour établir leur domicile politique dans un arrondissement autre que celui du domicile réel, étoient tenus d'y payer une contribution directe et de faire six mois d'avance, aux greffes des tribunaux des deux arrondissemens, une déclaration à l'effet d'opérer cette translation. Mais, dit le ministre, la nouvelle loi exige que la contribution payée dans l'arrondisse_ment où l'électeur désire exercer ses droits soit de 25 fr. au moins.

Toutefois, le second paragraphe de l'art. 1er de la même loi réduit de moitié cette somme, c'est-à-dire fait descendre à 12 fr. 50 c. ladite contribution, à l'é_gard des citoyens inscrits en vertu de l'art. 3 de la loi du 19 avril 1831. Ces électeurs, auxquels il suffit d'un cens contributif de 100 fr., sont les membres et correspondans de l'Institut, et les officiers en retraite jouissant d'une pension de 1,200 fr. au moins.

— Le roi de Naples a conclu, le 25 juin, avec la reine d'Angleterre, un traité qui a pour but d'étendre et de faciliter les transactions commerciales entre les deux pays. L'Angleterre paroît s'être fait concéder de grands avantages.

Le *Sud* de Marseille croit savoir que le traité analogue qui se conclut entre la France et le royaume des Deux-Siciles, et dont nous connoîtrons prochaine-ment les stipulations, nous concède des avantages semblables et peut-être encore plus grands.

— Le *Courrier de Marseille* publie de sages réflexions sur l'horrible bouche_rie dont une tribu arabe vient d'être la victime.

« La gloire du soldat n'eût-elle pas été plus grande si au lieu de traquer 500 fanatiques dans leurs terriers et d'ensanglanter les cavernes du Dahra, il eût at_tendu que la faim fît sortir les femmes et les enfans et qu'il eût, avec eux, partagé sa modeste ration?

» Depuis la nouvelle de l'événement du 18 juin, on assure que tout le Dahra s'est soumis, apportant ses armes en très-grande quantité. Il en est probable-ment de cette soumission comme de toutes celles des provinces du centre et de l'ouest. Au premier jour, la tribu des Ouled-Riah sera vengée. »

— Le bateau à vapeur le *Sphynx*, qui a sa place dans l'histoire de l'Algégie pour avoir apporté en France la nouvelle de la conquête en 1830, vient de faire côte à l'est du cap de Matifoux. Il reste peu d'espoir de le relever.

— M. le ministre de l'agriculture et du commerce vient de demander aux pré-fets des renseignemens sur la floraison des graines dans leurs départemens et leurs avis personnels sur les chances probables de la récolte future dans la con-trée, ainsi que les documens sur l'effet qu'ont dû produire les intempéries qui se sont généralement prolongées au-delà du terme ordinaire.

— La séance extraordinaire de l'Académie française, qui devoit avoir lieu le premier jeudi de juillet, a été remise à l'automne. Mais, sur la proposition de M. de Pongerville, il a été décidé que les sommes accordées pour les prix Montyon se-roient payées immédiatement.

— Une assez curieuse discussion s'est engagée dans ces derniers temps dans la presse anglaise, et notamment dans les divers organes de la marine, sur la possibilité d'une descente de Français en Angleterre. Après avoir exposé les ar-gumens présentés de part et d'autre, la *Flotte* résume ainsi cette discussion :

« Si nous ne nous faisons pas illusion, en comparant la valeur des raisons don-nées pour et contre la possibilité et le succès d'un débarquement, il nous semble que la première thèse se recommande par des argumens plus sérieux et s'appuie sur des probabilités plus plausibles que l'autre. Nous n'avons qu'à gagner, quoi qu'il en soit, à cette appréhension dont l'Angleterre est saisie; qu'elle sache bien que la France n'est pas désarmée, qu'elle est en état de soutenir une lutte, dût-elle éclater demain. Le dénombrement des forces de terre anglaises de l'*United service* nous fait un peu sourire. La France aussi a les yeux sur le défant de cui-rasse de la Grande-Bretagne; nous savons où les coups porteront le mieux; le temps a marché pour tout le monde, et ce que la flottille de Boulogne n'a point fait, une escadre de vapeur l'accomplira bien, nous l'espérons, sans même recourir à cette hypothèse d'une alliance avec la Russie. Que l'Angleterre voie donc ce spectre de Banco à son horizon; que cette crainte tempère l'orgueil de notre alliée; qu'elle rende sa politique plus traitable, moins jalouse et moins portée à nous nuire que par le passé. »

—La maladie à laquelle M. Bourdeau, pair de France, a succombé à Limoges, étoit un catarrhe pulmonaire. Ce fut le 9 de ce mois que l'honorable pair sentit sa fin approcher. Il demanda spontanément M. l'évêque et M. le curé de Saint-Michel, et, par un sentiment de convenance bien apprécié par le prélat, ce fut de M. le curé qu'il reçut les secours spirituels, se contentant des affectueuses consolations et des bénédictions du prélat.

Le 12 juillet, une heure avant sa mort, il a réuni sa famille pour lui dire qu'il sentoit approcher sa fin, qu'il vouloit leur dire, tant qu'il en avoit encore la force, un dernier adieu et leur donner sa dernière bénédiction. Il a pu ensuite écouter quelque temps les prières de M. le curé. Bientôt, il a dit qu'il n'entendoit plus. Il a pu presser encore la main d'un ami, qu'il voyoit et reconnoissoit très-distinctement. Cinq minutes après la respiration n'a plus été possible; il avoit cessé de vivre.

Il a été inhumé, suivant son vœu, dans sa terre de Cognac, arrondissement de Rochechouart, où sont les restes mortels de la sœur du défunt.

— Les ouvriers couvreurs d'Orléans viennent d'entrer en grève. Ils demandent que le prix de la journée soit élevé de 2 fr. 25 c. à 3 fr. La plupart d'entre eux travaillent maintenant au chemin de fer de Vierzon, où leur journée leur rapporte 5 fr.

— Plusieurs cas de fièvre typhoïde se sont déclarés ces jours derniers au collège royal d'Orléans.

──────── ◦◉◦ ────────

EXTÉRIEUR.

ESPAGNE. — D'après les correspondances particulières datées de Barcelone, 9 juillet, le général Concha, qui avoit marché en personne sur Sabadell et Tarrasa, où les insurgés paroissoient décidés à tenir, les a chassés successivement de ces deux petites villes, après leur avoir tué quelques hommes et fait un grand nombre de prisonniers; cette prompte répression a effrayé les villes d'Igualada et de Villa-Franca, qui s'étoient également prononcées contre *la quin'a* et qui se sont soumises sans attendre l'arrivée des troupes. Il y a tout lieu d'espérer que, d'ici à quelques jours, la tranquillité sera rétablie dans toute la principauté.

La route de Madrid par Saragosse n'est plus interceptée, les révoltés qui occupoient Molins del Rey s'étant enfuis dans la montagne à l'approche d'un détachement envoyé contre eux de Barcelone. Les feuilles de Madrid du 9 nous fournissent une preuve certaine du rétablissement des communications, en faisant mention, très-sommairement à la vérité, des troubles de Catalogne, dont elles ne connoissoient pas encore la gravité à la date que nous citons plus haut. A Barcelone, un *bando* très-sévère a été publié par le capitaine-général, et deux bataillons du régiment de Savoie sont arrivés de Valence pour remplacer les forces dont il a fallu disposer contre l'insurrection. Un vapeur de commerce qui se trouvoit dans le port a été mis en réquisition et expédié dans la même ville pour en ramener de nouveaux renforts; un autre va partir pour les îles Baléares avec la même mission.

—La polémique des journaux roule toujours sur le mariage de la reine; et la déclaration de l'*Heraldo*, relative au choix de l'infant D. Henrique, duc de Séville, a produit une grande sensation.

El Clamor Publico annonce que, d'après une lettre de Cadix du 6 juillet, aucun adoucissement n'avoit été apporté au sort de ses deux rédacteurs, détenus au château-fort de Santa-Catharina.

El Espagnol nous apprend que la toiture du célèbre couvent des Carmes, à Séville, s'est écroulée avec une partie des murailles. Ce couvent, comme monument historique, étoit un des plus précieux de l'Espagne.

AMÉRIQUE. — D'après les dernières nouvelles, il ne paroît pas que le gouvernement mexicain pousse avec une grande activité les préparatifs de guerre contre le Texas. Tout se borne à d'inutiles démonstrations et à des fanfaronnades.

La république de Vénézuela a obtenu que son indépendance fût reconnue par l'Espagne. Par le traité conclu à cet effet, elle reconnoît comme dette nationale tout ce qu'elle devoit à l'Espagne à l'époque (1810) où son indépendance fut déclarée.

Des lettres de la Plata, du 6 mai, disent que Rosas exigeoit la rentrée d'Oribe, son lieutenant, à Montevideo. Il n'accepteroit qu'à cette condition la médiation de la France et de l'Angleterre dans ses démêlés avec la république Orientale.

CHAMBRE DES PAIRS.

Présidence de M. Pasquier. — *Séance du 15 juillet.*

L'ordre du jour appelle la discussion du budget des dépenses pour 1846.

M. LE VICOMTE DUBOUCHAGE appelle l'attention du gouvernement sur les classes laborieuses; il veut une organisation du travail, et souhaite l'émancipation des classes ouvrières.

M. LE MARQUIS DE BOISSY présente plusieurs observations sur le budget de 1846. Il cherche ensuite à montrer que la qualité de pair de France est incompatible avec les fonctions de préfet. Si l'on vouloit bien suivre l'esprit de la loi, selon lui, les préfets ne pourroient point être pairs de France.

La discussion générale est fermée. On passe à la discussion des articles.

M. LE COMTE DE MONTALEMBERT demande à M. le ministre des affaires étrangères des explications sur les atrocités qui ont eu lieu dernièrement en Syrie, et que nous avons mises sous les yeux de nos lecteurs. L'honorable pair croit que l'Angleterre a fomenté les troubles de ce pays, et qu'elle a au moins favorisé les Druses. Les autorités turques ont aussi fait preuve d'une partialité révoltante; il paroît même qu'elles auroient laissé massacrer par les troupes du sultan de malheureux Maronites qui s'étoient rendus volontairement prisonniers.

M. LE MINISTRE DES AFFAIRES ÉTRANGÈRES. Je ne viens pas me plaindre des interpellations qui me sont faites par l'honorable comte de Montalembert; je déplore, comme lui, les faits qu'il a cités; la plupart sont malheureusement exacts; et si j'en déroulois ici le tableau détaillé, la chambre seroit pénétrée d'émotion et d'indignation.

Ces faits, dès 1841, nous les avions prévus et prédits, et nous avons fait alors tout ce qui étoit en notre pouvoir pour les prévenir. Nous avons toujours pensé que la chute de l'ancien mode d'administration de la Syrie la livreroit tôt ou tard à une anarchie déplorable.

L'honorable préopinant a eu raison de dire qu'il y avoit eu de la part des autorités turques complicité déplorable; qu'elles n'avoient point déployé l'énergie nécessaire pour la répression des troubles, et qu'elles avoient même prêté leur appui aux Druses contre les Maronites. Nous avons vivement et avec insistance signalé au gouvernement turc cette mauvaise conduite de quelques-uns de ses agens en Syrie.

M. le comte de Montalembert ne pense assurément point que la France eût dû envoyer des troupes en Syrie ; elle ne pouvoit donc agir que par influence ; et cela est bien difficile et bien nouveau en Turquie.

Quoi qu'il en soit, je ne refuse pas la tâche, si pénible qu'elle soit ; elle sera l'œuvre du temps et de la persévérance que nous continuerons d'y apporter.

L'honorable préopinant a parlé du pillage d'un couvent placé sous la protection de la France et du meurtre de plusieurs prêtres. Aussitôt que nous avons été informés de ces faits, nous avons réclamé de façon à ne point eprouver de refus, et le châtiment effectif des coupables, ainsi que l'indemnité due aux victimes ou à leurs familles, nous ont été immédiatement promis par la Porte-Ottomane. Nous veillerons strictement à l'exécution de ces engagemens.

Quant aux troubles dont les populations chrétiennes ont été victimes, nous avons fait tout ce qui étoit en notre pouvoir pour en atténuer les suites. Trois navires français parcourent les côtes de la Syrie pour porter partout où le besoin s'en fait sentir des secours matériels et un appui moral. Si cela est nécessaire, nous en enverrons d'autres encore.

Cependant, sans vouloir rassurer faussement la chambre, sans lui garantir que les désordres ne se renouvelleront pas, je dois dire qu'en ce moment une suspension d'armes existe, suspension précaire peut-être, mais que nous essaierons de prolonger.

L'honorable préopinant a parlé des engagemens que nous avions pris à cinq dans la conduite des affaires de Syrie. Ces engagemens ne nous ont pas fait abandonner nos droits ; nous nous sommes toujours réservé ce droit de protéger à nous seuls les chrétiens d'Orient quand les circonstances nous en feront un devoir.

Il y a un fait sur lequel M. de Montalembert a insisté, et sur lequel il trouvera bon que je n'insiste pas également ; il est vrai que nous avons besoin de nous mettre complètement d'accord avec le gouvernement britannique sur les faits qui se sont passés dans le Liban, sur leur cause et sur les moyens d'y porter remède.

Il est vrai que sur ces faits les agens des deux nations n'ont pas eu même avis ; mais j'affirme en même temps que les deux gouvernemens sont animés par les mêmes intentions, que ni l'un ni l'autre ne veut livrer la Syrie à la dévastation, et que le gouvernement anglais n'est point capable d'abaisser sa politique au niveau de la vieille politique turque.

J'espère que nous atteindrons le but auquel nous visons, et la chambre peut être sûre que le gouvernement ne le perdra point de vue un seul instant.

M. LE MARQUIS DE ROISSY présente différentes observations sur les affaires de Syrie, sur le dernier traité du Maroc et sur le droit de visite ; il apprécie ensuite plusieurs autres actes de la politique étrangère ; il demande particulièrement à M. le ministre des affaires étrangères des explications sur le nouveau traité conclu avec le Maroc, et sur la mission de M. Rossi à la cour de Rome.

M. GUIZOT répond qu'il ne peut donner d'explications sur le traité avec le Maroc ; puis il ajoute :

J'arrive à la dernière interpellation de l'honorable pair, et je l'en remercie. Il me fournira l'occasion de dissiper quelques obscurités factices, quelques incertitudes dénuées de fondement.

Quand le gouvernement du roi s'est décidé à traiter à Rome de ce qui concernoit la congrégation des Jésuites, il l'a fait parce qu'il a cru infiniment préférable, sans renoncer à aucun des droits du pouvoir temporel, sans altérer en rien sa position dans la question, de ne pas se servir de ce genre d'armes; il les avoit, il les gardoit, mais il a pensé qu'il valoit mieux ne pas les employer tout d'abord. Une lutte, n'importe à quel sujet, du pouvoir temporel contre le pouvoir spirituel, a toujours été un fait très-grave.

Cela étoit grave, même sous l'ancien régime, dans ce temps où cependant, au terme d'une lutte pareille, on rencontroit le pouvoir absolu. A cette époque, en définitive, quand une question s'élevoit entre le gouvernement et le pouvoir spirituel, ou telle ou telle congrégation religieuse, c'étoit le pouvoir absolu qui la décidoit; quand une fois il avoit prononcé, sa décision s'exécutoit purement et simplement; mais aujourd'hui tout n'est pas fini quand le gouvernement a prononcé; il se trouve ensuite en présence de toutes les libertés individuelles dont nous sommes en possession : la liberté de la presse, la liberté de la tribune, la liberté des personnes, la liberté des propriétés. Après avoir pris sa résolution, après avoir vidé la question, le pouvoir temporel se trouve engagé dans une lutte de tous les jours avec toutes ces libertés.

Je ne dis pas cela pour m'en plaindre ou pour le déplorer : je m'applaudis, au contraire, que ces libertés existent, qu'elles existent au profit de tout le monde, et que tout le monde, même ceux qui ont été vaincus, puissent s'en servir pour défendre encore leur cause; il n'est pas, il n'a jamais été dans l'intention du gouvernement du roi d'y porter aucune atteinte, pas plus dans cette question que dans aucune autre; mais il ne pouvoit s'empêcher de reconnoître que, par la nature de nos institutions et par la situation du pouvoir au milieu de ces institutions, la lutte, si une fois elle s'engageoit, seroit très-prolongée, très-compliquée, aggravée; qu'elle pourroit avoir telle ou telle conséquence imprévue qu'il étoit sage de prévenir.

Indépendamment de cette raison qui est grave, le gouvernement du roi en avoit une autre non moins grave. Il craignoit que, s'il déployoit dès le premier moment les armes temporelles qu'il avoit bien légalement entre les mains, une partie de l'Eglise catholique de France ne s'y méprît, et ne se crut, elle aussi, engagée et compromise dans une question particulière. Le gouvernement du roi ne le vouloit pas : il auroit regardé cela comme un grand mal.

Depuis son avénement, je n'hésite pas à le dire, le gouvernement du roi a beaucoup fait pour l'Eglise et pour la religion. Je ne dis pas cela au détriment des gouvernemens précédens; car depuis 1802 tous les gouvernemens ont beaucoup fait pour l'Eglise, pour la religion : ils ont tous senti que cela étoit de leur devoir comme de leur intérêt. Cependant on ne peut pas se dissimuler que, depuis soixante ans, en France, l'Eglise catholique n'ait été bien souvent, bien violemment attaquée, et, passez-moi le mot, outragée; et que, malgré tout ce que les gouvernemens divers ont fait pour la relever, malgré tout l'appui qu'il lui ont donné, elle ne soit restée et ne reste encore, dans ses rapports avec le pouvoir temporel, craintive et méfiante.

Je n'hésite pas à dire qu'à l'égard du gouvernement du roi elle se trompe, qu'elle a tort; mais enfin il y a des erreurs naturelles, excusables, qui tiennent à une longue série de faits, et que les souvenirs de tel ou tel pouvoir, de tel ou tel temps, peuvent, jusqu'à un certain point, expliquer.

Il est du devoir d'un gouvernement sensé et bienveillant de comprendre ces sentimens intérieurs de l'Eglise catholique, de comprendre qu'il y a là des plaies vives encore auxquelles il ne faut pas toucher.

Eh bien, c'est pour éviter un contact pareil, c'est pour que l'Eglise de France ne se crût pas engagée dans la lutte, pour que le clergé ne prît pas, passez-moi le mot, l'affaire des Jésuites pour sa propre affaire, que le gouvernement du roi s'est décidé à ne pas user, sans une nécessité absolue, de ses armes temporelles, tout en les gardant, et à porter à Rome la question.

Nous avons dit à Rome les faits tels que nous les voyions en France; nous avons exposé l'état des faits, l'état des lois, l'état des esprits; nous avons voulu que cet état, dans toutes ses parties, fût bien connu et bien compris de la cour de Rome.

La chambre entend que c'est de la cour de Rome que je parle, du gouvernement romain et de nulle autre personne au monde.

Les faits, les lois, l'état des esprits en France, ont donc été mis fidèlement, sincèrement, sous les yeux de la cour de Rome, et puis le gouvernement du roi a ajouté : « Il est en notre pouvoir de porter remède à ce mal, un remède purement spirituel dans lequel les armes du pouvoir temporel ne seront pas employées; nous vous demandons d'user des vôtres. »

Je pourrois m'arrêter là ; je pourrois me borner à vous dire maintenant qu'en effet la congrégation des Jésuites en France va se disperser, que ses maisons seront fermées, que ses noviciats seront dissous; que, par conséquent, ce que le gouvernement du roi a demandé sera fait. Je pourrois me contenter de montrer le but atteint sans m'inquiéter de la route par laquelle on nous y a conduits. Je serai plus explicite; je puis l'être sans inconvénient pour personne.

Ce que le gouvernement du roi a fait à l'égard de la cour de Rome, la cour de Rome l'a fait à l'égard de la société de Jésus. Comme le gouvernement du roi n'avoit voulu se servir que des moyens moraux, des influences morales, comme il n'avoit cherché qu'à faire connoître la vérité, laissant ensuite les choses à la décision du pouvoir spirituel bien informé, la cour de Rome a adopté envers les Jésuites le même procédé.

Nous ne nous étions pas servis de nos armes temporelles; elle ne s'est pas servie de ses armes officielles et légales. Elle a fait connoître à la société de Jésus la vérité des choses, des faits, des lois, l'état des esprits en France, lui donnant ainsi à juger elle-même de ce qu'elle avoit à faire, de la conduite qu'elle avoit à tenir dans l'intérêt de la paix publique, de l'Eglise, de la religion. J'ai une vraie et profonde satisfaction à dire que, dans cette affaire, la conduite de tout le monde a été sensée, honorable, conforme au devoir de chacun.

La société de Jésus a pensé qu'il étoit de son devoir de faire cesser l'état de choses dont la France se plaignoit et dans lequel apparoissoit un péril pour la paix publique, pour l'Eglise, pour la religion. De toutes parts, ainsi, il y a eu acte de libre intelligence et de bons procédés.

Je le demande à la chambre, n'étoit-ce pas là la façon la plus libérale, la plus religieuse, la plus pacifique, la plus pacifiante, permettez-moi le mot, de résoudre la question?

Je dis la façon d'agir la plus libérale, car nous n'avons employé aucun autre moyen que la persuasion. Nous nous sommes adressés à la libre intelligence, à la raison du pouvoir avec lequel nous traitions; ce pouvoir a agi de même de son côté.

Je dis aussi la plus religieuse, car c'est au pouvoir spirituel lui-même, au chef de l'Eglise, que nous nous sommes adressés.

J'ajoute enfin la plus pacifique, la plus pacifiante, car nous n'avons pas engagé de lutte; c'est de gré à gré, par l'accord de tout le monde, par l'accord de la raison et du libre arbitre de tout le monde, que la question a été terminée. C'étoit là, j'ose le dire, la politique à la fois la plus élevée et la plus prudente qui pût être employée pour sortir d'une si grave difficulté.

M. LE COMTE DE MONTALEMBERT. Je demande à dire un mot.

Messieurs, de moi-même je n'aurois pas soulevé cette discussion, parçe qu'il me manque plusieurs élémens nécessaires pour bien apprécier la véritable nature des mesures qui ont été prises à Rome et dont le gouvernement du roi se félicite; mais puisqu'elle a été soulevée par autrui, je ne puis me défendre d'exprimer, en très-peu de mots, quelles sont mes impressions sur l'issue de cette affaire et sur les conséquences du résultat obtenu par le gouvernement du roi.

D'abord et en principe, après ce que vient de dire M. le ministre des affaires étrangères, j'espère bien que, si jamais, dans l'avenir ou en parlant du passé, la question des Jésuites revient sur le tapis, on ne leur adressera plus le reproche que nous avons entendu tant de fois à cette tribune et ailleurs, celui d'obéir à un chef étranger; car, d'après ce que vient de dire M. le ministre, on doit leur savoir le plus grand gré d'avoir pour ce chef étranger, qu'on leur a tant reproché, cette subordination, cette discipline, cette obéissance passive qui permet au gouvernement du roi de remporter le triomphe dont il se félicite. Ainsi donc, qu'il soit bien établi, une fois pour toutes, que ce n'est pas un crime chez les Jésuites que d'obéir à un chef étranger; que ce ne soit plus jamais un réproche à leur adresse.

J'espère que tout le monde me fera cette concession-là; car, à coup sûr, si les hommes dont il est question n'avoient pas dû obéir à ce chef étranger, la victoire du gouvernement sur eux n'auroit pas été aussi facile, et tenez pour certain que ces libertés dont M. le ministre vous faisoit tout à l'heure l'éloquente énumération, auroient suffi pour leur assurer un moyen facile et sûr d'échapper au parti qui vient de leur être imposé.

Mais enfin la solution est donnée, je l'accepte dans les termes par lesquels M. le ministre vient de la définir. Je n'ai aucun moyen de vérifier ses affirmations, ni aucune intention de les contester dans l'état actuel des choses; mais, après les félicitations que vient de s'adresser le ministère, j'ai besoin de vous dire que toute la question n'est pas là; qu'il y a dans les luttes qui ont été portées si souvent à cette tribune et ailleurs depuis quelques années, tout autre chose que la question des Jésuites. Lorsque M. le ministre des affaires étrangères disoit tout à l'heure que maintenant le clergé ne courroit plus risque de prendre la question des Jésuites pour la sienne, il a oublié que le clergé avoit déjà sa question, et que non-seulement le clergé, mais encore tous les catholiques, tous les hommes religieux de France, étoient préoccupés d'une question qui survivra à celle des Jésuites comme elle l'a précédée, c'est-à-dire la question de la liberté religieuse et de la liberté d'enseignement. Dans ce que M. le garde des sceaux appeloit l'autre jour le parti catholique, dénomination dont je n'ai pas à discuter l'exactitude, tout le monde n'est pas Jésuite, tout le monde n'a pas son général à Rome, et tout le monde, excepté les Jésuites, demeure en possession des libertés que M. le ministre énuméroit tout à l'heure. Il vous reste à réduire ce qu'on a appelé l'esprit jésuite et ceux qu'il anime, c'est-à-dire tous ceux qui veulent l'indépendance de la conscience et de l'Église.

Que vient-il donc de se passer, grâce à cette solution qui vient d'être expliquée par M. le ministre des affaires étrangères? Il s'est passé un fait imprévu, je l'avoue; ce qu'on regardoit, ce qu'on définissoit comme l'avant-garde de l'armée catholique a dû tout à coup, par l'ordre de son chef, poser les armes et défiler, sans mot dire, sous le feu de l'ennemi. C'est un triomphe pour vous, je l'avoue; mais c'est avant tout le triomphe de la discipline et d'une héroïque obéissance. Mais cela fait, il reste encore devant vous l'armée tout entière, le corps de bataille, tous les catholiques sous la conduite de ces quatre-vingts évêques qui ont réclamé l'année dernière contre le projet de loi sur l'instruction secondaire, de ces soixante évêques qui ont condamné le *Manuel gallican*. Il reste encore tout cela. La question n'est donc en aucune façon résolue par ce qui vient de se passer à Rome et par votre succès; je dis votre succès, car je déteste tout ce qui ressemble même de loin à de la mauvaise foi, et je ne veux ni diminuer ni contester la portée du succès qu'a obtenu le ministère.

Qu'y avoit-il, après tout, dans la question des Jésuites? Assurément personne ne se méprendra sur le sens de ce que je vais dire. Il y avoit un grand embarras pour le gouvernement, mais il y en avoit un aussi pour d'autres que pour le gouvernement. Ce n'est pas à moi qu'on viendra imputer l'intention de dire un seul mot qui puisse être ou blessant ou même indifférent pour des hommes que j'aime et que j'honore plus que jamais, et dont j'ai pris la défense plus chaleureusement que personne. Ah! certes, quand je songe au sort actuel de ces hommes, à ces deux ou trois cents Français, qui, seuls parmi nous tous, Français comme nous, sont bannis de leur domicile, de leurs habitudes, de leurs propriétés, pour certains d'entre eux, de leurs bibliothèques, de leur vie commune, de toutes les ressources, de toutes les jouissances, de toutes les habitudes de leur vie, et forcés d'aller mendier un asile chez des amis incertains ou indifférens : quand je songe à tous ces jeunes gens dont M. le ministre parloit tout à l'heure, en indiquant la dissolution des noviciats, qui vont se trouver replongés dans ce monde pour lequel ils n'étoient pas faits et dont ils s'étoient volontairement séparés ; quand je songe au déplorable sort que leur inflige une politique dominée par d'impitoyables préjugés, il n'y a de place dans mon cœur que pour un seul sentiment, celui de la pitié; et je suis convaincu que M. le ministre partage ce sentiment et déplore lui-même le sort de ces victimes. Ce sentiment est dans son ame comme dans la mienne. C'est assez dire que je m'arracherai plutôt le cœur que de venir trahir ou abandonner ici, en quelque façon que ce soit, des hommes dont le malheur m'est si sacré. Mais enfin on me permettra de dire, après les avoir défendus de mon mieux, et avec l'intention de les défendre toujours, que leur défense étoit aussi un embarras pour la cause de la liberté religieuse. Dans quel sens entends-je ce mot? Il y a des embarras pour tout le monde, il y en a dans toutes les causes de ce monde, il faut savoir les accepter. Nous avons accepté celui de l'impopularité injuste, inique absurde, monstrueuse, qui s'attache, en vertu de préjugés invétérés, aux Jésuites; nous l'avons accepté : ce courage, avec bonheur, et, j'ose le dire, avec honneur, comme on doit accepter des embarras qui n'ont rien que d'honorable. Eh bien, ces embarras, vous nous en avez délivrés; je ne vous en remercie pas, je ne vous en félicite pas, à Dieu ne plaise! Mais vous me permettrez au moins de le constater et de ne pas laisser croire au monde que nous venons d'être abattus et vaincus par votre victoire.

Oui, je le répète, par votre victoire, puisque victoire il y a, vous nous avez délivrés de cet embarras; on ne pourra plus, aujourd'hui, faire surgir en face des hommes qui réclament la liberté de l'Église et la liberté de l'enseignement, on ne pourra plus faire surgir le fantôme du jésuitisme. Nous ne nous en félicitons pas, mais nous ne nous en affligerons pas non plus outre mesure. Ce fantôme a indisposé contre nous, fort à tort à coup sûr, mais en fait, beaucoup d'hommes plus ou moins religieux : il a fourni une arme à l'irréligion, à cette irréligion hypocrite, qui ne veut pas s'avouer, et qui est la plus dangereuse de toutes. Tout le monde doit sentir cela, et tout le monde le reconnoît.

Permettez-moi de remonter un peu plus haut, quoique toujours très-brièvement, un peu plus haut que ne l'a fait M. le ministre des affaires étrangères.

Comment les Jésuites sont-ils arrivés dans la question? est-ce qu'on pensoit à eux il y a deux ou trois ans? Non, certainement! On se moquoit, au contraire, dans l'autre chambre et partout, de ceux qui évoquoient ce que j'appelois tout à l'heure le fantôme du jésuitisme. Comment sont-ils arrivés dans la question? Comment ont-ils été traînés dans l'arène des passions, des luttes politiques? Vous le savez tous, c'est à la suite de la polémique sur l'enseignement, sur le monopole de l'Université. Personne ne pensoit à eux auparavant. Il y avoit une promesse de liberté dans la charte; il y avoit une autre chose qu'on appeloit le monopole de l'Université, monopole en contradiction avec cette promesse de la charte, et cela de l'aveu de tout le monde.

Eh bien, on a commencé à faire le siège de ce monopole; on a tenté de le faire disparoître. Qu'ont fait les hommes les plus intéressés à la défense, à la conservation de ce monopole? Je ne parle pas ici du ministère actuel, ni d'aucun autre, mais de certains hommes spécialement intéressés au maintien de ce monopole, qui se trouvoit tout à coup assiégé par une armée nombreuse, une armée remplie d'énergie, et qui marchoit sous le drapeau de la charte. Ils ont fait ce que l'on fait dans une place assiégée; ils ont fait une diversion habile; ils ont fait une sortie vigoureuse (Mouvement); ils ont bien calculé leur affaire; ils se sont dit : Ah! vous venez nous attaquer au nom de la liberté et de la charte; eh bien, nous allons faire un détour, et nous tomberons sur votre flanc le plus vulnérable et le plus exposé au nom des Jésuites : cela étoit très-bien imaginé, et cela a très-bien réussi. (Mouvemens divers.)

Là-dessus qu'ont fait le gouvernement et l'opposition? Je ne veux pas récriminer sur une question terminée, mais cependant je dois dire que les hommes politiques de la France, ceux du gouvernement et de l'opposition, se sont tristement mis à la remorque de ces hommes si intéressés au maintien du monopole de l'Université, et si imprudens dans leur passion, dont il a été tant question ces jours-ci. On a commencé, n'oubliez jamais d'où est partie l'agression, on a commencé au collège de France et ailleurs. Le tort du gouvernement et de l'opposition a été de se mettre à la remorque de ce mouvement, qui venoit de si bas, de s'en faire les instrumens, les complices, et d'adopter, non pas sans doute les passions et les préjugés amassés contre les Jésuites, mais d'adopter les conséquences de ces passions et de ces préjugés; leur tort a été d'avoir admis ces conséquences dans leur propre pensée, et d'avoir, comme l'a dit tout à l'heure M. Guizot, travaillé à les faire admettre par une autre puissance devant laquelle nous ne pouvons que nous incliner.

Voilà donc ce qui est arrivé : la sortie a été faite, elle a entraîné le gouvernement avec elle, et elle a réussi. Mais, avec ce succès et par ce succès même, la diversion si habile et si efficace est finie maintenant, et le siège du monopole dure encore, et il durera long-temps; car enfin, et ici je ne crois pas que M. le ministre des affaires étrangères vienne me contredire; la puissance spirituelle à laquelle il s'est adressé, et à laquelle il a fait allusion tout à l'heure, n'a certainement ni blâmé ni désavoué les hommes qu'elle a jugé à propos d'écarter. Il n'y a rien de pareil, je pense, dans les mesures que nous ne connoissons pas et que lui seul connoît. Mais, s'il n'y a ni blâme ni désaveu à l'endroit des Jésuites, il n'y en a pas non plus à l'endroit des autres forces engagées dans la question.

Il n'y a ni blâme ni désaveu pour les évêques, pour les prêtres, pour les laïques, qui ont été engagés, bien avant les Jésuites et beaucoup plus qu'eux, dans la lutte, et qui y resteront engagés. Il y a seulement ceci, autant que je puis concevoir la chose : le chef spirituel des Jésuites, ou le Saint-Père, ou leur général, peu importe...

M. LE MINISTRE DES AFFAIRES ÉTRANGÈRES. Cela importe beaucoup au contraire.

M. LE COMTE DE MONTALEMBERT. Eh bien, le Saint-Père, puisque vous le voulez, n'a pas voulu que ces hommes servissent plus long-temps de prétexte à la lutte et en fussent les premières victimes.

Cela dit, il faut bien le reconnoître, rien n'est fini, rien n'est changé; il n'y a absolument qu'un prétexte de moins. La question de l'enseignement reste entière; la question de la liberté religieuse de l'Eglise, si souvent débattue ici, et par moi-même et par d'autres, reste aussi tout entière. On a essayé de les confondre toutes deux avec celle des Jésuites : elles couroient grand risque d'être absorbées toutes deux dans la question des Jésuites et peut-être d'y périr. Eh bien, on ne le pourra plus; vous les avez dégagées.

Encore une fois, je ne vous en remercie pas, bien loin de là; je ne vous en félicite pas, je constate seulement, à mon point de vue, la véritable portée du résultat que vous avez obtenu.

Maintenant, est-il possible que vous recommenciez à Rome une autre négociation analogue à celle où vous venez de triompher? Obtiendrez-vous de Rome par voie diplomatique de déclarer que l'enseignement contre lequel nous nous élevons au nom de la Charte est irréprochable, qu'on a tort de le combattre; que les livres, par exemple, mis à l'index à Rome, sont parfaitement bons pour l'enseignement de la jeunesse en France, que les évêques ont eu tort de s'élever avec une telle unanimité, une telle énergie et une telle publicité, contre le maintien de l'état actuel de l'enseignement et de la législation religieuse? Rien n'est impossible, je le sais; mais au moins me permettra-t-on de dire que ce résultat est ou ne peut plus improbable. Du reste, quand vous, que je croyois gallicans, vous aurez été chercher et obtenir cette décision à Rome, en le supposant possible, nous, qui nous croyons ultramontains, nous n'aurions plus qu'à baisser la tête. Mais jusque-là, sachez-le, rien n'est fini; jusque-là nous resterons debout; une main sur l'Evangile, et l'autre sur la Charte, nous réclamerons tout ce que nous avons réclamé, et nous ne diminuerons en aucune façon ni nos justes prétentions ni le courage que nous y avons apporté.

Nous vous attendons donc sur ce terrain l'année prochaine. Cette année, la question a été absorbée par celle des Jésuites. L'année prochaine il n'en sera pas de même; la question reparoîtra tout entière dans sa force et sa vigueur primitive, et nous verrons s'il sera tenu compte des vœux, de la demande solennelle des 80,000 pétitionnaires dont nous avons envoyé les réclamations à l'autre chambre, et qui réclament cette liberté de l'enseignement qu'ils ne croient pas suffisamment garantie par la loi que vous avez votée l'année dernière.

Voilà ce que je sentois le désir de vous dire dans cette discussion dont je n'aurois certes pas pris l'initiative; voilà ce que je ne pouvois me dispenser de vous déclarer après que la discussion eût été soulevée par d'autres que par moi.

Je n'ai pas besoin de dire en terminant que je parle, comme toujours, uniquement en mon nom; que c'est une impression, une résolution personnelle que je viens exprimer.

On sait bien que je fais la guerre à mes dépens, sans espérer de récompense ni d'encouragemens quelconques, en ne prenant conseil que de l'honneur de l'Eglise et du mien, et toujours prêt à sacrifier le mien au sien. Je la fais aussi en ne perdant jamais de vue les droits et les intérêts de la liberté, de cette liberté qui, malgré tous les mécomptes, toutes les palinodies et tous les échecs, me restera toujours chère et sacrée, et dont je ne désespérerai jamais. (Approbation sur plusieurs bancs.)

M. LE MINISTRE DES AFFAIRES ÉTRANGÈRES. Je ne remonte à la tribune que pour repousser quelques-unes des paroles dont s'est servi l'honorable préopinant, pour prendre acte de quelques autres et pour lui donner à lui-même une explication.

Je repousse absolument ces mots : « armée catholique, avant-garde, vainqueurs, vaincus...... nous ne sommes pas vaincus..... Le corps d'armée est encore là. » Je repousse tous ces mots, qui sont faux en eux-mêmes, indignes et de l'Eglise dont il s'agit et de la chambre devant laquelle ils ont été prononcés.

L'Eglise catholique n'est pas une armée campée au milieu de la France; l'Eglise catholique n'est point en guerre avec le gouvernement du roi; l'Eglise catholique n'a point d'avant-garde en face du gouvernement; l'Eglise catholique est une église française (Mouvement), française et universelle, qui vit en France sous la protection du gouvernement français, qui profite de ses lois, qui les respecte, et qui donne à tout le monde l'exemple de les respecter. Il n'y a point de guerre entre elle et nous. Quand j'avois l'honneur de rappeler tout à l'heure, à cette tribune, tout ce que le gouvernement du roi a fait pour elle, à coup sûr les idées d'armée, d'avant-garde et de guerre étoient bien loin de mon esprit. Je les repousse absolument, et je prie la chambre de n'en tenir aucun compte; ce sont là des mots faux et trompeurs, qui ont pu traverser cette chambre, mais qui ne doivent pas y rester.

Voici d'autres paroles de l'honorable M. de Montalembert, dont je veux prendre acte.

L'honorable préopinant, sans m'en féliciter, sans s'en féliciter lui-même, a reconnu, a proclamé qu'il y avoit, dans les questions religieuses qui ont occupé et qui occuperont long-temps les chambres et le pays, un élément fâcheux, un mauvais prétexte qui pesoit sur tout le monde, et que cet élément, ce prétexte étoient maintenant écartés.

Cela est vrai; et c'est là une des raisons qui ont déterminé la conduite du gouvernement du roi. Il a fortement tenu à ce que personne en France ne prît la congrégation des Jésuites pour l'Eglise catholique, à ce que l'Eglise catholique elle-même ne crût pas qu'elle étoit la congrégation des Jésuites. Il les a soigneusement séparées; il se félicite que la séparation soit accomplie.

Mais, en disant que ce fâcheux élément de la question avoit été écarté, que la sagesse du chef de l'Eglise l'avoit écarté, et l'avoit écarté par les moyens les plus moraux, les plus libéraux, les plus pacifiques, ai-je dit que toutes les questions étoient résolues? ai-je dit que tout étoit fini? ai-je dit que la loi sur la liberté d'enseignement et sur l'instruction secondaire étoit faite? Une telle pensée n'a pu traverser mon esprit. L'honorable M. de Montalembert a raison : toutes les questions qu'il vient de rappeler reparoîtront devant vous : vous aurez à résoudre la question de la liberté de l'enseignement; vous aurez à tenir la promesse de la charte. Le gouvernement du roi le sait parfaitement; c'est un débat qui s'agitera devant les chambres, devant le public; il s'y agitera, il s'y résoudra ; il sera vidé par les pouvoirs publics, suivant la raison publique, suivant les promesses de la charte, qui seront sérieusement et sincèrement tenues. Et quand cela sera fait, quand cette question et toutes celles qui peuvent s'y rattacher auront été constitutionnellement traitées et résolues, j'espère que l'honorable M. de Montalembert, comme tous les hommes qui partagent ses opinions, se soumettra à cette résolution. Aujourd'hui l'honorable comte de Montalembert, en sa qualité de catholique, se soumet au chef spirituel de l'Eglise; plus tard sans doute, en sa qualité de Français, il se soumettra aux lois constitutionnelles du pays, rendues dans les formes constitutionnelles du pays. C'est là le devoir de tout le monde.

Quand ces questions reviendront devant vous, Messieurs, elles seront librement discutées ; elles seront discutées sans la présence de ce prétexte trompeur, de ce venin qui s'y mêloit et les altéroit dans l'esprit de beaucoup d'honnêtes gens. Et alors je crois que beaucoup des idées de l'honorable M. de Montalembert à ce sujet seront écartées, car je les crois erronées ; je crois qu'elles perdroient la liberté de l'enseignement au lieu de la fonder ; qu'elles nuiroient à l'Eglise catholique au lieu de la servir. Nous dirons nos raisons, vous direz les vôtres ; les chambres prononceront, et, je le répète, quand la loi sera rendue en France, vous vous soumettrez constitutionnellement à la loi de France, comme vous vous soumettez aujourd'hui spirituellement à la sagesse de la cour de Rome.

Séance du 16.

La discussion du budget a continué sans incident remarquable. M. le vicomte Dubouchage ayant demandé un encouragement de la part du gouvernement pour l'établissement de Saint-Nicolas, dans lequel sept ou huit cents enfans sont logés, nourris, blanchis, habillés et instruits dans les lettres, les beaux arts et les arts et métiers, moyennant 20 fr. par mois, par les soins de M. l'abbé de Bervanger ; M. Dumon a répondu qu'une demande de secours a été adressée au ministère de l'instruction publique et que le gouvernement s'empressera de faire droit à une demande si bien fondée.

Examen de conscience pour les prêtres qui font leur retraite, et qui veulent se renouveler dans l'esprit et la pratique des devoirs de leur vocation (1).

Depuis plusieurs années, cet examen avoit été lu dans un grand nombre de diocèses pendant les retraites pastorales, avec l'autorisation des évêques ; et les prêtres qui l'avoient entendu, désiroient vivement qu'on l'imprimât. Ils savoient qu'un des moyens de conserver les fruits de la retraite, étoit surtout de relire souvent ce qui avoit fourni la matière des instructions qu'ils avoient prises ; et ils trouvoient dans cet examen le détail de leurs devoirs et le tableau des vertus ecclésiastiques.

Outre les additions qui ont été faites à l'examen de conscience, dans cette édition, on a mis en tête quelques observations sur la manière de se disposer à la retraite, et on a terminé par un réglement de vie sacerdotale, qui est suivi des principaux moyens propres à assurer la persévérance.

On a lieu d'espérer que la publication que nous annonçons de cet examen, produira de nouveaux fruits de sanctification dans le clergé, et remplira le vœu des ecclésiastiques qui en ont sollicité l'impression.

(1) In-18 de 60 pages. Prix : 20 centimes, et 15 francs les cent exemplaires. Chez Adrien Le Clere et Cie, rue Cassette, 29.

Le Gérant, **Adrien Le Clere.**

PARIS. — IMPRIMERIE D'ADRIEN LE CLERE ET Cie, rue Cassette, 29.

DE L'ÉGLISE SE DISANT CATHOLIQUE ALLEMANDE.

(Suite.)

Notre article de samedi dernier sur cette prétendue Église catholique allemande a pu donner une idée suffisante des dissidences de doctrines et des divisions profondes qui menacent ces misérables sectes d'une ruine infaillible et prochaine. Il nous a paru cependant que la lettre suivante adressée au *Journal des Debats* par les principaux partisans du nouveau schisme, étoit de nature à répandre une lumière plus irrécusable encore sur le tableau des contradictions et des extravagances de ces étranges réformateurs. Cette lettre et les réflexions qui l'accompagnent méritoient certainement d'être reproduites comme documens.

Réponse des représentans de la commune chrétienne catholique de Breslau à l'article inséré dans le Journal *des Débats du 30 juin.*

« Monsieur le Rédacteur,

» L'article de votre journal sur l'état de la réforme catholique en Allemagne altère tellement les faits, que nous sommes obligés, pour notre bonheur et pour la sainteté de notre cause, de le contredire formellement...

» Le mouvement religieux qui à présent agite tous les esprits en Allemagne n'est pas un mouvement excité artificiellement par les MM. Czerski et Ronge ; il a existé plus ou moins fort, depuis une série d'années, en Allemagne. Ses premiers élémens, vous les trouvez dans les écrits de Lessing et de Herder, les deux plus grands théologiens du dix-huitième siècle. Ces deux précepteurs incomparables de l'Allemagne ont été les premiers chez nous *qui purifièrent l'idée sublime du christianisme de la rouille* à lui attachée par la pédanterie ou la méchanceté des orthodoxes de tous les siècles et de toutes les confessions, qui surent mettre en harmonie la religion avec les idées générales d'humanité et de liberté qui font à jamais la gloire du siècle passé, et spécialement de la France. Mais comme il arrive presque toujours dans les choses humaines qu'il y a un long chemin de la pensée à son exécution, et que jamais quelque chose de grand ne s'est accompli dans l'histoire sans une préparation parfaite des événemens dans les cœurs des hommes, et sans une combinaison remarquable de circonstances coïncidentes, que nous appelons la Providence, les grandes idées de nos écrivains, bien qu'elles aient toujours joui de l'approbation de tous les hommes cultivés, jusqu'ici n'avoient pas eu la force de changer de vieilles coutumes. Il seroit trop long d'énumérer toutes les causes qui jusqu'à la fin de l'année 1844 ont retardé l'élan du sentiment religieux en Allemagne....

» Nous sommes chrétiens catholiques, et nous voulons rester chrétiens catholiques jusqu'à la fin de notre vie, et pour cette raison nous avons cessé d'être *chrétiens romains*; car l'Église romaine, qui jadis peut-être avoit un titre à cette dénomination quand elle portoit, avec le peu de lumière qu'elle possédoit elle-même, les germes de la civilisation dans les pays barbares de l'Europe septentrionale, a perdu depuis long-temps le droit de porter ce nom sacré, après que, poussée par un désir de domination sans bornes, elle s'est déclarée contre la civilisation, contre les États, contre la raison, c'est-à-dire contre Dieu lui-même.

Il n'est p s besoin de citer les faits; les livres de l'histoire du xviiiᵉ siècle et les
événemens de nos jours, la guerre civile dans la Suisse, les horreurs de l'Espagne et de l'Italie parlent trop haut par eux-mêmes! *Nous avons assisté de loin au
spectacle affreux de Trèves;* nous avons vu l'Eglise romaine mener les peuples à la
superstition la plus dégoûtante, et la dernière épargne du pauvre devenir la proie
de l'avidité de leurs prêtres, et nous avons dit dans notre cœur: « Non, ce n'est
» pas la religion de Jésus-Christ, ce n'est pas l'Eglise catholique, ce n'est qu'une
» grimace abominable! »... Et nous avons mis fin à jamais à l'arrogance et au désir de domination des prêtres; car l'Esprit saint est dans chacun de nous, et nous
tous sommes devenus prédicateurs du grand Evangile de la fraternité générale
qui unira dans une belle coalition le genre humain déchiré en mille manières.

» Un événement aussi grandiose que le renouvellement de la vraie Eglise catholique devoit nécessairement être annoncé et accompagné par des miracles, et
les miracles ne nous ont pas manqué; ils se peuvent comparer très bien aux miracles tant vantés de l'Eglise romaine. Un pauvre chapelain, destitué par son
chapitre pour avoir suivi la voix de sa conscience dans le coin le plus reculé de
l'Allemagne, écrit une page et demie contre un abus de l'Eglise romaine mille
fois blâmé par d'autres auteurs; et le géant de la hiérarchie, qui sembloit croître
et prospérer, a reçu une plaie mortelle. Il est confus, il s'ébranle, il tombe sans
défense, il est entré dans sa dernière agonie. Second miracle: Nous avons rétabli
la paix de famille des mariages de diverses confessions, qui sembloit perdue pour
jamais pour des prêtres infâmes qui avoient semé la discorde entre le mari et
l'épouse, la mère et la fille, sous le prétexte de la religion. Troisième miracle:
Nous avons guéri la peste spirituelle de notre siècle, la misanthropie et l'indifférentisme: il n'y a pas d'indifférens entre nous. Voulez-vous encore des preuves plus éclatantes que nous sommes l'Eglise catholique?

» Jusqu'à présent nous n'avons pas de temples; mais le temple du vrai Dieu est
partout où il trouve ses adorateurs. Nos assemblées se font les unes dans les églises des protestans, nos amis, qui nous les ouvrent avec transport, malgré les prohibitions du gouvernement; les autres, sous la voûte du ciel, avec le concours de
milliers d'hommes qui se signalent par le même esprit de sincère harmonie et de
fraternité qui animoit les réunions des premiers chrétiens. Elles sont, pour ainsi
dire, un petit tableau de ce qui arrivera de toutes les nations de la terre, quand
elles seront unies dans un seul amour et dans une seule foi, selon la prédiction de
notre Sauveur divin.

» Après ces explications, nous sommes à peu près dispensés de rectifier les
nouvelles de votre correspondant; mais pourtant nous voulons le faire. On voit
facilement à quoi tendent ces énormités. On veut faire croire à la nation française que nous sommes une secte protestante qui produit quelques nouveaux articles de foi, qui s'élève contre tel ou tel abus de l'Eglise romaine. Ne le crois
pas, peuple français! Nous nous gardons bien des articles de foi et de la domination de la lettre morte Nous avons l'esprit de la religion, et cela nous suffit.
Quelle perversité des hommes de vouloir restreindre l'infinité de la religion dans
l'espace étroit d'une confession de foi! La multitude des siècles n'a pas suffi pour
prononcer la majesté de Dieu!.... Les dissensions entre MM. Czerski et Ronge
n'existent point. Le nom d'Eglise catholique apostolique a été adopté par
M. Czerski, parce que le nom *catholique allemande* auroit été un obstacle à son
progrès dans la Pologne. Ce dernier nom convient, du reste, à bon droit à la nouvelle Eglise, parce que son institution sera toujours la gloire de l'Allemagne. Mais
pourtant nous voulons y renoncer, à cause des autres nations qui veulent aussi

participer à ses bienfaits, et qui pourroient croire que nous voulons pour nous une religion spéciale...

« De plus en plus tous les esprits nobles et intelligens de l'Allemagne viennent à notre aide, et ces jours derniers même nous avons eu la joie inexprimable de voir rentrer sous nos drapeaux l'auteur de la première réforme silésienne, le célèbre docteur Theiner, qui avoit hésité pendant quelque temps, parce qu'il ne vouloit pas éprouver une seconde fois la douleur de voir manquer son grand œuvre. A présent il ne doute plus. Les deux réformateurs, MM. Theiner et Ronge, occuperont désormais la même maison à Breslau, comme pour démontrer à tout le monde leur parfaite intimité. En somme, le mouvement se déroule invincible comme la chute de l'avalanche. Bientôt les châteaux de la superstition et du fanatisme seront brisés dans notre patrie : Français, suivez notre exemple!

» Signé : REGENBRECHT, KLEIN, STEINER, HOCKER, SCHMIDT. »

« Nous accueillons, ajoute le *Journal des Débats*, cette communication avec le plus grand plaisir. Elle nous rend un véritable service. Depuis long-temps nous cherchions avec une certaine curiosité quelle pouvoit être la doctrine de la nouvelle Eglise allemande, en d'autres termes, de l'Eglise catholique, apostolique, non romaine ; nous sommes heureux d'en recevoir l'exposé des mains mêmes de ses représentans. Nous saurons donc désormais que la nouvelle Eglise procède de Lessing, en passant par Herder pour arriver au curé Ronge et à MM. Regenbrecht, Klein, et autres signataires de la lettre qu'on vient de lire. Nous ne pouvons répondre que de ceux-là ; car avec la latitude et l'excessive élasticité qu'ils donnent à la base de leur doctrine, nous ne voyons pas ce qui pourroit empêcher le premier venu parmi leurs voisins d'en inventer une autre à son usage, et de se construire aussi sa petite Eglise indépendante. Eux-mêmes nous le disent : ils ont tous l'Esprit saint; la langue de feu est descendue sur la tête de chacun d'eux. Ils se passent d'ordination et de sacremens, et de toutes ces superfluités inventées par la pédanterie et la méchanceté des orthodoxes. Ils sont tous prêtres en vertu de leur droit naturel. Prêtres de qui? prêtres de quoi? Où est leur culte? où est leur symbole? où sont leurs articles de foi? Ils vont vous répondre : « Nous nous gardons bien, disent-ils, des articles de foi et de la domination de » la lettre morte. Nous avons l'esprit de la religion, et cela nous suffit. Quelle « perversité des hommes, de vouloir restreindre l'infinité de la religion dans l'es-» pace étroit d'une confession de foi! » Voilà tout le *Credo* des nouveaux catholiques; on ne l'accusera pas de manquer de largeur. Et nous qui avions la simplicité de chercher leurs articles de foi! nous aurions pu chercher long-temps! Ils s'en passent, c'est plus vite fait. On dit de ceux qui aiment tout le monde qu'ils ont un cœur d'hôpital; les catholiques allemands ont aussi, à leur manière, une religion d'hôpital; la porte est grande ouverte, entre qui veut. On peut s'y serrer sans inconvénient, il s'y trouve de la place pour les chrétiens de toutes les dénominations, et même pour les païens bien intentionnés. Nous ne voyons pas ce qui empêcheroit Socrate, Epictète, et les honnêtes gens du paganisme de venir s'y asseoir à côté de Lessing, de Herder et de M. Ronge. Le temple des nouveaux catholiques n'est pas moins large que leur doctrine; c'est la voûte du ciel, attendu que le temple du vrai Dieu est partout. Cela nous rappelle une anecdote que Goëthe raconte dans ses Mémoires. C'étoit dans un moment où, comme aujourd'hui, les sectes pulluloient en Allemagne, et où on y voyoit successivement apparoître les séparatistes, les piétistes, les moraves, les tranquilles sur terre, etc. « Une réponse d'un pieux ferblantier, dit Goëthe, fit surtout sensation. Un de ses » confrères, croyant le déconcerter par cette question : Quel est donc votre con-» fesseur? il répondit, plein de sérénité et plein de foi dans la bonté de sa cause :

« J'en ai un très-illustre, ce n'est rien moins que le confesseur du roi David. » La doctrine des catholiques allemands nous fait l'effet de ressembler fort au confesseur du roi David. On leur demande où elle est : ils répondent : Elle est partout, ce qui veut dire tout simplement : Elle n'est nulle part. Croire à tout, c'est ne croire à rien ; et panthéisme et athéisme ont toujours formé un pléonasme. Goëthe, que nous venons de citer, eut, lui aussi, la fantaisie de se faire prêtre. Tout le monde sait comment, encore enfant, il se construisit un autel primitif avec les produits de la nature, et y brûla des pastilles en guise d'encens. Mais Goëthe n'avoit pas, que nous sachions, la prétention de fonder une Eglise catholique.

» Nous ne demandons pas mieux que de croire à la sincérité de la foi des nouveaux religionnaires allemands; nous n'avons pas le droit de la mettre en doute. Mais du moins qu'ils se résignent à être ce qu'ils sont, et qu'ils n'aient pas la singulière illusion de se croire encore catholiques. Ils se plaignent que nous les ayons pris pour une nouvelle secte protestante; le fait est que nous serions fort embarrassés maintenant de les prendre pour quelque chose. Il ne faut pas s'imaginer qu'on soit d'une Eglise quelconque, simplement parce qu'on possède ce qu'on appelle le *sentiment religieux*. Il n'y a rien de commode comme le sentiment religieux; avec ce mot là on a réponse à tout. Eh mon Dieu! il est partout le sentiment religieux; il est dans le grand livre de la nature aussi bien que dans les dogmes écrits; mais si, à ce compte, on peut être un très-orthodoxe panthéiste, on est un très étrange catholique, romain ou non romain.

» Nous en sommes bien fâchés pour nos honorables correspondans de la communauté chrétienne catholique de Breslau, mais, nous l'avouons humblement, nous ne comprenons pas une Eglise sans articles de foi. Libre à eux de s'en passer, mais alors qu'ils se donnent purement et simplement pour ce qu'ils sont, c'est-à-dire pour des déistes. »

REVUE ET NOUVELLES ECCLÉSIASTIQUES.

PARIS.

Avant-hier, la tribune de la chambre des pairs a retenti de bien légitimes réclamations religieuses. A propos du budget des ministères de la marine et de la guerre, M. le marquis de Boissy s'est fait l'organe d'une plainte générale des familles chrétiennes qui s'affligent depuis long-temps de ce que nos soldats sont privés de secours spirituels ou empêchés de satisfaire aux devoirs de la religion, le saint jour du dimanche. M. le général de Castellane, homme de précision et de régularité militaire, a répondu qu'à la vérité la prescription de conduire les soldats à la messe de chaque dimanche étoit *tombée en désuétude depuis* 1830, mais que chaque militaire étoit libéré à temps des inspections, des parades ou de tout autre exercice, de manière à pouvoir librement ce jour-là satisfaire aux exigences de sa croyance, et en particulier assister à la messe. Nous ne savons si hors des divisions militaires commandées par M. le général Castellane, tous les lieutenans-généraux tiennent à donner à nos soldats la même facilité de remplir leurs devoirs religieux du dimanche. M. de Boissy n'a point paru convaincu, et les raisons qu'il a fournies justifient suffisamment la plainte formulée.

Toutefois, ce qui a rapport aux réclamations d'aumôniers pour la marine a été traité à la même tribune d'une manière plus rassurante pour l'avenir. M. le marquis de Gabriac a noblement exposé les besoins religieux de nos vaisseaux. Son discours, plein de ces accens vraiment chrétiens, qui rappellent les sentimens chevaleresques de notre antique foi, a produit une impression très-favorable sur la chambre et surtout sur M. le ministre de la marine qui a répondu que déjà sa haute sollicitude s'étoit préoccupée de pourvoir à d'aussi impérieuses réclamations. Nous croyons devoir reproduire et les nobles paroles de M. le marquis de Gabriac, et la réponse pleine de promesses satisfaisantes de M. de Mackau, promesses que sans doute le ministère n'oubliera pas, mais qu'en tous cas nous nous ferions un devoir de lui rappeler avec de vives instances de les mettre à exécution.

« M. LE MARQUIS DE GABRIAC. Messieurs, je viens signaler à la sollicitude de M. le ministre de la marine une lacune aussi importante que fâcheuse dans le service de son département.

» Messieurs, notre marine est en progrès ; d'importans perfectionnemens ont été apportés aux constructions, aux installations, aux approvisionnemens et aux armemens de nos vaisseaux. Il faut le reconnoître, à aucune époque de notre histoire, nos marins ne furent mieux fournis de tout ce qui peut être utile à leur santé, à leur conservation, de tout ce qui peut leur être nécessaire pour naviguer, se nourrir et combattre.

» On ne sauroit trop applaudir à ces soins ; mais nos marins ne sont pas seulement des machines vivantes : il y a en eux un principe immatériel qui les anime, et qui fait à la fois leur dignité, leur responsabilité, leur immortalité. Or, le délaissement où vous les laissez à l'égard de l'ame forme un pénible contraste avec les autres soins que vous leur accordez si justement, contraste qui autorise les déclamations accréditées contre le matérialisme du siècle, et qu'une autre circonstance rend plus frappant.

» Vous veillez, et à bien juste titre, à ce qu'aucune portie de votre territoire ne demeure sans secours spirituels. C'est un devoir, c'est une dette de l'État, et chaque habitant, quel qu'il soit, a son pasteur ; et lorsqu'il s'agit de ces hommes d'élite, de cette troupe de braves marins que, pour votre service et au nom de la loi, vous enlevez à leurs familles, à leurs industries ; lorsque vous les envoyez, pour l'honneur et la sécurité du pays, naviguer, combattre, affronter les maladies, les fureurs des tempêtes, les boulets de l'ennemi, à ces fidèles serviteurs, vous refusez un aumônier ! (Très-bien !)

» C'est l'effet du retrait des aumôniers de la guerre et de la marine, ordonné en 1830.

» Mais du moins, remarquez-le, quelque grave que soit cette lacune pour les régimens de terre, lorsqu'en Afrique vous les envoyez en expédition, vous leur accordez un prêtre, tandis que la flotte en expédition demeure sous ce rapport dans un complet abandon.

» Et cet abandon a les plus fâcheuses conséquences pour les marins, pour leurs familles et pour l'État.

» Pour les marins, Messieurs : la plupart d'entre eux appartiennent à des provinces où la foi religieuse s'est conservée avec plus d'intégrité que dans l'intérieur de la France : je veux parler, par exemple, de la Provence, de la Bretagne. Sans doute, dans les illusions de la jeunesse, ces marins auront pu tomber dans

bien des désordres ; mais si la maladie vient attaquer l'un d'entre eux, officier ou
matelot, bientôt le découragement l'accablera, car nulle parole sérieuse ou élevée
ne le consolera, ne le rassurera ; et en sentant la vie s'affoiblir, en présence de
cet inattendu, de cette révélation de la tombe qui s'approche, les pensées religieuses oubliées ou négligées reviendront en lui. Il éprouvera un grand besoin
de pardon et d'espérance, et combien son ame ne sera-t-elle pas oppressée, si,
exilé, loin de sa patrie et de sa famille, agité par la foi, inquiet de son avenir, il
cherche vainement de ses tristes et derniers regards un ministre de Dieu qui
vienne recevoir ses confidences, apaiser ses douleurs, et lui ouvrir en quelque
sorte les portes d'une vie meilleure? Combien alors la privation d'un prêtre lui
sera pénible !

» Et, s'il meurt ! son cadavre, avant d'être jeté à l'eau, aura un boulet pour bénédiction et dernière prière !

» Quant à sa famille croyante, chrétienne, la nouvelle d'une mort bénie par un
prêtre lui auroit été moins douloureuse, au lieu qu'elle demeurera inconsolable
par la crainte d'avoir perdu deux fois son enfant. (Très-bien ! très-bien !)

» Quant à l'Etat, Messieurs, en premier lieu, considérez qu'une de nos foi-
blesses, comme puissance maritime, se rencontre dans le petit nombre de nos
marins. Or, je ne prétends certainement pas que le défaut d'aumôniers en soit
seul cause, mais je crois que certains parens, plus religieux que d'autres, peuvent souvent répugner à aventurer leurs enfans sur l'immensité des mers, en pensant qu'ils n'y seront accompagnés d'aucune instruction, d'aucun secours de la
religion.

» Secondement, il est, Messieurs, des sentimens de haute convenance. S'il appartient à la France de marcher la première quand il s'agit de gloire et d'honneur, il seroit indigne d'elle de ne pas se maintenir à cette place quand il s'agit
d'un sentiment plus élevé encore, du respect pour le droit de la conscience, respect tellement senti par les autres nations, que toutes ont conservé un ministre de
leur culte au moins à bord de leurs grands bâtimens.

» Or il est fâcheux pour nous d'agir autrement. Vous le savez, messieurs, nous
avons des ennemis : la crainte et l'envie ne nous laissent assurément pas manquer
de détracteurs. Or, comme on estime encore la religion comme la meilleure gar-
dienne des institutions sociales ; comme elle est considérée en quelque sorte
comme le baume, l'arôme qui entretient efficacement l'unité et la vie dans les
sociétés, surtout dans celles très-avancées en civilisation, il s'ensuit que, pour
nous décrier, on ne manque pas de nous représenter comme une nation athée ; et
nos calomniateurs allèguent sans cesse à cet égard l'absence de tout signe, de tout
ministère religieux sur nos flottes.

» Aussi on a remarqué avec tristesse le pénible effet que produisoit en 1840
devant la France et devant les autres pays de l'Europe, le spectacle d'une flotte
française forte de 12 à 14 vaisseaux de ligne, portant dans ses flancs plus de
10,000 hommes, sans qu'il y eût un seul prêtre pour vaquer aux intérêts religieux
de toute cette population armée, tandis que les flottes autrichiennes, anglaises et
même égyptiennes, et la Turquie, avoient toutes des ministres de leur religion au
moins à bord de leurs plus gros vaisseaux.

» Messieurs, en opposition à ces graves considérations, qu'allègue-t-on pour ne
point placer des aumôniers à bord ? Des difficultés de détail.

» Sans doute il se rencontre des difficultés pour que les aumôniers conservent
à bord de nos vaisseaux le respect et l'influence qui leur sont dus. Par exemple,
il est certain que de jeunes aumôniors, placés à bord dans une situation telle qu'ils
doivent partager la table et faire vie commune avec de jeunes officiers, courroient

le risque, ou de leur devenir insupportables, ou de se laisser entraîner à des manières, à des propos qui affoibliroient le respect dû au caractère ecclésiastique. Mais remédier à cet inconvénient est affaire de discernement et d'administration.

»Des faits récens ont prouvé que lorsque l'aumônier est bien choisi, lorsqu'il est placé dans une situation convenable, élevée, loin d'avoir à craindre pour lui, on a toute chance de lui voir acquérir à bord une utile et salutaire influence. Lorsqu'un illustre amiral, aussi religieux qu'il est brave et qu'il est habile chef d'escadre, lorsque M. le prince de Joinvile alla chercher à Sainte-Hélène les cendres de l'empereur Napoléon, il voulut avoir à son bord, comme aumônier, M. l'abbé Coquereau, aujourd'hui chanoine de Saint-Denis; et le jeune prince en fut tellement satisfait dans cette mission de paix, qu'il voulut encore l'emmener avec lui dans la campagne navale dirigée contre le Maroc. Là l'aumônier, plus que jamais, se montra à la hauteur de sa situation par la dignité de sa tenue et le zèle habile qu'il apportoit dans l'exercice de ses fonctions. Là, à Tanger, à Mogador, pendant que les boulets se croisoient sur le pont, il y séjournoit malgré de vives instances; il ne le quittoit qu'à regret pour satisfaire aux exigences de son ministère. Là il consoloit les blessés, il assistoit les mourans avec une charité si intelligente et si zélée, qu'il étoit chéri des malades et vénéré de l'équipage. Maintenant l'étoile de l'honneur brille sur sa poitrine, et l'on a reconnu qu'elle étoit bien méritée. Cet exemple prouve ce que je disois tout à l'heure, qu'il est très-possible de placer utilement des aumôniers à bord; que c'est une affaire de choix, de discernement, de bonne administration. Or je sais qu'on peut, sous tous les rapports, se confier parfaitement à l'honorable amiral, notre collègue, chargé du département de la marine. Aussi je m'en remets entièrement à lui pour ce qui concerne l'application du principe. Mais je le conjure d'adopter ce principe. Je lui demande avec instance de faire en sorte que désormais nos flottes ne partent pas sans un ministre de la religion; qu'elles n'emmènent point nos concitoyens braver les dangers de la mer et de la guerre, sans qu'ils aient au milieu d'eux l'homme de la foi, de la prière, l'intermédiaire de la réconciliation et de l'alliance avec le ciel. Je le lui demande pour le service de nos marins, pour le repos de leurs familles, pour l'honneur de notre pays, pour l'acquittement enfin d'une véritable dette de l'État envers ses intrépides et généreux défenseurs. (Très-bien! très-bien!)

» M. LE BARON DE MACKAU, *ministre de la marine.* Messieurs, les observations que l'honorable préopinant vient de présenter à la chambre n'ont nullement échappé au gouvernement. Notre honorable collègue disoit que la mesure dont il parle est facile, et c'est là le seul point sur lequel je me trouve en désaccord avec lui. L'établissement d'aumôniers, non pas à bord de tous les bâtimens de guerre, mais à bord d'un certain nombre de bâtimens de guerre, à bord des plus grands, est très-désirable; mais il amène avec lui un certain nombre de difficultés. Je déclare toutefois que ces difficultés n'arrêteront point l'administration, et que dans ce moment-ci nous sommes occupés de chercher des combinaisons qui peuvent avoir pour résultat d'assurer cette institution si utile, au moins à bord des bâtimens sur lesquels flotte le signe du commandement.

» J'ajouterai encore que nous ne sommes pas à cet égard aussi dépourvus que le suppose notre honorable collègue; les bâtimens qui sont plus spécialement chargés de transporter les malades entre l'Algérie et Toulon ont chacun un aumônier à bord. Et enfin, lorsque nous avons fait dernièrement une expédition de guerre, un des premiers soins de l'administration a été de placer à bord du bâtiment amiral un aumônier dont j'ai été enchanté de trouver l'éloge dans la bouche de notre honorable collègue, car ces sentimens sont ceux que nous lui portons tous au département de la marine. (Très-bien!) »

Un association de secours en faveur des chrétiens du Mont-Liban, fondée à Beyrouth par quelques Français voyageurs ou résidens notables, vient d'établir plusieurs bureaux de correspondance à Paris. En attendant que nous puissions mettre sous les yeux de nos lecteurs l'*exposé des faits* qui parle avec tant d'éloquence en faveur de nos malheureux frères de l'Orient, nous nous empressons d'annoncer qu'une souscription est ouverte au Bureau de l'*Ami de la Religion*.

Dimanche prochain, fête patronale de la nouvelle église et de la paroisse de Saint-Vincent-de-Paul, M. l'archevêque d'Aix officiera pontificalement le matin et le soir aux offices de la solennité. Mgr Bernet a bien voulu venir donner ce témoignage d'affection à une paroisse de Paris, où si long-temps s'exerça son zèle et sa charité pastorale.

M. l'abbé Blanc publie aujourd'hui, dans son cours d'histoire ecclésiastique, LA FIN DU SECOND SIÈCLE ou *les origines chrétiennes*. Nous nous bornons en ce moment à citer un passage de la 41ᵉ leçon sur l'état de l'Eglise au IIᵉ siècle. Le savant écrivain répond ainsi à la prétention des protestans d'établir que l'*Eglise s'est corrompue*.

«Pour entendre ces conséquences du protestantisme, il faut savoir qu'il n'est pas question ici des sectes religieuses qui ne cessent de pulluler dans son sein, mais des systèmes anti-chrétiens bâtis contre l'Eglise depuis le XVIᵉ siècle, et que l'on comprend sous le nom de philosophie moderne. Les ennemis de la révélation durent saisir avidement toutes les calomnies entassées par la réforme contre l'Eglise catholique; et plus conséquens que la réforme, ils soutinrent qu'une institution si vite, si facilement, si persévéramment corrompue, n'étoit qu'une œuvre humaine, et dès lors une imposture, si elle se disoit divine. Cette argumentation, prise en elle-même, est sanctionnée par la logique et le bon sens, mais elle n'effleure même pas l'Eglise catholique, dès l'instant qu'il est prouvé que cette Eglise étoit au IIᵉ siècle telle qu'elle apparoît dans les siècles suivans. Elle n'a de force que contre le protestantisme lui-même, en l'accusant de manquer également de bon sens et de logique. Et, chose étonnante ! cette même argumentation se poursuit aujourd'hui encore, et le fait qui lui sert de base est, plus que jamais, reçu et consacré, aujourd'hui que le protestantisme dogmatique achève de se dissoudre ! Voyons, en effet, les principaux systèmes de l'incrédulité contemporaine; tous partent de ce fait que l'Eglise se seroit formée progressivement durant les trois premiers siècles, et tous s'appuient constamment sur l'histoire protestante, dès qu'ils touchent à l'Eglise et à son histoire. Mais en acceptant cette base commune, ces systèmes conservent leur point de vue spécial, et arguent quelquefois tout différemment de ce fait également admis de tous. Les réformés du XVIᵉ siècle n'avoient vu dans cette formation progressive de l'Eglise qu'une altération essentielle et coupable, et ils en avoient conclu qu'il falloit faire revivre l'Eglise primitive, ce que Luther et les autres chefs étoient venus accomplir. Les déistes qui suivirent, ne virent dans cette altération, comme nous venons de le dire, qu'une preuve contre la divinité même de l'Eglise primitive.

Aujourd'hui plusieurs veulent remonter aussi au christianisme primitif, comme ils l'appellent, et le dégager de tout ce qui altère sa simplicité première dans l'Eglise romaine ; mais ce n'est plus pour y retrouver une Eglise divine à la manière des protestans ; c'est pour remonter à un christianisme philosophique, c'est-à-dire à un christianisme de leur façon. D'autres au contraire ne s'attachent qu'à expliquer cette formation lente et progressive de l'Eglise ; les uns par le mythe allemand, à la manière de Strauss, les autres par le progrès humanitaire ; ceux-ci ne voient dans l'Eglise qu'une transformation des sociétés et des religions antérieures, une phase de l'humanité. Il en est enfin, et ce sont les plus rationnels, qui partant du point de vue historique des théologiens protestans, en tirent une conclusion diamétralement opposée ; l'Eglise n'existe pour eux et ne mérite ce nom qu'à partir des ive et ve siècles.

» Ainsi, on le voit, toutes ces combinaisons systématiques reposent sur ce fait, qui est leur idée commune, savoir, que l'Eglise ne seroit arrivée qu'avec l'aide du temps et des circonstances à se constituer telle que l'histoire la montre depuis le iie siècle. Ces combinaisons, nulles déjà de plusieurs manières, ne tombent-elles pas toutes ensemble, dès qu'une fois l'histoire elle même nous fait voir au iie siècle cette Eglise, non pas se constituant, mais constituée et complète dans sa doctrine comme dans son organisation?... »

On lit dans le *Courrier du Havre* du 16 juillet :

« M. Reynolds, évêque de Charleston (Etats-Unis), est arrivé aujourd'hui au Havre, venant de Southampton ; il est accompagné d'un grand-vicaire. M. Chabras, coadjuteur de Cincinnati (Etats-Unis), est en partance pour retourner dans son diocèse. Deux religieuses augustines, se rendant dans le même diocèse, doivent prendre passage sur le même navire. »

PROPAGANDE PROTESTANTE.

On lit dans le *Spectateur de Dijon* :

« On nous écrit de Pouilly-en-Auxois :

» Depuis l'apostasie Trivier, les protestans se remuent avec une ardeur qui indique que c'étoit là un signal convenu qu'on attendoit pour éclater. Ce n'est pas seulement à Dijon que les brochures les plus impies et les plus calomnieuses pleuvent de toutes parts, infestant les maisons des catholiques, comme autrefois les sauterelles et les grenouilles infestoient celles des Egyptiens. Le protestantisme, depuis si long-temps à l'état de mort, s'agite comme un cadavre sous la pile voltaïque, en convulsions étranges.

» La semaine dernière, Mont-Saint-Jean, Châtellenot, Arconcey et lieux voisins ont été *évangélisés* par un prédicant-colporteur. Travestissement impie de la sainte Ecriture, outrages contre le dogme, la morale et la discipline, insinuations odieuses et absurdes contre le clergé, voilà tout ce que contiennent les livres qu'il s'efforçoit de débiter. Mais le prédicant-colporteur sait maintenant si nos honnêtes montagnards sont assez stupides ou assez impies pour laisser injurier leur religion par un manant cosmopolite sans aveu, et il ne se vantera pas de l'accueil qu'il a reçu. Econduit d'abord avec mépris, chansonné ensuite par la verve goguenarde de nos paysans, il a juré, dit-on, qu'il n'y reviendroit plus. »

Le *Loir*, journal de Vendôme, rapporte un trait de charité que nous nous faisons un plaisir de reproduire. Une femme de Ternay fut arrêtée ces jours derniers pour n'avoir pu payer une amende de 30 fr. : on

alloit la conduire en prison. L'aspect de cette femme qui tenoit un enfant sur ses bras et qu'un autre enfant un peu plus âgé suivoit en poussant des cris déchirans, impressionna vivement la foule qui se pressoit
autour d'elle. Tout à coup arrive M. Blessebois, curé de l'endroit ; sur
le récit qu'on lui fait des motifs de l'arrestation de cette malheureuse
mère de famille, il s'empresse de solder la somme due ; et les gendarmes, touchés jusqu'aux larmes, rendent leur prisonnière *à la liberté.*

--- --

Nous nous faisons un devoir de publier la lettre pleine d'un véritable zèle, que nous recevons de M. le curé de Saumane, canton de
Saint-André de Valbergue, au diocèse de Nîmes, et nous joignons bien
volontiers nos recommandations à la prière que ce respectable pasteur
adresse aux ames charitables en faveur d'une œuvre si digne de leur
pieux intérêt.

α Monsieur le Rédacteur,

» Envoyé, il y a six ans, ici à Saumane, canton de Saint-André de Valbergue,
diocèse de Nîmes , j'ai eu jusqu'à ce jour à lutter contre mille difficultés de tout
genre. Il faut vous dire que ce poste est la plus minime paroisse du diocèse ,
quoique d'une vaste étendue. Une centaine de catholiques, dispersés dans quatre
communes, parmi une population protestante d'environ 3,000 ames, sur un rayon
de dix à douze lieues , au centre des Cévennes, se trouvoient depuis de longues
années sans pasteur , comme un troupeau de brebis égarées, exposées à la dent
du loup. Trop long-temps cette paroisse resta dans le veuvage : encore un peu
plus, et elle alloit disparoître de la carte diocésaine. On voit que la réforme et la
révolution de 93 ont fait plus que d'y passer : leurs coups furent terribles , les
blessures saignent encore. Le signe du salut brille à Saumane avec gloire , à l'é-
tonnement de l'hérésie : la foi y fait des conquêtes, le prêtre y est vu avec honneur : c'en est fait, la religion est ici en progrès.

» Cependant , il reste encore beaucoup à faire , et, pour soutenir de si beaux
commencemens, il importe de donner à Dieu un sanctuaire digne de lui, au pasteur un asile, et aux morts un cimetière. C'est dans ce but , Monsieur le Rédacteur, que je viens vous prier, au nom du Seigneur, au nom de la religion, au nom
de mon cher troupeau, d'ouvrir, dans votre estimable Journal, une souscription
en notre faveur. Ce moyen, je l'ai déjà employé dans ce diocèse, auprès de mes
honorés confrères, et mon appel trouve de l'écho dans leurs cœurs. M. l'évêque
a daigné souscrire pour 600 fr. De son côté , le gouvernement a répondu à mes
pétitions réitérées par une allocation de 1,500 fr. Mais hélas ! qu'est-ce que la
totalité de ces fonds devant la somme des dépenses? Notre conseil municipal
s'obstine à ne rien voter, mes paroissiens sont tous plus ou moins sans ressources,
et ma position personnelle, vous le comprenez, Monsieur, est trop précaire, pour
m: procurer le bonheur de faire de grands sacrifices à cet effet.

» Dans cette douloureuse nécessité, j'ai recours à vous, Monsieur le Rédacteur, et par le moyen de votre concours, cet appel à la charité publique trouvera
des cœurs généreux dans la plupart de vos abonnés. Ah ! l'on quête , l'on souscrit pour des œuvres bien moins importantes! Je vais plus loin: les missions
étrangères sont dignes du plus haut intérêt, et on ne sauroit trop les soutenir par
d'abondantes aumônes; eh bien! la paroisse de Saumane est aussi une mission,
et une mission naissante. On ne sauroit croire combien il importe d'entretenir le

celle dans ces montagnes soumises à l'hérésie : le salut de beaucoup d'âmes, l'avenir de la religion en dépend.

» Si j'avois un vœu à former, je voudrois que tous les bons catholiques lussent ces paroles qu'une main sacerdotale vient de tracer en face d'un crucifix. Oh! si du moins elles tomboient sous les yeux de vos lecteurs, ma prière seroit accueillie! Alors l'avenir de ma paroisse seroit assuré à jamais. J'en ai la douce confiance, et d'avance je les prie ici d'agréer l'hommage de notre gratitude.

» Recevez, etc.   CRÉGET, curé.

» Saumane, 23 juin 1845. »

———————◆◆◆———————

ALLEMAGNE. — Le gouvernement grand-ducal de Hesse vient de prendre, à l'égard des schismatiques dits catholiques-allemands, des mesures identiques à celles qu'ont arrêtées les gouvernemens de Berlin, de Hanovre, de Nassau, etc. Le décret hessois se base sur les mêmes considérans que ceux des gouvernemens précités, à savoir : qu'il est impossible de prévoir si ces associations religieuses auront quelque durée, ni quelle forme elles pourroient prendre à l'avenir. Le culte privé leur est cependant permis, à la condition de ne rien entreprendre de contraire aux lois existantes, ni qui puisse offenser les droits des confessions reconnues par l'Etat. La qualification de communautés ou d'Eglise ne pourra leur être donnée dans aucun acte officiel; l'usage d'aucun temple protestant, ni d'aucun édifice soumis à la surveillance directe de l'Etat, ne pourra leur être accordé, et quant aux actes religieux qui produisent des effets civils, le consistoire suprême protestant autorisera les ministres à les accomplir provisoirement et à les inscrire aux matricules de leurs églises.

———————◆◆———————

PROVINCES RHÉNANES. — La société de Saint-Charles Borromée, instituée sous les auspices de M. le coadjuteur de Cologne, pour la propagation de livres catholiques, s'est constituée et vient de publier les résultats des premières délibérations de son conseil, composé de trente membres, et qui a fixé son siége à Bonn. Elle a constitué son comité administratif, à la tête duquel a été appelé le respectable baron de Loë qui, dans la dernière session des Etats des provinces rhénanes, a relevé avec une si grande énergie la partialité de la censure prussienne en faveur du journalisme protestant. Le conseil a résolu la formation de succursales qui entretiendront une correspondance suivie avec M. de Loë. Les membres du comité dirigeant auront à présenter, dans la quinzaine, la liste des premiers ouvrages à faire imprimer et répandre aux frais de la société. L'on projette avant tout la publication de la vie de saint Charles.

———————◆◆◆———————

CANADA. — Saint-François, rivière du Sud. — Le 19 juin s'est terminée une retraite, sous la présidence de M. Villeneuve, curé de Saint-Charles, assisté d'un grand nombre de ses confrères de toutes les paroisses adjacentes qui sont venus avec le plus grand zèle entendre les

confessions. Les exercices de la retraite ont été suivis avec une grande
ardeur. Les divers sermons qui ont été prêchés sur les vérités les plus touchantes de la religion ont produit d'heureux fruits pour le salut. Tous
les jours on a vu, avec édification, les confessionnaux environnés d'une
foule immense de pénitens, et les fidèles, après s'être réconciliés avec
Dieu, s'asseoir à la table du Seigneur. Il y a eu un sermon sur la tempérance, plein d'onction et très-pathétique, après lequel plus de huit
cents personnes sont venues s'enrôler sous l'étendard de la tempérance.
Puisse cette belle ferveur se maintenir et persévérer long-temps!

REVUE POLITIQUE.

L'exemple donné par la gauche publiant une circulaire relative aux prochaines
élections, devoit être suivi par le centre gauche. Nous avons lu en effet dans le
Constitutionnel de mardi dernier le manifeste électoral de cette partie du centre
qui reconnoît M. Thiers pour chef, et qui cherche à renverser M. Guizot afin de
lui substituer l'honorable président du 1er mars. Cette dernière circonstance est
le résumé assez exact de toute la pensée de ce manifeste du centre gauche. C'est
la contre-partie de tous les éloges que les journaux conservateurs prodiguent
chaque jour au ministère du 29 octobre, et en particulier à son chef influent,
M. Guizot. D'une part, M. Thiers ne paroît pas exposer des principes politiques très-différens de ceux de M. Barrot; de l'autre, ces deux honorables
chefs des deux nuances de la gauche s'accordent à flétrir la marche politique du
ministère actuel. Voilà du moins ce qui ressort évidemment pour nous de la lecture des deux circulaires aux comités électoraux. Maintenant, il nous reste à connoître les circulaires des autres nuances de la chambre des députés.

En attendant, nous devons remarquer avec plus d'intérêt ce que *les défenseurs
de la liberté religieuse* publient aussi à l'occasion des élections. Ce ne sont point des
hommes de parti ou voulant former un parti religieux, et encore moins un *parti
catholique*. Ce sont des hommes éminens d'une foi éprouvée, et de talens fort connus. Laïques, mais sincèrement chrétiens, ils ont horreur de tout ce qui tendroit à
vouloir entraîner ou compromettre le clergé de France dans l'arène des luttes
politiques; leur but, au contraire, est de dégager la responsabilité des évêques
et des prêtres français de toutes ces luttes ardentes. Ils veulent, ainsi qu'ils le déclarent, leur créer des auxiliaires et non des embarras. Pères de famille, citoyens,
ils réclament leurs droits d'après la charte, en religion et en politique. C'est-là
toute leur pensée; leur but, comme on le voit, est aussi noble qu'il est pur. *Nous*
voulons comme eux et comme la demandent les évêques, la liberté d'enseignement; ils repoussent comme nous la dénomination de parti; ils seront donc
aidés, soutenus par tous les hommes de cœur et de principes fixés par la conscience. Il nous semble que, sans abandonner ce qu'on appelle en politique leur
drapeau et leurs opinions, les hommes religieux peuvent et doivent s'unir afin
d'obtenir entre autres libertés, celle de l'enseignement, si capitale pour le salut
de la France.

Les journaux discutent encore sur le résultat de l'assemblée qui a eu lieu au
Collége de France, à propos des fameuses leçons de MM. Michelet et Quinet. A

bout de nouveaux argumens, on en est venu aux personnalités. Le *Siècle*, tout révolté du nouveau zèle du *Journal des Débats* contre l'enseignement des deux professeurs du Collége de France, s'en prend à M. Michel Chevalier, et lui reproche d'avoir été saint-simonien, le second du *père suprême* à Ménilmontant. Ce genre de combat n'ôte rien aux raisons alléguées par les journaux du ministère contre les scandaleuses diatribes des deux professeurs incriminés. Il est bien vrai que l'on a pris ici un peu tardivement la défense de la morale et de la véritable destination du Collége de France; mais enfin, quel que soit le motif qui excite aujourd'hui ce zèle réparateur, le but à atteindre n'en est pas moins honorable et nécessaire. Le *National* a beau exhumer l'une des circulaires de M. de Montalivet, ministre de l'intérieur en 1831, et dans laquelle il est établi que l'enseignement du Collége de France doit s'étendre aussi *à la discussion critique des doctrines religieuses et philosophiques*, et affirmer par conséquent que MM. Quinet et Michelet ont suivi la route tracée par M. de Montalivet; cela ne prouve pas la thèse et les prétentions de ces Messieurs, à laisser entièrement de côté le but et le programme de leur cours, pour se livrer exclusivement à des diatribes anti-religieuses. En 1831, M. de Montalivet n'a-t-il pas publié aussi une proclamation qui commençoit par ces mots adressés aux dévastateurs de Saint-Germain-l'Auxerrois, de l'Archevêché et de Notre-Dame : RESPECT AUX MONUMENS, en ordonnant toutefois la fermeture de l'Eglise du quatrième arrondissement? Aujourd'hui, on répare les dévastations d'une époque funeste. Est-on en droit de demander raison à l'ancien ministre de l'intérieur de ce qu'on dépasse les termes de la première proclamation? Certes, il n'est jamais trop tard de dire, lorsqu'on en a le pouvoir, au torrent révolutionnaire : Voilà tes limites. C'est le devoir et l'honneur de la puissance d'arrêter le mal. En nous associant à la pensée qui veut obliger MM. Michelet et Quinet à rentrer dans la spécialité de leurs leçons, nous ne croyons pas le moins du monde porter atteinte à la liberté du professorat.

Nous recevons de Beyrouth la lettre suivante, dont nous livrons la conclusion aux réflexions de M. le ministre des affaires étrangères :

... « La Montagne est toujours dans l'état le plus déplorable. Si les hostilités sont suspendues un moment, c'est pour recommencer bientôt. Tout le pays est en armes, un nouvel embrasement est imminent. Quand tant de sang a déjà été répandu, et que les têtes sont tellement montées, qu'il est impossible de prévoir quel sera le terme des massacres qui ensanglantent le Liban, il n'y a plus de ménagemens à garder, il faut au contraire que l'on sache bien, en Europe, que c'est à l'*Angleterre* que l'on doit demander compte de tout le sang versé. Les intrigues de son agent en Syrie, le colonel Rose, pour animer les deux populations l'une contre l'autre, ne sont plus un mystère pour personne; il encourage manifestement les Druses, et entretient par tous les moyens imaginables l'irritation dans les esprits. Quantité d'armes et de munitions saisies entre les mains des Druses sortent des fabriques anglaises dont elles portent le cachet. Le voyageur que des affaires impérieuses appelle à la Montagne est obligé de se dire *Anglais*, quand il passe dans les lieux occupés par les Druses, sinon il est assassiné : s'il passe au contraire dans un lieu occupé par les Maronites, le meilleur moyen d'être protégé est de se dire *Français*.

» Il est manifeste que l'Angleterre veut établir son influence dans la Montagne par l'extermination des chrétiens, qui, malgré le peu d'intérêt que leur témoigne la France , ne cessent d'élever vers elle des bras suppliaus , et d'attendre d'elle leur délivrance du joug de fer que l'Angleterre veut leur imposer, si elle ne réussit pas à les faire exterminer par les Druses. La France, comme protectrice du catholicisme en Orient, jouit encore, malgré les malheurs qui ont désolé la Syrie, d'une grande influence sur les populations chrétiennes de ces contrées, et c'est cette influence que l'Angleterre veut détruire à tout prix. Elle espère achever, par son or, l'œuvre commencée par l'épée des Druses; nous sommes forcés d'avouer que ce moyen ne lui a déjà que trop réussi; quelques chefs Maronites se sont déjà laissé corrompre. La division menace donc d'éclater parmi eux dans un moment où l'union leur seroit si nécessaire. Cependant l'immense majorité de la population repousse de toutes ses forces le protectorat anglais, et sent la nécessité de demeurer unie pour tenir tête à l'ennemi. Les chrétiens, plus nombreux que les Druses, eussent déjà mis certainement ceux-ci à la raison, s'ils eussent été comme eux fournis d'armes et de munitions; mais, pendant que chaque Druse avoit à sa disposition trois ou quatre fusils et des cartouches à volonté, les Maronites n'avoient que de vieux fusils rouillés et en nombre insuffisant; ils manquoient également de munitions. Il paroît qu'ils ont réussi à s'en procurer , et qu'aujourd'hui ils sont en mesure de recevoir l'ennemi. Jusqu'ici , par respect pour l'autorité, et cédant aux conseils des consuls européens, ils s'étoient abstenus de résister aux troupes du Grand-Seigneur, mais aujourd'hui qu'ils voient manifestement que, par une trahison insigne, les Turcs se joignent à leurs ennemis, ils sont décidés à repousser toute agression de quelque part qu'elle vienne. On ne peut penser sans frémir aux calamités qui vont fondre sur cet infortuné pays, qui nous est cher à tant de titres.

» Voilà donc les fruits que devoit porter le traité du 15 juillet 1840!

» Si l'on veut pacifier la Montagne, il faut que l'on sache bien qu'il ne suffit pas de faire des représentations énergiques à la Porte , mais qu'il faut en faire aussi, et de très-énergiques , au gouvernement anglais, et le presser vivement de rappeler *immédiatement* le colonel Rose , qui ne cesse de souffler dans le pays le feu de la guerre civile. »

CONSTANTINOPLE. — *Correspondance particulière.* — Le grand duc Constantin, fils de S. M. l'empereur de Russie, est arrivé à Constantinople le 18 juin. Le grand amiral Halil-Pacha et Schekib-Effendi, ministre des affaires étrangères, sont allés le complimenter de la part du Sultan, qui a mis à sa disposition deux officiers supérieurs, pour lui faire voir les curiosités de la capitale et du Bosphore. Le 21, il a été présenté au Sultan, qui lui a fait, dit-on, l'accueil le plus distingué, et lui a offert des présens magnifiques. On assure qu'il sera prochainement invité à dîner au palais. Le prince doit rester à Constantinople une vingtaine de jours, puis visiter Smyrne et quelques îles de l'Archipel. Il se proposoit d'aller jusqu'à Athènes, mais il paroît qu'il a été prié de remettre cette visite à un autre voyage. On conçoit que le roi Othon n'eût pas vu de très-bon œil ce *prétendant*, qui, grâces à l'or et aux intrigues de la Russie en Grèce, pourroit se faire appuyer par une faction puissante. Depuis l'arrivée du prince à Constantinople, aucun grec de distinction, pas même le patriarche, n'a été admis à l'honneur de lui être présenté. La Russie ne veut pas donner trop d'ombrage à la Porte. Une vieille tradition répandue parmi le peuple assure que l'empire fondé par Constantin, qu'un autre Constantin a perdu avec la vie, sera rétabli par un troisième Constantin. Le peuple croit que ce restaurateur est le prince russe; aussi depuis son arrivée ici, les Grecs, en se rencontrant dans les rues, se disent-ils à l'oreille : *Constantin est arrivé.* Il y a lieu de croire néanmoins que cette restauration devra encore être ajournée quelque temps.

NOUVELLES ET FAITS DIVERS.
INTÉRIEUR.

PARIS, 18 juillet. — Le *Moniteur* publie la loi relative à la démonétisation des espèces de billon.

Seront retirées de la circulation et démonétisées, les pièces de six liards, celles de dix centimes à la lettre N, et les pièces de quinze sous et de trente sous.

Ces pièces cesseront d'avoir cours légal et forcé, et ne seront plus admises dans les caisses de l'Etat, savoir : celles de six liards et de dix centimes, le 31 décembre 1845; celles de quinze sous et de trente sous, le 31 août 1846.

Les pièces d'un demi-franc et d'un quart de franc, qui seront frappées à l'avenir, porteront au revers les mots : *cinquante centimes*, *vingt-cinq centimes*, au lieu de ceux-ci : *un demi-franc, un quart de franc*.

— Dans l'avant-dernière séance de la chambre des pairs, M. le maréchal Soult, ministre de la guerre, s'est exprimé en ces termes, relativement au terrible épisode du Dahra : .

«On a fait allusion à des explications que j'ai présentées dans une des dernières séances, et dans lesquelles je déclarois désapprouver et déplorer ce qui avoit eu lieu dans le Dahra; mais je prie la chambre de considérer que mes expressions se rapportoient au fait en lui-même; car toutes les fois qu'un accident, un malheur imprévu se produit, même pendant la guerre, le sentiment doit porter naturellement à en gémir; je serai plus explicite en ce moment.

» Un des plus honorables officiers de l'armée d'Afrique, le colonel Pélissier, dont je ferai toujours l'éloge, s'est trouvé dans une situation des plus pénibles et des plus embarrassantes.

» Il avoit à soumettre des révoltés qui, quelques jours auparavant, avoient lâchement assassiné nos soldats : c'étoit en outre la troisième ou la quatrième fois que cette population, qui se réfugie toujours dans des cavernes, donnoit lieu à des scènes semblables. En 1842, quand M. le maréchal Bugeaud parcouroit la vallée du Chéliff pour pacifier les tribus qui se trouvent sur la rive droite de ce fleuve, il envoya des détachemens dans ce même endroit, et plusieurs de nos soldats, qui s'étoient présentés à l'entrée des grottes pour porter des paroles de paix, furent accueillis à coups de fusil. La plupart y furent blessés et restèrent sur le terrain.

» Le lendemain, le maréchal Bugeaud envoya un détachement pour savoir ce qu'étoient devenus ces hommes; il les trouva tous mutilés.

» L'an dernier, le général Cavaignac, se trouvant au milieu de la même tribu, y éprouva des malheurs semblables; sa colonne, constamment assaillie par cette tribu, éprouva les pertes les plus cruelles.

» J'avoue que, si je m'étois trouvé dans la même situation, j'aurois peut-être fait quelque chose de très-sévère; car il ne faut pas perdre de vue que les militaires commandés par le colonel Pélissier, étoient les mêmes qui, en 1842, avoient vu leurs camarades mutilés de la manière la plus cruelle.

» Pensez-vous que, dans une telle situation, les hommes soient capables d'assez de générosité pour oublier les offenses passées?

» Nous avons trop souvent le tort, nous autres Français, d'exagérer les faits, d'les amplifier, sans tenir compte des circonstances qui les font sortir du cercle habituel.

» En Europe, un pareil fait seroit affreux ; en Algérie, il trouve son explication, et vous n'imposerez jamais à un officier l'obligation de ne pas rendre les offenses qu'il a reçues.»

— Par ordonnance du roi, en date du 16 de ce mois, le deuxième collège électoral du département de la Haute-Saône est convoqué à Jussey pour le 9 août prochain, à l'effet d'élire un député par suite du décès de M. le duc de Marmier.

— Plusieurs banquets ont eu lieu mardi, à l'occasion de la Saint-Henri. La plus franche cordialité a présidé à ces réunions, dans lesquelles des toasts ont été portés au bonheur de la France.

— L'autorité judiciaire paroît décidée à sévir contre la coalition des ouvriers charpentiers. Avant-hier des mandats et commissions rogatoires ont été décernés par le juge chargé d'instruire sur cette affaire ; des commissaires de police porteurs de ces pièces ont procédé dans la commune de La Chapelle à l'arrestation de la mère des charpentiers et à celle du *père*, le mari de cette femme. Sept ouvriers charpentiers signalés comme les meneurs de la coalition ont en outre été arrêtés, et l'on a apposé les scellés sur la caisse de l'association, caisse au moyen de laquelle des secours étoient délivrés à ceux que la prolongation de la *grève* mettoit dans une position nécessiteuse.

Il paroîtroit que ce seroit à la suite d'une sorte de *meeting* tenu chez la mère, que la justice auroit pris ces mesures graves qu'ont paru réclamer le respect de l'ordre et l'exécution des lois.

— Le journal hebdomadaire *la Boussole, Revue sociale et politique des classes laborieuses*, a publié, dans son numéro du 29 juin dernier, un article de quelques lignes, à propos des poursuites dirigées contre l'Œuvre de Saint-Louis. Le ministère public a traduit, pour cet article, M. Chauvet, gérant de *la Boussole*, devant la 7e chambre de police correctionnelle. M. Chauvet a été condamné à un mois de prison et 1,000 fr. d'amende.

— M. le comte de Salvandy, dont plusieurs journaux annoncent ce matin l'arrivée à Toulouse, étoit avant-hier à la chambre des pairs où il a répondu à deux reprises à M. le vicomte Dubouchage, ce que n'ont pas manqué d'enregistrer les journaux qui faisoient voyager si loin M. le ministre de l'instruction publique.

— Nous lisons dans la *Gazette du Berry* :

« A l'exception de l'auguste fils de Charles V, que le gouvernement français retient à Bourges, le départ de la famille royale d'Espagne est définitivement fixé à jeudi. Cela semble indiquer que le ministère est disposé à accorder les passeports demandés il y a six ans. Mais jusqu'à présent il n'est question que d'aller à Greoulx, et après une séparation si douloureuse, peut-être une nouvelle prison va s'ouvrir dans le Midi de la France pour les illustres voyageurs.

» Nous regrettons du fond de notre ame le départ de cette auguste famille. Leur séjour laissera à jamais des souvenirs ineffaçables dans cette ville qu'elle a édifiée par ses vertus et son exemple. Tous les gens de cœur s'uniront à nous pour lui dire un adieu sincère et affectueux. Puissent les vœux que nous faisons s'accomplir un jour, et rendre à ces augustes proscrits la liberté et le bonheur dont ils sont si dignes !

» Ce matin M. l'archevêque a célébré la messe à la cathédrale, chapelle de la Sainte-Vierge, à l'intention de la famille royale. LL. MM. y assistoient avec le chapitre et de nombreux fidèles. »

— On annonce la prochaine arrivée à Bourges de plusieurs officiers du génie, parmi lesquels on cite M. Boblaye, député, envoyés par le ministre de la guerre pour y choisir l'emplacement où devront être déposés les bouches à feu néces-

...ures à l'armement des fortifications de Paris. Il est aussi question de la translation de la direction d'artillerie de Tours à Bourges, laquelle ne tarderoit pas,
dit-on, à être suivie de l'établissement d'une école et de l'envoi d'un second
régiment.

— MM. les docteurs Orfila et Chomel ont été chargés par le ministre de l'instruction publique de visiter le collège d'Orléans, où se sont déclarés des cas de fièvre typhoïde. Ils ont reconnu que le local ne présentoit aucune insalubrité, et ils
ont formulé l'avis que les compositions de fin d'année pouvoient avoir lieu
comme à l'ordinaire. Mais la plupart des élèves ayant été rappelés dans leurs
familles, cette question doit être discutée avec le ministre. En attendant, les
cours ont lieu comme par le passé.

—Un secours de 5,000 francs vient d'être accordé par M. le ministre de l'instruction publique à la ville de Tulle pour l'aider dans l'établissement d'une salle
d'asile.

— M. Wagner, gérant de l'*Espérance* de Nancy, vient d'être destitué de la
chaire qu'il occupoit à l'école forestière de cette ville. On ne sauroit se tromper
sur la portée de cette mesure. On a voulu punir à la fois l'éditeur responsable
d'un article que le préfet de la Meurthe a fait condamner, article relatif aux retards apportés dans la distribution des mandats du clergé, et l'écrivain catholique
qui ne cesse de réclamer contre les tendances malheureuses du pouvoir, et d'invoquer l'accomplissement des promesses de liberté.

— Un étudiant en médecine, à Berlin, se prit de passion pour la fille de son hôte,
qui s'appeloit Mina, comme toutes les femmes romanesques de la capitale de
Prusse. Ils se jurent fidélité, et se promettent le mariage. Un seul petit obstacle
s'oppose à leur union : Mina appartient à la religion protestante; l'étudiant est
juif, aussi attaché à sa foi qu'à son amour. Peu de temps après, Mina lui écrit :
« Mon cher ami, nous avons éprouvé bien des contrariétés dans le projet de notre
mariage; mais soyez enfin tranquille. Ce n'est pas au roi, mais à votre ange,
comme vous avez l'habitude de me nommer, qu'il étoit réservé de changer notre
sort : rien ne pourra désormais nous séparer. Depuis hier je suis devenue... *juive*.»
A peine cette lettre fut-elle partie, que Mina en reçut une par la poste de Breslau; elle étoit ainsi conçue : « Ma chère Mina, je ne vous dirai pas un mot du refus
que font les autorités d'ici de nous marier, vous aurez déjà vu cela dans les journaux; mais j'ai à vous apprendre une meilleure nouvelle : depuis hier, je suis devenu... *protestant*, et dans quelques jours je serai votre époux. » On ne dit pas
s'ils ont fini par s'entendre relativement à leur religion respective.

EXTÉRIEUR.

ESPAGNE. — Le courrier d'aujourd'hui n'apporte rien de nouveau quant à
la situation de la Catalogne. La tranquillité est rétablie sur tous les points où elle
avoit été momentanément troublée : à Tarragone et à Lérida, aussi bien qu'à
Barcelone même, le tirage de *la quinta* a eu lieu sans opposition.

— Le capitaine-général Concha est rentré à Barcelone le 12, après avoir laissé
un fort détachement à Molins del Rey. Trois ou quatre colonnes mobiles parcourent,
en outre, la province.

ANGLETERRE. — Les journaux anglais parlent d'un engagement qui auroit
eu lieu en Irlande entre les catholiques et les orangistes, et dans lequel il y auroit eu plusieurs tués et blessés, mais ils ne donnent aucuns détails sur cette affaire.

— Au commencement de la séance de la chambre des communes du 14 juillet,
M. Hope a déclaré ne voir aucun inconvénient à produire les pièces officielles re-

latives aux derniers événemens de la Nouvelle-Zélande. Il a ensuite donné que
ques explications sur la situation des affaires du Cap. Il a dit que des forces cor
sidérables s'y trouvoient.

Sir Robert Peel a ensuite déclaré que l'Angleterre reconnoissoit le droit au ge
néral Rosas de bloquer Montevideo, que ce droit avoit été également reconnu pa
le gouvernement français.

— Le lendemain une discussion s'est engagée dans les deux chambres, sur l
refus du gouvernement anglais d'accorder aux produits des colonies espagnole
l'importation sur le pied des nations les plus favorisées, que l'Espagne réclamo
en vertu du traité d'Utrecht. Le ministère l'a emporté à une grande majorité.

PRUSSE. — La *Gazette du Weser* prétend que plusieurs projets de Constitu
tion pour la Prusse ont été récemment discutés à Berlin par le conseil d'Etat. L
projet suivant paroît, d'après cette feuille, jusqu'à présent réunir le plus d
chances de succès. Il y auroit deux chambres; la première se composeroit d
seigneurs (au nombre de quarante), des évêques catholiques, des évêques pro
testans, des députés des chapitres catholiques et protestans, enfin des députés de
Universités. La deuxième chambre seroit composée d'Etats; la moitié des député
appartiendroit à l'Ordre équestre, et l'autre moitié à l'Ordre de la bourgeoisie e
des paysans. Les diètes provinciales seroient maintenues, et l'on n'est pas encor
d'accord sur le point de savoir si les Etats provinciaux choisiront les députés au
Etats-Généraux, ou bien si les électeurs auront ce droit. Les Etats n'auroient
que voix consultative sur les projets de loi; mais ils auroient voix délibérative à
l'égard de l'augmentation des impôts et de l'établissement de nouveaux impôts, etc.

— La *Gazette d'Etat de Prusse* donne aujourd'hui la nouvelle officielle de la
retraite de M. d'Arnim. Son successeur est M. de Bodelschwing.

AMÉRIQUE. — La reconnoissance de l'indépendance du Texas par le Mexique
est maintenant accomplie. Le président du Texas a publié une proclamation dans
laquelle il annonce que les négociations engagées avec le Mexique ont eu un plein
succès, et donne officiellement avis de ce résultat à la nation, en attendant qu'il
puisse communiquer tous les documens, d'abord au congrès qui s'est réuni le 16
juin, et ensuite à la convention qui a dû se réunir le 4 juillet. C'est à celle-ci
c'est-à-dire au peuple dont elle aura reçu le mandat, qu'il appartiendra de choisir
entre l'indépendance nationale, accompagnée de la paix, et l'annexion. Le président proclame que, jusqu'à ce que la convention ait prononcé, les hostilités contre le Mexique sont suspendues sur terre et sur mer.

CHAMBRE DES PAIRS.

La chambre a terminé hier la discussion du budget des dépenses, qui a été
adopté à la majorité de 87 voix contre 27. Deux débats importans ont précédé ce
vote.

Le premier qui s'est engagé à l'occasion du budget du département de la marine, a été signalé par quelques paroles sévères, adressées à l'administration de
ce département par M. le marquis d'Audiffret, s'exprimant au nom de la commission, dont il étoit rapporteur.

Provoqué à s'expliquer sur le point de savoir si, comme l'a annoncé, l'indemnité promise à M. Pritchard a été payée, M. l'amiral de Mackau a répondu qu'à
cet égard rien n'étoit terminé, et que M. le contre-amiral Hamelin avoit reçu
l'ordre, en partant pour Taïti, de prendre sur les lieux tous les renseignemens nécessaires pour régler cette indemnité.

Le second débat a porté sur une question de constitutionnalité soulevée par M. le comte Beugnot. On se souvient que la chambre des députés, sur la proposition d'un de ses membres, a introduit dans le budget des dépenses une disposition qui prescrit à l'avenir l'insertion dans le *Moniteur* des nominations dans l'ordre de la Légion-d'Honneur.

Aux yeux de M. le comte Beugnot, il n'est pas conforme à l'art. 15 de la charte d'introduire dans une loi de finances, loi temporaire de sa nature, des dispositions permanentes et réglementaires; cette pratique, constamment suivie depuis l'établissement régulier du régime représentatif en France, est grosse des plus graves dangers, car il peut fort bien arriver, grâce à cet esprit d'empiètement inséparable de tous les corps politiques, que la chambre des députés y puise un moyen de faire passer, sous le couvert du budget, des mesures qui, présentées isolément, auroient été repoussées par les autres pouvoirs, et arrive ainsi à acquérir une sorte de souveraineté législative.

Telle est la thèse développée par M. le comte Beugnot; c'est comme conclusion à cette thèse qu'il demandoit la suppression de l'article mentionné plus haut.

Cette proposition, vivement appuyée par M. Teste et combattue par MM. Passy et Lacave-Laplagne, a été repoussée par la chambre.

La séance s'est terminée par le vote d'un projet de loi relatif à l'agrandissement et à l'appropriation de divers édifices ministériels.

Aujourd'hui, la chambre a terminé ses travaux. La session est donc close de fait. L'ordonnance de clôture sera lue lundi prochain.

La chambre a successivement adopté : le projet de loi tendant à abroger l'article 5 de la loi du 11 juin 1842, qui met à la charge des départemens et des communes les deux tiers des indemnités à payer pour les terrains nécessaires à l'établissement des chemins de fer; le projet de loi relatif au chemin de fer de Tours à Nantes, et au chemin de fer de Paris à Strasbourg, avec embranchement sur Reims et sur Metz; le projet de loi relatif à l'établissement d'un bassin à flot à Saint-Nazaire, et (à la majorité de 102 voix contre 5) le projet de loi relatif à la fixation du budget des recettes pour l'exercice 1846.

M. Dubouchage a présenté quelques considérations générales sur les recettes et les dépenses. Il faudroit, selon l'honorable pair, modérer les entreprises des travaux publics. M. Lacave-Laplagne a déclaré à la chambre que notre situation financière n'a rien d'inquiétant, que le montant des déficits diminue régulièrement depuis plusieurs années, et que l'établissement rapide des nouvelles voies de communication aura pour effet d'accroître le revenu national et par conséquent la recette du trésor public.

Les 11 premières leçons du *Cours d'histoire ecclésiastique*, par M. l'abbé Blanc, que nous annonçons, sont actuellement en vente chez les Frères Gaume. Ces leçons donnent déjà 480 pages, et l'auteur doit y ajouter 10 nouvelles leçons pour le 10 octobre, c'est à-dire avant la rentrée prochaine des séminaires. Le volume, qui aura au moins 780 pages, sera terminé dans le courant de décembre. Ce sera la moitié du *Précis historique* qui forme le *Cours classique*. Cette annonce sera reçue sans doute avec satisfaction dans un grand nombre de séminaires, qui attendoient ces leçons avec tant d'impatience. Ils pourront, dès la rentrée prochaine, les adopter pour base de leur enseignement, sans crainte d'interruption. On ne doit pas craindre davantage que l'auteur ne dépasse les deux volumes; s'il consacre plus de 500 pages aux deux premiers siècles, cela tient à son plan, au dessein qu'il a eu d'y rapporter toutes les origines chrétiennes : lui seul en supportera les inconvéniens, en augmentant le volume sans augmenter le prix. Pour les avantages de ce plan, nous croyons qu'ils seront grandement appréciés par tous les esprits éclairés, et notamment par MM. les professeurs d'histoire ecclésiastique, de théologie et de philosophie, chargés de combattre les erreurs modernes et contemporaines. — Du reste, les séminaires ne manqueront pas d'examiner incessamment ces leçons et d'en apprécier, par eux-mêmes, le mérite et toute l'importance. (Voir aux annonces.)

La librairie de M. Poussielgue-Rusand vient de mettre en vente un ouvrage du plus haut intérêt. C'est un *Essai historique sur la destruction des Ordres religieux en France, au* XVIII° *siècle,* 1 fort vol. in-8°. Inspiré par les circonstances où nous nous trouvons, il en montre la gravité dans les faits analogues qui précédèrent la persécution de 1793. Les rapports qui existent entre les uns et les autres y apparoissent avec une vérité désolante. Nous ne saurions trop engager nos lecteurs à consulter dans ce livre, beaucoup plus complet que son titre ne sembleroit l'indiquer, les avertissemens que l'histoire et l'expérience nous donnent pour les temps présens et pour l'avenir.

Dessin linéaire à la règle et au compas, appliqué à l'industrie et au dessin en général (1).

M. Thénot, le laborieux et savant artiste, dont les nombreuses productions nous ont si souvent mis à même de constater les succès, vient de livrer au public ce nouvel ouvrage, lequel s'adresse aux jeunes personnes qui veulent apprendre à dessiner toutes sortes de broderies et tapisseries ; aux gens du monde pour tracer les objets usuels ; aux manufacturiers et fabricans pour fixer leurs idées d'invention et de perfectionnement ; enfin aux chefs d'ateliers et à toutes les classes d'ouvriers. Cette nouvelle publication est formée de quatre-vingts tableaux contenant *cinq cent vingt-et-un dessins gravés sur acier* ; elle a pour point de départ la ligne droite et se termine par les opérations qui servent à tracer les ornemens les plus compliqués ; à côté des opérations, M. Thénot n'a pas oublié de placer des règles fixes servant à obtenir les proportions les plus convenables ; en un mot il a tâché de ne rien omettre des connoissances qu'il est urgent de posséder.

Ce livre est le premier qui offre une méthode purement à la règle et au compas ; il doit être l'introduction et la base de tout bon enseignement de n'importe quel genre de dessin.

(1) Un beau vol. in-8°, cartonné, 4 fr. 50 c.

Le Gérant, **Adrien Le Clere.**

BOURSE DE PARIS DU 18 JUILLET 1845.

CINQ p. 0/0. 121 fr. 50 c.	Quatre canaux 1277 fr. 50 c.
TROIS p. 0/0. 83 fr. 20 c.	Caisse hypothécaire. 652 fr. 50 c.
QUATRE p. 0/0. 000 fr. 00 c.	Emprunt belge. 5 p. 0/0. 000 fr. 0/0.
Quatre 1/2 p. 0/0. 000 fr. 00 c.	Emprunt romain. 104 fr. 4/8.
Emprunt 1841. 00 fr. 00 c.	Rentes de Naples. 000 fr. 00 c.
Oblig. de la Ville de Paris. 1425 fr. 00 c.	Emprunt d'Haïti. 380 fr. 00 c.
Act. de la Banque. 3240 fr. 00 c.	Rente d'Espagne. 5 p. 0/0. 36 fr. 5/8.

PARIS. — IMPRIMERIE D'ADRIEN LE CLERE ET C°, rue Cassette, 29.

LETTRE SUR LE JOURNALISME RELIGIEUX.

Les attaques plus vives et plus fréquentes qu'une certaine partie de la presse périodique a livrées dans ces dernières années contre l'Eglise et le clergé catholique, ont fait descendre dans l'arène de la polémique religieuse un grand nombre d'écrivains pleins de zèle et de foi. En voyant ainsi la vérité chaque jour en butte à de nouveaux coups de la plume des sophistes, des chrétiens généreux, blessés dans leurs croyances et dans leurs affections les plus saintes, ont cru qu'il étoit urgent de tourner contre les ennemis de la religion les mêmes armes dont on fait depuis long-temps contre elle un si déplorable usage. Des journaux spécialement consacrés à la défense du catholicisme ont été créés dans la plupart des villes importantes du royaume, et ceux qui existoient déjà ont fait dans leurs colonnes une plus large place aux controverses religieuses.

Il y avoit dans ce mouvement de foi chrétienne et de pieuse ardeur, un sentiment si généreux, une pensée si honorable, qu'on ne pouvoit, ce semble, qu'applaudir à ces nobles efforts. Cependant il y avoit aussi des dangers dans cette religieuse entreprise. Si les écrivains qui venoient mettre ainsi au service de la foi catholique la jeune effervescence de leur zèle et de leur talent, oublioient un moment que dans les questions religieuses il est indispensable de suivre les guides légitimes que Dieu nous a donnés, il arrivoit infailliblement qu'au lieu d'être des auxiliaires pour les évêques, ils leur créoient des embarras. Dans le domaine de la politique, un journal se constitue à peu près le régulateur suprême de l'opinion qu'il représente : il marche dans la pleine liberté de sa puissance souveraine : il a le choix de ses moyens de défense ou d'attaque : il commence la lutte, la poursuit ou la finit à son gré : en un mot, c'est toujours lui qui donne l'impulsion aux hommes qui suivent son drapeau; il ne la reçoit que dans de rares circonstances. Il ne sauroit en être ainsi dans la polémique religieuse, sans de graves dommages pour la cause qu'on veut défendre. Ici nous trouvons dans la personne des évêques les gardiens, les défenseurs divinement établis de la doctrine, des lois et des droits de l'Eglise. S'ils daignent nous associer, prêtres ou laïques, à la défense de ces grandes et saintes choses, ce n'est qu'à la condition bien légitime que dans ces questions d'une nature si délicate, dont quelques-unes se rattachent au gouvernement spirituel de l'Eglise, ou touchent aux rapports de l'Eglise avec l'Etat, nous n'aurons jamais la prétention de mettre notre ardeur impatiente au-dessus de leur zèle pastoral, nos

vues personnelles au-dessus des lumières que le Saint-Esprit leur a promises. Or, il n'est que trop vrai que des écrivains religieux ont plus
d'une fois oublié cette condition de prudente réserve, cette loi de rigoureuse circonspection. Il en est résulté qu'avec les intentions les plus
droites, ces auxiliaires du sacerdoce ont porté le trouble dans les rangs
du clergé, ont alarmé les évêques, et quelquefois ont obligé l'autorité
ecclésiastique à faire entendre publiquement des paroles de blâme. Ce
sont des écarts de cette nature qui paroissent avoir déterminé M. l'abbé
Bernier, vicaire-général d'Angers, à signaler dans une lettre-circulaire
adressée à MM. les curés du diocèse, les dangers du *journalisme religieux*.
Cette lettre renferme de sages considérations que nous croyons utile
de reproduire, en laissant en dehors de ces réflexions générales tout ce
qui est relatif à la polémique particulière engagée entre le respectable
auteur de cette lettre et un journal de la province :

« Angers, le 8 juin 1845.

» Monsieur le Curé,

» Nous venons, à titre de confrère, vous faire part de quelques réflexions sur
le *journalisme religieux*, à l'occasion de notre querelle avec un journal. Le public ne devoit avoir aucune connoissance de cette querelle ; mais on a été poussé
par nous ne savons quelle envie de faire du bruit, à en parler à tout venant,
d'une façon fort peu mesurée, et surtout, on ne peut plus triomphante. Toutefois
nous garderions encore le silence que nous nous étions d'abord imposé, s'il ne
s'agissoit que de dissiper des impressions qui peuvent nous être personnellement
défavorables. Mais des exemples dangereux ont été donnés, des principes de conduite ont été oubliés, et puisque on a tant parlé, nous parlerons à notre tour,
pour signaler ces écarts imputables, selon nous, au *journalisme religieux* et à sa
fâcheuse influence...

» Ces deux mots ne sont point faits pour aller ensemble, et leur union entraîne l'idée d'un grand danger, ou, ce qui est la même chose, d'un grave intérêt
compromis. La religion effectivement est trop grande et trop supérieure aux
choses purement temporelles, elle est trop positive et trop absolue dans son enseignement, elle est trop surnaturelle dans sa hiérarchie, pour s'accommoder de
ces dimensions étroites et de ces formes mesquines qui suffisent à peine à la défense ou au développement d'un système politique ou industriel, de ces discussions superficielles et fugitives dont se contente la frivolité de tant de lecteurs, de
ce contrôle incessant dont les actes de l'autorité sont l'objet, qui s'exerce soit par
l'éloge, soit par le blâme, et qui est si rarement exempt de partialité et de passion. Les allures d'un journal politique ou littéraire ne sauroient convenir à un
journal *religieux*; les conditions de vie et de succès ne sont pas les mêmes pour
l'un et pour l'autre, parce que leur objet est d'une nature essentiellement différente.

» On voit bien que nous appelons *journal religieux toute publication périodique
ou quotidienne qui a pour objet spécial les intérêts de la religion et qui traite directement les questions religieuses*, quel que soit d'ailleurs son titre. Ces sortes de
publications réussissent rarement, et si elles obtiennent, comme entreprises, un
succès de vogue, il ne se soutient pas, et la religion y perd toujours plus qu'elle
n'y gagne. Ceux qui aiment à s'en nourrir se dégoûtent peu à peu des études sui-

vies et qui coûtent du travail : il est si doux de trouver dans un journal une science que, sans lui, on devroit chercher dans des livres! On y puise, sans effort, des notions variées ; on ne s'aperçoit pas qu'elles sont incomplètes et peu sûres, et l'on s'en contente; on admire les vastes connoissances des rédacteurs, on se félicite, et bientôt on s'admire soi-même, on croit savoir beaucoup, mais en réalité que sait-on? Voilà déjà un très-grand mal, alors même que le journal ne propage pas des idées fausses, exagérées, dangereuses. « Est-ce donc dans ces » productions éphémères, dans ces feuilles fugitives (lit M. l'évêque de Montpel- » lier, dans sa dernière lettre pastorale), que les ministres du Seigneur doivent » chercher la science de la religion? Ne vous laissez pas séduire par les manifes- » tations d'un zèle ardent, revêtues d'une forme brillante et entourées du pom- » peux étalage de nous ne savons quelle érudition...» Un pieux et savant évêque à qui le ciel vient d'accorder une de ces consolations qui réjouissent l'Eglise tout entière, écrivant à ses curés le 15 mai dernier à l'occasion de la rétractation des frères Allignol, leur signale le journalisme comme tendant à « s'immiscer, avec » un esprit de critique, dans ce qui est du gouvernement ecclésiastique, et rabais- » sant au niveau de la politique humaine les hautes questions qui tiennent à la » constitution divine de la société spirituelle. » Il les prémunit contre la confu- sion que les journaux jettent *dans les idées* et contre l'esprit de *contention* et l'es- prit *de parti*, dont n'ont pas su se garantir des publicistes *d'un talent élevé et sin- cèrement dévoués aux intérêts de la religion*. C'est là qu'il voit la cause de *cette disposition, générale aujourd'hui, de tout juger, de tout critiquer, de tout atta- quer*. Or, d'après les appréciations du prélat, ces effets déplorables « résultent » des meilleures intentions, lorsqu'on veut donner la direction que l'on devroit » recevoir, et surtout lorsqu'on veut la donner à ceux de qui l'on doit la rece- » voir. » On s'est étonné avec raison qu'un journal très-répandu parmi le clergé n'ait pas voulu insérer la pastorale précédente de Mgr de Viviers *sur les tendan- ces dangereuses d'un parti contre l'autorité épiscopale*. Espérons qu'il ne dédai- gnera pas celle du 15 mai.

» Rien donc n'est plus difficile que d'assurer le succès d'un journal religieux, surtout un succès qui profite à la religion ; rien de plus délicat, rien de plus sca- breux qu'une pareille entreprise. Une foule d'hommes marquans ont osé la ten- ter, un seul a réussi : le vénérable M. Picot, dont l'excellent esprit revit dans ses successeurs. Une connoissance profonde de la religion et des affaires de l'Eglise, une sagesse, une modération, une réserve peu communes, l'horreur de tout es- prit de parti, un grand respect et une religieuse déférence pour l'épiscopat, voilà ce qui a procuré, voilà ce qui promet encore au journal que ce publiciste a fondé une longue et honorable carrière, voilà ce qui a donné à l'*Ami de la Religion* une autorité dans les questions religieuses dont n'a jamais pu se vanter aucun autre journal. S'il n'a point eu le brillant, le piquant qui fait le principal mérite de tant d'autres, c'est que les idées de religion et de journalisme se repoussent; c'est que, pour rester sérieusement et solidement *religieux*, il lui falloit être *journal* le moins possible.

» Nous avons vu, pendant quelque temps, papillonner et bourdonner autour de cette feuille grave et sévère, une autre feuille étincelante d'esprit et animée par- fois d'une éloquente verve, qui s'intituloit le *Mémorial Catholique*. Comparons les résultats, pesons la différence. Impassible au milieu des attaques les plus vi- ves et les plus passionnées, digne et mesuré dans son langage, circonspect et mo- déré dans ses jugemens, méthodique, lumineux, souvent nerveux, et toujours substantiel dans ses discussions, l'*Ami de la Religion* n'a pas cessé d'être une source d'instruction solide et de sages avis; le *Mémorial Catholique* s'est éteint

il y a plus de quinze ans, mais après avoir divisé le clergé, après avoir enfanté
l'*Avenir* que Rome devoit bientôt anathématiser, après avoir faussé et jeté dans
de mauvaises voies de jeunes talens qui se ressentent toujours, plus ou moins,
de cette première direction. L'histoire de sa vie, de sa mort et des effets qu'il a
produits nous reste, comme une preuve sans réplique de cette vérité, qu'avec un
style brillant, avec beaucoup d'esprit et d'imagination, avec une érudition
riche et variée, un journal religieux n'est pas sûr de se soutenir, et qu'il peut,
pendant son existence éphémère, faire beaucoup de mal à la religion. Chaque numéro du *Mémorial* étoit un météore aux lueurs éclatantes mais trompeuses,
un de ces feux follets qui éblouissent le voyageur en l'égarant.

» Les écrivains de ce journal, du reste, étoient fiers, jusqu'à l'arrogance, de
l'engoûment qu'il inspiroit à une jeunesse inconsidérée, et à d'autres lecteurs
d'un âge plus mûr, mais trop disposés à subir les séductions de l'imagination et de
l'esprit. On ne lit point sans indignation ces insultantes paroles que leur chef appliquoit à un homme du caractère de M. Picot : «Jetons un dernier regard sur ces
» restes dégoûtans du gallicanisme ... » Quelle injustice! quel langage! mais quel
école, quel maître! Ceux qui ont vu de près cet orgueil satanique sans en être
scandalisés, et qui peut-être ont été, par leurs louangeuses paroles, les complices
de son exaltation, devroient comprendre que, pour expier ce tort, et pour se le
faire pardonner, ils sont obligés à montrer une grande modestie!...

» Le souvenir de leurs extases en présence du *divin* La Mennais, ou de ses
livres, les rend-il modestes effectivement? Pour beaucoup d'entre eux il n'en est
rien : ils aiment à occuper le public; ils ont toujours des amis qui se chargent de
mettre leur mérite en évidence, et ils se décernent mutuellement des éloges flat-
teurs; ils tranchent sur tout, ils se mêlent de tout, ils se *fourrent* partout, et spécialement dans le *journalisme religieux*; et puisque nous voilà dans le langage
familier, nous dirons qu'ils forment un parti qu'on appelle la *queue de La
Mennais*....

» Nous n'entendons ni contester ni déprécier le mérite de cette prompte et
cordiale soumission dont l'immense majorité des disciples de M. de La Mennais
nous ont donné l'édifiant exemple, lors de la condamnation de cet écrivain, et
nous comptons parmi eux des hommes éminens, à qui nos paroles ne peuvent
nullement être appliquées. Mais il est bien certain que le coup de foudre qui a
dessillé leurs yeux sur des erreurs contraires à la foi, les a laissés, la plupart, livrés aux préoccupations du parti, et qu'il ne les a qu'imparfaitement guéris de la
témérité présomptueuse qui faisoit le caractère propre de cette dangereuse école.

» Un des mieux convertis, écrivain distingué, homme excellent que nous estimons et affectionnons beaucoup, trouva tout simple d'insérer, le 8 février dernier, dans un article de journal intitulé le *Juif-Errant*, les étranges paroles qu'on
va lire : « Nous avons connu beaucoup de Jésuites, non-seulement en France,
» mais encore en Italie, en Pologne et en Allemagne ; et nous déclarons devant
» Dieu que nous n'avons jamais aperçu chez aucun rien qui annonçât les affreuses
» dispositions que M. Sue leur attribue. *Nous les avons trouvés partout à la tête*
» *du clergé, et pour la piété et pour la science* ; et nous n'avons remarqué dans le
» clergé de préventions contre eux que dans les pays où leurs exemples sont
» pour *beaucoup de prêtres une censure et un reproche toujours vivant de leur pa-
» resse et de leur tiédeur*. C'est encore eux, nous l'avons avec toute la
» loyauté de notre ame, que nous avons trouvé *une vue plus claire et une intelli-
» gence plus parfaite de la situation de l'Eglise, de ses besoins, des tendances
» et des instincts de notre époque, de la position et des devoirs du clergé.* » Est-ce
qu'on ne pouvoit pas flétrir d'ignobles calomnies et une lâche persécution, sans se

poser en appréciateur infaillible *de la situation de l'Eglise, de ses besoins et des devoirs du clergé,* sans se constituer juge entre le clergé séculier et le clergé régulier? Dans la lettre de Monseigneur de Langres, placée en tête du même journal, comme *introduction* et comme *brevet de capacité délivré* à MM. les rédacteurs, il n'y a pas un mot qui autorise ce laïque à parler sur ce ton....

» Observez les écrits et les journaux de ces convertis, car ils écrivent beaucoup, et il faut bien qu'ils nous fassent part de leur abondance ; vous y verrez une incroyable humeur contre certaines opinions qu'à Rome, pourtant, on juge fort tolérables, et un zèle outré pour d'autres opinions, dont Rome ne s'occupe guère, ou même dont elle juge la discussion intempestive.

» Un savant évêque, un des plus courageux défenseurs de la liberté d'enseignement en particulier et de la liberté de l'Eglise en général, mais, dans le bon temps du *Lamennaisianisme,* persiflé, comme on sait, et fort maltraité par le parti, Mgr de Chartres ayant publié une lettre adressée par lui à M. le garde des sceaux, il a semblé bon à ces Messieurs de nous la donner tronquée, bien qu'elle soit courte, et de n'en insérer que la moitié dans un journal. Aussi, pourquoi le prélat s'avisait-il de ranger les *quatre articles* parmi les opinions *libres* ; et pourquoi ajoutoit-il : « Nous sommes gallicans dans le sens de Bossuet et de Fleury?... » Etoit-ce pardonnable ? Remarquons bien que la veille, très-précisément la veille, les directeurs du même journal, s'appropriant des propos d'avocat, lesquels ont quinze ans de date, dont l'auteur se moqueroit aujourd'hui, et qu'ils nous donnoient pour de forte théologie, nous avoient parlé dans leurs colonnes *du machiavélisme des rois de France depuis le* XIᵉ *siècle,* machiavélisme que Louis XIV n'a-voit fait après tout que suivre et continuer, mais auquel il avoit mis le comble, en faisant déclarer que *le temporel des souverains ne dépend pas de l'autorité spirituelle.* Ils sont beaucoup *plus ultramontains que le Pape,* comme dit agréablement Timon, et ils se brouilleront avec le Saint-Siège, s'il ne prononce pas enfin que la déclaration de 1682 est un hérésie triple, quadruple et au premier chef.

» Qui donc est venu jeter l'émotion dans toute la France, à l'occasion de la liturgie, et critiquer, avec une amertume peu décente, des changemens plus ou moins antiques, des variantes plus ou moins importantes, dans lesquelles les souverains Pontifes n'ont jamais vu ni des principes de schisme ni des traces d'hérésie?... Ces gens là mettroient tout en combustion, pour quelques hymnes ou pour quelques antiennes, à coup sûr bien innocentes, et ils feroient des livres pour vous prouver que c'est à grande peine si vous pouvez réciter le bréviaire de votre diocèse en sûreté de conscience. L'Eglise a soutenu de grands combats pour l'*Unité* ; eux, ils se passionnent pour l'*uniformité.* L'Eglise, comme une mère pleine de bonté, de condescendance et de sagesse, a vu, dans tous les siècles, non-seulement sans inquiétude, mais avec une sorte de complaisance, une grande variété de rites et d'usages, parce que dans cette diversité même, on retrouvoit toujours, mais plus frappante, plus merveilleuse et plus manifestement divine, la double unité de la foi et du ministère ; pour eux, penseurs bien autrement profonds et catholiques plus entendus, ils veulent que tout soit *uniforme* dans les manifestations de la foi et dans le détail des règles disciplinaires ; l'*uniformité* est une de leurs marottes, et ils ne mourront pas contens s'ils ne voient pas toutes choses se faire en France comme elles se font en Italie.

» L'esprit de parti, la hardiesse des opinions, les allures libres et dégagées, l'humeur batailleuse, le ton affirmatif et tranchant : tout cela va bien au journalisme, mais la religion s'en accommode fort peu. C'est au moyen de journaux *religieux* que des principes anarchiques cherchent à s'accréditer auprès du clergé et que, dans des diocèses, heureusement très-distans et très-différens du nôtre, des associations anticanoniques organisent la résistance à l'autorité. Ce sont des journaux *religieux*, beaucoup plus que la nécessité des circonstances, qui ont poussé les prêtres des villes et des campagnes, à délibérer sur des formules d'adhésion collective à la conduite de leurs évêques, déviation manifeste des règles canoniques, lésion incontestable de la hiérarchie sacrée, et dont il est à désirer que le journalisme ne produise pas d'autres exemples. Car qui n'a pas compris que le droit d'approuver, a pour corrélatif celui de désapprouver, et que, pour peu que le premier fût exercé deux ou trois fois, le silence même deviendrait, dans bien des cas, l'équivalent d'une improbation formelle?

» Après avoir signalé quelques-uns des méfaits du *journalisme religieux*, voyons un peu quelles sont ses prétentions. Mais écoutons un instant Mgr de Montpellier : « On veut ôter aux évêques la liberté de leurs délibérations et la » spontanéité de leurs actes. *Des conciles écrits,* selon une manière de parler nou- » vellement inventée, se tiennent chaque jour, au moyen de feuilles périodiques : » là, sont arrêtés des réglemens nouveaux pour l'organisation de l'Eglise, les me- » sures jugées nécessaires au bien de la religion... et de solennelles protestations » contre telle ou telle situation faite au gouvernement spirituel. En présence de » semblables tentatives, nous nous sentons pressés de nous écrier avec saint » Athanase : Depuis quand les laïques ont-ils le droit de juger les évêques, en » ce qui appartient à la religion? » La France entière a entendu un de ses plus illustres prélats se plaindre d'une sorte de violence morale : il s'agissoit d'une manifestation par la voie de la presse, de sentimens sur lesquels le doute seul eût été injurieux à son Eminence, mais qu'elle ne croyoit pas urgent de publier avec éclat. Le journalisme voudroit-il asservir nos évêques, sous prétexte de défendre leur liberté?...

»... A raison des circonstances , et pour des motifs de délicatesse qu'il est facile de comprendre, seul, ici, nous pouvions publier nos réflexions sur le *journalisme religieux* ; seul nous étions en position de signaler des dangers trop peu sentis, parce que des intentions très-pures et des noms imposans les couvrent. Devions-nous garder le silence ? .. Il est, à la vérité, une douce quiétude qui auroit, pour nous aussi, beaucoup de charmes, et nous regarderions comme un grand bonheur de ne mécontenter personne. Mais cette double considération n'a jamais été, elle ne sera jamais la raison dominante de nos déterminations, en présence d'un intérêt grave.

» Veuillez agréer, Monsieur le curé, les très-humbles salutations de votre affectionné et dévoué serviteur, H. BERNIER, *vicaire-général d'Angers.* »

REVUE ET NOUVELLES ECCLÉSIASTIQUES.

PARIS.

Le gouvernement grec nous avoit donné dans l'article 2 de sa constitution, un échantillon de sa tolérance en ce qui regarde la liberté de conscience. Par cet article le *prosélytisme est défendu.* Vous êtes né dans l'Eglise *orthodoxe* orientale. vous devez y mourir. Mais, direz-vous. la conscience réclame : n'importe, de par la loi, vous êtes obligé d'étouffer vos remords et de croire à l'infaillibilité de la charte en matière religieuse.

Cet article tout *russe* inséré dans la constitution ne rassuroit pas encore suffisamment l'Eglise *orthodoxe*; elle a si peu de foi dans ses propres forces, qu'elle n'ose faire un pas sans s'appuyer sur le bras séculier.

Il paroît qu'elle n'a pas beaucoup plus de foi dans ses lumières ou dans la vérité de la cause qu'elle défend; car au lieu de combattre ses adversaires à armes égales et de discuter loyalement avec eux, elle les prend à la gorge et les étouffe pour n'être pas obligée de leur répondre. C'est encore un mode de discussion emprunté au système russe. Une commission étoit chargée depuis quelque temps de préparer un projet de loi sur l'organisation à donner au saint synode. Le résultat des travaux de cette commission vient d'être soumis au premier ministre, M. Coletti. On se figureroit difficilement que dans un gouvernement constitutionnel, comme celui de la Grèce, dans un moment où les affaires du pays sont dirigées par un homme qui a des idées vraiment libérales, le fanatisme religieux soit porté à un si haut degré, et ait osé élever de pareilles prétentions. Ce qu'il y a de plus inexplicable, c'est que ce projet de loi porte la signature de Coletti et qu'il a été présenté par lui à la chambre.

On dit, il est vrai, que le ministre en a élagué une partie par trop intolérable. On jugera par les dispositions suivantes du projet de loi s'il n'y auroit pas lieu encore à élaguer. Il y est donné au saint synode le pouvoir d'ordonner la suppression en tous lieux, de tout enseigne-ment quelconque qui lui paroîtra hétérodoxe, de requérir l'autorité pour opérer ladite suppression, et de renvoyer devant les tribunaux non-seulement les éditeurs, mais les libraires et jusqu'aux bouquinistes reconnus coupables de la vente de pareils écrits. Le projet de loi permet en outre au saint synode de prononcer, sans appel, et sans le concours d'aucun tribunal, la réclusion pour un temps indéfini dans un monastère, de tout ecclésiastique dont la doctrine lui paroîtra entachée d'hétérodoxie. Quelle situation, on se le demande, une pareille loi va-t-elle faire aux catholiques de la Grèce, déjà si blessés dans leurs intérêts spirituels et matériels? On pourra chaque jour les attaquer, les calomnier dans leur foi, et il ne leur sera pas permis d'ouvrir la bouche pour se défendre, sous peine de se voir traînés devant les tribunaux, et jetés en prison! On peut prévoir d'avance les dangers de pareilles dispositions pour les membres de l'Eglise orientale elle-même, puisqu'il n'est que trop vrai que les théologiens les plus éclairés que le parti libéral compte en Grèce, ont été qualifiés souvent d'hétérodoxes par les membres du saint synode.

L'état d'ignorance du clergé de l'Eglise grecque, ignorance déplorée d'ailleurs par la presse hellénique elle-même, ajoute encore aux dangers d'une semblable loi. Notre diplomatie, qui fait de si louables efforts à Constantinople pour obtenir la liberté de conscience en faveur des chrétiens, ne pourroit-elle donc pas éclairer le gouvernement hellène sur les conséquences fâcheuses que ne peut manquer d'avoir une semblable loi pour la Grèce, et faire entendre à M. Coletti qu'il est de l'intérêt de sa réputation, à lui, homme d'État éclairé et vraiment libéral, de ne pas se laisser dominer par le fanatisme aveugle de la faction Russe, qu'il est de son intérêt, à lui premier ministre d'un gouvernement constitutionnel, de ne pas accoler son nom à une loi au bas de laquelle ne peut figurer convenablement que la signature de S. M. l'autocrate de toutes les Russies?

Le *Moniteur* a publié hier le procès-verbal de la délibération des professeurs du collége de France relative aux cours de MM. Michelet et Quinet, communiquée par M. Letronne à M. le ministre de l'instruction publique.

M. le ministre de l'instruction publique a répondu :

« M. l'administrateur, j'ai reçu la lettre par laquelle vous m'adressez le procès-verbal de l'assemblée ordinaire du Collége de France, qui s'est tenue le 15 courant.

» Il résulte de ce procès-verbal que l'assemblée générale, à une majorité de dix-sept membres contre sept opposans, a pensé qu'il y avoit lieu de rappeler qu'aucun membre du Collége de France ne peut se soustraire à l'obligation de se renfermer dans le programme de son cours; que ce programme doit être présenté par le professeur à l'assemblée, et adopté par elle. J'ai revêtu de mon approbation ce procès-verbal.

» Recevez, etc.

» Le ministre de l'instruction publique,
» SALVANDY. »

Cette lettre de M. le ministre de l'instruction publique ne résume pas complètement le procès-verbal qu'elle a pour objet d'approuver. L'assemblée générale du Collége de France a *accepte les explications de MM. Quinet et Michelet qui déclarent qu'ils ne se sont pas écartés de leur programme.* M. de Salvandy ne dit pas qu'il donne son approbation à cette partie de la résolution adoptée par l'assemblée des professeurs; mais s'il y a une pensée de blâme dans ce silence de la dépêche ministérielle, nous regrettons qu'elle n'ait pas été formellement exprimée.

Conversions. L'on apprend de Vienne, que le fils du docteur Hurter, élève de l'Institut polytechnique de cette capitale, vient d'embrasser la foi catholique, à la grande joie de son illustre père.

Une dame mecklembourgeoise de haute condition, après avoir embrassé la foi catholique, a fait sa première communion dans l'Eglise-Mère de toutes les églises, à Saint-Jean-de-Latran, au pied de l'autel où saint Pierre avoit lui-même célébré les saints mystères, et où se vénèrent les têtes des deux princes du collége apostolique. Protestante il y a un an, cette illustre et noble dame s'étoit rendue à Trèves, où elle avoit admiré la piété du million de catholiques accourus pour vénérer la Sainte-Robe; elle avoit été témoin de l'une des nombreuses guérisons instantanées qui y sont devenues la récompense de la foi de tant d'infirmes, et, touchée de la grâce divine, elle avoit couru à Rome, au lieu de se rendre à Paris, comme elle en avoit eu le projet. La vue des augustes cérémonies de la Semaine-Sainte et des nombreux établissemens de charité qu'offre la résidence pontificale, et qu'elle avoit pris soin de visiter en détail, acheva ce qu'avoit commencé le pèlerinage de Trèves.

Le 3 juillet, M. Dermoud, du canton de Vaud, membre de la Société historique de la Suisse romande, a fait, dans l'église de Saint-Valère, à Sion, la profession publique et solennelle de la foi catholique.

Le major Zeerleder, de Berne, renommé par ses recherches et par ses connoissances historiques, et depuis quelque temps domicilié au canton de Thurgovie, vient de rendre publique l'abjuration qu'il avoit faite, il y a trois ans, de l'erreur zwinglo-calvinienne. Ainsi, l'étude de l'histoire dévoilant de plus en plus les impostures protestantes, ramène à l'antique Eglise ceux qui y apportent un cœur droit et sincère.

La fête de notre apôtre de la charité, saint Vincent de Paul, a été célébrée avec beaucoup de pompe et de piété, samedi dernier, dans la chapelle de MM. les Lazaristes. Sept archevêques ou évêques se sont fait un honneur de venir par leur présence augmenter la vénération du clergé et des fidèles de Paris, pour celui qui a laissé dans la capitale tant de monumens de sa prodigieuse charité. Mgr Fornari, nonce de Sa Sainteté, Mgr Bernet, archevêque d'Aix, MM. les évêques de Bida, de Babylone, de Damas et de Charlestown, ont célébré les saints mystères devant la châsse où repose le saint fondateur des prêtres de la Mission et des Filles de la Charité. M. l'archevêque de Chalcédoine a officié pontificalement le matin et le soir. M. le curé de Saint-Eustache a prêché sur les vertus sacerdotales de l'illustre saint qui a tant honoré l'Eglise de France.

Mgr Corbi, ancien précepteur de la reine Marie-Amélie, et qui étoit logé depuis un mois au Palais-Royal, a quitté Paris avec ses deux neveux qui sont ses aumôniers, pour retourner en Italie après avoir pris congé de la reine, au château de Neuilly.

On lit dans les journaux de Lyon :

« Monseigneur le cardinal de Bonald, archevêque de Lyon, a donné, le 15 juillet, la confirmation, dans la chapelle du collège royal de Lyon, aux élèves de cet établissement. Cette cérémonie avoit attiré une affluence nombreuse, et les familles ont eu le plaisir d'entendre Son Eminence témoigner publiquement sa satisfaction de l'instruction religieuse qui avoit préparé les enfans à recevoir dignement le sacrement qu'elle leur a conféré.

» Son Eminence a accepté à déjeuner chez M. le recteur, et a laissé les chefs de l'Académie et les membres du collège également pénétrés de reconnoissance et de vénération. »

M. de Damas a été, hier, ordonné prêtre par Mgr l'archevêque d'Avignon. Ce jeune homme, l'aîné de sa famille, destiné à hériter d'une grande fortune, renonce aux richesses du monde, pour embrasser la vie modeste du sacerdoce; il étoit assisté par deux de ses frères, dont l'un se destine à la même carrière. *(Gazette de Vaucluse.)*

Le noble et, pieux jeune homme dont la *Gazette de Vaucluse* annonce l'ordination est le troisième fils de M. le baron de Damas, ancien gouverneur de M. le duc de Bordeaux. Il étoit entré depuis plusieurs années au noviciat des RR. PP. Jésuites : les épreuves l'y accueillent de bonne heure, mais son courage n'en est pas ébranlé.

On nous écrit de Plancher-les-Mines :

« Le 25 mai dernier, jour de la solennité de la Fête-Dieu, M. le curé de Plancher-les-Mines (Haute-Saône) a eu la consolation de recevoir l'abjuration d'une famille protestante. La cérémonie a été solennelle et des plus touchantes. Tout a concouru pour en rehausser l'éclat : la magnificence de la fête, le bel ordre de la procession, les élégans reposoirs, et par-dessus tout, la population si empressée et en même temps si religieuse de Plancher-les-Mines ! Long-temps cette paroisse conservera le souvenir de la Fête Dieu de 1845 ! et les protestans de la localité aussi !

» Nous ne répéterons pas, Monsieur le Rédacteur, les injures que quelques-uns d'entre eux, dans cette circonstance, ont jetées à la face de leurs anciens coreligionnaires ; Dieu nous en garde ! non ; mais, à l'exemple des nouveaux convertis, nous continuerons de prier pour que celui qui a dessillé les yeux du savant Hurter et de nos nouveaux frères, donne à nos détracteurs le courage de se réunir à nous dans l'unité de la foi, où ils trouveront seulement la quiétude de l'esprit et du cœur.

» C'est le vœu des catholiques de Plancher-les-Mines, et leur réponse à toutes les mauvaises passions de leurs frères errans.

» Agréez, etc. *Un de vos abonnés.*
» Plancher-les-Mines, 15 juin 1845. »

Le 10 juin dernier, le nouveau prince-évêque de Breslau a prêté serment de fidélité au roi de Prusse. Deux faits ont été particulièrement remarqués, à cette occasion, par le public : c'est que le roi en personne a reçu son serment de foi et hommage, et que, contrairement à l'usage, le sacre de Mgr de Diepenbrock avoit précédé la prestation de ce serment.

On nous écrit des provinces rhénanes :

« Non-seulement, ainsi que nous l'avons dit, le gouvernement autrichien accorde un libre accès dans ses Etats aux Jésuites, mais le conseil aulique des études vient encore de leur ouvrir tous les colléges de l'empire. On n'exige, pour leur confier la direction des maisons d'éducation, d'autres garanties de capacité que les témoignages des supérieurs de l'Ordre.

» Aujourd'hui que l'ordre social menace ruine de tous côtés, le prince de Metternich, afin de maintenir la paix intérieure des Etats dont la haute direction lui est confiée, sent la nécessité de réparer en partie les fautes de Joseph II. »

PERSE. —Le journal grec de Constantinople annonce que le prince Dolgorouki, ci-devant conseiller d'ambassade à Constantinople, vient d'être nommé ambassadeur de Russie en Perse, à la place du comte de Médem On se rappelle que ce fut ce même comte de Médem qui fit brutalement expulser du territoire persan les missionnaires français qu'il n'a cessé de persécuter jusqu'à ce jour. Ce diplomate s'est montré constamment animé des sentimens les plus hostiles au gouvernement français.

Le prince Dolgorouki, membre de l'illustre famille de ce nom, et homme d'un caractère très-honorable, ne partagera pas sans doute la haine violente de son prédécesseur pour notre pays.

REVUE POLITIQUE.

Les journaux paroissent avoir retrouvé un aliment capable d'entretenir l'ardeur et les besoins des discussions politiques pendant l'absence des chambres. On commence à parler plus sérieusement de la dissolution de la chambre des députés et des prochaines élections qui en sont la suite. C'est le *National* qui a d'abord donné cet éveil, par des renseignemens répétés par tous les autres journaux ; puis le *Constitutionnel* y a joint ses propres renseignemens en ces termes :

« Le bruit a couru, d'ailleurs, que dans une recente visite qu'a faite M. Sauzet, président de la chambre des députés, pour prendre congé, il a recueilli des paroles indiquant clairement l'intention de dissoudre la chambre et de convoquer les colléges électoraux vers la fin de cette année. M. Sauzet s'est empressé, en conséquence, de prévenir ses amis de Lyon et de songer à sa réélection, si difficile.

» On assure que plusieurs fonctionnaires haut placés dans l'administration centrale, viennent de quitter Paris au risque d'entraver la marche des affaires par leur départ simultané, pour aller dans les départemens préparer les candidatures électorales.

» Nous dirons comme le *National* : Nous ne savons si ces bruits sont exacts ; mais les électeurs doivent se tenir pour avertis. »

Après ce que vient de dire le *Constitutionnel*, on doit lire avec plus d'attention l'opinion de la *Presse*, au sujet de tous ces bruits de dissolution de la chambre :

« Le *National* annonce ce matin, dit la *Presse*, comme une grande nouvelle de la salle des conférences, que le cabinet, en raison des renseignemens qui lui seroient arrivés des départemens sur l'application de la nouvelle loi des patentes, auroit pris la résolution d'avancer le moment de la dissolution et de convoquer les colléges électoraux pour le mois de septembre prochain.

» Il est vrai que la nouvelle loi des patentes a déçu les illusions de ceux qui avoient espéré qu'elle diminueroit le nombre des petits patentés, et exerceroit ainsi sur les élections une influence qui affoibliroit l'opposition ; le nombre des petits patentés ne sera sensiblement réduit qu'à Paris, et encore à Paris ne faut-il pas se flatter de l'espoir que cette réduction produise des résultats décisifs, tandis que, dans plus de cinquante départemens, le nombre des électeurs, au lieu d'être diminué, sera augmenté par la nouvelle loi ; mais c'est-là un fait qui est déjà, depuis assez long-temps, à la connoissance du ministère, et si la dissolution avoit dû se décider par ce motif, ce n'est pas de la veille seulement qu'elle auroit été résolue.

» Nous avons toute raison de croire que cette partie de la nouvelle donnée par le *National* est sans fondement. Il se peut que la dissolution de la chambre ait lieu cette année, mais il n'est pas probable que cette mesure ait été discutée en l'absence de M. le ministre de l'intérieur; il paroît certain , au contraire, que le conseil des ministres ne sera pas appelé avant la fin du mois d'août à la trancher, dans l'un ou l'autre sens. »

En Espagne, le fait politique le plus significatif du ministère Narvaez, c'est le décret qui vient de suspendre la liberté de la presse, en enlevant au jury le jugement des violations de la loi relative à la publicité des opinions. C'est-là un acte qui démontre une fois de plus combien la situation de l'Espagne est encore loin d'être fixée. Les affaires religieuses encore pendantes, le mariage de la reine Isabelle presque impossible à conclure en dehors de l'alliance avec le fils de don Carlos, et enfin l'impuissance du pouvoir actuel à se soutenir dans la voie régulière de la constitution, tels sont les graves indices d'une révolution encore très-éloignée de son terme.

———————

Toutes les ames se sont émues d'une compassion profonde à la nouvelle de derniers désastres qui viennent d'accabler les chrétiens du Mont-Liban. *Nous avons annoncé qu'une association charitable s'étoit formée pour porter quelques secours à tant de malheureuses victimes, aujourd'hui sans asile et sans pain. Nous nous empressons de reproduire l'*Exposé des faits* que le comité de Beyrouth a publié : qui pourroit, en présence d'un pareil tableau, demeurer indifférent aux malheurs de cette nation chrétienne, amie et presque sœur de *la France*?

« Beyrouth, le 1er juin 1845.

EXPOSÉ DES FAITS.

» Une catastrophe épouvantable vient de fondre sur les chrétiens du mont Liban. Des maux inouis ont assailli les populations qui habitent les villages mixtes, c'est-à-dire composés de chrétiens Maronites, de Grecs des deux communions et de Druses.

» Ces villages, depuis l'année 1810 à peu près, étoient administrés par des cheiks Druses qui avoient réussi, par leurs intrigues auprès des pachas, à concentrer toute l'autorité entre leurs mains; ils en abusèrent ensuite, autant qu'ils le purent, pour exercer toutes sortes de vexations contre les chrétiens, et alléger, au détriment de ces derniers, la condition de leurs co-réligionnaires.

» Tant que l'émir Beshir a commandé dans la montagne, son pouvoir, parfois cruel il est vrai, mais toujours ferme et régulier, a suffi pour comprimer les velléités d'indépendance des cheiks Druses; mais lorsqu'après la retraite des Egyptiens en 1840, l'autorité foible et incertaine de la Porte laissa sans répression les empiétemens des petits gouverneurs de districts, les chrétiens se trouvèrent livrés aux exactions les plus odieuses, et placés dans une situation intolérable. — Cet état de choses amena, en 1841, un soulèvement dans les districts mixtes, et, à la suite d'une lutte sanglante, intervint un projet de pacification émanant du gouvernement turc lui-même. D'après ce projet, on devoit tenir compte aux chrétiens d'une partie des pertes qu'ils avoient éprouvés, et une commission réunie à Beyrouth en fixa le chiffre à 80,000 bourses de 125 fr. chacune environ, soit à 10,000,000 fr. Cette somme, trouvée exorbitante par le divan de Constantinople, fut réduite d'office à 13,500 bourses payables, 10,000 par le gouvernement turc, et 3,500 par les Druses ; mais la vérité exige de dire que jamais aucune portion de ces indemnités ne fut payée aux chrétiens.

» En ce qui touche l'administration des districts , la Porte fit de violens efforts pour obliger les chrétiens à demander des cheiks Turcs aux lieu et place des Druses ; les chrétiens s'y refusèrent constamment, et persistèrent à réclamer des chefs choisis parmi leurs co-réligionnaires.—Les années 1843 et 1844 s'écoulèrent dans de violentes contestations mêlées de tentatives stériles de rapprochement.

» Enfin, le 30 avril 1845, après un grand nombre d'assassinats isolés, les Druses commencèrent la guerre dans les districts mixtes situés au sud de Beyrouth, par l'attaque du village de Mallaka et des districts du Djourd et de l'Arkoub. — A Borderan, ils assiégent trente familles chrétiennes dans la maison du cheïk Ahmed, et les somment de se rendre avec promesse de la vie, puis les égorgent, violent les femmes et brisent les enfans contre terre.—Le 5 mai, les Druses brûlent Mazza et massacrent la population.—Le 9 mai a lieu la catastrophe effroyable d'Abbay ; c'est là que ces tigres n'ont pas reculé devant le meurtre du vénérable Père Charles, capucin, qui avoit habité dix ans parmi eux, et dont le seul crime étoit d'avoir élevé leurs enfans et soigné leurs malades. Frappé dans sa retraite, on mit le feu à ses vêtemens, et il périt martyr, consumé par les flammes.

» Enfin, le 11 mai, les chrétiens de l'ouest accourent au secours de leurs frères et refoulent les Druses. Mais, arrêtés dans leur élan par le pacha de Beyrouth, ils ne peuvent tirer aucun fruit de leur victoire, et les Druses fondent alors sur le district de Djezin dont ils incendient les villages et égorgent la population, sans distinction d'âge ni de sexe.—Le 15 mai, un convoi de chrétiens obtient d'aller de Deir el Khammar à Saïda chercher des vivres sous l'escorte de soldats turcs ; au milieu de la route, les Turcs demandent une somme d'argent que les chrétiens sont hors d'état de fournir ; abandonnés alors par leur escorte, ils sont massacrés par les Druses, à l'exception de six qui parviennent à s'échapper.

» Du 16 au 18, les braves habitans de Zablé reviennent à la charge, et parviennent à chasser les Druses, envers lesquels ils peuvent enfin exercer de trop justes représailles ; mais là encore ils sont arrêtés par les troupes du pacha de Beyrouth, qui tire le canon contre eux. Pendant ce temps, les Druses pénétroient sans obstacle dans le district du *Meten*, qu'ils ruinoient, et dont ils chassoient les habitans dans le Kesrouan, jusqu'à Bickfaya.—Le dernier épisode de cette lutte sanglante est le sac d'Aspeya, dans l'Anti-Liban, dont la population est surtout composée de Grecs du rite d'Orient.

» Enfin, l'autorité turque reculant devant l'immense responsabilité qui pèse sur elle et surtout devant les protestations énergiques et incessantes des consuls européens, et en particulier du courageux représentant de notre France, a fini par s'interposer efficacement, et a forcé les Druses à une suspension d'armes. Des conférences sont ouvertes à Beyrouth entre les cheiks des deux partis, et en présence de Bakri-Pacha. On en attend les effets ; mais on ne peut se dissimuler qu'une paix profonde et sérieuse sera bien difficile à obtenir, tant qu'une main ferme et impartiale ne viendra pas tenir en respect les ambitions particulières, équilibrer les intérêts matériels, et donner sécurité aux croyances religieuses.

» Et si l'on se demande comment les chrétiens, beaucoup plus nombreux que les Druses, ont pu laisser ainsi égorger leurs familles, incendier leurs habitations et leurs récoltes sans s'y opposer d'abord, ou du moins sans en tirer une vengeance éclatante, et expulser définitivement les Druses de la montagne ; nous allons donner une explication naturelle de cette anomalie apparente.

» Les Druses sont concentrés, au nombre de vingt à vingt et un mille environ, dans un petit nombre de districts, dont la population chrétienne peut être évaluée à trente ou trente-cinq mille âmes ; mais l'autorité étant depuis long-temps dans la main des Druses, ils sont bien organisés, commandés par des chefs éprouvés et libres de choisir, pour faire la guerre, le moment qui leur paroît le plus favorable. C'est ainsi qu'ils ont commencé cette fois les hostilités au moment où les chrétiens étoient occupés à récolter leur soie, et où ils vivoient épars au milieu de leurs plantations de mûriers.—On conçoit dès-lors que tout l'avantage est du côté des Druses, dans les commencemens surtout, et que la balance ne peut se rétablir que lorsque les chrétiens de l'Ouest se lèvent pour venir au secours de leurs frères.

» Les populations mixtes s'étendent depuis Saïda jusqu'à la route de Beyrouth à Damas. Au-delà, et jusqu'à la hauteur de Tripoli, on ne trouve plus dans la montagne que des districts chrétiens administrés par des cheiks tirés de leur sein et assez bien organisés pour n'avoir rien à craindre des incursions de leurs ennemis. Dans l'Anti-Liban, on compte aussi quelques districts mixtes, mais les Druses y sont très-inférieurs en nombre.

» Une autre circonstance a pesé fortement encore contre les chrétiens, dans les événemens qui viennent d'avoir lieu. C'est la partialité évidente du gouvernement local de Beyrouth, partialité qui s'est manifestée par des actes tellement odieux qu'ils ont mis obstacle à la libre action des chrétiens chaque fois qu'ils pouvoient se défendre avec avantage, tandis que toute latitude étoit laissée à leurs ennemis. Il n'entre ni dans l'intention du comité ni dans les attributions d'une association purement charitable de faire irruption dans le domaine de la politique et de juger à ce point de vue les événemens du Liban ; mais encore faut-il bien exposer les faits et rendre compte de ce qui pourroit paroître inexplicable aux yeux des personnes disposées à nous venir en aide. Nous ne doutons pas d'ailleurs que la Porte ne désapprouve hautement les actes de ses agens et ne donne à cet égard satisfaction aux puissances chrétiennes. Elle le doit au sentiment de sa propre dignité et à son désir de faire participer ses peuples aux bienfaits de la civilisation.

» En résumé, le massacre, la ruine et la désolation, ont été portés dans les districts mixtes de Meten, du Djourd, d'Arkoub, du Chouf, de Djezin, dans l'ouest de la Bekaa et dans le Sahel. Le nombre des villages incendiés dépasse cent cinquante ; les récoltes ont été anéanties, les églises et les couvens détruits, et l'on a pu acheter dans les bazars de Beyrouth des vases sacrés vendus par les soldats turcs, appelés à protéger les populations inoffensives. On estime à 2,000 le nombre des morts du côté des chrétiens, et, ce qu'on ne sauroit trop déplorer, c'est que la majeure partie se compose de femmes, d'enfans, de prêtres, de vieillards. Si maintenant, comme on l'espère, l'effusion du sang est arrêtée, il ne reste plus qu'à accomplir un devoir, mais un devoir immense, sacré, devoir de chrétien et de Français.

» La population des villages incendiés s'élève à environ 22,000 ames, errante en partie dans les montagnes ou réfugiée à Saïda, Zaklé et Deir el Khammar, sans pain, sans asile et sans vêtemens.

» Le dévoûment évangélique de Monseigneur le délégué apostolique et des Pères Lazaristes d'Antourah, la charité des habitans de Zaklé, aussi compatissans que braves, de ceux de Saïda et de Deir el Khammar, s'épuise en efforts ; le consulat de France a prodigué de tous côtés les secours et les consolations ; la petite colonie française de Syrie n'est pas elle-même restée inactive, mais qu'est cela en présence de si grandes infortunes ? Maintenant encore, la population ruinée peut prendre patience, parce que, durant la belle saison, la misère et les privations sont moins sensibles ; mais l'hiver prochain, lorsque le Liban sera couvert de neige, c'est alors que les mains suppliantes des chrétiens de Syrie s'étendront vers leurs frères de tous les points de la chrétienté ; vers la France surtout, cette antique protectrice de l'Orient, dont le nom vient toujours le premier à la bouche qui gémit dans ces contrées demi-barbares. »

NOUVELLES ET FAITS DIVERS.

INTÉRIEUR.

PARIS, 21 juillet. — Les chambres ont terminé leurs travaux. L'ordonnance de clôture a été portée aujourd'hui à la chambre des députés par M. le ministre des travaux publics, et à la chambre des pairs, par M. le ministre de la guerre, président du conseil.

Ouverte le 27 décembre, la session a duré six mois et vingt-quatre jours.

— Le *Moniteur* publie ce matin :

La loi sur le conseil d'Etat ;

La loi sur la police des chemins de fer ;

La loi relative au chemin de fer de Paris à la frontière de Belgique, avec embranchemens de Lille sur Calais et Dunkerque, au chemin de fer de Creil à Saint-Quentin et au chemin de fer de Fampoux à Hazebrouck ;

La loi qui ouvre un crédit pour la restauration de la cathédrale de Paris ;

La loi qui ouvre un crédit extraordinaire pour la construction de trois édifices à affecter à des services d'intérêt général.

— M. Petit, receveur particulier des finances de l'arrondissement de Valenciennes, est nommé receveur-général de l'Ariége, en remplacement de M. de Bellegarde, qui passe à la recette générale du Tarn, à Alby.

M. André, receveur-général à Alby, est nommé receveur-général de la Sarthe, en remplacement de M. Akermann, qui passe à la recette générale de la Meurthe, à Nancy.

M. Verdet, receveur particulier de l'arrondissement d'Abbeville, est nommé receveur-général de Vaucluse, à Avignon.

M. de Grolée, receveur-général à Avignon, est nommé receveur-général de l'Aube, à Carcassonne.

M. Carbonnel, receveur-général de l'Aube, remplace à Toulouse M. Durieu, dont le fils est nommé receveur-général de l'Indre, à Châteauroux. Le receveur-général de l'Indre est démissionnaire.

— M. le ministre des finances vient, à l'occasion de la loi relative au retrait et à la démonétisation des espèces de billon, de publier l'avis suivant :

« Des instructions sont données pour que les pièces de six liards et de 10 centimes à la lettre N, de 15 sous et de 30 sous, soient reçues dans les caisses publiques, quelle qu'en soit la somme, en acquittement des contributions et des revenus publics, savoir : les pièces de 6 liards et de 10 centimes jusqu'au 31 décembre 1845, et celles de 15 et de 30 sous jusqu'au 31 août 1846. Bien que ces monnoies doivent continuer d'avoir cours jusqu'aux époques indiquées pour chacune des deux catégories, les pièces reçues dans les caisses publiques ne seront pas remises en circulation. »

— L'administration des contributions indirectes publie dans le *Moniteur* le tableau de la production et de la consommation du sucre indigène depuis le commencement de la campagne de 1844-1845, présentant la situation des fabriques à la fin du mois de juin 1845, et les droits perçus pendant l'année 1845.

Il résulte de ce tableau que le nombre des fabriques en activité présente, sur l'époque correspondante de 1844, une diminution de 31, et celui des fabriques en non activité, mais ayant des sucres en charge, une diminution de 29.

Les quantités de sucres fabriquées ont augmenté de 7 millions 433,727 kilogrammes, et la mise en consommation de 2 millions 481,763 kilogrammes.

Les droits payés en 1845, comparés à ceux des mois correspondans de 1844, offrent une augmentation de 1 million 173, 268 fr.

— On lit dans le *Courrier des Etats-Unis* :

« S'il falloit croire les bruits qui nous parviennent, il ne s'agiroit de rien moins que du bombardement du petit port de Mazatlan par un bâtiment français Pourquoi ? nul ne le sait ; on avoit seulement appris à Vera-Cruz que la chose alloit avoir lieu. Nous n'en croyons rien : les villes ne se bombardent pas ainsi sans explications préalables, et les officiers de la marine française ne prennent pas sur eux la responsabilité de pareils actes, dans un pays où la France à des représentans diplomatiques; et puis les méfaits dont pourroient s'être rendues coupables les autorités de Mazatlan ne prendroient un caractère national et ne mériteroient des coups de canon que si le gouvernement de Mexico s'y associoit en refusant de les châtier lui-même. »

— Nous voyons dans une pétition qui vient d'être adressée au roi sur le danger des inhumations précipitées, qu'en 1844, en moins de sept mois, quatre personnes dont le décès avoit été constaté, sont revenues à la vie au moment où l'on alloit les inhumer, et qu'en 1845, en moins de huit mois, six résurrections pareilles ont eu lieu! L'auteur de la pétition, M. Leguern, continue en ces termes :

« Depuis 1833, il y a eu, à ma connoissance seulement, quarante-six cas d'enterrement plus ou moins précipités auxquels, je le répète, le hasard a le plus souvent mis empêchement. Vingt-un individus se sont réveillés d'eux-mêmes au moment où on alloit les porter en terre; neuf par suite des soins que leur prodigua une trop rare tendresse; quatre par suite de la chute du cercueil; deux par suite de la suffocation dans le cercueil; trois par suite des piqûres faites en épinglant le linceul; sept, y compris le fils d'un employé des contributions indirectes du département de la Seine, par suite de retard non calculé dans la cérémonie des funérailles. Et le décès de tous ces citoyens avoit été officiellement constaté! »

— La fille aînée de Joseph Lesurques vient de remettre entre les mains du président du conseil des ministres, une demande de MM. les députés du Nord, à laquelle ont adhéré un grand nombre de membres de la chambre ; cette demande tend à la réhabilitation de Lesurques et à la restitution des sommes retenues au préjudice de sa malheureuse famille.

— L'imprimerie royale, ce vaste établissement qui possède déjà une vingtaine d'alphabets orientaux, va s'enrichir de caractères propres à reproduire typographiquement les signes hiéroglyphiques. Sur quinze cents signes dont on aura besoin, huit cents sont déjà gravés.

— M. Villemain, dont la santé continue de s'améliorer, vient de partir pour un voyage en Suisse, dont on espère beaucoup pour son rétablissement complet.

— Un monument va être élevé au maréchal Victor, duc de Bellune , à Lamarque, lieu de sa naissance.

— Nous laissons au *Courrier de Marseille* la responsabilité de la nouvelle suivante :

« On nous communique une lettre de Tunis, en date du 10 juillet, qui annonce qu'un débarquement de troupes auroit eu lieu à Tripoli, manifestant des intentions hostiles contre la régence de Tunis. »

— On écrit de Bourges, le 17 juillet :

« Ce matin, à huit heures , D. Carlos et la princesse de Beïra sont partis pour *** oulx, accompagnés de M. de Tinan et de diverses personnes de leur maison. »

— A la nouvelle de l'adoption, par la chambre des pairs, du projet de loi sur le chemin de fer d'embranchement de Dieppe et Fécamp, les habitans de la ville de Dieppe se sont livrés aux transports les plus vifs d'allégresse. Le maire a publié une proclamation pour engager les habitans à illuminer leurs maisons, et, en effet, les maisons ont été pavoisées et illuminées le soir.

— Il vient de se former à Strasbourg, à l'instar de Paris, de Lyon, de Marseille et de plusieurs autres grandes villes de France, une société pour l'établissement de crèches. Cette institution comble une véritable lacune au milieu des nombreux établissemens de charité qui existent déjà dans cette ville. Les salles d'asile ne reçoivent que des enfans âgés de plus de trois ans. Les crèches seront les salles d'asile des enfans au-dessous de cet âge, et permettront à leurs parens de se livrer durant toute la journée aux travaux qui leur assurent une existence : c'est indiquer suffisamment que les crèches sont principalement établies en faveur de la classe ouvrière. Mais, pour qu'elles ne puissent jamais être écartées de leur but utile, qu'en aucun cas elles ne deviennent un encouragement à l'oisiveté et au vice, des conditions rigoureuses sont posées pour les admissions.

— Le bateau à vapeur le *Talabot* vient d'être incendié sur le Rhône, à Lyon. La chaudière que l'on avoit oublié de remplir d'eau ayant été chauffée à rouge, le feu s'est communiqué à la charpente et l'a consumée en partie. Cet accident est arrivé avant l'heure du départ ; plus tard on auroit eu peut-être à déplorer de grands malheurs.

— L'audience des assises du Haut-Rhin présentoit dernièrement un spectacle d'une tristesse navrante. Un père et une mère étoit accusés d'avoir résolu de concert la mort de leurs enfans, et d'avoir travaillé avec une froide cruauté à l'exécution de ce projet exécrable.

Nicolas Lossinger, tisserand à Colmar, et Marie-Anne Pfister, sa femme, avoient retiré, il y a environ une année, leurs enfans de nourrice ; mais au lieu de les entourer des soins que réclamoit leur jeune âge, ils les accabloient incessamment de mauvais traitemens. Le petit garçon, âgé de deux ans, mourut bientôt, et lorsque les voisins en exprimoient quelques regrets, la mère dénaturée répondoit : « Je ne le regrette nullement, et si je pouvois le ravoir, je ne le désirerois pas. » La petite fille, plus âgée d'une année, auroit également succombé si la justice ne fût venue la soustraire à l'autorité paternelle. Cette malheureuse enfant étoit dans un état affreux de maigreur et de malpropreté ; tout son corps étoit couvert de contusions et de meurtrissures ; on auroit pu compter par centaines les traces des coups qu'elle avoit reçus, et les sévices exercés contre cette foible créature l'ont tellement effrayée, qu'elle pousse des cris de terreur quand on s'approche d'elle.

L'intention de donner la mort n'ayant pas été prouvée suffisamment aux débats, les accusés ont été condamnés, pour blessures faites à leur fille Anne-Marie, savoir : le père à deux années de prison, et la mère à dix années de travaux forcés et à l'exposition, comme ayant été convaincue d'avoir agi avec préméditation.

— On écrit de Bayonne, le 12 juillet :

« Le tribunal correctionnel vient de condamner solidairement M. Marrast, avocat, et le gérant de la *Sentinelle des Pyrénées*, pour diffamation, à 30,000 fr. de dommages-intérêts envers MM. Lescun et Claverie, juges au tribunal d'Orthez, à l'insertion du jugement dans trois journaux de Paris et dans ceux du département, et à l'affiche au nombre de 200 exemplaires. La partie civile avoit demandé 50,000 francs ; mais, vu l'état de fortune des prévenus, dit le jugement, on n'a accordé que 30,000 fr. »

servateurs catholiques, supérieurs en nombre aux radicaux protestans, veulent substituer le vote par tête à celui par districts qui est usité aujourd'hui, et qui équilibre les forces des deux partis. S'ils l'emportent, comme tout le fait présager, les conservateurs auront à la diète une majorité d'une voix.

SILÉSIE. — On mande de Breslau, le 11 juillet :

« L'exemple donné par les étudians des Universités de Berlin, de Halle et de Kœnigsberg d'abolir le duel et de créer un tribunal d'honneur chargé de juger les différends qui s'élèveroient parmi eux, va être suivi par ceux de l'Université de notre ville.

» Ils ont déjà tenu deux assemblées générales, dans lesquelles les principales difficultés qui s'opposoient encore à l'adoption de ces mesures ont été aplanies. »

SYRIE. — La *Gazette d'Augsbourg* annonce que le calme paroit rétabli dans le nord et aux environs de Damas; mais dans le Liban l'effervescence des esprits n'est pas tombée. Tous les villages sont brûlés, les oliviers et les mûriers, la principale ressource des habitans, sont coupés.

A Beyrouth s'étoit répandu le bruit de l'arrivée d'une flotte française, et le courage des Maronites s'en étoit un peu relevé; les Druses, au contraire, comptoient sur les Anglais. La plus grande mésintelligence régnoit entre les deux consuls de France et d'Angleterre.

En Arabie, les Bédouins sont en pleine insurrection contre les Turcs, et la position d'Oman-Pacha, gouverneur de Djedda, est on ne peut plus critique.

Des troubles ont également éclaté dans le pachalik d'Erzeroum, où les habitans ne veulent pas se soumettre au nouveau système de conscription.

Le grand duc Constantin a quitté Constantinople le 3 juillet.

CAUCASE. — L'arrivée du grand-duc Constantin à Constantinople a coïncidé avec l'avis que l'on y a reçu de la défaite des Russes dans le Caucase. Les mystères qui environnent tout ce qui vient de Russie n'ont pas permis jusqu'ici d'avoir de détails circonstanciés sur cette affaire. On sait néanmoins d'une manière positive que les Circassiens se sont rendus maîtres d'une forteresse russe.

S'il faut en croire des bruits qui circulent, les troupes de l'empereur Nicolas auroient fait des pertes considérables; la désertion continue toujours dans leurs rangs. On assure que les Polonais déserteurs forment un corps d'armée de plusieurs mille hommes qui s'est joint aux Circassiens pour combattre leur ennemi commun. Depuis plusieurs années, la Russie annonce à l'ouverture de la campagne qu'elle va décidément en finir avec les Circassiens. Le général Woronzoff le publioit encore tout dernièrement dans un ordre du jour à ses troupes. Si les nouvelles ci-dessus se confirment, l'extermination des habitans du Caucase par les Russes pourroit bien encore être remise à l'année qui vient.

Le Gérant, **Adrien Le Clere.**

BOURSE DE PARIS DU 21 JUILLET 1845.

CINQ p. 0/0. 121 fr. 70 c.

TROIS p. 0/0. 83 fr. 35 c.

QUATRE p. 0/0. 110 fr. 20 c.

Quatre 1/2 p. 0/0. 000 fr. 00 c.

Emprunt 1841. 00 fr. 00 c.

Oblig. de la Ville de Paris. 1430 fr. 00 c.

Act. de la Banque. 3275 fr. 00 c.

Quatre canaux 0000 fr. 00 c.

Caisse hypothécaire. 655 fr. 00 c.

Emprunt belge. 5 p. 0/0. 000 fr. 0/0.

Emprunt romain. 104 fr. 2/8.

Rentes de Naples. 000 fr. 00 c.

Emprunt d'Haïti. 30 0 fr. 00 c.

Rente d'Espagne. 5 p. 0/0. 00 fr. 0/0.

PARIS. — IMPRIMERIE D'ADRIEN LE CLERE ET C°, rue Cassette, 29.

LETTRE DE M. L'ÉVÊQUE DE LANGRES A UN CATHOLIQUE (1).

—

Langres, en la fête de Saint-Bonaventure, 14 juillet 1845.

Monsieur,

Vous me faites l'honneur de me demander ce qu'il faut penser des dernières nouvelles venues de Rome, et ce qui en doit résulter pour l'Eglise en France. Sans me croire capable de saisir dans toute son étendue la portée de ces graves événemens, je vais, pour répondre aux sollicitudes de votre zèle, exposer avec simplicité les réflexions qu'ils m'inspirent.

A mon avis, malgré ce qu'ils ont de contraire à nos prévisions, ces événemens peuvent néanmoins nous offrir des motifs abondans de consolation et d'espérance.

1° Et, pour commencer par le fait même qui est aujourd'hui l'objet des préoccupations et des commentaires, si l'on réfléchit froidement sur cette disposition prise à l'égard des Jésuites par leur général, après et malgré les déclarations des évêques en faveur de la Compagnie, n'est-il pas évident que tout y est honorable pour notre cause, et que tout s'y résume en des procédés mutuels de délicatesse et de générosité entre les évêques et les Jésuites ?

Ces derniers étoient en butte aux préventions et aux menaces publiques : on invitoit les évêques à les sacrifier, ou du moins à les désavouer ; on espéroit opérer leur dissolution par le concours de l'épiscopat, et, pour y parvenir, on représentoit que le clergé tout entier avoit à souffrir des haines auxquelles ils étoient en proie. Les évêques ont répondu : « Les Jésuites, en tant que religieux, sont l'œuvre de » l'Eglise ; en tant que citoyens, ils ont à la liberté de conscience des » droits qui nous sont communs avec eux. Ils nous sont chers à ce » double titre ; nous les défendrons, nous les soutiendrons, nous souf- » frirons avec eux, et, s'il le faut, nous souffrirons pour eux, parce que » les coups que l'on veut leur porter frapperoient sur la religion et sur » la liberté de tous. Ainsi, nous ne les sacrifierons pas, nous ne les » désavouerons même pas. »

Les Jésuites, nous le savons, ont été profondément réjouis et reconnoissans de ces dispositions et de ce langage ; mais on leur a fait croire au loin que cette générosité de l'épiscopat à leur égard étoit téméraire ; qu'en acceptant l'appui des évêques, ils compromettroient certaine-

(1) Cette lettre, que M. l'évêque de Langres nous a fait l'honneur de nous adresser lundi, nous a été remise à une heure trop avancée de la soirée, pour pouvoir être insérée dans notre dernier numéro.

ment et gravement leurs protecteurs, et avec eux la religion tout entière.

On peut sans doute accuser ces représentations de mensonge, on peut plaindre les chefs de la Compagnie d'y avoir ajouté foi ; mais dès que les Jésuites ont accepté cette conviction, peut-on blâmer, ou plutôt peut-on ne pas admirer ce qu'ils viennent de faire ?

Ce sacrifice soudain et spontané d'eux-mêmes, ne révèle-t-il pas tout à la fois, et la pureté de leurs intentions, et leur amour pour la paix, et l'élévation de leurs sentimens, et leur disposition constante à s'immoler instantanément pour le bien public ? Ceux qui depuis quelques années les accusent, les injurient et les menacent, pourroient-ils présenter de pareils exemples ? Toutes les apologies en paroles, tous les éloges imprimés valent-ils la justification éclatante qui résulte d'un pareil fait ? Et s'il est vrai qu'aux yeux des ennemis de la religion, le clergé catholique, sous son point de vue le moins favorable, se résume dans la Compagnie de Jésus, tellement que l'on croit avoir exprimé tous les torts possibles d'un prêtre en disant qu'il est Jésuite, n'est-ce pas un événement heureux pour l'Eglise, celui qui force nos accusateurs à s'incliner tous ensemble devant la sagesse, la modération et la magnanimité de cette Compagnie tant de fois maudite ?

Ainsi vous voyez, Monsieur, combien nous sommes loin d'avoir à rougir de ce qui s'est passé. On peut le réduire à deux mots.

Les évêques ont dit aux Jésuites : « Vous combattez pour la même « cause que nous, vous êtes dans vos droits, nous vous soutiendrons à « nos risques et périls. »

Les Jésuites ont répondu : « Nous sommes dans nos droits, mais les « haines dont on nous poursuit retombent sur vous, nous aimons mieux « nous retirer que de vous compromettre. »

Non-seulement il est sûr que tel a été le motif de la détermination des Jésuites, mais il est évident qu'ils n'ont pu en avoir un autre, puisque jamais ils ne s'étoient trouvés plus fortement soutenus et par tous les pieux fidèles, et par l'épiscopat, et par le Saint-Siége, dont le refus positif et persistant aux instances de l'ambassade française, étoit, pour les Jésuites de France, une inviolable garantie.

L'honneur de notre sainte cause reste donc parfaitement intact, ou plutôt il reçoit de cette circonstance même un nouvel éclat.

2° Maintenant, les principes sur lesquels nous nous appuyons en sont-ils altérés, ou nos droits affoiblis ? Il me semble au contraire que les uns et les autres en deviennent et plus nets et plus forts.

D'abord, ces principes et ces droits viennent de recevoir la sanction du Saint-Siége : la déclaration des cardinaux et le refus persévérant du souverain Pontife semblent ne reposer que sur eux. Or, jamais, depuis 1830, la cour de Rome n'avoit laissé entrevoir officiellement sa pensée sur ce point. Tous les catholiques de France sont donc aujourd'hui plus sûrs que jamais qu'en fait de liberté de conscience, ils ont des droits constitutionnels reconnus et protégés par le chef de l'Eglise.

Mais la puissance de ces droits sacrés n'est-elle pas d'ailleurs rendue manifeste par la position même que le gouvernement a prise dans cette affaire? S'il eût pu, comme on l'y invitoit, les briser en nos mains par voie administrative, est-ce qu'il ne l'eût pas fait? Est-ce qu'il ne savoit pas qu'une telle négociation avec Rome fourniroit contre lui des armes à toutes ces factions irréligieuses auxquelles il se croit obligé de faire tant de concessions et de sacrifices au détriment de l'Eglise? Est-ce que d'ailleurs de telles négociations en de telles matières ne sont pas désavouées et par les principes fondamentaux de son gallicanisme, et par ses habitudes d'indépendance envers la religion?

On peut donc affirmer, en toute certitude, que le gouvernement n'a négocié que parce qu'il lui étoit impossible d'agir directement lui-même, sans devenir manifestement inique et matériellement persécuteur.

Au reste, vous avez vu que les feuilles qui ont les confidences du pouvoir avouent ingénument aujourd'hui que l'on n'eût pas pu poursuivre ni administrativement, ni juridiquement les Jésuites sans violer le concordat et la charte.

Il est donc bien démontré, Monsieur, que nos principes et nos droits n'ont pu que gagner à ces derniers événemens.

3° Mais quels seront les résultats de la concession faite par les Jésuites?

Le premier résultat, c'est que nous n'aurons plus à nous occuper d'eux. Ils se sont mis hors de cause, ils se sont pour ainsi dire placés hors la loi; ils ont quitté le front de l'armée sainte où se trouvoit naturellement leur poste; ils ont abdiqué pour leur compte des droits incontestables; ils nous ont mis dans l'impossibilité de les défendre.

Le second résultat qui est la conséquence du premier, c'est que les questions soulevées entre l'Eglise et l'Etat vont devenir beaucoup plus claires et plus franches.

En demandant que les Jésuites fussent sacrifiés, le gouvernement a dit et redit par tous ses organes que les autres communautés religieuses n'étoient nullement comprises dans cette attaque, et que surtout l'Eglise, loin d'y rien perdre, ne pouvoit qu'y gagner.

C'est à lui maintenant à tenir sa promesse. Le voilà en présence d'un engagement solennel. S'il l'accomplissoit loyalement, à coup sûr nous ne le troublerions pas dans une œuvre de régénération chrétienne et de pacification religieuse; nous lui offririons même bien sincèrement au besoin notre foible concours.

Mais si, contrairement à sa parole publiquement donnée, le gouvernement continuoit à forger des chaînes pour nos consciences; si, maintenant qu'il ne peut plus nous confondre avec les Jésuites, il attaquoit directement l'Eglise, ou dans ses institutions, ou dans ses œuvres, ou dans ses enseignemens, ou dans ses chefs, combien notre résistance en deviendroit plus manifestement légitime, notre position plus puissante, et surtout nos réclamations mieux comprises!

Mon avis est donc qu'il n'y a rien à faire en ce moment, si ce n'est : 1° continuer à répandre sans bruit les saines doctrines; 2° observer attentivement la marche que l'on va prendre; 3° signaler ce qui pourra révéler une tendance quelconque vers le bien ou vers le mal, c'est-à-dire vers la liberté ou la servitude des consciences.

Désirons sincèrement la paix, mais soyons toujours prêts pour le combat.

4° A ceux qui prétendent que les luttes soutenues depuis quelques années par les catholiques ont affoibli l'empire de la religion, nous trouvons entre autres une réponse péremptoire dans les circonstances mêmes qui font l'objet de cette lettre, en les mettant en rapport avec ce qui se passa sous la restauration à l'égard des Jésuites.

L'orage soulevé contre eux en 1828 n'étoit certainement pas plus redoutable que celui dont nous sommes témoins aujourd'hui; il n'étoit fortifié ni par des écrits enivrans et populaires comme le *Juif-Errant*, ni par des déclamations furibondes, comme les leçons du Collége de France; le gouvernement d'alors étoit pour le moins aussi respectueux envers la religion que le peuvent être nos ministres actuels : cependant, ce gouvernement eut-il besoin de recourir à Rome pour frapper les Jésuites? Les souvenirs de cette époque laissent-ils même entrevoir qu'il en ait eu la pensée? Auroit-on permis alors que le Saint-Siége intervînt, en dehors des concordats, dans une question relative au gouvernement intérieur de la France; et si M. de Martignac, ou même M. Feutrier, évêque de Beauvais, eussent voulu, comme ministres du roi, négocier par voie diplomatique avec le général des Jésuites sur les questions qui furent tranchées par les ordonnances du 16 juin 1828, l'opinion publique ne les en eût-elle pas irrésistiblement empêchés?

Aujourd'hui, au contraire, sauf les sarcasmes de quelques exagérés, qui critiquent tout, cette négociation avec Rome n'a point blessé l'opinion, elle a même généralement paru sage et naturelle. Pourquoi ce progrès dans les idées publiques, sinon parce que l'action des catholiques et les réclamations des évêques ont appris aux peuples qu'au-dessus des volontés du gouvernement, au-dessus même des décisions du pouvoir législatif, il y a pour chaque citoyen les droits imprescriptibles de la conscience, et que si, sur beaucoup de points, nous sommes et nous devons être soumis à l'Etat, sur quelques-uns cependant, nous ne sommes soumis qu'à l'Eglise ?

Vous le savez, Monsieur, c'est de l'intelligence de cette vérité que dépend l'avenir de la religion et de la liberté en France. Développer, accréditer, et surtout populariser cette conviction, c'est servir utilement la cause sainte à laquelle vous êtes dévoué pour votre part. Or, le parallèle ne prouve-t-il pas que, depuis dix-sept ans, malgré les fureurs et les calomnies de l'irréligion intolérante, cette conviction s'est généralement fortifiée? Et qui pourroit dire que dans ces derniers temps les discours et les publications des catholiques n'ont pas contribué puissamment à mettre en circulation ces idées si long-temps méconnues, sans lesquelles, cependant, nous n'avons vraiment de salut ni au ciel ni sur la terre ?

C'est donc à la propagation de ces idées doublement salutaires, qu'il faut travailler sans relâche, et malgré tout événement.

On ne peut pas se le dissimuler, en dehors du sentiment catholique tout est vénal aujourd'hui en France, parce que tout y est matérialisé. Cela s'explique : un peuple réduit à la vie animale devient facilement esclave; on obtient tout de lui, pourvu que l'on satisfasse ses sens. Or, pour que ce système d'abaissement eût son plein succès, on voudroit qu'aucune lumière ne prît sa source ailleurs que dans les lumières officielles et légales de l'Etat : on voudroit que toute volonté fût même intérieurement soumise en toutes choses aux volontés de l'autorité régnante. Alors l'avilissement des peuples se consommeroit sans résistance et sans mesure ; alors il ne pourroit plus y avoir ni remèdes ni bornes légitimes à leur servitude. C'est pourtant là ce que demandent des hommes qui, depuis trente ans, prétendent combattre pour la liberté : mais c'est ce qui ne sera jamais possible en France, tant qu'il y restera des consciences éclairées et vivant de la foi; toujours avant de rendre à César ce qui est dû à César, elles voudront rendre à Dieu ce qui est dû à Dieu, et toujours, malgré les sophismes et les menaces, elles se rappelleront, elles professeront, elles proclameront qu'il y a pour le chrétien des devoirs placés au-dessus de la loi humaine. C'est ainsi qu'aujourd'hui, comme toujours, le catholicisme seul protège la liberté des peuples.

C'est à cela, Monsieur, que se bornent mes réflexions sur les événemens au sujet desquels vous avez cru devoir me consulter, et dont voici en abrégé l'appréciation.

1° Tout y est honorable, sous tous les rapports, pour notre sainte religion ;

2° Nos principes et nos droits en ressortent plus manifestes et plus forts ;

3° Notre position vis-à-vis du pouvoir en devient plus nette et plus tranquillisante, puisque le pouvoir a pris à notre égard de nouveaux engagemens ;

4° Malgré la confusion que les passions déchaînées jettent dans les ames, l'opinion publique s'éclaire par l'effet de ces débats solennels, et de plus en plus il devient manifeste que le catholicisme est seul le sel incorruptible et sacré qui puisse préserver la France d'une corruption totale et d'une dissolution sans remède.

Agréez, etc.   † PIERRE-LOUIS, évêque de Langres.

REVUE ET NOUVELLES ECCLÉSIASTIQUES.

ROME. — Le collége ecclésiastique belge que les évêques de la Belgique ont institué récemment à Rome, vient d'être reconnu et approuvé par le Saint-Siége apostolique. Sa Sainteté a daigné en même temps mettre le nouvel établissement sous la sauvegarde de son autorité souveraine, en lui accordant l'appui public d'un protectorat officiel. C'est le savant cardinal Mezzofanti, préfet de la S. Congrégation des études, qui a été nommé protecteur. S. Em. a été installée en cette qualité, le 19 juin passé. La cérémonie a eu lieu au local du collége, avec la pompe et dans les formes accoutumées. A cette occasion, le président du Collége a prononcé un discours où il a énuméré les avantages qu'on trouve à Rome pour l'étude des sciences ecclésiastiques, et les ressources précieuses que la capitale du monde chrétien offre sous ce rapport, surtout à ceux qui ont terminé avec succès leurs cours de séminaire et d'Université. On sait que ce Collége a été institué pour les licenciés en droit canon et en théologie de l'Université de Louvain, et que la faveur d'y aller demeurer leur est accordée par leurs évêques respectifs, à titre de récompense et d'encouragement, après qu'ils ont subi avec succès les épreuves difficiles qui conduisent à ce grade académique.

PARIS.

Les meilleurs esprits se laissent quelquefois dominer par des préoccupations qui les rendent bien malheureusement injustes.

Comment la *Quotidienne* a-t-elle pu voir dans la lettre de M. l'abbé Bernier, publiée par L'AMI DE LA RELIGION, *un acte d'incroyable hostilité contre la presse catholique, et indirectement sans nul doute contre la presse royaliste ?*

Nous déclarons d'abord qu'un acte d'hostilité contre la presse catholique ou royaliste n'auroit jamais trouvé place dans notre Journal.

La justice et la vérité nous font ensuite un devoir d'affirmer que, dans toute la partie de la lettre que nous avons rapportée, rien ne nous a paru de nature à justifier la gravité de l'accusation, ni la vivacité des plaintes que la *Quotidienne* élève contre le respectable grand-vicaire d'Angers.

Nous regrettons que ce journal se soit écarté, dans cette circonstance, de ses habitudes de franche polémique, et qu'au lieu de citer les passages mêmes de la lettre incriminée, il ait cru pouvoir donner, comme le résumé fidèle de cette circulaire, des énormités de cette force :

« Une certaine école ecclésiastique interdit au LAÏQUE de se mêler en quoi que ce soit aux choses de la religion. Le laïque n'a pas le droit d'entrer dans les combats de l'Eglise ; il n'est pas fait pour s'attaquer aux philosophes, aux sectaires, aux cyniques et aux apostats. Il doit tout simplement s'enfermer dans son devoir d'obéissance, et ne faire aucun usage de sa raison, ou de sa liberté, ou de ses lumières, ou de son éloquence. Le laïque, défenseur de la foi publique, blesse la dignité du sacerdoce ; il touche aux choses saintes ; il mérite d'être repris de sa témérité. »

Plus il est facile de combattre des idées fausses ou des prétentions absurdes, plus on doit, ce nous semble, s'abstenir avec soin de les attribuer aussi gratuitement à ceux qui seroient les premiers à protester contre elles.

M. Bernier ne dit nulle part dans sa lettre les singulières choses qu'on lui fait dire, et nous ne connoissons pas d'*école ecclésiastique* qui les enseigne.

Personne, que nous sachions, ne conteste *au laïque le droit d'entrer dans les combats de l'Eglise, de s'attaquer aux philosophes, aux sectaires, aux cyniques et aux apostats.*

Personne, au moins dans nos rangs, ne lui interdit *l'usage de sa raison ou de sa liberté, ou de ses lumières, ou de son éloquence.*

Personne — les successeurs de M. Picot moins que personne — n'empêche *de penser que le génie de Châteaubriand, de Bonald ou de De Maistre a autrement remué, combattu, redressé le siècle que celui du modeste et docte fondateur de l'Ami de la Religion.*

La question n'est point là : elle n'est nullement, comme on semble le dire, entre le droit du laïque et le droit clérical.

De quoi donc s'agit-il ? Eh ! mon Dieu ! de la chose du monde la plus simple, la plus juste, mais la plus difficile à faire comprendre ou goûter. Il s'agit de savoir à quelles conditions les évêques daignent nous associer, *prêtres ou laïques*, comme nous l'avons dit, à la défense des lois et des droits dont ils sont divinement constitués les premiers et les seuls défenseurs compétens.

Or, M. l'abbé Bernier croit, et nous pensons comme lui, que c'est à *la condition bien légitime que dans ces questions qui se rattachent au gouver-*

nement spirituel de l'Eglise, ou touchent aux rapports de l'Eglise avec l'Etat, nous ne mettions jamais notre ardeur impatiente au-dessus de leur zèle pastoral, nos vues personnelles au-dessus des lumières que le Saint-Esprit leur a promises.

La *Quotidienne* a des idées trop justes et des sentimens trop chrétiens pour ne pas reconnoître, après cette courte explication, que notre opinion sur ce point n'est pas celle uniquement d'une *certaine école ecclésiastique*, mais bien celle des évêques, et sans doute aussi la sienne.

———◦◾◦———

Mgr l'évêque de Clermont vient d'adresser à Mgr l'Archevêque de Paris son adhésion à la condamnation portée par ce prélat contre le *Bien social.*

———◦◾◦———

M. l'évêque d'Aire, à l'occasion de la condamnation du *Bien Social*, publie une lettre pastorale dont nous citons ici les principaux passages :

« Des considérations importantes et dont il vous sera facile de comprendre la nature, nous ont empêché jusqu'à ce jour, nos très-chers Coopérateurs, de vous signaler l'esprit et les tendances d'un Recueil périodique imprimé à Paris, sous le titre de *Bien Social*, et dont quelques exemplaires avoient été, sous des apparences trompeuses, accueillis, trop favorablement peut-être, dans quelques presbytères.

» Il nous étoit pénible d'élever la voix à cette occasion, parce qu'en réprouvant des doctrines erronées et funestes, nous aurions paru nous défendre contre des attaques personnelles, tandis qu'en réalité, si notre cœur a été profondément affligé de l'égarement déplorable de quelques esprits inquiets et mécontens, nous avons trouvé des motifs surabondans de consolation et de joie dans les manifestations spontanées et en quelque sorte unanimes de votre respect pour l'autorité sainte dont nous sommes revêtu, et de votre affection pour notre personne.

» Au milieu de ce déchaînement des mauvaises passions, nous aurions donc eu peut-être le droit de nous réjouir de tant d'imputations odieuses et injustes, puisqu'elles ont donné à vos sentimens de confiance et d'amour l'occasion de se produire, si d'ailleurs elles n'avoient porté quelque atteinte à la considération si justement acquise au clergé du diocèse d'Aire, jusqu'alors si renommé dans l'église de France par sa piété, sa régularité et l'excellent esprit qui l'anime. Nous sommes heureux d'avoir aujourd'hui l'occasion de proclamer hautement, nos très-chers Coopérateurs, que l'immense majorité de notre excellent clergé est restée étrangère à ces démonstrations coupables; que dès le principe de ces tristes débats, elle n'a pas cessé de déplorer le funeste égarement de quelques confrères séduits, nous aimons à le croire, par de spécieuses apparences, et de nous solliciter, par des instances réitérées, de rendre public le désaveu non équivoque d'une conduite si contraire au véritable esprit du sacerdoce et à tous les antécédens d'un clergé si profondément attaché aux saines doctrines et si respectueux pour l'autorité du premier pasteur.

» En ce moment, les mêmes motifs ne nous conseillent plus le même silence. Les doctrines du *Bien Social* ont été canoniquement condamnées...

» En outre, le saint nom de Dieu invoqué, nous adoptons entièrement et absolument, pour l'instruction du clergé de notre diocèse, le Mandement de M. l'Archevêque de Paris, *portant condamnation d'un Recueil périodique, intitulé* : LE BIEN SOCIAL : nous adhérons au jugement canonique qu'il renferme; nous déclarons *suspens ipso facto* tout membre de notre clergé qui, à partir de la promul-

gation de notre présente Lettre Pastorale, participeroit, ostensiblement ou secrètement, à la rédaction dudit journal, ou qui en favoriseroit, d'une manière quelconque, la propagation ou la publication.   † Fs.-Ad.-Ad., évêque d'Aire. »

M. l'évêque de Chartres, que les journaux faisoient voyager en Allemagne pour se rendre, disoient-ils, aux eaux d'Ems, vient de traverser Paris, de retour d'un rapide voyage à Metz. L'illustre prélat est reparti lundi soir pour son diocèse.

Jeudi soir, 17 juillet, a eu lieu, dans les bâtimens du Grand-Séminaire de Rodez , l'ouverture de la retraite ecclésiastique. Elle est prêchée par M. Chaignon, d'Angers. C'est pour la troisième fois que le
clergé de l'Aveyron a le bonheur de recevoir les instructions de ce
prêtre si dévoué, si plein d'amour pour le bien de l'Eglise. Monseigneur
a quitté son palais épiscopal et fixé sa demeure au séminaire. Il est là
au milieu de ses prêtres dont il est le modèle , présidant à tous les
exercices , conversant familièrement avec eux durant les récréations,
recevant à chaque instant leurs consultations , se faisant tout à tous
avec une bonté de pasteur et de père.

Tous les ecclésiastiques qui ont pu sans inconvénient quitter leur
troupeau, se sont rendus à l'appel de leur évêque. Ils sont environ
trois cents. La clôture aura lieu jeudi matin.

M. l'évêque de Bayeux vient d'annoncer, par une touchante circulaire à son clergé, l'ouverture des exercices d'une retraite qui aura lieu
pour tous les prêtres du diocèse, au séminaire de Lisieux, à partir du
1er septembre jusqu'au samedi suivant.

Le 16 juillet, Mgr l'évêque de Tarbes, assisté d'un clergé nombreux,
a béni l'ancienne église des Carmes, aujourd'hui sous l'invocation de
sainte Thérèse. M. le préfet, M. le maire, ses adjoints et le conseil municipal assistoient à cette cérémonie. Les élèves de l'école normale et
plusieurs dames de la ville ont chanté, avec un remarquable ensemble,
une messe de M. Adam. Pendant la messe, monseigneur a donné la
communion à un grand nombre de fidèles.

On lit dans la *Gazette de Lyon* :

« Le cœur encore plein de tristesse de la séparation de leur fils, le comte et
la comtesse de Molina sont arrivés dans notre ville samedi soir à cinq heures, accompagnés de M. de Tinan, aide-de-camp du maréchal Soult. Des appartemens
avoient été préparés dès le matin à l'hôtel de Provence.

» Les augustes exilés ont été aussitôt entourés des témoignages du plus profond
respect et du plus vif intérêt par les Espagnols réfugiés à Lyon ou aux environs.
Les autorités de notre ville en grande tenue, le lieutenant-général, le préfet du
département, s'étoient hâtés de leur présenter leurs hommages ; le cardinal-archevêque leur avoit rendu les honneurs religieux qui conviennent si bien aux descendans des rois très-chrétiens et très-catholiques. Tout cela étoit dans l'ordre.

Suivant la loi salique, cette base fondamentale de la société française, suivant le droit public européen proclamé au traité d'Utrecht, don Carlos et son fils sont les rois légitimes d'Espagne, ou bien ils sont redevenus les premiers princes du sang de la glorieuse maison qui pendant huit siècles présida aux destinées de la France. On ne fera jamais rien de trop pour les restes précieux d'un passé si magnifique, pour les rejetons d'une race qui fit l'orgueil de la patrie et la jalouse émulation de l'Europe. Mais ce qui a été touchant dans cette réception, ce qui devoit émouvoir les ames qui sentent, faire profondément réfléchir celles qui pensent, c'est ce concours subit d'Espagnols fidèles, cette foule de réfugiés se serrant autour de leur roi avec une attitude noble, fière, et pourtant résignée, qui accompagne la conviction profonde et l'infortune imméritée.

» Hier, dimanche, LL. MM. ont été reçues à la cathédrale où elles s'étoient rendues pour entendre l'office divin, par Son Em. M. le cardinal de Bonald. Le prélat accompagné du chapitre est venu les recevoir à la porte de la cathédrale, et leur a offert l'eau bénite avec le cérémonial d'usage. Les fidèles qui étoient là en très-grand nombre ont pu admirer la piété des augustes bannis ; la foule a paru pénétrée d'un sentiment de tristesse en considérant leur sort et en le comparant à celui auquel ils paroissoient destinés. Le soir et l'on peut bien dire toute la journée du dimanche comme toute la soirée du samedi ont été employées à des réceptions particulières ou générales; on remarquoit dans les appartemens des réfugiés espagnols et de nombreux visiteurs français de Lyon ou des environs.

»Aujourd'hui, lundi, LL. MM. se sont rendues à huit heures du matin à Notre-Dame de Fourvière. »

———————

Quelques cas de fièvre typhoïde se sont déclarés au grand séminaire de Rennes. L'inquiétude causée par cette maladie, la crainte qu'elle ne se propageât et ne fit de nombreuses victimes ont engagé les chefs de cet établissement à devancer l'époque ordinaire des vacances. Déjà tous les jeunes gens ont été renvoyés dans leurs familles, sauf un très-petit nombre d'élèves dont l'état demande des soins, mais n'offre aucune inquiétude sérieuse.

———————

On lit dans la *Gazette d'Augsbourg* :

« La Diète germanique aura prochainement à s'occuper d'un différend qui rappellera sous quelque rapport celui de Cologne. Madame L...., de Francfort, ayant déclaré, en confession, au chapelain Roos, que ses enfans étoient élevés dans la religion protestante, qui étoit celle de leur père, et n'ayant point voulu leur faire enseigner la religion catholique, se vit refuser l'absolution. Son mari porta plainte à la police, qui fit comparoître le chapelain Roos. Celui-ci, en se retranchant derrière le devoir sacré de conserver inviolablement le secret de la confession, refusa toute explication. L'autorité civile s'adressa alors à l'évêque de Limbourg pour provoquer la révocation de M. Roos. L'évêque répondit que M. Roos n'ayant en aucune manière agi contrairement à ses devoirs, il n'y avoit point de raison pour l'éloigner de Francfort, et que d'ailleurs l'arrangement conclu entre l'Etat et l'autorité ecclésiastique ne donnoit point au premier le droit d'exiger sans examen l'éloignement d'un ecclésiastique. Le sénat de la ville libre publia alors, en réponse à cette explication de l'évêque, la décision du grand conseil qui ordonnoit à la police de transporter hors des frontières de la ville libre le chapelain Roos, en se basant sur le droit imprescriptible de l'Etat de renvoyer quand bon lui sembleroit tout ecclésiastique. Le grand conseil ajoutoit que le sénat, et le

…en;t seul, étoit juge des raisons de ce renvoi, et que l'autorité ecclésiastique supérieure ne pouvoit pas se soustraire à ses décisions. L'évêque répondit en substance, qu'il regrettoit de voir placer cette affaire sur le terrain aride des questions de principe, et que dès-lors, en se basant à son tour sur le droit imprescriptible de l'Eglise, il ne lui restoit plus qu'à en appeler aux contrats solennellement reconnus, qui garantissoient aux catholiques d'Allemagne le libre exercice de leur religion, d'administration du sacrement de pénitence, et que nommément l'obligation sacrée pour un prêtre de garder inviolablement le secret de la confession form it un des points essentiels et inattaquables qui constituoient le libre exercice de la religion, et qu'il n'avoit point d'autre moyen de s'opposer au bannissement décrété par la police contre M. Roos, que celui de protester. Comme en suite de ces explications de son évêque, le chapelain Roos déclara ne vouloir cé ler qu'à la force, un employé de la police, accompagné d'un gendarme, se présenta chez lui le 2 juillet à midi. M. Roos, obéissant à la force armée, monta dans la voiture qui lui avoit été préparée, et se laissa conduire à la petite ville de Bockenheim, dans la Hesse. On assure que la communauté catholique, à la suite de cette expulsion violente, vient d'adresser une plainte à la Diète. L'évêque de Limbourg doit avoir pris le même parti. Comme des deux côtés on s'est appuyé sur des droits imprescriptibles, on attend impatiemment, dans le public, le dénoûment de cette affaire. »

ANGLETERRE. — Dans la discussion qui eut lieu le 9 juillet, à la chambre des communes, à l'occasion du relief-bill catholique, M. Sheil. en parlant des Jésuites, dit « qu'il ne s'attacheroit pas, à cette heure avancée du jour, à discuter les mérites de cette société : il pensoit que leurs services dans la cause de la civilisation avoient été depuis long-temps reconnus. *Quæ regio in terris*, dit-il, *nostri non plena laboris?* (Quel pays sur la terre ne porte pas quelque trace de nos travaux?) voilà leur devise. Tous les climats et tous les âges avoient eu part à leurs bienfaits. quoiqu'il fût vrai de dire qu'ils ne possédèrent jamais 40,000 acres de terre, comme les missionnaires protestans de la Nouvelle-Zélande. (Acclamations.) Quant à lui, il avoit été élevé par les Jésuites, et il pouvoit assurer qu'il n'avoit jamais entendu d'aucun d'eux, un sentiment qui ne fût conforme à la piété, au patriotisme, à l'humanité et à la libéralité. Il profitoit donc de cette occasion pour porter son humble témoignage aux services qu'ils avoient rendus au genre humain. (Ecoutez! Ecoutez!) Et il pensoit que ce seroit un grand bienfait pour l'Irlande, si la jeunesse catholique parmi la bourgeoisie (gentry), étoit confiée à leurs soins; et il défioit qui que ce soit de montrer un seul livre sorti de la presse des Jésuites, qui contint un sentiment ou une sentence qui ne fût conforme au véritable esprit du christianisme. »

ESPAGNE. — D'après le *Catolico*, les nouvelles relatives aux affaires ecclésiastiques entre le Saint-Siège et le gouvernement espagnol sont bien loin d'être satisfaisantes; on parle même de notes assez dures envoyées par le ministère espagnol à son représentant auprès du Saint-Siège.

Ce qu'il y a de certain et de fort grave, c'est que le gouvernement espagnol a refusé l'*exequatur* aux rescrits accordés par le Saint-Siége en faveur des archevêques de Tarragone, de Pampelune et de Saint-Jacques, et relatifs à la nomination d'administrateurs des siéges vacans ou dépourvus de vicaires capitulaires légitimes.

REVUE POLITIQUE.

La session de 1845 est close ; les députés rentrent officiellement dans leurs arrondissemens respectifs, emportant avec eux deux impressions dominantes dont l'intérêt de leur mandat cherchera à tirer parti. Le succès de la mission de M. Rossi à Rome, et la dissolution probable de la chambre vers la fin de septembre, tels sont les deux thèmes fournis par la situation du moment, aux entretiens politiques et plus directs entre chaque député et ses commettans. Comme on le voit, c'est presque le hasard qui se chargera de mettre nos députés en mesure de répondre à l'avidité bien légitime de nos départemens. Les grandes, les hautes questions d'intérêt gouvernemental venant à manquer, il faut bien que la curiosité générale se contente de faits secondaires et presqu'administratifs. Toujours est-il que voilà la carrière grandement ouverte aux commentaires et aux infaillibles pronostics des journaux. Nos ministres, comme nos chambres, étant presque tous en congé, la presse, dans l'intervalle des sessions, nouvel Atlas, porte et soutient, comme on sait, tout le poids du monde politique.

En attendant, si on veut jeter un rapide coup-d'œil sur la situation des pays qui avoisinent la France, on trouvera de graves sujets d'inquiétudes pour un avenir peu rassurant. Sans reparler aujourd'hui de l'Espagne qui semble revenir sans cesse à ses débuts de révolution, l'Irlande et la Suisse nous présentent de bien tristes symptômes. La lutte acharnée, la guerre civile avec ses fureurs semblent recommencer, en effet, entre les orangistes et les catholiques irlandais. Le sang a coulé déjà dans plusieurs districts ; de toutes parts les esprits s'échauffent, les passions et le fanatisme se réveillent ; et d'un bout de l'Angleterre à l'autre on semble se préparer au spectacle des plus mauvais jours de l'Irlande, qui en a tant vu d'horribles depuis 200 ans. Il y a six mois à peine que le gouvernement et ses hommes d'Etat, embrassant enfin le parti de concessions légitimes et pacificatrices se prenoient à espérer que l'Irlande alloit commencer à respirer, comme les autres parties du royaume, l'air de la liberté et prendre part aux développemens industriels qui sont la source de la puissance britannique. Sir Robert Peel, sir Graham, lord Stanley et lord John Russell, unis cette fois dans une même pensée de donner un commencement de satisfaction plus explicite et plus efficace aux besoins religieux des catholiques irlandais, croyoient avoir mis fin aux réactions sauvages du fanatisme religieux que le protestantisme a si cruellement entretenu dans ce malheureux pays. Les nouvelles qui continuent d'arriver d'Irlande donnent un démenti cruel à toutes ces espérances des hommes d'Etat de l'Angleterre. Orangistes et catholiques sont de nouveau en présence avec le même acharnement et la même violence. O'Connell, il est vrai, répudie quiconque des *repealers* se laisse entraîner par cet esprit de lutte et de violence sanguinaire ; mais cette grande voix du libérateur ne peut couvrir ces malheurs dont la première cause doit certainement

venir des provocations orangistes. Si le calme ne se rétablit pas, dans un moment
où la modération et la grande sagesse des évêques catholiques d'Irlande , tout en
conservant intacte l'indépendance primitive, alloient s'entendre avec le ministère
marchant vers eux dans une voie de conciliation ; si d'autre part toutes ces masses du
peuple catholique que la parole libératrice et l'influence puissante d'O'Connell ont
soutenu jusqu'ici dans l'agitation pacifique , viennent à partager l'entraînement
qui s'est manifesté à Armagh, qui peut prévoir l'extrémité des maux prêts à fondre
de nouveau sur l'Irlande? C'est bien ici qu'il est permis d'avouer hautement l'impuissance des moyens politiques , et qu'il faut recourir à l'intervention de celui
qui seul peut calmer ou prévenir la tempête de l'Océan et celle des nations en
délire.

La Suisse est peut-être sur le point de nous présenter un état de choses encore plus alarmant. La Diète de nouveau est réunie, afin de décider les questions
ardentes restées jusque-là suspendues, et dont l'affaire de Lucerne a failli aboutir
à un premier résultat oppresseur. Le radicalisme avoit mis, on le sait, les armes
à la main des corps-francs : on sait ce qui est arrivé, au grand désappointement
des instigateurs suisses et de nos libéraux français.

« Il est difficile, dit le *Journal des Débats*, de prévoir quelle solution trouvera la
présente Diète, si toutefois elle en trouve une. Les prétentions absolues du parti
radical s'opposent à toute transaction, et ne permettent pas de recourir à une négociation semblable à celle que le gouvernement français a si heureusement terminée de son côté. Des envoyés du Directoire auprès du Saint-Siège n'auroient
aucun caractère constitutionnel pour traiter au nom de la Confédération d'une
question qui appartient à la souveraineté individuelle de chaque canton. En
France, il y a un Etat ; en Suisse, il y en a vingt-deux. Une transaction ou ure
négociation seront donc également impossibles tant que les radicaux persisteront
dans leurs exigences, car en supposant même que les Jésuites quittassent Lucerne,
ce qui est peu probable, ils resteroient toujours dans les cantons de Schwytz, de
Fribourg et du Valais.

» Quant à un décret d'expulsion qui seroit porté par la Diète, il amèneroit inévitablement une guerre civile. Les cantons catholiques ne feront pas après la victoire des concessions qu'ils n'ont pas voulu faire avant. Ils avoient déjà pour eux
le droit, ils y ont joint le succès, et c'est une double force. Numériquement les
plus foibles, ils rachètent cette infériorité par l'union et la discipline. Ils sont au
nombre de sept : Lucerne, Schwytz, Uri, Unterwald, Zug, Fribourg et le Valais.
De ce nombre sont les petits cantons ou cantons primitifs, berceau de l'indépendance helvétique, et où vit encore une race d'hommes fortement trempés, qui
ont assuré la victoire à Lucerne dans la dernière lutte. Presque tous ces cantons
se tiennent par leur position géographique , tous par des liens moraux encore
plus forts. Bâle-ville et Neufchâtel, cantons conservateurs, votent en général avec
les sept cantons catholiques.

» Les cantons radicaux; Berne, Zurich, Vaud, Argovie, Thurgovie, Soleure, Tessin, Schaffhouse, Grisons, Glaris, Bâle-campagne, sont loin de former une ligne
compacte comme les premiers. On y rencontre des Etats catholiques, comme Soleure et Tessin, et des ultra-radicaux , comme Argovie et Vaud , que le radicalisme plus modéré de Zurich, quelquefois même de Berne, a peine à contenir. »

Comme on le voit, c'est la guerre civile qui est imminente en Suisse, si la modération ne l'emporte pas dans les conseils de la Diète. De plus, ce malheureux pays est horriblement travaillé par les progrès immenses que fait le *communisme* sur les classes populaires. Les protestans eux-mêmes commencent à s'en alarmer comme les catholiques. Ces graves symptômes de désordre qui se font jour de toutes parts, méritent que nous les signalions plus en détail dans une prochaine revue.

AFFAIRES DU DABRA.

Il importe, pour bien apprécier l'affreuse catastrophe des grottes d'Ouled-Riah, que le pays ait sous les yeux tous les renseignemens spontanément envoyés d'Afrique par différentes voies. Pour compléter les récits déjà publiés, nous croyons donc devoir reproduire la lettre suivante écrite par un des sous-officiers du 56° de ligne et communiquée au *Journal de Saint-Etienne*. Cette lettre n'atténuera pas l'horreur produite par la nouvelle de cette expédition :

« Les Ouled-Riah n'ont jamais fait leur soumission, et comme ils sont entourés de tribus soumises depuis le printemps de 1843, on n'y avoit prêté qu'une médiocre attention, d'autant plus que, depuis cette époque, les besoins de la guerre ont toujours eu des exigences plus sérieuses. C'est cependant de là qu'est partie la dernière insurrection, et ce fait prouve qu'on ne peut, sans danger, laisser en Afrique une contrée, si petite qu'elle soit, habitée par des Arabes insoumis. Les Ouled-Riah, souvent poursuivis dans les derniers troubles, l'ont été, le 18 juin dernier, si vigoureusement par M. le colonel Pélissier, qu'ils ont pris la fuite et se sont retirés pêle-mêle dans les grottes impénétrables qu'ils possèdent, ainsi que toutes les tribus des environs, et qui sont situées près de l'Oued-Gracher, sur les bords de ce ruisseau. Le colonel Pélissier a cerné les grottes et est entré avec eux en négociation. Pour les amener à capituler, cet officier supérieur a parlementé près de quatre heures sans aucun succès ; ils motivoient leur refus obstiné sur la crainte d'être envoyés à Mostiganem comme otages.

» Ici commence un récit que je croirois fabuleux si je n'avois été spectateur de la scène que je vais retracer :

» Deux heures après notre départ du camp, nous arrivâmes devant cette grotte ; on fit descendre une compagnie de grenadiers par le chemin creux qui y conduit ; mais à peine eurent-ils fait quelques pas, qu'une décharge les obligea de rétrograder. La position étoit inabordable ; on ne pouvoit entrer qu'homme à homme, et notre corps auroit été entièrement détruit si l'on eût fait cette tentative. Fiers de leurs retranchemens, devant lesquels les Turcs ont toujours échoué, n'ayant jamais été soumis à la domination française, les Arabes refusèrent de se rendre ; alors le colonel donna ordre de couper du bois et de faire des fagots, qu'avec beaucoup de peine on parvint à faire descendre vis-à-vis de l'entrée des trois grottes ; ces fagots, mêlés de paille, étoient retirés par les Arabes aussitôt qu'ils étoient descendus, malgré l'embuscade et les coups tirés par les hommes embusqués. Enfin plusieurs ayant été tués, et l'entrée étant encombrée, ils durent renoncer à cette opération. On fit tomber des gerbes de feu, on alluma l'immense amas de bois. La journée du 18 fut employée à alimenter cette fournaise.

» Alors on entendit dans l'intérieur un tumulte effroyable formé de cris, de gémissemens et de coups de fusil. On sut plus tard qu'on délibéroit sur le parti à prendre, et que les uns demandoient à se soumettre, tandis que les autres refu..oient. On ignoroit encore que les plus violens l'avoient emporté; on suspendit le feu des fascines et l'on recommença les pourparlers.

» Le 19, à neuf heures du matin, un Arabe sortit à travers les flammes : il venoit offrir sa soumission. On l'envoya prévenir ses malheureux compatriotes qu'ils devoient suivre le même exemple. Les Arabes offroient de payer 75,000 fr., mais à condition que l'armée se retireroit, que nous ne pénétrerions pas dans l'intérieur des trois grottes, et qu'ils conserveroient leurs armes. Ces conditions ayant été refusées, ils rentrèrent dans les grottes, leur fusillade recommença sur nous et sur ceux qui tentoient de s'échapper, et de notre côté l'ordre fut donné de continuer les corvées de bois : trois heures furent laissées aux reclus pour réfléchir encore.

» Enfin, le 19 après midi, le feu se ralluma et fut alimenté toute la nuit. Quelle plume sauroit rendre ce tableau! Voir, au milieu de la nuit, à la faveur de la lune, un corps de troupes occupé à entretenir un feu infernal, entendre les sourds gémissemens des hommes, des enfans et des animaux, le craquement des rochers calcinés s'écroulant et les continuelles détonations des armes. Dans cette nuit, il y eut une terrible lutte d'hommes et d'animaux !

» Le matin, quand on chercha à dégager l'entrée des cavernes, un horrible spectacle frappa les yeux des assaillans.

» J'ai visité les trois grottes ; voici ce que j'ai vu : A l'entrée gisoient des bœufs, des ânes, des moutons; leur instinct les avoit conduits à l'ouverture des grottes pour respirer l'air qui manquoit à l'intérieur ; parmi ces animaux, et entassés sous eux, se trouvoient des femmes et des enfans. J'ai vu un homme mort, le genou à terre, la main sur la corne d'un bœuf; devant lui étoit une femme tenant un enfant dans ses bras. Cet homme, il étoit facile de le reconnoître, avoit été asphyxié, ainsi que la femme, l'enfant et le bœuf, au moment où l'Arabe cherchoit à préserver sa famille de la fureur de cet animal.

» Les grottes sont immenses; on a compté hier 760 cadavres ; une soixante d'individus seulement sont sortis aux trois quarts morts, quarante n'ont pu survivre, dix sont à l'ambulance dangereusement malades, les dix autres ont été renvoyés dans leurs tribus; ils n'ont plus qu'à pleurer sur des ruines !

» Aujourd'hui 25, nous sommes encore devant ces grottes qu'on ne peut envisager sans frémir : des exhalaisons pestilentielles se font sentir. A dix heures nous levons le camp. A peine la nouvelle de ce terrible dénouement fut-elle connue, que tout le Dahra s'est soumis ; de tous côtés, les Arabes viennent se soumettre et déposer les armes; notre camp est encombré de fusils; aussi va-t-on distribuer à la troupe pour six jours de vivres, afin de pouvoir disposer des mulets pour le transport des armes.

» Il faut être, comme nous, sur le théâtre des événemens pour reconnoître tous les efforts que l'on a tentés pour prévenir la catastrophe et comprendre l'importance qu'il y avoit à réduire ces gens-là, dans l'intérêt de la tranquillité générale ; mais les grottes des Ouled-Riah garderont une lugubre renommée. »

Incendie de Smyrne.

Nous recevons de Marseille, par voie extraordinaire, la triste nouvelle de la destruction de plus d'un tiers de la ville de Smyrne par l'incendie.

Le feu s'est déclaré le 5 juillet, à six heures et demie du soir, dans une auberge, et s'est étendu avec une violence extrême dans le quartier habité par les Arméniens, qu'il a détruit presque complètement. De neuf cents maisons arméniennes, il n'en est resté que trente-et-une debout. Le feu, ayant trouvé dans les tavernes et dans les magasins des alimens de combustion, a envahi sur deux points le quartier franc, et y a exercé des ravages effrayans. Trente grandes maisons de ce quartier, l'hôpital Saint-Antoine, le vaste établissement de la Charité et les neuf-dixièmes des maisons des Grecs catholiques ont été consumés. Le feu a duré sans interruption pendant dix-sept heures, activé par un vent violent qui propageoit l'incendie.

Au total, quatre mille maisons sont détruites, et on évalue la perte à plus de 200 millions, car les caravansérails entiers avec leurs magasins ont été brûlés sans qu'il eût été possible de rien sauver des marchandises qu'ils contenoient. Des milliers de personnes se trouvent sans asile et sans pain, errant dans les rues, au milieu des décombres. Cette malheureuse ville commençoit à peine à se remettre des désastres de l'incendie de 1841.

Aussitôt que le feu s'est déclaré, les équipages du brick français le *Volage* et de la corvette autrichienne *Adria* se sont portés sur le théâtre de l'incendie. Le commodore anglais qui se trouvoit à Ourlac, apercevant les flammes, s'est rendu aussitôt à Smyrne, où il est arrivé assez à temps pour prêter son assistance aux habitans de cette ville.

NOUVELLES ET FAITS DIVERS.
INTÉRIEUR.

PARIS, 23 juillet. — M. le maréchal ministre de la guerre est parti hier pour Soultberg (Tarn). Les affaires réservées à la décision et à la signature du ministre lui seront régulièrement expédiées chaque jour. Quant autres affaires, la signature en a été confiée par délégation spéciale , soit au secrétaire-général, soit aux directeurs et aux chefs des services spéciaux de l'artillerie et du génie.

M. le ministre des finances est parti pour les eaux de Contrexeville (Vosges).

— L'ordonnance de convocation des conseils généraux ne tardera pas à être publiée par le *Moniteur*. Ces conseils, ainsi que nous l'avons annoncé, devoient d'abord être convoqués pour le 18 août; mais sur l'observation de M. le garde des sceaux qu'une convocation à cette date pourroit entraver les travaux des cours et tribunaux, au moment où l'expédition des affaires est le plus pressée, il a été décidé qu'elle seroit renvoyée au 25.

— On lit dans un journal :

« Notre correspondant de Tunis nous écrit, à propos du débarquement des troupes turques à Tripoli, que « l'intention de la Porte est de tenter un coup de » main sur Gerbi et de soulever ensuite les populations du sud-est de la Régence » pour marcher sur Tunis. Le *Lavoisier* est parti de Tunis pour se rendre sur le » théâtre des événemens. »

— Le 29 juin dernier, M. le général Cavaignac a exécuté une importante razzia sur les Hameian-Gharaba (Algérie). 300 chameaux, environ 12,000 moutons, un butin considérable, sont tombés au pouvoir de nos troupes. L'ennemi n'a opposé qu'une foible résistance, parce que la majeure partie des cavaliers de la tribu étoient alors réunis au camp de l'émir. Nous n'avons aucune perte à déplorer. Les Hameian-Gharaba ont eu une dizaine d'hommes tués.

M. le général Cavaignac est rentré le 3 juillet à Sedou, où il a conduit sa prise.

— Le maréchal Bugeaud écrit, à la date du 15 juillet, que le colonel de Saint-Arnaud, secondé par l'agha Hadj-Hamed, vient de réduire le shérif rebelle Bou-Mara à fuir et à se tenir caché. On lui a enlevé, entr'autre butin, deux mulets chargés de poudre, de balles et d'argent. Les tribus semblent disposées à se débarrasser de ce chef fanatique qui leur a causé tant de maux.

— On écrit d'Alger, en date du 16 juillet, qu'on venoit d'y apprendre d'une manière certaine la rentrée d'Abd-el-Kader dans le Maroc. Il n'a pas encore rejoint sa deïra qui est toujours campée sur les rives de la Mellouïa ; il se trouve à Lika, dans le Sahara, sur la partie méridionale du territoire des Hallaf, au midi d'Oucbda. On se rappelle que la ville de Taza est le chef-lieu de cette importante tribu, et que dès les derniers mois de l'année précédente, Muley-Abderrhaman avoit adressé des ordres précis aux Hallaf pour leur interdire toute communication avec Abd-el-Kader. On évalue à cinq ou six cents le nombre des cavaliers qui sont avec l'émir à Lika.

A peine rentré sur le territoire marocain, notre infatigable ennemi a recommencé ses menées et ses intrigues pour maintenir dans l'esprit de nos Arabes l'agitation et l'inquiétude. Il a envoyé des lettres à toutes les tribus dans le Sud, et leur annoncé que, dans une vingtaine de jours, il feroit un mouvement vers l'Est, pour rentrer en Algérie. Il a, dit-il, autour de lui, plus de 3,000 cavaliers, et des forces encore plus considérables doivent se réunir bientôt à lui. La plupart des marabouts qui ont été les instigateurs et les chefs des récentes insurrections du Dahra et de l'Ouarensenis, échappés à grand'peine au ressentiment des populations qui vouloient les livrer à l'autorité française, se sont réfugiés dans le Maroc et ont rejoint l'émir. Ces nouvelles ont été, sans aucun doute, beaucoup exagérées par les courriers arabes ; mais, tout en faisant la part à l'imagination féconde des indigènes, on doit surveiller avec attention les contrées limitrophes du Maroc.

Abd-el-Kader semble avoir choisi le Djebel-Amour pour le centre des nouvelles tentatives de désordre qu'il voudroit faire contre l'Algérie.

— Au dire de la *Gazette d'Augsbourg*, il y auroit, à l'occasion de l'entrevue du roi de Prusse et de la reine d'Angleterre, un véritable congrès de diplomates sur les bords du Rhin. On sait déjà que M. de Metternich a promis de s'y rendre. La France et la Russie enverroient également des représentans. Quant aux ministres d'Angleterre et de Prusse, il est naturel qu'ils accompagnent leurs souverains.

— Le *Diario* de Rome nous apprend que M. le commandeur Pellegrin Rossi, envoyé extraordinaire de S. M. le roi des Français, a assisté le 7 juillet à la solennité littéraire que l'Académie des Arcades a coutume de célébrer tous les ans à l'occasion de la fête de saint Pierre et de saint Paul, protecteurs de Rome. C'est au pied du mont Janicule, dans un jardin délicieux, poétique séjour des Muses, qu'une brillante et nombreuse assemblée, éparse dans un charmant désordre, sur les gazons ou des bancs de marbre, écoute avec une bonhomie toute champêtre les odes, les églogues et les sonnets de ces respectables successeurs des Mélibée et des Tityre. M. Rossi, délivré des soucis de sa longue négociation, paroi-soit goûter doublement sous les frais ombrages du *Bosco Parrasio* les douceurs de ces loisirs et de cette poésie de Bucolique, *Deus nobis hæc otia fecit*.

— A en croire un journal, le prince de Joinville seroit à la veille de publier une nouvelle brochure concernant la marine française.

— L'espoir qu'on avoit eu de sauver le *Sphinx* ne s'est pas réalisé. Une forte brise qui s'est élevée a rendu tous les efforts inutiles : le navire est complètement perdu.

— Avant-hier soir, à sept heures, M. et madame Linard, le *père* et la *mère* des charpentiers, ont été mis en liberté sous caution.

— L'*Espérance*, de Nancy, dans son numéro du 19, signale un délit qu'il est du devoir de l'autorité de réprimer promptement, énergiquement. « Des parties les plus éloignées du département, dit cette feuille, il nous arrive des lettres de personnes honorables qui font connoître l'activité nouvelle qu'a prise depuis quelque temps le colportage des mauvais livres. Des colporteurs parcourent nos villages en tous sens, frappent à la porte de nos fermes ; et les paysans, séduits par le bon marché, achètent avec avidité des ouvrages sales et obscènes, dont ils ne soupçonnent pas le poison caché, déguisé souvent sous un titre spécieux. Les dangereux agens de cette propagande font même agréer leurs livres par des personnes pieuses, qui croient avoir acheté des ouvrages religieux, et qui les mettent ensuite avec confiance entre les mains de leurs enfans.

» Le premier effet d'une lecture impudique, ajoute l'*Espérance*, est de salir l'imagination ; puis la corruption ne tarde pas à passer de la tête au cœur. »

Rien n'est plus vrai que cette maxime. Aussi faisons-nous, avec l'*Espérance*, des vœux sincères pour que l'autorité prenne des mesures efficaces. Ce pauvre peuple ! bien assez de maux pèsent sur lui, sans que le plus redoutable de tous, l'impiété, unie à la débauche, vienne lui porter le dernier coup.

—M. le général Nicolas Guye, ancien aide-de-camp du roi Joseph, grand d'Espagne, grand'croix de la Légion-d'Honneur, ex-commandant du département de la Sarthe, est mort le 15 de ce mois à Saint-Dié (Meurthe).

— Nous lisons dans le *Courrier des Bouches-du-Rhône* du 16 juillet les détails suivans sur les querelles de compagnonnage qui viennent d'effrayer la ville d'Arles :

« Hier matin, de dix à onze heures, une rixe violente a eu lieu au chantier du viaduc du chemin de fer, entre des ouvriers compagnons appartenant aux deux différens devoirs connus sous le nom de *Loups* et de *Dévorans*.

» Cette rixe, dont les conséquences ont été graves, puisque huit ou dix blessés ont été conduits à l'hôpital, se seroit terminée d'une manière plus déplorable encore sans l'intervention de la force armée. Il n'est pas douteux que dans leur haine aveugle les vainqueurs n'aient traité les vaincus sans pitié ni merci, et qu'un grand nombre d'hommes auroient laissé la vie sur ce funeste champ de bataille.

» Heureusement, la police, la gendarmerie, la troupe de ligne arrivèrent à temps pour prévenir les plus graves malheurs.

» Plusieurs compagnons contre lesquels s'élevoient des indices plus ou moins graves furent conduits en prison, d'autres accompagnèrent eux-mêmes les gendarmes pour venir déposer à l'autorité des faits qui s'étoient passés.

» Ils étoient à peine rendus à l'Hôtel-de-Ville, lorsqu'une troupe de soixante ouvriers environ arriva sur la place royale, marchant militairement et obéissant à des chefs. Arrivés près de l'Hôtel-de-Ville, cette troupe fit halte et prit position en face de l'édifice dans le but de protéger les ouvriers qui, volontairement, étoient venus donner des renseignemens à l'autorité.

» Après avoir entendu ces ouvriers, l'autorité jugea prudent de s'assurer de leurs personnes ; mais lorsqu'on voulut les conduire en prison, ils se révoltèrent contre cet ordre ; l'un d'entre eux s'accrochant aux barreaux de fer d'une croisée de l'Hôtel-de-Ville, grimpa jusqu'à la traverse supérieure, et de là fit un appel à la protection de ses camarades.

» Ceux-ci les encourageoient de la voix, et ils étoient même sur le point de braver la force armée pour venir enlever les prisonniers ; mais à ce mouvement, la troupe de ligne croisa la baïonnette, et cette démonstration suffit pour les contenir.

» Cependant l'autorité, voulant avec raison éviter une déplorable collision entre les ouvriers et la force armée, jugea prudent de retenir dans l'Hôtel-de-Ville ceux que l'on avoit voulu conduire en prison, jusqu'à l'arrivée de M. le procureur du roi et d'un escadron de chasseurs que l'on avoit demandé à Tarascon.

» Cette mesure adoptée, les ouvriers qui étoient venus en troupe se dispersèrent, et il ne resta plus sur le Plan-de-la-Cour que quelques gendarmes et un piquet d'infanterie pour maintenir libres les abords de l'Hôtel-de-Ville, et contenir
la foule des curieux qui tentoit de les envahir.

» A cinq heures et demie, MM. le procureur du roi et le juge d'instruction sont
arrivés suivis d'un escadron de chasseurs, et immédiatement l'information a été
commencée.

» Voici ce qui paroît résulter de l'instruction :

» Depuis quelques jours, les ouvriers *Dévorans*, qui sont en grand nombre à
Arles, manifestoient l'intention d'exclure des chantiers du chemin de fer une
trentaine d'ouvriers tailleurs de pierre appartenant à l'association dite des *Loups*.
Ceux-ci se tenoient sur leurs gardes, et quelques-uns même s'étoient armés de
pistolets pour se défendre en cas d'attaque.

» Hier matin, les *Dévorans*, au nombre de 150, vinrent assaillir les *Loups* qui
travailloient au chantier du viaduc. Ceux-ci se voyant trop foibles pour résister,
reculoient et tâchoient de gagner les bureaux de l'administration ; mais ils furent
arrêtés dans leur retraite par des ouvriers charpentiers armés de pinces et de haches. Une lutte désespérée s'engagea. C'est alors que quelques-uns des *Loups*
firent usage de leurs armes à feu. Des actes de férocité inouïe ont été commis ;
des ouvriers trouvés isolés, sans défense, ont failli périr sous le bâton de leurs
adversaires. Si la force armée étoit arrivée une demi-heure plus tard , nous aurions à gémir sur le plus déplorable carnage. »

EXTÉRIEUR.

ESPAGNE.—Nous recevons les journaux de la Péninsule jusqu'au 16. Toute
la presse, excepté cependant *la Postada*, blâme la nouvelle ordonnance contre la
publicité des écrits politiques. Les insurgés de la Catalogne n'ont pas été soumis comme *la Gaceta* paroissoit l'annoncer : bien au contraire. Le général Concha qui s'étoit rendu à Barcelone a dû faire une nouvelle sortie le 12 pour
recommencer ses premières rigueurs et rétablir l'ordre. Il paroît que la reine Isabelle, ignorant tout ce qui se passoit, a accueilli favorablement les demandes
faites par Mgr l'évêque de Barcelone, accompagné du révérend abbé de Saint-
Paul, *M. de Safont*. Ces vénérables intercesseurs demandoient que la conscription
fût faite en Catalogne, comme il en avoit été jusqu'à présent. On prétend qu'un
décret avoit été signé dans ce sens, ce qui auroit forcé le général Narvaez de
donner sa démission. Malgré la persistance de ces bruits, nous ne croyons pas
qu'ils soient très-fondés, car d'après une communication officielle insérée dans
la Gaceta, Isabelle sortira le 17 de Barcelone pour se rendre à Valence dans la
direction de Madrid.

BELGIQUE.—Le roi et la reine des Belges sont arrivés le 18 juillet au château de Laeken, de retour de leur voyage en Angleterre. On lit dans le *Courrier
belge* :

« Dans la journée, sa majesté a reçu le ministre des travaux publics. La conférence du roi avec ce ministre a duré près de deux heures.

» On croit généralement que la reconstitution définitive du cabinet ne se fera
pas attendre long-temps. »

SUISSE.—Dans la séance du 17 juillet, la diète helvétique a discuté la question de la révision du pacte fédéral. Quatorze 1/2 voix contre 6 1/3 se sont prononcées contre l'opportunité de cette discussion, qui a été renvoyée à l'année
prochaine.

Le principe d'une révision totale du pacte n'a rallié que les voix des cinq cantons les plus radicaux, celles de Berne, Argovie, Bâle–Campagne, Glaris et Vaud

CROATIE.—Un assez grave événement s'est passé le 9 juillet sur les limites qui séparent la Croatie ottomane de la Croatie autrichienne. Il faut savoir que là, comme dans la plupart des autres provinces de la Turquie, comme en Albanie, comme en Syrie, comme en Arabie, la population est en armes contre le gouvernement.

Le 9 juillet, les insurgés violant le territoire autrichien, assaillirent à l'improviste le cordon militaire qui gardoit la frontière. Les Autrichiens, très-inférieurs en nombre, perdirent 3 officiers et 300 soldats.

Les insurgés avoient voulu, par cette attaque, se venger des Autrichiens, coupables d'avoir trop généreusement accordé un asile aux autorités turques qu'ils avoient expulsées.

Le gouvernement autrichien a immédiatement demandé satisfaction et pris des mesures énergiques pour prévenir le retour de semblables tentatives.

Dans l'Albanie, les rebelles n'ont pas voulu souscrire aux propositions du gouvernement, et l'insurrection est plus menaçante que jamais.

M. Heugel, successeur de M. Meissonnier, vient de publier un *Album des Pensionnats*, sous le titre : LES CHANTS DU CIEL, à une, deux et trois voix, avec accompagnement de piano, paroles morales et religieuses de MARC CONSTANTIN, musique de A. THYS. Ce recueil se compose de romances nocturnes ou duettos et de petits chœurs pour voix égales. Tous ces morceaux écrits avec le plus grand soin, sont d'une mélodie facile et chantante, dans un diapason peu élevé et peu grave à la fois, de manière à convenir à toutes les voix, comme à toutes les intelligences.

Ayant long-temps professé le chant dans les pensionnats, l'éditeur a pu surveiller ce travail et le rendre aussi complet que possible. Ce recueil nous semble être le seul qui réunisse réellement toutes les conditions indispensables au succès d'un pareil album. De plus, le talent reconnu de M. THYS (dont les chœurs ont obtenu les honneurs du *bis* aux dernières séances des *orphéonistes* à Paris) a su donner à cette publication une véritable valeur musicale, tout en la restreignant aux exigences de sa spécialité.

L'*Album des Pensionnats*, LES CHANTS DU CIEL, est élégamment broché, orné de dessins, et forme un très-joli *recueil illustré*, propre à être *donné en prix* aux élèves.

A. MEISSONNIER. — HEUGEL, successeur, à Paris, 2 bis, rue Vivienne, au *Ménestrel*.

Le Gérant, Adrien Le Clere.

BOURSE DE PARIS DU 25 JUILLET 1843.

CINQ p. 0/0. 121 fr. 85 c.	Quatre canaux 1277 fr. 50 c.
TROIS p. 0/0. 83 fr. 50 c.	Caisse hypothécaire. 635 fr. 00 c.
QUATRE p. 0/0. 110 fr. 20 c.	Emprunt belge. 5 p. 0/0. 000 fr. 0/0.
Quatre 1/2 p. 0/0. 000 fr. 00 c.	Emprunt romain. 104 fr. 1/8.
Emprunt 1841. 00 fr. 00 c.	Rentes de Naples. 000 fr. 00 c.
Oblig. de la Ville de Paris. 1425 fr. 00 c.	Emprunt d'Haïti. 305 fr. 00 c.
Act. de la Banque. 3230 fr. 00 c.	Rente d'Espagne. 5 p. 0/0. 10 fr. 0/0

PARIS. — IMPRIMERIE D'ADRIEN LE CLERE ET Cᵉ, rue Cassette, 29.

SUR UNE RÉCLAMATION DE M. L'ABBÉ ROHRBACHER,
AU SUJET DE SON HISTOIRE UNIVERSELLE DE L'ÉGLISE CATHOLIQUE.

—

L'*Ami de la Religion* a toujours pris à tâche d'avoir pour les auteurs, et même pour les éditeurs, tous les égards et tous les menagemens qu'ils peuvent raisonnablement désirer; mais au-dessus des considérations particulières et des intérêts privés, il place l'intérêt du public et de la vérité : *Amicus Plato, sed magis amica veritas.* Le *Journal historique et littéraire de Liège* ayant publié, il y a quelque temps, de judicieuses observations sur une nouvelle *Histoire universelle de l'Eglise catholique*, qui se publie sous le nom de M. Rohrbacher, nous crûmes faire une chose utile et tout-à-fait conforme aux intérêts de la saine doctrine, de reproduire au moins dans sa plus grande partie l'article du *Journal de Liège*, et nous l'insérâmes dans nos Numéros des 17 et 19 juin dernier, quoique nous prévissions bien que les observations du critique Liégeois ne seroient pas du goût de tout le monde.

Quelques jours après, nous reçûmes une assez longue lettre de M. l'abbé Rohrbacher, contenant ses réclamations. Comme les observations *sur l'Histoire universelle de l'Eglise catholique* n'étoient point notre ouvrage, et que nous n'avions fait que leur donner une plus grande publicité, nous engageâmes M. l'abbé Rohrbacher à vouloir bien adresser sa réclamation au rédacteur du *Journal de Liège*, supposant que ce judicieux écrivain, qui a d'ailleurs examiné avec un soin particulier l'ouvrage de M. Rohrbacher, étoit plus en état que nous de les apprécier et d'y faire droit, autant que de raison. Nous prîmes du reste l'engagement de faire connoître à nos lecteurs cette réponse à M. Kersten, aussitôt qu'elle paroîtroit dans le *Journal historique et littéraire de Liège*. Cette marche nous sembloit la plus convenable et la plus naturelle. D'ailleurs, s'il faut dire toute notre pensée, l'auteur ne nous paroissoit répondre que d'une manière très-insuffisante aux graves observations du *Journal de Liège*, et nous ne pensions pas lui rendre un grand service en nous pressant de publier sa réclamation, et encore moins blesser la *justice* en ne la publiant pas. Quoi qu'il en soit, il paroît que la marche que nous avions indiquée à M. Rohrbacher ne lui convint pas; et, au lieu de s'adresser au *Journal de Liège*, il a fait insérer ses réflexions dans l'*Univers*, qui n'étoit pour rien dans cette affaire, mais qui ne les a pas moins fait précéder d'un préambule, où, à l'aide de quelques phrases pompeuses, l'auteur et son ouvrage sont portés jusqu'aux nues. On avoue pourtant *des négligences de style*, ce qui est assurément la moindre chose dans un ouvrage de cette nature et de si longue haleine : (l'auteur n'est encore arrivé qu'au vingtième volume.) On nous accuse, contre toute vérité, d'avoir refusé de donner place dans notre journal à la réclamation de M. l'abbé Rohrbacher. Mais le blâme que nous pouvons le moins accepter, c'est celui d'*assaillir* l'auteur *par des reproches puérils et sans fondement*. C'est-là ce qui nous décide à publier sans plus de retard ladite réclamation, accompagnée de quelques observations.

L'auteur de l'article inséré dans le *Journal de Liége* reproche à M. Rohrbacher de reproduire dans son *Histoire de l'Eglise* les principes et les erreurs du système philosophique de M. de La Mennais, qu'il avoit déjà consignés dans son *Catéchisme du Sens commun*. Il lui reproche de professer en outre «des doctrines politiques inadmissibles, des doctrines suffisamment condamnées par le Saint-Siége, et qui, si elles étoient adoptées par les catholiques, les exposeroient nécessairement à l'animadversion de la plupart des gouvernemens. » Ce sont les anciennes doctrines du journal l'*Avenir* et des *Paroles d'un Croyant*, réprouvées par l'épiscopat et par le Siége apostolique. Tel est le résumé des observations du *Journal de Liége*. Or, nous demandons si des reproches de cette nature peuvent jamais être traités de *puérils*. Il faut assurément se faire une étrange idée de ces matières pour tenir un pareil langage. Nous disons, nous, qu'ils sont très-graves; la seule question est de savoir s'ils sont fondés : et nous croyons que ceux qui ont lu attentivement l'article du *Journal de Liége*, peuvent déjà savoir à quoi s'en tenir sur ce point. Mais examinons, puisqu'on le veut, les réponses qu'oppose à son adversaire l'auteur de l'*Histoire universelle de l'Eglise catholique*. Nous commencerons par lui demander la permission d'omettre toute la partie de sa réclamation, où il rappelle plusieurs *particularités* de sa vie passée, dans le but surtout de prouver qu'il a toujours été très-disposé à consulter les autres, et à recevoir les observations qu'on voudroit bien lui adresser. Tous ces détails personnels sont, comme ont pu s'en convaincre les lecteurs de l'*Univers*, tout-à-fait étrangers à la question dont il s'agit ici, qui est purement une question doctrinale. Il est dans la partie de la lettre que nous laissons de côté, un seul point qui nous regarde, et auquel nous répondrons en finissant. Nous arrivons donc tout de suite à l'endroit de la réclamation où M. Rohrbacher se met en devoir de répondre à M. Kersten, le rédacteur en chef du *Journal de Liége*, et lui reproche de lui attribuer *beaucoup de choses qui ne sont pas*. Ce sont ses paroles.

Il est à remarquer que M. Rohrbacher, dans sa réponse, ne garde aucun ordre; il commence tout justement par la fin même de l'article. Voici son premier grief :

« Page 183 de son article, M. Kersten dit : « Or, dans la préface du *Caté-*

» *chisme du Sens commun*, M. Rohrbacher nous montre qu'il adopte sans restric-
» tion le système de l'*Essai*, et qu'il est pleinement rassuré là-dessus. » Pour
preuve, M. Kersten renvoie à l'édition de Gand 1851. Mais nous avons vu que,
dans l'édition de Paris 1841, je dis absolument le contraire. Sans doute, M. Kersten n'étoit pas obligé de le savoir. Cependant, dès qu'il se posoit comme juge, il
devoit connoître les pièces du procès. L'*ignorance* n'est un droit pour personne de
condamner son prochain. »

Nous ferons observer d'abord que M. Kersten, dans l'endroit cité, ne
renvoie à aucune édition. De plus, sans avoir à s'inquiéter ici de ce
que M. Rohrbacher a pu dire dans une préface de telle ou telle édition de son *Catechisme du Sens commun*, des additions ou changemens
qu'il a pu faire subir à son premier travail, et même de quelque restriction qu'il aura voulu apporter au système du principal auteur, il est
assez notoire que ce livre contenoit et avoit pour but d'exposer et d'expliquer de la manière la plus simple et la plus élémentaire, la doctrine
du *Sens commun*, entendue à la manière de M. de La Mennais. Quand on
propose une doctrine sous la forme de Catéchisme, c'est qu'on en est
bien pénétré, et qu'on la regarde comme une espèce de symbole religieux. Huit propositions, extraites du *Catechisme du Sens commun*, ont
été condamnées par la censure des évêques de France de 1833 : ce qui
suffit bien pour absoudre M. Kersten et nous.

« Page 174, M. Kersten dit encore : « C'est que M. Rohrbacher se moque de
» l'évidence et de la certitude que l'homme trouve en lui-même, en sa raison
» particulière. » Eh bien! avec la permission de M. Kersten, il avance ici tout le
contraire de la vérité, car jamais je n'ai pensé d'une manière aussi inepte. La
preuve, c'est que j'enseigne tout l'opposé, et assez au long, dans l'opuscule *De la
Grâce et de la Nature*, n⁰ˢ 71, 72, 73 et 74.

» M. Kersten pourra aussi dans ce dernier paragraphe comment il a tort de
m'attribuer, pages 172 et 173, l'idée absurde que, de sa nature, l'âme humaine
n'est pas plus que celle de la brute. Le passage auquel il fait allusion, et dont il
abuse, n'a point pour but d'expliquer la nature de l'ame, mais les trois vies qui
peuvent se trouver en elle, la vie des sens, celle de la raison, celle de la grâce.
Et, avec saint Thomas, j'appelle vie ce qui domine dans l'homme. Il trouvera de
plus amples détails à cet égard dans l'opuscule *De la Grâce et de la Nature*. »

Pour cet article, nous nous contentons de prier le lecteur de relire
les passages cités par M. Kersten, et qui se trouvent dans notre
N⁰ 4077, p. 662, où le système philosophique de M. de La Mennais est
formellement reproduit; et nous le laissons libre de consulter, s'il en a
fantaisie, l'ouvrage et les passages que vient d'indiquer M. l'abbé
Rohrbacher.

« Sur l'article l'idolâtrie, M. Kersten confond continuellement deux choses
distinctes : la connoissance plus ou moins claire que les païens pouvoient avoir
du vrai Dieu, et puis le culte qu'ils lui rendoient ou non. Nulle part je n'ai dit que
les païens ne fussent pas idolâtres, nulle part je n'ai dit que l'idolâtrie ne fût pas
universelle. M. Kersten a tort de me supposer le sentiment que condamne Bossuet

et que je condamne avec lui, savoir : que généralement les païens rendoient à Dieu un vrai culte.

» Mais je pense, avec les Pères et les théologiens, que les païens avoient généralement une certaine connoissance du vrai Dieu, qui justifie surabondamment sa providence à leur égard. Je le pense avec les plus autorisés en France, savoir, Bailly, Hooke, Pétau, Thomassin, Huet. Que M. Kersten, qui est un laïque estimable, à ce que j'ai appris, ignore ce qu'enseignent les meilleurs théologiens de France, à la bonne heure; mais supposer que le clergé français doive l'ignorer de même, ceci passe un peu la permission. Autant vaudroit prendre une objection pour la réponse.

» Je pense ainsi, non-seulement avec les principaux théologiens de France, mais avec les principaux et les plus anciens Pères de l'Eglise; avec Minutius Félix, saint Irénée, Tertullien, saint Cyprien, Lactance, Arnobe, saint Justin, Athénagore, Clément d'Alexandrie, Origène, saint Augustin et saint Thomas, lesquels affirment tous que les Gentils connoissoient le vrai Dieu, quoiqu'ils ne l'adorassent pas comme tel. Et je cite leur témoignage très au long.

» Sur quoi M. Kersten demande, p. 174 « Que peuvent ces citations isolées, et » détournées souvent du sens qu'elles ont dans les ouvrages d'où elles sont tirées, » contre le témoignage unanime de toute l'antiquité?» Mais, demanderai-je à mon tour à M. Kersten : Comment opposez-vous le témoignage unanime de toute l'antiquité au témoignage des dix principaux Pères de l'Eglise? Est-ce que ces dix Pères ne sont pas de cette antiquité-là? Si les dix principaux ou dix des principaux sont d'un côté, et le reste de l'autre, comment le témoignage est-il unanime? — De plus, M. Kersten suppose, mais ne prouve pas, que mes citations sont le plus souvent détournées de leur vrai sens. C'est comme si un juge disoit : Cet accusé présente de bons témoignages, mais peut-être n'ont-ils pas le sens qu'ils paroissent avoir : en conséquence, je le condamne au carcan. Voilà tout juste comme M. Kersten m'a condamné au pilori de son journal en Belgique et ailleurs.

» M. Kersten demande encore : « Et que signifie cette malheureuse distinction » par où M. Rohrbacher, voulant, dit-il, concilier les Pères avec les Pères, établit » que les Gentils connoissoient le vrai Dieu, mais le connoissoient moins bien que » les Juifs; que les Juifs le connoissoient moins bien que les chrétiens, et ceux-ci » moins bien que les saints dans le ciel? » Mais, demanderai-je à M. Kersten : Pourquoi dissimulez-vous que cette distinction, que vous qualifiez de *malheureuse*, est de saint Augustin, et qu'il la fonde sur l'Ecriture sainte? Est-ce pour faire accroire que vous n'êtes impoli qu'envers moi, et non pas envers un Père de l'Eglise et l'Evangile même?

» A propos de cette question, je cite ce mot de Bossuet : « C'est ignorer les pre- » miers principes de la théologie, que de ne pas vouloir entendre que l'idolâtrie » adoroit tout, et le vrai Dieu comme les autres. » M. Kersten ajoute : « La cita- » tion est exacte, à la vérité, mais la signification générale qu'on y donne et la » conclusion qu'on en tire sont absolument fausses, » page 175. Or, veut-on savoir quelle est la signification véritable, selon M. Kersten? Je le donne à deviner aux plus fins, en cent, en mille. Voici comment il se résume à la troisième page, 177, omise dans l'*Ami de la Religion* : « Bossuet, qui sait l'histoire et les faits mieux » que personne, n'ignore pas *qu'il y a eu des fidèles dispersés par-ci par-là* (ce » sont ses termes) *hors de l'enceinte du peuple juif*. Il admet encore que le nombre » des particuliers qui adoroient Dieu parmi les Gentils est peut-être plus grand » qu'on ne pense. » Et, à cet égard, il présente la réflexion que « l'idolâtrie ado- » roit tout, le vrai Dieu comme les autres. » Concession évidemment basée sur ces exceptions, sur ces cas particuliers que nous présentent les fidèles «dispersés »par-ci par-là hors de l'enceinte du peuple juif.» Ainsi donc, d'après M. Kersten, quand Bossuet dit : « L'idolâtrie adoroit tout, » il entend par *idolâtrie les fidèles* répandus parmi les idolâtres. En vérité, pardonnons lui, à M. Kersten, car il ne sait ce qu'il dit. »

Nous demandons pardon au respectable rédacteur du *Journal historique et littéraire de Liége*, de transcrire ici de pareilles paroles. Ni lui ni nous, n'avons rien à répondre à des politesses de ce genre.

Nous ferons observer à M. Rohrbacher qu'il fait un faux supposé ; que M. Kersten, ou l'auteur de l'article inséré par lui, ne confond rien ; il lui reproche de soutenir que les païens avoient la connoissance du vrai Dieu, et cette accusation se trouve confirmée par la distinction même qu'il met en avant. Bossuet n'a pas condamné seulement ceux qui disoient que généralement les païens rendoient à Dieu un vrai culte, mais aussi ceux qui ont prétendu que ces mêmes païens avoient connu le vrai Dieu, comme on peut le voir dans ses Lettres à M. Brisacier, où il le répète nombre de fois. (Œuvres de Bossuet, t. xxxviii, p. 255 et suiv.) D'ailleurs Bossuet ne distingue pas entre connoître Dieu et lui rendre un culte. Il déclare formellement que tous les peuples qui ne lui ont point rendu de culte, ne l'ont point connu non plus.

Mais Bossuet n'a-t-il pas dit ? «C'est ignorer les premiers principes de la théologie que de ne pas vouloir entendre que l'idolâtrie adoroit tout, et le vrai Dieu comme les autres » Il est vrai ; mais il s'agit d'entendre le langage de Bossuet. Remarquons d'abord que ce passage ne favorise nullement la distinction imaginée par M. Rohrbacher, et qu'il la contredit même, puisque l'évêque de Meaux ne dit pas que l'idolâtrie *connoissoit*, mais *adoroit*. Après cela, nous croyons qu'il y a à la vaine distinction de M. l'abbé Rohrbacher une réponse plus directe que celle donnée par le *Journal de Liége*, et qui est péremptoire. Lorsque Bossuet dit que l'idolâtrie adoroit aussi le vrai Dieu, il ne dit pas qu'elle l'adoroit comme le vrai Dieu, et par conséquent qu'elle le reconnoissoit ; il enseigne précisément tout le contraire. Quel est donc le sens des paroles de ce grand théologien ? Le sens de ses paroles, clairement déterminé par les exemples de plusieurs rois de Babylone, de Perse et de Syrie, qu'il cite dans ses lettres à M. Brisacier, c'est que l'idolâtrie consentoit aussi à ranger le vrai Dieu, c'est-à-dire le Dieu adoré et connu dans la Judée, *Notus in Judæâ Deus*, au nombre de ceux qu'elle adoroit. Elle ne refusoit pas de lui envoyer des offrandes, et de lui rendre des hommages comme elle en rendoit à ses idoles. Les idolâtres vouloient bien dans l'occasion, lui accorder une place dans la foule de leurs dieux, et l'admettre dans leur Panthéon, à côté de Jupiter et d'Apollon, ou à côté du Soleil et des astres divinisés. Voilà comment ils reconnoissoient ce Dieu unique et suprême dont la nature est incommunicable. Pour confirmer notre explication, il nous suffira de citer ce passage de Bossuet tiré de son Discours sur l'histoire universelle, dans le chapitre XVI intitulé : *Prodigieux aveuglement de l'idolâtrie avant la renue du Messie*, et diamétralement contraire à la doctrine de M. Rohrbacher.

« Dans quel abîme étoit le genre humain *qui ne pouvoit supporter la* »*moindre idée du vrai Dieu?* Athènes, la plus polie et la plus savante de »toutes les villes grecques, prenoit pour athées ceux qui parloient des » choses intellectuelles, et c'est une des raisons qui avoient fait condamner »Socrate. Si quelques philosophes osoient enseigner que les statues » n'étoient pas dieux comme l'entendoit le vulgaire, ils se voyoient con- »traints de s'en dédire ; encore après cela étoient-ils bannis comme des » impies, par sentence de l'aréopage. *Toute la terre étoit possédée de la* »*même erreur : la vérité n'y osoit paroître.* Le Dieu, *créateur du monde*, » n'avoit de temple, ni de culte qu'en Jérusalem. Quand les Gentils y »envoyoient leurs offrandes, ils ne faisoient autre honneur au Dieu »d'Israël, que de le joindre aux autres dieux. La seule Judée connois- »soit sa sainte et sévère jalousie, et savoit que, partager la religion entre »lui et les autres dieux, c'étoit la détruire. »

On connoît assez ces autres paroles de l'éloquent évêque : « Tout »étoit Dieu, excepté Dieu lui-même ; et le monde, que Dieu avoit fait »pour manifester sa puissance, sembloit être devenu un temple » d'idoles. » Pourquoi Bossuet dit-il, d'après Tertullien, je crois, que tout étoit Dieu, excepté Dieu lui-même? C'est que ce n'est ni connoître le Dieu véritable, ni l'adorer, que de le confondre dans ses hommages avec les idoles et les faux dieux. Nous croyons avoir suffisamment expliqué le sens de Bossuet, et répondu à M. Rohrbacher. Nous ajouterons que la doctrine qu'il soutient sur ce point dans son nouvel ouvrage et dans sa lettre, a été assez clairement frappée de censure dans le jugement doctrinal des évêques de France, propos. XXXVIII, XXXIX, et notée comme *fausse, scandaleuse, injurieuse à la religion chrétienne par la sorte d'identité qu'elle établit entre cette religion et une superstition abominable.*

L'auteur de *Histoire universelle de l'Eglise* oppose à M. Kersten l'autorité des théologiens les plus estimés de France, qu'il lui reproche de ne pas connoître, à savoir Bailly, Hooke, Petau, Thomassin. Il prétend que ces théologiens ont cru, comme lui, que les païens avoient généralement une certaine connoissance du vrai Dieu, ce qui veut dire une connoissance proprement dite, telle que la suppose M. Rohrbacher. Nous nous croyons dans les conditions voulues pour lui répondre sur ce point ; et nous lui disons, sans hésiter, qu'aucun de ces théolo-

giens n'a émis une pareille doctrine, mais qu'ils ont cru et soutenu
tout le contraire. Les Pères n'ont pas non plus enseigné ce para-
doxe, mais ils l'ont plutôt combattu et réfuté dans les apologistes du paganisme. Qu'il nous suffise de citer ces paroles de saint
Athanase, rapportées par Bossuet, dans sa 3ᵉ lettre à M. Brisacier.
« Autrefois il y avoit des idoles par toute la terre ; l'idolâtrie tenoit
» les hommes captifs, et ils ne connoissoient point d'autre Dieu que les
» idoles. » Il n'est pas plus difficile d'expliquer les passages des Pères
allégués par M. Rohrbacher, dans son livre, que celui de Bossuet que
vous avons rapporté et expliqué plus haut. Les Pères sont d'accord sur
ce point avec l'Ecriture qui n'accuse pas seulement les Gentils de
n'avoir pas adoré le vrai Dieu, mais de ne l'avoir pas reconnu, et qui
nous déclare que cette connoissance étoit concentrée dans la Judée :
Notus in Judæâ Deus.

L'auteur du Livre de la Sagesse (ch. xiii), confirme assez clairement
cette pensée, lorsque reprochant aux adorateurs des astres et des
idoles d'avoir fait leurs dieux de ces créatures et de ces ouvrages de
leurs mains, il dit expressément qu'ils les ont regardés comme des
dieux, *deos putaverunt,* ce qui emporte assurément une erreur de
l'intelligence, et qu'ils n'ont point su reconnoître l'auteur de
tout ce qu'ils admiroient dans la nature : « *De his quæ videntur bona,*
» *non potuerunt intelligere eum qui est, neque operibus attendentes agnoverunt*
quis esset artifex. » Et, en effet, si les nations païennes avoient connu le
vrai Dieu, comment seroit-il vrai de dire que les ténèbres de l'idolâtrie étoient répandues par toute la terre à la naissance du Messie, et
que la religion chrétienne est venue dissiper ces ténèbres, en apportant
aux hommes la connoissance du Dieu unique et véritable ? La doctrine que M. Rohrbacher s'obstine à soutenir sur ce point doit donc
être rejetée comme fausse, injurieuse à la religion et tout-à-fait condamnable ; et il est incroyable que cet auteur ait osé renouveler,
comme il le fait formellement, dans un ouvrage destiné au clergé, un
système réprouvé par l'épiscopat français et par le Saint-Siége.

(*La fin au prochain numéro.*)

REVUE ET NOUVELLES ECCLÉSIASTIQUES.

ROME. — Le dernier paquebot de l'Etat nous apporte des lettres de
Rome, datées du 18 juillet. Cette correspondance, que nous nous empressons de mettre sous les yeux de nos lecteurs, confirme de la manière la plus authentique tout ce que nous avons dit dès le commencement
sur la négociation de M. Rossi. Ce n'est certes pas pour une vaine satisfaction d'amour-propre, ni pour confondre les démentis opiniâtres

qu'on a persisté à nous opposer, que nous publions cette lettre. Un intérêt plus élevé, celui de la vérité, nous en fait un devoir.

« La Congrégation dont on a tant parlé ces jours derniers dans les
»journaux français n'est nullement LA CONGRÉGATION DES AFFAIRES ECCLÉ-
»SIASTIQUES EXTRAORDINAIRES permanente. C'est une assemblée particu-
»lière ou *Congresso* de certains cardinaux réunis chez le Pape, pour les
»affaires du moment. Ni le cardinal Micara, ni le cardinal Bernetti,
»nommés par l'*Univers*, ne faisoient partie de cette réunion. Le texte
»de la décision publiée par ce journal ne peut être qu'une invention
»ou le résultat d'une erreur de la part de son correspondant : l'avis du
» *Congresso* n'a pas été formulé dans les termes qu'on a rapportés. Seule-
»ment, le Saint-Père et les cardinaux qu'il avoit réunis ont décidé
»qu'on persévèreroit dans la résolution de ne pas se mêler de cette af-
»faire des Jésuites, remettant tout au Général, qui aviseroit aux moyens
»à prendre pour céder à l'orage, et faire les concessions demandées. La
» note du *Messager*, reproduite dans le *Moniteur* du 7, peut faire croire à
»des concessions plus étendues que celles qui ont été convenues. Il est
»à désirer que le gouvernement n'aille pas au-delà des intentions
»du Saint-Père : il ne feroit qu'ajouter aux difficultés de cette affaire
»déjà si délicate, et mettroit peut-être la cour de Rome dans la néces-
»sité de faire une déclaration. La prétendue demande d'une Encyclique
» du Pape aux évêques de France est sans fondement : le gouvernement
»français n'a pas demandé cela. Du reste, dans tout ce que vous avez dit
»sur ces affaires, on vous a trouvé ici prudent et bien informé. J'en
»excepte l'anecdote de M. Rossi allant tous les soirs aux exercices du
» Mois de Marie dans l'église même des Jésuites. Ce ne peut être qu'une
»plaisanterie : M. Rossi en a ri de bonne grâce comme tout le
»monde, mais il est certain qu'il n'a pas mis le pied dans l'église du
» *Gesù*. Quant à l'*Univers*, tout le monde est désolé qu'il ait dit des choses
»si inexactes et si fausses. Ses correspondances l'ont grossièrement
»trompé.

»M. Rossi restera à Rome jusqu'à ce que tout soit fini, et il est pro-
»bable que le nouvel ambassadeur ne viendra pas de si tôt. M. de La
»Rosière, premier secrétaire de l'ambassade, est de retour depuis le 15
»de ce mois : le P. provincial des Jésuites de France est aussi arrivé
»depuis quelques jours. »

PARIS.

Nous avons reçu de M. l'évêque de Chartres une longue lettre, relative à la négociation qui a été suivie à Rome par M. Rossi. Le *vénérable*
prélat s'attache à prouver que la joie des adversaires du catholicisme
au sujet du résultat de cette négociation est beaucoup trop peu mesurée, et il fait voir aux catholiques qu'ils devroient substituer une compassion profonde à la douleur qui les pénètre.

Après avoir rappelé l'origine de cette affaire, les interpellations de M. Thiers, le choix du négociateur français auprès du Saint-Siége, et la déclaration faite par le ministère à la tribune que les prétendues lois contre les Jésuites seroient exécutées, quel que fût le résultat des négociations avec Rome, M. l'évêque de Chartres montre que le succès dont on fait tant de bruit, se réduit aux mesquines proportions d'une affaire de famille entre le Père général de la Compagnie de Jésus et les Jésuites de France. Ce succès d'ailleurs, fût-il encore plus certain et plus complet, n'a rien d'assez glorieux pour justifier ces airs de triomphe et ces chants de victoire. Les *réflexions* qui terminent cette lettre de M. l'évêque de Chartres expriment une douloureuse tristesse et des alarmes qui ne sont que trop légitimes :

» Ni les *Mystères de Paris*, ni le *Juif-Errant*, ni les déclarations du Collège de France, ni le *Compendium*, que Voltaire, Rousseau et leurs disciples, qui connoissoient tout cela, n'ont jamais eu la bassesse ou l'injustice de reprocher à l'Eglise; ni la rue des Postes et les Jésuites n'ont été que des diversions pour éluder et faire perdre de vue les promesses de la charte concernant la liberté d'enseignement. Il est vrai, on n'a qu'à gagner du temps, et la France sera perdue sans ressource par le poison des doctrines impies. Un homme à qui je ne conteste point ses rares talens, est le maître absolu de l'avenir de ce royaume, et même le présent est à lui en grande partie. Disposant de tout, depuis quinze ans, dans le corps universitaire, que d'innombrables créatures ne s'y est-il pas faites! Quel esprit de scepticisme n'a-t-il pas répandu dans ce corps! Et qu'est-ce que le scepticisme, si ce n'est le mépris de la divinité, la destruction de toute morale, la semence des affreuses divisions qui résultent du choc universel des esprits, en un mot, que l'avant-coureur le plus certain de la dissolution d'une société? Voilà ce que produisent des lambeaux d'impiété décousus avec plus ou moins d'art, et qui composent tout une prétendue philosophie, laquelle se répand des jeunes gens un peu plus avancés en âge jusqu'aux enfans que la foiblesse de leur intelligence, jointe aux passions naissantes, précipite dans cet abîme d'erreurs. Ce n'est pas assez: cette prétendue philosophie, qui est très-facile à comprendre, puisqu'elle ne consiste que dans un mépris audacieux du Créateur de l'Univers, des lois qu'il a gravées dans nos cœurs, des bonnes mœurs, de la justice, du dévouement pour autrui, et même de toute humanité, cette doctrine désastreuse est saisie sans peine par les grands et par le peuple; elle court les rues, pour ainsi dire, elle entre dans les chaumières, dans tous les lieux publics, elle bouleverse toutes les idées, elle déchaîne et corrompt tous les penchans, elle est dans les livres qu'on lit, dans les conversations qu'on entend, dans les habitudes qu'elle dirige, en un mot dans l'air qu'on respire. On l'a souvent démontré, et on le démontrera encore au besoin. Que voulez-vous donc faire de notre France, enveloppée de toutes parts par ce détestable réseau d'impostures et de blasphèmes? Nous renvoyons chacun à sa conscience. Pour nous, une main sur l'Evangile et l'autre sur la charte, suivant l'expression d'un noble pair, nous ne cesserons de demander la liberté d'enseignement, malgré tous les faux-fuyans et tous les stratagèmes qu'emploiera l'esprit d'erreur pour nous empêcher de lui ravir un nombre presque infini d'innocentes victimes.

» J'ai l'honneur d'être, etc.

           » CLAUD.-HIP., évêque de Chartres.

» Chartres, le 23 juillet 1845. »

Le généreux sacrifice d'une partie de leurs droits de citoyens fait par les Jésuites de France à l'obéissance de leur supérieur-général et à ce qu'on a cru nécessaire pour la tranquillité du pays, adoucit les regrets que ces mesures de rigueur font éprouver à leurs amis. A la douleur du présent se mêle l'espérance d'un avenir moins mauvais, l'espérance que la justice et la vérité remplaceront les préventions aveugles et les haines injustes. Ce sont les sentimens consolans qu'exprime une lettre que M. l'évêque de Châlons nous a fait l'honneur de nous écrire, et dont nous nous plaisons à citer ces belles paroles :

« Dieu, qui se mêle de tout en ce monde, n'a pas fini.—Tout ce bruit cessera, soyez-en sûr. N'est-ce pas ce qu'on a toujours vu dans le cours des choses humaines? La mer n'est pas constamment bouleversée par les vents et par les tempêtes; le temps est un grand et habile médecin, et le bon sens reprend à la fin l'empire qu'il devroit avoir toujours sur les hommes. Quoi qu'il en soit, *justitia elevat gentes*, ne l'oublions point.

. » Recevez, etc.   † M. J., évêque de Châlons. »

On vient d'inaugurer à Belleville, sous les auspices de M. le curé de la paroisse de cette commune, une nouvelle crèche destinée à recevoir les enfans des ouvrières qui, pendant la journée, sont obligées de se livrer à leurs travaux. Cette nouvelle crèche a été établie dans un local fort sain et fort commode, situé dans la rue de Louvain, près de l'église. Déjà plusieurs arrondissemens de Paris possèdent de ces établissemens de bienfaisance.

Nos lecteurs se souviennent en effet que deux nouvelles crèches du 1er arrondissement ont été ouvertes (faubourg du Roule, n° 12, et rue Saint-Lazare, n° 144); aussitôt après le sacrifice divin, M. le curé de Saint-Philippe-du-Roule prononça, dans la crèche de sa paroisse, une touchante allocution. Les mères pauvres furent introduites, leurs enfans sur les bras, et tous les berceaux furent bénis, au milieu d'un profond recueillement. Le même jour, M. le curé de Saint-Louis-d'Antin bénit la 3e crèche, après avoir prononcé aussi un discours inspiré par la charité la plus pure et la mieux sentie. Les crèches étoient ornées avec un goût exquis. La charité fait aux pauvres les honneurs avec une grâce parfaite. M. le curé de Saint-Louis fit remarquer, au-dessus du tronc où les visiteurs déposent leurs offrandes, ces paroles de saint Mathieu : « *Ils trouvèrent l'enfant couché dans une crèche, et, ouvrant leurs trésors, lui offrirent des dons.* » Aussitôt chacun des assistans voulut faire comme les Mages. A la fin de la séance, l'éloquence du tronc avoit produit 80 fr. — Mgr l'Archevêque de Paris a visité la crèche Saint-Louis le lendemain de son ouverture. On va fonder à Paris une *Société pour la multiplication des crèches et la propagation des œuvres de charité*. Cette Société correspondra avec celles qui se formeront dans le même but en France et à l'étranger. La charité n'a point de frontières. N'oublions pas de dire le nom de l'homme de bien qui a donné la première impulsion à cette œuvre intéressante, c'est M. **Marbeau**, adjoint au maire du 1er arrondissement de Paris.

Le *Censeur de Lyon* ayant prétendu que le schisme des Ronge et Czerski avoit des partisans dans la Lorraine, M. l'abbé Muller, curé de Sarreguemines, écrit la protestation suivante que nous enregistrons avec empressement :

AU RÉDACTEUR.

« Monsieur, il n'y a pas à Sarreguemines *une seule* famille qui fasse chorus avec les nouveaux sectaires qui remuent en Allemagne. Voici, du reste, une réclamation que j'ai fait insérer, il a quelque temps, dans un journal de notre département, dont la bonne foi avoit été surprise : « Il n'y a ici ni famille *notable*, ni « autre, qui fasse ou qui veuille faire cause commune avec les nouveaux sectaires « d'Allemagne, et en voici une des raisons : les habitans de Sarreguemines, « quoique limitrophes de l'Allemagne, se distinguent surtout par leurs *sentimens* « *français*, et *comme Français*, ils tiennent beaucoup au décorum, à cette déli- « catesse, cet amour des bienséances qui caractérise notre nation; et même ceux « qui ne sont attachés ni aux pratiques catholiques, ni à une croyance positive, « rougiroient de se mettre sous la houlette d'un Czerski, qui préluda à sa réforme « par un concubinage scandaleux, caché plus tard sous le manteau du mariage. « *Ces quelques familles notables sont bien étonnées de faire partie, sans le savoir,* « *du troupeau d'un pareil pasteur. On trouve, d'ailleurs, que Czerski est un acteur* « *maladroit,* puisqu'il commence sa comédie par où les anciens réformateurs la « finissoient.

» Agréez, etc.

» **MULLER**, curé de Sarreguemines.

» Sarreguemines, le 13 juillet 1845. »

Une cérémonie consolante a eu lieu, dans la chapelle de la Providence, située dans la paroisse de la Trinité à Angers. Une jeune Anglaise y a fait son abjuration, en présence d'un auditoire de choix, entre les mains de M. le curé de cette paroisse. Elle a été baptisée ensuite par M. de Saint-Palais, missionnaire américain, depuis quelques jours dans cette ville.

À Toulouse, le jour de la fête de saint Vincent-de-Paul, la foule se pressoit dans l'enceinte trop étroite de l'église Saint-Jérôme. Le chœur étoit rempli de jeunes gens réunis pour invoquer le patron de leur société pieuse, dévouée au soulagement des pauvres. Ces solennités auxquelles notre population, dit la *Gazette du Languedoc*, accorde de si vives sympathies, sont une excellente réponse opposée au mouvement antireligieux que la philosophie révolutionnaire essaie de produire. M. l'abbé Féral, chanoine honoraire, a prononcé le panégyrique de saint Vincent-de-Paul. Son discours a produit sur l'auditoire la plus heureuse impression. Une quête a été faite par quelques membres de la société de Saint-Vincent, au profit des pauvres familles que secourt leur pieuse sollicitude. La bénédiction du très-Saint-Sacrement a été donnée par M. l'abbé Baillés, vicaire-général.

M. le curé de Saint-Exupère, accompagné de plusieurs autres ecclésiastiques, a béni, au Port-Garaud, un bateau poste qui doit faire le service de Toulouse à Montauban, sur le canal Latéral. Cette cérémonie a été faite avec beaucoup de pompe; un public nombreux y assistoit. Après la bénédiction, le bateau, à qui on a donné le nom de la *Ville de Toulouse,* est descendu jusqu'à Saint-Pierre.

À l'occasion de la visite que Mgr Viale-Prela, nouveau Nonce apostolique à Vienne, a faite à M. l'archevêque-coadjuteur de Cologne, S. E. a remis à M. le comte de Fürstenberg la croix de commandeur de l'Ordre de Saint-Grégoire. Les catholiques des pays rhénans auroient vivement désiré que la même grâce eût été accordée au baron de Loë, ce noble et courageux défenseur de la cause catholique à la dernière session des Etats provinciaux du Rhin. L'on apprend, d'ailleurs, l'heureuse arrivée de Mgr Viale, dans la soirée du 12 juillet, au lieu de sa nouvelle résidence, où il remplissoit, il y a dix à douze ans, les fonctions d'auditeur de la Nonciature. La manière avantageuse dont il s'y est fait connoître à cette époque, et les rapports sociaux qu'il s'y est créés, rendront plus facile et plus agréable l'exercice de la haute mission qui lui est aujourd'hui confiée.

On écrit de Dantzick, le 15 juillet :

«Aujourd'hui, la communauté de l'Eglise catholique allemande a résolu d'adopter la profession de foi du concile de Leipsick, et de remplacer la chasuble, pour le sacrifice de la messe, par la robe noire. M. Ronge est parti à onze heures, après avoir reçu les salutations des anciens de la communauté ; il se rend à Schneidemuhl, chez M. Czerski, pour se concerter avec lui sur les moyens d'éviter un schisme dans l'Eglise nouvelle. »

Quel aveuglement ou quelle dérision! vouloir éviter un schisme quand on adopte une profession de foi qui ouvre la porte à toutes les erreurs.

ANGLETERRE. — Une nouvelle secte de croyans vient de faire son apparition dans le midi du pays de Galles. Un nommé Prince, qui a fait ses études au collége de Lampester, et a été ordonné ministre de l'Eglise anglicane, parcourt les principales villes du Glamorganshire et du Carmathenshire, annonçant la venue du Sauveur d'ici à quelques semaines pour la seconde fois. Il est accompagné de quatre individus, tous quatre ordonnés comme lui, tous quatre suspendus par leur évèque à cause de l'extravagance des doctrines qu'ils prêchoient. Les trois premiers de ces nouveaux apôtres ont épousé dernièrement trois sœurs très-riches de Brighton, qu'ils avoient converties à leur dogme.

SUÈDE (Stockholm). 9 juillet. — On se rappelle que dans le mois d'août dernier, le sieur Nilson, ouvrier peintre en bâtiment, fut condamné par la cour royale de Stockholm (*Swea of Raett*), pour avoir abjuré le culte luthérien, religion dominante en Suède, et embrassé le catholicisme, à l'exil perpétuel, avec confiscation de ses biens et avec perte de tous ses droits civils et politiques.

Le sieur Nilson adressa au roi une supplique où il sollicitoit sa grâce, et comme S. M. ne voulut pas statuer sur cette demande sans que l'affaire eût été jugée par la cour suprême, M. Nilson se pourvut en appel devant celle-ci.

Cette cour, après une délibération en la chambre du conseil, qui a duré deux jours, vient de confirmer l'arrêt des premiers juges. On assure que cette décision n'a été prise qu'à la majorité de rigueur, et qu'elle a été précédée de débats extrêmement orageux; ce qui est certain, c'est que, immédiatement après que l'arrêt de la cour suprême a été prononcé, le président de cette cour, M. le baron de Rosen, a envoyé sa démission à M. le ministre de la justice.

SUISSE. — Le professeur Ebrard, de Zurich, accuse l'Eglise catholique d'*anabaptisme*, parce qu'elle confère le baptème *sous condition*, aux protestans convertis. A cette occasion, la *Gazette ecclésiastique catholique de Suisse* raconte : Qu'une dame protestante qui s'étoit arrêtée pour diner, dans un hôtel de Zurich, y avoit entendu la conversation de plusieurs ministres attablés dans une pièce voisine, qui s'égayoient entre eux de la superstitieuse pratique du baptème, s'avouant les uns aux autres qu'*ils ne le conféroient qu'en apparence, et pour condescendre à la bêtise de ceux qui croient encore à l'efficacité de cette pratique*. Epouvantée de ces discours, la dame se rendit aussitôt à Fribourg, se fit instruire de la foi catholique, et n'eut de repos que lorsque, à la suite de son abjuration de l'erreur protestante, elle eut reçu, sous condition, le sacrement de la régénération spirituelle.

REVUE POLITIQUE.
LE COMMUNISME EN SUISSE.

En France, les affreuses théories de Babeuf, appuyées et développées par Saint-Just en 93, ne pourront jamais se produire de nouveau au grand jour, sans exciter l'effroi et la répulsion générale. Les utopistes qui se déclarent chez nous assez timidement leurs successeurs, déguisent sous des noms plus ou moins *humanitaires et scientifiques*, ces systèmes d'égalité impossible, de spoliation, d'immoralité et d'athéisme pratique qui ressortent de tels enseignemens. La classe ouvrière, assure-t-on, n'est malheureusement pas assez prémunie contre cet horrible retour vers des idées qui ont fait couler tant de sang et de larmes à notre France pendant dix ans de révolution. Naturellement généreux, l'homme du peuple, abusé par ces théories insensées, se laisse, dit-on, entraîner encore à l'espoir de voir essayer de nouveau l'*égalité des biens et des positions sociales*. Et, chose plus désolante encore, il se laisse abuser par des prédications destructives jusqu'à s'en rapporter à ces abominables docteurs qui lui déclarent que, s'il est encore, lui, ouvrier prolétaire, courbé sous le faix du travail et de la domination de l'opulence oisive, c'est la religion qui en est la cause. On ne dit encore ces choses subversives, on ne prêche jusqu'ici, en France, de telles doctrines, qu'avec un certain mystère recouvert du symbole de toutes les théories savantes du progrès et de l'amélioration pour le sort des ouvriers. Les livres de M. Cabet sur de pareilles données n'ont pas tout-à-fait obtenu le succès espéré.

Mais en Suisse, à cette heure, les théories de Babeuf, de Saint-Just et de M. Cabet sont dépassées jusqu'au délire. Les protestans eux-mêmes en sont effrayés à un point qui donne malheureusement raison aux alarmes exprimées d'abord par tous les journaux catholiques, principalement à l'occasion de la dernière révolution du canton de Vaud. On en jugera par les extraits suivans empruntés à l'*Espérance*, journal protestant, dont les détails cités sont reproduits d'après les journaux suisses les moins favorables à la cause catholique :

« Le but des communistes est de détruire l'Etat, de renverser tous les gouvernemens, monarchiques et républicains, pour établir le gouvernement communiste, de détruire l'ordre social et l'organisation civile du monde; d'abolir la propriété qui, à leurs yeux, est un vol et une violation des droits de l'homme; d'abolir l'argent, qui est la cause de tout le mal et de l'accaparement des richesses. « Le seul moyen qui doive être admis, dit Becker, dans sa brochure intitulée: » *Que veulent les Communistes?* c'est le travail qui produit, et les produits du » travail. Mais tout travail ne produit pas. Un banquier qui écrit dans son grand » livre ne produit rien ; il gâte un produit, il gâte le grand livre, qui est un pro- » duit du papetier et du relieur, et quand il a rempli ce grand livre de son griffon- » nage, il n'est plus bon qu'à être mis aux commodités. » (Abtritt.) — Ceci peut donner une idée du style de M. Becker.

» Plus loin, et dans la même brochure, il dit : « Le canton de Vaud est un pays » adorable, un vrai paradis! » (pour les communistes.) « Eh bien! dans ce pays, » il se passe une chose abominable. Nous payons un million et demi à d'infâmes » propriétaires de maisons, pour prix de nos loyers. N'est-ce pas là une infamie? » Il y a assez de maisons pour loger tout le monde. Abolissons donc la propriété, » et nous serons logés pour rien. »

» Pour parvenir à ce but, pour arriver à cette désorganisation générale, ces clubistes ont pour principe de favoriser toute révolution, quelle qu'elle soit, parce que toute révolution étant désorganisatrice, les rapproche de leur but. Voilà pourquoi, il y a quelques mois, ils s'agitoient à Genève; voilà pourquoi on a vu tant d'Allemands mêlés aux Vaudois égarés en février dernier ; et les clubistes de Lausanne ne se sont pas trompés en appuyant la révolution vaudoise, puisqu'à peine elle fut consommée qu'aussitôt le président du conseil d'Etat du canton de Vaud proposa au grand-conseil vaudois d'admettre plusieurs des principes du communisme.

» On voit que ce ne sont pas là des doctrines sans partisans, des projets affreux, mais sans danger. Les communistes se forment, s'agitent dans les ténèbres, et de temps à autre ils paroissent au grand jour. Nous ne voulons injurier personne, et nous pensons que ce seroit calomnier beaucoup d'hommes honorables que de parler des radicaux à propos des communistes, et des corps francs à propos des clubs.

» Néanmoins, il est impossible de ne pas voir de grandes affinités entre les doc-
---es des premiers et celles des seconds. Un flot d'impiété menace de passer sur

le sol antique de la Suisse, et de laisser derrière lui, sur toute la surface du pays, une vase immonde. Il se trame de points divers et par des moyens divers, une vaste et sourde conspiration contre les principes les plus fondamentaux de la confédération. »

C'est principalement le point de vue politique qui est considéré dans cet extrait, qui mérite une grande attention; nous réservons pour un article plus étendu, ce qui concerne le côté religieux, et que le même journal protestant a présenté d'une manière non moins frappante et digne des plus graves méditations.

ASSASSINAT DE M. LEU D'EBERSOL.

Les radicaux suisses, ce parti que certains journaux français persistent à dire ami de la paix, de la conciliation et des lois, viennent de nouveau de montrer au grand jour leur véritable caractère. M. Leu, membre du grand conseil de Lucerne, a été assassiné dans son lit, dans la nuit de samedi dernier; un coup de fusil, tiré à bout portant, lui a traversé la poitrine. Le meurtrier avoit escaladé la fenêtre. De la paille et d'autres matières combustibles amassées autour de la maison attestent qu'il y auroit mis le feu, si une circonstance quelconque avoit fait manquer son coup. Il a jusqu'à présent échappé à toutes les investigations; le gouvernement de Lucerne a mis sa tête à prix. L'exaspération est extrême dans tout le canton. A Buswyl, à Hochdorf, à Hitzkirch, la foule abandonna le service divin en poussant des cris de vengeance et des menaces contre les corps francs. Toute la population se porta en masse à Ebersol pour assister aux funérailles de la victime. Les chefs des radicaux de Lucerne ont dû abandonner la ville pour échapper à la fureur populaire. Plusieurs arrestations ont été faites

Simple laboureur, mais riche des lumières qu'il puisoit dans son amour pour la foi et pour les lois morales de l'Eglise, M. Leu brilloit dans le grand conseil de la république, ainsi que dans son conseil d'éducation, par la rectitude de son jugement et par la facilité de son élocution. Il étoit, au-dessus de tout, *l'homme du peuple* que deux fois il avoit conduit à la défense de Lucerne. Son cercueil est à jamais entouré de la double auréole d'une inaltérable fidélité à l'Eglise, et d'un courage dont les corps francs ont deux fois appris à redouter les effets. Aussi s'en sont-ils vengés par un horrible assassinat qui donne la mesure des forfaits qui sortiront encore de cette criminelle cohue qui s'appelle la jeune Suisse. L'on comprend la terrible impression que ce meurtre a produite et doit produire encore dans la Suisse catholique. Qui pourra désormais arrêter, en cas d'une collision nouvelle, l'indignation populaire? Seroient-ce les prisons de Lucerne, ou les champs de bataille qui recueilleroient les victimes d'une si terrible réaction? Dieu veuille épargner un tel malheur à un peuple si voisin de nous!

Comme homme privé, M. Leu n'avoit pas d'ennemis. Le coup qui l'a frappé a été inspiré par cette pensée anarchique qui a organisé les corps francs et désorganise le canton de Vaud. L'opinion publique ne s'y est pas trompée à Lucerne, et les feuilles radicales de la Suisse elles-mêmes n'osent pas le nier.

NOUVELLES ET FAITS DIVERS.
INTÉRIEUR.

PARIS, 25 juillet. — Le *Moniteur* publie dans sa partie officielle :

1° La loi relative à l'amélioration des ports de Dunkerque, Calais, Boulogne,

Fécamp, Port-en-Bessin, Granville, Morlaix, île de Batz, Port-Launay, Lorient, Marans, les Sables, Bandol et Bastia ;

2° La loi relative aux chemins de fer de Paris à Lyon et de Lyon à Avignon ;

3° La loi qui accorde à M. Vicat une pension de 6,000 fr. à titre de récompense nationale.

Ces trois lois portent la date du 16 juillet 1845.

— M. le duc et madame la duchesse de Nemours sont partis avant-hier de Paris. Ils ont pris le chemin de fer jusqu'à Orléans. Ils se proposent, dit-on, de visiter les forges de Vierzon. Cette visite auroit lieu le soir, aux flambeaux. Les ateliers seront illuminés au moyen de 4,000 lampions.

— M. le duc de Montpensier est arrivé le 30 juin à Alexandrie. Les correspondances d'Egypte sont remplies de détails sur la réception qui lui a été faite. Il a dû quitter Alexandrie après le 6 juin pour remonter le Nil. Il doit aller jusqu'à Thèbes.

— On lit dans l'*Union provinciale* :

« C'est par erreur que les journaux ont annoncé le retour à Paris, de M. le prince et de Mme la princesse de Joinville. Mme Adélaïde a seule quitté Randan, où elle a laissé son neveu et sa nièce, qui vivent à peu près invisibles au fond de cette retraite. Le château qui, les années précédentes, s'ouvroit pour tous les étrangers, est impitoyablement fermé aux curieux. Les habitans du pays, qui avoient beaucoup compté sur la présence des princes pour donner de la vie et du mouvement, se montrent très-désappointés de cette misanthropie du vainqueur de Mogador, qui semble n'être venu en Auvergne que pour se dérober aux bruits du monde et se reposer de sa gloire dans les douceurs de la vie conjugale.

» M. le prince de Joinville se rend tous les jours à Vichy, pour prendre les eaux. M. Trognon l'accompagne seul dans cette promenade qu'il fait en voiture. On a remarqué que le prince avoit été très-froid pour M. Thiers qui n'a pas encore paru au château de Randan. »

— Le *Phare des Pyrénées* du 20 juillet, annonce que le bey de Tripoli a déclaré la guerre à celui de Tunis. Les hostilités auroient commencé le jour même où le bey de Tunis auroit reçu la déclaration de son ennemi.

Pour apprécier la gravité de cette nouvelle, il est indispensable d'attendre des renseignemens plus détaillés. Peut-être le correspondant du *Phare* n'a-t-il entendu parler que du débarquement des troupes turques que nous avons déjà mentionné.

— On écrit de Vienne, le 16 juillet, au journal ministériel du soir :

« M. Périer, chargé d'affaires de France, se porte un peu mieux depuis quelques jours ; cependant les médecins ne le jugent pas encore en état de se mettre en route pour retourner en France. M. Marescalchi, qui lui succède en qualité de chargé d'affaires, est déjà arrivé ici dans le courant de la semaine passée. »

— Plusieurs journaux annoncent que le pape Grégoire XVI vient, par un bref, de conférer à M. l'évêque de Rennes, les titres de comte du Saint-Empire, de prélat assistant au trône pontifical.

— On écrit de Rome, le 6 juillet, à la *Gazette Universelle allemande* :

« On prétend que des envoyés de don Carlos ont été reçus en audience particulière par le Pape, et lui ont fait connoître le désir du prince de fixer sa résidence à Rome. On ajoute que le gouvernement pontifical a consenti à la demande, et que l'hôtel de l'ambassade d'Espagne, qui est assez grand pour contenir la cour de don Carlos, sera mis à sa disposition. »

— Par ordonnance du roi, en date du 17 juillet, rendue sur le rapport de M. le ministre de l'instruction publique, l'élection de M. Lallemand, faite par l'Académie royale des sciences, pour remplir la place vacante dans son sein par le décès de M. Breschet, est approuvée.

— On parle, dit le *Courrier d'Afrique*, de la création d'une académie à Alger, déjà même des noms circulent dans le public, et tout porte à croire, ajoute le même journal, que ce projet tardera peu à recevoir son exécution.

— Nous apprenons que M. Crétineau-Joly, après avoir achevé sa belle *Histoire de la Compagnie de Jésus*, est parti aujourd'hui pour Rome.

— Nous recevons les journaux de la Pointe-à-Pitre du 14 au 25 juin. Ils sont encore complètement absorbés par les regrets que leur inspire la mort de M. le contre-amiral Gourbeyre et la relation des honneurs si mérités que la population s'apprête à rendre à sa mémoire.

Une délibération du conseil municipal de la Pointe-à-Pitre a arrêté qu'on se pourvoiroit auprès de l'autorité compétente pour obtenir l'autorisation d'attacher le nom du gouverneur à une nouvelle place de la ville et d'y ériger, par voie de souscription, un monument destiné à perpétuer son souvenir. Le conseil municipal de la Basse-Terre a pris une décision semblable.

— On cite une habitude bien touchante des élèves de l'Ecole polytechnique. Lorsqu'un élève est trop pauvre pour payer sa pension, c'est la caisse faite par ses camarades qui vient à son secours. Le choix des élèves secourus par tous leurs camarades se fait avec une exquise délicatesse. Chaque année, les élèves qui ont passé un an à l'école, élisent deux caissiers qui font les collectes trimestrielles entre leurs camarades. Les élèves qui ont des familles pauvres remettent leurs titres aux deux caissiers, qui décident le secours qu'ils peuvent accorder; le reste de l'école ignore complètement quel élève reçoit sa pension des mains des caissiers, l'état-major des écoles l'ignore lui-même. Le bienfait reste secret, et depuis cinquante ans il ne s'est jamais élevé une plainte sur l'administration des deux élèves choisis pour cette place, toute de confiance.

— Il y a quelques jours, nul ne vouloit accepter la responsabilité d'une pièce jouée au Théâtre-Français, sous le nom de la *Tour de Babel*; aujourd'hui, au contraire, voici que la paternité de cette œuvre immorale est réclamée par deux personnes à la fois; ce qui est loin encore de dissiper les ténèbres. Les lettres suivantes ont été adressées aux journaux :

« Berne, le 19 juillet 1845.

» J'apprends un peu tard, après un long voyage entrepris par des raisons de santé dans le Tyrol et dans la Suisse orientale, que de grands débats se sont élevés dans la presse parisienne à l'occasion de l'introuvable auteur de la *Tour de Babel*. Dans le désir que mon *incognito*, trop long-temps gardé, ne compromette plus personne, permettez-moi, Monsieur le Rédacteur, de venir réclamer, par la voie de votre estimable journal, la responsabilité entière de cet ouvrage... J'accepte d'avance le blâme comme les applaudissemens que pourroient provoquer des principes *dont je m'honorerai toujours*.

» Agréez, etc. PROSPER DE MONTJARS. »

« Monsieur, j'arrive à Paris, d'où je m'étois absenté pour quelques affaires de commerce, et j'apprends avec peine tout le bruit qu'a causé ma pauvre comédie. Qu'on n'accuse personne, car l'auteur de la *Tour de Babel*, caché jusqu'ici sous le pseudonyme d'Anatole Bruant, est votre très-humble serviteur,

» ANATOLE BRUYANT, 120, rue Saint-Honoré.

» Ce 22 juillet 1845. »

— Les travaux entrepris pour agrandir et isoler le Palais-de-Justice vont nécessiter la démolition de deux maisons de la rue de Jérusalem, situées en face l'une de l'autre, et célèbres par les souvenirs littéraires qu'elles conservent. Dans l'une d'elles, portant le n° 5, est né en 1636 Boileau Despréaux, fils d'un greffier de la grand'chambre au parlement, et dans l'autre, Marie Arouet de Voltaire, fils d'un ancien notaire du Châtelet.

— Encore un meurtre commis à Paris par un homme en proie à des accès d'aliénation mentale, et contre lequel il eût été prudent de prendre des précautions.

Ces jours derniers un nommé James a frappé de deux coups de hachette une femme avec laquelle il vivoit. La croyant morte, il ouvrit la croisée et se précipita sur le pavé, mais il ne se fit que de légères blessures; il se releva, monta précipitamment l'escalier, entra dans la pièce du premier étage, et se jeta de nouveau par la fenêtre; cette fois, il se fit des blessures assez graves à la tête et aux reins, et resta sur la place; cependant ses blessures ne paroissent pas mortelles. Quant à la femme qu'il a frappée, elle est dans un état désespéré.

— Le doyen des anciens officiers supérieurs de l'armée vendéenne d'Anjou, M. Barbot, chevalier de Saint-Louis, lieutenant-colonel en retraite, vient de mourir à Champtoceaux, à l'âge de 90 ans. M. Barbot, dans un âge aussi avancé, avoit conservé toute la vigueur d'idées, toute la sanité du jugement de l'âge mûr, en même temps que type d'honneur, de loyauté et de courage, par l'exercice de toutes les vertus chrétiennes, la bonté de son cœur, la douceur et l'affabilité de ses mœurs, il s'étoit acquis depuis long-temps l'estime et la vénération générale.

— On lit dans l'*Hermine* de Nantes du 25 :

« Avant-hier au soir, à sept heures et demie, la mise à l'eau du beau navire le *Méridien*, de 550 tonneaux, construit sur les chantiers Guibert, Prairie-au-Duc, a occasionné un accident qui a été funeste à plusieurs personnes, mais qui auroit pu avoir des suites bien plus déplorables.

» Une foule considérable assistoit à ce spectacle, qui, quoique souvent répété, attire toujours beaucoup de curieux.

» Rien, en apparence, n'avoit entravé sa descente majestueuse dans le fleuve. L'ancre venoit d'être jetée pour arrêter son élan, lorsqu'on s'aperçut que cette ancre avoit accroché la chaîne du brick la *Victorine*, qui venoit d'être radoubé et qui étoit encore amarré à son ponton. Le poids énorme du *Méridien* imprima une commotion si violente à la *Victorine*, que celle-ci chassa de quelques brasses, vint en travers, et reçut un violent abordage du *Méridien*, qui lui causa d'assez fortes avaries; tous ses pavois de bas bord furent brisés et ses échafaudages renversés.

» A ce moment des cris affreux se firent entendre : un grand nombre de personnes assises sur des pièces de bois, d'autres placées dans de petites embarcations, furent subitement submergées et en grand danger de périr, sans les secours les plus prompts de plusieurs intrépides ouvriers qui se trouvèrent à portée de sauver les naufragés.

» L'accident le plus grave de ce sinistre événement est celui d'une dame qui étoit à bord de la *Victorine* avec sa fille, et que la secousse du navire a précipitées dans les flots. La mère a été très-grièvement blessée, son bras gauche a été fracturé, une de ses jambes a reçu de dangereuses blessures, et de fortes contusions à la tête. Elle a été transportée évanouie dans une auberge de la Fosse; sa fille a aussi été fortement contusionnée, mais moins dangereusement que la mère. On ne désespère cependant pas de sauver celle-ci. »

— On écrit d'Arles, le 20 juillet :

« Les scènes de violence et de désordres qui ont eu lieu sur les chantiers du chemin de fer, et dont la cause étoit la rivalité existante entre les compagnons des deux différens devoirs, sont tout-à-fait apaisées. Le travail recommence sur tous les chantiers, et les bruits alarmans qui avoient circulé sur l'arrivée probable d'un très-grand nombre d'ouvriers venus de divers points de la ligne du chemin de fer pour prêter secours à leurs camarades ne se sont pas, fort heureusement, réalisés. L'instruction contre les prévenus en état d'arrestation continue; l'autorité judiciaire ne négligera rien pour arriver à la découverte et à la punition des coupables. »

— La diligence de Narbonne à Carcassonne a été incendiée par l'imprudence d'un fumeur qui a laissé tomber quelques étincelles d'un cigare sur la paille placée sous ses pieds. On a pu sauver les bagages, et l'on a dû dételer les chevaux en livrant la voiture aux flammes. Au milieu de la route, par un soleil ardent, loin de tout cours d'eau, on ne pouvoit porter de secours.

— Le *Sud*, de Marseille, qui donne aujourd'hui la nouvelle de l'incendie de Smyrne, porte le nombre des maisons détruites à 7,000, au lieu de 4,000, comme l'annonçoient les précédentes nouvelles.

— Un navire ottoman, commandé par le capitaine Ahmet, ayant à bord un grand nombre de pèlerins, a été assailli dans les eaux de Bodroun (côte de Caramanie), par un bâtiment pirate qui, après une heure de combat, a été forcé de l'abandonner.

— Dimanche, 13 juillet, le bateau à vapeur anglais le *Polyphemus*, en route pour Malte, a coulé à fond un brick français, le *Charles-Auguste*, de 130 tonnes, chargé de graine de lin, capitaine Videau, après l'avoir coupé en deux; heureusement que l'équipage, composé de onze personnes, a pu se sauver. Le navire et un des passagers du *Polyphemus*, a coulé comme une pierre que l'on jette à mer. Il s'en est fallu de peu pour nous d'éprouver le même sort.

Le sinistre a eu lieu, dit-on, dans les parages de l'île Saint-Pierre. Il ventoit N.-O. très-fort; car, malgré les retards causés par le sauvetage de l'équipage, le *Polyphemus* marchoit avec une telle vitesse, qu'il est arrivé à Malte en soixante-six heures.

EXTÉRIEUR.

ESPAGNE. — Si l'*Eco del Comercio* du 18 est bien informé, la crise que nous prévoyions hier seroit déjà arrivée. La reine auroit fait appeler le marquis de Viluma et le baron de Meer; Narvaez auroit aussitôt donné sa démission.

Les journaux de Madrid sont à peu près unanimes à blâmer le voyage dans les provinces basques. Aujourd'hui 25, si le cabinet n'est pas déjà enterré, les ministres doivent être réunis à Sarragosse près de la reine.

Progressistes, modérés, carlistes, tous les partis se préparent aux éventualités d'une prochaine révolution.

— Les troupes ont pénétré le 16 à Wals, chassant les révoltés, à qui elles ont tué cinq hommes; plusieurs autres ont été blessés. La tranquillité est tout-à-fait rétablie sur tous les autres points de la province de Tarragone. La même tranquillité règne dans les provinces de Lérida et de Girone.

— Les demandes d'amnistie en faveur des jeunes soldats réfractaires ou des déserteurs, dit un nouveau décret de la reine, ne seront désormais admises que quand les coupables se seront placés sous les drapeaux ou seront rentrés au corps.

ANGLETERRE. — On lit dans le *Morning-Post* :

« Sir Charles Manners Sutton, vicomte Canterbury, de la cité de Canterbury, baron Bottesford, dans le comté de Leicester, pair d'Angleterre, grand'croix de l'ordre du Bain, conseiller privé, gouverneur des archives, membre de la commission pour la construction des églises, dont nous avons annoncé la mort subite, étoit né le 29 janvier 1780. Il avoit conséquemment soixante-six ans.

» L'un des orateurs les plus distingués de la chambre, ce qui le distinguoit surtout parmi eux étoit le talent qu'il possédoit au plus haut degré de captiver l'attention de la chambre et même de ses adversaires. Les wighs lui proposèrent deux fois la présidence sans lui demander d'engagement de principes, et furent d'accord deux fois pour l'élire. L'opinion générale est que jamais les affaires législatives ne furent mieux placées que sous sa direction.

» Lord Canterbury parloit rarement à la chambre, il se contentoit d'entendre le débat et de voter.

» On assure que pendant dix-sept ans que lord Canterbury présida la chambre des communes, il ne manqua qu'une seule fois à la séance du soir, ce fut le jour de la mort de son père. »

— Sa Majesté le roi de Hollande arrivera à Woolwich jeudi. Sa Majesté ne sera accompagnée que de peu de personnes, parmi lesquelles nous citerons le ministre des colonies, M. Bond, le colonel baron Coehoorn, aide-de-camp du roi, le capitaine comte de Bylandt, chambellan. La visite de Sa Majesté à l'Angleterre sera aussi peu officielle que possible, à cause de la haute position qu'occupe Sa Majesté parmi les souverains de l'Europe. L'absence de la reine et du prince Albert, de la métropole, fera que le roi ne sera point reçu royalement comme il l'eût été en toute autre occasion ; mais nous sommes sûrs que les membres de la haute noblesse s'empresseront de présenter leurs hommages au royal voyageur.

(*Morning-Post.*)

CHINE. — Nous extrayons du *China-Mail*, en date du 27 mars :

« Trois Anglais, MM. Montgomery-Martin, Jackson, vice-consul, et Staunton, chapelain de la colonie, se promenoient le 18 courant hors des murs de Canton, vers sept heures du matin ; ils se dirigeoient vers le mur du Nord, quand ils furent assaillis par une troupe de Chinois qui les insultèrent et leur jetèrent des pierres ; d'autres Chinois accoururent se jetèrent sur eux pour les dépouiller, tandis qu'une grêle de pierres, partant du haut des murs, retomboit sur eux. M. Jackson eut les bras contusionnés, ses habits déchirés, et une chaîne d'or lui fut enlevée. Le voyant accablé par le nombre, MM. Martin et Staunton voulurent le secourir ; mais dans la lutte, M. Martin faillit recevoir un coup de poignard dans la poitrine, et M. Staunton fut volé de sa montre. Les Anglais parvinrent enfin à s'échapper ; mais, arrivés du côté de la rivière, ils furent de nouveau assaillis par d'autres Chinois qui arrachèrent les tuiles d'un toit pour les leur lancer. Ils se mirent à courir de toutes leurs forces jusqu'au faubourg, où enfin ils prirent un guide pour retourner aux factoreries. » (*Standard.*)

Le Gérant, Adrien Le Clere.

BOURSE DE PARIS DU 25 JUILLET 1845.

CINQ p. 0/0. 121 fr. 75 c.	Quatre canaux 1277 fr. 50 c.
TROIS p. 0/0. 83 fr. 50 c.	Caisse hypothécaire. 647 fr. 50 c.
QUATRE p. 0/0. 000 fr. 00 c.	Emprunt belge. 5 p. 0/0. 000 fr. 0|0.
Quatre 1/2 p. 0/0. 116 fr. 00 c.	Emprunt romain. 104 fr. 2/8.
Emprunt 1841. 00 fr. 00 c.	Rentes de Naples. 000 fr. 00 c.
Oblig. de la Ville de Paris. 1425 fr. 50 c.	Emprunt d'Haïti. 500 fr. 00 c.
Act. de la Banque. 3230 fr. 00 c.	Rente d'Espagne. 5 p. 0/0. 10 fr. 0/0.

PARIS. — IMPRIMERIE D'ADRIEN LE CLERE ET C*, rue Cassette, 29.

SUR UNE RÉCLAMATION DE M. L'ABBÉ ROHRBACHER,
AU SUJET DE SON HISTOIRE UNIVERSELLE DE L'ÉGLISE CATHOLIQUE.

(Suite et fin. Voir le numéro 4094.)

Nous aurions pu terminer cette discussion sur la connoissance et le culte du vrai Dieu chez les nations païennes, par une observation qui justifieroit pleinement le blâme qu'exprime sur ce point le savant critique Liégeois. Il eût été bien facile de montrer que tout le plan de l'ouvrage de M. l'abbé Rohrbacher, ouvrage où il nous présente une Eglise catholique dès la création du monde, universelle sous les patriarches, à l'époque même ou saint Augustin dit que le culte du vrai Dieu étoit renfermé dans la seule famille de Tharé et d'Abraham ; universelle, à plus forte raison, au temps du peuple juif, c'est-à-dire répandue chez toutes les nations de la terre qui possédoient au moins en germe toutes les vérités, et qui ne différoient des Juifs qu'en ce qu'elles n'avoient pas de Dieu une idée si parfaite, comme les Juifs n'ont différé des chrétiens que par une connoissance plus imparfaite de ce souverain Etre ; on pourroit, disons-nous, montrer que tout le plan de l'ouvrage de M. l'abbé Rohrbacher, qui fait exister l'Eglise plus de quatre mille ans avant sa fondation (1), se rattache au système philosophique de M. de La Mennais, et qu'il en est comme l'application pratique, ainsi que de plusieurs autres idées non moins fausses et non moins dangereuses de ce trop célèbre écrivain. Qu'il nous suffise ici de rappeler ce passage : « Si l'on ne croit point, dit M. Rohrbacher, t. III, p. 264, si l'on ne croit point au sens commun, entendu, comme de raison, à la manière de l'auteur de l'*Essai*, on ne peut plus rien croire ; il n'y a plus de certitude, plus de vérité pour l'homme : c'est le doute universel et la mort de l'intelligence. » C'est bien là le grand principe.

Mais venons aux doctrines politiques.

« La dernière partie de la critique de M. Kersten tombe sur les doctrines touchant la politique. Je ferai d'abord observer à M. Kersten que ces doctrines se trouvent textuellement dans les *Rapports naturels*, publiés d'après les conseils de ce qu'il a de plus respectable dans l'Université catholique de Louvain, et que, quatre ans après la publication de cet ouvrage, la même Université catholique de Louvain m'envoya un diplôme de docteur en théologie, en récompense des services que j'avois rendus à la religion. Je fais cette observation à M. Kersten pour lui donner lieu de comprendre qu'un laïque belge feroit mieux de consulter l'Université catholique de Louvain et l'épiscopat de son pays, que de s'ériger en téméraire censeur de l'une et de l'autre, et de s'exposer à jeter imprudemment un brandon de discorde parmi les catholiques, à la grande joie des ennemis de la religion.

(1) Super hanc petram ædificabo. V. S. Matth., c. XVI, v. 18.

» Mais encore, à quoi donc se réduisent ces doctrines qui offusquent tant M. Kersten? Le voici en deux mots. Je crois que le temporel est subordonné au spirituel en ce qui regarde la conscience; je crois avec le commun des théologiens et des juristes catholiques, entre autres avec le jésuite Suarès et avec le dominicain saint Thomas, que la souveraineté temporelle vient de Dieu par le peuple, ou du moins je crois qu'on est très-libre de le penser. Voilà tout, ni plus ni moins.

» Que M. Kersten, tout belge qu'il est, ne soit pas de cet avis, il en est sans doute fort libre. Mais ce que je ne lui crois pas permis, c'est de tromper ses lecteurs sur mon compte, en leur déguisant ce que je dis.

» Ainsi, tome II, liv x, à propos d'Abimélech, fils de Gédéon, qui usurpa la royauté en Israël, je cite un passage de saint Grégoire VII, et un autre de saint Augustin, duquel même le texte latin se trouve au bas de la page, et dont voici le contenu : « Dieu ayant fait l'homme raisonnable à son image, ne voulut qu'il » dominât que sur les créatures sans raison, non pas l'homme sur l'homme, mais » l'homme sur les bêtes. C'est pourquoi les premiers justes furent établis pasteurs » de troupeaux plutôt que rois d'hommes, Dieu nous voulant faire entendre par » là tout ensemble et ce que demandoit l'ordre des créatures, et ce qu'exigeoit le » mérite des péchés. » Après cette citation il ajoute aussitôt : « Ainsi, d'après » saint Augustin, la puissance royale ou la souveraineté, prise, non pour l'autorité » patriarcale qui dirige comme un père ses enfans, mais la domination de la force » qui contraint les hommes comme des troupeaux de bêtes, ne vient point origi- » nairement de Dieu, mais de l'orgueil, mais du péché et de celui qui en est » l'auteur. »

» Or, M. Kersten, page 179 de son article, sans mentionner les deux saints dont je ne fais que résumer les paroles, juge à propos de dire : « Il présente Abimélech » comme le premier roi qui nous apparoît en Israël; et ce fait lui semble prouver » que la puissance royale ou la simple puissance de fait, ne vient pas originaire- » ment de Dieu, mais de l'orgueil, du péché, et de celui qui en est l'auteur. » En vérité, M. Kersten, si je m'étois permis pareil procédé à votre égard, je croi- rois avoir manqué au premier devoir d'un homme d'honneur, et j'en demande- rois pardon à Dieu et aux hommes.

» Autre exemple. Tome I, liv. VII, après avoir montré que tout ce que Confu- cius, Platon et Cicéron ont imaginé de plus parfait pour leur société idéale, se trouve réalisé et au-delà dans l'Eglise catholique, j'ajoute : « Dans cette divine » constitution de l'humanité, la forme du gouvernement est telle que la souhai- » toient Platon et Cicéron. Ils en distinguoient trois : le gouvernement d'un seul, » le gouvernement de quelques-uns, le gouvernement du grand nombre. Tous les » trois sont bons, quand la loi véritable y est observée; quand elle ne l'est » pas, tous les trois dégénèrent en tyrannie. Un quatrième leur paroît, surtout à » Cicéron, infiniment préférable, comme réunissant les avantages des trois autres, » sans leurs dangers : c'est une monarchie tempérée d'aristocratie et de démo- » cratie. Or, tel est le gouvernement de l'Eglise. »

» Cette idée déplaît fort à M. Kersten. Il ne veut pas que le gouvernement de l'Eglise véritable soit, comme il dit élégamment, *un Etat monarchico-aristocra- tico-démocratique*. A la bonne heure. Mais il n'auroit pas dû dissimuler ce qui est marqué au bas de la page, que cette idée est d'un très-célèbre jésuite. Il paroît que M. Kersten pense bien différemment du pieux et savant cardinal Bellarmin, et qu'il aimeroit beaucoup mieux un gouvernement *byzantino-turcico-moscovite*. Chacun son goût.

Voici comme j'explique l'idée de Bellarmin : « Sous le monarque éternel et

»invisible, le Christ, est un monarque visible et mortel, son vicaire, le pape, qui
» a reçu de lui la pleine puissance de paître et de régir l'Eglise universelle. Par
»son canal, d'autres princes et pasteurs, appelés en partage de sa sollicitude, re-
»çoivent à paître et à régir des églises particulières, non pas comme ses vicaires ou
» lieutenans, mais comme princes et pasteurs véritables. Enfin, ni la papauté, ni
»l'épiscopat, ni le simple sacerdoce n'est héréditaire : tout se recrute dans le peu-
» ple, qui est toute l'humanité chrétienne. »

» M. Kersten, qui cite ce passage, y trouve si peu de démocratie, qu'il demande où donc elle est? Je conviens avec lui qu'il y en a fort peu, et cependant
voilà tout ce que j'en vois dans l'Eglise. Mais il paroît que M. Kersten est de ces
gens qui aiment à se créer des monstres, pour le plaisir d'avoir peur et de crier
contre les autres.

« En somme, sur toutes les questions délicates de doctrine, je ne dis rien de
moi-même, mais je résume et j'adopte ce que disent les Pères et les théologiens
les plus autorisés dans l'Eglise catholique. Voilà ce que je prie de considérer, les
personnes qui voudront bien signaler les erreurs que je puis avoir commises. »

Nous ne connoissons pas les *Rapports naturels* qui auroient été publiés
d'après les conseils de ce qu'il y a de plus respectable dans l'Université de Louvain. Mais nous sommes persuadés que si cet ouvrage
contient textuellement les mêmes doctrines politiques que l'on a signalées dans l'*Histoire universelle de l'Eglise catholique*, l'Université de Louvain ne l'a certainement pas approuvé.

M. Rohrbacher croit que le temporel est soumis au spirituel en ce
qui regarde, dit-il, la conscience. Ici l'auteur cherche à dissimuler sa
pensée par ces mots : *En ce qui regarde la conscience;* il voudroit faire
croire qu'il n'enseigne la subordination du pouvoir temporel que dans
les choses spirituelles, ce qui est incontestable, tandis qu'il enseigne
dans son livre une subordination absolue du pouvoir temporel à
la puissance spirituelle, subordination qu'il prétend rigoureusement
fondée sur le droit naturel et divin; de telle sorte que la puissance spirituelle peut, quand elle le trouve à propos, juger, suspendre et annuler
ce pouvoir. C'est-à-dire que M. l'abbé Rohrbacher soutient une
doctrine qui ne peut être, comme l'a sagement observé M. Kersten,
que très-préjudiciable à l'Eglise, et qui a été désavouée par les évêques
de France, par ceux d'Irlande, par les universités les plus catholiques
du monde chrétien, et notamment par celle de Louvain; comme on
peut le voir dans la réfutation des aphorismes de M. de La Mennais par
M. Boyer.

Mais M. l'abbé Rohrbacher va bien plus loin. M. Kersten l'accuse de
prêcher ouvertement le système de la souveraineté du peuple et le droit
d'insurrection, doctrine essentiellement contraire aux principes et à
l'esprit du christianisme, et spécialement flétrie dans l'encyclique de
notre Saint-Père le pape Grégoire XVI, du 25 juin 1834. M. l'abbé
Rohrbacher ne répond rien à cette accusation capitale; à moins qu'on

ne prenne pour réponse quelques mauvaises plaisanteries qu'il adresse
à son adversaire. Que pouvoit-il répondre en effet? Il enseigne positivement que la puissance royale ne vient point originairement de
Dieu, mais de l'orgueil, du péché, *et de celui qui en est l'auteur;* que dans
le peuple réside essentiellement le droit et le pouvoir de se soulever
contre ceux qui le gouvernent, quand ils abusent de leur pouvoir; et
voilà pourquoi, selon M. l'abbé Rohrbacher, tandis que les individus
chrétiens ne prennent pas les armes contre leurs oppresseurs et se laissent égorger, les nations chrétiennes s'insurgent et chassent leurs tyrans.

Il ajoute : « Tout gouvernement anti-catholique ou qui combat l'autorité de l'Eglise catholique, apostolique et romaine, *est au fond une absurdité et une tyrannie.* — Tout souverain anti-catholique, ou qui repousse opiniâtrément l'autorité de l'Eglise catholique, apostolique et
romaine, *se dépose lui-même de la souveraineté, absout lui-même ses sujets
de tout devoir envers lui, se met lui-même hors la loi.* » Voyez les développemens dans notre n° 4078, p. 684. Et nous ne protesterions pas contre
de pareilles doctrines! Et nous ne les signalerions pas à l'attention du
clergé et des supérieurs ecclésiastiques!

M. l'abbé Rohrbacher ne reconnoît de gouvernement légitime que la
démocratie. Sur tous ces points, voyez notre N° 4078. Ce n'est pas tout :
M. Rohrbacher prétend introduire sa démocratie jusque dans l'Eglise.
qui ne l'a jamais admise et qui ne l'admettra jamais, parce qu'elle est
essentiellement contraire à sa divine constitution. On peut, et on doit,
suivant nous, y admettre une espèce d'aristocratie, jamais la démocratie. L'autorité spirituelle requise pour le gouvernement de l'Eglise.
n'a jamais appartenu au corps des fidèles. L'auteur nous dit que cette
doctrine de la démocratie dans l'Eglise a été soutenue par un Jésuite;
cela est possible; elle a été en effet soutenue par Marc-Antoine de Dominis, qui avoit vécu quelque temps dans la Société de Jésus; mais tout
le monde sait qu'il l'avoit quittée, et que cette respectable société n'a
jamais enseigné cette fausse doctrine. L'opinion erronée qui fait entrer
les fidèles en participation de la puissance ecclésiastique, a toujours
été repoussée et condamnée dans Marsile de Padoue, dans Marc-Antoine de Dominis et dans le docteur Richer, qui l'a désavouée; elle a été
condamnée par le clergé de France en 1715, et enfin par le Pape
Pie VI dans sa Bulle *Auctorem fidei.*

L'auteur des réclamations, au lieu de répondre à M. Kersten, dénature sa pensée, comme il est aisé de le voir en relisant cet endroit.
p. 683. M. l'abbé Rohrbacher nous prie de considérer que, sur les questions délicates, il ne fait que résumer et adopter ce que disent les Pères

et les théologiens les plus autorisés de l'Eglise catholique. Telle a toujours été la prétention des novateurs. Les citations n'ont pas manqué non plus à M. de La Mennais. Avec un peu d'érudition, et à l'aide de quelques recueils, on en trouve facilement ; la question est de savoir si elles sont justes, et si on ne fait pas dire aux Pères ce qu'ils ne disent point en effet.

Nous avons fait connoître, trop tard, peut-être, quelques-unes des principales idées qui ont présidé à la composition de la nouvelle *Histoire de l'Eglise* de M. l'abbé Rohrbacher. Nous croyons pouvoir dire, dès à présent, que cette interminable Histoire, fruit d'une érudition mal digérée, ne prête pas moins à la critique par le défaut absolu d'ordre, de mesure, de précision, de clarté, que par les paradoxes et les erreurs dont elle est remplie. Le style est à l'avenant. Il ne sera peut-être pas difficile d'apporter de nouvelles preuves à l'appui de cette assertion. En attendant, nous le répétons : Voilà donc les doctrines qu'on ne craint pas d'offrir au clergé dans une *Histoire de l'Eglise* : le système de la philosophie du sens commun de M. de La Mennais, réprouvé par l'épiscopat et le Saint-Siége ; la suprématie absolue de l'Eglise sur les puissances temporelles ; la souveraineté du peuple, le droit de révolte et d'insurrection ; l'illégitimité du pouvoir royal ; la démocratie dans le gouvernement ecclésiastique. M. l'abbé Rohrbacher développe longuement ces divers points dans son *Histoire universelle de l'Eglise catholique*, qu'il fait remonter jusqu'à Adam pour prendre les choses dans leur source. Telles sont les erreurs sur lesquelles on voudroit que nous nous taisions pour ne pas décourager l'auteur. Ce n'est pas ainsi que nous comprenons notre devoir. Toutes les fois qu'il s'agira de l'intérêt de la saine doctrine, aucune considération personnelle ne pourra nous empêcher d'élever la voix, et de signaler l'erreur, dussent des écrivains très-compétens dans ces matières, qualifier nos observations de *puériles*.

Qu'on veuille bien observer que les réflexions du judicieux critique de Liége, ne portent que sur les trois premiers tomes du volumineux ouvrage de M. l'abbé Rohrbacher. Il déclare même qu'il n'a pas tout dit, et qu'il a *réservé une question délicate sur laquelle il est également obligé de s'écarter du sentiment de l'auteur*. Nous pourrons nous en occuper aussi, ou au moins faire part à nos lecteurs des observations qui seront insérées dans le *Journal historique et littéraire de Liége*. Nous croyons, pour aujourd'hui, pouvoir nous borner à ce que nous venons de dire.

Encore un mot pourtant que nous avons promis au commencement de nos réflexions, et que nous allions oublier. L'auteur des réclamations rappelle dans la première partie de sa lettre, un article qui a été

inséré dans *l'Ami de la Religion* à une autre époque, et daigne même
nous en remercier, pour nous adresser ensuite plus à son aise un reproche de contradiction. M. l'abbé Rohrbacher voudra bien nous permettre de lui faire observer que, tout en acceptant comme un glorieux héritage les honorables antécédens de l'*Ami de la Religion*, il doit
nous être loisible de décliner la responsabilité de quelques articles
qu'une bienveillance trop facile peut y avoir admis. M. l'abbé Rohrbacher sait mieux que personne que l'article qu'il nous rappelle
n'appartenoit pas à la rédaction habituelle du journal.   A

REVUE ET NOUVELLES ECCLÉSIASTIQUES.

ROME. — D'après le *Cracas* qu'on vient de publier, Sa Sainteté
le Pape actuel Grégoire XVI est le 258ᵉ successeur de saint Pierre;
il aura accompli sa quatre-vingtième année le 18 septembre prochain.
Il occupe la chaire pontificale depuis le 2 février 1831. Le collége des
cardinaux se compose de cinquante-cinq membres, deux nommés par
Pie VII, sept par Léon XII, et quarante-six par Grégoire XVI. Six cardinaux sont nommés *in petto*, et il y a en outre neuf places vacantes.
Le doyen d'âge du sacré collége est le cardinal Tadini, âgé de quatre-
vingt-sept ans; le plus jeune, le cardinal Schwarzenberg, qui a à peine
trente-six ans. Soixante-deux cardinaux sont morts depuis l'avénement
de Grégoire XVI.

La population de Rome est aujourd'hui de 175,789 habitans, non
compris les Juifs.

PARIS.

M. l'évêque de Charlestown a présidé, dimanche dernier, la réunion
de jeunes gens connue sous le nom de *Catéchisme de persévérance* de la
paroisse Saint-Merry.

M. l'évêque de Carcassonne a publié la circulaire et ordonnance suivante, déterminant l'époque où l'usage du nouveau Missel et des nouveaux Livres de chant sera obligatoire dans toutes les églises de son
diocèse :

« Joseph-Julien de Saint-Rome-Gualy, par la miséricorde divine et la grâce
du Saint-Siége apostolique, évêque de Carcassonne,

» Au clergé de notre diocèse, salut et bénédiction en notre Seigneur Jésus-
Christ.

» Nos chers Coopérateurs, par notre circulaire du 4 novembre 1845, nous vous
annonçâmes la prochaine apparition du *Missel*, du *Graduel* et du *Vespéral* nouveaux. Nous avons aujourd'hui la satisfaction de vous apprendre que l'impression de ces livres est terminée. Rien n'empêche donc que nous ne voyions enfin
s'établir, dans l'office public de toutes les églises de notre diocèse, cette uniformité si désirable, dont vous appréciez plus que jamais les avantages, depuis que

vous faites tous usage du même bréviaire pour la récitation des Heures Cano-
niales. Il ne manque plus, pour compléter la nouvelle liturgie, que le *Procession-
nal*, lequel à demi imprimé, sera bientôt mis en circulation, et le *Manuel du Rituel*, contenant tout ce qui est nécessaire pour l'administration des sacremens et
les autres fonctions usuelles du saint ministère. Il sera mis sous presse incessamment.

» Déjà MM. les membres de notre vénérable chapitre se sont empressés, avec
notre agrément, d'adopter pour l'office de la cathédrale, le Missel et les livres de
chant, à mesure qu'ils ont paru. Un grand nombre d'ecclésiastiques en ont fait de
même pour leurs paroisses, sans attendre l'époque où l'usage de ces livres sera
obligatoire pour tous. Nous verrons avec plaisir que cet exemple soit imité. Cependant nous ne jugeons pas à propos de prescrire l'adoption immédiate des
nouveaux livres liturgiques, afin de laisser aux fabriques le temps de se procurer
les ressources indispensables pour cette dépense.

» A ces causes, après en avoir conféré avec nos vénérables frères les dignitaires, chanoines et chapitre de notre église cathédrale,

» Nous avons ordonné et ordonnons ce qui suit :

» A dater du premier dimanche de l'Avent, 30 novembre prochain, on sera
tenu, dans toutes les églises de notre diocèse, de se conformer exclusivement,
pour la célébration du saint sacrifice de la messe et le chant de l'office divin, au
Missel, au Graduel et au Vespéral qui viennent d'être imprimés par notre ordre
et du consentement de notre vénérable chapitre.

» Donné à Carcassonne, dans notre palais épiscopal, sous notre seing, le sceau
de nos armes et le contre-seing du secrétaire-général de l'évêché, le 15 juillet
1843.

» Jos.-Jul., évêque de Carcassonne.

» Par Mandement :   B. Sicard, chanoine-secrétaire. »

M. l'archevêque de Bourges s'est rendu à Châteauroux au moment
du passage de M. le duc et de madame la duchesse de Nemours. En
adressant ses complimens au prince, le prélat a saisi l'occasion de faire
connoître l'esprit qui anime son clergé.

« Vous êtes, Monseigneur, a-t-il dit, dans un diocèse où le clergé, tout entier
à ses saintes fonctions, remplit avec un calme inaltérable un ministère tout de
paix et de charité, et dans sa conduite aussi bien que dans ses paroles s'attache
à faire aimer la religion, respecter le pouvoir, obéir aux lois. Etranger aux passions qui s'agitent, exclusivement occupé des grands intérêts qui se lient à sa
divine mission, il se tient complètement en-dehors de tout ce qui est d'un autre
domaine, ou du moins l'unique part qu'il y prend, c'est d'élever les mains vers le
ciel pour appeler les lumières et les grâces d'en haut sur ceux à qui est dévolue
la charge de procurer le bien-être et la prospérité de notre belle patrie. Votre
Altesse royale appréciera des dispositions évangéliques qui portent des fruits consolans en cimentant l'union et pacifiant les cœurs. »

M. le duc de Nemours a répondu :

« Monsieur l'Archevêque, je me réjouis d'être en ce moment le représentant
du roi pour entendre un organe si digne et si élevé des idées chrétiennes. Il vous
appartient d'exprimer de si hautes pensées et de si nobles sentimens puisés à
une source divine. Je sais que vous ne cessez de donner l'exemple de vertus
vraiment apostoliques. Je suis charmé de trouver cette occasion de vous faire

connoître combien je les honore et je les apprécie. Je suis heureux de vous voir à la tête d'un clergé empressé de vous suivre et que vous conduisez si bien. »

On nous écrit de Luçon :

« La retraite pastorale de notre diocèse vient d'avoir lieu : c'est un bienfait de plus que nous devons au saint évêque dont la mémoire ne périra point parmi nous. Peu de temps avant sa mort, il en avoit fixé l'époque pour le moment où, de retour de ses visites, il pourroit en suivre et présider les pieux exercices. La divine providence en a disposé autrement. Tous nos cœurs étoient bien serrés en arrivant à cette retraite, où nous ne devions plus voir à notre tête notre bien-aimé pontife. Des larmes ont coulé au moment où M. l'abbé Lefebvre, prédicateur de la retraite, s'est adressé à ce saint évêque dont la main glacée ne pouvoit plus nous bénir ici-bas, et l'a prié d'abaisser du haut du ciel sur son clergé un regard bienveillant et protecteur, lui obtenir les grâces et les consolations dont il avoit besoin... Ces vœux ont été entendus : jamais peut-être spectacle plus édifiant que cette retraite, où l'on voyoit plusieurs vieillards octogénaires, confesseurs de la foi, donner l'exemple de la régularité, de la ferveur, de toutes les vertus.

» Après avoir fait au pied du saint autel, la rénovation des promesses cléricales, et avoir reçu la sainte communion des mains du premier vicaire-général capitulaire, au chant des litanies de la bienheureuse vierge Marie, patronne de tout le diocèse, tous les prêtres se sont rendus processionnellement à la chapelle élevée dans le séminaire en l'honneur de *Notre-Dame de toutes les grâces;* là tous se sont prosternés en présence de leur reine, de leur mère, et se sont solennellement placés sous sa puissante protection. Ainsi s'est terminée la retraite.

» Combien cet intéressant clergé eût été heureux si, avant de se séparer, il eût pu avoir la certitude que qu'un prêtre d'une piété éminente, d'une science profonde, d'une prudence consommée, d'un zèle apostolique, alloit lui être donné pour évêque !

» Tous, avant de partir, demandoient avec inquiétude : Quand aurons-nous un évêque ?... Pourquoi nous fait-on attendre si long-tems ?...

» Sait-on si le gouvernement aura quelque égard aux derniers vœux de notre bon prélat ?...

» L'hommage qu'on avoit rendu récemment à la haute sagesse de son administration nous donne-t-il quelque espérance ?...

» Telles étoient les questions que s'adressoient en se quittant les prêtres de la Vendée. Ils seroient si satisfaits, si reconnoissans du bonheur d'annoncer à leurs paroissiens qu'un saint évêque leur est donné !!! »

On écrit d'Aire (diocèse d'Arras), 22 juillet :

« Une cérémonie bien touchante a eu lieu le 20 de ce mois dans la commune de Witternesse ; la plantation d'une croix a été faite avec beaucoup de pompe. Un temps magnifique est venu favoriser cette belle cérémonie qui a eu lieu à l'issue des vêpres, et a été présidée par Mgr Scott, camérier secret de Sa Sainteté et curé-doyen d'Aire, qu'accompagnoient plusieurs ecclésiastiques des environs. Le cortége, pour arriver à l'endroit où devoit être bénie la croix, a marché dans des allées de guirlandes et de verdure, et passé sous un brillant arc-de-triomphe; le sol étoit parsemé de fleurs et de feuillages.

» Le sermon, prêché par M. l'abbé Devin, principal du collége d'Aire, a été écouté avec le plus religieux silence, malgré le nombre incalculable des fidèles venus de toutes parts pour être témoins de cette belle solennité. »

On lit dans l'*Organe de Flandres* :

« Nous avons annoncé le retour des RR. PP. Jésuites, qui, appelés dans la république de Guatemala pour y diriger un collége, n'ont pu, par un caprice du président Carrera, remplir la mission qui leur avoit été confiée. Voici des détails à ce sujet :

» Les missionnaires n'ont pu se rendre dans la capitale ; arrivés à Saint-Thomas, ils y ont été très-mal reçus par le fait de quelques hommes qui jouissent d'une grande influence près du général Carrera, président de la république. Ce guerrier avoit l'année dernière, sur le conseil de ses ministres, prié les Jésuites de prendre la direction du collège. Cette décision fut défavorablement accueillie par quelques Européens domiciliés dans la colonie, et ils déployèrent tant d'intrigues, que le président toléra la publication d'un écrit anonyme, dans lequel les calomnies les plus absurdes furent débitées contre les missionnaires, et qui se terminoit par une demande d'expulsion contre eux.

» L'archevêque de Guatemala s'opposa en vain aux efforts de la malveillance ; le peuple fut de plus en plus excité contre les Jésuites, et enfin il fut décidé qu'ils ne pourroient entrer dans la république.

» Lorsque les missionnaires approchoient de la côte, on les informa du décret porté contre eux. Après quelques difficultés, il leur réussit cependant de débarquer le 4 mars sur le rivage de la colonie belge et de s'y reposer un peu. Ils furent bientôt attaqués de la maladie régnante, et un des Frères succomba. Ils auroient désiré partir soit pour la Louisiane, soit pour une autre contrée des Etats-Unis d'Amérique, mais ne trouvant pas de navire qui se dirigeât vers ces parages, ils ont quitté le 18 mai Saint-Thomas avec le Père Genon, qui y résidoit depuis environ une année et demie, et sont arrivés le 18 courant à Anvers.

» Le Père Genon auroit désiré beaucoup rester chez les Caraïbes, mais Carrera ne l'a point permis ; il a fait savoir qu'il enverroit à la colonie belge un prêtre indigène, qui, du reste, ne pourra être à celle-ci d'aucune utilité, puisque les prêtres indigènes ne connoissent que la langue espagnole.

» L'état de la colonie belge est des plus misérables. Il y a encore environ 200 colons, parmi lesquels 85 enfans, devenus orphelins. »

Nous lisons dans la *Boussole* un exemple de charité qui mérite d'être proposé à l'imitation de tous les établissemens d'éducation chrétienne :

« On a établi au collége de Châteaugontier (Mayenne) une conférence de saint Vincent de Paul, qui se compose surtout des élèves des hautes classes, et qui patronne vingt-sept petits garçons pauvres. Ces enfans viennent au collége le jeudi, pendant une récréation ; les élèves, membres de la conférence, leur font réciter quelques leçons de catéchisme, et leur donnent des bons de pain, bois, etc. Ils viennent encore le dimanche, se divertissant sous la surveillance de trois membres, qui leur font ensuite une petite instruction religieuse et leur donnent une collation. Ces jeunes gens sacrifient volontiers leur promenade à ces œuvres de charité.

» Il y a moins d'un an que cette conférence existe, et déjà sa recette a atteint le chiffre de 5,000 fr. Une loterie, à laquelle une foule de personnes ont voulu prendre part, a produit seule, tous frais faits, près de 2,000 fr.

» En établissant cette conférence on s'est proposé un double but. On a voulu d'abord accoutumer des enfans qui auront tous plus ou moins de fortune, non pas à jeter de loin un peu d'argent aux pauvres, mais à les aimer, à les visiter, à joindre quelques consolations, quelque aumône spirituelle à l'aumône corporelle. On a voulu ensuite, qu'en arrivant à Paris ou dans quelque autre grande ville, après leurs études, ils pussent entrer dans ces admirables sociétés de charité, qui offrent à des jeunes gens bien élevés tant de ressources pour se conserver dans des habitudes pures et chrétiennes. »

OCÉAN PACIFIQUE. — LES HABITANS DES ILES WALLIS. — La *Flotte*, qui contient beaucoup de notices intéressantes sur les voyages et les découvertes maritimes, publie les principaux fragmens d'un rapport adressé au contre-amiral Dupetit-Thouars, le 7 mai 1844, par M. Julien La Ferrière, capitaine de corvette commandant la gabarre le *Bucéphale*. Cet officier a reconnu et a visité avec un grand soin divers groupes d'îles de l'Océanie, du 1er novembre 1843 au 1er avril 1844. Voici quelques incidens de son séjour aux îles Wallis; nous y remarquons avec plaisir que l'influence de nos missionnaires catholiques paroît être en progrès dans ces îles.

Nous empruntons à la *Flotte* les extraits suivans :

« Mgr d'Enos me conduisit chez un brave homme, ami particulier du commandant Mallet, dont il s'honore de porter le nom, qui nous reçut avec une amônité pleine de franchise, exprimant sa reconnoissance de la bonté que nous avions d'entrer chez lui.

» Le kava fut servi dans toutes les formes les plus polies d'Ouvéa : puis Avéa Matohi nous donna gaiement une représentation de son ancien ministère de grand-prêtre idolâtre, peignant le moment où il montroit au peuple que l'esprit entroit en lui. Ses grimaces, ses contorsions et ses cris étoient d'un burlesque qui ne laissoit pas que de causer une sombre impression.

» Je distribuai, comme de règle, mes petits présens en médailles, rosaires, etc., à la famille, et j'invitai Matohi ou Mallet à venir me voir à bord, où je lui donnerois quelque chose de plus précieux; il me le promit, et je quittai sa case, édifié de l'affection tendre et respectueuse que Mgr Bataillon a su inspirer à cette famille, comme à tous ses prosélytes, du reste.

» La demeure de Matohi étoit située à l'une des extrémités du village, et il fallut revenir vers l'autre, pour nous rendre à la case, appelée la *Communauté*, où toutes les femmes devoient être réunies pour recevoir ma visite. Dans tout ce trajet, nous ne passions pas devant une case sans que ses habitans vinssent s'agenouiller sur la porte pour recevoir la bénédiction de leur évêque; touchant spectacle qui me prouvoit encore quelle transformation sa sainte parole avoit opérée dans ces cœurs !

» Lorsque nous entrâmes dans la Communauté, ou pour mieux dire dans l'atelier des femmes (car c'est tout simplement une case un peu plus grande que les autres, où elles se réunissent pour prendre leurs leçons de lecture ou d'écriture, ou bien pour nettoyer et filer le coton en commun), elles étoient en conférence sur la rédaction d'une lettre qu'elles vouloient adresser par nous aux dames de la Société de Marie de Lyon.

» Cette occupation fut suspendue, et j'adressai mes complimens à toute la réunion, exprimant le plaisir que j'éprouvois d'avoir été chargé d'amener Mgr d'A-

mais, porteur de la nouvelle, sujet d'une si grande joie à Ouvéa, que je savois
être si agréable, surtout aux femmes, qui avoient tiré tant de fruit des sages et
utiles leçons de Mgr Bataillon. Le kava nous fut offert en réponse. La femme qui
tenoit la plume à notre arrivée, et que je ne manquai pas de féliciter de sa belle
écriture, fut chargée d'en faire les honneurs. Après cette espèce de *toast* porté à
toute *visite* de distinction, je priai Monseigneur d'appeler avec le même cérémonial, les personnes qui méritoient le plus, au partage de mes croix, médailles,
rosaires, bagues et autres ornemens dont j'avois une ample provision pour la circonstance. Il y eut de quoi satisfaire à peu près toute l'assemblée. La répartition
n'excita pas le moindre signe de jalousie ou même d'attente trompée; chacune
reçut ce qui lui échut avec un air de réserve et de contentement qui me charma.

» C'est dans la décence naturelle de ces femmes, dans leur regard franc et modeste tout à la fois, dans cette sobriété de paroles, dans cette douceur du langage
qui ressemble toujours à une prière, que j'ai pu remarquer davantage l'effet d'une
instruction vraiment religieuse. Au reste, de l'aveu même des missionnaires, ce
sont les femmes qui, à Ouvéa, ont fait le plus de progrès en tout.

» A la fin de notre visite aux *dames* de Saint-Joseph, il étoit l'heure de nous
rendre à bord, où M. Douarre et moi nous devions avoir à dîner M. Enos et le
R. P. Viard. Le premier de ces messieurs y voulut bien passer la nuit, pour
être prêt à nous accompagner dans notre visite au roi, à sa résidence de Saint-
Jean-Baptiste. »

ALLEMAGNE. — L'on a vu avec bien de la satisfaction, en Allemagne, et sans doute aussi à Rome, que la partie du clergé qui s'étoit
montrée si singulièrement prévenue en faveur de l'hermésianisme, n'a
pas fourni un seul candidat à l'apostasie rongienne. Ce fait a été particulièrement remarqué en Silésie, où cette école compte beaucoup d'a-
deptes. Il est à présumer que l'exemple des chutes des Ronge, des
Eichhorn et des Theiner aura inspiré un salutaire effroi à des hommes
fascinés, mais non pas pervertis.

ANGLETERRE — Le bill des collèges irlandais a subi, à la chambre
des lords, deux premières épreuves; la première et la deuxième lecture du projet de loi ont été autorisées à une forte majorité. Lord
Shrewsbury est le seul pair catholique qui ait dit ne pouvoir approuver un projet de loi dont les évêques d'Irlande ont blâmé les principales dispositions. Lord Clifford et lord Beaumont ont, s'il faut en
croire le *Times*, accepté le bill sans faire aucune réserve.

— La première pierre d'une nouvelle église catholique a été bénite,
à Liverpool, le 9 juillet, par Mgr Brown, vicaire apostolique, assisté de
son coadjuteur. Cette église sera placée sous la protection de saint
François-Xavier, dont elle portera le nom. Ce doit être, assure-t-on,
un des plus beaux monumens de Liverpool. Parmi les personnes présentes à la cérémonie, on remarquoit le provincial de l'ordre des Jésuites en Angleterre.

ESPAGNE. — Le *Journal des Débats* confirme aujourd'hui la nouvelle
que nous avons donnée sur les affaires ecclésiastiques d'Espagne :

« Dernièrement, et lorsqu'on croyoit généralement que les différends qui de-

puis si long-temps existent entre la cour d'Espagne et celle de Rome étoient sur
le point de recevoir une solution, le pape avoit expédié plusieurs brefs et rescrits
par lesquels il confioit l'administration de plusieurs diocèses, *sede vacante*, aux évêques dont les siéges étoient les plus rapprochés de ces diocèses. Celui de Girone
notamment avoit été mis sous la direction de M. Echanove, archevêque de Tarragone, qui, se trouvant à Rome, étoit sur le point de rentrer en Espagne.

» Le gouvernement ayant chargé le tribunal suprême de justice d'examiner si
ces brefs et rescrits étoient de nature, dans leur forme ou dans leur contenu, à
porter atteinte aux droits de la couronne d'Espagne, le tribunal a été d'avis que
le gouvernement ne devoit pas leur accorder l'*exequatur* sans lequel ils ne sauroient avoir aucune force.

» Cette décision du tribunal suprême est de nature à entraver la marche des
négociations, déjà assez compliquées, que M. Castillo y Ayensa est chargé de suivre auprès de la cour de Rome. »

— Malgré les promesses pompeuses du ministre des finances, le
clergé et le culte en Espagne demeurent, de la part du gouvernement,
dans le plus complet abandon. La charité des fidèles seule a empêché,
jusqu'à présent, que plusieurs églises, même paroissiales, n'aient été
fermées. La *députation provinciale* de la Corogne elle-même fait, dans
une circulaire du 9 juin 1845, un triste tableau de l'état de misère et
d'abandon où sont les églises et le clergé de la Galice. Dans les autres
provinces de l'Espagne, ces deux objets sacrés ne sont pas mieux considérés par le gouvernement.

POLITIQUE.
La statue du duc d'Orléans et la fontaine de Notre-Dame.

Chaque année aux anniversaires des journées fameuses de juillet 1830, le gouvernement, ou la vi le de Paris, ont coutume de procéder à l'inauguration de
quelque monument nouveau. C'est là sans doute un témoignage prolongé de la
pensée intime qui cherche à dominer aujourd'hui l'étonnant avénement de l'ère et
de la dynastie nouvelle ; mais c'est plus certainement encore la preuve renouvelée
que loin de vouloir perpétuer des souvenirs destructeurs, la nouvelle révolution
sent le besoin de couvrir la capitale d'embellissemens superbes, autant qu'utiles.
Ainsi, après les célèbres inaugurations politiques de la statue de l'empereur sur la
colonne de la place Vendôme, de la colonne de Juillet sur l'emplacement de la
Bastille, nous avons eu d'autres inaugurations d'utilité publique, et présidées par
Louis-Philippe en personne, telles que celle de l'abattoir de Grenelle, des marchés et de l'entrepôt du Marais, et enfin les premières pierres des forts détachés
et de l'enceinte continue. On pourra ainsi, plus tard, étudier ce règne et cet avénement de dynastie, sur les pierres monumentales qui auront reçu cette singulière
consécration de juillet. Nous employons ce mot avec quelque peine, surtout en
songeant aux deux monumens qui viennent d'être découverts aux yeux du peuple
de Paris, aujourd'hui même, 28 juillet, anniversaire de deuil et de profonde tristesse pour les vaincus comme pour un grand nombre de vainqueurs.

La statue de feu M. le duc d'Orléans au milieu du Louvre, la fontaine de Notre-
Dame sur l'emplacement de l'ancien archevêché, attirent l'attention et les regards
de la foule depuis hier qu'elles ont été, comme ont dit, *inaugurées*. La solennité

jusqu'ici n'a pas eu grand éclat. Au Louvre on a hissé sur son piédestal
très-habilement et sans aucun accident, la statue équestre de cet infortuné prince royal, auquel le déplorable et obscur accident du chemin de la
Révolte est venu enlever la vie et de si magnifiques espérances. Nous ne
saisissons pas bien quelle est la pensée qui a voulu choisir un tel anniversaire
que celui des trois journées. Le 13 juillet, jour du funeste accident, n'étoit-
il pas plus convenable, et puisque l'inscription monumentale est celle-ci : L'AR-
MÉE AU DUC D'ORLÉANS, PRINCE ROYAL, ne falloit-il pas se souvenir que dans les
rangs de cette armée française on compte encore avec bonheur un grand nombre d'officiers et de soldats de l'intrépide garde royale de 1830 ? Cette mélan-
colique cour du Louvre devoit ainsi permettre, en dehors de tout froissement de
parti, une libre carrière à la méditation des souvenirs tristes mais pacifiques. Sous
le rapport de l'art, nous n'avons rien à dire de cette statue du duc d'Orléans; le nom
de Marochetti fait son éloge. C'est bien là la figure et l'attitude du prince, qu'une
mère et une épouse désolée pleurent encore. Le prince est placé de manière à
ce que son regard ne semble pouvoir arriver jusqu'aux Tuileries sans s'arrêter sur ce corps de palais du vieux Louvre, où les Valois et les Médicis ont
laissé aussi de sombres souvenirs. Quelles perspectives pour le pavillon de l'Hor-
loge des Tuileries! d'un côté la place Louis XV, de l'autre le palais du Louvre
dont la triste cour enferme la statue du prince royal, duc d'Orléans! Oh! comme
l'a dit énergiquement Bossuet, Dieu seul connoît donc ce que recèlent de larmes la
tête et les yeux des rois !

Nous voilà bien éloignés, ce semble, de l'autre monument inauguré aussi en *ces
fêtes de juillet*. Une jolie fontaine à faces triangulaires, et tout-à-fait dans le
genre gothique, verse depuis deux jours de belles eaux sur ce terrain toujours
désert, malgré les embellissemens qu'on prodigue à cet espace qu'a laissé au
chevet de Notre-Dame, la destruction de l'ancien Archevêché de Paris. Rien ne
manque à ce gracieux monument pour le rendre digne d'éloges de la part des
connoisseurs ; nous dirons même qu'on a senti cette fois le besoin de donner à la
pierre l'expression tout-à-fait religieuse que réclamoit le voisinage de Notre-
Dame. Une jolie statue de la Vierge, tenant son divin Fils, est placée entre
trois colonnettes élégantes qui terminent le haut de cette espèce de monument
en miniature. Les trois anges qui pressent sous leurs pieds autant de dragons
qui vomissent de belles eaux, sont autrement agréables à contempler que les
naïades et les dieux marins de la place de la Concorde. En un mot, la fontaine
de Notre-Dame seroit sans reproche, si elle n'étoit point là. Une fontaine au chevet d'une cathédrale gothique est en opposition avec les principes de l'art. Jamais d'ailleurs, quoi qu'on fasse, un pareil emplacement ne sera populaire. Nous
ne voulons pas dire que c'est un champ de désolation, rappelant toujours les
souvenirs et les traces des dévastations et du pillage de 1830 et de 1831. Mais
qu'on veuille bien, sans prévention, se rendre compte de l'impuissance de l'art
à faire de ce lieu, le seul convenable pour la demeure du chef du diocèse, une promenade publique, destinée à la distraction, sinon au plaisir.
Les jours ouvriers, le peuple n'y sauroit venir ; il est dans ses ateliers de labeurs ;
les jours de fête, malheureusement c'est aux barrières, plutôt qu'aux abords de
Notre-Dame, que le peuple se rend en foule. Quant aux riches et aux oisifs du

quartier de la Cité, ils sont si rares, que leur isolement les effrayeroit dans un tel rendez-vous. Restent sans doute les prêtres et les vénérables chanoines de la métropole, auxquels, après les offices, cet endroit pourroit offrir un peu plus d'air que les rues du Cloître et des environs. Mais qui croira que ces hommes si respectables, presque tous les amis ou les disciples de l'illustre de Quelen, pourroient venir apporter là d'autres pensées que des prières ou de profonds regrets? A qui donc a-t-on préparé le *square* désert pour lequel on fait tant de frais au chevet de Notre-Dame?

Hélas! on a travaillé et l'on fait encore d'énormes sacrifices pour une pensée tristement politique. C'est une satisfaction donnée à l'esprit de parti. Privée de son accompagnement indispensable, de l'habitation de l'évêque, la vieille basilique, comme un vaisseau démâté ou échoué sur le rivage, ne sauroit être ainsi dans son état naturel. Les temples grecs, comme ceux de Rome, vouloient l'isolement complet et leur nudité au soleil. Ce culte n'étoit que dans la forme. Rien d'intime, rien d'intérieurement spirituel ne se passoit dans ces superbes entassemens de pierres. L'immolation du taureau ou de la génisse terminée, il ne restoit plus rien dans le temple. Dans la cathédrale chrétienne et catholique, le sacrifice de la victime pure est sans terme; la lampe qui brûle devant le tabernacle n'est que l'humble figure de la prière et de la charité vivante du pontife premier pasteur, qui veille tout près de là, le cœur toujours ouvert à Dieu et à ses frères. C'est pour cela que David, retiré dans son palais, et Salomon son fils, trouvoient bien plus heureuse l'habitation du prêtre contre le tabernacle, que celle où s'élevoit leur trône : *Beati qui habitant in domo tua, Domine.* C'étoit au propre et au figuré, disent les saints docteurs, que parloient ces prophètes sacrés. Eh bien! dans notre capitale de France, nous avons une basilique sans archevêché, et sur l'emplacement de la demeure de ses doctes et charitables pontifes, on a élevé un *square* anglais, au milieu duquel s'élève une fontaine dont la place et la convenance eussent été, sous le rapport de l'art et de la foi chrétienne, devant le parvis, en face de cet Hôtel-Dieu que saint Landry et ses successeurs ont élevé pour le soulagement du peuple de Paris. M. de Quelen rêvoit souvent au moyen d'ériger trois statues dans les environs de l'Hôtel-Dieu, l'une à saint Landry, et les deux autres à MM. de Beaumont et de Juigné, ses illustres et si charitables prédécesseurs. Ne pensez-vous pas que la nouvelle fontaine de l'archevêché détruit, auroit dû au moins s'embellir de la statue suppliante du saint archevêque, priant Marie de protéger toujours le peuple parisien, qu'il aimoit tant, et pour lequel il se montra sublime lors du choléra? L'histoire et la religion auroient certainement applaudi à une pareille pensée de haute réparation.

Incendie de Smyrne. — Correspondance particulière.

Nuit horrible, nuit désastreuse : nuit de calamités, de pleurs, de hurlemens, de blasphèmes, d'effrayante confusion et d'épouvantable désordre. Le vent de la colère de Dieu souffloit avec impétuosité par des flots de flammes qui, en un clin-d'œil, réduisoient en cendres nos plus belles demeures, nos rues encombrées d'effets, de meubles, d'habitans éplorés, éperdus, désespérés, et nos quartiers populeux tellement remplis et environnés de flammes, qu'on trouvoit à peine une issue pour en sortir. Smyrne étoit un tableau de l'enfer; on n'y respiroit qu'une noire et brûlante fumée, on vivoit au milieu du feu. Les hauts bâtimens, à demiconsumés, tomboient avec fracas, et communiquoient l'élément destructeur à tout ce qui l'environnoit : des clous ardens, lancés par la force de la chaleur et du vent, portoient au loin les ravages de l'incendie. Des centaines de maisons s'embrasoient, se consumoient, s'écrouloient à la fois. Quelques gouttes d'eau lancées presque inutilement par un petit nombre de pompes, abattoient à peine pour un instant quelques petites colonnes de feu qui reparoissoient plus grosses et plus élevées. La hache, la pioche et le marteau de ceux qui démolissoient faisoient pleuvoir dans les rues une grêle de tuiles, de pierres et de pièces de bois.

Des mères désespérées cherchoient à retirer des flammes l'enfant à la mamelle qu'elles y avoient oublié ; d'autres, échevelées, demi-nues, demi-mortes, portoient ou traînoient à travers mille dangers leurs enfans pleurant, gémissant, criant. Des pères, chargés des plus précieux effets de la maison, couroient çà et là, ne sachant où déposer ni à qui confier leurs fardeaux, car les brigands se mêloient à la foule, et emportoient ce qui leur tomboit sous la main. L'épouse et la fille désolées, sorties des noirs tourbillons de flammes et de fumée qui dévoroient et remplissoient leur maison, s'évanouissoient ou appeloient à grands cris un époux, une sœur, un père, un frère chéris, que le désir de sauver quelque chose exposoit à l'imminent danger d'être brûlés vifs.

Enfin, Monsieur, encore un peu, et Smyrne n'étoit plus qu'un monceau de cendres et de ruines. Pendant près de vingt-quatre heures, nos regards ont été affligés de ce désolant spectacle. Le feu, toujours animé par un vent violent, a conservé sa force invincible et sa terrible activité. Depuis six heures du soir, le 5, jusqu'à l'après-dînée du 4, près de six mille maisons n'existoient plus ; environ trente mille hommes exposés aux ardeurs du soleil, douloureusement étendus sous de légères tentes, ou sous quelques planches, attendent un morceau de pain pour soutenir leur triste existence, une aune de toile pour se couvrir ; et de ce nombre sont presque tous nos pauvres catholiques, nos enfans, nos frères. Si les mains charitables des étrangers ne s'ouvrent pour les secourir, ils périront, car il n'y a plus de ressources dans le pays ; presque tous demandent, et peu sont en état de donner.

Les deux belles maisons des Sœurs de la Charité sont devenues la proie des flammes ; il ne leur reste, comme par miracle, que la bâtisse que nous avons faite cette année : elles sont déjà rentrées chez elles ; mais quel asile, grand Dieu ! elles étoient comme dans un four. Rien n'a été épargné autour de leur maison ; tout fumoit encore lorsqu'elles s'y sont retirées. La maison des Frères de la Doctrine chrétienne est détruite ; une des maisons des Lazaristes, contiguë à l'église, a subi le sort des autres. L'église elle-même avoit pris feu ; elle est endommagée, et il a fallu, pour la sauver, ainsi que la maison des prêtres de Saint-Lazare, un soin et un travail incroyable. La pompe dont le gouvernement leur a fait cadeau nous a été très-utile. J'ai travaillé pendant trente-six heures sans rien manger, la faisant sans cesse manœuvrer pour éteindre le feu qui se rallumoit ; c'est en grande partie à elle que nous devons la conservation de ce qui reste aux Sœurs et à la maison de Saint-Lazare. Quelques marins français nous ont rendu de grands services ; placés à des postes dangereux, ils ont parfaitement bien rempli leur devoir ; mais nous avons surtout à nous louer d'un commandant autrichien qui, avec sa goëlette, venoit d'entrer dans la rade. Je l'aperçus de notre rocher, et je lui expédiai de suite un batelier avec un billet par lequel je le priois de nous envoyer dix hommes, parce que les nôtres n'en pouvoient plus, et nous étions encore au fort du danger ; il me fit la réponse suivante : « *Je vous enverrai de suite cinquante hommes de mon équipage, avec les officiers pour pourvoir à tous vos besoins*. Cette troupe fraîche nous fut d'un grand secours, et ne contribua pas peu à nous conserver le reste que nous allions perdre.

La seule communauté des Lazaristes peut compter une perte de cent cinquante mille francs. Je ne sais à quelle somme on pourroit évaluer la perte totale ; mais elle est immense, vu surtout que Smyrne se relevoit à peine des ruines de l'incendie de juillet 1841. Le couvent des révérends Pères Capucins, et l'hôpital Saint-Antoine, n'ont pas été épargnés par le fléau destructeur. M. l'archevêque et les RR. PP. sont les seuls membres du clergé qui n'ont éprouvé aucune perte. Les prêtres indigènes ont eu la douleur de voir leurs familles dans lesquelles ils vivoient, entièrement ruinées.

On lit dans l'*Impartial* de Smyrne :

« Les neuf dixièmes du catholicisme sont parmi les tristes victimes de l'incendie ; de 900 maisons que comptoit la nation arménienne, il n'y en a que 51 debout ; des milliers de personnes sont sans asile. Saint-Roch, le collége de la Propagánde, le cercle Levantin, sont ouverts aux incendiés.

» La charité fait des efforts immenses, mais il lui sera bien difficile d'adoucir toutes ces plaies. »

NOUVELLES ET FAITS DIVERS.

INTÉRIEUR.

PARIS, 28 juillet. — M. Alfred Renouard de Bussière a été élu député par le collége électoral de Strasbourg par 209 voix. M. Martin n'a obtenu que 137 suffrages.

— M. Duchâtel, ministre de l'intérieur, est arrivé hier soir à Paris, de retour des eaux d'Ems.

— M. le duc de Nemours étoit encore le 26 à Châteauroux.

— Il paroît que M. le duc de Nemours auroit déclaré que des circonstances graves l'auroient empêché de passer par Bourges. Si nous reconnoissons que les scrupules de M. le duc sont légitimes, nous pensons que l'obstacle n'auroit point existé si les passeports, depuis si long-temps demandés par les augustes exilés, eussent été accordés. (*Gazette du Berri*.)

— Le *Messager* publie un rapport de M. le ministre du commerce sur le travail des enfans dans les manufactures. « La situation générale est satisfaisante, dit M. Cunin-Gridaine ; des condamnations assez nombreuses serviront d'exemple et porteront leurs fruits... Quand on entre dans une voie non encore frayée, on ne peut se flatter d'atteindre le but sans délai et sans efforts ; mais l'exemple de l'Angleterre étoit là pour nous servir de guide et de leçon »

— La grève des charpentiers continue toujours. La *Démocratie pacifique* annonce ce matin qu'après plusieurs entrevues qui ont eu lieu entre les délégués des ouvriers charpentiers et quelques-uns des entrepreneurs résistans, les conditions des ouvriers, conditions qui n'ont pas varié, ont été repoussées par 167 membres sur 174 présens à la réunion, qui auroit eu lieu samedi.

Ce résultat nous est confirmé, dit la *Presse*, par une circulaire autographiée que nous recevons ce soir, et qui est signée par les membres de la chambre syndicale des entrepreneurs de charpente du département de la Seine.

— Samedi, à dix heures du matin, M. le comte de Rambuteau, préfet de la Seine, a présidé à l'inauguration de la fontaine de l'archevêché. L'architecte, l'ingénieur, le sculpteur et un grand nombre de personnes assistoient à cette cérémonie.

La hauteur du monument est de dix-huit mètres au-dessus du sol de la promenade, et la vasque inférieure a dix mètres de diamètre. Son ensemble, de forme triangulaire, se compose de trois faisceaux de colonnes reliés par des arcs en ogive, surmontés de frontons et supportant un couronnement qui se termine par une flèche et des clochetons auxquels on a toujours conservé la forme trian-gulaire. Dans le vide laissé par ces colonnes, et sous une voûte peinte en bleu céleste et relevée par des nervures décorées de rouge et d'or, se trouve la figure de la Vierge avec l'enfant Jésus, placés sur un piédestal à six pans, supporté par une partie pleine décorée entre les colonnes d'un septième d'arcatures, renfer-mant les figures des douze apôtres, dont quatre sont placés dans chaque entre-colonnement.

Les trois faisceaux de colonnes sont à leur tour portés par un soubassement de forme hexagonale, couronné par une galerie en dentelle et divisé en trois grandes et trois petites faces ; les grandes faces sont ornées d'arcatures en ogive géminée dont les pendentifs sont remplis par des chimères et les attributs des évangélistes ; aux petites faces sont ajustés des couvre-chefs supportés par des colonnettes et abritant trois figures d'archanges terrassant l'Hérésie, représentée par un monstre ailé à trois têtes, qui vomit l'eau dont la fontaine est abondamment alimentée. Cette eau, après avoir rempli le bassin supérieur, se répand en nappes dans le bassin inférieur, d'où elle s'écoule par des trop-pleins dans les caveaux de la fontaine qui sont en communication avec la rivière.

Cette fontaine, à laquelle on a donné le nom de *Fontaine-Notre-Dame*, tant à cause du voisinage de la cathédrale qu'à cause de la figure principale dont elle est comme le piédestal, a été élevée d'après les dessins et sous la direction de M. Alphonse Vigoureux, architecte, inspecteur des eaux de la ville.

Les quatre statues principales sont dues au ciseau de M. Parfait Merlieux.

—Par arrêté de M. de Salvandy, ministre de l'instruction publique, M. Agénor Verdier, jeune architecte, non moins recommandable par son désintéressement que par sa capacité déjà bien appréciée, vient d'être nommé membre correspon-dant du comité historique des arts et monumens, pour le département de la Mayenne.

— La cour d'assises de la Seine s'est occupée pendant plusieurs jours d'une af-faire relative à une contrefaçon des poinçons de l'Etat, servant à la marque des bijoux. Le jury a rendu samedi soir un verdict de non culpabilité en faveur de tous les bijoutiers et d'un des employés de la Monnoie, qui étoient impliqués dans cette affaire. Deux anciens employés, Dussaut et Jacquet, ont été déclarés coupa-bles, quoique avec des circonstances atténuantes.

Néanmoins, Me Rousset, avocat de la régie, a conclu à ce que tous les inculpés fussent tenus d'indemniser la régie des 150,000 fr. de droits qu'elle n'a pas per-çus par suite de la fraude. Ces réquisitions ont été combattues par les défenseurs des accusés.

La cour a condamné Dussaut à dix ans de réclusion, Jacquet à six ans de la même peine, et tous deux à l'exposition, en accordant à la partie civile la répa-ration pécuniaire qu'elle avoit demandée par ses conclusions à l'égard de tous les inculpés, acquittés ou non.

Buchey et Noukèle ont été exonérés de toute réparation civile. Les autres ont été condamnés à 157,495 fr. 95 c. de dommages-intérêts envers la régie.

Après l'arrêt, M. le président a dit à Dussaut, qui étoit chevalier de la Légion-d'Honneur : « Vous avez manqué à l'honneur. Au nom de la Légion-d'Honneur, je dois vous déclarer que vous avez cessé de faire partie de l'ordre. »

Dussaut a versé des larmes ; Jacquet étoit très-abattu.

—Nous empruntons à la *Gazette de Vaucluse* du 24 juillet, quelques détails in-téressans du passage du roi Charles V et de la reine Marie-Thérèse à Avignon :

« Mardi soir, une foule immense stationnoit sur les bords du Rhône et couvroit le quai du fleuve et tous ses alentours. Cette foule attendoit le roi Charles V et Marie-Thérèse, son auguste épouse, se rendant aux eaux de Gréoulx. Trois heures d'un soleil ardent n'avoient pu amortir l'empressement de notre excellente population. Quant aux braves et loyaux serviteurs exilés des captifs de Bourges, il va sans dire qu'ils étoient des premiers à attendre et les plus émus. La sœur d'un des plus vaillans généraux de l'armée royaliste, madame Paulo, sœur de Cabrera, attiroit les regards attendris.

» A six heures, un bateau à vapeur, fraîchement décoré et portant sur l'avant le drapeau espagnol, a paru au milieu des massifs de verdure de la Barthelasse. Un mouvement mêlé d'enthousiaste empressement et de respectueuse curiosité a fait onduler la foule. Les voitures, que plusieurs personnes notables de la ville avoient préparées pour le débarquement, se sont avancées. Celle de Monseigneur, qui devoit recevoir les hôtes illustres, s'est approchée la première. Quelques instans après, LL. MM. touchoient le sol de notre contrée, si dévouée à la cause des grandes infortunes noblement supportées.

» Aussitôt tous les fronts se sont découverts spontanément. Chacun s'est précipité sur le passage des augustes voyageurs, chacun vouloit contempler leurs traits. Toutes les marques des plus vives sympathies, tous les signes des plus respectueux hommages que la prudence permettoit, leur étoient partout prodigués.

» LL. MM. ont été reçues par M. l'archevêque dans son palais, où M. le préfet, en grande tenue, s'est aussitôt présenté. Cette démarche a produit une certaine sensation de surprise dans la foule, où plusieurs personnes ignoroient sans doute que les captifs de Bourges avoient été à Lyon l'objet d'une démarche semblable et même d'une déférence plus grande encore.

» LL. MM. ont dîné à la table de M. l'archevêque en compagnie de plusieurs notabilités de notre ville, et elles ont reçu pendant la soirée de nombreuses visites. Les Français ont été les premiers, les Espagnols sont venus ensuite. Le roi et la reine ont voulu, en réservant la dernière réception pour leurs héroïques et nobles défenseurs, goûter plus à loisir et d'une manière plus intime, le charme des souvenirs de la patrie, si doux pour les proscrits.

» Il est impossible de peindre la cordiale affabilité de LL. MM. et le tact parfait de Monseigneur, dans les présentations qui ont été faites le soir et le matin. La belle résidence de notre prélat étoit animée comme par une grande fête de famille. Monseigneur faisoit les honneurs de son palais à ses hôtes illustres avec la plus exquise urbanité et la plus parfaite courtoisie.

» Mais l'entrevue des royaux captifs et des pauvres exilés a été sans contredit le plus touchant épisode de ces réceptions. C'est alors que le roi, qui a volontairement déposé le sceptre pour le bien de son peuple, a pu faire un libre échange de sentimens avec les braves qui ont si vaillamment défendu l'honneur d'un principe que rien n'a pu ternir. C'est-là que le père a pu parler de son fils dans la langue du pays, de son fils qui attend héroïquement les décrets de la Providence dans la double solitude, dans le double exil qui se fait autour de lui; puisque, éloigné déjà de sa patrie, il vient d'être séparé de sa famille, qui, seule, pouvoit adoucir pour lui les amertumes de la terre étrangère. »

— Mercredi matin, à huit heures, les princes sont allés entendre la messe à la métropole. Mgr Naudo a officié pontificalement. Après la messe, le prince et la princesse ont visité les chapelles de la basilique; leur attention s'est principalement fixée sur les fresques de Devéria et sur le mausolée du pape Jean XXII. De retour au palais archiépiscopal, ils ont reçu de nouveau la visite des réfugiés et des notabilités royalistes.

À onze heures et demie, ils sont partis, après avoir reçu la bénédiction et les adieux de M. l'archevêque sur la porte même du palais.

EXTÉRIEUR.

ESPAGNE. — Le voyage d'Isabelle aux provinces basques et dans la Navarre, est toujours l'objet de la plus vive polémique des journaux. Un voyage qu'on supposoit au commencement comme exigé par la santé de la reine, est devenu ostensiblement un voyage politique. Il y a un désaccord manifeste entre les ministres *et certaines personnes augustes*; et l'on agit suivant l'influence qui domine la jeune reine. Maintenant le voyage à Valence est contremandé, et un bateau à vapeur est parti le 16 de Barcelone pour Valence, avec ordre de ramener la partie de l'équipage royal qui étoit déjà arrivée en cette ville.

Les autorités de Saragosse ont reçu une communication officielle, portant les dispositions relatives au voyage d'Isabelle, qui aura dû arriver le 24 à Saragosse, où ses ministres l'attendoient.

ANGLETERRE. — S. M. le roi de Hollande est arrivé jeudi à Woolwich, où il a été reçu avec tous les honneurs dus à une tête couronnée. Il a fait à lord Haddington, qu'il connoît personnellement, l'accueil le plus cordial. S. M. devoit partir sans délai pour l'île de Whigt, où se trouve la reine Victoire. Ce n'est qu'après avoir fait cette visite qu'il devoit se rendre à Londres.

— Jeudi, la chambre des communes s'est formée en comité sur le bill qui modifie la législation anglaise existante quant aux navires et aux sujets du Brésil faisant la traite. Le bill a pour objet de faire considérer ces navires et ceux qui les montent comme pirates, et de les soumettre comme tels à la juridiction des tribunaux anglais.

Malgré les efforts de plusieurs orateurs qui se sont vivement élevés contre des dispositions qui renferment, selon eux, le germe d'une rupture avec le Brésil ou qui peuvent tout au moins amener de la part de cette puissance des représailles contre le commerce britannique, toutes les clauses du bill soutenu par sir Robert Peel ont été adoptées sans modification.

Lord Palmerston a appuyé le bill qui lui a servi de prétexte pour dénoncer de nouveau, comme renfermant des stipulations autorisant le trafic des esclaves, le traité de la France avec l'iman de Mascate. Il s'est beaucoup animé sur ce texte favori, et a fini en engageant le gouvernement britannique à faire à la France d'énergiques représentations.

SUISSE. — On lit dans une correspondance particulière publiée par la *Presse* :

Lausanne, 24 juillet.

« Il me seroit difficile de vous donner une idée de l'agitation qui règne chez nous depuis l'assassinat de M. Leu. A la première nouvelle, ce fut une explosion d'indignation et de douleur. Les soldats étoient effrayans à voir : les uns pleuroient, les autres prioient, d'autres poussoient des cris de vengeance. Tout le monde vit dans cet assassinat, non le fait isolé d'un séide du radicalisme, mais bien l'indice d'une vaste conspiration. La vie de tous nos hommes politiques paroît menacée.

» Dimanche, à onze heures du matin, les officiers se rendirent chez l'avoyer Siegwart, pour le prier de prendre des mesures énergiques. On fit fermer les hôtels de l'Ange et de l'Aigle où les radicaux avoient coutume de s'assembler. Le soir, l'agitation se calma un peu.

» Dans la journée de lundi, le grand conseil s'assembla. Il lui fut donné lecture du message de l'avoyer et du conseil-d'état sur ce funeste événement.

» Tout le canton se réunit aux funérailles de M. Leu, qui eurent lieu mardi. Les membres du grand-conseil, 6 conseillers d'état, 40 officiers, 50 prêtres, 95 étudians suivirent le convoi. L'église, le cimetière et tout le village de Hochdorf regorgeoient de monde. On peut, sans exagération, évaluer le nombre des assistans à 10,000. Il étoit venu 1,600 habitans de Freicuamt, d'Argovie, et 14 officiers du canton de Schwytz. Jeunes et vieux, étrangers et Lucernois, tous pleuroient, tous mêloient leurs ames et leurs sentimens dans une douleur commune.

» On apprend ce soir qu'on est sur les traces du meurtrier. »

PRUSSE.— La *Gazette d'Aix-la-Chapelle* annonce que le roi de Prusse arrivera à Aix-la-Chapelle un jour avant la reine d'Angleterre, et qu'il l'y attendra pour la conduire au château de Brühl. Le prince de Prusse ira au-devant de la reine jusqu'à la frontière belge.

La reine arrivera le 15 août à Cologne et se dirigera par Wurtzbourg sur Cobourg, après avoir séjourné cinq jours au château de Stalzenfels.

TUNIS. — Des lettres de Tunis du 11 juillet, arrivées à Marseille, annoncent qu'à cette date le bey n'avoit pas encore reçu la déclaration de guerre que le pacha de Tripoli auroit faite le 9, d'après le *Phare de Bayonne* et la *France méridionale.*

GRÈCE.—Les nouvelles d'Athènes vont jusqu'au 10 juillet. La situation politique n'avoit pas changé. Quant au brigandage, il continue de se révéler par des actes malheureusement trop fréquens sur différens points du royaume ; nous citerons entr'autres avec un profond sentiment de regret, dit le *Courrier de l'Orient,* l'assassinat de M. Petsali, père des avocats de ce nom, qui vient d'avoir lieu dans un des villages de Nègrepont. Il a été frappé au cœur par une charge de plusieurs balles, vers les huit heures du soir, sur la terrasse de sa maison , où il s'entretenoit avec plusieurs paysans de son domaine.

A Malte, à la date du 11 juillet, on avoit des nouvelles assez inquiétantes de l'Albanie et du pays de Montenegro. Sur la nouvelle du massacre des chrétiens en Syrie, le bruit s'est répandu que c'étoit un plan général adopté par la Porte ; il y a eu un mouvement général, et il paroît que les troupes turques ont été battues par les insurgés de Jakowa. On dit que les généraux turcs se sont surtout alarmés de voir la croix grecque arborée par les rebelles. L'évêque de Montenegro a rassemblé des forces imposantes. On n'a, du reste, que des informations très-incomplètes.

La flotille turque, qui croise sur la côte albanaise, à jeté l'ancre le 1er juillet dans le port de Budeca.

Les consuls grecs, qui avoient reçu l'intimation des autorités turques de cesser leurs fonctions, viennent de recevoir l'ordre d'Athènes de se mettre sous la protection du consul de France résidant à Janina.

Le Gérant, **Adrien Le Clere.**

BOURSE DE PARIS DU 28 JUILLET 1843.

CINQ p. 0/0. 121 fr. 80 c.
TROIS p. 0/0. 83 fr. 70 c.
QUATRE p. 0/0. 000 fr. 00 c.
Quatre 1/2 p. 0/0. 116 fr. 00 c.
Emprunt 1841. 00 fr. 00 c.
Oblig. de la Ville de Paris. 1420 fr. 00 c.
Act. de la Banque. 3225 fr. 00 c.

Quatre canaux 0000 fr. 00 c.
Caisse hypothécaire. 630 fr. 00 c.
Emprunt belge. 5 p. 0/0. 000 fr. 0/0.
Emprunt romain. 104 fr. 4/8.
Rentes de Naples. 101 fr. 75 c.
Emprunt d'Haïti. 50 / fr. 00 c.
Rente d'Espagne. 5 p. 0/0. 10 fr. 0/0.

PARIS. — IMPRIMERIE D'ADRIEN LE CLERE ET Cⁱᵉ, rue Cassette, 29.

LE COMMUNISME EN SUISSE, AU POINT DE VUE PHILOSOPHIQUE ET RELIGIEUX.

Le vieux sol helvétique a vu de bien mauvais jours; il a subi des changemens et des révolutions politiques et religieuses, principalement depuis le xvᵉ siècle, qui ont du moins fait ressortir de beaux caractères parmi ses héros, la noble indépendance de ses populations et l'attachement insurmontable des cantons primitifs pour la foi catholique et leur liberté. L'apostasie et le fanatisme furieux de Zwingle n'a pu dans l'histoire et dans les idées populaires de toute l'Europe, égaler le courage et le sublime dévoûment de Guillaume-Tell et de ses compagnons. Qui a jamais, parmi la foule de voyageurs qui parcourent chaque année les vallées, les lacs et les montagnes de la Suisse, qui a jamais vénéré la place où succomba, après tant de sang répandu par l'effet de ses prédications funestes, le curé de Zurich ? tandis que chacun vient s'agenouiller avec un respectueux enthousiasme, devant l'humble chapelle, aux bords de ce beau lac, illustré par tant de souvenirs du héros, du libérateur de la Suisse catholique. On dit, et nous voulons le croire avec empressement, que les soldats de la république française, conduits par Masséna à travers la Suisse, presque réduite en province conquise, respectèrent deux sanctuaires vénérés par la foi et le patriotisme de l'antique Helvétie. Notre-Dame-des Ermites de l'abbaye d'Einsidlen, et la chapelle de Guillaume-Tell, furent à dessein épargnées au milieu des rigueurs de la guerre. que l'armée républicaine de France faisoit éprouver partout où on lui opposoit quelque résistance. C'est que la Suisse, quoique divisée par la réforme protestante dans son culte, est néanmoins toujours restée au nombre de nos plus anciennes alliées. Nos doctrines soit religieuses, soit politiques, ont fréquemment, dans l'histoire, réagi sur les siennes : ses divisions intestines, ses luttes et ses propres guerres, à leur tour, ont réagi sur la France. La Suisse se trouvant placée entre l'Allemagne et nous, c'est par là que nous arrivent les rêveries ou les utopies désorganisatrices d'outre-Rhin.

Le communisme à cette heure s'y montre à découvert, et révèle au monde tout ce qui n'en avoit été dit qu'avec certains ménagemens, sur l'affreuse et publique profession d'athéisme. Déjà nous avons, dans ce Journal, à propos de la guerre que les radicaux font à la religion, dans ce pays de vieille foi et d'antique liberté, nous avons, disons-nous, exposé quelques-uns des dogmes nouveaux de la *Jeune Suisse*. On a pu croire à l'exagération et à la calomnie, tant ces propositions étoient bideusement impies et révolutionnaires. Nous n'avions pas tout dit cependant : notre zèle révélateur est dépassé aujourd'hui par les journaux protestans modérés et conservateurs de leur propre doctrine. Le cri d'alarme poussé à cette heure par le protestantisme en Suisse, ne justifie que trop nos premières découvertes. Il faut lire encore ce qu'en rapporte l'*Espérance*, journal protestant, qui commence à comprendre que les Jésuites et les catholiques, contre lesquels il s'est trop longtemps élevé, ne sont pas les ennemis le plus à redouter. Nous n'avions pas espéré de sitôt de voir les journaux protestans de la Suisse, ceux de Genève en particulier, devenir nos auxiliaires et presque nos éclaireurs dans le danger commun qui menace l'ordre religieux et l'ordre social par les doctrines communistes qui s'étalent audacieusement dans les productions multipliées de la *Jeune-Suisse*. En voici comme le specimen extrait de leurs principaux organes par des écrivains protestans :

« Communisme, dit l'*Espérance*, clubs, athéisme, immoralité, ce sont mêmes choses sous divers noms, voilà ce qu'on voit maintenant paroître en Suisse avec un odieux cynisme ; ces horribles doctrines ne sont pas nouvelles, mais honteuses d'elles-mêmes, et certes à bon droit, elles n'osoient se produire au grand jour; aujourd'hui elles affrontent les regards des honnêtes gens qu'elles ne craignent plus.

» Deux journaux publiés à Lausanne, en allemand, leur servent surtout d'organes. Ces journaux paroissent chacun une fois par mois, en une feuille in-8°. Le plus ancien, rédigé par M. Marr, sous le titre de *Feuille du temps actuel pour la vie sociale*, paroît consacré spécialement à la propagation de l'*athéisme* : c'est son drapeau avoué et l'objet de ses principaux articles. Selon ce journal, « la foi » en Dieu est la source de tous les maux de la société, et le véritable désir de la » liberté ne commence qu'avec l'athéisme. »

» L'autre journal, rédigé par M. Becker, et dont la publication a commencé au mois d'avril, sous le nom de *Joyeux message du mouvement religieux et social*, est l'organe officiel des sociétés communistes. Du reste, la différence entre ces deux journaux est plutôt dans la forme que dans le fond : chacun d'eux est communiste et athée. Selon M. Becker, « Il n'y a pas d'autre Dieu que l'humanité elle-» même; ce Dieu est imparfait, puisque l'humanité est imparfaite. »

» *Les feuilles du présent pour la vie sociale*, dit le *Courrier Suisse*, à qui nous empruntons ces détails, rédigées par M. Guillaume Marr, sont, d'après un autre journal allemand de Lausanne, lues et soutenues par la Jeune-Allemagne. «Elles »s'annoncent comme destinées directement et principalement aux associations »d'ouvriers de la Suisse. » Les matières dont le journal s'occupe rentrent dans deux classes: «Religion et politique. » Les doctrines se résument en deux idées : « Négation absolue de toute espèce de religion; destruction violente de l'Etat so-»cial. » Les questions du jour sont traitées à ce double point de vue. A cela se joignent quelques correspondances sur l'état des choses dans les différentes parties de la Suisse.

» Essayons de caractériser d'abord la *philosophie moderne* (c'est le nom que lui donnent ses partisans) dans les matières religieuses.

» Le premier numéro contient un article d'Edgar Bauer intitulé : L'*Etat et le christianisme*. Il débute ainsi :

« L'homme ne peut être qu'une chose, il est fils de la terre ou fils du ciel; s'il
» est fils du ciel, il est chrétien; s'il est fils de la terre, il est citoyen raisonnable;
» il est HOMME. »

» L'article entier n'est que le développement de cette idée, que le christianisme
et l'Etat sont incompatibles. « Celui qui veut concilier l'homme et le chrétien ne
» connoit pas l'homme véritable. » Il conclut ainsi : « L'homme doit d'abord re-
» devenir *sauvage* pour redevenir *quelque chose*. »

» Au numéro 5 nous lisons un fragment : « *Des prêtres, de l'Eglise et de la re-*
» *ligion*, » dans lequel l'auteur démontre qu'il est absurde de se plaindre du pouvoir des prêtres en laissant subsister la religion. Une religion, quelle qu'elle soit,
ne peut pas subsister sans une église, l'église sans des prêtres; il n'y a donc qu'un
remède radical, c'est d'effacer jusqu'au nom même de religion. Ceux qui veulent
conserver le nom, parce que le peuple y tient, commettent une grande erreur. Il
n'y a pas de nom sans idée. La religion n'est autre chose qu'un effort pour se
préparer à vivre dans un autre monde inconnu, qui n'existe pas. Si le peuple
tient encore au mot, c'est que les ennemis de la religion manquent de courage
pour l'attaquer franchement. Le principal obstacle au progrès est le manque de
courage.

» Nous achevons de caractériser le journal de la *Jeune-Allemagne*, dans la
question religieuse qui domine chez lui toutes les autres. Le numéro de mars
commence par un petit article, *les Jésuites et la Société*, dont voici la substance :

« L'Europe est au commencement d'une révolution religieuse; partout on veut
» s'affranchir de l'Eglise, c'est le premier pas vers l'affranchissement de tous les
» préjugés... Dans le combat contre le Jésuitisme, qui est la perfection de toute
» théologie, les forces apprennent à se connoître. Le cours des événemens, preuve
» en soit le dernier et hardi soulèvement des Vaudois, brise le pont croulant du
» soi-disant progrès légal, et le droit naturel, savoir le droit du plus fort, triom-
» phe comme il faut qu'il triomphe sur le soi-disant droit public... le peuple com-
» prend ce dont il s'agit... Le cri des Suisses : *A bas les Jésuites !* est couvert par
» le cri : *A bas les mômiers !* Et que font les uns et les autres?... Ne nourrissent-
» ils pas les uns et les autres le peuple fidèle (*glaubig*) avec des traites sur les
» étoiles? Malheureusement nous n'avons aucune preuve de la solvabilité du cé-
» leste banquier. Faut-il donc s'étonner si les fidèles finissent par s'impatienter,
» se tournent contre les caissiers du ciel, et comme le maître de la maison, le
» bon Dieu, ne se montre pas, s'ils mettent sa banque en pièces et renvoient ses
» commis? » (P. 2.)

» L'expulsion des Jésuites et des mômiers, c'est le commencement de l'acte
révolutionnaire. Vive la révolution!

» Enfin nous arrivons à l'exposition scientifique de la doctrine dans une série
d'articles intitulés : *Athéisme*.

« L'immense révolution qui se prépare est tout entière dans les mots : « Hors
» de l'homme point de salut. » Pour qu'elle commence, cette révolution, pour que
» l'homme redescende enfin des nuages du ciel, il faut que chacun de vous sai-
» sisse cette pensée dans toute son étendue, et qu'il en pénètre sa vie. Tous les
» clubs d'ouvriers (Handwerker vereine) sont d'accord dans leur but, l'éducation
» pour la liberté, et l'immense majorité d'entre eux reconnoît pour principe que
» l'homme doit d'abord être libre en lui-même pour pouvoir l'être au-dehors, et
» que sans cette indépendance antérieure, l'autre liberté, c'est-à-dire le bonheur
» ici-bas, est impossible. Expliquons donc en quoi consiste cette indépendance,
» puisque dans la discussion verbale, on ne réussit pas à s'entendre. »

» L'auteur l'explique : « Avant tout, il faut déraciner l'ennemi intérieur, le
» sentiment d'une puissance supérieure à l'homme (Abhangigkeits gefulb), cet es-
» cabeau du trône, de la chaire et du confessionnal... Le résumé de l'égarement
» humain est la soi-disant religion, appelée parmi nous christianisme... A suppo-
» ser qu'il existe réellement un élu pareil à ce que l'on appelle Dieu, nous se-
» rions absolument incapables de le connoître, car, pour le connoître, il faudroit
» l'égaler. »

» Voilà la substance de tout l'athéisme. « L'athée ne nie pas l'existence de
» Dieu, il dit seulement : Nous ne pouvons rien savoir de lui, donc il n'existe pas
» pour nous. L'athée est celui qui ne se considère pas comme en rapport avec
» Dieu. »

» Pourquoi tant de paroles? Ah! nous ne perdrions pas un mot sur ce sujet, *si
la foi en Dieu, si par-dessus tout la croix chrétienne* n'étoient pas l'épine qui fait
suppurer la société (der citer trei bende Pfahl in de menschlichen Gesellschaft,
n° de mars, p. 12).

» La fin de l'esclavage approche quand l'esclave se sent esclave; il le sent aujourd'hui, mais pas assez, tous les discours sont vains sans la colère. Toute tendance intellectuelle doit se réaliser dans la pratique... Montrons tout d'abord
comment l'athéisme devenant pratique, quelle terrible révolution, quelle société
nouvelle il contient. « Prouvons, en un mot, que dans notre temps, encore si
» tristement infecté de christianisme, le véritable désir de liberté (freibeitsstre-
» ben) ne commence qu'avec l'athéisme. »

Voilà où en est venue l'impiété philosophique du xviiie siècle;
l'athéisme se cachoit alors sous un beau vernis d'éloquence et de style
plus ou moins élégant; le cynisme de ce temps fameux conservoit encore quelque chose de musqué comme les mœurs de cette époque. Aujourd'hui les phrases pompeuses de Rousseau, les déclamations de Di-
derot et d'Helvétius sont remplacées par le style et les pensées sauvages que nous venons de citer. Et tout cela s'adresse au prolétaire, à
la masse d'ouvriers qui ne raisonnent qu'avec leurs bras, et se chargent
ainsi d'appliquer de pareils systèmes! Il y a certes de quoi porter à la
plus profonde réflexion sur l'avenir de l'ordre social.

REVUE ET NOUVELLES ECCLÉSIASTIQUES.
CONSEIL D'ÉTAT.
PRÉSIDENCE DE M. LE BARON GIROD (DE L'AIN).
Séance du 9 juillet 1845. — Approbation du 24 juillet.

*Appel comme d'abus. — M. Savin, chanoine, et M. le maire de Viviers contre
l'évêque de Viviers. — Réunion de la cure au chapitre. — Révocation de l'archiprêtre.*

Une ordonnance de M. l'évêque de Viviers, en date du 8 décembre 1844, a révoqué de ses fonctions d'archiprêtre M. Savin, qui étoit
en même temps chanoine de la cathédrale.

Deux autres décisions épiscopales des 27 septembre et 8 décembre
1844, lui ont retiré la faculté de prêcher et de confesser, d'abord hors
de la paroisse de Viviers, et plus tard dans tout le diocèse.

M. Savin a introduit devant le conseil d'État un recours comme d'abas contre ces trois décisions. M. le maire de Viviers s'est joint à lui pour attaquer l'ordonnance de révocation du 8 décembre 1844 : en même temps il attaquoit pour son compte particulier, comme enta.. chée d'abus, une autre ordonnance épiscopale du 16 août 1826, qui a réuni la cure de Viviers au chapitre de la cathédrale. Cette dernière or. donnance a été approuvée par une ordonnance royale du 30 août de la même année.

Ce n'est donc point, comme a semblé le croire un journal, par suite de la réunion de la cure au chapitre, que l'archiprêtre a été révoqué de ses fonctions. puisqu'il y a un intervalle de dix-huit ans entre l'acte de réunion et l'acte de révocation, et que d'ailleurs, tant que la cure a existé sous ce titre, il n'y avoit pas d'archiprêtre. Seulement l'ordon.. nance qui a opéré la réunion a pris soin de régler les conditions et les formalités de la nomination et de la révocation de l'archiprêtre, et c'est en vertu de cette ordonnance que M. l'évêque de Viviers a rendu celle du 8 décembre 1844, portant révocation.

Voici de quelle manière il a été statué par le conseil d'Etat, sur les recours du sieur Savin et du maire de Viviers :

« Louis–Philippe, etc.,

» Vu la loi du 18 germinal an x ;

» Sur le recours du sieur Savin :

» En ce qui touche l'ordonnance épiscopale du 14 décembre 1844, qui l'a ré- voqué de ses fonctions d'archiprêtre ;

» Considérant que la cure de Viviers a été réunie au chapitre par ordonnance épiscopale du 16 août 1826, approuvée par ordonnance royale du 50 du même mois ;

» Que si, aux termes de l'article 2 de ladite ordonnance épiscopale , ainsi ap- prouvée, la nomination de l'archiprêtre doit être faite avec les mêmes formalités que celle des curés, l'art. 3 porte que l'archiprêtre sera révocable à la volonté de l'évêque ;

» Que c'est en vertu de ces ordonnances et sous ces conditions que le sieur Sa- vin a été nommé archiprêtre, et qu'en le révoquant, l'évêque de Viviers n'a pas commis d'excès de pouvoir,

» En ce qui touche les décisions épiscopales des 27 septembre et 8 décembre 1844, qui ont retiré au sieur Savin la faculté de prêcher et de confesser, d'abord hors de sa paroisse et plus tard dans tout le diocèse ;

» Considérant que le sieur Savin n'avoit que la qualité de prêtre hors de sa pa- roisse, et qu'après sa révocation des fonctions d'archiprêtre, il n'a plus eu d'autre qualité que celle de chanoine ;

» Que dès-lors l'évêque a pu lui retirer, sans jugement préalable, des pouvoirs qu'un prêtre ou un chanoine ne peuvent conserver qu'aussi long-temps que l'é- vêque le juge convenable :

» Sur le recours du maire de Viviers contre l'ordonnance épiscopale du 16 août 1826 et l'ordonnance royale du 30 du même mois, et contre l'ordonnance épis- copale du 8 décembre 1844 ;

» Considérant que l'ordonnance épiscopale du 16 août 1826, ayant été approu- vée par ordonnance royale, est devenue un acte de la puissance publique contre lequel n'est pas ouvert le recours comme d'abus ;

» Considérant d'ailleurs que la commune de Viviers n'est partie intéressée relativement à aucun des actes ;

» Article 1er. Les requêtes du sieur Savin et du maire de Viviers sont rejetées. »

————————

L'Oraison funèbre de Mgr René-François Soyer, évêque de Luçon. a été prononcée dans la cathédrale de Luçon, le 10 juin 1845, par M. l'abbé A. Mennet, vicaire-général capitulaire, au milieu d'un immense concours de prêtres et de fidèles, accourus de tous les points du diocèse pour payer un tribut solennel de regrets et de prières à la mémoire de leur vénérable pasteur. En attendant que nous consacrions un article nécrologique à Mgr Soyer, nous sommes heureux de citer aujourd'hui les deux passages suivans de cette Oraison funèbre si pleine d'intérêt :

« A la vue d'un auditoire si nombreux et si imposant, a dit l'orateur, je me replie avec frayeur sur moi-même, et je suis forcé de me demander pourquoi je viens prendre la parole au milieu de vous dans une pareille solennité.

» Je le sens, et mon cœur me le dit bien haut : c'est au pied de ce catafalque que je devrois me prosterner, priant avec vous et plus que vous pour le vénérable prélat que la mort vient de ravir à notre tendresse et à notre amour. Là, sous l'ombre de ces draperies lugubres, je laisserois couler en liberté des larmes que je retiens avec peine, et qui soulageroient si délicieusement un cœur que la douleur oppresse : douleur à laquelle pourtant il faut imposer un silence pénible et rigoureux.

» Vous l'avez voulu ainsi, vous mon ami et mon collègue dans l'administration de ce diocèse (1). Vous avez connu le respect et l'attachement tout filial que j'avois voués à cet oncle, objet éternel de nos regrets communs, et vous m'avez chargé de venir raconter à tous les vertus publiques et les vertus privées de celui qui, pendant vingt-et-un ans, daigna m'associer à son administration, et pendant quinze années me fit l'honneur de m'admettre dans son intimité, et me rendit le témoin continuel des rares talens et des éminentes qualités que le ciel avoit mis en lui.

» Honoré de la confiance et de l'amitié de mon évêque, je vous parlerai, mes frères, de ce que je sais, et surtout de ce que j'ai vu. J'ai dans mon cœur et dans ma mémoire tout ce qui peut rendre ce discours intéressant. Je regrette vivement de n'avoir pas à ma disposition ces ressources oratoires, ces tours brillans d'un style qui charme et entraîne ; je serois assuré d'un succès que vous attendez sans doute dans un si beau sujet ; mais ce qui me manquera de ce côté, vous ne devrez l'attribuer qu'à moi ; vous plaindrez ma foiblesse, et vous n'en admirerez que plus les dous précieux de l'esprit et du cœur que Dieu se plut à réunir dans la personne de l'illustrissime et révérendissime Mgr René-François Soyer, évêque de Luçon, à la mémoire duquel je consacre ce discours.....

» Je ne vous ai point encore tout dit, mes frères, tant cette vie abonde en œuvres de gloire et de mérites. Il ne me suffiroit pas de vous dire que chacune de ses journées, chacune de ses heures, chacun de ses momens étoient consacrés au bien de son diocèse. Pasteurs et fidèles, il s'occupoit sans cesse de ce qui pouvoit améliorer votre sort, ou vous faciliter la pratique des vertus chrétiennes. C'est pour vous, pauvres prêtres, qu'il établit cette caisse de secours, magnifique

————————

(1) M. l'abbé Soyer, vicaire-général capitulaire.

Institution, fruit d'une grande et charitable pensée, et qui seule suffiroit pour il-
lustrer la vie d'un évêque. Le cœur du nôtre avoit été profondément affligé, en
pensant que le prêtre seul, dans l'Etat, ne pouvoit compter sur une foible retraite
qui mit ses derniers jours à l'abri du besoin, et lui assurât, dans sa vieillesse, le
morceau de pain qu'il avoit si souvent partagé pendant ses jours de peine et de
travail avec le pauvre et l'indigent. Le prêtre, en effet, le pauvre curé de campagne que le devoir condamne à porter le poids de la chaleur et du jour, à vivre
au milieu de populations pauvres, comme lui, et qui n'ont que le presbytère dont
la porte s'ouvre le jour et la nuit aux cris de l'indigence ; le prêtre, le modeste
desservant dont une moitié de la vie se passe à faire l'aumône, et l'autre moitié à
vivre de privations et de sacrifices, devoit intéresser au plus haut degré le cœur
d'un prélat aussi sensible et aussi généreux que celui que nous pleurons. Il con-
çut ce plan admirable d'une caisse de secours qui pût venir en aide au prêtre usé
par le travail ou par la maladie, et qui se trouveroit dans l'impossibilité d'occuper un poste où ses forces trahiroient son courage et son zèle. C'est à tous qu'il
s'adressa dans l'intérêt de tous : vous comprîtes cette noble et généreuse pensée, mes vénérables frères dans le sacerdoce, et vos souscriptions si largement,
si fidèlement versées, vinrent fonder cette caisse, monument de sagesse et d'a-
mour, et la maintiennent toujours dans un état de prospérité qui a dépassé toutes
nos espérances et toutes nos prévisions. Honneur à l'évêque qui connoît si bien
le cœur de ses prêtres ! Mais honneur aussi aux prêtres qui saisissent avec tant
de joie et d'empressement la pensée de leur évêque ! A lui et à vous ont été promises toutes les bénédictions que Dieu donne si libéralement aux œuvres de la
charité. Nous pouvons tous garder pour chacun de nous cette pensée qui console
pour toute la vie : Grâce à mon évêque, grâce à mes confrères, je puis attendre
la vieillesse et les infirmités, sans aucune crainte, sans aucune inquiétude. »

————————◆————————

Le protestantisme aimé à singer le catholicisme et à lui emprunter
des institutions qu'il n'auroit jamais songé à fonder lui-même, si la vue
des heureux résultats qu'elles produisent ne lui en avoit suggéré l'idée.
Ces essais d'imitation réussissent rarement; car ce dévoûment sublime,
qui ne recule devant aucune difficulté et ne s'effraie d'aucun obstacle,
sans lequel tant d'œuvres de bienfaisance ne sauroient subsister, semble être la propriété exclusive de l'Eglise catholique. Toutefois le protestantisme renouvelle assez souvent ces essais. Voici, par exemple, que
le roi de Prusse veut former une sorte de sœurs de charité pour soigner les malades dans les hôpitaux protestans. Le 23, on a posé solennellement à Berlin la première pierre d'un hôpital civil, et on a donné
à cette occasion lecture du rescrit royal suivant :

« Nous fondons dans notre résidence de Berlin un institut pour la formation de
gardes-malades, auquel sera adjoint un hôpital particulier destiné à servir de
modèle à des établissemens semblables, et nous nous proposons de confier cette
fondation aux soins de l'ordre du Cygne, renouvelé par nous.

« Nous espérons engager ainsi des jeunes personnes et des veuves de la religion protestante à se vouer librement et par amour du prochain, à la vocation de
soigner régulièrement les malades et les nécessiteux, à *l'exemple des Sœurs de la
religion catholique*. L'établissement pourra contenir 550 malades, pour l'entretien de 100 desquels nous assignons sur les fonds de l'Etat une somme annuelle
de 10,500 thalers. Nous avons l'espoir que les autorités communales de notre ré-

promptement. On espère que Mgr l'archevêque de Tours a l'intention de placer cette église, restaurée et sanctifiée, sous l'invocation de saint Martin. Une chapelle seroit préparée où la relique du grand évêque de Tours seroit constamment exposée à la vénération des fidèles. Nous ne doutons pas qu'un pareil projet, s'il peut être réalisé, ne soit accueilli avec la plus grande faveur. Ce sera une joie pour tous les chrétiens de penser que le clergé et les fidèles de Touraine cherchent à réveiller au milieu d'eux la dévotion à un saint aussi illustre et dont la protection a toujours été si efficace. Beaucoup voudront contribuer par leurs aumônes à cette œuvre de réparation ; car saint Martin n'appartient pas seulement à la Touraine, il appartient à la France entière, et c'est une œuvre éminemment nationale et chrétienne de rendre à ce thaumaturge des Gaules, au patron de la France, à ce grand saint dont la protection fut si souvent invoquée au milieu des dangers de la patrie, un temple dans sa ville épiscopale, un temple rempli des splendeurs des arts gothique et roman, et qui rappellera de loin, il est vrai, mais autant qu'il est possible de nos jours, les magnificences de cette collégiale bâtie sur le tombeau de cet homme, dont la renommée remplit le monde, et qui étoit devenue un des lieux de pélerinage les plus illustres et les plus fréquentés aux âges de la foi.

(*Correspondance d'un Journal.*)

Ces jours derniers, Mgr Fleming, évêque catholique de Terre-Neuve, s'est embarqué à Londres après un court séjour en Irlande et en Angleterre, où l'avoient appelé de nouveau les affaires de son diocèse et la construction de la magnifique cathédrale qu'il fait élever à Saint-Jean. Il a nolisé trois navires qui sont partis de Galway pour Terre-Neuve, chargés de pierres de taille destinées à cet édifice. Deux autres navires partiront bientôt avec des ardoises et des verreries nécessaires à l'achèvement des travaux. Il sera vraiment glorieux pour l'apôtre de Terre-Neuve d'avoir érigé, dans la petite capitale de cette île lointaine, une cathédrale dont tous les matériaux auront été tirés de l'Europe. Il n'y aura pas une pierre, pas une ardoise, pas une vitre dans l'édifice qui n'ait dû traverser l'Océan avant de servir au temple du Seigneur.

ANGLETERRE. — Nous avons déjà fait mention de la cérémonie qui a eu lieu à Liverpool, le mercredi 7 juillet, pour la pose de la première pierre de l'église des Jésuites, qu'on va y construire sous l'invocation de Saint-François-Xaxier. Mgr l'évêque Brown y étoit assisté de son coadjuteur Mgr Sharpless et d'un nombreux clergé. On n'avoit peut-être jamais vu dans le pays un si grand nombre de Jésuites réunis en pareilles circonstances. On en comptoit trente-deux, outre un grand nombre de prêtres séculiers. La cérémonie s'accomplit avec un ordre parfait, et produisit la plus vive impression sur tous les assistans. L'église de Saint-François-Xavier sera construite sur un style élégant,

et promet devoir être un ornement pour la cité de Liverpool, et digne
d'être rangée parmi les plus belles églises d'Angleterre.

IRLANDE. — Durant ces quelques dernières années, les Jésuites ont
établi quatre colléges à Dublin et dans les environs, savoir : un dans
Great-Denmark-Street, un autre dans Opper-Gardner-Street, un troisième près North-Circular-Road, et un quatrième à Drumcondra-
House. Ce dernier est destiné à fournir des sujets pour les Missions.

CHINE. — Nous avions déjà annoncé, d'après des nouvelles reçues
de Chine, que l'empereur pensoit à révoquer les édits de persécution
contre la religion chrétienne. Des nouvelles plus récentes annoncent
que la religion chrétienne pourra être professée dans les lieux où il est
permis aux Européens de faire le commerce, mais qu'aucun missionnaire ne pourra entrer dans l'intérieur de l'empire.

Voici ce qu'on écrit à un autre journal sur le même sujet :

« Macao, 26 mars.

» La nouvelle de la révocation des édits contre le christianisme est certaine :
le commissaire impérial Ki-Ying a obtenu cette concession à l'occasion du traité
conclu avec la France. La réponse de l'empereur à la demande de son commissaire a été, en résumé, celle-ci : « Que la religion chrétienne étant celle des
grandes nations européennes, ne pouvoit être proscrite, d'autant plus qu'elle
avoit été tolérée par son bisaïeul Kanghi. » Mais c'est en vain que l'ambassade
française a demandé un édit qui proclamât cette tolérance, le ministère n'a pas
voulu y consentir, dans la crainte de porter un nouveau coup au pouvoir, déjà si
affoibli par l'issue de la guerre avec l'Angleterre. »

A la suite d'un banquet qui vient de lui être offert par le lord-maire
de Londres, sir H. Pottinger a prononcé quelques mots qui doivent
trouver ici leur place. Après avoir dit que les Chinois commencent à
apprécier les heureux résultats du traité, et qu'ils s'empressent d'améliorer leur commerce avec les autres nations, il ajoute :

» Quant à l'édit de l'empereur qui autorise l'introduction des Ecritures saintes
dans ses Etats, je ferai remarquer que cette autorisation est beaucoup plus limitée qu'on ne l'avoit cru d'abord ; elle ne va pas au-delà des cinq ports nommés
dans le traité. Je mentionne ce fait pour insister sur ce point : c'est que l'on doit
apporter la plus grande réserve dans la manière dont on profitera de la première
occasion qui est offerte à l'Angleterre d'introduire le christianisme en Chine. Le
succès d'ici dépendra de la réserve. »

il est entré dans la voie de la réaction et il n'a cessé d'y marcher. Chaque année a vu quelque pas rétrograde. Il n'y a pas une de nos libertés qui soit restée entière au bout de cette période.

La réaction a commencé par s'attaquer aux personnes avant de s'attaquer aux choses. Il y avoit à la tête des gardes nationales du royaume un homme entouré de tout le respect et de toutes les sympathies du pays. Dans les premiers momens qui suivirent la révolution de juillet, on affectoit de se montrer partout avec lui; on se faisoit appeler l'ami de Lafayette. Lafayette est écarté dès qu'on ne le juge plus utile; il est obligé de résigner son commandement. C'est bientôt le tour de MM. Laffitte et Dupont de l'Eure; de M. Laffitte, qui se retira le cœur plein d'amertume, et dont les dernières paroles à la tribune furent des paroles de désespoir. Ainsi furent successivement éloignés du pouvoir et sacrifiés ceux qui avoient voulu que la révolution ne fût pas seulement un changement de dynastie.

Après la guerre aux hommes, la guerre aux principes. C'est d'abord la loi des associations, par laquelle on détruit la plus nécessaire et la plus vitale de nos libertés. Ce sont ensuite les lois de septembre, lois obtenues de la colère et de la peur, par lesquelles on énerve le jury et on bâillonne la presse. Nous ne parlons pas de toutes ces lois partielles qui n'ont été que les conséquences de cette croisade entreprise contre toutes les libertés publiques, contre toutes les garanties, contre tous les moyens de résistance qui pouvoient rester au pays.

Enfin, comme le disoit, il y a quelques mois, M. de Lamartine, dans le plus magnifique discours qu'il ait prononcé, voici le terme de l'œuvre, le complément du système, le couronnement de l'édifice; voici les fortifications et l'armement.

Tel est, en peu de mots le bilan de ces quinze années.

Et maintenant, en présence du programme de juillet foulé aux pieds, de nos libertés énervées ou détruites, de notre honneur national si fortement compromis, qu'est-ce que cette fête en l'honneur de la révolution de 1830, si ce n'est un acte d'hypocrisie?

COURRIER.

Brillant soleil de juillet, où es-tu? Derrière de sales nuages qui embourbent ton essor, tu te caches, tu reparois à demi, boudeur comme un soleil d'automne et non moins blafard.

Te voilà bien triste aujourd'hui! Le ciel a remplacé ton casque étincelant par un bonnet de nuages gris qui dégouttent en pluie sur le pavé boueux de notre grande ville. Plus de cris de guerre et plus d'armes reluisantes! L'armée est licenciée et le général se cache.

Si bien que vers le tomber de la nuit il est sage de faire pétiller sa cheminée afin de tiédir les soirées rhumatismales de tes jours caniculaires.

Si bien que la royauté peut dormir et M. Guizot s'ébattre, tandis que le vieux Soult met le coq gaulois à l'ombre! Toute flamme guerrière est éteinte au cœur du peuple.

Comme nous, ô soleil! tu es devenu pacifique, sans chaleur. Le thermomètre descend sous tes rayons, l'enthousiasme public est glacé. A peine si la mémoire des citoyens généreux se réveille dans ce Panthéon caché que nous avons en nous, les morts sont morts, et Mérilhou seul ose porter la croix de juillet afin d'en porter deux.

Tu n'es plus que la caricature de toi-même. Qui sait si demain la poudre des fusées votées par la chambre ne fera pas long-feu sous une averse?

SIÈCLE.

Voici le quinzième anniversaire de la révolution de juillet. Le gouvernement qu'elle a fondé n'a été ni héroïque, ni magnanime, ni même sincèrement libéral ; mais il s'est montré prudent et plus modéré que les gouvernemens qui l'avoient précédé. Cette modération lui a tenu lieu de grandeur, et il a vécu.

Il a vécu ! voilà le plus grand éloge que puissent faire de lui ses apologistes. Pendant ce temps, malgré les secousses des premières années, malgré les pratiques corruptrices qui ont eu cours un peu plus tard, le gouvernement constitutionnel s'est affermi. Nous regrettons de ne pouvoir ajouter que la puissance morale de la France a suivi les progrès de sa prospérité matérielle, que son influence s'est étendue parmi les peuples, que la dignité nationale a été de plus en plus respectée ; mais l'histoire nous donneroit un démenti. Il est trop vrai que ce gouvernement, né du mouvement sublime de 1830, et qui avoit reçu la double mission de consolider la liberté et de porter plus haut devant l'Europe le drapeau de la nationalité française, a été en grande partie infidèle à ses promesses ; il est trop vrai qu'il a laissé périr ou plutôt qu'il a étouffé de ses propres mains l'enthousiasme généreux qui animoit il y a quinze ans le pays tout entier.

Il a manqué d'élévation, de confiance, de courage ; il a entretenu ou relevé autant qu'il a pu dépendre de lui d'absurdes préjugés et de vieux abus ; il a souhaité l'arbitraire, et il l'a exercé dans la mesure de ses forces ou de son audace ; il s'est laissé diriger, enfin, dans la plupart de ses résolutions, par un égoisme étroit plutôt que par un patriotisme généreux ; il n'a même pas tenu à lui, et de tous les reproches que nous lui adressons, celui-là est le plus grave, il n'a pas tenu à son système de séductions, système généralisé, pratiqué sans scrupule et sur une vaste échelle, que le système représentatif ne dégénérât en une ruineuse mystification et que la moralité de la France ne fût abaissée.

IRLANDE.

La séance tenue le 21 juillet par l'association du rappel a été des plus importantes. O'Connell y a formulé d'une manière nette et précise le sommaire des bi'ls qu'il compte préparer pour les soumettre à l'adoption de la législature anglaise, et dont il remettra une copie à chaque membre du parlement six semaines avant l'ouverture de la session. Voici, d'après le *Morning Chronicle*, la teneur de ces projets de bill :

« I. Acte pour donner à S. M. le pouvoir d'exercer sans délai la prérogative qui lui appartient évidemment de convoquer son parlement d'Irlande. Cet acte contiendra les clauses suivantes : 1° S. M. a le pouvoir et l'autorité d'émettre des writs de convocation pour tous les pairs d'Irlande, et des writs pour l'élection des membres de la chambre des communes d'Irlande, au nombre de 300, comme autrefois ; 2° clause indiquant le nombre de membres à élire par chaque comté et chaque ville ; 3° le nombre à élire par chaque bourg constitué dès maintenant, ou à constituer en collége, selon l'importance de la population ; 4° clause qui déterminera les franchises électorales à étendre à tous les tenanciers résidens ; 5° clause qui pourvoira à ce que le mode de vote soit le scrutin secret ; 6° clause qui pourvoira à ce que tous les statuts adoptés par le parlement du Royaume-Uni aient force de loi, à moins qu'ils ne soient modifiés ou rejetés par le parlement d'Irlande ; 7° clanse pour donner l'investiture à la reine, ses héritiers et successeurs, de la chambre du parlement de Collége-Green, destinée aux lords et communes d'Irlande, moyennant une disposition assurant à la banque d'Irlande une entière compensation.

» II. Autre acte pour établir à perpétuité la parfaite égalité aux yeux de la loi des chrétiens de toute secte, et pour empêcher à jamais l'existence en Irlande de toute suprématie légale ou temporelle. Cet acte contiendra les dispositions suivantes : 1° cet acte étant la base du rappel de l'Union, et exprimant l'engagement solennel contracté par le peuple d'Irlande, en présence de Dieu, les chrétiens de toute croyance jouiront pour toujours d'une égalité légale et politique complète et entière ; 2° cette clause s'opposera à ce que le parlement d'Irlande fasse ou ait pouvoir de faire des lois pénales ou restrictives, en matière de religion ; 3° clause qui défendra au parlement irlandais d'allouer aucune somme à une église, secte ou croyance quelconque sous le titre d'Eglise d'Etat ; 4° clause qui déclarera que les revenus ecclésiastiques appartiennent à l'Etat, et doivent être employés à des établissemens d'éducation et de charité ; 5° cette clause pourvoira toutefois à ce que l'intérêt de tout revenu épiscopal ou clérical sera la propriété de tout bénéficiaire pendant sa vie, et ne reviendra au trésor public qu'à la mort dudit bénéficiaire.

» III. Acte qui frappera d'une taxe de 20 0/0 les propriétés des land-lords absens d'Irlande ; clause pour définir l'absentéisme, c'est-à-dire l'absence de l'Irlande pendant six mois de l'année.

» IV. Acte pour maintenir la coutume de franc-tenancier dans les districts où elle existe, et pour pourvoir à son extension graduelle et raisonnée dans toute l'Irlande.

» V. Acte pour donner droit après preuve suffisante, à tout tenancier, de demander une compensation pour toutes les améliorations faites jusqu'ici ou à faire dans les terres cultivées par lesdits tenanciers.

» VI. Acte pour faciliter la répartition et la vente de terrains soumis à des charges quelconques, et pour faire employer dans les fonds publics l'argent des ventes qui sera sujet aux mêmes charges que l'étoient les terrains.

» VII. Acte pour enlever aux land-lords ou propriétaires de terres le pouvoir de chasser le tenancier pour non paiement de fermage, à moins que le bail ne soit fait pour au moins vingt-un ans.

» VIII. Acte pour l'abolition de la loi des pauvres et pour convertir les maisons actuelles de travail en hôpitaux pour les malades, les infirmes et les vieillards pauvres, et pour pourvoir à leur entretien pendant six ans, en prenant les sommes nécessaires à cette dépense sur les fonds consolidés.

» IX. Acte pour mettre les baux à vie, susceptibles d'être renouvelés à toujours, à l'effet de leur donner un caractère perpétuel, en ayant soin d'indemniser des amendes lorsqu'il y en aura à payer.

» Acte pour donner pouvoir aux tenanciers viagers et aux corporations séparément ou collectivement, y compris le collège de la Trinité, d'accorder des baux à perpétuité.

» XI. Acte qui pourvoira à ce que, dans toutes les ventes de terrains faites par-devant un tribunal arbitral, chaque propriété soit vendue par petits lots, avec droit d'achat réservé aux tenanciers.

» XII. Acte pourvoyant à ce que le principe de la loi du temporel de l'Eglise, qui permet aux tenanciers d'occuper par un bail d'un certain nombre d'années, avec la coutume du renouvellement pour acquérir le droit d'occuper à perpétuité et à loyer fixe, soit étendu à tous les baux délivrés par une corporation quelconque, y comprenant les terrains qui appartiennent au collège des médecins et à celui de la Trinité, à Dublin.

» XIII. Acte pour que les propriétés de la couronne, en Irlande, qui ne sont pas utiles au public, soient vendues par petites parties, avec droits de rachat et de paiement à terme réservés aux occupans.

» XIV. Acte ordonnant que dans tous les transferts de propriété faits à l'avenir,

le titre original ou la minute soit, comme en matière de testament, déposé au bu_
reau de l'enregistrement, à Dublin, et que des expéditions certifiées soient reçues
et fassent foi, à l'exception du cas où la validité de la minute seroit elle-même
mise en question. »

NOUVELLES ET FAITS DIVERS.
INTÉRIEUR.

PARIS, 30 juillet. — Par ordonnance du roi en date du 27 juillet, l'intérim
du département de l'intérieur, confié à M. Dumon, ministre des travaux publics,
par ordonnance du 4 juillet, a cessé à partir de ce jour, et M. le comte Duchâtel a
repris la signature de son département.

M. le comte Duchâtel, ministre de l'intérieur, est chargé de l'intérim du mi_
nistre des affaires étrangères pendant l'absence de M. Guizot qui est parti avant_
hier matin pour le Val-Richer, où il va passer le mois d'août.

— En vertu d'une ordonnance en date du 28 juillet, la session des conseils_
généraux de département, pour la présente année, s'ouvrira le 25 août et sera
close le 8 septembre dans tous les départemens du royaume, à l'exception de
ceux de la Corse et de la Seine.

La session du conseil-général de la Corse commencera le 1er septembre et
sera close le 15 du même mois ; celle du département de la Seine commencera
le 5 novembre et sera close le 17 du même mois.

La seconde partie de la session des conseils d'arrondissement commencera le
15 septembre et se terminera le 19 du même mois, excepté dans le département
de la Corse, où elle aura lieu du 25 au 27 septembre, et dans celui de la Seine,
où elle aura lieu du 22 au 27 novembre.

— Le *Moniteur* a publié il y a quelques jours trois ordonnances royales du
22 juillet. La première nomme :

Conseiller à la cour royale d'Alger, M. Revertégat, procureur du roi près le
tribunal de première instance d'Alger; procureur du roi près le tribunal de première instance d'Alger, M. Lardeur, procureur du roi près le siége de Blidah;
procureur du roi près le tribunal de première instance de Blidah, M. Cavarthon,
procureur du roi près le siége de Nontron (Dordogne).

La deuxième contient un grand nombre de nominations judiciaires, parmi lesquelles nous remarquons les suivantes :

Président du tribunal de première instance de Pau, M. Coulomme; substitut
du procureur-général près la cour royale de Pau, M. Dufresnoi; procureurs du
roi, à Bagnères, M. Bordenave-Dabère; à Fontainebleau, M. Aignan-Desaix; à
Joigny, M. Dupaty; à Prades, M. Correnson; à Nontron, M. Bardet de l'Isle;
président du tribunal de première instance de Céret, M. Roca; juges, à Lourdes,
M. Reyau; à Paris, M. Michaux; à Foix, MM. de Lalanne et Bruneau; à Tours,
M. Gouin; à Saint-Flour, M. Bousquet; à Prades, M. Boixo.

Les autres nominations sont des nominations de substituts de procureurs du
roi et de juges suppléans près divers tribunaux de première instance.

— M. le garde des sceaux a formé une commission pour s'occuper, sous sa présidence, d'examiner et de préparer les modifications qu'il pourroit être utile
d'introduire dans la législation relative aux priviléges et hypothèques. Ont été
nommés membres de cette commission : MM. le comte Portalis, le marquis d'Audiffret, Barthe, Beguin-Billecoq, Blanqui, Blondeau, le duc de Broglie, Calmon, Cauchy, Chaix-d'Est-Ange, Michel Chevalier, Dalloz, Debel-
leyme, Desclozeaux, Dupin aîné, Duvergier, Fagniez, Garnier-Dubourneuf, le
baron Girod (de l'Ain), Glandaz, Hailig, Hébert, Laplagne-Barris, Jacques Le-

febvre, Mérilhou, Pascalis. Rossi, le baron Séguier, Teste, Troplong, Valette, Vivien, Wolowski, le baron Zangiacomi, Armand et Durand-Chaye.

— Le ministre de l'agriculture et du commerce vient d'adresser aux préfets, pour être communiquée aux conseils-généraux, une série de questions relatives au perfectionnement de l'agriculture. Voici quelques-unes des principales questions auxquelles les assemblées départementales auront à répondre :

« 1° L'agriculture trouve-t-elle à emprunter facilement les capitaux qui lui sont nécessaires pour se livrer à d'utiles travaux d'amélioration ? 2° A quel taux et par quels moyens les agriculteurs se procurent-ils les capitaux ? 3° Quelle est la durée ordinaire des emprunts contractés au profit de l'agriculture ? 4° Par qui sont principalement prêtés les capitaux empruntés pour l'agriculture, et par quels intermédiaires sont-ils transmis ? 5° Quel mode de remboursement est généralement adopté pour ces emprunts ? A quelles difficultés donnent-ils lieu ? 6° Comment seroit-il possible d'améliorer les conditions actuelles du crédit agricole ? »

— Le même ministre vient d'accorder un secours de 4,000 fr. aux habitans du canton de Châtenois, dont les récoltes ont été ravagées par les derniers orages.

— Voici, d'après le *Moniteur*, le compte des opérations la caisse d'amortissement et de celle des dépôts et consignations, rendu par le directeur général de cette institution publique à la commission de surveillance créée par la loi constitutive du 28 avril 1816.

A la fin de juin 1843, la caisse d'amortissement possédoit la somme de 37 millions 215 mille francs, dont 37 millions 101 mille francs en bons du trésor, et 114 mille francs en numéraire, c'est-à-dire que l'Etat devoit à lui-même pour amortir la dette cette somme de 37 millions.

A la même époque, la caisse des dépôts et consignations avoit reçu 18,500,000 fr. en consignations judiciaires ou administratives, et 21 millions, tant des caisses d'épargne que des services divers et des dépôts volontaires ; en tout 39 millions et demi ; elle avoit remboursé, pour les premières catégories de dépôts, 14 millions, et environ 22 pour la seconde. La caisse est débitrice, en ce moment, de 108 millions en consignations et de 425 millions en dépôts divers ; soit en tout 544 millions.

— Des changemens notables ont été apportés cette année à l'ordonnance habituelle des fêtes de juillet. Voici le récit qu'en fait la *Presse* :

« Les fêtes des Champs-Elysées avoient un caractère presque entièrement nautique. Depuis le Pont-Royal jusqu'au pont des Invalides, la rive gauche de la Seine présentoit une longue suite de décorations. Le bassin compris entre le Pont-Royal et le pont de la Concorde offroit le coup-d'œil le plus brillant. Une vaste tente étoit disposée du côté des Tuileries, et de l'autre côté, une flottille de bateaux à vapeur, pavoisés et ornés de guirlandes, un grand nombre de barques vénitiennes, élégamment parées, et toutes les nacelles disposées pour les joûtes, présentoient un aspect des plus beaux. Les pavillons de toutes les nations se trouvoient réunis sur des mâts élevés tout autour du bassin.

»Devant l'esplanade des Invalides s'étendoit toute la galerie mauresque qu'on a admirée l'année dernière des deux côtés de l'avenue des Champs-Elysées.

»L'illumination des quais et du pont de la Concorde promettoit d'être magnifique. Les lanternes vénitiennes ajoutoient beaucoup à l'effet des décorations ; mais la pluie paroît avoir nui à une partie des préparatifs. Les verres de couleur ne se sont pas tous allumés, et les galeries mauresques du quai des Invalides, ainsi que les obélisques du Pont-Royal, ont présenté de nombreuses lacunes. Cependant les illuminations du quai d'Orsay avoient mieux réussi et se reflétoient dans la Seine avec beaucoup d'éclat.

»Les bateaux illuminés sillonnoient le fleuve, et l'un d'eux figuroit le Bucentaure, paré comme aux fêtes de Venise.

»La fête paroit s'être terminée sans accidens.»

— Des gardes nationaux, parmi lesquels se trouvoient beaucoup d'officiers, avoient songé à célébrer dans un banquet l'anniversaire de la révolution de juillet. On les a renvoyés du préfet de police à l'état-major de la milice citoyenne, où ils n'ont pu obtenir l'autorisation du général en chef, en sorte que la préfecture a également refusé la sienne. Déjà l'autorité avoit intimé au propriétaire du local où le banquet devoit avoir lieu, la défense de les recevoir.

— Je remarque, disoit un écrivain en 1772, que la première lignée descendante d'Hugues Capet, qui monta sur le trône en 987, a fini par le règne de trois frères, Louis X, Philippe V et Charles IV, tous trois fils de Philippe-le-Bel. La branche puînée des Capétiens, dite des Valois, a également fini par le règne de trois frères : François II, Charles IX et Henri III, tous trois fils d'Henri II.

Nous devons ajouter aujourd'hui que la branche aînée des Bourbons a aussi fini par le règne de trois frères, Louis XVI, Louis XVIII et Charles X.

— La cour de cassation, dans son audience du 26 juillet, a rendu un arrêt fort important auquel on ne sauroit donner trop de publicité.

Elle a jugé qu'un médecin introduit secrètement auprès d'un blessé, et qui refusoit de déposer en cour d'assises sur ce qui s'étoit passé entre lui et le blessé, ne pouvoit être condamné à l'amende; qu'il usoit, au contraire, d'un droit en remplissant un devoir.

En conséquence, elle a rejeté le pourvoi du procureur du roi, qui avoit vu, dans le refus honorable du médecin, une violation de la loi.

— La galerie souterraine qui conduit des Tuileries sous la terrasse du bord de l'eau, et qui doit servir pour les promenades des jeunes princes de la famille royale, est sur le point d'être terminée. Dix ouvertures ont été pratiquées dans le terre-plein de la terrasse pour éclairer l'intérieur. Elle aboutit au premier escalier du jardin, en face de la grande allée transversale, et débouche sur la terrasse par une porte cachée et pratiquée dans un haut piédestal nouvellement construit, sur lequel on a placé la statue en bronze de Cléopâtre couchée et mourante.

— Le roi Charles V et l'auguste Marie-Thérèse d'Espagne, arrivés le 23 à Aix, sont descendus à l'Hôtel des Princes, où un piquet du 3.e de ligne, commandé par un capitaine, avoit été posté à la porte. Quelques instans après leur arrivée, le maire et le sous-préfet, revêtus de leur costume, mais sans l'écharpe tricolore, ont été offrir leurs hommages aux illustres exilés, qui ont ensuite reçu les Espagnols réfugiés à Aix. Le lendemain matin, LL. MM. ont assisté à la messe dans l'église Saint-Jérôme, et, deux heures après, elles reprenoient la route de Gréoulx.

— M. le général Cabrera a quitté Moulins; il est retourné à Lyon.

— Une découverte curieuse vient d'être faite à Meudon, près Paris : en réparant la chaussée qui conduit au château, on a trouvé trois pierres druidiques de grande dimension; près de ces pierres étoient des ossemens humains tombant pour ainsi dire en poussière; deux haches de silex fort tranchantes étoient elles-mêmes parmi ces ossemens. On a trouvé aussi au même lieu des défenses de sanglier. Malheureusement l'une des pierres, celle qui pouvoit présenter le plus d'intérêt, a été cassée. Les deux haches ont été déposées chez le maire de Meudon, qui a écrit à M. de Montalivet, intendant de la liste civile, afin que

celui-ci décidât si les fouilles devoient être reprises et exécutées sur une plus
grande échelle dans l'avenue qui dépend du château.

— On écrit de Beaucaire à la date du 25 juillet :

« Ce matin, à trois heures, nous avons été témoins d'un sinistre épouvantable,
inconnu jusqu'ici dans la navigation du Rhône. Le bateau à vapeur le *Creusot*,
appartenant à MM. Bouillon, Gerin et Cᵒ, chargé de 150,000 kilog. de sel, a disparu entièrement dans les flots, avec une telle spontanéité, que des secours n'ont
pu être portés à deux chauffeurs et quelques mariniers, passagers sur le bateau,
dont on a à déplorer la perte.

» Voici comment cette catastrophe a eu lieu :

» A trois heures moins cinq minutes, on manœuvra pour partir; le patron,
croyant pouvoir le faire du point où il étoit amarré, se fila jusque sous le pont, et
fit marcher en avant, lorsque s'apercevant que cette manœuvre le conduisoit sur
la chaussée, il fit arrêter, puis marcher en avant. La proue du *Creusot* est venue
alors s'acculer contre l'*Aigle* nᵒ 2, qui étoit amarré à 80 mètres en amont du
pont, tandis que la poupe heurtoit avec fracas la pile du pont, de telle sorte que
ce bateau se trouvoit presque en travers du fleuve, exposé à toute la force du
courant, qui l'a brisé.

» Le *Creusot* est allé s'engloutir un peu plus bas. »

EXTÉRIEUR.

ESPAGNE. — La reine Isabelle a quitté Barcelone le 21 et a dû arriver le 25 à
Saragosse, après s'être arrêtée à Cervera et à Fraga. Les quatre ministres restés
à Madrid en sont partis le 22 pour aller rejoindre la cour.

Le voyage dans les provinces basques paroît décidé. Suivant une correspondance de l'*Espagnol*, les médecins ont déclaré *indispensable* qu'Isabelle prît les
eaux de la mer de Santa-Aguada, dont ils espèrent des effets que n'ont pu produire ni les bains de mer, ni les eaux minérales de la Catalogne. La jeune reine
pour obtenir de faire ce voyage a été obligée de remettre l'ordonnance des médecins entre les mains de son premier ministre, en lui déclarant qu'elle étoit prête
toutefois à partir pour Madrid, s'il croyoit que les intérêts de l'Etat exigeassent
ce sacrifice. Cette *résignation* de la jeune princesse atteste avec quelle violence
Narvaez la tient sous l'empire de sa propre volonté. Néanmoins il n'a pas osé insister. Mais on disoit le 24, à Madrid, que les ministres avoient quitté cette capitale avec l'intention formelle de faire tout leur possible pour détourner Isabelle de
son projet ou de donner leur démission.

ANGLETERRE. — A la fin de la chambre des communes du 25, sir J. Graham a déclaré que, dans le cours de la prochaine session, le gouvernement pro-
poseroit d'introduire des modifications dans trois articles du bill des legs charitables d'Irlande, parce que ces articles ont motivé des objections graves. En ce
qui concerne les institutions monastiques, le gouvernement proposera de déclarer
que les droits resteront à l'abri de toute atteinte, et comme le bill des legs charitables a, pour la première fois, introduit en Irlande le statut de main morte, on
permettra de faire des legs de cinq acres de terre pour l'établissement d'institutions charitables.

Cette déclaration du ministre anglais ne peut manquer d'être favorablement
accueillie par les catholiques d'Irlande.

— Un grand banquet a été offert le 23 juillet, par les habitans de Wexford (Irlande) à MM. O'Connell, Gray et Steele, chefs de l'association du repeal. Une pro-

·ession *monstre* est allée à leur rencontre : la route étoit couverte de monde dans une étendue de plus d'une lieue, et on a calculé que le cortége ne comprenoit pas moins de deux cent mille personnes. L'enthousiasme a été le même que derniè_ ·rement à Cork et à Limerick. Nous ne reproduirons du discours prononcé par O'Connell que le passage dans lequel il est question de l'attitude des journaux ·aglais à propos de la catastrophe du Dahra : « Quand l'Angleterre parle de son ·umanité, s'est écrié l'orateur, elle oublie sa conduite envers l'Irlande : les jour_ ·aux anglais sont mal venus à tonner contre le procédé du colonel Pélissier. Ils ·ont pas le droit de parler de cet acte comme d'une monstruosité. L'inexorable ·istoire a enregistré les forfaits commis par nos oppresseurs. »

« Ici l'orateur raconte en peu de mots le fait consigné dans les mémoires de Ludlow, puis il ajoute : « Parlerai-je du massacre des habitans de Drogheda par Cromwell et des 300 dames de Wexford (la ville même ou s'est donné le banquet)? Oui, 300 femmes furent impitoyablement égorgées par les farouches soldats de l'Angleterre, au pied d'une croix, dans le Buil-Ring, où elles s'étoient réfugiées; lorsque j'ai rappelé cette atrocité dans un meeting à Londres, j'ai été démenti par le *Standard*; mais si quelqu'un en impose, c'est ce misérable journal et non pas moi; l'armée de Cromwell, qui accomplit de sang-froid l'horrible boucherie de Wexford, étoit composée de gens d'élite (*men of the highest vater*), *et l'on recom_ menceroit bien aujourd'hui si l'on osoit!* (Bravo! bravo!) Irlandais jetez les yeux ·ur la galerie; voyez ces femmes, vos mères, vos sœurs, vos épouses, et dites si un pareil attentat seroit possible aujourd'hui? Non! nous péririons tous, avant que l'on touchât à un cheveu de l'une d'elles! »

—Une des plus saintes dames de l'Angleterre, lady Mary Arundel, vient de mourir à Loughborough. Fille unique du marquis Buckingham, et veuve de James Everard lord Arundel, elle ne sauroit être oubliée des familles françaises qui ont passé de longues années d'exil en Angleterre, avec les princes de la maison de Bourbon. Convertie à la foi catholique avant son mariage, elle s'étoit, aux jours de sa viduité, presque entièrement retirée du monde, activement engagée, jus- qu'à l'heure de sa mort, dans des œuvres de piété.

SUISSE.—A la date du 26 juillet, les plus actives recherches n'avoient encore ·ien fait découvrir de positif au sujet de l'assassinat du conseiller Joseph Leu, de Lucerne. Mille circonstances toutefois confirment, quoi que persistent à dire les ·euilles radicales, que cet assassinat est non pas un acte isolé de vengeance, mais ·e résultat d'un complot très-étendu qui devoit et qui doit peut-être encore aboutir ·u meurtre d'un certain nombre de chefs du parti conservateur, tant à Lucerne que dans d'autres cantons où ce parti domine. Depuis long-temps, de furibonds ·ournaux politiques, à Berne, en Argovie, à Soleure et à Bâle-Campagne signa- ·oient, dans le langage le plus cynique, à la vengeance nationale les magistrats ·ui avoient le plus spécialement encouru la haine des radicaux suisses. M. Leu, ·n particulier, avoit reçu des menaces anonymes de mort, et divers autres aver- ·issemens dont il auroit dû tenir compte.

Il est difficile, après cela, de ne pas croire à l'existence d'un complot dont le meurtre doit être le principal moyen d'action. A Lucerne, on ne s'y trompe pas.

La police lucernoise a dû prendre des mesures assez énergiques pour mettre à l'abri de tout péril les fonctionnaires et les autres citoyens menacés. Elle a eu dernièrement à réprimer quelques manifestations qui paroissoient évidemment se rattacher à l'attentat de la nuit du 19 au 20, et dans lesquelles des femmes mêmes avoient essayé de jouer un rôle.

Ce n'est pas tout : la députation de Lucerne a été insultée une seconde fois à Zurich, non plus par des polissons attroupés, mais par une réunion de bourgeois et de militaires, et cette odieuse violation du droit des gens n'a encore été que fort légèrement réprimée.

PRUSSE.— La *Gazette de Silésie* publie, avec l'autorisation du tribunal supérieur de la censure, le discours suivant que le roi de Prusse auroit tenu au conseil municipal de Kœnigsberg, le jour de son arrivée dans cette ville :

« Messieurs, je regrette de ne pas éprouver cette fois, en me trouvant au milieu de vous, les sentimens de satisfaction que j'éprouvois ordinairement. Depuis long-temps il règne à Kœnigsberg un esprit d'opposition contre les mesures du gouvernement. Dans ces derniers temps, cet esprit s'est manifesté en particulier dans les associations et les grandes réunions, et a été dirigé aussi contre les militaires et les officiers. Les autorités se sont opposées à ces associations et à ces réunions, et leurs mesures ont obtenu mon entière approbation. Seroit-il impossible de trouver vingt, trente, cent et même trois cents citoyens loyaux et bien intentionnés? Devant leurs efforts disparoîtroient toutes ces mauvaises pensées, comme les images se dissipent devant les rayons du soleil. Je m'adresse à vous et vous somme d'employer vos lumières, votre expérience et toute votre influence pour atteindre ce noble but. Dieu m'est témoin que j'ai voué de tout temps à cette ville, ma première résidence, mes sympathies, ma bienveillance, et que je suis disposé à les lui conserver, à condition toutefois qu'on renoncera au but poursuivi jusqu'ici, et qu'on reviendra à des idées saines et à des sentimens de fidélité. S'il n'en étoit pas ainsi, il ne sauroit plus être question de grâce. J'ai sur cette affaire des principes arrêtés, et je serai inflexible. J'ose exiger de vous que vous souteniez la bonne cause, et j'espère que vous le ferez.

TURQUIE. — On écrit de Cattara, 12 juillet : « On dit que le seraskier a été battu par les montagnards du Jacova. Ce qui paroît s'accorder avec cette circonstance, c'est qu'il a demandé des renforts au pacha de Scutari, et attend ces renforts pour commencer les opérations. Le général de division Abdi-Pacha, qui avoit été envoyé à Larejie, a été rappelé et se trouve maintenant à Jacova.

» Le 30 juin, une escadre turque est arrivée à la côte de l'Albanie : elle se composoit de deux bricks et de deux autres petits vaisseaux de guerre. »

MONT-LIBAN. — Il faut décidément considérer comme rompu l'armistice conclu le 2 juin entre les Druses et les Maronites. Un engagement sérieux a eu lieu entre les deux partis dans les derniers jours du même mois. Voici dans quelles circonstances : Un émir maronite avoit été nommé par le pacha de Damas gouverneur de Hasbeïa, avec la mission de faire rendre aux chrétiens de cet endroit tout ce que les Druses leur avoient enlevé. Il se rendoit à son poste, à la tête d'une troupe de Maronites et sous l'escorte d'un détachement turc, quand il tomba dans une embuscade. Après un combat opiniâtre, il parvint à se frayer un passage, mais en laissant plusieurs des siens sur le champ de bataille.

Le Gérant, Adrien Le Clere.

BOURSE DE PARIS DU 30 JUILLET 1843.

CINQ p. 0/0. 121 fr. 90 c.	Quatre canaux 1277 fr. 50 c.
TROIS p. 0/0. 83 fr. 75 c.	Caisse hypothécaire. 610 fr. 00 c.
QUATRE p. 0/0. 000 fr. 00 c.	Emprunt belge. 5 p. 0/0. 000 fr. 0/0.
Quatre 1/2 p. 0/0. 000 fr. 00 c.	Emprunt romain. 104 fr. 2/8.
Emprunt 1841. 00 fr. 00 c.	Rentes de Naples. 000 fr. 00 c.
Oblig. de la Ville de Paris. 1420 fr. 00 c.	Emprunt d'Haïti. 00 fr. 00 c.
Act. de la Banque. 000 fr. 00 c.	Rente d'Espagne. 5 p. 0/0. 10 fr. 0/0.

PARIS. — IMPRIMERIE D'ADRIEN LE CLERE ET C°, rue Cassette, 29.

HISTOIRE DES SCIENCES DE L'ORGANISATION ET DE LEURS PROGRÈS,

comme base de la philosophie,

Par M. de BLAINVILLE, de l'Académie des Sciences, et M. l'abbé MAUPIED,
docteur ès-sciences de la Faculté de Paris.

3 vol. in-8°. 1845.

L'histoire de la science est la science elle-même, dit M. de Blainville. Ce mot est plein de vérité, et il est prononcé par un des premiers savans de l'Europe. M. de Blainville a fait en 1839 un cours des
principes de zoologie, déduits de son histoire même : c'est ce cours recueilli, mis en ordre et complété par M. Maupied, que nous avons à
faire connoître dans une analyse de cet ouvrage, que la science seule a
peut-être le droit de juger et de dégager de tout esprit de système.

L'histoire des sciences se partage en huit périodes. La première nous
initie aux origines de la science chez tous les peuples anciens. Acceptant
nettement la chronologie de nos livres saints, nous voyons les débris
de la science antédiluvienne ramassés d'une part par les peuples primitifs de l'Asie, qui, partant du pied des montagnes d'Arménie, trans-
plantèrent ce germe précieux dans le bassin que borne au nord la mer
Caspienne et le Caucase, puis, franchissant les hauteurs de l'Himalaya et
du Thibet, ou bien côtoyant les rivages de l'Océan indien, établirent dès
les temps les plus reculés, à l'extrémité tout-à-fait orientale de la Chine,
ce centre d'énergie et d'action scientifique qui, quoique indépendant
par sa position, son caractère si spécial et sa marche, du centre occi-
dental ou européen, en a pourtant reçu à presque toutes les époques
une certaine influence sur ses progrès ultérieurs. Et d'autre part, partant du même point que les précédens, nous voyons une autre bande,
par une de ses ramifications, se diriger à l'ouest le long de la Méditerranée, et se réunir sur un même point, la Grèce, pour y prendre
une force qui ira toujours en croissant.

Mais bien qu'ainsi séparés en apparence dès l'origine, et s'étendant
en sens contraire, ces deux centres d'action ne cessèrent très-probablement jamais d'être en communication, d'un côté par le commerce de
l'Egypte, de l'Idumée et de la Syrie, qui, se frayant une route par le
golfe arabique et le golfe persique, alloit, dès les temps les plus reculés, chercher les richesses de l'Inde et de l'Orient, pour les apporter à
la Phénicie; de l'autre côté par les navigateurs phéniciens, qui sillon-
nèrent en tous sens les plages de la Méditerranée, et franchissant les
colonnes d'Hercule, bravoient les flots de l'Atlantique pour exploiter les

métaux des Bretons, et même de Visterthulé. Cette partie est bien traitée par M. Maupied, et dans l'*Histoire des sciences*, et dans un volume
spécial intitulé *Prodrome d'Ethnographie*.

La seconde période de l'histoire des sciences nous montre la Grèce
recevant de toutes parts, par des colonies, les débris des traditions qui
deviendront les germes de la science, qu'elle fécondera et développera
seule. Aristote, le plus vaste génie de l'antiquité, a connu par un effort
unique que l'ensemble des connoissances humaines constitue la philosophie ; et il a été conduit à tracer dans la science le grand tableau de
la création. Dans ce but, il a employé, dirigé et préparé l'instrument
intellectuel, la raison. Comprenant, en effet, que l'étude des choses se
compose de l'histoire des faits et de leur étiologie, ou de la recherche et
de l'explication des causes, et que, pour parvenir à les connoître, il faut
donner à l'esprit la méthode en général, puis la méthode en particulier,
la classification et la nomenclature, qui conduisent à lire l'ordre de la
création manifesté par la dégradation des êtres, ou leur série, Aristote
a créé la méthode, qui est l'art de se prouver la vérité à soi-même, et
de la démontrer aux autres en combattant l'erreur. Il a établi que la
recherche des causes est le but de la philosophie, dont il a vu ainsi le
terme à la fois intellectuel, qui tend à remonter à Dieu, et physique,
qui, lorsqu'on y reste, tend uniquement au matérialisme. Mais bien
que le philosophe de Stagyre eût vu ce double but, il n'a pu arriver
jusqu'aux rapports de l'homme avec Dieu : cela n'étoit possible que
par le secours de la révélation, et dès-lors le cercle ne pouvoit être
clos.

Après la Grèce, M. Maupied étudie l'état de la science chez les Romains,
ce qui constitue la troisième période. Pline n'a été qu'un compilateur
sans principes ; à la vérité, sans lui, un grand nombre de faits historiques
plus encore que naturels, eussent été complètement perdus pour nous,
ou du moins pour notre curiosité, car dans ce qu'il rapporte même des
produits des arts, il n'y en a jamais assez pour qu'on ait pu s'en servir
pour retrouver ces arts quand ils ont été perdus. Sans lui encore, la
langue latine nous seroit incomplètement connue ; une foule de choses
en effet ne sont nommées en latin que dans son ouvrage. Mais l'exagération de l'empirisme, l'abus de la compilation, le but matériel mis au-
dessus de l'intellectuel, auroient eu un effet désastreux sur les progrès
ultérieurs de la science, si l'impulsion donnée par Aristote ne s'étoit
pas continuée, et même accrue, dans la direction grecque de l'école
d'Alexandrie, sur laquelle nous allons jeter un coup-d'œil, guidés
toujours, dans cette analyse rapide, par M. de Blainville et M. Mau-

GALIEN remplit la quatrième période. Il naquit à Pergame, ville célèbre par son temple d'Esculape, et se consacra à l'art de guérir. L'ensemble des ouvrages qu'il nous a laissés, constitue une véritable encyclopédie médicale, comprenant toutes les connoissances nécessaires, aussi bien pour enseigner que pour pratiquer la médecine. Les élémens de ses travaux sont tirés de ses prédécesseurs et de ses contemporains grecs. Il n'a rien emprunté des Romains, mais il doit beaucoup à ses propres observations, qui ont été très-nombreuses en anatomie et en physiologie. Sous l'influence chrétienne, Galien a peut-être entrevu le but théologique dans la grande thèse des causes finales.

Une longue interruption sépare Galien du moyen âge; car ni les Romains, chez qui tout étoit en dissolution, ni les Arabes, absorbés par la conquête, n'ont rien ajouté à la science. Et d'ailleurs, comme le prouve M. Maupied dans son introduction, le christianisme avoit bien autre chose à faire. Pour trouver une époque et un point d'observation, on est obligé d'arriver jusqu'à la cinquième période. ALBERT-LE-GRAND entre avec toute la force et la puissance chrétienne dans la conception scientifique, se basant sur Aristote et sur Galien. Il clôt le cercle des connoissances humaines, et étend quelques branches importantes. Ce génie puissant donna pour base à la théologie la philosophie instrumentale et la science de la nature d'une part, et de l'autre la révélation démontrée, de sorte que la théologie devint, comme tout le reste, une science positive de faits, d'expérience, et de démonstration philosophique. Par là, le cercle des connoissances humaines est complété, puisqu'il renferme le monde, ou l'ensemble des créatures, l'homme, ou le lien d'union de l'esprit et de la matière, et enfin le dernier et le plus grand terme, Dieu, créateur et conservateur. En minéralogie, Albert-le-Grand a certainement avancé la science, d'abord en traitant toutes les questions générales, mais surtout en donnant la description et la définition d'un assez grand nombre de minéraux et de métaux, qu'il avoit observés lui-même. Il divise le règne minéral, en pierres, métaux et corps intermédiaires, c'est-à-dire les sels. Ainsi, pour ne citer qu'un exemple, son chapitre VIII *De lapidibus* est remarquable en ce qu'il y est question de certaines pierres qui ont extérieurement et intérieurement des effigies d'animaux; il dit que ce sont des animaux pétrifiés. Le problème des fossiles commençoit donc déjà à occuper la science, qui étoit loin encore d'en voir la solution.

Albert-le-Grand, considérant le règne végétal dans ses généralités, a recherché le principe de la vie dans les plantes, et montré qu'elles différoient des animaux en ce qu'elles n'ont ni désir, ni mouvement volontaire, ni une vie parfaite, mais seulement une partie de la vie. Il fait des observations très-curieuses sur les graines, sur les formes des fleurs, comme base d'une nouvelle classification. C'est la méthode employée plus tard par Tournefort. La zoologie doit aussi beaucoup à Albert-le-Grand; il a posé les véritables principes de la science, en prenant l'homme pour terme de comparaison. En histoire naturelle, il a introduit la description, et il a fait connoître les animaux du Nord.

Comme il est impossible à un seul homme d'embrasser toutes les parties de la science, augmentées par les découvertes et les systèmes précédens, il faudra prendre chacune d'elles, l'une après l'autre, pour les perfectionner autant qu'elles en sont susceptibles. Ainsi, au xvie siècle, CONRARD GESNER commence la sixième période par une énumération plus complète des corps naturels, et surtout des animaux, en rappelant consciencieusement et méthodiquement tout ce qui avoit été dit sur chacun d'eux, toutefois sans aucune critique. Il prétend établir le bilan de ses prédécesseurs, afin de découvrir à ses successeurs ce qu'il y a de fait dans le tableau qui doit représenter la création.

En même temps, VÉSALE, étudiant plus profondément l'homme, le dessine dans sa structure et ses fonctions, pour que ses successeurs puissent s'appliquer à dessiner tous les autres êtres à leur place, à leur rang; d'où naîtront les nuances harmoniques du tableau. Dans ce but, il étend le champ de l'expérience plus loin que Galien, sur chacune des parties de l'organisme. HARVEY vient continuer, sous ce rapport expérimental, l'étude des deux phénomènes les plus importans déduits de de l'organisation, la circulation et la génération. Il perfectionne le dessin de Vésale, en commençant à marquer le degré de vie qu'il faudra donner à chaque partie.

BACON (1560-1628) avoit appliqué la méthode à l'*étiologie* des phénomènes; il avoit insisté sur l'expérience, et l'avoit régularisée; il avoit compris nettement que la philosophie est toute dans Dieu, l'homme et la nature. Enfin, paroît DESCARTES (1596-1650), une des plus belles intelligences que Dieu ait montrée au monde. Il perfectionna la méthode mathématique, la méthode logique, et il appela comme base de la science, l'étude des corps organisés et celle de la structure de l'homme comparée aux animaux en particulier. L'influence de Descartes fut rapide, et elle devint à peu près universelle, en France surtout où il eut pour disciples, en métaphysique, Bossuet, Fénelon, Malebranche, Pascal et toute la célèbre école de Port-Royal. A la même époque, un homme qui a eu une grande influence sur les mœurs, MOLIÈRE, (qui l'eût jamais deviné?) a eu une grande influence sur la marche de la science. Bacon et Descartes avoient cru renverser Aristote et la scholastique, et ils n'avoient fait que les perfectionner. Leur effort n'avoit eu d'effet que sur le monde savant; mais Molière a insisté jusqu'au fond : en bafouant les formules barbares et burlesques de la médecine et de la philosophie, il les a fait disparoître sans retour. Qu'on se rappelle le pédant Métaphraste du *Dépit amoureux*, qu'Albert ne peut faire taire qu'en sonnant à ses oreilles une *campanne* de mulet, et l'on comprendra l'immense force de cette thèse si nouvelle contre le jargon étymologique et l'érudition outrée où étoit tombé l'abus des vieilles formules médicales.

RAY (1628-1705) a développé la direction de Gesner, et l'a élargie considérablement ; cependant le nombre des faits simples s'accroissant, demandoit que la méthode fût perfectionnée, non plus pour l'interprétation des faits, afin qu'ils servissent à l'explication des phénomènes, mais qu'elle le fût sous le rapport de la classification des corps naturels, végétaux et animaux. En conséquence, Ray cherche à ranger les êtres qui doivent entrer au tableau, dans l'ordre le plus convenable pour être éclairés par le rayon divin ; cependant son ordre est artificiel, parce qu'il est sans intention de rapports.

LINNÉ (1707-1778) agrandit cette direction en augmentant le nombre des êtres et des faits connus; mais surtout il agit sur celui de la méthode, en la distinguant suivant qu'elle a ou non intention d'exprimer les rapports des êtres. Elle se partage entre ses mains en méthode artificielle qu'il perfectionne, et en méthode naturelle qui ne repose pas sur l'ensemble des caractères, mais sur leur importance et leur subordination. Son effort s'appesantira sur la nomenclature, cet art qui, par des expressions, des mots conçus convenablement, analyse une méthode, et traduit les caractères des êtres, de manière à les faire connoître facilement, en quelque grand nombre qu'ils soient. Linné a agi si puissamment sur cette partie de la science, qu'il en est comme le créateur, et qu'il a pu inventer ce grand titre : *Systema naturæ*. Ainsi donc, Linné, en perfectionnant l'ordre et inscrivant au tableau le moyen de le lire, montre qu'il y a un ordre plus parfait, capable de suivre toutes les nuances de la nature et de les harmoniser dans leur ensemble; mais il éloigne le but en rabaissant l'homme parmi les animaux.

BUFFON (1707-1788) vient donner la vie et les couleurs, afin de mieux faire ressortir les harmonies du tout; il peint ce que les autres ont dessiné. Nécessairement antagoniste de l'effort précédent, tant que celui-ci conserveroit son caractère artificiel, l'effort de Buffon deviendra d'autant plus élevé, d'autant plus important, d'autant plus religieux, que l'étude des rapports naturels des êtres apprendra à mieux lire ce qu'ils sont. Sentant, devinant les rapports des êtres avec le sol qui les supporte, et les harmonies de ces êtres entre eux, Buffon crée l'histoire naturelle géographique; il reprend l'*étiologie* d'en haut, envisagée par rapport à l'homme, mais physiquement, à l'aide de la méthode mathématique. Dès lors, se fiant à son génie, et n'ayant rien qui l'arrête, il abandonne Aristote pour suivre la physique de Descartes; il est conduit par son effort même à étudier le sol et le mode de sa création, qu'il remplace par de fausses hypothèses; il crée lui-même la terre, et, ne s'arrêtant pas là, il en fait autant pour les animaux et pour l'homme. Ainsi livré à son imagination, il ne dessine plus, il peint, et quelquefois de sorte à cacher le dessin par la beauté du coloris, mais aussi de manière à laisser des traces ineffaçables dans l'histoire de l'esprit humain. En sortant de la direction théologique, il a ouvert les voies à l'athéisme. Il auroit dû se souvenir, ce magnifique génie, qu'on ne crée pas dans les sciences, mais qu'on lit ce qui est créé. Buffon étoit chrétien du fond du cœur, et ses aumônes qu'il savoit si bien déguiser lui ont sans doute mérité une mort bien différente de celle des philosophes ses amis.

Depuis Albert-le-Grand jusqu'à Buffon, toutes les parties du cercle des connoissances humaines ont été reprises et étendues; mais la science n'est pas encore arrivée à son terme. Le besoin de la science reconnu et proclamé par Linné, étoit la méthode naturelle ou les rapports naturels des êtres, leur dégradation sériale; or, comme ces rapports naturels ne pouvoient être reconnus et appréciés que par l'étude comparée de l'organisme et de ses actes intérieurs et extérieurs, on voit comment le pas à faire étoit une anatomie comparée et une physiologie.

Haller (1708-1777), dans son immortelle physiologie, mène à fin l'effort de Galien et de Vésale; il trace à ses successeurs les lois de la vie des êtres, lois qui permettent de les connoître plus à fond, et de découvrir l'ordre plus parfait dans lequel ils doivent être disposés.

Pallas (1741-1811), en cherchant les rapports des animaux dans l'étude de leur organisation considérée exclusivement, fait connoître leur structure, et appelle avec Deluc, ceux qui ne sont plus, pour combler les lacunes du tableau, et ainsi la paléontologie est créée.

Vicq-d'Azir (1748-1794) donne la loi qui servira à comparer tous ces êtres, et crée l'anatomie comparée dans ses principes. Dès-lors les méthodes ou classifications naturelles peuvent être appréciées; mais comme l'esprit humain ne fait pas tout à la fois, la nomenclature suivit ou dut suivre de près ce mouvement d'une manière proportionnelle à l'avancement de la science, et les méthodistes viennent former des groupes, des familles; c'est ce que fit Adanson.

La savante famille des Jussieu, et surtout Antoine - Laurent,

vient ranger en ordre au tableau une partie des êtres naturels, ou plutôt donner la loi de cet ordre. Antoine-Laurent expose ce que c'est
que la méthode naturelle en général, ses règles, ses principes, la subordination des caractères, et en fait l'application aux végétaux. PINEL,
agrandissant l'effort de Jussieu, essaie la méthode naturelle ou pathologie, ce qui nécessite la création de l'anatomie générale par BICHAT,
et comme conséquence, la dernière reprise de l'étude de la mesure par
ce grand homme ; d'où sort l'anatomie générale, l'anatomie des tissus,
l'anatomie de développement ; ce qui conduira à l'étude synthétique.
BROUSSAIS, enté sur les deux précédens, développe l'anatomie patholo-
gique, cherche le siége des maladies, arrive à la thérapeutique ration-
nelle, au diagnostic des maladies et à la pathologie générale. GALL augmente notablement l'un des rayons les plus importans du cercle de
la philosophie, celui du siége des facultés intellectuelles, de leur analyse, de leurs rapports proportionnels avec le *substratum*. Pinel, Bichat,
Broussais et Gall, par leurs efforts réunis, achèvent donc la partie du
tableau où apparoît l'homme, qui est désormais une mesure suffisam -
ment connue. Mais Gall et Broussais ayant une corception fausse de
la science, enlèvent à l'homme ce qui l'élève au-dessus de la brute ; ils
lui contestent le rayon divin qui l'anime. Cependant Lamarck et Oken
avoient poussé à l'extrême la thèse anti-théologique. Dans le mouvement progressif qui se fit dans la dernière moitié du dernier siécle,
on perdit généralement de vue le but religieux, le terme de la
science. On inventa des lois des phénomènes, des lois des opérations
des corps, au lieu de les lire. Et comme la chimie fit de grands progrès, soit dans la matière mieux décomposée, soit dans la connoissance
des lois d'un plus grand nombre de phénomènes, on se persuada facilement qu'il n'étoit plus besoin de remonter au Créateur ; alors la
science, de plus en plus abaissée à l'application immédiate, devint *in-*
dustrie, et se décomposa en autant de manières qu'il y eut de directions à fortune.

Aujourd'hui il y a un grand effort vers la coordonation des sciences
autour du christianisme, et nous croyons que le savant travail de
M. de Blainville et de M. Maupied y contribuera beaucoup, en démon-
trant de plus en plus la théorie des causes finales, la série croissante et
décroissante des organisations, et par suite, non-seulement un plan
dans chacune d'elles, mais un plan général dans l'ensemble des êtres,
comme il y en a un pour chaque famille, comme il y en a un pour
chaque espèce et pour chaque être, ainsi que des rapports nécessaires
entre eux. Par là se trouve démontré rationnellement le Dieu créateur
de toutes choses. Tel est en résumé le livre que nous venons d'essayer

de faire connoître. La réunion de l'un des premiers savans de l'Europe et d'un prêtre pour écrire une *histoire des sciences,* est d'heureux augure pour l'avenir des études ecclésiastiques.   Ch. de M.

REVUE ET NOUVELLES ECCLÉSIASTIQUES.

PARIS.

Le *Siècle* publioît hier sous ce titre : l'empereur et le pape, un article qui mérite de fixer notre attention.

On sait quelle a été dans la discussion des questions religieuses de ces derniers temps la fatale influence des hommes politiques dont ce journal est l'organe avoué. Cette influence, que l'opinion publique, les chambres et le pouvoir n'ont que trop subie, cherchera sans doute à s'imposer encore dans le premier conflit de même nature qui pourra s'élever.

Or il importe de mettre en lumière — ne fût-ce que pour servir de grave avertissement au clergé comme au gouvernement — les sentimens, les principes et les projets de ces prétendus publicistes, en ce qui touche les rapports de la France avec le chef de l'Eglise catholique.

La théorie de l'Empereur dépouillant le Pape de sa souveraineté temporelle pour *le ramener à la condition purement spirituelle de prince des évêques catholiques,* et en faire sous sa main d'autocrate le facile instrument de toutes ses volontés, cette théorie du despotisme impérial seroit assez dans les goûts des écrivains du *Siècle.* Les violences mêmes employées par l'Empereur pour arracher d'impossibles concessions à l'infortuné Pie VII, alarment à peine les scrupules de ces grands parleurs de liberté. L'escalade du Quirinal, le bris des portes de la demeure pontificale, l'enlèvement du pape, la captivité de Savone, les indignes traitemens de Fontainebleau, toutes ces hontes qui feront une tache éternelle sur la gloire du jeune vainqueur de Marengo, ne sont, dans l'opinion du *Siècle,* qu'une *boutade* d'un lieutenant de l'Empereur et le résultat *d'un zèle mal entendu.* A quelques différences près dans les moyens, *le but est resté le même. Napoléon vouloit que le Pape fût là tout près pour se concerter avec lui directement, à la manière des autocrates.* Les hommes du *Siècle* ne songent plus à le dépouiller des Etats *dont la possession lui est garantie par les traités généraux qui régissent l'Europe.* Mais vôici qu'ils ont imaginé *un moyen très-légitime, un moyen infaillible d'avoir influence sur la papauté.* S'il n'est plus possible d'amener le Pape au Louvre, comme le vouloit l'Empereur, *qui nous défend,* disent-ils, *de conduire nos institutions libérales au Vatican?* Et pour qu'on ne croie pas que nous voulons nous moquer des publicistes du *Siècle* en leur attribuant faussement une aussi folle idée, voici textuellement leur langage :

« La France a besoin, pour s'entendre cordialement avec Rome, que la liberté habite la capitale du monde catholique, et que *les sujets du pape possèdent des droits aussi solidement garantis que ceux des citoyens français.* Dès que nous se---- d'accord sur la liberté temporelle, *les dissentimens sur les questions reli-*

gieuses disparoîtront comme par enchantement; le pape, habitué comme prince temporel au *gouvernement parlementaire*, ne fera plus difficulté de se rappeler que le gouvernement de l'Eglise a été fondé sur des principes analogues. La lutte, car nous ne doutons pas qu'il y en aura une, servira d'ailleurs de pierre de touche aux sentimens libéraux dont se vante notre clergé. Le dogme n'étant nullement intéressé à ce que les Romagnols et les Romains soient despotiquement gouvernés, on verra ce que penseront messieurs nos évêques des efforts tentés, au nom de la France, pour qu'une constitution soit enfin accordée aux Etats du pape. »

Que si, malgré ce beau plan de propagande révolutionnaire, l'entente cordiale n'est pas encore assez parfaite, si le Pape persiste à ne pas reconnoître le prétendu concordat de 1813 que le *Siècle* veut à tout prix lui imposer, les hommes d'Etat de l'école impériale, mieux éclairés par les inspirations de M. Thiers et de M. Barrot, ont une dernière ressource, à laquelle l'Empereur, dans l'excès de ses emportemens, n'avoit pas songé. *Qu'arriveroit-il,* dit le *Siècle* sous forme de menace, *si demain, lasse d'indignes et sottes tracasseries, la France, à l'exemple de ce qui se passe en Allemagne, demandoit que son Eglise se séparât de celle de Rome?...*

Ce qui arriveroit ?... Nous pouvons vous le dire, car l'expérience en a été faite. En 1792, quand vous vous nommiez Pétion, et que toute puissance vous étoit donnée pour appliquer vos systèmes, vous avez essayé de rompre le lien de l'unité catholique; or, pour briser ce lien sacré, il vous a fallu noyer toutes les institutions sociales de la France, dans le sang de ses prêtres. Toutes les forces du pouvoir s'étoient alors mises à l'œuvre. Une nouvelle révolution s'est faite en 1830 : elle a voulu n'être que politique, mais à la faveur du désordre moral et des principes de liberté proclamés à cette époque, *ce qui se passe aujourd'hui en Allemagne* a été tenté parmi nous : un malheureux prêtre s'est mis à la tête d'une *Eglise catholique française* : M. Odilon-Barrot étoit alors préfet de la Seine, et il a dit au nouveau réformateur : «Agissez, Monsieur l'abbé, vous avez la Charte pour vous. » Or, malgré cet appui, le prétendu *primat de l'Eglise française,* après quelques tristes années de scandale, est tombé de ses tréteaux dans le ridicule et dans la boue. Ses successeurs, s'il pouvoit en avoir, n'auroient pas, soyez-en sûrs, un sort plus glorieux ni plus prospère. Toutes les tentatives de schisme seront vaines. La France tient au catholicisme par le fond des entrailles, et elle sait qu'il n'y a plus de catholicisme quand les liens avec Rome sont brisés.

Un vote important a eu lieu dans la chambre des députés à Athènes, le 14 juillet, sur la réorganisation du Saint-Synode. Le débat étoit entre le parti qui vouloit pour l'Eglise une existence indépendante, sans aucune participation du pouvoir séculier, et le parti qui vouloit assurer la suprématie du pouvoir temporel, en remettant à la couronne la nomination du président du Saint-Synode. C'est ce dernier parti qui a triomphé.

Quatre rédactions différentes avoient été présentées. La première étoit ainsi conçue : « Les membres du Saint-Synode sont élus tous les cinq ans, à la majorité des voix, par le haut et le bas clergé, et le Saint-Synode élit son président. » Elle a été rejetée par: 68 voix contre 28.

La deuxième, ainsi conçue : « Le président du Saint-Synode est élu tous les trois ans à la majorité des suffrages, par tous les évêques qui occupent un siége dans le royaume, et son élection est sanctionnée par le roi ; les membres du Saint-Synode et les membres supplémentaires sont nommés tous les trois ans par le roi, suivant l'ordre de leur ancienneté dans l'épiscopat, » a été rejetée par 50 voix contre 43.

La troisième, ainsi conçue : « Les membres du Saint-Synode et les membres supplémentaires sont nommés tous les trois ans par le roi, et pris parmi tous les évêques qui occupent un siége dans le royaume, en suivant l'ordre de leur ancienneté dans l'épiscopat, et ils se renouvellent tous les trois ans. Le Saint-Synode élit son président, dont la nomination est sanctionnée par le roi, » a été également écartée.

La quatrième étoit formulée en ces termes : « Les membres du Saint-Synode, ainsi que les membres supplémentaires, sont nommés par le gouvernement, tous les deux ans, en suivant l'ordre de leur ancienneté dans l'épiscopat. Parmi ces cinq membres le roi nomme le président. »

C'est cette dernière rédaction qui a été adoptée par 50 voix contre 44.

Voilà à quel degré d'abaissement tombe une Eglise quand elle n'a plus dans son sein le principe de la vie divine qui lui étoit communiqué par le centre de l'unité catholique.

———◦◦◦———

Demain, dimanche 3 août, fête de l'Invention des reliques de saint Etienne, premier diacre et premier martyr de l'Eglise, on célèbrera avec beaucoup de pompe cette solennité dans l'église de Saint-Etienne-du-Mont. M. l'évêque de Bida officiera pontificalement le matin à la messe, et aux offices du soir. Il y aura sermon et salut solennel.

———◦◦◦———

Une belle et imposante cérémonie vient d'avoir lieu dans la commune de Varvanes, près Tôtes, diocèse de Rouen.

Depuis long-temps l'église étoit dans un état déplorable et menaçoit ruine ; grâce au généreux dévouement du prêtre qui dirige cette paroisse, une souscription s'est ouverte ; les habitans ont rivalisé de zèle ; riches et pauvres ont voulu contribuer à cette bonne œuvre, et là où s'élevoit il y a deux mois un vieil édifice en ruine, apparoissent maintenant de belles et hautes murailles ornées d'élégans contre-forts et de nombreuses croisées. Mgr Blanquart de Bailleul, dont le zèle est infatigable, a bien voulu en poser lui-même la première pierre ; il a été reçu au milieu de cette simple et religieuse population avec un enthousiasme indicible.

L'église de Bon-Secours sur Rouen touche à sa fin. Toute la construction est faite; on achève le ravalement et la pose des statues qui doivent décorer l'édifice. Les statues sont confiées au talent si sûr de M. Jean Du Seigneur, que tous nos lecteurs connoissent. A la base du clocher, M. Du Seigneur a posé les quatre évangélistes; ce sont des statues colossales de 2 mètres 60 centimètres de haut. L'effet de ces grandes figures est remarquable, et l'opinion de la ville de Rouen est unanime sur ce point essentiel. Les apôtres sont nimbés comme il convient à des saints; ils ont les pieds nus, comme l'art chrétien les figure, et ils sont accompagnés de leurs attributs. La place manquant, la niche où il est placé étant trop étroite, saint Matthieu n'a pu avoir près de lui l'ange qui est son symbole. M. Du Seigneur est le premier à regretter cette absence, qu'il a dû subir bien malgré lui. L'église de Bon-Secours est le plus magnifique prospectus ogival; c'est à M. Barthélemy, architecte habile et dévoué, correspondant du comité historique des arts et monumens, qu'est dû cet édifice.   (*Annales archéologiques.*)

Mgr Arnoldi est en ce moment à Coblentz. Ce prélat doit se rendre prochainement à Stolzenfels, résidence royale qui fait encore partie du diocèse de Trèves, pour présenter ses hommages au roi de Prusse, qui a dû y arriver le 26 de ce mois. S. G. doit, dit-on, traiter avec ce monarque des affaires qui intéressent les catholiques des provinces rhénanes.

Le roi de Prusse, par un rescrit du 8 juillet, a décidé, contrairement à sa première résolution, que les églises évangéliques pourront être mises, en certaines circonstances, à la disposition des dissidens catholiques. Voici le passage du décret royal où sont énoncés les motifs de cette décision :

« Comme le nombre des dissidens s'est considérablement accru, dans plusieurs endroits, depuis la publication de l'ordonnance du 17 mai, au point que, à l'exception du temple évangélique, il n'existe pas, ou il n'y a pas moyen de créer un autre local suffisamment spacieux et propre à célébrer le service divin des dissidens, et que la célébration de ce service en plein air présente de graves inconvéniens sous le rapport de la police, j'autorise les présidens supérieurs, de concert avec le consistoire et d'après le consentement unanimement déclaré du patron, du pasteur et de la présidence des temples, à permettre provisoirement et exceptionnellement aux dissidens catholiques de se réunir pour leur service divin dans les temples protestans, dans les endroits où ceux-ci leur étoient déjà ouverts avant la publication de la disposition générale du 17 mai, ou dans les endroits où il n'y auroit pas désormais moyen de remédier autrement au manque d'un local convenable pour leur service divin. Mais il faut veiller en même temps à ce que ce service divin ne prenne pas le caractère d'un service divin public, à l'exercice duquel ne sont pas autorisées les sectes religieuses formellement tolérées. »

La *Gazette de Leipsick* contient, dans son numéro du 21 juillet, un avis des ministres chargés des affaires évangéliques, qui est ainsi conçu :

« Depuis quelque temps, une tendance à modifier et à changer les croyances religieuses, même dans le sein de l'Eglise évangélique, s'est manifestée ; elle est de nature à faire naître des craintes sérieuses.

» Il est vrai que la liberté de conscience est garantie, et qu'il est libre à chacun de sonder le sens des saintes Ecritures ; mais *les tendances qui se sont manifestées pourroient attaquer la croyance même qui est fortement enracinée dans les esprits en la parole de Dieu.* La majorité pourroit faire loi à la minorité ; tout deviendroit arbitraire, et l'unité de l'Eglise seroit brisée.

» En conséquence, les ministres d'Etat évangéliques soussignés, chargés par les actes et engagemens de juin de l'année 1697, et par le paragraphe 41 de la constitution, de veiller aux intérêts de l'Eglise évangélique luthérienne dans ce pays, de maintenir la confession d'Augsbourg, l'unité de l'Eglise, de prévenir la formation des sectes, et tenus, par leurs sermens religieux, d'empêcher que rien ne soit fait ouvertement ni secrètement contre les croyances, sentent qu'il est de leur devoir d'appeler l'attention publique sur ces dangers, de détourner les citoyens de pareilles tentatives, et de déclarer que, à raison de leur serment et de leur position, ils résisteront formellement à ces tendances, et que par conséquent ils ne peuvent tolérer la formation de comités et d'assemblées ayant pour but de révoquer en doute ou d'attaquer la profession de foi de la confession d'Augsbourg, et qu'ils ont défendu ces comités et ces assemblées.

» Cet avis servira à tranquilliser et à encourager ceux qui désirent le maintien de notre église, et d'avertissement à ceux qui favorisent et soutiennent de pareilles tendances ; et les soussignés espèrent avec confiance que les ecclésiastiques se rappelleront les devoirs que leur impose leur serment.

» Dresde, le 17 juillet 1845.

» Les ministres d'Etat chargés des affaires évangéliques,

» H. DE KOENNERITZ, DE ZESCHAU, DE WIETERSHEIM, DE FALKEINSTEIN, DE WEBER. »

Ce nouveau cri de détresse de l'Eglise évangélique est en quelque sorte la révélation officielle de la plaie profonde qui la dévore et la menace d'une ruine qui lui fut prédite à sa naissance, en particulier par Bossuet.

Le consistoire de Halle a ordonné une enquête disciplinaire, à l'égard du pasteur Wicislenus, *à l'effet*, dit le décret consistorial, *de parvenir à une décision définitive sur les suites de ses déviations de la base doctrinale de l'Eglise évangélique, et de sa conduite ecclésiastique.* Ces vagues expressions indiquent suffisamment les embarras de l'autorité consistoriale en face du principe *de libre examen* et de *la libre prédication* de ce qui est, par habitude seulement, appelé la *pure parole de Dieu.* L'enquête est confiée, non à un ou à plusieurs théologiens protestans, mais à M. de Kœnen, directeur des tribunaux urbains et ruraux.

Le consistoire évangélique de Saint-Pétersbourg vient de recevoir un nouveau président dans la personne du baron de Meyendorff, *aide-de-*

camp général de l'empereur. C'est aujourd'hui un système admis en Russie, de confier la direction générale des affaires ecclésiastiques, à des chefs militaires qui mènent ces affaires, comme on dit communément, *tambour battant*. A cet égard, les luthériens et les calvinistes, malgré eux réunis en une communion mixte, dite évangélique, ne devoient pas s'attendre à se voir traiter avec plus de respect que *le très-saint synode dirigeant*, si long-temps présidé par un colonel de hussards.

REVUE POLITIQUE.

Ce qui reste du conflit entre les ouvriers charpentiers et les entrepreneurs doit, non-seulement réclamer l'attention de l'autorité, mais aussi provoquer les sérieuses préoccupations de ceux qui sont appelés à la confection des lois. C'est toujours après la manifestation de quelque grave perturbation dans la vie des travailleurs, qu'on s'est accoutumé, depuis l'introduction en France du système représentatif, à formuler quelque loi relative à l'amélioration du sort de la classe ouvrière. On diroit qu'en prenant une telle tâche, notre législature s'applique à justifier cette parole : *A chaque jour suffit sa peine*. C'est ainsi que nous avons eu successivement et selon leur urgence relative, d'abord la loi sur les caisses d'épargne, ensuite la loi sur le travail des enfans dans les manufactures. La *grève* des ouvriers charpentiers, qui soulève la grande et si difficile question du *salaire*, pourroit bien aussi appeler, l'an prochain, toute l'attention des chambres. Dans cette hypothèse, qui ne peut être regardée comme chimérique, n'est-il pas prudent qu'on profite jusque-là de l'expérience des lois précédentes pour aviser aux moyens d'en formuler une, enfin, touchant cette classe ouvrière, qui lui soit en réalité tout-à-fait profitable, et d'une pratique simple et aisée? Nous avons déjà montré, lors de la discussion de la loi sur les *caisses d'épargne*, ce qui manquoit à cette philantropique institution et l'empêchoit d'être en effet absolument populaire. L'expérience de la nouvelle loi montrera mieux que d'interminables discussions, les améliorations indispensables.

Mais pour ce qui regarde la loi sur le *travail des enfans* dans les manufactures, rien ne sauroit démontrer plus éloquemment ses défauts, que le remarquable rapport ou compte-rendu, que M. Dumon, ministre des travaux publics, a présenté au roi, et que tous les journaux ont publié en le commentant. D'après ce document si compétent, il reste démontré que la loi votée et appliquée depuis deux ans, n'est encore qu'à l'état d'essai assez inefficace. On a nommé et emp'oyé beaucoup d'inspecteurs; car aujourd'hui la domination bureaucratique ne se fait nulle part sentir plus impérieusement que dans les œuvres jadis toutes de charité; il y a pour les hospices tout une armée de directeurs et d'inspecteurs; pas une entreprise philantropique ou charitable qui n'ait une direction ou inspection à payer. Cela crée des positions, nous l'avouerons; c'est une importation de l'Angleterre, qui, ne pouvant dans son protestantisme inventer les dévoûmens des ordres monastiques, établit à leur place des employés dont le zèle est stimulé par de convenables émolumens. Nous disons, nous, que tous les inspecteurs et directeurs du monde, ne sauroient tenir lieu du simple et admirable économat des Filles de la Charité. C'est un grand malheur pour les pauvres et pour les malades, que M. Duchâtel n'ait pas voulu comprendre l'esprit de cet ancien mode d'administrer les institutions charitables. Mais revenons au rapport de M. Dumon sur le travail des enfans. Il résulte donc de cette loi, qui a soulevé tant de discussions contraires dans les chambres, que les choses en sont à peu près à l'état primitif. Soixante-et quinze départemens la voient appliquée réellement en ce qui concerne la durée du travail ; car toutes les autres prescriptions ne sont pas toujours faciles à exercer, soit à raison de la difficulté des lieux, soit par la nature même des exploitations. Celle, entre autres, qui regarde l'instruction des enfans pendant les heures de repos, est presque impossible, si les grandes manufactures ou usines n'ont pas à leur portée une école spéciale à cette destination. A Paris, la charité catholique a, selon son inspiration divine, accompli toute la loi. C'est la société des *Amis de l'Enfance*, ce sont les Frères des Ecoles chrétiennes qui, jusqu'ici, ont résolu ce problème tout d'humanité ; à savoir, que l'enfance ne soit plus exploitée par l'avidité de l'industrie, mais qu'en se formant au travail elle apprenne qu'elle a une ame à cultiver et un Créateur à servir. N'est-ce pas là un avertissement pour ceux qui sont à la tête des affaires et des lois? Nous sommes bien convaincus que cette partie de l'expérience de la nouvelle loi n'aura point échappé aux membres actuels du ministère.

On écrit de Bruxelles, le 30 juillet :

« Je m'empresse de vous annoncer la solution de la crise ministérielle. Voici les noms qui figurent dans la combinaison définitivement arrêtée ce matin : M. Van de Weyer, ministre plénipotentiaire à Londres, est nommé ministre de l'intérieur; M. Dechamps, ministre des affaires étrangères, avec les affaires commerciales et industrielles ; M. d'Hoffschmidt aux travaux publics ; M. d'Anethan à la justice; M. Malou, ci-devant gouverneur d'Anvers, aux finances; M. Dupont à la guerre. Il n'y a que trois ministres nouveaux. MM. Dechamps et Malou représentent l'opinion catholique. Ce ministère, qu'on appellera ici un ministère de transaction, est assuré de trouver dans les chambres une majorité considérable. »

INCENDIE DE SMYRNE.

L'affreux malheur qui vient de frapper la ville de Smyrne a excité en France de vives sympathies. Cette ville hier encore florissante, que les voyageurs appeloient le *jardin de l'Orient*, est couverte de ruines, et 20,000 de ses habitans se trouvent sans ressources et sans abri. Les Smyrnéens ont toujours été renommés pour leur hospitalité, et les exilés de tous les pays et de tous les régimes peuvent dire si cette hospitalité n'a pas été généreuse. Aujourd'hui que Smyrne implore la pitié de l'Europe, nous espérons que la France ne sera pas insensible à l'appel. Un comité s'organise pour porter aux malheureux incendiés des secours efficaces; en attendant qu'il soit constitué, une souscription est ouverte chez MM. Ch. Laffitte, Blount et Cᵉ, rue Basse-du-Rempart, 48, et chez M. Gustave Halphen, consul-général de Turquie, rue des Petites-Ecuries, 41.

Selon des correspondances de Constantinople, le sultan a été profondément affecté de l'immense malheur qui vient de frapper la seconde ville de son empire. Il a versé des larmes au récit de cette horrible catastrophe, et ordonné qu'une somme de 250,000 piastres, prise sur sa cassette particulière, fût envoyée aux incendiés, avec des tentes, de la farine, du biscuit, et différens autres objets de première nécessité.

NOUVELLES ET FAITS DIVERS.
INTÉRIEUR.

PARIS, 1er août. — Par une décision prise en conseil, sur le rapport concerté entre le ministre de la marine et celui des finances, le chef de l'État a autorisé l'emploi immédiat, pour le service de la marine royale, de dix bâtimens à vapeur, sur les 17 qui ont été construits pour desservir les lignes de correspondances transatlantiques non encore établies.

Ces dix bâtimens sont l'*Albatros*, le *Caraïbe*, le *Labrador*, le *Montézuma*, l'*Orénoque*, le *Panama*, de 450 chevaux; le *Caïman*, l'*Elan*, l'*Espadon*, le *Phoque*, de 220 chevaux.

Dès à présent, ces quatre derniers sont disposés pour le service auquel il s'agit de les affecter, et les six autres sont ceux dont les travaux d'installation ont été arrêtés il y a dix-huit mois, afin de les tenir prêts à recevoir, au besoin, ou la destination du service de paquebot, ou celle de bâtiment à vapeur de guerre.

Au moyen de la mesure adoptée à l'égard de ces bâtimens, il sera pourvu ainsi à la composition de la division navale qui doit stationner sur les côtes occidentales d'Afrique, sous le commandement de M. le contre-amiral Montagniès de La Roque, ayant pour chef d'état-major et capitaine de pavillon M. le capitaine de vaisseau Bouët-Willaumez.

Bâtimens à vapeur: Le *Caraïbe*, portant pavillon de contre-amiral; le *Caïman*, l'*Elan*, l'*Espadon*, le *Phoque*, l'*Australie*, l'*Euphrate*, le *Narval*, ces trois derniers de 160 chevaux.

Bâtimens à voiles : Les corvettes la *Camille*, de 30 canons; l'*Indienne*, l'*Infatigable*, de 380 tonneaux; les bricks l'*Abeille*, de 18 canons; le *Grenadier*, de 20; les bricks-avisos l'*Alcyone*, le *Bougainville*, la *Comète*, la *Cigogne*, la *Flèche*, le *Léger*, le *Pavillon*, le *Rossignol*, la *Surprise*; les goëlettes l'*Amarante*, la *Fine*, l'*Hirondelle* et la *Jonquille*.

— Une ordonnance du 10 juillet a réuni le dépôt général de la guerre à l'administration centrale, et donné à ce service une organisation nouvelle. M. le général Pelet en a été nommé directeur; mais il ne conserve que transitoirement le titre de directeur général du dépôt de la guerre.

— On lit dans le *Journal des Débats*:

« Le *Morning-Chronicle* publie des nouvelles de Taïti, d'après lesquelles le gouvernement français auroit refusé toute communication avec la terre à la corvette anglaise *Talbot*, qui ne vouloit pas saluer le pavillon du protectorat. Nous croyons que cette nouvelle n'est que la répétition d'une toute semblable qui étoit connue depuis long-temps. »

— M. le maréchal duc d'Isly a quitté Alger le 23 juillet, pour commencer cette expédition de la Kabylie, contraire aux intentions du gouvernement et au vœu des chambres. Il s'est embarqué pour Dellys avec son état-major.

M. le colonel Pélissier, chef d'état-major, l'avoit précédé de deux jours. Il alloit organiser à Dellys une colonne qui devoit se mettre en marche le 24 juillet, et opérer de concert avec la colonne du général Gentil.

M. le gouverneur-général se proposoit de prendre le commandement supérieur de ces deux colonnes.

— On écrit d'Orléansville à la *France algérienne* :

« Une haine violente animoit depuis long-temps les Sendjes et les Sbéah, tribus rivales portant dans leurs vengeances le même fanatisme et la même obstination que les Ouled-Riah et qui ont, surtout les Sbéah, résisté constamment à nos troupes dans la subdivision d'Orléansville. Souvent battus, plusieurs fois soumis et récemment désarmés en partie, les Méchaïa, fraction des Sbéah de la rive droite, près de l'Oued-Ras, après avoir tenté nuitamment un assassinat sur leur caïd Si-Mohammed, nommé par la France et très-dévoué à notre cause, viennent de commettre, au grand jour, un acte de trahison. Voici dans quelles circonstances il a été consommé. M. le colonel de Saint-Arnaud avoit envoyé une escorte d'honneur de trente spahis à Hadj-Hamed, notre agha des Sendjes qui présidoit aux fêtes du mariage de son fils. Au moment où l'agha se rendoit dans la famille de sa bru pour la ramener à la demeure nuptiale, il vit venir à lui une troupe de trois cents cavaliers environ, à la tête desquels marchoient des Arabes revêtus de bernous et coiffés de bonnets rouges comme en portent nos spahis indigènes. Il ne prit aucune défiance de cette rencontre, supposant que c'étoient ses collègues du makhzen de la subdivision qui venoient assister à ses fêtes. C'étoient les Sbéah, qui, après avoir assassiné plusieurs spahis qui accompagnoient leur caïd dans sa tournée pour le prélèvement de l'impôt, avoient revêtu les bernous et les bonnets de leurs victimes. Parvenus tout près de l'agha, à la faveur de ce déguisement, ils tirèrent plusieurs coups de fusils, presque à bout portant, sur lui et sur sa troupe. L'agha fut tué raide ainsi que deux caïds et une dizaine de cavaliers de leur suite. Nos spahis eurent cinq hommes tués, et si leur défense n'avoit pas été si courageuse, ils eussent infailliblement tous péri, car les assaillans étoient très-nombreux et il y avoit en outre une grande quantité de fantassins, deux cents au moins, qui, embusqués dans un ravin, faisoient feu sur l'arrière du cortége. »

— On vient d'entamer des négociations à l'effet de conclure avec le gouvernement napolitain un traité d'extradition. Depuis quelque temps, et particulièrement depuis le traité du même genre fait avec la Sardaigne, on a remarqué que les Etats du roi des Deux-Siciles servoient de refuge à de nombreux individus poursuivis en France comme banqueroutiers frauduleux ou comme faussaires, et ce sont particulièrement ces deux crimes, trop communs aujourd'hui et si funestes, que l'on veut atteindre.

— Le général Desaix, commandant le département de l'Yonne et résidant à Auxerre, est mort le 27 juillet, d'une attaque d'apoplexie foudroyante. M. Desaix étoit neveu du général qui a succombé si glorieusement à Marengo.

— M. le baron Bosio, membre de l'académie des beaux-arts, section de sculpture, vient de mourir à Paris, à l'âge de soixante-seize ans et demi. Il étoit né à Monaco.

— Hier devoit avoir lieu la vente aux enchères du journal *le Commerce*, sur la mise à prix de 100,000 fr.; aucun acquéreur ne s'étant présenté, la vente a été renvoyée au 13 août, et la mise à prix réduite à 10,000 fr.

— La chambre de commerce de Marseille a voté 3,000 fr. en faveur des incendiés de Smyrne, indépendamment des souscriptions individuelles de chaque membre.

— Un journal de Nancy rapporte un acte de générosité que nous ne pouvons nous résoudre à passer sous silence, dussions-nous blesser la modestie de son auteur. « Un honnête et laborieux ouvrier de cette ville ayant, dans l'entreprise d'un travail important et par des circonstances en dehors de toutes ses prévisions, éprouvé une perte assez considérable, M. l'abbé Simon, curé de la paroisse de Saint-Epvre de Nancy, lui a remis, de ses propres deniers, une somme de 500 fr. pour le couvrir en partie du sinistre qui venoit de le frapper. On reconnoît à de tels traits le véritable ministre de Jésus-Christ. »

— Le *Réveil* de Nantua annonce que son rédacteur en chef, M. Francisque Bouvet, est cité à comparoître, le 6 août, devant la cour d'assises de l'Ain, à la requête de M. le procureur-général de Lyon, pour un article publié dans le numéro du 20 juillet, lequel commençoit par ces mots : *Le zèle du clergé ne se refroidit pas pour l'argent*, et finissoit par ceux-ci : *Voilà le parti qui va partout disant que ses adversaires n'ont pas de religion.*

Le *Réveil* est accusé d'avoir outragé et tourné en dérision la religion de la majorité des Français, d'avoir cherché à troubler la paix publique en excitant le mépris ou la haine des citoyens contre une *classe de personnes*.

(Journal de l'Ain.)

— La partie du quinconce du jardin des Tuileries qui longe la terrasse du bord de l'eau jusqu'au grand bassin, et au centre de laquelle se dresse, sur un piédestal, la représentation en marbre d'un sanglier, est signalée depuis longues années comme un des lieux de rendez-vous de ces êtres immoraux dont le vice semble se propager à Paris dans une progression effrayante. C'est surtout dans les jours de réjouissances publiques, où le jardin reste ouvert jusqu'à une heure assez avancée de la nuit, que ces misérables se réunissent en ce lieu, où l'épaisseur de l'ombrage empêche l'éclat des illuminations de pénétrer.

La police, qui pourchasse ces individus avec une persévérance dont va bientôt témoigner devant la justice l'odieuse affaire dite de la *rue du Rempart*, avoit pris ses mesures pour les placer sous la main de la justice. Au moment où, vers neuf heures, ils se trouvoient réunis au nombre de vingt ou trente, chantant d'impurs refrains, dansant en rond et se livrant à tout le cynisme de leurs habitudes, une brigade d'agens fondit sur eux, et en arrêta la majeure partie.

Plusieurs d'entre eux parvinrent à s'échapper ; mais la foule des curieux dont l'expédition des agens avoit attiré l'attention, ayant su de quoi il s'agissoit, et à quelles sortes de gens la police avoit cette fois affaire, prit parti pour elle, et arrêtant les fugitifs au passage, leur administra à coups de canne une correction extra-légale dont plus d'un sans doute portera long-temps les marques.

—*Un trésor découvert et soustrait.* — En gardant un troupeau de moutons dans un champ de la commune de Gourdon, près du mont Saint-Vincent (Saône-et-Loire), une jeune fille de onze ans fit la découverte d'un trésor ; elle se hâta d'en prévenir son maître, le sieur Darras, à qui le champ étoit sous-affermé par le sieur Bertrand, fermier d'une propriété de laquelle ce champ dépendoit. Le propriétaire étoit M. T..., riche habitant de Dijon. Darras informa, de son côté, de la découverte, le sieur Bertrand, et tous deux s'emparèrent du trésor. M. T..., averti, accourut sur les lieux, et obtint sa part des objets trouvés. La jeune fille n'eut rien. Selon la loi, elle avoit droit à la moitié du trésor. Son père porta plainte en son nom, et après une instruction judiciaire, les sieurs Darras et Bertrand et M. T... furent renvoyés devant le tribunal correctionnel de Châlon-sur-Saône. L'affaire est venue, il y a peu de jours, devant ce tribunal. On n'a pu bien préciser l'importance du trésor ; mais il consiste principalement en une burette, un plateau en or massif avec croix en bois noir sur laquelle sont incrustées de petites verroteries, et en une grande quantité de pièces de monnoie parfaitement conservées, dont quelques-unes remontent au temps de Julien-l'Apo-tat. Tout cela peut valoir 20,000 fr. Le tribunal a renvoyé M. T..., et a condamné Bertrand et Darras à trois mois de prison et 1,000 fr. de dommages-intérêts envers la jeune bergère, qui aura, indépendamment de cette somme, la moitié du trésor rapporté.

EXTÉRIEUR.

ESPAGNE. — La reine Isabelle est arrivée le 23, à sept heures et demie du soir, à Saragosse ; on pense que c'est au 27 que la cour partira pour Pampelune, d'où elle se rendra à *Vittoria*, et de Vittoria à Mondragon, où sont situés les bains de *Santa Agueda*. On a découvert à *Malaga* et sur plusieurs autres points des conspirations dans le sens progressiste. A Madrid, la garnison a été mise sous les armes, et tous les officiers appelés à leurs casernes respectives, le 25, à minuit : on ignore la cause de cette mesure alarmante.

Il paroît que l'*Ayuntamiento* de Barcelone a reçu un affront de la part du général Narvaez, la veille du départ d'Isabelle de cette capitale. La reine vouloit recevoir la municipalité en corps dans son palais : mais le président du conseil n'en avertit pas les membres de cette municipalité, qui cependant voulut se rendre en corps, à l'heure du départ de la reine, pour avoir l'honneur d'être admise auprès de S. M., et de lui offrir une riche voiture pour son départ. Ces deux faveurs lui ont été brusquement refusées. Le départ d'Isabelle de Barcelone a été froid et triste.

—Voici les détails que donne la correspondance de Madrid du 25 juillet, sur la conspiration de Malaga :

« Le courrier d'Andalousie vient d'apporter les nouvelles suivantes :

» Dès le 19, le gouverneur de Malaga avoit été prévenu officieusement qu'il se tramoit un complot, et que le 21 étoit le jour où il devoit éclater. Il en avoit transmis l'avis à l'Infant D. Henrique, qui stationnoit dans ce port à bord de son bâtiment, et le prince, après s'être concerté avec le gouverneur, avoit pris le large avec son navire. Les choses en étoient là, lorsque le 20, dans la soirée, un sergent du régiment provincial dit de Jaen se rendit auprès du gouverneur, le général Caminero, lui remit entre les mains une pièce de monnoie qui lui avoit été donnée pour le gagner, et mit le général au courant de tous les détails de la conspiration. Mille anciens gardes nationaux environ devoient, à un signal qui consistoit en quelques pétards, se rendre à la porte de la caserne dite de la *Merced*. Là, comptant sur la sympathie de quelques sergens et soldats, les conjurés espéroient se faire livrer les armes de la troupe, surprendre les autorités, et former une junte directrice au nom de la régence d'Espartero et de la Constitution de 1837. Le général Caminero, instruit de ce projet, dans la même soirée du 20 s'empressa de se rendre à la caserne de *Merced*. Il ordonna que la troupe prît sur-le-champ les armes. Il harangua les soldats et fit demander sept sergens compromis dans cette conspiration ; trois de ces sergens ont d'abord tout avoué ; les autres n'ont pas tardé à imiter cet exemple. Le général a aussitôt institué un conseil de guerre chargé de juger les coupables. Des arrestations nombreuses ont été opérées avec promptitude. La police a cerné et visité une maison, où il a été trouvé des munitions en assez grande quantité. Le gouverneur, après ces précautions, a envoyé demander de plus amples pouvoirs au capitaine-général, qui réside à Grenade. Le 21, Malaga jouissoit de la plus parfaite tranquillité, et c'est à peine si la population savoit les dangers qu'avoit courus la veille l'ordre public. »

ANGLETERRE. —Plusieurs journaux anglais considèrent comme un manque de procédés l'absence de la cour à l'arrivée du roi de Hollande à Londres. Mais le royal voyageur en a été dédommagé par l'accueil que lui a fait le public. « En tous lieux, dit le *Post*, la présence de S. M. a inspiré des sentimens d'allégresse, et l'aristocratie rivalise de zèle pour maintenir l'ancien renom de l'hospitalité nationale. »

Le monarque néerlandais a reçu le 28 juillet, à l'hôtel Mivart, une visite singulière. En apprenant que des compatriotes désiroient le voir, S. M., qui aime beaucoup ses sujets, les fit amener en sa présence. C'étoient de pauvres pêcheurs du Zuyderzée, vêtus du costume brillant et original de leurs ancêtres. Le roi fut tellement satisfait de l'honnête simplicité de cette démarche congratulatoire qu'il leur fit transmettre une marque personnelle d'estime et d'affectueuse bonté.

— On lit dans le *Standard* du 29 juillet :

« Un accident est arrivé sur le chemin de fer de Douvres à Londres. Le convoi de six heures et demie, arrivé à la station de Penhurst, a reçu le choc d'une locomotive qui, venant par derrière, a brisé un wagon et en a renversé trois ou quatre. Trente personnes ont été plus ou moins grièvement blessées. Il paroît que le convoi ne portoit point de lumières rouges à l'arrière, comme c'est l'habitude, et que pour cela on avoit envoyé à sa poursuite une locomotive; mais le chauffeur n'ayant pas pris des précautions suffisantes pour arrêter à temps, il en est résulté un choc effroyable. Le chauffeur est en prison.

» Un convoi de passagers et un convoi de marchandises se sont heurtés sur le chemin de fer de Londres à Birmingham ce matin, à cause de l'avance d'un des convois et du retard de l'autre. Un voyageur d'un wagon de 2° classe a eu la jambe fracturée, et un voyageur d'un wagon de 1re classe a eu la figure coupée par des éclats de verre. Ils ont reçu immédiatement les soins que réclamoit leur état. »

SUISSE. — On annonce que la famille de M. Leu va intenter un procès en diffamation à la *Nouvelle Gazette de Zurich,* pour avoir publié que la mort de M. Leu étoit le résultat d'un suicide. *(Impartial du Rhin.)*

— Une grande agitation règne toujours en Suisse, et surtout dans le canton de Vaud, où les communistes ne cessent de se remuer.

AUTRICHE. — *Vienne, 23 juillet.* — L'empereur, à l'occasion du 50° anniversaire de l'entrée en fonctions de l'archiduc Joseph, palatin de l'empire, en qualité de vice-roi du royaume de Hongrie, a daigné lui adresser et lui transmettre à Bade, par le comte Wratislaw, la lettre autographe suivante :

« Mon cher oncle, il y a aujourd'hui cinquante années que vous fûtes nommé vice-roi dans mon royaume de Hongrie; pendant cette longue période, souvent mêlée de difficultés, vous avez rendu de si nombreux, de si éminens services à mon royaume de Hongrie et à toute la monarchie, que je crois de mon devoir de vous donner, en ce jour mémorable, une marque particulière de ma reconnoissance, en vous conférant la grand'croix de mon ordre hongrois de Saint-Etienne, en brillans. En vous envoyant ci-joint cette décoration, je forme le vœu sincère et ardent que la Providence vous conserve encore long-temps en pleine vigueur pour le bien de mon royaume de Hongrie, pour l'utilité et le bonheur de la monarchie, ainsi que pour l'honneur et la gloire de notre maison.

» FERDINAND.

» Schœnbrunn, 20 juillet 1843. »

— Le 22 juillet est mort à Vienne un des vétérans de l'armée autrichienne, le général feld-maréchal comte Bellegarde, chevalier de la Toison-d'Or. Il étoit né à Chambéry en 1760; il entra au service en 1790, et prit part aux combats de Valenciennes, de Maubeuge et de Landrecies. En 1799, il fut battu par Moreau à Giuliano, et en 1800 par Brune au Mincio. Plus tard, nous le voyons figurer aux batailles d'Essling et de Wagram, et se laisser battre sur les hauteurs de Znaïm. Ce fut lui qui combattit en Italie le prince Eugène, en 1813 et 1814, et qui défit en 1815 l'armée de Murat à Tolentino. Plus tard, il fut chargé du portefeuille de la guerre, qu'il résigna en 1825.

CANADA. — Un nouvel incendie plus terrible que le premier a ravagé la ville de Québec, dans la nuit du 26 au 27 juin. 3,000 maisons ont été brûlées; 30,000 personnes se trouvent sans asile; on a plusieurs morts à déplorer; le dommage est estimé à plus de 50 millions de francs.

TEXAS. — Le congrès a rejeté presque à l'unanimité le traité proposé par le Mexique, et adhéré au contraire aux propositions des Etats-Unis pour l'annexion. Les deux chambres ont également voté à une grande majorité une résolution ayant pour but d'autoriser le pouvoir exécutif à remettre immédiatement aux autorités des Etats-Unis les forteresses, chantiers, arsenaux, casernes, etc., de sorte que l'annexion est non-seulement reconnue en principe, mais peut être considérée comme ayant commencé de droit et de fait.

BRÉSIL. — Les nouvelles du Brésil, apportées dernièrement par le *Crane*, faisoient prévoir un prochain changement de ministère. Des lettres de Rio-Janeiro du 7 juin, arrivées à Londres par la voie de Fernambouc, annoncent que ce changement a eu lieu. MM. Ernesto França, ministre des affaires étrangères; Galvao, ministre de la justice, et Coelho, ministre de la guerre, ont donné leur démission. Il paroît qu'en attendant la formation d'un nouveau cabinet, M. Limpo d'Abreu, nouveau ministre des affaires étrangères, est chargé de l'intérim des autres départemens.

INDE ET CHINE. — La malle de l'Inde a apporté des nouvelles de Calcutta du 19 juin, et de la Chine du 6 mai. Elles ne contiennent rien d'important. Les troubles du royaume de Lahore paroissent s'apaiser momentanément, surtout sous l'influence des ravages du choléra, qui frappe l'armée et la population.

A Hong-Kong, le contre-maître du schooner anglais l'*Ariel* a tenté de s'emparer du bâtiment pour en faire un pirate. L'*Ariel* avoit 100,000 dollars à bord. Un conflit s'est engagé entre les révoltés et le reste de l'équipage, et les premiers ont été pris et mis en jugement.

PÉROU. — Il est arrivé en Angleterre des nouvelles du Pérou jusqu'au 26 avril. A cette époque, le congrès s'étoit assemblé et avoit nommé président le général Castilla. Cette nomination est la première depuis neuf ans qui ait été faite régulièrement par le pouvoir législatif.

Le général Castilla a été proclamé le 20 avril. Il est à la tête de 4,000 hommes de troupes régulières, dont 3,000 fantassins et 1,000 cavaliers.

La *Méthode de Plain-Chant* que vient de publier M. de Gramont pourra intéresser toutes les personnes qui s'occupent de musique religieuse. Cet ouvrage est moins un enseignement aride du chant d'église, que des conseils salutaires sur les dispositions à apporter dans ces chœurs sacrés que forment les fidèles à l'imitation des anges. Les sentimens de piété de l'auteur et son talent musical se montrent également dans ce livre; et ce travail a d'autant plus de prix qu'il est fait par un homme du monde, que sa vocation seule a entraîné dans des études qui appartiennent plus particulièrement aux ministres de la religion.

Le Gérant, **Adrien Le Clere.**

BOURSE DE PARIS DU 1ᵉʳ AOUT 1845.

CINQ p. 0/0. 121 fr. 80 c.
TROIS p. 0/0. 83 fr. 75 c.
QUATRE p. 0/0. 000 fr. 00 c.
Quatre 1/2 p. 0/0. 115 fr. 75 c.
Emprunt 1841. 00 fr. 00 c.
Oblig. de la Ville de Paris. 0000 fr. 00 c.
Act. de la Banque. 3225 fr. 00 c.

Quatre canaux 0000 fr. 00 c.
Caisse hypothécaire. 617 fr. 50 c.
Emprunt belge. 5 p. 0/0. 000 fr. 0/0.
Emprunt romain. 104 fr. 2/8.
Rentes de Naples. 101 fr. 75 c.
Emprunt d'Haïti. 30 : fr. 00 c.
Rente d'Espagne. 5 p. 0/0. 34 fr. 0/0.

PARIS. — IMPRIMERIE D'ADRIEN LE CLERE ET Cᵉ, rue Cassette, 29.

SOCIÉTÉ DES MISSIONS BRITANNIQUES,

SES ENTREPRISES DANS LA NOUVELLE-ZÉLANDE.

—

Il n'est pas une seule des institutions nées de la charité catholique, que l'hérésie n'ait voulu *imiter*, car il ne lui a pas été donné d'en avoir la pensée première. Cette imitation toutefois porte en elle-même un caractère qui met à nu son principe de jalouse rivalité, et surtout les vues intéressées de ceux qui en prennent la direction. Le rôle qu'a joué à Taïti le personnage qui s'y étoit établi en qualité de missionnaire-consul, a fourni, à cet égard, des renseignemens désormais acquis à l'histoire ; l'un des plus récens débats, qui ont occupé la chambre basse du parlement britannique, est de nature à compléter ces renseignemens.

Cette importante discussion n'a pas duré moins de trois jours ; et, bien que le ministère anglais y eût engagé sa responsabilité, 172 votes se sont rangés du côté d'une proposition d'enquête sur les relations coloniales de la Grande-Bretagne avec la Nouvelle-Zélande. Voici le résumé des faits qui ont donné lieu à ces débats.

La Société des Missions de Londres s'étoit, de prime abord, montrée hostile à tout établissement de colons laïques dans cette grande île, et elle avoit tout fait pour y mettre obstacle. Son intention étoit d'y fonder une sorte de royaume collectif ou d'Etat indépendant, composé des sauvages indigènes, formant la masse des sujets, et exclusivement gouverné par les missionnaires. Cette idée lui avoit été suggérée par le souvenir et par l'étude de l'admirable institution du Paraguay, où se réalisoit, dans toute son étendue, l'idéal d'une communauté chrétienne exclusivement gouvernée suivant les maximes évangéliques, par de véritables interprètes de l'Evangile. Mais, comme il arrive à toutes les institutions imitatives du protestantisme, l'on avoit fait abstraction de la charité chrétienne et du zèle si admirablement désintéressé des religieux missionnaires. La Société mit donc tous ses soins, non-seulement à empêcher la prospérité des colons anglais qui auroient cherché à s'y établir, mais même à prévenir, par toutes sortes de cabales, la proclamation de la suzeraineté politique de la couronne d'Angleterre, sur le territoire occupé par ses colons. Les missionnaires usoient de tout leur crédit sur les indigènes, pour leur faire prendre en haine tous les colons anglais ou étrangers qui auroient pu s'établir parmi eux, et leurs soins, à cet égard, eurent un si malheureux succès, qu'au moment où cette question s'agitoit dans la chambre des communes, une guerre terrible avoit éclaté entre les indigènes et les colons. L'on apprend, en effet, par le capitaine du navire le *Millothian*, récemment arrivé de Sidney, que dans les derniers jours de mars, une sanglante collision avoit eu lieu entre ces sauvages et le vaisseau le *Hasard*, assisté de quelques troupes britanniques. Le pavillon anglais avoit été abattu, la ville de Kororica réduite en cendres, une centaine d'indigènes et dix-huit à vingt anglais, parmi lesquels le commandant du *Hasard*, étoient restés morts ou blessés sur le théâtre du combat. Les résidens britanniques s'étoient vus forcés de se réfugier à Auckland, en attendant que la paix pût être rétablie dans le pays. Une lettre écrite par sir Robert d'Oyley, et dernièrement publiée par le *Sun*, dit même, en termes formels : *Que la Nouvelle-Zélande est une colonie perdue, à moins que la peste ne vienne réduire à un dixième la population indigène.*

Il y a tout lieu d'être surpris que la Société des Missions anglaises ait pu avoir assez de puissance pour entraver jusqu'à l'exercice de l'autorité souveraine au point de l'empêcher de déclarer sa suzeraineté, au moins sur la partie de la Nouvelle-Zélande, où s'étoient formés des établissemens coloniaux de ses sujets, et où elle entretenoit un gouverneur, et cela au moment même où elle accordoit une charte de priviléges à une Compagnie, qui venoit de se former pour l'exploitation agricole et coloniale de ce vaste pays. Mais ce fait si extraordinaire sera compris, lorsque l'on saura que lord Glenelg, chef de l'office colonial, étoit alors, comme il l'est encore aujourd'hui, l'un des membres les plus influens de la *Société des Missions*, et que, ainsi que plusieurs autres fonctionnaires de la même catégorie, il s'employoit efficacement à créer une infinité d'obstacles à la colonisation des Anglais étrangers à la Société des Missions, afin de laisser aux seules mains des missionnaires, la direction de la république indigène qu'ils vouloient établir. Au moment où la Compagnie de la Nouvelle-Zélande venoit de se constituer, elle chercha à s'entendre à l'amiable avec la *Société des Missions*, et, à cet effet, elle s'empressa de députer quelques-uns de ses principaux membres à M. Dandeson-Coatés, secrétaire-général de la Société des Missions; mais celui-ci déclara nettement à cette députation. *que ne pouvant approuver leur plan, il s'y opposeroit de tout son pouvoir.* Lord Glenelg ne cessa jamais d'opérer dans le même esprit, refusant à la Compagnie la permission de s'y établir, et déclarant *que la Grande-Bretagne ne pouvoit avoir aucun droit sur la Nouvelle-Zélande, attendu que les chefs du pays y avoient déjà constitué un gouvernement indigène.* Forcé par ses collègues de se départir de ce principe, il finit par expédier à la Compagnie, la charte de ses priviléges, mais il refusa constamment de déclarer la suzeraineté de la couronne sur les terres abandonnées par les habitans du pays, et qui, par conséquent, n'avoient point de maîtres; en sorte que la Compagnie se vit obligée d'acheter d'eux les terres sur lesquelles elle avoit dessein de s'établir, et de s'assujétir, par le fait, à la domination des sauvages, ou plutôt de leurs révérends directeurs. Or, les Zélandais n'ont aucune idée nette de la propriété territoriale; ils réclament incessamment le sol qu'ils ont ainsi une fois aliéné, et comme d'une part le gouvernement anglais ne s'étoit point prononcé en garantie des terrains acquis par ses sujets, et que de l'autre les missionnaires ne cessoient de persuader aux indigènes que *ces terrains n'étoient point sortis de leur légitime possession*, il s'ensuivoit nécessairement des conflits journaliers, qui ne pouvoient se résoudre qu'en des luttes sanglantes.

Le capitaine Hobson, premier gouverneur de la colonie, nommé à cet emploi par le crédit de la *Société des Missions*, à laquelle il est financièrement intéressé, et par conséquent également ennemi de la Compagnie, avoit eu soin d'établir sa résidence à Auckland, tout-à-fait au nord de l'île, et dans le voisinage du principal siége des missionnaires, au lieu de se rapprocher des établissemens de la Compagnie, situés sur les côtes du détroit de Cook. Employant à des constructions et à d'autres dépenses assez peu nécessaires, et qui avoient pour objet l'embellissement de cette nouvelle capitale, les sommes qui lui étoient confiées, il refusoit aux villes de la Compagnie toute espèce de droits municipaux, et jusqu'à la permission de former des milices pour leur propre défense. Ses successeurs, et nommément le capitaine Fitz-Roy, ne se contentèrent pas de marcher sur ses traces, ils multiplièrent encore les témoignages de l'aversion que leur inspiroient les établissemens de la Compagnie; de sorte que sa colonie est aujourd'hui en état de quasi-rébellion contre le gouvernement, au point de s'être armée, contrairement à sa défense.

Tous ces troubles sont, comme on le voit, l'effet des menées de la *Société des Missions* et de ses affiliés. Parmi ceux-ci se distingue principalement M. Stephens, l'un des premiers fonctionnaires du ministère des colonies. Aucun des cinq ou six ministres qui, depuis huit années, s'y sont succédé, n'a pu se soustraire à sa fatale influence. Une seule fois lord J. Russell se permit un acte de vigueur : il assura à la Compagnie la propriété inamovible d'un certain nombre d'acres de terrain; mais après lui, tout retomba dans le précédent état, et son arrêté ministériel ne reçut point d'exécution. Lord Stanley plia sous la même influence, jusqu'à ce qu'enfin un trop tardif éclat s'ensuivit, et occupa sérieusement le parlement d'Angleterre.

Comme dans le système parlementaire, les influences secrètes et subalternes ne peuvent être accusées, le blâme tout entier retomba sur lord Stanley, qui n'a dû son salut qu'au dévoûment de ses collègues, et qui n'oubliera pas sans doute la profonde humiliation qu'il a éprouvée; car, si la proposition Russell eût prévalu, sa retraite du ministère, avec toutes ses conséquences sur le cabinet, en eût été le résultat obligé. C'est cette considération seule qui a fait écarter la motion, mais cette victoire apparente équivaut à une défaite réelle, et le ministère ne s'en dissimule pas la portée. Elle aura pour conséquence probable la révocation de M. Stephens, et par elle le discrédit de la Société des Missions. Ce sera là un coup terrible pour l'ambitieuse cupidité des missionnaires, de leurs protecteurs et de leurs partisans; ce coup, ils l'ont reçu en silence, de peur d'aggraver leur position. Un orage des plus menaçans paroît s'élever sur les sociétaires d'Exeter-Hall, ils n'oseront s'exposer ouvertement à ses foudres, mais ils lui opposeront l'explosion de toutes leurs mines secrètes. L'orgueilleux zélotisme de ces associations ne trouve plus guère d'écho en Angleterre, où l'on commence à en apprécier l'esprit et les tendances. L'affaire de Taïti a été la première à brouiller les révérends missonnaires avec le gouvernement. Celle de la Nouvelle-Zélande vient de lui créer des embarras qu'il ne leur pardonnera pas de sitôt, et ces embarras ne peuvent que s'aggraver encore de la récente nouvelle des sanglantes collisions qui viennent de couronner l'œuvre de la Société des Missions.

Déjà elle avoit éprouvé, il y a sept ans, un grand désagrément par la publication d'un fait qu'un voyageur allemand, M. Flatt, signala à cette époque à l'indignation de l'Europe. La relation de son voyage aux îles de l'Océanie nous apprend que ces missionnaires prétendus évangéliques acquéroient, des sauvages de la nouvelle-Zélaude, en échange d'objets de vil prix, des milliers d'acres de terrain, et qu'ils s'occupoient à y créer une noblesse *lévitique*, richement dotée de propriétés territoriales, sans s'arrêter aux dispositions de la loi biblique, qui n'accordoit aux descendans de Lévi d'autre patrimoine que des maisons dans les villes, et leur part aux offrandes des temples. Il prouve, par *actes authentiques*, que vingt-cinq membres de la Société des Missions y possédoient ensemble 176,840 acres; fait, d'ailleurs, constaté par la *Gazette* d'Auckland, feuille du gouvernement. Les missionnaires y étoient encore en instance pour d'autres réclamations, mais, quelle qu'en ait été l'issue, il résulte du total des acres alors légalement constatés que chacun d'eux en possédoit, terme moyen, de 8 à 9.000. Le chiffre de ces vastes possessions, en regard de l'absolue pauvreté des missionnaires catholiques, démontre d'une manière éclatante que tandis que ceux-ci s'occupent de la conquête des ames, ceux-là spéculent avec plus de profit sur des richesses territoriales.

Il est infiniment regrettable que les très-sérieux débats dont nous venons de rendre compte n'aient pas répandu quelques lumières sur la conduite, si opposée à celle des missionnaires méthodistes de Londres, que tiennent nos missionnaires catholiques dans la Nouvelle-Zélande. Nous trouvons cependant quelques renseignemens authentiques sur ce sujet, dans le *Sydney-Australian-Chronicle*. Ce journal rend compte d'une réunion de la société de Saint-Patrick, qui a eu lieu le 11 janvier dernier à Sydney, sous la présidence de M. l'archevêque Polding, et dont nous avons déjà parlé dans une autre circonstance. Le vénérable prélat y rendoit compte, entre autres objets, de la situation du christianisme catholique dans cette même île de la Nouvelle-Zélande, telle qu'elle se trouve consignée dans la correspondance de son suffragant et ami, l'évêque d'Adélaïde, vicaire apostolique dans ces parages.

Suivant cette correspondance, les missionnaires de son diocèse, après avoir subi les plus rudes épreuves et des privations de toute espèce, étoient parvenus à trouver accès parmi les populations indigènes, et ils avoient fini par conquérir leur confiance et leur affection, à force de charité et de patience. Déjà ils avoient fait des progrès dans l'intelligence du rauque langage de ces sauvages tribus, qui ne montroient plus leur ancienne aversion pour le christianisme; ils avoient même réussi à conférer le baptême à des enfans, du consentement de leurs parens.

L'instruction formelle des adultes, et leur initiation aux vérités chrétiennes, commenceroit aussitôt que les missionnaires se seroient assez familiarisés avec leurs imparfaits idiômes pour pouvoir entreprendre et accomplir le devoir de la prédication évangélique, et déjà ils exprimoient la ferme espérance de les convertir, sinon en totalité, au moins en grande majorité, à la foi chrétienne.

A ce sujet, Mgr Polding fit connoître à l'assemblée qu'un membre de l'Eglise anglicane, ayant récemment acheté un terrain considérable dans l'Australie méridionale, en avoit destiné une partie à des établissemens pieux. Une fondation de 400 acres de terrain devoit pourvoir aux frais du culte, à l'entretien d'un ministre anglican, et 2,000 livres sterling étoient assignées à la construction d'une église. Mais pendant qu'il s'occupoit de l'exécution de ces projets, la grâce divine l'ayant éclairé, il reconnut et embrassa la véritable foi, et devint un fervent catholique. Aussitôt il remit à l'évêque d'Adélaïde les 50,000 fr. destinés à la construction d'une église, et il ajouta cent autres acres aux 400

qu'il comptoit assigner aux frais du culte et à l'entretien d'un ministre, pour être employés à la même destination en faveur de l'église
catholique. Il donna en outre à l'évêque quatre acres de terrain situé dans la ville, pour y bâtir son église.

Ces heureux succès n'ont rien qui doive trop nous surprendre.
Le zèle si ardent et toujours si désintéressé du pauvre missionnaire catholique, frappe naturellement d'admiration l'esprit ou plutôt
le cœur des peuples sauvages. Aux missionnaires hérétiques, il faut
une famille, une femme, des enfans, des richesses, et toutes les douceurs de la vie ; le célibat, la pauvreté, le dénuement même, et l'entière
abnégation de lui-même, sont les armes du missionnaire catholique.
De ces deux genres de vie si opposés, les résultats ne peuvent être que
bien différens : A ceux-là les intrigues et trop souvent les troubles que
provoque leur insatiable cupidité ; à celui-ci les pacifiques conquêtes
spirituelles dues à son immense charité.

REVUE ET NOUVELLES ECCLÉSIASTIQUES.

PARIS.

Nous voyons avec satisfaction que les réflexions dont nous avons accompagné la lettre de M. l'abbé Bernier, publiée dans l'*Ami de la Religion* du 22 juillet, sont parfaitement appréciées par un journal de Bretagne, qui soutient avec un talent remarquable et la sévère droiture de
son titre, les doctrines monarchiques et religieuses. Nous remercions
l'*Impartial de Dinan* d'avoir si bien compris notre véritable pensée sur les
services que peuvent rendre à l'Eglise et sur la réserve que doivent
s'imposer les écrivains qui prennent part dans les journaux à la défense
de la cause religieuse. Voici comment s'exprime notre honorable confrère :

Des journaux en matières religieuses.

« Nous avons expliqué plusieurs fois de quelle manière nous entendons l'action
de la presse royaliste dans la cause religieuse. Un mot a résumé notre pensée lorsque nous avons dit : « Les royalistes combattent pour l'arche sainte sans oser y
toucher. » Cette respectueuse et prudente réserve nous semble une règle inviolable
pour les journaux de notre opinion, et nous croyons que leur concours à la défense du catholicisme n'en est pas moins utile.

» On peut remarquer que les hommes que leurs tendances politiques portent au
mépris ou à l'indifférence pour l'autorité temporelle légitime, ne manquent jamais
d'annoncer la subordination la plus humble à l'égard du pouvoir spirituel, lorsqu'ils entrent dans la discussion des matières religieuses ; mais il est rare qu'ils
n'apportent pas dans l'exercice de leur zèle des dispositions plus ou moins éloignées de cet esprit de soumission et de modestie qui sied aux enfans de l'Eglise.
Leurs théories de liberté absolue ou leur adhésion à la doctrine presque aussi anarchique *des faits accomplis* les disposent mal à porter convenablement le joug de
la loi monarchique par excellence qui régit le vaste empire dont le vénérable
Pontife de Rome est le chef. DE LA CES DÉBATS IMPRUDEMMENT SOULEVÉS, CES TÉ-

MÉRITÉS QUI SÈMENT L'INQUIÉTUDE DANS LES RANGS DES FIDÈLES ET SUSCITENT DES
EMBARRAS A LEURS PASTEURS; DE LA CETTE INCONVENANTE ET FACHEUSE INITIATIVE
PRISE DANS UNE FOULE DE QUESTIONS QUI DEVOIENT, AVANT TOUT, ÊTRE PESÉES AU
POIDS DU SANCTUAIRE.

‹ »Il y a déjà long-temps que des hommes très-graves, surtout au sein du clergé,
gémissent de cette allure d'une partie de la presse catholique. Ils savent que
l'auguste patronage des évêques qui a quelquefois encouragé les généreux efforts
des écrivains laïques voués à la défense des intérêts religieux, n'a jamais été une
excitation à cette guerre de plume dans laquelle les choses les plus saintes, les
noms les plus respectables sont, pour ainsi dire, lancés en guise de projectiles
d'un camp à l'autre; dans laquelle des emblèmes qui ne semblent imaginés que
pour provoquer l'insulte, figurent sur les drapeaux que l'on déploie aux yeux des
ennemis de notre foi.

»Un journal pour lequel nos sympathies sont connues, la *Quotidienne*, signaloit,
il y a quelques jours, une *école* ecclésiastique poussant le rigorisme jusqu'à interdire aux laïques de *se mêler en quoi que ce soit aux choses de la religion* (1). Une
opinion ainsi formulée seroit bien étrange dans les circonstances actuelles où l'E-
glise semble faire un pressant appel au dévouement de tous ses enfans. Nous aimons à croire que M. le vicaire-général d'Angers auquel la *Quotidienne* reproche
cette injuste exclusion, n'a eu pour but que de réserver à l'autorité spirituelle le
jugement des questions théologiques et la haute direction de la défense religieuse
dans les questions mixtes. Nous ne connoissons la circulaire d'Angers que par les
extraits qu'en a donnés l'*Ami de la Religion*; les faits, les exemples qu'elle contient confirment notre interprétation.

»Nous ne saurions, non plus, voir dans les expressions de M. le vicaire-général
une censure indirecte de la presse royaliste. Ce n'est pas sur les confins de la
Vendée qu'on peut oublier les luttes héroïques soutenues sur un terrain plus périlleux que celui de la controverse, par des hommes également dévoués à la foi catholique et aux principes monarchiques. Il seroit juste d'avoir quelque indulgence pour les héritiers de leur dévouement, ce dévouement les poussât-il à
quelque démarche fausse ou imprudente.

»Nous croyons, au reste, que les passages que nous allons citer ainsi que ceux
que le défaut d'espace nous oblige de supprimer, appuient mal la supposition que
l'honorable susceptibilité de nos amis de la *Quotidienne* leur a fait admettre.»

Nous avons reçu un peu tard la lettre pastorale de Mgr l'évêque de
Fréjus, à l'occasion de la prise de possession de son siége. Nous nous
empressons de réparer aujourd'hui le silence involontaire que nous
avons gardé jusqu'ici, en citant le passage suivant de cette lettre qui
fait bien connoître le zèle et le pieux dévouement du respectable prélat
pour le troupeau nouvellement confié à sa tendre sollicitude pastorale :

« Casimir-Alexis-J. Wicart, par la miséricorde divine et la grâce du Saint-
Siége apostolique, évêque de Fréjus,

» Au clergé et aux fidèles de notre diocèse, salut et bénédiction en notre Seigneur Jésus-Christ.

» En tirant pour la première fois ces paroles sacrées du fond de notre cœur,
nos très-chers Frères, en les proférant devant Dieu, en les traçant de notre foi-

---

(1) Nous avons déjà fait remarquer qu'il n'existe aucune école ayant de telles prétentions.

ble main, pour les adresser, au nom du Pontife éternel et de sa sainte Eglise, à
tant de dignes prêtres, les uns couronnés d'années et de vertus, les autres à peu
près nos égaux en âge, et peut-être nos supérieurs en mérites, et à tous les habitans d'un grand diocèse, que nous serons désormais chargé de conduire comme
une seule famille dans les voies de la vérité et de la sagesse chrétienne, non
moins par nos exemples, dit le Concile de Trente, que par nos exhortations et
nos prières, notre main tremble, N. T. C. F., notre cœur se trouble, nos yeux
chargés de larmes se tournent vers le Ciel avec effroi; et nous nous demandons
si nous ne fûmes pas téméraire à l'excès, le jour où, malgré de si légitimes ap-
préhensions, cédant à des conseils éclairés, mais peut-être trop hardis, nous nous
laissâmes imposer des devoirs que nous apercevons aujourd'hui dans toute leur
étendue, et un fardeau dont nous sentons maintenant toute la pesanteur? Car qui
sommes-nous, grand Dieu, pour succéder à vos apôtres, pour vous représenter
tous les jours auprès de vos enfans, pour porter en toute circonstance la parole
en votre nom, pour devenir le distributeur de vos grâces et l'organe de vos volontés?...

» Ah! si nous n'écoutions que de trop justes terreurs, produites par des considérations si puissantes et si multipliées (sans même parler de la difficulté particulière des circonstances nouvelles au milieu desquelles l'Eglise et ses ministres
rencontrent tant de préventions et quelquefois des fronts si hostiles, lorsqu'ils
n'apportent cependant que des désirs d'union et de paix), ah! vous nous verriez
peut-être, N. T. C. F., fuir, comme Jonas, loin de vous, pour nous dérober au
périlleux honneur de porter aux hommes les oracles de la sagesse divine et ses
volontés; ou dire au moins au Tout-Puissant, comme un autre prophète : Ayez
pitié de moi, Seigneur, je suis trop foible. Daignez donner à d'autres mains et à
une voix plus énergique cette charge de parler en votre nom et de prêcher vos
lois : *Domine Deus, ecce nescio loqui, quia puer ego sum.*

» Mais une force d'en haut nous retient, N. T. C. F., et relève nos espérances.
La main qui ramena Jonas, la main qui fortifia Jérémie, la grâce qui consacre les
Pontifes, les promesses de celui qui n'a besoin de nul homme, et à qui tous les
instrumens sont bons, parce que c'est lui-même qui les dirige, et qu'il leur communique sans effort une efficacité divine, pourvu que l'instrument humain se
prête seulement et s'abandonne aux desseins du Très-Haut, cette grâce et ces
promesses raniment notre courage, qu'elles entretiendront; et une voix secrète
semble nous dire au fond du cœur : Va, continue de craindre, sois en défiance
perpétuelle de toi-même et de ta foiblesse, tu le dois ; mais ne te laisse pas abattre cependant, et ne désespère pas, car je te soutiendrai : *quia tecum ego sum,
ut eruam te, dicit Dominus.* »

———◆———

On lit dans l'*Impartial de Dinan* :

« La distribution des prix de l'Ecole des Frères s'est faite aujourd'hui avec la
solennité accoutumée, sous la présidence du vénérable abbé de La Mennais. L'incertitude du temps ne permettant pas que la distribution eût lieu, comme à l'ordinaire, dans l'une des cours de l'établissement, une salle de la maison avoit été
disposée à cet effet, mais cette salle, quelque vaste qu'elle fût, n'a pu suffire à
contenir les parens des élèves et les personnes qui, chaque année, viennent témoigner par leur présence, de l'intérêt qui s'attache si justement à ce précieux
établissement. »

———◆———

Une mission a été donnée, il y a quelque temps, à Pauillac, diocèse de Bordeaux, par des prédicateurs maristes de Verdelais, que le digne curé de la paroisse avoit appelés pour évangéliser le troupeau confié à sa sollicitude.

Ces pieux missionnaires se sont mis à la portée de tous, pour bien faire comprendre à leurs auditeurs ce que personne ne devroit jamais oublier, son origine et sa fin. Le plus grand recueillement n'a cessé de présider aux pieuses réunions qui rappeloient les temps heureux de la primitive Eglise.

Les travaux des ouvriers évangéliques ont été abondamment couronnés : 2,500 personnes de l'un et l'autre sexe ont pris part au banquet eucharistique, et plus de 900 personnes, dont les hommes formoient les deux tiers, ont reçu le sacrement de confirmation.

Emu jusqu'aux larmes à la vue d'une si belle moisson, le vénérable pasteur du diocèse a appelé les bénédictions du ciel sur cette mission, dont les fruits, nous n'en doutons pas, seront aussi durables qu'ils ont été abondans.

Mgr le nonce apostolique a fait à MM. les avoyers de Lucerne Buttimann et Siegwart-Muller une visite officielle ; il leur a exprimé la vive douleur que lui inspire le forfait d'Ebersoll, par lequel le canton a été privé d'un homme qui, à raison de son dévoûment à la cause de la religion catholique, et de ses qualités privées, étoit si justement réputé le père du pays. « Il méritoit en toutes choses, a dit S. Exc., l'éloge que fait de Job la sainte Ecriture, étant comme lui *un homme simple, droit et craignant Dieu.* On aime à entendre prononcer par une bouche tant vénérée un semblable jugement. (*L'Univers.*)

Nous apprenons de Berlin, que le 20 juillet, le sieur Pribil, se disant pasteur des *protestans catholiques,* a remis la profession de foi de cette secte, dont il est l'auteur et le chef, au gouvernement prussien. Le même jour elle a été publiée par la voie de la presse dans toute la capitale. Elle s'écarte considérablement de celle des novateurs primitifs (surtout de celle de Ronge), et conserve une forte teinte du catholicisme romain. L'on s'étonne à Berlin, qu'en s'érigeant en patriarche d'une église nouvelle, Pribil continue à remplir une place subalterne dans l'administration de la Société biblique, ce qui sembleroit indiquer une confiance plus que médiocre au succès de son entreprise et à la consolidation de son œuvre, qu'il paroît n'attendre que de l'approbation gouvernementale refusée jusqu'ici aux sectes de ses compétiteurs de Schneidemühl et de Breslau.

Le gouvernement prussien est sur le point de revenir à l'ancienne pratique, abrogée il y a une trentaine d'années, suivant laquelle le gouvernement de l'église protestante, enlevé au consistoire, avoit passé aux mains des autorités provinciales. C'est un premier pas vers l'émancipation de l'église de la suprématie temporelle, émancipation que, de plus en plus, l'opinion publique réclame en Allemagne. L'on ne pense pas toutefois que l'État se dessaisira de même de ses droits de surveillance à l'égard des dissidens catholiques, non plus que de cette secte patemment rationaliste, qui s'appelle l'Association des Amis protestans, et qui a son siége central à Kœthen.

? Une lettre de Beyrouth, du 12 juillet 1845, signale et déplore l'impunité des atrocités commises par les Druses, sous les yeux des autorités turques, dans les derniers troubles du Liban :

« Beyrouth, 12 juillet 1845.

» J'insiste de nouveau sur un point qui ne me paroît pas avoir suffisamment attiré l'attention de l'opinion publique. Il y a trois mois qu'un prêtre européen, placé sous la protection de la France, a été assassiné à Abaya ; son couvent, où flotte le drapeau tricolore, a été brûlé, son corps jeté dans les flammes. Des troupes turques ont pris part à cette sanglante expédition. Et nous ne savons même pas encore si une réparation a été exigée. Les chrétiens disoient : « Dans » quinze jours vous verrez arriver un bateau à vapeur français apportant la des- » titution du pacha qui a laissé commettre de telles atrocités ; ceux qui ont com- » mandé l'attaque paieront de leur tête le sang versé, le couvent sera rebâti, les » moines indemnisés, etc., etc. » Le bateau est arrivé, mais il n'apportoit aucun ordre ; un second, un troisième, un quatrième sont venus, même silence. Croyez qu'il est cruel d'avoir, à l'étranger, à rougir de la foiblesse de son gouvernement, d'avoir à excuser des choses qui ne sont pas excusables.

» Le pacha croyoit lui-même à sa destitution, et semble fort étonné d'être encore pacha.

» Depuis trois mois, les Lazaristes français d'Antoura attendent, pour rouvrir leur collége, un acte de la France qui puisse leur faire croire à une protection efficace ; les Capucins n'osent retourner à leurs couvens des montagnes ni rouvrir leurs écoles. Le couvent des dames de la Visitation, les Jésuites, tous comprennent le danger de leur position, après ce meurtre et cette violation du drapeau qu'ils arboroient au jour du danger, restés impunis. Ils viennent d'adresser une note collective au consul, en exposant leurs craintes fondées, et réclament humblement un acte de protection. »

On lit dans la *Presse* :

Missionnaires protestans en Syrie. — « La dernière lettre de notre correspondant renfermoit la note suivante sur les missions anglaises en Syrie :

« Le missionnaire américain ou anglais vit, dans le Liban, non pas où il veut, mais où il peut, car les chrétiens, bien décidés à se débarrasser de ces hôtes tracassiers, les ont véritablement mis en état de blocus dans toutes les localités maronites. Toute espèce de provisions est refusée à la famille protestante qui, poussée par la famine, finit par déserter le village aux cris de joie de toute la population. A Saphet et à Abbéia, on les a expulsés violemment. Le missionnaire a de fort beaux appointemens qui augmentent avec sa famille. Sur l'état qu'il en présente chaque année à la société biblique, vous voyez souvent cette annotation : John ou Williams, enfant nouveau ; et la société ajoute un nouveau mandat pour l'enfant nouveau. Toute cette petite couvée biblique, buvant, mangeant, jouant du piano, et élevant force petits chiens pure race, prospère et pullule, à la plus grande gloire de la congrégation ; mais comme pour toucher les appointemens, il faut prouver l'utilité de la mission, il faut des conversions ; voilà la difficulté, et voici le moyen que le missionnaire prend pour la tourner, sinon pour la vaincre. Il est dans tout village, dans toute ville, même en Syrie, et je pourrois dire surtout en Syrie, de ces familles réprouvées, condamnées par le vice à la misère et au déshonneur, ayant essayé de tout ; le mauvais garnement et sa famille, comme on diroit en France, se fait protestant. Quand le pays ne fournit pas ce genre d'industriels, le missionnaire change de tactique : une fois qu'il a monté sa maison, et qu'un pauvre diable d'Arabe a vu la différence de sa vie misérable avec celle d'une maison confortable comme celle du missionnaire, on lui dit un beau jour : « *Viens au prêche, ou je te chasse !* » Moyennant ce nouveau procédé, le missionnaire peut quelquefois envoyer à la société biblique la nouvelle d'une conversion. Maintenant, si vous voulez savoir ce que coûtent ces conversions, je vous dirai que les prix varient selon les marchés, les congrégations et les localités ; il y a sept piastres par jour, ou bien la jouissance gratuite d'une maison, ou, comme à Jérusalem, le titre d'architecte de l'évéché pour ne rien bâtir, ou celui d'interprète de la mission pour ne rien interpréter. Une étude approfondie et sérieuse des missions protestantes en Orient révéleroit les scandales les plus étranges et les scènes les plus bouffonnes. »

Nous trouvons dans le journal *Friend of China* du 12 avril la confirmation officielle de l'heureuse nouvelle que nous avons donnée il y a quelques jours de la tolérance accordée à la religion catholique dans quelques parties de l'empire chinois. C'est un mémoire adressé à l'empereur de la Chine par un de ses ministres, et dont voici la teneur.

« Keying Ier, ministre, commissaire impérial, et vice-roi des provinces Kwangtung et Kwangsi présente humblement au trône ce mémoire dûment rédigé : Moi votre ministre, je trouve que la religion chrétienne est celle que les nations des mers occidentales vénèrent et adorent ; ses préceptes enseignent la vertu et la bonté et réprouvent la méchanceté et le vice. Elle a été introduite et propagée en Chine depuis les jours de la dynastie Ming, et dans un temps où aucune proscription ne s'élevoit contre elle. Depuis, parce que des Chinois qui professoient ses maximes s'en servirent pour faire le mal, les autorités ont fait une enquête, et ont infligé des punitions, ainsi qu'il est rapporté.

» Dans le règne de Kia-King, une clause spéciale fut d'abord stipulée dans le code pénal pour le châtiment de cette offense, d'où les Indiens Chinois étoient en réalité empêchés de commettre le crime ; la défense ne s'étendoit pas à la religion que les nations étrangères de l'occident adorent.

» Or, il est constant que l'envoyé actuel Lagrenée, a demandé que les Chinois qui suivent cette religion et sont d'ailleurs innocens aux yeux de la loi, soient affranchis de tout châtiment pour ce fait, et comme ceci semble pouvoir être effectué, moi, votre ministre, je demande que désormais tous ceux qui professent la religion chrétienne soient exempts des châtimens, et je sollicite ardemment la grâce impériale. Si quelques-uns rentroient dans le sentier coupable d'où ils sont sortis, ou s'ils commettoient de nouvelles fautes, ils seroient justiciables des lois fondamentales de l'État.

» En ce qui touche les sujets de la France, ainsi que tous autres pays étrangers qui suivent cette religion, il leur sera permis d'ériger des églises du culte, mais aux cinq ports seulement ouverts au commerce étranger ; ils ne devront pas pénétrer dans l'intérieur pour proposer leurs doctrines. Si quelqu'un désobét à cette stipulation, s'il outrepasse témérairement les limites des ports fixés, les autorités

cantonnales l'appréhenderont sur-le-champ et le livreront au plus proche consul
de leur nation respective. Il ne devra pas être puni avec trop de précipitation ni
de sévérité; il ne devra pas être tué.

» C'est ainsi qu'une tendre compassion sera témoignée à ceux qui viennent de
loin aussi bien qu'à la race aux cheveux noirs; les bons et les mauvais ne seront
pas confondus, et par le gracieux assentiment de Votre Majesté, les lois et les
principes de la raison seront exécutés avec justice et sincérité, et telle est ma pétition que la pratique de la religion chrétienne ne puisse désormais attirer aucun
châtiment à ceux qui remplissent les devoirs de bons et loyaux sujets.

» C'est pourquoi j'ai respectueusement rédigé ce mémoire, et je supplie ardemment la grâce impériale d'en seconder les résultats.

» Le neuvième jour, onzième mois, vingt-quatrième année du Tankwang la réponse impériale a été reçue donnant son adhésion à la pétition. Respecte ceci.
L'écrit susdit a été reçu à Suchan le vingt-cinquième jour, douzième mois, vingt-
quatrième année du Tankwang.   J. M. D. HANGLAI 1845. »

REVUE POLITIQUE.

Nous avons fait connoître en résumé les circulaires électorales de la gauche
et du centre gauche. Il est juste que nous donnions aussi à nos lecteurs une idée
des autres *manifestes* électoraux que les bruits de dissolution prochaine de la
chambre des députés inspirent à ceux qui passent pour les chefs des autres
nuances d'opinions. Les deux extraits que nous voulons citer méritent à titre
divers une mention plus particulière. D'abord M. de Lamartine, par l'éminence
de son talent et sa singulière position de chef du *parti social*, ne peut être passé
sous silence lorsqu'il élève sa brillante et magnifique voix de poète et d'homme
politique, sur les questions du moment. D'un autre côté ensuite, des hommes
très-éminens aussi, et plus recommandables encore par la profession publique
qu'ils font des principes et de la pratique de la foi chrétienne, les *membres du
comité pour la défense de la liberté religieuse*, publient une nouvelle circulaire
électorale. Ils réclament le concours et l'union des votes de tous les *catholiques*;
renonçant à la dénomination formelle de *parti catholique*, ils font appel aux
hommes généreux de tous les rangs et de toutes les nuances d'opinions qui divisent en France le monde politique. Mais qu'ils nous permettent de le dire:
à notre avis, ils semblent donner un sens encore trop exclusif à ce titre de *catholiques* qu'il seroit plus vrai, plus juste et plus avantageux de considérer comme
l'inamissible apanage et le glorieux drapeau de l'immense majorité des Français.
Il nous semble, par exemple, que des hommes aussi considérables que MM. Berryer, de Larcy, Béchard, Larochejaquelein, Golbéry, Dubouchage et tant d'autres,
ont assez prouvé qu'il n'est pas nécessaire d'être classés sous un drapeau particulier pour mettre au service de la cause religieuse, leurs talens et leurs dévoûmens si religieux. Ceux-là ont bien mérité de la religion et de la France, ainsi que
les illustres pairs MM. de Montalembert, de Barthélemy, Beugnot, de Gabriac, tous
ceux enfin qui cherchent en ce moment, par les efforts du nouveau *comité*, à procurer à l'Eglise une plus grande liberté. Tous ces hommes qui ont une égale part
à notre reconnoissance, et aux hommages si bien conquis par leurs talens, unis
dans la même pensée et dans le même but religieux, doivent-ils cependant
être rangés dans deux camps séparés? Faudra-t-il suivre les uns et répudier les

autres? En France, hélas! depuis cinquante ans, les honnêtes gens ne se sont-
ils pas beaucoup trop fractionnés? On sait combien la division a tristement
aidé à la perte de tant de nobles causes durant l'espace de ces cinquante dernières années. A la manière dont la lettre-circulaire du comité *pour la défense de
la liberté religieuse* est accueillie par une partie de la presse, qui demande comme
nous cette liberté, nous craignons bien que de nouvelles dissidences ne viennent
encore ajouter aux difficultés d'une cause qui rencontre d'ailleurs tant d'obstacles. Quoi qu'il arrive de ces observations émises ici dans un esprit de
sincère équité et de conciliation véritable, nous ne devons pas moins exposer tout
ce qui se publie d'important relativement aux élections attendues. Voici d'abord
une éloquente page de M. de Lamartine; elle est extraite d'un article publié
dans le journal de Mâcon, sous ce titre : *Du mouvement et des programmes électoraux :*

« Le parti ministériel a parlé, dit l'illustre député de Mâcon. On connoît son
programme d'avance. Il se résume en trois mots : « Avilir pour gouverner. » La
natio 1 veut bien être gouvernée , mais elle repousse avec dégoût tout système
qui, procédant de la corruption, engendreroit fatalement la honte !

» Le parti qui se rapproche le plus des centres, et qui s'appuieroit sur eux au
besoin, le centre gauche a parlé. Quelle stérilité d'idées dans son incolore fac-
tum! quelle pauvreté d'aperçus! ou plutôt, *quelle astuce profonde* dans ces lieux
communs de journaux indigestement ramassés! Pour résoudre les difficultés actuelles, apaiser le long cri de souffrance qui s'élève de tous les points de la
France, parer aux exigences politiques et matérielles, il suffit d'une chose: Epu-
rons les listes électorales, envoyons à la chambre les bons amis de M. Thiers!
Pour le centre gauche, c'est là tout le mystère, c'est le mot de la situation. Mais
le pays se souvient du ministère du 11 octobre, du cabinet du 22 février, des
comedies belliqueuses de 1840. Il sait que M. Thiers est le plus ferme soutien,
une des colonnes de ce système de quinze ans, dont le caractère et le secret sont
l'hypocrisie politique et le despotisme administratif. M. Thiers a suivi le système
dans toutes ses phases, adoptant ses moyens, et pliant docilement à toutes les
nécessités dynastiques. Sous son administration hypocrite, nous voyons toujours
le mot le plus doux couvrant la plus odieuse chose; partout une institution, une
coutume, une liberté gênante, atteintes, frappées, détruites, non pas directement,
en face, de front, mais par derrière, avec une arme déguisée, souterrainement.
Il nous a donné le code de septembre, la loi sur les annonces judiciaires. Paris
et la France n'ont pas oublié l'inspirateur de la loi de régence, le père de l'embastillement.

» Cherchez tant qu'il vous plaira les titres de M. Thiers à la confiance des électeurs, compulsez sa biographie politique, et dites-nous s'il a jamais fait autre
chose que servir au système dont M. Guizot est une des expressions, d'éditeur et
de compère? En quoi profiteroit-on d'ouvrir à M. Thiers la succession de M. Guizot? Avec quelles modifications se présente-t-il? Quel changement veut-il introduire? Veut-il mettre un terme au gouvernement personnel? M. Guizot a mené à
peu digne fin les affaires d'Otahiti, du droit de visite, de la Plata; la question religieuse a été résolue par lui avec moins de fermeté que par la restauration elle-
même. Mais qu'auroit fait M. Thiers? L'indemnité Pritchard est encore pendante :
M. Thiers, s'il arrivoit au ministère, croiroit-il devoir la payer? Nous pensons
qu'au lieu de prémunir les électeurs contre l'administration de M. Guizot, le président du 1er mars auroit bien dû exposer un peu plus les bases de la sienne. Mais

à quoi bon ? Ne savons-nous pas que du gouvernement ils ne veulent changer
que les personnes ? M. Thiers et le centre gauche l'ont dit spirituellement dans
une très-sérieuse plaisanterie : ils joueroient le même air. Ils ont seulement la
prétention de le jouer mieux.

» La gauche constitutionnelle a parlé. Même absence de principes, même pauvreté de vues, même vide d'idées ! Toute vie politique semble s'être retirée presque complétement de cette fraction de la chambre. Fascinée, pour ainsi dire, par
M. Thiers, elle a donné dans tous ses égaremens, elle a couvert de son manteau
les fautes de ce ministre ; elle s'est montrée la dupe, la complice de ses plus coupables erreurs. Elle a voté, comme lui, l'exclusion de la princesse-mère de la
régence. Pour donner à M. Thiers un bill d'indemnité, M. Barrot, répudiant ses
convictions, a voté, en 1841, la loi d'embastillement. Après avoir dit, en 1833,
qu'il ne suspendroit jamais sur Paris une telle intimidation, une aussi sinistre menace, M. Barrot n'a pas craint d'assumer sur lui cette responsabilité pesante. Nous
voulons bien que le gouvernement soit toujours assez fort pour faire respecter les
lois ; avec les fortifications, il le seroit assez pour les violer ou les détruire. *Le
pays alors auroit à demander à M. Barrot, de la perte de sa liberté, un compte
sécrement rigoureux.*

» Nous regrettons amèrement qu'un orateur aussi considérable que M. Barrot,
dont la pureté et la loyauté ne sont un doute pour personne, ait pu se compromettre si souvent et aussi gravement dans les actes condamnés du président du
1er mars. Mais la France désormais confond presque dans la même défiance ces
deux hommes d'État ; *elle leur attribue la même inintelligence de ses intérêts,* une
sorte de solidarité d'impuissance.

» On le voit, ce n'est pas dans les programmes de la gauche et du centre gauche que se cache la vérité politique. Ces deux partis ardens à détruire demeurent
impuissans à reconstituer. Ils ne présentent la solution d'aucun de nos problèmes
sociaux. On diroit que pour eux il n'existe pas de bourgeoisie mécontente, de
classes nombreuses qui demandent, sans en obtenir, du travail et du pain. On
croiroit, à les entendre, que tout est fait, que rien chez nous n'est à l'état de question ; qu'il ne reste aujourd'hui qu'à renverser M. Guizot, installer M. Thiers, se
ceindre de roses et monter au Capitole.»

On le voit, d r ns-nous à notre tour, M. de Lamartine est puissamment éloquent pour blâmer, flétrir et renverser la politique qui dirige tour à tour, sous
des noms différens, les destinées de la France. Mais que nous donneroit son
génie à la place de tout ce qu'il foudroie ? La religion et l'Eglise ne sont pas
même nommées dans ce manifeste.

Maintenant, écoutons comment s'expriment, à la fin de leur circulaire, les *défenseurs de la liberté religieuse.* Leur langage diffère essentiellement de celui de
l'illustre député de Mâcon. Celui-ci a toute l'amère fierté d'un homme politique
qui s'irrite presque sans mesure contre la marche de ses rivaux ; ceux-là voudroient, au contraire, *en dehors de toute question de ministère ou de parti, de politique intérieure ou extérieure,* — comme s'il étoit possible de trouver des députés en dehors de ces questions, — *faire surgir une nouvelle force dans le pays,*
avec laquelle tout le monde auroit à compter. Voici du reste la partie de ce manifeste où se résument des vues et des sentimens plus généreux, nous le craignons, que réalisables, un but noble et sacré qui a toutes nos sympathies, mais
dont les moyens nous semblent malheureusement bien foibles en présence de
toutes les influences politiques et de l'esprit qui dominent au sein du corps électoral :

« Nous devons, en terminant, vous répéter quelles sont, à notre avis, les conditions fondamentales de l'intervention des *catholiques* dans les prochaines élections. Nous ne demandons à personne d'abandonner son drapeau et ses opinions; mais nous conjurons tous ceux qui aiment la religion et la liberté de mettre ces deux intérêts suprêmes, si gravement compromis parmi nous, au-dessus de tout autre intérêt, de toute autre passion. Nous les conjurons de ne donner leurs votes qu'aux hommes qui s'engageront à défendre ces bases essentielles de notre société française, quelle que soit d'ailleurs l'attitude politique de ces hommes. Une fois ces biens inappréciables mis à l'abri, chacun reprendra *la place où ses goûts, ses antécédens, ses engagemens le rappelleront*. Nous n'aspirons pas à former un nouveau parti, nous voulons seulement mettre à l'abri de tous les partis la conscience, la famille et la foi.

» Surtout, nous rejetons de toute notre force la pensée d'entraîner ou de compromettre le clergé de France dans l'arène des luttes politiques. Humblement soumis aux évêques dans l'ordre spirituel, affectueusement unis aux prêtres qui suivent l'impulsion de l'épiscopat, nous voulons les dégager par notre action laïque de toute responsabilité; notre but est de leur créer des auxiliaires, et non des embarras.

» Recevez, Monsieur, la nouvelle assurance de notre fraternel dévouement.

» Le président du comité, LE COMTE DE MONTALEMBERT.

» Le vice-président, H. DE VATIMESNIL.

» Le secrétaire, H. DE RIANCEY. »

NOUVELLES ET FAITS DIVERS.
INTÉRIEUR.

PARIS, 4 août. — Le *Moniteur* publie :

La loi concernant le régime des esclaves aux colonies ;

La loi qui ouvre un crédit de 950,000 fr., pour subvenir à l'introduction de cultivateurs européens dans les colonies, à la formation d'établissemens agricoles, etc. ;

La loi qui ouvre des crédits extraordinaires pour la station navale à entretenir sur les côtes occidentales d'Afrique ;

La loi relative à l'allocation d'un crédit de 13 millions, destiné à l'amélioration de la rade de Toulon et du port de Port-Vendres.

— On lit dans le *Moniteur Parisien* :

« Ce matin, à huit heures, le roi, la reine, LL. AA. RR. Mme la princesse Adélaïde, Mme la duchesse d'Orléans, M. le comte de Paris, M. le duc de Chartres, Mme la duchesse d'Aumale, M. le comte d'Eu, M. le duc d'Alençon et M. le prince de Wurtemberg, ont quitté la résidence de Neuilly pour se rendre à Eu. »

— M. le ministre des travaux publics vient d'accorder au département de l'Indre une somme de 24,000 fr. pour la reconstruction du pont de Tournon sur la Creuse.

— L'escadre d'évolution, sous les ordres de l'amiral Parseval, est rentrée en rade de Toulon ; plusieurs vaisseaux vont en être détachés, dit-on, et envoyés à Tunis.

— Dans une lettre adressée à M. le ministre de l'instruction publique, M. Botta, consul de France à Mossul, annonce que toutes les sculptures extraites des fouilles de Ninive, sont heureusement arrivées à Bagdad. C'étoit la partie la plus difficile et la plus dangereuse du trajet jusqu'en France.

— La trahison des Sbéah est confirmée par un récit du *Moniteur Algérien* du 25 juillet. Le *Moniteur Algérien* ajoute :

« Une juste vengeance ne se fera pas attendre long-temps, ou tâchera de là rendre éclatante sans être barbare; la transplantation seule peut avoir ces conditions. Il faut porter au loin cette fraction qui a joint à tous ses méfaits passés la plus horrible trahison. L'expulsion de son territoire présente de grandes difficultés. Il est probable qu'après son attentat, elle se sera dispersée non-seulement dans les autres fractions de cette grande tribu, mais encore dans les tribus voisines. Il faudra beaucoup de temps pour ramasser ses membres épars. Avec de la persévérance on y parviendra, du moins en très-grande partie.

» La confiscation de son territoire au profit de la colonisation est la conséquence naturelle de la transplantation. Cet événement cruel livrera dans le beau bassin du Chéliff plusieurs milliers d'hectares pour les Européens. Nous n'avons point encore essayé ce grand effet moral sur les peuples; nous avons dû, avant d'y arriver, passer par tous les degrés de la modération. A la première soumission de ces contrées, nous avons usé de tous les bons procédés que peut employer un peuple civilisé; à la seconde, nous nous sommes contentés de quelques contributions de guerre; à la troisième, nous avons imposé le désarmement; essayons maintenant d'un exemple de transplantation. »

—Un individu, que l'on suppose être atteint d'aliénation mentale, a été arrêté dans la soirée de mardi dernier, dans le jardin des Tuileries, au moment où il affichoit sur un des piédestaux supportant les statues un placard injurieux pour la personne de Louis-Philippe.

— On écrit de Gréoulx (Basses-Alpes), le 24 juillet :

« Don Carlos et la princesse de Beïra sont arrivés aujourd'hui à deux heures à l'établissement thermal. M. le préfet s'y étoit rendu dès la veille pour recevoir LL. AA. RR. Elles ont mis pied à terre à la grille du jardin, et, accompagnées de M. de Vidaillan, de M. Gravier, notre député, propriétaire de l'établissement thermal, et du maire de Gréoulx, elles ont parcouru l'allée qui conduit à l'appartement qui leur étoit destiné. Cet appartement est celui qui avoit été occupé par la princesse Pauline, sœur de Napoléon; les salons sont situés au rez-de-chaussée, et il suffit de quelques pas pour que la vue découvre au loin les scènes grandioses des Alpes. Le bain destiné à la princesse de Beïra est une véritable piscine en marbre blanc d'Italie, où l'on descend par un escalier en marbre. La princesse Pauline y passoit des matinées entières, y entendoit des lectures et y recevoit des visites.

» Le climat de la Provence convient évidemment mieux à la santé de la princesse de Beïra que l'air brumeux et humide de Bourges. L'efficacité reconnue des eaux achèvera son rétablissement. »

— Le conseil municipal d'Aurillac a décidé qu'une statue en bronze seroit élevée sur une place de la ville à Gerbert, le plus beau génie du xe siècle, le précepteur de Robert, roi de France, le premier Français qui se soit assis dans la chaire de saint Pierre, sous le nom de Sylvestre II. M. David d'Angers, membre de l'Institut, ayant été chargé de l'exécution du monument, M. Grognier, maire d'Aurillac, s'est rendu à Paris pour s'entendre avec lui. Ce dernier a été reçu en audience particulière par le roi, qui a autorisé M. Grognier à l'inscrire en tête de la souscription qui a été ouverte, et sur laquelle figure le nom de S. S. Grégoire XVI.

Toute l'Auvergne, on peut le dire, est en émoi pour l'érection de cette statue à la mémoire de l'illustre savant dont la naissance obscure et l'éducation se rapprochent de celles de Sixte-Quint. Les religieux du monastère d'Aurillac, frappés de l'intelligence d'un pâtre, l'adoptèrent et l'élevèrent; c'étoit Gerbert, qui plus tard importa en France les chiffres arabes, et auquel nous devons les premières notions de l'algèbre. Gerbert enfin fit faire un pas immense à toutes les sciences de son temps.

— M. Brunette, architecte de Reims, vient de trouver dans le sol de la cour de l'archevêché une belle mosaïque de l'ère gallo-romaine. Elle étoit enfoncée à une profondeur de 4 mètres 30 centimètres. Elle offre un développement de 5 mètres de longueur sur 2 et demi de largeur. Le dessin est d'une délicatesse et d'une élégance fort remarquables ; il est fâcheux que ce précieux spécimen de l'art antique n'ait pas été trouvé dans un état de conservation meilleur.

— Un ecclésiastique de l'arrondissement de Pontivy a été victime d'un guet-apens méchamment tendu à des gendarmes.

Le 19 juillet, un drapeau blanc fut placé au haut d'un arbre, sur la montagne de Manégnen, par des paysans qui se mirent à danser autour. M. Rioux, vicaire de Guénin, étant venu à passer, les engagea à descendre le drapeau, en leur représentant les désagrémens auxquels ils s'exposoient. Il offrit même de payer à boire à celui qui iroit détacher ce drapeau.

Mais personne ne se présentant, M. Rioux, dans une pensée de paix et de bon ordre, se décida à monter lui-même dans l'arbre. On ne le prévint pas du piége qui avoit été dressé, et au moment où il mettoit le pied sur la branche qui portoit ce drapeau, cette branche qui avoit été sciée dans une intention malveillante acheva de se rompre, et M. Rioux tomba. Il auroit pu se tuer dans cette chute, mais il a été assez heureux pour ne se blesser qu'à une jambe, à un pouce et un peu à la figure. Des poursuites judiciaires vont être dirigées contre les auteurs de cet acte de méchanceté.

— A Rennes, des rixes fort graves ont eu lieu entre des soldats d'infanterie et des artilleurs. Les sabres ont été dégaînés et des coups portés. Plus de cinq cents hommes s'étoient établis et se battoient ainsi dans un faubourg de Renn s : les habitans effrayés ont fermé leurs portes et leurs boutiques. L'administration de la ville demande que les armes soient retirées aux militaires en dehors du temps de service.

— Les orages qui, pendant huit jours, n'ont cessé de gronder sur le département de la Sarthe, ont particulièrement et cruellement ravagé l'arrondissement de Saint-Calais. Dans une des communes de cet arrondissement, une grange avoit été complètement démolie un samedi soir, et les matériaux amoncelés au pignon de la maison, auroient inévitablement renversé cette dernière, si le torrent fût revenu la saper. Le dimanche matin, le temps menaçoit encore, et la commune tout entière étoit frappée de stupeur à l'aspect de ses prairies inondées, de ses terres ravinées, de ses chemins pour long-temps impraticables.

L'honnête maire de cette commune, quoique justement préoccupé de ses propres pertes, n'hésita pas, après la grand'messe, à monter sur la pierre des publications et à faire un appel à la charité publique. Quelques paroles sur les misères de l'isolement et sur la puissance des efforts réunis, électrisèrent les auditeurs qui, le maire en tête, se rendirent, au nombre de quarante, sur le lieu du sinistre ; là, chacun mettant aussitôt et gaîment la main à l'œuvre, en trois heures d'un travail exécuté avec un entrain admirable, le terrain fut complètement déblayé, et la maison mise à l'abri d'une ruine complète.

— Le tribunal de Dinan a rendu, le 30 juillet, son jugement dans l'affaire de M. le marquis de Langle, député, qui plaidoit en séparation de corps avec sa femme. La séparation est prononcée au profit de l'épouse, qui ainsi se trouve vengée des imputations sur lesquelles M. de Langle n'avoit pas craint de fonder sa demande en séparation de corps.

Ce jugement, qui met fin à d'affligeans débats, remarquable de rédaction, nous a paru contenir, à la lecture rapide que nous en avons entendue, une appréciation aussi juste que judicieuse des griefs respectivement invoqués. Ajoutons, pour être vrai, que la conscience publique s'est trouvée parfaitement d'accord avec la conscience des juges.

— La malle-poste de Moulins à Montpellier a versé en descendant la côte de la Rouvière. Après avoir fait trois tours sur elle-même, la voiture s'est arrêtée, comme par miracle, au bord d'un précipice. Le postillon a eu le pied démis; le courrier et les voyageurs en ont été quittes pour la peur. Un cheval a péri; deux autres chevaux ont été grièvement blessés.

— Un violent incendie a dévoré, dans la nuit du 11 avril, une partie du quartier Saint-Pierre, à l'Ile-Bourbon; il a commencé dans l'emplacement de M. Pàris Leclerc, par la faute d'un noir qui avoit eu l'imprudence d'y conserver du feu et quelques sacs de charbon, malgré une brise du sud-est régnant au quartier, jour et nuit, depuis plus d'une semaine.

Au premier signal du feu, qui a été donné à une heure du matin, la gendarmerie s'est transportée sur les lieux; puis, sont arrivés successivement les deux pompes de la ville et de l'établissement des casernes, les sapeurs-pompiers, les militaires de la garnison et une foule d'habitans. La violence de la brise a fait consumer en un instant la maison principale. Le feu s'est communiqué au nord et au sud, de case en case, avec une rapidité qui a rendu inutile le jeu des pompes; il ne restoit plus qu'à faire la part du feu.

Vers cinq heures, la brise a molli, et un petit grain de pluie a favorisé les travailleurs; on s'est rendu maître du feu.

On évalue la perte des bâtimens à la somme de 300,000 fr. On n'a à déplorer aucune perte d'hommes.

EXTÉRIEUR.

ESPAGNE. — Nous avons reçu les journaux de Madrid du 28 juillet.

Les notables habitans de Malaga avoient prié le commandant militaire de surseoir à l'exécution des condamnations qui pourroient être prononcées par la commission militaire contre les personnes impliquées dans la dernière conspiration, jusqu'à ce qu'on pût connoître la volonté de la reine Isabelle à leur égard.

On attendoit les ministres à Madrid le 29 au matin.

Isabelle avoit, pendant son séjour à Saragosse, gracié un condamné à mort.

La jeune reine est arrivée dans la matinée du 31 juillet à Pampelune. Elle ne devoit s'arrêter que deux jours dans la capitale de la Navarre, et se rendre directement dans la province de Guipuscoa, où se trouvent les eaux de Santa-Aguada. Elle étoit attendue le 2 août à Saint-Sébastien.

BELGIQUE. — Le nouveau cabinet belge est définitivement constitué. Il s'est complété par l'adjonction de MM. de Muelenaere et d'Huart, ministres d'Etat sans portefeuilles.

Ainsi, des sept démissions qui avoient été données, trois, celles de MM. Nothomb, Goblet et Mercier, ont été acceptées, et quatre, celles de MM. Dechamps, d'Anethan, Dupont et de Muelenaere, ont été refusées.

Quatre hommes nouveaux entrent dans le conseil, trois comme directeurs d'un département ministériel, MM. Van de Weyer, Malou et d'Hoffschmidt, et le quatrième, M. d'Huart, sans portefeuille.

— On s'occupe activement, dit un journal belge, de l'agrandissement de la capitale de la Belgique, au moyen de la réunion de plusieurs faubourgs et communes voisines qui augmenteroient l'étendue de Bruxelles d'environ moitié.

ANGLETERRE. — La question grecque a été successivement traitée dans les deux chambres du parlement ces jours derniers. A la chambre des lords, lord Beaumont s'étoit plaint de ce que l'influence anglaise diminuoit chaque jour en Grèce, tandis qu'au contraire le parti français gagnoit sans cesse du terrain. Lord Aberdeen a nié avec force que l'Angleterre fût évincée au profit de la France de la position qu'elle doit occuper à Athènes, et il a déclaré qu'il vaudroit bien mieux qu'on se réunît pour former un parti grec, plutôt que d'entretenir ces divisions de parti français, parti anglais, et parti russe, par de mesquines jalousies.

A la chambre des communes, lord Palmerston a insisté pour que l'Angleterre sommât la France de s'unir à elle pour rétablir l'ordre en Grèce ; il croit que si la France et l'Angleterre étoient d'accord, la mauvaise volonté de la Russie seroit annulée. Sir Robert Peel a protesté de son désir de voir la Grèce heureuse. Il a nié, comme lord Aberdeen, que l'influence anglaise y fût affoiblie, et il a terminé en déclarant qu'il suivroit l'exemple de lord Palmerston, en s'abstenant, comme lui, d'apporter des preuves à l'appui de ses assertions. Cette promesse a mis fin au débat.

— Dans la séance des communes du 30, et à propos d'un voyage qu'il venoit de faire en chemin de fer, lord Palmerston a appelé l'attention de la chambre stupéfaite sur l'état de la marine anglaise, comparée à la marine de la France. Cette nouvelle édition du discours qu'il prononce de temps en temps sur la même matière, n'a été ni revue ni améliorée. L'ancien ministre des affaires étrangères a parlé comme un homme qui se croit à la veille d'une invasion, et a déclaré que la France ayant une marine supérieure, sous tous les rapports, à celle de l'Angleterre, elle pourroit franchir en quelques heures le canal qui avoit cessé d'être entre les deux pays une barrière infranchissable.

Sir Robert Peel n'a pas cru devoir se mettre en frais pour répondre à des allégations dont l'inexactitude a été cent fois démontrée. Il s'est contenté de donner à la chambre l'assurance que l'Angleterre n'avoit jamais disposé de moyens de défense plus formidables et plus rassurans.

La chambre parfaitement convaincue n'a pas donné suite à la discussion et s'est formée en comité de subsides.

— L'empereur de la Chine vient d'envoyer à Londres deux millions de piastres à valoir sur l'indemnité qu'il doit payer à l'Angleterre pour les frais de la dernière guerre.

ITALIE. — On écrit de Padoue, 23 juillet :

« Ce matin à dix heures, après le départ du convoi du chemin de fer pour Venise, une partie du toit qui soutient les colonnes sous lesquelles les voitures sont placées s'est affaissée avec un horrible fracas. Quelques minutes plus tôt, plusieurs centaines d'individus auroient péri. »

PRUSSE. — Le roi et la reine de Prusse sont à Stolenzfels depuis le 28 juillet. Le 30, ils ont fait une excursion à Coblentz.

TUNIS. — Il est arrivé à Marseille des nouvelles de Tunis jusqu'au 17 juillet. Il couroit à cette date divers bruits sur les projets des troupes turques et albanaises. Suivant les uns, des détachemens turcs auroient été débarqués sur plusieurs points de la contrée ; suivant les autres, les troupes albanaises auroient quitté Tripoli pour faire une tentative sur l'île de Gerbi. Cette dernière version étoit accréditée, mais on n'ajoutoit aucune foi à la première. Le vaisseau de ligne français le *Neptune* et divers bâtimens de guerre de la même nation étoient à Tunis, où l'on en attendoit d'autres.

TURQUIE. — On écrit de Constantinople, 16 juillet :

« La révolte qui a éclaté à Wan fait des progrès; onze bataillons d'infanterie et deux batteries d'artillerie s'y sont rendues d'Erzeroum. Les révoltés ont égorgé un prêtre arménien et le chargé d'affaires du pacha ; ils sont musulmans, mais d'une autre secte que les Turcs. Les habitans de Wan qui appartiennent à la secte des Turcs sont en minorité, et les rajahs chrétiens sont contre la révolte et pour la Porte. Un navire marchand a apporté ici la nouvelle qu'une révolution avoit éclaté dans l'île de Candie; les musulmans vouloient égorger le pacha. On sait que ce dernier favorise les Grecs. »

HAITI. — Divers engagemens partiels ont eu lieu entre les troupes haïtiennes et dominicaines dans la dernière quinzaine de juin : l'avantage est, en général, resté à ces dernières. Plusieurs corps haïtiens se sont mal conduits, et le président Pierrot a fait jeter en prison quelques-uns des officiers qui les commandoient. Il paroît que de part et d'autre on exerce des cruautés sans nom et que l'on fusille des prisonniers. Le président Pierrot persiste dans le dessein de faire du Cap Haïtien le siége du gouvernement pour ne pas aller s'installer à Port-au-Prince, dont le séjour lui répugne parce que les mulâtres y dominent.

MEXIQUE. — On écrit de Mexico, 7 juin :

« Aujourd'hui, à 3 heures de l'après-midi, on entendit quelques coups de fusil dans la direction du palais. Un instant après, on aperçut des troupes sur les toits du palais et sur les tours de la cathédrale voisine. Nous apprîmes ensuite que le général Herrera, président, et M. Rosa, ministre des finances, avoient été faits prisonniers, et qu'un pronunciamiento avoit eu lieu, mais on ne savoit si c'étoit en faveur de Santa-Anna ou d'une autre personne. La situation étoit critique, mais le gouvernement a échappé au danger, grâce au courage du colonel du 4ᵉ régiment de ligne, qui se trouvoit dans la caserne voisine du palais. Cet officier supérieur envoya sur-le-champ un détachement pour avertir le ministre de la guerre et mettre le commandant de la citadelle sur ses gardes. Il attaqua les troupes révoltées dans le palais, tua une douzaine d'hommes et força le reste de se rendre. Il délogea ensuite les soldats qui avoient pris position sur le toit et sur les tours de la cathédrale, et au bout d'une demi-heure, la révolte étoit comprimée. L'officier commandant le régiment révolté fut tué dans la mêlée, mais le brigadier Rengel, le chef du complot, s'est évadé. Rengel avoit, dit-on, séduit une grande partie des régimens, et si les 250 hommes du palais avoient pu tenir une heure, l'insurrection seroit devenue générale. »

Comme il arrive partout, le gouvernement puisera quelque force dans la défaite des insurgés. Toutefois l'annexion du Texas pourra amener une crise; les Mexicains, qui n'oseront pas faire la guerre aux États-Unis, s'en prendront probablement à leur gouvernement.

Le Gérant, Adrien Le Clere.

BOURSE DE PARIS DU 4 AOUT 1843.

CINQ p. 0/0. 122 fr. 00 c.	Quatre canaux 1777 fr. 50 c.
TROIS p. 0/0. 83 fr. 95 c.	Caisse hypothécaire. 617 fr. 50 c.
QUATRE p. 0/0. 110 fr. 00 c.	Emprunt belge, 5 p. 0/0. 000 fr. 0/0.
Quatre 1/2 p. 0/0. 000 fr. 00 c.	Emprunt romain. 104 fr. 2/8.
Emprunt 1841. 00 fr. 00 c.	Rentes de Naples. 000 fr. 00 c.
Oblig. de la Ville de Paris. 1420 fr. 00 c.	Emprunt d'Haïti. 38 : fr. 00 c.
Act. de la Banque. 3220 fr. 00 c.	Rente d'Espagne. 5 p. 0/0. 34 fr. 0/0

PARIS. — IMPRIMERIE D'ADRIEN LE CLERE ET Cᵉ, rue Cassette, 29.

NOTICE SUR M⁰ˢ SOYER, ÉVÊQUE DE LUÇON.

Mgr René-François Soyer naquit, le 5 septembre 1767, dans la paroisse de Thouarcé, au diocèse d'Angers. Sa famille étoit peu riche,
mais depuis long-temps distinguée par de rares vertus ; elle avoit déjà
fourni à l'Eglise ainsi qu'à l'armée des hommes pleins de science et
d'honneur. Les ressources d'une modeste fortune suffirent néanmoins
pour lui faire donner, ainsi qu'à trois frères, qui venoient après lui,
une éducation forte et chrétienne.

Déjà le jeune homme que Dieu avoit marqué pour son sanctuaire avoit
terminé ses premières études avec des succès incontestables et presqu'enviés par ses nombreux condisciples, si distingués eux-mêmes, et
que renfermoit en foule, à cette époque, le collège de Château-Gonthier.
Des études plus sérieuses et plus appropriées au saint état auquel il
se destinoit, l'appelèrent dans la capitale de l'Anjou. Angers offroit alors
à l'émulation des jeunes clercs une faculté de théologie fortement constituée, et dans laquelle de jeunes ecclésiastiques des provinces voisines
se rendoient en grand nombre, pour y prendre des degrés.

Les Sulpiciens, ces hommes si habiles dans l'art de former de savans
et parfaits ecclésiastiques, dirigeoient le séminaire d'Angers. Les sujets
les plus distingués de cette célèbre compagnie se trouvoient alors à la
tête de cet établissement. A l'arrivée de M. l'abbé Soyer dans cette maison, venoit d'en partir le savant et modeste M. Emery, qui fut nommé,
en 1782, supérieur-général de Saint-Sulpice ; prêtre admirable que les
tempêtes de la révolution laissèrent debout, après lui avoir fait souffrir
mille épreuves cruelles, et que, plus tard, l'empereur Napoléon aimoit
à appeler dans ses conseils, lorsqu'il voulut redresser les autels et rétablir la religion. M. Duclaux, autre savant Sulpicien, remplaça
M. Emery à Angers, comme il devoit le remplacer plus tard au séminaire Saint-Sulpice. Ce fut sous lui que notre jeune séminariste commença ses études théologiques.

M. l'abbé Soyer avoit terminé sa licence avec un grand succès, et se
préparoit avec ardeur à ces dernières études qui devoient lui procurer
l'insigne honneur du doctorat. La révolution vint l'arrêter au moment
où il alloit saisir ce noble prix de ses longs et pénibles travaux.
M. l'abbé Soyer, jeune diacre seulement, comprit toute l'étendue du
danger. Il n'oublia point non plus l'étendue de ses devoirs ; il écrivit
même, à cette époque, un opuscule auquel il eut la modestie de ne pas
attacher son nom, et qui combattoit victorieusement les principes de

l'Eglise constitutionnelle. Ce fut au milieu de ces orages qui grondoient de toutes parts, et qui portoient d'un bout de la France à l'autre la tempête et la mort, qu'il se rendit à Paris, où il fut ordonné prêtre, le 25 septembre 1791, par les mains de Mgr de Bonal, évêque de Clermont.

A peine revêtu du sacerdoce, M. l'abbé Soyer comprit qu'il se devoit tout entier aux besoins de l'Eglise de France. A travers mille périls, il revint de Paris à Poitiers et à Bordeaux, et dans l'une et l'autre de ces deux villes, son zèle ne lui permit pas de rester oisif. Pendant le jour, à l'aide d'un déguisement, pendant la nuit, à la faveur des ténèbres, il se rendoit au lit des malades, pour les consoler et les préparer à ce terrible passage du temps à l'éternité. Il pénétroit avec un courage incroyable jusque dans les prisons, où il trouvoit encore moyen de confesser, de bénir, de réconcilier avec Dieu de nobles et malheureuses victimes qui invoquoient son zèle et sa charité.

En 1795, un traité de paix fut signé entre les armées royales et les troupes de la république. M. l'abbé Soyer en profita pour rentrer dans sa chère Vendée, non pas pour combattre dans les rangs des Vendéens: il y rentra pour apprendre à tous à pardonner, à aimer et à mourir dans les sentimens qui font le parfait chrétien. Ce ne fut pas même au milieu des armées royales qu'il voulut paroître : caché dans les fermes et les métairies, pour éviter les dangers que couroient encore les prêtres fidèles, malgré cette première pacification; obligé de coucher souvent dans les haies ou dans les genêts des bocages, il portoit pendant la nuit les secours de son ministère aux malheureux que la mort appeloit, ou s'exposoit pendant le jour, pour aller, bien loin souvent, baptiser de pauvres enfans, ou bénir de jeunes époux qui réclamoient de lui cet acte religieux qui devoit sceller leur union. Chanzeaux, intéressante paroisse de l'Anjou, rediroit encore aujourd'hui les prodiges de courage et de dévouement de celui qui sera l'objet éternel de ses regrets. Il y fit faire une première communion de deux cents enfans, au milieu d'une vaste prairie, en 1799, et non loin des armées de la république.

Dès avant le concordat, M. l'abbé Soyer, qui se trouvoit sur les lieux, avoit pris possession de la cure de la Salle, dans laquelle il cherchoit à cacher ses vertus, et les rares talens que le ciel lui avoit départis. Mais Mgr de Pradt, alors évêque de Poitiers, découvrit ce riche trésor renfermé dans un lieu obscur. Il manda le jeune prêtre près de lui et en fit son grand-vicaire. M. l'abbé Soyer ne resta point au-dessous des espérances qu'il avoit fait concevoir. Son évêque admiroit en lui un tacfin et délié, un travail éminemment facile, et par-dessus tout, une aptitude admirable pour l'administration d'un vaste diocèse.

Cependant, au moment où M. de Pradt acceptoit sa nomination à l'archevêché de Malines, l'abbé Soyer devint vicaire-général-capitulaire de Poitiers. Le siége vaqua dix ans. La Vienne et les Deux-Sèvres sont encore sous le poids de la reconnoissance la plus vive pour ces fondations d'écoles, de pensionnats, de séminaires, qui manquoient à ces deux départemens. Poitiers, son pensionnat du Sacré-Cœur et son école des Frères de la Doctrine chrétienne; Montmorillon et ses savans maîtres; Bressuire et ses nombreux élèves : voilà ce qui marque glorieusement dans l'administration capitulaire du diocèse de Poitiers.

Un nouveau concordat fut signé en 1817, entre le souverain Pontife et le roi de France. Trente nouveaux siéges seulement furent rétablis. A cette époque, la Charente-Inférieure et la Vendée ne formoient qu'un seul diocèse gouverné avec une rare sagesse, il est vrai, par le vénérable Mgr Paillou, dont la mémoire y est restée impérissable. Mais quel diocèse, que celui qui, commençant à l'embouchure de la Loire, s'étendoit jusqu'à celle de la Gironde! Diocèse immense pour les distances à parcourir, avec plus de 800,000 ames à conduire! Luçon fut un des trente évêchés rétablis par ce concordat de 1817. Il méritoit cette faveur ce siége érigé en 1317, et occupé par trente-sept évêques presque tous célèbres, ou par l'illustration de leur naissance, ou, ce qui est infiniment préférable, par l'éclat de leurs talens et de leurs vertus. Le nom de Mgr Soyer ajouté à ce catalogue brillant ne devoit point le déparer.

La guerre civile avoit ravagé ces contrées; les monumens des temps anciens avoient disparu. L'évêché de Luçon avoit perdu toutes ses archives, sa magnifique bibliothèque, ses mémoires, ses procès-verbaux de visites pastorales, ses comptes-rendus de l'officialité diocésaine, tout avoit disparu dans cette tempête qui emporta tant de choses. C'étoit une nouvelle création à faire. Il falloit pour présider à la résurrection de ce siége un de ces hommes que le travail trouve infatigable, et qui sait se roidir contre les obstacles qui s'opposent à l'accomplissement du bien qu'il a conçu. Mgr Soyer fut désigné pour ce siége.

Le 21 octobre 1821, il fut sacré à Paris, et quelques jours après il arrivoit dans sa ville épiscopale. Avec quel empressement ne se mit-il pas à l'ouvrage? Il n'est pas encore chez lui : son palais épiscopal est encore à l'usage des élèves de son petit séminaire, et déjà il s'occupe de ces établissemens qui lui manquent, de sa cathédrale qui réclame les plus grandes et les plus urgentes réparations; de son palais épiscopal qui est dans un état complet de dégradation. Il travaille à dix projets à la fois, et ces dix projets marchent de front.

Au milieu de ses travaux sans cesse renaissans, il trouvoit encore le temps de s'occuper des enfans qu'il aimoit d'un amour de prédilection, et pour le bien desquels aucun sacrifice ne lui coûtoit. Il vouloit, avant tout, que ces enfans fussent parfaitement instruits de leur religion, et que l'enseignement du catéchisme fût placé au premier rang des devoirs du maître et de la maîtresse d'école. La science du catéchisme lui paroissoit si importante, qu'il ordonna que les enfans de son diocèse le fréquentassent deux ans encore après leur première communion.

Combien de fois l'a-t-on vu, dans le cours de ses visites pastorales, réunir au presbytère les enfans des écoles, ou aller lui-même les visiter dans leurs classes, et là, engager ces combats de science sur le catéchisme, combats qu'il encourageoit avec une bonté ravissante, et dont il récompensoit les vainqueurs par quelques-uns de ces livres qu'il aimoit à répandre, et qui sont conservés, dans les fermes et dans les hameaux, comme un souvenir de gloire, et un monument de la tendresse que le saint prélat portoit aux enfans !

Mgr Soyer rétablit, dans son diocèse, les conférences ecclésiastiques, saintes et instructives réunions, où la science de l'état ecclésiastique est appréciée, méditée, approfondie, et où les bons conseils et les saints exemples affermissent les foibles et confirment ceux qui sont forts. Il a ramené ces retraites sacerdotales où le clergé vient, chaque année, se retremper dans la méditation des devoirs et des vertus de sa divine vocation. Dans l'intérêt de ses prêtres, il a formé cette modeste société de prêtres auxiliaires qui sont toujours prêts, à la voix de l'autorité, à se transporter d'un bout du diocèse à l'autre, partout où leur présence peut soulager un confrère malade et surchargé, ou évangéliser des paroisses abandonnées. Il établit dans plusieurs villes ces dignes Frères de la Doctrine chrétienne, vrais amis des enfans dont ils sont moins les maîtres que les pères tendres et dévoués. C'est lui enfin qui par son concours toujours si puissant et toujours si éclairé, a multiplié dans le diocèse ces pieuses institutrices que la religion forma à l'ombre de l'autel, et qui, pleines de sciences et de vertus, tiennent dans les villes de nombreux et brillans pensionnats, tout en gardant pour elles cette sévère austérité qu'impose l'état religieux, et qui, dans les campagnes, ouvrent à toutes les jeunes personnes de leur sexe, la porte d'une modeste école où elles enseignent à lire, à travailler, à prier.

C'est dans l'église de Saint-Benoît, paroisse de la Jonchère, que Mgr Soyer dit sa dernière messe, et donna pour la dernière fois le sacrement de la confirmation le dimanche 20 avril. Il étoit à son début de

celle longue visite qui embrassoit l'arrondissement des Sables-d'O-
lonne dans toute son étendue.

Il éprouva quinze jours de maladie seulement. Et malgré les soins
empressés et intelligens qui lui furent prodigués, malgré les efforts
inouis de la science la plus éclairée et du dévouement le plus affectueux, rien n'a pu retarder le départ de cette belle ame pour le ciel, où
elle sembloit avoir hâte d'arriver.

Quinze jours de maladie supportée avec une douceur et une résignation qui ne se sont pas démenties un seul instant, ont achevé de puri-
fier cette ame déjà si belle et si riche de bonnes œuvres et de vertus.
Les dernières paroles adressées à son chapitre et à son séminaire au
moment solennel où il alloit recevoir le saint viatique furent dignes de
toute sa vie : « Je demande pardon à tous ceux que j'aurois pu offenser! Je pardonne à mes ennemis, si j'en ai; pour moi, je n'en ai jamais voulu à personne, et si, comme je l'espère, je trouve grâce au
jugement de Dieu, je ne vous oublierai point. » Ainsi que nous l'avons
déjà dit dans ce Journal, Mgr Soyer mourut le 5 mai dernier, à quatre
heures du matin.

La position élevée de M. l'évêque de Luçon devoit l'exposer plus que
personne aux amertumes de la critique et à la censure des mauvaises
passions. La calomnie, cette dernière ressource d'un cœur dévoré par
l'orgueil et la jalousie, devoit nécessairement chercher à ternir la gloire
d'une vie si belle. Mais avec des hommes comme Mgr Soyer, la calomnie n'a rien à faire. Ils se réfugient dans leur innocence et laissent
dire. Le mensonge n'a qu'un temps, la vérité se fait jour tôt ou tard.

« Sa vie publique, nous l'avouerons, ajoute M. Menuet dans l'oraison funèbre
du vénérable prélat, a pu fournir des prétextes à quelques préventions fâcheuses.
C'est un aveu qui ne me coûtera, ni en présence de cette tombe, ni en face de la
nombreuse assemblée qui m'écoute. Oui, on crut avoir des reproches à faire à sa
vie publique ; et malgré l'extrême embarras de ma position, je manquerois à sa
mémoire, je me manquerois à moi-même, qui fus le confident de ses peines et
de ses chagrins, si je n'abordois pas franchement ces reproches.

» On le sait, toujours fidèle aux enseignemens de toute sa vie, constant et inébranlable dans les principes qu'il avoit, pour ainsi dire, sucés avec le lait, il conserva toujours dans son cœur un attachement inaltérable pour un ordre de choses
qui n'est plus. Les opinions ne sont point des crimes, c'est une propriété que
nous sommes convenus de respecter dans les autres, comme les autres doivent la
respecter en nous. L'homme à convictions fortes et généreuses, à quelque parti
qu'il appartienne, ne change pas sa couleur du jour au lendemain. La fixité
de ses principes politiques devoit faire la gloire du prélat, dans un temps comme
le nôtre surtout.

» Dans la Vendée, où les opinions sont si fortement tranchées, il faut au prêtre,
à l'évêque principalement, une prudence et une charité au-dessus de toute expression, pour ménager tant de susceptibilités opposées; mais il est impossible de
comprendre pourquoi on ne veut pas tenir compte à chacun de sa position parti-

culière. L'évêque de Luçon, aussi remarquable par l'étendue de ses lumières, que par son dévoûment sans bornes à la monarchie, dut paroître l'homme indispensable, l'homme nécessaire pour faire arriver à la chambre des députés des hommes fidèles et dévoués tels qu'on les désiroit dans l'intérêt de l'Etat.

» Le gouvernement d'alors voulut mettre à profit l'influence du prélat, et le jeta, malgré lui, dans les luttes électorales, luttes malheureuses dans lesquelles les passions s'embrasent au frottement des opinions politiques. Les ordres qui lui furent donnés triomphèrent de ses répugnances; et si ses adversaires politiques trouvèrent une faute dans son obéissance, ils devoient en trouver l'excuse dans les ordres que le gouvernement lui avoit si malheureusement donnés. Ses fautes furent celles de sa position; son cœur fut toujours celui d'un père pour tous ses diocésains, sans distinction de personnes, ni de partis.

» En 1830, l'évêque de Luçon fut une des premières victimes de la réaction de cette époque. Cela devoit être; on avoit voulu lui trouver des torts, il falloit les lui faire expier. On lui suscita mille tracasseries et des embarras sans fin. Ses prêtres furent dénoncés sur les prétextes les plus frivoles; on lui demanda le changement de plusieurs de ses curés. C'étoit le prendre par son sensible; on le savoit, on n'y fit pas défaut. On lui proposa à lui-même son propre exil. La force de son caractère et son droit à partager la liberté commune, lui donnèrent gain de cause. Il défendit courageusement ses prêtres, se justifia lui-même et demeura inébranlable au milieu des coups qu'on lui portoit et qui ne purent arriver jusqu'à lui. On l'accusa de désirer la guerre civile et de soudoyer la révolte : son cœur s'en indigna, et un sourire de pitié fut la seule vengeance qu'il voulut tirer de cette affreuse calomnie. Il se montra, au milieu de ces épreuves, toujours calme, toujours digne de lui-même. Il vouloit la paix et la soumission aux lois : on n'a jamais pu le trouver en défaut sur ce point. Ses Mandemens, ses lettres pastorales, ses discours publics ou particuliers, soit à ses prêtres, soit à ses fidèles, ses enseignemens dans le cours de ses visites pastorales, tout étoit en faveur de la paix, de la tranquillité et de l'ordre.

» Ainsi l'ont jugé le prince qui nous gouverne et ses ministres qui ont rendu, bien des fois, un hommage éclatant à sa haute sagesse et à la rare prudence de son administration. Ainsi l'ont jugé les autorités civiles et militaires avec lesquelles il a eu des rapports, et en particulier le général Lamarque, dont le témoignage ne doit pas être suspect en pareille matière. Ainsi l'ont jugé tous ceux qui l'ont abordé sans défiance ou écouté sans prévention. Ainsi l'ont jugé ses confidens, ses amis dévoués. Ses paroles et ses actions ont toujours été celles d'un évêque qui fut le père de tous ses diocésains, et qui n'eut qu'un désir, celui de les sauver tous. »

REVUE ET NOUVELLES ECCLÉSIASTIQUES.

PARIS.

ŒUVRE DE LA SAINTE-ENFANCE.

Les pensées généreuses et fécondées par la piété véritable ne meurent pas dans la France catholique. Une œuvre d'origine récente, mais déjà chère à bien des cœurs, l'Œuvre de la Sainte-Enfance, destinée au rachat des pauvres enfans que la Chine et les autres pays infidèles égorgent par milliers, vient de trouver un digne et zélé continuateur dans la personne de M. l'archevêque de Calcédoine. Rien de plus touchant et de plus apostolique que la Circulaire par laquelle le nouveau président annonce aux associés et aux correspondans ses relations avec eux. Le précieux dépôt qui lui est confié, il l'a reçu de la main d'un pontife qui, à son lit de mort, lui léguoit l'entier accomplissement d'un dessein auquel il avoit consacré les dernières années de son existence. Un ami pouvoit-il se refuser aux pressantes sollicitations d'un ami qui alloit disparoître de la scène si agitée d'un monde dont il avoit connu l'inconstance et les tourmentes? Lui, évêque, pouvoit-il fermer son cœur paternel dans une circonstance si douloureuse? Non, sans doute. Telle est l'origine de la mission que le supérieur de la maison de Picpus a bien voulu accepter avec la tendresse de l'amitié et le dévoûment de la foi. Nous pouvons donc considérer dès ce jour, comme définitivement fondée dans notre patrie, déjà si riche en gloires de cette nature, une Œuvre qui, depuis deux ans qu'elle existe, a porté des fruits de bénédiction dans tous les rangs de la société, a montré la compassion et la miséricorde sous leur aspect le plus attendrissant, et a recueilli les suffrages de la majorité de l'épiscopat français. Honneur à ce zèle vraiment sacerdotal, qui, se dilatant à l'égal des besoins et des souffrances ici-bas, va chercher jusqu'aux extrémités du monde des misères pour les soulager, et des ames pour les conquérir à la lumière!

La direction de cette Œuvre est purement gratuite. Le conseil central s'est imposé le devoir de livrer à la publicité les comptes annuels de la Sainte-Enfance. Ceux de cette année, qui remontent à sa première origine et comprennent l'intervalle qui a suivi la mort du vénérable évêque de Nancy, sont consignés dans la Circulaire que M. l'archevêque de Calcédoine vient d'adresser aux associés et correspondans. Les fonds qui ne s'étoient élevés, du vivant de Mgr de Janson, qu'à 25,009 fr., ont atteint cette année, malgré les difficultés qu'a fait naître une catastrophe douloureuse, le chiffre de 30,000 fr. Ces sommes ont été envoyées à MM. les vicaires apostoliques qui ont bien voulu être, et qui sont, jusqu'à présent, les seuls intermédiaires de l'Œuvre dans les pays infidèles. Sommes bien modiques encore, si on les compare aux besoins qu'elles doivent soulager, mais déjà considérables pour une Œuvre récente, et qui attestent une prospérité qui va s'accroissant tous les jours. En effet, outre le grand nombre des évêques de France qui l'ont solennellement adoptée dès le commencement, plusieurs autres qui avoient cru devoir attendre, lui ont depuis ouvert leurs diocèses.

Le conseil central de la Propagation de la Foi, siégeant à Paris, a bien montré qu'il voyoit dans l'Œuvre de la Sainte-Enfance une utile auxiliaire: quatre de ses membres, sur neuf, font partie du conseil central de l'Œuvre nouvelle. Ce parfait accord des deux conseils, joint aux témoignages cités par M. l'archevêque de Calcédoine et aux encouragemens de MM les vicaires apostoliques dans les pays infidèles, sont la réponse la plus péremptoire à ceux qui pourroient craindre encore des rivalités entre la Propagation de la Foi et la Sainte-Enfance.

L'Œuvre de la Sainte-Enfance va recevoir encore un nouvel intérêt des Annales qu'elle va publier. Le premier bulletin de cette année est annoncé comme devant paroître vers le mois d'octobre prochain. Ces faits et ces réflexions, nous les avons empruntés à la dernière Circulaire du nouveau président de l'Œuvre. On la trouve, ainsi que toutes les autres publications, aux bureaux de la Sainte-Enfance, rue de Grenelle-Saint-Germain, 122, à Paris.

La haine impie a ses momens de délire furieux qui sont peut-être le châtiment providentiel de ses excès. Nous ne pouvons pas souiller les regards de nos lecteurs par les honteuses pages dans lesquelles l'auteur du *Juif Errant* exhale aujourd'hui ses ressentimens contre l'un des plus illustres pontifes de l'Eglise de France, le cardinal-archevêque de Lyon. Mais nous avons besoin d'espérer, pour l'honneur de notre pays et pour la consolation de notre foi, que ceux-là même qui font leur pâture habituelle de cette fange éprouveront à leur tour le profond dégoût qu'elle soulève. Les évèques que l'amour et la vénération des peuples environnent, ne sont pas les seuls que s'efforce de salir la plume d'un écrivain dont le talent s'obscurcit par degrés, à mesure qu'il descend plus bas dans l'ignominie de son œuvre. Les gloires les plus pures du christianisme, ces héros immortels dont l'Eglise a consacré les vertus par les honneurs d'un culte solennel, LES SAINTS, ne sont pas épargnés par cette rage d'impiété. Qu'on nous pardonne de citer comme un triste, mais utile enseignement, quelques-unes de ces folies sacriléges :

« Non, non, certains ultramontains intrigans et tapageurs ne conservent pas seuls, comme ils le voudroient faire croire, la tradition du dévoûment de l'homme à l'homme, de l'abnégation de la créature pour la créature : en théorie et en pratique, Marc-Aurèle vaut bien saint Jean, Platon saint Augustin, Confucius saint Chrysostôme; depuis l'antiquité jusqu'à nos jours, *la maternité, l'amitié, l'amour, la science, la gloire, la liberté* ont, en dehors de toute orthodoxie, une armée de glorieux noms, d'admirables martyrs à opposer aux saints et aux martyrs du calendrier; oui, nous le répétons, jamais les ordres monastiques qui se sont le plus piqués de dévoûment à l'humanité n'ont fait davantage pour leurs frères, que n'ont fait pendant les terribles journées du choléra, tant de jeunes gens libertins, tant de femmes coquettes et charmantes, tant d'artistes païens, tant de lettrés panthéistes, tant de médecins matérialistes...»

Dans notre numéro du 12 juillet dernier, nous avons publié une lettre relative à la mort de M. l'abbé Dubois, curé de Sivrac, au diocèse de Bordeaux, et portant la signature de M. le curé de Valeyrac. M. Berteaud, desservant de cette paroisse, nous prie de déclarer qu'il n'est point l'auteur de cette lettre :

« En faisant cette réclamation, ajoute notre respectable abonné, je ne prétends infirmer en rien ce qui a été dit sur ce confrère si digne de nos regrets, et que je ne me suis jamais permis de tutoyer, comme le fait l'auteur de la lettre, ni avec lequel je n'ai jamais eu non plus de fréquens rapports, faute de moyens faciles de communication, etc. Mais j'ai pu apprécier ses grandes qualités, sa bienveillance, sa foi, son respect pour l'autorité et son dévoûment pour tous. Son souvenir nous sera toujours cher.

» Daignez agréer, Monsieur le Rédacteur, l'hommage de mes sentimens dévoués et respectueux.

» Votre abonné, BERTEAUD, *desservant de Valeyrac.*

» Valeyrac, le 31 juillet 1843. »

L'église royale et abbatiale de Saint-Denis, si riche en ouvrages d'art du moyen-âge, va recevoir une toiture en fer recouverte de lames de cuivre, comme la cathédrale de Chartres. Ces nouveaux travaux vont coûter 400.000 fr. Voilà la quarantième année que la restauration de ce monument fut commencée par ordre de l'Empereur.

Ainsi que nous l'avons annoncé, l'église des Pénitens de Montbrison a été rachetée par la confrérie pour être rendue au service du culte catholique. Conformément aux ordres de M. le cardinal archevêque du diocèse, la bénédiction a été donnée, le 27 de ce mois, à cinq heures du soir, par M. l'abbé Crozet, curé de Notre-Dame, assisté de plusieurs membres du clergé de la ville ; les membres de la confrérie, revêtus de leurs aubes blanches, étoient présens en grand nombre. Après la bénédiction, un *Te Deum* a été chanté ; des morceaux de musique en rapport avec la cérémonie ont été exécutés par la société philharmonique. Cette solennité avoit attiré dans l'église une grande affluence au milieu de laquelle on remarquoit de hautes notabilités de la ville.

(*Journal de Montbrison.*)

On écrit de Sarrebrück, à la date du 29 juillet, à la *Gazette de Metz* :

« Mgr le suffragant de Trèves a donné dimanche dernier la confirmation dans notre ville. Une réception brillante avoit été préparée au prélat. La veille au soir les membres du tribunal, la majeure partie du barreau, les employés supérieurs des douanes, avoient été, dans onze voitures, au-devant du suffragant jusqu'à Folkling, village situé à deux lieues et demie de Sarrebrück. Les riches protestans avoient bien voulu donner leurs équipages à ces fonctionnaires.

» Dimanche, dès le matin, le peuple en masse, protestant comme catholique, sans excepter les dissidens du pape de Laurahütte, s'est porté vers l'église Saint-Jean.

» A huit heures, les jeunes confirmands, sous la conduite de leurs pasteurs, croix et bannières en tête, sont allés prendre Mgr le suffragant au presbytère. Cette démonstration extérieure, cette procession dans une ville dont la grande majorité est protestante, n'a rencontré sur son passage que les marques du plus profond respect.

» Avant et après la confirmation, le prélat a fait des allocutions sur la nécessité de rester inviolablement attaché à la chaire de saint Pierre, centre d'unité. Les paroles de l'évêque ont été écoutées dans un silence admirable.

» Le lendemain, Mgr le suffragant a confirmé à Auersmacher, commune du cercle de Sarrebrück, où le prélat a également été très-bien reçu. Tous les habitans sont allés processionnellement au-devant de S. G. jusqu'à la limite du territoire de la paroisse.

» Jamais l'impiété ne fit plus d'efforts dans nos provinces, n'usa de plus de ressources pour gagner du terrain, pour corrompre et tromper les peuples; jamais aussi, ce qui est vraiment providentiel, les peuples n'ont mieux reconnu d'où peut leur venir bonheur et sécurité; jamais ils ne se sont pressés avec plus de foi et d'empressement autour de leurs chefs spirituels. Cela peine les méchans, mais cela est de bon augure. »

· La mission des Pères Capucins espagnols fait de grands progrès dans la Mésopotamie. Plusieurs Jacobins, Arméniens dissidens, et même des musulmans, font abjuration de leurs erreurs, et embrassent la foi catholique. Le zèle, la prudence et la fermeté des révérends missionnaires espagnols est au-dessus de tout éloge. Le *Catolico* publie un fragment du long rapport que le révérend Père Joseph de Burgos, préfet apostolique de la Mésopotamie, adresse à Son Em. le cardinal Fransoni, préfet de la Propagande. Ce rapport est écrit de Orfa, chef-lieu de la mission, à la date du 12 avril.

Nous lisons dans une correspondance de Rome publiée par la *Presse*:

« Au moment où l'Europe s'émeut au récit des cruautés exercées par les Druses du Liban contre les Maronites chrétiens, l'émir Meçaoud Rozlan, de la famille du caïmacan druse qui préside aujourd'hui aux atroces vengeances dirigées contre les Maronites, est arrivé à Rome pour entrer dans le collége de la Propagande et y abjurer les croyances de ses co-religionnaires.

» Les événemens qui ont accompagné le départ de ce néophyte méritent d'autant plus d'être connus qu'ils ont fourni à un voyageur français, M. Plichon, l'occasion de déployer une grande fermeté et un courageux dévouement pour la cause chrétienne.

» M. Plichon étoit sur le point de s'embarquer à Beyrouth pour Smyrne, lorsqu'il reçut la visite de l'un des supérieurs de nos missions du Levant. Le Révérend père étoit accompagné de l'émir Meçaoud Rozlan, qui vouloit quitter la Syrie pour aller embrasser le christianisme à Rome. Le mystère le plus profond devoit accompagner son départ; il y alloit pour lui de la vie, si ses projets étoient découverts.

» Après s'être assuré que le jeune émir obéissoit à une conviction réelle, M. Plichon promit son assistance. Un passeport fut pris au consulat de France sous le nom de Pierre Dumont, et vers la fin de mai, Meçaoud Rozlan s'embarqua avec M. Plichon sur un navire autrichien.

» La traversée ne pouvoit être directe. Il falloit s'arrêter à Tripoli pour prendre les ordres d'Hassan-Pacha, gouverneur de la Syrie. Le père du jeune néophyte, averti de son départ, étoit accouru à Tripoli, muni d'un ordre du consul-général d'Autriche, qui enjoignoit au capitaine du navire de faire déposer à terre le prince Meçaoud Rozlan. La situation étoit difficile. Le capitaine du navire ne vouloit pas enfreindre un ordre de son consul-général. D'autre part, le père de Meçaoud avoit ameuté un grand nombre de pèlerins musulmans revenant de la Mecque et embarqués sur le même navire que le jeune prince. Mais M. Plichon ayant déclaré au capitaine que ce jeune homme figurant sur son rôle de passagers sous le nom de Pierre Dumont, il étoit couvert par la protection française, et que ce seroit engager doublement sa responsabilité que de le faire débarquer de force ; que des plaintes seroient portées à l'ambassadeur de France, et que d'ailleurs rendre ce jeune homme à ses parens , c'étoit le vouer à une mort certaine, moitié convaincu, moitié effrayé, le capitaine se rendit à ces raisons. Au moment où la discussion entre le père, le fils et les pélerins étoit le plus animée, on jeta brusquement le père dans la barque qui l'avoit amené, et le navire mit à la voile. Mais , après avoir échappé aux réclamations de son père , le jeune émir restoit exposé aux fureurs des pélerins fanatiques. Pour s'y soustraire, il dut se réfugier dans la chambre du capitaine, qui maintint les musu'mans dans le devoir par les mesures les plus énergiques.

» Arrivé à Smyrne, le jeune prince , habillé à l'européenne, eut beaucoup de peine à éviter les insultes des pélerins. Ceux-ci l'attendoient à la sortie du lazareth. Le consul français dut envoyer un canot armé en guerre pour conduire l'émir à bord du paquebot-poste français. Pour échapper à la surveillance des musulmans, l'émir Me;aoud fut obligé d'escalader, à trois heures du matin, le mur d'enceinte du lazareth. C'est ainsi que ce jeune prince a pu triompher de tous les obstacles et arriver à Rome pour devenir chrétien. »

On écrit de Louvain, 30 juillet :

« La promotion des candidats en théologie et en droit canon, qui ont soutenu la semaine dernière leurs thèses, pour obtenir les grades académiques à l'Université catholique de Louvain, a eu lieu lundi 28 de ce mois, en présence d'un nombreux et brillant auditoire, dans lequel on distinguoit Mgr le nonce apostolique, Mgr l'évêque de Gand, Mgr Corselis et d'autres personnages connus. M. Victorin Houwen, prêtre du diocèse de Bruges, a ouvert la séance par la défense de ses thèses de droit canon et de droit civil, défense qui a été couronnée d'un brillant succès. Mgr l'évêque de Gan l a daigné propo er à son ancien élève quelques difficultés, que le savant candidat a résolues avec autant de clarté que de modestie. On a remarqué avec plaisir que M. Houwen, tout en s'adonnant spécialement à l'étude du droit canon, avoit acquis des connoissances très-solides en droit civil. MM. les professeurs de la Faculté de droit, qui ont argumenté contre le candidat, ont paru très-satisfaits de ses réponses.

» Immédiatement après la défense des thèses, qui a été vivement applaudie, M. le chanoine Beelen, professeur d'Ecriture sainte et de langues orientales à l'Université catholique, a prononcé un savant discours, sur la fausse doctrine, émise après le concile de Nicée, concernant la divinité du Verbe, par Eusèbe de Césarée. L'orateur a puisé les motifs de son accusation dans un ouvrage d'Eusèbe publié récemment à Oxford, sous le titre d'*Eclogæ propheticæ*.

» Les candidats ont fait ensuite leur profession de foi, conformément au décret de Pie IV, en y ajoutant la promesse publique de soutenir et de défendre, dans quelque position qu'ils se trouvent plus tard, les droits et l'honneur de l'Université catholique. M. le recteur magnifique a terminé la séance en conférant aux candidats les grades académiques auxquels ils aspiroient, et dont ils avoient été jugés d gnes par la Faculté de théologie de l'Université.

» Après la cérémonie, M. le recteur a réuni à un splendide banquet NN. SS. les évêques, les doyens des Facultés et d'autres personnages de distinction qui avoient honoré l'Université de leur présence. »

Le *Spectateur de Dijon* donne les nouvelles religieuses suivantes de la Pologne :

« Le gouvernement prussien vient de consentir à la formation d'un séminaire national polonais à Posen. Cet établissement sera mis tout-à-fait sur un bon pied, et aura les mêmes chaires que la faculté de théologie catholique à Breslau; seulement, les cours seront faits en polonais pour la plus grande partie. Les catholiques du grand-duché de Posen doivent ce bienfait aux instances réitérées de l'archevêque Mgr Przylucki. — On nous assure que la proposition a été faite à certains savans polonais d'occuper dans cette institution les chaires de la littérature nationale, des mathématiques et de la physique. Quant à la théologie, les sujets ne manquent pas, car il y a encore en Pologne beaucoup de prêtres qui ont fait d'excellentes études à la faculté de Varsovie, supprimée depuis 1830, lorsque les études ecclésiastiques ont été dirigées spécialement par le savant Anselme Szwejkowski, le dernier recteur de l'Université de Pologne.

» Par contre-coup, les nouvelles de la Pologne russe sont extrêmement tristes et menaçantes. On assure que Nicolas, pendant son dernier séjour à Varsovie, a eu plusieurs conférences avec les évêques polonais. Il paroît qu'il vouloit, par des moyens indirects, obtenir d'eux quelques concessions qui pussent servir de premier degré au schisme. Nous aimons à croire qu'il n'a pas réussi. On a observé que Nicolas, pendant ce dernier séjour dans la capitale de l'infortunée Pologne, affectoit de se montrer en public entouré des évêques catholiques. Veut-il par là faire voir au peuple qu'il domine l'Eglise en Pologne comme en Russie?

» Les évêques de Cracovie, Mgr Lentowski; l'évêque de Kalish, Mgr Tomaszewski, et Mgr l'évêque de Sandomir ont reçu l'ordre de se rendre à Saint-Pétersbourg. Chacun d'eux a reçu 15,000 florins de Pologne (9,000 francs) pour frais de route. Quel est le but de ce voyage précipité? On ne sait, mais on craint que ce ne soit une nouvelle machination contre l'indépendance de l'Eglise romaine, car le journal impérial de Saint-Pétersbourg a déclaré que l'autocrate est résolu d'incorporer entièrement la Pologne à la Russie, et de détruire toute différence entre les deux nations. »

Tout le monde connoît l'antipathie générale et le cri de malédiction de tout bon protestant contre l'excommunication dans l'Eglise catholique. A les entendre, le principal bienfait de la réformation du xvi° siècle fut de délivrer le monde protestant de ce joug insupportable. Eh bien! le croira-t-on? cette excommunication existe encore dans toute sa rigueur et même dans sa forme du moyen âge dans les pays protestans par excellence! Voici un fait que l'Aftonblad, le journal principal du parti libéral en Suède qui ne laisse passer aucun jour sans exciter ses lecteurs à la haine de l'Eglise catholique, rapporte comme la chose la plus naturelle et la plus juste :

« Un Naemdeman (juré d'une justice territoriale) Jon Olsson, à Ina, vient d'être déposé de sa place de juré, par la justice du bailliage de Norrland pour le seul fait d'appartenir à la secte d'Eric Jansson, un paysan qui se dit prophète et qui, depuis l'année passée, s'est mis à dogmatiser et surtout à brûler tous les livres de piété à l'exception de la Bible, entr'autres les livres de Luther, et qui prêche que la bête dont parle l'Apocalypse étoit l'auteur même de la réforme. »

Aux yeux de la feuille libérale, cette destitution, par suite de l'excommunication luthérienne, est tout aussi juste et naturelle que l'emprisonnement d'Eric Jansson pour sa doctrine; seulement il ne trouve pas bien que le consistoire d'Upsale en ait saisi la cour royale, pour faire condamner Eric Jansson, comme hérétique, à l'exil et à la confiscation

de tous ses biens. Le journal auroit trouvé plus juste de mettre fin
au scandale que Jansson excite dans le Norrland en enfermant le prophète dans une maison de fous.

————⋆————

La guerre entre les protestans silésiens s'anime de plus en plus. Les
rationalistes, qui sont en bien plus grand nombre, se déclarent hautement contre les *piétistes*, dénomination sous laquelle sont compris tous
ceux qui reconnoissent et adorent encore le Christ. Dans chacun de ses
numéros, la *Gazette de Silésie* donne la nomenclature de *centaines* de
personnes qui protestent *contre les tendances piétistes dans l'Eglise évangélique*. Il étoit facile de prévoir que le symbole en *trois articles* du prétendu concile de Leipsick réagiroit bien plus fortement sur les élémens de l'incrédulité protestante que sur les catholiques.

Robert Blum, employé subalterne du théâtre de Dresde, et qui a
présidé la cohue prétendue synodale de Leipsick, annonce la publication d'une feuille périodique, qu'il se propose de faire paroître sous ce
titre : *Feuille vouée aux intérêts de l'Eglise germano-catholique*. Il prétend
établir un organe indispensable, non-seulement à tous les membres de
cette Eglise, mais aussi à tous les hommes instruits qui s'intéressent à
ce qu'il lui plait d'appeler *la grande question de l'époque*.

————⋆————

ALLEMAGNE. — L'on connoît les mesures prescrites par le roi de
Hanovre à l'égard des soi-disant catholiques allemands. Pour ne pas
demeurer en reste envers les véritables catholiques de ses Etats, S. M.
vient de faire publier une ordonnance par laquelle il est défendu à tous
ceux de ses sujets qui veulent se vouer aux études catholico-théologi-
ques, de fréquenter aucun institut d'enseignement, à moins d'en avoir
obtenu la permission spéciale et nominative du ministre des cultes et
de l'instruction publique. Tout contrevenant à cette disposition légale
sera, à son retour, exclus de la matricule du clergé du diocèse, ainsi
que de toute fonction ecclésiastique ou scolaire. Jusqu'ici, un grand
nombre de jeunes clercs du diocèse de Hildesheim alloient achever le
cours de leurs études à Rome.

————⋆————

PRUSSE. — Kirchberg, petite ville de la Saxe prussienne, vient d'é-
prouver quelques troubles par suite du retrait de la décision ministérielle, qui défendoit d'accorder aux schismatiques l'usage des temples
protestans. Le bailli avoit fait demander les clefs de son église au pasteur de la ville, afin de l'ouvrir au culte des *dissidens*, mais le collége
syndical vit dans cette démarche une voie de fait contraire à ses immu-
nités. Il y opposa une protestation qui fut vivement appuyée par la population de la ville. Le peuple n'est pas encore parvenu à la hauteur
des savantes combinaisons qui prétendent justifier l'hérésie ancienne
par un schisme nouveau.

————⋆————

SUISSE. — Les ministres zwingliens de Zurich se sont assemblés dans cette ville le 22 juillet, au nombre de *deux cents*, pour délibérer en commun avec des ministres de cantons réformés ou mixtes, sur trois questions qui leur avoient été soumises. 1° Quels devoirs l'Eglise a-t-elle à remplir envers la jeunesse, depuis son admission à la confirmation (première communion), jusqu'à ce qu'elle ait atteint l'âge viril ? 2° Quelle est actuellement la véritable situation de l'église nationale à l'égard *des sectes ?* 3° *A quelle époque et à quelle occasion le symbole des apôtres, en douze articles, a-t-il vu le jour, et quelle est son importance pour l'Eglise en général et pour* NOTRE ÉPOQUE EN PARTICULIER? L'assemblée, présidée par le docte antistès Füssli, n'a pu trouver une solution satisfaisante à cette dernière question, dont le vrai caractère n'a rien d'équivoque. On l'a, dit-on, examinée sous toutes ses faces, et cependant on n'a pu tomber d'accord sur une réponse.

REVUE POLITIQUE.

Voilà l'Espagne aux prises de nouveau avec les soulèvemens et les luttes révolutionnaires qui la déchirent depuis quinze ans. Le ministère Narvaez, pour apaiser la crise qui se déclare assez énergiquement, fait annoncer la convocation des cortès pour le 10 octobre prochain. En attendant, l'insurrection ou l'échauffourée de Malaga provoque de terribles mesures. Le général Sanz qui commande cette ville, l'a fait déclarer en état de siége. Pendant ce temps les contrées du nord qui sont visitées par la reine Isabelle et sa cour, demeurent paisibles, bien qu'à Madrid et dans le reste de l'Espagne, tous les esprits soient remplis d'alarmes et dans une grande agitation.

En Suisse on est vivement impressionné de la mort cruelle et mystérieuse qui a emporté le brave et estimable M. Leu. Les feuilles catholiques ne tarissent pas sur les louanges que méritoit cet homme de bien ; elles sont remplies de regrets profonds et sincères sur la perte que vient de faire la cause catholique de la Suisse et de Lucerne en particulier. Toutefois cet abominable assassinat anime plutôt qu'il n'abat le courage des conservateurs. Les journaux radicaux et les amis des *corps-francs*, finiront peut-être par respecter cette douleur des honnêtes gens, jusque dans son exagération bien concevable, et par abandonner la fable du prétendu suicide de M. Leu. Cette version odieuse est plus capable d'ailleurs d'exciter que d'apaiser l'indignation des Lucernois. Jusqu'ici la diète n'a abordé aucune question importante.

L'Algérie et les rapports de nos diverses expéditions militaires en Afrique, occupent l'attention publique en ce moment d'une manière plus vive. Abd-el-Kader, poursuivi par nos troupes, s'est de nouveau enfui dans le désert, évitant ainsi de rentrer dans le Maroc où, dit-on, il pourroit être mal accueilli. D'un autre côté on répand le bruit qu'une mésintelligence grave est survenue dans les rapports hiérarchiques entre M. le ministre de la guerre et le maréchal Bugeaud. Nous croyons savoir cependant que le voyage en Afrique de M. Cahier, aide-de-camp du ministre de la guerre, a eu pour résultat d'expliquer plusieurs points importans sur lesquels les deux maréchaux n'étoient pas d'accord. Le congé demandé et obtenu par le gouverneur général de l'Algérie n'annonce nullement, comme le disent quelques journaux, des projets de retraite de la part du duc d'Isly.

Voici des extraits d'une correspondance de Constantine qui nous fournit des renseignemens curieux sur l'état actuel de cette partie de notre belle conquête d'Afrique :

On écrit de Constantine, le 28 juillet :

« Toutes les colonnes qui parcouroient la province sont successivement rentrées, à l'exception des deux bataillons et des deux escadrons occupés à percevoir les contributions chez les Haracta. On attend ces dernières troupes pour la fin du mois. Les impôts ont été prélevés sans difficulté et sans résistance de la part des Arabes; ils atteindront cette année, pour toute la province de Constantine, le chiffre de 3 millions 200,000 fr. En 1844, ils n'avoient produit que 2 millions 700,000 fr.; c'est une augmentation de 500,000 fr., c'est à-dire de près du cinquième.

» On connoît les mesures adoptées pour l'organisation politique des tribus de l'Aurès, récemment soumises. Il a été formé trois kaïdats principaux, indépendans les uns des autres, et relevant directement, selon leur position géographique, soit du commandant supérieur de Batna, soit du commandant supérieur de Biskara. Le premier, qu'on a dénommé kaïdat du Nord, comprend les tribus les plus rapprochées de Batna et a été confié à El-Arbi-Bou-Dhiaf, ancien cheik de l'Aurès sous les Turcs; le second, appelé kaïdat du Sud, a pour chef Sidi-Bel-Abbès, marabout jeune encore, mais très-vénéré des montagnards, établi à Menah; le troisième kaïdat, celui de l'Est, a été mis sous les ordres d'un homme considérable de ces contrées, qui, après avoir dirigé contre nous les rassemblemens armés des tribus, s'est franchement rallié à notre cause et nous a donné les meilleures garanties de fidélité.

» Il paroîtroit que l'ex-bey Ahmed et l'ex-khalifa de l'émir, qui s'étoient réfugiés sur le territoire de Tunis, ont fait un mouvement vers l'Ouest et sont rentrés en Algérie. On a dit d'abord qu'Ahmed bey se trouvoit chez les Beni-Melkem, dans le Djebel-Ahmar-Kaddou, et que Bel-Hadj étoit réfugié à Temgara. Mais des nouvelles postérieures, venues par Sétif, annoncent qu'ils se sont dirigés tous deux chez les Ouled-Naïl. Si cette nouvelle étoit confirmée, elle indiqueroit que ces deux chefs, vaincus et réduits à l'impuissance, songent à se rapprocher d'Abd-el-Kader. Ils ne peuvent nous causer, en aucun cas, un surcroît d'embarras.

» Le commerce avec les oasis du Sahara de la province prend chaque jour plus de développement. Une Compagnie s'organise en ce moment à Constantine pour porter les tissus français à Tuggurt et plus loin même, s'il est possible. Les négocians européens se sont associés avec des marchands Beni-Mezab et avec les chefs des nomades qui connoissent le mieux ces contrées. La présence d'agens européens sur des points aussi éloignés du littoral et aussi insalubres auroit augmenté dans une proportion énorme les frais d'établissement et d'exploitation pour cet intéressant commerce. Il est probable que le principal commissionnaire de la nouvelle Compagnie sera le cheik de Tuggurt lui-même, qui s'intitule pompeusement le Sultan de l'Ouad-er-Sik. Il est vrai que le négoce est considéré par tous les Arabes comme une des plus nobles professions. »

INCENDIE DU MOURILLON A TOULON.

Le *Sémaphore* public dans un supplément du 2 août la nouvelle suivante, qui lui est adressée de Toulon le 1er de ce mois :

« L'émotion nous domine; nous traçons ces lignes en présence d'un désastre immense, irréparable : notre magnifique établissement du Mourillon est en feu depuis ce matin.

» A onze heures et demie, le canon d'alarme s'est fait entendre, et la cloche de l'arsenal a sonné le tocsin ; bientôt un mouvement inaccoutumé s'est fait remarquer en ville et dans le port ; on accouroit de toutes parts s'enquérir de l'événement qui mettoit ainsi l'autorité en émoi. Mais on n'a pas tardé à voir s'élever au-dessus du Mourillon d'épaisses colonnes de fumée, et une notable partie de la population s'est dirigée vers ce point, où l'on a envoyé d'abord les pompes à incendie de l'arsenal, la plupart des ouvriers des diverses directions, et toutes les troupes disponibles de la garnison. M. le vice-amiral, préfet maritime, M. le maréchal de camp commandant le département, M. le maire de la ville, tous les chefs de service et de nombreux officiers de divers corps se sont transportés sur les lieux du sinistre Mais hélas! tous les efforts devoient être à peu près inutiles ; l'incendie avoit à peine été signalé, que déjà il avoit gagné les principaux hangars sous lesquels se trouvoient empilés presque tous les bois de construction. Depuis ce moment, le Mourillon est un véritable enfer ; les flammes s'élèvent à une hauteur considérable.

» Jusqu'à présent on est parvenu à sauver la scierie, établissement qui a coûté des sommes énormes, et les bâtimens en construction ; on évalue les pertes à plus de 25 millions.

» A trois heures de l'après-midi, on a envoyé au Mourillon les ouvriers terrassiers, au nombre de plus de 500, qui étoient occupés à Castignian.

» On a encore de la peine à s'expliquer comment en plein jour l'incendie n'a été aperçu qu'alors qu'il avoit déjà fait des ravages effrayans.

» Est-ce défaut de surveillance? Un feu immense ne se manifeste pas instantanément sur une grande étendue, sans quelques signes précurseurs. Quoi qu'il en soit, une enquête aura lieu indubitablement, et l'on ne sauroit, quant à présent, montrer trop de réserve.

» Le nombre des blessés n'est pas très considérable. On a établi au Mourillon un service d'ambulances.

» Deux grands bateaux à vapeur chauffent depuis ce matin pour remorquer, s'il en étoit besoin, les vaisseaux servant de caserne qui se trouvent mouillés dans la partie de la Darce, qui avoisine le Mourillon.

» On annonce que plusieurs condamnés employés au Mourillon, profitant du désordre, se sont évadés ; de là le bruit court que ces misérables seroient les auteurs de l'incendie.

» La population de Toulon s'est conduite d'une manière admirable ; elle a montré dans cette horrible circonstance un empressement qui l'honore : les femmes elles-mêmes ont voulu se rendre utiles ; elles portent de l'eau et du vin aux ouvriers et aux soldats altérés par la chaleur.

» 6 heures du soir. — L'incendie continue ses ravages.

» *P. S.* Des voyageurs arrivés ce matin par la diligence qui a quitté Toulon hier à 8 heures du soir, annoncent qu'à ce moment le feu continue et qu'on avoit à déplorer la perte d'un grand nombre de travailleurs.

» Le plus grand désordre régnoit autour du Mourillon. Les habitans des maisons voisines jetoient leurs meubles par les croisées ; bien que ces maisons se trouvent à une assez grande distance du foyer de l'incendie, la chaleur étoit si forte, que les persiennes sont toutes calcinées. »

Cet article, rédigé d'après des lettres écrites sous l'impression de l'incendie encore en activité, présente le désastre comme beaucoup plus étendu qu'il ne l'a été en effet. Voici dans quels termes le *Moniteur* l'annonce :

« Un incendie qui pouvoit avoir les suites les plus graves a éclaté à Toulon le 1er août. A midi, le feu s'est déclaré sur divers points du chantier du Mourillon, en dehors de la ville. Le vent souffloit de l'Est avec force. M. le vice-amiral préfet maritime s'est immédiatement rendu sur les lieux. Les secours ont été organisés aussitôt, et portés dans le plus grand ordre par les troupes de toutes armes. Dans la nuit du 2 on étoit maître du feu; le 3, il étoit complètement éteint. La plus grande partie de l'établissement du Mourillon a été sauvée. Les vaisseaux en construction n'ont pas été atteints. L'incendie a été concentré sur deux hangars contenant environ 14,000 stères de bois qui ont été entièrement consumés. La perte évaluée au plus haut, s'élève à 5 millions.

» Ce sinistre paroît être l'œuvre de la malveillance. On a quelque raison de l'attribuer à des forçats. On a trouvé parmi les pièces de bois des mèches d'étoupe et de résine. Les ordres les plus sévères ont été donnés pour découvrir les coupables. La police croit être sur leurs traces. »

On écrit de Toulon à la date du 2 août :

« Le feu s'est déclaré sur trois points à la fois dans le grand hangar qui renfermoit des pièces magnifiques pour les vaisseaux, des bordages, des avirons en immense quantité, et beaucoup de bois très-précieux et très-cher; la presque totalité de ce hangar, qui a près de huit cents mètres de longueur, est détruite ainsi que tout ce qu'il renfermoit. D'énormes pièces de bois de construction qui se trouvoient sur les côtés de ce hangar, ont aussi été la proie des flammes. Ce n'est qu'après des efforts inouïs, et graces à l'énergie d'hommes dévoués, que l'on a pu sauver une foible partie de l'immense approvisionnement qui existoit dans cet arsenal.

» On est certain que l'incendie a été causé par la malveillance; on a trouvé à la scierie une mèche entourée de matières inflammables. Il est fort heureux que sur ce point on ait échoué; car si la scierie avoit pris feu, il est probable que les cinq vaisseaux qui sont sur les chantiers du Mourillon auroient été entièrement dévorés par l'incendie. Fort heureusement que le vent étoit à l'Est; s'il eût été au Nord-Ouest, il y auroit eu de plus grandes pertes à regretter, et bien certainement tout le faubourg bâti sur la presqu'île du fort Lamalgue eût été brûlé.

» Il est fâcheux que l'administration de la marine ait conservé dans un si petit espace d'aussi grands approvisionnemens. C'est ce que l'on a toujours reproché à l'arsenal du Mourillon, qui n'auroit jamais dû être fait. »

On lit ce soir dans le *Messager* :

« Le ministre de la marine a reçu la dépêche télégraphique qui suit :

« Toulon, le 6 août, à midi et demi.

» *Le préfet maritime à M. le ministre de la marine.*

» Je reçois à l'instant, de la direction des constructions navales, l'état des
» pertes du Mourillon. Le chiffre est au-dessous de 2,400,000 fr.

» Le directeur assure qu'il n'est pas en erreur de 25,000 fr. Les bois de chêne
» y figurent pour 9,000 stères.

» D'après les renseignemens parvenus jusqu'ici, l'incendie du Mourillon paroît devoir être attribué à un complot formé entre un certain nombre des forçats employés dans l'arsenal de Toulon.

» La justice informe, et une enquête est commencée. »

M. le ministre de la marine a envoyé dès hier à Toulon deux officiers de marine chargés de lui faire un rapport sur le sinistre.

NOUVELLES ET FAITS DIVERS.

INTÉRIEUR.

PARIS, 6 août. — M. Parandier a été nommé député, au premier tour de scrutin, par le collége électoral de Montbéliard, en remplacement de M. Tourangin-Silas, démissionnaire.

— M. de Chabaud-Latour a été réélu député par le collége électoral du Vigan (Gard).

— M. de Goulard a été élu député au premier tour de scrutin, par le collége électoral de Bagnères (Hautes-Pyrénées).

— M. Schneider, député d'Autun, directeur du Creuzot et associé de la maison Sellière de Paris, n'a survécu que quelques instans à une chute de cheval qu'il a faite près du grand établissement métallurgique qu'il dirigeoit.

— Madame la comtesse de Mérode, née comtesse de Spangen, vient de mourir à Paris.

— A l'occasion des anniversaires de juillet, Louis-Philippe a, par décision du 30 juillet, accordé leur grâce ou des commutations de peine à soixante-onze condamnés aux travaux forcés : vingt trois d'entre eux vont immédiatement sortir des bagnes.

— Nous avons dès l'abord révoqué en doute la nouvelle du bombardement de Mazatlan, donnée par le *Courrier des Etats-Unis*.

Le *Courrier du Havre* nous apprend aujourd'hui qu'en effet l'*Hermione* n'a pas bombardé la ville, que tout s'est borné à une menace qui a suffi pour amener les autorités mexicaines à accorder la juste satisfaction qu'elles devoient à notre pavillon.

— Le *Courrier du Havre* donne les nouvelles suivantes du Maroc :

« Muley-Abder-Rhaman a envoyé au milieu de la deïra de l'ex-émir douze chérifs de la famille régnante, pour obtenir d'elle qu'elle acceptât de se soumettre aux ordres de l'empereur, sans s'y faire contraindre par la force. D'après les conseils de la France, Muley-Abder-Rhaman a enfin compris que, pour être véritablement empereur du Maroc et obéi de tous ses sujets, il lui falloit organiser des troupes régulières. Il s'occupe activement du recrutement de cette troupe, dont l'effectif doit être porté à 50,000 hommes. Une sorte d'école militaire vient d'être établie à Fez, pour y former, sous la direction d'instructeurs égyptiens, les futurs officiers de son armée. »

— Les ouvriers charpentiers du département de la Seine ont refusé d'accepter l'arbitrage de M. le préfet de la Seine et de M. le préfet de police, qui leur avoit été proposé pour faire cesser la grève, et ce, à l'unanimité, par le conseil de la chambre syndicale des entrepreneurs de charpente, dans sa séance du 2 courant.

— Un journal du soir annonçoit hier que M. le prince de Metternich avoit été frappé d'un coup d'apoplexie foudroyante à son arrivée au château de Johannisberg. Les journaux allemands que nous recevons aujourd'hui ne mentionnent aucunement cette nouvelle, qu'on peut dès lors considérer comme dénuée de tout fondement.

— Il est toujours question, disent les journaux allemands, du mariage de M. le duc de Bordeaux avec la princesse Marie, fille du duc de Modène.

— M. Thiers excite toujours une très-grande curiosité aux bains de Vichy ; mais, en homme habile qui veut conserver son prestige, il se montre peu. Il occupe tout un étage de l'hôtel Velay, au prix de 150 francs par jour, et reçoit dans ses salons quelques privilégiés. Pendant la journée, il fait des promenades aux environs dans une charmante voiture, dont l'élégance tout aristocratique ne rap-, pelle en rien l'ancien journaliste républicain.

— On lit dans le *Journal de Loir-et-Cher* :

«Quelques individus qui redoutent l'établissement des chemins de fer, dont ils appréhendent la concurrence, ne craignent pas de s'exposer aux peines les plus sévères en compromettant la sûreté de ce genre de circulation. Nous avons déjà eu plusieurs fois l'occasion de citer ces actes de malveillance. La semaine dernière, une semblable pensée criminelle a fait placer quelques pièces de bois en travers de la voie provisoire établie entre Orléans et Mung.

» Une locomotive remorquant quelques wagons de service a été jetée hors de la voie par cet obstacle imprévu, et c'est par un grand hasard que le chauffeur et le conducteur n'ont éprouvé aucun mal ; leur vie pouvoit être compromise sérieusement. Des ordres ont été donnés immédiatement pour rechercher les auteurs de cette coupable tentative, mais jusqu'ici les recherches ont été infructueuses. »

— Dans l'une des petites villes du Limousin où se sont arrêtés M. le duc et madame la duchesse de Nemours, le maire du lieu, dont l'entrée en fonctions remonte à plus de trente ans, a prononcé un discours. Il l'a terminé par le cri bien accentué de *Vive le duc! vive la duchesse d'Angoulême!*

Aussitôt grande confusion dans l'assemblée, qui avertit le maire de son *qui-proquo*, et empressement de LL. AA. RR. le duc et la duchesse de Nemours à consoler et à rassurer le pauvre magistrat, qui maudissoit bien fort son excès de mémoire et son *lapsus linguæ*. C'étoit probablement le même discours qu'il avoit prononcé il y a trente et un ans, et dont la fin a coulé de source. Qu'on dise encore que le peuple français est un peuple léger et oublieux!

(*Echo de Vesone.*)

— Voici un trait de dévoûment filial que nous nous plaisons à signaler. Un nommé Jean-Baptiste Decoulon, de la commune d'Amage, près Vesoul, avoit été exempté du service militaire en 1844, comme fils aîné de veuve. Son amour de la retraite, ses goûts paisibles lui faisoient naturellement trouver peu d'attraits dans la carrière des armes. Mais le modique patrimoine de la famille étant menacé par de nombreux créanciers, il vient de contracter un engagement de remplaçant pour conserver une petite fortune à sa mère et à ses frères qu'il chérit.

EXTÉRIEUR.

ESPAGNE. — La reine Isabelle est arrivée le 2 à Saint-Sébastien. Les ministres sont rentrés à Madrid. Dans le conseil de cabinet qui a eu lieu à Saragosse, on s'est occupé de plusieurs mesures importantes. On a arrêté la nomination des membres du conseil royal, la dissolution du sénat et le choix de quelques-uns des nouveaux sénateurs. Il a été question aussi de l'ouverture des cortès, qui paroît avoir été fixée, comme l'année dernière, au 10 octobre.

Malaga a été déclaré en état de siège. Quant aux conspirateurs condamnés à mort par le conseil de guerre, il a été, dit-on, sursis à leur exécution.

Le *Heraldo* dit que l'intendance du patrimoine royal a reçu l'ordre de faire partir plusieurs des voitures de la couronne qui doivent être rendues à Pampelune le 24 août, pour être mises à la disposition de M. le duc et madame la duchesse de Nemours. M. Arana, introducteur des ambassadeurs, est chargé de surveiller les préparatifs qu'on fait pour la réception de LL. AA. RR.

— A la date du 23, il régnoit encore de l'agitation à Malaga. Les principaux chefs du complot étoient parvenus jusque là à se soustraire aux recherches de l'autorité militaire; parmi eux on cite un capitaine du bataillon provincial de Malaga et un avocat de cette ville nommé Cardero; ce dernier est le frère du chef de l'insurrection qui eut lieu à Madrid, en 1833, à l'hôtel des postes, et qui coûta la vie au général Canterac.

Le conseil de guerre devoit se réunir le 21 pour prononcer sur le sort des coupables. En général, on s'attendoit à des condamnations capitales; aussi les amis politiques des accusés s'étoient donné beaucoup de mouvement et de peines pour réunir le plus grand nombre possible de signatures, afin d'adresser à la reine une pétition implorant sa clémence en faveur des accusés.

— Le colonel Aguire, l'un des chefs des insurgés catalans, et plus de cent autres prisonniers, parmi lesquels l'on compte plusieurs officiers, sont arrivés le 28 à Barcelone. Ils étoient escortés par un bataillon d'infanterie, un escadron de cavalerie et deux pièces d'artillerie. Ils ont été conduits à la citadelle, où ils seront jugés par le conseil de guerre.

ANGLETERRE. — A en croire le *Morning-Post*, le parlement anglais seroit prorogé jeudi ou vendredi, et la reine Victoria partiroit le lendemain pour l'Allemagne.

— Sur la proposition du chancelier de l'échiquier, la chambre des communes a voté jeudi, à l'unanimité, un secours de 20,000 liv. sterl. (500,000 francs en faveur des habitans de Québec, si cruellement éprouvés par deux incendies successifs.

— L'événement commercial le plus extraordinaire de tous ceux que la loi de douane de sir Robert Peel a fait naître, est peut-être l'arrivée à Londres d'un navire venant des Açores avec des pommes de terre. Le droit d'entrée est de 20 centimes environ par quintal. On a trouvé ces pommes de terre plus farineuses que celles d'Angleterre, et si cet essai d'importation réussit, on pourra avoir à Londres des pommes de terre nouvelles un mois plus tôt que d'ordinaire.

SUISSE. — La *Gazette d'Etat de Lucerne* publie une lettre qui a été écrite à la date du 28 juillet, à M. J. Ulrich, rédacteur en chef de ce journal, et dans laquelle on lui annonce que son tour viendra bientôt, ainsi que celui de MM. Siegwart-Müller, Blutbaeni, Wændel-Kost et Haut. « Les pistolets, dit cette lettre, sont déjà chargés et les couteaux aiguisés. »

La *Gazette d'Etat* invite les personnes qui douteroient de la vérité de ce qu'elle avance, à venir prendre connoissance du contenu de cette lettre au bureau du journal.

— Les autorités lucernoises ont fait procéder à l'autopsie du corps de M. Leu par deux médecins. Suivant le rapport de ceux-ci, la balle qui a donné la mort auroit pénétré dans une direction presque horizontale, par le côté droit du thorax, et après avoir broyé le cœur, se seroit fait un passage près de l'épaule gauche; l'opinion des médecins est que, d'après la direction de la blessure, le coup ne peut être attribué qu'à une main étrangère.

Le Gérant, **Adrien Le Clerc.**

BOURSE DE PARIS DU 6 AOUT 1845.

CINQ p. 0/0. 122 fr. 15 c.
TROIS p. 0/0. 84 fr. 15 c.
QUATRE p. 0/0. 000 fr. 00 c.
Quatre 1/2 p. 0/0. 116 fr. 00 c.
Emprunt 1841. 00 fr. 00 c.
Oblig. de la Ville de Paris. 1418 fr. 75 c.
Act. de la Banque. 3233 fr. 00 c.

Quatre canaux 1275 fr. 10 c.
Caisse hypothécaire. 615 fr. 0 c.
Emprunt belge. 5 p. 0/0. 000 fr. 0/0.
Emprunt romain. 104 fr. 4/8.
Rentes de Naples. 000 fr. 00 c.
Emprunt d'Haïti. 38 fr. 00 c.
Rente d'Espagne. 5 p. 0/0. 10 fr. 0/0.

PARIS. — IMPRIMERIE D'ADRIEN LE CLERE ET C°, rue Cassette, 29.

DU RAPPORT DE M. LE GARDE DES SCEAUX

SUR LES TRAVAUX DU CONSEIL D'ÉTAT, SPÉCIALEMENT EN CE QUI CONCERNE
LES AFFAIRES ECCLÉSIASTIQUES OU RELIGIEUSES.

— •

M. le garde des sceaux a présenté cette année au roi, le compte général des travaux du conseil d'Etat, pendant la période de 1840 à 1845. On sait que ce compte, qui est dressé tous les cinq ans, avoit été publié déjà deux fois, en 1835 et en 1840. Nous n'avons pas à montrer l'importance et l'utilité de ces documens, qui sont rédigés sur le même plan que les statistiques de la justice criminelle et de la justice civile.

Les travaux du conseil et des comités, considérés dans leur ensemble, se sont accrus successivement, quant au nombre des affaires, et ils ont pris de plus une importance qu'ils n'avoient pas encore acquise. Chaque année, les lois nouvelles viennent étendre les attributions du conseil d'Etat.

Nous n'avons pas l'intention non plus de passer en revue les tableaux qui retracent les travaux des différens comités; nous ne voulons nous arrêter que sur ceux qui concernent le comité de législation : c'est ce comité qui a dans ses attributions toutes les affaires des cultes. Ces tableaux, beaucoup plus développés que ceux des comptes précédens, ont été composés pour indiquer exactement le nombre et la nature des affaires ecclésiastiques ou religieuses.

Les ordonnances ou avis relatifs aux établissemens diocésains occupent le premier de ces tableaux et excédent le nombre de quatre cents. Parmi ces établissemens figurent pour la première fois les maisons et caisses de retraite fondées dans un certain nombre de diocèses pour les prêtres âgés et infirmes. Elle ne coûtent rien à l'Etat, et se sont établies à l'aide des ressources fournies par la charité ou créées par les évêques. Quatorze de ces maisons ont obtenu des dons ou legs dont la valeur est de 345,430 fr., et ont fait pour 76,000 fr. d'acquisitions immobilières. L'administration, dit M. le garde des sceaux, pense avec raison que son devoir est d'encourager de pareilles fondations. Le clergé n'est admis à obtenir de pensions ni sur les fonds du trésor ni sur les caisses de retenue : il faut éviter que les vieillards ou les infirmes soient condamnés à l'abandon ou à la misère, ou maintenus par condescendance dans des postes qu'ils ne sont plus en état d'occuper utilement.

Il n'est pas sans intérêt de comparer les libéralités faites au clergé dans ces dernières années avec celles dont il avoit été l'objet dans les époques antérieures. De là les tableaux particuliers dans lesquels a été relevée la valeur de ces actes sous le Consulat et l'Empire, de 1802 à 1814, sous la Restauration, et pendant la période qui s'est écoulée de 1830 à 1840; on y a joint les moyennes annuelles. Il résulte de ces tableaux que, pour les dons et legs faits aux évêchés, la valeur annuelle a été insignifiante sous l'Empire; qu'elle s'est élevée à 89,874 fr. sous la Restauration; à 68,017 fr. de 1830 à 1840, et à 44,007 fr. depuis 1840. Quant aux chapitres, aux séminaires et aux écoles secondaires ecclésiastiques, connues sous le nom de petits séminaires, voici les résultats comparés de ces diverses périodes, en ce qui touche les dons et legs :

	Chapitres.	Séminaires.	Ecoles secondaires ecclésiastiques.
1802 à 1814,	• ` fr.	67,779 fr.	2,250 fr.
1814 à 1830,	11,862	506,255	74,406
1830 à 1840,	4,884	285,080	51,307
Depuis 1840,	2,050	277,946	70,833

Les séminaires sont, en certains points, à la charge de l'Etat; l'Etat profite donc indirectement des nouvelles ressources qui leur sont assurées. La situation des écoles secondaires ecclésiastiques n'est point la même, mais elles ont perdu en 1830 les demi-bourses qui leur étoient accordées par le trésor, et l'on doit se réjouir des libéralités qui leur viennent en aide et font prospérer des établissemens qu'il est nécessaire d'encourager.

Le même intérêt s'attache à la prospérité des paroisses et au bien-être des ministres du culte, dont le traitement est si foible, et l'on est heureux de constater pour les cinq dernières années des résultats conformes à ce double besoin. Les dons et legs faits aux paroisses, c'est-à-dire aux ecclésiastiques qui les desservent, donnoient en moyenne annuelle : de 1802 à 1814, 106,172 fr.; de 1814 à 1830, 968,420 fr.; de 1830 à 1840, 913,878 fr.; depuis 1840, ils se sont élevés à 1,003,858 fr. Pour les cures et succursales, ils ont produit, dans la première période, 4,312 fr.; dans la seconde, 72,992 fr.; dans la troisième, 53,765 fr.; dans la quatrième, 77,000 fr.

La partie du compte-rendu qui offre le plus d'intérêt en ce moment, est celle qui concerne les congrégations religieuses de femmes, *les seules*, est-il dit dans le rapport, *dont le gouvernement puisse autoriser l'existence.* Dans ces cinq dernières années, 138 établissemens de ce genre ont été autorisés. Le nombre de ces autorisations avoit été de 156 dans les cinq années antérieures. Ce n'est pas à dire que 138 congrégations nouvelles

se soient fondées ; celles qui existoient de fait avant 1825 peuvent seules
être autorisées par ordonnance royale ; 16 seulement ont profité de cette
faculté ; les 126 autres établissemens ne sont que des dépendances de
congrégations déjà autorisées. Nous voyons dans le compte-rendu que
des considérations diverses portent le gouvernement à donner ces
autorisations, lorsque du reste aucun intérêt public ou privé n'est compromis, et après l'accomplissement de nombreuses formalités prescrites
par les lois et par les ordonnances. « La loi du 24 mai 1825 recon-
»noît l'existence des congrégations établies antérieurement à cette
»époque, et permet de les autoriser par simple ordonnance. Une fois
»autorisées, ces congrégations tombent sous la surveillance du gou-
»vernement en vertu de cette autorisation même. Il peut inter-
»venir dans tous les actes de leur administration économique, con-
»trôler et au besoin interdire les acquisitions, les ventes, l'accepta-
»tion des dons et legs. Si l'autorisation leur étoit refusée, on ne seroit
»pas toujours assuré qu'elles cesseroient d'exister pour cela, et cette
»existence clandestine, continue le rapport, pourroit ouvrir la porte à des
»abus graves. Le gouvernement doit donc, sinon autoriser toutes celles
»qui s'adressent à lui, du moins ne pas repousser sans raisons graves des
»demandes qui emportent la reconnoissance de son pouvoir. Quant aux
»établissemens qui dépendent de congrégations déjà autorisées, il faut
»remarquer que le plus grand nombre sont formés en exécution de dis-
»positions testamentaires qui ont attaché cette condition à des libérali-
»tés, qu'ils ont le plus souvent pour unique objet d'établir dans une com-
»mune quelques Sœurs vouées au soin des malades ou à l'instruction de
»l'enfance, et servent ainsi au soulagement ou à l'amélioration morale
»des classes les moins heureuses et les moins éclairées. La moyenne an-
»nuelle des acquisitions, des aliénations, et des dons et des legs, en ce
»qui concerne les congrégations religieuses, est indiquée dans le tableau
»suivant pour les quatre périodes que nous avons signalées :

	Acquisitions.	Aliénations.	Dons et legs.
1802 à 1814.	7,008 fr.	» » fr.	13,564 fr.
1814 à 1830.	289.664	26,575	1,146,369
1830 à 1840.	310.940	98,322	380,846
Depuis 1840.	374,027	116.852	499.827

« Ces chiffres n'ont pas besoin de commentaires, ajoute ici le *Journal des Débats*. Il en résulte que depuis 1840 les libéralités en faveur des
congrégations religieuses se sont accrues dans une proportion assez
considérable. Ce résultat est curieux et instructif ; nous le constatons
sans regret et sans envie. Puisque ces congrégations sont autorisées,
puisqu'elles ont une existence légale, il est bon qu'elles vivent ; il est

bon qu'elles participent au bien-être et à la prospérité que le bienfait de nos institutions étend à toutes les classes de la société. Ceux qui donnent, comme ceux qui reçoivent, usent d'un droit incontestable. »

Ces réflexions et surtout ce document réclameroient de très-longs commentaires; nous n'en dirons cependant que quelques mots. D'abord il n'est ni juste ni exact de prétendre comparer les *libéralités faites au clergé dans ces dernières années avec celles dont il avoit été l'objet dans les époques antérieures.* Sous l'empire, non seulement on ne permettoit pas à la générosité des fidèles de venir au secours des établissemens ecclésiastiques, mais on fermoit presque toutes ces saintes maisons, autres que les grands séminaires. La liberté sous l'ère impériale ne fut donc qu'un mot pour le clergé principalement; les décrets de 1809 et de 1811 en seront des témoignages plus éloquens que les brillantes pages de l'histoire de M. Thiers.

Quant aux pauvres desservans, on sait qu'à partir de 1806 leur exigu traitement de 500 fr. éprouva de rudes vicissitudes, et que lors des dernières guerres, on cessa même de le payer. L'Etat s'en débarrassa en mettant ce modique traitement à la charge des communes, et ces dernières se déclarèrent trop obérées. Voilà certes un triste terme de comparaison avec l'état actuel des choses, lorsqu'il n'y a aujourd'hui ni guerre ni désastre à invoquer pour se dispenser d'une augmentation de traitement en faveur de ces pauvres curés de campagne que le rapport de M. le garde des sceaux ne peut s'empêcher de déclarer *trop foiblement rétribués.* Ne seroit-il pas temps de réparer une omission si longtemps prolongée? Qu'est-ce d'ailleurs que ces *rares libéralités* faites en faveur de quelques curés ou paroisses, en présence de ces immenses besoins de l'universalité des desservans? Nous aimons à recueillir sans doute ces marques de sympathie et de compatissance sur le sort des curés de campagne, mais une satisfaction efficace et réelle accordée enfin à ces légitimes besoins, seroit la meilleure preuve que la situation de ces trente mille ouvriers évangéliques inspire un intérêt sincère.

D'ailleurs, puisqu'on cherche les comparaisons avec les gouvernemens précédens, il ne faudroit pas oublier que la restauration, malgré les énormes charges de l'invasion étrangère et du milliard de l'indemnité, porta néanmoins de 600 à 800 fr. le traitement des desservans. Cette mesure qu'on peut appeler populaire, puisqu'elle obtint l'assentiment et le vote presque unanime de l'opposition de ce temps-là, devroit bien être complétée à cette heure par un gouvernement qui s'est fait gloire de favoriser les classes intermédiaires. La religion et la politique seroient certes d'accord cette fois.

Nous ne voulons pas revenir sur l'injuste procédé de 1830 qui enleva les

demi-bourses aux petits séminaires et laissa subsister les entraves de 1828.
Une telle anomalie est dignement appréciée aujourd'hui par tout ce qui
a quelque influence dans les hautes régions gouvernementales. On y sent
un peu trop tard combien on fut aveugle et impolitique après les événemens de juillet, en éloignant les évêques de la chambre des pairs et
en retranchant les 1,200 mille francs des petits séminaires. C'est ainsi
que les révolutions politiques, religieuses ou sociales, sont exposées à
porter long-temps les inconvéniens sinon les malheurs de leur origine
perturbatrice.

INTRODUCTION PHILOSOPHIQUE A L'ÉTUDE DU CHRISTIANISME,
Par M. l'Archevêque de Paris. — 4ᵉ édition (1).

Le succès de ce livre, dont nous avons déjà fait ressortir le mérite,
ne paroît pas devoir s'arrêter de si tôt. C'est pourquoi le savant auteur
s'est appliqué à revoir avec un soin tout particulier cette exposition
déjà si lumineuse de la vérité chrétienne. Voici comment M. l'Archevêque explique lui-même les nouvelles additions de son livre, dans
l'avertissement qui précède cette 4ᵉ édition :

« Ce petit livre, généralement accueilli avec bienveillance, a été néanmoins
l'objet de quelques critiques.

» Nous avons pensé que, si elles n'étoient pas fondées en ce qui touche le fond
même de la doctrine, elles supposoient néanmoins qu'il seroit utile de donner à
notre exposition quelques développemens nouveaux.

» Dans ces additions nous avons eu en vue, 1° de faire bien comprendre que,
dans la pensée des docteurs catholiques, la religion qu'ils appellent naturelle n'est
autre qu'une religion primitivement révélée ; 2° de montrer plus clairement que
nous ne l'avions fait d'abord, que l'ancienne philosophie a dû aux traditions tout
ce qu'elle a professé de vrai sur Dieu et la religion naturelle; 3° de montrer la
parfaite identité de principes entre les philosophes anti-chrétiens de notre époque
et les philosophes païens.

» Nous avons emprunté à la savante défense que M. Bonnetti a faite de cet écrit
plusieurs notes précieuses. »

Mais parmi ces additions excellentes, on remarquera avec le plus vif
intérêt une réfutation fort nette et péremptoire du système philosophique de M. Cousin. C'est le sujet du chapitre IV que nous regrettons de ne pouvoir citer en entier :

« Passons à une philosophie, qui tantôt a confondu Dieu avec la nature, et
tantôt l'en a séparé, qui a nié et affirmé tour à tour le Créateur, l'a fait agir nécessairement, ou avec une pleine liberté. Mais quelles qu'aient été ses variations
et ses contradictions, cette philosophie n'admet pas que Dieu éclaire l'intelligence
et dirige la volonté en lui révélant des dogmes et une morale. Elle ne connoît que
l'action spontanée de la raison, qu'une pensée instinctive, qui, par sa seule vertu,
entre en exercice, et *nous donne d'abord nous, le monde et Dieu.* Cette raison,
qui n'est d'abord que spontanée, acquiert plus tard la puissance de réfléchir, d'a-
nalyser ses impressions, ses perceptions, de se rendre compte d'elle-même et de

(1) 1 vol. in-18. Prix : 1 fr. 25 c., et 1 fr. 75 c. franc de port. A Paris, chez Adrien Le
Clere et Cᵉ, rue Cassette, 29.

toutes choses. La raison, tant qu'elle n'est que spontanée, produit la religion; la raison plus avancée analyse, réfléchit, et donne naissance à la philosophie. Or, comme la puissance de réfléchir est supérieure à l'instinct et à l'enthousiasme, la philosophie est aussi supérieure à la religion que les philosophes le sont aux enfans, aux foibles d'esprit, au peuple, à la masse peu éclairée du genre humain. Les philosophes peuvent donc se passer de la forme religieuse, qu'ils respectent, il est vrai, comme utile ou même nécessaire à ceux qui sont encore impuissans à contempler la vérité sans nuages, mais qu'ils regardent comme très-inutile pour eux-mêmes.

» Dans leurs pensées, le progrès consiste à transformer le plus grand nombre d'hommes possible en philosophes. Si cette transformation devenoit générale, la religion ne seroit plus nécessaire.

» Toute cette belle théorie va se heurter premièrement, contre une maxime bien vulgaire, mais encore plus évidente qu'elle n'est commune, c'est qu'il n'y a pas d'effet sans cause. Indiquez-nous où est celle qui a produit l'instinct; l'homme qui en est doué est-il l'œuvre de Dieu, ou fait-il partie d'une substance unique, in-créée, comme le soutiennent Spinosa et ses nombreux disciples d'Allemagne?

» Si Dieu est l'auteur de cet instinct et de l'ame humaine, pourquoi supposer qu'il l'a abandonnée à sa propre énergie, et sans aucun des moyens nécessaires pour la développer? Pourquoi l'a-t-il, par exemple, laissé plusieurs millions de siècles chercher avec l'instinct une parole sans laquelle il ne peut pas penser; et pourquoi l'a-t-il exposé à ne rencontrer jamais cet instrument nécessaire à l'exercice de toutes ses facultés?

» Pourquoi d'ailleurs faire une hypothèse si formellement contredite par l'expérience? La nature, non pas telle que la suppose une imagination déréglée, mais telle que nous la montre l'éducation de l'enfant, donne à cette supposition un démenti formel. C'est là un fait quotidien, constant, universel, qu'aucun autre fait ne contredit. Il ne nous montre jamais le sens moral, la faculté de connoître Dieu développés dans l'homme autrement que par un enseignement. Si la chaîne des générations n'est pas infinie, si la nature de l'homme n'a pas été changée, le premier père du genre humain a dû être enseigné comme le dernier de ses enfans. Qu'avez-vous pour contredire ce fait qui rend nécessaire une révélation primitive? où sont vos faits? où sont vos argumens? vous affirmez, et rien de plus. Nous affirmons, et nous prouvons, en invoquant l'expérience, l'autorité de toutes les traditions, surtout de la tradition la plus certaine et la plus authentique, de celle de l'Eglise et du peuple juif. Nous prouvons l'impossibilité où a été l'homme d'inventer le langage; et alors que cette impossibilité ne seroit point regardée comme absolue, nous démontrons tout au moins que l'invention n'ayant pu résulter que d'un hasard prodigieux, elle doit être rejetée comme contraire à la Providence. Comment en effet la sagesse de Dieu auroit-elle pu permettre que le sort des races humaines fut abandonné à une telle chance?

» L'école que nous combattons est contrainte de donner une autre espèce de démenti à tous les monumens. Elle suppose que des vérités, qu'ils nous montrent comme antérieures aux systèmes philosophiques, sont un produit de ces mêmes systèmes; elle suppose que le christianisme en désaccord avec toute la philosophie païenne n'est qu'un progrès de cette philosophie, ou le résultat d'une lutte de toutes les religions. A les en croire, les chrétiens ont été chercher dans les livres des philosophes, où elles étoient fort altérées, des vérités qu'ils n'ont pas pensé à puiser dans les saintes Ecritures où elles sont clairement exprimées; ils les ont recueillies dans les livres qu'ils réprouvoient, et non dans ceux qu'ils regardoient comme la pure parole de Dieu.

» On ne revient pas de son étonnement en voyant l'assurance avec laquelle on nous parle de progrès successifs de la vérité religieuse, dont le dernier auroit été le christianisme et l'avant-dernier les infâmes cultes de l'Egypte, joints au chaos de toutes les écoles philosophiques au moment où le christianisme parut. On n'est pas moins ébahi, quand on a lu les divines pages de l'Evangile, les Actes et les Epîtres des Apôtres, les écrits des Pères des cinq premiers siècles, de voir leurs auteurs convertis en éclectiques qui recueillent toutes les vérités éparses dans l'univers; de voir le Christianisme devenir un résultat fortuit de la lutte des opinions; d'entendre parler d'une Eglise catholique qui se forme par la lutte des systèmes, à peu près comme le monde d'Epicure a été produit par la rencontre des atomes; d'une Eglise qui se constitue pendant cinq cents ans sous le feu des hérésies, qui trouve l'unité dans le chaos, la vérité au milieu de toutes les erreurs; et *tout* cela sans autre secours que les principes qui ont égaré l'homme dans tous *les temps* et dans tous les pays.

» Mais ce n'est pas assez de ces incroyables suppositions : le système que nous combattons professe une sorte de consubstantialité et une union naturelle de la raison humaine avec l'éternelle vérité. Cette doctrine n'est-elle pas clairement démentie par tout ce que nous apprend l'histoire de la philosophie, des contradictions de l'esprit humain sur la notion même de Dieu, et sur toutes les vérités de la religion naturelle? Comment expliquer ses dires si opposés, si inconciliables? Ils existent aujourd'hui, ils existoient il y a quatre mille ans; comment la raison peut-elle affirmer le oui et le non si elle est essentiellement unie à l'éternelle vérité? Comment les uns peuvent-ils ne voir que de la matière dans le monde, sans une intelligence qui l'ait organisée; les autres, que l'esprit sans matière; d'autres enfin, qu'une matière et un esprit éternels, et par conséquent incréés? Comment sommes-nous tour à tour des êtres contingens et nécessaires, des dieux ou l'œuvre d'un Dieu? Ce n'est pas le peuple, ce ne sont pas les enfans, ce ne sont pas les masses, privées du grand jour de la philosophie; ce sont les philosophes de tous les temps qui tombent dans ces contradictions. Et comment sont-elles possibles, si, comme le prétend le système, la raison humaine est unie naturellement, essentiellement à la raison divine? Il suffit de poser un tel problème pour en démontrer l'absurdité.

» Ce que nous disons des erreurs sur Dieu, nous pouvons le dire des erreurs morales et des contradictions qui ont mis en lutte les philosophes de tous les temps. Les a-t-on jamais trouvés d'accord, quand ils ont disserté sur ce qui est bien, sur ce qui est mal, sur les lois de la conscience, sur celles qui conviennent à la famille et à la société? ils se sont divisés, contredits, non seulement dans les déductions éloignées des principes, mais sur les principes eux-mêmes. Quelle que soit la partie de la religion naturelle dont nous étudiions l'histoire, nous rencontrons partout un antagonisme évident, et surtout des doutes innombrables.

» Ne vous figurez pas, par exemple, que les philosophes dont nous avons esquissé le système, l'admettent aujourd'hui comme ils l'admettoient il y a dix ans. Son inventeur en est déjà dégoûté, pendant que ses disciples sont fort occupés de l'expliquer, parce qu'ils pensent l'avoir compris. Si nous connoissions les incertitudes qui désolent leur ame, comme nous avons eu le secret de celles qui ont agité tant d'intelligences d'élite trop confiantes en elles-mêmes, nous serions bien étonnés de voir combien leur langage est infidèle, et dissimule profondément un véritable chaos de pensées et de systèmes.

» Que leur manque-t-il? un sentiment plus modeste d'eux-mêmes, et la conviction intime qu'ils ont besoin de Dieu; que ce Dieu est le Dieu créateur, sauveur, révélateur, non dans le sens que lui ont donné les sectateurs de l'instinct, mais dans le sens chrétien, dans le sens que notre langue et tous les grands écrivains ont jusqu'ici consacré. »

<hr>

REVUE ET NOUVELLES ECCLÉSIASTIQUES.

PARIS.

Des troubles sérieux ont eu lieu à Posen, le 28 et le 29 juillet, à l'occasion de la présence de Czerski dans cette ville. Voici la version que nous trouvons à ce sujet dans un journal allemand :

« Depuis quelque temps déjà, dit cette feuille, le bruit s'étoit répandu qu'une petite réunion de catholiques dissidens s'étoit formée à Posen, et qu'elle avoit prié Czerski de venir y pratiquer les exercices de son culte. Le 27 il arriva, en effet, dans la ville, et obtint de l'autorité et de la communauté évangélique, la permission de célébrer ses cérémonies religieuses dans l'église des protestans ; elles devoient avoir lieu le 29 à sept heures du matin.

» Cette nouvelle se répandit dans la ville comme l'éclair, et le peuple s'en émut. On résolut d'envoyer une députation à l'archevêque, Mgr Von Przylucki, afin de le prier de demander à l'autorité l'éloignement de Czerski, et de prévenir ainsi les troubles que l'irritation de la population faisoit redouter. Le prélat se rendit, en effet, le 28, en personne chez le chef de la police, ainsi que chez le président supérieur et le commandant militaire ; mais ces démarches furent inutiles, quoique l'archevêque leur eût déclaré qu'une procession solennelle devant avoir lieu le 29, il étoit presque certain qu'il résulteroit quelque conflit fâcheux de l'immense concours de peuple que cette cérémonie devoit provoquer. La permission accordée aux dissidens ne fut pas retirée, et cependant il étoit bien clair qu'ils n'avoient appelé Czerski, en ce moment, que pour braver en quelque sorte la population de la ville et des environs.

» Lorsqu'on apprit que la démarche de l'archevêque n'avoit pas eu de succès, l'émotion populaire ne fit que s'accroître ; il se forma des groupes, des émissaires allèrent de maison en maison porter la nouvelle, et les menaces les plus terribles furent proférées. A neuf heures et quart du soir, le signal fut donné de la maison d'un cordonnier, située sur le Marché, et des rassemblemens nombreux affluèrent de toutes les rues voisines, chassant devant eux la police, qui fut obligée de se réfugier à la grand'garde. Le tumulte augmentoit sans cesse ; on crioit de tous côtés : « A bas Czerski ! vive la Pologne ! » Mais les chefs manquoient. Jusque-là la population couroit en désordre, sans cependant commettre d'autres excès, si ce n'est dans une rue où furent brisées les vitres d'une maison qui avoit servi de refuge à un jeune homme, *coupable* d'avoir voulu apaiser la foule. Alors s'éleva une voix criant : « A la maison de Czerski ! à mort Czerski ! » ce qui donna une direction à la fureur du peuple : celui-ci voulut, en effet, se rendre dans la partie de la ville où Czerski avoit son logement ; mais, en ce moment, parurent sur la place les hussards qui tiennent garnison à Posen. Ces troupes s'efforcèrent de dissiper les groupes ; elles ne purent y parvenir qu'avec la plus grande peine, et ce ne fut que vers onze heures du soir que la tranquillité se rétablit un peu. La nuit se passa sans trouble.

» Czerski avoit abandonné son logement pendant le tumulte, et s'étoit réfugié, à la faveur d'un déguisement, chez le surintendant Fischer, premier prédicateur de l'Église évangélique, dont la maison touche à ce temple. Cela le sauva ; car le lendemain matin le peuple occupoit toutes les rues qui aboutissent à ce temple, et peut-être n'y seroit-il pas arrivé vivant. Quand la foule eut long-temps attendu et qu'elle commença à croire que Czerski étoit arrivé à l'église par une autre voie, des groupes se détachèrent pour s'y rendre, mais l'infanterie de la garnison barroit le passage : elle les empêcha d'y parvenir. La foule se mit alors à suivre la procession qui sortit, en ce moment, de la cathédrale. Elle étoit immense. La cérémonie terminée, vers midi, plus de 10,000 paysans se répandirent sur le Marché, et c'est par un bonheur inouï, que Czerski qui venoit également de finir ses pratiques religieuses à l'église évangélique, put la traverser sans être reconnu, gagner la poste et s'enfuir de la ville.

» On ne sauroit se faire une idée de la fureur de la population, lorsqu'elle apprit que Czerski lui avoit échappé; elle se réunit en masse sur le Marché, autour de la grande garde. Ce moment fut terrible. Si un téméraire s'étoit présenté pour conduire la foule irritée, les excès les plus affreux auroient éclaté. Heureusement le cours de sa colère fut détourné par un certain nombre d'arrestations : le peuple s'efforça de délivrer les prisonniers et commença à lancer des pierres aux troupes. Celles-ci, voyant qu'il falloit employer la force, marchèrent sur les rassemblemens à la baïonnette et, parvinrent à les disperser, avec l'aide des hussards.

» Les soldats n'ont eu qu'un blessé; dans le peuple, il y a eu un mort, deux blessés très-grièvement et un grand nombre de personnes atteintes de blessures plus légères. Au bout d'une demi-heure, l'ordre fut un peu rétabli; mais la foule inonda les rues jusqu'à huit heures du soir, et les soldats durent rester sans cesse sur pied pour la contenir. Les ordonnances sur les émeutes du 17 août et du 12 décembre 1798 ont été publiées et tous les lieux publics évacués et fermés. Les troupes campent sur les places publiques, et on a placé du canon sur différens points. Le 29 au soir, le peuple se dispersa cependant, et, depuis lors, la tranquillité n'a plus été troublée. »

Des nouvelles postérieures nous apprennent que l'ordre est complétement rétabli à Posen. Les campagnards avoient quitté la ville le 30 juillet; rien ne paroît annoncer que les troubles puissent recommencer. La *Gazette de Posen* publie un avis du consistoire archiépiscopal d'où il résulte que la procession, faite le 30, n'a pas eu lieu en l'honneur du roi Mieceslas, mais qu'elle a eu lieu d'après les pressantes sollicitations de la population allemande et polonaise de Posen, afin de donner une preuve publique de leur sincère attachement à la foi de leurs pères. L'autorité ecclésiastique ne l'a permise qu'après avoir été pressée vivement et à plusieurs reprises.

L'on se souvient que tout récemment le patriarche grec, Germanos, de Constantinople, s'est vu obligé de se démettre de son siège, et a été remplacé avec une hâte assez insolite dans ces sortes d'affaires. Une lettre de Constantinople qui nous est communiquée, et dont la date est antérieure de trois mois à cet événement, contient peut-être la solution de cette énigme.

« Une dissidence grave, dit cette lettre, paroît prête à surgir dans ce que l'on appelle communément l'Eglise d'Orient, c'est-à-dire entre le clergé grec proprement dit, et le clergé de Russie. Le premier se croit, et non sans raison, beaucoup plus libre dans sa foi et dans son culte, sous le sceptre du Padischah, qui se contente de prélever une contribution plus ou moins forte, pour le firman d'investiture de chaque nouveau chef de l'Eglise grecque, que ne l'est le synode de Russie sous le régime absolu de son patriarche impérial Un mot, disent les Grecs, prononcé par le procureur du synode, suffit pour l'obliger à dévier des plus vénérables traditions de l'antiquité, des canons, et même des préceptes évangéliques, notamment en ce qui concerne le mariage. Ainsi l'église orientale défend le divorce de la manière la plus absolue, et condamne comme adultère tout époux séparé qui contracte un autre mariage, et l'on sait à Constantinople qu'il se délivre des chancelleries synodales de Saint-Pétersbourg, annuellement au moins 200 oukazes de divorce, qui, ordinairement, sont obtenus par voie de corruption. Ainsi encore, l'autocratie impériale a mis à néant un certain nombre de degrés d'affinité ou de consanguinité, qui, dans l'église d'Orient, ont toujours été réputés empêchemens dirimans, et qui, en Russie, ne forment plus obstacle au mariage. La connoissance de ces faits agite vivement le collége grec, qui ne sait trop comment manifester l'horreur qu'ils lui inspirent. *La diplomatie russe à Constantinople ne néglige aucun moyen de fermer la bouche au patriarche, et si elle échoue dans ses efforts, elle parviendra sans doute à le faire destituer ; mais un pareil acte de toute puissance ne changera rien à la situation donnée, qui tôt ou tard pourra se traduire en un schisme ouvert entre l'église patriarchale d'Orient et le synode impérial de Russie.* »

Dimanche dernier, dans deux quartiers opposés de Paris, deux cérémonies importantes attiroient l'attention des personnes qui s'intéressent à l'amélioration religieuse et morale de la classe ouvrière. Rue de Charonne 188, dans une des maisons de l'ŒUVRE DES APPRENTIS, cent quatre-vingt-dix jeunes apprentis faisoient leur première communion avec une piété touchante, recevoient le sacrement de confirmation des mains de Mgr l'archevêque de Calcédoine, et prenoient part avec leurs camarades à une distribution de prix, fondée pour récompenser leurs succès et leur assiduité aux classes du soir qui leur sont faites par les bons Frères des Ecoles chrétiennes, et leur bonne conduite dans les divers ateliers où ils travaillent dans le quartier. Rue Saint-Lazare 106, la même ŒUVRE DES APPRENTIS ouvroit aux apprentis de ce quartier une nouvelle maison qui a été construite pour les recevoir. La cérémonie étoit présidée par MM. le curé de Saint-Louis-d'Antin et le maire de l'arrondissement. Comme il faut rendre à chacun le mérite de ses œuvres, nous devons faire remarquer que c'est cette ŒUVRE DES APPRENTIS qui a fondé à Paris les diverses maisons où plus de mille apprentis viennent tous les soirs et le dimanche recevoir les leçons des Frères et sont l'objet de leur sollicitude si tendre et si éclairée. C'est par erreur que M. le ministre des travaux publics, dans son rapport sur l'exécution de la loi pour le travail des enfans dans les fabriques, a désigné une autre Œuvre également recommandable, mais qui se propose un but spécial différent.

L'un des vénérables doyens du chapitre de Saint-Flour, M. Guanilh, chanoine, vient de terminer, à 80 ans, une carrière honorablement remplie. Issu d'une des plus honorables familles de Murat, M. Guanilh exerça, avant la révolution, les modestes fonctions de vicaire aux environs de Paris. Plus tard, il fut successivement nommé professeur de rhétorique et professeur de mathématiques au collége de Saint-Flour, et devint principal en 1817. Il demeura à la tête du collége jusqu'en 1828, et fut alors appelé au canonicat.

———————◆◇◆———————

Mardi, 19 août, aura lieu, dans l'église de Saint-Côme, l'inauguration du monument destiné, par M. Amable Frayssinous, à recevoir le cœur de M. l'évêque d'Hermopolis. Il sera célébré à cette occasion, pour le repos de l'ame du vénérable pontife, un service funèbre auquel présidera M. l'évêque de Rodez. Le P. Bouix prononcera l'éloge de l'illustre défunt.   (*Bulletin d'Espalion.*)

———————◆◆◇◆———————

Tout récemment M. l'évêque de Spire et M. le baron de Schrenk, président de la régence, commissaire du roi, ont fait solennellement l'inauguration du couvent des Franciscains-minorites, à Oggersheim, et y ont installé les RR. PP.

Non-seulement le roi de Bavière avoit autorisé cette corporation à s'établir dans ses Etats, mais il a encore richement doté le couvent d'Oggersheim ; ce monarque qui comprend son temps, les intérêts de son trône et de ses peuples, lui a donné, sur sa cassette, un capital de 80,000 florins (170,000 fr.) aux conditions suivantes :

1° De prêter secours aux curés de la Bavière rhénane en cas de maladie ou autres empêchemens graves, avec l'agrément de l'évêché de Spire ;

2° De recevoir au couvent les ecclésiastiques du diocèse qui désireroient faire une retraite et suivre les exercices religieux pendant un certain temps;

3° D'admettre les ecclésiastiques qui se seroient onbliés et voudroient faire pénitence;

4° De maintenir le pélerinage à l'église de Notre-Dame-de-Lorette à Oggersheim, et d'en présider les exercices.

———————◆◇◆———————

L'archevêque-coadjuteur de Cologne et le vénérable évêque de Trèves, Mgr Arnoldi, se sont rendus au château de Stolzenfels, pour rendre visite au roi et à la reine de Prusse. Les deux prélats ont été invités à la table royale.

———————◆◇◆———————

ANGLETERRE. — Les catholiques de Manchester viennent de décider, dans une nombreuse réunion tenue à la chapelle de Saint-Chad, que l'emplacement de cette chapelle et l'édifice seroient vendus pour bâtir une église vaste et mieux située, qui répondroit d'une manière plus convenable aux besoins d'une population nombreuse. Manchester ne compte pas moins de 72,000 catholiques. Il a été décidé qu'une quête hebdomadaire seroit faite chez les catholiques de cette ville. Lors même que chacun d'eux donneroit seulement deux sous par semaine, la somme recueillie à la fin de l'année n'en seroit pas moins considérable.

REVUE POLITIQUE.

Nous nous garderons bien de prendre l'article qu'un journal publioit hier contre nous, pour l'expression des sentimens et des pensées des hommes éminens qui composent le *Comité électoral pour la défense de la liberté religieuse.*

La cause qu'ils défendent est la nôtre : le but principal qu'ils veulent atteindre est celui que nous poursuivons de toutes nos forces : des rapports de bienveillante estime nous unissent à quelques-uns d'entre eux : nous avons la certitude qu'ils sont tous étrangers à cette nouvelle agression d'un journal qui donne la mesure de la passion qui l'anime en voulant faire passer l'*Ami de la Religion* pour un auxiliaire, si ce n'est pour un allié du *Siècle* et du *Constitutionnel.*

Nous n'avons point attaqué la circulaire du *Comité électoral pour la défense de la liberté religieuse.* Nous avons, au contraire, sincèrement applaudi aux sentimens généreux et chrétiens de ceux qui l'ont écrite : nous avons proclamé noble et saint le but de leurs efforts. Y a-t-il dans ce langage rien qui ressemble à une attaque ?

Mais nous avons exprimé des doutes et des craintes sur l'efficacité des moyens proposés dans cette circulaire pour arriver à des résultats que nous désirons aussi vivement, aussi sincèrement à coup sûr que nos injustes détracteurs.

Le Comité veut que les *catholiques*, comme *catholiques* seulement, exercent une action puissante, par les voies constitutionnelles, dans les élections et dans les chambres, en dehors de tous les intérêts et de toutes les nuances d'opinions politiques.

Or cette tactique a d'abord à nos yeux l'inconvénient de poser un problème singulièrement difficile, pour ne pas dire insoluble, — celui de faire nommer des députés, c'est-à-dire des hommes essentiellement politiques, par des électeurs qui feront abstraction de l'opinion politique à laquelle ils appartiennent. — Elle a, de plus, le tort beaucoup plus grave de mécontenter ou de blesser tous les partis qui se disputent le triomphe dans le champ clos des élections.

Ce premier, cet inévitable résultat ne s'est pas fait attendre. Nous ne parlons pas de la presse et des partis révolutionnaires, ennemis déclarés du catholicisme et de toute liberté religieuse. Mais les journaux légitimistes, qui ont si chaudement embrassé la cause de l'Eglise, quel accueil ont-ils fait à la lettre circulaire du comité électoral? La *Gazette de France* l'attaque avec passion; la *France* la combat par des raisons jusqu'ici sans réponse ; la *Quotidienne* garde à son sujet un silence absolu, qui nous semble plus significatif qu'une désapprobation formelle.

Nos doutes et nos craintes ne sont donc pas si dénués de fondement qu'il faille avec tant d'amertume en blâmer l'expression, ou avec tant d'injustice en dénaturer l'irréprochable motif.

Dieu veuille que les dissidences que nous avons redoutées n'éclatent pas d'une manière plus vive et plus funeste au moment de la lutte électorale ! Dieu veuille surtout qu'avec la louable pensée de stimuler le zèle des hommes religieux dont la conscience eût été peut-être une assez bonne garantie de leur vote, on ne fasse pas descendre la réaction irréligieuse dont nous avons tant souffert, des hautes régions politiques dans les comités de village et dans les colléges électoraux !

Nous persistons à le craindre : il y a danger pour la cause sacrée qui nous est plus chère que la vie, à se présenter aux élections avec cette dénomination de *catholiques*, dont on veut faire si malheureusement le titre exclusif de quelques hommes : il y a imprudence à faire peser ainsi sur les *catholiques* les conséquences de la défaite, et même de la victoire, dans une lutte où personne n'a le droit d'engager l'Eglise catholique.

Nous conjurons donc les hommes honorables que leur haute position, leur talent et leur foi ont mis à la tête de ce comité électoral, de tenir compte de nos alarmes, de peser devant Dieu les inconvéniens comme les avantages du mouvement qu'ils veulent imprimer à l'action constitutionnelle des hommes dévoués comme eux à l'Eglise catholique. Nous les supplions d'examiner s'il ne seroit pas possible d'exciter le zèle et de diriger les efforts des électeurs pratiquement chrétiens, sans leur demander le sacrifice de leur foi politique, sans frapper d'une exclusion injurieuse ceux que l'Eglise ne cesse pas de reconnoître pour ses enfans, sans lever enfin un nouveau drapeau qui peut devenir le signe fatal de tant de contradictions.

La même pensée qui a inspiré nos premières réflexions, nous dicte aujourd'hui ces courtes observations qu'on auroit pu nous épargner. Que voulons-nous, si ce n'est la paix et la liberté pour l'Eglise? Que craignons-nous, si ce n'est de voir l'une et l'autre compromises par de fauses démarches? Nous avertissons nos amis, nous combattons loyalement nos adversaires. Quant aux insinuations et aux attaques dans lesquelles il est trop manifeste que la malveillance a plus de part que l'amour de la religion, nous croyons que c'est pour nous un devoir de ne jamais y répondre.

Le *Journal de Bruxelles* annonce, d'après une lettre de Louvain, que M. Ch. De Coux revient en France pour y remplir les fonctions de directeur en chef du journal l'*Univers*. Depuis la chute de l'*Avenir*, dont il étoit un des principaux rédacteurs, M. De Coux occupoit la chaire d'économ.e politique à la Faculté de Louvain.

L'heureuse et paisible Savoie attire dans ce moment les voyageurs que les troubles de la Suisse éloignent de cette dernière contrée. Les établissemens thermaux d'Aix, de Moutiers en Tarentaise et de la Gerrière, ainsi que ceux de Saint-Gervais, au pied du Mont-Blanc, sont plus fréquentés maintenant qu'ils ne l'ont été depuis nombre d'années. Chamounix profite également du délaissement où est tombée la vallée d'Interlacken, par suite de l'agitation qui règne aujourd'hui dans le canton de Berne. Pour des étrangers amis de l'ordre et de la tranquillité, le séjour de la Savoie est à tous égards préférable à celui de l'intérieur de la Suisse.

Chaque année, depuis l'avénement du roi Charles-Albert, est marquée par quelque nouvelle amélioration matérielle. La ville de Cluse se relève de ses ruines. Une belle route transversale est déjà tracée pour rattacher la Haute-Savoie au Faucigny. Le passage du Petit-Saint-Bernard ne tardera pas à être rendu praticable aux voitures, de manière à mettre la Savoie occidentale en communication régulière et directe avec la vallée d'Aoste. Encore quelques années de paix, sous l'administration éclairée autant que paternelle qui la régit, et la Savoie n'aura plus rien à envier aux contrées qui l'avoisinent. Ajoutons que les rapports de tout genre avec le Piémont sont devenus de part et d'autre faciles, bienveillans et sur un point d'égalité parfaite, grâce surtout à l'esprit d'impartialité avec lequel le gouvernement sarde traite les deux pays. L'ancienne antipathie proverbiale entre les Savoisiens et les Piémontais n'est déjà plus qu'un souvenir qui s'efface chaque jour, et ne tardera pas à s'éteindre. L'organisation militaire actuelle, qui tend à opérer une complète fusion entre les différentes parties du royaume, a beaucoup contribué à ce résultat.

Un journal protestant de Paris, l'*Espérance*, fait les réflexions suivantes à propos de l'assassinat de Joseph Leu :

« Dernièrement, dans un grand banquet auquel assistoient plusieurs magistrats de Zurich, l'un des convives se leva et proposa le toast suivant : *A la liberté qui ne se laisse pas emprisonner dans les limites de la légalité !* C'étoit une allusion à la délivrance du docteur Steiger, facilitée, comme on sait, par trois gendarmes infidèles à leur devoir. A la veille de la malheureuse expédition des corps francs, un préfet argovien, M. Weibel, écrivoit de Muri :

« Ami,

» On va donc agir. Bien ! Il n'y a pas pour vous d'autre salut au monde.....
» Je n'ai rien à vous commander; mais il me semble qu'on devroit bien, si c'est
» possible, *faire passer le goût du pain à Leu, à Siegwart, et à Bernard le san-*
» *guinaire.* »

» Qu'a fait l'assassin de M. Leu? Moins que ne conseilloit ce coryphée du parti radical.

» Certains journaux repoussent avec une indignation facile à comprendre, tout ce qui tendroit à rendre le parti radical en corps solidaire d'un pareil attentat. Mais ces efforts sont, il faut le dire, paralysés par le langage des feuilles qui ne craignent pas, comme l'*Indicateur du Seeland*, organe, s'il faut en croire le bruit public, de quelques membres du gouvernement bernois, de prononcer, à l'occasion du meurtre de Leu, le nom de Guillaume Tell !!! Un tel langage n'a besoin d'aucun commentaire et les justifie tous. D'odieuses caricatures ont paru à Berne sur l'assassinat de Leu. On a poussé le cynisme jusqu'à en souiller les murs de Lausanne. Les sentimens que de tels actes révèlent rendent malheureusement tout croyable.

» Voici le radicalisme. »

Plus loin, l'*Espérance* dit : « Si nous étions Suisses, nous voterions pour les Jésuites contre les radicaux, quoique nous n'aimions pas plus les uns que les autres, mais seulement parce qu'il est juste de reconnoître que les radicaux sont les agresseurs et foulent aux pieds les lois, tandis que les Jésuites n'ont fait jusqu'ici que se défendre en s'y conformant. »

NOUVELLES ET FAITS DIVERS.

INTÉRIEUR.

PARIS, 8 août. — M. Léon Roches, porteur du traité ratifié entre la France et le Maroc, s'est embarqué à Port-Vendres pour Tanger, sur la corvette à vapeur *le Titan.*

— Une ordonnance du roi, insérée hier au *Moniteur*, règle les concessions de terres, forêts, mines, etc., en Algérie. Les concessions de terres inférieures à cent hectares peuvent être autorisées par le ministre de la guerre, qui soumet un état des concessions tous les trois mois à l'approbation royale. Les concessions plus importantes sont l'objet d'ordonnances spéciales.

— M. Martin (du Nord), ministre de la justice et des cultes, est parti mercredi pour le château d'Eu.

— M. le duc et madame la duchesse de Nemours sont arrivés le 5 à Bordeaux.

— M. le général Bedeau vient d'arriver à Paris, mandé, dit-on, par un ordre supérieur. On lui destine, dit un journal, la place de gouverneur de M. le comte de Paris.

— Nous lisons dans le journal l'*Algérie* :

« On annonce comme chose positive l'envoi en France d'un ambassadeur marocain.

» M. Mullony, consul américain à Tanger, est remplacé par M. Carr, le même qui en 1842 fut cause de la mésintelligence des Etats-Unis et du Maroc.

» On croit que Muley-Abderrhaman refusera l'*exœquatur*. »

— La malveillance est manifestement la cause du sinistre arrivé au Mourillon. Voici les détails du *Courrier de Marseille* :

« Le feu avoit été mis sur plusieurs points à la fois, et la malveillance avoit si bien pris ses mesures, qu'il est extraordinaire que la scierie et les bâtimens en construction aient pu être sauvés. Les auteurs du crime n'ont pas eu le temps, à ce qu'il paroît, de mettre le feu à la mèche placée dans la scierie, et qui a été trouvée.

» Voici comment cela étoit disposé : 2,000 gournables (chevilles de bois) de 1 mètre de long, brutes; une mèche composée d'un mètre 25 centimètres de long bois du nord sec, à l'extrémité duquel se trouvoit adapté un paquet de chanvre, une petite voûte formée avec des douelles pour que la flamme ne pût être étouffée. Dans le creux ainsi formé se trouvoit un kilogramme de résine appuyée sur un demi-rond de baril, un paquet de suif et deux morceaux de drap rouge. »

On lit dans le même journal :

« Mourillon est à l'est de Toulon. C'est une langue de terre entre le Polygone, la Grosse-Tour et le port marchand. Il est composé de hangars servant de magasins de bois et de chantiers de construction. Les magasins en bâtisse seuls ont été la proie des flammes. La caserne d'infanterie de marine, construite à gauche de l'Egouttier, petite rivière guéable, a été endommagée, quoiqu'à 200 mètres environ du foyer de l'incendie. Les vitres de cette caserne ont éclaté. Le même accident est arrivé aux maisons du faubourg Mourillon; la désolation étoit partout, les meubles étoient jetés par les fenêtres.

» Aux premières lueurs du sinistre, l'autorité maritime fit réunir sur un point tous les forçats du Mourillon, et on procéda à l'appel; après quoi ces galériens furent conduits à l'arsenal principal, où on fit l'appel général; un seul forçat, étranger au Mourillon, s'étoit évadé le matin avant l'incendie. Il a été repris le soir. »

— M. le ministre de la marine a reçu de M. le préfet maritime de Toulon la dépêche télégraphique suivante, à la date du 7 août, et qui confirme celle en date du 6, que nous avons publiée avant-hier :

Le préfet maritime à M. le ministre de la marine.

« Le recensement des bois restant dans les piles sauvées a été terminé hier soir. Il confirme la situation que je vous avois fait connoître hier matin par le télégraphe. »

— Le *Messager* réduit à quarante le nombre des blessés, et assure qu'un seul homme a péri.

— Une ordonnance royale du 16 juillet, modifiant les articles 18, 41 et 42 de l'ordonnance du 7 mai 1841, sur l'organisation de l'école spéciale militaire, porte:

« Art. 1er. Les art. 18, 41 et 42 de notre ordonnance du 7 mai 1841 sur l'organisation de l'école spéciale militaire sont modifiés ainsi qu'il suit:

» Art. 18. Le personnel attaché à l'enseignement sera composé de : Un directeur des études, un ou deux sous-directeurs des études, et autant de professeurs, répétiteurs et maîtres que l'exigeront les besoins de l'enseignement.

» Art. 41. Des examens dits de *fin de cours*, subis suivant le mode que réglera notre ministre secrétaire d'Etat de la guerre, détermineront, avec les notes de l'année, le passage des élèves en première division.

» Un jury spécial de sortie fera les examens nécessaires pour constater l'aptitude des élèves de la première division à être promus au grade de sous-lieutenant; ce jury sera composé d'un lieutenant-général président, quatre officiers-généraux ou supérieurs.

» Art. 42. Le jury chargé des examens de sortie inspectera l'école sous le rapport des études, lorsque notre ministre de la guerre le jugera utile Le lieutenant-général président passera l'inspection générale de l'établissement. »

— L'ordre des avocats à la cour royale a procédé hier à l'élection du bâtonnier et du conseil de l'ordre.

M. Duvergier a été réélu bâtonnier par 221 voix sur 258 votans.

Ont été élus membres du conseil : MM. Marie, Paillet, Baroche, Dupin, Chaix-d'Est-Ange, Bethmont, Gaudry, Pinard, Billault, Liouville, Berryer, Boinvilliers, Vatimesnil, Blanchet, Adrien Benoist, Caubert, Caignet, Plocque, Crémieux et Jules Favre.

— On lit dans la *Flotte* :

« On travaille avec beaucoup d'activité au sauvetage du bateau à vapeur le *Sphinx*, dont nous avons annoncé la perte dans notre numéro du 17 juillet.

» Cette opération présente de grandes difficultés dans l'état où se trouve actuellement ce navire. Sa poupe est noyée jusqu'à la hauteur du pont. Néanmoins ou espère encore sauver torte la machine, les chaudières et même les matériaux principaux qui composent la carcasse.

» La direction du sauvetage a été confiée à M. Chépy, lieutenant de vaisseau. Cet officier a sous ses ordres l'équipage du *Sphinx*, composé de 47 marins, et un détachement de 25 soldats. »

— On écrit du département du Nord :

« La persistance du mauvais temps commence à inspirer des craintes sérieuses à nos cultivateurs ; les tourbillons orageux qui se sont succédé dans ces derniers temps ont couché une grande partie de nos grains, et, dans quelques campagnes, ces grains, en parfaite maturité, subissent une altération profonde. Comme l'année dernière, nous aurons, si cela dure, des grains germés de la plus mauvaise qualité. »

— Nous apprenons avec le sentiment d'un profond regret que le conflit qui divise à Paris les ouvriers et les maîtres charpentiers se reproduit en ce moment à Angers. Les ouvriers charpentiers de cette ville sont tous entrés en grève. On dit qu'ils se sont réunis dans les environs pour se concerter sur les moyens d'imposer un nouveau tarif aux entrepreneurs. (*Journal de Maine-et-Loire.*)

— M. le comte Louis-Auguste-Manuel d'Eschibes d'Hust, colonel d'artillerie en non activité, membre du conseil-général de la Haute-Marne, vient de succomber à une longue et douloureuse maladie. Il étoit chef d'état-major de l'artillerie pendant l'expédition d'Alger en 1830. Depuis la révolution de juillet, il avoit été appelé auprès de Mgr le duc de Bordeaux pour lui enseigner les préceptes de la science agricole dans laquelle il étoit très-versé, et avoit visité avec ce jeune prince les grandes exploitations rurales de la Hongrie, de l'Autriche et de la Bohême.

— Nous croyons devoir donner les renseignemens qui suivent sur les biens du prince de Leuchtemberg. L'empereur Napoléon donna, en 1810, à son beau-fils, des biens dans la marche d'Ancône, estimés à 20 millions, pour lui assurer un revenu d'un million. Par un arrangement conclu par le prince Eugène, et dans la première paix de Paris, on lui garantit toutes ses propriétés, et au lieu de les rendre au Pape, on les laissa au prince. Le cardinal Consalvi protesta à Paris contre cet acte, et au congrès de Vienne il essaya de faire valoir les droits du Saint-Siége ; mais Pie VII finit par reconnoître la dotation, à condition que les biens seroient un fief et paieroient un droit de 20,000 fr. Le prince ne pouvoit, par conséquent, agrandir ses domaines. Le gouvernement papal offre au prince de Leuchtemberg 20 millions de fr., prix de l'estimation primitive des biens, en les considérant comme libres. Il a résolu, dit-on, de diviser ces biens pour les vendre à des particuliers ou aux établissemens pieux. On sait que ces établissemens attendent depuis long-temps l'occasion de racheter les biens pris par les Français. Le Pape, pour écarter toute idée de force, a ordonné aux autorités de s'abstenir de toute intervention dans la vente des biens, et de les remettre à une compagnie qui remboursera 20 millions de fr. Les princes Borghèse et Rospigliône sont à la tête de cette compagnie. Ils ont pris l'engagement de les vendre par partie.

EXTÉRIEUR.

ESPAGNE. — Un accident qui n'a eu heureusement aucune suite fâcheuse est arrivé au général Narvaez et à M. Martinez de la Rosa, pendant le voyage de la reine, de Saragosse à Tudela, par le canal impérial d'Aragon. Ces deux ministres étoient embarqués dans un bateau ponté qui suivoit la gondole où se trouvoit la reine ; tout à coup, et à cause, dit-on, d'une fausse manœuvre, le bateau a fait eau. Heureusement le général Narvaez et M. Martinez de la Rosa se trouvoient à la poupe. Ils en ont été quittes pour avoir eu de l'eau jusqu'à la ceinture. LL. MM., aussitôt qu'elles ont été prévenues de cet accident, se sont empressées de recevoir les deux ministres dans leur gondole.

SUISSE. — D'après la *Gazette Fédérale*, la police de Lucerne auroit quelques indices sur l'assassin de M. Leu, mais le moment ne seroit pas encore venu de les publier.

La *Gazette d'Etat de Lucerne* contient la déclaration suivante :

« Nous établirons sous peu, avec *la plus entière évidence*, par un rapport officiel, que la mort de M. Leu est l'effet d'un meurtre commis par un tiers, et en même temps nous fournirons la preuve irrécusable que *cet assassinat est l'œuvre préméditée du parti radical des corps francs tout entier.* »

On écrit du canton d'Uri, le 3 août :

« Le contingent et la réserve sont encore de piquet, et tous les militaires ont reçu l'ordre de ne pas s'éloigner, sous peine d'une amende considérable, et de se tenir prêts à marcher au premier signal. » (*Nouvelle Gazette de Zurich.*)

— Le général Sonnenberg, qui a si glorieusement commandé les troupes de Lucerne et des petits cantons contre les corps-francs, vient de repartir pour Naples, afin de reprendre sa position au service du roi des Deux-Siciles.

ANGLETERRE. — On assure que le parlement sera prorogé le samedi 9 août. La reine partira la semaine suivante pour le continent.

— L'Angleterre observe avec une visible inquiétude les tendances de toutes les nations et de toutes les dynasties européennes vers la marine. On lit, à ce sujet, la boutade suivante dans le *Morning-Chronicle* :

« Le gouverneur de Malte, sir Patrick Stuart, fait des préparatifs au palais pour recevoir convenablement le grand-duc Constantin de Russie, prince amiral. On diroit que les princes font de la marine leur exercice favori. En France, vous avez le prince de Joinville; en Russie, le grand-duc Constantin; en Autriche, l'archiduc; en Suède, le troisième fils du roi Oscar; en Espagne, l'infant don Henrique; en Hollande, le deuxième fils du roi; tous princes amiraux. »

— On lit dans le *Standard* :

« Nous apprenons que le différend qui a malheureusement divisé depuis quelque temps les ministres de S. M. et la Compagnie de la Nouvelle-Zélande va être réglé probablement sur-le-champ. Nous croyons qu'il a été mutuellement convenu de soumettre le principal sujet de dispute, les titres de propriétés de la Compagnie, à un arbitre dont la décision sera, dit-on, connue dans un jour ou deux. Il est urgent que cette question délicate soit décidée avant la fermeture du parlement, afin que le nouveau gouverneur puisse agir sans avoir à courir la chance de voir ses mesures contrôlées par un intérêt hostile dans la colonie. »

— Le *Morning Post* du 5 donne les détails suivans sur le roi de Hollande :

« Hier, le roi de Hollande est allé faire une collation chez l'archevêque de Cantorbéry au palais de Lambeth. Vingt-et-une personnes avoient été invitées. Le roi occupoit le centre de la table, ayant à sa droite la comtesse Delawarr et madame Howley (la femme de l'archevêque) à sa gauche. L'archevêque étoit assis en face de S. M. Après le repas, le prélat a proposé un toast à S. M. néerlandaise. Le roi a répondu : « Messieurs, je vous remercie sincèrement de l'honneur » que vous m'avez fait en buvant à ma santé, et je vous assure que je retourne » toujours avec plaisir à cette période de ma vie, où j'étois plus rapproché de » mon très-excellent ami l'archevêque de Cantorbéry. J'ai toujours été depuis » très-reconnoissant envers Sa Grâce pour tous les bons conseils qu'il m'a don-» nés dans ma jeunesse, et que, depuis, j'ai trouvé si utiles. » S. M. a ensuite proposé un toast à l'archevêque et aux principes de l'Eglise d'Angleterre.

» S. M. a quitté le palais à quatre heures, et l'archevêque a accompagné l'auguste monarque jusqu'à sa voiture. Avant de monter dans son équipage, S. M. a pris congé de Sa Grâce, de la manière la plus amicale. »

— Un accident grave est arrivé en Angleterre sur le chemin de fer du Nord-Est, embranchement de Cambridge, entre Chesterford et Littlebury. Un convoi de voyageurs a déraillé, et plusieurs wagons ont été brisés ou incendiés. Le chauffeur, tué sur la place, est resté sous la locomotive; le mécanicien a eu les deux jambes cassées; deux voyageurs ont été grièvement blessés, et presque tous les autres ont reçu de fortes contusions. L'embranchement n'étoit livré à la circulation que depuis cinq jours, et le général Pasley, inspecteur-général des chemins de fer, avoit parcouru toute la ligne l'avant-veille de l'ouverture. On ignore jusqu'à présent les causes de l'accident.

— On lit dans les journaux anglais du 4 août :

« Une explosion de feu grisou a eu lieu samedi dans une houillère du pays de Galles, et a coûté la vie à vingt-neuf personnes. Vers onze heures, une forte détonation a été entendue, accompagnée par une violente commotion. On savoit qu'il y avoit dans la houillère de cent cinquante à deux cents personnes, hommes et enfans. Toute la population étoit accourue sur les bords du puits, et chacun cherchoit à reconnoître un parent, à mesure que les ouvriers sortoient de la bouillère. L'air étoit si vicié quelque temps après l'explosion, que personne n'osoit s'aventurer pour aller à la recherche des ouvriers qui n'avoient pas reparu. Ce sont des ouvriers qui sont descendus les premiers pour tâcher de retrouver leurs malheureux camarades. Plusieurs ont été obligés de renoncer à cette périlleuse entreprise, craignant d'être asphyxiés. Enfin, on est parvenu à retrouver vingt-neuf corps. Cette houillère a toujours passé pour n'être pas assainie par une ventilation suffisante. Deux ou trois chevaux ont été tués ; des dégâts considérables ont eu lieu. On aura plus de détails, lorsque l'enquête aura été faite. La consternation est extrême et le deuil général. »

ÉTATS-UNIS. — D'après le *Times*, une insurrection d'esclaves auroit lieu aux États-Unis, dans l'État de Maryland. Une bande de cent nègres avoient fait complot de s'évader et de gagner l'État libre de Pensylvanie. L'alarme a été donnée aussitôt et des détachemens de troupes ont été mis à leur poursuite ; de nombreux volontaires se sont présentés pour marcher avec les troupes.

Uue partie de cette bande, au nombre de 38 nègres, a été aperçue par le capitaine Jackson, à la tête d'une patrouille de quelques hommes. Les nègres ont refusé de se rendre et se sont jetés dans un petit bois, en armant des pistolets dont ils étoient porteurs et dégaînant leurs coutelas. Aux premiers coups de fusil, des volontaires sont accourus en foule, et ont attaqué vigoureusement les fugitifs dont huit ont été blessés plus ou moins dangereusement ; le reste a fait sa soumission. On a encore amené d'autres fugitifs à la prison de Rockville, et cette alerte qui est arrivée jusqu'à Washington, où toute la garnison a passé une nuit sous les armes, n'a pas eu d'autres conséquences.

— Le *Commercial* de Cincinnati, du 30 juin, donne les détails suivans sur une affreuse scène de carnage qui a eu lieu aux environs de la rivière Vachitta, dans la Louisiane. Deux planteurs, dont les habitations se touchent, étoient en désaccord. Il y a quelque temps, un cheval fougueux, appartenant à l'un d'eux, sauta dans la propriété de l'autre planteur, qui l'étendit raide mort d'un coup de feu. Peu de jours après un nègre, appartenant au propriétaire du cheval, étant venu dans la même plantation, fut également frappé de mort. Le même soir, le planteur auquel appartenoient le nègre et le cheval prit son fusil, se rendit dans la maison de celui qui les avoit tués, l'attendit dans la cour et le tua. Au bruit du coup, le fils du planteur assassiné sortit de la maison ; l'assassin lui commanda de s'arrêter, et aussitôt, rechargeant son arme, l'ajusta et l'étendit à ses pieds. La fille du planteur arrivoit à la porte à cet instant ; alors l'assassin saisit son couteau, lui coupa la gorge et s'enfuit. Les esclaves de la plantation donnèrent l'alarme ; l'assassin fut poursuivi, arrêté et conduit dans la prison la plus voisine, pour y attendre son jugement.

Prosodie latine sur le plan de celle de l'abbé Lechevalier, par l'abbé J.-H.-R. Prompsault, chapelain de la maison royale des Quinze-Vingts. — Chez Martin, rue Servandoni, 16.

Cette prosodie peut être considérée comme la partie élémentaire du traité des lettres, de l'orthographe et de l'accentuation que le même auteur a publié, et dont nous avons rendu compte dans notre Journal. Elle est écrite avec la méthode et le genre de savoir spécial qui sont propres à l'auteur. On y trouve beaucoup de choses utiles qui ne sont ordinairement dans aucune des prosodies que nous connoissons. L'auteur paroît n'avoir omis aucune des notions qu'il faut donner à un élève, si on veut qu'il puisse reconnoître exactement la quantité de mots et le rhythme des vers qu'il expliquera dans la suite.

Les prosodies dont on se sert le plus ordinairement cherchent à simplifier, et abrègent le plus possible les définitions. C'est au professeur à donner de plus amples développemens à ces règles. Toutefois, dit M. Prompsault, ces derniers confondent habituellement ensemble des choses qui sont de nature différente. Elles comprennent ordinairement sous les mêmes règles les mots purement latins, et les mots grecs-latins, hébreux-latins ou barbares.

Ainsi, quand M. Lechevalier et M. Quicherat disent : « La voyelle suivie d'une voyelle dans le même mot est brève, B. à la fin des mots est bref, ils parlent de tous les mots qui sont en usage dans la langue latine. Les règles sont trop générales. De là vient quelles sont vicieuses et même fausses.» M. l'abbé Prompsault vient en aide au professeur, principalement lorsqu'il les refait, les modifie et les corrige ainsi :

«Il n'y a de mots terminés en *b* que les trois prépositions *ab*, *ob*, *sub* et quelques noms hébreux ou barbares.

»Les trois prépositions *ab*, *ob*, *sub* sont naturellement brèves.

»La finale hébraïque ou barbare en *b* est longue ou brève, selon que la voyelle dont elle est précédée est longue ou brève dans la langue même dont le mot est tiré. On la trouve plus souvent longue que brève. »

M. l'abbé Prompsault a opéré sur tous les autres points de la prosodie des modifications et des rectifications pareilles à celles que nous venons de signaler, et selon la même importance. De plus il a eu le soin de mettre un et quelquefois plusieurs exemples, non-seulement à chaque règle, mais encore à chaque exception. Ces exemples sont toujours des vers dont le sens est complet, et forment, pour l'ordinaire, une sentence morale. De sorte que l'élève les retiendra aisément et ne conservera pas dans la mémoire des provisions inutiles. Les vers employés par Horace sont ceux dont les poètes lyriques de tous les âges suivans se sont servis de préférence. Il convient que les écoliers en sachent le nom, en connoissent la facture et la combinaison, afin de savoir apprécier ce beau langage, et de pouvoir, même à l'occasion, si on le leur demande, en faire sur ce modèle ou se rendre compte des différens genres de poésie qu'on leur fait expliquer. M. Prompsault a fait de ces vers le sujet du chapitre v^e de sa prosodie. A la suite des règles de la quantité se trouve un traité élémentaire de l'accentuation tonique peu connue de nos jours.

Comme on le voit, c'est ici un livre élémentaire qui répond aux besoins des études classiques. Aussi nous ne doutons nullement qu'il ne soit recherché et étudié dans les établissemens ecclésiastiques. Quant aux établissemens universitaires, c'est un autre chapitre dont M. Prompsault pourroit plus pertinemment expliquer les empéchemens et les difficultés d'introduction éprouvés par son livre.

Le Gérant, Adrien Le Clere.

BOURSE DE PARIS DU 8 AOUT 1845.

CINQ p. 0/0. 122 fr. 10 c.	Quatre canaux 1277 fr. 50 c.
TROIS p. 0/0. 84 fr 30 c.	Caisse hypothécaire. 612 fr. 5 c.
QUATRE p. 0/0. 110 fr. 00 c.	Emprunt belge. 5 p. 0/0. 000 fr. 0/0.
Quatre 1/2 p. 0/0. 116 fr. 00 c.	Emprunt romain. 104 fr. 2/8.
Emprunt 1841. 00 fr. 00 c.	Rentes de Naples. 000 fr. 00 c.
Oblig. de la Ville de Paris. 0000 fr. 00 c.	Emprunt d'Haïti. 38 fr. 00 c.
Act. de la Banque. 8220 fr. 00 c.	Rente d'Espagne. 5 p. 0/0. 36 fr. 4/8.

PARIS. — IMPRIMERIE D'ADRIEN LE CLERE ET C°, rue Cassette, 29.

HISTOIRE DU CONCILE DE TRENTE,

Par le P. Sforza Pallavicini, depuis cardinal, avec les notes et éclaircissemens de F. A. Zaccaria, professeur d'histoire ecclésiastique dans
l'archi-gymnase de la Sapience à Rome, traduite pour la première
fois en français sur l'original italien réédité par la Propagande en
1833, précédée du texte et du catéchisme du dit concile, etc., publiée par M. l'abbé Migne, éditeur des *Cours complets*.

———

Une bonne traduction du savant ouvrage du cardinal Pallavicini
manquoit à notre histoire religieuse et littéraire; nous ne connoissions
guère pour la plupart les débats qui précédèrent la convocation du
concile de Trente, les motifs qui dictèrent ses jugemens dogmatiques
et ses décrets de réformation, que par l'histoire infidèle et pleine d'a-
mertume qu'en avoit tracé le moine Sarpi ou Fra-Paolo, qui, selon
l'expression de Bossuet, cachoit sous le froc un cœur calviniste, et qui
travailla toute sa vie à porter la république de Venise à une séparation
entière non-seulement de la cour, mais encore de l'Eglise romaine. Indiquer les sources impures où cet apostat avoit puisé, dévoiler sa malveillance et sa mauvaise foi, le convaincre d'erreur, et dans les faits qu'il
rapporte, et dans les conséquences qu'il en tire, réfuter ses mensonges
les plus saillans, en un mot prouver combien peu de foi mérite un ennemi déclaré, un contempteur manifeste de toute religion, un historien
qui, par la manière dont il traite les Pères de Trente, par le ridicule qu'il
jette sur tous leurs actes, par le mépris qu'il témoigne pour leurs décisions et les raisons qui les motivent, les représente comme une syna-
gogue d'imposteurs sacrilèges, d'adulateurs intéressés, de bavards, de
gens ridicules et d'ignorans, telle est la tâche importante dont le
P. Pallavicini s'est acquitté avec le plus grand succès, à la satisfaction
sincère de tous les amis de la vérité et de la religion.

Il eut, pour exécuter son entreprise, les plus précieux avantages.
Outre les mémoires qu'avoit rassemblés le P. Alciat, Jésuite, et qui furent mis à sa disposition, toutes les archives du Vatican lui furent ouvertes; on s'empressa de lui fournir les renseignemens de la plus haute
importance, il put consulter les pièces originales du concile, qui étoient
conservées au château Saint-Ange; et avec ces matériaux bien coor-
donnés, réduits en corps d'histoire, il fit remarquer dans l'ouvrage de
Fra-Paolo, non des fautes légères, comme affectent de le dire ses apologistes, des inexactitudes, quelques méprises dans les noms et les
dates, quelques altérations dans des circonstances peu essentielles,
quelques conjectures hasardées sans fondement, mais trois cent soixante-

et-un points sur lesquels l'ennemi du concile de Trente fut convaincu
d'avoir altéré ou déguisé la vérité. Et quand l'auteur pseudonyme du
livre intitulé : *De tribus historicis concilii Tridentini auctore Cæsare Aqui-
linio*, mais qu'on sait être de Scipio Henrici, théologien de Messine,
dans le jugement qu'il porte des différens historiens du concile, ne
fait point difficulté de traiter le cardinal Pallavini d'interprète et d'am-
plificateur de son adversaire, *amplificator et interpres*, il prouve seulement qu'il avoit lu avec une étrange préoccupation ces deux historiens, ou qu'il comptoit singulièrement sur la crédulité des lecteurs.

Tout le monde s'accorde à dire que l'histoire du cardinal Pallavicini
est très-bien écrite. Cela peut être vrai pour la pureté du style et pour
la perfection de l'idiome que je n'ai pas le droit d'apprécier ; mais il me
semble que l'auteur s'est trop livré à de fréquentes digressions, qu'il affecte des comparaisons tirées de la mythologie, des sciences naturelles, de l'histoire ancienne, et qu'il coupe souvent le fil de la narration par des réflexions pleines de vérité et de justesse, mais qu'il auroit dû moins prodiguer ou mieux enchâsser dans le cours de son récit.
Quelques gallicans, parlementaires sans doute, lui ont aussi reproché
d'avoir élevé trop haut les prétentions de la cour de Rome sur le gouvernement temporel. Je ne saurois souscrire à ce reproche, et je le crois
souverainement injuste. Il est impossible d'être plus sage, plus modéré
que Pallavicini dans ses opinions ; partout il se montre théologien éminent, historien fidèle et consciencieux, appréciateur équitable, juge intègre et éclairé dans tous les points de la controverse. Ce qui frappera
surtout le lecteur dans cette histoire, la seule véridique, et la plus
complète de tous les événemens qui se mêlèrent aux affaires du concile, c'est la parfaite connoissance que montre l'auteur du sujet qu'il
traite. Il y a dans son ouvrage quelque chose de précis, de grave, de noble, de majestueux qui rappelle les paroles des Pères de Trente. Les
événemens y sont appréciés sous leur véritable point de vue, les hommes jugés sans passion et sans flatterie, les fausses allégations réfutées
avec force, les discussions théologiques rapportées avec exactitude, et
les questions les plus obscures y sont exposées avec une clarté dont
elles ne paroissoient pas susceptibles.

Je reprocherois plutôt au cardinal Pallavicini d'avoir jugé trop favorablement l'empereur Charles-Quint. Ce prince, plus rusé politique que
profondément religieux, ne se montroit protecteur de l'Eglise romaine,
que quand il le jugeoit convenable à ses intérêts. La manière dont il traita
les affaires de la réforme mit l'Europe en feu, le catholicisme dans le plus
grand danger, et lui fit courir les plus grands risques à lui-même. Les que-

relles avec le Saint-Siége ne firent que hâter les progrès du luthéranisme. Quand Rome fut prise d'assaut par le connétable de Bourbon, et que le pape devint le prisonnier de l'empereur, celui-ci qui reçut à Burgos la nouvelle de cet événement affecta tous les dehors de la plus profonde tristesse; il prit le deuil, le fit prendre à sa cour, et il ordonna des prières publiques pour la délivrance du pape. Mais, en cela, il joua la comédie et rien de plus. Fils respectueux et dévot du Saint-Siége, comme il aimoit à se proclamer, il ne rendit cependant la liberté au Saint-Père, qu'après lui avoir imposé une rançon de quatre cent mille écus d'or. Apprend-il que la bulle qui convoquoit le concile de Trente parloit avec une égale confiance et un égal honneur de lui et de François Ier, aussitôt il écrit au pape pour se plaindre de ce que le roi de France étoit mis de niveau avec un empereur. Aussi François Ier sut-il rabaisser ses prétentions et dévoiler son hypocrisie dans une lettre justificative où il disoit avec une mordante ironie « qu'avec raison Charles s'arrogeoit la qualité de bon fils et de fils aîné, puisqu'il avoit emprisonné son père, et qu'après avoir saccagé ses terres, il n'avoit consenti à le mettre en liberté que moyennant une énorme rançon. » Rien de plus superbe et de plus arrogant que le langage et la conduite de ses représentans au concile. Tous les honneurs, dit le P. Berthier dans son histoire de l'Eglise Gallicane, toutes les attentions étoient pour l'empereur; on prenoit pour ainsi dire les impressions qu'il vouloit donner; on attendoit son consentement pour le temps de l'ouverture; on souffroit qu'il indiquât l'ordre selon lequel les matières seroient traitées; en un mot Charles-Quint paroissoit être l'ame ou le mobile de tout ce qui se faisoit ou devoit se faire à Trente.

Au reste, il vaut mieux pécher par excès que par défaut de charité. Je ne puis me défendre de quelques soupçons contre l'historien qui peint ses personnages avec des couleurs trop bienveillantes, qui s'efforce de justifier ou au moins d'expliquer leurs actes; je suis bien plus en garde contre ces scrutateurs profonds des replis du cœur humain qui consultent plus souvent leur imagination que la réalité, et qui se montrent plus attentifs à faire apercevoir le mal qu'à indiquer le bien. Fra-Paolo n'est si cher à nos impies modernes que parce qu'il est moins, selon l'expression de Bossuet, l'historien que l'ennemi du concile de Trente. S'il évite avec soin d'exposer ses propres sentimens, et s'il se borne le plus souvent à citer les passages ou les paroles de ceux qui ont combattu les décrets qui ne lui plaisent pas, il s'y prend de manière, qu'à l'en croire, les protestans ont toujours eu raison, et les papes toujours tort : malignité et mauvaise foi insignes qui ont indigné des calvinistes eux-mêmes. Je mets en fait que les trois quarts de ceux qui décla-

ment contre l'histoire du cardinal Pallavicini ne l'ont jamais lue, et
qu'ils ne l'ont jugée que d'après les notes de Le Courayer, plus perverses encore que le texte de Fra-Paolo. Ils sont aussi ravis de s'appuyer de l'autorité de Robertson qui, dans son histoire de Charles-
Quint, « prétend que Sarpi a développé les intrigues et les artifices qui
» présidèrent au concile de Trente avec une liberté et une sévérité qui
» ont donné une atteinte sensible à l'autorité et à la réputation de ce con-
» cile; qu'il en a écrit les délibérations, et expliqué les décrets avec tant
» de clarté et de profondeur, avec une érudition si variée et une raison si
» solide, que son livre est justement regardé comme un des meilleurs
» ouvrages d'histoire qui existent, tandis que Pallavicini a employé tou-
» tes les ressources d'un esprit subtil et délié pour infirmer le témoi-
» gnage, pour réfuter les raisonnemens de son antagoniste, et qu'il s'est
» efforcé de prouver, en justifiant adroitement les opérations du concile
» et en interprétant ses décrets avec subtilité, que l'impartialité en diri-
» gea les délibérations, et que le jugement ainsi que la candeur en dicta
» les décisions. »

Dans ce jugement, je ne vois que les préjugés du docteur presbytérien excusant tout dans ses coreligionnaires, et blâmant tout dans
ceux qui suivent une autre croyance. Le célèbre critique Hoffman, qui
n'est pas suspect, convient que Robertson se montre beaucoup trop protestant dès qu'il est question des affaires de l'Eglise, que ce grave docteur descend quelquefois jusqu'au sarcasme sur l'infaillibilité du pape et
que, dans cent endroits, lors même qu'il blâme justement, la vérité,
chez lui, prend l'accent de la haine. Or, certainement ce n'est pas la
vérité qui a dicté à Robertson cette étrange appréciation du concile de
Trente : « On découvre, dans quelques-uns de ceux qui le composoient,
» tant d'ambition et d'artifice, et dans la plupart des autres, tant d'igno-
» rance et de corruption; on y observe une si forte teinte des passions
» humaines, et si peu de cette simplicité de cœur, de cette pureté de
» mœurs, de cet amour de la vérité qui, seuls, peuvent donner aux
» hommes le droit de décider quelle doctrine est digne de Dieu, et quel
» culte doit lui être agréable, qu'il est bien difficile de croire qu'une
» influence surnaturelle du Saint-Esprit ait animé cette assemblée et
» inspiré ses décisions. »

Faut-il donc opposer à l'historien de Charles-Quint Le Courayer, qui
est forcé de confesser que ce seroit une prévention trop visible de ne
pas reconnoître que, « dans le concile de Trente, furent portés des ré-
» glemens très-sages et des décisions solides, conformes à la doctrine
» antique, aux lois les plus pures de la morale et à l'esprit primitif de
» l'Eglise; qu'il y a beaucoup à louer dans ses décrets, lesquels ont in-

»troduit quelque ordre dans l'Eglise, et paré à un grand nombre d'abus
»pernicieux qui, avant ce concile, régnoient impunément..., et qu'enfin,
»si les ordonnances du concile n'ont pas remédié à tout le mal, néan-
»moins l'Eglise a recouvré une partie de sa pureté primitive, et est sor-
»tie de cet abîme de corruption et de désordre où elle s'étoit entièrement
»défigurée?» Le cardinal Pallavicini, dans son Histoire, n'a d'autre but
que de mettre en relief ces importans aveux que la vérité a arrachés à un
ennemi déclaré du concile, et toutes les restrictions, les contradictions,
les allégations mensongères inventées par la malignité et la mauvaise
foi, il les réfute avec une grande abondance de preuves et une grande
supériorité de raison. Qui lui reprochera d'avoir voulu défendre les
droits du Saint-Siége? Le chef de l'Eglise conviant à Trente tous les
évêques de la chrétienté, pouvoit-il s'empêcher d'y défendre ses prérogatives, fondées sur les titres les plus incontestables? N'auroit-il point
forfait à son éminente dignité, s'il eût laissé la puissance séculière ou
des inférieurs trancher sur des questions qui n'étoient nullement de
leur compétence?

Plus on lira avec quelque attention l'Histoire du Concile de Trente,
par le cardinal Pallavicini, plus on sera convaincu qu'une sagesse divine a présidé à toutes les décisions de cette auguste assemblée. Nous
lui rendrons principalement grâces de sa vigilance à conserver le dépôt
précieux de la foi, de sa sagacité constante à démêler les mille artifices
de l'erreur, de sa merveilleuse clarté à exposer la véritable doctrine et
de la parfaite conformité de tous ses décrets avec les révélations de
l'Ecriture et l'enseignement général et perpétuel de la tradition. Si l'on
nous objecte les querelles et les disputes qui agitèrent très-souvent les
réunions préparatoires du concile, nous répondrons que ces débats
mêmes prouvent avec la dernière évidence que le Pape ne dominoit
pas si despotiquement à Trente par ses légats, et que les opinions y
étoient parfaitement libres, puisque chacun pouvoit disputer tout à son
aise. D'ailleurs, toute dissidence étoit impossible sur le dogme, puisque
le Pape, les légats et les évêques avoient le même intérêt à repousser la
plus légère innovation, et à maintenir dans toute sa pureté la simplicité de la foi primitive. C'étoit uniquement sur les questions de discipline que les esprits se divisoient, et qu'on voyoit les opinions varier à
l'infini. Mais en réfléchissant sur l'Histoire du Concile de Trente, on
pourra se convaincre que les plus grandes difficultés provenoient des
prétentions hautaines des ambassadeurs, qui n'envisageoient que les
intérêts temporels de leurs maîtres. Les représentans et les ministres
espagnols, surtout, fiers de la puissance de leur prince, voulurent plus
d'une fois dominer despotiquement au milieu du concile, et diriger les

délibérations au gré de leur superbe monarque. J'aurois désiré que
l'Histoire du Concile eût mieux fait ressortir, par quelques traits énergiques, tout ce que cette prétention de la puissance des princes séculiers a de contraire à la sainte liberté qui doit régner dans toutes les
opérations d'un concile œcuménique.

Nous félicitons M. l'abbé Migne de l'heureuse idée qu'il a eue de chercher à nous donner une bonne traduction de l'*Histoire du Concile de Trente*
par le cardinal Pallavicini. Jusqu'à présent bon nombre de ceux qui la
louoient ou la dénigroient émettoient leur jugement d'après l'opinion
des autres, plutôt que d'après une lecture personnelle et consciencieuse. Qui d'entre vous l'a lue en italien ? qui aime à la lire en latin
dans la version du P. Giattino ? Maintenant chacun pourra juger en
connoissance de cause les profondes connoissances, les patientes recherches, l'exactitude, la fidélité, la modération, la sagesse du savant
cardinal. La traduction que publie M. Migne nous paroît exempte de
toute affectation ; elle a du naturel, de la facilité, et elle est en général
très-fidèle.

M. l'abbé Migne nous apprend, dans son Avant-propos, que, dans le
principe, la présente publication ne devoit contenir que Pallavicini
seul ; mais, la réflexion l'ayant convaincu qu'une histoire du plus célèbre des conciles seule ne produiroit pas tout le bien qui étoit
dans ses vues, il résolut, selon sa coutume, de bouleverser en quelque
sorte son idée primitive, et de grouper autour de Pallavicini tout ce
qui pourroit le compléter parfaitement. Pour arriver à ce but, les
in-8° ont été changés en in-4°. Cette métamorphose, favorable surtout aux lecteurs qui ont la vue très-robuste, donnant plus de
lettres à la ligne, plus de lignes à la page, et plus de pages
au volume, ont permis à M. l'éditeur de faire sur le saint concile
de Trente *le tout*, dit-il, *le plus complet, non pas qui ait été publié,
mais qui peut-être ait été jamais imaginé* Les additions qui forment ce
tout complet se composent du texte même du Concile, de son Catéchisme, ouvrage excellent, et qui devroit être le manuel de tous
les ecclésiastiques ; d'une très-bonne Dissertation de M. l'abbé Boyer
sur la réception du concile de Trente en France, d'une autre Dissertation du P. Binet, Jésuite, sur la question de savoir si les protestans
peuvent justifier leur refus de comparoître au concile de Trente, et
d'en adopter les décisions ; d'une Discussion des raisons qu'allèguent
les protestans et les jurisconsultes gallicans, pour rejeter le concile de
Trente, par M. l'abbé Prompsault. Les paroles que j'ai soulignées plus
haut ne sont pas assurément très-modestes, mais on est aujourd'hui tellement dégoûté de la modestie des Préfaces, qu'on permettra à l'édi-

teur des *Cours complets* d'avoir la conscience du bien qu'il a fait, et qu'il nous apprend être le but unique et constant de ses efforts.

L'Abbé DASSANCE,

---◦◦◦---

REVUE ET NOUVELLES ECCLÉSIASTIQUES.

PARIS.

A la suite de la discussion sur la question des Jésuites, dont nous donnons plus loin le résultat, des débats se sont engagés au sein de la diète helvétique au sujet du rétablissement des couvens d'Argovie demandé par les cantons catholiques.

On se rappelle que, par un arrêté du 31 août 1843, la diète se déclara satisfaite des concessions qu'Argovie avoit faites en rétablissant quatre couvens sur huit qu'il avoit supprimés en janvier 1841.

Dans la session ordinaire de la diète de 1844, les cantons de Lucerne, d'Uri, de Schwyz, d'Unterwald, de Zug, de Fribourg et du Valais, à la suite de plusieurs conférences où l'on avoit agité sérieusement la question de la séparation, présentèrent une demande tendant à ce que la diète décrétât le rétablissement de tous les couvens supprimés par Argovie. Mais l'assemblée fédérale, dans sa séance du 8 août, passa à l'ordre du jour sur cette demande, à la majorité de douze voix et deux demies (parmi lesquelles figuroient Genève et Saint-Gall), et décida que la question sortiroit du recès.

Malgré cette décision, les états catholiques ont cru devoir renouveler leur demande et leurs protestations contre les mesures iniques du canton d'Argovie.

C'est de cette nouvelle démarche que la diète avoit à s'occuper dans la séance du 7 août.

La veille, les députés libéraux avoient eu une conférence dans laquelle ils avoient décidé qu'ils s'abstiendroient de rentrer dans la question de fond.

La lutte n'en a pas moins été engagée par les cantons catholiques.

« Les états qui ont concouru à l'arrêté de 1843 et 1844, a dit M. Meyer, député de Lucerne, se sont étrangement trompés, s'ils ont cru que cette affaire sortiroit par là du recès. Les cantons catholiques ont persisté et persisteront à faire entendre leur voix contre cette flagrante violation du pacte, et leurs réclamations seront plus fermes et plus énergiques que jamais. La diète ne peut pas les repousser. Sans doute les couvens ne sont pas dans l'essence du catholicisme, mais ils découlent de son esprit ; les populations y tiennent, et ne se tranquilliseront que lorsqu'on aura rétabli tous les monastères supprimés arbitrairement et violemment par Argovie. Nous ne sommes pas ici seulement sur le terrain des confessions, mais sur le terrain du droit. Si l'on ne fait pas droit à nos demandes, l'édifice social, déjà si violemment ébranlé, sera détruit à jamais. »

Les députés d'Uri, de Schwyz, de Fribourg et du Valais ont à leur tour prononcé des discours d'une éloquente énergie. Malheureusement, ainsi qu'on devoit s'y attendre, le vote de la diète n'a pas été cette fois plus favorable aux justes plaintes des cantons catholiques.

Voici quel a été le résultat du vote :

1° Faire droit à la demande de sept états catholiques, tendant à ce que, eu égard aux droits confessionnels et aux obligations imposées par l'article 12 du pacte, tous les couvens supprimés par Argovie en 1841, soient réintégrés dans les droits que leur assure le pacte : *Uri*, *Unterwald*, *Zug*, *Valais*, *Appenzell-Intérieur*, *Schwyz*, *Lucerne* (six états et un demi). — Contre : Personne. (*Berne* et d'autres députés déclarent qu'ils ne prennent aucune part à la votation, parce que l'affaire est terminée par le vote de l'année dernière.)

2° Proposition de Neuchâtel : L'arrêté d'Argovie contre les couvens doit être révoqué, comme contraire au pacte. Les mêmes six et un demi états, plus *Neuchâtel*.

3° Inviter Argovie à rétablir le noviciat dans les couvens de femmes et à leur rendre l'administration de leurs biens. Les mêmes, sauf *Neuchâtel*. — *Genève* et *Grisons* réfèrent.

4° Mettre les mesures à l'égard des couvens de femmes en harmonie avec l'article 12 du pacte. Les mêmes états, plus *Neuchâtel*. — *Genève* réfère.

5° Inviter Argovie à donner aux abbés les moyens de subsistance jusqu'à ce que la question soit terminée. Les mêmes six et demi états.

6° L'inviter à leur laisser leurs pensions. *Bâle-Ville*.

M. l'archevêque de Paris est de retour de son voyage aux eaux d'Ems et de Plombières.

Les Jésuites ont accompli, par la seule puissance de l'obéissance religieuse, et dans un sentiment d'héroïque abnégation, le douloureux sacrifice du plus inviolable de leurs droits comme citoyens, des plus saintes et des plus chères habitudes de leur vie comme prêtres et religieux. Ils se sont exilés de leur propre demeure : ils ont quitté, la semaine dernière, leur communauté de la rue des Postes pour vivre, dispersés, dans des maisons particulières... Triste et fatal triomphe que celui des passions !

On écrit d'Aniane, le 3 août :

« Nous venons d'assister à une belle et imposante cérémonie, celle de l'inauguration de la maison centrale d'Aniane.

» M. l'évêque de Montpellier, qui avoit bien voulu promettre de présider à la partie religieuse de cette cérémonie, s'est effectivement rendu à Aniane hier au soir, et a passé la nuit chez le curé de la paroisse.

» La cour de l'intérieur du cloître, servant de préau pour les détenus, avoit été disposée pour la solennité du jour. Ce préau, qui n'a pas moins de 30 mètres sur chaque côté, étoit presque en entier recouvert de tentes formées d'étoffes et de toiles servant à faire les vêtemens des détenus. Sur l'un des côtés étoit dressé un autel décoré avec richesse, et en face duquel s'élevoit, vers le centre de la cour, une estrade recouverte de tapisserie et garnie de siéges pour les administrateurs de la maison, les autorités venues de Montpellier et celles d'Aniane.

» A droite et à gauche de l'autel avoient été placés des bancs pour les détenus. Tout le reste de la cour étoit garni de bancs et de chaises pour le public.

» A neuf heures, les 134 détenus, dont se compose la population actuelle de la maison, sont venus en ordre et dans le plus grand silence se placer sur leurs bancs. Un piquet d'infanterie et une brigade de gendarmerie ont occupé les deux côtés de l'autel, et le reste de la garnison formoit la haie autour du préau.

» L'administration et les autorités ont pris place sur l'estrade, et M. l'évêque, accompagné d'un nombreux clergé, s'est assis au fauteuil placé pour lui près de l'autel.

» M. le préfet a pris la parole. Il a tracé un rapide historique de la maison, depuis sa fondation comme couvent par les Bénédictins, jusqu'à sa transformation en maison centrale.

» Monseigneur a célébré ensuite le service divin, au milieu du plus profond recueillement. Douze détenus, instruits par l'aumônier de la maison, ont chanté avec beaucoup d'ensemble divers cantiques et motets. On a entendu plusieurs voix très-remarquables, et divers passages rendus avec un goût auquel il n'étoit pas permis de s'attendre de la part de semblables exécutans.

» La messe terminée, M. l'évêque, prenant la parole, a commencé par payer à M. le préfet et au directeur le tribut d'éloges qui leur étoit dû, et dont l'expression, vivement sentie, avoit un prix tout particulier dans sa bouche. Le prélat a terminé par les exhortations les plus paternelles et les mieux exprimées aux détenus, sur lesquels ses touchantes paroles ont produit la plus salutaire impression.

» La foule s'étant écoulée en silence, Monseigneur, les autorités de Montpellier, celles d'Aniane, l'administration de la maison, et quelques invités sont allés prendre part à un déjeuner offert par le directeur.

» C'est après ce repas que s'est passé le plus touchant épisode de la journée, une scène telle qu'il seroit impossible de bien la décrire. Monseigneur et M. le préfet ont désiré revoir les détenus, qu'on avoit fait placer sur un rang autour du préau. Ils les ont tous interrogés successivement sur leur position personnelle et sur leurs familles, et leur ont adressé des paroles d'encouragement et de consolation. Cette sorte de revue terminée, M. l'évêque a groupé autour de lui les condamnés, et, debout sur l'estrade, leur a fait entendre une seconde fois de touchantes exhortations.

» Jamais peut-être la parole du prélat n'avoit remué aussi profondément les cœurs; jamais rien de plus généreux, de plus évangélique, de plus vraiment charitable n'avoit été dit à de malheureux prisonniers; il auroit fallu pouvoir recueillir textuellement et reproduire en entier ces nobles et belles paroles, prononcées avec cette diction entraînante que M. l'évêque possède à un si haut degré. »

On s'occupe en ce moment de placer sur les consoles qui existent aux piliers du pourtour de la Sainte-Chapelle du Palais-de-Justice, les statues vraiment merveilleuses des douze apôtres. Ces statues, en belle pierre de Tonnerre, sont peintes et enrichies de pierreries. Le sanctuaire et plus de la moitié de la nef de cette délicieuse chapelle, la perle des monumens de Paris, sont déjà restaurés.

Le gros œuvre du pignon, des clochetons et des contreforts extérieurs est très-avancé, si bien que l'on espère pouvoir terminer cette importante restauration pour la fin de 1846.

On délibère en ce moment sur la question de savoir si l'on rétablira le clocher à jour en flèche qu'on voyoit au xv⁰ siècle s'élever du milieu de la toiture de la nef.

————◦◦————

On lit dans la *Gazette de Flandre et d'Artois* :

«Vendredi matin, à huit heures, a eu lieu dans la chapelle de la communauté des Augustines, l'abjuration de mademoiselle Ann. Daisne, Anglaise d'origine, du comté d'Essex, près Londres. Cette jeune personne, âgée d'environ 23 ans, a fait déjà l'éducation des enfans de plusieurs ministres protestans en Angleterre, circonstance qui a rendu sa conversion plus remarquable, puisqu'elle a été toute spontanée et l'effet d'une conviction profonde et bien éclairée. Cette cérémonie touchante, à laquelle on avoit cherché à donner peu d'éclat, a été présidée par M. Boniface, curé de Saint-Jean-Baptiste, en présence de M. Wallon-Capelle, vicaire-général, et de plusieurs autres ecclésiastiques de la ville. Les personnes, en petit nombre, qui y ont assisté, ont été vivement émues de la foi ardente et des sentimens de bonheur qui animoient la jeune néophyte. La quête faite au profit de cette chapelle bien pauvre, a été de 80 fr.

»Mademoiselle Daisne a reçu dans cette solennité les sacremens de baptême et d'eucharistie. Ce matin, Son Eminence Mgr le cardinal-évêque d'Arras lui a conféré, dans sa chapelle, le sacrement de confirmation.»

————◦◦————

M. l'archevêque de Bourges a béni récemment, à **Châteauroux**, une nouvelle église dédiée à saint Christophe, et de style gothique.

Dès la pointe du jour, lorsque les cloches eurent annoncé l'arrivée de M. l'archevêque, la foule est accourue avec un pieux empressement au nouveau temple. Auprès du prélat on voyoit les ecclésiastiques de la ville et des environs, les directeurs et l'élite des élèves du séminaire de Saint-Gaulthier, les prêtres du collége de Chezol-Benoît.

M. l'archevêque a pris la parole : il a exposé avec une grande richesse d'élocution la sublimité des cérémonies qui faisoient l'objet de cette réunion imposante, et il a adressé aux autorités les éloges qui leur étoient si légitimement dus.

Par une touchante et heureuse coïncidence, les plus grands mystères du christianisme se sont accomplis le même jour dans le nouveau temple. Après la messe, à laquelle un grand nombre de fidèles ont communié, plus de 200 enfans, préparés par M. Sauttereau, le digne pasteur de la paroisse, ont été confirmés par Mgr Du Pont, et, lorsque tout étoit terminé, un enfant qui venoit de naître attendoit sous le portique, dans les bras de ses proches, que l'on fît couler sur sa tête l'eau de la régénération. M. l'archevêque de Bourges a voulu administrer lui-même le baptême à ce nouveau-né et laisser à sa famille un gage de sa bienveillance et de sa sollicitude pastorale.

————◦◦————

Voici, d'après l'*Avenir national* de Limoges, un extrait du discours adressé par Mgr l'évêque de Tulle à Mgr le duc de Nemours :

« La France, a dit Mgr Berteaud, a de beaux et de longs siècles de durée. Catholique dès ses origines, elle poursuivoit brillamment sa tâche chez elle et au dehors, que plus d'un peuple d'Europe étoit encore attardé dans la nuit. Rémi de Reims et Avitus de Vienne, saints évêques qui avoient souri à la France, jeune nation éclose sous les soleils de la foi et de la victoire, pouvoient du haut des cieux applaudir à l'accomplissement rapide de leurs prophéties. Quand le monde moderne se fut formé, la France, également chrétienne et fière, ne descendit pas de son rang.

» Monseigneur, la France de l'avenir ne sera ni de moindre gloire, ni de moindre valeur que celle qui a vécu, parce que l'élément divin de sa vie lui restera dans son intégrité et dans sa force. La Providence a si bien fait, que, sur cette terre bénie que nous foulons, la foi, c'est du vaillant patriotisme. Grâces immortelles lui en soient rendues ! »

On nous écrit de Juilly :

« La distribution des prix du collége de Juilly a eu lieu le 7 août, avec la solennité accoutumée, sauf les exercices d'équitation empêchés par la pluie. L'assemblée étoit présidée par Mgr l'évêque de Meaux. Un élève de rhétorique a retracé, dans une narration spirituelle et naïve, les principaux événemens d'une année de collége. Puis l'abbé Goschler, directeur, a exposé les avantages de la discipline. Son discours, écrit avec vigueur et élégance, et prononcé avec ce ton de conviction que donnent l'expérience et le dévouement, a vivement saisi l'assemblée, qui a été ensuite égayée et touchée par un dialogue entre quatre petits enfans de la division des *minimes*. Deux incidens ont donné à cette séance un intérêt particulier. Vingt élèves anciens de Juilly, dont plusieurs n'avoient pas revu le collége depuis 40 ans, sont arrivés ensemble et à l'improviste, comme dans un pieux pélerinage, à l'antique maison qui les a élevés, et c'étoit un spectacle touchant que de voir leur joie, leur émotion, et leur empressement à visiter les lieux de leur enfance. L'autre incident a été la présence de M. l'amiral Dupetit-Thouars, venu pour couronner son neveu, et que l'assemblée a salué, à plusieurs reprises, de vifs applaudissemens. Mgr de Meaux a accueilli tout le monde, les maîtres, les élèves et les parens, avec sa bonté accoutumée. La journée a été terminée par un banquet auquel Sa Grandeur a daigné assister. »

La distribution des prix de l'école ecclésiastique de Dinan avoit réuni, comme d'ordinaire, mercredi dernier, une nombreuse assistance composée de toutes les classes de la société. On comprend de plus en plus combien est précieux pour notre pays un établissement où les jeunes gens sont placés sous la sauve-garde de la religion, où l'instruction se orme en même temps que l'esprit. Ce témoignage que personne ne refuse à l'école ecclésiastique fondée par le vénérable abbé Bertier, nul n'est plus heureux de le lui rendre que les anciens élèves qui y ont fait leurs études et qui sont sortis de cette maison pour se répandre dans les diverses carrières de la société ; et voilà pourquoi ils se pressent, chaque année, à cette solennité.   (*Impartial de Bretagne*.)

On écrit de Périgueux, 5 août :

« Le clergé du diocèse de Périgueux vient de perdre un de ses membres les plus vénérables, et les pauvres de notre ville un bienfaiteur et un père.

» M. l'abbé Dumaine, vicaire-général, a terminé hier au soir sa longue et bonorable carrière.

» Après avoir reçu, avec sa foi et sa piété si connues, les sacremens de l'Eglise, sentant sa fin approcher, il a reporté ses dernières pensées vers les pauvres et les œuvres ordinaires de sa charité.

» Il a désiré qu'au jour de ses funérailles 3,000 fr. fussent partagés entre les différens établissemens de cette ville, l'hospice, la Miséricorde, les Ursulines, les Frères des Ecoles chrétiennes, le dépôt de mendicité et la cathédrale.

» Ses parens, dignes héritiers de ses sentimens, ont applaudi aux dernières volontés du mourant, qui seront scrupuleusement exécutées. »

Le mois dernier, NN. SS. les évêques d'Emaüs et de Gherra ont fait des visites pastorales dans plusieurs districts de la Hollande, et y ont confirmé plus de 4,000 enfans. Partout les deux prélats ont été reçus avec de grandes démonstrations d'allégresse et de respect par les populations catholiques. Ils ont assisté à la clôture de missions données, à Vedhoven et Best, par les Rédemptoristes et le clergé des environs.

M. le coadjuteur de Cologne a pris des mesures pour établir un petit séminaire dans cette ville; le prélat a fait à ce sujet un appel à son clergé. Sa voix a été entendue; dans tout le diocèse, on rivalise de zèle à souscrire pour une œuvre aussi éminemment sacerdotale et de première nécessité. Le clergé d'Aix-la-Chapelle s'est particulièrement distingué; indépendamment de plusieurs mille thalers qu'il donne pour l'établissement de Cologne, il a offert de fonder et d'entretenir à ses frais un petit séminaire dans l'ancienne résidence de Charlemagne, si Mgr de Geissel vouloit y donner son consentement. Honneur à un tel clergé!

Une lettre écrite par un Français, le vénérable évêque de Nankin', Mgr de Beris, à M. l'abbé P...., son ancien condisciple au séminaire, donne de curieux détails sur la situation du christianisme dans les provinces orientales et maritimes de la Chine, et principalement dans la province de Kiang-Feu. Le nombre des chrétiens dans cette seule province, qui forme la quinzième partie de l'empire, dépasse 300,000. Mgr de Beris, dont la lettre est du 3 juin 1844, ne doutoit pas que, si les édits rigoureux rendus contre les catholiques dans les deux derniers règnes étoient abolis, en moins de dix ans, près d'un quart de l'empire chinois, dont la population dépasse 300 millions d'ames, auroit embrassé le christianisme.

REVUE POLITIQUE.

Depuis plusieurs jours, deux journaux conservateurs, le *Globe* et la *Presse*, donnent au public une triste idée des considérations matérielles qui, à l'exclusion des intérêts moraux, ont présidé à l'agrandissement de certaines feuilles publiques à *grand format*. La polémique qui s'est élevée entre ces deux organes du ministère, a dégénéré, au pied de la lettre, en véritable discussion diffamatoire. A propos du futur journal l'*Epoque*, journal monstre s'il en fut jamais, puisqu'il doit, d'après son prospectus, renfermer *dix journaux* spéciaux, la *Presse* a démontré, par des calculs très-nets, qu'un tel projet étoit un pur charlatanisme. Le *Globe*, dont on connoît la verve mordante et toute la hardiesse en fait de personnalités, a pris à partie la personne du directeur de la *Presse*, qui a la première donné le branle à ce mouvement qu'elle blâme aujourd'hui, et ces Messieurs ne se sont épargné ni reproches, ni insinuations sur leur vie passée de journalistes. Le peuple diroit en son langage énergiquement expressif : Qu'ils se sont tout dit. Ç'a été un véritable scandale dans la presse. Mais aussi quelles tristes révélations sur ces entreprises d'immenses journaux toutes plus ou moins industrielles et destinées à faire la fortune privée et publique de quelques hommes assez adroits pour savoir manier un journal, comme le pêcheur heureux jette un filet qui rapporte une opulente capture ! On parle souvent de curieuses études de mœurs. En voilà certes une à laquelle n'avoient songé ni Sterne, ni Labruyère.

Une révélation plus digne d'occuper l'attention du public, c'est un document publié par la *Gazette de France*, relatif aux événemens de 1830. Ce document *est une lettre de M. Odilon-Barrot à M. Sarrans*, d'une étendue fort longue, mais dont l'intérêt paroît aussi important que curieux. Nous n'en pouvons donner ici que les deux extraits suivans, bien propres à faire réfléchir sur l'étrange manière dont se font les plus grandes révolutions chez un peuple qui se croit souverain :

« Ainsi, dit M. Odilon-Barrot, en ce qui me concerne, j'atteste qu'aux premiers jours de la révolution, le général Lafayette s'est trouvé constitué, par le fait, dépositaire de toute la confiance du peuple, qui avoit scellé cette révolution de son sang ; qu'il dépendoit de lui d'empêcher que la couronne ne fût décernée au duc d'Orléans ; que rien n'a pu se faire alors contre et même sans sa volonté, et qu'il ne sauroit en décliner la responsabilité, comme il y auroit insigne mensonge à lui en contester le mérite. J'atteste, en outre, que bien loin qu'il y ait eu identité de pensée et de but, à cette époque, entre l'Hôtel-de-Ville et les 221 qui se réunirent au Palais-Bourbon, il y eut au contraire dissidence entière : les uns s'occupant de faire un roi, les autres de stipuler des garanties nationales ; les uns faisant dériver même la résurrection des trois couleurs de la concession royale, les autres plaçant en dehors et au-dessus de cette autorité le symbole de notre glorieuse révolution. Cette dissidence s'est continuée ; elle est même devenue de plus en plus profonde.

» Dieu veuille que ces deux grandes fractions du parti libéral, à force de s'éloigner l'une de l'autre, ne tombent pas l'une dans la restauration, l'autre dans la république... »

Plus loin, le chef de la gauche révèle ainsi un des épisodes des événemens de Rambouillet :

« Lorsque nous abordâmes Charles X à Rambouillet, l'abdication avoit déjà été envoyée à la chambre des pairs. Le maréchal Maison ayant annoncé que nous étions suivis par une colonne de 60 à 80,000 hommes, Charles X répondit avec fermeté qu'il étoit résolu à mourir.

» C'est alors que je pris la parole, et voici à peu près la substance de ce que je lui dis : « Je ne doute pas, sire, que vous ne soyez prêt à faire le sacrifice de » votre vie ; mais au nom de ces serviteurs qui, les derniers, vous sont restés

» fidèles, et qui, par ce motif, doivent vous être plus chers, évitez une cata-
» strophe dans laquelle ils périroient tous sans utilité ; vous avez renoncé à la
» couronne, votre fils a abdiqué... » Charles X m'interrompit avec vivacité. « Et
» mon petit-fils?... J'ai réservé ses droits, je les défendrai jusqu'à la dernière
» goutte de mon sang... » Je l'interrompis à mon tour, et je lui dis : « Quels que
» soient les droits de votre petit-fils, quelles que soient vos espérances d'avenir
» pour lui, soyez bien convaincu que, dans l'intérêt même de ces espérances,
» vous devez éviter que son nom ne soit souillé du sang français. » C'est alors que
Charles X, se tournant vers le duc de Raguse, lui demanda : « Que faut-il faire?»
et que lui prenant les mains, je lui dis avec une émotion que je sentois bien profondément : « Il faut, sire, consommer votre sacrifice, et à l'instant même... »

» Nous nous retirâmes. Une demi-heure après, nous étions avertis que Charles X
étoit en route sur Maintenon ; nous mettions les scellés sur les diamans de la couronne ; nous écrivions à Pajol d'arrêter et de faire rétrograder sa colonne, et nous
nous acheminions à la suite du convoi royal, traîné par quatre mules, emblème
du caractère de notre mission toute pacifique.

»Voilà la vérité dont plus d'une personne peut déposer. » ·

PROROGATION DU PARLEMENT ANGLAIS.

Samedi dernier, la reine Victoria a prorogé en personne le parlement. Voici
ce que nous avons remarqué dans le discours qu'elle a prononcé :

« J'ai vu avec une satisfaction particulière l'attention soutenue par vous donnée aux mesures que j'avois recommandées à votre considération au commencement de la session pour améliorer et étendre les moyens d'enseignement académique en Irlande.

» Vous pouvez compter sur ma détermination d'exécuter ces mesures de la manière la plus propre à inspirer de la confiance dans les institutions qui ont reçu
votre sanction, et de réaliser votre vif désir de contribuer au bien-être de cette
partie de mes domaines.

» Je continue à recevoir de toutes les puissances étrangères des assurances de
leur disposition amicale vis-à-vis de l'Angleterre. La convention que j'ai récemment conclue avec le roi des Français pour la suppression plus efficace de la
traite des noirs, et établissant une coopération cordiale et active entre les deux
puissances, offrira de meilleures chances que par le passé d'un succès complet
dans l'obtention d'un objet pour lequel l'Angleterre a fait tant de sacrifices.»

On écrit de Zurich au *Journal des Débats* sur la situation de la Suisse :

« A côté des gouvernemens radicaux de Berne, d'Argovie, de Vaud, de
Soleure, il s'est formé une association politique qui a pris le nom de
Confédération du Peuple. Elle a pour but de combattre les Jésuites et
les sociétés qui lui sont affiliées ; mai peut-être ce but n'est-il pas le seul.
Ses moyens sont divers ; j'en citerai un : c'est une vaste organisation de
gardes nationales armées. On prétend que l'idée de cette association, comme
celle de *la chasse aux Jésuites*, est sortie de la tête d'un réfugié politique allemand nommé Snell, qui a été mêlé à tous les mouvemens de ce pays depuis bien
des années, et qui voudroit centraliser la Suisse sous un gouvernement radical,
pour révolutionner ensuite les Etats voisins. C'est cette association qui a fait la
révolution du canton de Vaud au mois de février ; c'est à elle aussi que l'on doit
l'invasion des corps francs dans le canton de Lucerne. Après la défaite de ces
bandes, le gouvernement de Berne se crut dans l'obligation de prendre quelques
mesures contre elle. Elle se tut et s'effaça pendant quelque temps. Depuis un mois

elle a reparu de nouveau ; elle se réorganise avec beaucoup d'activité, elle gagne tous les jours du terrain dans le canton de Berne ; elle aspire à s'emparer du gouvernement de ce canton, qui n'est pas assez radical à son gré, et qui voit bien, dans tous les cas, que tous les dangers ne viennent pas du côté des Jésuites, qu'il y en a de non moins sérieux à redouter du côté du parti révolutionnaire. Tôt ou tard le gouvernement se verra forcé de prendre des mesures contre cette association ; ce sera là le moment critique. Les personnes qui connoissent le mieux l'état des esprits dans le canton de Berne, croient que la victoire restera à l'association. Une fois que celle-ci aura le gouvernement en main, elle trouvera bien vite un prétexte pour déclarer la guerre à Lucerne, et pour marcher en masse contre la Suisse intérieure. Quand ce moment arrivera-t-il ? On parle du mois de septembre.

» En attendant, Lucerne se prépare à la lutte. Les petits cantons en font autant ; l'exaspération des esprits, dans ces contrées, est plus forte encore que dans les cantons radicaux. Il y aura là des combats acharnés. Le peuple, me disoit un voyageur qui vient de les visiter, est prêt à tout risquer pour sauver le plus précieux de ses biens, la liberté acquise au prix du sang de ses ancêtres. L'esprit guerroyant qui anima jadis ces montagnards s'est tout à coup réveillé. Les souvenirs d'autrefois sont invoqués. On se rappelle combien de fois on a vaincu les princes d'Autriche ; on se souvient que le canton de Schwyz, à lui seul, a fait face, en 1798, à cette armée française si glorieuse sous Brune, et que le général républicain fut contraint d'offrir une capitulation honorable à cette poignée de pasteurs. Dans le pays d'Uri, les jeunes femmes et les jeunes filles s'exercent depuis quelques semaines à tirer le dimanche à la carabine. Elles disent à leurs pères et à leurs maris : « Quand le tambour battra, vous irez assister vos frères de Lucerne, nous, nous garderons les entrées du pays. »

» Vous ne sauriez croire. Monsieur, tout ce que l'on a fait depuis six mois en vue de la lutte qui se prépare. L'armement des milices a été complété partout, l'arrière-ban a été organisé, les gouvernemens ont fait des approvisionnemens de guerre considérables. Les fusils et les hallebardes, qui dormoient depuis des années dans la poussière et la rouille, ont été mis en bon état ; l'artillerie est partout préparée. Lucerne doit avoir à sa disposition de seize à vingt pièces ; Schwyz en a onze, Zug sept, Unterwalden cinq. Les artilleurs ont été envoyés à l'école de Lucerne pour y être exercés tous ensemble. Le petit canton d'Uri, qui n'a pas plus de quinze mille ames de population, a donné la somme de 100,000 fr. pour l'armement.

» Et ne pensez pas que ces montagnards de la Suisse intérieure ne soient qu'une masse fanatisée, comme on le dit quelquefois, qu'ils ne soient que des instrumens aux mains des Jésuites. La plupart d'entre eux ne connoissent pas les bons pères ; ce n'est pas pour eux qu'ils s'apprêtent à risquer courageusement leur vie. Il leur importe peu par quelle sorte de professeurs la théologie sera enseignée à Lucerne. Ils blâment ouvertement la politique imprudente de ce canton, mais ils comprennent à merveille qu'il ne s'agit plus de Jésuites, que ce n'est là qu'un prétexte dont le radicalisme se sert pour renverser le gouvernement conservateur. »

———◆◈◆———

Le *Times* publie une correspondance du Mexico, 29 juin, de laquelle il résulte que M. Alleye de Ciprey, qui avoit demandé une réparation immédiate ou ses passeports, avoit fini par se contenter d'une promesse de réparation, promesse obtenue par l'intervention des ministres résidens d'Espagne et d'Angleterre. M. de Ciprey, dans ses diverses notes, a soutenu qu'il y avoit lieu à deux espèces de réparation, la première due par le gouvernement pour violation du droit des gens, la seconde qui dépendoit des tribunaux et devoit être poursuivie par les voies de justice. Le ministre des affaires étrangères, M. de Cuevas, a obstinément répondu que la constitution ne permettant pas de destituer les fonctionnaires, il ne pouvoit accéder à la demande de réparation immédiate C'est-là un mauvais subterfuge. Par tout pays, un officier peut être mis aux arrêts, même en prison, par mesure disciplinaire, et un magistrat de police suspendu de ses fonctions pour faits qui nécessitent son renvoi devant la justice. Le gouvernement pouvoit donc suspendre l'alcade et punir sévèrement le lieutenant qui ont insulté l'ambassadeur de France. Après cette réparation immédiate, l'affaire seroit allée devant les tribunaux. M. de Ciprey avoit si évidemment raison, que, s'il n'a pas insisté davantage, on doit penser que la crainte d'un désaveu n'a pas été sans influence sur sa conduite.

On lit dans la *Guienne* :

« Il est sérieusement question de nommer M. Wustemberg pair de France; il feroit partie de la prochaine fournée qui se prépare en ce moment. Nous ferons à ce sujet une observation qui ne manque peut-être pas d'importance. Sur cinq pairs que nous avons en ce moment dans la Gironde, quatre sont protestans : ce sont MM. Sers, Guestier, Gautier et Martell. Si M. Wustemberg est nommé, ce sera le cinquième. On crie beaucoup à l'invasion du jésuitisme, que pense-t-on de l'invasion du protestantisme?»

NOUVELLES ET FAITS DIVERS.
INTÉRIEUR.

PARIS, 11 août. — On lit dans le *Moniteur* :

« S. A. R. Madame la princesse de Saxe-Cobourg-Gotha est accouchée heureusement d'un prince, au château d'Eu, hier à onze heures et demie du matin. »

— Nous n'avons pas de nouvelles d'Alger postérieures au 30 juillet. Les lettres particulières disent que le corps expéditionnaire parti du camp de l'Arba pour opérer contre les Kabyles, a été formé de deux colonnes, dont une commandée par le général Gentil, et l'autre par le colonel Pélissier. Le 27, on avoit déjà rudement châtié une tribu qui, après avoir fait sa soumission à la France, s'étoit révoltée. M. le maréchal-gouverneur dirige en personne les opérations.

On pense généralement que la campagne ne sera pas longue, parce que le ministère tient à ce que nos troupes ne s'aventurent pas trop avant dans la Kabylie. Pour le moment on se bornera, en effet, à châtier les populations révoltées, et la grande expédition projetée depuis long-temps contre la Kabylie seroit renvoyée à l'automne prochain.

— On continue l'enquête commencée pour arriver à la découverte des auteurs de l'incendie du Mourillon. Quoi qu'on en dise, cette enquête n'a fourni encore aucun résultat satisfaisant, et tous les bruits qui ont couru sur de prétendues révélations n'ont aucun fondement. La seule chose qu'on ait constatée d'après la découverte de mèches et de foyers préparés auxquels on n'a pas eu le temps de mettre le feu, c'est que le crime dont nous déplorons le résultat est dû à la malveillance.   (*Débats.*)

— Un journal a publié une note alarmante, au sujet de la coupole de Saint-Pierre de Rome. Quoique soutenue par quatre piliers ayant chacun 69 mètres (210 pieds) de tour, la coupole a éprouvé à diverses époques des ébranlemens et altérations qu'explique assez la nature d'un sol si souvent agité par les tremblemens de terre. Mais d'énormes cercles de fer ont été employés à relier ce vaste ouvrage, qui ne donne plus de craintes pour sa solidité. La lanterne qui couronne la coupole est un petit édifice en pierres, bien proportionné, et qui n'a de loin que tout juste la dimension voulue, et pourtant son élévation est de 19 mètres, hauteur habituelle d'une maison de cinq à six étages. Par-dessus la lanterne, un conduit de bronze ayant à son centre une échelle perpendiculaire, mène dans la boule (*palla*) au-dessus de laquelle s'élève la croix. Le diamètre de la boule est de 2 mètres 1|2; la hauteur de la croix de 5 mètres. La boule est composée de lames de bronze, et si elle étoit d'or, comme l'a dit ce journal, on peut croire que depuis deux siècles et demi, plus d'un curieux collectionneur de souvenirs de voyage en auroit emporté des fragmens ; c'eût été d'autant plus facile, que le gardien n'accompagne pas les visiteurs dans ces hautes régions, et les attend sur la grande plate-forme.

Une massive armature est disposée à l'intérieur de la palla et permet à dix-huit ou vingt personnes de s'y asseoir à la fois, d'une façon, il est vrai, fort incommode. Grâce à cette armature en fer, les déchirures des feuilles de bronze de la boule ne pourroient avoir aucune conséquence fâcheuse quant à la solidité du monument.

Dans cet étroit espace, on est suffoqué par la chaleur en été, et toute vue sur le dehors est interdite, mais on a le plaisir de se savoir à 420 pieds de hauteur; on pourroit croire d'ailleurs avoir mis à fin quelque grand œuvre par cette ascension, lorsque l'on considère combien en paroissent fiers les empereurs, rois et princes qui l'ont effectuée. Pour immortaliser la mémoire d'un si *haut fait*, des plaques de marbre sont encastrées dans la paroi de l'escalier et contiennent cette mention : à telle date, tel souverain, telle reine, etc., *Sali alla cupola ed entrò nella palla*. C'est qu'en effet monter jusqu'au pied de l'échelle perpendiculaire n'est rien; c'est de gravir cette échelle qu'il s'agit, c'est de pouvoir passer par le tube qui sert de communication entre la lanterne et la boule ; or, toutes les corpulences ne sont point appropriées à l'entreprise; l'accomplir avec succès est donc à tout prendre une espèce de distinction et d'honneur.

—La célèbre galerie de l'hôtel Lambert étoit dernièrement le théâtre d'une scène moins brillante, mais non moins touchante assurément, que ces fêtes auxquelles le public parisien s'est accoutumé à prendre part, pour venir en aide tantôt aux réfugiés polonais malades ou tombés dans le dénûment, et tantôt à d'autres œuvres de charité, car il semble que le noble propriétaire ne sache refuser son concours à aucune bonne action.

Il s'agissoit de l'examen public de l'école des jeunes Polonaises, filles de réfugiés, fondée il y a quelques mois, dans son hôtel, par Mme la princesse Czartoryska. La fondatrice présidoit l'assemblée. Près d'elle étoient plusieurs des dames qui assistent la princesse dans la carrière laborieuse qu'elle s'est tracée. On y remarquoit aussi M. le curé de la paroisse de Saint-Louis, et M. Doussy, délégué par le ministre de l'intérieur pour assister à cet examen; puis les professeurs, la plupart polonais, et la plupart aussi donnant leurs leçons gratuitement; enfin, on pouvoit distinguer, à leur émotion, ceux des parens des élèves qui se trouvent à Paris; quelques-uns même étoient accourus de la province.

La princesse, dans une courte allocution, a rappelé que cette institution avoit pour but spécial de préparer les jeunes filles de réfugiés polonais à se rendre un jour utiles à leur patrie, à devenir capables de se soutenir elles-mêmes par le travail, et en particulier de fournir un jour à la Pologne de bonnes institutrices; elle a insisté sur ce que le pensionnat devoit être essentiellement polonais.

Après avoir remercié les professeurs et exprimé la confiance que le gouvernement français, si favorable aux Polonais, viendroit au secours de cet institut naissant, la princesse a exprimé de la manière la plus simple et la plus touchante l'espoir que ces jeunes filles, élevées dans l'amour de la patrie et la pratique de toutes les vertus chrétiennes, attireroient sur leur malheureux pays la bénédiction de Dieu.

Les élèves ont été examinées sur le catéchisme, l'histoire de Pologne, la grammaire des langues polonaise, française, anglaise et allemande; puis sur l'arithmétique et la géographie. Plusieurs morceaux de piano ont été exécutés; des dessins exposés témoignoient du travail accompli dans cet art. Puis s'est faite la distribution des prix. Au sortir de la séance, une somme d'argent, peu considérable, mais réunie spontanément parmi les assistans, a été présentée à la princesse Czartoryska pour venir en aide à une œuvre qui s'annonce sous d'aussi heureux et d'aussi touchans auspices.

— Une ordonnance de la chambre du conseil, en date du 8 août, a renvoyé devant le tribunal correctionnel de Paris un certain nombre d'ouvriers charpentiers, comme prévenus de délits de coalition, de coups et de violences et de menaces avec ordre et sous condition.

Il a été sursis à statuer à l'égard de la dame Linard, dite *la mère*, inculpée d'ailleurs dans une seconde poursuite.

— Plusieurs commissaires de police de Paris et de la banlieue, accompagnés d'agens, ont fait samedi une nouvelle descente chez les mères des compagnons charpentiers, à La Villette et à Montrouge; ils ont interrogé un grand nombre de ces ouvriers, parmi ceux qui continuent à faire grève, et six d'entre eux, sur lesquels on a trouvé, dit-on, des papiers compromettans, ont été arrêtés.

— On a reçu au Havre des nouvelles de la Guadeloupe qui vont jusqu'au 9 juillet. Par arrêté du gouverneur, en date du 7 juillet, la publication du journal *l'Avenir* a été suspendue pendant un mois. La cause de cette mesure rigoureuse paroît être un article du numéro précédent de ce journal. Cet article, qui reproduisoit une lettre de M. Dejean de la Batie au sujet de la loi sur le régime colonial, avoit été soumis, comme d'usage, à la censure, qui en avoit biffé plusieurs passages. L'*Avenir* a laissé *en blanc* les paragraphes supprimés, et a fait paroître son numéro avec cette marque visible de la susceptibilité administrative : de là, pense-t-on, la rigueur.

— Le général baron Clouet, aide-de-camp de M. de Bourmont en 1815, plus tard condamné à mort par contumace pour avoir commandé en Vendée des insurgés, puis couvert par l'amnistie de 1840 et rentré en France, s'est adressé alors au ministre des finances pour obtenir une pension de retraite à laquelle il a droit comme maréchal-de-camp.

Un arrêté ministériel, en date du 29 novembre 1843, a rejeté sa demande, attendu que M. Clouet, ayant pris, en 1833, sans l'autorisation de Louis Philippe, du service militaire en Portugal, dans l'armée de don Miguel, auroit, aux termes de l'art. 21 du code civil, perdu sa qualité de Français.

M. Clouet s'est pourvu contre cet arrêté devant le conseil d'Etat, qui l'a renvoyé devant la juridiction ordinaire, pour faire prononcer sur la question de savoir s'il n'avoit pas perdu sa qualité de Français, et a sursis à statuer sur le fond.

La première chambre du tribunal civil de la Seine, après avoir entendu le plaidoyer de Me Duvergier pour le demandeur et celui de Me Ferdinand Barrot pour le ministre, a rendu avant-hier, contrairement aux conclusions de M. Mahou, avocat du roi, un jugement par lequel il a déclaré que le général Clouet n'avoit pas perdu la qualité de Français, sauf à lui à se pourvoir devant qui de droit pour pour faire valoir les avantages résultant de cette qualité. En outre, il a condamné le ministre des finances aux dépens.

— Le **Musée** du palais des Thermes et de l'hôtel de Cluny, inauguré l'année der-
ière, va voir enrichir sa belle collection des objets moyen âge et renaissance qui
moient, à Abbeville, le musée particulier du savant archéologue M. Boucher de
rthe. M. de Perthe a doté le Musée de Cluny de cette collection, qu'on dit très-
lle et très-précieuse, à cette seule condition que la salle du musée qui le ren-
rmera portera le nom du donateur.

EXTÉRIEUR.

ESPAGNE. — Le décret pour la dissolution du sénat espagnol a été publié
4 de ce mois dans la *Gazette de Madrid*. Il est dit que le conseil des ministres
oposera immédiatement à la reine les personnes qui, conformément à la cons-
lution réformée, devront composer le nouveau sénat. On s'attendoit à voir paître incessamment la liste des nouveaux sénateurs.

Le conseil de guerre de Malaga a prononcé la peine de mort contre deux ser-
ens du régiment de Jaen. Divers habitans de Malaga sont condamnés aux présides
i à un emprisonnement plus ou moins long.

ANGLETERRE. — Lord Palmerston n'a pas voulu laisser se terminer la ses-
on sans renouveler ses interpellations au sujet de la Syrie. A son avis, le gou-
ernement anglais n'a pas développé dans cette affaire toute l'énergie désirable,
t il espère que les cinq puissances alliées adopteront des mesures dans l'intérêt
e la pacification de ce malheureux pays.

Sir Robert Peel, sans nier que la Porte n'ait pas rempli ses engagemens, a sou-
enu que l'Angleterre avoit agi auprès de ce gouvernement avec autant de vigueur
u'on le pouvoit faire, sans perdre de vue la nécessité de conserver l'intégrité de
'empire ottoman. Le ministre a profité de l'occasion pour défendre le colonel
Rose de l'accusation portée contre lui, d'avoir favorisé les Druses au détriment
les Maronites. Il est parvenu aujourd'hui même, a-t-il dit en terminant, des dé-
êches qui donnent lieu au gouvernement d'espérer que quelques propositions
eront faites par la Porte pour régler les affaires du Liban. Le ministre ne s'est
pas refusé d'ailleurs à communiquer les correspondances réclamées par lord Palmerston, quoiqu'il eût mieux valu, à son avis, attendre qu'on pût faire une communication complète.

Il paroît que ces explications ont peu intéressé la chambre; car au moment où
l'amiral Napier alloit prendre la parole, on s'est aperçu qu'il n'y avoit plus que
quarante membres dans la salle, et la séance a été levée.

—La revue politique de la session, que lord John Russell a faite mardi dans la
chambre des communes, n'a présenté, malgré le grand talent de l'orateur, qu'un
assez médiocre intérêt. Le tout s'est borné à une critique fort calme de l'instabi-
lité des opinions des ministres, et sir James Graham y a fait une réponse à peu
près aussi tranquille. Sir Robert Peel n'a pas jugé nécessaire de prendre la
parole.

Lord John Russell a commencé par se féliciter de l'état des relations entre l'Angleterre et la France, qui menaçoient d'être troublées lors de la clôture de la dernière session, et qui maintenant étoient heureusement rétablies sur le pied le plus
amical. Sir James Graham a exprimé la même satisfaction. Sur la politique intérieure, surtout les affaires d'Irlande, lord John Russell ne pouvoit reprocher aux
ministres que d'avoir adopté les principes de leurs adversaires, mais il ne pouvoit
pas ne pas approuver leurs principales mesures. Sir James Graham a fait à cette
occasion une déclaration importante, en disant qu'il n'avoit, quant à lui, aucune
objection à ce que l'entretien du clergé catholique fût assuré régulièrement par

l'État. Le reste de la discussion a porté sur des sujets qui ont été nombre de fois traités, comme les lois sur les grains et sur les sucres. Il n'y a pas eu de vote.

— Jeudi, dans la chambre des lords, lord Campbell a demandé si le gouvernement anglais avoit l'intention de nommer des lords-commissaires pour exercer l'autorité royale pendant l'absence momentanée de la souveraine, et a cité à l'appui de cette demande plusieurs précédens de l'histoire d'Angleterre. Lord Lyndhurst a répondu que le gouvernement n'avoit aucunement l'intention de recommander cette mesure à la reine, l'absence de S. M. devant être de trop courte durée, et son retour dans son royaume étant, dans tous les cas, trop facile, pour qu'il fût nécessaire de déléguer à des commissaires l'exercice de sa prérogative.

SUISSE.— La diète a clos, le 5, la discussion sur la question des Jésuites. Huit états et demi, Lucerne, Uri, Schwyz, Unterwald, Zug, Valais, Neufchâtel, Fribourg, Bâle-Ville, Appenzell (intérieur), ont voté pour l'ordre du jour. Dix états et deux demi, Berne, Zurich, Soleure, Schaffouse, Argovie, Tessin, Vaud, Thurgovie, Grisons, Glaris, Appenzell (extérieur), Bâle-Campagne, ont voté pour que la question fût considérée comme fédérale; de plus, ils se sont prononcés pour l'expulsion des Jésuites de la Suisse entière, et le demi-canton radical de Bâle-Campagne a voté pour que la voie des armes fût employée. Genève n'a voté qu'une fois, pour qu'une invitation amicale fût adressée à Lucerne.

Aucune proposition n'ayant réuni la majorité, qui doit être de 12 voix sur 22, la question des Jésuites reste au recès, c'est-à-dire qu'elle pourra être reproduite dans la prochaine session.

La *Gazette d'état de Lucerne* publie le rapport officiel qu'elle avoit annoncé sur la mort de M. Leu. S'il avoit pu y avoir quelque doute sur la question de l'assassinat; si ceux-là mêmes qui ont accrédité l'hypothèse du suicide, n'étoient convaincus de la fausseté de leurs suppositions, il suffiroit de la lecture de ce rapport pour éclairer parfaitement la question. Il en résulte que M. Leu avoit été plusieurs fois menacé de mort par lettres anonymes; que, depuis quatre ans, M. Leu n'avoit pas chez lui d'armes à feu; que la nuit de l'assassinat, la porte de la maison avoit été ouverte, et que tout près de la maison, on avoit trouvé la trace de deux personnes qui s'enfuyoient.

Le rapport médical établit sans réplique l'impossibilité matérielle de suicide.

Des troubles sans importance, et qui n'ont pas eu de suites sérieuses, ont éclaté à Bâle ces jours derniers.

BELGIQUE. — Par arrêté de S. M. le roi des Belges, en date du 5 août, M. Nothomb, membre de la chambre des représentans et ex-ministre de l'intérieur, est définitivement nommé envoyé extraordinaire et ministre plénipotentiaire de Belgique à la cour de Berlin.

Le Gérant, Adrien Le Clere.

BOURSE DE PARIS DU 11 AOUT 1845.

CINQ p. 0/0. 121 fr. 80 c.	Quatre canaux 1277 fr. 50 c.
TROIS p. 0/0. 84 fr. 15 c.	Caisse hypothécaire. 607 fr. 50 c.
QUATRE p. 0/0. 110 fr. 00 c.	Emprunt belge. 5 p. 0/0. 000 fr. 0/0.
Quatre 1/2 p. 0/0. 116 fr. 00 c.	Emprunt romain. 104 fr. 4/8.
Emprunt 1841. 00 fr. 00 c.	Rentes de Naples. 000 fr. 00 c.
Oblig. de la Ville de Paris. 1415 fr. 00 c.	Emprunt d'Haïti. 000 fr. 00 c.
Act. de la Banque. 3220 fr. 00 c.	Rente d'Espagne. 5 p. 0/0. 00 fr. 0/0.

PARIS. — IMPRIMERIE D'ADRIEN LE CLERE ET Ce, rue Cassette, 29.

RÉACTION CATHOLIQUE

CONTRE LES RÉCENTES TENTATIVES DE SCHISME EN ALLEMAGNE, A L'OCCASION
DE LA PRISE DE POSSESSION DU SIÉGE DE BRESLAU PAR LE PRINCE-
ÉVÊQUE, Mgr DE DIEPENBROCK.

—

Il est dans la foi catholique un principe vital, latent comme le feu
dans la pierre, somnolent en temps de paix et de calme au point d'offrir aux regards de l'indifférence et de l'incrédulité les apparences
d'une léthargie mortelle. Mais qu'encouragé par cette fausse apparence, le pouvoir politique, par exemple, ou l'hérésie ose porter une
main sacrilége sur les ministres de l'Eglise, ou sur l'Eglise elle-même,
aussitôt l'étincelle divine jaillit et fait explosion. Voici, en moins de
huit années, la troisième fois qu'en Allemagne, le protestantisme en
fait l'expérience.

Il n'est personne qui ne connoisse les prodigieux effets réactifs qui se
sont spontanément développés de l'arrestation et de l'exil du vénérable
archevêque de Cologne (1), personne n'ignore les dangereuses complications qu'a fait naître un attentat qui bientôt s'est montré irréparable, et dont les regrets ont abrégé les jours du feu roi de Prusse et de
son téméraire ministre. Une année ne s'est point encore écoulée depuis que Mgr de Trèves, et son suffragant nouvellement sacré, se sont
vus portés en triomphe par les populations de Bonn et de Cologne,
au milieu d'une immense procession aux flambeaux, parmi les mille feux
d'une illumination improvisée sur le fleuve, sur ses ponts, sur les côteaux
qui entourent la ville, et d'où s'élevoient, dans la nuit, des feux de joie
dont s'éclairoit toute la contrée. Il s'agissoit pour le peuple catholique
de ces deux importantes villes de la Prusse rhénane, de faire à l'illustre
prélat amende honorable de l'insolent libelle que, sous forme de lettre,
avoit osé lui adresser ce prêtre obscur, déjà censuré par son évêque,
suspendu de toute fonction ecclésiastique, et retiré chez le pasteur protestant d'un village de la Haute-Silésie.

Breslau étoit devenu le siége d'un schisme fondé par ce prêtre apostat, dont l'égarement entraîna celui de quelques autres prêtres catholiques que le chapitre cathédral et l'administrateur du diocèse, *sede vacante*, se virent obligés de priver des fonctions du sacerdoce et d'élimi-
ner du bercail. Un immense cri de joie protestante retentit dans l'Allemagne, et salua la naissance d'une soi-disant Eglise germano-catholique, qui devoit en peu de temps embrasser l'Allemagne. Breslau

(1) De la paix entre l'Eglise et les Etats, par M. l'archevêque de Cologne. —
Introduction. Se vend chez Sagnier et Bray, rue des Saints-Pères, 64.

devoit être cette moderne Samarie, et c'est à peine si l'orthodoxie catholique y conserveroit quelques fidèles d'avance dévoués aux risées et au mépris du schisme triomphant.

❙ Mais Dieu venoit de pourvoir, presque miraculeusement, au salut de cette Eglise qui paroissoit aux sectaires si près de sa ruine. Le roi de Prusse, après de longues tergiversations, avoit enfin autorisé l'élection d'un nouvel évêque, et donné les mains au choix que fit le chapitre de Mgr de Diepenbrock, doyen du chapitre de Ratisbonne. L'on connoît les refus réitérés que l'illustre élu opposa à cette nomination qui effrayoit sa piété et sa modestie. Mais la voix du suprême pasteur l'ayant impérieusement appelé à l'auguste ministère de l'apostolat épiscopal, il obéit, et, fortifié de la sainte onction, il prit possession de sa cathédrale, et avec elle, de la charge qu'il avoit tant redoutée.

❙ C'étoit le 16 juillet. Le peuple catholique attendoit son pasteur avec une sainte impatience, et le schisme trembloit de la même attente. Les catholiques comprenoient tout ce qu'ils avoient à espérer, les schismatiques tout ce qu'ils avoient à redouter du courage et des lumières d'un prélat dont le noble caractère et la profonde science sont vénérés de toute l'Allemagne. L'instinct populaire avoit compris la nécessité de lui donner, dès son arrivée, un gage de son respect et de son amour, et de soulager ses pieuses inquiétudes, en lui prouvant que la foi catholique n'étoit pas morte en Silésie. Quelques semaines auparavant, la foire aux laines ayant appelé à Breslau la majeure partie de la noblesse territoriale de la province, ces braves gentilshommes s'entendirent avec la bourgeoisie catholique sur l'accueil qu'il convenoit de faire à leur nouvel évêque. Les dispositions furent arrêtées d'un commun accord, et les plus ardens désirs alloient au-devant de la solennité préparée pour son entrée dans sa ville épiscopale. Mais le schisme et l'hérésie ne négligeoient aucun moyen de mettre obstacle à la grande démonstration catholique dont le prélat devoit être l'objet. L'on avoit insinué au public : « Qu'elle déplairoit également au roi et à son ministère; que dans une première entrevue, le roi et l'évêque n'avoient pu s'entendre; qu'une vive répulsion s'étoit même manifestée entre les deux augustes personnages, et que Mgr de Diepenbrock avoit fini par déclarer que, dans cette situation des choses, il ne pouvoit se résoudre à prendre possession de son siége. » L'on venoit d'apprendre, en même temps, qu'un fonctionnaire très-marquant de Breslau, qui, en toutes choses, prête son appui aux Rongiens, avoit écrit au ministère de Berlin, pour le supplier d'engager Mgr de Diepenbrock à se refuser, *motu proprio*, aux empressemens de ses ouailles, ne pouvant, disoit-il, au cas contraire, répondre de la tranquillité publique. Plus sage et mieux informé sans doute, le ministère répondit : « Que si ce rapport étoit conforme à la vérité, il avoit lieu d'être surpris qu'il lui eût été adressé si tard ; que le roi avoit meilleure opinion de sa ville de Breslau, et qu'en tout cas, il s'y trouvoit une garnison suffisante pour maintenir l'ordre public. »

Pendant que duroit l'échange de ces correspondances, deux des plus honorables commerçans de Breslau, MM. Tochirner et Karuth, s'étoient réunis au prince de Hatzfeld et au comité de la noblesse. afin de tout préparer pour la solennelle réception du prince-évêque. Le conseiller intime de Belly, l'un des plus riches propriétaires territoriaux de Silésie, s'étoit adjoint au prince de Hatzfeld. Les rumeurs dont nous avons parlé ayant acquis quelque consistance dans la ville, les deux négocians dont nous venons de citer les noms, se rendirent en grande hâte à Berlin, où Mgr de Diepenbrock se trouvoit encore, pour s'éclairer près de lui sur la réalité de tous ces bruits, et pour le conjurer, *au nom de toute la Silésie*, de ne point se soustraire aux empressemens de son peuple ; et ravis de la réponse aussi pleine de dignité que de bonté qu'ils en avoient reçue, ils revinrent porter à Breslau la bonne nouvelle dont ils se trouvoient chargés. A l'instant même elle se répandit dans la ville, et parcourant les campagnes, elle fit accourir la noblesse catholique, le clergé et la population voisine. Près de quatre cents membres du clergé rural vinrent s'adjoindre au clergé de la ville. Et tandis que réunis dans l'église de Saint-Vincent, le clergé de la ville et des campagnes, d'une part, et de l'autre, Mgr de Latussek, suffragant du diocèse, à la tête du grand chapitre, attendoient leur pasteur sous le portique richement décoré de sa cathédrale, le prince de Hatzfeld et M. de Belly alloient au-devant de lui jusqu'à Lissa, premier relai de poste sur la route de Berlin, où les avoient précédés un détachement de carabiniers urbains en riches et nouveaux uniformes, et quarante jeunes personnes d'élite, toutes en blanc, qui jonchoient de fleurs la voie du nouveau pontife. La noblesse et la bourgeoisie de Breslau, en habits de cérémonie, portant au bras les couleurs épiscopales (rouge et blanc), fraternellement mêlées sans distinction de rang, formant un cortége *de cent quarante-cinq carosses*, s'étoient rendues jusqu'à moitié chemin de Lissa, où le cortége s'arrêta pour attendre le prince-évêque.

A son arrivée, le prélat se vit immédiatement environné et respectueusement salué par le nombreux cortége qui s'étoit porté à sa rencontre. Le professeur Hutzen, qui avoit été chargé de cet honneur par la nombreuse assemblée, prononça une courte harangue dans laquelle, lui rendant hommage au nom de la province, lui portant en offrandes les prémices

de l'amour et de la confiance de son troupeau, il lui demandoit la permission de le suivre au temple du Seigneur pour l'y remercier du précieux don d'un si digne pasteur. Voici le texte de la réponse du prélat :
« Je vous rends grâces, Messieurs, de votre si cordial accueil. C'est avec
» bien de la difficulté que je suis venu à vous, non que j'éprouvasse de
» l'aversion pour un pays où il se trouve encore tant de choses nobles et
» bonnes, mais à cause des rudes et difficiles devoirs que j'allois y trouver à
» remplir, et auxquels mes forces ne me paroissoient pas proportionnées.
» J'ai résisté, je vous l'avoue, Messieurs ; j'ai même poussé ma résis-
» tance jusqu'aux extrêmes limites que comporte l'obéissance envers le
» souverain Pontife, centre de notre foi. Mais où commande notre chef
» à tous, là il ne reste plus qu'à obéir ; et par soumission, je m'efforce-
» rai de remplir, suivant l'étendue de mes forces, mes pénibles devoirs.
» Les affectueux sentimens dont j'ai partout recueilli l'expression, ceux
» que vous-mêmes m'exprimez en ce moment, m'inspirent autant de
» courage que de reconnoissance. Je vous remercie principalement de
» ce que, dans cet accueil, tout est exempt de tendances qui lui seroient
» étrangères. Marchons toujours, sans nous en laisser détourner par
» aucune autre fin, dans les voies de la modération et de la charité, et
» nous parviendrons à notre but ; car il n'est dans notre foi rien dont
» nous puissions rougir. Tenons ferme à cette foi, tenons-y sans nous
» départir en rien de son caractère de paix et d'amour, et nous acquer-
» rons ici-bas et là-haut la suprême félicité. » En terminant, le prélat
levant les mains au ciel, s'écria : *Loué soit Jésus-Christ !* Et d'une voix
unanime toutes les bouches répondirent : *Pour toute l'éternité ! Amen* (1).

Le cortége avoit franchi les portes de la cité ; arrivé sur la place des Chevaliers, il s'arrêta, et tout le monde sortit de ses voitures. Rangés par quatre, le clergé, la noblesse, la bourgeoisie, les artisans, les ouvriers même et les domestiques, tous en habits de fête, s'avançoient vers le *Dôme.* Les élèves en théologie, auxquels le curateur de l'Université avoit refusé la bannière de la Faculté, en avoient, en hâte, fait peindre deux plus petites, portées à leur tête. L'aspect du nouvel évêque parut à tous les spectateurs tellement imposant, que pas un chapeau ne demeura sur une tête. Le pont de l'Oder n'étant pas encore rétabli, la procession fut obligée de faire un long détour qui favorisa son ma-

(1) Cette exclamation populaire qui, dans l'Allemagne catholique, sert de salut entre les individus, y sert aussi de profession publique à la foi catholique. Nul protestant n'oseroit en employer la formule ni même y répondre ; il craindroit de se déclarer catholique. Rien de plus remarquable que cette aversion pour le saint nom du Rédempteur, même chez les protestans appelés piétistes. Sous ce rapport, le cri du prélat étoit un appel à la foi catholique et à sa profession publique.

guifique développement. A l'entrée de sa cathédrale, l'évêque fut ha-
rangué par son suffragant à la tête de son chapitre; et il en franchit
enfin le seuil au bruit solennel des cloches de toutes les églises catholiques de la ville. Le chœur chantoit cette fois le psaume *Jubilate Deo
omnis terra,* tandis que, prosterné au pied de l'autel, le pasteur demandoit à Dieu la grâce de pouvoir conduire son peuple aux verts pâtu-
rages du salut, et que, dans la même humble attitude, le peuple rendoit
grâces à Dieu de lui avoir donné un si digne pasteur. Après avoir
étendu sur ce peuple fidèle sa droite épiscopale pour le bénir, Mgr de
Diepenbrock fut conduit à sa résidence, où la jeunesse de l'Université
catholique le salua d'une dernière cantate. Cette grande et belle solennité se termina, suivant le compte qu'en ont rendu les journaux
d'Allemagne, sans le moindre incident qui eût pu troubler la tranquillité publique.

Jamais, avant cette époque, aucun évêque de Breslau n'avoit célébré une entrée à ce point triomphale dans sa résidence. Cette réception extraordinaire avoit été préparée par la corporation catholique,
sans aucune participation de la part de l'évêque. C'est que le bon sens
catholique se rendoit compte de l'importance d'une déclaration solennelle de sa foi et de sa fidélité à l'Eglise, au lieu même où le schisme
anti-romain avoit planté le premier étendard de sa révolte. Si les Rongiens s'étoient constitués en communauté sous le nom de leur chef,
ou s'ils s'étoient simplement déclarés protestans, cette défection qui,
au fond, n'embrassoit que quelques prêtres égarés et un certain nombre de prétendus catholiques, qui depuis long-temps avoient renoncé
au culte public de leur église et à la pratique de ses commandemens,
auroit passé presque inaperçue; elle n'eût pu guère offrir d'occasion
propice à une manifestation aussi grandiose et aussi saisissante du zèle
des catholiques pour la pureté et pour l'honneur de leur Eglise. Mais
le sectaire de Laurahütte, tout en reniant, dans son scandaleux concile
de Leipsick, les principes fondamentaux de la foi catholique, affiche encore l'inconcevable prétention, et fait à l'Eglise la sensible injure de se
dire *catholique*, et le protestantisme allemand, embouchant les trompettes
de Jéricho, croyoit, à leurs bruyans éclats, voir tomber à ses pieds les
murailles et les tours de la sainte cité. Son immense cri de jubilation,
prolongé pendant des mois, parcourut l'Allemagne : « Le catholicisme
« avoit perdu le prestige d'unité qui seule le distinguoit de toutes les
« sectes chrétiennes; un sacerdoce indépendant et libre des chaînes ro-
« maines, surgissoit de toutes parts; une inextricable confusion d'opi-
« nions religieuses, sans rien sacrifier de leur indépendance, s'unissoit
« en une protestation commune; et *tout cela demeuroit catholique*, en dé-

» pit de l'arrêt d'expulsion fulminé contre *ces dissidens* d'espèce nou-
» velle. Se cramponnant à la clôture du bercail, cette multitude d'apos-
» tats alloit le dépeupler, enlevant en masse ou une à une le plus
» grand nombre des brebis, et l'Eglise romaine délaissée ne trouveroit
» plus où poser son pied en Germanie. » C'est contre ce manifeste des
vœux et de l'esprit hétérodoxes que protestoit la Silésie catholique tout
entière ; elle manifestoit de la manière la plus éclatante son inviolable
attachement à la foi de ses pères dans la vénération qu'elle témoignoit
pour le pasteur que lui avoit donné le prince des apôtres, sans la volonté duquel Mgr de Diepenbrock ne fût point monté sur l'antique
siége de Breslau ; en sorte que cette vénération anticipée est en même
temps un éclatant hommage rendu à la chaire apostolique, en face de
cette chaire de pestilence érigée et ridiculement occupée par un réné-
gat sans foi. C'est sous ce rapport principalement que l'entrée de Mgr
de Diepenbrock dans sa ville épiscopale mérite d'être consignée aux
annales de l'histoire ecclésiastique de nos jours.

Peu de jours après cette solennelle entrée, Mgr de Diepenbrock publia sa première lettre pastorale, adressée au clergé et à tous les fidèles
de son nouveau diocèse. Il y rappelle d'abord combien peu l'administra-
tration d'un aussi vaste diocèse, parmi les troubles si déplorables qui
l'agitent, répondoit à ses inclinations personnelles, et bien moins encore à sa confiance en sa capacité. « Le vœu et les encouragemens
» du Saint-Père, dit le prélat, qui, par la bouche de son représen-
» tant, me fit adresser les paroles qu'autrefois un vénérable pontife
» adressoit à saint Hilaire, me semblèrent la voix de Dieu lui-même, à
» laquelle il ne m'étoit point permis de résister, et c'est ainsi qu'après
» avoir enduré le plus pénible des combats, j'ai accepté le redoutable mi-
» nistère auquel je m'étois d'abord et itérativement refusé, espérant de
» la bonté divine qu'elle daigneroit accepter avec quelque complaisance
» ce sacrifice de mon obéissance. » Passant ensuite à un sujet plus grave
et plus essentiel, la lettre pastorale appuie sur les témoignages historiques les plus authentiques les véritables caractères de l'UNE et UNIQUE
Eglise catholique ; dans un langage quasi-poétique, elle trace en quelque
sorte les magnifiques contours de cet éternel édifice, qui, assis sur le
roc qui est Pierre, n'a pu être miné, en dix-huit siècles, par la fureur
des flots qui mugissent autour de lui. Puis, le pontife aborde les questions
brûlantes des rapports du sacerdoce de son diocèse à l'égard de l'apostasie du moment. Ici, le prince de l'Eglise développe et réfute les fausses idées que, parmi les défectionnaires, l'on répand sur les principes
de l'Eglise catholique, sur ses doctrines et sur ses pratiques ; il donne
sur tous ces sujets des éclaircissemens conciliateurs, et finit par

conjurer son clergé de le soutenir, par une coopération fidèle et étroitement unie, dans sa difficile vocation. Sa lettre pastorale se termine par l'expression de la gratitude que, du fond d'un cœur encore profondément ému, il exprime à tous, prêtres et laïques, grands et petits, pour l'amour, la noble confiance, dont, à l'entrée dans son diocèse, et plus particulièrement dans sa ville épiscopale, il a reçu de si éclatans témoignages. Cette première allocution à ses diocésains a produit parmi eux, et parmi quelques autres encore, la plus vive et la plus salutaire impression. C'étoit le langage du bon pasteur, adressé à ses brebis errantes aussi bien qu'à son troupeau fidèle. Espérons que cette voix d'indulgence et de miséricorde n'aura pas retenti tout-à-fait en vain aux oreilles des premières.

REVUE ET NOUVELLES ECCLÉSIASTIQUES.

PARIS.

M. l'Archevêque de Paris publie, sous la date du 12 août, un Mandement qui ordonne des prières publiques pour demander un temps favorable aux biens de la terre.

« La prolongation d'une température froide et humide, dit M. l'Archevêque, qui devient de plus en plus alarmante pour les fruits de la terre, nous engage, N. T.-C. F., à solliciter vos prières, pour qu'il plaise à Dieu de mettre un terme au fléau qui nous menace. C'est un devoir pour tous les chrétiens, et en même temps pour eux une consolation, de s'adresser au Père de toute miséricorde dans les maux temporels qui les affligent. Ils reconnoissent dans chacun de ces maux la main divine qui les châtie, et ils espèrent que leurs supplications seront entendues de celui qui ne châtie que parce qu'il aime.

» Loin de nous, N. T.-C. F., ces désolantes doctrines qui refusent à la Providence une action constante sur le monde, et dès-lors ne reconnoissent à la prière aucun pouvoir pour écarter de nous les calamités qui nous frappent. Nous savons que tous les biens viennent de Dieu, dans l'ordre de la nature comme dans l'ordre de la grâce ; nous savons qu'il nous est enjoint de prier chaque jour le Seigneur *pour que son règne arrive,* et *que son nom soit sanctifié;* nous devons lui demander également *le pain quotidien* dont nous avons besoin.

» En ordonnant des prières publiques pour obtenir un temps favorable aux biens de la terre, nous cédons avec empressement, N. T.-C. F., aux sollicitations d'un grand nombre d'entre vous ; et nous avons confiance que ces prières seront, comme celles du juste, *assidues et puissantes auprès de Dieu, Multùm valet deprecatio justi assidua;* qu'elles seront exaucées comme celles d'Elie, homme mortel, semblable à nous, qui pria, nous dit l'Esprit saint, et la terre rapporta son fruit : *Oravit, et terra dedit fructum suum.* »

Suit le dispositif, d'après lequel, le jour de l'Assomption de la très-sainte Vierge, patronne du diocèse, et les neuf jours qui suivront, c'est-à-dire depuis le 15 août jusqu'au 24 août inclusivement, on dira à toutes les messes les oraisons *Ad postulandam aeris serenitatem, etc.*

La *Gazette de Lyon* a flétri comme nous les honteux emportemens d'un écrivain qui a perdu tout respect et jusqu'au sentiment de simple convenance qu'imposent aux plus pervertis les institutions saintes de l'Eglise, et les hommes que leur caractère sacré non moins que leurs vertus recommandent à la vénération publique. Nous nous associons avec empressement à l'énergique protestation que ce journal, au nom de tous les hommes religieux, offre comme un hommage réparateur à l'illustre pontife de Lyon si indignement outragé par M. Sue:

« Monseigneur! l'impiété vous jette en vain ses insultes : venues de si bas, elles n'ont pas le pouvoir de troubler le calme de votre cœur; si on ne cesse pas de les prodiguer, vous ne cessez pas de les pardonner; et, aux injures des ennemis de Dieu vous opposez pour toute réponse, votre front resplendissant de la sainte auréole de la piété, votre vie placée sous la triple consécration de la religion, du génie et de la vertu.

» Monseigneur! dans des jours de calamité, alors qu'un terrible fléau ravageoit nos contrées, nous nous souvenons de vous avoir vu l'homme le plus bienfaisant et le plus dévoué de notre ville où tant de dévoûmens éclatèrent alors. La France l'a su; mais les libertins et les romanciers ne savent rien de ce qui se passe dans ces hautes atmosphères de la vertu; pardonnez-leur! ils ne savent ce qu'ils font... ni ce qu'ils disent.

» Monseigneur! vous étendez tous les jours vos bienfaits, vos prières et votre charité jusque sur les sauvages de l'Océanie et des Amériques; vous protégerez des mêmes prières, vous entourerez du même amour, vous combleriez, au besoin, des mêmes bienfaits ces sauvages de la civilisation qui vous poursuivent de leurs outrages.

» C'est là, vous nous l'apprenez sans cesse, par vos paroles et vos exemples, la seule vengeance que la religion ordonne, et que votre cœur vous permette.

» Pour nous, Monseigneur, quel que soit l'avenir, heureux ou triste, quel que soit le sort que la Providence réserve, à nous, à notre Eglise, à notre patrie, dans la prospérité, dans la persécution, dans l'exil, au pied de l'échafaud, au milieu des saintes joies des bons ou des outrages des méchans, pourtant toujours nous serons fiers d'être appelés vos enfans; toujours vous nous verrez nous presser avec bonheur sous votre bâton pastoral, nous courber avec amour sous vos mains saintes et vénérées.

» Monseigneur! chaque jour votre Eglise répète de touchantes prières pour ceux qui ne sont plus; ah! les morts ne reposent pas tous dans le tombeau; nous nous associerons à votre pensée, en priant pour tous, pour ceux qui ont vécu, et pour ceux dont l'ame, morte au souffle des passions, peut renaître au souffle de Dieu, comme autrefois le corps inanimé de Lazare. Avec vous, enfin, nous prierons Dieu pour qu'il arrête et refoule les efforts de l'impiété dont le flot monte, monte sans cesse, prêt à tout submerger, et à entraîner dans ses ravages la religion, la royauté, la patrie!».... »

_____

M. l'archevêque de Toulouse, dont l'active vigilance pour la défense de la religion ne perd rien de sa première ardeur, vient de publier une très-courte mais fort substantielle brochure, sous ce titre : EXEMPLE MÉMORABLE DES ABERRATIONS DE NOTRE SIÈCLE EN MATIÈRE DE RELIGION. La citation suivante fera suffisamment connoître le sujet et le fond de cette nouvelle production de l'illustre et zélé prélat :

« Qu'est-ce que M. R***? Je l'ignore. Ce que je sais, c'est qu'il a paru un volume in-8° de 756 pages, imprimé en petits caractères, ayant pour titre : *Éducation religieuse, Instruction élémentaire, Extinction du paupérisme, etc.*, par R***.

» Cet ouvrage est fort singulier et pour la forme, et bien plus encore pour le fond.

» Il est dédié à S. A. R. madame la duchesse d'Orléans, dont, à coup sûr, on a trompé la religion : auroit-elle accepté la dédicace d'un livre où l'on renverse les vérités fondamentales, non pas seulement de la foi catholique, mais du christianisme?

M. R*** se dit le fondateur d'une *association universelle*, qui a pour but la *destruction du paupérisme*. Il donne à son association le nom mystique de NOU-VELLE JÉRUSALEM. Elle doit embrasser l'univers entier, et elle a, s'il faut en croire son auteur, de beaux commencemens.

» Son siége légal est à Paris; elle est dirigée par un conseil général, lequel compte pour ses membres de droit, le roi, les princes, les ministres, les évêques, les préfets, les maires, et les cent premiers donateurs de la somme de 1000 fr.

» Le premier article du livre de M. R*** est un exposé de la Religion en XVI et 14 pages. On a donc lieu de croire que l'auteur est religieux, surtout quand on le voit, dès les premières pages, s'exprimer comme un homme qui croit sincèrement à la divinité du christianisme. Il en donne en peu de mots les principales preuves; il énumère les mystères qui en sont les fondemens : la trinité, l'incarnation, la résurrection future, le ciel, l'enfer; il parle même d'un purgatoire, ce qui supposeroit qu'il est catholique.

» Cependant la suite de son exposé répond si mal à cet heureux commencement, qu'on ne peut s'empêcher de faire cette réflexion :

» Comment un homme qui croit à la révélation divine, c'est-à-dire qui est convaincu que Dieu s'est manifesté aux hommes afin de leur apprendre ce qu'ils doivent croire, ce qu'ils doivent pratiquer pour arriver au suprême bonheur; comment un tel homme peut-il supposer que ce Dieu infiniment sage, en donnant ce corps de religion aux hommes, ait laissé à chaque individu, quelque peu intelligent qu'il soit, à décider par lui-même ce qui doit être l'objet de notre foi, quelles obligations nous imposent les divers préceptes, quel est le culte que nous devons rendre à Dieu? S'il en étoit ainsi, que seroit devenue la religion depuis dix-neuf siècles? Nous pouvons en juger par ce qu'elle est devenue depuis trois cents ans chez les protestans, qui ont pris une maxime aussi déraisonnable pour règle de leur croyance. »

Le *Journal de Bruxelles* publie d'affligeans détails sur la situation religieuse de Pologne :

« Les nouvelles qu'on reçoit de la Pologne deviennent de jour en jour plus alarmantes. Depuis le retour de l'empereur à Saint-Pétersbourg, il est arrivé dans ce malheureux royaume une foule de fonctionnaires et de popes, qui ont pour mission de faciliter l'exécution des projets tyranniques enfantés par l'imagination du czar. Ces derniers se sont déjà mis à l'œuvre; ils parcourent les campagnes, pour convertir les paysans à la religion greco-russe. Un grand nombre de paroisses ont été supprimées, et les églises données aux Grecs. Les ukases qui défendent aux curés de s'éloigner du lieu de leur résidence et d'administrer les sacremens aux habitans des localités voisines; qui, en outre, les obligent à soumettre leurs sermons à une censure préalable et leur interdisent l'emploi de tous les moyens propres à empêcher leurs ouailles d'apostasier, sont exécutés avec une rigueur extrême. Aux ecclésiastiques qui y contreviennent, on intente un procès criminel, dont l'issue est presque toujours la déportation en Sibérie. Les missionnaires russes, au contraire, se livrent à toutes sortes de menées pour atteindre leur but. Là où les exhortations et la ruse ne suffisent point, ils recourent à la force et réclament l'assistance des soldats qui poussent les paysans, comme un vil bétail, dans les églises, où, une fois entrés, on les inscrit en masse et sans les consulter sur les livres de l'Eglise russe. Tout individu *converti* de cette manière est à jamais exclu du sein de l'Eglise catholique, à moins que, pour y rentrer, il ne veuille encourir l'effrayante rigueur des lois. Le gouvernement russe sait que la religion établit des barrières infranchissables entre la Russie et la Pologne, et que tant que celle-ci sera catholique, il lui sera impossible de déraciner le sentiment national qui anime tous ses enfans. Aussi, pour abattre ces barrières, ne recule-t-il devant aucun moyen, si odieux, si inique et si cruel qu'il soit.

» Le nouveau code élaboré à Saint-Pétersbourg sera imposé en Pologne sans aucune espèce de changement. On n'a pas eu égard aux modifications que la commission polonaise avoit proposé d'y introduire, et l'on a vu de très-mauvais œil la liberté grande qu'elle a prise de ne pas trouver ce code excellent. Il va sans dire qu'il est calqué sur le code moscovite, et qu'il lui ressemble sous tous les rapports, avec cette différence toutefois qu'il est plus tyrannique encore, et qu'il met aux mains du gouvernement des armes terribles dont il se propose bien d'user envers les auteurs de délits politiques, réels ou supposés. »

On sait déjà pourquoi plusieurs évêques polonais ont été mandés à Saint-Pétersbourg. C'étoit pour sacrer l'abbé Lentowski, promu au siége épiscopal de Kielce et Cracovie. Nicolas a déclaré que désormais cette cérémonie aura lieu à Saint-Pétersbourg et non à Varsovie, car cette dernière ville n'est plus une capitale, mais simplement une ville de province. Nous n'avons pas besoin d'insister pour faire sentir combien cette décision est désastreuse et humiliante pour la Pologne. — Quant au sacre de Mgr Lentowski, il a été fait par Mgr Dmochowski, évêque président du consistoire catholique romain de Saint-Pétersbourg : les assistans étoient Mgr Goldmann, évêque de Sandomir, et Mgr Tomaszewski, évêque de Kalisch. Ils avoient été appelés dans ce but à Saint-Pétersbourg.

La spirituelle et vive réfutation du fameux pamphlet de M. Michelet, écrite par le *Solitaire*, et publiée sous ce titre : *Du Prêtre, de M. Michelet, et du simple bon sens*, a obtenu un succès mérité. Cet ouvrage, plein de verve, est promptement arrivé à une seconde édition qui s'écoulera, nous l'espérons, aussi vite que la première.

On remarquera avec satisfaction que les deux premiers prix de dissertation française (prix d'honneur) et de dissertation latine du concours général de la présente année, ont été remportés par le jeune Caro, élève de philosophie du collége Stanislas, dirigé par M. l'abbé Gratry et M. l'abbé Delaage.

Nous avons reproduit, d'après un journal étranger, une nouvelle ecclésiastique qui exige plusieurs rectifications émanées d'une source respectable et très-compétente.

L'évêque de Nankin, dont on veut parler dans la lettre d'où sont tirés les renseignemens que nous avons publiés, ne s'appelle point De Beris, mais Bosi; il n'est point Français, mais Italien; il n'est point évêque de Nankin, mais évêque *in partibus*, vicaire apostolique de la province de Chan-Tong, et administrateur du diocèse de Nankin, dont l'évêque, qui étoit Portugais, est mort depuis quelques années, et n'a point été remplacé par un évêque titulaire, mais par un simple administrateur. La province de Nankin ne contient pas 300,000 chrétiens, elle en contient au plus 60 ou 70,000; la Chine tout entière en contient au plus 300,000.

Le R. P. Van Zeeland, ex-provincial des Dominicains, est mort le 8 juin dans les Indes-Orientales néerlandaises. A l'âge de 14 ans, il avoit terminé ses humanités, lorsque des circonstances de famille le forcèrent de suspendre ses études pendant vingt années. Durant ce long intervalle, rien ne put affoiblir sa vocation pour le sacerdoce. Il fit l'éducation de ses frères, et, plus tard, il suivit avec eux les cours de philosophie et de théologie à l'Université d'Uden. Enfin, au mois de septembre 1834, il reçut la prêtrise, et, à sa première messe, il fut assisté par ses deux frères qui remplissoient pour la première fois les fonctions de diacre et de sous-diacre. C'est le P. Van Zeeland qui, en 1836, fit revivre en Belgique l'ordre des Dominicains.

ANGLETERRE. — Le 27 juillet, Mgr l'évêque Riddell administra le sacrement de confirmation dans l'église catholique de Carlisle à 166 personnes, dont 33 étoient de nouveaux convertis.

ÉCOSSE. — Nous avons plusieurs fois fait mention de la scission religieuse qui a eu lieu récemment en Ecosse, où une grande portion de la population s'étoit séparée de l'Eglise établie du pays, qui est le presbytérianisme, et avoit formé une nouvelle secte sous le nom d'Eglise libre d'Ecosse (*free church of scot-land*). Cette secte fait des progrès rapides dans le pays, et menace de supplanter le presbytérianisme. Dans une des dernières séances de la chambre des communes, M. Steward lut une pétition rédigée dans une assemblée générale des principaux membres de cette nouvelle secte, dans laquelle on se plaignoit du refus fait en plusieurs lieux, aux membres de l'Eglise libre, par les propriétaires du sol, de leur céder à un prix juste et raisonnable, le terrain nécessaire pour y construire des édifices religieux. L'orateur dit que l'Eglise libre d'Ecosse contenoit déjà un tiers de la population du pays, qu'elle comptoit 620 ministres et 800 congrégations, et qu'elle avoit dépensé pour les frais de son culte 776,000 livres sterlings (près de 20 millions), et 300.000 livres sterlings (plus de 8 millions) pour la construction des églises.

CONCOURS GÉNÉRAL DES COLLÉGES ROYAUX. — DISTRIBUTION DES PRIX.

C'est une haute et sainte mission que celle de diriger l'éducation publique dans un grand royaume comme la France, chez une nation qui a le glorieux et redoutable privilége d'imprimer le mouvement de ses idées à tous les autres peuples. Nous ne sommes pas étonnés qu'un intérêt plus puissant que la curiosité, plus universel que des espérances de famille, plus haut que des succès d'écoliers ou de colléges, s'attache à la solennité que préside tous les ans le grand-maître de l'Université, ministre de l'instruction publique. La distribution des prix du concours général des colléges royaux est quelque chose de plus à nos yeux, qu'une fête littéraire, qu'un jour de joie et de triomphe pour de jeunes lauréats, qu'une source de douces émotions pour le cœur de leurs mères. Dans l'éclat de cette réunion solennelle des principaux fonctionnaires du corps enseignant, dans ce bruit joyeux d'acclamations et de fanfares, et surtout dans le langage officiel du chef de l'Université, nous cherchons à découvrir quelques symptômes, et comme le secret des destinées que préparent à la France les principes dans lesquels ses jeunes générations sont élevées. Voilà pourquoi nous avons lu avec une sorte de grave recueillement le discours prononcé hier à la Sorbonne par M. de Salvandy. Nous le livrons de même à l'attention de nos lecteurs. Ils n'attacheront peut-être pas plus d'importance que nous à la partie de ce discours, où le ministre s'efforce d'inspirer à son jeune auditoire l'amour de nos institutions politiques et une haute idée de la grandeur de la France. Cela s'est fait dans tous les temps, sous tous les régimes : il en sera probablement toujours ainsi. Les sentimens de patriotisme sont d'ailleurs si légitimes et si féconds en nobles choses, qu'on ne sauroit de trop bonne heure en développer le germe dans ces jeunes ames ouvertes à toutes les généreuses inspirations. Mais à côté de l'amour de la France, n'y a-t-il pas un amour plus salutaire et plus sacré à leur apprendre? L'esprit français est-il le seul qu'il faille exalter et faire pénétrer au cœur de ces enfans? L'amour de la religion, l'éloge et la nécessité de l'esprit chrétien ne devoient-ils pas occuper une plus large place dans le discours d'un ministre de l'instruction publique? A Dieu ne plaise que les préoccupations les plus saintes nous rendent injustes! Il y a dans le discours de M. de Salvandy de nobles, de religieuses paroles : nous savons qu'elles partent d'une ame sincèrement chrétienne, d'un esprit profondément convaincu. Mais au lieu de se glisser timidement et de se voiler presque sous l'humble forme de quelques phrases qui semblent demander grâce, nous aurions voulu que le nom et l'autorité divine de la religion dominassent hardiment toutes les autres considérations brillamment développées dans ce discours, comme ils doivent également dominer dans tout système d'éducation

publique. **Les convictions sincères rendent des sons qui font vibrer**
toutes les ames : nous regrettons encore une fois que M. de Salvandy n'ait
pas été tenté, à défaut d'inspiration plus élevée, par la gloire de faire
entendre à cette nombreuse jeunesse ces accens de courageux christianisme sur lesquels le dédain ou l'indifférence religieuse de tant de
professeurs ont jeté une espèce de défaveur qu'on n'ose presque plus
affronter. L'esprit général qui règne dans certaines parties de l'Université auroit-il ce degré de force et de puissance funeste, que les hommes
religieux devroient encore tenir compte à M. le ministre de l'instruction
publique, comme d'un acte de courage, de la flétrissure dont il a frappé
le prosélytisme de l'impiété?

      « Jeunes élèves,

»Vos parens et vos maîtres sont contens de vous. L'année a été bonne pour le
travail et la discipline. Vous promettez une génération qui ne sera inférieure pour
les principes et les lumières à aucune de celles qui vous ont précédés. L'Etat n'a
que des espérances à constater en venant inaugurer les premiers succès de la
jeunesse qui le perpétuera.

»Vous ne pouvez ignorer tout ce qui s'attache à vous de sollicitude. Dans un
temps où les plus grands intérêts sont débattus, on a vu les questions qui vous
touchent les dominer et les effacer tous. Tous les partis les ont saisies, tous les
pouvoirs les ont discutées. Comme l'éducation des esprits et celle des ames con-
finent l'une à l'autre, l'enfance et la jeunesse ont été revendiquées au nom des
deux avenirs de l'homme, par les deux puissances qui fondent sur ce double
avenir leurs droits et leur empire.

» Quarante ans avant nous, Napoléon s'étoit posé tous les problèmes qui nous
agitent. Il les résolut, comme il fit en toute chose : il fonda le pouvoir, indispensable à tout, même à la liberté, en laissant à la génération suivante le soin de
placer la liberté, s'il le falloit, à côté de ses créations et de l'y appuyer.

» Cette tâche est échue au temps où nous sommes : nous l'accepterons loyalement. Nécessaire pour établir le niveau des études et conserver l'unité de l'esprit
français, plus nécessaire par les libertés même au milieu desquelles nous vivons,
et par celle qui se prépare, cette vaste et belle hiérarchie de l'enseignement
public peut se reposer sur ses services, sur le sentiment des familles, sur le sentiment des pouvoirs publics.

» Le mérite de l'Université est de vous former, jeunes élèves, pour le pays et
le temps où la Providence vous a fait naître. Rien ne détourne de vous, dans ses
écoles, ce courant de sentimens et d'idées qui constituent l'esprit public de la
France. Elle ne le veut pas; elle le voudroit en vain. Etrangers à tout ce qui divise
vos pères, vous ne l'êtes à rien de ce qui doit les réunir. Sans que personne vous
l'ait dit, vous savez tous pour quel avenir, pour quelles institutions vous gran-
dissez. D'avance nous savons ce que vous serez tous. Vous siégerez dans les tribunaux; vous marquerez dans les armées. Vous arriverez par vos services aux
conseils de la nation et à ceux du prince. Vous vous honorerez des professions
actives et libérales qui sont le ressort et le lien de la société présente. Enfans de
la France, vous prendrez votre part de tous les travaux, de toutes les émotions,
de toutes les fortunes de la France.

» L'Université a conformé le cours entier des études aux progrès et aux besoins
nouveaux. Je ne parle pas des lettres classiques, ces admirables modèles qui ne
sont plus des contre-sens dans un régime et un enseignement où la liberté an-

ique peut être mise hardiment en présence de la liberté moderne. L'histoire, dont parloit si bien tout à l'heure un maître éloquent qui ne la professe pas, vous est une longue et forte introduction à la vie civile. Et elle ne peut oublier que sa mission est de vous découvrir les ressorts saisissables par lesquels la providence conduit ce monde, ce qui élève les États ou les abaisse, comment la France a conquis et doit maintenir son haut rang dans l'univers. Plus tard, quand la vie du monde va s'offrir à vous, des guides différens vous sont donnés : les sciences et la philosophie ; la philosophie qui instruira votre jeune raison à méditer sur elle-même au moment de prendre le gouvernement de votre destinée. Elle viendra vous expliquer les procédés de l'entendement et de la volonté, pour vous faire remonter jusqu'à leur principe, vous raconter la suite rapide des écoles où se succèdent les plus beaux génies de tous les siècles, pour vous tenir au courant des grands mouvemens de l'esprit humain, et vous avertir de l'importance fondamentale de ces questions, de leur grandeur insoluble ; enfin, exposer devant vous les principes de la morale, la loi du devoir, son origine et sa sanction, c'est-à-dire Dieu partout : grave et noble enseignement que l'Université ne pourroit délaisser sans abaisser l'esprit français et se découronner elle-même, mais qu'elle entend arrêter où les droits d'un autre enseignement commencent, celui-ci qui descend de Dieu à l'homme, celui-là qui travaille à remonter par les sentiers humains de l'homme à son auteur. Ainsi préparés, nous vous rendrons à la famille qui vous a donnés à nous, à l'État qui vous attend pour recueillir à votre tour le patrimoine d'honneur et d'ascendant que les générations françaises se transmettent l'une à l'autre. Et nous sommes tranquilles. L'héritage ne périra point faute d'héritiers.

» L'éducation virile du collége vous dispose bien, jeunes élèves, à toutes vos destinées. Vous y apprenez l'égalité, la vie commune, l'habitude du travail, le respect de l'autorité, l'obéissance. Pour obéir invariablement à une règle invariable, il faut se commander à soi-même. C'est-là l'empire difficile à prendre et à exercer. Vous le trouverez indispensable dans la vie, à tous les jours qui s'écoulent. Il l'est dans la vie civile pour le pouvoir ; il l'est pour la liberté. Fils d'un autre régime, nos pères ne le possédèrent pas. Il leur manqua dans la carrière des révolutions ; il leur manqua dans la carrière des conquêtes : la main de Dieu deux fois les mena aux abîmes. Forts de leur expérience et de la nôtre, nous avons été plus heureux. Nous avons pu dans les mêmes épreuves gouverner nos passions, et par là nos destinées. Il nous a été donné de faire sortir l'ordre et la royauté d'une victoire populaire ; la paix, d'une révolution armée. Vous voyez les résultats ! Partout, la sécurité, le travail, la richesse, des merveilles, et le monde saluant du nom de paix un état de choses où le canon de la France depuis vingt ans semble avoir le privilége de se faire entendre dans tout l'univers, en Grèce, en Belgique, sur la côte mexicaine, dans l'Atlantique, dans la Méditerranée, sur cette terre d'Afrique, qui voit les princes de France y planter la croix et l'épée comme saint Louis, leur aïeul, mais en la faisant française, sans contestation et sans retour. Ce que votre pays et votre roi fondent sous vos yeux, vous aurez à le maintenir et à l'achever. Heureusement, vous venez dans un temps où les révolutions fondent des pouvoirs, où les controverses affermissent les croyances. L'esprit de destruction a fait son temps. L'esprit de conservation a pris sa place. Grâce à lui, tout s'agrandit : la puissance de l'homme, par les découvertes des arts ; la fortune des peuples, par le travail et les lumières ; leur dignité, par le progrès des mœurs et des lois ; la destinée générale de l'humanité, par l'esprit nouveau de la politique et l'empire croissant de la civilisation ; enfin, le monde lui-même, par tout ce qui s'accomplit de nos mains et devant nos regards. L'Amérique et l'Asie sont des théâtres trop prochains pour l'activité européenne. Vous entendez, depuis trois ans, discuter au-dessus de vous si la France s'est abaissée à 5,000 lieues de ses rivages.

» Messieurs, la France n'a remis en nos mains que depuis peu d'années et d'une manière incomplète le dépôt de l'instruction populaire. Voici quarante ans qu'elle vous confie la partie influente de la société. J'ai le droit et le devoir de le dire : elle n'a pas à s'en repentir. Dans cet intervalle, la puissance de l'esprit humain, la civilisation, l'ordre, la liberté qui est une forme de l'ordre plus élevée, la religion enfin, n'ont pas décliné. La religion, ai-je dit : nous lui avons restitué l'Afrique; nous lui ouvrons la Chine. Elle a un empire incontesté sur la France.

» Vous n'auriez pas besoin, Messieurs, que votre marche vous fût tracée : mais elle l'est par les lois; elle l'est par la société. Il y a de saintes peurs du père de famille que chacun de nous doit interroger et ressentir. Les maîtres sont des parens adoptifs et volontaires. Ce sont mêmes sollicitudes et même responsabilité. Aussi l'impiété dans l'enseignement, c'est-à-dire le prosélytisme dans l'incrédulité, le courage cruel de disputer à la jeunesse les croyances qui fortifient et plus tard consolent, sans avoir rien à donner en échange, rien à mettre à la place, c'est-là un crime public à peu près inconnu de l'histoire, et peut-être l'ordre religieux n'a-t-il pas de témoignage plus éclatant que ce concert de tous les législateurs, de tous les pères, de tous les maîtres, dans un même sentiment de respect pour l'enfance. L'Université renieroit son chef s'il hésitoit à exprimer ces pensées à sa tête. Et pourquoi auroit-il cette foiblesse ? Le siècle présent ne la commande pas. Il loue Napoléon d'avoir rouvert les temples, et il fait plus que Napoléon : car il les remplit.

» Jeunes élèves, Dieu vous a traités en enfans privilégiés. Il vous a faits les fils d'un grand siècle, les citoyens d'une grande nation, les témoins d'un grand règne. De généreuses institutions vous attendent. Elles vous ont donné la sécurité de vos jeunes années. Elles vous donneront la dignité de l'homme et du citoyen, qui est la première des richesses, qui élève l'ame et la repose, qui fortifie l'esprit et le développe. A tous les jours de votre vie, à tous les degrés de votre carrière, elles vous proposeront pour but cette couronne de l'estime publique dont une voix éloquente, à la place où je suis, vous disoit naguère, et devroit vous dire encore, que cette solennité est l'image et le prélude. On ne pouvoit mieux caractériser d'un mot le noble régime qui devoit seul terminer nos incertitudes et nos révolutions. C'est à ce prix coûteux des révolutions que vos pères l'ont conquis. Vous n'aurez qu'à en jouir. Mais apprenez de bonne heure que ce n'est pas peu de chose. Il y faut tout ce que l'éducation doit vous donner, des esprits sains, de la foi, des mœurs; on ne conserve des institutions libres qu'en les méritant. »

REVUE POLITIQUE.

Tandis que les gouvernemens démocratiques sont en ce moment agités par leurs luttes et leurs divisions intestines ; qu'en Suisse l'antique foi et la vieille liberté sont menacées par le radicalisme impie et le communisme destructeur; qu'au Mexique et à Saint-Domingue on continue à se battre, à se renverser du pouvoir, et par conséquent à répandre des flots de sang, les souverainetés de l'Europe sont en voyage et au milieu des fêtes officielles. Le roi de Hollande est à peine débarqué de retour de son voyage d'Angleterre ; le roi de Naples et sa famille se dirigent vers la Sicile. La reine de la Grande-Bretagne, au sortir de la séance de prorogation de son parlement, est montée sur le *yacht* royal qui la transporte en Belgique et de là en Allemagne, où le roi de Prusse lui prépare une magnifique réception sur les bords du Rhin. Il n'y a pas jusqu'à la reine Isabelle d'Espagne qui ne jouisse à cette heure d'un moment de calme dans ses Etats si fraîchement bouleversés par les révolutions et les émeutes, pour se promener assez tranquillement aux environs de Saint-Sébastien et de Pampelune. On dit même que ces jours derniers, Isabelle, accompagnée de sa mère Christine et de sa sœur Luisa-Ferdinande, s'est avancée, sans soldats ni gardes, sur le territoire qui joint le Guipuscoa à la Navarre. Les fidèles et héroïques basques sont très-touchés, assure-t-on, de cette confiance de la reine d'Espagne. On voit bien ici que l'esprit et la foi religieuse des populations sont plus rassurans pour les rois que toutes les précautions armées de la puissance.

———

M. le procureur-général près la cour royale d'Aix vient d'adresser la circulaire suivante à MM. les procureurs du roi de son ressort, relativement au colportage des mauvais livres :

« Aix, le 6 août 1845.

» Monsieur le procureur du roi,

» Je dois appeler votre attention sur un objet de la plus haute importance : l'abus du colportage des livres dans les campagnes. On se plaint que des ouvrages immoraux y sont répandus avec profusion et distribués à vil prix.

» Ces plaintes, qui s'élèvent depuis assez long-temps, viennent même d'être récemment formulées dans la délibération d'un des conseils d'arrondissement qui, dans ce ressort, veille à l'amélioration des mœurs avec autant de sollicitude qu'à la prospérité du pays.

» Cet odieux trafic est d'autant plus dangereux, il doit être réprimé avec d'autant plus de sévérité, qu'il tend à pervertir les mœurs de la population la plus morale et la plus saine. Mais il ne faut pas oublier non plus que c'est cette même classe de personnes que son peu de lumières rend aussi facilement accessible à la séduction.

» Lorsque le gouvernement, dans des vues sages et libérales, s'applique à faire pénétrer les bienfaits de l'enseignement primaire dans tous les rangs de la société, il importe de veiller à ce que ces bienfaits ne produisent que les bons résultats qu'on veut atteindre. Ce but ne seroit évidemment point atteint, si les premiers élémens de l'instruction n'offroient plus qu'une nouvelle cause de démoralisation par une facilité qui n'existoit point auparavant.

» Je vous prie donc de vouloir recommander à tous vos auxiliaires la plus grande surveillance pour constater des délits dont il faut, sans retard, prévenir le danger.

» Vous savez que le colportage est réglé par les lois du 6 décembre 1830 et du 16 février 1834. Les colporteurs ne peuvent exercer leur profession sans avoir obtenu du maire une autorisation qui peut être retirée selon les circonstances. Des peines correctionnelles sont prononcées contre les contrevenans. Vous trouverez, Monsieur le procureur du roi, dans les dispositions de ces lois, les moyens suffisans de réprimer les abus du colportage, et de garantir les habitans des champs de ces leçons d'immoralité et d'insubordination dont l'effet est si dangereux et si contraire à l'ordre, aux mœurs et à la tranquillité publique.

» Recevez, etc.   Le procureur-général, BORELY. »

———

NOUVELLES ET FAITS DIVERS.

INTÉRIEUR.

PARIS, 13 août. — Par ordonnance du roi en date du 10 août, ont été désignés, pour délibérer pendant les mois de septembre et d'octobre 1845, sur les affaires administratives soumises à l'examen du conseil d'Etat, et qui doivent en raison de leur urgence recevoir une solution immédiate,

M. Macarel, conseiller d'Etat, vice-président ;

MM. le comte de Janzé, comte d'Aure, baron Baude, Boulay (de la Meurthe), Vincens, Marchand, vicomte de Saint-Aignan, conseillers d'Etat en service ordinaire ;

MM. Saint-Marc Girardin, Boursy, Gréterin, Cordier, Camille Paganel, Dessauret, vicomte Siméon, conseillers d'Etat en service extraordinaire ;

MM. Lucas, Vuillefroy, Montaud, Laffon de Ladébat, maîtres des requêtes en service ordinaire ;

MM. Cerclet, de Cheppe, maître des requêtes en service extraordinaire ;

MM. Eugène Dubois, Halgan, Ladoucette, David, Dufour de Neuville, Legrand de Villers, baron de Janzé, baron de Laborde, auditeurs de première classe ;

MM. Chastenet de Puységur, marquis de Talhouet, de Montesquiou-Fézensac, Maigne, auditeurs de seconde classe.

— M. Manuel-Marie Mosquera y Arboleda vient d'être accrédité en qualité de chargé d'affaires de la république de la Nouvelle-Grenade à Paris.

— M. de Marmier a été élu député le 9 par le collège électoral de Jussey (Haute-Saône), en remplacement de M. de Marmier son père, décédé. Le candidat du ministère étoit M. Amédée Thierry.

— La princesse Galitzin, qui a long-temps habité Paris, où elle a pris part à toutes les œuvres de charité, vient de quitter la France avec toute sa famille. .

— Hier a eu lieu la distribution des prix du concours général, sous la présidence de M. de Salvandy, ministre de de l'instruction publique. M. Durand, professeur de réthorique au collège Louis-le-Grand, a prononcé le discours latin d'usage. Le sujet de ce discours étoit la supériorité de nos historiens contemporains sur les historiens de l'antiquité. M. le ministre a prononcé ensuite une assez longue allocution dans laquelle il a fait l'éloge de l'université. (*Voyez plus haut.*) Puis M. Bourdon, inspecteur-général des études, a lu le procès-verbal de la délibération du conseil académique, relative aux prix. Enfin on a proclamé les noms des lauréats. Le prix d'honneur de philosophie a été remporté par l'élève Caro, du collège Stanislas, qui a aussi obtenu le premier prix de dissertation française.

Le prix d'honneur de mathématiques a été décerné à l'élève Coullard-Descos, du collège Louis-le-Grand ; le prix d'honneur de réthorique au jeune Chassang, du collège Charlemagne.

Les huit collèges de Paris et de Versailles qui prennent part au concours se sont partagé les prix et les accessits ainsi qu'il suit :

	Prix.	Accessits.	Nombre des nominations.	Nombre des élèves.
Charlemagne.	25	75	100	840
Louis-le-Grand. . . .	20	67	88	1154
Bourbon.	13	41	55	1150
Henri IV.	5	39	46	855
Stanislas.	6	24	28	320
Saint-Louis.	3	27	29	961
Rollin.	5	17	20	400
Versailles.	2	8	11	501

— Si l'on compare les nominations obtenues au grand concours par les divers colléges, au nombre des élèves de chacun d'eux, on trouve les résultats suivans : Charlemagne, 1 nomination sur 8 élèves; Stanislas, 1 sur 11 ; Louis-le-Grand, 1 sur 13; Henri IV, 1 sur 18; Bourbon, 1 sur 20; Rollin, 1 sur 20; Saint-Louis, 1 sur 33; Versailles, 1 sur 43.

— Aujourd'hui a eu lieu la distribution des prix dans tous les colléges de Paris.

— La chambre syndicale des entrepreneurs de charpente du département de la Seine vient de se déclarer incompétente pour donner aucune suite à la demande dans laquelle persistent les ouvriers, et qui soulève une question de contrat. La chambre syndicale a pensé qu'à cet égard, il n'y a d'engagemens possibles que ceux qui seroient contractés librement et individuellement entre les entrepreneurs et les ouvriers.

— Dans sa dernière séance, l'Académie des sciences a procédé à la nomination d'un membre correspondant pour sa section de chimie; M. Laurent, professeur à Bordeaux, ayant réuni la majorité des suffrages, a été élu.

— M. Boutmy, gérant de la *Presse,* a intenté en son nom personnel un procès en diffamation contre M Félix Solar, gérant du journal le *Globe.* L'assignation est donnée pour le 28 novembre, après les vacances. La *Presse* annonce aujourd'hui qu'à ce procès pourra s'en joindre un autre pour refus d'insertion d'une lettre de M. Boutmy.

— Lundi et mardi les querelles et les rixes se sont multipliées dans Paris au sujet de la monnoie de billon. Dans le faubourg Montmartre, quelques vitres de la boutique d'un marchand de vin ont été cassées par des ouvriers irrités de se voir refuser leurs pièces de six liards ou de dix centimes. Ailleurs, des marchands ont été maltraités. La rigueur des caisses publiques ne se relâche point ; et cependant on assure que l'un des percepteurs de Paris ayant versé au trésor une somme de quatre cents francs environ en monnoie de billon, qu'il n'avoit reçue sans doute qu'après un minutieux triage, s'est vu refuser plus de vingt francs sur cette somme.

— Une collision a eu lieu le 26 juillet dernier entre les Français et les Espagnols, dans la vallée de Zalazar, et cinq de nos compatriotes ont été saisis par les Espagnols et se trouvent détenus sur leur territoire. Un journal espagnol, l'*Heraldo* publie une correspondance de Pampelune qui rapporte les mêmes faits, mais à un autre point de vue et en attribuant aux Français tous les torts de l'agression. Par un ordre émané du secrétaire du chef politique de Pampelune, en l'absence de son supérieur, qui étoit allé recevoir la reine, nos cinq compatriotes arrêtés ont été mis à la disposition du juge de première instance de Aoiz, et le consul d'Espagne à Bayonne a été instruit par courrier extraordinaire de tout ce qui s'étoit passé afin qu'il pût s'entendre avec les autorités françaises pour prévenir tout conflit ultérieur.

« Cet événement, ajoute la correspondance citée plus haut, doit, ainsi que d'autres de même nature que l'on a eu à déplorer dans ces derniers temps, être attribué au peu de soin que l'on a mis à placer les *termes* qui, sur cette partie de la frontière, doivent séparer la vallée de Zalazar comme territoire espagnol, du pays de Ciza, appartenant au canton français de Saint-Jean-Pied-de-Port. Les Français prétendent pousser leurs limites une lieue plus loin qu'elles ne doivent l'être, et veulent nous enlever une portion considérable de la forêt d'Irati, nommée Zabaleta, où se trouvent d'excellens bois de construction dont ils ont besoin pour leur marine; le traité de Basilea, aussi bien que la convention conclue par Caro et Ornano, en 1785, et plusieurs autres documens diplomatiques prouvent que le territoire contesté nous a appartenu depuis un temps immémorial. En 1780, on a fait, dans la forêt d'Irati, des coupes de bois pour la marine espagnole, on y a bâti des cases pour les travailleurs, on y a percé des chemins, en un mot accompli tous les actes qui impliquent possession, et jamais à cette époque la France n'a réclamé. »

Sans entrer dans la discussion des faits avancés par le correspondant de l'*Heraldo*, nous nous bornerons à exprimer le vœu que la question de limites restée depuis si long-temps en litige soit enfin examinée par des commissaires des deux nations, afin d'éviter le retour de collisions qui peuvent compromettre la bonne intelligence entre les deux pays. Quant à nos compatriotes arrêtés à l'occasion de la dernière échauffourée, il n'est pas douteux que les autorités françaises de la frontière et au besoin le gouvernement ne prennent toutes les mesures nécessaires pour faire respecter à leur égard les principes du droit international.

— On écrit de Roye, 9 août, au *Journal de la Somme* :

« Le 5 août, dix-huit conseillers municipaux de la ville de Roye ont adressé leur démission à M. le sous-préfet de Montdidier.

» Les motifs qui ont donné lieu à cette démission sont, dit-on, de la dernière gravité. »

— Une bande de fraudeurs à cheval, traversant la commune d'Anor, est tombée dans une embuscade de nos douaniers, où elle a laissé huit hommes, dix chevaux et douze charges de tabac étranger ; six fraudeurs ont pu échapper ainsi que plusieurs chevaux. Les huit contrebandiers saisis ont été amenés le 9 de ce mois à la maison d'arrêt d'Avesnes, sous une escorte de préposés.

EXTÉRIEUR.

ESPAGNE. — Suivant la correspondance de Malaga de l'*Heraldo*, plusieurs habitans de cette ville, connus pour leurs opinions révolutionnaires, avoient été arrêtés, et la police avoit saisi chez eux des armes et des munitions.

Le même journal annonce que MM. Corradi et Calvo, éditeurs du *Clamor publico*, détenus dans le fort de Sainte-Catherine, à Cadix, avoient été rendus à la liberté.

ANGLETERRE. — Comme nous l'avons annoncé dans notre dernier numéro, le parlement anglais a été prorogé samedi par la reine Victoria. Le terme provisoire de la prorogation est le 2 octobre.

La reine a prononcé son discours à deux heures, et est partie quelque temps après pour Woolwich, où l'attendoit le yacht *Victoria-and-Albert*, commandé par lord Adolphus Fitz-Clarence. La reine devoit passer la nuit à l'embouchure de la Tamise et arriver à Anvers le lendemain.

Un incident, qui en d'autres temps auroit pu frapper quelques imaginations, a troublé un moment la séance royale de prorogation. Le duc d'Argyle, qui portoit la couronne devant la reine, l'a laissé tomber, et elle est allée rouler devant le banc des évêques.

— S. M. la reine d'Angleterre et le prince Albert sont arrivés à Anvers, dimanche soir, à bord de leur yacht qui avoit quitté l'embouchure de la Tamise à quatre heures du matin. A son passage dans la rivière, S. M. a été saluée successivement par les forts de Lillo, Liefkenshock, Sainte-Marie, le fort du Nord, et par les canonnières qui toutes étoient pavoisées et dont les hommes paradoient sur les vergues.

Aussitôt que le yacht a eu jeté l'ancre, une embarcation de la marine portant M. le lieutenant-général comte d'Hane, chargé de complimenter la reine au nom du roi des Belges, ainsi que le comte d'Arnim, ministre de Prusse à Bruxelles, s'est rendue à bord. Peu de temps après, sont également arrivés les steamers *Black-Eagle* et *Porcupine*, qui portoient la suite de S. M.

La reine a passé la nuit à bord , et a débarqué le lendemain matin à six heures trois quarts, au milieu d'une nouvelle salve d'artillerie. Deux voitures de gala de la cour l'attendoient; elle est montée dans l'une pour se diriger vers la station du chemin de fer. A sept heures, S. M. quittoit Anvers pour se rendre à Malines, d'où le roi et la reine des Belges l'ont accompagnée jusqu'à Verviers.

— Le roi de Hollande est parti de Londres vendredi, à trois heures, pour Woolwich, et s'y est immédiatement embarqué pour Rotterdam, à bord du steamer néerlandais le *Cyclope*.

ALLEMAGNE. — Vienne, 4 août. — S. M. l'empereur vient d'ordonner, par un ordre du cabinet, qu'à partir de ce jour jusqu'à l'année 1850, il ne sera fait aucune concession nouvelle de chemins de fer à des compagnies particulières. Il faudra que tous les chemins de fer autorisés soient terminés d'ici là. Le but de cette mesure est d'empêcher les capitaux d'affluer exclusivement dans les entreprises de chemins de fer, et de mettre un terme à la spéculation immodérée sur les actions.

PRUSSE. — Le roi et la reine de Prusse sont arrivés le 3 à Bonn par un convoi spécial du chemin de fer. Ils ont reçu les autorités dans la grande salle de station, et se sont immédiatement remis en route pour le château de Stolzenfels.

DEUX-SICILES. — D'après une lettre de Naples, en date du 26 juillet, le roi, la reine, le comte de Caserta et le comte de Trapani, frère du roi, sont partis pour Palerme.

Il y a eu récemment plusieurs secousses de tremblement de terre dans la province de Basilicata.

TURQUIE. — On écrit de Constantinople, le 23 juillet :

« Deux lettres de Beyrouth nous apprennent que dans le Liban l'état des choses n'a point changé. L'armistice se maintient, mais au détriment du pays. Il est évident que les chefs militaires turcs étoient d'accord avec les Druses; la correspondance interceptée du scheik Hameid-Aba-Nakad et d'autres, qui est tombée dans les mains du consul de France au grand déplaisir de Wedschah pacha, en fournit la preuve évidente. On en trouve des traductions dans tous les consulats. Dand pacha se trouve le plus gravement compromis dans cette affaire.

» Le gouverneur de Latakié attendoit un bataillon de Jérusalem pour marcher contre les Ansaris révoltés. Une partie de la population du Hauran a passé en Egypte. »

— Le *Journal russe d'Odessa* annonce que le grand-duc Constantin est arrivé le 12 juillet à Smyrne, après avoir visité Ismid et Brousse, de retour de son voyage à Constantinople.

Le Gérant, **Adrien Le Clere.**

BOURSE DE PARIS DU 13 AOUT 1845.

CINQ p. 0/0. 121 fr. 75 c.	Quatre canaux 1000 fr. 00 c.
TROIS p. 0/0. 84 fr. 30 c.	Caisse hypothécaire. 600 fr. 00 c.
QUATRE p. 0/0. 110 fr. 00 c.	Emprunt belge. 5 p. 0/0. 000 fr. 0/0.
Quatre 1/2 p. 0/0. 116 fr. 00 c.	Emprunt romain. 104 fr. 4/8.
Emprunt 1841. 00 fr. 00 c.	Rentes de Naples. 000 fr. 00 c.
Oblig. de la Ville de Paris. 1410 fr. 00 c.	Emprunt d'Haïti. 000 fr. 00 c.
Act. de la Banque. 3225 fr. 00 c.	Rente d'Espagne. 5 p. 0/0. 00 fr. 0/0.

PARIS. — IMPRIMERIE D'ADRIEN LE CLERE ET Cⁱᵉ, rue Cassette, 29.

HISTOIRE UNIVERSELLE DE L'ÉGLISE,

Par JEAN ALZOG, docteur en théologie, professeur au séminaire de Posen ;
traduite par M. ISIDORE GOSCHLER, prêtre, docteur ès-lettres, licencié en
droit, et l'un des directeurs du collége de Juilly ; avec des tableaux et des
cartes. Tome 1ᵉʳ. — In-8°. Paris. Waille, éditeur, rue Cassette, 6.

Disons d'abord quelle est la substance de tout ce livre, où l'on retrouve le mode de la théologie allemande. La foi en Jésus-Christ Dieu
et homme tout ensemble, voilà le fondement de tout l'édifice du
monde. Durant sa vie mortelle, le Sauveur a prononcé la parole du
salut. Mais il n'a pas seulement vécu il y a dix-huit siècles, il habite
toujours au milieu de nous, plein de grâce et de vérité. Il est à jamais
le docteur éternel, ses divins oracles retentissent à travers les temps,
son Esprit mène au Père, son amour resserre les liens de l'unité :
plenum veritatis. Dans les célestes mystères, il fait l'homme enfant de
Dieu, fortifie l'adolescent, bénit l'union des époux ; versant le
baume sur toutes nos plaies, c'est lui qui nourrit ses frères, qui encourage le fidèle sur le bord de la tombe ; c'est lui qui consacre les
organes par lesquels son infatigable bonté répand tous ces bienfaits,
toutes ces faveurs : *plenum gratiæ.*

Le Sauveur continue d'agir dans son Eglise ; tous les jours il y renouvelle l'œuvre de la rédemption. Ainsi l'Eglise, c'est Jésus-Christ
reparoissant toujours, vivant éternellement ; c'est l'incarnation permanente du Fils de Dieu.

De là, il suit que la société des fidèles participe aux prérogatives du
Rédempteur, qu'elle partage ses attributs. Or, Jésus-Christ est ce qu'il
est, et non autre, sans cesse le même, à jamais immuable ; donc l'Eglise
est une. Le Verbe s'est fait chair, il a pris une forme extérieure : donc
l'Eglise est visible. Le médiateur est Dieu : l'Eglise est infaillible. Le
Christ est le prêtre éternel : l'Eglise n'a pas de fin. En un mot, comme
en Jésus-Christ la divinité et l'humanité, bien que distinctes entre
elles, n'en sont pas moins étroitement unies, de même l'Eglise est divine et humaine tout à la fois : elle est divine, car elle représente le
Sauveur d'une manière vivante ; elle est humaine, car elle est une société composée d'hommes. Telle est l'idée fondamentale de la grande
théologie de Mœhler. Et, toujours fortement appuyé sur cette base, il
définit l'Histoire de l'Eglise : « La réalisation dans le temps du plan
éternel de Dieu, disposant l'homme par le Christ, au culte et à l'adoration, qui sont dignes de la majesté du Créateur, et de la liberté de la
créature intelligente. Montrer comment l'esprit du Christ s'est introduit dans la vie commune de l'humanité, et se développe dans la fa-

mille, les peuples, les Etats, dans l'art et dans la science, pour en former des instrumens de la gloire de Dieu, tel est le but de l'Histoire chrétienne. •

M. Alzog, professeur au séminaire de Posen, disciple de Mœhler, a composé, d'après ces idées, un précis de l'Histoire universelle de l'Eglise. Nous avons à faire connoître le premier volume de cet ouvrage savant, qui formera trois volumes, et qui est devenu le texte de l'enseignement historique dans presque toutes les écoles catholiques de l'Allemagne.

L'histoire de l'Eglise ayant pour but de produire, d'exposer la marche temporaire et les progrès du royaume de Dieu parmi les hommes, doit montrer : 1° Comment, dans quelles circonstances heureuses ou défavorables, le plan universel et intérieur du royaume de Dieu s'est manifesté au-dehors, s'est réalisé par le fait et s'est posé dans le monde extérieur, au milieu des Etats, après avoir été annoncé à tous les peuples de la terre selon la parole du Christ. Tel est le but que l'on se propose en racontant les succès et les revers, les combats et les victoires de la propagation du christianisme. 2° Comment la vérité, qui libère et sanctifie l'homme, s'est formulée à l'occasion des hérésies naissantes, et suivant les besoins du temps, dans la science et la doctrine ecclésiastiques. 3° Comment le rapport intérieur de l'homme avec Dieu, c'est-à-dire la piété du cœur s'est manifestée et réalisée dans un fait vivant, public et général, dans le culte. 4° Comment avec les élémens essentiels et immuables de la hiérarchie, s'est fondée la constitution organique de l'Eglise, embrassant tous ses membres dans son sein, déterminant la fonction de chacun, marquant leur action et leur influence réciproque, répondant toujours aux besoins des temps et des lieux. 5° Comment enfin les membres de cette Eglise vivent d'une vie véritablement religieuse et morale, qui se conserve et se renouvelle par la discipline ecclésiastique, cette seule vraie pédagogie de l'humanité.

Le protestantisme, malgré les efforts de sa science, ne peut pas comprendre le développement de l'histoire; car à son point de vue, la vérité objective ne se trouvant que dans l'Eglise invisible ne peut jamais se réaliser complètement dans l'Eglise visible. Ils ne comprennent pas le progrès, le développement, l'accomplissement de la société religieuse, qui a été de faire passer le genre humain de la religion domestique des premiers hommes à la religion nationale des juifs, et de celle-ci à la religion générale du christianisme, qui doit réunir tous les hommes dans la croyance des mêmes dogmes et la pratique du même culte. Jésus-Christ a comparé l'histoire de l'Eglise au grain qui mûrit et à la pâte qui fermente, et saint Vincent de Lérins a formulé la loi du développement dans l'Eglise. L'Eglise ressemble au blé que l'on sème. Le grain semé contient en soi la racine, la paille, la tige, l'herbe, l'épi, la fleur et le fruit que l'on y trouve au temps de la moisson. C'est toujours le même grain qui germe, qui croît, qui fleurit, qui mûrit. Ainsi c'est la même foi, la même croyance, laquelle semée dans le champ du Seigneur, qui est l'Eglise, multiplie et augmente comme nous voyons.

Pour que l'histoire ecclésiastique mérite le nom de science, il faut d'abord que comme toute histoire, elle soit le résultat de recherches vraiment scientifiques, présenté dans un récit littéraire, et qu'elle tienne ainsi à la fois de la science et de l'art. Il faut de plus que par rapport à son objet, l'histoire ecclésiastique soit : 1° Critique, afin que le vrai ne se confonde point avec l'erreur, et que les faits soient étudiés dans les sources avec un amour sincère de la vérité. 2° Religieuse, car un esprit vraiment chrétien peut seul suivre et apprécier tout ce qui a rapport à la manifestation du royaume de Dieu sur la terre. Personne ne peut ouvrir le livre, ni même le regarder, si ce n'est le lion de la tribu de Juda. 3° Philosophique, c'est-à-dire qu'elle doit non pas seulement nous donner une suite de récits sans liaison, mais exposer les faits dans leurs rapports, dans leurs causes, dans leur influence et dans leurs résultats.

M. Alzog regarde comme incommode et défectueuse pour un cours la méthode d'exposer l'histoire année par année, siècle par siècle, règne par règne; il a préféré suivre certaines périodes marquées, qui ont un caractère propre. Ces périodes, correspondant aux phases diverses du développement vital de l'Eglise, deviennent une copie fidèle de la réalité, où les événemens s'enchaînent tout en se distinguant. Chaque période se montre comme le résultat naturel de celle qui précède, comme la condition nécessaire de celle qui suit : l'unité subsiste au milieu de la diversité. Tout changement essentiel dans le développement des faits amène une période nouvelle; les changemens moins importans déterminent des époques : celles-ci sont donc contenues dans celles-là. Ainsi, M. Alzog a divisé l'Histoire de l'Eglise en trois grandes périodes :

La première (contenue dans le premier volume). — Action de l'Eglise chrétienne sur les peuples de civilisation et de domination gréco-romaine jusque vers la fin du vii° siècle.

La deuxième. — Rencontre de l'Eglise chrétienne avec les peuples germaniques et slaves, sa prédominance, son union avec l'Etat jusqu'au xvi° siècle.

La troisième. — Séparation de l'Eglise et de l'Etat, schisme d'Occident opéré par Luther, jusqu'à nos temps.

Maintenant, quelles sont les sources de l'Histoire ecclésiastique? Ces sources sont divines et humaines pour correspondre à la nature divine et à la nature humaine de la personne du Fils de Dieu. Divines, ce sont les saintes Ecritures; humaines, elles sont médiates ou immédiates. M. Alzog, mettant à part les saintes Ecritures, réduit ces sources en trois classes : 1° Documens publics rédigés ou reconnus par une autorité ecclésiastique ou civile : les actes des conciles, les décrets des papes, les symboles publics, les liturgies, les règles des ordres monastiques, les ordonnances de l'Etat et les concordats. 2° Les témoignages privés sont ceux qui, primitivement, parurent sans autorité officielle, mais qui servent à nous donner des renseignemens sur des personnages, des événemens, des opinions remarquables dans l'Eglise : les Actes des martyrs, les Vies des Saints, les écrits des saints Pères, des auteurs ecclésiastiques. 3° Les monumens sont les églises, les inscriptions, les peintures, les monnaies. Il ne faut pas négliger non plus les traditions populaires et les légendes.

Mais, comme la certitude des faits repose sur celle des sources, il ne faut s'en servir qu'avec une prudence toute particulière, en s'appuyant sur une saine critique qui doit résoudre les questions suivantes : 1° Les sources viennent-elles réellement des auteurs indiqués, et non-seulement en partie, mais intégralement (authenticité et intégrité)? 2° L'auteur, eu égard à ses fonctions, à son éducation, étoit-il capable de juger le véritable état des choses (véracité de l'auteur)? Et, quand on ne peut prouver complétement l'authenticité, l'intégrité des sources, la véracité des auteurs, il faut néanmoins vérifier le temps probable, l'origine présumable des sources, et déterminer par-là l'usage qu'on en peut faire.

La critique et l'emploi des sources rendent nécessaires : 1° La connoissance des langues dans lesquelles elles sont écrites. 2° La diplomatique ou la science des actes et documens dont l'illustre Bénédictin Mabillon a posé les principes. 3° La géographie, qui fait connoître le théâtre des événemens. 4° La chronologie, qui détermine le temps où ils ont eu lieu. M. Alzog veut de plus que celui qui aborde l'étude de l'Histoire de l'Eglise connoisse : 1° L'histoire des religions; la nature et le caractère de ces religions rendoient plus ou moins facile l'introduction du christianisme, lumière et perfection de toutes les religions. 2° L'histoire de la philosophie; car le christianisme fut souvent obligé d'entrer en lutte avec les divers systèmes philosophiques. 3° L'Histoire universelle avec laquelle souvent l'Histoire ecclésiastique a des rapports si intimes, qu'on ne peut comprendre ou exposer l'une sans l'autre, surtout pour le moyen âge, où l'Eglise et l'Etat sont pour ainsi dire fondus l'un dans l'autre.

Partant de ces principes, M. Alzog expose l'Histoire universelle de l'Eglise, en indiquant les sources avec une scrupuleuse exactitude, mais en attachant trop d'importance aux sources allemandes modernes. Plus tard nous apprécierons sa manière ; aujourd'hui, nous devions faire connoître sa méthode, et il faut avouer qu'elle est féconde pour l'étude ; aucun fait n'est isolé, aucune voix ne se perd dans le concert harmonieux du monde.

Il nous reste à parler de la traduction. M. Isidore Goschler a rendu aux études ecclésiastiques un véritable service en traduisant, aidé de M. Audley, le livre de M. Alzog, qui répond si bien aux exigences de notre temps. Il n'est point assez volumineux pour effrayer l'homme du monde ; il l'est assez pour venir en aide au prêtre dans l'exercice de son ministère. Aux recherches de l'érudition, il unit des vues larges, toujours soumises à l'autorité sincère dont relève la science religieuse. Enfin, cette Histoire de l'Eglise, qui sera un guide excellent pour ceux qui voudront en approfondir l'étude, suffira aux lecteurs ordinaires qui y trouveront l'appui si nécessaire dans la polémique religieuse, de jour en jour plus vive et plus générale, et qui aboutira, il faut enfin l'espérer, au triomphe de cette Eglise qui a combattu et vaincu tant de fois depuis dix-huit siècles.　　　　　CH. DE M.

REVUE ET NOUVELLES ECCLÉSIASTIQUES.

PARIS.

LES SIX PATRIARCHES OECUMÉNIQUES DE CONSTANTINOPLE.

Depuis leur schisme, les patriarches de Constantinople se donnent, comme chacun sait, le titre fastueux d'œcuméniques ou universels. Ce titre a toujours été sans doute un orgueilleux mensonge, mais assurément il n'a jamais eu moins de sens que de nos jours. En effet, l'Eglise de Russie, qui professe la même foi que celle de Constantinople, est administrée par le *pape* Nicolas qui prétend bien n'avoir point d'ordres à recevoir du patriarche byzantin. Celui-ci au contraire est un instrument docile entre les mains de l'autocrate qui le considère, et avec raison, comme un rouage de sa machine politique qu'il peut faire fonctionner à son gré. La Grèce s'est également soustraite à la juridiction du patriarche de Constantinople, et elle a consommé son schisme par un article de sa constitution. S'il faut en croire les bruits qui circulent, d'autres défections se préparent au sein même de la Turquie, de sorte que très-probablement, l'œcuménicité ou universalité des patriarches grecs se réduira dans quelques années à l'enceinte des murs de Constantinople, dont un quart à peu près de la population est grecque, et pourra continuer de reconnoître leur juridiction. Quoi qu'il en soit de la valeur du titre, l'Eglise de Constantinople compte en ce moment six patriarches *œcuméniques*, tous pleins de vie et de santé. Depuis quelques années, cinq d'entre eux ont été victimes de l'inconstance de la fortune et peuvent aujourd'hui, dans leur retraite, méditer à loisir sur le néant des grandeurs de l'Église byzantine. Leur passage sur le siége patriarcal a été si rapide, qu'il est très-difficile, à moins de consulter directement les archives du patriarcat, de dire au juste combien d'années ou de mois chacun d'eux a régné, pour nous servir de l'expression consacrée. Voici les noms de toutes ces saintetés (1) détrônées.

1° Constantin, auparavant évêque du Sinaï. Il occupa le siége patriarcal quatre ou cinq ans. Une intrigue de ses co-religionnaires le fit déposer, et son successeur le relégua dans l'île d'Antigone, à l'entrée du Bosphore. C'est un homme instruit, mais fanatique à outrance.

2° Constantin, l'ignorant. C'est le nom que lui ont donné les Grecs, pour le distinguer du précédent. On l'accusoit de ne pas savoir suffisamment écrire pour mettre convenablement sa signature au bas des actes rédigés par les secrétaires du patriarcat. Il a régné tout au plus une année ; on l'a relégué à Arnaoutkeuï, l'un des villages du Bosphore.

3° Grégoire, ci-devant évêque de Serres en Macédoine. Il a occupé le trône patriarcal trois ou quatre ans. Un démêlé avec les Anglais, à l'occasion de leurs protégés Grecs des îles Ioniennes, se termina par sa déposition. Il a été relégué comme son prédécesseur à Arnaoutkeuï. Il fut remplacé par Anthime, archevêque de Cyzique, qui eut le bonheur extrêmement rare de mourir patriarche, après quelques mois de règne.

. 4° Son successeur fut Anthime, évêque de Nicomédie, qui ne tarda pas à être déposé et exilé aux îles des Princes, à l'entrée du Bosphore.

5° Le siége patriarcal fut ensuite occupé par le patriarche Germain, qui vient d'être déposé après avoir régné trois ans. C'est un homme incapable et ignorant qui ne sait même pas sa propre langue. Il eût été déposé beaucoup plus tôt s'il n'eût été soutenu par la Russie, dont il servoit la politique avec le plus grand zèle.

6° Le nouveau partiarche s'appelle Mélèce. Il étoit auparavant archevêque de Cyzique, et membre du Saint-Synode. Il paroît qu'il a dû son élection à la grande quantité de fonds dont il pouvoit disposer. On dit en effet que son prédécesseur n'a été destitué que parce qu'il n'a pu payer 200,000 piastres, près de 50,000 fr., que ses protecteurs laïques exigeoient de lui. On assure que pour détourner le coup qui le menaçoit, il y a six mois, il leur paya 100,000 piastres, environ 25,000 fr. Cette fois on ne s'engageoit, dit-on, à le maintenir qu'à la condition qu'il fournît 200,000 piastres. Dans six mois, auroit dit le patriarche, vous m'en demanderez 400,000, je ne puis plus y tenir. Pendant qu'on marchandoit, les électeurs s'étoient entendus, l'on signifia au patriarche qu'il eût à se démettre, et Mélèce fut proclamé à l'unanimité,

(1) Les Grecs donnent à leurs patriarches le titre de Toute-Sainteté.

dit le journal grec de Constantinople. Le clergé, comme toujours, n'a eu à peu près aucune influence dans cette élection. Ce sont les laïques qui font et défont les patriarches ; les principaux fanariotes (1) se considèrent comme les *cardinaux* de l'Eglise orientale, et s'attribuent sans façon le droit de conférer et de retirer à leur gré la juridiction patriarcale.

————————

M. le comte de B. nous a communiqué une lettre remarquable de Silvio Pellico (datée de Turin 24 juillet), et nous a autorisé à en publier une partie qui pourra intéresser nos lecteurs :

« Vous aurez vu dans les journaux une protestation que j'ai faite ; elle étoit nécessaire, car le langage d'affection avec lequel Gioberti parle de moi, dans une éloquente dédicace, pouvoit faire croire que nos opinions sur les Jésuites se ressembloient. — Je déplore ses préventions contre la Compagnie ; j'aime tous les ordres religieux que Rome a sanctionnés ; Gioberti est un homme ardent, de bonne foi, passionné pour notre sainte religion, passionné aussi pour les idées de liberté, de progrès, etc. De grands constrastes sont dans son ame. Il s'abandonne trop à sa véhémence, à sa hardiesse. Il faut prier pour ces hommes impétueux qui peuvent faire tant de bien et tant de mal. Ma protestation n'est point hostile, n'a rien d'offensant. Pourquoi recourt-on si facilement aux attaques violentes ? Gémissons, mais ne maudissons *jamais !*

» Hélas ! le jeune diacre, votre ami, est l'auteur (m'assure-t-on) d'un livre que j'ai lu avec peine. C'est la brochure : *Paix ! Paix !* Que ce petit ouvrage diffère du précédent qui étoit si bon (2) ! Sous ce cri : *Paix ! Paix !* il y a un ton de mépris et d'insulte qui m'paroît toujours une dissonance avec l'esprit de Jésus-Christ : il y a cette logique haineuse et cruelle qui repousse ; il y a exagération de jeune homme ; je n'en déduis rien de désavantigeux pour l'auteur, car il exagère de bonne foi, il brûle de zèle. Je sens seulement que le langage qu'il tient ici est âpre, malveillant, irrité, tranchant. Les saintes colères des hommes mûris dans la vertu et dans la piété sont respectables, mais c'est à eux qu'il faut les laisser. L'ecclésiastique jeune ne doit pas s'armer de foudre ; sa tâche est de croître en vertu, en science, en humilité, en charité, en force. Cette force ne doit pas être celle de la colère, mais celle de l'amour.

» Vous, mon ami, qui lui êtes si attaché, dites-lui tout cela, dites-le-lui de ma part. Votre cœur si chrétien, si aimant, saura lui faire un reproche qui ne le blesse pas et qui lui soit salutaire. Dites-lui que les vérités n'entrent dans les ames qu'avec l'amour. Les jeunes saints étoient humbles, doux ; on n'en connoissoit pas d'audacieux, de grondeurs. Les paroles de sarcasme et de malveillance sont malheureusement accréditées, surtout en France ; cela ne sied guère aux hommes mûrs, cela sied encore moins à la jeunesse. J'ajoute que cela ne sied guère à des philosophes, et encore moins à des catholiques. Il me semble même que maintenant que les invectives et le mépris abondent de tous côtés, il y a quelque chose de trop commun à prendre cette route : la charité et l'humilité sont de meilleur goût. N'êtes-vous pas de mon avis ? Je désire que votre jeune diacre le soit aussi. Me pardonnera-t-il ma franchise ? Oui, j'en suis sûr, et je lui serre la main avec amitié.

(1) Le fanar est un quartier de Constantinople presque exclusivement habité par les Grecs.

(2) La Fête-Dieu.

» Adieu, très-cher ami; veuillez faire agréer mes respects et amitiés aux vôtres si chers. Visitons-nous souvent aux pieds de Jésus et de Marie... Priez pour votre   SILVIO PELLICO.

» 24 juillet 1845. »

————•◦•————

˙˙ Nous avons assisté, comme à une intéressante fête de famille, à la distribution des prix de l'institution dirigée par M. l'abbé Vervorst. Un grand nombre d'ecclésiastiques livrés aussi avec autant de zèle que de talent à l'éducation des enfans chrétiens s'étoient rendus à cette charmante solennité littéraire. A cette occasion, nous annoncerons que la maison d'éducation de M. l'abbé Vervorst, établie depuis neuf ans rue du Regard, vient d'être transférée dans le beau et vaste local de la rue Plumet, 27, 29.

Cette maison, dirigée par des ecclésiastiques revêtus de grades universitaires et connue par la force des études autant que pour la solidité des principes, étoit depuis long-temps limitée, par les conditions du local, à un petit nombre d'enfans choisis. Appelée aujourd'hui par le vœu des familles à un développement plus grand, quoique modéré, elle s'efforcera de conserver, en les étendant, les avantages dont elle jouit, et embrassera dans sa nouvelle organisation une préparation spéciale pour les écoles du gouvernement.

————•◦•————

M. l'abbé Humphry continue à justifier, par ses prédications à la cathédrale de Metz, sa haute réputation d'orateur savant et chrétien, et de plus en plus on s'empresse de se réunir autour de la chaire où il prêche les vérités saintes avec cette élégance de diction, avec cette éloquence du cœur si vivement inspirée qui persuade et entraîne.

————•◦•————

MM. les évêques de Dijon, de Troyes et de Belley, sont en ce moment réunis au grand-séminaire de Brou. M. l'évêque de Troyes doit se rendre à Nantua, son ancienne paroisse, pour y officier le jour de l'Assomption.   (*Courrier de l'Ain.*)

————•◦•————

Nous lisons dans les journaux de Toulouse :

« M. l'évêque d'Evreux, dont les journaux avoient annoncé le voyage dans le Midi, est arrivé à Cauterets. S. G. a prêché dimanche dernier devant un nombreux auditoire.

» M. l'évêque d'Aire, que les soins de sa santé avoient appelé aux eaux de Luchon, en est reparti pour se rendre dans son diocèse en passant par notre ville.

» M. l'évêque de Pamiers, dont la santé est satisfaisante malgré son grand âge, a également quitté nos contrées, et est parti hier de notre ville pour revenir dans son diocèse. »

————•◦•————

On lit dans la *Guienne* :

« En apercevant M. Reclus dans la salle d'asile de Saint-Seurin, quelques personnes ont cru qu'il venoit déposer aux pieds de madame la duchesse de Nemours le titre d'inspecteur des écoles primaires catholiques dont il est porteur, quoique diacre de l'Eglise protestante. Cet acte de convenance l'auroit honoré à leurs yeux. »

————◆————

On lit dans la *Gazette de Metz* :

«On nous communique d'assez curieux détails sur des peintures à fresque de la Renaissance qui viennent d'être découvertes dans l'église de Sillegny, canton de Verny, arrondissement de Metz.

»On a trouvé dans le chœur, du côté de l'épitre, sous une couche de badigeon, quatre fresques, d'un mètre de haut, représentant saint Jean, le disciple bien-aimé, saint Jacques, saint Hubert et un saint évêque dont le nom est illisible ; à la gauche des deux derniers saints, sont agenouillés le *maistre eschevin Didier Le Monell* et *Estienne Bara*, accompagnés de leurs femmes, également à genoux. Les deux couples portent le costume du milieu du XVI° siècle, et tiennent à la main de longs chapelets. Didier Le Monell étoit probablement maître échevin de Pont-à-Mousson, car ce nom n'appartient à aucun chef de l'Etat messin.

» Du côté de l'Evangile s'élève l'arbre généalogique de la Vierge. Les royaux ancêtres de la sainte Mère du Christ sont coiffés du turban oriental, couverts d'amples manteaux, vêtus de cottes d'armes romaines et agitent d'énormes sceptres. Ils sont distribués sans ordre et avec beaucoup d'originalité : l'un est assis sur l'une des branches de l'arbre, un autre court comme feroit un écureuil, celui-là est nonchalamment couché contre le corps de l'arbre, etc. Cette composition est pleine de sève, de vie et d'animation.

» Dans la nef, au-dessus de l'autel de la Vierge, on a retrouvé une gracieuse Notre-Dame de Lorette allaitant l'enfant Jésus ; la tête et la pose de la sainte Madone sont délicieuses. Malheureusement l'église de Sillegny est fort pauvre, et n'est point en état de faire la dépense que nécessiteroit la restauration des fresques découvertes par son digne curé, dont le zèle égale la modestie et l'abnégation. L'église est une jolie construction de la fin du XV° siècle, ou du commencement du XVI°, que l'on débarrasseroit à peu de frais de ses superfétations modernes. »

————◆◆————

ALLEMAGNE. — Les dissidens (c'est le nom collectif que la presse allemande donne aujourd'hui aux rongiens, czerskiens, etc.) de Dresde et de Leipsick viennent de publier une circulaire adressée à leurs co-religionnaires, dans laquelle ils répondent par une critique amère à l'épitre doctrinale de Czersky à ceux de son Eglise. Ils y prétendent que le soi-disant concile de Leipsick a suffisamment confessé Jésus-Christ, en l'appelant Sauveur et Rédempteur. Ils avouent qu'au commencement Czersky avoit réclamé contre la brièveté de ce second article de leur symbole, mais qu'il avoit fini par l'admettre et par voter, par un simple oui, pour sa rédaction ainsi conçue : *Je crois en Jésus-Christ notre Sauveur*. Ils lui reprochent donc vivement son inconstance et son esprit de séparatisme, oubliant que le soi-disant concile avoit lui-même reconnu le droit des églises, des communes et même des individus, d'ajouter à son symbole tout ce qui pourroit leur sembler nécessaire pour mieux expliquer leurs croyances particulières ou individuelles.

Le surintendant protestant de Dresde vient de faire savoir aux schismatiques de cette capitale, que les baptêmes conférés par leurs ministres seroient reconnus valides, attendu qu'ils répondent *aux exigences les plus essentielles du christianisme*. Cette décision est parfaitement conforme au *socinianisme* depuis long-temps admis parmi le clergé protestant de la Saxe et du nord de l'Allemagne. D'autre part, le conseiller ecclésiastique Paulus de Heidelberg, si connu par ses doctrines éminemment rationalistes, annonce la prochaine publication d'un ouvrage entièrement contraire aux dissidens que, sans doute, il considère comme trop peu négatifs.

—Les pressantes réclamations de toutes les confessions protestantes d'Allemagne, *contre le gouvernement de l'Eglise par l'Etat*, commencent à porter leurs fruits en Prusse.

Une ordonnance royale insérée à la collection des lois du royaume, rend aux consistoires provinciaux plusieurs attributions depuis long-temps réservées aux gouverneurs ou présidens des provinces.

Ces droits ou attributions sont ceux : 1° de confirmer la nomination des ecclésiastiques nommés à des emplois de pasteurs par des communes ou par des patrons individuels ; 2° de les mettre en possession de leurs bénéfices ; 3° de confirmer également les fonctionnaires laïques, nommés par les patrons ou par les communes pour l'administration des biens des églises, autant que ces confirmations seroient constitutionnellement nécessaires ; 4° de surveiller la conduite officielle et morale des pasteurs et des fonctionnaires laïques, et d'exercer envers eux les attributions disciplinaires, dans lesquelles sont comprises, la suspension et la proposition de destitution, en tant que jusqu'ici elle entroit dans les attributions des régences provinciales ; 5° le maintien de la discipline ecclésiastique, dans les limites que lui tracent les lois du royaume ; 6° le pouvoir d'accorder des dispenses dans les cas jusqu'ici réservés au gouvernement. Là où le patronat des églises est dévolu au souverain, il sera également exercé par les consistoires, tant pour la nomination des pasteurs que pour la désignation des administrateurs laïques du temporel.

En même temps que l'autorité souveraine émancipe ainsi ses consistoires évangéliques, une autre ordonnance rétrécit le cercle déjà si étroit de la juridiction de l'épiscopat catholique, en déléguant aux gouverneurs de ses provinces, l'exercice de son droit *circa sacra*, ou pour parler plus exactement, *in sacra* de l'Eglise catholique. C'est à ces fonctionnaires, toujours protestans, qu'elle confère le droit de confirmer (ce qui implique nécessairement celui d'infirmer) la nomination des ecclésiastiques pourvus de bénéfices en vertu de la collation épiscopale ou d'un droit de patronat individuel, dans tous les cas où jusqu'ici il étoit commis aux régences provinciales. Elle leur confère en même temps le droit de nomination, en dehors du contrôle des ordinaires, à tous les emplois ecclésiastiques que l'Etat s'étoit réservés. Combien de dangereuses expériences faudra-t-il encore au gouvernement prussien, pour le ramener de ses habitudes de défiance et de partiale intolérance à l'égard de l'Eglise catholique, à un système plus sage et plus régulier d'impartiale équité?

ESPAGNE. — Le *Católico* du 8 contient un article fort remarquable contre l'*Heraldo*, qui avoit attaqué l'avis de la minorité du tribunal suprême de justice en faveur de l'*exequatur* qui vient d'ailleurs d'être accordé par le gouvernement espagnol aux rescrits du souverain Pontife, relatifs aux administrateurs apostoliques des siéges vacans dans l'Eglise d'Espagne.

Le même journal se plaint amèrement de l'abandon où se trouvent le clergé et le culte de la part du gouvernement.

REVUE POLITIQUE.

La loi relative à la démonétisation s'exécutera difficilement sans que le pauvre et l'ouvrier n'en éprouvent des dommages assez cruels. Toutes les pièces de billon ne sont ni entières ni authentiques. Qui s'interposera entre le fournisseur, boulanger, boucher, etc., qui refuse la pièce fausse ou altérée, et l'homme du peuple, qui vient réclamer son pain en échange du métal qu'on lui a donné pour salaire de son travail? Evidemment il y a ici dans la loi une lacune que l'humanité et la politique indiquent également aux administrateurs publics. On sait que, d'après cette loi, les pièces de six liards et celles de dix centimes à l'N cesseront d'avoir cours légal et forcé, et ne seront plus admises dans les caisses de l'Etat à partir du 31 décembre 1845. Les pièces de quinze et trente sous seront également refusées à partir du 31 août 1846.

On estime à près de 7 millions les pièces de six liards actuellement en circulation; l'émission de celles de dix centimes à l'N monte à 3,286,932 fr.; enfin, on porte de 20 à 25 millions la valeur des pièces de quinze et de trente sous.

Voilà donc une somme de plus de 30 millions qu'il s'agit de retirer de la circulation, afin de la remplacer par des pièces de nouvelle émission.

D'un autre côté, ces différentes monnoies à retirer de la circulation sont presque toutes entre les mains du peuple, qui ne sauroit vivre sans l'échange ou l'acceptation. Dans un grand nombre de paroisses et dans les contrées les plus catholiques de la France, les fidèles ont l'usage, *aux offrandes des morts*, de ne présenter que des pièces de six liards à la messe mortuaire qu'ils font dire pour le repos de l'ame de leurs parens trépassés. Plus ils peuvent distribuer aux assistans de cés oboles sanctifiées, plus ils espèrent obtenir de prières pour le soulagement de leurs parens ou de leurs amis défunts. C'est-là une pratique touchante, l'application du dogme de la *communion des saints*, enseigné par l'Eglise. Malgré tous les efforts de l'hérésie et ses cris contre la prétendue superstition, le peuple fidèle ne s'y trompe pas. Il sait d'ailleurs que ces humbles offrandes reviennent toujours des mains du prêtre dans celles des pauvres, la véritable famille du pasteur catholique. Eh bien, encore une fois, comment ici ne pas alarmer la piété de ceux qui donnent, et ne pas priver le pauvre qui aura reçu les résultats de l'offrande, si les percepteurs des revenus publics déclarent fausse la

plupart de ces pièces actuellement en circulation ? Ainsi, pour les pièces de six
liards, les caisses publiques repoussent toutes celles qui sont antérieures au siècle de Louis XV: or, il y en a de tous les règnes; toutes celles qui viennent de
Suisse, des autres pays étrangers, des colonies, alors même qu'elles ont l'alliage
légal ; toutes celles qu'on appelle *dédoublées.* Le cours des pièces de deux sous
du règne de Louis XV, à l'L couronné, a été depuis long-temps réduit à six liards
par une loi de l'Etat; mais comme ces pièces ont une assez grande épaisseur, un
grand nombre ont ainsi fabriqué deux pièces d'une seule.

Parmi les pièces de dix centimes à l'N, les caisses publiques excluent non-seulement celles de cuivre jaune ou rouge, mais aussi celles qui ont été fabriquées
en Italie sous l'Empire, quoique le billon en soit irréprochable.

A Paris on refuse , dit-on , la plupart de ces pièces de billon. Le même fait se
produit déjà dans plusieurs villes, mais c'est surtout à Rouen et dans l'ancienne
Normandie, où le billon abonde , que l'agitation est plus vive, et que les inquiétudes sont plus grandes. A Rouen, les commerçans ont constitué un comité pour
forcer l'administration à exécuter la loi , et pour lutter contre la résistance des
receveurs publics auxquels on veut faire accepter des paiemens en monnoie de
billon. Samedi dernier, un des membres du comité s'est présenté , assisté d'un
huissier, chez le percepteur de son arrondissement. Sur 217 fr. 50 c. que l'on a
eu le temps de compter, 18 fr. seulement avoient d'abord été refusés. Puis, le
receveur, ayant été prendre de nouvelles instructions à la recette générale , s'est
borné à rejeter *sept francs cinquante centimes,* en alléguant pour motif que cette
somme se composoit de pièces étrangères.

Procès-verbal de cette opération a été dressé, et le contribuable se propose d'y
donner suite. C'est un journal de Rouen qui donne ces détails. On peut être certain qu'il en arrivera de semblables de plusieurs autres provinces. Il est donc
urgent qu'on prenne une décision.

Le discours de M. Guizot à ses électeurs du canton de Saint-Pierre-sur-Dives,
a produit une assez vive sensation dans la presse. A part les éloges sans mesure
qui y sont donnés à la politique du cabinet du 29 octobre, on ne sauroit méconnoître que c'est là une harangue qui montre une fois de plus la supériorité et
l'habileté du langage politique de M. le ministre des affaires étrangères. On peut
même dire que la personnalité de M. Guizot y prend une nouvelle portée et un
nouveau titre à la prépondérance qu'on lui accorde généralement dans la haute
direction des affaires de l'Etat. Le ministre a très-habilement montré qu'il se faisoit gloire d'être impopulaire, se mettant en cela à la suite des hommes les plus
éminens et les mieux appréciés de l'histoire. M. Guizot a fait plus, il a voulu paroître encore modeste , tout en prenant le rang que la politique et son talent lui
assignent. On a remarqué qu'au même instant, et presque à la même heure, deux
ministres exaltoient la marche actuelle du gouvernement dans deux assemblées
bien différentes : M. de Salvandy à la distribution des prix du concours général
des colléges de Paris, et M. Guizot en présence de ses électeurs réunis en banquet à Saint-Pierre-sur-Dives. Les applaudissemens n'ont manqué ni à l'une ni à
l'autre de ces harangues ministérielles ; reste à savoir si le pays se montrera aussi
satisfait que les orateurs éloquens et apologistes exclusifs, celui-ci de l'Université,
celui-là de la politique *ferme* et *conservatrice* du cabinet du 29 octobre.

NOUVELLES ET FAITS DIVERS.

INTÉRIEUR.

PARIS, 15 août. — Par ordonnance royale, en date du 9, ont été nommés : Président de chambre à la cour royale de Montpellier, M. Calmètes, conseiller à la même cour ; — Conseiller à la cour royale de Montpellier, M. Rouquairol, substitut du procureur-général près la même cour ; — Substitut du procureur-général près la cour de Montpellier, M. Galavielle, substitut du procureur du roi à Montpellier ; — Conseiller à la cour royale de Montpellier, M. Jean, procureur du roi à Avignon ; — Conseiller à la cour royale de Caen, M. Leconte d'Ymouville, substitut du procureur-général près la même cour ; — Substitut du procureur-général près la cour royale de Caen, M. Savary, substitut près le siége de Coutances ; — Substitut du procureur du roi à Coutances, M. Mourier, substitut à Pont-l'Évêque ; — Substitut du procureur du roi à Pont-l'Évêque, M. Leboult, juge suppléant à Domfront ; — Juge au tribunal de première instance d'Alençon, M. Faudin, substitut près le même siége ; — Substitut du procureur du roi à Alençon, M. de Wimpfen, substitut à Mortagne ; — Substitut du procureur du roi à Mortagne, M. Dubisson-Dussaussay, juge suppléant au même siége ; — Procureur du roi à Ambert, M. Bertrand, substitut près le siége de Saint-Flour ; — Substitut du procureur du roi à Saint-Flour, M. Duplantier, substitut près le siége de Murat ; — Substitut du procureur du roi à Murat, M. Bertrand, juge suppléant au siége de Clermont ; — Procureur du roi à Bordeaux, M. Compans, avocat-général près la cour royale de Bordeaux ; — Avocat-général près la cour royale de Bordeaux, M. Troy, substitut du procureur-général près la même cour ; — Substitut du procureur-général près la cour de Bordeaux, M. Duperrier de Larsan, substitut près le tribunal de première instance de Bordeaux ; — Substitut du procureur du roi à Bordeaux, M. Choisy, procureur du roi à Ribérac ; — Procureur du roi à Riberac, M. Bourgade, substitut près le même siége ; — Conseiller à la cour royale d'Orléans, M. Poilleu, président du tribunal de première instance de Montargis. — Président du tribunal de première instance de Montargis, M. Tournemine, juge au siége de Blois ; — Juge au tribunal de première instance de Blois, M. Martin Saint-Ange, juge au siége de Rodez ; — Juge au tribunal de première instance de Rodez, M. Pons (Guillaume-Amans), ancien magistrat.

La même ordonnance nomme des juges-suppléans près de divers tribunaux de première instance, et charge en outre divers juges de remplir les fonctions de juges d'instruction.

— Le *Moniteur* publie une ordonnance du roi, datée 12 août, qui règle les vacances de la cour des comptes. Ces vacances dureront du 1er septembre au 31 octobre. Il y aura, pendant ce temps, une chambre de vacations composée d'un président de chambre et de six conseillers-maîtres, qui tiendra ses séances au moins trois jours de chaque semaine. La chambre de vacations est formée de M. d'Abancourt, président, et de MM. de Riberolles, Sapey, Goussard, Rihouet, Barada et Picard. M. Picard suppléera M. le procureur du roi, et M. Ducroq le greffier en chef.

— Les murs de Paris ont été couverts l'avant-dernière nuit d'exemplaires d'une ordonnance de M. le préfet de police, concernant le change des pièces de 6 liards et de deux sous à l'N. De son côté, l'administration des monnoies fait travailler nuit et jour les ouvriers, à l'Hôtel des Monnoies, pour disposer les bureaux du change. Ces bureaux seront situés dans la galerie de l'est de la grande cour, au rez-de-chaussée, là où étoit le bureau de l'inspecteur de l'atelier des médailles, et l'entrée aura lieu par la rue Guénégaud.

Le change aura lieu sous la surveillance de la haute commission des monnoies, d'une sous-commission et de M. le commissaire du roi, par de nombreux experts en la matière.

On évalue à un quarantième du nombre des pièces de deux sous en circulation, celui des pièces qui sont fausses.

Quant aux pièces de six liards également fausses, les documens manquent complétement pour en fixer le chiffre approximativement.

—Voici comment ont été réglées les vacances des grandes bibliothèques de Paris :

La Bibliothèque Mazarine est fermée du 1er août au 15 septembre ;

La Bibliothèque royale sera fermée du 1er septembre au 1er octobre ;

Les Bibliothèques Sainte-Geneviève et de la ville, du 1er septembre au 15 octobre ;

La Bibliothèque de l'Arsenal, du 15 septembre au 3 novembre.

—L'administration des finances prépare, dit-on, en ce moment, sur la demande qui lui en a été faite par la dernière commission du budget, un travail statistique sur les propriétés de main-morte ; il se composera d'un état par département, indiquant, pour les divers établissemens religieux ou laïques, la valeur des biens immeubles qu'ils possèdent, en distinguant les biens destinés au service des établissemens et ceux qui produisent des revenus. D'un autre côté, on s'occupe au ministère des finances de dresser le relevé des dons et legs de toute nature faits aux établissemens de bienfaisance de 1800 à 1845.

— L'Académie de Médecine vient de s'attacher huit savans étrangers à titre d'associés. Ce sont MM. Arendt, à Saint-Pétersbourg ; Brodie, à Londres ; Burdach, à Kœnigsberg ; William Lawrence, à Londres ; Liebig, à Giessen ; Marshall Hall, à Londres ; Jean Muller, à Berlin ; Nœgèle père, à Heidelberg.

— On lit dans la *France Algérienne* du 6 août :

« M. le gouverneur-général est arrivé aujourd'hui à Alger, après avoir complétement accompli la petite campagne qu'il avoit projetée. L'ennemi, qui avoit envahi une portion des deux agaliks en avant de Dellys, a fui à son approche sans combattre. Les tribus ou fractions de tribus qui s'étoient mises en révolte ont été de nouveau soumises et réorganisées. Les Kabyles de la rive gauche de l'Oued-Sébaou, depuis l'Oued-Kseub, étoient tous sous les armes, croyant, l'ayant mérité par leurs attaques, qu'on alloit envahir leur territoire. Nos troupes ont passé devant eux sans les attaquer et sans être attaquées par eux. On s'est borné à leur intimer, par lettres, que, s'ils ne veulent pas attirer la guerre dans leur pays, ils aient à respecter dorénavant les tribus soumises.

» Jamais campagne ne fut plus pacifique. Le corps expéditionnaire, fort de 5,000 hommes, n'a perdu qu'un seul soldat, qui a été tué en allant chercher de l'eau trop loin du camp. Les troupes, conduites avec beaucoup de ménagement, rentrent dans un état sanitaire des plus satisfaisans. »

— On écrit d'Alger que le fréquent usage de la liqueur d'absinthe, dont une partie de la population européenne a pris l'habitude, a produit de nombreuses maladies, des décès même ; à tel point qu'on a craint que les fabricans français qui expédient en Algérie des quantités considérables de cette liqueur ne l'eussent falsifiée, par une criminelle cupidité, à l'aide de substances corrosives.

Heureusement, il n'en étoit rien : mais les gens de l'art appelés, à ce qu'il paroît, à procéder à des analyses chimiques, se sont accordés à blâmer le funeste usage de cette boisson, et ont motivé leur opinion de la manière suivante :

« C'est ordinairement deux fois par jour, avant le repas, que les personnes qui se sont habituées à la liqueur d'absinthe la prennent, étendue dans un verre d'eau. Un certain nombre même la boivent pure, après s'être blasées sur son goût mêlé avec l'eau qui en atténuoit la force.

» L'alcool entre dans sa composition pour environ 70 parties sur 100. L'huile essentielle d'anis et l'extrait d'absinthe y entrent pour le reste.

» Cette liqueur nuit à l'estomac, non-seulement par son degré alcoolique, mais aussi par l'extrait d'absinthe, amer, tonique, qui, après avoir été d'abord d'un bon effet sur l'organe digestif, ne tarde pas à devenir inopportun, et ensuite nuisible par sa qualité excitante.

» L'huile essentielle d'anis, qui entre dans cette composition, et qui rend la boisson laiteuse par son mélange avec l'eau, apporte aussi son surcroît de nocuité.

» Enfin, ce qu'il y a de plus fâcheux, c'est qu'on a l'habitude de prendre cette boisson avant les repas, quand l'estomac est vide, et qu'elle en irrite alors les parois bien plus qu'elle ne le feroit mêlée aux alimens. »

— Le *Toulonnais* publie la note suivante sur l'incendie du Mourillon :

« Les travaux de déblaiement sont à peu près terminés au Mourillon. Inutile de dire que les hangars en maçonnerie, sous lesquels se trouvoient empilés les bois qui ont alimenté l'incendie pendant deux jours et deux nuits, sont perdus. Il a fallu démolir tout ce qui restoit debout ; aucune bâtisse n'eût pu résister, du reste, à l'action d'un feu aussi ardent.

» Toutes les troupes qui avoient été détachées au Mourillon sont rentrées dans leurs casernes le 4.

» Il paroît que l'enquête est restée jusqu'à présent sans résultat ; on n'a pu se procurer aucune donnée certaine, et tout fait craindre que les auteurs de l'incendie ne restent inconnus. »

— On lit dans la *Démocratie pacifique* :

« Une nouvelle descente de police a eu lieu hier matin à La Villette. Elle n'a rien produit. La *Mère* des charpentiers, désolée de voir ainsi sa maison exposée deux et trois fois par jour aux visites de la police, a cru devoir se rendre chez M. le préfet de police, accompagnée de cinq de ses *enfans*. Cette brave femme a supplié M. Delessert de vouloir bien s'entremettre pour que l'autorité judiciaire mît fin à des poursuites qui ont pris aujourd'hui le caractère de véritables tracasseries. L'entretien a duré plus d'une heure, et, comme la première fois, les ouvriers sont sortis enchantés de l'accueil de M. le préfet de police.

» Trois ouvriers charpentiers ont été arrêtés hier au soir. Plusieurs entrepreneurs ont écrit, hier et aujourd'hui, pour adhérer au tarif des ouvriers. Plus de 5,000 ouvriers sont actuellement occupés. »

— L'affaire du prince de Berghes, accusé de crime de faux pour contrefaçon de jetons du Jockey-Club, a été appelée hier devant la cour d'assises de la Seine. Le prince de Berghes, déclaré par le jury coupable de faux en écriture privée, a été condamné à 3 ans de prison et 100 fr. d'amende, par application de l'art. 401 du Code pénal.

— La persévérance du mauvais temps a donné l'éveil aux spéculateurs. Sur presque tous les points de la France, le prix du blé a subi une hausse très-marquée ; et si la pluie devoit continuer encore une semaine ou deux, les cours s'élèveroient sans aucun doute dans une proportion inquiétante pour les malheureux.

— La *Gazette du Berri*, dans son numéro du 13, donne les nouvelles suivantes :

« La santé du roi Charles VI continue à être bonne. Constamment occupée dans son appartement, S. M. cherche dans la lecture et l'étude, quelques distractions qui puissent adoucir la peine qu'elle éprouve d'être séparée de ses augustes parens.

» Les dernières nouvelles venues de Gréoulx annonçoient que LL. MM. jouissoient toujours d'une bonne santé »

— Le soi-disant comte de Normandie, forcé de quitter l'Angleterre, s'étoit retiré à Delf, en Hollande ; il y est mort le 10 de ce mois. Il étoit âgé de soixante ans au moins ; sa ressemblance avec le roi Louis XVI étoit grande, et pouvoit expliquer l'obstination de quelques personnes à le prendre pour le dauphin, mort au Temple. Lui-même paroissoit croire de bonne foi à son identité.

Dans ces derniers temps il s'étoit occupé d'expériences pyrotechniques concernant l'art militaire, et comme il lui étoit arrivé divers accidens dans ses expériences, ses partisans vouloient y voir des complots tramés contre ses jours.

— Les élèves de l'école de droit de Paris sont ordinairement en nombre à peu près double de celui des élèves des huit autres écoles réunies du royaume. Le nombre des élèves de la faculté de Paris, qui étoit de 500 à sa création, s'est élevé, au bout de quinze années, en 1819, à plus de 3,000. Mais, au bout de dix autres années, sauf quelques fluctuations légères, il étoit descendu à 2,436. Pendant les cinq années suivantes, une nouvelle progression est survenue ; en 1835, le nombre des étudians s'est élevé à 3,434. Mais il paroît alors être arrivé à son apogée, car les sept années suivantes sont allées dans une progression constamment décroissante, c'est-à-dire de 3,434 à 2,772, chiffre de l'année 1842. Dans les deux années suivantes, 1843 et 1844, une progression inverse se présente, puisqu'en 1844 on compte 2,936 inscriptions.

— Un affreux événement a attristé les courses de chevaux qui ont eu lieu à Nantes dimanche dernier et a plongé dans la douleur et dans le deuil toute la ville. Des tribunes avoient été élevées pour contenir les curieux. Au moment où les courses alloient finir, une des tribunes dans laquelle étoient 6 à 700 spectateurs, hommes, femmes, enfans, s'écroula. Les spectateurs tombèrent d'une hauteur de cinq mètres. On peut comprendre les cris de désespoir, l'effroi, le désordre de l'événement. Quelques personnes ont été plutôt arrachées que retirées des décombres, et ont dû à des secours trop prompts des souffrances plus vives. Le National de l'Ouest publie la liste des victimes. Nous n'y remarquons qu'un mort. Quatre-vingt-cinq personnes ont été plus ou moins grièvement blessées, plus ou moins gravement contusionnées. On craint que quelques-unes de ces personnes ne succombent à leurs blessures.

— La cour d'assises de la Flandre orientale a prononcé, après cinq jours de débats qui n'ont offert que peu d'intérêt, la peine de mort contre les nommés Ruys, Auguste et Henri de Tant, déclarés coupables d'assassinat suivi de vol du curé de Rooborst.

Les deux femmes accusées de complicité de ces crimes, ont été déclarées non coupables.

L'arrêt devra recevoir son exécution sur la place publique de Gand.

EXTÉRIEUR.

ESPAGNE. — D'après les rapports des journaux de Madrid, le voyage d'Isabelle dans la Navarre et le Guipuscoa a été une éclatante ovation. Les populations sont sorties presque en masse à la rencontre des augustes voyageuses, quoique la plus grande partie du voyage ait été faite pendant la nuit, à cause de la trop grande chaleur. C'étoit un spectacle vraiment pittoresque et original que ces arcs-de-triomphe entièrement illuminés le long de la route ou des chemins par où les reines devoient passer; et cet immense concours qui remplissoit les chemins depuis les premières heures du soir jusqu'à la matinée, tenant des flambeaux et des torches à la main. S'il faut ajouter une foi entière aux divers récits qui nous parviennent sur l'accueil magnifique et vraiment triomphal que les Navarrais ont fait aux personnes royales, les immenses cris de *vive Isabelle II* auroient été mêlés à ceux de *vive Carlos VI*, ce qui pourtant ne paroît pas avoir empêché Isabelle d'accueillir avec empressement et amabilité les félicitations naïves et tout-à-fait originales des villageois de Navarre et du Guipuscoa. Narvaez et Martinez de la Rosa ont été saisis d'étonnement lorsqu'ils ont vu un tel enthousiasme aussi universel qu'inattendu.

— On écrit de Madrid, le 8 août :

«Voici, d'après un bulletin de Saint-Sébastien arrivé aujourd'hui, le programme du prochain mouvement de la cour:

» La reine quittera Saint-Sébastien le 16 août pour se rendre à Mondragon ; elle y prendra les eaux de Santa-Aguada. S. M. devant prendre neuf bains, le séjour de la reine à Mondragon se prolongera jusqu'au 25 août. La reine partira ensuite pour Bilbao, et de là elle ira à Pampelune, où elle recevra S. A. R. le duc de Nemours vers le 4 septembre.

» Quelques personnes assurent que le décret de convocation des cortès paroîtra à la fin de ce mois dans la *Gazette*. Les sénateurs auront été nommés avant cette époque. Les premières lois dont les cortès auront à s'occuper seront la loi électorale et la loi de la liberté de la presse. *El Castellano*, appréciant d'avance cette session, prétend qu'après le vote des deux lois et l'autorisation accordée au gouvernement pour toucher les impôts jusqu'à ce que les cortès aient voté le budget, il conviendra de dissoudre le congrès et de procéder immédiatement aux élections, conformément à la loi électorale. La représentation nationale, conforme alors aux dispositions de la constitution de 1845, pourroit être réunie en mars ou en avril, et se livrer à la discussion des budgets pour l'année 1847. Ce seroit une manière de procéder très-constitutionnelle.

» La *Gazette* publie aujourd'hui une dépêche de l'ambassadeur d'Espagne en Portugal; cette dépêche annonce que les navires venant du midi de l'Espagne et de la France seront admis à la libre pratique, sans quarantaine préalable, dans les ports de Portugal. »

— Les nouvelles de Madrid du 9 sont sans intérêt. D'après une correspondance particulière, le général Concha, capitaine-général de la Catalogne, et le général Cotoner, commandant en second, auroient donné leur démission.

— L'*Heraldo* du 7 août donne les détails suivans sur une révolte des condamnés aux présides que l'on conduisoit de Carthagène à la province de Castille :

« La chaîne des forçats fit une halte au port de Mala. Muger et cent des forçats furent enfermés dans l'écurie et dans la cour de l'hôtel des Postes. Ils étoient si peu surveillés qu'ils parvinrent à s'emparer des armes que les soldats de l'escorte avoient déposées sans précautions tout près de ces malfaiteurs. Ils surprirent et tuèrent la sentinelle, et au milieu d'une vive lutte avec les soldats et les gardes civiques, plus de vingt réussirent à se sauver en escaladant les murs de la cour. Pendant la mêlée, les autres forçats, enfermés dans la maison de la Torre, cherchoient à rompre leurs fers et à se joindre à leurs compagnons. Les révoltés ont eu deux hommes tués et onze blessés. Trois des fugitifs sont repris. »

PRUSSE. — La reine d'Angleterre est arrivée à Aix-la-Chapelle le 11 août,
à onze heures du matin. Elle y a été reçue par le roi et la reine de Prusse.

A une heure, un convoi spécial du chemin de fer a transporté les deux souverains à Cologne, où ils sont arrivés à sept heures du soir. Toutes les maisons de
la ville étoient pavoisées.

Le 12, LL. MM. ont passé la journée à Bonn. Elles devoient revenir le même
soir au château de Bruhl.

Mercredi elles ont dû aller de Bruhl à Cologne, pour visiter le dôme.

Le roi et la reine des Belges, rentrés au château de Laeken lundi soir, après
avoir accompagné la reine d'Angleterre jusqu'à Verviers, sont partis mercredi
de Bruxelles pour l'Allemagne. Un convoi spécial a conduit LL. MM. jusqu'à Aix-
la-Chapelle.

— On écrit de Bonn, 12 août :

« En ce moment le voile qui couvre la statue de Beethoven tombe au milieu des
applaudissemens de la foule. A midi un quart, le roi étoit arrivé avec la reine
Victoria, au son des cloches et au milieu des acclamations de joie du peuple.
LL. MM. descendirent au palais du chambellan comte de Furstemberg-Stam-
mheim. Lorsque la reine Victoria accompagnée du roi et de la reine de Prusse
ainsi que du prince Albert, parut sur le balcon, elle fut accueillie avec des transports d'enthousiasme. Après la solennité, les professeurs de l'université seront
présentés à la reine dans la grande salle de l'académie. »

HOLLANDE. — Le *Journal de La Haye* annonce que le roi de Hollande est
arrivé samedi soir dans cette résidence, de retour de son voyage à Londres. Le
prince d'Orange étoit allé au-devant de son auguste père jusqu'à Hellevœtsluis,
à bord du yacht royal de *Leeuw*.

SUISSE. — On écrit de Zurich au *Journal des Débats* :

« Zurich, le 10 août.

» Hier, les députés de Berne ont quitté Zurich précipitamment. La cause de
ce départ n'est pas un mystère : aujourd'hui même devoient se réunir à Berne
les comités de district de la fameuse ligue populaire. L'événement est bien de
nature à inspirer de l'inquiétude au gouvernement de ce canton.

» Tandis que la ligue populaire délibère à Berne, c'est-à-dire au moment même
où je vous écris, le comité des corps francs est réuni à Zoffingue. Zoffingue est
cette petite ville du canton d'Argovie, sur la frontière de Lucerne, qui leur a
servi de quartier-général, et d'où ils sont partis pour leur mémorable expédition.
MM. Steiger et Boschenstein sont à Zoffingue.

» C'est aujourd'hui pareillement que le canton de Vaud est appelé à voter sur
la nouvelle constitution, sortie des élucubrations de M. Druey et de ses collègues.

» Ainsi, en ce moment même, la moitié de la Suisse est sur pied. »

Aujourd'hui la *Presse* et le *Constitutionnel* prétendent que M. Neuhaus étoit
encore à Zurich le 11.

— Nous apprenons que la nouvelle constitution du canton de Vaud a été adoptée, le 10 août, par les assemblées populaires. Ces assemblées se sont prononcées également pour le maintien du grand conseil actuel.

A Lausanne, la majorité a été de 1,591 voix contre 752, pour l'acceptation de
la nouvelle constitution, et de 1,246 contre 662 pour le maintien du grand conseil. Nous ne connoissons pas encore le chiffre pour le reste du canton, mais on
estime approximativement la majorité aux deux tiers des votans.

DANEMARCK. — COPENHAGUE, 2 août. — M. de Nicolaï, ministre russe

dans cette capitale, a fait tous les efforts possibles pour obtenir des poursuites
contre MM. Lehmann, Poulsen et Helweg, orateurs, qui, dans les dernières réunions d'étudians, ont prononcé des discours dont l'absolutisme moscovite a pris
ombrage. S. Exc. s'étoit d'abord rendue, en personne, à la chancellerie danoise
où ses prétentions avoient reçu un assez froid accueil : alors elle s'est directement adressée au roi, qui a commencé par refuser, mais qui a cédé ensuite, sur
la menace que l'envoyé russe a faite de demander ses passeports.

—Le roi de Danemarck vient d'instituer, dans ses Etats, un ordre destiné à récompenser le mérite civil et militaire.

AMÉRIQUE. — Les journaux anglais contiennent des nouvelles d'A-
mérique du 16 juillet. Le président *ad interim* du Mexique avoit fait un appel aux armes à tous les citoyens de la république pour déclarer la guerre aux
Etats-Unis, à la suite du décret d'annexion du Texas. Dans l'état où se trouve
le Mexique, nous ne croyons pas qu'il faille attacher une extrême importance à une telle déclaration. En effet, cette déclaration est antérieure à l'adoption
du bill d'annexion par les chambres texiennes. Elle est du 4 juin, et c'est le 16
que le congrès du Texas a voté l'incorporation de la république à l'Union américaine. On avoit eu des nouvelles de Mexico de la fin de juin, et de la Vera-Cruz
du 2 juillet, qui représentoient le Mexique comme beaucoup plus occupé de ses
troubles intérieurs que de projets de guerre extérieure.

Les derniers journaux des Etats-Unis, en date du 16, annoncent que le secrétaire d'Etat de M. Buchanan, avoit donné sa démission à cause d'une mésintelligence avec le président sur les affaires de l'Orégon, et qu'il alloit être remplacé
par M. André Stephenson, de la Virginie.

TURQUIE. — CONSTANTINOPLE, 25 juillet. — La Porte, sur les réclamations
de M. de Bourqueney, s'est engagée à punir le cheik des Druses, accusé du meurtre d'un religieux français, et à indemniser les couvens placés sous la protection
de la France, qui ont souffert lors des derniers troubles.

— On écrit de Beyrouth, le 12 juillet, que, bien qu'un armistice ait été conclu, les Druses et les chrétiens ont toujours les armes à la main et occupent encore les points fortifiés. Une commission composée de chefs druses et maronites
s'est formée à Beyrouth sous la présidence du pacha, pour régler les différends,
et l'on attend encore l'émir Hadaïr et le caïmacan chrétien pour terminer. Toutefois la disposition des esprits dans la montagne ne sembloit guère donner des
garanties de tranquillité future. La misère des familles fugitives augmentoit chaque
jour; elles erroient sans pain et sans asile, et elles n'avoient aucun espoir de voir
arriver le terme de leurs maux.

— On écrit à la *Gazette d'Augsbourg* que Méhémet-Ali, ayant appris l'incendie de Smyrne, s'est empressé de donner 25,000 florins pour les malheureux
incendiés.

— On écrit de Smyrne, le 18 juillet :

« Tous les jours nous avons à déplorer de nouveaux incendies; personne ne
doute qu'ils ne soient le résultat de la malveillance. Il est certain que, dans le
cours de cette semaine, on a mis le feu dans le quartier franc. Des soldats de la
police du gouverneur l'avoient mis. Le bruit s'étant répandu que la population
turque avoit l'intention d'attaquer les Francs, on avoit fait venir toutes les pompes
à feu, et les consuls avoient appelé une garde de sûreté. On dit que le gouverneur de la ville, Reschid-Effendi, est destitué. L'*Echo de l'Orient* a eu le courage
de dénoncer à la Porte-Ottomane la lâche conduite de ce gouverneur. »

CROATIE. — On écrit d'Agram, capitale de la Croatie, que des scènes sanglantes se sont passées le 28 juillet dernier dans cette ville, à l'occasion de l'élec-

tion des fonctionnaires. L'élection du premier employé supérieur du comitat avoit été disputée et avoit duré deux jours. La majorité venoit enfin de se prononcer en faveur d'un M. Swich. Et les deux partis (les Maggyares et les Illyriens) qui divisent le pays, et que des détachemens de troupes avoit tenus séparés jusque-là, quittoient la place de l'assemblée, lorsqu'un coup de fusil fut tiré par les Maggyares sur les Illyriens. Ceux-ci voulurent repousser les soldats pour se précipiter sur leurs adversaires ; les soldats résistèrent, et dans la lutte, un officier ayant été maltraité, la troupe fit un feu de peloton auquel les assaillans ripostèrent en blessant plusieurs soldats. Les militaires firent feu une seconde fois et dispersèrent les mutins. Malheureusement les deux décharges ont atteint 40 Illyriens, dont dix mortellement. Ces sortes de collisions sont d'ailleurs tellement dans les mœurs de ces populations encore à demi-sauvages, que les opérations électorales ont continué le lendemain comme si rien de semblable n'avoit eu lieu la veille.

—— · — ——

Nous lisons dans une feuille départementale (l'*Yonne*, 5 juillet), un article d'art qui doit intéresser nos lecteurs : le voici :

Mécanisme musical transpositeur pour orgue et piano.

On nous communique une brochure traitant d'un mécanisme transpositeur et de l'influence que cette découverte doit exercer sur le chant ecclésiastique, sur la musique vocale dans les écoles, et enfin des avantages qu'elle procure à tous les amateurs de la musique chantée.

L'auteur, qui est un ecclésiastique de l'Yonne, a principalement en vue de simplifier soit l'exécution du plain-chant sur l'orgue, pour le culte, soit l'exécution de la musique élémentaire et facile introduite ou à introduire dans les écoles primaires. Ce seroit-là avoir rendu un service éminent aux pompes religieuses et à l'instruction.

M. l'archevêque de Sens, mis en mesure de juger par lui-même du travail de l'auteur, qu'il a fait expérimenter sous ses yeux, a, dans une réponse des plus flatteuses, exhorté ce dernier à donner à sa découverte les suites les plus développées.

Nous savons que M. le préfet, toujours si empressé à encourager ce qui peut apporter honneur et utilité au département, a recommandé l'auteur et son invention aux ministres de l'instruction publique et des cultes. Enfin, nous voyons avec plaisir M. l'inspecteur de l'instruction primaire de l'Yonne donner aussi une adhésion éclairée à un objet qui peut être si utile aux écoles. Toutes ces pièces, ainsi que le rapport d'un artiste, sont jointes à la brochure que l'auteur vient de publier, et que nous avons sous les yeux.

A Paris, M. Clergeau a trouvé des adhésions non moins recommandables. Il lui a suffi de montrer son mécanisme et de le faire fonctionner, pour que la sympathie la plus entière lui ait été acquise, et pour que l'on ait reconnu promptement que le transpositeur appliqué à l'orgue ou au piano, soit intérieurement, soit extérieurement (c'est-là la double spécialité du système transpositeur de M. Clergeau), est une découverte qui doit avoir les conséquences les plus heureuses pour l'art musical.

Nous nous empressons d'autant plus volontiers de signaler cette précieuse innovation, qu'elle a pour elle la garantie du succès par les grands développemens qu'elle a déjà pris. Nous avons visité ce mécanisme transpositeur, appliqué aux orgues du sieur Fourneaux, facteur, passage Vivienne, 64. Nos lecteurs peuvent, comme nous, en apprécier l'ingénieuse confection et l'utilité.

PARIS. — IMPRIMERIE D'ADRIEN LE CLERE ET Cⁱᵉ, rue Cassette, 29.

LETTRE ET NOTICE SUR Mgr MAC'DONNELL,
ÉVÊQUE D'OLYMPUS, VICAIRE APOSTOLIQUE DE LA TRINIDAD ET DES ANTILLES ANGLAISES.

—

Le retard involontaire de notre part qu'a éprouvé jusqu'ici l'insertion de cette lettre touchante et de cette notice pleine d'intérêt, n'enlèvera rien à l'admiration toute religieuse que mérite bien justement le récit de la vie et de la mort d'un saint prélat, véritable missionnaire apostolique.

« Trinidad. Pert of Spain, 17 novembre 1844.

» Monsieur le Rédacteur,

» Par l'entremise de votre excellent Journal, permettez à un missionnaire, à un enfant de venir payer un dernier tribut d'estime et d'affection à la mémoire d'un ami et d'un père, le vénérable Mgr Mac'Donnell, évêque d'Olympus, qui vient d'être enlevé à l'amour de son troupeau.

» C'est le 26 octobre, à cinq heures du soir, qu'il a terminé sa carrière après une maladie de huit jours. Sa mort, écho d'une vie pieuse, a été calme comme sa vie ; tandis que nous pleurions autour de lui, il a passé sans effort, et sur son visage inanimé régnoit toute la sérénité de son ame. Ah! c'est que c'étoit une belle ame que la sienne! Heureux vraiment ceux qui ont connu de près ce digne prélat, sa douceur, son indulgence, son affabilité, la noblesse de ses sentimens et de ses manières, qui dénotoient l'homme d'éducation, le « true gentleman » de la vieille Angleterre, sa longue patience surtout, et son inépuisable charité. Hélas! tous n'ont pas su l'apprécier ainsi. Son épiscopat a été une croix qu'il a portée avec courage.

» Pauvre évêque! depuis long-temps il souffroit dans son cœur; et la Providence a voulu que ce fût à la Croix qu'il vînt prendre le germe de la maladie qui nous l'a ravi. C'est dans la vallée de Santa-Cruz qu'il a rempli sa dernière fonction épiscopale.

» Compagnon ordinaire de ses courses apostoliques, je l'avois suivi dans ce quartier, où il s'étoit rendu pour consacrer l'emplacement et poser la première pierre d'une nouvelle église. Après avoir chanté la grand'messe, il a présidé une procession qui nous a conduits au sommet d'un Morne, situation choisie pour la future église dédiée à la Croix ; là nous sommes restés exposés pendant une heure et demie à l'ardeur d'un soleil tropical. Je n'oublierai jamais avec quel accent de piété, de résignation, il appuya sur cette invocation des litanies : *Per sanctam crucem tuam, libera nos, Domine*, la répétant trois fois et faisant le signe du salut.

» Après la cérémonie, sans prendre le temps de changer de linge, le prélat s'est rendu à une habitation voisine pour déjeuner. Pendant le repas, il s'est trouvé exposé à un courant d'air qui a décidé sa maladie. Je dis décidé, car depuis plusieurs mois il se plaignoit d'un dérangement de santé, et, comme par un pressentiment secret, il avoit mis tous ses papiers en ordre.

» De retour au port d'Espagne, se sentant souffrant, il consentit à notre prière à appeler un médecin. A la première nouvelle qu'il étoit en danger, toute la ville a été émue, les divertissemens ont cessé par ordre du gouverneur, chaque soir les cours de la maison épiscopale étoient remplies d'une foule inquiète, et l'élite de la société se pressoit dans le salon, attendant quelque décision favorable de la part des médecins.

» Mais l'habileté, le zèle le plus amical des hommes de l'art ont été impuissans. Nous l'avons vu passer doucement de cette région de peines et de labeurs à la patrie du repos et de la paix. Adieu donc, ou plutôt à revoir, vénérable ami; ce n'est pas vous qui êtes à plaindre!!!

» Dans cette circonstance s'est bien vérifiée la parole du Christ : « Celui qui » s'humilie sera exalté. » Mgr Mac'Donnell n'aimoit point à se mettre en évidence, à parler ni à faire parler de lui; il faisoit le bien sans ostentation et en secret; il administroit avec patience et une sage lenteur, aimant mieux passer pour indécis ou timide, que de manquer à la charité et à l'humilité. Mais à peine étoit-il expiré, qu'un sentiment d'estime et de vénération s'est manifesté universellement. Depuis le dimanche matin jusqu'au lundi, un flot non interrompu de personnes de toute classe, de toute opinion, de toute secte, s'est succédé dans l'appartement transformé en chapelle, où nous l'avions exposé revêtu de ses vêtemens pontificaux; tous vouloient voir leur père encore une fois; que de larmes ont coulé autour de lui! quel pieux empressement à baiser cette main qui avoit répandu tant de bénédictions! Nous avons vu un respectable ministre protestant avec sa famille payer lui-même ce tribut d'estime et de regret. Honneur à lui! C'est qu'il y a au fond de cette Eglise d'Angleterre un sentiment catholique qui lui portera bonheur.

» Honneur aussi à l'excellent gouverneur, sir Henri Macleod, qui, d'un mot, a fait l'éloge public du regrettable prélat : « C'est une grande perte, disoit-il à un » catholique, non pas pour vous seulement, mais pour toute la colonie. »

» Ce qui l'a prouvé, c'est le concours extraordinaire accouru à ses funérailles, non-seulement de la ville et des villages voisins, mais de plus de 20 milles. Son Excellence le gouverneur a envoyé le secrétaire colonial pour s'entendre avec M. l'évêque d'Agna et le comité catholique, afin de donner à la triste cérémonie un éclat qui répondît à l'étendue des regrets communs; on en a vu de plus pompeuses, sans doute, mais peu d'aussi pieuses, d'aussi touchantes : les cloches de l'Eglise établie comme celles de l'Eglise romaine sonnoient le glas funèbre, tous les magasins étoient fermés, le silence le plus religieux régnoit dans cette foule, qui comptoit plus de 15,000 personnes de toute dénomination. Je ne la décrirai point. Je citerai seulement deux faits qui en disent assez. C'est le char funéraire, fait exprès pour la circonstance, que les jeunes gens les plus honorables de la ville ont voulu traîner jusqu'à l'église avec les membres de la *santa hermandad del sanctissimo Sacramento*. Ce sont ces diverses sociétés des nègres laboureurs, rangées sous leurs bannières en deuil, marchant nu-pieds, les femmes avec une simple robe blanche, sans pendans d'oreille, sans colliers, sans bijoux aucuns, ce qui est chez eux le signe d'une douleur accablante.

» M. le coadjuteur, maintenant notre évêque, malgré de grandes fatigues et un pied malade, a présidé le clergé qui se composoit de 14 missionnaires; la cérémonie a duré plus de trois heures. Son Excellence, l'état-major du 67e régiment écossais, le conseil colonial et le conseil de ville, les magistrats, les ministres de l'Eglise anglicane, les notables habitans, toutes les autorités enfin suivoient à pied et en deuil, et après le service divin ont accompagné le clergé jusqu'au moment suprême où le cercueil, qui emportoit ce que nous avions de plus cher, est descendu dans le caveau sépulcral, sous le maître-autel de l'église cathédrale. »

NOTICE.

Mgr Daniel Mac'Donnell, issu d'une ancienne famille passée d'Irlande en Angleterre après les derniers efforts pour rétablir la maison des Stuarts, étoit né à Londres, au mois d'octobre 1783. Son premier instituteur fut un prêtre français émigré, dont il avoit gardé bon souvenir; il prit auprès de ces respectables exilés l'estime et la vocation pour l'état ecclésiastique. Jeune, il partit avec son frère Charles (décédé en novembre l'année dernière, provincial des Franciscains en Angleterre), pour le célèbre collège anglais de Lisbonne, où se rendoient les jeunes catholiques distingués, qui ne pouvoient alors étudier dans les universités du royaume-uni. Ainsi, il avoit appris de bonne heure à déplorer les funestes effets de l'intolérance religieuse; il se rappeloit avoir vu traduire devant un tribunal civil, pour s'y voir condamné par des juges protestans, un prêtre catholique, accusé d'avoir célébré la messe. Aussi, quand il comparoit les rapides progrès du catholicisme avec l'état précaire où il l'avoit connu dans son enfance, il ne pouvoit réprimer un sentiment de reconnoissance envers Dieu, sentiment plein d'espérance pour l'avenir de sa patrie.

» A Lisbonne, Mgr Mac'Donnell eut pour condisciple et pour ami le duc de Norfolk, et pour professeur, ensuite supérieur, le savant docteur Buckley, qui a été son prédécesseur immédiat comme évêque à la Trinidad. Mgr Mac'Donnell fut lui-même professeur à Lisbonne, et particulièrement chargé de l'éducation de M. Talbot, aujourd'hui marquis de Shrewsbury, comte de Wexford et Waterford.

Son frère aîné étant entré chez les Franciscains, il revint à Londres, et fut nommé, par le docteur Poynter, chapelain de cette petite chapelle de Saint-Georges, Southwark, où plus d'une fois il eut à prier pour les infortunes de la famille royale France. M. York Bramstone (d'avocat protestant devenu prêtre catholique) desservoit cette chapelle avec lui en qualité de premier chapelain. Mgr Mac'Donnell occupa le même poste quand celui-ci fut nommé évêque du district de Londres. « C'est dans cette chapelle de Saint-Georges, dit un journal protestant, que nous avons connu pendant plus de dix-huit ans, le docteur Mac'Donnell, et que nous avons entendu parler de lui comme possédant ce haut degré de bienveillance et de vertus qui l'a rendu si cher aux peuples de la Trinidad. »

A la mort de Mgr Buckley, évêque de Gerren, vicaire apostolique des Antilles anglaises, arrivée le 24 mars 1828, le Saint-Siége demanda au clergé de Londres un missionnaire capable de le remplacer, possédant surtout la langue espagnole; Mgr Daniel Mac'Donnell fut désigné. Malgré ses répugnances et avec la pensée de se retirer au bout d'un certain temps, il accepta, et fut sacré à Londres, le 27 mai 1828. Il arriva à la Trinidad, le 21 juin de l'année suivante. C'étoit un vrai apostolat dont il s'étoit chargé. Son vicariat comprenant toutes les possessions anglaises, danoises, suédoises, comptoit très-peu de missionnaires; des îles entières en étoient dépourvues; les églises manquoient généralement, et la pratique de la religion étoit presque mise en oubli. Ce que son prédécesseur n'avoit pu faire à cause de ses infirmités, lui l'entreprit avec zèle; il visita plusieurs fois son vaste diocèse, il appela un plus grand nombre de saints ouvriers. Malheureusement, dans le nombre, il s'en trouva qu'il ne connoissoit point assez, qui trompèrent sa confiance, et se laissèrent égarer par un esprit de parti et d'insubordination. Obligé de les réprimer, il le fit avec cet esprit de conciliation dont il ne se départit jamais. Il eut cependant la douleur de voir ses intentions méconnues. Un déplorable schisme éclata. Fondé plutôt sur la distinction irritante des blancs et des gens de couleur que sur des considérations purement religieuses, ce schisme troubla la paix des familles et de toute la société. Aux calomnies dont il fut l'objet, aux pamphlets lancés contre lui, l'évêque d'Olympus n'opposa que la patience. Des mesures de rigueur auroient agrandi le mal. Alors, comme dans d'autres circonstances pénibles, il laissa à l'orage le temps de se calmer, tout en demeurant ferme à ne faire aucune concession contraire à la discipline de l'Eglise. Dieu a béni sa conduite, car toute cette excitation qui a duré dix ans, est tombée peu à peu, et, à sa mort, l'union et la paix régnoient depuis long-temps dans le diocèse.

Dans le désir de procurer des secours plus abondans à son diocèse, il partit en 1836 pour l'Europe, laissant l'administration à M. l'abbé Richard-Patrick Smith, sur lequel, dès lors, il avoit jeté les yeux pour en faire son coadjuteur. Accompagné du Révérend abbé Berlin, il se rendit à Rome, où il fut l'objet d'égards particuliers de la part du souverain Pontife qui le nomma prélat assistant au trône pontifical, et de la part de son illustre ami le cardinal Weld. Il fut choisi pour officier au service funèbre de ce pieux cardinal, cérémonie la plus pompeuse qu'on eût vue à Rome depuis long-temps.

Après avoir obtenu des bulles pour son coadjuteur, placé plusieurs sujets Irlandais dans divers séminaires à Paris, à Rennes, obtenu des secours pécuniaires de la Propagation de la Foi, avec assurance de les voir continuer annuellement, il revint promptement à la Trinidad, laissant M. l'abbé Berlin en France, pour terminer les affaires et engager des sujets propres à former un collége pour l'éducation des jeunes créoles. Précédemment il avoit établi une communauté de religieuses de Saint-Joseph, pour élever les jeunes personnes.

A son retour, le 10 décembre 1837, il sacra son coadjuteur. Au mois de juin 1840, il fit un second voyage en Europe, voyage tout de charité. Contrarié dans ses vues, froissé dans ses sentimens, le bon évêque se résolut à se démettre, et écrivit en conséquence au cardinal Fransoni, préfet de la Propagande. Mais des amis sages et éclairés qu'il consulta parmi le clergé anglais, le dissuadèrent fortement de persister dans cette résolution. Il écrivit donc au cardinal-préfet, pour lui annoncer qu'il reprenoit sa charge épiscopale, et il en reçut une réponse flatteuse par laquelle il étoit engagé à continuer ses fonctions. Il les remplit depuis ce temps avec une exactitude plus grande que jamais. Oublieux de lui-même, il ne craignoit aucune fatigue. Dans la visite des paroisses, je ne l'ai jamais entendu se plaindre des incommodités inévitables dans ces courses pénibles, et sous un climat si brûlant. Je l'ai vu, quand nous étions en mer dans une frêle pirogue souvent inondée par les lames, assis tranquillement à l'arrière, dire son chapelet sans distraction. C'est que sa piété étoit éminente et affectueuse; point de séminariste qui fût plus exact que lui à réciter l'office à des heures réglées, à faire la méditation et la lecture, à célébrer chaque jour la messe. La délicatesse de sa conscience étoit si grande qu'elle le portoit à s'approcher généralement tous les jours du tribunal de la pénitence. Cette piété étoit empreinte sur tout son extérieur quand il officioit pontificalement, et nos frères d'une autre croyance en étoient singulièrement édifiés, comme l'a remarqué un journal protestant.

Que dire de sa bienveillance habituelle? En témoignage, je pourrois appeler les officiers des bâtimens de la marine royale de France, qui sont venus en mission dans nos parages; reçus chez lui avec la plus aimable courtoisie, tous ont emporté la plus haute idée de la noblesse et de l'aménité du digne prélat; l'un d'eux, mon honorable ami, qui deux fois a eu occasion de jouir plus intimement de sa société, m'écrivoit dernièrement qu'il avoit conçu pour cet aimable évêque une affection toute filiale. Et que dire surtout de sa charité? Pour pouvoir donner davantage, il avoit retranché tout superflu. Sa chapelle se composoit d'un seul ornement tout simple, avec des galons faux, et d'un calice qui appartenoit même à la paroisse. Quand je lui faisois quelques observations à ce sujet, il répondoit que les églises de son vicariat avoient plus besoin que lui. Il leur avoit distribué tout ce qui lui appartenoit en fait d'ornemens et de vases sacrés; pas une église construite ou en construction pour laquelle il n'ait souscrit de sa bourse, souvent pour une somme considérable. Quant aux infortunés, à ceux surtout qui se cachent, Dieu seul connoît ce qu'il leur a donné.

Dans le commencement que j'étois chargé des registres de sa maison, j'écrivois certaines sommes qu'il donnoit périodiquement; il me défendit de le faire, disant que Dieu seul devoit connoître cela. Il auroit donné tout son linge de corps, si ses domestiques n'y avoient mis ordre. Lors du tremblement de terre de la Guadeloupe, il fut le premier à provoquer des secours abondans, et il fit lui-même la quête dans sa cathédrale. Enfin, fidèle à la devise qui orne les armoiries de sa famille, devise française: «Tout. jour. prêt, » il étoit toujours disposé à obliger, et c'étoit pour lui une grande peine d'être forcé de refuser ceux qui étoient dans le besoin. Aussi, bien qu'il reçût 1,000 liv. sterl. annuellement du gouvernement britannique, non-seulement il n'a pas fait d'économies, mais il a à peine laissé de quoi fournir aux frais de ses funérailles. A sa famille, il a laissé... quoi?... quelque legs considérable? Non, car comme Possidius le dit de saint Augustin: « *Unde faceret obsequias, Christi pauper non habuit.* » Mais il a laissé *sa montre et son cachet,* parce que, disoit-il, c'étoit la seule chose qui fût réellement à lui, et non à son Eglise. Mais il étoit d'une famille qui comprend aisément

un tel désintéressement. Deux de ses neveux, jeunes lévites pleins
d'espérance, sont au collége de Saint-Edmund, et trois de ses nièces se
sont réfugiées à l'ombre du cloître.

A nous qui avons vécu avec lui, et qui le pleurons, il sembloit un de
ces évêques des temps apostoliques, simples et cachés, qui passoient en
faisant le bien, et alors nous comprenons qu'il ait pu dire en souriant,
quand il alloit mourir : « Pour moi, je vais faire le bienheureux
voyage. » Et nous nous consolons dans l'espoir qu'il prie au ciel pour
ses diocésains, pour tous ceux qu'il a aimés et qui l'ont aimé aussi.

RENÉ-CHARLES POIRIER, *missionnaire apostolique*, Soc. J. et M.,
secrétaire du defunt évêque.

REVUE ET NOUVELLES ECCLÉSIASTIQUES.

ROME. — Sa Sainteté Grégoire XVI s'est rendu, le 2 août, à l'église
des religieuses capucines, au Quirinal, pour gagner l'indulgence de la
Portioncule, dite le pardon d'Assises. Après avoir entendu la messe, célébrée par un de ses chapelains, il est entré dans le chœur intérieur, et
a daigné admettre la communauté au baisement du pied.

PARIS.

La lettre suivante venue d'Athènes, et empruntée à la correspondance du *Journal des Débats*, donne des détails intéressans sur les dernières discussions religieuses qui ont eu lieu dans la chambre des députés de la Grèce. C'est comme la suite des renseignemens que nous
avons donnés sur les patriarches œcuméniques de cette triste Eglise
grecque schismatique :

« Athènes, le 31 juillet.

» La chambre s'est occupée dernièrement de la réorganisation du Saint-Synode. Conformément à l'art. 105 de la charte, le ministère a dû en présenter le
projet au parlement. Une commission spéciale a été chargée de le rédiger. D'abord
s'est présentée la question de savoir ce que seroit dans l'Etat le chef de l'Eglise. Les
napistes le vouloient indépendant à l'égard de la couronne, et élu par l'assemblée
des archevêques et des évêques. Par ce moyen le parti russe réparoit en un instant toutes les défaites qu'il avoit subies depuis douze ans. On comprend facilement que, grâce à l'influence que le clergé exerce dans le pays, le président du
Saint-Synode devenoit plus puissant que le roi lui-même, qui, aux yeux du peuple, a le malheur d'être catholique. La philorthodoxie de 1840 releva la tête en cette
circonstance. Les napistes ne dissimuloient plus, ils annonçoient hautement l'intention de subordonner le pouvoir temporel au pouvoir spirituel. Les plus imprudens d'entre eux alloient même jusqu'à annoncer le renversement d'une dynastie
hétérodoxe, et l'on proposoit déjà au clergé de choisir pour son chef l'archiman-
drite Œconomos, l'ame de l'ancienne société philorthodoxe et l'agent presque
avoué de la Russie. En présence de ces menées, le parti national ne pouvoit que
resserrer ses rangs et se rattacher plus que jamais au trône. Tel fut l'esprit qui
inspira le ministère, qui voulut que le président du Saint-Synode continuât d'être
nommé par le roi.

» Après la décision de la chambre, il étoit facile de prévoir que le parti philorthodoxe perdroit totalement la partie qui s'étoit engagée entre lui et le parti

national au sujet de l'organisation de l'Eglise. En effet les deux questions importantes que soulevoit le projet de loi, et qui restoient à régler, ont été résolues en
faveur des tendances libérales. Il s'agisso t d'une part de savoir si, comme le demandoit le parti russe, le mariage seroit en Grèce considéré seulement comme
un sacrement que l'Eglise seule pourroit consacrer et dissoudre, ou si, comme le
vouloit le parti national, le mariage seroit aussi un acte civil soumis à l'autorité
temporelle. Le parti russe insistoit. C'étoit pour lui un moyen de conserver au
clergé l'influence qu'il exerce jusqu'ici au profit de la philorthodoxie. C'étoit
peut-être aussi une compensation de la défaite qu'il venoit de supporter au sujet
de l'élection du chef du clergé. Ayant en mains le sort des familles, et pouvant à
son gré faire et défaire les mariages, le clergé conservoit en effet un immense
moyen d'action sur le peuple, et on conçoit toute l'importance que l'on attachoit
de part et d'autre à la solution de cette question. M. Coletti, à la tête du parti
national, a remporté la victoire. La chambre, à la majorité de 60 voix contre 35,
a décidé que la consécration du sacrement de mariage appartiendroit à l'Eglise,
mais que le divorce ne pourroit être prononcé que par les tribunaux civils. C'est,
au reste, ce qui avoit lieu jusqu'ici. En Grèce, le mariage continue d'être et un
sacrement et un acte civil. Cet état de choses satisfait pleinement les sentimens
religieux et les intérêts temporels.

» Il s'agissoit ensuite des prêtres qui quittent le sacerdoce pour rentrer dans la
vie séculière. L'Eglise interdit cette renonciation, et les canons prononcent
l'excommunication contre ceux qui s'en rendent coupables. Devant les exigences
du parti napiste, le ministère avoit cru pouvoir ajouter une sorte de punition
temporelle à la peine spirituelle, et le projet de loi contenoit une disposition qui
interdisoit les emplois publics et l'exercice des droits civils à ceux qui renonce-
roient à leurs vœux. L'opposition philorthodoxe, à laquelle s'étoit ralliée l'opposition mavrocordatiste, ne se contentoit pas de cela ; elle vouloit encore que cette
disposition pénale reçût une force rétroactive. On vouloit par là contraindre
M. Balbi, qui a été diacre dans sa jeunesse, à quitter la chambre, où il figure
comme député de Missolonghi, et à abandonner le ministère de la justice. Lorsque les débats eurent constaté cette étrange prétention, le ministère coupa court
à la discussion en proposant à la chambre, qui l'accepta immédiatement, la suppression pure et simple de l'article du projet de loi ayant trait à cette disposition. »

Voici de nouveaux détails sur les désordres qui ont eu lieu à Halberstadt, à l'occasion des prédications de Ronge :

« Halberstadt, le 10 août.

» Dans l'après-midi de mercredi, l'abbé Ronge, qui compte ici de nombreux
partisans, faisoit son premier sermon à Halberstadt, en plein air, dans la cour
de la cathédrale, devant plusieurs milliers de personnes de tout sexe et de tout
âge.

» Dès qu'il eut prononcé les dernières paroles de ce sermon, qui étoit celles-
ci : « Oui, mes frères, Rome doit tomber, et elle tombera ! » un bruissement se fit
entendre dans la partie de l'auditoire qui se trouvoit le plus rapprochée de la
chaire, et un fripier, bien connu par la ferveur de sa foi religieuse, s'élança sur
les pas de l'abbé Ronge, qui venoit de descendre de chaire, et voulut lui jeter une
grosse pierre. Les personnes qui se trouvoient auprès de ce fanatique le retin-
rent et l'empêchèrent d'exécuter son coupable dessein ; mais en même temps un
jeune homme asséna un violent coup d'un gros bâton sur le dos de l'abbé Ronge,

qui fut renversé sur le pavé. L'abbé Ronge se leva et prit la fuite ; mais bientôt plusieurs autres hommes le maltraitèrent, et ce ne fut qu'à grand'peine, et grâce à la protection que lui accordèrent un grand nombre de ses amis, qui le firent passer au milieu d'eux, qu'il parvint à gagner l'hôtel où il logeoit.

» Quelques instans après, une foule de ses partisans parcourut les rues de la ville, et brisa à coups de pierres les croisées de toutes les maisons où ils croyoient que des catholiques romains demeuroient. La police mit tous ses agens sur pied pour apaiser l'émeute, mais leurs efforts furent inutiles ; les perturbateurs ne respiroient que rage et que vengeance. On fit appeler la force armée ; des détachemens d'infanterie et de cavalerie parurent, et après les sommations, auxquelles les rebelles n'obtempéroient pas, les troupes les chargèrent et le sang coula en abondance. Les germano-catholiques se portèrent en foule dans la rue de la Digue, où demeuroit le fripier qui avoit voulu jeter une pierre à l'abbé Ronge ; ils se barricadèrent dans cette rue étroite, et ils démolirent de fond en comble la maison de cet individu. Ce n'est qu'alors qu'ils se séparèrent et que la tranquillité à Halberstadt a été rétablie.

» On ne connoît pas encore le nombre des morts et des blessés ; celui des personnes arrêtées est de plus de 150. La cour royale de Magdebourg a évoqué l'affaire, et elle la jugera dès que l'instruction aura été terminée. »

Le *Constitutionnel* du 16 août, dans sa chronique de Paris, donne une nouvelle religieuse que nous nous empressons de recueillir. Bien que le récit conserve un peu de la couleur du fameux journal, la nouveauté n'en n'est pas moins curieuse, puisqu'elle montre qu'au moins une fois les rédacteurs du *Constitutionnel* sont allés entendre le sermon d'un Jésuite, et en auront parlé avec quelque convenance.

« Nous avons entendu le jour de l'Assomption dans une église de village, mais un village royal, tout voisin de Paris, à Marly-le-Roi, où prêcha dans son temps sans doute le Père Bourdaloue, un orateur de sa compagnie, celui de notre époque qui cherche le plus à lui ressembler, M. de Ravignan... Bien que la fête de Marie fût le texte du sermon et le sujet que l'éloquence de congrégation affectionne le plus, M. de Ravignan a été court, simple, affectueux ; il s'est fait, autant qu'il a pu, pasteur de village et martyr de bonne compagnie.

» L'auditoire étoit nombreux et brillant, car ce n'est pas la première fois que l'abbé de Ravignan se fait entendre dans l'humble chaire de Marly-le-Roi. Nous avons appris qu'il acquitte chaque dimanche par sa parole douce, résignée, jusqu'ici libre de toute allusion, l'hospitalité qu'il a reçue dans ce village chez la princesse de Luxembourg depuis le triomphe de M. Rossi. »

On lit dans l'*Avenir National* :

« La procession de la fête de l'Assomption, a traversé hier les rues de notre cité avec sa pompe accoutumée. Elle a trouvé, sur son passage, une foule immense qui partout l'a accueillie dans l'attitude du respect et du recueillement. Mgr l'évêque de Limoges, revenu la veille d'une longue tournée épiscopale, assistoit à cette cérémonie. Placé près de la statue de la Vierge, le prélat sembloit trouver, dans cette proximité sacrée, des motifs nouveaux de faire descendre sur la foule le trésor des bénédictions célestes. A 7 heures du soir, le cortège rentroit à la cathédrale, au bruit des cloches et des cantiques de l'Eglise.

» Peu d'instans après, Mgr s'est mis en route pour son pays natal, où il va prendre quelques jours de repos. »

Le diocèse de La Rochelle vient aussi d'avoir son apostat dans la personne d'un prêtre nommé Chardavoine. Mais celui-là, moins circonspect, étoit déjà sous le coup d'un interdit, quand il a levé le masque. Mgr de Villecourt a publié dernièrement une brochure sur ce sujet, en réponse aux attaques d'un ministre protestant, qui avoit dénaturé la cause et les motifs de l'apostasie de M. Chardavoine. Nous rendrons compte de cette polémique.

Le 14 août dernier, la nouvelle sonnerie de la cathédrale de Chartres a été inaugurée aux premières vêpres de l'Assomption, à la grande satisfaction des habitans de la ville, qui croyoient reconnoître dans cette nouvelle harmonie *le doux bruit et le celebre retentissement* dont avoit jadis été charmée l'oreille des Henri IV, des Olier, etc. Elles ont été replacées dans la magnifique lanterne élevée de 78 mètres au-dessus du sol, où étoient placées les cloches qui furent fondues par l'incendie de 1836. Disposées horizontalement d'après les plans et sous la surveillance de M. Louis Chicot, mécanicien de Caen, elles donnent ainsi des accords parfaits, dont la mélodieuse sonorité retentit au milieu des immenses pleines de la Beauce.

ALLEMAGNE. — Au royaume de Wurtemberg, le peuple catholique se réveille de son assoupissement ; il manifeste ce réveil par l'empressement qu'il met à participer à toutes les cérémonies du culte extérieur de l'Eglise. Ainsi, il existe dans l'ancienne abbaye de Weingarten, près de la petite ville de Ravensbourg, un reliquaire en cristal, où, depuis bien des siècles, d'après une tradition fort respectable, se vénère une goutte du sang du Rédempteur. Le vendredi qui suit la fête de l'Ascension, ce reliquaire étoit porté en une procession solennelle qui attiroit presque tous les habitans de la contrée. Depuis une dizaine d'années, la piété envers cette précieuse relique paroissant s'être refroidie, le gouvernement avoit cru pouvoir sans inconvénient supprimer cette procession. Cette mesure a paru suffire pour ranimer le zèle populaire, et, cette année, le concours des fidèles a été infiniment plus nombreux qu'il ne l'avoit jamais été. Les pélerinages, depuis long-temps défendus par l'autorité civile, reprennent faveur, et tout annonce un renouvellement complet des pratiques de la foi catholique. Partout la procession de la Fête-Dieu s'est faite avec bien plus de solennité que les années précédentes. Des villes où, depuis long-temps, l'on ne songeoit plus à orner les maisons des rues où elle devoit passer, ont, cette année, déployé dans la manière de les décorer un luxe et une élégance extraordinaires ; toutes les mains étoient occupées à embellir les reposoirs et les lieux par lesquels le saint sacrement devoit passer. Cette disposition générale des esprits ne laisse guère d'espoir aux schismatiques rongiens de propager leur secte parmi les catholiques wurtembergeois ; leur crédit n'a rien gagné à l'apostasie de l'ex-prêtre Butterstein qui, récemment encore détenu dans la citadelle de Hohen-Asperg, étoit, ces jours-ci, obligé de se défendre d'avoir été vu complètement ivre dans un cabaret de la capitale. L'opinion publique juge, et avec raison, de la valeur morale de la secte, par le chef qu'elle a été forcée de se donner, faute d'en trouver un moins exposé au mépris public.

ANGLETERRE. — Le *Globe* de Londres donne, d'après les rapports de la chambre des communes, l'état suivant de ce qu'ont rapporté, en 1843, les évêchés et archevêchés anglais aux prélats protestans qui les occupent :

« Canterbury, 20,000 liv. (500,000 fr.); York, 19,000 liv. (475,000 fr.); Londres, 12,481 liv. (312,025 fr.); Durham, 6,791 liv. (169,775 fr.); Winchester, 9,103 liv. (225,325 fr.); Saint-Asaph, 5,749 liv. (143,725 fr.); Bangar, 5,210 liv. (130,250 fr.); Bath et Wells, 4,002 liv. (100,050 fr.); Carlisle, 1,585 liv. (39,625 fr. ; Chester, 1,584 liv. (39,600 fr.); Chichester, 6,381 liv. (159,525 fr.); Saint-David's, 4,076 liv. (101.900 fr.); Ely, 3,686 liv. (92,150 fr.); Exeter, 341 liv. (8,525 fr.); Glocester et Bristol, 3,989 liv. (99,725 fr.); Hereford, 5,042 liv. (126,050 fr.); Lincoln, 4,639 liv. (115,975 fr.); Llandaff, 806 liv. (20,150 fr.); Norwich, 7,567 liv. (189,425 fr.); Oxford, 1,601 liv. (40,025 fr.); Peterborough, 3,784 liv. (194,600 fr. : Ripon, 4,123 liv. (103,075 fr.); Rochester, 794 liv. (19,550 fr.); Salisbury, 12,142 liv. (303,550 fr.); Worcester, 4,673 liv. (116,825 fr.). »

Le *Globe* ajoute que le revenu de Lichfield n'est pas compris, l'intendant de l'évêque ayant fait faillite et s'étant sauvé à l'étranger.

« Ces revenus, dit encore le *Globe*, présentent de grandes différences d'année en année. Ainsi, Worcester, qui a produit, en 1843, 4,673 liv. st. seulement, produisit, en 1837, 6,020 liv. (150,500 fr.); en 1838, 6,750 liv. (168,750 fr.); en 1839, 16,410 liv. (410,250 fr.); en 1840, 8.290 liv. (207,250 fr.); en 1841, 5,520 liv. (158,000 fr.); et, en 1842, 2,190 liv. (54,500 fr.). »

ESPAGNE. — D'après le *Castellano*, le ministre des finances a adressé à toutes les autorités dépendantes de ce ministère, une instruction en date du 1ᵉʳ août, pour mettre à exécution la dévolution des biens non vendus du clergé séculier, d'après la loi 3 août dernier. Ce journal, quoique ministériel, blâme cette circulaire qu'il appelle *une nouvelle concession aux exigences de Rome*. Le *Catolico*, bien qu'il ne connût pas encore le texte de la susdite instruction, réfute d'une manière péremptoire les sophismes de la feuille *modérée*, et montre jusqu'à l'évidence son inconséquence et sa mauvaise foi. En effet, il n'y a qu'à voir la misère extrême, on pourroit dire scandaleuse, et l'abandon où sont laissés le culte et le clergé, par les agens du gouvernement, pour reconnoître l'urgence d'une pareille mesure d'ailleurs décrétée par les cortès, et sanctionnée par la reine, il y a plus de quatre mois.

PRUSSE. — A l'occasion de la Lettre pastorale du nouvel évêque de Breslau, Ronge a publié un nouvel écrit bien digne de sa plume. Il surpasse en infamie tout ce que jusqu'ici il avoit écrit ou signé; car il n'est pas toujours l'auteur des libelles qui paroissent sous son nom.

—Le 30 juillet, les *amis de la lumière* se sont assemblés à Breslau. Le pasteur Uhlich. un de leurs orateurs, y a déclaré le plus naïvement du monde, qu'il n'avoit pas encore pu tirer au clair ce qu'il faut penser de la divinité ou de la pure humanité de Jésus-Christ. Le sénior Krause vint à son secours en lui déclarant, que depuis long-temps il s'étoit assuré que Jésus-Christ n'étoit qu'un *homme grand et sans tache.*

—Le roi de Prusse est reçu par les populations catholiques de ses provinces Rhénanes, avec des manifestations qui forment avec celles de Kœnigsberg un contraste dont Sa Majesté doit être vivement frappée. Il faudra bien que les chefs des nations finissent par reconnoître que la soumission à une forte autorité religieuse, bien qu'elle ne soit pas la leur, fait de plus loyaux sujets que les vagues théories de l'indépendance intellectuelle et religieuse de l'individu. En Prusse l'on commence à s'occuper beaucoup moins des troubles religieux que de l'agitation politique qui s'y déclare. Leur coïncidence n'est-elle pas un indice de leur identité?

SILÉSIE. — Une lettre de Breslau, datée de la fête des saints apôtres Pierre et Paul, et qui vient de nous être communiquée, donne sur la situation religieuse de la Silésie les détails suivans, qui en sont littéralement extraits :

« Depuis bien des années, lorsque les catholiques d'Allemagne vouloient parler d'un pays où leur foi étoit au moment d'expirer, et leur Eglise réduite à n'être plus qu'une ombre, ils désignoient la Silésie. Et certes, leur jugement à cet égard n'étoit que trop conforme à la vérité, car, en aucun lieu de la terre, l'Eglise catholique n'étoit autant avilie que dans notre malheureuse province. Mais Dieu a entendu nos plaintes et nos prières : notre Eglise se relève, rajeunie en quelque sorte par les coups même que le schisme rongien a cru lui porter. Le clergé s'est réveillé : de bas en haut tout se ranime, et lorsqu'à notre tête marchera le chef spirituel que Rome vient de nous donner, nos coreligionnaires d'Allemagne pourront jeter un regard consolé sur leurs frères de Silésie. De plus en plus se manifestent, au reste, des tendances d'une autre nature que le schisme rongien couvre comme d'un manteau. Chez nous, comme à Kœthen, *les amis de la lumière* protestent à la fois contre l'Eglise évangélique et contre le gouvernement. Récemment, ils se sont assemblés en grand nombre dans une des salles de la Bourse. Plusieurs membres du clergé protestant figuroient à leur tête, lorsqu'un officier de police vint les sommer de se séparer, ce qu'ils ne firent qu'après lui avoir remis une protestation écrite. En favorisant le rongisme , le gouvernement a cru nous creuser une fosse dans laquelle lui-même doit craindre de tomber. Quant à nous, Ronge et ses affidés nous ont rendu un service éminent : ils nous ont débarrassés d'un certain nombre de faux-frères; ils se sont chargés de ce qu'il y avoit de plus pitoyable dans notre clergé, et nous ont plus étroitement unis que jamais. Leur dernière acquisition, dans la personne de Theiner, leur sera probablement plus nuisible que profitable; car, ne s'étant pas encore défait des idées chrétiennes, il pourra jouer à Breslau le rôle qu'à Berlin a pris Prybil, c'est-à-dire chercher à déposséder Ronge en condamnant la doctrine négative qu'il a fait adopter à son *concile de Leipsick.* »

—La *Gazette de Silésie* annonce qu'une réunion générale des communautés rongiennes est fixée aux 15 et 16 août. Suivant cette feuille, elles seroient, dans la seule province de Silésie, au nombre de quarante-trois. D'après le programme de leur convocation, elles auroient à s'occuper de plusieurs questions d'un intérêt général pour la secte; elles auroient aussi à délibérer sur l'organisation intérieure de leurs communes. Le rongisme, ou plutôt l'incrédulité absolue envahissant davantage de jour en jour le protestantisme saxon, les ministres d'Etat, constitués *in Evangelicis,* viennent de publier un manifeste inhibitoire de toutes les assemblées tendantes à la propagation ultérieure de ces systèmes d'incrédulité. Reste à voir comment ils parviendront à se faire obéir.

SUISSE. — Le 8 août, on a célébré à Sion un service funèbre solennel pour M. Leu. L'office, auquel assistoient M. l'évêque, le conseil d'Etat et plusieurs personnes notables de la ville, a été célébré par Sa Dignité M. le grand-sacristain de Kalbermatten, qui a aussi donné l'absoute. Nous apprenons que plusieurs services funèbres ont été célébrés aujourd'hui en Valais dans la même intention. Un grand nombre de paroisses, du Haut-Valais surtout, se sont déjà acquittées précédemment de ce pieux devoir.

— L'on espère à Saint-Gall que l'affaire de l'organisation de l'évêché s'y terminera bientôt à l'entière satisfaction des catholiques.

REVUE POLITIQUE.

La harangue de M. Guizot dans le banquet que lui ont donné les électeurs de Saint-Pierre-sur-Dives, occupe toujours les divers organes de la presse, et surtout donne lieu à des thèses opposées singulièrement curieuses. Vous savez combien nos écrivains modernes se sont amusés aux dépens de la scholastique et des *misérables* subtilités de nos théologiens du moyen âge. Nos grands philosophes n'ont pas assez d'expressions pour rendre la haute compassion que leur inspire le labeur de ces immenses travaux théologiques qui absorbèrent, disent-ils, *le génie humain, et l'ont enseveli dans les quarante volumes in-folio du docteur Scot et dans les œuvres de ses rivaux.* Le progrès de l'esprit humain étoit arrêté par l'inanité de telles discussions; évidemment la théologie, à part le *sic* et le *non* d'Abailard, n'eût jamais dû être la dominatrice des intelligences; c'est son esclave, la philosophie, *philosophia ancilla theologiæ,* qui devoit, comme aujourd'hui, tenir le premier rang, et entraîner l'humanité. Aussi avons-nous, en ce siècle essentiellement *laïque,* pour docteurs éminens, non plus saint Thomas avec sa *somme,* non plus le *maître des sentences,* mais bien des philosophes, des historiens, les uns et les autres politiques habiles, hommes d'Etat supérieurs.

Eh bien! maintenant que le règne théologique ne compte de partisans qu'au milieu de la poussière des bibliothèques et sur les bancs des séminaires, il est très-curieux de remarquer quelles sont les thèses soutenues avec une ardeur bien autrement opiniâtre par les docteurs de la nouvelle science. Le *Siècle* et le *Constitutionnel,* d'une part, soutiennent celle-ci, par exemple : *M. Guizot n'a* pas de *principes* ; il n'a que des *doctrines*. La *Presse*, le *Journal des Débats* et le *Globe* surtout, proclament au contraire, qu'à l'opposé de MM. Thiers et O. Barrot, dont l'un n'a pour mobile qu'une ambition tracassière, et l'autre qu'une impuissante et creuse politique, M. Guizot est un homme de *principes élevés et inattaquables*, et de *doctrines* seules praticables et progressives. Le *Globe* va même jusqu'à dire, à ce propos, que M. le ministre des affaires étrangères *est le plus grand orateur, le plus grand historien et le plus grand homme d'Etat de la France contemporaine.*

A la bonne heure! de telles louanges ne sont guère inférieures à celles que vos antagonistes prodiguent chaque jour à leurs illustres patrons respectifs. Mais, de grâce, expliquez-nous la différence des *subtilités* des théologiens scholastiques, que vous jugez avec tant de rigueur, avec les distinctions si en vogue dans vos luttes politiques de chaque jour? En quoi se montre donc ici l'utile différence des *principes* de M. Barrot, et celle *des doctrines* de M. Guizot? Franchement nous ne savons, nous, y distinguer autre chose, sinon que l'un et l'autre de ces deux personnages célèbres, partis des rangs qui ont renversé l'ancienne dynastie, servent avantageusement le gouvernement nouveau, soit dans l'opposition, soit à la tête des affaires; c'est-là, à notre avis du moins, tout ce qu'il en revient à la philosophie, à l'histoire et au progrès de l'esprit humain.

Les *meetings* orangistes et leurs démonstrations réactionnaires contrastent avec l'esprit qui dirige les assemblées des *repealers* Irlandais. Ceux-ci sous l'inspiration et la conduite d'O'Connell, n'ont pour but que d'obtenir sans froissement, et pacifiquement, la fin d'une oppression qui pèse si cruellement sur leur patrie. Les orangistes au contraire, minorité privilégiée de l'Irlande, ne cherchent qu'à prolonger les abus dont ils profitent aux dépens de l'immense majorité catholique. Chose étrange, si ce n'étoit pas un symptôme de révolution et de réaction ! Les *meetings* orangistes retentissent à la fois de clameurs insultantes contre les *repealers* et contre sir Robert Peel, qui n'a certes jusqu'ici rien sacrifié des priviléges de l'Eglise établie. Mais ce n'est pas aux passions et aux partis fanatiques qu'il faut jamais demander la modération du langage et la justice des réclamations.

ÉRECTION D'UNE STATUE A GERBERT.

L'Auvergne, qui fut le berceau de l'un des plus grands hommes du moyen-âge, de l'un des plus grands génies de la France, de Gerbert, qui, glorieux devancier des Papin, des Fulton, des Watt, devina, il y a 900 ans, la force motrice de la vapeur, et sut l'appliquer à la mécanique (1); de Gerbert, qui fut à la fois, et dans l'ordre le plus élevé, mathématicien, astronome, mécanicien, chimiste, orateur, écrivain et théologien (2); de Gerbert enfin, qui, né sous le chaume, monta sur un trône (3).

L'Auvergne, qui l'a vu naître, disons-nous, élève un monument à sa mémoire ;

(1) Gerbert inventa un orgue mû par la vapeur.

(2) Philosophiæ naturali ac diviniori, astrologiæ, mathesi universæ, theologiæ, oratoriæ, poeticæ, historiæ, politicæ, ethicæ, poliorceticæ, medicinæ, et in summa encyclopediæ operam dedisse, ac pertus suam bibliothecam omnium scientiarum constituisse scriptores hujus temporis testantur.

Baovius, *in vita Sylvestri II.*

(3) Gerbert devint pape sous le nom de Sylvestre II, en 999, et mourut en 1003.

le roi et la famille royale ont daigné s'associer à cette œuvre patriotique; notre Saint-Père, en lui donnant sa haute approbation, a aussi envoyé son offrande.

L'œuvre proposée étant tout à la fois la glorification de l'Auvergne et celle de la religion, nous avons droit de compter sur le concours de tous nos compatriotes; nous avons droit de compter aussi sur celui du clergé français, dont Gerbert fut l'un des membres les plus éminens et les plus illustres.

Les membres de la commission : MM. Grognier, maire d'Aurillac, président; Couderc de Saint-Chamant, receveur-général, trésorier; le baron Delzons, avocat, Henri Durif, juge-de-paix, secrétaires.

L'exécution du monument est confiée à l'un des plus célèbres sculpteurs de l'époque, à David.

Les souscriptions seront reçues, à Paris, chez MM. Lavessière, négociant, rue de la Verrerie, 58; Reveilhac, négociant, rue de la Roquette, 2.

NOUVELLES ET FAITS DIVERS.

INTÉRIEUR.

PARIS, 18 août. — On a reçu des nouvelles de Tanger en date du 6 août.

Les ratifications du traité de Lalla-Maghrnia avoient été échangées deux ou trois jours auparavant.

M. le général de La Rüe quittoit Tanger pour revenir en France.

— Il est positif que M. le capitaine de vaisseau Layrle est appelé au poste de gouverneur de la Guadeloupe, en remplacement de M. Gourbeyre, décédé.

— On lit dans le *Moniteur*:

« Le roi a reçu une lettre par laquelle S. Exc. le général Louis Pierrot fait part à S. M. de son élévation à la présidence de la république d'Haïti, et confirme MM. Joseph Georges et Auguste Elie en qualité d'envoyés et ministres plénipotentiaires de la république près S. M. »

— On sait quelle douloureuse surprise ont excitée, à la chambre des pairs et dans l'opinion publique, les détails qu'on a publiés sur des tortures infligées à des militaires de l'Algérie. Le maréchal Bugeaud, à qui le ministre de la guerre a demandé des explications à ce sujet, a répondu sous la date du 6 août :

« Il est certain qu'on a quelquefois employé envers des sujets incorrigibles et dangereux, et lorsque tous les autres moyens avoient été insuffi-ans, le châtiment appelé par les soldats, la *crapaudine* et la *barre*. Quant au *clou rouge ou bleu*, dont quelques feuilles ont parlé, cela nous est complètement inconnu.

» La peine dite de la crapaudine consistoit à attacher le coupable les deux mains derrière le dos et une jambe relevée; on le couchoit ainsi sur le côté et sur le dos pendant un certain nombre d'heures.

» La barre, qui est un châtiment à l'usage des troupes de mer, consistoit à attacher le disciplinaire par une jambe ou par un bras, ou par les deux jambes, ou par les deux bras à une barre, un canon, une voiture ou un arbre selon les circonstances.

» J'affirme que ces peines correctionnelles n'ont jamais été appliquées qu'à des sujets absolument indomptables, qui brisoient les portes des prisons, perçoient les murailles, démolissoient le toit, qui, après avoir subi toutes les corrections réglementaires, recommençoient immédiatement à menacer et à outrager leurs chefs, vendoient de nouveau aux Arabes leurs armes et leurs munitions, etc.

» J'affirme également que jamais ces corrections n'ont été appliquées à d'autres corps qu'aux disciplinaires, tels que les ateliers de condamnés, les compagnies de pionniers, les compagnies de discipline, les bataillons d'infanterie légère d'A-frique.

» Je déclare, en outre, sans crainte d'être démenti par aucun membre de l'armée ou de la population civile de l'Algérie, que jamais les troupes en campagne ou en garnison n'eurent une discipline plus douce, plus paternelle, que celle qui régit l'armée d'Afrique. »

— Il se confirme que le maréchal Bugeaud arrivera prochainement en France, pour y jouir, dit-on, d'un congé de trois mois. M. le général de Lamoricière est désigné pour remplir son intérim; mais on assure qu'il refuse d'accepter une telle responsabilité par simple délégation du maréchal, et demande une commission spéciale du gouvernement qui lui permette d'agir en toute liberté, suivant que les circonstances l'exigeront.

— Au moment de la mise à exécution des lois dernièrement votées sur les colonies, le gouvernement a cru prudent d'envoyer quelques renforts aux Antilles. La corvette de charge la *Proserpine*, commandée par M. de Solère, capitaine de corvette, va partir de Brest pour se rendre à la Martinique, afin d'y porter des troupes. Un premier envoi d'argent sera également fait par ce bâtiment. Une mesure semblable sera prise à l'égard de la Guadeloupe.

— Samedi, à neuf heures, ont commencé à l'hôtel des Monnoies, les opérations d'échang' pour les pièces de dix centimes et de six liards. L'entrée pour les personnes qui n'ont qu'une petite somme à changer et qui veulent assister à l'examen des pièces et en remporter la valeur, se fait par le quai. Soixante ou quatre-vingts vérificateurs classent les pièces en trois catégories : les pièces bonnes qui sont échangées contre argent ayant cours; les pièces étrangères qui sont rendues et les pièces fausses qui sont rendues également, mais après avoir été coupées. Quant aux porteurs de sommes plus considérables, et qui ne veulent pas perdre de temps, on les introduit par la rue Guénégaud. Les pièces, après déclaration de la somme, sont pesées et mises dans un sac étiqueté, et on remet en échange un bulletin indiquant le jour où l'on pourra connoître le résultat de la vérification et toucher le montant.

Toute la journée l'échange a été considérable : de neuf heures du matin à une heure de l'après-midi, plus de 800 personnes avoient pu convertir leur monnoie et en emporter la valeur en argent.

Pour éviter au public toute perte de temps, on est prié instamment de séparer dans deux sacs, les pièces de dix centimes et celles de six liards.

Un nouvel avis porte que, comme, aux termes de la loi, on a dû exclure de l'échange les monnoies de billon *étrangères*, le public est informé que M. le directeur de la fabrication, à l'hôtel des Monnoies, recevra ces monnoies étrangères pour leur valeur réelle au poids, suivant leur titre.

Des bureaux de change de monnoies ont été également ouverts dans plusieurs grandes villes.

— M. le prince de Berghes s'est pourvu en cassation contre l'arrêt dont l'a frappé la cour d'assises de la Seine.

— La télégraphie électrique, soumise depuis long-temps à des expériences couronnées de succès sur la ligne de fer de Paris à Rouen, paroît devoir être établie sans hésiter sur les grandes directions, et donner définitivement au gouvernement un nouveau mode de communication. Le résultat des essais tentés sur le chemin de fer de Rouen a démontré que l'on peut se dispenser de l'emploi du fil de retour. C'est sous terre dorénavant que s'effectueroit le circuit. A cet effet, on perceroit le long de la voie, à des distances déterminées, des puits destinés à recevoir des plaques immergées où aboutiroient les fils de la ligne. Les travaux de percement auront lieu d'après les indications de la carte géologique, afin d'éviter la résistance des terrains, et désormais les cahiers des charges imposées aux concessionnaires de chemins de fer mentionneront une clause par laquelle ils devront favoriser l'établissement de la télégraphie souterraine.

—A Saint-Cloud, beaucoup de Parisiens et d'étrangers vont en ce moment visiter les appartemens du château. Louis-Philippe, quand il est dans cette résidence, habite les anciens appartemens de Madame la Dauphine; Marie-Amélie ceux de Monsieur le Dauphin; Mademoiselle Adélaïde d'Orléans ceux de MADAME, duchesse de Berry; Madame la duchesse d'Orléans et ses enfans ceux du roi Charles X. On n'a fait de changemens pour ainsi dire que dans les jardins. Le reste est comme par le passé, sauf la salle des généraux vendéens (salle des gardes du corps) dont on a fait deux salles séparées. Les portraits des courageux défenseurs de la monarchie ont disparu; et dans le salon de Mars, le beau portrait de Monsieur le Dauphin, peint par Horace Vernet, a été remplacé par un portrait de Louis XIV. Dans le petit salon qui précède la tribune royale de la chapelle, se trouvent les portraits de la famille d'Orléans; MONSIEUR, frère de Louis XIV, chef de cette branche; le régent, le fils du régent, le père de PHILIPPE-EGALITÉ, et PHILIPPE-EGALITÉ, avec le cordon bleu, comme ses ancêtres, et le costume de colonel général des hussards. La seule singularité qu'on remarque à Saint-Cloud, c'est l'histoire de cette résidence par M. Vatout. M. Vatout, par une attention *délicate*, a fait déposer dans le salon de Mars des exemplaires de cet ouvrage, pour être vendus; mais aucun des visiteurs ne répond à cette agacerie, et l'œuvre de l'illustre chantre du maire d'Eu attend en vain des acheteurs. *(France.)*

— Le conseil municipal d'Epinal vient de voter une somme de 3,000 fr. pour l'érection de la statue du célèbre peintre Claude Gelée, dit *le Lorrain*, sur l'une des places de cette ville.

— On annonce, dit la *Gazette de Lyon*, que plusieurs arrestations ont été opérées parmi les ouvriers en soie, dits *ferrandiniers*. Ces arrestations ont eu lieu à la suite de rixes sanglantes entre les ouvriers non sociétaires et les ferrandiniers.

— On écrit de Nancy, le 14 août :

« La récolte, terminée sur plusieurs points de la France, est commencée depuis quelques jours dans le département de la Meurthe. Les blés des localités épargnées par la grêle, et elles sont encore très-nombreuses, sont magnifiques. Il est vrai qu'on ne peut raisonnablement se flatter d'une excellente qualité quant aux raisins; cependant, malgré tout, on espère encore une vendange passable. »

— Après avoir terminé leur dernière session, les jurés de la Dordogne ont adressé au préfet de ce département une lettre pour lui demander le rétablissement des tours, afin de prévenir l'infanticide.

— A la distribution des prix du collége royal d'Amiens, M. le recteur de l'Académie a vivement ému l'assemblée, nous dit le *Journal de la Somme*, en lui racontant un trait de bienfaisance qui honore trop les élèves du collège pour être passé sous silence. Ces braves jeunes gens avoient, au moyen de dons volontaires, placé une jeune fille aveugle et indigente dans une institution destinée aux jeunes aveugles. Cette année, cette jeune fille, absente depuis plusieurs années, a voulu se retrouver pour quelque temps au milieu de sa famille, et ses jeunes protecteurs se sont imposé des privations pour lui faire les fonds nécessaires à son voyage. A ce récit, l'assemblée entière a battu des mains.

ᶠ *Catastrophe à Mézières.* — Pendant le séjour à Mézières de M. l'inspecteur-général du génie, les officiers de cette arme voulurent se livrer à des expériences, et, mardi dernier, une mine fut pratiquée sous le glacis de la citadelle; 14 barils contenant chacun 50 kilog. de poudre furent placés dans le fond de la mine. On chargea ces barils de pierres énormes que l'on recouvrit ensuite de terre, puis, quand tous les préparatifs furent terminés, on donna l'ordre de faire éloigner le public, car un grand nombre de personnes attirées par la curiosité, s'étoient portées de ce côté; le général lui-même, accompagné des officiers de la place, se mit à une distance d'environ 200 mètres de l'endroit où l'explosion devoit avoir lieu. L'ordre est donné de mettre le feu à la mine, une détonation épouvantable se fait entendre, et au même instant le ciel est obscurci par les pierres et la grande quantité de terre, que la mine avoit fait sauter à une hauteur de plus de 150 mètres. Personne n'avoit prévu l'effet de cette explosion. Le général manqua lui-même d'être atteint par une pierre énorme, qui tomba à un mètre de lui, et qui l'auroit tué infailliblement.

Un Savoyard, colporteur de profession, reçut dans les reins, à 400 mètres au moins de la mine, une pierre du poids de 15 kilog. La mort a été presque instantanée. Un voltigeur eut un bras cassé en cherchant un refuge dans un champ de blé. MM. Honnotel, peintre, et Faynot, marchand de houille, ont reçu de fortes contusions : l'un a eu sa redingotte coupée et l'autre sa blouse. Un officier du génie a eu son chapeau coupé par une pierre. Des morceaux de rocher sont tombés jusque dans Mézières et le Pont-d'Arches. La toiture de la maison occupée par le commandant de place, fut fortement endommagée; celle de la maison de l'éclusier presque entièrement enlevée. La commotion fut si forte qu'il y eut plusieurs glaces brisées chez un marchand d'estampes qui demeure en bas des allées à Charleville.

EXTÉRIEUR.

ESPAGNE. — Les nouvelles de la cour d'Espagne contiennent des détails fort curieux sur les excursions rurales que la reine Isabelle, sa mère et sa sœur font aux environs de Saint-Sébastien, et des entretiens pleins de naïveté et d'originalité des paysans basques avec les illustres voyageuses. La députation de Bilbao est venue présenter ses hommages à la reine Isabelle, qui a promis aux députés de visiter la capitale de la Biscaye. Isabelle avec sa mère devoit quitter Saint-Sébastien le 16, pour se rendre le 18 à Mondragon, où elle prendra les bains de Santa-Agueda jusqu'au 28. Le 2 septembre les deux reines se rendront à Bilbao.

ALLEMAGNE. — La *Gazette de Cologne* rapporte en ces termes le toast porté par le roi de Prusse au premier dîner servi à la reine Victoria, au château de Brühl :

« Messieurs, remplissez les verres jusqu'aux bords. Il s'agit d'un son qui a le retentissement le plus doux dans des cœurs anglais et allemands. Un jour, il retentit sur un champ de bataille péniblement conquis, comme symbole d'une heureuse fraternité d'armes; aujourd'hui, il retentit après une paix de trente ans, fruit des travaux pénibles de cette époque, ici, dans les provinces allemandes, sur les bords du beau fleuve du Rhin.

VICTORIA :
» Messieurs, videz vos verres jusqu'au fond. »

L'assemblée a répondu avec enthousiasme à cette invitation.

Le roi et la reine des Belges, se rendant au château de Stolzenfels, sont passés à Cologne le 13 dans l'après-midi. Bientôt après, le roi et la reine de Prusse et la reine Victoria sont arrivés pour visiter la cathédrale. LL. MM. avoient assisté le matin à un nouveau concert à Bonn, après lequel la reine Victoria s'est fait présenter les professeurs de l'Université. La reine Victoria s'est montrée très-affable, et le prince Albert s'est mêlé un moment aux étudians.

— Tous les membres de la famille de Saxe-Cobourg-Gotha vont être réunis à Cobourg, à l'exception du roi de Portugal et du duc Auguste, mari de madame la princesse Clémentine d'Orléans, qui se trouve en ce moment au château d'Eu.

— Des troubles assez graves ont éclaté à Leipsick dans la soirée du 11 août. Dans la journée, le prince Jean avoit passé en revue la garde communale de la ville, et le soir les tambours donnèrent une aubade au chef de cette garde. Il y eut à cette occasion un rassemblement dont les journaux n'indiquent pas clairement le motif. La troupe arriva ; elle paroît avoir fait des sommations qui n'ont pas été entendues, et avoir fait usage de ses armes avec trop de précipitation.

Il y a eu 9 personnes de tuées, parmi lesquelles un père de famille qui fut atteint au moment où il sortoit de sa maison pour s'informer de ce qui se passoit. Le nombre des blessés est de 20.

Le lendemain, la municipalité a publié l'arrêté suivant :

« Tous les maîtres, ouvriers, ainsi que tous les parens, sont invités à garder chez eux leurs enfans mineurs et leurs apprentis, à partir de huit heures du soir, et de ne plus leur permettre de sortir sous peine d'engager leur responsabilité. Toutes les grandes portes doivent être fermées à neuf heures du soir. Toutes les personnes qui seroient trouvées réunies en groupe dans les rues devront se séparer sur l'ordre des patrouilles et de la garde communale veillant au maintien de l'ordre. Les hôtels, cafés et lieux publics devront être fermés à neuf heures. »

ANGLETERRE. — La mort de lord Grey a appelé à la pairie son fils, lord Howick, l'un des membres considérables du parti whig, et qui représentoit dans les communes la ville de Sunderland, qui est le centre et le débouché d'un des grands bassins houillers de l'Angleterre. L'agriculture et l'industrie, bien plus que les partis politiques, se sont disputé le siége laissé vacant par lord Howick. Les manufacturiers, les fabricans de coton, ont choisi pour candidat le colonel Thompson, auteur d'ouvrages sur l'économie politique, et l'un des principaux écrivains de la ligue contre les lois sur les céréales. MM. Cobden et Bright, deux chefs de la ligue, et membres du parlement tous les deux, sont venus eux-mêmes à Sunderland, présider plusieurs meetings et appuyer cette candidature. Le colonel avoit pour concurrent l'un des grands capitalistes de l'Angleterre, M. Hudson, propriétaire, assure-t-on, d'au moins deux cents lieues de chemins de fer; et tandis que l'un des candidats au nom de la liberté du commerce, promettoit une grande exportation de charbons et du pain à bon marché, l'autre promettoit d'environner Sunderland d'un réseau de chemins de fer par la prolongation des lignes dont il est propriétaire, et de donner à diverses industries un facile débouché. Ce dernier a triomphé par une majorité de 130 voix. Le résultat a été à peine connu, que la populace qui avoit, comme toujours, pris parti pour le candidat de la ligue, s'est mise à lancer des pierres contre les voitures qui avoient amené les amis de M. Hudson. Plusieurs voitures ont été entièrement démolies ; celle du maire a beaucoup souffert. Le maire lui-même a été atteint d'une pierre à la tête et blessé assez grièvement. Le *Rio-act* a été lu, la police a été appelée sur le terrain et a rétabli l'ordre.

— Un grand meeting, annoncé depuis quelques jours par le parti orangiste, a eu lieu le 12 aux environs d'Enniskillen (Irlande). Cette réunion, présidée par lord George Laftus, ne comprenoit pas moins de 10,000 personnes, représentant 140 loges orangistes.

Elle a décidé : 1° qu'elle ne porteroit désormais, comme candidat au parlement, que les hommes qui appartiendront corps et ame à l'institution ; 2° qu'elle repoussoit unanimement le rappel de l'union; 3° qu'elle prieroit humblement la reine de congédier les ministres actuels, comme trop favorables au papisme.

La veille avoit eu lieu à Dublin la réunion hebdomadaire de l'association du rappel. Sur la proposition de M. O'Connell, on y a décidé d'augmenter le registre du rappel dans chaque localité.

SUISSE. —Dans la séance de la diète, le 12, il s'est agi des officiers de l'état-major fédéral convaincus d'avoir concouru à l'expédition des corps francs, et d'une proposition ayant pour objet de les rayer des contrôles. Il y a eu des opposans : Berne, Argovie et Bâle-Campagne ont dit qu'il falloit jeter un voile sur le passé. Ces trois cantons, remarquons-le , sont les plus compromis dans cette criminelle levée de boucliers. Néanmoins, la proposition a réuni une majorité de 14 voix.

Le lendemain, on s'est occupé de la question d'amnistie. A cette occasion, les radicaux se sont posés en philantropes, accusant Lucerne de se montrer par trop inexorable. On proposoit d'inviter fédéralement Lucerne à gracier les 9 prisonniers et les 43 contumaces, et à engager tous les autres à rentrer dans le canton. Malgré la chaleur avec laquelle les radicaux l'ont appuyée, cette amnistie n'a point réuni de majorité.

L'opposition a été plus heureuse, à la même séance du 12, sur une autre question. Saint-Gall présentoit un projet tendant à donner au vorort un pouvoir illimité pour couvrir instantanément de troupes un canton où se manifesteroit quelque entreprise de corps francs. Le député de Vaud, M. Eytel, a prétendu que de pareils pouvoirs constitueroient une atteinte au pacte et à l'organisation fédérale ; il a demandé qu'on écartât, autant que possible, les mesures violentes contre les corps francs ; et il a fait l'éloge du *patriotisme* des hommes qui les composoient. « Soyons humains et généreux, a-t-il ajouté, et surtout n'oublions pas que les rôles peuvent être intervertis , et que le parti vaincu peut être victorieux demain. » Ces paroles indiquent assez les espérances des radicaux. Aussi est-ce pour eux une sorte de triomphe d'avoir fait rejeter la proposition de Saint-Gall. La diète a adopté, à la majorité de dix-sept Etats et un demi, celle du vorort qui a pour objet de l'inviter à surveiller l'exécution des arrêtés précédens.

— On dit dans le *Journal des Débats* :

« Dans la dernière séance de la diète de Zurich, on a discuté la question de savoir si Lucerne seroit sommé d'accorder une amnistie générale. Cette question, déjà agitée lors de la diète extraordinaire, se présentoit avec peu de chances de succès. Les avocats des radicaux suisses font semblant de croire que l'amnistie étoit le prix convenu des indemnités payées à Lucerne par les cantons de Berne, d'Argovie, de Soleure et de Bâle-Campagne, et de celles qui ont été tout récemment votées par la diète : il n'en est rien. Les quatre cantons que nous venons de nommer ont tout simplement payé la rançon des prisonniers appartenant à leurs cantons, et qui ont été immédiatement mis en liberté. Quant aux 150 mille francs inscrits au budget fédéral, c'est une foible indemnité des frais, relativement énormes, qu'a coûtés à Lucerne et aux quatre petits cantons le maintien de l'ordre public.

» Il est donc faux de dire qu'on avoit acheté la clémence de Lucerne. Nous ajouterons que cette clémence ne s'en est pas moins largement et librement manifestée par de nombreuses commutations de peine.

» La proposition qui étoit en discussion n'a pas rallié la majorité. »

SYRIE.—Un fait odieux de barbarie, qui s'est passé à Saint-Jean-d'Acre, est raconté par le *Malta-Times*. Un soldat turc ayant été trouvé assassiné aux environs de la ville, le gouverneur fit saisir quatre chrétiens et leur fit immédiatement donner la bastonnade, sans aucune forme de procédure. Un des chrétiens si indignement maltraités est le vice-consul des Etats-Unis; un autre est un sujet autrichien. Sur les énergiques réclamations du corps consulaire, ces deux personnes ont été relâchées, mais aucune satisfaction n'a été donnée.

Le consul français a immédiatement fait venir le brick l'*Aigle* de Beyrouth à Saint-Jean-d'Acre.

Ce n'est pas tout : il y a quelques semaines, le ministère ottoman a énergiquement démenti le bruit de l'assassinat de deux princes de la famille de l'émir Beschir. Eh bien ! si nous en croyons une correspondance insérée dans un journal anglais, le *Standard*, les soldats chargés de conduire cette famille au lieu de son exil, auroient réellement profité d'une querelle suscitée à plaisir, pour tuer un fils et deux petits-fils du malheureux émir. Nous devons dire cependant que cette nouvelle ne se trouve dans aucun journal du Levant.

AMÉRIQUE. — La Convention du Texas s'est assemblée le 4 juillet, et a donné son adhésion à l'annexion, à l'unanimité moins une voix.

— Un immense incendie vient de dévaster New-York. 268 édifices ont été consumés. On va jusqu'à dire que les pertes ne s'élèvent pas à moins de 6 millions de dollars. Une douzaine de victimes ont péri dans l'incendie. Le feu a commencé le 19 juillet à trois heures et demie du soir, et n'a été éteint que le lendemain à midi.

Nous voudrions pouvoir donner un compte-rendu détaillé de la troisième messe de M. Dietsch, exécutée à Saint-Eustache le jour de l'Assomption. Nous nous bornerons à indiquer les parties les plus saillantes ; il y a eu de très-beaux passages dans le *Kyrie*, le *Gloria*, le *Crucifixus du Credo*, l'*O salutaris* et l'*Agnus Dei*. On reconnoît aussitôt dans ces morceaux le véritable caractère de la musique religieuse. M. Dietsch est un compositeur qui ose courageusement et avec succès lutter contre le mauvais goût qui règne dans presque toutes les compositions religieuses. Digne élève de Choron, il n'a rien épargné pour arriver à son but ; aussi les connoisseurs et ses amis espèrent-ils que M. le ministre des cultes et M. le directeur des beaux-arts sauront apprécier tant de persévérance et de dévoûment. N'est-il pas étonnant, en effet, qu'il n'y ait de récompense et d'encouragement que pour les compositeurs de musique profane, tandis que, depuis quinze années, M. Dietsch prodigue son talent, et souvent épuise ses ressources pécuniaires pour assurer la bonne exécution de ses œuvres ?

Le Gérant, **Adrien Le Clere.**

BOURSE DE PARIS DU 18 AOUT 1845.

CINQ p. 0/0. 121 fr. 80 c.	Quatre canaux 1280 fr. 00 c.
TROIS p. 0/0. 84 fr. 30 c.	Caisse hypothécaire. 600 fr. 00 c.
QUATRE p. 0/0. 110 fr. 00 c.	Emprunt belge. 5 p. 0/0. 000 fr. 0/0.
Quatre 1/2 p. 0/0. 116 fr. 00 c.	Emprunt romain. 104 fr. 2/8.
Emprunt 1841. 00 fr. 00 c.	Rentes de Naples. 000 fr. 00 c.
Oblig. de la Ville de Paris. 1400 fr. 00 c.	Emprunt d'Haïti. 382 fr. 50 c.
Act. de la Banque. 3245 fr. 00 c.	Rente d'Espagne. 5 p. 0/0. 00 fr. 0/0.

PARIS. — IMPRIMERIE D'ADRIEN LE CLERE ET C°, rue Cassette, 29.

VISITE PASTORALE DE Mgr JAUFFRET,
DANS LE DIOCÈSE DE LYON, EN 1804.

—

L'histoire contemporaine ecclésiastique ne sauroit être mieux connue que par la reproduction de documens, expression fidèle de la pensée qui faisoit agir les personnages qui ont pris part aux événemens publics et religieux de l'époque. Tout ce qui s'est fait dans l'Eglise de France depuis 1800 et au moment du concordat, n'a pu être consigné dans les archives des ministères des cultes et des affaires étrangères. Si Napoléon a législativement restauré en France l'antique culte de la patrie, s'il s'est fait gloire de recourir à Rome, au chef suprême de l'Eglise, pour rattacher canoniquement la nation française au centre de l'unité catholique, c'est qu'apparemment, outre ses propres instincts de foi et ses larges vues de politique intelligente, il avoit retrouvé dans la masse du peuple, un invincible attachement à la véritable religion de Jésus-Christ. Ne croyons pas, avec M. Thiers dans l'*Histoire du Consulat et de l'Empire*, que *son génie politique le décida seul* dans la conclusion du concordat. Ce grand esprit, en effet, n'agissoit guère par *intuition*, comme disent les idéologues dont il fit toujours peu de cas. Son génie, comme celui de tous les grands hommes vraiment organisateurs, étoit au fond très-positif. A la façon de Charlemagne, il ne mit la main d'abord sur la société religieuse, et ne tenta d'en recueillir les débris amoncelés par la constituante et la convention, que d'après des renseignemens exactement pris et consciencieusement exposés sous ses yeux. Quelques-uns des rapports de Portalis peuvent en donner une idée. Mais ce n'en étoit que le côté incomplet et parfois suspect à raison des préventions parlementaires ou plus récentes. Il est certain que, sur l'indication de M. de Talleyrand lui-même, le vénérable M. Emery de Saint-Sulpice, d'autres ecclésiastiques non moins recommandables, quelques anciens Oratoriens sur la demande de Fouché, tous ces prêtres fidèles, disons-nous, furent chargés de donner des renseignemens sur l'état des esprits par rapport à la religion en ce moment de réparation générale.

On regrette que la plupart des minutes originales de ces rapports aient été égarées, ou demeurent encore ensevelies dans les papiers de quelques amis trop discrets. M. Picot et M. de Bausset en avoient vu quelques traces. M. de Quelen et M. Feutrier, pendant leur séjour auprès du cardinal Fesch, en son hôtel de la rue du Mont-Blanc, avoient fréquemment ouï des personnages dignes de foi, redire les détails de ces diverses *notes* ecclésiastiques, qui furent adressées à Bonaparte, de toutes les parties de la France, au moment de la grande pacification

religieuse de 1801. Nous croyons même qu'en 1817, ces notes servirent à M. de Quelen qui fut, comme on sait, presque exclusivement
chargé de pourvoir aux nominations si nombreuses qu'amena ce nouveau concordat.

Quoi qu'il en soit, il demeure certain que plusieurs des prélats les plus
recommandables de cette époque, avoient recueilli soit pour leur usage
particulier, soit pour les déposer aux archives de leur évêché, quelques
rapports sur leur administration spéciale ou sur les affaires générales
de l'Eglise. Le document que nous insérons aujourd'hui en est une
preuve, et nous nous faisons un devoir de l'emprunter à la *Gazette de
Metz*, qui a eu l'heureuse idée de lui donner l'initiative de publication.
C'est une pièce qui ne se trouve même pas dans la *Vie du cardinal Fesch*,
par M. l'abbé Lyonnet ; ouvrage qui renferme d'ailleurs tant de documens authentiques et précieux relativement aux affaires ecclésiastiques
de ce temps-là. C'est à Lyon, en effet, que les véritables archives de
l'Eglise de France avoient été comme transférées, lorsque l'oncle de
Napoléon devint archevêque de cette ville. M. Jauffret fut grand-vicaire et l'ami particulier de ce personnage influent. C'est en cette
double qualité que le futur évêque de Metz adresse au cardinal la relation suivante. Outre l'intérêt religieux et de mœurs locales qu'il nous
présente, on y remarquera un point devenu essentiel et, comme on
dit, tout palpitant à cette heure de lutte avec l'Université. Nous voulons parler des petits séminaires visités par M. Jauffret, et qui se formoient alors même que l'Université n'existoit pas encore.

" M. Jauffret, en 1804, raconte simplement et sans se douter de la publicité que recevra son écrit quarante ans plus tard, comment on étudie dans les nouveaux petits séminaires; quel esprit les anime pour
la science et la piété; comment, sans autres diplômes pour les directeurs que la confiance et la nomination de l'évêque, sans autres inspecteurs que les grands-vicaires, le grec, le latin, la philosophie, les
sciences physiques sont en progrès dans ces établissemens ecclésiastiques, alors sans rivaux universitaires. L'Argentière, Saint-Galmier,
Saint-Jodard, tous ces petits séminaires existoient et faisoient l'espoir
de l'Eglise de Lyon en 1804, et l'Université, on le sait, n'a été créée et
organisée qu'en 1806 et 1809. Ce que le diocèse de Lyon produisoit
avec tant de succès et d'éclat, d'autres l'imitoient avec une admirable
émulation. A Tournon, à Juilly, à Belley, des prêtres, d'anciens religieux donnoient l'élan à cette réparation de l'instruction et de l'éducation religieuse que le décret impérial et le fisc universitaire sont venus concentrer dans le monopole. Ainsi après les troubles de la grande
tempête de 90, c'est donc le clergé, ce sont encore les évêques et les

religieux, comme les moines après les ravages des Normands, qui ont rallumé dans la patrie le flambeau de l'instruction. Et l'on veut faire à cet infatigable et divin instituteur des peuples, au clergé de France, on veut aujourd'hui lui faire la part la plus infime, sous le prétexte que l'enseignement et l'Etat sont *laïques* et émancipés! Quel temps de liberté et de générosité que le nôtre, si, l'histoire à la main, on nous montre qu'en imposant aujourd'hui à l'Eglise des entraves au sujet de l'enseignement, c'est à la mère de nos lumières et de nos libertés que nous faisons outrage!

« Nous devons, dit la *Gazette de Metz*, à l'obligeante amitié de M. le docteur Emile Bégin la communication d'un manuscrit précieux : c'est le recueil des visites pastorales faites dans les diocèses de Lyon, de Metz et d'Aix, par M. Jauffret, vénérable prélat dont la mémoire nous demeurera toujours chère. Ces visites, écrites avec un abandon charmant, ne furent jamais destinées à l'impression. M. Jauffret les adresse au cardinal Fesch, son protecteur et son ami, qui étoit alors grand-aumônier de l'empire, cardinal-archevêque de Lyon, et ministre plénipotentiaire près la cour pontificale. Elles auront donc pour nos lecteurs, nous l'espérons du moins, le double attrait de l'édification religieuse et de la nouveauté.

A S. E. MGR LE CARDINAL FESCH.

» Monseigneur,

» En partant de Lyon, le 24 août 1804, je pris, à une lieue de la ville, le chemin de traverse qui conduit à Yseron, paroisse située deux lieues plus loin, sur une colline escarpée. Après une heure et demie de marche, on respire l'air des montagnes; on traverse des terres plantées de châtaigniers, des bois de chêne, le long d'une vallée agréable, de prairies et de sites pittoresques. Yseron est peuplé de braves gens ; les mœurs y sont simples et pures. Ce qu'on appelle le bourg offre l'aspect d'un hameau. Les habitans se trouvent dispersés sur le reste du territoire, lequel consiste en montagnes et vallées. Au sommet de la montagne qui domine Yseron, je remarquai quelques blocs d'un beau marbre blanc. Il seroit de prix, sans les taches qu'il présente clair-semées, et qui vraisemblablement le rendent moins intéressant pour la sculpture.

» D'Yseron à Duerne on compte une lieue. Nous nous sommes arrêtés dans ce dernier village et y avons dîné. L'aubergiste auquel nous étions adressés est un zélé catholique, qui a un de ses fils dans les petits séminaires. Nous apprîmes que cet homme et sa femme avoient passé à l'étranger, au temps de la terreur, pour ne pas foiblir dans leurs principes. La Providence les a bénis depuis; tout leur prospère, et ils ont pu retrouver ce qu'ils avoient perdu d'aisance et de fortune.

» Arrivé à Saint-Galmier, sur les trois heures après midi, je me suis rendu tout de suite à l'exercice public des élèves de troisième. Ils venoient de terminer un plaidoyer assez intéressant. Tout Saint-Galmier et le voisinage étoient là. J'ai assisté à la représentation d'un drame de Berquin qui ne m'a pas satisfait. La pièce auroit pu être mieux choisie.

» J'ai vu là nombre d'ecclésiastiques, curés ou desservans d'alentour. J'en ai été très-content. C'est partout un même esprit et un même cœur dans ce canton. Le curé ci-devant constitutionnel de Chazelles, M. Fournel, y fait très-bien, a reconquis l'estime des habitans et des notables des environs. Il convient à ce pays. Il doit seulement modérer un peu son zèle, et savoir souffrir quelque chose d'un peuple d'ouvriers avec lesquels il a affaire, et que la révolution avoit fort démoralisés. Sa paroisse de Chazelles, pleine de chapeliers, fut le tombeau de soixante et quelques Lyonnais à la suite du siége.

» Le samedi matin, on a fait aller tous les élèves au scrutin, pour qu'entre eux ils décidassent eux-mêmes du prix de sagesse. Un des élèves les plus capables a tenté quelques expériences de physique, et comme, en qualité de votre représentant, on me faisoit les honneurs, et que le démonstrateur étoit novice, je n'ai été pleinement rassuré, je vous en fais l'aveu sans peine, que lorsque les expériences terminées, je me suis vu hors du danger d'une expérience manquée et de l'éclat d'une bouteille ou d'un bocal mis en pièces par l'inadvertance ou l'oubli du jeune professeur, qui paroit pour la première fois en public.

» Le soir, on a donné la représentation de la *tragédie du grand saint Symphorien*, dont l'auteur est un Jésuite. Cette pièce se trouve dans l'ordre de celles qui conviennent à un petit séminaire. Les élèves s'en sont passablement tirés. Après la pièce, on a procédé à la distribution des prix; puis les physiciens ont lancé un ballon dans les airs, ce qui a fort réjoui tout Saint-Galmier. Le dimanche, j'ai fait aux élèves un discours de clôture; je leur ai donné des avis pour passer saintement les vacances. A la fin de la messe, il y a eu *Te Deum*, bénédiction, et les classes ont été fermées. J'ai été vraiment satisfait de l'émulation qui règne dans cette maison. Ici, comme à Saint-Jodard, on se voit obligé de recommander aux adolescens d'être sobres dans leurs études. C'est l'inverse des autres institutions. Partout ailleurs il importe d'encourager les élèves, de les exhorter, de les presser, de les solliciter pour qu'ils se livrent au travail; qu'ils fuient la paresse; qu'ils s'attachent à la piété : ici, il faut au contraire leur parler avec véhémence pour les empêcher de trop travailler, de trop se concentrer dans la piété, s'ils veulent ne pas nuire essentiellement à leur santé, et s'ôter à eux-mêmes les moyens d'être utiles dans la suite de leurs jours.

» Saint-Galmier et ses environs, vous le savez, Eminence, renferment un grand nombre de jansénistes. Mais avec du zèle, de la discrétion, beaucoup de patience, de persévérance et de douceur, on finira par affoiblir ce parti. Un des moyens les plus puissans pour y parvenir, c'est de procurer aux diverses paroisses affectées de ce mal des instituteurs et institutrices de nos écoles, et c'est à quoi nous travaillons. Il est d'autant plus important d'arrêter la propagation des principes jansénistes, que ceux qui s'appellent de ce nom dans ces contrées, doivent être fort peu disposés pour le gouvernement actuel de l'Eglise et de l'Etat; car on m'assure que plusieurs d'entre eux regardent le concordat comme une œuvre de ténèbres, vous qualifient d'intrus, et appellent le pape et l'empereur des antechrists. Cependant, il ne faut pas faire d'un tel crime celui de tous les jansénistes.

» Ceux de Saint-Galmier vont presque tous à l'église. Malheureusement, la plupart se confessent en secret à des prêtres sans pouvoirs, qui leur sont dévoués; puis après ces confessions, ils viennent s'asseoir à la table pascale, ce qui embarrasse fort nos curés et nos vicaires. J'ai été dans le cas de prévenir le maire et les officiers publics de Saint-Galmier, qu'il étoit aussi contraire au bon ordre public qu'à la religion de permettre des assemblées secrètes où l'on fait un autre catéchisme que celui de la paroisse. C'est ce qui s'est pratiqué jusqu'à ce jour à Saint-Galmier...

» Ayant visité l'église au mois de juin, j'ai porté deux fois la parole dans le séminaire de Saint-Galmier, composé de 140 élèves, et une fois dans la paroisse de ce bourg. Les élèves d'une part, le peuple fidèle de l'autre, ont été également attendris de ce que je leur ai dit de votre zèle vraiment pastoral; de votre sollicitude paternelle pour le bien de vos séminaires et des fidèles confiés à vos soins ; de votre correspondance suivie sur tous les moindres détails de l'administration diocésaine ; de vos prières et de vos vœux permanens pour le salut et la prospérité de votre Eglise ; de la peine que vous avez eue de vous éloigner de votre troupeau, et du bonheur dont vous jouiriez si vous en étiez rapproché, si vous pouviez vous trouver au milieu d'eux et venir les visiter vous-même. C'est par là que j'aime, Eminence, à commencer mes discours quand je dois, en votre nom, porter la parole, soit aux élèves du sanctuaire, soit au peuple, soit aux enfans du peuple.

» Au moment de clôturer ma dernière visite à Saint-Galmier, j'ai cru devoir prendre la parole *intrà solemnia*. Sans désigner les jansénistes, j'ai dit un mot de l'unité de la religion, de celle du sacerdoce, de l'inconvenance de prêcher dans des assemblées illicites contre cette précieuse unité. J'ai invité tout le peuple de Saint-Galmier à ne former qu'un seul peuple de fidèles, sous l'enseignement d'un seul pasteur... Depuis que cette paroisse a été mieux desservie, le nombre des jansénistes y a bien diminué. Ils formoient le tiers d'une population de 5,000 ames ; ils n'en sont plus que le sixième.

» Des prêtres jansénistes sont enfermés à Montbrison, et d'autres déportés en Italie comme tels. On les accuse d'illuminisme, de convulsionisme, etc. Il seroit bon qu'on prît une détermination à cet égard, et que l'on évitât l'occasion de leur donner, aux yeux de leurs partisans, le mérite des confesseurs et des martyrs : ils en jouent le rôle dans la prison de Montbrison où ils communiquent journellement avec leurs dirigés ou dirigées...»

(*La suite au prochain Numéro*.)

REVUE ET NOUVELLES ECCLÉSIASTIQUES.

ROME. — La *France* publie la correspondance suivante sur les affaires d'Espagne :

« On nous écrit de Rome :

« La lettre adressée au Saint-Père par le gouvernement de Madrid, sous le titre pompeux d'*ultimatum*, vient encore d'échouer. Dans la réponse qui a été faite il est dit que Sa Sainteté, loin d'avoir aucune prévention contre l'Espagne, désire au contraire lui montrer une prédilection égale à celle qu'ont toujours eue les pontifes ses prédécesseurs ; mais que, dans les circonstances actuelles, il y a une grande différence entre la position du gouvernement espagnol et celle des gouvernemens de France et de Portugal, avec lesquels Sa Sainteté a fait des concordats pour apporter remède aux dommages causés à l'Eglise par les révolutions de ces deux pays. En effet, ces gouvernemens non-seulement se présentoient comme n'ayant pas causé les dommages dont on se plaignoit, mais ils s'offroient encore comme réparateurs d'un triste passé : ainsi en Portugal on n'a pas porté les choses à l'extrémité où elles ont été portées en Espagne, car on y a conservé les biens des chapitres, et presque tous ceux du clergé séculier. En Espagne, au contraire, on vend encore les biens de l'Eglise, vente que Sa Sainteté n'a jamais approuvée nulle part. Tout ce que Sa Sainteté a pu faire a été de laisser la conscience des détenteurs juge de la validité de pareilles acquisitions. Enfin Sa Sainteté ne veut pas et ne peut pas accorder la permission qu'on lui demande, et qui consiste à dépouiller l'Eglise ; elle ne peut pas davantage sanctionner les actes de spoliation. Sa Sainteté termine en déclarant que, tant qu'il ne sera pas assigné pour le culte et pour le clergé une dotation honorable et indépendante, dotation qu'elle exige comme compensation des biens vendus, et tant que les ventes faites cette année n'auront pas été annulées, elle n'entend pas traiter avec le gouvernement de Madrid. »

***

PARIS.

La situation des affaires religieuses dans le royaume de Wurtemberg est assez triste. Depuis long-temps l'Allemagne catholique connoît l'état de détresse à laquelle l'Eglise se trouve réduite dans un pays où la population catholique équivaut exactement à la moitié de la population protestante. De nombreuses et d'énergiques réclamations ont plus d'une fois retenti du haut des tribunes des deux chambres du royaume, sans avoir pu parvenir à adoucir ou à modifier le système de servitude établi, bien moins par les lois que par l'omnipotence administrative qui se joue de ces lois.

Il étoit impossible que le Père commun des fidèles, après avoir tenté toutes sortes de voies pour se faire écouter du gouvernement wurtembergeois, n'en vînt pas enfin à de plus énergiques mesures. L'état de grande vieillesse et de cécité dont est atteint l'évêque de Rothenbourg, seul évêque du royaume, et qu'à ce titre la langue officielle qualifie de *Landes bischoff* (qualification sous laquelle est entendue celle d'*un évêque national*, c'est-à-dire indépendant de toute autre autorité que de celle de l'Etat), sembloit rendre indispensable la nomination d'un évêque-coadjuteur; mais le gouvernement a su faire ajourner cette salutaire mesure, en proposant au Saint-Siége des candidats qu'aucune considération ne pouvoit lui faire agréer. Dans ces circonstances, le souverain Pontife s'est vu contraint d'adresser successivement à l'évêque deux Brefs, dans lesquels il exprime tout son mécontentement de la situation que l'on a laissé faire à l'Eglise catholique, ainsi que du pouvoir qu'une autorité trop timide a laissé prendre au gouvernement sur la plupart des institutions de l'Eglise.

Bien que les plus sévères injonctions du ministère des cultes soient venues s'opposer à la publication des Brefs apostoliques, ils n'ont pu cependant échapper à la publicité; et l'impression que cette manifestation a produite parmi le peuple catholique, inquiète le gouvernement, au point qu'il s'est vu obligé d'adresser au Saint-Siége un mémoire justificatif, qu'il a, de même que les Brefs, essayé de couvrir du plus profond silence. L'on y exalte la libéralité de la couronne envers l'Eglise, et les avantages qu'elle tire de la bienveillante protection que l'Etat lui accorde. Mais l'on tait soigneusement que cette prétendue protection, qui n'est, en réalité, qu'une *suprématie sacrilege*, n'est ni désirée ni réclamée par l'Eglise; l'on tait le profond désordre qu'elle a porté dans toutes les branches de l'administration ecclésiastique; l'on tait les sévices si souvent exercés contre les prêtres fidèles aux lois de l'Eglise; en un mot, l'on y garde un perfide silence sur les principaux sujets des justes plaintes et des réclamations du clergé et du peuple catholiques.

Mais ce que n'a pas voulu faire le gouvernement wurtembergeois, un catholique, que la prudence a forcé de se cacher sous le voile de l'anonyme, l'a entrepris et exécuté avec une grande et louable vigueur. Dans un ouvrage que vient de publier la librairie de Hurter, à Schaffhouse, il donne le texte des brefs pontificaux, celui du mémoire du gouvernement wurtembergeois, et la nomenclature raisonnée des nombreux griefs de l'Eglise catholique du pays. Ce travail, qui place les faits en regard d'allégations mensongères, ou d'un silence perfidement calculé, couvre d'un opprobre mérité les organes d'un gouvernement qui foule aux pieds, non-seulement ce que prescrit la loi naturelle à l'égard d'une Eglise bien plus ancienne que ce royaume de si récente création, mais encore les conditions de *parité de droits* des deux confessions, sous la sanction et les garanties desquelles ont été opérées les incorporations de territoire qui ont servi à former le nouveau royaume.

On nous écrit d'Eu, le 17 août :

« Ce matin, à onze heures, un office a été célébré à l'église Saint-Laurent, à l'occasion de l'heureux accouchement de madame la princesse de Saxe-Cobourg-Gotha. Le roi, la reine, madame Adélaïde, le prince de Saxe-Cobourg-Gotha ont assisté à cette messe. On y remarquoit aussi MM. les généraux Athalin, d'Houdetot, Friant, M. le préfet du département, M. le maire et les officiers de la garde nationale d'Eu. »   (*Moniteur.*)

Le *Courrier des Campagnes*, dans son numéro du 18 août, contient un long article signé : ABBÉ CLAVEL DE SAINT-GENIEZ, etc... *sur la procédure dans le droit civil considérée au point de vue politique et religieux*, à l'occasion d'un ouvrage de M. Delzer. Nous y trouvons à la suite, la nouvelle suivante :

« Une retraite ecclésiastique, des plus édifiantes, vient d'avoir lieu à Montauban ; elle étoit présidée par M. l'évêque de ce diocèse, qui a fait entendre à ses coopérateurs des paroles pleines d'encouragement et de dignité; en un mot, suivant ce qu'on nous écrit, des paroles tout-à-fait conformes aux dispositions du *droit canonique*. Le prélat auroit dit à tous ses curés succursalistes, qu'il étoit *déterminé à les regarder tous comme inamovibles*, désirant conserver à chacun le titre dont il est pourvu jusqu'à leur mort. Un autre fait remarquable de cette retraite, c'est que cette année, grâce à la présence du digne prélat, le nombre des confesseurs n'a pas été limité, ni la confiance des retraitans gênée en rien. Tous les prêtres approuvés dans le diocèse étoient autorisés à entendre la confession de leurs confrères. Puisse ce bel exemple de retour aux anciennes règles de la discipline ecclésiastique, trouver des imitateurs dans tous les diocèses de France! La religion n'y perdroit rien, et le clergé y gagneroit beaucoup en dignité dans sa propre estime. »

Mgr Vérolle, évêque de *Colombo* et vicaire apostolique de la Mantchourie (Tartarie chinoise) étoit à Paris ces jours derniers, de retour de son voyage à Rome pour les intérêts de sa mission. Ce prélat missionnaire est eu ce moment eu Normandie; il a dû officier à Caen sa ville natale et célébrer la fête de l'Assomption dans la cathédrale de Bayeux.

Une veuve Israélite, après avoir présenté au baptême ses quatre enfans, a eu le bonheur de recevoir elle-même, dimanche dernier, le sacrement de la régénération. Cette cérémonie, présidée par M. l'abbé Ratisbonne, a été remarquable par le grand nombre de néophytes qui entouroient l'autel. Parmi eux on distinguoit un rabbin octogénaire, converti depuis peu de mois au christianisme. Ce vieillard servoit la messe avec une dévotion vraiment touchante. On a annoncé qu'un des hommes les plus considérés parmi les Juifs, pour ses vastes connoissances thalmudiques, avoit ouvert les yeux à la vérité, et qu'il recevroit le baptême, avec trois autres de ses coreligionnaires, dans le cours du mois prochain. Ainsi les Juifs dégagés de leurs préjugés par le philosophisme qui a dissous les restes de leurs traditions, se réfugient les uns après les autres dans le sein de l'Eglise, qui les accueille avec charité et les réconcilie à la fois avec Dieu et avec les hommes. (*Univers.*)

La fête de l'Assomption de la sainte Vierge, qui ramène chaque année l'accomplissement du vœu de Louis XIII, a été célébrée dans notre ville avec l'intérêt que les habitans de Toulouse savent mettre à tout ce qui leur rappelle les religieux souvenirs de notre ancienne et glorieuse monarchie. Le matin, à cause des précautions qu'exige la santé de Mgr l'archevêque, la messe pontificale fut chantée, à huit heures, dans le chœur de l'église métropolitaine Saint-Etienne. Le soir, après vêpres, eut lieu la procession générale, à laquelle assistèrent notre digne prélat, le clergé des paroisses, les élèves du petit séminaire; les congrégations de l'église Saint-Etienne, réunies au chapitre métropolitain, formoient le cortège, au milieu duquel étoit porté avec pompe et piété, sur un élégant pavillon, l'image vénérée de la protectrice de la France, dont chacun paroissoit plus particulièrement invoquer l'assistance dans les circonstances actuelles, où la religion a de nouveaux dangers à conjurer.

Après avoir fait station dans l'église de Notre-Dame de la Dalbade, la procession rentra dans l'église métropolitaine Saint-Etienne, où fut donnée la bénédiction du Saint-Sacrement. (*Gazette du Languedoc.*)

A Rennes, la procession annuelle de la sainte Vierge a eu lieu le jour de l'Assomption, au milieu d'une grande affluence de fidèles. Le cortége s'est rendu de la cathédrale à Saint-Melaine (Notre-Dame), dont l'intérieur étoit orné d'une grande quantité de fleurs, de guirlandes de buis, de sapin et de laurier, suspendues aux piliers et aux poutrelles élevées qui traversent la nef.

A Nantes, la fête a été célébrée avec la pompe accoutumée. Toutes les paroisses et chapelles étoient richement décorées; le chœur de la cathédrale surtout se faisoit remarquer par son élégance et par la statue de la sainte Vierge. Mgr l'évêque de Nantes a officié pontificalement; une foule immense remplissoit la vaste basilique. Après l'office du soir, le clergé de toutes les paroisses s'est réuni à la cathédrale avec ses croix et ses bannières. pour assister à la procession. L'image vénérée de la patronne de la France, portée par de jeunes lévites, étoit suivie par Mgr l'évêque, entouré de son chapitre. La musique du 5ᵉ léger et les tambours précédoient la procession; un fort détachement des compagnies d'élite du même régiment formoient la haie, et un piquet de gendarmerie fermoit la marche. Beaucoup de fidèles suivoient le pieux cortége qui partout n'a rencontré que des témoignages de respect.

ESPAGNE. — Nous avons reçu les journaux de Madrid jusqu'au 15; l'instruction ou circulaire que le *Castellano* suppose comme publiée par le ministère des finances n'a point paru dans la *Gazeta*, journal officiel : ce qui ne permet pas de connoître les termes formels dans lesquels elle est conçue.

D'après l'*Espanol* il paroît que M. *Castillo y Ayensa*, ministre plénipotentiaire près la cour de Rome. seroit remplacé par un autre envoyé dont le nom reste encore inconnu.

— On voit avec satisfaction que les administrateurs ecclésiastiques des évêchés vacans publient des Mandemens pleins de zèle et de science. Nous avons sous les yeux celui du vicaire ecclésiastique de *Ciudad-Real* et de son district dans lequel est compris *el Campo de Calatrava*. Le dispositif de ce Mandement est plein de modération et de fermeté. Il ordonne de mettre à exécution les anciens statuts synodaux *sur les conférences hebdomadaires morales et religieuses, sur l'assistance à ces conférences,* obligatoire pour tout clerc promu *in sacris*, et résidant dans le district de la paroisse; *sur l'habit et la tonsure cléricale, et enfin sur les examens annuels.* pour tous les prêtres qui doivent obtenir les pouvoirs de confesser et de prêcher, etc., etc.

Le Mandement du gouverneur ecclésiastique de *Barbastro* est plein de douceur et de prudence, et il renouvelle aussi plusieurs points de discipline que les malheureuses guerres et d'autres circonstances fâcheuses ont empêché de mettre à exécution avec les saintes rigueurs que les canons prescrivent Partout les autorités ecclésiastiques tâchent de ramener à son ancienne vigueur cette discipline si sage et si ferme, qui a formé la belle Eglise espagnole, si renommée par la pureté de la doctrine et par la sainteté de ses illustres membres.

SUÈDE. — Il est bien digne de remarque que la loi sur la liberté de conscience. en Norwége, a été présentée au storthing, de la part du gouvernement. le jour de la Purification, le 2 février, qu'elle a été adoptée par le storthing, le jour de la fête *auxilium christianorum*, et sanctionnée par le roi le jour de la fête de Notre-Dame du Mont-Carmel.

SUISSE. — A Lucerne, les révérends Pères Simmen et Bourgstahler prêchent tous les dimanches deux fois, avant et après midi, et l'église des Cordeliers se remplit toujours de nombreux auditeurs. Quelques-uns vont entendre le sermon par curiosité, d'autres par esprit de critique; mais l'immense majorité y va chercher des enseignemens utiles et de l'édification.

SCHWYTZ. — Un service religieux a été célébré à Einsiedlen à la mémoire de M. Leu. Depuis la mort de François 1er, roi d'Autriche, on n'avoit pas vu, dans la vaste cathédrale, de cérémonie aussi solennelle.

REVUE POLITIQUE.

L'agitation et l'émeute sanglante de Leipzick peuvent donner une idée des symptômes menaçans qui travaillent les populations allemandes. Un journal radical prétend qu'à Leipzick principalement la question est à la fois politique et religieuse :

« Les bourgeois , dit-il, veulent la liberté religieuse, la jeunesse demande la liberté politique, et la seule chose qui puisse retarder quelque temps encore l'explosion du sentiment général , c'est l'attachement personnel que les populations conservent pour le roi. Mais en héritant de la couronne, le duc Jean n'hérite pas de l'affection du peuple. La position du roi devient en ce moment très-difficile. Le voilà placé entre une ville qui lui demande justice , ville riche et populeuse , la plus commerçante de toute l'Allemagne, et un prince qui est à la fois son frère et son héritier. »

Tandis qu'on lit dans le *Globe* :

« Les troubles qui ont eu lieu à Leipsick sont dus aux partisans du mouvement religieux qui agite en ce moment une partie de l'Allemagne. La secte des *catholiques allemands*, secondée par les protestans de toute nuance, qui sont en majorité à Leipsick, a voulu protester par des cris et par des menaces contre les principes exclusivement catholiques que professe hautement le frère unique du roi de Saxe, le prince Jean. De là est résulté le conflit déplorable qui a nécessité de la part de la troupe l'emploi de ses armes. »

D'après l'*Univers* :

« De tous ces commentaires, il résulte, avec la dernière évidence, que la responsabilité du désordre, sinon de ses terribles résultats, doit retomber tout entière sur les partisans de Ronge, partisans recrutés, du reste, parmi les protestans. On sait en effet que la Saxe est presque tout entière protestante, et que les catholiques sont, toute proportion gardée, peut-être moins nombreux à Leipsick qu'ailleurs; ils n'y possèdent qu'une église. Evidemment, ce n'est pas parmi eux que Ronge a pu trouver les quelques milliers d'admirateurs qui ont attaqué l'hôtel du prince Jean, et attiré sur la ville de Leipsick une si douloureuse catastrophe. »

Enfin, la *France* termine par les détails et les sages réflexions suivantes :

« La Saxe est presque tout entière protestante, et la famille royale est catholique. A Dresde, il y a une église auprès du palais du roi : à Leipsick , les catholiques ont obtenu, pour les cérémonies de leur culte, la concession d'un temple protestant. Les protestans ont naturellement vu avec joie le schisme qui éclatoit, et qui tendoit à diminuer encore en Saxe le nombre des catholiques, déjà si restreint. La présence du prince Jean, héritier de la couronne, leur a fait naître l'idée d'une démonstration, la piété du prince et sa foi catholique étant bien connues. De là les désordres qui ont éclaté. Le prince a montré d'abord une grande patience, mais d'après les feuilles allemandes elles-mêmes, les vitres de son palais ayant été brisées à coups de pierres, et, on ne peut en douter, par les protestans et les schismatiques, l'ordre de faire feu a été donné, mais à la dernière extrémité, et quand tout espoir de conciliation a été épuisé. La dignité du prince qui représentoit le roi avoit été offensée ; reculer devant l'émeute étoit impossible, c'étoit lui donner de la force, et les conséquences qui sont résultées du conflit ne peuvent retomber que sur les imprudens qui les ont provoquées. »

Incontestablement, il y a autre chose qu'un ferment anti-religieux au sein d'une grande partie des populations allemandes. Le vieux corps germanique est rongé depuis fort long-temps par une fièvre sourde de réactions politiques. Le nouvel esprit universitaire va chaque jour faisant des prosélytes, entraînant avec lui un grand nombre de jeunes esprits impatiens dans la plupart des villes et des grandes universités. De ces centres divers s'étend et agit sur toute l'Allemagne la propagande révolutionnaire, propagande funeste non-seulement aux Etats germaniques, mais encore à toutes les sociétés de l'Europe.

Que les gouvernemens de l'Allemagne y songent sérieusement. Les révoltes actuelles de l'esprit anti-religieux sont le triste prélude de prochaines révoltes éminemment politiques. Le jour n'est pas loin, si l'on n'y prend point garde, où l'impiété et la révolution se donneront la main pour renverser en commun tout ce qui reste debout des antiques principes religieux et politiques.

A Dieu ne plaise que nous désespérions encore de la société allemande ! Il y a, grâce au ciel, sur cette vieille terre, un germe suffisant de conservation politique pour arrêter dans sa marche le génie du renversement.

La dernière adresse au roi du conseil municipal de Leipsick atteste encore dans les populations un respect consolateur pour les idées de conservation et de bon ordre social. Mais que les pouvoirs politiques ne se fassent point illusion ; ces instincts salutaires ne tarderoient pas à se perdre dans les instincts mauvais de la révolution, de l'hérésie et du philosophisme, si par malheur ces trois grandes lèpres sociales n'étoient pas arrêtées à temps par des mains énergiques.

NOUVELLES ET FAITS DIVERS.

INTÉRIEUR.

PARIS, 20 août. — On assure que M. Guizot, qui réside au Val-Richer, près Lisieux, fait de fréquentes visites au château d'Eu.

M. de Barante expédie toujours les affaires courantes du ministère des affaires étrangères, tandis que M. Duchâtel donne seulement sa signature comme ministre par intérim.

Une dépêche est expédiée chaque jour à M. Guizot, pour le tenir au courant des affaires ; de son côté, Louis-Philippe reçoit aussi chaque jour un pli contenant la feuille dite *du roi* : on y joint un extrait des rapports des agens chargés de faire connoître ce qui se passe sur les bords du Rhin.

— Par ordonnance royale, en date du 15 août, le collége du 5e arrondissement électoral du département de Saône-et-Loire est convoqué à Autun, pour le

13 septembre prochain, à l'effet d'élire un député, en remplacement de M. Schneider, décédé.

— On écrit de Frohsdorf, en date du 12 août :

« La famille royale continue à jouir d'une santé parfaite.

» Long-temps absorbée dans les chagrins amers auxquels son ame étoit en proie, madame la comtesse de Marnes est parvenue à triompher de ses nouvelles infortunes, qu'elle domine aujourd'hui de toute la puissance de sa sainte résignation.

» Cette auguste princesse a aussi puisé de nouvelles forces dans sa tendre affection pour M. le comte de Chambord et MADEMOISELLE; car jamais tendresse paternelle n'a été plus loin en dévouement et en perpétuelle abnégation.

» La cour d'Autriche s'empresse, en toute occasion, de témoigner les plus affectueux égards aux habitans de Frohsdorf. Jeudi dernier, à la suite d'une invitation spéciale de l'empereur, M. le comte de Chambord est allé, accompagné du duc de Lévis et du vicomte de Monti, chasser dans les parcs réservés de S. M.

» Samedi, l'archiduchesse Marie-Louise et la grande duchesse Sophie sont venues visiter l'auguste fille de Louis XVI. Le lundi suivant, madame la comtesse de Marnes et MADEMOISELLE se sont rendues chez S. A. I. et R. à Baden, près Vienne.

» Le même jour, M. le comte de Chambord étoit allé à Schœnbrunn où il avoit été convié par la famille impériale.

» Depuis deux mois à peine, l'auguste veuve de Louis-Antoine de France est installée à Frohsdorf, et déjà le pays reconnoissant bénit la bienfaisance qui semble s'être fortifiée encore sur une tombe, et s'être imposé une double mission. La charité règne à Frohsdorf, et lève au passage un impôt sur les largesses employées chaque jour à soulager les infortunes de France. Ah! s'il nous étoit permis de révéler les touchans mystères de ces cœurs de Bourbons, quel enseignement en résulteroit pour les peuples et pour les rois! Ici notre plume s'arrête, car la charité est fille du ciel et ne veut confier ses secrets qu'à Dieu. »

— M. le ministre du commerce est de retour des eaux de Vichy.

— M. Robillot, conseiller de préfecture des Vosges, vient d'être nommé sous-préfet de l'arrondissement de Remiremont, en remplacement de M. Brackenhoffer, appelé aux fonctions de secrétaire de préfecture du Bas-Rhin.

— Hier dans l'après-midi, Paris a été assailli par un ouragan qui a causé des accidens fort graves. Le pavillon Marsan, aux Tuileries, est en partie découvert Le jardin est jonché de feuilles et de branches d'arbres. A quatre heures, les employés de la liste civile en scioient en morceaux, pour les enlever, qui avoient de 30 à 36 centimètres de diamètre. Le grand massif du midi, les tilleuls de la terrasse du bord de l'eau et ceux de la terrasse des Feuillans, en face du bassin octogone, ont beaucoup souffert. Au Luxembourg, plusieurs arbres ont été brisés. Sur la place de la Concorde, pendant deux minutes, l'eau jaillissante des fontaines a été enlevée aux nues, sans qu'une seule goutte soit tombée dans les bassins; ce phénomène a été vu d'un grand nombre de personnes. Des femmes et des enfans ont été renversés et roulés par le vent sur les ponts et les places publiques; sur la Seine, les vagues faisoient refluer le fleuve à ce point que les trains de bois et les bateaux, au lieu de descendre, remontoient. Tout cela n'est rien, comparé à ce qu'on dit avoir vu dans la banlieue. Des champs qui étoient couverts de blés et d'orges en javelles, ont été balayés sans qu'on sache où a été transportée la récolte.

On parle de voitures qui auroient été renversées par le vent sur les routes.

— Le *Mémorial de Rouen* publie la lettre suivante de M. le secrétaire-général de la préfecture de la Seine-Inférieure :

« Monsieur le rédacteur,

'* » Hier, à midi, une trombe a renversé trois fabriques dans la vallée de Monville ; 360 ouvriers qui y travailloient ont été ensevelis sous les décombres, 40 morts et près de 100 blessés sont retirés en ce moment, mais un grand nombre y reste encore.

» Permettez-moi d'avoir recours à votre journal pour ouvrir une souscription en faveur des veuves, des orphelins et des malheureux ouvriers blessés.

» Les habitans de la Seine-Inférieure répondront à mon appel et s'empresseront de venir au secours de leurs infortunés compatriotes.

» Je vais écrire à M. le receveur-général pour le prier de recevoir les souscriptions qui seront aussi reçues à la préfecture, au bureau des dépêches.

» Recevez, Monsieur le Rédacteur, l'assurance de ma considération distinguée.

» Pour le préfet en tournée :

» L'auditeur au conseil d'Etat, secrétaire-général délégué,

» De la Preugne. »

— Les droits d'entrée énormes que paient à Paris les liqueurs alcooliques inspirent chaque jour aux fraudeurs de nouvelles ru-es. On vient de saisir un ballon qui étoit accroché à l'un des arbres des boulevards extérieurs, et auquel étoient attachées trois grosses vessies remplies d'alcool, formant les oreilles et la queue du ballon. Un des fraudeurs jetoit la corde qui retenoit le ballon par-dessus le mur d'enceinte; un autre la ramassoit, et descendoit ensuite le ballon dans un endroit propice. La nuit protégeoit la ruse Des mesures sont prises pour qu'une pareille fraude ne puisse plus se renouveler avec succès.

— Madame la duchesse de Nemours a assisté à la grand'messe, le jour de l'Assomption, à l'église métropolitaine de Bordeaux, où elle a voulu offrir le pain bénit. M. le duc de Nemours, indisposé depuis quelques jours, a entendu une messe qui a été dite dans son appartement par un ecclésiastique de la ville.

Dimanche dernier, le prince et la princesse ont entendu la messe dans leur appartement.

— L'administration des douanes vient de publier une circulaire qui annonce la conclusion d'un traité définitif de commerce entre la France et la république de la Nouvelle-Grenade.

— M. l'amiral Baudin, préfet maritime à Toulon, a publié un ordre du jour, où il félicite les habitans de leur conduite pendant l'incendie du Mourillon. En voici quelques passages :

« Des membres du clergé, de la magistrature et de l'administration, des officiers de toutes armes, des employés des divers services publics, sont accourus au premier avis de l'incendie, pour offrir le concours de leurs encouragemens ou de leurs efforts personnels.

» Des femmes, animées d'une généreuse bienveillance, ont improvisé une collecte pour acheter du pain et du vin : elles se sont répandues dans l'enceinte du Mourillon, distribuant gratuitement des rafraîchissemens aux travailleurs épuisés de fatigue.

» Grâce à cette admirable unanimité de volontés, d'efforts et de dévoûmens, tout ce qu'il étoit humainement possible de disputer aux flammes leur a été arraché : la scierie à vapeur, les vaisseaux en chantier; la plus grande partie des piles de bois et la totalité des établissemens du Mourillon, sauf les hangars, ont été sauvés.

» Par un bonheur dont il faut rendre grâce à la Providence, personne n'a péri : les blessés, au nombre de 50, sont presque tous guéris aujourd'hui. Parmi eux, il ne s'est trouvé aucun citoyen de Toulon. »

— Nous lisons dans une correspondance particulière de Toulon, du 15 août :

« Il paroît que les misérables qui ont incendié la majeure partie de nos bois de construction ne sont pas satisfaits, et qu'ils ont résolu de détruire tous nos établissemens maritimes. Avant-hier et hier, on a trouvé sur divers points de l'arsenal des mèches en tout semblables à celles que l'on a retirées de la scierie du Mourillon. La surveillance, qui est très-active en ce moment, a seule sans doute empêché les incendiaires d'y mettre le feu. Mais peut-on être rassuré ? Une de ces mèches avoit été placée sous une frégate en construction. »

MÉTÉOROLOGIE. — Un phénomène de lumière des plus curieux s'est manifesté sur le sommet du Vésuve. Cette montagne, qui depuis plusieurs mois n'a cessé de jeter des flammes, et même tout récemment un peu de lave, s'embrase encore aujourd'hui, mais à des intervalles plus ou moins rapprochés.

C'est pendant une de ces éclipses qu'une zône de lumière rouge tirant sur le jaune s'est montrée sur la cîme du volcan, de manière que sa circonférence, interrompue seulement par le cratère, s'étendit d'un bout à l'autre de celui-ci, dans la direction même où le Vésuve se montre à ceux qui le regardent de Naples.

Témoin oculaire de ce phénomène, nous l'avions attribué d'abord à la réverbération de la lumière qui venoit de s'éteindre avec l'éruption, et qui pouvoit avoir laissé sur la pupille de nos yeux quelqu'une de ses illusions sans nombre.

Mais dans ce moment une nouvelle éruption, plus forte que les premières, vint, avec la magnificence des bombes d'artifice, semer dans l'air des jets et des flocons de feu de couleurs, de grandeurs et de formes variées. Cette clarté ne fit pas disparoître la zone, qui alors s'éleva de manière à former un cadre superbe à ce tableau dont les flammes tomboient çà et là avec une sorte de régularité.

L'éruption terminée, cette auréole ne s'éteignit pas, mais elle prit une teinte plus jaunâtre, se plissa, pour ainsi dire, vers le haut, et jeta au-dessous d'elle des rayons concentriques en forme d'éventail.

Tout cela eut lieu dans un même instant, et une petite éruption étant survenue presque aussi'ôt, ses rayons rougeâtres se dessinèrent sur le fond de l'auréole, comme le feroient des fleurs de pourpre sur la transparence d'un voile safrané.

Là finit le spectacle, l'auréole disparut avec l'explosion du volcan ; les spectateurs attendirent en vain, ils n'aperçurent plus rien. Sans chercher ici la cause de ce phénomène, on peut affirmer qu'il en est bien peu d'aussi beaux.

EXTÉRIEUR.

ESPAGNE. — Un grand nombre d'officiers de la garnison de Madrid, regardés comme suspects, ont été éloignés de leurs corps respectifs et envoyés dans des villes situées à 24 ou 30 lieues de la capitale.

ALLEMAGNE. — La reine d'Angleterre, le roi et la reine de Prusse sont arrivés le 14 août de Cologne à Coblentz, sur le bateau à vapeur le *Roi*. Ils ne se sont pas arrêtés dans la ville et ont continué à remonter le Rhin jusqu'au château de Stolzenfels.

Il y a eu, le 15, un grand dîner à cette résidence. La table étoit de trente couverts. Le prince de Metternich étoit du nombre des convives. Le dîner a été suivi d'un brillant concert, après lequel a eu lieu un feu d'artifice; mais ce qui a surtout produit un effet ravissant, c'est l'illumination en flammes du Bengale des ruines et des châteaux environnans, et dans le lointain le fort d'Erhenbreitstein, dont l'illumination simuloit un vaste incendie.

Tant qu'a duré cette illumination féerique, le canon n'a pas cessé de retentir. Les cloches de tous les villages voisins ont été mises en branle.

De Stolzenfels, la reine Victoire devoit se rendre par Bamberg à Cobourg, où elle arrivera le 19, aux termes d'une proclamation des autorités du duché. Les fêtes qu'on y prépare ressembleront plutôt à des réjouissances de famille qu'à des solennités officielles; elles auront lieu presque à huis-clos.

S. M. B. descendra à Rosenau, maison de plaisance où est né le prince Albert, son époux. En même temps qu'elle, y arriveront sa mère la duchesse de Kent, sa tante et la grande-duchesse Anne de Russie, et ses oncles le roi des Belges et le duc Ferdinand de Saxe-Cobourg.

— La reine d'Angleterre, le prince Albert, le roi et la reine des Belges et leur suite ont quitté Stolzenfels le 16, et sont arrivés le même jour à Mayence se rendant à Cobourg.

— Les troubles qui ont eu lieu à Leipsick et dont nous avons parlé hier, paroissent avoir été inspirés par l'antipathie, fondée ou non, dont le prince Jean, frère du roi, est l'objet de la part de la population. La gravité de ces troubles est du reste loin d'avoir été diminuée par les nouvelles les plus récentes. Le nombre des morts est de 14. Le lendemain, le prince Jean, en quittant Leipsick, a été insulté par le peuple. Le conseil municipal a voté une adresse au roi dans laquelle il est dit qu'aucun malheur n'eût été à déplorer si, à l'exclusion de la troupe, la garde communale eût été appelée seule pour rétablir l'ordre.

Plusieurs régimens dirigés sur Leipsick y sont arrivés le 14; mais leur entrée a été accueillie par des démonstrations non équivoques de mécontentement, et si l'autorité militaire ne montre pas un grand esprit de prudence et de conciliation, il est à craindre que l'on n'ait bientôt à déplorer de nouvelles collisions plus sanglantes que les premières.

Parmi les morts se trouve un jeune étudiant ; ses camarades se sont rendus en masse le lendemain matin dans les villes voisines de Halle et d'Iéna, et ont ramené avec eux à Leipsick plusieurs centaines d'étudians de ces deux universités. Heureusement quelques hommes sages et jouissant d'une grande popularité parmi ces jeunes gens ont réussi à les calmer et à leur faire adopter, ainsi qu'aux 2,000 citoyens qui s'étoient joints à eux, des résolutions modérées. Ils se sont donc bornés à adresser au conseil municipal une pétition pour demander que l'on fît partir le bataillon de chasseurs qui avoit tiré sur le peuple, et que l'on confiât la mission de rétablir l'ordre à la garde communale seule.

Une foule immense stationnoit devant l'Hôtel-de-Ville pour attendre la réponse du conseil, et dès que celui-ci eut fait annoncer à haute voix que le bataillon recevroit l'ordre de quitter la ville, chacun rentra paisiblement chez soi.

La tranquillité n'a plus été troublée, mais les esprits paroissoient toujours vivement surexcités. Les funérailles des personnes tuées dans les troubles ont été célébrées avec une grande pompe, et les frais en ont été couverts par une souscription aussitôt remplie qu'ouverte.

POLOGNE. — Une horrible disette désole en ce moment la Lithuanie et plusieurs autres provinces de l'ancienne Pologne.

CAUCASE ET CIRCASSIE. — D'après une lettre de Constantinople à la date du 27 juillet, nous voyons que l'on avoit reçu dans cette capitale des nouvelles des dernières opérations du général en chef des troupes du Caucase, le comte de Woronzoff. L'opinion générale étoit qu'il ne falloit pas préjuger très-favorablement des premiers succès de la campagne, attendu qu'il entre dans la tactique des montagnards de se retirer à l'approche de l'ennemi, afin de l'attirer dans l'intérieur des montagnes dans l'espoir de lui faire éprouver des pertes plus considérables.

On avoit également reçu à Constantinople des nouvelles de la Circassie. Les populations des environs d'Anapa s'étoient déclarées contre la Russie sur les instigations de Soliman-Effendi, un des émissaires du prince Schamil. Ces populations s'étoient jointes aux troupes de Soliman-Effendi, que commande Cara-Batyr, fils de Sefer-Bey, qui est en exil à Andrinople. D'après les rapports reçus, cette armée auroit chassé une colonne Russe de Tschowato. Plusieurs beys de tribus circassiennes soumises à la Russie s'étoient rendus avec tout leur monde près de Schamil, dans le Dhagestan, et avoient pris les armes. Ce dernier continue à opérer dans le nord, et Daniel-Bey, l'ex-sultan de Jelfikoï, dans la partie sud du Dhagestan. Tous deux sont pourvus d'artillerie. Schamil auroit même attaqué, dit-on, la forteresse Amakeban, et Daniel-Bey, la ville de Tschok. En définitive, il paroît que jusqu'ici il n'y a pas eu d'affaire sérieuse.

ÉTATS-UNIS. — Un journal présente ce singulier tableau du commerce de New-York :

« Il paroît que le public n'hésite pas, à New-York, à attribuer à un crime l'effroyable incendie qui vient de détruire un quartier de cette ville. Rien n'est fréquent comme un incendie dans les villes commerciales des Etats-Unis. Beaucoup de négocians, qui ne peuvent pas ou qui ne veulent pas faire honneur à leurs engagemens, mettent tout simplement le feu à leur magasin, lequel est d'ailleurs assuré au préalable. Ce seroit-là une calomnie gratuite pour les négocians de tout autre pays; aux Etats-Unis, ce n'est qu'une grosse vérité. C'est principalement la veille des échéances, les 14, 19 et 29, que les incendies éclatent. Ces jours-là le tocsin ne manque jamais de sonner, si bien qu'on n'y fait plus attention, et les gens vous disent avec le plus grand calme du monde : Il y a bien peu d'incendies aujourd'hui, pour un 14, un 19 ou un 29 ! Il y a bien peu de pompiers à New-York, mais on se garde de les envoyer chercher, parce qu'ils pilleroient ce que le feu auroit laissé. »

LE PATRONAGE DE L'ÉGLISE ET LES PRÊTRES DU PEUPLE.

Nous avons lu hier dans la *Démocratie Pacifique* l'article suivant sous ce titre significatif. Lorsque les disciples de Fourier se montrent aussi ouvertement de justes appréciateurs du zèle et du dévoûment du clergé, il est de notre devoir de leur en témoigner toute notre satisfaction en reproduisant de semblables témoignages de véritable sympathie. On comprendra néanmoins que nous ne pouvons approuver toutes les vues particulières du journal que nous citons ici ; non plus que les préventions que cet article renferme contre des religieux dignes de tout respect.

« Il paroît qu'en 1842, MM. les ministres de l'intérieur et des cultes invitèrent Mgr l'archevêque de Paris à s'occuper de la moralisation en masse de la classe ouvrière la plus remuante, — celle des ouvriers d'ateliers. La chose présentoit de graves difficultés. Les ouvriers n'alloient pas à l'église. A Sainte-Marguerite du faubourg Saint-Antoine, par exemple, au milieu de 80 mille ouvriers, on ne voyoit, les jours de grandes solennités, que 200 à 300 femmes. L'abbé Massard, homme de zèle, de dévoûment, orateur populaire, proposa alors à M. Haumet, curé de Sainte-Marguerite, quelques moyens pour engager les ouvriers à venir écouter la parole évangélique. Un projet fut dressé et soumis à Mgr l'archevêque, qui l'accepta avec empressement. MM. les ministres de l'intérieur et des cultes l'approuvèrent. Ce projet, basé sur l'attrait, consistoit :

» 1° A réunir les ouvriers, même hors de l'église, une fois par mois, le diman-che, de sept à dix heures du soir.

» 2° A chanter les psaumes ordinaires, des cantiques français avec accompa-gnement de chœurs et d'orgue expressif, à faire des lectures morales d'économie sociale, à réciter des poésies populaires et religieuses, à expliquer des problèmes scientifiques, à lire des panégyriques d'hommes utiles, et à faire une instruction religieuse (explication d'un point de dogme ou de morale).

» 3° A former un fonds de réserve pour venir au secours des malades six mois après la réception des membres, et pour couvrir les dépenses du luminaire, d'or-nemens, d'impressions, etc.

» 4° A tirer tous les mois une loterie dont les prix seroient des livres d'histoire et de piété.

» 5° A souscrire à la Propagation de la Foi (2 fr. 60 c. par an.)

» Cette œuvre avoit pour supérieur-général Mgr l'archevêque, pour président-né le curé de chaque paroisse, pour prêtre-directeur un vicaire de la paroisse.

» La cotisation fut fixée à 50 cent. par mois, indépendamment de 25 cent. versés à la mort de chaque membre de l'œuvre; des diplômes devoient être distri-bués aux personnes qui fréquenteroient les réunions douze fois sur treize.

» Aucune obligation de pratiques religieuses n'étoit exigée ; tous les cultes, toutes les positions sociales étoient acceptés avec la plus grande tolérance.

» On sait que les Frères des Ecoles chrétiennes, tous sortis du peuple, forment le lien naturel entre les populations et le clergé. Le premier lieu de réunion fut donc une salle des Frères de Sainte-Marguerite du faubourg Saint-Antoine. Les premières réunions n'étoient composées que de 15 à 20 personnes. Peu à peu, ce nombre s'augmenta de telle sorte, que l'emplacement devenant trop petit, les ouvriers consentirent à se donner rendez-vous dans l'église même de Sainte-Marguerite. Là, la réunion prit un nouvel essor, mais elle n'avoit pas de nom. M. Duetz, maître de pension, qui faisoit des lectures aux ouvriers, fit adopter celui-ci : *Œuvre paroissiale de Saint-François-Xavier*. Aussi avons-nous vu le *Constitutionnel*, jugeant cette œuvre sur l'étiquette, lancer ses foudres *libérales* contre ces réunions.

» Quoi qu'il en soit, l'œuvre paroissiale de Saint-François-Xavier étoit née viable; elle devoit grandir, et grandit en effet! Le faubourg Saint-Germain, qui se montre généralement sympathique aux œuvres de bienfaisance, s'intéressa à cette nouvelle œuvre, et l'église de Saint-Sulpice, et celle de Saint-Pierre au Gros-Caillou, suivirent l'exemple de Sainte-Marguerite. Des membres honoraires pris dans tous les rangs furent attachés à l'œuvre; leur cotisation fut réglée à 60 f. par an. Le dévouement du jeune abbé Gibert, son élocution facile et spirituelle, les savantes conversations de M. l'abbé Moigno, donnèrent à la réunion de Saint-Sulpice un éclat inaccoutumé. A Saint-Pierre du Gros-Caillou, les discours pleins d'atticisme et de bon goût de l'abbé de Dreux-Brézé, et la chaleureuse, populaire et éclatante parole de MM. les abbés Bonnafous et Laroque charmoient également la foule. L'église Saint-Laurent de la rue du Faubourg-Saint-Martin, grâce aux soins vraiment apostoliques de M. le curé Lacoste et de l'abbé Bruyère, eut plus tard sa réunion d'ouvriers et ses membres honoraires.

» L'œuvre paroissiale de Saint-François-Xavier commence ici une seconde phase; elle introduit d'utiles améliorations dans ses statuts. Nous allons en donner un aperçu. Toutefois, rappelons en passant un fait digne d'être constaté. Les premières réunions de Saint-Sulpice se tinrent dans la chapelle des frères, rue de Fleurus. Le local n'étoit pas suffisant, et comme M. le curé de Saint-Sulpice. pour déférer à certaines exigences que nous croyons par trop mondaines, refusoit de donner à la réunion la vaste et magnifique nef de son église, les ouvriers de l'œuvre demandèrent les cryptes de cet édifice qui leur furent accordées. En quelques jours ils creusèrent les caveaux, ils construisirent une chapelle, plancheyèrent le sol, mirent des bancs, approprièrent et créèrent de rien un local qui contient actuellement mille personnes. Honneur à ces braves gens! Un appel fut fait aux statuaires de Paris, qui s'empressèrent d'envoyer des exemplaires de très-belles sculptures du moyen-âge.

» Revenons à Saint-Laurent. Ici l'œuvre de Saint-François-Xavier se débarrasse, et nous l'en félicitons, des charges imposées aux membres de la Propagation de la Foi, c'est-à-dire de 2 fr. 60 c. par an. Cette économie, jointe à celle des cadres, des diplômes, des envois de lettres, etc., permet à cette réunion de donner aux membres malades 6 fr. par semaine, et 100 francs à la veuve ou à la famille des membres décédés.

» Il y a plus, les ouvriers d'ateliers de l'œuvre de Saint-Laurent, qui sont au nombre de 2,300, en leur qualité de travailleurs mêlés à l'industrie, demandent une organisation encore plus complète; ils voudroient fonder une *association matérielle sous le patronage de l'Eglise*. Les grands *utopistes* de la réunion voudroient payer une cotisation de 3 fr. par mois, pour avoir 2 fr. par jour en cas de maladie, et 75 centimes lorsqu'ils manquent d'ouvrage. Les moins hardis demandent seulement une cotisation de 1 fr. 50 c. par mois, et 2 fr. par jour durant leur maladie.

» Or, il a été constaté, n'en déplaise aux optimistes de l'école de M. Charles Dupin, dans l'une des œuvres dont nous parlons, œuvre qui renferme un grand nombre d'ouvriers établis, de concierges, de domestiques, de petits employés, que, sur 1,200 membres, il faut compter dans les mois les plus favorables et pour les métiers les mieux partagés 1° (une perte par mois de 4,000 journées de travail produit par les chômages (1); 2° 200 journées de maladies.

» D'après ces données, et en admettant la cotisation de 3 fr. par mois, on auroit donc pour 1,200 ouvriers, une somme de 3,600 fr. à opposer à un passif. 1° de 200 journées de maladies à 2 fr., soit : 400 fr.; 2° à celui de 4,000 journées de travail perdues à 75 c., soit : 3,000 fr. Total, 3,400 fr.

» Les sages et prévoyantes pensées d'association font donc de rapides progrès.

» Les mêmes principes ont inspiré ce qui s'est fait à Saint-Louis-en-l'Ile, à Saint-Gervais, à Saint-Roch, à Saint-Merry, à Saint-Jacques-du-Haut-Pas, à Saint-Nicolas-des-Champs, grâce aux soins de MM. les abbés Collas, Castelbou, Falcimagne, Annat (curé), Martin de Noirlieu, Garry et Crose; de sorte que l'on compte déjà à Paris 15,000 ouvriers inscrits à l'œuvre paroissiale de Saint-François-Xavier. Il est bon pourtant de remarquer que toutes ces œuvres de mutualité morale, intellectuelle et matérielle ne forment pas entre elles un tout compact et unitaire, comme paroissent le craindre MM. les ministres. Ce ne sont que des œuvres paroissiales, et par conséquent particulières, dominées par les influences matérielles de chaque paroisse.

» La province imite volontiers la capitale : aussi trouvons-nous la même in-

_____

(1) Dans la plus grande partie des états, le chômage est de sept mois sur douze.

stitution, quoique en certaines villes, comme au Havre, elle ait changé de nom (1),
à Bourges, à Poligny, à Reims, à Lille (2), à Lyon, où elle a réuni promptement
2,000 ouvriers, etc., etc. Ajoutons toutefois que cette impulsion est donnée par
les évêques de la province, qui, se trouvant à Paris, ont présidé quelques réunions
où ils ont promis d'en établir aussi dans leurs diocèses.

L'œuvre de Saint-François-Xavier offre aux ouvriers des avantages qu'ils
n'ont pu jusqu'à présent trouver ailleurs. Ils ont le droit de se réunir en grand
nombre, et de manifester leurs sentimens. C'est-là qu'il est curieux d'étudier
l'état moral et le bon goût naturel des ouvriers. Si un orateur s'écarte trop de son
sujet, ou s'il prétend en imposer par de grandes phrases et par des argumens
guindés, il tombe à plat devant le bon sens du peuple. Les travailleurs trouvent
donc ce qu'ils cherchent avec avidité, une instruction scientifique et sociale,
quoique d'ailleurs ces dernières matières ne soient que timidement abordées par
les orateurs. Indépendamment de la poésie populaire, de la musique, de la morale évangélique qui y est prêchée simplement et pieusement, les prolétaires y
trouvent encore des secours, un patronage bienveillant, et, lorsqu'ils sont malades, des médecins et des médicamens gratuits ; ils sont en outre visités par
leurs co-associés, qui, sous le nom de *visiteurs*, vont s'assurer si les médicamens
ont été distribués.

» Certes, beaucoup d'autres améliorations peuvent être apportées à ces œuvres de mutualité intellectuelle et matérielle. Il seroit à désirer, par exemple,
comme le réclame un grand nombre de membres, que des réunions où les distractions seroient associées à l'instruction, se formassent tous les dimanches,
comme à Lille, et que les sociétaires pussent y conduire leurs femmes et leurs enfans. Il seroit à désirer surtout que les cotisations des membres devinssent progressivement plus fortes, et qu'une autorité méticuleuse n'apportât pas d'obstacles
à leur accroissement.

» Déjà le quart d'heure de Rabelais a sonné pour MM. les ministres de l'intérieur et des cultes. Les paroles des orateurs sacrés, soigneusement transmises
par la police, ont été pesées, censurées dans le conseil, où il a été même question
de fermer les portes du temple, et de renvoyer les ouvriers à l'abrutissement des
cabarets.

» MM. Duchâtel et Martin (du Nord), quand ils prièrent Mgr l'Archevêque de
moraliser les masses ouvrières dans les églises, espéroient-ils qu'on arriveroit à
ce but en ne parlant au peuple que de son salut? Espéroient-ils au milieu du
xix° siècle captiver les hommes par des promesses ascétiques, absolument étrangères aux intérêts de ce monde? Il est permis de le croire. Mais aujourd'hui que
les masses ont poussé les orateurs chrétiens au développement des idées d'a-
mour, de fraternité et de charité sociale, MM. Duchâtel et Martin (du Nord) voudroient bien revenir sur leurs pas et arrêter les progrès qu'ils ont eux-mêmes
provoqués.

» En attendant, les idées marchent, et l'attrait du peuple augmente pour la parole évangélique, et pour les connoissances mises à sa portée par des hommes de
bon vouloir.

» Le temple du Seigneur redevient la maison des hommes qui aiment beaucoup
parce qu'ils ont beaucoup souffert, — la maison du peuple. Ces premiers germes
d'agrégation sociale sont précieux. Déjà ils ont fait naître une pensée plus féconde.

(1) *Société des Amis du Peuple.*
(2) A Lille, les membres de l'Œuvre se réunissent aussi les autres dimanches dans
une salle commune. Là, ils prennent de la bière, causent, et les objets de consommation sont livrés par l'Œuvre au prix coûtant.

Nous savons que le pasteur de Saint-Louis-d'Antin, M. Petetot, recherche les moyens les plus efficaces pour empêcher dans sa paroisse d'abord le chômage des ouvrières, et plus tard celui des ouvriers. Il va fonder des ateliers de travail pour les ouvrières. Cet exemple aura bientôt des imitateurs. Aux cotisations qui se versent pour subvenir aux besoins, se joignent peu à peu celles du travail; les petits capitaux associés grandiront; le gouvernement, qui n'a pas su tirer parti des fonds des caisses d'épargnes, se trouvera heureusement dépassé; une partie de ces fonds prendra une autre direction, et l'*association mutuelle sous le patronage de l'Eglise* deviendra un fait social.

» L'art gagnera aussi à tout cela, car le peuple en a le sentiment. La musique, la poésie le remuent puissamment; les vers de MM. Achille Duclézieux, Villenave père, sur la vie future, et ceux d'un jeune architecte, M. Clodius Hébrard de Lyon, les ont souvent impressionnés.

» Et, il faut le dire parce que cela est consolant, le noble esprit, les sympathies fraternelles, les saintes émotions qui planent dans les grandes réunions sociales produisent de vives jouissances. De hauts personnages s'y donnent de fréquents rendez-vous, heureux de se trouver en contact avec tous ces jeunes cœurs. Gloire donc à vous, jeunes prêtres qui avez été ramenés par le peuple à la parole évangélique, à la parole de charité.

» Continuez votre mission. Rappelez-vous que la France jouissoit dès le v° siècle du code de ces lois saliques, si douces, si humaines, auxquelles le clergé de cette époque avoit pris une grande part, où tout se résolvoit en amendes, et qui ne mentionnoient même pas la peine de mort. C'est que le sublime dévouement des évêques avoit soumis à l'esprit de l'évangile la force brutale des Francs, vainqueurs de la puissance romaine !

» Mais aujourd'hui, ce n'est plus contre des hordes barbares que l'Eglise doit réagir; c'est contre l'égoïsme, le mercantilisme, la concurrence anarchique, et l'accaparement; c'est contre les misères nombreuses enfantées par l'agiotage!....

» Apôtres de notre époque, efforcez-vous donc de préparer le règne de la justice sur la terre. Eclairez les grands et les petits. Le chaos est aujourd'hui dans les intérêts matériels, comme il étoit dans les races au iv° et au v° siècle. Cet état de choses ne peut être réformé que par des transactions pacifiques ou des guerres d'extermination. Mais laisserez-vous les tempêtes se déchaîner sur le monde entier? Montrez donc à tous, à toute heure, à tout instant, que l'association est le principe qui développera chez les hommes l'amour du prochain, et sauvegardera les intérêts de tous.

» L'association, c'est le ralliement, c'est l'alliance, ce sera la Cité des hommes devenue la Cité de Dieu. »

Le Gérant, Adrien Le Clerc.

PARIS. — IMPRIMERIE D'ADRIEN LE CLERE ET C°, rue Cassette, 29

VISITE PASTORALE DE Mgr JAUFFRET,

DANS LE DIOCÈSE LE LYON, EN 1804.

(Suite du N° 4105.)

« M. le curé de Montbrison m'a suivi jusqu'à Roches. J'y suis arrivé sur les deux heures après midi. On ne cesse pas de monter depuis Montbrison l'espace de trois heures. Roches est une solitude qui a ses charmes. On y vit vertueux et heureux. Chaque habitant, zélé catholique, a son héritage qu'il cultive en paix; il n'est pas un homme, pas une femme qui n'ait gagné son jubilé.

» Plusieurs curés et desservans s'étoient rendus à Roches. Nous avons dîné sur une terrasse d'où l'on découvre, à travers une percée, les montagnes du Piémont. Après le repas, on nous a conduits dans une grange où les élèves séminaristes ont représenté deux petits drames, chanté quelques vers et prononcé quelques discours. A la suite de la distribution des prix, nous nous sommes rendus à l'église. J'ai parlé aux peuples et aux élèves. Après le salut, le *Te Deum* a terminé la cérémonie et les classes ont été fermées.

» Dans toute cette contrée des montagnes du Forez, prêtres et fidèles sont excellens. Oh! que de vertus cachées! que de belles et ravissantes ames! C'est là qu'on voit de la piété tendre, simple, naïve. Plusieurs filles s'y consacrent à Jésus-Christ. Les plus jeunes adolescens s'exercent aux vertus chrétiennes. Il en est qui, dès leur première communion, pratiquent le jeûne de l'Eglise tout en gardant leurs moutons ou leurs vaches, et ces pauvres enfans n'ayant guère qu'un morceau de pain à manger dans le jour, n'auroient garde, lorsqu'ils jeûnent, de le tirer de leur panetière avant l'heure de midi. J'en ai été attendri jusqu'aux larmes. Il faut que les confesseurs interdisent ces sortes d'abstinence à un âge aussi tendre. Mais ils ont ici bien de la peine d'obtenir de ces zélés enfans de modérer les désirs et les vœux qu'ils manifestent pour la mortification de leur ame.

» Hélas! il n'en est de même dans la plaine du Forez que je n'ai fait que traverser. L'air s'y trouve empesté, et les ames comme les corps n'y sont guère sains en général. A cinquante ans les habitans portent tous les caractères de la décrépitude : frappés annuellement de la fièvre, au moins deux ou trois mois, quelquefois six, ils ont une peau de couleur livide. Les prêtres que l'on y envoie contractent bientôt les maladies du sol. Ce sol appartient à des propriétaires qui l'afferment. Les fermiers n'y séjournent guère que deux ou trois ans. S'ils n'y meurent pas, ils sont assez malades pour aimer à fuir une terre qui dévore ses habitans. Quelques-uns néanmoins tiennent bon ; mais ils n'en valent pas mieux sous le rapport des principes et des mœurs. Ils sont tièdes, lâches, dégénérés en général pour toute sorte de bien, et la révolution avoit achevé de démoraliser les familles qui s'y trouvent à demeure. Ajoutez que les prêtres que V. E. a placés dans cette plaine ne sont pas tous également famés. Plusieurs ont un zèle fort borné, des principes douteux, des mœurs suspectes. Ceci n'accélère pas l'amélioration du pays qui fait pitié aux montagnes voisines.

» On ne va point à Roches, dans les montagnes du Forez, sans visiter Pierre-sur-Haut, la plus élevée des montagnes. J'en ai fait le pèlerinage. Il faut marcher pendant trois heures à partir de Roches pour arriver sur le sommet. Quand on a monté une demi-heure, on trouve les deux côtés du chemin clair-semés par intervalle de violettes et de pensées, et, une heure plus tard, des *Vacheries*, habitations de deux, trois ou quatre cents vaches qui paissent dans ces hameaux, depuis la croix de mai jusqu'à celle de septembre. Le berger les nomme toutes par leur nom, et toutes suivent, sans y manquer, la vache qui, dès le premier jour de la sortie, s'est maintenue au premier rang après s'y être placée. Ceci est à la lettre. Des plantes rares et curieuses, la gentiane, la réglisse, le hérelle tapissent le sommet de la montagne. La vue y est d'une étendue sans bornes. La pierre haute, qui donne son nom à la montagne, sépare le Forez de l'Auvergne, et votre diocèse de celui de Clermont.

» Je me détournai un instant de mes compagnons de voyage, et fus m'asseoir sur cette pierre haute d'où je contemplois les deux diocèses, lorsqu'un pauvre mendiant, un bâton noueux à la main, une besace sur le dos, ayant un air très-vénérable, gravit le même sommet. Je ne concevois pas ce qu'il pouvoit y chercher. « Mon ami, lui dis-je, que venez-vous faire sur cette montagne? D'où venez-vous? — J'arrive de ce village situé dans l'enfoncement, du côté de l'Auvergne. Depuis que j'ai perdu un bras je suis obligé d'avoir recours à la charité de mes voisins; je viens de parcourir les vacheries environnantes, et je trouve plus court de passer ici pour aller aux vacheries inférieures. On me donne du lait, du beurre, du fromage que je réserve à ma femme ainsi qu'à mes deux enfans. Autrefois, je faisois des tamis; mais je ne le puis plus. » — Alors, lui donnant une pièce de douze sous, « Mon ami, ajoutai-je, priez-vous quelquefois le bon Dieu? — C'est-là, répondit-il aussitôt, ma plus grande consolation; et lorsque tout me parle de son amour sur la terre et dans le ciel, ne serois-je pas trop malheureux d'oublier de l'aimer? — Comme j'avois des chapelets indulgenciés sur moi, je voulus savoir s'il récitoit son chapelet : il me tira le sien de sa poche, et comme il étoit plus magnifique que celui que je lui destinois, je me contentai de lui demander s'il étoit indulgencié; sur quoi j'eus occasion de parler des indulgences. Je le trouvai suffisamment instruit à cet égard. L'ayant assuré que je tenois du légat de Sa Sainteté le pouvoir d'indulgencier son chapelet, il en sollicita la faveur. Je pris son chapelet, et l'invitant à se mettre à genoux sur la haute pierre, je m'y prosternai également; j'ôtai mon chapeau; il ôta le sien; nous avions au genou dans chaque diocèse, le plus beau ciel sur nos têtes, et à droite et à gauche le plus vaste horizon. Je prononçai à haute voix l'Oraison Dominicale et la Salutation Angélique; puis je bénis le chapelet et terminai par une invocation à Dieu. Nous nous levâmes; je lui rendis son chapelet, et lui recommandai de le réciter quelquefois pour la prospérité de l'Eglise, celle de notre Saint Père le Pape, de votre Eminence et de S. M. l'empereur, ce qu'il me promit de faire; il ajouta : « Que Dieu nous fasse la grâce, Monsieur, de nous revoir dans son saint Paradis, » et, en même temps, il s'éloigna de moi. — « Adieu, mon ami, lui dis-je; vous me faites le plus beau souhait qu'un chrétien puisse adresser à son semblable. Là-haut, vous retrouverez votre bras, et nous serons à jamais unis dans la perfection et le bonheur suprême. » — Je suivis des yeux ce pauvre misérable jusqu'à ce qu'il disparût à ma vue. J'étois vraiment attendri de ses dernières paroles et de l'émotion touchante avec laquelle il les avoit prononcées. Je me disois en moi-même : Tous les grands de la terre, tous les sages des nations peuvent-ils former les uns envers les autres des vœux plus sublimes, plus dignes d'êtres faits à la ressemblance et à l'image de leur auteur? Dans l'univers entier, dans les superbes cités où se concentrent les arts, les sciences et les richesses, connoît-on seulement une telle formule d'adieux si le christianisme ne l'inspire pas?... Revenant, par la pensée, sur mon pauvre vieillard, je tournois mes yeux vers la vallée d'où je l'avois vu descendre, et l'idée suivante me frappoit : Il y a donc plus de sagesse sous ces misérables haillons qu'il n'en existoit dans les plus célèbres écoles de l'ancienne Grèce, et qu'il ne s'en trouve peut-être dans la plupart des académies de l'Europe moderne!

» Revenus à Roches, nous en partîmes le lendemain pour Saint-Jodard. Le supérieur du petit séminaire de Saint-Galmier étoit de la partie. Un ancien directeur du séminaire Saint-Louis de Paris ne m'avoit pas quitté depuis Lyon; le nouvel économe du petit séminaire de Saint-Jodard demeuroit mon compagnon fidèle, tandis qu'un élève en philosophie me suivoit. Nous étions tous à cheval.

» Depuis Roches jusqu'à Boën, si l'on suit la traverse, comme nous l'avons fait, on marche par des sentiers impraticables qui nous obligèrent souvent à mettre pied à terre. Mais le pays est pittoresque, les habitans sont bons, et l'idée de leurs vertus religieuses et domestiques charme le sentiment du voyageur, lorsqu'il seroit tenté de murmurer contre l'aspérité des routes.

» Nous nous arrêtâmes un instant à Saint-Bonnet-le-Château, paroisse située à une lieue et demie de Roches, et dont les maisons forment une sorte d'amphithéâtre sur le penchant d'une montagne d'où l'on découvre la plaine du Forez. Il se faisoit tard. Nous eûmes à peine le temps de jeter les yeux sur les bords de ce Lignon si célèbre dans le roman d'Astrée. Malgré les instances du curé de Boën, nous le quittâmes. Bientôt la nuit et la pluie, et une averse mêlée d'éclairs et de tonnerre, nous surprirent à une demi-lieue de la Loire. J'avoue qu'au souvenir des désastres occasionnés en Allemagne par les eaux, je n'étois pas trop rassuré sur les moyens de salut qui nous fussent restés dans cette plaine, si la pluie qui nous inondoit comme par torrens, eût duré seulement quelques heures. Nous avancions à pas lents, environnés de ténèbres si profondes, que nous ne pouvions rien distinguer autour de nous. Une lumière nous fit enfin découvrir au loin une ferme, mais nous la perdîmes bientôt de vue. L'économe de Saint-Jodard prétendit être instruit des localités. Il alloit à la découverte. Après un demi-quart-d'heure d'attente dans l'attitude la plus pénible, surtout pour ceux qui n'étoient pas munis d'un manteau, notre éclaireur revint sur ses pas. Obligé de descendre de cheval, il n'avoit pu trouver aucune issue pour arriver jusqu'à la Loire; il s'étoit culbuté dans un fossé, profond d'une dizaine de pieds, et revenoit nous inviter à demeurer en place. Gagnant alors la ferme la plus voisine, l'intrépide économe y demanda des bottes de paille enflammées, afin d'éclairer nos pas jusqu'aux bords de la rivière dont nous voulions passer le bac. Mais, fatigués d'attendre, nous poussâmes nos chevaux à tout hasard sur ses pas, et nous ne tardâmes pas à le voir revenir avec un valet d'écurie, porteur d'une lanterne. Il nous assura qu'il nous conduisoit chez de braves gens. Nous les trouvâmes tels, homme et femme. Malheureusement, tous deux étoient au lit, grelottant la fièvre, très-satisfaits néanmoins de recevoir votre grand-vicaire dans leur demeure champêtre. Ils en bénissoient le Seigneur avec allégresse. Nos chevaux furent hébergés. Nous passâmes une heure et demie dans cette ferme dont le foyer étoit grandement éclairé, et quand nous fûmes disposés à les quitter, ils ne voulurent recevoir aucun salaire. Je distribuai quelques chapelets aux malades, ainsi qu'à leur famille, et, vers onze heures du soir, nous partîmes précédés d'un valet d'écurie et d'une fille de la maison, munis de torches enflammées, pour aller tenter de nouveau le passage de la Loire. Cette fois nous réussîmes, non sans danger toutefois, car ce fut une providence s'il n'arriva point de chute fâcheuse dans une aussi dangereuse traversée. Jamais chemin ne me parut plus long, car la pluie venoit de recommencer avec plus de fureur que jamais. Enfin, Eminence, imaginez quelle douce surprise pour nous, quand, ne sachant au juste comment reconnoître la position du petit séminaire de Saint-Jodard, nous aperçûmes une lumière éclatante : c'étoit l'église même de Saint-Jodard, illuminée comme dans un jour de solennité ; c'étoient les vingt-deux Sœurs des Ecoles chrétiennes en adoration devant le saint Sacrement, et priant pour les pauvres voyageurs qu'elles attendoient avec anxiété. Leur présence au chœur, à minuit, n'avoit rien que de très-naturel, puisque la règle veut que chaque semaine, du jeudi au vendredi, elles psalmodient l'office du saint Sacrement. La joie de la communauté fut grande de nous voir sauvés du danger d'un voyage si pénible, et notre satisfaction non moins vive quand nous entendîmes les portes du petit séminaire s'ouvrir devant nous.

» Le lendemain matin, on y célébra le service du respectable M. Devis, fondateur du petit séminaire et de la maison des Sœurs (actuellement réunies aux Sœurs des Ecoles chrétiennes). Sur quelques notes que l'on me donna, dans le moment, je prononçai son oraison funèbre en présence de plusieurs curés et desservans, d'un peuple nombreux et des élèves séminaristes. Je n'ai rien écrit. Je recueillerai des documens et vous remettrai le discours qu'ils m'auront inspiré sur un prêtre qui a fait, pendant la révolution, des prodiges de charité. Sa mémoire doit être chère à tous les ecclésiastiques, à tous les fidèles.

» Ce voyage, ce séjour à Saint-Jodard, m'ont transporté dans les habitations des patriarches ou des chrétiens de la ville d'Oxyringue. Je n'ai jamais éprouvé de plus délicieux sentimens. On ne rencontre pas sur les chemins de petits paysans ou bergers et de jeunes enfans, sans qu'ils soient munis de leurs livres de prières et de cantiques, et, plusieurs fois le jour, leurs chants font retentir ces vallées profondes. Saint-Jodard est une paroisse très-étendue. Là, les affaires qui agitent les familles sont portées à l'arbitrage des prêtres, comme du temps de saint Augustin. J'ai eu le bonheur d'y terminer, après une heure et demie de conversation, une querelle domestique, laquelle faisoit depuis dix ans le malheur d'une famille assez nombreuse, la seule de la paroisse qui, pour cette raison, n'approchât pas des sacremens »

(*Fin de la première visite pastorale.*)

SITUATION RELIGIEUSE DE LA GALLICIE AUTRICHIENNE.

On n'a que des correspondances très-rares sur les nouvelles ecclésiastiques de cette partie des Etats autrichiens. Nous sommes heureux de pouvoir aujourd'hui combler cette lacune par les renseignemens suivans, aussi exacts que pleins d'intérêt. C'est avec de semblables documens que nous pourrons continuer à donner à nos lecteurs, selon les traditions de l'*Ami de la Religion*, un aperçu fidèle de la situation de l'Eglise catholique dans les diverses parties du monde.

«Léopol, en polonais Lrouf, en allemand Lemberg, capitale de la Gallicie autrichienne, est une ville dont la population peut s'élever à 80,000 ames. Elle est le siège de trois archevêques catholiques des rites latin, grec-uni, et arménien. Les fidèles du premier rite, polonais et allemands, sont les plus nombreux. Ils ont neuf églises paroissiales et plusieurs autres appartenant à des communautés religieuses d'hommes et de femmes. L'archevêque latin, primat de la Gallicie, est actuellement Mgr François de Paule Pistek. Depuis neuf ans qu'il gouverne ce diocèse, on ne sauroit dire tout le bien qu'il y a fait. Il en visite chaque année quelque partie, répandant partout sur ses pas les bénédictions et les consolations célestes. Les habitans de la Bucovine qui,

jusqu'à la réunion de cette province à la Gallicie en 1777, avoient gémi
sous le joug musulman, l'ont vu déjà plusieurs fois franchir les montagnes, pour venir leur annoncer la parole de Dieu.

» Depuis son entrée dans ce diocèse, il désiroit extrêmement pouvoir
exécuter le décret du concile Trente relatif à la formation d'un petit
séminaire ; mais de grands obstacles s'opposoient à son pieux dessein.
Il vient de surmonter le plus grand en construisant lui-même, près de
son palais, un bel édifice où il a déjà recueilli plus de 70 jeunes gens
qui annoncent des dispositions à l'état ecclésiastique. Il seroit bien à
désirer que, selon un décret du même concile, ces jeunes gens fissent leurs
humanités dans l'intérieur de l'établissement et sous des maîtres ecclésiastiques ; mais jusqu'à ce qu'on soit parvenu à aplanir les difficultés
que rencontre cette salutaire mesure, ils suivent les cours publics du
gymnase. Le grand séminaire est aussi attenant au palais épiscopal ; il
renferme cette année 101 élèves sous la sage direction de Mgr Jules
Galdetzki, chanoine de la métropole et camérier d'honneur de Sa
Sainteté. M. l'archevêque met un zèle qu'on ne sauroit assez louer, à
former l'esprit et le cœur de ceux que la Providence appelle à le seconder dans l'œuvre sublime de la sanctification des âmes.

» Depuis plus de 70 ans, il n'y avoit point eu de retraite ecclésiastique
dans ce diocèse. Le pieux prélat vient d'en rétablir cette année le salutaire usage. A son invitation, 180 prêtres de toutes les parties de son
immense diocèse, même ceux qui desservent des paroisses éloignées de
Léopol de plus de 100 lieues françaises, s'y sont rendus pour en suivre
les exercices. Si l'on doit de justes éloges à l'éloquence et au zèle qui
ont inspiré les deux prédicateurs de la retraite, on n'en doit pas moins à
l'attention et à la docilité de leurs auditeurs. M. l'archevêque, quoique
souffrant, donnoit lui-même l'exemple de l'assiduité à tous les exercices ; il résumoit les instructions, en faisoit des applications pratiques,
et les entremêloit de sages avis concernant la réforme de certains abus,
et l'introduction de quelques mesures salutaires. Ses paroles qu'animoient le zèle et la charité, étoient accueillies avec une religieuse avidité, et elles ne pourront manquer de porter des fruits précieux dans
les âmes des pasteurs qui les écoutoient, aussi bien que dans celles des
ouailles confiées à leur garde respective. Pendant toute la retraite, le
prélat a admis à sa table et logé dans son palais un grand nombre de
prêtres qui n'avoient pu trouver place au grand séminaire. Dans sa
lettre d'invitation, le pontife parle de l'utilité que le clergé français retire de la retraite annuelle. et engage le sien à venir, à son exemple,
s'y retremper lui-même. Il vient d'obtenir du chef visible de l'Eglise
l'autorisation d'ajouter aux litanies de Lorette le titre de *Reine conçue
sans péché*, et l'épithète d'*immaculée* au mot de *conception*, chaque fois que
ce mot se rencontre dans l'office divin ou dans la messe. En faisant
part à son troupeau de cette autorisation, il dit encore que l'exemple
des évêques de France l'a engagé à la demander lui-même.

» Désirant communiquer à tout son troupeau le feu qu'il avoit allumé dans le cœur du clergé pendant la retraite, il annonça, immédiatement après, l'ouverture d'une mission générale dans la ville de Léopol. Cette ouverture eut lieu le 14 juin au soir dans la cathédrale ; le peuple s'y rendit en foule ; la procession qui suivit le premier exercice, favorisée par un temps délicieux, parcourut les environs de la cathédrale en chantant des cantiques analogues à la circonstance, et ne rentra que vers les onze heures. L'ordre et le recueillement le plus parfait y ont régné. Ce doit être une douce consolation pour le cœur du pieux pasteur, de voir l'empressement de son troupeau à venir entendre la voix de ceux qu'il a chargés de lui annoncer les paroles du salut. Toutes les classes de la société se trouvent confondues dans l'immense auditoire, et quoique le vaisseau qui le contient soit très-vaste, il ne l'est pas assez pour que tous ceux qui voudroient en faire partie y puissent trouver place. La mission durera quinze jours. Mgr a annoncé l'intention d'accorder successivement chaque année la même faveur spirituelle aux villes principales de son diocèse.

» L'archevêque de Léopol a deux évêques suffragans en Gallicie, celui de Przemysl et celui de Tarnow. Mgr François-Xavier Zachariaszewicz, titulaire de ce premier siége, vient de mourir le 12 du mois de juin 1845, dans un âge avancé, après une maladie de peu de jours.

» Mgr Marcel de Gutkowki que le gouvernement russe a expulsé de son diocèse de Podlachie en Pologne, pour le punir de sa constante fermeté à s'opposer aux mesures anti-canoniques auxquelles il vouloit le contraindre, vit depuis trois ans en exil à Léopol, donnant à tout le monde l'exemple de la piété, de la résignation et d'un attachement inébranlable à la chaire de saint Pierre. Le souverain Pontife lui a adressé vers la fin de l'année dernière un bref où il le félicite de la persécution qu'il souffre pour la justice, l'encourage à la supporter avec patience, et lui témoigne le vif intérêt qu'il y prend.

» Si le diocèse de Léopol doit des actions de grâces à la Providence d'être sous la conduite d'un pasteur si fidèle à remplir tous les devoirs de sa charge, la Gallicie entière n'a pas moins à la bénir d'être. quant au temporel, sous la douce et sage administration de S. A. R. Mgr l'archiduc Ferdinand d'Autriche-d'Este. Depuis plus de quatorze ans qu'il exerce dans ce royaume les hautes fonctions de gouverneur-général, il y fait régner la justice, la paix et le bonheur. Toujours accessible, il oblige autant qu'il peut tout le monde ; il tempère de tant de douceur les refus qu'il est parfois obligé de faire, que personne ne s'en trouve offensé, et qu'alors même on lui sait gré de sa bonne volonté. Quoiqu'il ait de grands revenus, il vit avec beaucoup de simplicité. Il n'est aucun genre de misère et d'infortune que son inépuisable bienfaisance ne s'empresse de soulager dès qu'on les lui fait connoître. La mauvaise récolte de l'année passée et les dégâts exercés au printemps par le débordement des rivières, font éprouver à une foule de malheureux paysans

les besoins les plus pressans ; il les secourt, et excite la charité publique
en leur faveur. Outre ces bienfaits qu'il n'a pu cacher aux yeux des
hommes, combien en est-il qui ne sont connus que de Dieu, et dont il
recevra la récompense! »

<hr/>

REVUE ET NOUVELLES ECCLÉSIASTIQUES.

PARIS.

*Programme des Conférences ecclésiastiques du diocèse de Langres,
pour l'année 1846.*

M. l'évêque de Langres, si remarquable par son zèle pour l'Eglise,
aborde dans le programme de cette année des questions qui ont été, de
la part de certains organes de la presse, l'objet de diverses controverses, et les propose pour sujet de conférence aux ecclésiastiques de
son diocèse. Voici les principales questions proposées par Mgr Parisis :

« 1° Qu'est-ce que le droit en général, sa source, sa nature, ses propriétés ? —
Différence entre le droit et la loi : lequel des deux est supérieur à l'autre ?

» 2° Le droit dans l'Eglise : le clergé doit-il l'étudier ? — Dans tous les temps,
aujourd'hui surtout. — Quelles ont été les suites de l'oubli de cette étude ?
Qu'est-ce que le droit canon en général ? Comment se divise-t-il ?

» 3° Qui est-ce qui peut fonder dans l'Eglise un droit : 1° quelconque ; 2° commun ; 3° particulier ?

» 4° Le pouvoir civil peut-il faire du droit canon ? peut-il contribuer à en faire ?
Peut-il légitimement s'opposer à la promulgation des bulles des souverains pontifes et des décrets des conciles généraux ?

» 5° Histoire du *droit canon* commun, depuis la naissance de l'Eglise : comment et quand il a formé un corps ? Fausses décrétales : leur origine. Que penser
de l'influence qu'on leur attribue ? — *Droit canon* particulier à la France ; ce
qu'il a été dans le principe ; à quelle époque il s'est altéré ; comment ? Où en est-
il maintenant ? Comment la loi civile a pris la place et fait les fonctions du *droit
canon.* — Malheurs et dangers de cette action du pouvoir séculier dans l'E-
glise.

» 6° Comment le droit canon pourra-t-il revivre ? Comment et par qui certaines
questions, agitées aujourd'hui par le clergé du *second ordre*, peuvent être déci-
dées en théorie et en pratique. Est-il bon cependant que les prêtres étudient ces
questions ? Quelles règles, quelles intentions, quelles limites faut-il qu'ils obser-
vent dans cette étude ? — Graves inconvéniens de la marche suivie par certains
prêtres dans certains diocèses. — Comment les ennemis de la religion peuvent-
ils profiter de ces manifestes en ce qui concerne l'*inamovibilité des desservans?*
Quel est le résultat qui seroit le plus à craindre ? combien il importe que tous les
membres du clergé soient unis. En quoi doit consister cette union ? »

<hr/>

M. l'évêque de Carcassonne, par un MANDEMENT du 25 juillet, qui proclame le résultat d'une commission ecclésiastique nommée *ad hoc*, a
porté à la connoissance de son clergé les deux condamnations suivantes :

« Après avoir invoqué l'assistance divine, et nous être environné des lumières
d'ecclésiastiques instruits,

» Avons condamné et condamnons 1° le livre intitulé : *Manuel du droit ecclé-*

siastique Français, comme contenant les erreurs que nous avons signalées, comme injurieux à l'Eglise, au Saint-Siége et favorisant le schisme ; 2° le journal publié sous le titre de *Bien Social*.

                  » ✝ Jos.-Jul., évêque de Carcassonne.

» Par Monseigneur :   B. Sicard, chanoine-secrétaire. »

On lit dans le *Mémorial de Rouen* :

« A la première nouvelle de l'affreux désastre qui a frappé les malheureuses communes de Malaunay et de Monville, M. l'archevêque de Rouen a été profondément ému ; il a tout aussitôt donné les ordres nécessaires pour que tant d'infortunés fussent entourés des soins et de toutes les consolations spirituelles que la religion ne manque jamais d'apporter dans ces terribles momens. Mais le zélé prélat n'a pas borné là les efforts de sa charité : et quoique sa santé, encore chancelante, lui commandât de ne pas quitter ses appartemens, il a voulu se transporter sans retard à son grand séminaire, où se trouvent réunis depuis deux jours, pour la retraite annuelle, un certain nombre d'ecclésiastiques des divers points du diocèse. Le digne prélat leur a adressé la plus touchante allocution, et leur a dépeint d'une manière si pathétique l'horrible événement et ses suites actuelles et futures, qu'une quête faite à l'instant même, et de sa propre main, a produit une somme de 1,321 fr.

» Cette démarche de M. l'archevêque et le généreux empressement de son clergé retentiront profondément dans l'ame de toutes les personnes charitables, nous en sommes convaincus. En est-il une seule qui puisse hésiter maintenant à répondre à un si noble appel, et à imiter un si bel exemple !

» — La consternation est générale. Hier, vingt-quatre cercueils étoient acheminés vers une longue fosse du cimetière de Monville, en attendant qu'on pût creuser encore pour déposer le reste des cadavres.

» Quatre cents hommes de la garnison ont été mis à la disposition de l'autorité.

» Pendant toute la nuit, une partie est demeurée à travailler constamment au déblaiement, et, au point du jour, ils ont été relayés par un autre détachement. Il en sera ainsi jusqu'à ce que cette triste opération soit achevée, et qu'on soit bien certain qu'il ne reste plus de victimes sous les décombres. Six cadavres ont été découverts dans ces travaux nocturnes. On remarquoit, agissant avec ces braves militaires, les Frères des Ecoles chrétiennes, qui profitoient de leurs vacances pour venir prêter leurs secours, ayant à leur tête plusieurs ecclésiastiques. »

Nous lisons dans le *Spectateur de Dijon* :

» M. l'évêque de Bida, missionnaire apostolique dans la Malaisie, est arrivé à Magny-la-Ville samedi 9 août. Il est descendu au château, où il a été reçu avec cette noble et généreuse simplicité qui distingue la maison de Guitaut.

» Dimanche, le prélat a officié pontificalement dans l'église de Magny, au milieu de l'affluence des fidèles, qui étoient accourus des lieux voisins pour voir le vénérable missionnaire. Parmi cette foule pieuse on remarquoit plusieurs nobles personnages des maisons de Guitaut, de Virieu, de Massol, du Bouloy, de Windel, etc.

» A vêpres, Mgr Courresy est monté en chaire, et, dans un discours simple, mais pathétique, il a vivement ému cette population avide de l'entendre. Il a fait voir en lui-même l'apôtre de Jésus-Christ envoyé par l'Eglise bien loin au-delà des mers, pour porter la lumière de l'Evangile et les bienfaits de la civilisation à des peuples abrutis par le paganisme. Ensuite, par des détails de sa vie voyageuse, des mœurs et des habitudes des peuples divers de ces contrées lointaines qu'il a parcourues, des dangers que courent nos missionnaires, etc., il a continuellement captivé l'attention de ses auditeurs. Long-temps ses paroles seront gravées dans leurs cœurs.

»Mgr Courvesy est âgé d'environ soixante ans. Il est arrivé récemment des missions, et il se rend en ce moment à Narbonne, sa patrie, et de là à Rome.

» Le jour de l'Assomption, il officiera dans la belle église de Semur. Le dimanche, 17, il se propose d'officier à Marigny. »

Mgr Berthaud fait depuis quelques jours sa visite pastorale dans les paroisses des cantons de Brives et de Larche ; hier il visitoit Larche, Saint-Sernin et Cublac ; avant-hier Nespouls et Noailles ; partout le digne prélat reçoit des témoignages de respect et de vénération, partout il répand les flots abondans de son éloquente parole.

(Gazette du Languedoc.)

Mgr Debelay, évêque de Troyes, est revenu visiter la ville de Nantua dont il a été curé, et où il a passé vingt années de son sacerdoce. Il a été reçu avec le plus grand empressement par la population. Le maire et le conseil municipal sont allés lui présenter leurs hommages. Le jour de l'Assomption, le prélat a officié. Après l'Evangile, le pieux évêque est monté en chaire, et a prononcé, au milieu d'un concours nombreux de fidèles, un discours dont le texte principal étoit son retour au milieu de cette population dont il fut pendant vingt ans le père spirituel, et à laquelle il sera toujours cher.

Le prélat avoit avoit pris pour texte ce passage tiré des Actes des apôtres : *Revertentes, visitemus fratres nostros et videamus quomodo se habeant.* Il étoit difficile de choisir une citation mieux appropriée à la circonstance.

A la messe pontificale, cinq cents personnes environ ont communié de la main du prélat, et le soir une procession solennelle des plus nombreuses à laquelle il a présidé a eu lieu dans l'intérieur de la ville, en mémoire du vœu de Louis XIII ; on y remarquoit beaucoup d'ordre et de recueillement : un temps superbe l'a favorisée.

M. l'abbé Dubois, curé de Volnay, d'après le conseil et par l'intermédiaire de plusieurs membres de l'Institut, ayant adressé à M. le ministre de l'instruction publique une demande à l'effet d'obtenir quelques ouvrages qui lui étoient nécessaires pour continuer avec fruit, loin de Paris, ses études sur les langues orientales, M. le ministre s'est empressé de lui répondre qu'il étoit heureux de pouvoir mettre à sa disposition une série de livres précieux, dont voici les plus importans :

Ibn Khallikan (Dictionnaire biographique); *Aventures de Kamrup* (Hindoustani); *Œuvres de Wali* (Hindoustani); *Mirkhond* (Histoire des sultans de Kharezm, texte Persan); *Ramayana*, poema di Valmicis

(Texte sanscrit); *Sacountala* (Reconnoissance, Chézy) sanscrit; Théâtre chinois; *Tchou-chou-ki-nien*; Dictionnaire chinois de De Guignes, in-fol., etc.

M. l'abbé Dubois ne s'occupe de linguistique que pour pénétrer plus profondément dans le génie et l'esprit des sacerdoces antiques, dont il a fait *une Histoire Comparée*, qu'il se propose de publier prochainement.

(*Spectateur de Dijon.*)

----o-o----

M. l'abbé André, professeur de théologie morale au grand séminaire de Nîmes, est mort le 10 août, à l'âge de 36 ans. Appelé au sacerdoce en 1833, il avoit été successivement vicaire à Saumières, et curé à Sauilhac, et a laissé dans ces deux paroisses d'ineffaçables souvenirs. Doué d'un talent remarquable pour la prédication, il s'y livroit avec ardeur, quand M. l'évêque de Nîmes crut devoir l'appeler à la chaire de théologie morale de son grand séminaire, M. André l'a occupée sept ans avec succès. Il est mort victime de son dévouement pour l'instruction des jeunes lévites et l'honneur du sacerdoce.

----o-o----

A Cruzilles, près de Mâcon, il existe une école primaire des filles, dirigée par la sœur de M. le desservant de la commune. Au grand regret de l'institutrice, l'établissement, comme toutes les écoles rurales, est désert en été, parce que tous les enfans un peu forts sont employés aux travaux d'agriculture ou à conduire le bétail au pâturage. Un jour que l'institutrice déploroit, en présence de son frère, la solitude à laquelle elle étoit condamnée, le bon prêtre lui dit : « Une idée m'est venue, dont la réalisation fera cesser un tel état de choses. Dans la belle saison, nos cultivateurs sont fort embarrassés de leurs tout jeunes enfans. Ils les laissent dans leurs chaumières, où ces petits êtres sont fréquemment victimes d'accidens, ou bien les transportent avec eux dans les champs, et les y déposent au bout d'un sillon, dans un fossé, sous une haie. Là, les enfans sont exposés aux intempéries, aux atteintes des reptiles et des animaux malfaisans. Si tu veux, ma sœur, nous allons nous en charger, et, Dieu merci! l'occupation ne te manquera pas. » Cette proposition fut accueillie avec transport. D'un autre côté, les cultivateurs, comme on le pense bien, ne se firent pas tirer l'oreille pour confier, sans aucune rétribution, leurs enfans à l'institutrice.

M. le curé, qui manie fort bien la lime et le rabot, se mit immédiatement à l'œuvre, et fabriqua en quelques jours un mobilier composé de petits bancs, de petites tables et de couchettes. Aujourd'hui, vous trouverez à Cruzilles une école très-fréquentée en été, une salle d'asile, une crèche, tout ce que vous voudrez; car il y a chez l'institutrice des marmots de tous les âges et de tous les sexes, et en si grand nombre, que M. le curé est obligé d'aider sa sœur à prodiguer des soins à l'intéressante famille qu'il s'est créée. (*Journal de Saône et-Loire.*)

HOLLANDE. — On écrit des frontières des Pays-Bas :

« Ce n'est pas seulement en Angleterre que le catholicisme fait des progrès ; tandis que les hommes de la vieille foi se réjouissent de voir l'ancienne terre des Saints renier les erreurs de la réforme, des retours nombreux à la véritable doctrine de Jésus-Christ signalent les Pays-Bas protestans.

» Le roi de Hollande passe pour un sincère calviniste, mais il montre à l'égard de la religion de la minorité de ses sujets un respect et une tolérance qui l'honorent, et qui caractérisent un monarque équitable, un véritable homme politique et ami de son peuple. Cette conduite devroit faire réfléchir plus d'un prince catholique.

» Le catholicisme ne demande pas de faveurs, mais il a droit à la liberté religieuse, et lorsqu'il la réclame ainsi que les libéraux réclament la liberté individuelle, la liberté de pensée, la liberté d'écrire, on ne seroit que juste et habile en la lui accordant.

» Cette liberté, chose étrange ! les catholiques en jouissent sous le règne de Guillaume de Nassau (ce boulevard de la foi protestante), non-seulement dans le Limbourg et le Brabant septentrional où les catholiques sont en majorité, mais encore dans les provinces du Nord où les protestans dominent. Et tandis que dans l'ancien royaume de Saint-Louis on persécute les Jésuites, en attendant qu'on chasse les Trappistes et les Bénédictins, les Missions des Pères de la Foi se font publiquement en Hollande sous la protection du gouvernement.

» Un de mes amis a assisté dernièrement à Amsterdam aux exercices d'une mission donnée par les Jésuites, et il a été édifié au dernier point du recueillement des nombreux catholiques qui y assistoient et de l'attitude respectueuse des calvinistes. Des retours inespérés à la morale de l'Evangile, des conversions éclatantes, des redoublemens de ferveur ont signalé cette mission ; mais voici un bienfait spirituel et moral qui en est résulté et qui a surtout produit un grand effet parmi les réformés : à la suite des exercices, plus de 60,000 florins (Pays-Bas), détenus par des mains infidèles, ont été remis aux Pères Jésuites pour être restitués à des maisons de commerce d'Amsterdam dont les chefs étoient en très-grande partie protestans et qui étoient loin de s'y attendre. »

STOCKHOLM. — L'on connoit l'arrêt final en vertu duquel le peintre Nilson, avec sa femme et son innocente famille, sont bannis à perpétuité du sol de leur patrie. Mais ce que l'on ne sait pas de même, c'est que la persécution suscitée contre cet honorable père de famille, par le consistoire supérieur de Suède, avoit un motif tout différent que celui pour lequel des lois surannées lui ont été appliquées en dépit de la constitution. Il s'agissoit en réalité d'intimider l'auteur et les adhérens d'une secte nouvelle qui menace d'envahir le royaume. Ce novateur déclare et enseigne que le luthéranisme n'est point *une religion évangélique*, mais presque en tous points contraire à l'Evangile ; dans ses prédications publiques il tonne contre la hiérarchie ecclésiastique luthérienne, oppressive, suivant lui, de la liberté de conscience, et ses adhérens soutiennent qu'Eric Janson a, tout aussi bien que l'archevêque d'Upsal, le droit d'imposer les mains à de bons pères de famille pour conférer le pouvoir de lier et de délier, mais surtout celui de prêcher la parole de Dieu. Il a trouvé dans la Bible qu'en certains cas, l'usage du poignard est légitime, lors surtout qu'il s'agit de défendre la foi biblique. Cette secte grandit à vue d'œil, et le consistoire ne sait comment en arrêter la diffusion, car, comme elle est aussi bien protestante que toute autre, on ne sait trop comment faire pour lui imprimer *la tache légale* de l'apostasie. Une vingtaine de procès que déjà le consistoire a intentés à Janson et à ses sectaires, n'ont eu d'autre issue que de les faire condamner solidairement aux dépens. C'est pour faire acte d'une menaçante énergie que l'on s'est montré inexorable envers le pauvre Nilson. L'on a du reste toute raison de douter de l'efficacité d'une aussi odieuse mesure.

A Christiania, ainsi que nous l'avons déjà fait remarquer, ce n'est plus la statue de Luther que l'on a placée dans l'endroit le plus apparent du nouvel édifice universitaire, mais celle de saint Olaüs, ce roi martyr qui a détruit en Norvège le culte homicide de Thor et y a ainsi fondé le règne de la civilisation chrétienne. Ainsi le bon sens public finit toujours par remettre chacun à son rang; le préjugé protestant cède à son tour à cette puissance du temps et de l'amortissement des passions.

SUISSE. — Le curé de Balewyl (Lucerne), ayant été attaqué dans un bois par trois mauvais sujets, que leur coiffure faisoit reconnoître pour des *corps-francs*, et n'ayant échappé à la mort que grâce à l'arrivée de plusieurs hommes, que ses cris avoient attirés, a fait connoître par les journaux, qu'il s'occupe de mettre ordre à ses affaires, pour le cas où un nouveau *guet-apens* mettroit fin à ses jours. Il proteste, en même temps, contre l'imputation d'un suicide semblable à celle dont la perfidie radicale a essayé de flétrir la mémoire du conseiller Leu, déclarant d'avance qu'il n'est aucunement disposé *à se massacrer* lui-même.

REVUE POLITIQUE.

Le calme paroît être un peu rétabli dans la ville de Leipsick. Mais un soulèvement pareil, une émeute sanglante aussi imprévue et sans autre motif que les turbulentes prédications de Ronge, méritent bien de fixer l'attention générale des hommes honnêtes et pacifiques de cette contrée de l'Allemagne. Ce sont-là de graves symptômes qu'il faut savoir envisager pour se prémunir contre de plus effroyables catastrophes.

Qu'on ne s'y trompe pas; les instincts révolutionnaires ont, pour ainsi dire, comme ceux de la nature, la même manière uniforme de se produire. Sans recourir aux enseignemens de l'histoire pour les découvrir dans leurs funestes débuts, il suffit de se rappeler aujourd'hui les faits analogues de notre propre époque. Nous avons vu aussi, dans l'espace de vingt ans, comme à Leipsick à cette heure, des manifestations hostiles, des émeutes sans motif réel, du sang versé, et à la fin des trônes et des dynasties renversés par des soulèvemens populaires. Alors, quels étoient les prétextes de tant d'orages? quels cris poussoient les premiers agitateurs? Hélas, mon Dieu! ces clameurs se retrouvent les mêmes, en

Espagne, en France, en Suisse et en Allemagne, malgré la période de vingt ans
de distance. Quand Ferdinand VII déclinoit sur ce trône d'Espagne d'où il étoit
descendu, et sur lequel les armes de la France l'avoient glorieusement assis une
seconde fois, au moment où, sur le point de quitter la vie, il alloit laisser le
sceptre d'Espagne à don Carlos son frère, qu'arriva-t-il à Madrid, à Barcelone,
à Séville et à Malaga? Les révolutionnaires soulevèrent le peuple, sous prétexte
que l'héritier du trône étoit dominé par les moines et par les Jésuites. Puis survint le décret signé par Ferdinand VII, de sa main mourante, qui déclaroit
sa fille Isabelle héritière légitime et directe, et Marie-Christine régente. On
sait ce qu'a produit cette révolution espagnole qui dure encore.

En France, vers les derniers temps du règne de Louis XVIII, on ne parloit
que du *gouvernement occulte*, dont le frère du roi étoit, disoit-on, le chef, dominé par les Jésuites et le *parti-prêtre*. Les quelques années du règne de
Charles X ne furent presque employées par la presse révolutionnaire qu'à propager
les bruits les plus odieusement ridicules, sur l'asservissement de ce prince aux
volontés et aux pratiques cléricales. Chaque jour la piété du roi fut constamment
tournée en ridicule auprès du peuple, et l'on parvint à le représenter comme
l'instrument des *Jésuites*, que lui-même avoit exclus de l'enseignement par les
ordonnances de 1828.

En ce moment on s'est soulevé à Leipsick contre le prince Jean, frère du roi,
et héritier présomptif du trône de Saxe. On lui reproche précisément son attachement à la foi catholique; on craint, dit-on, l'influence des prêtres et des Jésuites, dans un pays qui ne compte guère que des protestans. En vérité, si le bon
sens et la force morale que doivent obtenir les hommes sages et modérés en Saxe,
ne triomphent pas des agitateurs au profit du pays, il faudra conclure que les révolutions et leurs affreux résultats sont des nécessités dans la constitution des
peuples, comme les ravages des maladies dans le corps humain.

Le 16 août, les conseillers municipaux et les officiers de la garde communale
de Leipsick se sont réunis à la municipalité, à deux heures de l'après-midi, pour
recevoir de M de Langenn, commissaire du roi, communication de la réponse de
S. M. aux adresses qui lui ont été présentées. Le commissaire du roi ayant été introduit, s'est exprimé dans les termes suivans : « Messieurs, S. M. le roi m'a chargé
de vous communiquer sa réponse aux adresses qui lui ont été présentées, et de
vous faire connoître son opinion. Je suis peiné, messieurs, que ma présence ici
ait pour cause des événemens qui blessent à la fois le cœur et la fierté de tout
saxon. Le gouvernement fera exécuter les mesures prises par ses organes;
je ne puis entamer une discussion sur ce point; mais comme le mensonge, cette
grande plaie de nos jours, attaque d'une manière incroyable le nom d'un noble
prince, je vais vous raconter encore une fois les faits en ce qui concerne le prince
Jean. La revue de la garde communale a eu lieu suivant l'usage. Après la revue,
on cria : *Vive le prince Jean !* Le prince se rendit à la Pleinenbourg, et réunit les
chefs des autorités civiles et municipales à un banquet dans l'hôtel de Prusse, où
S. A. R. étoit descendue. Au moment de la retraite, des groupes nombreux s'é-
toient formés devant l'hôtel de Prusse, et non-seulement on crioit et l'on faisoit
du bruit, mais l'on commença à lancer des pierres.

» Le commandant de la garde communale reçut l'ordre de disperser les attroupemens ; en conséquence, il envoya chercher les hommes du poste de Naschmark;

mais ce poste ne put arriver. Pendant ce temps, la foule qui grossissoit lança des pierres dans les fenêtres et sur le seuil de l'hôtel de Prusse. Alors, l'autorité civile, le commandant de la ville et de la garnison (colonel de Buttlar) résolut de faire venir un détachement de la garnison. Ce détachement arrivé, il repoussa la foule, mais les attroupemens se formèrent de nouveau et ne voulurent pas céder; ils continuèrent, au contraire, à crier et à lancer des pierres.

»Les officiers ont sommé le peuple de se séparer; mais n'ayant pas réussi dans cette sommation, à laquelle on répondit par des pierres lancées contre les troupes, et qui blessèrent plusieurs soldats et officiers, l'ordre fut donné de charger les armes, qui furent ensuite reposées, puis on commanda le feu. Ainsi la force armée a agi conformément aux lois : elle est intervenue sur réquisition préalable des autorités civiles. Il résulte de cet exposé, tiré des rapports officiels, que le prince Jean n'a pas donné ordre de faire feu, qu'il ne pouvoit même pas le donner, et que par conséquent ceux qui attaquent à ce sujet le prince, ne connoissent pas ou ne veulent pas connoître les faits. Tout homme loyal s'empressera de réfuter de pareils bruits.»

Le commissaire donne ensuite lecture de la réponse du roi :

« J'ai reçu les députés de la ville de Leipsick, venus pour me témoigner la peine que leur avoit causée les malheureux évènemens de la nuit du 12 au 13 courant, et me donner l'assurance de sa fidélité et de son dévoûment. Je crois devoir communiquer ce qui suit à la ville de Leipsick, et je veux que le public en soit instruit. J'étois heureux et fier de régner sur un peuple fidèle respectant la loi et la justice, et qui a si souvent manifesté son attachement à la dynastie dans les circonstances les plus difficiles. Appuyé sur la constitution du pays, je pouvois espérer que le peuple saxon, pénétré de son esprit, y resteroit fidèle, même dans des temps orageux, et ne marcheroit que dans les voies de la constitution et des lois. J'ai été d'autant plus peiné, que la deuxième ville du royaume où j'aimois à résider, et dans laquelle j'ai reçu si souvent des témoignages de fidélité et de dévouement, une ville aussi heureuse et aussi florissante que Leipsick, ait été le théâtre d'un attentat inouï; que la loi ait été violée dans la personne de mon frère chéri, qui, pour remplir un devoir patriotique, s'étoit rendu au milieu des citoyens de Leipsick, plein de bienveillance et de confiance.

» Je suis profondément affligé de voir qu'on n'ait pas rougi d'exciter l'opinion du peuple par des bruits aussi ignobles que mal fondés. Je recommande paternellement et sérieusement de ne pas y ajouter foi. Je plains vivement les victimes, peut-être innocentes, qui sont tombées, par suite de l'intervention nécessaire de la force armée; une enquête sévère et un examen impartial de la conduite des autorités répandra du jour sur toute cette affaire, et, si les citoyens bienveillans réunissent leurs efforts, l'ordre sera maintenu, et il ne faudra pas des mesures plus sévères pour faire respecter les lois. Mais, je dois le dire avec une profonde douleur, mon ancienne confiance dans une ville au sein de laquelle la pensée d'un pareil attentat a pu naître et être exécutée sous ses yeux est ébranlée. C'est pourquoi j'adresse avec bonté et fermeté ma parole royale au grand nombre des citoyens loyaux de Leipsick, qui ont à cœur le bien de la patrie et de la ville, et l'honneur du nom saxon. Puissent-ils se grouper autour du trône et de la constitution, et résister avec force et dignité aux efforts de ceux qui ne veulent pas l'ordre constitutionnel, mais la domination sans bornes de tous, afin que la loi reste inviolable, et que mon ancienne confiance dans une ville qui a toujours été chère à mon cœur puisse se rétablir.

» Pilnitz, le 13 août 1845.　　　　　» FRÉDÉRIC-AUGUSTE.

　　　　　» Contresigné :　　　　　» DE FALKENSTEIN. »

A la fin de la séance, le président du conseil municipal a crié : *Vive le roi* ! et toute l'assemblée a répondu. Ce matin (17), la réponse du roi a été affichée sur tous les murs de la ville. Le conseil municipal vient d'annoncer qu'une commission extraordinaire avoit été formée pour recevoir les propositions que des particuliers auroient à lui faire. Le conseil municipal a en outre annoncé que, d'après les renseignemens les plus exacts que l'on avoit pris, les personnes tuées sont MM. Nordmann, Prieur, Jehn, Freygang , Muller, Kleeberg et Arland. Cinq personnes ont été blessées.   (*Gazette universelle allemande.*)

NOUVELLES ET FAITS DIVERS.

INTÉRIEUR.

PARIS, 22 août. — M. le duc et madame la duchesse de Nemours sont arrivés à Bayonne le 20 août à cinq heures du soir.

— M. le duc de Montpensier est arrivé le 3 de ce mois à Alexandrie. Le lendemain, il a assisté à un grand bal, donné en son honneur, et auquel se trouvoient aussi les fils de Mehemet-Ali.

Le prince a dîné le 8 avec le vice-roi, et il est parti le 9 pour Constantinople, d'où il reviendra en touchant à Athènes et à Malte.

— S. A. S. l'électeur de Hesse-Cassel, Guillaume II, et la princesse Emilie, viennent d'arriver à Boulogne-sur-Mer, venant de Belgique.

— Les conseils généraux ont été appelés, dans leur dernière session, à émettre leurs vœux pour la formation des recueils des usages locaux ayant force de loi. Les dix-neuf vingtièmes ont reconnu l'utilité de ces collections, et plusieurs même ont voté des fonds pour parvenir à leur exécution. Il seroit fort à désirer que cette année on ne négligeât pas cette importante question, car le seul moyen d'arriver à cette unité de législation si désirable, c'est de bien connoître les usages locaux que la loi peut régler.

— Voici, sur l'entrevue de M. le général Delarue avec le représentant de l'empereur du Maroc, au sujet de la ratification du traité de Lalla-Maghrnia, quelques détails que nous lisons dans une correspondance de Tanger, datée du 7 août, et adressée au journal l'*Algérie* :

« Le *Titan* est arrivé sur rade de Tanger le 5 août , à dix heures du soir, ayant à bord M. le général Delarue.

» Immédiatement, et malgré l'heure avancée de la nuit , les portes de Tanger s'ouvrirent devant le plénipotentiaire français, qui put venir s'entendre avec le consul-général de France. Le gouverneur de la ville, qui étoit déjà couché et enfermé au château, descendit lui-même à la Marine pour recevoir le général Delarue. De tels égards envers un représentant de la France méritent d'être mentionnés, et signifient plus, aux yeux de tous les hommes du pays, que les plus belles paroles écrites sur une feuille de papier.

» Le lendemain, à dix heures, le général Delarue descendit à terre, où il fut reçu en grande pompe par le pacha Sid-Bou-Selham-Ben-Ali. De la marine au palais, une population immense escorta l'ambassade française. Au palais, de nouvelles protestations d'amitié, de nouveaux témoignages de joie furent encore prodigués au général par les notables et savans du pays ; après quoi on échangea réciproquement les ratifications des deux souverains pour le traité de Lalla-Maghrnia, puis quelques notes relatives à des questions secondaires. Les plus franches explications furent données de part et d'autre.

» Le général Delarue rappela habilement et avec fermeté au pacha tous les griefs de la France contre le Maroc, griefs qui avoient nécessité la prise d'armes du 6 août 1844; lui démontra combien, après trois victoires successives à Tanger, Isly, Mogador, nous nous étions montrés généreux envers l'empereur. Enfin il termina en disant à Bou-Selham que cette magnanimité de la France étoit pour son maître, Moulei-Abd-er-Rahman, une preuve éclatante que la France ne devoit jamais être pour le Maroc autre chose qu'une amie, une alliée puissante et forte.

» Bou-Selham répondit au général que son maître, Moulei-Abd-er-Rahman, homme sage et instruit, l'avoit toujours ainsi compris, même avant la guerre; qu'il avoit fait tout son possible pour arrêter les hostilités, mais que Dieu, notre maître à tous, avoit voulu que le Maroc éprouvât les effets de la toute-puissance de la France, sans doute afin de mieux lui rendre appréciable la générosité de l'illustre souverain qui gouverne notre pays; qu'aujourd'hui ils étoient tous convaincus des bonnes dispositions du gouvernement français, et qu'ils nous prouveroient, par la franche exécution des traités, combien ils avoient à cœur de resserrer les liens de bonne harmonie qui depuis long-temps unissoient les deux empires.

» A deux heures et demie, le *Titan* quittoit El-Araich; à neuf heures du soir, il arrivoit à Tanger. »

• — Les deux plus jeunes fils du roi Charles V se sont enrôlés dans l'armée du roi de Sardaigne : le plus âgé a été nommé colonel du régiment d'infanterie dit de Savoie, avec une solde de 6,000 fr.; le jeune est major au régiment d'Arqui, avec 4,000 fr. de solde.

— On commence à s'inquiéter à Londres de la persistance du mauvais temps; cependant il n'y avoit pas encore danger pour les récoltes. En Irlande, la situation est meilleure qu'on ne l'auroit pensé, d'après l'état de l'atmosphère, toujours brumeux et pluvieux. Les fermiers irlandais espèrent une bonne récolte, quand même le temps resteroit ce qu'il est; elle seroit excellente avec quelques jours de soleil.

En France, dans les départemens où la récolte reste encore à faire, on aura sans doute plus de mal que de coutume pour la moisson, mais, excepté dans quelques bas fonds, il n'y a pas jusqu'ici de véritable préjudice causé aux récoltes par la pluie; mais la pomme de terre en souffre beaucoup, surtout dans les terrains humides.

Nous lisons d'un autre côté dans les journaux belges d'hier : « Les cultivateurs ont profité des deux jours qui se sont passés sans pluie, pour rentrer les seigles qui étoient coupés. La récolte du grain n'a encore, dit-on, presque rien perdu, et quelques jours de beau temps suffiroient pour calmer beaucoup de craintes. »

CATASTROPHE DE MONVILLE. — Les journaux de Rouen publient des détails affligeans sur les effets de la trombe qui a passé le 19 sur la vallée de Monville :

La trombe, qui avoit la forme d'un cône renversé, a enlevé la toiture de l'usine de M. Rouff. Puis, prenant de la force en marchant, elle a renversé plusieurs petits bâtimens, brisé des arbres, saccagé des haies et des moissons. Trois autres manufactures ont ensuite été renversées, celles de MM. Neveu, Marc et Picquet. Il étoit midi 35 minutes, et tous les ouvriers étoient dans les ateliers. Aucun n'a pu sortir.

On lit dans le *Mémorial de Rouen* :

« Il arrive si souvent, dans les premiers instans des catastrophes publiques, qu'on se laisse aller à l'exagération des détails du mal, que nous avons dû hier, tout en donnant le détail complet du sinistre de Monville, nous renfermer pour les chiffres dans ceux qui avoient été officiellement constatés. Les pertes de toute nature ont malheureusement dépassé ces évaluations, et de nouvelles recherches ont amené la découverte d'un plus grand nombre de cadavres qu'on ne pensoit en trouver.

» Voici quel étoit hier soir le chiffre des décès et des blessés.

» Dans la filature de MM. Marc frères, 15 morts, 28 blessés. — Dans celle de MM. Neveu et Marion, 14 morts, 52 blessés. — Dans l'usine de M. Picquot, 28 morts, 50 blessés désespérés, 40 blessés moins gravement. — En tout, 58 morts, 170 blessés. De ces derniers, trois ont subi des amputations, mais il en est beaucoup auxquels les chirurgiens n'ont pas voulu pratiquer d'opérations de ce genre, parce que c'eût été aggraver inutilement leurs souffrances et hâter une fin inévitable.

» Nous pouvons affirmer que les pertes matérielles ne s'élèvent pas à moins de 1 million deux cents mille francs. Plus de deux cents familles se trouvent dénuées de toute ressource par la mort de leur chef ou par des blessures qui lui interdisent tout travail.

» Il reste à déblayer dans la rivière, et là on retrouvera une partie des infortunés qui manquent encore.

» Hier matin, M. le préfet de la Seine-Inférieure, accompagné de M. le maréchal-de-camp, s'est rendu sur les lieux, qu'il a visités dans les plus grands détails, ainsi que l'ambulance et plusieurs maisons où l'on avoit transporté des blessés et des amputés. Des mesures ont été prises pour porter des secours partout où ils seroient nécessaires, et l'on ne sauroit trop louer le zèle des maires de Malaunay et de Monville dans ces douloureuses circonstances.

» Lorsqu'on a ouvert les dépôts des cadavres pour procéder à la reconnoissance et à l'ensevelissement, une foule éplorée s'est précipitée vers les portes ; mais ces restes humains étoient si horriblement mutilés et défigurés, que beaucoup n'ont pu être reconnus, et que d'autres ne l'ont été que par leurs habits.

» Nous avons cité hier l'héroïque courage de M. Neveu, trouvé au milieu des décombres, appuyé sur les poignets et formant au-dessus de sa mère, renversée devant lui, une voûte, sur laquelle étoient accumulés des débris. M. Neveu n'est pas resté moins de trois heures dans cette horrible situation ; et telle avoit été sa contraction musculaire que la réaction qui s'est opérée après sa délivrance lui a occasionné une prostration absolue de toute sensation. Après être resté plusieurs heures sans pouvoir articuler un seul mot, il a enfin repris connoissance et ses premières paroles ont dignement couronné son dévoûment.

« Je sais, a-t-il dit, que je suis ruiné, mais je ne me plains pas, j'ai eu le bon-» heur de sauver ma mère. » Depuis ce moment, son état s'est beaucoup amélioré.

» On nous rapporte que dans les fouilles on a trouvé une petite fille qui s'étoit blottie entre des paniers à coton, qui avoient été eux-mêmes protégés par des poutres. Cette pauvre enfant a été retirée sans blessure.

» Une jeune fille de vingt ans, lors de l'événement de la filature de M. Picquot, a dû la vie à sa présence d'esprit. Restée dans un angle de la salle où elle travailloit, au premier étage, elle s'est jetée par une fenêtre et n'a eu qu'une légère contusion au bras.

» Trois jeunes frères étoient occupés dans la même filature. L'un d'eux, travaillant au dernier étage, a été précipité avec les décombres dans la rivière, d'où il a été retiré vivant. Il n'a reçu que quelques blessures sans gravité, mais il est demeuré depuis dans une sorte d'idiotisme.

» Un second, plus heureux, travailloit au rez-do-chaussée ; en entendant le fracas, il s'est appuyé contre la muraille, précisément dans un des deux points où quelques mètres sont restés debout. Le plancher supérieur, en s'écrasant, est resté en arc-boutant au dessus de lui, et il a été retiré sain et sauf.

» Le troisième frère, moins heureux, a été noyé.

» Un ouvrier a été arraché sans blessures du milieu des débris après y être demeuré trois à quatre heures entre la vie et la mort.

» Un contre-maître de M. Neveu a été trouvé écrasé à côté du cadavre de sa femme, qui étoit enceinte de quatre mois.

» Un sieur R..., parent d'un conseiller de la préfecture, a été transporté à l'Hôtel-Dieu de Rouen, pour y subir l'amputation d'un bras. Mais cet infortuné sembloit oublier ses horribles souffrances et ne cessoit pendant tout le trajet de réclamer à grands cris son fils, jeune homme de dix-huit ans, qui n'avoit pas été retrouvé et qui ne l'est pas encore.

» M. de Monville, qui possède plusieurs établissemens dans la vallée, n'a eu qu'une cheminée de machine à vapeur renversée. »

— Après 60 heures de recherches, on a découvert dans les débris des usines de Malaunay et Monville, ravagées par la trombe de mardi, le cadavre du dernier homme qui manquoit sur la liste des ouvriers employés. Ce dernier résultat, dit le *Journal de Rouen*, porte le chiffre des morts à 61, et il y a encore bien des moribonds dans les 138 blessés qui ont survécu ; de sorte que, sur 555 ouvriers, tant hommes que femmes et enfans qui étoient présens dans les ateliers au moment de la catastrophe, près des deux tiers ont succombé ou ont été plus ou moins grièvement atteints dans leurs personnes. Ce sont 200 familles décimées, en proie à la souffrance et à la misère.

— Le conseil municipal de Rouen a voté une somme de 10,000 fr.

Une première liste de souscription, ouverte à la mairie de Rouen, porte un total de 2,700 fr. ; à la mairie de Malaunay, 1,510 fr. ; à la caisse de M. Baudon, receveur-général, 2,790 fr. ; au bureau du *Mémorial*, 2,193 fr. Un plat, placé à la porte de l'usine de M. Picquot, a produit 600 fr.

— On a ressenti aussi au Havre le coup de vent de mardi.

La bourrasque s'est déclarée à la suite d'un violent orage pendant lequel le vent a subitement sauté du sud-ouest au nord ouest, et elle a occasionné plusieurs sinistres sur le littoral. Nous lisons dans le *Journal du Havre* :

« Deux bâtimens anglais mouillés sur rade n'ont pu résister aux efforts du vent et de la mer, et ont été drossés l'un et l'autre sur les bancs de l'embouchure. Un sloop, qui se nomme *Linskolms*, et vient de Newcastle, chargé de houille en destination de Rouen, est allé s'échouer dans le fond de l'anse de Leure, et n'a pas tardé de s'y défoncer en talonnant. L'équipage a pu gagner la terre au moyen de son canot.

» Une goëlette, dont le nom est *Holburnhall*, et qui vient de Caen, avec un chargement de pierres, a été drossée ayant ses deux ancres en barbe, sur le poulier du sud. L'équipage, qui couroit de grands dangers au milieu des brisans qui baignent le mur de la Floride, a été sauvé par les soins de M. Lemétheyer, lieutenant de port, qui, au premier avis, s'est porté sur la jetée. »

EXTÉRIEUR.

ANGLETERRE. — On se rappelle que sir Thomas Reade, consul-général d'Angleterre à Tunis, souleva de grandes clameurs parmi les Européens de cette régence, en abandonnant à la justice locale un Maltais (sujet anglais) qui avoit commis un meurtre. Pour éviter le retour de ces récriminations et fixer décidément la marche à suivre à l'avenir en pareille matière, le gouvernement britannique vient d'adresser à tous ses consuls dans le Levant un memorandum complet. Les instructions qu'il renferme sont basées sur ce principe, que tout acte qui pourroit donner lieu à une action criminelle en Angleterre peut également en provoquer une en Turquie, sauf la part à faire aux habitudes et aux nécessités locales; pour les délits de peu d'importance, le consul juge sommairement et sans appel; pour les méfaits d'un caractère plus sérieux, il est tenu de s'adjoindre des assesseurs choisis parmi les résidens anglais; quant aux individus accusés d'un crime capital, ils sont envoyés à Malte pour y être jugés conformément aux lois en vigueur dans cette possession anglaise.

IRLANDE. — Le meeting hebdomadaire de l'association du repeal a eu lieu lundi dernier, 18 courant, à Dublin. M. O'Connell n'y assistoit pas; mais M. Ray a donné lecture d'une lettre qui lui a été adressée de Derrynan-Abbey par le libérateur; cette lettre ne contient que deux passages remarquables : l'un dans lequel O'Connell s'efforce d'établir que la question du rappel est tout Irlandaise, que la différence du culte n'y est pour rien, que le gouvernement lui-même a abandonné complétement en théorie, et à moitié dans la pratique, toute idée de suprématie religieuse, et que dès-lors les protestans peuvent être repealers tout aussi bien que les catholiques : l'autre, où, à propos de l'avocat Murphy, membre distingué du parlement, élu par un district irlandais, O'Connell déclare qu'il regrette amèrement qu'un homme d'un talent aussi éminent ne soit pas *repealer*, mais qu'il ne peut faire fléchir un principe; qu'il propose à l'association de porter un autre candidat en remplacement de M. Murphy, et de ne plus concourir désormais à la réélection des membres irlandais de la chambre des communes qui ne seront pas franchement du parti du repeal.

ALLEMAGNE. — La reine d'Angleterre est passée à Francfort le 18 au matin, se rendant à Wurzbourg.

— Une gazette allemande annonce que le roi de Saxe s'est rendu en personne à Leipsick le 16 et a été reçu avec de grandes démonstrations de respect. Les journaux de Dresde ne font pas mention de cette nouvelle qui paroît controuvée.

HAVANE. — Les journaux et les lettres reçus de la Havane annoncent un terrible incendie qui a eu lieu à Matanzas. C'est le 27 juin, à huit heures et demie du matin, que le feu se déclara dans un chantier de charpentier situé près du port. L'immense quantité de bois que renfermoient les magasins favorisa les progrès de l'incendie A la chute du jour, on parvint à se rendre maître du feu; mais un grand nombre de maisons avoient été la proie des flammes. Parmi les édifices incendiés, on compte divers magasins de vitres et des marchandises appartenant au commerce; plusieurs boutiques, etc. On évalue les pertes à deux millions de piastres fortes (près de onze millions de francs).

ÉTATS-UNIS. — Le testament du général Jackson vient d'être légalement approuvé et rend public à New-York. Il donne d'abord son corps à la terre et son ame à Dieu, et institue légataire universel Andrew Jackson Jr, son fils adoptif, réservant toutefois quelques esclaves en faveur de ses petits-enfans, une somme de 6,000 dollars avec les intérêts, empruntés au général Planché, de la Nouvelle-Orléans, et une autre somme de 10,000 dollars, qu'il devoit à MM. Blair et Rives, éditeurs du défunt *Globe*. Il lègue l'épée qui lui fut présentée par l'État de Tennessee à son neveu A.-F. Donelson, actuellement chargé d'affaires au Texas; il fait présent de celle qu'il reçut à la Nouvelle-Orléans à Andrew Jackson Coffée, fils de son vieil ami le général Coffée; il laisse à son petit-fils Andrew Jackson celle qu'il reçut à Philadelphie. Le sabre et les pistolets dont il se servit pendant la guerre de l'indépendance et celle contre les Indiens ont été légués au général

R. Armstrong. Il donne à Georges-Washington Lafayette les pistolets donnés par Washington au général Lafayette, et par celui-ci à Jackson. Plusieurs autres présens qu'il reçut durant le cours de sa longue et mémorable carrière ont été laissés à son fils adoptif, à la condition que, en cas de guerre, il seront répartis entre ceux des défenseurs de la patrie qui s'en seront rendus le plus dignes aux yeux de leurs concitoyens et concitoyennes.

Ce testament, écrit de sa main, porte la date de septémbre 1844, et révoque un testament antérieur de plusieurs années.

• Le Guide de l'Enfant Chrétien, Prières et Instructions pour l'enfance et la jeunesse, avec une approbation fort bien motivée de M. l'évêque de Limoges ; par G. M. de Villiers.

Cet ouvrage est divisé en deux parties : la première est consacrée aux enfans de cinq à huit ans ; elle renferme des prières et de courtes instructions naïves et touchantes, capables de faire naître dans ces jeunes cœurs les plus doux sentimens religieux. La seconde convient jusqu'à l'âge de la première communion et au-delà. Les principaux offices de l'Eglise y sont précédés de notes explicatives sur les différentes parties de la liturgie sacrée, ainsi que sur l'origine et la signification des principaux objets employés à l'usage du culte ; elle contient l'exposé de la doctrine chrétienne, le développement des vérités de la foi réduites à la pratique et appliquées à la vie de l'enfant ; des instructions sur les Commandemens de Dieu et sur ceux de l'Eglise, ainsi que sur les Sacremens, avec des exercices et prières qui répondent à ces différens sujets. On y remarquera au chapitre sur la pénitence un examen de conscience parfaitement convenable pour la jeunesse et qui peut éclairer tous les secrets de ces cœurs encore tendres, sans leur apporter des lumières qui leur seroient non seulement inutiles, mais qui pourroient leur devenir funestes.

On devine sans peine en lisant ce livre que le but de l'auteur a été d'initier les enfans à la connoissance d'eux-mêmes et aux beautés de la religion, de grandir à leurs yeux l'obligation du devoir, de les habituer au sacrifice, en un mot de développer dans leurs cœurs les germes d'une piété sincère, éclairée, effective. Le style est simple, comme il convenoit, quoiqu'élevé, clair, concis et même gracieux. Ce petit ouvrage se recommande aux mères et institutrices chrétiennes qui désirent pour leurs enfans un livre d'Eglise aussi bien qu'un recueil de morale religieuse. Il peut aussi se recommander à MM. les ecclésiastiques comme très-convenable à répandre dans les catéchismes où il a été adopté pour les distributions de prix.

On le trouve chez MM. Sagnier et Bray, rue des Saints-Pères, 64.

Le Gérant, Adrien Le Clere.

BOURSE DE PARIS DU 22 AOUT 1845.

CINQ p. 0/0. .21 fr. 45 c.	Quatre canaux 1280 fr. 00 c.
TROIS p. 0/0. 84 fr. 85 c.	Caisse hypothécaire. 605 fr. 00 c.
QUATRE p. 0/0. 110 fr. 00 c.	Emprunt belge. 5 p. 0/0. 000 fr. 0/0.
Quatre 1/2 p. 0/0. 116 fr. 00 c.	Emprunt romain. 104 fr. 2/8.
Emprunt 1841. 00 fr. 00 c.	Rentes de Naples. 000 fr. 00 c
Oblig. de la Ville de Paris. 1405 fr. 30 c.	Emprunt d'Haïti. 000 fr. 00 c.
Act. de la Banque. 3245 fr. 00 c.	Rente d'Espagne. 5 p. 0/0. 00 fr. 0/0

PARIS. — IMPRIMERIE D'ADRIEN LE CLERE ET Cⁱᵉ, rue Cassette, 29.

PIÈCES RELATIVES AU NOUVEAU CHANGEMENT DE LITURGIE
DANS LE DIOCÈSE DE GAP.

—

Un journal religieux n'a publié qu'une partie de la dernière *Lettre
pastorale* de M. l'évêque de Gap, relativement à l'adoption du Bréviaire
romain dans ce diocèse. Nous la donnons aujourd'hui dans son entier,
avec toutes les pièces nouvellement émanées de Rome, et dont la publication a motivé la lettre du pieux prélat à son clergé. Non-seulement
on est édifié du zèle et de l'amour ardent que le nouvel évêque de Gap
montre ici pour l'autorité du Saint-Siége et l'auguste personne du vicaire
de Jésus-Christ, mais on voit que dans cette grave démarche du changement de Liturgie, Mgr Depéry ne s'est point fait illusion sur les difficultés qui avoient embarrassé ses vénérables prédécesseurs. Le diocèse
de Gap renferme presque tout l'ancien territoire de l'archevéché d'Em-
brun; or le Bréviaire, publié pendant le xviii° siècle, ne s'adaptoit
point avec la Liturgie de cette antique Eglise. D'autres diversités s'étoient
encore introduites dans le diocèse. On sait quelles avoient été à ce sujet, sous les administrations précédentes, les réclamations du chapitre
de Gap et d'une grande partie du clergé. Mgr Depéry, qui avoit accompagné Mgr de La Croix d'Azolette, lorsque ce dernier fut nommé
évêque de Gap, avoit pu dès lors étudier et connoître les besoins et les
vœux de ce diocèse. C'est sans doute d'après cet examen et de nouvelles instances survenues depuis sa propre installation à Gap, qu'il a
rétabli la Liturgie romaine. Tel étoit du moins le fond des deux circulaires adressées à son clergé sur cet objet.

Toutefois on comprend, ainsi que le remarque aujourd'hui le prélat,
que l'abandon de la Liturgie précédemment en usage depuis cent ans,
ait laissé un certain nombre de prêtres qui, *par des motifs particuliers, n'ont pu repondre encore aux désirs de leur évêque*. De plus, l'adoption pure et simple du Bréviaire romain, n'ayant pu se faire sans modification, il a fallu recourir au Saint-Siége, afin d'obtenir l'autorisation de déroger à la pratique générale de cette Liturgie. Ainsi, selon le
romain, l'office du dimanche se trouvant beaucoup plus long, M. *l'évêque de Gap a obtenu de Rome* une concession très-grande, à savoir : DE
DISPENSER D'UNE PARTIE DE L'OFFICE LES PRÊTRES OCCUPÉS AU SALUT DES AMES.
En conséquence, dit le prélat, « *nous accorderons* à tous les prêtres *gran-
» dement occupés* au saint ministère, qui nous la demanderont par écrit, la
» permission de ne réciter que neuf psaumes aux matines du di-
» manche. »

Si donc, par la suite, dans la récitation du Bréviaire romain, on ne

suit pas, au diocèse de Gap, la pratique universelle, ce sera en vertu
d'une autorisation spéciale, émanée de la congrégation des Rits, et
dont M. l'évêque de Gap publie le texte à la suite de la lettre pastorale
suivante :

LETTRE PASTORALE DE M. L'ÉVÊQUE DE GAP AU CLERGÉ DE SON DIOCÈSE.

Gap, le 1er août 1843.

Messieurs et chers Collaborateurs,

Parmi les fatigues inséparables de notre ministère pastoral dans vos
paroisses, l'une de nos plus grandes consolations, l'une de nos joies les
plus vives a été de voir votre saint empressement pour l'adoption de la
Liturgie romaine, empressement dont le vénérable chapitre de notre
cathédrale vous avoit donné l'exemple, qui a édifié tous les diocèses
de France, qui nous a valu les félicitations d'un grand nombre de nos
collègues dans l'épiscopat, et qui leur a laissé l'espoir de retrouver en
pareille circonstance le même esprit de foi, la même docilité dans leurs
prêtres. Vous avez compris notre pressant appel, les désirs de notre
Saint-Père le Pape Grégoire XVI, les besoins de l'Eglise de Gap, jusqu'ici divisée et sans unité dans la formule de ses prières publiques.
Nous avons témoigné à chacun de vous en particulier notre reconnoissance et notre satisfaction pour cette conduite sage et vraiment sacerdotale ; nous en renouvelons aujourd'hui à tous l'expression bien sincère.

Depuis long-temps, Messieurs et chers collaborateurs, nous nous
étions empressé de déposer aux pieds du chef de l'Eglise, cette nouvelle marque de votre amour et de votre respectueux dévoûment pour
la chaire apostolique. Et notre Saint-Père le Pape, touché de ce retour,
a bien voulu, par une lettre en date du 14 juin dernier, nous en remercier et nous dire avec quel bonheur il avoit appris le rétablissement du
rit romain dans le diocèse de Gap.

C'est pour nous, chers collaborateurs, un devoir en même temps
qu'un plaisir de vous communiquer cette lettre si bonne, si pleine
d'une paternelle affection. Vous avez réjoui le cœur du saint Pontife de
Rome, vous avez mérité ses éloges et cette bénédiction qu'il vous envoie de la plénitude de son amour. Ce doit être là, Messieurs, une assez précieuse récompense des sacrifices que vous avez pu faire en abandonnant un Bréviaire et une Liturgie qu'une longue habitude vous
avoit peut-être rendus chers. Ce doit être là aussi un puissant encouragement pour le petit nombre de ceux qui, par des motifs particuliers, n'ont pu répondre encore à nos désirs. Ils s'empresseront sans
doute de lever les obstacles, de se rallier à leurs frères et de s'unir tous
dans une union parfaite de cérémonies et de prières ; *ut unanimes, uno*
ore honorificetis Deum et patrem Domini nostri Jesu Christi.

Plusieurs d'entre vous, Messieurs, nous ont témoigné le désir de connoître la teneur du Bref en date du 3 mars 1845, par lequel le souverain Pontife nous autorise : 1° à remplacer l'office de la Férie, le jeudi, par celui du saint Sacrement ; celui de *Sanctâ Mariâ in Sabbato*, par celui de l'Immaculée Conception ; 2° à dispenser d'une partie de l'office les prêtres occupés au salut des ames. Nous nous empressons de satisfaire à, vos pieux désirs en insérant ci-après ce document, comme une nouvelle preuve de la paternelle bonté du Pontife vénérable qui gouverne si glorieusement l'Eglise universelle. Cette indulgence du vicaire de Jésus-Christ en terre, envers les dignes ouvriers qui travaillent au champ du père de famille, excite aussi la nôtre, et nous vous répétons, que nous accorderons à tous les prêtres *grandement occupés* au saint ministère, qui nous la demanderont par écrit, la permission de ne réciter que neuf psaumes aux Matines du dimanche.

Recevez, Messieurs et chers coopérateurs, l'assurance de notre bien sincère attachement.   † Irénée, évêque de Gap.

Par Mandement :   F. Lépine, chanoine-secrétaire.

RESCRIT TOUCHANT LE BRÉVIAIRE, ADRESSÉ A MGR L'ÉVÊQUE DE GAP, PAR LA S. CONGRÉGATION DES RITS.

Vapincen.

Clerus penè universus civitatis ac diœcesis Vapircensis adeo muneribus suæ vocationis distenditur, ut si non omnes, plerique saltem ex eodem clero curæ animarum incumbere debeant ob sacerdotum defectum, et diœcesis ipsius amplitudinem, ac diebus festis, nonnullisque aliis ita plures sustinere adigantur labores, ut vix sufficiens tempus, defatigato jàm animo, supersit ad officium de dominicâ privilegiatâ, aut intrà annum, vel feria V, vel sabbato, quæ cæteris longiora sunt ritè persolvendum. Proptereà à nonnullis annis, assentientibus ordinariis, mos invaluit, et adhùc ignoratur utrùm à legitimâ potestate prodierit, juxtà sancitas leges à sacro concilio Tridentino, dominicale præsertim primùm matutini nocturnum ità distribuere, ut solùm tres psalmi ad normam duorum sequentium ipsum nocturnum absolvant, ac duodecim in illo assignati psalmi per quatuor dominicas integrè dicantur. Hæc animo reputans reverendissimus Vapincen. Episcopus, ac verà necessitate compulsus, à sanctissimo domino nostro Gregorio Papâ XVI humillimè petiit inducti moris confirmationem, addito speciali Indulto, singulis feriis V quandò in iis incidit feriale officium, agendi de sanctissimo Eucharistiæ Sacramento, ac sabbatis, si esset agendum de Beatâ Mariâ cum nocturno feriæ recitandi officium Conceptionis ejudem Deiparæ sub ritu semi-duplici, sicuti prostant in calce Breviarii pro aliquibus locis, Sanctitas sua, referente me subscripto Sa-

crorum Rituum Congregationis Secretario, attentis expositis, aliisque
peculiaribus rationum momentis animum suum moventibus, de speciali gratiâ annuit pro concessione Indulti quoad officia expetita Sanc-
tissimi sacramenti, et Conceptionis Beatissimæ Mariæ Virginis ritu
semi-duplici, exceptis illis feriis occurrentibus intrà Quadragesimam et
Adventum, nec non vigiliis, feriisque privilegiatis : in reliquis verò de speciali pariter gratiâ, oratori Episcopo facultates omnes necessarias et op-
portunas attribuit dispensandi toties quoties necessitas urgeat cum sa-
cerdotibus qui curæ animarum incumbunt, assignando pro iis diebus
tantùm. in quibus maximè occupati reperiuntur in pastorali munere
exercendo, Preces breviores loco divini officii in kalendario occurrentis,
strictè tamen oneratâ conscientiâ super injuncti oneris satisfactione
tùm Episcopi concedentis, tùm sacerdotum indultariorum, qui ne-
queant, nisi necessitate compellente commutatione recensitâ uti. Qui-
buscumque in contrarium disponentibus minimè obstantibus. Die
5 Martii 1845.　　　　　F. L. Card. Micara, Ep. Ost. et Velit.
　　　　　　　　　　　S. R. C. Præfectus.
Loco + Sigilli.　　　　J. G. Fatati, S. R. C. Secretarius.

LETTRE DE S. S. GRÉGOIRE XVI A MGR L'ÉVÊQUE DE GAP.
Gregorius P. P. XVI.

Venerabilis Frater, salutem et apostolicam benedictionem. Libentis-
simo prorsùs animo tuas accepimus litteras kalendis hujus mensis da-
tas, quibus, Venerabilis Frater, significare lætaris Romanæ Ecclesiæ li-
turgiam ex tuis, et cathedralis templi canonicorum collegii votis com-
muni totius Vapiucensis cleri gaudio in istâ diœcesi fuisse restitutam.
Gratissimum certè nobis fuit ex ipsis litteris atque ex pastorali epis-
tolâ, quam hâc de causâ dederas, perspicere quâ singulari pietate,
amore, veneratione ergâ omnium Ecclesiarum matrem. atque magis-
tram præstes, et quantopere tuus clerus iisdem egregiis sensibus sit
animatus. Itaque fraternitatis tuæ hâc in re zelum, tuique cleri stu-
dium meritis in Domino laudibus prosequimur, atque à Deo optimo
maximo suppliciter poscimus, ut amplissimis suæ gratiæ donis tibi
propitius semper adesse velit, quo vinea ista tuis usquè excolenda laboribus, tuisque irriganda sudoribus uberes in dies justitiæ fructus
emittat. Atque hujus superni præsidii auspicem, et præcipuæ nostræ
in te caritatis pignus, apostolicam benedictionem ex imo corde profec-
tam, tibi ipsi, Venerabilis Frater, et gregi tuæ curæ commisso peran-
manter impertimur.

　Datum Romæ apud S. Petrum die 14 junii anno 1845.
　Pontificatùs nostri anno decimoquinto.

　　　　　　　　　　　　　　GREGORIUS P. P. XVI.

REVUE ET NOUVELLES ECCLÉSIASTIQUES.
PARIS.

M. l'abbé Jacques Baillès, vicaire-général de Toulouse, est nommé à l'évêché de Luçon. L'ordonnance datée du château d'Eu a été rendue le 15 août. M. l'abbé Baillès, né en 1798, et agréé comme grand-vicaire de Toulouse en 1841, avoit suivi Mgr d'Arbou à Verdun. Ce prélat, devenu plus tard évêque de Bayonne, se l'attacha de nouveau par le titre de grand-vicaire. M. l'abbé Baillès quitta Bayonne lorsque Mgr d'Arbou donna sa démission de ce siége pour consacrer le reste de sa vie à la retraite et à la pratique des bonnes œuvres, au sein de cette ville de Toulouse, déjà si féconde en exemples de grande charité. Voilà quatre ans que Mgr d'Astros avoit appelé M. Baillès à partager les soins de son administration, et c'est à de telles écoles qu'a été formé celui qui est appelé à remplir sur le siége de Luçon, la place du digne et vénérable Mgr Soyer.

M. l'abbé Antoine-Aimé Chapel d'Espinassous, doyen du chapitre royal de Saint-Denis, vicaire-général de Luçon et de Montpellier, est mort à Saint-Denis, le jeudi 21 août, après avoir reçu les derniers sacremens avec la piété qui le distingua pendant toute sa vie. M. l'abbé d'Espinassous étoit né dans l'ancien diocèse de Mende; il étoit dans sa 66e année. C'étoit un ecclésiastique plein de zèle et de bonne volonté : il prêcha plusieurs missions et des stations de carême dans les différens diocèses de France.

On nous écrit de Mayenne :

« Une cérémonie tout-à-fait touchante a eu lieu à Notre-Dame de Mayenne. Un jeune sous-officier au 75e de ligne a abjuré la religion protestante le 24 du mois dernier. Privé de sa mère dès sa plus tendre enfance, ce jeune militaire a perdu son père, mort chef d'escadron en Algérie en 1845. Depuis long-temps sa conscience n'étoit pas tranquille, et il desiroit entrer dans le sein de la religion catholique qu'il regardoit comme la véritable. Ce qui le frappoit surtout, c'est le désaccord des protestans sur leur propre doctrine ; et , chose admirable ! amené à converser souvent avec un ministre protestant, ces entretiens ont plutôt contribué à le ramener à la vérité. Lorsqu'il lui faisoit part de ses doutes sur la religion protestante, ce ministre ne lui donnoit que des réponses évasives, et presque jamais de preuves qui satisfissent entièrement son esprit. Obligé de rester à l'hospice de Mayenne pour réparer ses forces, il fit part de son projet à M. l'abbé Husson, vicaire de Notre-Dame de Mayenne, qui le félicita d'abord et l'instruisit ensuite des devoirs de la religion catholique. Ce brave jeune homme a déposé son abjuration le jeudi 24 juillet, à Notre-Dame de Mayenne, entre les mains de M. Arcanger, curé de cette paroisse, qui, immédiatement, lui conféra le baptême sous condition. Il a eu pour parrain M. de Brunville, capitaine de la compagnie des pompiers, et pour marraine madame Henri La Grange. Le jeune néophyte s'est ensuite approché de la sainte table, et le calme et la sérénité de son visage annonçoient le calme et la sérénité de son ame. Plus d'une fois l'assemblée fut touchée de son air modeste et recueilli car malgré les précautions qu'on avoit prises pour tenir la chose secrète, afin d'éviter le tumulte, les abords de l'église et l'église elle-même étoient remplis d'une foule immense accourue pour être témoin d'une cérémonie si touchante et si rare en nos contrées.

» Désireux de s'affermir de plus en plus dans ses bonnes résolutions, le jeune militaire a reçu la confirmation des mains de M. l'évêque du Mans, dans la chapelle de la communauté d'Evron. »

———

· La distribution des prix aux élèves des écoles chrétiennes de Rouen a eu lieu dernièrement, sous la présidence du premier pasteur du diocèse, et au milieu d'une foule immense. La plupart des ecclésiastiques de Rouen et de la banlieue assistoient à cette solemnité, à laquelle s'étoient rendus M. Corneille, inspecteur de l'académie, et des officiers du 21e de ligne. Le corps de musique de ce régiment exécutoit, par intervalles, de mélodieuses symphonies, en prêtant son concours aux élèves d'une des écoles, qui ont chanté plusieurs morceaux avec un ensemble parfait.

Dans une courte mais paternelle allocution, Mgr Blanquart de Bailleul a fait l'éloge du travail, qui ouvre un libre accès à toutes les carrières, et développe en nous l'attention, le jugement, la mémoire, la force de caractère et la patience. Le prélat a vivement impressionné son jeune auditoire.

Après la distribution des récompenses, un des élèves a prononcé un petit discours, dans lequel il a remercié les bienfaiteurs des Ecoles chrétiennes de leur généreuse protection. Cette fête de famille a profondément ému tous les assistans. Les applaudissemens donnés aux lauréats ont été une digne réponse aux récentes diatribes d'un journal d'instruction primaire.

———

ESPAGNE.—Le *Catolico* du 16 renferme l'instruction du ministère des finances sur la dévolution des biens de l'Eglise au clergé : elle est tirée du journal le *Tiempo*, car la *Gazeta* ne l'a point publiée encore, et n'a même donné aucun renseignement à cet égard. Voici du reste le texte de la circulaire ministérielle:

« La reine a daigné approuver l'instruction suivante, à l'effet de réaliser la remise des biens du clergé séculier, en exécution de la loi du 3 avril de cette année, pour leur payer les 150 millions de réaux décrétés pour la dotation du culte et l'entretien du clergé en 1845, aux termes de la loi du 25 février précédent, et dans le but d'assurer au gouvernement l'intervention prévue à l'art. 5.

» Art. 1er. Conformément à la disposition de l'article unique de la loi du 3 avril de cette année, seront immédiatement rendus au clergé séculier les biens non vendus. La dévolution sera faite à tout le clergé représenté par la junte de dotation du culte et du clergé établie en cette capitale, et par les commissions diocésaines établies au siége de chaque diocèse.

» Art. 2. Les bureaux des biens nationaux, administrant actuellement lesdits biens, remettront sous inventaire les titres au clergé, après distraction faite des titres de propriété afférens aux biens vendus. Ces derniers titres devront être remis aux acquéreurs, à mesure qu'ils complèteront leurs paiemens respectifs.

» Art. 3. Les mêmes bureaux feront le relevé de tous les biens et de toutes les redevances du clergé séculier, qui, non aliénés, remis ou employés par le gouvernement à d'autres objets, sont administrés par lesdits bureaux.

» L'art. 4 établit la manière dont devront être calculées la valeur annuelle des revenus de chaque bien ou domaine, et l'importance de chaque redevance.

» L'art. 5 porte que le relevé sera fait en triplicata.

» L'art. 6 ordonne également un triple relevé constatant les charges perpétuelles dont pourront être grevés lesdits biens.

» Art. 7. A raison du résultat de ces relevés, et déduction faite de 15 0⟨0 pour frais d'administration et paiemens de contributions, on adoptera un chiffre fixe qui sera porté en compte au clergé sur la somme intégrale qui doit être fournie par l'Etat pour l'entretien du culte et du clergé.

» Art. 8. Seront considérés comme non aliénés, et conséquemment comme pouvant être dévolus, les biens vendus, mais dont les acquéreurs n'auroient pas payé le premier terme, et auroient fait abandon.

» Art. 9. En ce qui touche les biens vendus à des personnes déclarées en faillite, le gouvernement avisera.

» Art. 10. Le clergé rentrera dans la possession des biens à lui appartenant qui auront été distraits à l'époque de la rédaction de l'inventaire lors de l'occupation par le gouvernement.

» Art. 11. Les comptabilités des biens nationaux dresseront un autre relevé des dettes ou arrérages provenant des biens du clergé. Le montant intégral, déduction faite de 15 0⟨0 à 30 0⟨0 sera porté en compte au clergé sur son budget par tiers dans les années 1845, 1846 et 1847. Les commissions diocésaines pourront procéder au recouvrement de ces arrérages et à celui de toutes autres dettes inconnues ou secrètes.

» Art. 12. La commission générale de la Cruciade remettra au clergé, par l'intermédiaire de la junte de la dotation ou des commissions diocésaines, les produits nets de la bulle de la Sainte-Cruciade. La direction générale du trésor remettra les provenances en argent des aliénations des biens du clergé séculier, qui, par l'intermédiaire des administrateurs des biens nationaux, seroient entrés dans les caisses de la province pendant l'année, aux termes de l'art. 2 de la loi du 25 février dernier.

» Les art. 13, 14, 15, 16, 17, 18, 19 et 20 règlent la manière dont la junte de dotation du culte et du clergé, soit par elle-même, soit par l'intermédiaire des commissions diocésaines, devra donner des reçus des valeurs à elles remises, avec pièces justificatives spécifiées dans lesdits articles.

» Art. 21. La junte de dotation du culte et du clergé ne demandera au gouvernement et elle ne tirera aucune somme au profit des commissions diocésaines, sans avoir préalablement fait passer les pièces justificatives voulues à la comptabilité royale du royaume.

» Art. 22. Cette junte rédigera le budget annuel des dépenses nécessaires pour le soutien du culte et l'entretien du clergé. Ledit budget sera envoyé à la comptabilité générale.

» Art. 25. Le directeur-général du trésor et le comptable-général du royaume, pourront assister aux réunions de la junte de la dotation du culte et du clergé quand ils le jugeront convenable ; ils auront voix délibérative comme les autres membres de la junte.

» Madrid, 1er août 1843.   Signé : ALEXANDRE MON. »

╷ — Il s'est élevé au sujet de l'*exequatur regium* relatif aux administrateurs des évêchés vacans, une polémique vive et ardente entre le *Catolico* et l'*Heraldo*. Il est fort curieux de voir ce dernier journal avoir
recours à des précédens puisés du ministère de CALOMARDE, ministre
de grâce et de justice sous le règne de Ferdinand VII, que l'*Heraldo*
cependant a toujours détesté, calomnié et flétri. Le *Catolico* soutient
cette polémique avec autant de savoir que de logique écrasante pour
l'*Heraldo*. Ne pourroit-on pas, à cette occasion, adresser à celui-ci le
beau mot de saint Ambroise à l'empereur Théodose, qui tâchoit de s'excuser des massacres de Thessalonique par l'exemple de David : *Quem
seculus es errantem, sequere pœnitentem?*

SUÈDE. — On écrit à l'*Univers* :

Stockholm, 12 août 1845.

Monsieur le Rédacteur,

Je viens remplir aujourd'hui la promesse que je vous ai faite dans ma dernière
lettre, de vous annoncer l'accomplissement de l'affranchissement religieux de nos
frères catholiques de la Norwége. C'est le 16 juillet, jour de la fête de la très-
sainte Vierge du Mont-Carmel, que la sanction royale a été donnée à la loi votée
par les deux Chambres du Storthing, et dont je vous ai déjà communiqué le contenu. Le 1er de ce mois, la promulgation a eu lieu par les journaux de Christiania. Le pieux et zélé missionnaire, M. Montz, est dans la joie, et il se prépare à
profiter largement de la liberté qui vient d'être donnée aux catholiques. Déjà, et
immédiatement après l'adoption de la loi par le Storthing, il a commencé par faire
un voyage en Norwége. A Bergen, seconde ville du pays, il a trouvé trente catholiques qui l'ont reçu avec un vrai transport : il y est resté plusieurs jours, cé-
lébrant le saint sacrifice de la messe pour la première fois depuis trois siècles, et
administrant les sacremens à cette petite communauté qui attend avec impatience un prêtre. Plusieurs familles catholiques de cette ville se sont résolues à
lui confier leurs enfans, pour qu'ils fréquentent la nouvelle école catholique
qu'il vient d'ouvrir à Christiania, et qui comptera une douzaine d'élèves. De Bergen il s'est rendu à Hongsberg, où il a également administré les sacremens aux
quelques catholiques qui s'y trouvent. Il y a baptisé deux enfans.

De retour à Christiania, il a célébré aussi, pour la première fois depuis trois
siècles, la fête de *saint Olav*, roi et patron de la Norwége, et qui a le plus contribué à la conversion de ce pays à la religion chrétienne.

Vous le voyez, le commencement est fait ; mais il reste encore tant à faire ! La
chose la plus nécessaire est de bâtir une église catholique à Christiania, d'installer
un maître d'école et d'organiser une mission à Bergen. Dans cette ville surtout,
où tant de navires relâchent, un prêtre catholique feroit beaucoup de bien à ces
nombreux équipages de navires, qui souvent se composent de catholiques et qui
n'y trouvent pas les secours de leur religion.

Espérons que de bonnes âmes viendront au secours des nombreux besoins de
cette pauvre mission de Norwége. Dans une autre lettre je vous parlerai de nos
affaires religieuses en Suède, qui sont loin d'être aussi consolantes que celles de
la Norwége.   M.....

INDE. — Un pieux missionnaire écrit la lettre suivante :

Goudelour, le vendredi de la première semaine de Carême, 1844.

A notre ami bien-aimé M. Germain Ville, et à nos chers frères et amis en notre Seigneur Jésus-Christ, les braves militaires de la réunion de la rue Neuve, à Bordeaux.

« Chers frères,

» Je bénis notre divin Maître, mes chers amis, de ce qu'il a daigné faire pour vous réunir, comme vous l'êtes, dans une maison où l'on vous apprend à aimer Dieu, à sanctifier votre position, et par conséquent où l'on vous enseigne à remplir envers vos chefs et envers le pays, les glorieux devoirs qui vous sont imposés. Vous avez embrassé la carrière des armes, mes chers amis, et moi, je suis soldat d'avant-garde dans la grande milice de Jésus-Christ : je suis missionnaire. Vous avez tous des cœurs français ; vous aimez à braver la mort pour la défense de votre drapeau ; vous avez des cœurs chrétiens qui préféreroient mourir, que de commettre contre Dieu ces péchés honteux dont tant d'hommes se souillent à côté de vous. Moi aussi, j'ai le cœur français, comme vous, et je ne redoute point la mort : ou plutôt, comme vous, j'ai un cœur chrétien qui, toujours, doit être prêt à se sanctifier pour Dieu. J'ai, de plus que vous, un cœur de prêtre, un cœur de missionnaire qui souhaiteroit voir l'univers entrer avec lui dans la blessure que nos crimes ont faite au cœur sacré de Jésus…

» Que vous dirai-je du pays que j'habite ? Vraiment, vous gémiriez de voir tant de pauvres ames qui se perdent sans vouloir ouvrir les yeux au flambeau de la vérité que nous faisons luire à leurs regards. Dans nos saintes Ecritures, le prophète parle d'un signe que les sectateurs du démon reçoivent sur le front, et dont ils se glorifient. Eh bien, dans cette contrée, on voit les indigènes exécuter à la lettre cette parole de l'Apocalypse. Femmes, enfans, hommes, vieillards, tous les habitans de l'Inde ont sur le front des stygmates tracés, soit avec de la cendre faite avec de la fiente de vaches, soit avec du safran ou d'autres poudres de couleurs variées. Ces signes représentent les caractères les plus abominables de l'idolâtrie et du péché impur. C'est encore par l'impudicité qu'ils président aux cérémonies les plus extravagantes du culte du démon. C'est ainsi qu'ils prétendent honorer cette infâme divinité qu'ils adorent comme leur dieu. Aujourd'hui même, ils immolent en secret, à cause des Anglais, sur l'autel de ces dieux, des victimes humaines. Ainsi, dans les premiers temps de mon séjour à Pondichéry, on a trouvé non loin de la ville, le cadavre d'un enfant immolé aux démons. Le roi de Tan-je-Our, aujourd'hui régnant, n'ayant pas pu devenir père, bien qu'il ait élevé des centaines de pagodes (temples des idoles) en l'honneur de Satan, lui immola plusieurs femmes. Son père avoit agi de la sorte, à l'occasion de la découverte d'un trésor enfoui dans l'intérieur de son palais. On dit qu'il avoit livré, pour ces saturnales, une de ses propres femmes, qui voulut bien consentir à ce sacrifice, à condition qu'à raison de son immolation on feroit pour elle de copieuses offrandes au diable, à qui, par ce pacte, elle livroit son ame et son corps. Dans d'autres circonstances encore, quelques sorciers offrent en holocauste des femmes qu'ils prostituent, auparavant, de gré ou de force.

» Voilà l'affreuse condition où sont placés des peuples les plus doux de l'univers. C'est l'idolâtrie qui les rend ainsi, et nous n'étions pas dans un meilleur état quand le christianisme vint sanctifier et civiliser les Gaulois nos ancêtres. Voilà un des bienfaits dont nous sommes redevables à la religion de Jésus-Christ : celui d'être régénérés dans la grâce.

» Je ne vous signale qu'un point de vue sous lequel on peut envisager l'idolâtric: cela suffit pour vous mettre à même de répondre à ceux qui vous demandent à quoi sert la religion. Soyez donc fidèles à votre glorieuse vocation, mes chers amis, à cette religion sainte à laquelle vous devrez un jour votre éternel bonheur.

» Adieu, mes amis, adieu, priez pour moi. Je ne vous oublierai pas non plus devant notre Seigneur Jésus-Christ, et surtout au très-saint autel où la vertu du sacrement que nous avons reçu nous rend si puissans contre les attaques de l'ennemi de notre salut. Adieu, mes bien-aimés, adieu, cher monsieur Germain : courage, patience, persévérez : voilà ce qui nous convient à tous.

» Tout à vous, en notre Seigneur Jésus-Christ.

» *Signé* LUGUET, missionnaire apostolique. »

REVUE POLITIQUE.

Le procès sur la coalition des ouvriers charpentiers attire l'attention générale, et surtout un concours extraordinaire dans la 7e chambre du tribunal de police correctionnelle. La cause d'abord est une des plus difficiles questions du moment, puisqu'il s'agit, non-seulement de faire cesser enfin le conflit élevé entre les maîtres et les ouvriers charpentiers, mais qu'il faut encore aborder bon gré mal gré, à cette occasion déjà si fâcheuse, la grande, la délicate question *des salaires*. Les utopistes et les radicaux croient avoir tout dit quand ils ont écrit quelques chapitres d'économie sociale et industrielle avec plus ou moins de violence contre les autres classes de la société qu'ils nomment les *improducteurs*. L'ouvrier, le prolétaire sont pour eux l'idéal de la vertu, de la générosité et du dévoûment. Les riches, propriétaires ou employés, quels qu'ils puissent être au fond, ne sont que des oppresseurs, tandis que l'ouvrier est réduit par les entrepreneurs à la condition d'esclave.

Nous ne saurions souscrire à toute cette manie de philantropie, qui n'est au fond que la reproduction des diatribes de Babeuf et de ses disciples de 93. L'ouvrier et le pauvre, aux yeux de l'Evangile, sont à la vérité les amis de Dieu, les premiers frères de Jésus-Christ. Mais qui n'est pas ouvrier sur la terre? Le savant, le prêtre, l'homme d'Etat, les chefs des peuples, sont certes à l'heure présente de véritables travailleurs. Les sueurs et les fatigues intellectuelles, amènent la maladie et la mort pour ceux-là, comme les durs travaux, les intempéries des saisons, les privations ou l'exiguité du salaire, pour le manouvrier des champs et de l'atelier. C'est donc à une prévoyante et sage administration politique et sociale, qu'il appartient de chercher à rapprocher toutes les conditions, d'après les principes éminemment sociaux du christianisme. Pour le fait actuel, il importe, il est urgent que l'autorité et la justice se montrent équitablement favorables aux intérêts des maîtres et à ceux des ouvriers charpentiers.

La grande voix de l'éloquent Berryer s'est élevée encore cette fois pour prendre la défense de la société tout entière. Le grand orateur qui semblait d'abord n'avoir entrepris que d'apporter le secours de son immense talent aux ouvriers accusés de coalition, se trouve avoir noblement défendu les droits de tous. Comme à la chambre des députés, lors des interpellations sur les *associations religieuses*, aujourd'hui M. Berryer a développé énergiquement quels étoient les droits et les libertés véritables. Il faudra lire en son entier cette autre belle défense du droit d'association proprement dite. La première de ces magnifiques

apologies du droit démontroit la liberté essentielle du clergé et du prêtre; la seconde est la véritable défense du peuple. Puisse ce dernier comprendre aujour-
d'hui de quel côté sont ses amis sincères et ses infatigables consolateurs! Voici
quelques passages extraits de l'admirable et savant plaidoyer de M. Berryer :

« Je suis venu ici défendre une cause que, dans ma conscience d'honnête
homme, de citoyen bien intentionné, ami des lois et de son pays, je crois juste;
et loin de moi la pensée de défendre des hommes qui auroient commis des actes
de violence, qui auroient exercé sur leurs semblables une contrainte criminelle. S'il y a ici de ces hommes-là, je les abandonne à toute la vindicte de la justice.

» Mais il est bien établi, au contraire, qu'aucun des faits qu'on a invoqués contre les prévenus n'a le caractère de la coalition. Si des actes de violence ont été
constatés, ils sont purement individuels, et doivent être appréciés et jugés comme
tels. Ne s'en est-il pas produit de semblables du côté des entrepreneurs? M. Cuvillier ne vous a-t-il pas dit qu'on avoit, dans l'assemblée générale des maîtres,
voulu le jeter par la fenêtre, parce qu'il avoit proposé aux entrepreneurs de tran-
siger avec les ouvriers? Un autre entrepreneur n'a-t-il pas avoué qu'on l'avoit
maltraité, parce qu'il a adhéré au tarif? Eh bien! du côté des ouvriers, pût-on
constater quelques faits de ce genre, qu'on ne seroit-pas en droit d'en induire
qu'il y a eu coalition; pas plus qu'on ne seroit fondé à accuser la chambre syndicale du même délit, parce que plusieurs de ses membres ont manqué de modération. Jamais des conséquences aussi générales ne seront tirées fatalement d'incidens particuliers par un tribunal français. Jamais un tribunal français ne consignera de pareilles choses dans son jugement. (Sensation.)

» A ce sujet, nous pouvons même constater une bien étrange chose. Dans une
de ses circulaires, la chambre syndicale elle-même semble reprocher aux ouvriers de s'abstenir de toute violence, pour mieux agir, dit-elle, contre les maîtres sans tomber sous le coup des lois. Oui, voilà le reproche que la chambre
syndicale adresse aux ouvriers. N'est-il pas une justification éloquente et inattendue de l'accusation portée contre les prévenus?

» On a fait grand bruit aussi de ces ouvriers, délégués par les ouvriers pour
aller surveiller leurs confrères dans les divers chantiers, et l'on a dit qu'ils alloient
former des listes de proscription, et que plus tard ils auroient cruellement puni
ceux qui travailloient en dépit de l'interdiction... Cette accusation est une chi-
mère. Ces commissaires prenoient purement et simplement les noms des ouvriers
qui avoient de l'ouvrage, afin que le corps fût dispensé de leur remettre les secours qu'on distribuoit aux plus nécessiteux.

» On s'est vivement récrié sur l'augmentation de 10 centimes par heure réclamée par les compagnons. Et d'abord, avant d'examiner cette prétention des ouvriers, qu'il me soit permis de trouver étrange que M. l'avocat-général ait fait remarquer la tenue, la toilette des prévenus à l'audience, pour se prévaloir contre
eux de leur attitude si convenable!... Parce que ces hommes ont voulu comparoître devant votre justice dans la meilleure tenue possible, M. l'avocat du roi a
insinué que ces dehors indiquoient de l'aisance, et que par conséquent les compagnons charpentiers n'avoient pas besoin d'une augmentation de salaire. En vérité, un pareil argument est fâcheux.

» Et quant à la prétention des 10 centimes par heure, vous la trouvez injuste,
inconcevable, tyrannique!... Comment! quand tout participe autour de vous au
progrès qui, depuis dix ans, a pour ainsi dire transformé la société; quand vous
agrandissez tous les jours votre capitale; quand les rues étroites disparoissent pour

faire place à des voies luxueuses et magnifiques; quand la prospérité étend partout ses ailes; quand une force mystérieuse double les facultés de tous, la fortune de tous, le bien-être du pays; quand l'embellissement continuel des maisons produit nécessairement l'augmentation des loyers; quand l'ouvrier ne peut plus se loger à des prix minimes; quand il est obligé de prendre sa part de ce mouvement général; d'en profiter, mais aussi de le subir; de payer ses habitations, ses alimens, ses vêtemens plus cher, vous ne voulez pas qu'il trouve son salaire actuel insuffisant, et qu'il réclame... quoi?... une misérable augmentation de 10 centimes pour ses sueurs de chaque heure de travail! (Profonde sensation.)

» Et à côté de cela, vous représentez-vous toutes les misères sociales...... J'ai voté avec la chambre des députés un crédit pour l'émancipation des noirs. Mais, ne savez-vous pas que nos ouvriers blancs sont beaucoup moins heureux que les noirs dont on a réglé l'émancipation? Et, en vérité, je comprends qu'on ait parlé d'enrôler des prolétaires français pour les substituer aux noirs, puisque les assimiler à ces derniers, c'est leur donner une existence supérieure à celle qu'ils trouvent en France. (Mouvement.)

» Cinq francs par jour! Égalité de salaire pour tous! Un traité de dix ans seulement! Tout cela vous a semblé injustifiable, tyrannique, effrayant... Mais il est des professions beaucoup plus lucratives!... Les tailleurs de pierre, par exemple, gagnent jusqu'à 10 francs et même 15 francs par jour. Et quant à l'égalité des salaires, n'avez-vous pas entendu les explications si justes, si raisonnables, données à ce sujet par Vincent? Si les uns sont plus adroits, plus intelligens, les autres sont plus robustes, plus exposés; si les uns ont la science, les autres ont le danger. Ceux-ci, il est vrai, sont supérieurs, mais les travaux de choix leur sont réservés. A eux reviennent le soin de diriger le chantier, de faire des mortaises: si la pluie tombe, si le soleil brûle, ils sont à couvert. Ceux-là sont moins habiles; mais regardez-les! Ils sont obligés de monter au sommet du bâtiment, de se charger de tous les labeurs périlleux, de risquer à tout moment leur vie. L'équilibre n'est-il pas parfait? les conditions ne sont-elles pas identiques? Contesterez-vous à l'homme, toujours placé à deux pas de la mort, le droit de recevoir un salaire égal à celui que reçoit un ouvrier meilleur, il est vrai, mais dont l'existence est beaucoup moins compromise?

» Et d'ailleurs, vous vous êtes trompés en prétendant que Vincent avoit parlé, dans une de ces circulaires, des travailleurs forts et foibles indistinctement: il n'a réclamé le prix de 5 francs que pour les ouvriers valides et reconnus capables avant tout. Quant aux jeunes gens, aux vieillards, il a été convenu que le système de gré à gré leur seroit loyalement appliqué. En présence de tous ces faits on peut donc assurer, répéter que les ouvriers agissoient légitimement en se réunissant pour réclamer une augmentation de salaire. On a dit que les charpentiers étoient mobiles, capricieux, fantasques, que rien ne garantissoit aux entrepreneurs qu'après avoir consenti à un traité, les compagnons l'observeroient scrupuleusement.

» Mais le passé ne répond-il pas de leur loyauté pour l'avenir? Il est vrai, on a rappelé qu'en décembre 1840, lorsque les cendres de l'empereur revenoient à Paris, au lieu de ne réclamer, suivant les réglemens de 1833, que deux journées de paie par nuit de travail, les compagnons avoient dérogé au traité et exigé trois journées au lieu de deux!... Mais oublie-t-on que la température étoit alors excessive? elle sévissoit si cruellement alors, que plusieurs charpentiers en ont été victimes, que les chevaux eux-mêmes tomboient morts de froid, et que les gardes nationaux ne pouvoient tenir leurs fusils... Quoi! vous reprocheriez à ces ouvriers qui ont risqué leur vie en consentant à travailler par un temps semblable, d'avoir demandé une aussi minime compensation ?

» Vous vous étonnez encore que les ouvriers ne veuillent s'engager que pour dix ans ! Et dans dix ans, ajoutez-vous, ils déferont l'ancien traité et en solliciteront un nouveau. Eh bien, où est le mal ? Pourquoi pas, en effet ? Est-ce que dans dix ans d'immenses progrès ne seront pas accomplis ?

» Quand le génie de mon pays lui fait créer tant de prodiges, quand la vapeur s'apprête à sillonner la France en tous sens, quand les efforts de la mécanique se multiplient, quand l'ame de la patrie s'en va, pour ainsi dire, féconder toutes les branches du commerce, de la science et de l'industrie, en communiquant à toutes les veines sociales une circulation immense ; quand de magnifiques monumens s'élèvent de toutes parts, vous ne voudriez pas que ces braves ouvriers, sans lesquels toutes ces grandes choses dont vous jouissez ne se feroient point, recueillent à leur tour le fruit de leurs travaux, participent au progrès qu'ils ont réalisé, aient l'espoir d'être plus heureux eux aussi... vous ne voudriez pas qu'au lieu de 5 fr. ils en gagnassent 6 et même 7... (Mouvement prolongé.)

» Eh ! Messieurs, c'est la loi du progrès. Tout cela est légitime, désirable. Mais pourquoi vous êtes-vous attachés exclusivement aux honnêtes charpentiers que vous avez sous les yeux ? Il falloit nous dire ce qui se passe en dehors de cette audience. Les compagnons qui sont ici, sont... décens, c'est vrai ; mais allez donc, ô Messieurs, allez dans ces bouges affreux où tant de misérables gémissent sans pain, sans habit, sans paillasse... allez visiter le pauvre peuple dans tous ses réduits, et vous nous direz ensuite s'il est trop heureux. (Vive émotion dans l'auditoire.)

» Mon Dieu ! il n'est pas un seul d'entre nous qui n'ait eu à pratiquer la bienfaisance une fois dans sa vie : eh bien ! n'avons-nous pas tous la douloureuse conviction qu'il y a énormément à faire pour soulager les douleurs du pauvre, pour amél orer le sort des classes ouvrières... Car nous n'avons ici sous les yeux que des hommes bien portans, dans la force de l'âge ; mais ceux qui ont été victimes de leurs travaux, ceux qui sont infirmes, vieux, malades, les mères de famille sans ouvrage, les enfans déguenillés, toutes ces plaies, toutes ces larmes, tous ces désespoirs, vous les représentez-vous ? Et ne croyez-vous pas qu'il soit urgent d'adoucir tant d'infortunes, d'élever autant que possible le salaire des travailleurs, dans l'intérêt de tant de familles nécessiteuses ? (Profonde sensation.)

» Et à ce propos, rappelez-vous qu'un entrepreneur a évalué à 30,000 f. les pertes que lui a fait subir une simple interruption de deux mois dans les travaux de charpente... Quoi ! en moins de deux mois, un seul entrepreneur auroit pu réaliser 30,000 fr. de bénéfices nets, et il auroit dû ces immenses profits à ceux qui réclament 10 c. de plus par heure !... Est-ce que vous n'êtes pas frappés de ce contraste ? (Tous les yeux se tournent vers M. Saint-Salvi.) »

Me Berryer entre ensuite dans de curieux détails sur les quatre catégories qui composent l'intéressante corporation des charpentiers : 1o Les compagnons du Devoir, dit les Passans, parce qu'ils sont célibataires, et que cet état leur permet de passer facilement d'une ville dans l'autre ; 2o les compagnons de la Liberté ; 3o les hommes mariés, les Agrichons, dits les Anciens ; 4o les Renards indépendans. Or, Me Berryer constate que Vincent et Dublé, ses cliens, appartiennent à la Société du Devoir.

L'éloquent défenseur constate ensuite que les bons de pain et les permis de travail n'avoient pour objet que de faire reconnoître les ouvriers travaillant de ceux qui ne travailloient point, afin que ces derniers pussent prétendre aux secours.

Vincent, auquel étoient toujours confiées les missions de prévoyance, avoit dû être investi de celle-là ; mais elle n'avoit pas d'autre portée.

« Encore une fois, s'écrie l'honorable défenseur, je serois le premier à réclamer un châtiment sévère contre tout ouvrier qui auroit commis des violences ; mais de toutes les forces de mon ame et de ma conviction, je proteste que Vincent n'a exercé aucune contrainte et qu'il n'a rien fait qui ne fût complètement légitime.

» Résumons donc la disussion dans laquelle j'ai abusé sans doute de votre attention, mais dans laquelle j'avois à cœur de remplir mon devoir aussi consciencieusement que possible, parce que c'est une de ces occasions où je ne suis pas entraîné par une de ces passions de l'intérêt privé, mais où je me sens ému dans mon intelligence, éveillé dans mon ame par des intérêts publics. Je me suis attaché à la cause, je suis entré dans les détails d'une manière aussi complète qu'il m'a été possible.

» Maintenant, je vous demande de faire justice, de la faire bonne, de la faire exacte, de la faire scrupuleuse, en distinguant le fait principal, en ne l'incriminant pas, en face de cette société qui a ses représentans, qui a la possession des droits, en face de cette masse énorme d'intelligence actuelle que notre pays comprend. Comprenez toute la grandeur de votre mission ; ne croyez pas qu'elle consiste dans la sévérité ; car, sentez-le bien, nous sommes deux cent mille électeurs. Quel est le reste de la population ? Laissez, laissez-la remplir l'exercice légitime et pacifique du droit le plus sacré pour les hommes, le droit d'employer les moyens calmes et pacifiques de faire entendre leurs réclamations.

» Distinguez le fait principal, le fait de la résolution consentie librement et volontairement, et sans contrainte, et accepté par un corps tout entier ; ne l'incriminez pas quand vous ne punissez pas un corps constitué qui se réunit pour résister aux demandes des ouvriers ; ne punissez pas non plus les ouvriers qui se mettent d'accord pour réclamer paciquement leurs droits.

» Distinguez le fait principal ; s'il y a des faits particuliers de violence, de contrainte, punissez-les, je vous je demande au nom de tous, des ouvriers avant tout ; le châtiment que vous infligerez à ceux que vous reconnoîtrez coupables d'avoir employé de tels moyens, ce sera justice, mais distinguez la question principale, celle que vous appliquerez aux compagnons du devoir comme compagnons du devoir, des situations particulières de ceux qui se sont livrés à des menaces, à des violences.

» Respectez la liberté des droits, cette liberté sacrée, cette liberté fondamentale, respectez-la, et soyez sûrs que tous les hommes sages, que tous les hommes qui ont un intérêt à ce que la pensée de tous puisse être exprimée, vous approuveront toujours. Et en supposant que le contraire arrivât, permettez-moi pour la dernière parole de vous dire comme je le lisois ce matin dans une conversation du vénérable Sully avec le grand Henri IV ; il terminoit la conversation par ces mots : « Tous tumultes, désordres et mutinations proviennent quelquefois de légitimes causes, et plus souvent d'avoir mal que du désir d'en faire »

● » Soyez sûrs que si vous comprenez bien cette grande parole, et que si vous appliquez les principes qui en découlent, vous ferez justice en acquittant les prévenus. »

M⁰ Berryer, visiblement ému, termine ainsi sa plaidoirie.

———————

Nous avons dit souvent que les examens pour le baccalauréat ne prouvoient absolument rien. Une question ridicule ou mal posée, la timidité du candidat ou la mauvaise humeur de l'examinateur, telles sont les grandes raisons qui déterminent la réception ou le renvoi. Voici un nouveau fait à l'appui de nos réclamations. L'élève qui a remporté au concours général le prix d'honneur de philosophie et le premier prix de dissertation latine, vient d'échouer dans son examen pour le baccalauréat; et cependant il est certain que cet élève est beaucoup plus instruit et plus capable que la plupart de ceux qui ont été reçus. Son échec prouve donc contre le baccalauréat et non contre lui-même.

On annonce, du reste, que M. de Salvandy prépare sur cette matière un nouveau projet de loi.   (*Univers*.)

NOUVELLES ET FAITS DIVERS.
INTÉRIEUR.

PARIS, 25 août. — Par neuf ordonnances individuelles publiées hier dans *le Moniteur*, sont élevés à la dignité de pairs de France :

Le vicomte Bonnemains, membre de la chambre des députés, lieutenant-général;

Le baron Doguereau, membre de la chambre des députés, lieutenant-général;

Le baron Durrieu, membre de la chambre des députés, lieutenant-général;

M. Fulchiron, membre de la chambre des députés;

Le baron Girot de l'Anglade, membre de la chambre des députés;

M. Hartmann, membre de la chambre des députés;

Le comte de Montozon, membre de la chambre des députés;

M. Raguet-Lépine, membre de la chambre des députés;

Le baron Tupinier, membre de la chambre des députés, conseiller d'Etat.

— Par suite de la nomination de M. Pons, député du département de l'Aveyron, aux fonctions de juge près le tribunal de première instance de Rodez, le collége du 5e arrondissement électoral de l'Aveyron est convoqué à Espalion pour le 20 septembre prochain, à l'effet d'élire un député.

— M. le garde des sceaux, ministre de la justice et des cultes, est de retour du château d'Eu.

— Le *Courrier de Marseille* croit pouvoir annoncer que le gouvernement des Deux-Siciles vient d'abolir définitivement le droit sur les soufres. Il ajoute que l'édit d'abolition sera prochainement publié.

— Par suite d'arrangemens avec le gouverment persan, les bâtimens français seront désormais reçus, dans les ports de Perse, sur le même pied que ceux des nations les plus favorisées, et les produits de notre industrie y seront reçus au droit de cinq pour cent. Le gouvernement persan met toutefois aux introductions cette réserve, que les marchandises futiles et capables d'amollir le peuple ne pourront pas être admises.

— Un traité d'extradition réciproque des malfaiteurs vient d'être conclu entre la France et la Prusse. Les crimes principaux que cette convention a pour but d'atteindre sont: l'assassinat, le parricide, le viol, le faux, le vol, la banqueroute frauduleuse et la fabrication de la fausse monnaie. Les ratifications de ce traité seront échangées à Berlin dans quelques jours.

— Une ordonnance royale du 2 de ce mois autorise l'hospice de Vienne (Isère) à accepter le legs de 5,000 fr. fait à cet établissement par mademoiselle de Rigaud. Cette somme sera placée en rentes sur l'Etat.

— Par arrêté de M. le ministre de l'instruction publique, en date du 11 août 1845, M. Seignette, censeur des études au collége royal de Rouen, est nommé proviseur du collége royal de Saint-Etienne, en remplacement de M. l'abbé Royer.

— Un journal du matin, sur la foi d'une lettre écrite de Milianah le 9 août, a répandu les nouvelles les plus alarmantes sur un prétendu désastre qu'auroient éprouvé, à Bougie, les troupes françaises, et notamment la garnison d'Alger, transportée en hâte sur ce point.

Or, le 15 août, M. le maréchal duc d'Isly étoit à Alger, la garnison n'avoit pas bougé, toutes les lettres annonçoient la plus grande tranquillité.

Il suffit de comparer les dates pour reconnoître que ces faits sont controuvés.
(*Moniteur.*)

— Une lettre d'Alger annonce d'une manière positive que M. le maréchal Bu-:geaud devoit s'embarquer le 5 du mois prochain pour rentrer en France, en vertu d'un congé qu'il a sollicité du ministre de la guerre. (*Moniteur parisien.*)

— Nous lisons dans l'*Ackhbar*, journal d'Alger, du 14 août :

« Les inquiétudes qu'avoient inspirées les débarquemens d'Albanais envoyés depuis quelque temps par le grand-seigneur dans la régence de Tripoli commen-cent à se dissiper. En supposant que des intentions d'attaquer la régence de Tu-nis aient en effet existé, il paroît qu'elles sont maintenant abandonnées. La pré-sence de deux bateaux à vapeur français envoyés, dit-on, en observation à Tri-poli, l'annonce d'un envoi prochain de plusieurs des vaisseaux de l'escadre d'é-volution, avec mission de protéger Tunis, n'ont sans doute pas été sans influence sur les déterminations de la Porte-Ottomane. Cette puissance devroit compren-dre que la France a un intérêt trop grand à empêcher toute réaction turque sur la frontière orientale de l'Algérie, pour ne pas s'opposer énergiquement à une at-taque dans le genre de celle qui étoit, dit-on, préparée contre Tunis. »

— Une dépêche télégraphique reçue samedi à Paris annonce qu'un violent in-cendie a éclaté à Bordeaux le 22 à six heures du soir, rue Borie, aux Chartrons, chez M. Tastet. Un premier chais, plein de trois-six, a été la proie des flammes. Le feu a gagné les maisons voisines et d'autres chais qui ont aussi brûlé. Trois heures ont suffi pour accomplir ce désastre. Il auroit pu devenir plus considérable encore, si l'on n'étoit pas parvenu à préserver des chais où il y avoit trois mille pièces d'eau-de-vie ou de trois-six.

La chute d'un mur des maisons brûlées a écrasé samedi matin le com-mandant, l'adjudant-major, un lieutenant et trois pompiers. Un autre pompier et deux soldats sont blessés. Les pertes occasionnées par l'incendie sont évaluées à 5 millions.

— Voici le montant des sommes recueillies jusqu'à ce jour par les diverses souscriptions ouvertes à Rouen, en faveur des victimes de Monville :

Au *Journal de Rouen*.	11,122 fr.
Vote du conseil municipal.	10,000
A la recette générale.	9,615
A la mairie.	4,478
Au *Mémorial de Rouen*.	4,594
Quête au séminaire.	1,521
A Malaunay.	1,510
A Monville.	1,110
	43,550

En outre de cette somme, diverses listes, déposées en différens endroits, con-tinuoient de recueillir des offrandes, dont le montant n'est pas encore connu.

— On lit dans le *Journal des Débats* :

« A la première nouvelle du sinistre qui vient de frapper les communes de

Malaunay et de Monville, le roi, la reine et la famille royale ont voulu témoigner leur sollicitude pour les victimes de ce désastre, en faisant parvenir à M. le préfet de la Seine-Inférieure une somme de 15,000 fr., dont voici le détail : De la part du roi et de la reine, 8,000 fr. ; de Madame Adélaïde 2,000 fr. ; de Mme la duchesse d'Orléans et de M. le comte de Paris, 5,000 fr. »

— On écrit de Rouen, 25 août :

« Deux des blessés dans la catastrophe de Monville viennent encore de succomber après avoir subi l'amputation. Le chiffre des morts est ainsi porté à soixante-trois, et il est à craindre qu'il ne s'augmente encore. »

— M. le comte de Caffarelli, préfet maritime à Brest et conseiller d'Etat sous l'empire, pair de France, est mort le 14 de ce mois dans sa terre de Lavelanet (Haute-Garonne), âgé de 85 ans.

— Une nouvelle école navale va bientôt être construite dans la ville de Cette. M. Bousquet, riche habitant du département de l'Hérault, ayant fait don à cette ville de la somme de 900,000 fr., applicable à l'établissement d'une école de ce genre, il a été procédé tout récemment par le soin des autorités, au choix des terrains sur lesquels devront s'élever les bâtimens de l'école.

Les plans des ingénieurs, communiqués au ministère, indiquent les abords du chemin de fer et du quai faisant suite à la jetée de Frontignan, comme les plus convenables par leur situation et leur étendue pour recevoir une construction de cette nature. Le projet des travaux va être soumis aux conseils-généraux des ministères appelés à diriger la construction, et sera, immédiatement après l'approbation, renvoyé au préfet pour la mise à exécution. Cet établissement va devenir une succursale importante de l'école navale instituée à Brest sur le vaisseau le *Borda*.

— La faculté de médecine de Vienne a décidé, presque à l'unanimité, de soumettre le magnétisme à un examen, et elle désire avant tout qu'on révoque la défense qui pèse sur cette doctrine, ou du moins qu'on la limite dans ce sens qu'il soit permis aux hommes de l'art d'exercer librement et de soumettre à l'examen le magnétisme animal.

— On se rappelle qu'Affnaër a été condamné à cinq ans de prison par la cour d'assises de la Seine, pour avoir soustrait frauduleusement des valeurs étrangères au préjudice des Jésuites, dont il étoit le domestique à gages. Une disposition de l'arrêt ordonna la remise au P. Moirez, trésorier des Jésuites, de toutes les valeurs saisies indistinctement. Sur le pourvoi d'Affnaër, la cour de cassation annula cette partie de l'arrêt, attendu que les valeurs en nature, constitutives du délit et spécifiées dans l'acte d'accusation, étoient seules attribuées au P. Moirez. En conséquence, Affnaër réclama immédiatement la délivrance des autres valeurs saisies et déposées au greffe.

Le P. Moirez forma opposition à cette délivrance ; samedi, la 2e chambre du tribunal civil de la Seine a, sur les conclusions du ministère public, validé l'opposition, condamné Affnaër à 105,000 fr. de dommages-intérêts envers M. Moirez, somme égale à la valeur estimative des objets soustraits par lui, et a autorisé la vente des objets saisis et frappés d'opposition.

VOL DANS UNE ÉGLISE. — L'avant-dernière nuit, des voleurs se sont introduits, à l'aide d'escalade et d'effraction, dans l'église de Gennevilliers. Ils se sont servis d'une échelle pour atteindre à la hauteur d'une croisée dont ils ont brisé le grillage et les vitraux pour se pratiquer une issue. De là ils sont descendus sur le sommet d'un confessionnal qui se trouve placé intérieurement juste au-dessous de cette croisée, et en s'appuyant sur la corniche, ils ont pu facilement sauter à terre.

Ces audacieux malfaiteurs ont commencé par briser quatre troncs dans lesquels ils ont dû trouver quelques sommes d'argent; ils sont entrés ensuite dans la sacristie et ont fracturé l'armoire où étoient renfermés les vases sacrés et i's les ont emportés. Enfin, soit qu'ils aient été pressés de fuir dans la crainte d'être surpris, soit qu'un scrupule de conscience les ait arrêtés, ils n'ont pas profané le tabernacle qui renfermoit un saint sacrement de prix.

Ils se sont servis, pour s'éclairer dans leur opération, d'un bougeoir qui conte- noit un bout de cierge qu'ils ont allumé. Ce bougeoir a été retrouvé sur le siége du confessionnal lorsqu'ils l'ont escaladé pour sortir.

Une circonstance assez remarquable, c'est que le tronc des pauvres de M. le curé, dans lequel il n'y avoit rien, étoit aussi resté intact. On doit présumer que les voleurs savoient que leur tentative de ce côté auroit été inutile, car ils n'au- roient pas plus épargné ce tronc que les autres. Le vase en argent contenant les saintes huiles qui avoit été enlevé avec ceux renfermés dans l'armoire de la sa- cristie, a été retrouvé sur l'autel de la Vierge. Les malfaiteurs, alarmés peut-être par quelque bruit du dehors, et pressés de fuir, l'ont évidemment oublié.

En étudiant les circonstances de ce vol, on doit présumer que ceux qui l'ont commis ne sont pas étrangers à la commune, ou y viennent souvent. La justice a dirigé ses informations de ce côté, mais jusqu'à présent toutes les recherches ont été sans résultat.

EXTÉRIEUR.

ESPAGNE. — On a reçu par voie extraordinaire la nouvelle que des troubles avoient éclaté à Madrid dans la journée du 18 août. Voici les causes qui ont amené cette émeute, sur laquelle on n'a encore que des renseignemens peu complets et nécessairement atténués par la correspondance ministérielle.

Le nouveau système de contributions, uniforme pour toutes les provinces de l'Espagne, a donné lieu à des réclamations fort vives dans plusieurs localités, notamment dans la Catalogne et l'Aragon, dont les impôts se trouvent considéra- blement augmentés: la Navarre et les provinces basques ont également formulé des réclamations très-énergiques.

Ce nouveau système de contributions devoit être mis, il y a quelques jours, en exécution à Madrid; des pétitions furent adressées au ministre des finances, qui refusa de se rendre aux vœux des délégués du commerce et de l'industrie et de modifier l'impôt des patentes. Ce refus excita une vive agitation dans la classe commerçante; des groupes nombreux se sont formés dans les rues; il a fallu les dissiper à l'aide de la force publique; les boutiques ont été aussitôt fermées et des collisions déplorables ont eu lieu. Des charges de cavalerie et une décharge de mousqueterie ont dispersé la foule pour un instant. Deux personnes ont été tuées; deux officiers et un sergent ont été grièvement blessés.

Au départ du courrier qui nous apporte ces nouvelles, la garnison de Madrid étoit sous les armes, et tous les postes militaires avoient été doublés. Des renforts considérables, fournis par les garnisons de Cuenca et de Guadalaxara, étoient ar- rivés à Madrid, et des pouvoirs extraordinaires avoient été donnés au capitaine- général Mazaredo par les ministres présens dans la capitale, pour mettre au be- soin la province de Madrid en état de siége. La ville étoit assez tranquille, quoique toujours un peu agitée. Le chef politique a publié une proclamation très-éner- gique, et a ordonné, sous des peines sévères, la réouverture des boutiques.

Presque toutes les boutiques sont encore restées fermées pendant toute la journée du 19, malgré l'ordonnance du préfet de police déclarant coupables de *rébellion contre l'Etat* les marchands qui ne les ouvriroient pas. De nombreuses patrouilles parcourent les rues de la capitale dans tous les sens : de fort détachemens de troupes stationnent jour et nuit à la *Plara-Mayor*, et la *Plaruela de la Cébada*. Le mécontentement, ainsi que le trouble, est général, et il s'y ajoute les dégoûtantes révélations auxquelles donne lieu le procès instruit contre les deux soi-disant *barons* de Boulow et de Pélichy, et dans lesquelles l'immoralité des agens du gouvernement est mise au jour d'une manière incontestable. On concevra aisément que les hommes graves de tous les partis doivent être effrayés au moindre symptôme de désordre. En attendant, la cour d'Espagne continue ses voyages et ses ovations dans les provinces basques.

La reine Isabelle et sa mère sont arrivées le 16 au soir à Mondragon, où elles sont descendues chez le comte de Monterron. La reine a assisté le 17 à la grand'messe, dans laquelle officioit l'évêque de Calahorra, et ensuite est allée visiter le village de Santa-Agueda, où S. M. a commencé le 18 à prendre les eaux. En passant à Bergara, LL. MM. se sont arrêtées un instant devant le monument qui a été élevé en mémoire de la fameuse convention conclue entre Espartero et Maroto.

ANGLETERRE. — On lit dans le *Standard* :

« Cette après-midi, vers quatre heures et demie, une affreuse catastrophe a eu lieu dans une mine de charbon, près de Newcastle, par une explosion de feu grisou. Près de cent mineurs étoient à travailler. Une moitié d'entre eux, ceux qui se trouvoient près de l'entrée, parvinrent à s'échapper; mais une cinquantaine d'autres n'ont pu être retrouvés; ils sont probablement tous asphyxiés. »

— On lit dans les journaux de Londres du 20 août :

« Hier soir, un terrible accident est arrivé sur le chemin de fer de Manchester à Leeds. Le convoi des dépêches qui part de Leeds à six heures du soir, partit avec une locomotive de première force et deux voitures de première classe seulement. Il alloit très-rapidement, et arrivé à sept milles de Leeds, au dire d'un témoin oculaire, il ne faisoit pas moins de cinquante milles à l'heure. La locomotive dérailla et courut à peu près trente toises en pleine terre, puis traversa une chaussée de quarante pieds. La locomotive fut gravement endommagée, la première voiture brisée et la seconde tout abîmée. Tous les voyageurs furent horriblement blessés et contusionnés. Un voyageur, sa femme et sa fille furent conduits à l'hospice dans un état affreux. Le chauffeur a été grièvement blessé : l'ingénieur seul n'a reçu que de simples contusions. »

— Une grande démonstration orangiste, dans le genre de celle d'Enniskillen, dont nous parlions il y a quelques jours, a eu lieu à Lisburn (Irlande) sous la présidence du marquis de Downshire, qui a consenti à être le patron de ce mouvement.

— Le père Matthew continue avec zèle à propager la tempérance parmi ses compatriotes. Nous lisons dans un journal de Limerick que le dimanche 17 août le père Mathew étoit à Cork, où il recevoit le serment d'un assez grand nombre de teetotallers. Le premier baron du comté qui assistoit à la cérémonie lui a adressé des félicitations sur le succès qui a couronné sa mission.

ALLEMAGNE. — On écrit de Francfort-sur-le-Mein, le 17 août :

« Hier, S. M. la reine d'Angleterre est arrivée ici, et s'est rendue immédiatement au palais du prince Frédéric de Prusse, où un dîné lui étoit préparé.

» S. M. a passé la journée du dimanche dans ses appartemens, où M. le baron Rothschild, son banquier à Francfort, a eu l'honneur d'être reçu par elle. »

— On lit dans la *Gazette de Cologne* du 21 août :

« La reine d'Angleterre a manifesté le grand intérêt qu'elle prend à l'achève-

ment de la cathédrale de Cologne, en remettant au comité central une somme de 3,500 écus (14,000 fr.)

» A Bonn elle a fait prendre le dessin de la maison du professeur Bischof, qu'elle a honoré de sa visite, et qui a dirigé les études du prince Albert pendant qu'il suivoit les cours de l'Université. »

LEIPSICK. — Il n'est sorte de versions que le fanatisme des *rongiens* et des *amis de la lumière* ne fasse circuler dans toute la Saxe, et particulièrement à Leipsick, sur la catastrophe de la nuit du 13 août. A les en croire, une partie de la troupe se seroit glissée sur le revers des promenades opposé à la place, et au-roit fait feu sur les derrières des spectateurs. Le major de Zechau, adjudant-général de la garde communale, publioit, le 16, dans les feuilles de la capitale, la déclaration suivante : « Pour répondre à un vœu qui m'a été itérativement ex-primé, je déclare, comme témoin oculaire des faits, que S. A. R. le prince Jean n'a point donné, ni n'a même pu donner, à l'occasion des troubles survenus à Leipsick, le 12 août au soir, l'ordre de faire feu, *auquel les circonstances ont obligé*. » L'enquête ordonnée à ce sujet, prouvera, en effet, que la vie du prince s'étant trouvée en danger, il ne restoit que ce moyen de la sauver, en dis-persant une populace furieuse et l'empêchant ainsi de consommer un horrible attentat.

ITALIE. — Des lettres d'Ancône, du 9 août, parlent de l'apparition, en vue de cette ville, d'un navire armé, déclaré suspect par les gardes-côtes, faisant route du sud au nord ; l'on pense qu'il pourroit bien porter une nouvelle expédi-tion *carbonarique*, cette fois dirigée contre les États romains. Le gouvernement pontifical, qui paroît fort bien informé des projets de la *jeune Italie* et de ses plans d'opération, se tient en mesure de les faire échouer, sur quelque point de son territoire qu'une invasion puisse être tentée.

SARDAIGNE. — Aux termes de lettres patentes du roi de Sardaigne, les pères de famille qui comptent douze enfans n'obtiendront plus, à partir du 1er jan-vier 1846, l'exemption de contributions dont ils jouissent actuellement, et qui tourne à la charge des autres contribuables.

SUISSE. — L'on mande de Schaffhouse que M. François Hurter, frère du docteur Frédéric Hurter, vient de renoncer à la rédaction du journal le *Corres-pondant Suisse*. Il a vendu cette feuille ainsi que son imprimerie, ce qui fait sup-poser qu'il a l'intention de s'expatrier pour rejoindre son illustre frère. Espérons que, dans ce cas, il l'imitera également dans son honorable retour à l'église de ses pères.

PLATA. — Des nouvelles de la Plata répètent que Buénos-Ayres et Monte-video auroient accepté la médiation de la France, de l'Angleterre et du Brésil.

Le Gérant, Adrien Le Clere.

BOURSE DE PARIS DU 24 AOUT 1845.

CINQ p. 0/0. .21 fr. 80 c.	Quatre canaux 1280 fr. 00 c.
TROIS p. 0/0. 84 fr. 30 c.	Caisse hypothécaire. 610 fr. 01 c.
QUATRE p. 0/0. .00 fr. 00 c.	Emprunt belge. 5 p. 0/0. 000 fr. 0/0.
Quatre 1/2 p. 0/0. 116 fr. 00 c.	Emprunt romain. 104 fr. 2/8.
Emprunt 1841. 00 fr. 00 c.	Rentes de Naples. 101 fr. 30 c.
Oblig. de la Ville de Paris. 1410 fr. 00 c.	Emprunt d'Haïti. 000 fr. 00 c.
Act. de la Banque. 3200 fr. 00 c.	Rente d'Espagne. 5 p. 0/0. 00 fr. 0/0

PARIS. — IMPRIMERIE D'ADRIEN LE CLERE ET Cᵉ, rue Cassette, 29.

SUR QUELQUES OBSERVATIONS INSÉRÉES DANS UN JOURNAL DE PROVINCE.

Il a paru tout récemment dans l'*Espérance, Courrier de Nancy*, deux articles dont il est bon de dire quelques mots. Ces articles ont pour but de répondre aux observations que nous avons présentées dans nos N°⁵ 4094 et 4095, sur l'*Histoire universelle de l'Eglise*, par M. l'abbé Rohrbacher, et sont signés de M. l'abbé Gridel, professeur de théologie.

Il faut avouer que le début même de ces articles n'est pas de nature à donner une idée bien favorable de l'*exactitude* de leur auteur. Car il commence par nous faire dire que c'est en *cédant à des injonctions d'une certaine influence*, que nous avons ouvert nos colonnes à l'attaque, et il ajoute que nous nous sommes refusés à insérer la défense. Voilà ce qu'il dit à ses lecteurs de Nancy. Or, tous ceux qui nous ont fait l'honneur de lire nos articles, savent très-bien que nous n'avons parlé nulle part d'influence ou d'injonction, auxquelles nous ayons dû céder, mais qu'il ne s'y trouve pas même un seul mot d'où l'on puisse induire un pareil motif de notre conduite. Ils savent que nous avons inséré tout entière, dans nos N°⁵ 4094 et 4095, la partie de la lettre où M. Rohrbacher s'efforçoit de répondre aux graves observations du *Journal de Liége*. Nous n'avons voulu en rien retrancher dans notre réponse, afin qu'on ne pût nous accuser d'affoiblir ses preuves. Telle n'est pas tout-à-fait la marche de M. l'abbé Gridel. Il cite quelques passages fort courts, extraits de nos articles, et il laisse de côté les argumens qui l'auroient embarrassé : de cette manière, on se tire plus facilement d'affaire.

Au reste, ce qu'il importe de remarquer, M. l'abbé Gridel n'entend pas abandonner aucune des opinions de M. l'abbé Rohrbacher; il les adopte toutes et les défend comme siennes. Le système de la raison générale, la connoissance du vrai Dieu par les païens, le droit d'insurrection, etc., etc., toutes ces doctrines, soutenues naguère par une école célèbre, M. l'abbé Gridel les prend sous sa protection, il nous les présente comme appuyées sur les plus solides raisons, et va même jusqu'à traiter d'*absurdes* les principes contraires. Il n'aime point que nous rappelions le nom de M. de La Mennais, et il nous demande naïvement si une doctrine est donc fausse, par cela seul qu'elle a été enseignée par cet écrivain. Assurément non; et ce n'est point là ce que nous avons prétendu : mais personne n'ignore que plusieurs opinions de l'auteur de l'*Essai sur l'Indifférence* ont été réprouvées, censurées par le Saint-Siége et par l'épiscopat français; et ce sont ces mêmes opinions que nous accusons d'erreur, et que nous nous étonnons de voir reproduites et défendues avec cette ténacité par des écrivains, des professeurs de théologie, qui font sans doute profession d'être soumis à l'autorité doctrinale du Saint-Siège et des évêques.

M. l'abbé Gridel nous fait observer que le Saint-Siège, en réprouvant le système de M. de La Mennais comme *faux et fallacieux*, n'a censuré aucune proposition en particulier. « Bien, ajoute-t-il qu'il en ait été prié par quelques évêques français, qui avoient cru devoir porter un jugement doctrinal sur plusieurs qu'ils lui avoient adressées. Quel est donc le point, poursuit M. l'abbé Gridel, qu'on doit rejeter? Voilà, ce nous semble, ce qui, avant tout, devoit être nettement précisé; et c'est ce qu'on se garde bien de faire. » Cela est bien difficile, en vérité! Comme s'il n'étoit pas assez clair, qu'en réprouvant un système philosophique ou théologique, on réprouve par là même les principes qui constituent essentiellement ce système, ainsi que les conséquences et les applications évidentes et nécessaires qui ne font qu'un avec le principe! Or, quels étoient les principes constitutifs du système de M. de La Mennais? N'étoit-ce pas que la raison individuelle est radicalement incapable de certitude par elle-même, et que l'unique et infaillible source de la certitude humaine, c'est la raison universelle du genre humain qui n'a jamais erré, même au temps du polythéisme? ce qui est formellement contraire à la parole des Livres saints, et à la croyance de l'Eglise, qui nous enseigne expressément que presque tout le *genre humain étoit plongé dans les ténèbres de l'idolâtrie, c'est à-dire dans la plus monstrueuse de toutes les erreurs, lorsque l'Evangile parut sur la terre. Voilà bien certainement ce qui a été réprouvé par le Saint-Siège, comme incompatible avec l'enseignement constant de l'Eglise catholique.

Quant aux évêques de France, ils ont précisé, comme on le demande, le point de la question; ils ont signalé et noté les propositions particulières qui leur sembloient dignes de censure. Mais il paroît que M. l'abbé Gridel compte pour très-peu de chose le jugement des évêques. Remarquez ces mots : *Quelques évêques français*, qui ont cru devoir porter un jugement doctrinal, et ont sollicité du Saint-Siège une adhésion qu'ils n'ont pu obtenir. Quelques évêques! Or, il est bon de savoir que la très-grande majorité des évêques de France souscrivit à ce jugement doctrinal, à cette censure des systèmes erronés de M. de La Mennais. Voici sur ce point important le témoignage du vénérable archevêque de Toulouse, dans la préface qu'il a mise à la tête de *la censure de cinquante six propositions extraites de divers écrits de M. de La Mennais et de ses disciples*.

« Sur soixante-treize archevêques et évêques qui étoient en France, cinquante et un adhérèrent purement et simplement à la censure;

trois archevêques et trois évêques répondirent d'une manière équivalant à une adhésion pure et simple. et tous, à l'exception de deux archevêques et un évêque qui ne firent pas de réponse, et de quatre ou cinq évêques qui dirent s'en rapporter entièrement au jugement de Rome. sans énoncer leur sentiment, tous manifestèrent leur opposition aux nouvelles doctrines. »

Ainsi cinquante-sept évêques adhérèrent à la censure, et tous témoignèrent de leur éloignement pour les erreurs qui en étoient l'objet. Et c'est un tel concours de prélats que M. l'abbé Gridel, dans sa scrupuleuse exactitude, appelle dédaigneusement *quelques évêques*! M. l'archevêque de Toulouse nous dit au contraire, et avec beaucoup de raison sans doute : « Un tel accord de sentimens de la part d'un si grand » nombre d'évêques, nous montre dans cet acte la doctrine du clergé »de France. » Nous n'avons pas besoin de faire remarquer que les évêques de France obtinrent du Saint-Siége ce qu'ils désiroient et tout ce qu'ils avoient espéré, comme le fait bien voir M. l'archevêque de Toulouse (préface de la censure, p. xxv), lorsque le souverain Pontife improuva comme *nouveau et fallacieux* le trop fameux système, et condamna les plus dangereuses des erreurs censurées par les prélats français.

Mais M. Rohrbacher l'a-t-il de nouveau soutenu, ce système? a-t-il dit quelque part, nous demande M. l'abbé Gridel, que l'autorité ou le sens commun est le seul moyen de certitude? Quoi! lorsque M. l'abbé Rohrbacher dit, « que si l'on ne croit point au sens commun, c'est-à-dire non à la raison de tel ou tel individu, mais à la raison commune à l'espèce, ainsi qu'il l'explique lui-même, t. III, p. 289, on ne peut plus rien croire; qu'il n'y a plus de certitude, plus de vérité pour l'homme; qu'il ne reste plus que le doute universel et la mort de l'intelligence; lorsqu'il dit que si l'on suppose que le genre humain s'est trompé. il n'y a plus de certitude au monde, » M. l'abbé Rohrbacher ne soutient pas de la manière la plus formelle et la plus explicite le principe philosophique de M. de La Mennais censuré par le Pape et les évêques? En vérité, l'on croit rêver; et si de telles paroles ne sont pas claires, il n'y a plus moyen de s'entendre. Au reste, si le principe énoncé par M. l'abbé Rohrbacher avoit besoin d'un commentaire, on le trouveroit facilement dans les explications mêmes de M. l'abbé Gridel. auquel ce principe paroît *très-exact;* « car, ajoute-t-il, il signifie littéralement, que le rationalisme, (c'est-à-dire évidemment la doctrine contraire à la proposition de M. l'abbé Rohrbacher), aboutit enfin au scepticisme absolu; et c'est ce que soutiennent tous les philosophes catholiques. En effet, celui qui ne croit point au sens com-

mun, ne croit plus qu'à ses moyens individuels et à sa raison privée ;
il est donc *rationaliste* ; or, il est d'expérience que toutes les vérités finissent par échapper au rationaliste. » Qui ne reconnoîtroit là le langage
et les idées de l'école philosophique de Malestroit ?

Sur tous les autres points, M. l'abbé Gridel est presque toujours à
côté de la question. Ainsi, par exemple, il confond la décision d'un cas
de conscience avec un pouvoir, une juridiction suprême et réelle. Il se
fatigue à nous prouver que le souverain Pontife, comme juge de la
doctrine, comme interprète de la loi de Dieu, a nécessairement le droit
de prononcer sur toutes les questions morales, sur les obligations qui découlent d'un serment, sur les devoirs des sujets envers leur prince, etc.
Eh ! sans doute : qui a jamais contesté cela ? La faculté de théologie de
Sorbonne, un simple docteur, le moindre casuiste, a aussi ce droit,
proportion gardée. Mais qui a jamais pensé qu'une décision de la Sorbonne en cette matière pût anéantir les droits du plus petit prince qui
soit en Europe ? Il est clair qu'il ne s'agit plus, dans cette hypothèse,
que d'une décision doctrinale purement directive, en un mot, de la solution d'un cas de conscience.

Aussi telle n'est pas la question quand on parle de la subordination
des princes au pouvoir des clefs. La question est alors de savoir si l'E-
glise ou les souverains pontifes qui la gouvernent ont reçu de Dieu, de
l'auteur même de la religion chrétienne, le pouvoir de déposséder les
princes de leurs droits temporels, des droits qu'ils tiennent de la nature
ou de la société, et par conséquent aussi de celui-là même qui est l'auteur de la nature, et qui préside à la société. L'auteur de l'*Histoire
universelle de l'Eglise catholique* prétend qu'ils ont reçu ce pouvoir. Eh
bien ! nous croyons, nous, que cette opinion, que M. Frayssinous disoit
surannée même au-delà des monts, et qui ne repose sur aucun fondement solide, nous croyons que la reproduire et l'enseigner aujourd'hui,
c'est nuire aux intérêts bien entendus de la religion, et compromettre
l'Eglise vis-à-vis des puissances temporelles. M. l'abbé Rohrbacher a
conclu de cette doctrine le droit de révolte et d'insurrection, et
M. l'abbé Gridel le soutient après lui.

La preuve, s'il vous plaît, d'une pareille accusation, nous demande
l'auteur des articles de Nancy ? Eh ! Monsieur l'abbé, vous n'avez donc
pas lu les deux propositions suivantes, que nous avons citées *in extenso*
dans notre N° 4095, et qui, selon M. l'abbé Rohrbacher, résument tout le
mystère de sa politique ?

« 1° Tout gouvernement anti-catholique qui combat l'autorité de l'Eglise ca
tholique, *est au fond une absurdité et une tyrannie. Une absurdité*, en ce qu'a-
près avoir posé en principe qu'on n'est obligé de respecter aucune autorité, puisqu'on ne l'est pas de respecter la plus grande, il prétend néanmoins qu'on est

obligé de respecter la sienne ; *une tyrannie*, en ce qu'il contraint les hommes par la force à se soumettre à une absurdité pareille.

» **2°** Tout souverain anti-catholique, ou qui repousse opiniâtrément l'autorité de l'Eglise catholique, *se dépose lui-même de la souveraineté, absout lui-même ses sujets de tout devoir envers lui, se met lui-même hors la loi.* En effet, quiconque méprise l'autorité la plus grande, *donne à chacun le droit de mépriser la sienne, et mérite qu'on* USE DE CE DROIT; l'absurdité par laquelle il voudroit échapper à cette conséquence, n'est un devoir pour personne, etc., etc (1). »

Faut-il un commentaire à un pareil texte ? et n'est-il pas assez manifeste qu'une semblable doctrine renverse tout dans la société, puisqu'on est en droit d'en conclure, que dans quelque ordre de subordination qu'on se trouve placé, il suffit qu'un supérieur n'obéisse pas comme il le doit à une autorité supérieure, pour qu'on soit affranchi de tout devoir envers lui, lors même qu'il ne prescriroit que des choses justes et raisonnables?

M. l'abbé Gridel, à l'appui de sa doctrine tant soit peu révolutionnaire, nous cite *de mémoire*, dit-il, un passage de Suarès qu'il appelle un axiôme et qui ne prouve absolument rien. Il nous en allègue un autre de saint Thomas, qui prouveroit quelque chose, s'il étoit bien réellement du saint docteur. M. l'abbé Gridel nous renvoie à la Somme de saint Thomas, 2. 2. q. 62. a. 2. ad 3. Qui ne se croiroit sûr de trouver avec une pareille indication? Eh bien ! cependant, le passage cité par M. l'abbé Gridel n'existe point à l'endroit désigné. A la question 62. 2. 2, le saint docteur traite *de la restitution*, et, ni avant ni après, il ne s'agit *du régime tyrannique* dont parle M. l'abbé Gridel dans son texte. Voilà jusqu'où il pousse l'exactitude en matière de citation, lui qui nous reproche de manquer en ce point, sans en apporter aucune preuve. Nous savons bien qu'il existe dans les opuscules de saint Thomas un traité sur cette matière où l'auteur paroît soutenir en effet une doctrine favorable au droit d'insurrection; mais l'authenticité de cet opuscule est très-contestée, et il est bien plus probable qu'il n'est point de saint Thomas. On ne peut donc nous opposer l'autorité de ce saint docteur.

M. l'abbé Gridel nous dit que la doctrine qui consacre le droit d'insurrection, qui autorise les sujets à se soulever contre leur prince et à les renverser, *n'a jamais été censurée.* « Elle a pour elle, ajoute-t-il, l'autorité de la science et la force du raisonnement; on est donc libre de l'adopter. » C'est-là, il faut en convenir, une étrange assertion de la part d'un professeur de théologie. Faut-il donc rappeler à M. l'abbé Gridel la mémorable Encyclique adressée par notre Saint-Père le Pape Grégoire XVI à toute l'Eglise catholique, le 15 août 1832, et qui commence par ces mots: *Mirari vos arbitramur?* Après avoir cité ces paroles de l'Apôtre : *Il n'y a*

(1) T. II, p. 476 et 477.

point de puissance qui ne vienne de Dieu; ainsi, celui qui resiste à la puissance,
resiste à l'ordre de Dieu, et ceux qui resistent attirent sur eux la condamnation; le Saint-Père ajoute :

« Ainsi, les lois divines et humaines s'élèvent contre ceux qui s'efforcent d'é-
branler, par des traditions honteuses de révolte et de sédition, la fidélité aux
princes, et de les précipiter de leur trône. C'est pour ne pas se souiller d'une si
grande tache, que les premiers chrétiens, au milieu de la fureur des persécutions,
surent cependant servir fidèlement les empereurs, et contribuer de leurs efforts
au salut de l'empire, comme l'atteste l'histoire. Ils prouvèrent admirablement leur
fidélité, non-seulement par leur empressement à exécuter avec exactitude ce qui
leur étoit ordonné et n'étoit pas contraire à la loi de Dieu, mais encore par leur
courage et en répandant leur sang dans les combats. »

Le Saint-Père rappelle l'exemple de la légion thébaine, et les célèbres paroles de Tertullien, dans son apologétique, sur le nombre, le
courage intrépide et la patience à toute épreuve des disciples de l'Evangile; puis il continue en ces termes :

« Ces beaux exemples de soumission inviolable aux princes, qui étoient une
suite nécessaire des saints préceptes de la religion chrétienne, condamnent la
détestable insolence et la méchanceté de ceux qui, tout enflammés de l'ardeur
immodérée d'une liberté audacieuse, s'appliquent de toutes leurs forces à ébranler et renverser tous les droits des puissances, tandis qu'au fond ils n'apportent
aux peuples que la servitude sous le masque de la liberté. C'est là que tendoient
les coupables rêveries et les desseins des Vaudois, des Beguards, des Wicleffistes
et des autres enfans de Bélial, qui furent l'opprobre du genre humain, et qui ont
été si souvent et si justement frappés d'anathème par le Siége apostolique. Les
fourbes qui travaillent pour la même fin, n'aspirent aussi qu'à pouvoir se féliciter
avec Luther d'être libres de toute espèce de frein, et, pour y parvenir plus facilement et plus vite, ils tentent audacieusement les entreprises les plus criminelles. »

Le Saint-Père pouvoit-il employer des expressions plus énergiques
pour flétrir ces doctrines de révolte et d'anarchie? Et M. l'abbé Gridel,
qui nous fait observer qu'un bon catholique ne se contente pas de
croire et d'enseigner ce que croit et enseigne le Saint-Siége, sous peine
d'être retranché de la société des fidèles, mais encore ce qu'il conseille
et engage de (sic) croire et d'enseigner, ne devroit-il pas commencer
par s'appliquer à lui-même cette recommandation, et se montrer au
moins soumis aux enseignemens formels du Saint-Siége et de toute
l'Eglise? Mais, quand on veut ressusciter et reproduire, comme le font
MM. Gridel et Rohrbacher, des doctrines proscrites, il est tout naturel
que l'on ne témoigne pas un bien grand respect pour les autorités qui
les ont frappées d'anathème. Dans son Encyclique du 25 juin 1834,
Singulari nos afficerant, portant condamnation des *Paroles d'un Croyant*,
le souverain Pontife dit que c'est par une *fiction nouvelle et inique* que
l'auteur de cette détestable production présente la puissance des princes
comme contraire à la loi divine, et que c'est par une *calomnie mons-*

trueuse qu'il prétend faire voir en elle l'œuvre du péché et l'invention de Satan. Toute la différence entre M. de La Mennais et M. l'abbé Rohrbacher, c'est que l'auteur des *Paroles d'un Croyant* ne prétend pas appuyer ses téméraires assertions sur la doctrine des Pères. Nous croyons en avoir dit assez pour répondre au premier article de M. l'abbé Gridel. Nous pourrons jeter encore un coup-d'œil sur le second.

REVUE ET NOUVELLES ECCLÉSIASTIQUES.

PARIS.

Ce n'est pas seulement en France que les honnêtes gens se sont indignés des scandaleuses inventions, des accusations calomnieuses autant qu'impies du monstrueux roman de M. Eugène Sue, dans le *Constitutionnel*. Les journaux de Belgique, ceux là mêmes qui s'étoient d'abord associés à ces abominables récits en les répétant, paroissent aujourd'hui atteints en quelque chose par la pudeur publique qui s'en étoit vivement alarmée. C'est le *Journal de Bruxelles* qui nous révèle l'espèce de satisfaction que reçoit en cette circonstance la morale publique et religieuse si longuement outragée.

« La publication du *Juif Errant*, dit-il, touche à sa fin. Embarrassé de ses héros, l'auteur les a fait mourir brusquement par le meurtre ou le suicide; en terminant une œuvre qui n'est qu'un long tissu d'obscénités et d'impiétés, il a su trouver le moyen de se surpasser lui-même. Les ignobles spéculateurs qui ont exploité le scandaleux succès de M. Eugène Sue sont satisfaits. Ils voudroient maintenant cumuler les honneurs de la vertu avec les profits du vice.

» L'un des journaux qui ont reproduit en feuilleton le roman du *Constitutionnel*, fait aujourd'hui sa profession de foi. Elle mérite d'être entendue. Voici ce qu'on lit dans l'*Indépendance* :

« Nous avons saisi, avec empressement, l'occasion qui nous étoit offerte il y a
» quelques mois, de protester que nous n'entendions point accepter la solidarité
» de toutes les idées de l'écrivain français. Depuis lors, nous avons plus d'une fois
» montré que nous persistions dans notre protestation; aussi ne pouvons-nous
» qu'adhérer sans réserve aux observations de la *Tribune*. Nous déclarons, en
» outre, que notre intention bien formelle est de nous abstenir désormais avec le
» plus grand soin de reproduire des romans de ce genre. »

« Une chose restera trop bien constatée, ajoute ici le *Journal de Bruxelles* : c'est qu'une œuvre monstrueuse sous tous les rapports, dans laquelle le bon goût, la morale, la religion, l'ordre social, ont été indignement outragés, a été propagée chez nous, par presque tous les organes de la presse libérale. Leur motif a été la cupidité d'abord, puis le prosélytisme politique. Quand on défend sa cause par de pareils moyens, la cause et les hommes sont jugés. »

Toutefois, et on aura peine à le croire, ce qui dépasse encore tout l'odieux d'une pareille invention et le scandale de tels récits, ce sont les excuses, les apologies même que prétend se donner l'auteur du *Juif-*

Errant dans le dernier chapitre de son œuvre. Jamais on ne vit rien de plus audacieusement accusateur contre les victimes de sa propre injustice. L'honnête homme, l'écrivain moral et religieux. c'est M. Eug. Sue; il le déclare lui-même; les apologistes du VOL, de L'ADULTÈRE, du VICE, du MEURTRE, ce sont les JÉSUITES !.... Il falloit donc venger contre eux la morale et la religion dans le *Constitutionnel*. Qu'on nous dise s'il y eut jamais un renversement d'idées pareil, une perversion du sens, mieux prédite par la sainte écriture ! Mais il faut lire cet endroit de la conclusion du roman monstrueux, pour croire à cette misérable parodie de Rousseau, disant après l'énumération des turpitudes de ses *confessions*: *Nul n'est meilleur que moi*. Ecoutez M. Eug. Sue :

CONCLUSION.

« Notre tâche est accomplie, notre œuvre achevée.

»Nous savons combien cette œuvre est incomplète, imparfaite; nous savons tout ce qui lui manque, et sous le rapport du style, et de la conception, et de la fable.

»Mais nous croyons avoir le droit de dire cette œuvre : HONNÈTE, CONSCIENCIEUSE ET SINCÈRE...

»Quelques mots encore sur des attaques d'un autre genre, mais plus graves.

»Ceux-ci nous ont accusé d'avoir fait un appel aux passions, en signalant à l'animadversion publique tous les membres de la Compagnie de Jésus.

»Voici notre réponse :

»Il est maintenant hors de doute, il est incontestable, il est démontré par les textes soumis aux épreuves les plus contradictoires, depuis Pascal jusqu'à nos jours; il est démontré, disons-nous, par ces textes. que les œuvres théologiques des membres les plus accrédités de la Compagnie de Jésus, contiennent l'excuse ou la justification :

»DU VOL. — DE L'ADULTÈRE. — DU VIOL. — DU MEURTRE.

»Il est également prouvé que des œuvres immondes, révoltantes, signées par les RR. PP. de la Compagnie de Jésus, ont été plus d'une fois mises entre les mains de jeunes séminaristes.

»Ce dernier fait établi, démontré par le scrupuleux examen des textes, ayant été d'ailleurs solennellement consacré naguère encore, grâce au discours rempli d'élévation, de haute raison, de grave et généreuse éloquence, prononcé par M. l'avocat-général Dupaty lors du procès du savant et honorable M. Busch, de Strasbourg. Comment avons-nous procédé ?

»Nous avons supposé des membres de la Compagnie de Jésus, inspirés par les détestables principes de *leurs théologiens classiques*, et agissant selon l'esprit et la lettre de ces abominables livres, leur catéchisme, leur rudiment; nous avons enfin mis en action, en mouvement, en relief, en chair et en os ces détestables doctrines. rien de plus, — rien de moins.

L.

« Avons-nous prétendu que tous les membres de la Société de Jésus avoient le noir talent, l'audace ou la scélératesse d'employer ces armes dangereuses, que contient le ténébreux arsenal de leur ordre ? Pas le moins du monde. Ce que nous avons attaqué, c'est l'abominable esprit des *constitutions* de la Compagnie de Jésus, ce sont les livres de leurs théologiens classiques. »

Nous vous dirons, nous, ce qu'on vous a d'ailleurs prouvé mille fois, que ce qui reste *démontré depuis Pascal jusqu'à nos jours*, c'est que les textes accusateurs ont été faussés, tronqués ou supposés. Châteaubriand n'a-t-il pas nommé l'auteur des *Provinciales* : LE SUBLIME FAUSSAIRE !

Non, jamais, nous pouvons vous l'assurer, nous, qui sortons des séminaires, nous n'avons eu entre les mains, dans ces asiles sacrés, *d'œuvres immondes signées des RR. PP. de la Compagnie de Jésus*. Les livres de cette Compagnie, qui nous y étoient familiers, sont ceux des Rodriguez, des François-Xavier, des Jouvency, des Nepveu, des Nouet, et tant d'autres qui n'enseignent que les plus pures et les plus sublimes vertus sacerdotales. Nos mains de *jeunes séminaristes* ne touchèrent jamais d'ouvrages aussi immoraux que le sont vos *Mystères de Paris*, et votre *Juif-Errant*.

Non, le discours de M. l'avocat-général Dupaty, dans le procès Busch, n'a point établi que le théologien Müller fût Jésuite, et que le *Compendium* fût notre manuel. Si donc il y a ici quelque part un *noir talent*, de l'*audace* ou de la *scélératesse*, un *ténébreux arsenal d'armes dangereuses*, nous vous le demandons, est-ce dans les livres que nous vous avons indiqués ? Ces hommes, ces prêtres saints et modestes, dont vous vous vantez d'avoir *dissous la congrégation* à cette heure ; ces maîtres savans et pieux, auxquels les familles les plus chrétiennes seroient si heureuses de confier leurs chers enfans, ces prêtres vénérables auxquels les hommes les plus intègres, les plus honorables et les plus chrétiens de la société viennent découvrir chaque jour les secrets de leur ame; ces apôtres auxquels l'épiscopat et le clergé, dans les retraites ecclésiastiques, vont si souvent demander des encouragemens, des exemples de perfection ecclésiastique, de tels hommes, dites-vous, sont des apologistes des crimes les plus abominables!... Un tel blasphème, car c'en est un énorme, ne pouvoit sortir que de la même plume qui a insulté l'*Imitation de Jésus-Christ*, et qui a bien osé écrire dans son roman qu'on *trouveroit plus de dévoûment et de générosité dans quarante de ces malheureuses filles* sans nom honnête *prises au hasard, que dans tous les prêtres ou les Sœurs de Charité.....*

Hélas! quand on en est venu à cet excès de délire, a-t-on quelque droit de se déclarer écrivain *honnête, consciencieux et sincère?* Non, il n'y aura plus ni Eglise, ni morale, ni probité, ni honneur, lorsque ces choses saintes et sublimes n'auront pour défenseurs que les œuvres de l'auteur du *Juif-Errant*.

ᶠ Dans son numéro du 24 août, le *Courrier des Campagnes*, aux ordres
de M. Clavel, comme on sait, renfermoit un article de personnalités
contre le directeur de l'*Ami de la Religion*. Selon nos habitudes, nous
nous serions bien gardés de répondre à ce genre de polémique continuée du *Bien Social*. Mais nous avons reçu, avec prière d'insertion, la
lettre suivante que nous publions sans commentaire :

« Monsieur le rédacteur,

» Je trouve dans le *Courrier des Campagnes* un article injurieux pour moi. Le
Rédacteur m'impute assez visiblement d'avoir écrit une Notice remplie d'impostures complaisantes sur M. de Veyssière et capté ainsi les subites faveurs de
l'*Ami de la Religion*.

» Comment j'ai pu mériter une accusation pareille, je le demande. L'*Ami de la
Religion*, qui n'approuve pas mes biographies ecclésiastiques, vient d'approuver
mon dernier ouvrage, c'est-à-dire la réfutation des infâmes calomnies répandues
par M. Michelet contre l'Eglise et le clergé. Cette conduite me paroit légitime et
toute naturelle ; le Rédacteur du *Courrier des Campagnes* n'y voit que le résultat
d'un marché honteux : le public jugera.

» Quoi qu'il en soit, un homme ne devient pas vénal du jour au lendemain ; la
transaction dont il s'agit n'est pas si évidente en elle-même qu'il n'y ait lieu
d'examiner, pour l'établir, les antécédens et les conséquens. Qu'ai-je fait ? montrez mes concessions ? mes lâches condescendances ? pourquoi n'en rien dire ? Ai-je
adressé d'humbles requêtes à M. l'Archevêque de Paris pour obtenir une place
quelconque dans son diocèse et le payer en retour d'un silence ignominieux ? Ai-
je visité un évêque de province. lui promettant de renier mes écrits et de déposer
entre ses mains des correspondances fatales pour quinze cents prêtres. s'il dai-
gnoit m'accorder un canonicat vacant ? Ai-je fait hypocritement et dans le même
but la plus avilissante grimace de soumission, et déjoué sous quelque dénomination clandestine une condamnation que j'adorois à la face du soleil ? Encore une
fois, qu'ai-je fait ? pourquoi n'en rien dire ? Le Rédacteur s'est abstenu, il avoit
ses raisons.

» J'ai fait mes preuves d'indépendance ; peut-être les ai-je un peu trop faites.
Dans cette tâche épineuse de biographe, une grande réserve m'étoit imposée,
j'apercevois aussi des nécessités pénibles. Il falloit ménager les personnes sans
blesser la vérité, ou ce que j'estimois comme tel ; soit maladresse, soit autre
chose, la crainte de faillir à l'exactitude, fit que je sacrifiai quelquefois les personnes. Si la charité en a plus souffert que la religion n'en a tiré de profit, c'est
une question désormais résolue. Le malheur veut qu'une démarche récente ait
pour long-temps décrédité les rétractations : mon cœur sentoit le besoin de s'é-
pancher ; Dieu seul a vu mes regrets.

» Or, les personnes que j'ai blessées, sans aucun intérêt probable, pouvoient me
donner *en retour* plus que des éloges restreints. C'étoient des membres éminens
du clergé. Ma position particulière appeloit naturellement leur sollicitude. Plusieurs d'entr'eux me convioient au sacerdoce ; disposé que j'étois à suivre prochainement leurs paternelles inspirations, ces acretés de polémique devoient, en
m'aliénant quelques esprits, éloigner l'heure du retour ; et, une fois prêtre, quel
avenir je m'étois préparé !

» Voilà le *spirituel* écrivain qui, selon la feuille de M. Clavel, a troqué son honneur contre une parole bienveillante de l'*Ami de la Religion*. Voilà sur quelles raisons et sur quels précédens le Rédacteur affirme que j'ai menti pour faire mentir

autrui à mon avantage et innocenter le prélat qu'il appelle délicatement un *Rodin*.

»Du reste, ces folles allégations ne laissent pas de rougir d'elles-mêmes. Elles s'enveloppent soigneusement sous le voile d'une restriction fort prudente. Comme on dit que le Solitaire est un *spirituel écrivain*, on dit qu'on ne dit pas ce qu'on dit sur M. de Veyssière. Vieille rhétorique de bas lieux et qui n'abuseroit plus aujourd'hui des controversistes du Marché des Innocens.

» En ce qui touche M. de Veyssière, je maintiens ce que j'ai écrit. A mes yeux, comme aux yeux du souverain Pontife, qui l'a honoré d'une haute distinction, et de tout l'épiscopat français, qui l'environne d'une estime toute spéciale, M. de Veyssière, si directeur qu'il soit de l'*Ami de la Religion*, reste un excellent prêtre, un homme d'esprit et d'exquise société, employant au profit des pauvres et des bonnes œuvres une fortune noblement acquise, tel enfin que je l'ai dépeint dans la notice dont il s'agit.

» Le *Courrier des Campagnes*, puisqu'il l'a promis formellement, alléguera peut-être des faits à sa charge. Alors je répondrai en publiant la biographie de M. Clavel. M. Clavel aura donc sa biographie; j'y consentirai enfin.

» J'ai l'honneur, etc.

» Le Solitaire.

» 23 août 1843. »

————— ◆ —————

La plupart des journaux ont répété la nouvelle suivante :

« On lit dans le dernier numéro du journal de M. le marquis de Regnon : Suspension du journal la *Liberté comme en Belgique*. L'état de santé du directeur-fondateur de ce journal l'oblige à suspendre la continuation de cette feuille pour un temps qui ne peut être qu'indéterminé. »

————— ◆ —————

Deux ordonnances du roi autorisent :

1° La fondation à Férolles (Loiret) d'un établissement de Sœurs de la Providence et l'acceptation de deux donations;

2° La fondation à Montélimart (Drôme) d'un établissement de Sœurs de Sainte-Marthe.

————— ◆ —————

On écrit de Rodez :

« Il n'y a pas encore un an que le royal élève de l'évêque d'Hermopolis faisoit ériger, à Saint-Géniez, un monument dont l'inauguration attira l'attention publique et causa une vive émotion. L'honorable héritier du nom de Frayssinous a voulu, à son tour, ériger un monument qui consacrât, au lieu même qu'il habite, la mémoire du saint évêque.

» C'est à Saint-Côme qu'au retour de l'exil il arrêta ses premiers pas pour y planter sa tente, comme au lieu de sa prédilection; c'est vers cette retraite qu'il soupiroit, lorsque chargé d'honneurs et assis au conseil des rois, il sentoit le besoin du repos. Son cœur devoit reposer dans cette vallée qu'il avoit tant aimée, dans cette modeste église où s'allumèrent les premières inspirations de son zèle.

» Aussi comme la population de Saint-Côme se pressoit respectueuse et empressée dans l'enceinte trop étroite de son église ! C'étoit un spectacle touchant de voir la vénération de cette foule; les travaux les plus pressans de la récolte étoient suspendus, les abords du cortége soigneusement tenus, comme aux jours des grandes solennités chrétiennes ; et tous, en habits de fête, avoient voulu donner un de ces témoignages dictés par le cœur, mille fois plus touchans que ceux d'une pompe officielle. Il étoit facile de reconnoître ici les sentimens de la véritable mère-patrie.

» Rien n'a donc manqué à l'éclat de cette cérémonie. M. l'évêque, escorté d'un nombreux clergé, s'étoit rendu sur les lieux pour y pontifier solennellement ; un prédicateur qui avoit laissé dans la contrée de précieux souvenirs, M. l'abbé Bouix, est venu relever de l'éclat de sa parole les honneurs rendus au cœur de l'évêque : il a retracé les grands traits de cette vie si pleine, si calme, si douce, où l'on ne trouve de place que pour le bien. Il nous parle encore, quoique mort, a-t-il dit : *defunctus, adhuc loquitur.*

» Les pompes de nos cathédrales sembloient transportées dans le modeste sanctuaire de Saint-Côme. Un corps très-nombreux de musique, accouru de Rodez, sous la direction de MM. l'abbé Maymard et Valentini, a exécuté une messe des morts. La garde nationale s'est montrée partout avec un zèle bien naturel dans une solennité qui étoit pour elle comme une solennité de famille.

» Le cœur de l'illustre prélat, renfermé dans une châsse d'argent, a été scellé dans le mur. Un riche monument en marbre blanc d'Italie a été juxtà-posé : ce monument figure une pyramide placée sur un riche socle ; la face de la pyramide présente en relief la tête du saint évêque, dont les traits ont été heureusement reproduits par M. Broustet. Cet artiste a fait preuve de talent dans ce travail, qui avoit figuré avantageusement à l'exposition de Toulouse.

» L'inscription est ainsi conçue :

HEIC CONDITUM EST
COR DIONYSI ANTONI LUCÆ FRAYSSINOUS,
PONTIFICIS HERMOLIPOTANI,
VIRI CLARISSIMI
ELOQUENTIA ET SCRIPTIS
DE RELIGIONE, DE PATRIA, DE LITTERIS OPTIMÈ MERITI
SUMMIS HONORIBUS, MUNERIBUS RECTÈ FACTIS
NOMEN SIBI ET SUIS VICTURUM ADEPTI
PIETATE, MODESTIA, LIBERALITATE, MANSUETUDINE,
ACCEPTI OMNIBUS, ET IN ULTIMUM DIEM VENERABILIS,
QUI VIXIT ANNOS LXXVI M. VII D. III
DIUTURNIS LABORIBUS ET VITA
DEFUNCTUS PRIDIÈ IDUS DECEMBRIS A. M DCCCXLI.

» Heureuses les familles qui trouvent dans leur sein de si belles traditions ! »

On écrit de Brie-Comte-Robert, diocèse de Meaux, le 25 août :

« La commune de Grégy, canton de Brie-Comte-Robert, vient d'être témoin d'un spectacle consolant pour la piété. Le dimanche, 17 août, M. l'évêque y a fait, au milieu d'un nombreux concours de fidèles, la bénédiction d'une nouvelle église. Cette église, bâtie dans le style gothique et décorée avec autant de goût que de magnificence, est due à la générosité de M. le comte de Quinsonnas, qui en a fait don à la paroisse. Un discours plein d'onction et d'à-propos a relevé la pompe de cette cérémonie, qui a été des plus édifiantes. Ce fut un jour de fête pour les habitans, privés depuis plus de 40 ans de tout lieu pour l'exercice du culte, et un jour de bonheur pour le pieux fondateur, dont la longue vie a été une suite de bienfaits. Lorsque nous voyons tant d'édifices sacrés livrés depuis long-temps à des usages profanes, nous sommes heureux de constater que l'esprit de foi auquel nous sommes redevables de nos belles et anciennes églises, n'est pas entièrement éteint, et qu'il s'est conservé dans quelques-unes de ces nobles familles restées fidèles aux principes de la religion aussi bien qu'à ceux de l'honneur. »

A Marseille, deux Sœurs de Saint-Vincent-de-Paul se sont embarquées pour Naples.

Une autre religieuse du même ordre est arrivée à Marseille, où elle dirigera l'Œuvre de la Crèche, destinée à recevoir, pendant l'absence de leurs mères, les enfans trop jeunes pour être admis aux salles d'asile. L'institution de l'Ouvroir, fondée en même temps que celle de la Crèche, est aussi en plein exercice.

Une des Sœurs de Saint-Vincent-de-Paul qui sont attachées à notre bureau de bienfaisance est morte le vendredi 15, jour de l'Assomption. Son corps a été exposé le lendemain dans la chapelle de la Miséricorde, qui, pendant toute la journée, n'a pas désempli de fidèles empressés de voir encore une fois cette sainte fille. Les obsèques ont eu lieu dimanche. Un vicaire de chaque paroisse y assistoit par ordre de MM. les curés. Tous ont accompagné le convoi jusqu'au cimetière. Le corps étoit porté par MM. les Pénitens blancs, et entouré des compagnes de la défunte. MM. les administrateurs du bureau de bienfaisance, les commissaires aux secours et les employés suivoient le cercueil. La population a vu avec plaisir ce pieux hommage, qui répondoit si éloquemment aux détracteurs des filles de Saint-Vincent-de-Paul, à ceux qui les ont trop long-temps attaquées à petit bruit par des accusations secrètes, ou calomniées à la face du jour dans des pamphlets anonymes. Le temps et la vérité en ont eu raison, et le pauvre, qu'on avoit voulu ameuter contre ses bienfaitrices, ne sait plus que les bénir vivantes et les suivre en pleurant après leur mort.

(*Gazette de Midi.*)

ANGLETERRE. — L'Angleterre continue à s'enrichir de sectes nouvelles. Un ministre anglican, suivi de quatre autres ministres de la même église, parcourt les villes du Glomorganshire, prêchant le retour du Messie sous peu de semaines. Les cinq visionnaires viennent d'être suspendus du ministère, sans égard pour les textes bibliques qu'ils citent à l'appui de leur doctrine, ni pour leur droit de les interpréter à leur guise. Heureusement pour eux, trois d'entre eux ont trouvé trois sœurs fort riches, qui en embrassant leur théorie leur ont fait don de leur main et de leur fortune.

GRÈCE. — L'évêque catholique de Santorin avoit adressé aux fidèles de cette île une lettre pastorale, dans laquelle il les avertissoit que, d'après la décision du souverain Pontife, ils ne pouvoient prêter le serment ordonné par les lois qu'avec cette réserve : *sauf les droits de la religion catholique.*

Ces mots ont excité une vive fermentation dans le sénat, et son vice-président, M. Tricoupi, s'est élevé contre la prétention de la religion catholique d'avoir des droits et de les réserver. M. Coletti a calmé la tempête en déclarant que les droits de l'État seroient protégés, et qu'à la fin de la session des chambres une mission seroit envoyée à Rome pour négocier un concordat.

Cette mesure est en effet la seule qui puisse maintenir l'ordre entre les citoyens des deux religions, en présence d'une loi toute favorable au culte schismatique, et avec un clergé qui, tant de fois, même sous le gouvernement des Turcs, a donné des preuves de son intolérance. Il faut absolument que la charte grecque soit interprétée, et qu'un traité solennel mette les catholiques en dehors du pouvoir attribué au synode.

———————

SUÈDE. — Le peintre Nilsson s'est soumis, sans résistance et sans plainte, à l'arrêt qui le bannit de sa patrie, en quittant Stockholm et la Suède, pour se rendre en Danemarck. Le baron de Rosen, président du tribunal suprême, qui, après des débats de deux jours, l'a condamné, a porté immédiatement sa démission au ministre de la justice.

———————

ÉTATS-UNIS. — L'assemblée générale des pasteurs presbytériens de l'État de Cincinnati vient de décider, à la majorité de 169 voix contre 6, que le baptême conféré par les catholiques-romains n'a ni valeur ni efficacité. Jusqu'ici le protestantisme avoit bien trouvé quelque chose à reprendre dans les cérémonies prescrites dans l'Église catholique, pour le baptême, mais il n'avoit pu rien y découvrir de défectueux sous le rapport de la matière ni de la forme. Le décret de Cincinnati ne peut donc être considéré que comme un acte de représailles envers l'Église catholique qui, il faut bien le remarquer, ne réitère pas le baptême des protestans, mais qui, ayant de graves motifs d'y soupçonner des irrégularités radicales, le confère *sous condition*, ce qui prouve évidemment qu'elle ne fait que *craindre la nullité* du baptême précédemment reçu.

———————

VARIÉTÉS.

À raison du sujet, et en faveur du personnage principal, on nous pardonnera de déroger à la gravité de nos habitudes, par la reproduction de cette *scène* vraiment *domestique* : comme chez les anciens, le comique y recèle une bien sérieuse moralité.

LE CONSTITUTIONNEL ET SA BONNE. — Scène domestique.

LE CONSTITUTIONNEL, *dans son lit.* Babet! Babet!
BABET. V'là, M'sieu, v'là!

LE CONSTITUTIONNEL. Arrive donc, il y a plus d'une heure que je suis réveillé !

BABET. Tiens, est-ce que M'sieu auroit passé par hasard une mauvaise nuit?

LE CONSTITUTIONNEL. Hélas ! je n'ai pas fermé l'œil, ma pauvre Babet!...

BABET. C'est drôle pourtant que vous dormiez si mal, vous qui endormez si bien les autres !

LE CONSTITUTIONNEL. Que veux-tu? la chose publique avant tout !

BABET. Pauvre cher homme!..... on ne dira pas toujours que vous êtes égoïste !.....

LE CONSTITUTIONNEL. Mais je l'espère... Dis-moi, Babet, quel temps fait-il ce matin?

BABET. Un triste temps, M'sieu; votre horizon me fait l'effet d'être diablement noir !

LE CONSTITUTIONNEL. Chien d'horizon, va!

BABET. Il y a un gros nuage, en face, sur le marché Saint-Joseph, qui n'annonce rien de bon.

LE CONSTITUTIONNEL. Oui, mais au-delà?

BABET. Vous savez bien, M'sieu, que de votre boutique on ne voit pas plus loin.

LE CONSTITUTIONNEL. Que dis-tu donc, Babet? vraiment, ma pauvre fille, tu es bien bornée !

BABET. Excusez, M'sieu, il me semble plutôt que c'est votre horizon.

LE CONSTITUTIONNEL. Brisons là; que me donnes-tu à déjeuner?

BABET. Dam! ce que M'sieu voudra.

LE CONSTITUTIONNEL. Mais, mon Dieu, toujours la même chose, Babet; depuis tant d'années que tu me sers, mon menu ne varie jamais, tu devrois le savoir.

BABET. C'est vrai; d'abord une grosse tartine de *premier-Paris*...

LE CONSTITUTIONNEL. Indispensable... Mais n'y ménage rien, Babet, il me faut maintenant des tartines-monstres, tout ce qu'il y a de plus grand format en fait de tartines.

BABET. Prenez-y garde, M'sieu... c'est un mets terriblement indigeste que vos *premiers-Paris!*

LE CONSTITUTIONNEL. Du tout, on avale un verre d'eau par là-dessus, et il n'y paroît pas.

BABET. A la bonne heure...

LE CONSTITUTIONNEL. Sers-moi avec cela quelques légumes étrangers, une bonne tranche de *Juif-Errant*, une petite friture de faits divers, quelques brins de bibliothèque chinoise ou choisie ; de plus, trois ou quatre Jésuites à la croque-au-sel, et ça me suffira pour attendre le dîner.

BABET. Des Jésuites?..... ah! ben oui, cherchez-en des Jésuites! il n'y en a' plus !

LE CONSTITUTIONNEL. Comment, il n'y a plus de Jésuites? qu'est-ce que tu me chantes-là, Babet?

BABET. Ma foi, M'sieu, vous en avez fait une si grande consommation, depuis vingt ans, que ça ne devroit pas vous étonner.

LE CONSTITUTIONNEL. Le fait est que j'en ai mangé quelques-uns; mais quand i n'y a plus de Jésuites, il doit y en avoir encore; c'est comme l'hydre de Lerne, ça repousse toujours.

BABET. Allez donc en demander à M. Rossi, et vous verrez!

LE CONSTITUTIONNEL. Oh ! oh! est-ce que cet animal-là se seroit permis de me couper les vivres ?

BABET. Justement; il lui a suffi de dire un mot à l'oreille du pape, et crac! les Jésuites ont disparu comme si le diable les emportoit.

LE CONSTITUTIONNEL. Que le diable l'emporte lui-même! et comment veut-il que je vive sans Jésuites?

BABET. Il est vrai, M'sieu, que ça vous fera bien faute!

LE CONSTITUTIONNEL. M'enlever ainsi ma pâture, mon pain quotidien!..... mais vraiment Guizot perd la tête; il a donc juré de me faire mourir d'inanition, le malheureux!...

BABET. Oh! il faut espérer que nous n'en sommes pas là.

LE CONSTITUTIONNEL. Oui , sans Jésuites, trouve donc du crédit chez l'épicier du coin !

BABET. Tenez, M'sieu, il ne faut pas jeter le manche après la cognée, il nous reste encore des prêtres !

LE CONSTITUTIONNEL. Je ne dis pas, Babet; mais les Jésuites valoient bien mieux !

BABET. C'est selon les goûts,

LE CONSTITUTIONNEL. Je conviens avec toi qu'un mauvais prêtre est une assez bonne chose; malheureusement l'espèce devient tous les jours plus rare.

BABET. C'est ça que vous êtes bien embarrassé de trouver des mauvais prêtres quand il vous en faut!

LE CONSTITUTIONNEL. Tu as raison, Babet; au fait, puisque le Jésuite manque totalement, je vais me remettre de plus belle à manger du prêtre. Il faut vivre avant tout....., donne-toi donc la peine de parcourir un peu les sacristies, ma bonne Babet, et tâche de me faire une petite provision de curés comme je les aime.

BABET. Soyez tranquille, si je ne vous sers pas un joli plat d'abbés tous les matins, je veux l'aller dire à Rome.

LE CONSTITUTIONNEL. Tu sais mon goût, n'est-ce pas?

BABET. Certainement, en fait de prêtres, les plus mauvais sont les meilleurs, c'est connu.

LE CONSTITUTIONNEL. Je te recommande surtout les évêques et les archevêques..... c'est un manger délicat qui vaut presque les Jésuites.

BABET. Rapportez-vous-en à moi, mon patriarche, on vous les accommodera de la bonne manière.

LE CONSTITUTIONNEL. J'y compte, Babet; va donc à tes fourneaux, et prouve-moi, par de nouveaux ragoûts religieux, bien salés, qu'il est avec le ciel des accommodemens.
(*La Mode*.)

NOUVELLES ET FAITS DIVERS.

INTÉRIEUR.

PARIS, 27 août. — Par ordonnances royales, en date du 24 août, vu les ordonnances royales, en date du 14 du même mois, qui élèvent à la dignité de pairs de France MM. Fulchiron, le baron Tupinier, le baron Doguereau, Raguet-Lépine, le vicomte Bonnemains et le baron Girot de Langlade, les colléges électoraux ci-après ont été convoqués, savoir :

Le collége du 3e arrondissement du département du Rhône, à Lyon, pour le 17 septembre prochain, à l'effet d'élire un député, en remplacement de M. Fulchiron,

Le collège du 6e arrondissement électoral de la Charente-Inférieure, à Roche-fort, pour le 20 septembre prochain, à l'effet d'élire un député, en remplace-ment de M. le baron Tupinier ;

Le collège du 1er arrondissement électoral de Loir-et-Cher, à Blois, pour le 20 septembre prochain, à l'effet d'élire un député, en remplacement de M. le baron Doguereau ;

Le collège du 3e arrondissement électoral de Loir-et-Cher, à Vendôme, pour le 20 septembre prochain, à l'effet d'élire un député, en remplacement de M. Ra-guet-Lépine ;

Le collège du 3e arrondissement électoral de la Manche, à Coutances, pour le 20 septembre prochain, à l'effet d'élire un député, en remplacement de M. le vi-comte Bonnemains ;

Le collège du 3e arrondissement électoral du Puy-de-Dôme, à Issoire, pour le 20 septembre prochain, à l'effet d'élire un député, en remplacement de M. Girot de Langlade.

—On assure qu'il sera publié prochainement une nouvelle liste de pairs, choi-sis comme ceux de la dernière, parmi les membres de la majorité du Palais-Bourbon.

« Une des difficultés que le cabinet rencontre dans ses choix, dit un journal, vient de la résolution qu'il avoit prise de n'enlever au parti *conservateur* du Pa-lais-Bourbon, que les députés qu'il étoit sûr de remplacer à sa guise. Beaucoup de candidats à la pairie qui sont ajournés, n'ont contre eux que l'incertitude où l'on est des dispositions de leurs électeurs. »

— On lit dans le *Moniteur Parisien* :

« Le délai fixé par M. le ministre des travaux publics, aux termes de l'art. 7 de la loi du 15 juillet 1845, pour le dépôt des registres à souche, des actes de société et des états de versemens, pour l'adjudication du chemin de fer du nord et pour celle du chemin de fer de Fampoux à Hazebrouck expiroit lundi 25 août, à mi-nuit.

» Une seule compagnie a rempli ces formalités pour la ligne du nord ; les prin-cipaux souscripteurs sont : MM. de Rothschild frères, Hottinguer et Ce, Baring frères et Ce, Ch. Laffitte, Blount et Ce, Gouin et Ce, Mallet frères et Ce, Thur-neyssen et Ce, d'Eichthal et Ce, G. Odier et Ce.

» En raison de la réunion des compagnies, la sous-division des actions pour les souscriptions françaises seulement comprend 24,000 souscripteurs.

» Le capital pour la ligne du nord est fixé à 150 millions, il sera porté à 170 millions en cas de jonction de la ligne de Fampoux, et à 200 millions en cas de jonction ultérieure de celle de Saint-Quentin.

» Toutes les actions sont délivrées au pair.

» Un premier versement de 50 millions est effectué, ce qui représente le tiers du capital de la ligne principale.

» Il n'y a aucune part industrielle pour les fondateurs ; les fonctions d'admi-nistrateurs sont gratuites.

» Pour la ligne de Fampoux à Hazebrouck, deux listes ont été déposées : l'une par une compagnie spéciale ayant le même personnel que celle ci-dessus pour la ligne du nord, avec un capital spécial de 20 millions ; l'autre par une compagnie formée par M. O'Neil au capital de 16 millions. »

— La légation française à Bogota, dans l'Amérique du Sud, avoit été chargée de négocier un traité de paix et de commerce avec le gouvernement de la Nou-velle-Grenade. Ce traité, conclu le 29 octobre dernier, a été présenté au roi par M. le ministre des affaires étrangères, et vient d'être ratifié. On y trouve les

mêmes conditions que celles du traité passé le 25 mai 1845 avec la république de
Venezuela.

— Une foule considérable d'ouvriers s'étoit portée à la septième chambre correctionnelle pour entendre le prononcé du jugement de l'affaire des charpentiers.

À trois heures et demie, après l'expédition de plusieurs autres affaires de peu
d'importance, le tribunal a rendu son jugement, qui est très-longuement motivé
en fait et en droit, et dont voici le dispositif:

« Le tribunal renvoie des fins de la poursuite les prévenus Chaumont, Garnier,
Dubois, Morizot, Barbier et Lecomte dit Parisien, à l'égard desquels la prévention ne lui paroît pas suffisamment établie ;

» Et, faisant aux autres prévenus application des art. 415 et 411 du Code pénal, combinés avec l'art. 365 du Code d'instruction criminelle ;

» Condamne Vincent à trois années d'emprisonnement :

» Dublé à deux années de la même peine ;

» Blanchard, Arrivière, Denatte, Couallier, Auger Feroussat, Lecomte dit La
France, chacun à trois mois.

» Et Dumoulin, Daussoy, Blondeau et Suzette, chacun à quatre mois. »

— Nous recevons des nouvelles d'Alger, du 20 août. Les chefs kabyles attendus dans cette capitale pour faire leur soumission, y étoient arrivés. On sait que
l'organisation de ces peuples est toute républicaine. Les douze chefs appelés par
le choix des djemaàs sont arrivés le 15 à Alger, sous la conduite de M. le capitaine Omalley, chef du bureau arabe de Dellys, et ont reçu, des mains de M. le
gouverneur-général, le burnous et quelques cadeaux d'usage.

— L'*Algérie* publie une circulaire de M. le maréchal Bugeaud ainsi conçue :

« Alger, le 9 août 1845.

» Général,

» J'ai lieu de regarder comme très-prochain le moment où nous serons autorisés à entreprendre un peu en grand les essais de colonisation militaire. Il est
donc urgent de savoir promptement à quoi nous en tenir sur le plus ou moins de
possibilité qu'il peut y avoir de trouver dans l'armée des hommes de bonne volonté pour faire partie de cette institution. Veuillez donc, je vous prie, sans aucune perte de temps, faire connoître à tous les corps qui sont sous votre commandement les conditions avantageuses que les soldats trouveront dans la colonie
militaire. Ces conditions sont détaillées ci-après. Invitez MM. les chefs de corps à
les faire connoître à tous leurs subordonnés, et à vous adresser, aussitôt qu'il se
pourra, l'état des officiers, sous-officiers et soldats qui désirent faire partie des
colonies militaires.

» *Le gouverneur-général de l'Algérie*, Maréchal duc D'ISLY. »

A cette circulaire se trouve annexé un projet d'organisation des colonies militaires.

— Le gérant et l'imprimeur du *Journal de la Mayenne* sont cités devant la
cour d'assises de Laval comme accusés d'excitation à la haine et au mépris du
gouvernement.

EXTÉRIEUR.

ESPAGNE. — Madrid est tranquille, mais l'ordre est loin d'y être complètement rétabli. A l'émeute des rues a succédé l'opposition impassible et obstinée
du commerce, et celle-ci, pour être moins bruyante, n'offre pas de moindres embarras. Malgré le *bando* du chef politique, presque tous les magasins ont été fer-

més le 20. Le chef politique, à la tête d'un fort détachement de garde civique, a parcouru tous les quartiers de la ville et les boutiques, qu'on ouvroit sur l'injonction de l'autorité, se refermoient presque immédiatement. Dans les rues de la Montera et del Carmen, qui sont les rues Richelieu et de la Paix de Madrid, la police a été obligée d'employer la force.

Les propriétaires n'ont pas opposé la moindre résistance; mais, la police une fois partie, ils ont tous refermé leurs magasins et affiché sur leur devanture un écriteau avec cette inscription : *Magasin à vendre ou à louer* ! Quelques-uns ayant ajouté des paroles ou des allusions injurieuses, ont été arrêtés. L'autorité ne s'est pas tenue pour battue, et le chef politique a fait ouvrir de nouveau tous ces magasins ainsi mis en vente, en déclarant qu'il les prenoit pour son compte. Evidemment, ceci n'est pas sérieux, et le gouvernement ne peut pas avoir eu une minute l'idée de s'approprier le monopole de presque tout le commerce de Madrid. Le chef politique, si ce fait que nous trouvons dans le *Heraldo* est vrai, ne lui en a pas moins mis sur les bras la plupart des magasins, et il n'est pas facile de prévoir comment il réglera ses comptes.

Le nombre des personnes arrêtées est de 80. Le conseil de guerre, réuni à l'hôtel des Postes, instruit l'affaire avec la plus grande rapidité.

— On lit dans le *Journal des Débats* :

« Les journaux espagnols du 21 août nous parviennent ce soir par courrier extraordinaire.

» L'*Heraldo*, le *Tiempo* et le *Globo* félicitent les autorités civiles et militaires de l'accord, de l'activité et de la modération qu'elles ont déployées dans les événemens qui ont eu lieu dans la journée du 19.

» Madrid jouit d'une complète tranquillité. Nous regrettons cependant à annoncer que, dans la journée du 21, le nommé Manuel Gib, tailleur, a été sillé hors la porte de Tolède. Cet individu, dont nous avons annoncé hier la condamnation à mort par le conseil de guerre, pour avoir tué un officier du régiment de l'Infante, n'étoit âgé que de vingt-quatre ans, et a marché à la mort avec un sang-froid et un courage dignes d'un meilleur sort.

» *El Clamor* et *El Espectador* ont été saisis trois jours de suite à la poste et dans leurs bureaux ; le 21, ce dernier journal a cessé de paroître. »

— L'Infante Luisa est toujours à Saint-Sébastien, où elle prend les bains. Elle doit le 28 aller rejoindre sa sœur et sa mère à Mondragon, et les accompagner à Bilbao, où elles resteront deux jours. A leur retour, elles passeront par Aspeitia, pour visiter le couvent de Loyola, élevé en l'honneur de l'illustre fondateur de l'Ordre des Jésuites, sur le même lieu où il est né. LL. MM. et l'Infante doivent coucher à Saint-Sébastien le 2 septembre, et être à Pampelune le 5.

— L'*Heraldo* annonce que la démission du général Concha a été acceptée et qu'il est remplacé par le général Breton, capitaine-général de l'Aragon. Le général Manso, qui commande dans la Vieille-Castille, est nommé en la même qualité à Sarragosse.

ANGLETERRE. — M. Hamilton, au nom du gouvernement anglais, a conclu un traité avec le gouvernement brésilien. Ce traité n'est relatif qu'aux droits politiques des sujets de chaque nation et à la navigation. Une des conditions du traité est l'admission de certaines réclamations de sujets brésiliens pour saisies de navires brésiliens faisant la traite, avant que le traité de 1826 ne fût en vigueur.

ALLEMAGNE. — La reine d'Angleterre et le prince Albert, le roi et la reine des Belges sont arrivés le 19 à Cobourg.

— La *Gazette de Cologne* assure que M. de Bulow, ministre des affaires étrangères de Prusse, se retire pour des motifs de santé, et que M. Canitz le remplace dans ses fonctions.

SUISSE. — La diète suisse a été close le 25 de ce mois. La proposition d'un ajournement a soulevé un vif débat dans lequel de sérieuses inquiétudes sur la situation de la Suisse ont été exprimées; mais la proposition d'ajournement n'a pu réunir que dix voix.

SYRIE. — Un événement important a eu lieu à Beyrouth, le 26 juillet : c'est l'arrestation du scheik druse Hamoud-Abou-Nalket, l'assassin du père Charles. Il paroît que des ordres précis, arrivés de Constantinople, et la louable persévérance de M. Poujade, consul de France, n'ont plus permis à Vedjihi-Pacha de différer cette arrestation. La population chrétienne voit, dans cet acte, un commencement de justice et de réparation pour les maux qu'elle a essuyés de la part des Druses.

Comme le meurtre du père Charles a produit la plus vive impression, chacun s'attend à l'exécution du coupable. Le consul de France a demandé la peine capitale. Vedjihi-Pacha en a référé à Constantinople.

TURQUIE. — Le dernier courrier de Constantinople étoit déjà parti, lorsqu'une révolution tout-à-fait inattendue s'est accomplie dans les hautes régions du gouvernement turc. Riza-Pacha, le séraskier, le favori du sultan, l'homme tout-puissant pendant ces cinq dernières années, a été frappé de disgrace. S. H. lui a fait notifier sa destitution par un de ses officiers, et a nommé à sa place Suleyman-Pacha, qui étoit président du conseil de justice.

— Le grand-duc Constantin, après une excursion sur divers points du littoral ottoman, est revenu à Constantinople le 1er août et en est reparti pour Odessa.

GRÈCE. — La Grèce a eu, comme la Turquie, sa révolution ministérielle, qui donne au cabinet de M. Coletti, sinon plus de solidité, du moins plus d'homogénéité. Les nouvelles d'Athènes, du 10 août, annoncent que la coalition qui, en dehors de M. Maurocordato, avoit réuni M. Coletti et M. Metaxa, c'est-à-dire le chef du parti appelé français, et le chef du parti napiste ou russe, vient d'être rompue; M. Metaxa a donné sa démission, laissant le pouvoir sans partage à son principal collègue.

AFRIQUE. — Nous avons, par Malte, des nouvelles des deux régences de Tripoli et de Tunis, du commencement d'août. De part et d'autre, on craint une attaque, ou du moins on arme comme si on la craignoit; mais il est probable qu'il n'y aura pas d'hostilités. En attendant, les populations souffrent des mouvemens de troupes, et les soldats irréguliers, envoyés par la régence de Tunis à Gerbi, y ont commis des excès de toute sorte.

Le Gérant, **Adrien Le Clere.**

BOURSE DE PARIS DU 27 AOUT 1845.

CINQ p. 0/0. .21 fr. 50 c.	Quatre canaux 0030 fr. 00 c.
TROIS p. 0/0. 84 fr. 15 c.	Caisse hypothécaire. 610 fr. 00 c.
QUATRE p. 0/0. 000 fr. 00 c.	Emprunt belge. 5 p. 0/0. 000 fr. 0/0.
Quatre 1/2 p. 0/0. 000 fr. 00 c.	Emprunt romain. 104 fr. 2/8.
Emprunt 1841. 00 fr. 00 c.	Rentes de Naples. 000 fr. 00 c.
Oblig. de la Ville de Paris. 1412 fr. 50 c.	Emprunt d'Haïti. 000 fr. 00 c.
Act. de la Banque. 3260 fr. 00 c.	Rente d'Espagne. 5 p. 0/0. 35 fr. 4/8

PARIS. — IMPRIMERIE D'ADRIEN LE CLERE ET Cᵉ, rue Cassette, 29.

ALLOCUTION DE M. L'ÉVÊQUE D'ANGERS

A MM. LES ECCLÉSIASTIQUES RÉUNIS POUR LA RETRAITE DU 8 AOUT 1845.

Nous insérons en entier cette sage et touchante allocution pastorale. Elle développe et complète la haute pensée, le but vraiment pacificateur et ecclésiastique, dont la circulaire de M. l'abbé Bernier n'avoit pu toucher que certains points.

« Messieurs et chers Coopérateurs,

» A la fin de ces pieux exercices, permettez-moi de vous rappeler les chapitres admirables qui terminent l'Evangile selon saint Jean.

» Autour de ce lieu sacré où le divin Sauveur étoit au milieu de ses disciples pour y célébrer la Pàque, les passions s'agitoient d'abord dans le mystère, puis avec éclat, furieuses, menaçantes, poussant des cris de rage contre la vérité. Au sein du collège des apôtres, des divisions soudaines s'étoient élevées. Au moment même où les pharisiens cherchoient les moyens de les disperser, les apôtres se disputoient pour de vaines prérogatives, ils vouloient savoir lequel parmi eux étoit le plus grand.

» Alors le divin Sauveur, recueillant ses forces pour leur donner ses derniers conseils, et faire son *testament*, suivant le mot reçu, réunit ses disciples à une table commune; il les nourrit de son corps sacré; il leur donne son sang précieux; il les alimente de sa substance, comme l'oiseau mystérieux qui devoit lui servir de symbole : puis il les rapproche de lui, il les presse contre son sein, et reprenant pour la dernière fois le style figuré de la parabole : Je suis la vigne, leur dit-il, et mon Père est le vigneron ; si une branche n'est pas unie à moi; si elle ne porte pas du fruit par moi, *in me non ferentem fructum*, mon Père la retranchera. Je suis le cep de vigne, et vous, vous en êtes les rameaux, *ego sum vitis, vos palmites.* Si quelqu'un s'éloigne de moi, s'il ne me demeure pas uni, il ne recevra plus la sève, il se desséchera, il périra, il sera séparé, *mittetur foras, sicut palmes et arescet.*

» Oh! combien je vous aime! *sicut dilexit me Pater et ego dilexi vos* : la plus grande marque que je puisse vous donner de mon affection, c'est de livrer ma vie pour vous; et la plus grande marque que vous puissiez me donner de votre amour, c'est de vous aimer les uns les autres. Ainsi vous réjouirez mon cœur, vous consolerez mon ame, vous accomplirez mes préceptes, *hoc est præceptum meum, ut diligatis invicem.* Alors je ne vous appellerai plus des serviteurs; oh non ! vous serez mes amis, *amicos*, mes disciples, mes enfans bien-aimés. Je vous ai choisis; vous irez, vous sèmerez, vous recueillerez, vous porterez des fruits abondans et permanens, *ut eatis et fructum afferatis et fructus vester maneat.* Votre union fera votre beauté, votre joie, votre force ; si le monde a pour vous de la haine, *si mundus vos odit*, vous vous en dédommagerez par un amour plus tendre, par une charité plus intime, et même un jour, quand les hommes vous persécuteront, quand ils vous flagelleront, quand ils vous feront tomber comme des agneaux sous la hache des bourreaux, ils seront forcés de redire : Voyez donc comment ils s'aiment!... O mes petits enfans, *filioli*, je vous prie, je vous conjure, je vous ordonne de vous aimer les uns les autres, *hæc mando vobis, ut diligatis invicem.*

» Puis élevant les yeux vers le ciel, appelant son Père, lui demandant une dernière grâce, comme pour prix de son immolation prochaine, *sublevatis oculis :*

Pater, venit hora, clarifica Filium tuum; quand j'étois avec eux, je leur servois de père, de lien, de défense; *cùm essem cum eis, ego servabam eos* ; mais je vais les quitter, *nunc autem ad te venio;* demeureront-ils toujours unis? la division ne viendra-t-elle point rompre leurs rangs, refroidir leurs cœurs, prêter des armes à leurs ennemis, compromettre le bien qu'ils devroient faire? je viens donc, ô mon Père, vous demander qu'ils ne fassent qu'un, *ut omnes unum sint;* oui, qu'ils soient unis, comme vous et moi, ô mon Père, qui ne faisons qu'un, *sicut tu, Pater, in me, et ego in te, ut sint unum sicut et nos unum sumus;* qu'ils soient rapprochés, serrés, consommés dans l'unité, *ut sint consummati in unum.* Alors le monde reconnoitra à leur union qu'ils ont été envoyés par moi, bénis par moi, comme vous même m'avez envoyé, *ut cognoscat mundus quia tu me misisti;* aussi, pour dernière grâce je vous demande qu'un jour, après leur mission de traverses, d'épreuves, de zèle, ils soient réunis à moi, afin que nous ne formions qu'un et qu'il n'y ait qu'un seul troupeau et un seul pasteur. *Pater,* mon Père, je demande ; p'us plus que cela, je veux, *volo ut ubi sum ego, et illi sint mecum.*

» Puis, après ces admirables paroles, après avoir ainsi rappelé à ses disciples la nécessité de l'union, de l'unité, de la charité, comme si tout étoit déjà consommé, il marche à la mort, *hæc cùm dixisset Jesus, egressus est :* d'un pas ferme il se rend au Jardin des Oliviers, et il s'avance vers les satellites envoyés pour le saisir.

» Mais ces paroles touchantes, elles ne furent pas perdues, Messieurs; les apôtres dispersés par l'orage se réunissent bientôt dans le Cénacle. Le feu sacré vient les ranimer; sous la conduite de Pierre, chargé de confirmer ses frères, ils s'avancent, et comme un fleuve qui, toujours le même, se divise en plusieurs branches, ils portent partout la fertilité et fécondent par leur parole et par leur sang les pays qu'ils vont évangéliser.

» Aussi, en instruisant les premiers fidèles, dans ces lettres, monument impérissable de leur doctrine, de leur tendresse pastorale, les apôtres leur rappellent-ils qu'ils ne doivent former qu'une même famille dont tous les enfans, liés par la charité, doivent être soumis à l'autorité du père, unis entre eux par une inaltérable dilection. L'Église!... C'est une mère, une mère féconde qui dilate ses entrailles, qui ouvre son cœur, qui étend ses bras maternels pour recevoir ses fils bien-aimés, pour les presser contre son sein, pour les réchauffer de son haleine, pour les pénétrer de l'esprit de vie, pour leur répéter sans cesse que l'union seule fera leur force.

» Ces images ne suffisent pas au grand Paul : pour lui, les fidèles naissant à sa voix, se pressant autour de lui pour qu'il leur communique sa charité brûlante, les fidèles sont *un corps* dont les membres ne font qu'un seul tout. Il a des yeux ce corps, des mains, des pieds, des membres divers, mais il n'a qu'un cœur, qu'une ame, qu'une tête. C'est l'apôtre, c'est le pasteur qui, du centre, comme le cœur, envoie le sang et la vie aux extrémités, qui le reçoit de nouveau, le réchauffe, le féconde, l'envoie encore et le rappelle, communiquant ainsi sans cesse la chaleur et le mouvement; et ce cœur, s'il cesse de battre, il y a mort; et ce mouvement, s'il est entravé, il y a malaise; et cette action du père, de l'apôtre, du premier pasteur, si elle est gênée, méconnue, il y a souffrance; et cette voix, si elle n'est plus écoutée, et ces instructions, si elles sont mal interprétées, il y a déchirement : et le corps languissant se traine malade, et l'ennemi le voit et il en profite, il aiguise ses armes, il pousse un cri de joie, et les anges de paix s'affligent; ô mon Père, faites donc qu'ils ne soient qu'un, un entre eux, un avec nous, un contre l'ennemi, *ut omnes unum sint;* afin que le monde, ce monde si méchant, si envieux, si désireux de semer l'ivraie dans votre champ, reconnoisse que c'est vous qui nous avez envoyé : *ut cognoscat mundus, quia tu me misisti.*

» N'est-elle pas bien belle cette doctrine, Messieurs? Ne sont elles pas bien consolantes ces instructions sacrées de notre Sauveur Jésus? O Messieurs, soyez un, c'est nous qui vous y convions; un avec Jésus notre chef et notre maître; un avec Pierre, son vicaire et notre guide; un avec le pasteur chargé de la mission apostolique; un entre vous unis par la même foi, nourris des mêmes sacremens, tendant au même but, soumis à la même houlette, devant n'écouter que la même voix, ne chercher la vie que dans la même source en vous confondant, en vous serrant entre les bras de celui qui doit être pour tous la vérité et la vie.

» Messieurs, depuis quelque temps, les circonstances sont devenues bien graves : on a cherché à semer la division dans le clergé, des doctrines funestes ont été prêchées, des insinuations perfides ont été répandues, des distinctions dangereuses ont été inventées, sous le prétexte même de nous rappeler à l'unité. Les témoignages de confiance que nous avons tant de fois reçus de vous, Messieurs, nous donnoient l'assurance qu'inutilement on chercheroit à porter le trouble dans nos rangs; cependant nous crûmes remplir un devoir en vous signalant le danger. Les vents portèrent au-dehors des paroles destinées à la famille; nous aimons à l'oublier; mais ce que nous vous prions de vous rappeler toujours, Messieurs, c'est qu'il faut nous tenir en garde contre les piéges qu'on tend sur notre route, les éloges qu'on nous adresse, les ruses des ennemis, les indiscrétions même des amis; c'est qu'il faut nous défier du faux zèle, de l'ardeur inconsidérée, de la précipitation dangereuse, de la facilité qui croit tout, de la légèreté qui propage tout, de la malignité qui dénature ou qui grossit tout.

» De ces réflexions, Messieurs, tirons quelques conclusions pratiques.

» Nous sommes en face de l'ennemi : sous ce nom, nous voulons signaler surtout ces faiseurs de livres, de discours, d'articles irréligieux, ces hommes qui, sous toutes les formes, répandent le poison de leurs fausses doctrines, qui se réjouissent quand nous pleurons, *flebitis vos, mundus autem gaudebit.* Eh bien! donc, l'ennemi, il nous épie, il nous entoure, il nous bat en brèche. Ne veut-il pas forcer à la retraite ce corps d'élite qui nous prête un si puissant concours? Ne tente-t-il pas d'éloigner ceux que nous entourons de notre estime, de notre confiance? qui évangélisent nos campagnes, qui soutiennent nos pasteurs, qui édifient nos maisons religieuses; ceux dont la voix nous montre le chemin de la vie dans le secret de la solitude, ou pendant les jours bénis de nos retraites; ceux enfin dont le souvenir demeurera toujours gravé dans nos cœurs, et auxquels nous aimons à payer en ce jour le tribut de notre si juste reconnoissance?

» En parlant ainsi, Messieurs, loin de nous la pensée d'attaquer le pouvoir. Même quand il y aura affliction dans notre cœur, il n'y aura pas amertume sur nos lèvres. Notre devise est *de ne point braver et de ne point craindre.* Nous saurons allier, nous l'espérons, une noble, une épiscopale indépendance avec le respect et la soumission qui lui sont dues : c'est à lui quelquefois, c'est à Dieu toujours, c'est à nos frères, à nos dignes coopérateurs que nous ferons connoître nos douleurs. Voilà notre ligne de conduite.

» Nous pouvons être, vous disions-nous, battus par les vents, agités par la tempête : quoi qu'il en soit, ô Messieurs, et alors surtout, nous vous en conjurons, soyons unis, toujours unis.

» *Unité de doctrine.* Union à la chaire de Pierre. Là est la lumière; là est la vie; là est le phare qui doit nous éclairer dans cette route tortueuse et ténébreuse; mais union par vos premiers pasteurs; union par les anneaux qui vous rattachent à cette immense chaîne dont Jésus-Christ tient dans ses mains le pre-

teur le dévouement, le zèle, la prudence, un esprit droit pour vous conduire, et toujours un cœur de père pour vous aimer.

» Gratia et caritas Domini nostri Jesu Christi cum omnibus vobis.

» Amen. »

REVUE ET NOUVELLES ECCLÉSIASTIQUES.

ROME. — Après une neuvaine préparatoire qui a eu lieu dans les principales églises de Rome, la fête de l'Assomption y a été célébrée avec une grande pompe. Le Pape est allé à la basilique Libérienne, où le cardinal Patrizi, vicaire de Sa Sainteté et archiprêtre de cette église, a officié pontificalement. Après l'évangile, M. Achille Marsigli, du collège des Nobles, a prononcé un éloquent discours latin en l'honneur de la Reine du ciel. La messe terminée, le Saint-Père s'est rendu, sur un trône portatif, à la galerie qui domine le portail de la basilique, et de là il a donné à une multitude immense la bénédiction papale, avec indulgence plénière. Ensuite il est retourné à sa résidence du Quirinal, salué par les vives acclamations du peuple.

PARIS.

Le conseil d'État, sous la présidence de M. le baron Girod (de l'Ain), audiences des 2 et 22 août, s'est occupé des bâtimens de la Sorbonne. Cet antique sanctuaire de la science ecclésiastique pourroit fournir matière à de graves rapprochemens, soit par ses souvenirs illustres, soit par les destinations différentes que lui ont faites les révolutions. Le procès qui vient de se débattre entre la ville de Paris et l'Université devant le conseil d'État, montre du moins combien notre France actuelle est redevable aux munificences du clergé et à son amour pour la science. Ce n'est point une association qui a fondé la Sorbonne. C'est un simple prêtre; mais sa noble pensée fut comprise et secondée par ses confrères dans le sacerdoce, puis augmentée par la générosité et la piété de nos rois. Est-ce trop, à cette heure, de demander à l'Université qu'elle veuille bien au moins se souvenir que la science dont elle est si fière, que les privilèges dont elle aime à célébrer l'ancienneté, qu'enfin les bâtimens mêmes les plus magnifiques et les plus célèbres pour son enseignement, tout cela est d'origine ecclésiastique? Il y a loin cependant de Robert Sorbonne à M. Cousin.

Quoi qu'il en soit, voici à l'occasion de ce procès quelques détails historiques qui nous paroissent dignes d'intéresser nos lecteurs :

« Le ministre des finances, comme représentant le domaine de l'État, demandoit l'annulation d'une ordonnance du 16 mai 1821 qui affecte au service de l'instruction publique, à l'Académie de Paris, et, par suite, à la ville de Paris, les bâtimens de la Sorbonne.

» Parmi les questions agitées entre la ville et l'administration des domaines, est celle de savoir si la Sorbonne constituoit autrefois un établissement d'instruction publique, ou si, au contraire, c'étoit une congrégation ecclésiastique, et si, en conséquence, cet immeuble constitue un bien domanial d'origine ecclésias-

» Ce procès a donné lieu à la recherche des faits anciens relatifs à la Sorbonne.

» C'est en 1250, et par lettes-patentes de la reine Blanche, régente du royaume, et d'Alphonse, frère du roi, que donation fut faite à Robert de Sorbonne des bâtimens litigieux.

» Ce Robert de Sorbonne, chapelain du roi, originaire du Rhételois, issu d'une famille pauvre, avoit éprouvé de grandes difficultés à devenir docteur en théologie; et pour faciliter aux jeunes gens qui le suivoient l'accès des études théologiques, il résolut de fonder une société d'ecclésiastiques *séculiers* qui, pourvus des choses nécessaires à la vie, enseignassent gratuitement.

» Des lettres-patentes de 1258, émanées de saint Louis lui-même au retour d'une expédition lointaine (*trans-marina expeditione reversus*), confirmèrent la dotation faite en son nom.

» En 1271, Robert de Sorbonne, qui donna son nom à la première école de théologie de la France, y adjoignit bientôt un établissement préparatoire, le collège de Calvi, appelé dès lors petite Sorbonne, servant d'école préparatoire à la Sorbonne elle-même. Ce terrain est aujourd'hui occupé par la chapelle de la Sorbonne, bâtie par le cardinal de Richelieu, et il fut remplacé par le collège du Plessis, attaché à la Sorbonne en 1648.

» Ce collège dut son origine, comme la plupart des autres établissemens de ce temps, à la nécessité de régulariser les études.

« Le nombre immense d'écoliers et de maîtres (dit Crevier, Histoire de l'Université) que les études attiroient à Paris, avoient besoin de logemens et d'écoles, » et ils ne se pouvoient placer chez les bourgeois. De là résultoit un grand incon-» vénient pour la discipline et pour les bonnes mœurs. Jacques de Vitri se plaint » des désordres qu'opéroit ce mélange d'une vive jeunesse, au milieu de toutes » sortes de personnes. »

» C'est ce qui occasionna la fondation des collèges, pour réunir sous un seul et même toit, et sous l'autorité d'un maître commun, les jeunes étudians d'un même pays ou d'un même ordre.

» La Sorbonne étoit une des sept compagnies qui formoient l'Université de Paris, composée :

» 1° De la Faculté de théologie ;

» 2° De la Faculté de droit (instituée d'abord pour l'enseignement du droit canon, et, en 1679 seulement, admise à enseigner le droit civil);

» 3° De la Faculté de médecine ;

» 4° de la nation de France;

» 5° De la nation de Picardie ;

» 6° De la nation de Normandie :

» 7° De la nation d'Allemagne, autrefois d'Angleterre.

» Les trois premières étoient les Facultés supérieures, les quatre dernières formoient la Faculté des arts.

» C'est par la loi du 18 août 1792 que la Sorbonne fut supprimée. »

« L'Assemblée Nationale , dit cette loi, considérant qu'un état vraiment libre » ne doit souffrir dans son sein aucune corporation, pas même celles qui, vouées » à l'enseignement, ont bien mérité de la patrie..., décrète :

» Les corporations connues en France sous le nom de Congrégations séculières » ecclésiastiques, telles que celles des Prêtres de l'Oratoire, de Jésus, de la » Doctrine Chrétienne, etc., les sociétés de Sorbonne et de Navarre, etc., sont » éteintes et supprimées;

» Les biens formant dotation des corporations dites Congrégations séculières

» ecclésiastiques, etc., seront dès à présent administrés, et les immeubles réels
» vendus, aux mêmes conditions que les domaines nationaux. »

» Cette loi, où la Sorbonne est nominativement désignée comme établissement
consacré à l'enseignement, reçut son exécution. Le bâtiment de la Sorbonne resta
dès-lors aux mains du domaine, et dès le 9 vendémiaire an x, à la suite de l'érection de l'Ecole de peinture, sculpture, et architecture, établie au collége Mazarin,
sous le nom de Palais des Beaux-Arts, il fut décrété que la Sorbonne seroit mise
à la disposition du ministre de l'intérieur, pour y loger des gens de lettres, ainsi
que des artistes qui n'auroient pu être replacés dans le collége Mazarin.

» Tel étoit l'état des choses, lorsque intervint, le 17 mars 1808, le rétablissement de l'Université impériale.

» Napoléon songea à assurer à l'Université une dotation convenable ; et le
11 décembre 1808, intervint un décret ainsi conçu :

« Tous les biens-meubles, immeubles et rentes ayant appartenu au ci-devant
» Prytanée français, aux Universités, Académies et Colléges, tant de l'ancien que
» du nouveau territoire de l'empire, qui ne sont point aliénés, ou qui ne sont point
» définitivement affectés par un décret spécial à un autre service public, sont
» donnés à l'Université impériale. »

» Le même décret concède aux départemens, arrondissemens et villes la pleine
propriété des bâtimens nationaux alors occupés pour le service de l'administration
des Cours et Tribunaux et de l'instruction publique.

» Une ordonnance du 3 janvier 1821, réalisant cette disposition, affecta la
Sorbonne aux Facultés de théologie, des sciences et des arts et à l'Ecole normale,
et des indemnités annuelles et viagères de logement furent données aux artistes
et gens de lettres qui y logeoient encore depuis l'arrêté des consuls du 19 vendémiaire an x. »

Depuis le synode qu'il avoit présidé en 1843 à la suite d'une retraite
ecclésiastique où se trouvoit réuni le plus grand nombre des prêtres
de son diocèse, M. l'évêque de Nevers s'étoit ardemment occupé de la
rédaction d'un Rituel. Mgr Dufêtre annonce aujourd'hui à son clergé
le résultat de ce travail, et de cette application si digne d'un évêque
plein de zèle pour le salut des ames et pour le maintien de la discipline ecclésiastique. Voici comment le zélé prélat s'exprime sur cet objet important dans son MANDEMENT en date du 1ᵉʳ juin dernier :

« Il y a long-temps, nos chers coopérateurs, que vous sentez le besoin d'avoir un
Rituel à l'usage de ce diocèse. Vous nous avez exprimé hautement ce désir dans
le synode de 1843, et nous avons pris à cette époque l'engagement de satisfaire
un désir aussi légitime. Après dix-huit mois de réflexions et de recherches, nous
avons pu, malgré les autres sollicitudes de notre ministère, conduire ce travail à
sa perfection, et nous avons hâte de vous en faire jouir.

» Mais nous voulons vous exposer le plan que nous avons suivi dans cet ouvrage, et vous indiquer les avantages que vous pouvez en retirer pour votre
sanctification, et pour celle des peuples qui vous sont confiés.

» Nous avons pris pour base de notre travail le Rituel romain, et nous avons
adopté, avec les prières et les bénédictions de ce Rituel, les instructions si sub-
stantielles et si solides qui les précèdent. Nous avons pensé qu'en nous oubliant
ainsi nous-même, pour laisser parler cette Eglise, mère et maîtresse de toutes
les Eglises, nous rendrions ce corps d'instructions plus digne de votre respect et
votre confiance. Nous avons conservé toutefois les cérémonies et les rits du dio-

cèse, et nous n'avons rien voulu changer aux usages établis. Nous avons évité avec soin toute nouveauté de sentiment et de paroles, et nous avons mis notre sûreté à marcher sur les traces de nos prédécesseurs, à vous transmettre leur esprit et leurs maximes, comme un dépôt incorruptible et un héritage précieux.

» Pour nous conformer à cette sage règle, nous avons écarté soigneusement toutes les opinions incertaines ou arbitraires, que la théologie peut tolérer dans les écoles, mais qui ne doivent point trouver place dans un monument destiné à perpétuer la foi de l'Eglise et à régler le ministère des pasteurs.

» Quant aux cérémonies, vous savez, nos chers coopérateurs, qu'elles sont de trois sortes. Les unes appartiennent à la substance des Sacremens, et sont tellement essentielles à leur validité, qu'elles n'ont jamais pu varier, et qu'elles ont été les mêmes dans tous les lieux et dans tous les siècles. Les autres, quoique moins nécessaires, sont cependant d'une si grande antiquité, elles ont toujours été si uniformément et si universellement observées, que l'Eglise les respecte comme étant de tradition apostolique, et qu'elle se fait une loi de les garder inviolablement. Les dernières sont celles qui ont une origine moins ancienne, et qui sont particulières à quelques églises ou à certains pays. Elles n'ont sans doute ni la même autorité, ni la même invariabilité que les précédentes ; mais nous avons cru qu'elles ne devoient pas moins être conservées, parce que nous voulions nous interdire toute innovation.

» Tels sont les principes que nous avons suivis en rédigeant ce Rituel ; et si nous nous sommes fait un devoir de ne rien changer aux cérémonies et aux rits établis par nos pères pour l'administration des choses saintes, avec quelle fidélité tous les prêtres chargés du ministère ne sont-ils pas obligés de les observer? La nécessité en est fondée sur le respect que méritent ces anciennes et saintes pratiques, sur l'obéissance due à l'autorité qui les a consacrées, sur l'uniformité que les conciles ordonnent de faire régner entre les églises d'un même diocèse. »

M. Collin, curé de Saint-Sulpice, est de retour à Paris après plusieurs mois passés en Italie. Ses paroissiens l'ont vu, avec un intérêt filialement respectueux, reprendre ses fonctions et le cours de ses bonnes œuvres, que l'état de sa santé l'avoit contraint de suspendre. Il a fait le prône dimanche à la grand'messe, et a donné la bénédiction papale.

La retraite ecclésiastique de Bordeaux s'est terminée dimanche ; elle a été suivie par un grand nombre de prêtres du diocèse.

Mgr Dufêtre, évêque de Nevers, doit prêcher la retraite aux religieuses de la congrégation dite de Nevers, dont il est le supérieur-général ; près de cent religieuses de cette congrégation, appartenant aux divers établissemens du Midi, seront réunies à Montauban pour assister à ces exercices.

La ville de Tours vient de faire, moyennant la somme de 250,000 fr., l'acquisition de la vieille église de Saint-Julien, bâtie au XIIIᵉ ou XIVᵉ siècle. Cette ancienne et belle église va être immédiatement restaurée.

Les fêtes de la religion dans les campagnes revêtent un caractère de simplicité qui va jusqu'à l'ame et l'émeut doucement.

L'Eglise, dans la seule institution des fêtes patronales, a été inspirée par une haute pensée de civilisation, pensée éminemment sociale qui élève et agrandit les idées de l'homme du peuple et du plus simple paysan, en lui montrant un modèle pour sa vie et un ami jusque dans les cieux. Il y a donc tout à la fois convenance et utilité à rappeler le souvenir de ces humbles et touchantes solennités, lors surtout qu'elles ont conservé, au milieu même de notre siècle, leur caractère religieux.

Le 21 août dernier la paroisse de Saint-Bonnet-de-Four (Allier), célébroit la fête de sa patronne, sainte Jeanne de Chantal, dont le nom et le culte méritent bien d'être populaires dans le Bourbonnais. Un clergé nombreux, répondant au zèle de M. l'abbé Lampre, curé de la paroisse, et à la piété des fidèles, étoit accouru avec empressement. La population, malgré les travaux de la saison, se pressoit autour de l'autel comme aux jours de fêtes, attirée qu'elle étoit, non point par la curiosité ou les divertissemens profanes exclus de cette journée, mais par la dévotion et la ferveur. L'organiste de l'église de Gannat, M. l'abbé Noël, a exécuté sur l'orgue-harmonium divers morceaux, avec la facilité et toute la pureté de son talent. Le soir, M. l'abbé Boud.... curé de Chantelle, a donné le sermon. L'orateur a parlé avec é.... et bonheur de la douceur et de l'humilité chrétiennes; sujet habilement choisi et qui avoit le mérite de rappeler les vertus qui distinguèrent l'humble et sainte femme dont le nom est à jamais inséparable de celui de l'apôtre de la douceur, de saint François de Sales. La procession a été suivie avec silence et recueillement par la foule. Enfin, rien n'a manqué ni de la part du digne pasteur, ni de la part des populations, pour conserver à cette fête sa physionomie calme et religieuse, et chacun en a remporté dans son cœur les plus doux souvenirs.

(Union provinciale.)

On lit dans la *Gazette du Languedoc* :

« Près de quatre mille enfans, appartenant aux écoles communales des diverses paroisses de la ville, dirigées par les Frères de la Doctrine chrétienne, impatiens de recevoir leurs couronnes, se pressoient, jeudi dernier, autour d'une longue estrade, occupée par MM. les curés et des membres du clergé de Toulouse. Au milieu d'eux se trouvoit le maire de la cité, M. Cabanis, qui présidoit l'assemblée. Ce jeune magistrat a prononcé un discours d'une orthodoxie irréprochable; nous ne saurions trop l'en féliciter. Car, quels autres sentimens lui supposer au milieu d'une semblable réunion, que ceux que devoient lui inspirer les bienfaits providentiels de cette éducation populaire et religieuse, que ces quatre mille enfans de notre cité reçoivent tous les jours dans nos Eco'es chrétiennes; quel autre éloge se permettre que celui de ces vertueux instituteurs, qui se dévouent si héroïquement aux rudes labeurs de l'enseignement et de la vie religieuse? L'orateur l'avoit parfaitement compris : aussi, dans son discours, n'avons-nous rien retrouvé qui rappelât sa naissante faveur dynastique.

» Au milieu des joyeuses fanfares d'une musique militaire, exécutées par les élèves du pensionnat de Saint-Joseph, et des applaudissemens d'une assemblée nombreuse, les élèves se sont avancés par ordre de paroisses, pour recevoir leurs couronnes et leurs livres aux reliures élégantes, des mains de M. Cabanis et de leurs dignes pasteurs qui étoient venus applaudir à cette fête de famille, véritable fête de paroisse pour chacun d'eux.

» Vendredi soir, nous avons assisté à la distribution des prix aux élèves des écoles d'adultes, dirigées par les mêmes maîtres, les vertueux disciples de l'abbé de Lasalle. La nouvelle disposition des lieux avoit permis de donner cette année plus de pompe à cette réunion, qui a eu lieu à huit heures du soir, dans la grande salle d'exposition du noviciat. »

ESPAGNE. — La *Gazette* du 22 contient les nominations de 118 sénateurs choisis par la reine : nous y trouvons le nom des quatorze archevêques ou évêques qui sont maintenant en Espagne. La plus grande partie des sénateurs appartient à la nuance monarchique dite du *despotisme illustré*. Parmi les personnages qui y figurent, on remarque les noms de MM. Zea Bermudez, Burgos, et de plusieurs autres qui se sont ouvertement prononcés contre les idées constitutionnelles.

PROVINCES RHÉNANES. — Le nonce apostolique à la cour d'Autriche, Mgr Viale-Prela, archevêque de Carthage, a visité dernièrement la ville de Cologne. S. Ex., accompagné de Mgr de Geissel, s'est rendu à l'Université de Bonn, de là à Aix-la-Chapelle et à Coblentz.

La bourgeoisie de Cologne a présenté une adresse à M. le légat, dans laquelle elle témoigne au Saint-Siége toute sa reconnoissance de lui avoir donné un évêque courageux comme saint Pierre, sage comme saint Paul, et charitable comme saint Jean, et qui a ramené la paix dans la métropole des provinces rhénanes. Mgr Viale-Prela a paru très-sensible aux sentimens qui lui ont été exprimés, et a remercié, au nom de Sa Sainteté, les habitans de la ville de Cologne.

– On écrit des bords de la Sarre à la *Gazette de Metz* :

« La petite communauté-*catholico-allemande* de Sarrebrück étoit depuis long-temps en quête pour trouver un *pasteur* digne d'elle ; à force de chercher et de promettre un riche traitement, elle vient de découvrir son homme.

» Le nouveau renégat dont nous voulons encore taire le nom, qui a promis de se charger de cette facile besogne, *moyennant 1,200 florins par an*, est un prêtre du diocèse de Trèves dont la conduite laissoit beaucoup à désirer.

» Il ne faut pas s'étonner s'il survenoit d'autres apostasies de ce genre : le sanctuaire se purge. Le rongianisme est un égout qui reçoit volontiers ce que l'Église repousse.

» Quelques personnes sont tristement surprises de voir ces souillures même dans le sacerdoce ; cela est déplorable sans doute, mais le Sauveur n'avoit-il pas parmi douze disciples un apostat? Est-il étonnant que parmi des milliers de prêtres il y ait quelques Iscariotes?

» Tout est providentiel en ceci : Mgr Arnoldi, dont le cœur paternel est souverainement affligé d'avoir à sévir contre quelques membres gangrénés de son nombreux clergé, doit d'un autre côté se réjouir de voir le rongianisme épurer ses lévites. Ces loups déguisés en bergers pouvoient fa⬛⬛⬛ ⬛ mal irréparable. Anjourd'hui l'arbre de l'Eglise est secon⬛⬛ ⬛⬛ mais les feuilles mortes et les chenilles étant tombées, sa végétatio⬛ ⬛⬛ plus belle. »

SUISSE. — L'on connôit les obstacles que l'anci⬛ ⬛⬛uvernement de Saint-Gall avoit suscités contre l'exécution du concordat que ses commissaires avoient négocié avec la nonciature a⬛⬛olique, relativement à l'organisation de l'évêché projeté p⬛⬛⬛ le canton. Depuis les dernières élections qui ont si heureusement modifié la composition des conseils, les choses ont également changé de face quant à cette question si importante pour la population catholique. Nous appre⬛⬛ns que le 20, M⬛ Gmür, ancien président du conseil d'administration catholique, et l'un des commissaires négociateurs du concordat, est pa⬛⬛ pour Rome, chargé de négocier directement avec le Saint-Siège les conditions dé-finitives de l'organisation de l'évêché. Le choix du ⬛⬛ociateur est de bon augure pour le prompt et heureux succès de la n⬛⬛ciation.

VAUD. — Le conseil d'Etat vient d'expédier à toutes les municipalités du canton une circulaire dans laquelle il fait connoître qu'il va soumettre à la commission ecclésiastique la conduite des pasteurs qui ont protesté le 3 août contre la lecture de la proclamation du gouvernement. Cette circulaire se termine ainsi :

« Le temps est venu de mettre un terme à des tendances qui ne se répètent que trop depuis un certain nombre d'années. Il faut le dire, la résistance apportée par plusieurs pasteurs et suffragans aux ordres de l'autorité civile, n'est qu'une manifestation nouvelle de l'esprit dont s'est montrée animée une partie du clergé, et qui ne conduit à rien moins qu'à l'indépendance de l'Eglise nationale, indépendance qui suppose sa séparation de l'Etat, tandis que la constitution, exprimant la volonté du peuple, maintient l'union de l'Etat et de l'Eglise, et subordonne celle-ci au pouvoir civil. C'est le même esprit qui a porté plusieurs ministres à prêcher dans des oratoires en dehors de l'Eglise nationale, et à se récrier lorsqu'ils ont été rappelés à leur devoir, tant par le grand-conseil que par le conseil d'Etat. Cet esprit étoit inconciliable avec l'existence d'une Eglise nationale garantie, salariée et régie par l'Etat, il importe de faire sentir la puissance de la loi à ceux qui s'en écartent et en méconnoissent l'esprit. »

Après ce nouvel avertissement, les pasteurs ne peuvent plus se faire illusion sur leur position réelle vis-à-vis du pouvoir politique, dit la *Gazette de Lausanne*, et nous croyons que MM. les ministres seront bien aises de l'apprendre.

— Le lendemain de la lecture de la proclamation politique du conseil d'Etat, un respectable ministre, le pasteur de Ballaigues, a été apostrophé dans la rue, par un membre du grand-conseil, à peu près en ces termes : Vous êtes un mauvais citoyen; vous avez ajouté hier, à la lecture de la proclamation du conseil d'Etat, des réflexions que vous n'aviez pas le droit d'ajouter. — Mais, Monsieur, qui êtes-vous pour me parler ainsi? — Je suis membre du gouvernement; et vous, vous êtes employé; vous devez exécuter tous les ordres que vous transmet le conseil d'Etat. — Mais, Monsieur, ces ordres étoient contraires à la loi.

— Nous sommes en révolution ; *il n'y a plus de* ~~tout~~ , vous devez le savoir. Du reste , nous serons bientôt débarrassés de vous , ainsi que de toute cette *canaille de ministres,* etc., etc.   (*Indépendant.*)

REVUE POLITIQUE.

Les événemens sont très peu courtisans à cette heure. Tandis que Leurs Majestés les reines constitutionnelles d'Espagne prennent les bains à Mondragon, et préparent, au milieu des fêtes, d'autres fêtes aux princes et princesses de la maison d'Orléans, qui doivent les visiter à Pampelune, les *ayacuchos* excitent des émeutes, et remettent Madrid dans cet état de bouleversement populaire si ordinaire à ce volcan espagnol. C'est là du travail nouveau pour le cabinet Narvaez et Martinez de la Rosa. Ces hommes d'État et d'épée, qui devoient ramener l'union et la paix dans leur malheureux pays, usent leur première énergie contre des difficultés toujours renaissantes. La conclusion des affaires religieuses avec la cour de Rome est suspendue ; le mariage de la reine Isabelle, entrepris, quitté et repris mille fois diplomatiquement, et toujours dans le sens révolutionnaire , se montre plus retardé que jamais. Aussi l'anxiété, malgré les fêtes de la Biscaye, est dans tous les esprits; on ne sait plus qu'attendre ou redouter en Espagne, excepté peut-être le calme, l'ordre et la paix bien constitués.

La reine de la Grande-Bretagne ou des trois Royaumes-Unis, accompagnée de son █████, remonte et redescend les bords du Rhin au milieu des joies et des █████ lui font les princes et les populations de ces contrées de l'Allemagne ██████ les fêtes de nuit, sur ces eaux majestueuses qui virent les triomphes guerriers de Louis XIV. et de Napoléon, le disputent aux magnificences déployées au grand jour. Cela signifie, disent les hauts bonnets politiques, que désormais l'Angleterre et l'Allemagne s'unissent pour une alliance commerciale, puisque l'autre, celle qu'on nommoit *sainte-alliance,* a fait son temps. C'est-là le couronnement de ████ des intérêts matériels et du bien-être des peuples en ce temps de paix g████. Non, répondent des opposans qui se croient plus perspicaces, MM. de M█████ich et Aberdeen ne veulent constater, dans ces ovations et ces courses d'agrément préparées à la reine Victoria en Allemagne, que l'isolement du gouvernement français dans le concert des puissances européennes. En attendant, Sa Majesté d'Angleterre assiste et participe à un bal donné dans une immense prairie de la principauté de Cobourg, aux enfans et à toute la jeunesse du pays. Les journaux font même remarquer que ses mains royales ont prodigué aux plus jeunes enfans les caresses, les friandises et les bonbons. Aussi l'enthousiasme de ce pays de Cobourg est-il monté presque jusqu'à l'ivresse. Cependant, en Irlande, on meurt de faim; les orangistes préparent le réveil des passions fanatiques qui ont jadis ajouté tant de calamités aux misères de ce pays, et l'Ecosse voit le comté de Fife-Kirkaldy devenir la proie de ces émeutes dévastatrices qui , de temps à autre , annoncent à l'Angleterre que le *paupérisme* et la misère de la *classe ouvrière* sont des plaies de plus en plus effrayantes.

Que faut-il dire encore de la position du roi de Saxe et de son estimable frère, le prince Jean , tous deux si pacifiques et sincères catholiques , en présence de leurs sujets presque tous protestans? Comment faire comprendre les embarras politiques et religieux du roi Othon, catholique aussi, mais livré aux tiraillemens politiques des partis et des influences extérieures, dans ce royaume de Grèce qui a consumé et dévore encore tant de millions fournis par la France, et où cependant les catholiques sont à la merci de ce *saint sygode* grec schismatique, auquel la constitution civile vient d'imposer une hiérarchie? On diroit que le nouveau royaume, dont Athènes est la capitale, établi et soutenu par les armes des puissances chrétiennes, veut faire regretter aux catholiques de ce pays la domination et le joug ottoman. Pourtant, en fait de bonheur premier et de gouvernement régulier, on ne peut rien emprunter à la Sublime-Porte en ce moment. Les misères et la désolation du Mont-Liban s'expliquent peut-être par toutes les révolutions du grand serail de Constantinople.

Mais si l'on veut considérer un potentat dont la politique, comme la puissance, offre à nos publicistes européens et constitutionnels autant de sujets d'étonnement que de mécomptes, il n'y a qu'à fixer avec un peu d'attention la vie et l'action de l'empereur Nicolas. Tout ce qu'on entreprend en diplomatie, en industrie en beaux-arts en Europe, le *barbare du Nord*, comme l'appellent certains journaux, le tente avec succès dans ses Etats et dans des proportions immenses. Ses armées n'ont pas d'égales, au moins pour le nombre; la discipline et la stratégie y sont en vigueur, de manière à ne le céder en rien aux troupes européennes les mieux exercées. Le terrible maître de la malheureuse Pologne toujours persécutée dans sa nationalité et sa croyance, éprouve lui aussi des mécomptes poignans, non-seulement par ses récens chagrins de famille, mais encore dans sa guerre avec les habitans du Caucase. On va même jusqu'à prédire qu'un autre Varus doit au-delà de Dargo, trouver avec les légions russes un tombeau non moins sanglant et non moins funeste.

Toutefois, afin de se distraire et aussi dans le but de montrer qu'il peut dépasser tout ce que le prosélytisme religieux des autres nations a pu produire de nos jours, l'empereur Nicolas vient de donner un spectacle tout-à-fait merveilleux de conversion à sa religion orthodoxe. Toute une légion de nouvelles recrues composée de Juifs a été baptisée à Saratow, et reçue dans le sein de l'Eglise russe. Les détails de cette cérémonie sont une nouvelle preuve que, soit qu'il envoie en Sibérie, soit qu'il introduise dans l'Eglise dont il est le chef suprême, cet empereur ne procède que par des masses.

On lit dans un journal allemand la correspondance suivante de la frontière de la Russie, le 30 juillet:

« Le 4 juin dernier, les habitans de la ville de Saratow sur le Volga, ont été, pour la seconde fois cette année, témoins d'une solennité sacrée, dont presque aucune ville européenne n'offriroit le spectacle. 130 recrues de la foi mosaïque, qui avoient rejoint leur bataillon à la fin de mai, avoient manifesté le vœu d'entrer dans le giron de l'Eglise orthodoxe grecque, et de recevoir le baptême. De grand matin, on commença la liturgie dans la cathédrale. Les israélites qui attendoient le saint baptême s'étoient placés derrière l'église, au portail situé vers l'occident, les prescriptions de la religion grecque ne leur permettant pas encore d'entrer dans le sanctuaire. La liturgie finie, ils se placèrent en deux rangs devant l'église et se rendirent vers la rivière. Une procession les suivit de près, avec toute la pompe que l'Eglise grecque déploie en ces sortes d'occasions. La place devant l'église et les rives du Volga étoient couvertes de curieux. On y

voyoit toutes sortes de physionomies et de costumes, la ville de Saratow étant
habitée par les races d'hommes les plus diverses et par les croyans de toutes les
religions possibles de l'orient et de l'occident. Après avoir été baptisés, les cent
trente israélites sont entrés à l'église au son de toutes les cloches. »

<hr/>

NOUVELLES ET FAITS DIVERS.
INTÉRIEUR.

PARIS, 29 août. — Sur la proposition de M. le président du conseil, ministre
de la guerre, le roi a rendu, le 24 août, une décision qui règle ainsi qu'il suit le
gouvernement de l'Algérie pendant l'absence de M. le maréchal Bugeaud :

« Conformément à l'article 58 de l'ordonnance royale du 15 avril 1845, M. le
lieutenant-général Juchault de Lamoricière sera gouverneur-général de l'Algérie,
par intérim, pendant l'absence de M. le maréchal duc d'Isly, autorisé à venir en
France à compter du 1er septembre.

» Comme gouverneur-général par intérim, M. le lieutenant-général de Lamoricière sera investi des pouvoirs de gouverneur-général, et en exercera les fonctions telles qu'elles sont définies au tit. III, chap. 1er, de l'ordonnance précitée. »

— On lit dans le *Constitutionnel* sous ce titre : UN DÉSAVEU DE PLUS:

« On sait que M. Cécile, de concert avec M. de Lagrenée, avoit négocié l'achat
de l'île de Basilan, à la suite du meurtre qui avoit été commis dans cette île sur
la personne de M. Ménard. Nous avons fait connoître les conditions de cette négociation. Le ministère paroît avoir refusé de les ratifier.

» M. Paris, capitaine de corvette, commandant du bâtiment à vapeur l'*Archi-
mède*, vient de partir pour rejoindre à Suez son bâtiment, et pour porter à l'amiral Cécile la notification de ce refus.

» Mais, si nous sommes bien informés, l'amiral s'attend fort peu à cette conclusion; ne doutant pas de l'adhésion du gouvernement, il auroit même déjà fait
prendre possession des lieux.

» Nous n'avons jamais cru qu'il y eût le moindre intérêt pour la France à posséder une île de pirates au milieu de l'archipel Soulou, et nous ne ferons point
de querelle au ministère pour ce refus. Mais il est certain que l'amiral Cécile n'a
agi que conformément à des instructions générales qu'il avoit reçues, et qui
étoient analogues à celles qu'avoit emportées l'amiral Dupetit-Thouars en partant pour l'Océanie. C'est donc une nouvelle inconséquence du ministère et un
désaveu de plus pour nos agens. Celui-là du moins n'a pas lieu sous le coup de
la menace. »

— Par ordonnance royale, en date du 25 août, M. le baron de Nervo, receveur
du 8e arrondissement de Paris, est nommé receveur-général du département de
l'Ariége.

— M. Guizot est attendu samedi à Paris.

— M. Legrand, sous-secrétaire d'État au ministère des travaux publics, est
de retour à Paris.

— M. Thiers est parti pour l'Espagne. Il se propose de visiter tous les lieux
rendus célèbres par les faits d'armes de l'empire.

— On se rappelle que, sous prétexte d'une violation de territoire, cinq de nos
compatriotes, parmi lesquels figure un maire de la frontière, ont été arrêtés par
des Espagnols dans la vallée de Zalazar, dont la propriété est contestée. Ils sont
toujours détenus à Aoïz, où ils ont été mis à la disposition du juge de 1re instance, qui instruit contre eux. Le préfet des Basses-Pyrénées les a réclamés

trois fois, sans que les autorités espagnoles voulussent consentir à les mettre en liberté.

— On a appris le 6, à Blidah, que les Beni-Mezab, qui avoient quitté Alger il y a un mois pour reporter dans leurs familles les économies qu'ils avoient faites, ont été arrêtés en route par les Ouled-Nahil, habitués au pillage, et sont rentrés chez eux dépouillés de tout leur avoir. Peu de jours après, les Ouled-Nahil s'étant rendus à Hardaya et à Beni-Esguim, villes des Beni-Mezab, ces derniers se sont emparés de toutes les marchandises qu'ils apportoient, ainsi que de leurs chameaux, leur déclarant que tout leur seroit rendu exactement lorsqu'ils auroient eux-mêmes remis ce qu'ils avoient volé. La restitution a eu lieu au bout de deux jours, et chacun est redevenu maître de son bien.

— Le *Moniteur* annonce que le roi a nommé instituteur de Mgr le duc de Chartres M. Courgeon, professeur d'histoire au collège royal de Saint-Louis.

— Comme le tribunal de commerce de la Seine, le conseil des prud'hommes de Paris ne prendra pas de vacances.

— Une querelle de compagnonnage étant survenue mardi sur le champ de foire de la commune des Batignolles entre des garçons maréchaux-ferrans, appartenant à deux devoirs différens, l'un les *Enfans de Salomon*, et l'autre les *Gamins*, une rixe violente a eu lieu. Par les soins de M. le commissaire de police des Batignolles, cinq des principaux acteurs de cette scène de violence ont été arrêtés et envoyés au dépôt de la préfecture de police.

— Il vient d'être jugé par le tribunal civil de la Seine, que l'acte par lequel une personne s'engage à user de son influence pour faire réussir le mariage d'une autre personne, moyennant la promesse qui lui est faite d'une certaine somme d'argent, à titre de rémunération de ses services, est un acte essentiellement immoral et nul, qui, comme tel, ne peut entraîner aucune condamnation contre celui qui a souscrit l'obligation, alors même que le mariage a eu lieu.

— On voit en ce moment au Conservatoire des Arts et Métiers deux instrumens d'un grand prix pour les archéologues : ce sont le tour dont se servoit Louis XVI, qui étoit excellent tourneur, et le balancier de Vaucanson, avec lequel on frappa des assignats en quantité sous la république française.

— M. Philippe de Girard, l'inventeur de la filature du lin à la mécanique, est mort mardi dernier.

— M. André Dubergne, cousin-germain de Desèze, défenseur de Louis XVI, est mort à Compiègne le 16 de ce mois. M. Dubergne a été procureur impérial à Bapaume jusqu'à la chute de l'empire. Rentré dans la magistrature en 1818, il est resté président du tribunal civil de Rambouillet pendant vingt-deux ans.

— Le 1er juin dernier, jour de la Fête-Dieu, la procession de la Chapelle-Gautier, petite commune des environs de Melun, se rendoit, en grande pompe, au Calvaire élevé sur l'un des bas-côtés de la grande route de Paris à Provins. Arrivée à cet endroit la procession s'arrêta, et le clergé s'approcha de l'autel, tandis que la foule des fidèles demeura dispersée, partie sur le côté opposé de la route, partie sur la chaussée, où se tenoient agenouillés un grand nombre de fidèles attendant la bénédiction du prêtre.

En cet instant, une voiture s'avançoit au pas sur le milieu de la chaussée, essayant de passer outre. Cette voiture étoit conduite par la dame David, meunière à Bréau. Quelques personnes, choquées de cette inconvenance, voulurent lui barrer le passage ; l'une d'elles retint même son cheval par la bride ; mais la dame David, alléguant qu'elle n'avoit pas de temps à perdre, fouetta son cheval avec impatience, et continua sa route. Cette insistance causa un assez vif mécontentement dans la foule, et la cérémonie fut troublée un instant par le désordre qui en résulta.

Traduite pour ce fait devant le tribunal correctionnel de Melun, la délinquante y fut condamnée à six jours de prison.

La dame David a interjeté appel de cette sentence devant la cour royale de Paris (chambre des appels, présidée par M. Moreau). Elle se présentoit hier à l'audience, en manifestant un profond repentir. Son défenseur a invoqué en sa faveur les plus honorables certificats délivrés par le maire et les principaux habitans de la commune de Bréau, où elle réside depuis dix-huit ans. La cour, néanmoins, a purement et simplement confirmé la sentence des premiers juges.

— On écrit de Doullens (Somme) :

« Le maire de la commune de Beauval vient de prescrire à tous les aubergistes et cabaretiers de ne plus servir de pommes de terre aux voyageurs et aux habitans. Cette disposition, qui a pour but de sauve-garder la santé publique, a été nécessitée par plusieurs cas de maladies graves, qui se sont présentés chez des personnes qui avoient mangé des pommes de terre de l'année, attaquées, comme on le sait, d'une maladie qui s'est d'abord manifestée en Belgique, puis dans le département du Nord, dans celui de la Seine-Inférieure, et qui enfin se montre sur tous les points de notre département. »

— On écrit de Niort que M. de Rohan a comparu le 22 août devant la cour d'assises des Deux-Sèvres, comme prévenu de distribution d'emblèmes séditieux, le portrait de Henri V.

Après la chaleureuse défense de Me Giraud, M. de Rohan a été acquitté par le jury.

— Un jeune homme, nommé Ducrot, du Quesnoy, dont la conduite a toujours été irréprochable, vient de se dévouer de la manière la plus délicate, par pur amour filial. Ses parens, par suite de malheurs, se trouvant ruinés et obligés d'abandonner leur commerce, par conséquent sur le point de tomber dans la misère, Ducrot n'a pas hésité à aliéner sa liberté pour les sauver. Il a remis entre les mains des créanciers de son père les sommes qui leur étoient dues, et a laissé à ses parens ce qui restoit sur le prix de son remplacement, ne se réservant pas un centime et se contentant de son indemnité de route pour rejoindre son corps à Draguignan, à l'autre extrémité de la France.

Comme ce jeune homme est fort rangé et sage, et que les autorités civiles et militaires lui ont remis des attestations honorables, il est plus que probable que le 13e léger, qu'il va rejoindre, l'accueillera avec bienveillance.

(*Mémorial de la Sarthe.*)

— La salle d'artifice de la citadelle d'Arras a fait explosion lundi dernier; aucun ouvrier heureusement n'étoit dans la salle, et les bâtimens seuls ont été endommagés.

INCENDIE A LYON. — Un bizarre accident a failli amener la destruction du pont de Nemours, qui s'achève en ce moment à Lyon.

Le 24 au soir, une fusée, partie de l'une des maisons de campagne qui bordent la Saône, est venue mettre le feu à un bateau de foin, amarré sur le quai Sainte-Marie-des-Chaînes, rive gauche de la Saône. On a d'abord essayé de jeter à l'eau la partie du fourrage où le feu s'étoit mis, mais entraîné par le fil de l'eau, celui-ci a communiqué l'incendie à la partie de la charge qui dépasse le bord du bateau et forme une frange qui touche le niveau de la rivière.

Dès-lors, l'embrasement est devenu général et impossible à maîtriser : il s'est communiqué à un bateau voisin, et, pour prévenir la propagation du fléau aux bateaux stationnés dans le voisinage, on a coupé les amarres de ceux qui étaient devenus la proie des flammes, et on les a abandonnés au courant de la rivière.

L'un d'eux s'est arrêté près du port de Neuville, où il a continué à brûler toute la nuit. L'autre, entraîné par le fil de l'eau, et transformé en une masse ardente, a descendu majestueusement la rivière. Il a passé sous la passerelle Saint-Vincent et sous le pont suspendu de la Feuillée sans leur causer le moindre dommage. Enfin, il est venu donner avec fracas contre l'arche orientale du pont de Nemours, dont la clé a été posée il y a trois semaines environ.

La violence du choc a entraîné l'appareil flottant composé de deux bateaux reliés ensemble par un plancher, et le bâtiment en dérive a traversé l'arche du pont et est allé s'arrêter un peu plus bas sur le banc de gravier qui occupe le milieu du lit de la rivière. Mais en passant, il a mis le feu à la charpente des cintres, qui s'est embrasée tout entière en un clin-d'œil, et qui s'est consumée en un quart d'heure avec une flamme vive et pétillante, jusqu'à ce que ses étais étant minés, elle se soit écroulée dans la rivière. Quant au bateau de fourrage, il a continué à brûler, au milieu de la rivière, où, pendant toute la nuit, il a présenté l'aspect d'une montagne de feu.

L'arche du pont de Nemours, qui a été exposée à l'action du feu, a été fort endommagée. Le calcaire dont elle se compose a été assez profondément calciné : dans toute la partie supérieure de la voûte, les angles en sont écornés et fendus. On n'a pas encore pu décider si la détérioration a été assez considérable pour rendre indispensable la reconstruction partielle de cette arche; mais elle devra nécessiter au moins des réparations d'une nature difficile et délicate.

EXTÉRIEUR.

ESPAGNE. — La tranquillité est rétablie dans la capitale du royaume; cependant le mécontentement est général. Tous les habitans de Madrid s'accordent à donner des éloges à M. *Arteta*, chef politique, qui, par sa fermeté et sa prudence, a évité plusieurs catastrophes qui sembloient imminentes.

— On écrit de Barcelone, à la date du 22 août, que les prisonniers détenus dans la citadelle, par suite des désordres amenés par le recrutement, ont été mis en liberté.

— On écrit d'Alicante que des ennemis du curé ont versé du poison dans les burettes dont le prêtre se sert pour dire la messe; ils se sont introduits dans la sacristie pour commettre ce crime. Heureusement le sacristain, au moment de mettre l'eau dans le calice, s'aperçut que la couleur du liquide n'étoit pas naturelle, et il en prévint le curé. La messe fut interrompue, on procéda à l'analyse du liquide : il en résulta la preuve de ce crime affreux.

ÉCOSSE. — On écrit de Kirkaldy, dans le comté de Fife, le 21 août :

« Des troubles assez sérieux ont éclaté, non loin d'ici, dans la nuit de mercredi à jeudi. Depuis les dernières émeutes de 1842, une compagnie de soldats avoit été cantonnée à Dunfermline; mais, il y a environ un mois, ils ont reçu l'ordre de rentrer dans leurs quartiers, malgré les vives instances des autorités locales, qui craignoient un soulèvement. En effet, mercredi soir, le peuple s'est rassemblé dans les rues de Dunfermline, et, parcourant toute la ville au son du tambour, il n'a pas tardé à réunir un grand nombre d'ouvriers et de gens sans aveu. La foule compacte s'est aussitôt dirigée vers les magasins de M. Alexander, qu'elle a assaillis à coups de pierres, brisant tous les carreaux et causant un grand dommage. La police accourut immédiatement sur les lieux; mais elle n'étoit pas en force, et le prévôt, ayant voulu arracher le tambour de celui qui marchoit à la tête du mouvement, fut renversé d'un coup de bâton.

» De là les émeutiers se rendirent à la maison d'habitation de M. Alexander, alors endormi; ils assaillirent cette demeure, forcèrent les portes, et, pénétrant dans les appartemens, mirent le feu aux meubles et aux effets qui s'y trouvoient. M. Alexander, sa femme et ses cinq enfans, réfugiés d'abord dans les combles, parvinrent à s'enfuir, presque nus, et à sauver leur vie, non sans éprouver encore la violence de quelques ouvriers qui, s'étant aperçus de leur fuite, les poursuivirent jusque dans une maison de campagne voisine. La foule, après avoir dévasté leur demeure, se dispersa et rentra dans la ville. Un détachement de dragons, mandé sur-le-champ à Edimbourg, est arrivé ce matin au galop; des postes ont été placés partout, et après de nombreuses arrestations, le calme a été rétabli.

» On attribue ce soulèvement à une rancune que les ouvriers portoient depuis long-temps à M. Alexander, qui avoit refusé de signer un compromis conclu entre tous les manufacturiers en 1843 et 1844 pour fixer le salaire des ouvriers. »

SUISSE. — On écrit de Zurich, 25 août, que le conseil exécutif a résolu, à la majorité de 9 voix contre 5, d'accorder au docteur Steiger le droit de bourgeoisie, et de lui faire remise des droits à payer, qui sont de 100 fr. de Suisse.

ALLEMAGNE. — La reine Victoria est arrivée dans les Etats du prince son beau-père. Voici quelques détails sur son séjour à Cobourg, que nous empruntons à la correspondance particulière du *Galignani's Messenger* :

« La reine d'Angleterre est arrivée le 19. Elle a trouvé à la frontière un arc de triomphe richement décoré, et quatre-vingt-dix demoiselles en robes blanches et parées d'écharpes vertes, qui lui ont présenté chacune un morceau de poésie et des fleurs.

» Le duc et la duchesse sont allés s'établir au palais ducal, à Cobourg; ils ont abandonné leur résidence d'été, le château de Rosenau, à la reine et à son époux. Ce château est bâti sur une petite éminence, à une lieue de la ville. De la chambre à coucher, la vue découvre le parc et les montagnes de la Thuringe qui dominent à l'horizon. On assure que cette chambre est précisément celle où le prince Albert est venu au monde. Le château est environné d'un immense parterre plein de roses et de plantes exotiques. Les appartemens sont ornés avec goût et élégance.

»L'étiquette royale a été complétement mise de côté; il n'y a autour du château ni grilles ni sentinelles. Les paysans des environs et les braves bourgeois de Cobourg peuvent approcher tout à leur aise jusqu'au château; mais leur curiosité, quelque empressée qu'elle soit, ne devient jamais indiscrète; ils usent, mais ils n'abusent pas de la permission dont ils jouissent.

»En face de Rosenau s'élève la forteresse de Cobourg, dont une partie est maintenant convertie en prison. On trouve encore dans cette antique résidence les portraits des anciens ducs de Cobourg qui y résidoient, et une très-belle collection d'armes antiques, dans laquelle figurent plusieurs pièces données par S. M. Louis-Philippe. »

— LL. MM. la reine Victoria, le roi et la reine des Belges et le prince Albert, partiront le 27 de Cobourg pour Gotha, afin d'y passer quelques jours. Pendant le séjour de LL. MM., des fêtes seront données à l'occasion de leur présence.

C'est pour la première fois que le roi des Belges revoit son pays, depuis quatorze ans qu'il règne en Belgique.

Le roi et la reine des Belges devanceront la reine Victoria et le prince Albert de quelques jours. Ils seront de retour à Bruxelles pour le commencement du mois de septembre.

PRUSSE. — Les habitans de Cologne ont présenté la pétition suivante au roi de Prusse, le 16 de ce mois :

« Sire, les soussignés croient répondre aux sentimens élevés de Votre Majesté, en exprimant un désir conforme au besoin généralement senti : celui d'obtenir de la haute sagesse de Votre Majesté, les bases fondamentales d'une représentation générale du peuple, que vos loyaux sujets attendent impatiemment. Les bourgeois désirent obtenir une plus grande participation dans leurs affaires; ils sollicitent l'autorisation d'élire librement leurs conseillers municipaux et leurs bourguemestres. Pendant les trente dernières années, les bourgeois ont attendu cette faveur qu'ils savent être dans les intentions du gouvernement de Votre Majesté. »

RUSSIE.—Des lettres de Saint-Pétersbourg, du 2/14 août, arrivées au Havre, font mention d'un nouveau bulletin de l'armée du Caucase, commandée par le comte de Worontzoff Il y rend compte de la prise de *Dargo*, résidence de Schámyl, qui ayant été défendue par vingt-six barricades formées d'arbres abattus, a coûté fort cher aux Russes, chacune d'elles ayant dû être enlevée à la baïonnette. On cite parmi les tués deux généraux et beaucoup d'officiers blessés.

La prise de Schamyl, l'Abd-el-Kader du Caucase, eût été plus avantageuse pour les armées russes que celle de sa résidence, qui rappelle l'expédition de la Smala.

— La *Gazette de Breslau* prête à l'empereur de Russie ces paroles, qu'il auroit adressées aux élèves des colléges de Varsovie :

« Je vous connois tous ; vous ressemblez à vos parens révolutionnaires ; je sai dans quels principes vous êtes élevés ; mais gardez-vous bien de les mettre en pratique, car je vous enverrois dans un lieu où vous vous souviendriez de moi ! »

Les jeunes gens, ajoute le journal prussien, écoutèrent ce discours en tremblant, et en tremblant ils se retirèrent.

TURQUIE.—Constantinople, 6 août. — Le 31 juillet, les ambassadeurs des cinq grandes puissances se sont réunis à Boujoukdéré, chez M. le baron Sturmer, internonce d'Autriche, pour délibérer sur la réponse à faire à la note officielle qui leur avoit été remise de la part de la Porte ottomane, pour leur annoncer le départ de Shekib-Effendi pour la Syrie, à l'effet d'y rétablir la tranquillité. Les ambassadeurs ont, dit-on, approuvé le projet de la Porte, et l'ont invitée à l'exécuter avec énergie.

Le duc de Montpensier est attendu ici le 10 ou le 20 août.

La destitution de Riza-Pacha est considérée comme ayant d'autant plus d'importance que dans cette circonstance le sultan a agi spontanément.

Le Gérant, **Adrien Le Clere.**

BOURSE DE PARIS DU 29 AOUT 1845.

CINQ p. 0/0. 121 fr. 50 c.	Quatre canaux 1285 fr. 00 c.
TROIS p. 0/0. 84 fr. 00 c.	Caisse hypothécaire. 610 fr. 00 c.
QUATRE p. 0/0. 000 fr. 00 c.	Emprunt belge. 5 p. 0/0. 000 fr. 0/0.
Quatre 1/2 p. 0/0. 000 fr. 00 c.	Emprunt romain. 104 fr. 1/8.
Emprunt 1841. 00 fr. 00 c.	Rentes de Naples. 000 fr. 00 c.
Oblig. de la Ville de Paris. 0000 fr. 00 c.	Emprunt d'Haïti. 000 fr. 00 c.
Act. de la Banque. 3285 fr. 00 c.	Rente d'Espagne. 5 p. 0/0. 35 fr. 7/8.

PARIS. — IMPRIMERIE D'ADRIEN LE CLERE ET C°, rue Cassette, 29.

LA RÉFORME CONTRE LA RÉFORME,

OU RETOUR A L'UNITÉ CATHOLIQUE PAR LA VOIE DU PROTESTANTISME,

Traduit de l'allemand de Hœninghaus, par MM. W. et S., précédé d'une introduction par M. Audin. — 2 vol. in-8°.

Dès l'origine de la réforme, les hommes éminens dans l'Eglise par leur savoir et la pénétration de leur esprit, avoient compris et annoncé que les conséquences du principe du libre examen, qui sert de base à l'édifice du protestantisme, aboutiroient infailliblement à la ruine de toute religion révélée. Cette vérité qui, dans les commencemens, n'étoit saisie que par les esprits les plus avancés, a fini par devenir manifeste aux yeux de tous, et dans les temps actuels, elle est devenue un fait de la dernière évidence, même pour les moins clairvoyans. Pour cela il a suffi de laisser le temps amener tout seul le simple développement du principe erroné qui a signalé le point de départ du schisme du XVI siècle.

Souvent déjà des écrivains catholiques, à la suite de l'immortel auteur des *Variations,* avoient constaté dans les écrits ou dans la situation des Eglises dissidentes une tendance plus au moins prononcée vers leur dissolution prochaine. Mais ce que nous étions loin de prévoir, c'est qu'un écrivain protestant, grave et sérieux, profondément affligé de l'anarchie qui règne dans toutes les églises disséminées et particulières du protestantisme, vînt lui-même dévoiler au monde chrétien le scandale de ces dissensions intestines, et dénoncer la mort qui les a déjà atteintes pour la plupart. Jamais la réforme n'a été attaquée aussi vigoureusement que dans l'ouvrage de Hœninghaus. En effet, il met à contribution, parmi les auteurs protestans, les plus célèbres et les plus connus. Ce sont leurs aveux, leurs propres déclarations qu'il a extraits de leurs ouvrages, qu'il a réunis pour en former un tableau parlant, qui accuse le mal fait autrefois à l'unité chrétienne par le funeste schisme de Luther, et les déplorables ravages qu'il a exercés depuis cette fatale époque. Il est très-curieux de voir un partisan, un adepte de la réforme, avec les écrits des seuls protestans, établir et démontrer que le protestantisme n'a jamais pu constituer une Eglise véritable; que le mal qu'il a fait, il est impuissant à le réparer; que jamais on n'auroit dû abandonner la tradition; que les vérités de foi enseignées par le catholicisme remontent jusqu'aux temps apostoliques; qu'il n'y a de salut possible que dans le retour à l'Eglise catholique, etc.

M. Audin, si honorablement connu dans le monde religieux par ses savantes et consciencieuses recherches sur Luther et Calvin, couron-

nées d'un bien juste succès, et qui semble avoir reçu du ciel la mission
et le don de mettre à nu les plaies du protestantisme, tout en en montrant le remède, M. Audin nes'est pas contenté de nous faire connoître le
remarquable ouvrage de Hœninghaus, par une édition et une traduction
française; il s'est en quelque sorte idendifié avec l'auteur, et tellement
approprié le sujet que traite l'écrivain allemand, qu'il nous en donne
une analyse claire et fort détaillée. C'est-là ce qui sert d'introduction
à l'ouvrage. La lecture de cette analyse ne peut qu'initier parfaitement au plan et au travail de l'auteur, et en laisser dans l'esprit un résumé complet.

L'ouvrage de Hœninghaus ne comprend guère au-delà de onze chapitres. L'auteur commence par faire connoître l'état actuel du
protestantisme dans les différentes contrées qui ont embrassé la
réforme; et, de cet examen consciencieux, il arrive facilement
à cette conclusion que le protestantisme ne forme pas une Eglise
véritable, qu'il n'offre nulle part d'unité de doctrine; qu'il ressemble à un ver coupé en morceaux, dont chacun s'agite et remue
tant qu'il lui reste quelque chose de la première impulsion vitale,
mais qui perd enfin insensiblement ce reste même de vie tronquée. Ce n'est plus qu'une agrégation de plusieurs églises d'opinions
différentes sans lien intérieur ni extérieur qui les réunisse en une seule
communion; il ne sauroit en effet y avoir d'union entre eux, puisque
partout ce sont des dogmes différens, des principes divers.

Après avoir énuméré les différentes sectes répandues sur le continent
de l'Europe, il continue ainsi : « La population d'Amérique est parta-
» gée en d'innombrables fractions religieuses. Outre les Episcopaux, les
» Presbytériens, les Calvinistes, les Baptistes, les Quakers, les Swéden-
» borgistes, les Universalistes, les Junkers, etc., il y a une infinité de pe-
» tites sectes qui dérivent des principales, et dont chacune a sa hiérar-
» chie. Les catholiques seuls ont su se préserver de ces déchiremens inté-
» rieurs … Les missionnaires protestans qui sont envoyés chez les peu-
» ples idolàtres contribuent encore à répandre les divisions religieuses;
» l'un les instruit dans l'esprit des baptistes, l'autre dans celui des mé-
» thodistes; un troisième en fait des hernhutes, le quatrième des qua-
» kers, le cinquième des calvinistes, le sixième de rigides luthériens; le
» septième fait appprendre par cœur aux ames confiées à ses soins les
» trente-neuf articles de l'Eglise anglicane, et chacun agit dans l'es-
» prit de sa secte. »

Les docteurs des Eglises protestantes se contredisent sur les points les
plus importans de la religion (ce sont toujours des écrivains protestans
que fait parler Hœninghaus) : ainsi, par exemple, l'un vous dira que

le péché originel est un article de foi fondamental, qui a la plus intime liaison avec des croyances sans lesquelles la foi ne peut être conservée, telles que la doctrine de la grâce, celle de la nécessité des œuvres, de la révélation et de la rédemption; un autre enseignera que dans l'esprit progressif de l'Eglise évangélique, le dogme du péché originel est abandonné, comme n'étant pas fondé sur l'Ecriture, et comme contraire au développement de l'esprit chrétien Vous entendrez l'un soutenir que le baptême est nécessaire, et que par le baptême nous devenons enfans de Dieu; tandis qu'un autre voudra que la cérémonie du baptême ne soit autre chose que la représentation figurée de notre entrée dans l'Eglise chrétienne. Les dogmes les plus essentiels du christianisme, tels que celui de la sainte Trinité, de la résurrection des corps, du jugement dernier, des peines éternelles de l'enfer, sont admis par les uns et rejetés par les autres.

Dans le chapitre IV, Hœninghaus prouve que le seul remède aux maux qui dévorent le protestantisme, seroit le retour au système catholique de l'infaillibilité de l'autorité. En effet, une fois la révélation admise, une fois la Bible reçue, lorsqu'on part dans la religion d'un principe surnaturel, il faut nécessairement reconnoître que la divinité qui a daigné accorder à l'homme une révélation, aura aussi eu soin que le sens de cette révélation ne fût pas abandonné au jugement arbitraire des hommes. L'énonciation seule de doctrines qui doivent rester supérieures au contrôle de la raison, suffit pour écarter comme impossible l'arbitrage de cette faculté humaine dans leur interprétation. Car si Dieu a réellement révélé ces doctrines comme des vérités indispensables au salut, leur interprétation ne peut appartenir qu'à un corps enseignant toujours guidé par l'assistance du Saint-Esprit : l'Ecriture seule, sans autorité pour en fixer le vrai sens, ne sauroit être un guide sûr et infaillible, parce qu'elle admet autant d'interprétations particulières qu'il y a d'intelligences diverses. A l'appui de ces vérités d'observation, Hœninghaus cite plusieurs passages d'auteurs protestans qui les confirment en termes aussi positifs que le pourroient faire des théologiens catholiques. L'un dit : *L'Eglise protestante n'est qu'un tronçon et restera toujours tronçon.* Un autre : *Nous ne sommes qu'un anneau rompu de l'Eglise catholique.* Et encore : « Rien au monde de plus respectable que la décision d'un concile vraiment œcuménique..... Si le Christ est pendant tous les siècles avec son Eglise, il n'a pas pu permettre que dans de telles assemblées une décision contraire à la foi ait jamais été prise. L'ŒUVRE DES PÈRES VÉNÉRABLES RÉUNIS A TRENTE EST LA CONSÉCRATION DE LA DOCTRINE DE L'ÉGLISE PUISÉE DANS L'ÉCRITURE SAINTE ET DANS LA TRADITION APOSTOLIQUE. »

Un des plus intéressans chapitres du livre d'Hœninghaus est le viie, où l'auteur fait l'histoire de la réforme. Nous la retrouvons, il est vrai, telle que nous l'ont transmise nos historiens catholiques ; mais on aime à lire toute la vérité sur des événemens aussi importans, dans un auteur protestant, qui puise à des sources protestantes. Les curieuses révélations auxquelles ces témoignages non suspects donnent un degré de crédit tout-à-fait irrécusable, servent à mieux faire comprendre la rapidité des succès étonnans qui ont accompagné les premiers essais de la réforme : on voit combien les passions des princes et des peuples trouvèrent une libre carrière pour se satisfaire, sans éprouver le moindre obstacle. M. Audin, dans son introduction, s'étend volontiers sur cette partie de l'ouvrage ; il aura senti le coup mortel que ces détails portent au protestantisme : nous allons en citer un extrait qui mettra nos lecteurs à même de juger de l'intérêt que Hœninghaus a su jeter sur son sujet.

« Les historiens qu'analyse l'auteur, dit M. Audin, semblent, dans leur récit des triomphes de la réforme en Allemagne, avoir eu devant les yeux cette phrase de Luther : LES BEAUX RAYONS D'OR DE NOS OSTENSOIRS ONT FAIT PLUS DE CONVERSIONS QUE TOUS NOS SERMONS.

» Les biens du clergé offroient aux Electeurs une riche proie : chaque sécularisation d'un couvent leur valoit des prés, des vignes, des forêts, des terres, des menses abbatiales, des bibliothèques, des tombeaux souvent garnis de pierres précieuses. Aujourd'hui, si vous parcourez l'Allemagne, vous êtes tout étonné de trouver dans les musées de certains princes évangéliques des chasubles tissées de soie, des calices en vermeil, des soleils d'or. Pour devenir possesseurs de ces trésors, ils n'avoient besoin que de prononcer ces quatre mots : Je crois à Luther. Le credo de saint Athanase donnoit le ciel aux chrétiens du temps d'Arius ; le credo wittembourgeois, au temps de Luther, donnoit des abbayes aux Electeurs saxons...

» En Angleterre, c'est aux morts que la réforme déclara d'abord la guerre. L'Angleterre étoit le pays des tombeaux, des tombeaux couverts de pierreries : or, dit ici l'historien, les séides de Henri VIII auroient ruiné le sépulcre du Rédempteur, s'ils avoient été sûrs d'y trouver quelques grains de poussière dorée. On commença par Cantorbéry, où deux tombes splendides, celles d'Austin et de Thomas Becket, attiroient ces oiseaux de proie. Austin avoit établi le christianisme en Angleterre. Thomas Becket, sous le règne de Henri II, avoit osé résister au roi qui vouloit opprimer l'Eglise : les tombeaux furent violés. Il fallut huit hommes pour rouler jusqu'aux portes du temple les deux coffres qu'on avoit emplis de l'or et de l'argent enlevé au sépulcre de Becket. Austin continua de garder sa couronne céleste de confesseur du Christ, mais, de par ordre du roi, Thomas Becket perdit la sienne, et ne put plus être invoqué comme un saint. Son nom fut rayé du calendrier. La main royale qui signera bientôt le meurtre de Thomas Morus, tira une ligne noire dans le livre d'heures, sur le nom de Thomas Becket ; et, grâce à cette tache d'encre, personne ne dit plus en Angleterre : Saint Thomas Becket, priez pour moi. Après les tombeaux, vinrent les couvens : on n'y laissa pas un prie-Dieu. On lit dans un document rapporté par l'historien :

« Item. Remis à Sa Majesté quatre calices d'or avec leurs quatre patènes, et une cuiller en or, le tout pesant cent soixante-dix onces. Reçu, Henri, roi. » L'auto-graphe est à Londres.

» En Suède, la réforme luthérienne devoit obtenir du succès, car l'Etat étoit obéré, et Gustave Wasa aimoit l'argent. Le roi donc, dit Menzel, embrassa bien vite des doctrines qui lui permettoient de s'approprier les biens immenses du clergé...

» Le Danemark obéissoit à Christiern II, prince ambitieux, avare, cruel, lâche assassin de patriotes qu'il avoit immolés à sa peur. Christiern II obéissoit à une Flamande de basse extraction, la fille Duweke. La maîtresse du roi avoit pris goût aux doctrines de Luther; la confession lui pesoit; elle parvint aisément à con-vertir son royal amant... »

Il faut avouer que si le protestantisme se contentoit de rapporter ici sèchement l'histoire des apostasies, qui rappellent trop souvent le *Que me donnerez-vous, et je vous le livrerai?* ce récit finiroit par être fastidieux. Mais à côté de ces chutes à prix d'argent, il a placé, dans l'intérêt de la vérité, les nobles exemples de fermeté et de foi chrétienne donnés par le clergé catholique. Les évêques apparoissent dans la narration d'Hœ-ninghaus, rayonnans de majesté. On les spolie, ils protestent; on les emprisonne, ils se taisent; on les tue, ils chantent.

Pendant que le règne de la nouvelle Eglise se consolidoit de plus en plus en Allemagne, que la réforme gagnoit de nombreux partisans dans la Bohême, la Pologne et la Hongrie, qu'elle trouvoit en France un puissant appui dans les grands, que dans les Pays-Bas l'esprit révolu-tionnaire du peuple saisissoit avec avidité cet élément de révolte, le ca-tholicisme reçut d'un homme pauvre et sans science un secours qui lui fut plus utile que les armes victorieuses de l'empereur, que les trésors du Nouveau-Monde; alors Ignace de Loyola fonda la Compagnie de Jésus : Hœninghaus n'hésite pas à en faire en cet endroit le plus bel éloge, et il cite en témoignage un long passage de l'historien Menzel. Un autre protestant dit que l'Ordre des Jésuites a sans contredit le plus contribué à ce que les pays qui n'avoient pas encore embrassé le pro-testantisme, fussent conservés à l'Eglise romaine.

Dans un autre chapitre, il compare les institutions protestantes avec les institutions catholiques, et partout il donne l'avantage aux der-nières. Il s'étend beaucoup sur les sociétés bibliques et les missions des protestans; il promène ses lecteurs avec elles dans les quatre parties du monde, et même au milieu de l'Océanie, et fait voir combien leurs œuvres sont stériles, tandis que les missions catholiques marchent partout de succès en succès.

Telle est l'œuvre de Hœninghaus, feuillets nombreux arrachés de livres protestans qui n'avoient jamais été traduits en français. En les li-sant aujourd'hui, on s'apercevra bien aisément que, tout en se faisant l'apologiste de notre foi, l'écrivain dissident a conservé quelque vieux

efficace, il se trouve dans la famille : affoiblir la famille dans un monde où tout dépérit, ce seroit donc saper le dernier appui d'un édifice chancelant....

»Eh bien, Messieurs, consultez l'histoire des siècles, rappelez tous vos souvenirs. Combien trouverez-vous de pères, combien même compterez-vous de mères qui aient réellement donné leur vie pour leurs enfans? Il est sûr que vous n'en trouverez qu'un petit nombre, tandis que nous vous montrerons, dans tous nos siècles chrétiens, des milliers d'apôtres qui sont allés très-volontairement et très-sciemment exposer et livrer leur vie, souvent parmi d'horribles tortures, pour des inconnus, pour des étrangers lointains, quelquefois pour d'ignobles sauvages qui, la plupart, ne devoient leur en savoir aucun gré. Tout le monde sait, Messieurs, que telle est la charité chrétienne.

» Maintenant, mettez ce sentiment sublime dans le sein déjà si généreux de la famille; fortifiez, purifiez, dirigez la tendresse du père et de la mère, par cette charité divine, toujours inséparable de la loi de Dieu, règle suprême et parfaite de tous les devoirs; n'est-il pas évident que, de ces deux amours réunis, vous aurez le mobile le plus puissant, le germe le plus fécond, le principe le plus pur de la régénération morale de la famille, et par là, de la régénération sociale tout entière?...

» Mes enfans, nous venons de parler des droits sacrés de vos père et mère; c'est à vous surtout qu'il appartient de les reconnoître, de les fortifier, et au besoin de les défendre. Un droit a toujours pour corrélatif un devoir : au droit de commander répond nécessairement l'obligation d'obéir, et s'il n'est pas pour vous à votre âge, dans l'ordre de la nature, d'autorité supérieure à celle de vos tendres parens, il n'en est pas non plus à qui vous deviez, dans un plus haut degré, l'obéissance de toute votre vie et tous les sentimens de vos cœurs.

» Sans doute vous avez tous pour vos maîtres, le respect, la reconnoissance, l'attachement que vous commandent leurs talens distingués, leur sollicitude de tous les instans, et cet amour que nous oserons, par analogie, appeler paternel: cependant, quelque éminens que soient les services qu'ils vous ont rendus, quelque précieuse que puisse être cette éducation littéraire, scientifique et vraiment sociale, parce qu'elle est profondément religieuse, que vous avez reçue de leurs infatigables soins, nous devons vous enseigner que, dans l'ordre de vos affections, ils ne doivent avoir que le second rang; c'est toujours à vos père et mère qu'il appartient d'occuper le premier. Vos maîtres ne sont pour votre éducation que les mandataires de vos familles, et c'est seulement de vos familles qu'ils peuvent recevoir la charge de s'emparer de chacun de vous pour vous élever.

» Retournez donc, mes enfans, au sein de ces familles chéries qui ne sont séparées de vous que dans l'espoir que vous trouveriez ici plus d'instruction, plus de discipline et autant d'amour que de leur part; retournez-y riches des dons qu'une éducation chrétienne dispense abondamment à ceux qui, comme vous, savent les recueillir; allez couronner le front de votre père, allez réjouir le cœur de votre mère plus encore par ces vertus aimables qui naissent d'un cœur pur et plein de foi, que par les qualités brillantes qui pourroient venir d'un esprit orné de science.

» Gardez-vous de vous mêler si jeunes encore aux discussions périlleuses qui, en ce moment, agitent le monde et fatiguent les ames; bornez-vous à respecter en toutes choses les pouvoirs établis, en priant Dieu dans la simplicité de vos cœurs pour eux et pour la France. Et si quelquefois l'on venoit à vous faire avec insistance quelques questions insidieuses, rappelez-vous ce que nous vous disions, et répondez : « Je ne connois pas pour moi de pouvoir humain supérieur à celui

» de mon père, comme je ne connois pas d'amour plus vrai ni plus doux que celui
» de ma mère. »

» C'est à vous surtout, enfans chrétiens, qu'il est réservé ensuite d'animer au
sein de vos familles ce feu divin émané des inspirations de la foi, et qui vient si
puissamment en aide aux sentimens déjà sacrés de la nature ; soyez surtout parmi
vos proches le lien de tous les cœurs ; et qu'en vous voyant partout obéissant,
modeste, attentif et pieux, chacun se dise, pour la gloire de votre père, pour la
joie de votre mère, et pour l'honneur de cette maison : Cet enfant sera l'ami de
ses frères, car il est l'ami de Dieu. »

On ne sait dans quelles intentions le *Constitutionnel* a imaginé et publié la nouvelle suivante que d'autres journaux ont répétée après
lui :

« Quatre évêchés nouveaux, dit-il, vont être institués dans les provinces orientales de la Chine, et deux de ces siéges seront occupés par des prêtres français
qui résident en ce moment dans le pays. La France a offert au gouvernement
pontifical de concourir à l'érection de nouvelles églises dans les quatre villes
où, d'après le nouveau traité, l'exercice public du culte catholique est autorisé. »

Or il se trouve que les renseignemens fournis au fameux journal sur
les affaires ecclésiastiques de ces pays lointains n'ont pas plus de fondement que ce qu'il raconte journellement sur le clergé et sur l'Eglise
de France. Il est bien vrai que la *Propagande* s'occupe à Rome d'une
nouvelle organisation des Missions de la Chine ; mais, outre que ce n'est
pas au *Constitutionnel* que la *sacrée Congrégation* peut avoir confié les plans
soumis à ses délibérations encore pendantes sur des objets aussi importans, on sait qu'il y avoit en Chine quatre évêchés canoniquement institués, Canton, Pékin, Nankin et Macao. Ces évêchés jusqu'ici ont été à la nomination de la couronne du Portugal, à raison
des conquêtes des anciens rois de ce pays sur la Chine et des services
rendus par eux à la religion.

Mais depuis les dernières révolutions politiques et religieuses du Portugal, il étoit devenu impossible de laisser en cet état les affaires religieuses de la Chine. Un pays qui étoit tombé presque dans le schisme,
qui laissoit ses propres évêchés vacans ou occupés par des intrus et des
ecclésiastiques indignes, n'offroit certes pas de grandes garanties au
Saint-Siège pour les nominations des contrées d'outre-mer, où ses possessions sont d'ailleurs devenues très-peu importantes. C'est pourquoi
on a tout lieu de penser qu'il n'y aura plus d'évêque titulaire en Chine.
Ainsi que nous l'avons dit, Mgr Bési, qui est Italien, n'a que le titre de
vicaire apostolique de Nankin. Les trois autres anciens diocèses doivent être également confiés à des administrateurs du même titre. Sans
doute que les quatre villes où d'après le nouveau traité l'exercice public de la religion catholique est autorisé, vont être comprises dans
le travail que prépare la *Propagande*, seule chargée de pourvoir à ces
besoins de missions ; mais nous ne pensons pas qu'on puisse en ce moment annoncer autre chose relativement aux affaires religieuses de la

Chine, qui sont à l'heure présente l'objet de graves délibérations de la part de la cour de Rome.

Le diocèse de Sens regrette universellement la perte qu'il a faite au mois de juillet dernier d'un ecclésiastique très-estimable, M. l'abbé Pétitier. M. l'archevêque a voulu lui-même payer un tribut de justes éloges à la mémoire de ce vénérable prêtre, en publiant la circulaire suivante :

Sens, le 28 juillet 1845.

« MESSIEURS ET CHERS COOPÉRATEURS,

» Nous avons la douleur de vous annoncer la perte que vient de faire ce diocèse dans la personne de M. l'abbé Pétitier, notre premier vicaire-général, grand archidiacre de Sens, chanoine honoraire de Saint-Denis. Cette triste nouvelle ne vous surprendra pas; le dépérissement de sa santé vous la faisoit pressentir : depuis quelques mois il succomboit sous le poids de l'âge et sous celui des utiles et pénibles travaux d'une carrière si bien remplie. C'est hier soir qu'il s'est endormi dans le Seigneur.

» Quand il nous installa sur le siége de cette illustre Métropole, quand il nous fit entendre ses vœux dans cette circonstance solennelle, nous admirions cette vieillesse encore si forte, cette voix encore si éloquente ; il se comparoit au saint vieillard Siméon, il ne demandoit plus qu'à finir en paix, après avoir vu ce jour: mais nous nous flattions de profiter long-temps de ses lumières et de sa sagesse, et de jouir des fruits de sa longue expérience. Le Seigneur en a disposé autrement : que son saint nom soit béni.

» Du moins, nous avons voulu donner à ses mérites et à ses vertus un témoignage public de notre affection et de notre estime. Il étoit un des derniers et vénérables débris de cette antique Sorbonne, autrefois nommée le Concile permanent des Gaules ; un des derniers survivans de cette généreuse et respectable génération de prêtres qui ont confessé la foi pendant les jours de nos malheurs. Les paroisses qu'il a gouvernées conservent encore le précieux souvenir de son zèle, de ses soins, de ses bienfaits, et de son administration si sage et si paternelle. Vicaire-général depuis vingt-huit ans, successivement honoré de la confiance de quatre pontifes, quels services n'a-t-il pas rendus aux deux diocèses de Troyes et de Sens! Pendant long temps supérieur du grand-séminaire, il a formé, Messieurs et chers Coopérateurs, un grand nombre d'entre vous aux vertus sacerdotales. Ses lumières dirigeoient vos pas. Sa bonté lui avoit gagné vos cœurs ; sa science profonde a été comme un fleuve où vous avez tous puisé: *impletus, quasi flumen, sapientiâ.* (Eccl.) Vous accouriez à lui dans les doutes, dans les peines et les difficultés du ministère pastoral, et vous vous en retourniez consolés, soutenus, fortifiés, éclairés. Il vous aimoit comme ses enfans, vous l'honoriez et le chérissiez comme un père. Il fut en effet un maître et un père pour la plupart d'entre vous; il a été pour tous un guide, un conseiller, un ami, un modèle. Il achevoit au milieu de vous sa sainte et paisible carrière, entouré de vos respects et de votre amour. Elle s'étoit bien vérifiée pour lui, cette sentence de l'Écriture : Des cheveux blancs sont une couronne de gloire, quand à l'autorité de l'âge et des dignités se joint celle de la science, des talens, des vertus et de la piété: *Dignitas senum, canities; corona senum peritia; et quàm speciosa veteranis sapientia!* (Eccl.)....

» Recevez, Messieurs et chers Coopérateurs, l'assurance de mes sentimens bien affectueux,   ✝ MELLON, archevêque de Sens. »

La retraite annuelle des prêtres d'une partie du diocèse de Rouen s'est close dimanche 24 août à Notre-Dame, par un discours remarquable de M. l'archevêque. Après le sermon et les cérémonies d'usage, le pieux cortége est sorti solennellement en procession pour se rendre au grand séminaire. Le temps étoit magnifique, ce qui ajoutoit encore à l'éclat de cette fête. Le chant sacré du *Te Deum* s'élevoit dans les airs. « Notre population *bien pensante*, écrit un habitant de Rouen, étoit au comble du bonheur de pouvoir être témoin d'une telle cérémonie *extérieure*, que rien n'est venu troubler, malgré l'absence de toute force armée officielle. »

Le 12 de ce mois, écrit-on de Chartres, a eu lieu la clôture de la retraite ecclésiastique du diocèse. Les derniers exercices de ce jour ont été précédés d'un sermon sur le sacerdoce, admirable de logique, de précision, d'onction et de vie.

Les exercices terminés, le clergé et les fidèles, surexcités dans leur charité par les paroles de l'homme apostolique qu'ils venoient d'entendre, sont partis processionnellement, précédés de leurs croix, de leurs bannières et des reliques vénérées de saint Piat, patron du pays chartrain, auquel mille fois il a fait ressentir l'efficacité de son puissant patronage, et ont parcouru tout le territoire agricole voisin de la ville, dont les moissons étoient gravement compromises par le mauvais temps.

On lit dans le *Journal de l'Aisne* :

DISTRIBUTION DES PRIX AUX ÉLÈVES DES ÉCOLES GRATUITES DES FRÈRES.

« Voilà la fête à laquelle nous assistons avec le plus de plaisir. Voilà les succès auxquels nous applaudissons avec le plus d'enthousiasme : la fête et les succès des enfans du peuple, sagement, saintement instruits par les modestes Frères des Écoles chrétiennes. Aussi nous avons vu avec un vif intérêt la réunion nombreuse et choisie qui siégeoit au bureau. M. le maire présidoit de droit. Autour de lui se trouvoient des membres du conseil municipal, M. le procureur du roi, M. l'archidiacre curé de Laon, qu'accompagnoient plusieurs ecclésiastiques. M. le comte de Mérode qui, il y a deux ans, a bien voulu enrichir notre cathédrale d'un souvenir archéologique précieux, le *fac-simile* du tombeau de l'évêque Barthélemy, fondateur de notre belle église, avoit voulu fournir par sa présence une preuve de l'intérêt qu'il porte au peuple et à ses progrès.

» Mais le personnage important qni a donné le plus d'éclat à la cérémonie, a été bien certainement M. Odilon-Barrot, membre de la chambre des députés et président du conseil général. En consentant à honorer de sa présence la distribution des Frères, M. Odilon-Barrot n'a pas fait seulement acte de popularité, mais il a su rendre, ce dont nous lui savons gré, pleine et entière justice à des hommes, à un institut que les amis politiques de M. Barrot ont trop souvent injustement calomniés dans les colonnes du *Siècle* et de certains journaux de départemens. Dans quelques paroles loyales, M. Barrot a félicité M. le supérieur des Frères des bons résultats par lui obtenus. La présence de M. Barrot et son témoignage bien senti de satisfaction nous semblent la condamnation la plus complète et la plus convenable de la conduite du *Siècle* et de ses partisans. Nous ne pouvons que féliciter sincèrement l'honorable député de Chauny du courage avec lequel il s'est prononcé contre des sentimens dont nous l'avions cru jusqu'à présent le principal appui, sentimens du reste que nous avons toujours, on le sait, vivement combattus. Pour faire partie du clergé et pour être sincèrement religieux, on peut n'en être pas moins parfaitement ami du progrès, de l'intelligence et de la raison. C'est ce qu'a récemment démontré l'honorable recteur de notre académie, ainsi que nous le disions dans notre dernier numéro.

» La séance a été ouverte par une allocution adressée par M. le maire aux élèves; ensuite a eu lieu un dialogue qui, tout en récréant l'assemblée, a prouvé qu'aux connoissances de lecture, d'écriture, de calcul, de dessin linéaire enseignés parfaitement par les Frères aux nombreux enfans qui leur sont confiés, ils joignent les premières notions des sciences physiques. Quelques morceaux de musique, chantés en chœur, ont aussi démontré que cet art introduit dans l'enseignement primaire depuis 1834 n'est pas négligé dans notre école communale.

» Nous n'avons bien certainement pas été seuls à admirer l'excellente tenue que l'on remarquoit chez tous les enfans, ce qui n'excluoit pas pourtant cette gaîté si franche, si naïve, heureuse compagne de leur âge, — Beaucoup de ces jeunes étudians conserveront long-temps le souvenir de la distribution des prix de 1845.

» M. Odilon Barrot, avec une grâce parfaite, a couronné plusieurs élèves et a témoigné à M. le Frère-supérieur toute la satisfaction qu'il avoit éprouvée en assistant à la fête de famille dont nous rendons compte; il l'a aussi félicité au sujet des bons résultats obtenus dans toutes les parties de l'enseignement pendant l'année. »

⊠ Une lettre de Saint-Côme adressée au *Bulletin d'Espalion* sur la cérémonie relative au monument élevé à Mgr l'évêque d'*Hermopolis*, et dont nous avons déjà rendu compte, renferme encore les détails suivans :

« M. l'évêque de Rodez est arrivé à Saint-Côme la veille de la cérémonie, pour donner à la journée du 19 tout l'éclat qu'elle méritoit.

» Mardi, à 9 heures, Monseigneur est parti pontificalement de la maison de M. Amable Frayssinous. héritier du nom et de la fortune de l'illustre évêque d'Hermopolis, pour se rendre à l'église paroissiale. Cent prêtres l'accompagnoient ou l'attendoient dans le chœur de l'église, transformée tout entière en vaste chapelle ardente, où la richesse des décors et le brillant luminaire devoient réjouir l'ame du bienheureux Jean d'Estaing, son fondateur.

» Un dais, une chape et une chasuble en velours de soie noir, avec accompagnement pour tous les prêtres assistans de Monseigneur, ornés de galons en argent avec larges et riches bouillons, appartenant à l'église de Saint-Côme par la pieuse munificence de M. Amable Frayssinous, avoient dispensé S. G. de faire porter à Saint-Côme une partie de sa chapelle.

» Monseigneur a célébré pontificalement la grand'messe des morts, qui a eu lieu à grand orchestre. »

Le château de madame la duchesse de Dalberg, à Herrenheim, a été honoré par la présence de Mgr Viale-Prela, nonce apostolique à Vienne, et puis par celle de S. E. le cardinal Altieri. Ces illustres et pieux prélats ont laissé une impression des plus touchantes au mil'e d'une population si attachée à la religion de ses pères, et qui est accourue pour recevoir de nouvelles bénédictions près du berceau et du tombeau de l'ancienne famille des Dalberg.

***

ANGLETERRE. — *Une lumière en Orient* : c'est sous ce titre qu'un journal anglais, le *Globe*, annonce la prochaine apparition d'une gazette anglaise à *Jérusalem*. Salomon, qui assure qu'il n'est rien de nouveau sous le soleil, rectifieroit sans doute cette proposition, s'il pouvoit revivre ; peut-être même iroit-il puiser quelque supplément à sa sagesse dans cette feuille, qui s'inspirera de celle de son ancien disciple, l'évêque Alexandre. Au reste, le projet n'est pas nouveau ; il date de l'érection de l'évêché anglo-prussien, dit de Saint-Jacques, mais jusqu'ici l'on n'a point encore pu parvenir à l'exécuter. La Société biblique, à ce que l'on croit, y pourvoira.

***

ALLEMAGNE. — L'on mande de Leipsick , que, depuis le 17, une commission composée de douze députés de la ville y siège deux fois par jour, pour recevoir les doléances et les demandes de particuliers, sans que personne se soit présenté encore pour formuler une seule plainte : preuve évidente que l'émeute du 12 n'avoit pour motif aucun mécontentement public ni individuel, et qu'elle n'étoit que l'effet d'une irritation factice excitée parmi la population, sous prétexte de tyrannie exercée sur la *conscience* des Rongistes et des *Amis de la lumière*. Du reste, la tranquillité paroît parfaitement rétablie à Leipsick, où tout le monde s'occupe des préparatifs pour la grande foire de septem' re. L'on auroit tort cependant de se flatter d'un calme parfait, tant que l'on n'aura pas trouvé quelque moyen de conjurer l'effervescence des hommes et des esprits, qui réclament *une absolue liberté de conscience, indépendamment de toute influence ecclésiastique*, c'est-à-dire la suppression de tout symbole de foi obligatoire pour les membres d'une église, et la plus entière autonomie en matière de croyances.

***

SILÉSIE.—Une réunion de députés des communautés rongiennes de Silésie a eu lieu le 15 et 16 août, à Breslau, sous la présidence du professeur Regenbrecht. On y a admis le symbole du concile de Leipsick, sauf quelques *additions et amendemens*, proposés par le professeur, *pour être soumis au jugement d'un autre concile œcuménique*. On y a également adopté la liturgie, récemment composée par le docteur Theiner : puis, on s'est occupé de l'organisation intérieure des communautés. Le 17, la communauté de Breslau a , pour la première fois , célébré son culte dans le temple protestant de Saint-Bernard , que la commune de Breslau avoit mis à sa disposition. Toutes ces choses ont eu lieu sans aucune participation de Ronge , qui paroît avoir été évincé de son patriarcat de Breslau, par Theiner, comme Prybil l'avoit précédemment évincé de celui de Berlin.

REVUE POLITIQUE.

LE TRAITÉ AVEC LE MAROC.

Le *Bulletin des Lois* a publié samedi dernier le fameux traité avec l'empereur de Maroc. Ne pouvant sur un tel document partager les grandes discussions qui se sont élevées à cette occasion dans tous les journaux, selon la nuance de leurs opinions différentes, nous nous bornons à citer l'historique et l'analyse qu'en donne la *Presse*, d'après des renseignemens positifs :

« Rappelons d'abord, dit ce journal, en peu de mots ce qui s'est passé.

» La convention de Tanger portoit que de nouvelles négociations seroient ultérieurement entamées pour régler les questions restées pendantes, notamment la question des frontières. M. le général Delarue fut chargé de suivre ces négociations au nom de la France, et, le 18 mars dernier, il intervint un traité qui fixoit d'une manière nette et définitive les frontières des deux pays, et stipuloit certaines clauses commerciales. En exigeant ces garanties commerciales de la part des plénipotentiaires marocains, M. le général Delarue obéissoit à des instructions positives qui lui avoient été transmises du ministère de la guerre. Ces garanties n'avoient d'ailleurs pour effet que de consacrer l'état de choses existant. En fait, les tribus avoisinant la frontière avoient, de temps immémorial, l'habitude de se réunir à certaines époques sur des marchés communs, où elles amenoient du bétail et des chevaux en abondance. Il importoit de conserver ces marchés : notre armée y trouvoit en effet de précieuses ressources pour ses approvisionnemens et pour la remonte de la cavalerie. Par suite des ravages de la guerre, les bestiaux, et surtout les bœufs, étoient devenus rares à l'intérieur : on se voyoit souvent forcé d'en faire venir d'Espagne et d'Italie ; si bien que le prix de la viande s'élevoit jusqu'à 2 fr. 80 c. le kilogramme. Grâce à la facilité de relations qui régnoit sur la frontière du Maroc, les agens des subsistances militaires étoient parvenus à assurer les approvisionnemens à des prix très-réduits, puisque le kilog. de bœuf étoit descendu à 30 c. C'étoit un avantage bien digne de considération. De plus, comme nous l'avons dit, on s'y procuroit aisément et à bon marché les chevaux nécessaires à une partie de l'armée. Il étoit donc utile de maintenir ces relations, et c'est dans ce but que M. le général Delarue, se conformant d'ailleurs aux instructions dont il étoit porteur, avoit fait introduire dans le traité une disposition qui donnoit une consécration officielle à cette liberté d'échanges sur la frontière.

» Tel étoit, dans sa teneur primitive, le traité du 18 mars. Il fut expédié à Paris pour recevoir la ratification royale. Mais on sait quelles lenteurs l'accomplissement de cette formalité éprouva. Des accidens de mer retardèrent encore l'arrivée de la ratification à Tanger.

» Sur ces entrefaites, que se passoit-il ? Abd-el-Kader avoit intrigué auprès des tribus, qui, aux termes du traité, devoient cesser d'appartenir au Maroc. Celles-ci avoient envoyé à Fez, auprès de l'empereur, des délégués qui, par leurs réclamations, parvinrent à jeter des regrets dans son esprit. D'un autre côté, les Anglais et les Espagnols avoient eu vent des dispositions commerciales que contenoit l'acte provisoirement signé par les plénipotentiaires marocains. Et comme, par leurs traités particuliers avec le Maroc, ils ont droit au traitement de la nation la plus favorisée, ils avoient émis, par l'organe de leurs représentans auprès de l'empereur, la prétention de jouir, eux aussi, pour leur commerce à la frontière maritime, de la liberté complète que M. Delarue avoit stipulée pour les transactions opérées sur la frontière de terre. Le cas étoit grave pour Muleï-Abd-er-Rahman, car toutes les ressources de son trésor consistent dans le revenu des douanes, et il se fût infailliblement ruiné en faisant droit aux réclamations qui lui étoient adressées. De là son refus de ratification, lorsque le traité revint de Paris après un retard de cinquante jours.

» C'est dans cette situation que M. Delarue fut obligé de reprendre les négociations. Ces négociations ont abouti au traité qui a été publié hier, et qu'il s'agit maintenant d'examiner.

» Quant à la délimitation, d'abord, rien n'a été changé aux stipulations du 18 mars dernier, et c'est pour cela sans doute que le traité n'a pas cessé de porter cette date. La prétention de l'empereur étoit de reprendre toute la question précédemment tranchée à Lalla Maghrnia. M. le général Delarue s'y refusa avec la plus grande fermeté. Il maintint également, comme définitivement établis, les principes relatifs à la nouvelle condition des tribus musulmanes qui se trouvent comprises dans les limites de la domination française. Ces tribus sont désormais placées sous notre souveraineté, et l'empereur renonce à toute espèce de droit sur elles. Il paroît que cette concession lui a coûté beaucoup. Ce qui lui a coûté davantage encore, c'est d'accorder au roi des Français les titres qu'il prenoit lui-même ; c'est de le reconnoître comme *empereur*, et d'appeler l'Algérie un *empire*, égal sous tous les rapports à l'empire dont il est lui-même le chef. Dans tous les traités qu'il a conclus avec l'Angleterre, la reine Victoria n'est désignée que comme *la première de son royaume*. Dans les rapports qui ont eu lieu entre le sultan du Maroc et les envoyés de Napoléon, celui-ci n'a jamais été appelé non plus que *le premier de son peuple*. Nous pouvons, nous, avec nos idées, regarder comme peu importante et puérile la concession d'amour-propre qui a été faite à la France dans cette occasion. Mais il n'en est pas moins vrai que ç'a été là, de la part de Muleï-Abd-er-Rahman, un sacrifice réel et considérable. Quand les négociations ont été reprises, il avoit grande envie de revenir là-dessus comme sur le reste. Le négociateur s'y est refusé, et le texte du traité est demeuré tel qu'il avoit été rédigé sous la première influence de l'expédition faite l'année dernière.

» Les stipulations commerciales en ont disparu. Au premier aspect, cela est fort regrettable. Quand on y réfléchit, *on en prend plus aisément son parti*. Il ne faut pas oublier, en effet, que les Anglais et les Espagnols prétendoient, aux termes de leurs conventions particulières, profiter des clauses qui stipuloient en notre faveur la liberté des échanges sur la frontière. De la part des Anglais, l'interprétation étoit assez abusive. De la part des Espagnols, qui ont un établissement à Ceuta, et qui, comme nous, communiquent par terre avec le Maroc, il eût été difficile de ne pas l'admettre. Que seroit-il arrivé, si le bénéfice de la disposition leur eût été étendu? Des compagnies anglaises se seroient organisées à Gibraltar pour introduire des masses de marchandises dans le Maroc par la voie de Ceuta, et non-seulement dans le Maroc, mais tout l'ouest et le sud de l'Algérie, au grand détriment du commerce français. Les négocians de Marseille n'ont pas tardé à s'apercevoir des encouragemens que cet article du traité primitif donneroit à la contrebande étrangère. Aussi, la chambre de commerce de cette ville a-t-elle réclamé officiellement. C'est par ce motif que la clause relative à la liberté des échanges a été supprimée. »

Nous avons parlé, dans notre dernier numéro, du petit nombre des candidats qui ont été jugés dignes du diplôme de bachelier aux derniers examens pour le baccalauréat, et nous nous demandions si ce résultat accusoit la sévérité des examinateurs ou l'incapacité des candidats. Nous croyons que le doute peut être fa-

...ement levé par les faits que nous avons à raconter. Le jeune Joseph Valée, de la pension Loüis, a remporté, au collége royal de Rennes, en philosophie, le prix d'honneur, les premiers prix d'excellence à Pâque et aux vacances, le second prix de dissertation latine, le premier prix de physique et de chimie, le second prix de mathématiques et le premier accessit d'histoire naturelle. Eh bien! ce jeune homme vient de se présenter à l'examen du baccalauréat et a été refusé; il n'a pas même été jugé digne d'être admis à l'épreuve orale!

Par une étrange coïncidence, l'élève qui a remporté au concours-général, à Paris, le prix de dissertation latine, vient aussi d'échouer dans les épreuves du baccalauréat.

Que prouvent donc, après de pareils faits, les examens pour le baccalauréat? Nous aimerions autant que l'admission ou le renvoi des candidats fussent tirés à tête ou pile; le hasard n'amèneroit peut-être pas de telles énormités.

(*Impartial de Bretagne.*)

NOUVELLES ET FAITS DIVERS.

INTÉRIEUR.

PARIS, 1er septembre. — Par ordonnances royales en date du 28 août, vu les ordonnances royales en date du 14 du même mois, qui élèvent à la dignité de pair de France MM. le baron Durrieu, le comte de Montozon et M. Hartmann, les colléges ci-après ont été convoqués, savoir:

Le collége du 3e arrondissement électoral du département des Landes, à Saint-Sever, pour le 27 septembre, à l'effet d'élire un député, en remplacement de M. le baron Durrieu;

Le collége du 4e arrondissement électoral du département du Nord, à Douai, pour le 27 septembre, à l'effet d'élire un député, en remplacement de M. comte de Montozon;

Le collége du 1er arrondissement électoral du département du Haut-Rhin, à Colmar, pour le 27 septembre, à l'effet d'élire un député en remplacement de M. Hartmann.

— M. Guizot a quitté sa propriété du Val-Richer, et est arrivé samedi à sa maison de campagne de Passy. Il a repris hier la signature de son département ministériel.

— Le *Moniteur* publie les lignes suivantes:

« Le gouvernement a reçu de M. le gouverneur des établissemens de l'Océanie des dépêches qui vont jusqu'au 25 avril. A cette époque, aucun acte nouveau d'insurrection n'avoit eu lieu à Taïti de la part des populations indigènes, dont une partie cependant continuoit à demeurer dans les camps retranchés de l'anaria et de Papenoo.

» Aux îles Marquises, une tribu de Nouka-Hiva, mécontente d'une amende qui lui avoit été infligée pour un pillage de troupeaux, et la seule, d'ailleurs, qui n'ait jamais accepté franchement notre autorité, a assassiné, le 28 janvier, cinq soldats de la garnison. Un détachement envoyé contre la peuplade coupable de ce meurtre l'a poursuivie et dispersée; toutes les autres tribus ont fait cause commune avec la garnison. Les principaux meurtriers ont été arrêtés. Leur chef Pakoko a été condamné à mort et exécuté; les autres ont été déportés. La tranquillité n'a pas été troublée depuis lors. L'état sanitaire et la situation matérielle de l'établissement de Taïoahé et de celui de Vaitahu étoient satisfaisans. »

— On lit dans le même journal:

« Le *Constitutionnel* annonçoit hier que le contre-amiral Cécille, après avoir occupé l'île de Basilan, conformément à des instructions qu'il auroit reçues du gouvernement, auroit été désavoué.

» Ces assertions sont erronées : à aucune époque le gouvernement n'a donné l'ordre d'occuper Basilan, et le contre-amiral Cécille n'a pas pris possession de cette île. »

— Le *Galignani's Messenger* contient l'article suivant :

« Un bâtiment qui vient d'arriver à Marseille nous apporte la nouvelle suivante :

» La reine de Madagascar imposoit depuis quelque temps des conditions onéreuses et honteuses aux résidens français et anglais de Tamatave. Le commerce d'une foule de denrées de première nécessité étoit cruellement géné dans ses expéditions de Bourbon et de Maurice. Trois bâtimens, deux français et un anglais, furent envoyés de concert à Tamatave pour y prendre les résidens, qui y étoient fort exposés. Ces bâtimens étoient le *Berceau*, la *Zélée*, et une corvette anglaise à batterie couverte. Cent soldats de la garnison de Bourbon faisoient partie de l'expédition.

» A Tamatave, les trois bâtimens débarquèrent 350 hommes qui firent une démonstration hostile; mais un fort, dont la position leur étoit peu connue, vomit sur eux une grêle de boulets et de mitraille; 14 matelots et 3 officiers français furent tués, 3 matelots et un officier anglais tués, et l'on se rembarqua avec une cinquantaine de blessés.

» Les morts furent mutilés par les Owas, qui plantèrent les têtes sur des piques au lieu du débarquement.

» Le lendemain, les trois bâtimens firent une nouvelle descente: ils réussirent à emmener une partie des résidens avec ce que ces derniers avoient pu réaliser, et ils incendièrent une partie du pays. Les bâtimens retournèrent à Bourbon. »

Le *Sémaphore*, qui parle aussi de cette affaire, ne donne que le résumé de l'événement, mais, selon ce journal, trois Français seulement auroient péri; les autres combattans tués seroient Anglais. Le gouvernement doit avoir sur ce grave incident des nouvelles officielles, qu'il se hâtera de publier sans doute pour tranquilliser les familles et pour éclairer l'opinion publique.

♣ — Une compagnie anglaise ayant un fonds social de 500,000 liv. st. (près de 13 millions) s'est formée à Londres dans le but de creuser un port de commerce à Adintrecque, village belge situé à 3,000 mètres du territoire français.

Le commerce de Dunkerque s'est ému de ce projet menaçant de deux manières pour la France, d'abord au point de vue commercial, ensuite au point de vue de la défense du royaume, et une requête a été adressée à ce sujet au ministre de la marine; mais il paroît que M. l'amiral de Mackau s'est déclaré incompétent, quant aux représentations qu'il y auroit lieu de faire à cette occasion au gouvernement anglais, et c'est M. Guizot qui sera chargé de traiter l'affaire.

— M. le duc de Montpensier est arrivé le 16 août dans le Bosphore, où il devoit faire quarantaine jusqu'au 21. Le sultan a mis à la disposition du prince son kiosque de San Stéphano.

— Des lettres datées de Trébisonde, 6 août, annoncent que la ville de Tiflis, capitale de la Géorgie, auroit été détruite par un incendie. D'après les mêmes lettres, le Kurdistan seroit en révolte ouverte, et les troupes du sultan auroient refusé de marcher contre l'insurrection, à moins qu'on ne leur payât un arriéré de solde considérable qui leur étoit dû.

— Dans la nuit du 20 au 21 août, une secousse de tremblement de terre s'est fait ressentir à Alger. Il étoit environ minuit et demi. Trois mouvemens d'oscillation dans la direction du sud au nord se sont rapidement succédé. Cette même secousse s'est communiquée à une assez grande partie du mont Bouza-réah.

— Le *Moniteur algérien* du 24 août publie un arrêté du ministre de la guerre prescrivant des mesures qui ont pour but d'empêcher en Algérie la contrefaçon des livres, dessins, estampes, etc.

— Toutes les chambres civiles de la cour de cassation, de la cour royale et du tribunal de première instance de Paris ont terminé leurs travaux. Les vacances commencent aujourd'hui lundi. La chambre des vacations du tribunal de première instance tiendra mardi sa première audience. Les trois chambres correctionnelles alterneront de telle manière qu'une seule soit en exercice à la fois. La cour royale, chambre des vacations, aura deux audiences par semaine, le mercredi et le jeudi. Dans la première partie de chaque audience, elle prononcera sur les appels des jugemens civils en matière urgente et sommaire; la seconde partie sera consacrée aux appels correctionnels. La chambre criminelle de la cour de cassation et la cour d'assises siégeront comme de coutume.

— M. Berger, professeur de rhétorique au collége royal Charlemagne, et maître de conférence à l'Ecole normale, dont les élèves ont obtenu trois années de suite le prix d'honneur au concours général des colléges de Paris et de Versailles, vient de recevoir la décoration de l'ordre de la Légion-d'Honneur.

— La décoration de la Légion-d'Honneur vient d'être accordée au nommé Kolembeski, sous-officier vétéran de la 1re compagnie qui fait le service du palais du Luxembourg Ce militaire, qui est Polonais d'origine, est arrivé en France avec le roi de Pologne Stanislas, de la garde duquel il est sorti en 1766, année de la mort de ce prince, et depuis cette époque il a toujours été employé au service de la France.

Kolembeski est âgé de 101 ans; il compte 79 ans de présence sous les drapeaux et 29 campagnes, en tout 108 ans de service. Il a fait les campagnes d'Amérique, d'Espagne, d'Italie, d'Allemagne, de Portugal, de Russie et de France. C'est le doyen de l'armée française. Il a conservé toutes ses facultés physiques et intellectuelles, et son excellente tenue, extraordinaire chez un homme de cet âge, est un sujet d'étonnement et d'admiration pour ceux qui le rencontrent dans le jardin du Luxembourg.

— Il est question en ce moment de créer des régimens militaires de sapeurs-pompiers qui seroient répartis, par compagnies ou par détachemens, dans les principales villes de France, et qui auroient une organisation semblable à celle de la gendarmerie départementale. Les préfets doivent faire part du projet aux conseils-généraux, et solliciter leur concours pour la dépense qu'entraînerot cette institution.

— Le conseil municipal de la Seine et celui des hospices viennent de voter une somme de 400,000 fr. pour contribuer au percement d'un puits artésien d'un grand diamètre, dans le Jardin-des-Plantes, d'après les plans de M. Mulot. Reste à obtenir maintenant le concours du ministre de l'intérieur, c'est-à-dire du gouvernement.

— M. Mendizabal, ancien ministre des finances en Espagne, est arrivé mercredi dernier à Bayonne, venant de Paris.

— La bibliothèque de Grenoble vient de faire l'acquisition d'une partie des médailles arabes trouvées, il y a quelques mois, par un cultivateur de la commune de Saint-Romain-d'Albon (Drôme).

— Un vol audacieux a été commis il y a eu dimanche huit jours au préjudice du curé d'Ozenay (Saône-et-Loire). Pendant vêpres, on s'est introduit dans le presbytère, et on a enlevé 8 couverts, une grande cuiller et 12 petites cuillers à café, le tout en argent, et en outre une somme de 125 fr. Les pièces d'argenterie volées sont toutes marquées des lettres F. T.

— Un déplorable malheur vient d'arriver à Sillegny (Moselle). Dimanche 24 août, à sept heures et demie du soir, onze moissonneurs, en rentrant au village, voulurent éviter le passage d'un pont que l'insouciance administrative laisse depuis long-temps dans un état de dégradation qui en rend les approches inabordables. Ils se jetèrent dans un bateau que conduisoit le charron du village ; mais à peine eurent-ils quitté le bord, que le bateau sombra, et des onze passagers, dix, embarrassés de hottes, de paniers, etc., se noyèrent. Le lendemain leurs corps n'étoient pas encore retrouvés : le village entier étoit dans la désolation.

Il y a quatre ans, dit le *Courrier de la Moselle,* à qui nous empruntons ce fait, que la commune de Sillegny s'agite et pétitionne pour obtenir la reconstruction de son pont et la viabilité de ses abords !

<hr>

EXTÉRIEUR.

ESPAGNE. — On écrit de Mondragon, le 22 août, au journal espagnol l'*Heraldo :*

« La reine Isabelle est allée visiter une grotte de stalactites qui se trouve dans les environs. Après avoir parcouru une partie de la grotte, S. M. arriva devant une cavité où jamais personne n'avoit osé pénétrer, et voulut absolument y descendre, bien que la reine-mère et toutes les personnes qui l'entouroient la suppliassent de n'en rien faire. Mais S. M. insista en disant avec résolution : « Eh » quoi ! personne n'a jamais osé s'avancer jusque-là ?... Eh bien ! moi, la reine, je » serai donc la première ! » En effet, la jeune reine entra d'un pas hardi, suivie des personnes qui l'accompagnoient. Ce trait d'intrépidité dans une si jeune souveraine excita l'enthousiasme des assistans, et de longues acclamations en son honneur firent résonner la voûte de la grotte. »

ANGLETERRE. — Le 26 août, il y a eu de grandes réjouissances à Londres à l'occasion de l'anniversaire de la naissance du prince Albert. Dès le matin, les cloches des diverses églises de la métropole ont sonné. A une heure, des salves d'artillerie ont été tirées au parc et à la Tour. Dans la soirée, tous les marchands et fournisseurs de la reine ont illuminé leurs magasins. Le prince Albert a atteint sa vingt-sixième année.

— Un vaisseau anglais, en croisière sur la côte d'Afrique, le *Pantaloon,* sloop de 10 canons, vient d'opérer la capture d'un grand bâtiment négrier de 450 tonneaux qui faisoit la traite des noirs. Ce vaisseau étoit bien connu sur la côte. Son équipage d'environ 50 hommes, étoit composé en grande partie d'Espagnols. Il se livroit alternativement, soit à la traite, soit à des actes de piraterie. Le *Pantaloon* lui a donné la chasse pendant trois jours, mais il l'avoit perdu de vue devant Lagos ; enfin il le retrouva le 26 mai à deux milles environ de cette ville. Le pirate n'ayant point arboré le pavillon, le capitaine du *Pantaloon* lui envoya un cutter et deux bateaux baleiniers, sous le commandement de son premier lieutenant. Ces deux barques étoient montées par 30 hommes. Elles furent accueillies à leur approche par un feu bien nourri. Après y avoir répondu par une décharge de mousqueterie, les marins anglais se préparèrent à l'abordage. Le lieutenant Prevost s'approcha avec deux bateaux. Un moment après il étoit sur le pont. Ce ne fut pas sans perdre des hommes qu'il parvint à y arriver, car les pirates se défendoient en désespérés, et un engagement eut lieu au coutelas et à la baïonnette. Sept des pirates furent tués et sept ou huit autres grièvement blessés.

Les Anglais eurent deux hommes tués et neuf blessés. Cette affaire a causé une grande sensation sur la côte. (Standard.)

— Une enquête a eu lieu à Londres sur le corps d'un porteur qui est mort au moment où il proférait un blasphème. Cet homme, nommé John Jones, était à boire dans une taverne, lorsqu'il fut accusé de mensonge par une femme qui le connoissoit. Jones, en se défendant de cette accusation, s'est servi de ce blasphème : Que Dieu me frappe de mort à l'instant si je n'ai pas dit la vérité. A peine avait-il proféré ce blasphème, qu'il a été saisi d'une attaque de paralysie au côté gauche : on l'a transporté à l'hôpital de Charing Cross, où il est mort quelques heures après.

« ALLEMAGNE. — La princesse royale de Bavière est accouchée le 25 août, à midi, d'un prince.

TURQUIE. — Nous recevons par voie de Constantinople des nouvelles d'Erzeroum jusqu'au 2 août. Quelques provinces de l'Arménie turque se sont soulevées à l'occasion d'un nouvel impôt dont elles ont été frappées par le firman du sultan. Le pachalick de Van et la province de Tchildir, qui s'étend depuis la province russe de Kars à la rivière de Tchovouksou, et qui compte une quinzaine de beylicks, ont chassé leurs caïmakams turcs, et ont appelé parmi eux des Kurdes. Un chef des Hamdy-Bey, de la tribu des Lazes, peuplade très-guerrière, et sur laquelle la Turquie n'exerce qu'une autorité contestée, s'est mis à la tête de quelques milliers de révoltés, et s'est porté sur la ville de Kars dans l'intention de s'en emparer. Sami-Pacha, gouverneur d'Erzeroum, qui a voulu d'abord par des voies de douceur et de persuasion amener les révoltés à la soumission, apprenant la marche de Hamdy-Bey, a envoyé Bahri-Pacha, son lieutenant, au secours de Kars, qui est une grande ville et une place importante de l'Arménie ottomane, sur la frontière de l'Arménie russe.

INDE ET CHINE. — On a des nouvelles de l'Inde jusqu'au 19 juillet et de la Chine jusqu'au 15 mai. Le choléra commençoit à ralentir ses ravages dans le Punjab; à Lahore, où il y avoit eu de six à sept cents morts par jour, il n'y en avoit plus que vingt à trente.

Le Bombay-Times dit que depuis l'édit du haut-commissaire chinois, qui commande la tolérance envers les catholiques de l'empire, ceux-ci ne sont plus inquiétés.

MEXIQUE.. — La déclaration de guerre aux Etats-Unis, à l'occasion de l'annexion du Texas, que plusieurs journaux avoient révoquée en doute, est positive. Le 10 juillet, le ministre de la guerre et de la marine du Mexique a adressé à ce sujet, une circulaire aux chefs de corps. De leur côté, les Etats-Unis ont fait occuper les postes du Texas qui pourroient être le plus immédiatement menacés.

Le Gérant, Adrien le Clere.

BOURSE DE PARIS DU 1ᵉʳ SEPTEMBRE 1845.

CINQ p. 0/0. 121 fr. 60 c.	Quatre canaux 0000 fr. 00 c.
TROIS p. 0/0. 84 fr. 15 c.	Caisse hypothécaire. 610 fr. 00 c.
QUATRE p. 0/0. 000 fr. 00 c.	Emprunt belge. 5 p. 0/0. 000 fr. 0/0.
Quatre 1/2 p. 0/0. 116 fr. 00 c.	Emprunt romain. 104 fr. 1/8.
Emprunt 1841. 00 fr. 00 c.	Rentes de Naples. 060 fr. 00 c.
Oblig. de la Ville de Paris. 1412 fr. 50 c.	Emprunt d'Haïti. 000 fr. 00 c.
Act. de la Banque. 3270 fr. 00 c.	Rente d'Espagne. 5 p. 0/0. 00 fr. 0/0.

PARIS. — IMPRIMERIE D'ADRIEN LE CLERE ET Cᵉ, rue Cassette, 29.

SUR QUELQUES OBSERVATIONS INSÉRÉES DANS UN JOURNAL DE PROVINCE.

(Suite et fin.—Voir le N° 4108.)

A l'autorité de l'encyclique de notre Saint Père le Pape Grégoire XVI, réprouvant les maximes subversives enseignées par MM. Rohrbacher et Gridel, nous aurions dû joindre celle des évêques de France les frappant également de censure dans leur jugement doctrinal du 23 avril 1832. Ces prélats condamnent la doctrine « qui affirme que les droits des princes expirent aussitôt qu'ils se révoltent contre Dieu; qu'ils sont sans autorité dès qu'ils violent l'ordre qu'il a établi, ou même qu'ils cessent d'être soumis à sa loi. » C'est-là, bien évidemment, la doctrine même soutenue par M. l'abbé Rohrbacher, dans les deux propositions que nous avons citées. Les évêques de France condamnent cette doctrine comme *séditieuse, excitant à la révolte, opposée à la doctrine de l'Evangile et des apôtres, ainsi qu'aux enseignemens des saints Pères et à l'exemple des chrétiens des premiers siècles; comme renversant la société jusque dans ses fondemens, troublant la paix publique, et renouvelant en outre une erreur de Wiclef et de Jean Hus déjà condamnée.* Voilà comment la doctrine qui consacre le droit de révolte et d'insurrection n'a point été *censurée*, ainsi que le prétend M. l'abbé Gridel. Mais passons à un autre article.

On sait que l'objection tirée du polythéisme des anciens peuples est une de celles que l'on pressa le plus contre les partisans du système de la *raison générale* de M. de La Mennais. Cette objection étoit certainement des plus embarrassantes; et aux yeux de ceux qui ont bien étudié l'histoire du paganisme, et qui connoissent le jugement que l'Ecriture sainte elle-même en a porté, elle est insoluble. Les défenseurs du système, et surtout son auteur, firent des efforts prodigieux d'érudition pour répondre à leurs adversaires, et prouver que la connoissance du vrai Dieu, ainsi que toutes les grandes vérités de la religion, s'étoient toujours conservées sur la terre : on peut dire qu'ils plaidèrent la cause du paganisme contre le christianisme, puisque d'après leurs explications et leurs nouvelles découvertes la révélation chrétienne devenoit à peu près inutile. Les évêques de France ne se laissèrent pas éblouir par cet amas d'érudition et de pompeux paradoxes, et ils crurent devoir s'élever contre ces étranges doctrines, qui n'étoient, en grande partie, qu'un réchauffé de ce qui avoit été imaginé autrefois par les apologistes de l'idolâtrie réfutés par les Pères et les docteurs de l'Eglise. Dans leur censure les évêques de France signalèrent les propositions suivantes :

« Prop. I. Tous les peuples avant Jésus-Christ avoient conservé, au milieu même de l'idolâtrie, la notion d'un Dieu unique, du vrai Dieu.

» II. Un Dieu unique, immatériel, éternel, infini, tout-puissant, créateur de l'Univers, tel étoit le premier dogme de la religion primitive, et la tradition en conserva perpétuellement la connoissance chez tous les peuples.

» VII. L'idolâtrie n'est pas la négation d'un dogme, mais la violation d'un précepte.

» VIII. On pouvoit être idolâtre sans nier aucune vérité.

» IX. L'idolâtrie renfermoit l'oubli, non pas du vrai Dieu, mais de son culte.

» X. L'idolâtrie n'est pas une erreur, mais un crime.

» XXXVIII. Dans le paganisme, comme dans le christianisme, il n'y a de faux, d'erroné, que les hérésies, les opinions particulières.

» XXXIX. Dans le paganisme, comme dans le christianisme, la foi catholique, les croyances catholiques ou universelles sont vraies. »

Ces deux dernières propositions sont extraites du *Catechisme du sens commun.*

Il nous semble qu'il est impossible de condamner d'une manière plus formelle la doctrine qui prétend que la connoissance du vrai Dieu s'est toujours maintenue parmi les nations païennes. Cependant, MM. Rohrbacher et Gridel n'en persistent pas moins à soutenir ce sentiment erroné. Il paroît qu'à leurs yeux le jugement des évêques de France est sans aucune valeur. L'autorité des plus grands docteurs ne les embarrasse pas davantage. M. l'abbé Rohrbacher croit avoir anéanti les paroles les plus énergiques de Bossuet, en disant que ce sont tout bonnement *des figures oratoires, applicables tout au plus à quelques cas particuliers.* M. l'abbé Gridel n'est pas moins décidé sur ce point. Il n'hésite pas à déclarer que ce sentiment de la connoissance universelle du vrai Dieu chez les anciens peuples est enseigné *ex professo (nota bene)* par la plupart des théologiens Là-dessus, il nous cite un grand nombre de textes et une longue kyrielle de noms d'auteurs et d'ouvrages à consulter; mais nous croyons qu'il suffit de quelques distinctions bien simples et bien connues dans les écoles de théologie, pour faire crouler tout ce vain échafaudage d'érudition.

Ainsi, M. Gridel nous allègue en faveur de son système la preuve de l'existence de Dieu tirée du consentement unanime des peuples, et admise par les théologiens. Mais qui ne sait que cette preuve est relative à la connoissance de l'existence de Dieu, et non à celle de sa nature? Or, c'est précisément sur la nature de Dieu que l'on accuse les peuples païens de s'être trompés; et quand on s'adresse à un idolâtre pour le convertir, ce n'est pas l'existence de Dieu qu'on cherche à lui prouver, mais on travaille à rectifier en lui l'idée fausse et absurde qu'il s'est faite du vrai Dieu : on lui en démontre l'unité et l'immatérialité. Cela posé, n'est-il pas manifeste que l'argument tiré du consentement des peuples

ne conclut absolument rien en faveur des partisans de la raison générale, comme le prouvent surabondamment d'ailleurs les explications
données sur cet argument par les philosophes et les théologiens? Ici
M. l'abbé Gridel cite un passage de Bailly, qui ne se trouve pas plus
dans l'ouvrage de ce théologien que le texte cité de saint Thomas dans la
Somme théologique. Il est probable que ce passage est emprunté de quelque
édition de Bailly annotée autrefois par les disciples de M. de La Mennais.
M. l'abbé Gridel n'a-t-il pas bonne grâce à nous dire après cela, pour
corroborer le témoignage qu'il invoque, que ces paroles sont de Bailly,
qu'on ne suspectera pas de Lamennaisianisme? Il faut bien que Bailly soit La-
mennaisien en dépit de lui-même, quand on se permet d'altérer son texte.
Avec cet honnête expédient, on trouve facilement des autorités. C'est
ainsi que M. l'abbé Gridel fait dire au même Bailly que « le crime des
païens en général a consisté, d'après les paroles mêmes de saint Paul,
en ce qu'ayant connu Dieu, ils ne l'ont pas glorifié comme Dieu. »
Bailly ne dit pas un mot de cela. Il connoissoit trop bien, sans doute,
le sens des paroles de saint Paul, pour ne pas savoir qu'elles ne s'appliquent qu'aux philosophes de la Grèce et de Rome, c'est-à-dire aux plus
éclairés d'entre les païens, et non à la multitude.

. Des théologiens, des docteurs ont enseigné que les païens ne pouvoient ignorer le Dieu unique et souverain, qu'ils avoient assez de lumières et assez de secours pour le connoître. *Hæc est summa delicti
nolle agnoscere quem ignorare non possis.* Nous ne savons de qui sont ces
paroles que nous cite M. l'abbé Gridel. Mais il ne s'agit ici que de l'*ignorance invincible*. Les païens *ne vouloient pas reconnoître le vrai Dieu*, c'est-
à-dire qu'ils ne vouloient pas se mettre en état de le connoître, qu'ils
refusoient ou négligeoient de prendre les moyens qui les auroient conduits à cette connoissance; *ils ne pouvoient l'ignorer*, s'ils eussent voulu
se servir des lumières et des grâces qui leur étoient offertes. De ce que
les païens ont pu connoître Dieu, s'ensuit-il qu'ils l'aient connu? Le
pouvoir se réduit-il toujours en acte? Tout le monde sait bien que non.
Nous sommes loin d'admettre qu'il puisse y avoir une ignorance invincible de Dieu, comme paroît le supposer M. l'abbé Gridel.

. Voici pourtant un passage de saint Augustin qui pourroit arrêter :
*Discat gentes non usque adeò ad falsos deos esse delapsas, ut opinionem amitte-
rent unius veri Dei.* Pour se tirer de difficulté, il s'agit simplement de
recourir à l'endroit indiqué par M. l'abbé Gridel. Or, il nous renvoie
au livre 2 contre Fauste C. ou plutôt n° 4.—Eh bien! au livre 2 contre
Fauste, n° 4, il n'y a pas un mot de cela. Ces paroles ne se trouvent
pas même dans tout le livre que nous avons lu. Il faut avouer que
M. l'abbé Gridel n'est pas heureux en fait de citation. Ne vaudroit-il

pas mieux citer un peu moins, et être plus sûr de ce que l'on cite? Il faut au moins supposer qu'on pourra vérifier les citations.

Mais M. l'abbé Gridel nous adresse un reproche qui, aux yeux de quelques lecteurs, pourroit avoir une apparence de fondement. Nous avons dit, dans notre réponse à M. l'abbé Rohrbacher : « Sans avoir à nous inquiéter des additions ou changemens que l'auteur a pu faire à son premier travail (*le Catéchisme du Sens commun*), il est assez notoire que ce livre contenoit et avoit pour objet d'exposer et d'expliquer la doctrine du sens commun, entendue à la manière de M. de La Mennais. » Nous demandons à tout homme de bonne foi, ajoute M. l'abbé Gridel, s'il est juste de condamner la doctrine d'un auteur sans s'inquiéter des modifications qu'il lui a fait subir. Nous répondons à M. l'abbé Gridel : « Oui, il est permis, il est juste de condamner sa doctrine, malgré les modifications qu'il a fait subir au livre qui la contient, lorsque ces modifications ne portent pas sur le fond, lorsqu'elles laissent subsister les principes faux et condamnables qui en constituent la doctrine. Nous croyons que tout homme de bonne foi ne fera pas difficulté de tomber d'accord là-dessus avec nous. Or, nous maintenons comme une chose certaine que la *nouvelle édition, revue et augmentée, du Catéchisme du sens commun,* que les éditeurs de la nouvelle collection des *catéchismes* ont eu le tort d'y insérer, contient toujours la doctrine du *sens commun* de l'auteur de l'*Essai*; c'est-à-dire qu'elle présente comme vrai et fondamental un système qui a été repoussé par le Saint-Siége comme *nouveau, fallacieux et tout à-fait condamnable.*

Enfin, nous avons trouvé bizarre l'idée de faire remonter l'histoire de l'Eglise à la création du monde. Le défenseur officieux de M. Rohrbacher nous oppose encore de longs textes, un peu plus authentiques, mais aussi peu concluans que les précédens, et entre autres ce passage si connu de Bossuet : « Quelle consolation aux enfans de Dieu! etc....» Mais Bossuet dit-il dans ce passage que l'Eglise dont il a exposé la doctrine, qu'il a défendue contre les protestans, a existé dès le commencement du monde? Pas le moins du monde. Bossuet, comme tout le monde, a distingué entre l'histoire de la religion et l'histoire de l'Eglise. L'une commence avec le premier homme, l'autre a été fondée par Jésus-Christ et les apôtres. Qu'est-ce que l'Eglise? Prenons la définition élémentaire : l'Eglise est la société des fidèles réunis par la profession de la même foi, la participation aux mêmes sacremens, et qui, sous la conduite des pasteurs légitimes, et principalement de leur chef visible, le souverain Pontife, ne font qu'un même corps dont Jésus-Christ est le chef invisible : Eglise une, catholique, apostolique et romaine. Cette société existoit-elle avant l'Evangile? Assurément non, puisque le Sauveur en parle comme d'une Eglise, d'une société nouvelle à fonder : *Super hanc petram ædificabo Ecclesiam meam.* Eh bien ! c'est de cette société qu'on raconte l'histoire quand on écrit l'histoire de l'Eglise. On ne doit donc la commencer, comme l'ont fait tous les historiens ecclésiastiques, qu'à la descente du Saint-Esprit sur les apôtres, qui furent employés par le suprême architecte à la fondation de cette Eglise, une, sainte, catholique, apostolique et romaine.

Au reste, nous n'attachons d'importance à cette idée singulière de M. l'abbé Rohrbacher, que parce qu'elle se rattache à un système essentiellement faux, et qu'elle est conçue et développée dans le sens de ce système. C'est après avoir dit, que « l'Eglise catholique n'est au fond que le genre humain constitué par Jésus-Christ dans l'unité; » définition qui a bien de l'analogie, il faut en convenir, avec cette proposition : «Il n'y eut jamais qu'une religion dans le monde , religion universelle au sens le plus rigoureux et le plus étendu; » (*Essai sur l'Indifférence*, t. III, p. 480,) proposition condamnée par la *censure* des évêques de France *comme fausse, scandaleuse, injurieuse à la vraie religion*; c'est appuyé sur de pareilles notions, que M. l'abbé Rohrbacher a fait remonter son histoire à l'origine des choses. Il lui étoit réservé de découvrir cette nouvelle définition de l'Eglise; il voudra bien nous permettre de nous en tenir humblement à celle que nous avons apportée plus haut. Il n'est pas donné à tout le monde d'avoir des idées d'une aussi vaste étendue que les siennes.

Tels sont les autorités, les raisons et les raisonnemens que M. l'abbé Gridel a jugé à propos de nous opposer. Voici sa conclusion : « Nous croyons avoir *pleinement justifié* M. Rohrbacher, et vengé son *Histoire de l'Eglise* des attaques qu'on vient de lancer si injustement contre elle.» Le lecteur en jugera. Mais n'oublions pas de dire que M. Gridel, directeur au séminaire de Nancy, pour ajouter un dernier trait à sa polémique, a cru devoir nous adresser un reproche bien sanglant. Il nous appelle des *journalistes courtisans.* Cela est en effet bien trouvé, et tout-à-fait notoire; et l'autorité irrécusable de *la raison générale* pourroit, au besoin, le confirmer. Nous faisons la cour au ministère, comme tout le monde sait; nous faisons la cour aux révolutionnaires, et en particulier à la révolution de juillet, à l'exemple de M. l'abbé Gridel; mais surtout nous faisons la cour aux inventeurs de nouveautés, de faux systèmes, de doctrines condamnées par l'Eglise. Pour ce dernier point, personne ne sauroit en douter, et nous ne voulons pas nous en défendre. Si cependant faire la cour consiste à être parfaitement soumis à l'autorité du Saint-Siége et des évêques, à repousser, à signaler même les doctrines hétérodoxes, oh! alors nous avouons que nous sommes courtisans, que nous le serons même le plus qu'il nous sera possible, et nous oserions conseiller à M. Gridel de l'être un peu plus lui-même dans ce sens-là. Qu'il veuille bien encore se tenir pour averti que nous n'entendons pas ouvrir et continuer une discussion avec lui dans ce Journal, sur tous les points que nous avons touchés relativement au livre de M. Rohrbacher. Tel n'a pas été notre but. S'il ne nous eût pas fait adresser ses deux attaques contre nous dans l'*Espérance de Nancy*, que nous ne recevons pas ordinairement, cette polémique eût été close par notre réponse à la lettre insérée dans l'*Univers* par M. Rohrbacher. Il nous suffira maintenant d'avoir éveillé l'attention sur un fait qui nous paroît grave, c'est la reproduction et la défense obstinée de doctrines réprouvées par le souverain pontife et les évêques. Les discussions ne sont pas interminables dans l'Eglise catholique ; et quand le Saint-Siége et l'épiscopat ont prononcé, nous tenons la question pour décidée. *La cause est finie.*

Nous ajouterons, en terminant, quelques détails curieux, qui nous sont fournis par la dernière livraison du *Journal historique et littéraire de Liége.* L'estimable rédacteur nous apprend, qu'après la publication de son article sur l'*Histoire universelle de l'Eglise*, il reçut également de M. l'abbé Rohrbacher une longue lettre, qui paroît être à peu près la même qui nous a été adressée. Cette lettre, transmise à M. Kersten d'une manière très-peu polie, « ayant paru, au jugement de quelques hommes graves et respectables qui eurent occasion de la voir, insuffisante et peu propre dans la forme où elle étoit, à voir le jour, fut renvoyée à M. Rohrbacher, avec des observations de la part de personnes vénérables. » On s'attendoit assez naturellement à la voir revenir corrigée ou modifiée d'une manière quelconque. Mais on attendit en vain. M. l'abbé Rohrbacher, qui n'aime guère à se modifier, ne daigna pas répondre aux observations qu'on lui avoit communiquées. Il se contenta, pour toute réponse, de faire distribuer, avec les livraisons d'une *Revue catholique*, qui se publie à Liége, un écrit d'une demi-feuille in-8°, où le *Journal littéraire* étoit traité sans aucun ménagement. En même temps un ami, le même probablement qui nous a honorés de ses *observations* dans le *Journal de Nancy*, offrit au rédacteur du *Journal de Liége*, d'entamer avec lui une polémique sur les doctrines en question. M. Kersten, content d'avoir accompli ce qu'il regardoit comme un devoir, jugea plus à propos d'écarter toute dispute ultérieure sur cet objet, se réservant d'accueillir les observations de l'auteur lui-même, s'il en présentoit.

· Dans la réponse qu'il avoit adressée au rédacteur du journal de *Liége*, M. l'abbé Rohrbacher disoit : « Je fais cette observation à M. Kersten, pour lui donner lieu de comprendre qu'un laïque belge feroit mieux de consulter l'Université de Louvain et l'épiscopat de son pays, que de s'ériger en téméraire censeur de l'une et l'autre, et de s'exposer à jeter imprudemment un brandon de discorde parmi les catholiques, à la grande joie des ennemis de la religion. » Ainsi, selon M. l'abbé Rohrbacher, ce ne sont pas ceux qui cherchent à introduire de nouvelles doctrines, qui jettent des brandons de discorde, ce sont ceux qui les combattent : il faut laisser l'erreur se répandre, pour ne troubler personne. L'Eglise n'admet pas cette maxime. L'estimable rédacteur du *Journal de Liége*, allant droit au fait, propose à M. Rohrbacher un moyen bien simple de connoître lui-même et de faire connoître au public ce que pensent de ses doctrines l'épiscopat belge et l'Université de Louvain, il l'invite à faire approuver par un des six évêques de Belgique ou par le recteur de l'Université catholique son *Catechisme du sens commun* et son *Histoire universelle de l'Eglise catholique*. M. l'abbé Rohrbacher doit probablement savoir à quoi s'en tenir sur le succès d'une pareille démarche.

Quant à M. l'abbé Gridel, il a cru, lui, qu'une approbation expresse n'est pas nécessaire. Il en trouve une suffisante dans le silence qu'on a gardé jusqu'à présent sur l'ouvrage de son confrère. Il ne lui en faut pas davantage « pour rassurer les *nombreux* lecteurs de l'*Histoire universelle de l'Eglise catholique sur l'orthodoxie* des doctrines de l'auteur, malgré les dires de l'*Ami de la Religion*. Il nous apprend que M. l'abbé Rohrbacher a adressé, il y a sept ans, à notre Saint-Père le Pape Grégoire XVI, un exemplaire des trois ouvrages qu'il avoit publiés : *La religion méditée* ; *des rapports naturels entre les deux puissances; de la grâce et de la nature* ; ouvrages, dit-il, qui renferment toute la doctrine que M. Rohrbacher développe dans son *Histoire*. Mgr Garibaldi, ajoute-t-il, a fait à l'auteur l'observation que, s'il ne recevoit point de réponse, ce seroit bon signe. Ce que M. l'abbé Gridel ne manque pas de prendre au pied de la lettre. Donc, suivant M. Gridel, l'*Histoire universelle de l'Eglise catholique* a toute l'approbation qu'on peut désirer. Ainsi, le moindre faiseur de systèmes auquel il plaira d'envoyer à Rome ses élucubrations, pourra conclure du silence du Saint-Siége, la parfaite orthodoxie des doctrines contenues dans ses livres, même lorsque ces doctrines auroient déjà été condamnées. Cela seroit assez commode.

Cette prétention, du reste, n'est pas nouvelle. Les rédacteurs de l'*Avenir* ont voulu aussi se prévaloir du silence du Saint-Siége. « Ceux qui osent dire, écrivoient-ils en 1831, que Rome *interrogée* avec la plus humble soumission garderoit le silence lorsque de fausses doctrines se propagent dans le troupeau de Jésus-Christ, ont d'elle une étrange idée. Ignorent-ils donc que quand la pureté de l'enseignement est en péril, jamais l'Eglise ne se tait? *Ecclesia non tacet.* Il est vrai, ajoutoient-ils, que *nous n'avons point encore reçu de réponse*; mais que conclure de là? Si on est catholique, on doit croire que le Saint-Siége ne pouvant refuser la vérité à qui la lui demande humblement, ne pouvant tolérer l'erreur, *des erreurs dangereuses et qui chaque jour se propagent rapidement,* nos doctrines sont à ses yeux catholiquement irréprochables. » Les évêques de France ont condamné ces propositions, par lesquelles on voudroit établir que le silence du Saint-Siége équivaut à une approbation, « comme fausses, scandaleuses, nuisibles au salut des ames, favorables aux progrès des nouveautés les plus dangereuses et les plus funestes : comme facilitant le moyen d'opprimer par d'injustes préjugés, les vérités évangéliques, et s'autorisant sans raison d'une maxime de saint Augustin; enfin, comme renouvelant une erreur déjà condamnée par le clergé de France en 1700. »

On sait assez que le jugement du Saint-Siége sur les doctrines de l'*Avenir* ne s'est pas fait attendre fort long-temps. Il est par là même facile de prévoir celui qu'il porteroit aujourd'hui sur un ouvrage qui ne fait que reproduire ces mêmes doctrines. Nous sommes persuadés que l'*Histoire universelle de l'Eglise catholique* de M. l'abbé Rohrbacher n'eût pas échappé à une censure bien motivée de l'ancienne Sorbonne. Mais on peut dire que cette censure est écrite assez clairement dans le jugement doctrinal des évêques de France, et dans l'encyclique du souverain pontife que nous avons invoquée. — Encore un mot. Nous pouvons affirmer, comme témoigne le désirer l'estimable rédacteur du journal de Liége, que l'insertion de son article dans l'*Ami de la Religion* n'a nullement été provoquée par lui. Notre unique mobile a été notre attachement aux saines doctrines, et l'obligation où nous nous sommes crus de signaler des erreurs graves et dangereuses. De tels motifs sont assurément bien suffisans; et nous laissons ceux qui ne savent pas les apprécier, et qui sont d'ailleurs étrangers à ces matières, traiter de *malveillance* ce qui, à nos yeux, est l'accomplissement d'un devoir.

D. L., *ancien professeur de théologie.*

REVUE ET NOUVELLES ECCLÉSIASTIQUES.

PARIS.

El Pensamiento de la Nacion, recueil périodique rédigé par M. l'abbé Balmès avec autant de sagesse que de talent, dans son numéro du 20 août dernier, fait une analyse des 12 articles extraits de la convention du 27 avril, entre le cardinal secrétaire d'Etat Mgr Lambruschini, et le ministre plénipotentiaire d'Isabelle. Bien que le texte de ladite convention ne soit pas officiel, puisque c'est un journal anglais, le

Times, qui l'a publié le premier sans qu'il ait été reproduit par les organes officiels des deux gouvernemens ; cependant M. Balmès montre très-bien que les plaintes soulevées à ce sujet par les journaux *modérés* et *progressistes* de Madrid sont à la fois injustes et inopportunes ; ceux qui les font entendre manquent de bonne foi. Encore une fois, ils veulent induire en erreur le pays relativement aux dispositions toujours bienveillantes du Saint-Siége vis-à-vis de l'Espagne.

Tous les articles de cette convention sont d'ailleurs, ou la proclamation de principes sociaux reconnus par tous les hommes d'Etat en Espagne, ou bien un acte de réparation dont la justice et la nécessité ne sauroient être mises en doute.

Voici du reste cette convention, dont nous ne publions le texte qu'à titre de renseignement. Nous ne prétendons certainement pas donner plus d'importance à cette pièce qu'elle n'en a en réalité, jusqu'au moment d'un arrangement définitif entre les deux puissances. Après ces réserves, nous ne faisons pas difficulté de transcrire ce document, que nous empruntons au recueil de M. l'abbé Balmès.

« Art. 1er. La religion catholique sera toujours professée dans tous les domaines de la monarchie espagnole, à l'exclusion de tout autre culte.

» Art. 2. Il y aura dans chaque diocèse des séminaires sous la direction des évêques, pour l'éducation du clergé : les évêques auront le droit exclusif de présider à l'instruction religieuse dans les écoles publiques.

» Art. 3. Les monastères et les couvens existans seront conservés ; et ceux qui ont été supprimés seront rétablis en temps opportun.

» Art. 4. Les biens du clergé non-vendus seront dévolus à l'église et aux établissemens religieux qui en ont été dépouillés. En attendant ils seront administrés par des fonctionnaires ecclésiastiques.

» Art. 5. Le gouvernement espagnol fournira les fonds nécessaires pour la célébration du culte et l'entretien du clergé.

» Art. 6. Ces fonds, conjointement avec les biens non vendus, formeront la dotation de l'Eglise, et mettront ses ministres en mesure de vivre d'une manière honorable et indépendante.

» Art. 7. L'Eglise aura le droit d'acquérir et de posséder des propriétés.

» Art. 8. Le gouvernement espagnol ne pourra réunir ni supprimer les prébendes ecclésiastiques sans une permission du Saint-Siége.

» Art. 9. Les biens de l'Eglise seront considérés inviolables.

» Art. 10. Aussitôt que le gouvernement espagnol aura doté suffisamment l'Eglise et le clergé, Sa Sainteté expédiera une bulle déclarant que les propriétaires des biens ecclésiastiques qui les ont acquis avant le 1er janvier 1845, ne seront point inquiétés dans leur possession ni par Sa Sainteté ni par ses successeurs.

» Art. 11. Sa Sainteté enverra un nonce à Madrid pour la conclusion des affaires ecclésiastiques d'une importance secondaire.

» Art. 12. L'échange des ratifications de cette convention aura lieu dans trois mois. »

M. Balmès entre ensuite dans la discussion de plusieurs de ces articles, et nous sommes parfaitement d'accord sur tous les points de cette solide discussion. Les raisonnemens sur lesquels s'appuie le docte publiciste sont d'ailleurs des vérités incontestables pour tous les bons catholiques; mais elles gagnent à être exposées ainsi avec autant de clarté que de logique inattaquable.

- - - - - - ◆ - - - -

De grands changemens viennent de s'opérer dans l'administration du diocèse de Nancy. M. l'abbé Marguet, ancien curé de Bouillon, aujourd'hui vicaire-général, renonce volontairement à ses hautes fonctions pour devenir supérieur du grand séminaire. Homme de science, de piété, de dévoûment, de zèle et d'abnégation courageuse, il remplira ce nouveau poste, nous en sommes sûrs, avec le talent et la rare capacité dont il a fait preuve en d'autres rencontres. Ce choix a déjà reçu l'approbation du clergé paroissial et des jeunes élèves du sanctuaire. Le caractère affable du nouveau supérieur, ses manières conciliantes, ne manqueront pas d'attirer les prêtres autour de lui, et sa foi, sa doctrine, sa fermeté poseront, comme il faut l'espérer, une barrière infranchissable à certaines idées nouvelles, qui, sous prétexte d'avancer avec le siècle et d'introduire des réformes dans l'enseignement clérical, ne servent en définitive qu'à fausser les esprits, à inspirer l'orgueil de la sottise et à établir une déplorable divergence dans l'exercice du ministère pastoral.

M. l'abbé Marguet est remplacé, dans la charge de grand-vicaire, par M. Delalle, curé de la cathédrale de Toul, et un des prêtres les plus instruits et les plus distingués du diocèse. Ancien professeur de philosophie au séminaire, M. Delalle a suivi avec honneur la carrière de la prédication à Paris. Depuis quelques années, il étoit rentré dans le diocèse et avoit été appelé au poste éminent, mais ingrat et difficile, qu'il occupoit à Toul. Il est connu par diverses publications qui ne sont pas sans mérite; il a donné à quelques journaux religieux (1) une collaboration utile, et s'est fait remarquer par la fécondité de son imagination, autant que par l'élévation et la profondeur des pensées et la riche élégance du style. Nous devons également constater que cette promotion a été accueillie par l'approbation générale du clergé, qui trouvera certainement dans M. Delalle, un défenseur habile, un ami dévoué et un guide sûr et fidèle.   (*Gazette de Metz*.)

- - - - - - ◆◆ - - - - -

On lit dans *l'Hermine de Nantes* :

BÉNÉDICTION DU NAVIRE *L'ARCHE-D'ALLIANCE*.

« Pour la seconde fois depuis bien des années nous avons été témoin, samedi dernier, de la bénédiction d'un navire. La première fois, nous assistions à celle du *Nicolas-César* : samedi, l'on bénissoit l'*Arche-d'Alliance*, et la foule des assistans qui couvroient le pont du navire et le quai, indiquoit assez quel intérêt excite une si belle cérémonie. Cette fois aussi, la solennité étoit plus grande, l'importance religieuse du but de l'armement devoit naturellement appeler un plus grand éclat, et c'étoit Mgr l'évêque de Nantes qui venoit bénir, avant qu'il déployât ses voiles, le navire auquel une inspiration de son cœur d'évêque avoit imposé le beau nom d'*Arche-d'Alliance*. En effet, il est destiné aux voyages

(1) À l'*Union ecclésiastique*, revue mensuelle, et à l'*Univers*.

lointains dans l'Océanie ; son but est double : à la fois catholique et commercial, il portera des missionnaires pour ce monde nouveau où la foi a déjà commencé à briller ; il établira des rapports entre eux et la mère-patrie, se chargera de faire parvenir les secours envoyés par la *Propagation de la Foi*. En même temps, et pour le compte seul de la société commerciale, il prendra du fret pour les îles et les ports de la mer du Sud, pour les Marquises, par exemple, pour Otahiti ; il transportera des passagers, formera de jeunes élèves pour la marine marchande, il fera dans l'Océanie les opérations commerciales qui pourront être avantageusement tentées.

» C'étoit un beau spectacle ! sur le gaillard d'avant, de jeunes élèves des Frères, sous la conduite de M. Simon, répondoient harmonieusement aux chants sacrés partis de la dunette, où, sous une tente formée de toutes sortes de pavillons, au milieu d'une assistance nombreuse de dames, Mgr l'évêque dans ses habits pontificaux étendoit ses mains pour bénir, et les mâts de ce navire afin que les brises du ciel les poussent au port où se plantera la croix, et ses flancs afin que les écueils cachés sous les eaux ne les brisent pas ; et pour qu'ils portent aux lieux fixés par la Providence les pieds de ceux qui évangélisent la paix.

» Comment ne pas être ému ? Le chant de l'*Ave, Maris stella* retentissoit sur les flots ; de l'un à l'autre gaillard les chants sacrés se répondoient : sur le pont, une foule pieuse fléchissoit les genoux avec piété ; sur le grand panneau, l'équipage groupé comme un seul homme, avec son capitaine en tête, représentoit l'âme qui doit animer ce vaste corps ; puis, au milieu de ces fidèles recueillis, l'évêque suivi de son clergé, parcouroit processionnellement le pont du navire et marquoit la trace que fouleront bientôt à leur tour les pieds des apôtres de l'Océanie. Le pavillon de reconnoissance du navire est *une croix rouge sur un fond blanc* : au mât de misaine, au milieu des pavillons de diverses nations, ces signaux de la langue universelle sont placés comme un symbole de cette religion qui parle à tous les peuples un langage entendu de tous. Le mât d'artimon portoit le pavillon qui sert à demander un pilote, pieux symbole des vœux qui sur la dunette invoquoient pour pilotes l'Etoile de la mer et le Dieu qui faisoit marcher saint Pierre sur les eaux ! Le quai étoit couvert d'une foule compacte : partout le même sentiment de curiosité pieuse et recueillie attiroit les yeux et provoquoit les sympathies : oh ! oui, c'étoit un beau spectacle ! »

On lit dans la *Gazette du Midi*, sous la date de Marseille, le 26 août :

« On assure que M. le recteur Desfougères auroit intimé au collège de Sainte-Croix d'Aix l'ordre de se dissoudre, comme si les Frères de la Congrégation du Père Charls étoient des Jésuites, des proscrits. Cet établissement, qui avoit survécu à la clôture du petit séminaire de Saint-Louis, offroit une éducation modeste et proportionnée à certaines fortunes. Nous ne savons sur quel fondement M. le recteur auroit pu fulminer un pareil ordre, et pousser jusque-là le *compelle intrare* du monopole. Aussi ne reproduisons-nous ce bruit que comme une nouvelle accréditée, mais qu'il nous répugne encore d'admettre. »

M. le comte de Montalembert venoit de quitter le séjour d'Aix, lorsqu'il a adressé dernièrement à M. Chevray, chanoine de Chambéry, auteur de l'*Histoire de saint Pierre II, archevêque de Tarentaise*, une lettre, que nos lecteurs ne liront pas sans intérêt :

« Domo d'Ossola, ce 13 août 1843.

» Monsieur le chanoine,

» Vous m'avez fait l'honneur de m'envoyer il y a quatre ans l'*Histoire de saint*

Pierre de Tarentaise écrite par vous. J'ai bien à me reprocher de n'av ir pas songé dès-lors à vous remercier de cette marque d'extrème bienveillance; mais le loisir de lire votre ouvrage m'a manqué alors ; et depuis j'ai été retenu loin de la France et de ma bibliothèque par de longs voyages que m'a imposés la mauvaise santé de Mme de Montalembert. Mais aujourd'hui, après avoir lu cet excellent volume avec autant d'intérêt que d'attention, après l'avoir pris pour guide dans le pèlerinage que je viens de faire à Tamié, qu'il me soit permis de réparer mes torts. Ce ne sont pas seulement des actions de grâces personnelles que je vous dois, ce sont des félicitations sincères et complètes pour le service réel que vous avez rendu à la vérité catholique et à l'histoire par la publication de cet ouvrage.

» Plongé depuis dix ans dans l'étude spéciale des choses monastiques, et en particulier de l'ordre de Citeaux, j'ai peut-être le droit d'émettre sur des livres qui se rapportent à cette matière un avis moins vague et moins insuffisant que celui des lecteurs ordinaires. C'est à ce titre que je viens vous parler de la vive et complète satisfaction avec laquelle j'ai étudié votre histoire de saint Pierre, et de la joie que j'ai éprouvée en y trouvant toutes les vues historiques les plus propres à porter la lumière dans tous ces esprits, si nombreux même parmi les catholiques, qui méconnoissent et la grandeur du moyen âge, et la nécessité des institutions monastiques. Si vous parvenez, M. le chanoine, à inspirer au clergé de la Savoie, qui a le bonheur de vous compter parmi ses membres, l'esprit qui vous anime et qui préside à vos excellens travaux, vous aurez formé pour l'Eglise de nouveaux et précieux défenseurs sur le terrain même où la guerre avec l'esprit du mal est le plus nécessaire et le plus inévitable.

» J'espère pouvoir publier à la fin de cette année les deux premiers volumes de mon histoire de saint Bernard, sous le titre de *l'ordre monastique avant saint Bernard*, et me ferai un devoir de vous les adresser, si vous voulez bien m'en indiquer le moyen. Je viens de visiter Hautecombe, Tamié, et les ruines encore si belles, mais si récemment et si scandaleusement dévastées de Notre-Dame d'Aulps. Je regrette de n'avoir plus le loisir de poursuivre ces pèlerinages cisterciens jusqu'en Piémont. Mais j'ai pensé que peut-être votre science et votre obligeance viendroient à mon secours, et que grâce à vos bons offices j'obtiendrai les renseignemens que je désire... »

L'illustre comte entre dans les détails de ces renseignemens historiques, en terminant sa lettre non moins honorable pour le personnage qui en est l'objet, que remarquable par les points de vue élevés qu'elle renferme. (*Courrier des Alpes.*)

BAVIÈRE. — Le prince de Bavière nouveau-né a été baptisé le 26, lendemain de sa naissance, par Mgr l'archevêque de Munic-Freysing, sous les noms de Othon-Louis-Frédéric Guillaume. LL. MM. de Prusse et de Bavière l'ont tenu sur les fonts.

BERLIN. — L'*Observateur du Rhin* annonce de Berlin, que par suite des querelles dogmatiques survenues entre les prétendus catholiques Allemands, la scission ayant été jugée irrémédiable, les uns, *catholiques-protestans*, Prybil et Czersky à leur tête, vont adopter la confession d'Augsbourg, tandis que les rongistes, s'obstinant dans le système antichrétien adopté à Leipsick, se réuniront à la congrégation des Amis *de la lumière*. C'est l'issue que tous les gens sensés avoient entrevue et prédite à ce schisme.

* * *

ESPAGNE. — D'après la *Esproñora* du 21, M. Castello y Ayensa est parti de Rome pour Madrid, afin de communiquer au ministère la réponse défavorable que Sa Sainteté a donnée à l'*ultimatum* du gouvernement espagnol.

D'ailleurs, d'après le *Catholico* le gouvernement auroit suspendu l'exécution de certains brefs de Sa Sainteté, adressés au chapitre et à l'administrateur ecclésiastique de Tolède, sous prétexte que la supplique n'en a pas été faite par la voie du ministère des affaires étrangères. Cette démarche est d'autant plus incompréhensible que l'*exequatur* avoit été donné d'abord pour tous les brefs reçus de Rome sans distinction. Tout fait craindre dès lors une nouvelle interruption dans les relations avec le Saint-Siége.

* * *

RUSSIE. — Les journaux russes racontent avec beaucoup d'emphase le baptême, *in globo*, *de cent trente juifs*, *faisant* partie d'un bataillon des cantonistes de l'armée. Cette cérémonie a eu lieu, ainsi que nous l'avons déjà rapporté dans l'une de nos Revues politiques, le jour de la Pentecôte, sur les bords du Volga, dans la ville de Sutaroff, sous les yeux d'une cohue populaire composée de gens professant à peu près toutes les religions de l'Orient et de l'Occident.

* * *

SUISSE. — Fribourg. — L'état comparatif de la fréquentation du collége et des écoles moyennes et primaires pour 1844 et 1845 offre les résultats suivans :

	1845	1844.
Collége et Pensionnat des Jésuites, Pensionnat d'Estayer déduit, élèves	539	500
Ecole de droit	20	20
» moyenne centrale	74	
» primaire des garçons	348	
» des Frères de Marie	388	1502
Ecoles des filles tenues par les Dames Ursulines et par des établissemens particuliers	700	
	2069	2022
En 1844	2022	

Augmentation en 1845   47

La population de la ville de Fribourg étant d'environ 10,500 habitans, c'est à peu près un cinquième de la population qui fréquente le collége et les écoles publiques. Ces chiffres, préférables à tous les raisonnemens, prouvent à quel degré d'impulsion sont parvenus dans notre ville les divers établissemens d'instruction publique.

(Union Suisse.)

REVUE POLITIQUE.

L'empire ottoman est assez semblable à un malade presque désespéré, dont le lit est entouré de médecins et de personnes intéressées par des motifs divers, à la conservation d'une vie prête à s'éteindre. A chaque mouvement plus prononcé de cette déplorable administration du Grand-Seigneur, soit à propos des essais de réforme européenne, soit par l'influence des représentans des autres puissances à Constantinople, les journaux de tous les pays s'accordent à publier que la civilisation et la vie politique se réveillent enfin chez les enfans de Mahomet. On l'a dit d'abord lorsque Mahmoud, père de l'empereur actuel, commença toutes les innovations civiles et militaires qui ont si fortement blessé les *croyans*, et qui n'ont certes point arrêté les démembremens et la dissolution qui travaillent l'intégrité de cette puissance jadis colossale. Les mêmes applaudissemens ont accompagné plus tard la déclaration du *hatti-schériff*, lequel n'a certes pas non plus empêché les effroyables calamités du Mont-Liban.

Enfin, aujourd'hui, la destitution violente de Riza-Pacha, premier ministre et grand-maréchal du palais d'Abdul, fait presque battre des mains tous les politiques de l'Europe. On prétend que ce ministre dur et avare, l'ennemi déclaré de toute amélioration et de toute réforme plus douce et plus intelligente dans les lois et les mœurs musulmanes, doit amener principalement une pacification durable entre les Maronites et les Druses du Mont-Liban. Chékib-Effendi, qui est ministre des affaires étrangères, doit, par ordre du Sultan, aller lui-même en Syrie examiner de près cette situation si cruelle des hommes et des choses dans ces malheureuses contrées. Les pachas seront destitués, et les chrétiens, dit-on, vont enfin respirer plus à l'aise, après tant de massacres et d'exactions tolérés, sinon ordonnés par les agens turcs relevant de Riza-Pacha.

Nous voulons bien espérer quelque chose de moins terrible que l'affreux état actuel des chrétiens d'Orient. Il est bien triste et en même temps très-déshonorant pour le nom français en particulier, que tous les autres représentans des puissances européennes demeurent comme nous spectateurs impuissans auprès de la Sublime-Porte, pour venir en aide à nos malheureux frères, dépossédés et massacrés en Syrie depuis tant d'années. Quelle sécurité reste-t-il, par exemple, aux monastères échappés à la dévastation des Druses, après l'assassinat resté impuni de l'infortuné P. Charles? On dit que des ordres précis viennent d'être enfin donnés pour la répression et la réparation de tant d'excès commis. Mais alors il faudra bien renoncer aux prescriptions établies par suite de la note du 28 juillet 1845, et d'après lesquelles les Druses pèsent sur les chrétiens dans la personne de leurs moukatadjis. Les systèmes des kaimakans, ou de deux chefs commandant à chaque nation respective, n'est pas plus acceptable. Les derniers événemens l'ont démontré. Il faut aux Maronites leur ancienne administration nationale et chrétienne qu'ils ont perdue par l'exil de l'émir Beschir et de sa famille. C'étoit-là l'opinion de M. Guizot il y a deux mois, lorsqu'il a déclaré devant la chambre des pairs, en répondant aux nobles paroles de M. le comte de Montalembert sur les désastres des chrétiens d'Orient : « Selon moi, disoit alors M. le ministre des affaires étrangères, le seul moyen de pacifier le Liban, c'est d'y rétablir l'ancienne administration nationale et chrétienne. » M. Guizot ajoutoit « qu'il n'avoit pas renoncé à faire prévaloir cette opinion dans les conseils du divan. » Il alloit même jusqu'à dire que la France pouvoit agir isolément dans les affaires de la Syrie, qu'elle n'étoit liée par aucun engagement avec les autres puissances, *qu'elle n'avoit pas* ABANDONNÉ SON DROIT DE PROTÉGER A ELLE SEULE LES CATHOLIQUES D'ORIENT, et qu'elle sauroit exercer son protectorat dès qu'elle le jugeroit nécessaire. » Eh bien! nous disoit l'autre jour Mgr Trioche, évêque de Babylone, *cette intervention de la part de la France est plus urgente que jamais.* Après de telles déclarations, dit à son tour la *Revue des Deux-Mondes*, nous doutons fort que M. le ministre des affaires étrangères puisse considérer la note du 28 juillet comme une concession suffisante aux intérêts des chrétiens du Liban, et comme un succès diplomatique dont la France ait à se glorifier. » La destitution de Riza-Pacha à Constantinople, et la mission de Chékib-Effendi en Syrie, préserveront-elles l'empire ottoman contre les atteintes de dissolution qui minent le colosse au profit de la Russie, et surtout mettront-elles fin à la désolation du Liban? Dieu le sait.

NOUVELLES ET FAITS DIVERS.
INTÉRIEUR.

PARIS, 3 septembre. — M. Dumon, ministre des travaux publics, est de retour à Paris, après avoir passé huit jours au château d'Eu.

— M. le maréchal Bugeaud quittera Alger le 4 septembre et débarquera à Cette, où il est attendu le 7 ; de là, il se rendra à Montpellier et à Soult-Berg. Plusieurs généraux, dit-on, doivent assister à son entrevue avec le maréchal Soult.

M. le lieutenant-général de Lamoricière étoit attendu à Alger dans les derniers jours du mois d'août.

L'*Algérie* assure que la distribution de la circulaire de M. le maréchal Bugeaud, sur la colonisation militaire, a produit à Oran, dans la population civile et militaire, une très-vive sensation.

— Le *Bombay-Times* contient, sur les affaires de Madagascar, des détails parfaitement analogues à ceux que nous avons publiés ; mais il ajoute que les vaisseaux français et anglais, après avoir embarqué les résidens étrangers et ce que l'on a pu sauver de leurs propriétés mobilières, sont allés respectivement chercher des renforts à l'île Maurice et à l'île Bourbon. Il est donc probable que nous ne tarderons pas à recevoir la nouvelle d'une seconde expédition qui, cette fois sans doute, sera couronnée d'un succès complet.

— Un bien douloureux événement est arrivé à Ourlac (Vourla), au moment où la frégate la *Minerve* s'apprêtoit à partir pour suivre le duc de Montpensier à Smyrne. M. Granet, capitaine de corvette, commandant en second de la *Minerve*, placé sur le gaillard d'avant, veilloit à la prompte exécution de l'appareillage, lorsque tout à coup une grosse poulie, tombant d'une hauteur considérable, lui fracassa la tête et lui brisa la cuisse. M. Granet n'a survécu que quelques instans. Ses obsèques ont eu lieu à Smyrne avec grande pompe. Tous les officiers de marine, ayant à leur tête M. le contre-amiral Turpin, et le gérant du consulat de France, y assistoient.

— Le gouvernement semble enfin arrivé à comprendre la nécessité d'établir un impôt sur les chiens. Une circulaire, adressée aux préfets, destinée à être communiquée aux conseils généraux, recommande aux conseils l'examen de cette question.   (*Propagateur de l'Aube.*)

— Le préfet de police vient de décider que les sapeurs-pompiers de la ville de Paris ne pourroient désormais franchir les barrières de la capitale pour aller porter secours dans la banlieue. Il paroît que des conflits survenus entre les pompiers des communes voisines et les pompiers de Paris auroient motivé cette mesure. C'est une satisfaction donnée à quelques amours-propres dont les propriétaires *extrà-muros* pourront avoir à souffrir plus d'une fois.

— M. de Rambuteau a quitté hier Paris, par congé, pour se rendre en Bourgogne. En son absence, M. le marquis de Lamorellie, conseiller de préfecture, remplira les fonctions de préfet par intérim.

— Un journal raconte que les rats qui habitoient l'abattoir de Montfaucon sont descendus, par suite de la suppression de cet abattoir, dans le quartier des Halles, et notamment dans la halle aux farines, et qu'ils y pullulent de telle façon, que l'autorité a dû prendre des mesures pour leur destruction. Cette assertion n'a aucune espèce de fondement ; les rats n'ont nullement pénétré dans la halle aux blés et aux farines, et aucune plainte n'a été portée à cet égard. (*Messager*.)

— M. le duc de Berghes, père de M. le prince de Berghes, récemment condamné à trois ans de prison par la cour d'assises de la Seine, vient de se pourvoir devant le tribunal de première instance de la Seine, pour faire prononcer l'interdiction de son fils, basée sur l'état de foiblesse d'esprit de ce dernier.

— On construit à côté de l'Observatoire, dans la partie de la rue Cassini qui aboutit à la rue d'Enfer, un grand réservoir distribué en arcades et voûtes souterraines pour recevoir les eaux d'Arcueil à leur premier point de départ et les distribuer dans ce quartier. Ce nouveau château-d'eau sera ensuite recouvert de terre végétale et remis en jardin.

— Cette année les pélerins de la Mecque partant d'Alger, sont au nombre de 1,500 environ. Il y en a de tous les points de l'Afrique occupés par nous. On remarque aussi un grand nombre de Marocains. Les Kabyles sont beaucoup plus nombreux que les années précédentes. Tous, et surtout ces derniers, ont demandé des passeports ; ils sont fiers d'être porteurs de cette pièce, qui les fait considérer partout comme sujets de la France, et à laquelle ils doivent, pendant toute la durée de leur longue route, d'être bien accueillis par les consuls français, dont ils peuvent réclamer la protection. Elle ne leur fait jamais défaut et c'est grâce à elle qu'ils ne sont plus traités, arrivés au but de leur voyage, comme étant sujets de Méhémet-Ali. Le bureau des passeports de la direction de l'intérieur est, depuis un mois, assailli par les pélerins. Il va sans dire qu'on ne délivre cette pièce tant désirée aux musulmans qui la sollicitent qu'après avoir pris sur leur compte les renseignemens les plus circonstanciés. L'administration ne se charge plus des frais de voyage des pélerins de la Mecque, mais elle veut bien connoître ceux qui veulent faire ce pélerinage en qualité de sujets français. Nous pensons que la délivrance des passeports, même à des Arabes appartenant aux tribus éloignées et qui ne sont pas soumises, pourra nous amener des soumissions durables, car, pour les Arabes de toute corporation, le voyage de la Mecque est la grande affaire de la vie. (*France algérienne*.)

— Le sieur Vignaud, prêtre du diocèse de Limoges, abandonna ses fonctions cette année, après avoir manqué à ses devoirs, et voulut contracter mariage avec la fille Madeleine Bertrand. M. le procureur du roi fit signifier au maire de Bellac une opposition. Le 16 juin, le tribunal de Bellac déclara l'opposition régulière et recevable en la forme, mais mal fondée au fond. Appel a été interjeté par le procureur du roi. L'affaire est venue le 22 août devant la cour royale de Limoges. M. le procureur-général Dumou de Saint-Priest a soutenu avec force et énergie l'appel soumis à la cour. Son réquisitoire, empreint de hautes pensées, a établi que ni la charte, ni le code civil n'ont aboli le concordat, et n'ont admis le mariage des prêtres. Le lendemain, la cour, après avoir entendu les défenseurs du sieur Vignaud, a déclaré qu'il y avoit partage. On plaidera de nouveau après les vacances. Si nos souvenirs sont bons, il y a jurisprudence de la cour de cassation à cet égard, et si la cour royale de Limoges repoussoit, ce que nous ne croyons pas, les conclusions du parquet, son arrêt seroit cassé par la cour suprême.

— Il y avoit eu le 25, à Tarbes, des courses auxquelles assistoient beaucoup d'ecclésiastiques. C'est que le plus grand amateur du pays est un prêtre, et ce prêtre a un cheval qui gagne les plus beaux prix. Ce cheval, qui s'appelle *Loto*, avoit effrayé la veille tous ses concurrens, et il a couru seul pour gagner le prix de 1,300 francs. Son maître, M. Deffis, curé de Momères, a été présenté à M. le duc de Nemours, à la tête des principaux éleveurs du département, et l'a entretenu de l'éducation chevaline. *Loto* a encore gagné, le 25, un prix de 2,000 francs donné par la Société d'encouragement.

— On écrit de Périgueux, 31 août :

« Le receveur principal entrepreneur des tabacs à Périgueux, vient d'être arrêté en vertu d'un mandat lancé contre lui. L'autorité a acquis, dit-on, la certitude qu'il faisoit manipuler chez lui les tabacs en poudre, et qu'au moyen de cette manipulation, il enlevoit de chaque colis une quantité assez considérable. On a saisi dans le magasin une grande machine qui servoit à masser les matières, ainsi que plusieurs vases remplis d'eau.

» Ce qu'il y a de plus grave dans cette affaire, c'est qu'un débitant de la ville a été amené a déclarer à la justice que, depuis plusieurs années, il lui avoit été vendu des tabacs au-dessous du prix fixé par l'État. L'affaire s'instruit judiciairement ; aujourd'hui même, plusieurs témoins ont été entendus par M. le juge d'instruction. »

TRAVAUX PUBLICS. —CHEMINS DE FER. — Les travaux du chemin de Rouen au Havre sont poussés avec une activité telle, que tout autorise à penser que la circulation aura lieu sur ce chemin au commencement du mois de mai 1846.

La première section s'étend depuis Sotteville jusqu'à Barentin : c'est là que l'on a eu les plus grands travaux à exécuter. Les tunnels au dehors de Rouen sont terminés, si ce n'est une longueur de 170 mètres. Celui du Mont-Sainte-Catherine, dont on avoit été obligé de retarder le percement à cause des eaux, est percé aujourd'hui sur toute la longueur. Ce tunnel est maçonné sur 570 mètres, et ouvert complètement sur 150 autres mètres.

Les travaux d'art sont terminés, à l'exception des ponts à établir sur les routes royales 182 et 30, et de ceux à faire sur la rue Verte et à Boudeville, sur le chemin de la Ferme.

Le pont à construire sur la Seine, à Eauplet, a aujourd'hui six piles entièrement fondées, qui sont élevées au-dessus des eaux ordinaires ; la culée du côté d'Eauplet est faite.

Tous les remblais sont faits, à l'exception de celui de Maromme, où il reste à faire 90,000 mètres cubes.

La pose des rails est faite pour cette station sur les deux tiers du remblai de Sotteville, et aux trois quarts entre Rouen et le remblai de Maromme.

Le grand remblai du Houlme est à peu près terminé. Le viaduc de la route de Dieppe est achevé. L'énorme remblai de la vallée de Malaunay, entre ce viaduc et celui de huit arches placé dans le fond de la vallée, est sur toute sa longueur aux deux tiers de sa hauteur.

Les piles du viaduc de huit arches sont à la hauteur des naissances.

Le remblai à la suite et la tranchée à l'entrée du souterrain de Notre-Dame-des-Champs, est presque achevé.

Le grand souterrain de Notre-Dame-des-Champs, de 2,200 mètres de longueur, et le petit souterrain dit d'Enfer, qui n'est séparé du premier que par une tranchée de 160 mètres, sont ouverts à grande section sur toute leur longueur et maçonnés sur les deux tiers de cette même longueur.

Les énormes déblais et remblais compris entre ces souterrains et le grand viaduc de Barentin peuvent être considérés comme aux deux tiers de leur totalité.

Les piles du grand viaduc de Barentin sont toutes à la hauteur des naissances, et plusieurs arches sont terminées. On espère l'achever dans la campagne.

Depuis Barentin jusqu'à Yvetot, les travaux ne sont pas aussi importans que dans la première section; mais ils sont poussés avec la même activité.

Ils sont peu considérables entre Yvetot et Bolbec.

Depuis Bolbec jusqu'au Havre, toutes les principales tranchées et plusieurs ponts sont commencés.

EXTÉRIEUR.

ESPAGNE. — On craint de nouveaux troubles à Madrid : « Les commerçans de cette capitale, dit l'*Heraldo* du 27 août, se proposent de fermer une seconde fois leurs magasins dès demain, jour où expire le délai fixé pour le réglement des contributions sur l'industrie et le commerce. Il existe à cet égard une véritable coalition : les meneurs de l'affaire recueillent des signatures et font prendre à toutes les marchands l'engagement de ne pas ouvrir leurs boutiques, en leur promettant que cette manifestation aura un caractère tout pacifique. Nous ne savons pourtant trop comment on parviendra à maintenir l'ordre public lorsqu'une grande population manquera des objets de première nécessité. »

— D'un autre côté, on lit dans le *Journal des Débats* :

« Nous recevons ce soir, par voie extraordinaire, les journaux de Madrid du 28 août, qui annoncent un fait important et qui paroît devoir mettre un terme aux désordres que nous avons eu à déplorer. La veille au soir, la junte supérieure du commerce avoit eu une entrevue avec M. le ministre des finances, qui avoit promis de faire quelques modifications au nouveau système d'impôt. Cette concession avoit décidé la majorité des négocians et des boutiquiers de Madrid à remplir les formalités exigées par la nouvelle loi pour la répartition des impôts, et en conséquence tous les magasins et les boutiques avoient été rouverts, et Madrid avoit repris son aspect habituel.

» A l'exemple de ce qui a eu lieu à Madrid, il y a eu, le 25, une tentative d'émeute à Sarragosse, provoquée par la fermeture de quelques magasins, mais les autorités avoient pris des mesures à la suite desquelles tout étoit rentré dans l'ordre.

» A la date de ces nouvelles, M. Mon mettoit la dernière main à ses projets financiers, et on annonçoit que les décrets sur le réglement de la dette publique paroîtroient aussitôt après le retour de la reine, qui est attendue à Madrid vers le 15 de ce mois.

» L'ouverture des cortès étoit fixée pour le 10 octobre.

ANGLETERRE. — Un terrible accident a eu lieu hier au soir, à dix heures, sur le chemin de fer de Birmingham à Glocester, près de la station de Desford : Joseph Ward, le chauffeur, a été tué ; plusieurs personnes ont été blessées ou brûlées par l'eau bouillante ; deux voitures ont été incendiées, et deux locomotives aux trois quarts détruites. Il paroîtroit, d'après les renseignemens qu'on est parvenu à recueillir jusqu'ici, qu'un binard avoit été abandonné en travers des rails. La locomotive, conduite par le pauvre Ward, vint en contact avec ce binard et entraîna les voitures à sa remorque. Ward fut tué sur le coup, et les premières voitures montèrent sur la locomotive et furent incendiées. On attribue cette catastrophe à la malveillance. (*Morning-Chronicle.*)

— La couronne impériale d'Angleterre, que le duc d'Argyle avoit si malencontreusement laissé tomber à terre dans la chambre des lords à la dernière prorogation du parlement, a été transportée à la chambre des joyaux. Toutes les pierreries qui s'étoient détachées ont été retrouvées et placées par le joaillier de S. M.

ITALIE. — Le gouvernement pontifical vient de procéder à des abaissemens de tarifs de 30, de 50 et même de 60 pour 100 sur les plus importantes marchandises.

Les draps, les casimirs, les castorines et tous les tissus de laine autres que les étoffes grossières fabriquées dans le pays, ne paieront plus à l'entrée que 20 écus romains pour 100 livres (33 kilog.), au lieu de 60 (135 fr. au lieu de 325); les articles mélangés de soie, de laine, de lin et de coton, 50 écus au lieu de 100 (270 fr. pour 540); les tissus de coton blancs, unis ou écrus, les velours sur coton, etc., 13 fr. au lieu de 65; le sucre brut ou raffiné, 9 fr. 70 c. au lieu de 16 fr. 20 c.; le café, enfin, 12 fr. 50 c. au lieu de 15 fr. La prohibition de sortie, en outre, est levée pour certains articles servant à la papeterie ou aux engrais, comme les chiffons, soit à la teinture ou aux arts chimiques, comme le tartre brut, etc.

Bien que ce soit la manufacture belge qui fournisse principalement les Etats romains des draps qui s'y consomment, les fabriques de Sédan, de Louviers e. d'Elbeuf, dont les produits sont préférés par les classes aisées, gagneront certainement quelque chose à la réforme du tarif pontifical.

— Des officiers d'Unterwald, de Lucerne, de Schwytz et d'Uri se sont réunis le 24 août à Beckenried, dans le Nidwalden. Ces braves qui s'étoient déjà pressés là sur le champ de l'honneur, ont juré de combattre jusqu'à la mort pour l'indépendance et la religion de leur patrie; puis ils ont fondé une société pour resserrer les liens qui unissoient leurs pères il y a cinq siècles, société qui s'appellera *des officiers de la Suisse primitive.*

— On écrit de Fribourg au *Courrier de Lyon* :

« Le joli vallon du lac d'Omeine est menacé d'une catastrophe qui sera en petit ce que celle de Goldau a été en grand. Depuis environ seize ans, on remarque des crevasses sur le revers septentrional de la montagne qui borde la vallée au midi; mais, depuis quelques jours, ces crevasses augmentent d'une manière effrayante; en vingt-quatre heures, l'une d'elles, qui offre une profondeur considérable, s'est élargie de 25 pieds; le terrain qui est en mouvement est évalué à plusieurs centaines d'arpens. Tous les habitans menacés ont déjà abandonné leurs demeures, où l'on s'attend d'un moment à l'autre à recevoir la nouvelle que toute cette prodigieuse masse est venue boucher le passage de la Singine, qui prend sa source au lac d'Omeine. »

ALLEMAGNE. — La reine d'Angleterre a quitté Cobourg le 27 avec le duc et la duchesse de Saxe-Cobourg. La correspondance du *Galignani's* annonce qu'elle étoit arrivée à Meiningen à deux heures, et y a été reçue par le duc et par la duchesse de Saxe-Meiningen. S. M. est arrivée à huit heures à Rheinharstbrum, une des résidences du duc de Saxe-Cobourg, près de Gotha, et y a passé la nuit. Le lendemain on lui a donné une promenade aux flambeaux, exécutée par les mineurs des montagnes de la Thuringe, et qui étoit d'un effet très-pittoresque. A Gotha, on avoit fait de grands préparatifs pour recevoir la reine; la route étoit semée d'arcs de triomphe, et de la porte de la ville au palais de Frederickthal, les arcs de verdure formoient une voûte. La reine est arrivée à Gotha à cinq heures au bruit du canon. Elle étoit en calèche découverte avec le prince Albert, le roi et la reine des Belges. Le duc de Cobourg étoit à cheval. Le bourguemestre a fait une allocution à S. M., qui a répondu très-gracieusement, et la réception des habitans a été très-cordiale. La reine est descendue chez la duchesse Pauline, grand'mère du prince Albert.

La reine restera chez la duchesse pendant tout le temps de son séjour à Gotha. Son départ est fixé au 3 septembre.

Le roi de Saxe, par suite des événemens de Leipsick, ne pouvant pas personnellement rendre sa visite à la reine d'Angleterre, a envoyé ici M. le baron de Gersdorff, grand-maître de sa maison, et autrefois son ministre à Londres, pour présenter à S. M. britannique ses complimens et ses excuses.

Plusieurs princes et plusieurs princesses des petits Etats d'Allemagne sont venus à Cobourg ; d'autres iront à Gotha pour voir la reine d'Angleterre.

MEXIQUE ET ÉTATS-UNIS. — Les journaux des Etats-Unis sont exclusivement occupés de la déclaration de guerre du Mexique et de l'examen des moyens d'attaque et de défense qui peuvent être employés dans cette guerre.

Le Mexique paroît décidé à pousser les choses vivement, et à ne rien négliger de ce qui sera de nature à nuire aux Etats-Unis. Il est question de décréter la confiscation de toutes les propriétés américaines existant dans les limites de son territoire ; l'expulsion de tous les citoyens de la république résidant dans ces mêmes limites, la fermeture de tous les ports au pavillon fédéral ; l'émission de lettres de marque et de représailles autorisant les corsaires à courir sus aux navires portant les couleurs des Etats-Unis ; enfin, on se propose de déclarer libres tous les esclaves des Etats du Sud qui viendront s'enrôler sous le drapeau du Mexique.

Du côté des Etats-Unis, on ne s'endort pas non plus. Bloquer les ports du Mexique, bombarder toutes les principales villes de la côte ; occuper les meilleures positions sur le Pacifique ; traiter comme pirates tous les hommes pris à bord des corsaires, tel est le résumé du plan de campagne que discute la presse américaine. Si l'on en vient aux mains, il est certain que la lutte sera terrible, et la nationalité du Mexique peut y périr.

On assure que des négociations sont ouvertes entre le gouvernement mexicain et l'ambassadeur anglais, M. Bankead, pour obtenir un emprunt qui permette de faire face aux nécessités de la guerre, moyennant hypothèque sur les Californies. Il est possible que cet arrangement se fasse ; mais les Anglais courront le risque de voir tomber entre les mains de la marine américaine le territoire offert en garantie, avant d'avoir pu s'en assurer eux-mêmes la possession.

Le Gérant, **Adrien Le Clerc.**

BOURSE DE PARIS DU 3 SEPTEMBRE 1845.

CINQ p. 0/0. ,21 fr. 60 c.	Quatre canaux 1287 fr. 50 c.
TROIS p. 0/0. 83 fr. 95 c.	Caisse hypothécaire. 620 fr. 00 c.
QUATRE p. 0/0. 000 fr. 00 c.	Emprunt belge. 5 p. 0/0. 000 fr. 0/0.
Quatre 1/2 p. 0/0. 000 fr. 00 c.	Emprunt romain. 104 fr. 2/8.
Emprunt 1841. 00 fr. 00 c.	Rentes de Naples. 000 fr. 00 c.
Oblig. de la Ville de Paris. 1405 fr. 00 c.	Emprunt d'Haïti. 000 fr. 00 c.
Act. de la Banque. 3280 fr. 00 c.	Rente d'Espagne. 5 p. 0/0. 00 fr. 0/0

PARIS. — IMPRIMERIE D'ADRIEN LE CLERC ET C°, rue Cassette, 29.

DE LA SITUATION DE L'ÉGLISE CATHOLIQUE
AU ROYAUME DE WURTEMBERG.

—

Ce grave sujet, dont nous n'avons dit que quelques mots rapides
dans une de nos dernières *Revues ecclesiastiques*, méritoit d'être traité
plus à fond. Mais avant d'entreprendre la douloureuse tâche de tracer
le tableau des misères d'une portion si considérable du troupeau de Jésus-Christ, dans un royaume qui ne compte pas encore quarante années
d'existence, nous croyons utile de donner à nos lecteurs une esquisse
très-abrégée des événemens et des vicissitudes politiques qui ont concouru à donner au Wurtemberg son étendue et sa forme de gouvernement actuelle.

L'ancien duché de Wurtemberg, y compris le comté de Teck.
créé à l'extinction de la maison de Souabe en 1254, n'avoit dans le *saint
empire romain* d'autre situation privilégiée que celle de directeur du *cercle*
de Souabe. La population étoit, depuis le règne néfaste du duc Ulric,
exclusivement protestante-luthérienne, de sorte qu'il n'étoit permis
à personne d'y exercer un art ou un métier, s'il ne professoit ostensiblement la confession d'Augsbourg.

Des circonstances, qu'il seroit inutile de rapporter ici, avoient engagé
l'un des derniers ducs à embrasser la foi catholique, sans cependant
qu'aucun d'eux pût se permettre de la pratiquer en public. Cette réserve étoit si rigoureusement observée, que les aumôniers chargés de
desservir la chapelle intérieure du palais, ne pouvoient se montrer autrement au-dehors qu'en costume laïque, ce qui, à l'époque dont nous
parlons, les obligeoit à porter pour la coiffure, la poudre et la queue, et
pour le reste du costume des habits de différentes couleurs. Cette situation singulière du souverain vis-à-vis de ses sujets ne changea que lorsque, par suite du mariage du duc Eugène (1) avec une princesse prussienne et d'une capitulation, où, moyennant le prix d'une pension
viagère de 40,000 florins que lui accordèrent les Etats du duché, les
enfans issus de ce mariage furent élevés dans la confession d'Augsbourg.

Les guerres de la révolution étant survenues, les souverains du Wurtemberg s'empressèrent de se détacher des intérêts de l'empire d'Allemagne, dont ils étoient vassaux, et de faire leur paix particulière avec

(1). Le duc Eugène, troisième de la ligne ducale, par ordre de succession,
n'ayant reçu pour apanage que le comté de Montbéliard, se trouva dans une situation d'autant plus gênée qu'il étoit père d'une très-nombreuse famille, qui,
depuis ce temps, s'est prodigieusement étendue.

la république française : ce qui valut d'abord au duché d'être érigé par Napoléon en 1803 au titre d'électorat. L'on sait comment cet état de paix et d'amitié avec la république se transforma en une situation d'alliance offensive et défensive avec l'empereur des Français; situation qui valut au duché-électorat de Wurtemberg, en 1805 au traité de Presbourg, son érection en royaume faisant partie de la confédération du Rhin, et en cette qualité, vassal de son protecteur impérial.

A ce moment, le nouveau royaume acquit un accroissement de territoire. Aux domaines qui, quelques années auparavant, lui avoient été assignés en bienveillantes indemnités du comté de Montbéliard, et d'autres seigneuries confisquées sur la maison ducale, et incorporées à la France, furent ajoutées de nouvelles augmentations qui triplèrent ainsi les possessions et la population de l'ancien duché. Ces concessions de territoires se composoient de principautés séculières et ecclésiastiques, et de villes autrefois libres et impériales, les unes catholiques et quelques-unes mixtes; en sorte que le nouvel État devint mixte lui-même, comprenant un total de population de dix-sept cent mille habitans, dont plus d'*un demi-million* professe la religion catholique.

Ces acquisitions, comme toutes celles que font les États nouveaux, ne peuvent et ne doivent jamais s'accomplir, sans que le nouveau souverain s'oblige à respecter de tous points le *statu quo* religieux de ses sujets. En leur donnant une constitution représentative, le nouveau roi ne manqua pas de déclarer et de sanctionner cette obligation (1), en assurant à l'Eglise catholique de ses Etats les mêmes droits et prérogatives dont jouissoit le culte protestant-luthérien. Tel est le point de vue sous lequel il faut considérer la situation légale de l'Eglise catholique dans ce pays.

Mais là, comme ailleurs, le gouvernement se prétend chargé *de protéger* l'Eglise catholique, qui lui est étrangère, comme il le fait pour l'Eglise hétérodoxe, à laquelle il appartient, et sous des prétextes véritablement insensés (2), il s'en arroge le gouvernement, non point d'une façon di-

(1) C'est une justice à rendre à la mémoire du feu roi Frédéric Ier, qu'il comprit parfaitement cette obligation. Ce n'est que sous le règne actuel qu'ont été conçus et mis en œuvre les moyens oppressifs dont nous allons expliquer la nature et les effets.

(2) Pour la démonstration de la justesse de cette épithète, nous renvoyons nos lecteurs aux textes de l'écrit si remarquable de M. l'archevêque de Cologne, intitulé : *De la paix entre l'Eglise et les Etats*, et à une note pleine de raison et de vérité, qu'y a ajoutée son savant traducteur (p. 75). Cet ouvrage, que le nom de son illustre auteur recommande si hautement à l'attention publique, et dont nous avons rendu compte au moment de son apparition, se vend à la librairie Sagnier et Bray, (ci-devant Debécourt,) rue des Saints-Pères, 64. Prix : 4 fr.

recte, mais indirectement, par une institution évidemment calquée sur celle que le grand persécuteur de l'Eglise, l'empereur Nicolas, exploite d'une manière si scandaleuse au détriment de l'administration ecclésiastique de l'Eglise catholique.

A l'imitation de ce qui existe à Saint-Pétersbourg, le roi de Wurtemberg a donc aussi établi dans ses Etats un *consistoire* pour le culte luthérien-évangélique, et un *conseil ecclesiastique* (kirchenrath). pour l'Eglise catholique. Ce conseil étant tout entier à la nomination du prince, il donne à ses membres un rang élevé dans l'Etat, et des émolumens en rapport avec cette situation considérable. N'est-ce pas là comme un appât inévitable jeté à l'ambition et à la cupidité de ceux des membres du clergé dont la vocation n'a pas été assez pure et assez sainte? Ce conseil, d'ailleurs soumis aujourd'hui en toutes choses au bon plaisir d'un ministre (M. de Schlayer) trop connu par son hostilité contre l'Eglise, présente à tous les bénéfices ecclésiastiques, sans en excepter l'évêché. De sorte qu'il y a là un centre de *servilisme* et de soumissions intéressées vers lequel se porte toujours la partie la moins respectable du clergé. Les ambitieux de places ecclésiastiques n'épargnent aucune complaisance pour lui plaire, et l'on sait jusqu'où peut être amenée la misère humaine, une fois entrée dans cette dangereuse voie. Comme pour l'administration et la perpétuité du sacerdoce il faut des évêques, le gouvernement s'est vu forcé d'entrer, à ce sujet, en accommodement avec le Saint-Siége. Mais d'abord il a eu soin de réduire le royaume tout entier *en une seule circonscription diocésaine*. Malheureusement le prélat qu'il a fallu agréer en cour de Rome, n'a pas même entrepris de résister à l'usurpation de ses fonctions épiscopales par cet instrument des volontés ministérielles qui est appelé *conseil ecclésiastique*. C'est ce conseil qui nomme, dépossède et transfère d'un emploi à l'autre les professeurs de théologie, les doyens, les curés; et tout cela à sa guise. Ainsi, sous le premier prétexte venu, il prive un professeur de théologie dogmatique ou morale de sa chaire, il déplace un curé et envoie l'un et l'autre en qualité de vicaires ou de chapelains, dans des paroisses éloignées. Le ministre dirigeant, qui domine le conseil, punit par ces déplacemens, la moindre résistance à ses volontés qu'il ose qualifier de *lois de l'Etat.* Le chapitre même que *l'on a accordé à l'évêque*, participe ouvertement à l'exercice de ces énormes abus; bien plus, il auroit résisté aux plaintes et aux remontrances de l'évêque, si ce malheureux prélat avoit, dès le commencement de son épiscopat, pu trouver en lui le courage d'en manifester quelques-unes.

La première conséquence de cet ordre de choses a été de *mondaniser* le clergé. De peur que le goût pour les études théologiques n'amenât quelque polémique doctrinale et ne vint à *troubler la paix religieuse*, on a remplacé, dans l'éducation cléricale, la dogmatique par l'étude des *belles-lettres*. Schiller et Gœthe ont été, par ordre supérieur, introduits dans toutes les bibliothèques des séminaires et des chapitres; et chose incroyable, au lieu de réciter leur Bréviaire, les élèves et les maîtres lisent des romans! La désuétude du Bréviaire en étoit même venue à ce point, que beaucoup de prêtres ne savoient plus comment s'y prendre pour le réciter. En 1839, par exemple, quelques séminaristes s'étant proposé de réciter en commun l'office de la solennité de Noël, vinrent prier leur sous-régent de les diriger dans cet acte de dévotion ; il leur répondit par un refus fondé sur l'aveu *qu'il ne connoissoit rien au Bréviaire*. L'on ne s'entend pas mieux quant au Rituel, le considérant comme un réglement auquel chacun peut se conformer ou se soustraire. Pour conférer les sacremens, l'un se servoit d'un cahier manuscrit, rédigé par lui-même; l'autre d'un ancien Rituel, fabriqué par le ci-devant évèque intrus de Constance; un troisième préféroit celui de quelqu'autre novateur. Tout étoit devenu arbitraire dans les cérémonies du culte catholique. Un jour, un répétiteur du séminaire avoit fait une conférence à ses élèves sur la nécessité d'un Rituel. et, (comme le diocèse de Rottenbourg n'en avoit point de propre) leur ayant recommandé celui du diocèse de Limbourg, il reçut, à ce sujet, du conseil ecclésiastique une sévère réprimande.

Le despotisme ministériel embrassoit de même tous les détails de l'administration ecclésiastique. Il influoit même sur la rédaction de l'*Ordo*, c'est-à-dire du *Directorium* annuel qui règle les rites et classe les fêtes de l'Eglise. C'est ainsi que le conseil ecclésiastique fit rayer la fête de l'Assomption du nombre des grandes solennités annuelles de l'Eglise, en lui substituant l'Ascension de Notre-Seigneur. Le culte public pour cette fête de la très-sainte Vierge, fut réduit à la messe et au sermon; les vêpres, le salut, la récitation du rosaire, et toutes les autres pratiques si anciennes et si populaires furent entièrement supprimées. S'il restoit aux pasteurs quelque liberté, ce n'étoit que celle de pousser plus loin encore les réformes. L'on vit un jour un curé, donnant la sainte eucharistie, *renvoyer de la table de communion* les fidèles qui, suivant l'ancien usage du peuple allemand, s'y étoient présentés *le chapelet à la main*. Le doyen rural auquel il en avoit été porté plainte, n'en blâma pas son subordonné, attendu que le chapelet n'étoit pas approuvé dans l'*Ordo*. En revanche, il défendoit rigoureusement la récitation à haute voix de quelques *Pater*, pour le soulagement des malades qui recouroient aux prières de la paroisse, parce que cette pratique étoit nominativement interdite par l'*Ordo*.

Peu à peu cependant le peuple s'est lassé de toutes ces entraves mises à sa piété, et l'on a vu tout à coup des communes entières s'assembler et rédiger des suppliques au roi, *réclamant de leur souverain protestant ce que le conseil ecclésiastique, l'évêque et son chapitre inspirés par lui, leur avoient enlevé.* Elles se plaignoient de ce que tout ce qui distingue leur Eglise, et manifeste ses croyances, avoit successivement disparu de toute l'étendue du royaume. Nulle part on ne découvroit plus de vestige des anciens couvens, pas même de Sœurs de la Charité dont l'établissement dans leurs hospices communaux venoit d'être refusé aux vœux et aux supplications de villes presque entièrement catholiques. Plus de missions ni exercices spirituels. Il est bien vrai cependant qu'il n'y a pas de pays où l'on chante et prêche aussi longuement qu'en Wurtemberg, afin d'assimiler de plus en plus le culte catholique au culte luthérien, dont l'exercice ne se compose que de ces deux manières. C'est même dans le Livre des *Cantiques* que se manifeste surtout le rationalisme que les protestans sincères désavouent eux-mêmes. Cette doctrine, en rejetant la grâce comme élément de la vie chrétienne, réduit tout à *l'enseignement pour le peuple, et au jugement individuel pour les classes plus élevées.* Du reste, toute cette assimilation des deux cultes n'a, dit-on, pour objet et pour fin que la *paix confessionnelle!*

En réalité, la grande pensée du gouvernement, celle à laquelle se coordonne tout ce système, c'est de former dans le royaume une Eglise catholique *nationale*, gouvernée par une autorité centrale, émanée du pouvoir politique et instituée par lui. Afin d'en venir là, on s'efforce de plus en plus de briser l'unité qui lie encore cette Eglise avec Rome.

Mais ce que le gouvernement n'avoit pas prévu et ce qui aujourd'hui lui inspire de vives inquiétudes, c'est qu'à mesure que *s'augmente* le dépérissement de la foi parmi la population catholique, on voit diminuer aussi la moralité dans le pays. On dit bien aux députés catholiques : Si votre Eglise étoit ce que vous dites, pourquoi le peuple qui pratique votre culte, est-il tel que nous le voyons ? Ainsi agissent et raisonnent tous les ennemis de l'Eglise. Ils commencent par la garotter, et puis ils demandent pourquoi elle n'agit pas! La main profane du pouvoir temporel et protestant a saisi et brisé tout ce qui, aux yeux des catholiques, étoit saint et sacré; l'on a banni de la chaire toute exposition raisonnée du dogme, que l'on punit comme controverse hostile à la religion dite de l'Etat; la prédication évangélique a été réduite à quelques discours vagues et généraux sur des points de morale séparés de l'enseignement dogmatique. Et l'on s'étonne de la précoce corruption des générations naissantes! A peine, dans les écoles, la jeunesse catho-

lique entend-elle parler de la divinité et de ses attributs, sous
une forme abstraite, inintelligible à de jeunes intelligences; et
là, par ordre supérieur, doit se borner ce que l'on appelle l'*instruction religieuse!* Des mystères essentiels de la foi catholique, du
grand sacrifice de la nouvelle alliance, il n'en sauroit être question, de
peur de scandaliser l'hérésie et de provoquer ses clameurs. De l'unité
catholique et du centre apostolique, jamais la jeunesse n'en entend
parler. De sorte que ces points capitaux de l'enseignement catholique sont absolument ignorés ou au moins très-imparfaite-
ment compris par le peuple. D'une part les sacremens sont administrés avec une précipitation extrême, de l'autre ils sont reçus par coutume et sans instruction ou véritable disposition préalable. Les uns les reçoivent froidement et sans fruit, et les autres s'en éloignent avec mépris. D'accord avec les instructions ministérielles, l'*Ordo* ne cesse de répéter au clergé et au peuple la recommandation assez inutile, ce semble, de ne pas se laisser détourner de
leurs affaires temporelles par les offices de l'Eglise, ni par la prière particulière. Ces préceptes n'ont été malheureusement que trop compris! Il
en résulte qu'en leur ravissant, ou au moins en affoiblissant dans leurs
cœurs l'antique et robuste foi de leurs pères, l'on a presque effacé en
eux la crainte de Dieu, et le respect pour les préceptes de la sainte
Eglise.

Cette situation si déplorable, fruit de l'aveuglement et de la fausse
politique d'un gouvernement hétérodoxe, scroit-elle désespérée? Non!
Car dans l'ordre admirable de la Providence, le mal ne sauroit
dépasser la limite qu'une main toute puissante lui a tracée. Comme le
flot dévastateur à qui il a été dit d'en-haut : *Huc usque renies*; le mal
qui dévore les nations recule à son tour; et, sous l'égide divine, la puissance du bien reprend le dessus et ne tarde pas à regagner le terrain
que lui avoit fait perdre la conspiration la plus savamment ourdie.
Dans un prochain numéro, nous aurons à montrer les symptômes plus
consolans de la réaction religieuse qui commence à se manifester dans
le royaume de Wurtemberg.

REVUE ET NOUVELLES ECCLÉSIASTIQUES.

PARIS.

A l'occasion de la lettre suivante qu'on nous adresse de l'une de nos
colonies, nous exprimerons le regret de voir se prolonger encore l'organisation projetée pour le clergé colonial. Le provisoire actuel est devenu une source d'inquiétudes et d'anxiété qui paralyse tous les efforts
de zèle et de dévoûment des prêtres des colonies, livrés chacun à leurs
inspirations particulières. Presque tous les titulaires DES PRÉFECTURES

APOSTOLIQUES sont en France ; ils attendent de jour en jour une décision sur le parti qui doit être pris au ministère de la marine. Il est donc urgent que le gouvernement se décide enfin, puisque Rome, d'une part, le séminaire du Saint-Esprit, les préfets et les missionnaires, de l'autre, sont disposés à tout ce que peut réclamer la situation actuelle des intérêts de la religion dans nos colonies. En attendant, voici la réclamation de M. le vice-préfet apostolique de la Martinique :

« Grande-Anse Martinique, le 5 juillet 1845.

» Monsieur le Rédacteur,

»Le cœur des missionnaires de la Martinique, à la tête desquels j'ai l'honneur d'être placé, a été si profondément affligé par les discours qui ont été prononcés à la chambre des pairs dans la séance du 7 avril dernier, que je regarde comme un devoir de ma position d'ajouter quelques réflexions à celles que le vénérable M. Warnet, alors supérieur du séminaire du Saint-Esprit, vous a adressées le 10 du même mois.

» La conviction de M. de Montalembert est que la moralisation et l'instruction religieuse dans nos colonies, sont à l'état de fiction : mais que faudrait-il donc pour obtenir la réalité ? Les missionnaires remplissent avec zèle et édification toutes les fonctions de leur ministère : ils donnent toute la pompe possible à leurs cérémonies, pour y attirer une foule avide de voir, et saisissent ces occasions pour lui faire entendre la parole de Dieu : cette parole, ils la prêchent à temps et à contre-temps. Beaucoup d'entre eux, outre les instructions du dimanche, en font plusieurs fois la semaine ; et, si les esclaves n'y assistent pas, ce n'est la faute ni des prêtres, ni des maîtres, ni du gouvernement ; c'est parce que leurs intérêts et leurs plaisirs ont plus d'attraits pour eux, que la morale que nous leur prêchons : l'esclave, c'est-là le véritable coupable que M. de Montalembert a oublié dans l'énumération qu'il en fait.

» Plusieurs missionnaires qui ne sont pas surchargés par la confession qui absorbe beaucoup de temps, par l'administration des autres sacrements, par les visites des malades, et à qui leur santé le permet, vont faire des instructions sur les habitations.

»Tous font des premières communions, dans lesquelles on voit figurer toujours un assez grand nombre d'esclaves. Ce sont-là des réalités que tout le monde voit ici, et que je dois faire connaître à ceux qui s'occupent de nous en France.

» Tous les heureux résultats que M. de Montalembert attribue à la parole des missionnaires protestans, nous pouvons les attribuer avec plus de raison à celle du missionnaire catholique ; et les fruits du ministère de ce dernier sont fondés sur une base bien autrement solide : ils ne sont pas très-sensibles, il est vrai, ils s'obtiennent lentement ; mais ils sont plus réels que dans les colonies anglaises. Je n'en veux pas d'autre preuve que la violente sortie qu'a faite en chaire, il y a trois mois, le docteur Paret, évêque anglican de la Barbade, dans laquelle il disoit aux nouveaux affranchis, que, pour eux, la liberté a été la liberté du vice et des passions, et que jamais l'immoralité et les désordres de tout genre n'ont été plus communs chez eux qu'aujourd'hui.

» On ne craint pas d'attribuer à une connivence avec les colons pour le maintien de l'esclavage, notre bon accord avec eux. Et depuis quand, pour faire le bien parmi eux, faut-il qu'un prêtre se mette en guerre avec ses paroissiens? N'est-il pas naturel que ces colons, accablés de tant de maux, soient en bonne intelligence avec des prêtres qui ont traversé les mers pour venir leur procurer les bienfaits et les consolations de leur ministère? Que d'heureux effets je pourrois .

citer de cet accord entre le missionnaire et le maître, en faveur de la religion et des esclaves !

» Que veut-on donc de nous? Hélas, nous le voyons avec peine, et M. de Montalembert, entraîné par son zèle pour la liberté des noirs, nous le montre clairement : on veut qu'oubliant notre noble mission, nous nous fissions les prédicateurs de l'émancipation quand même : c'est un rôle que nous ne saurions accepter. Nous voulons travailler à l'émancipation, non comme les méthodistes des îles anglaises, pour couvrir ces beaux pays de ruines et de désordres; mais comme saint Paul, c'est-à-dire que nous voulons préparer une émancipation qui soit une source de bien pour tous, pour les maîtres, pour les esclaves et pour la France. Dans cette vue, nous continuerons à dire aux esclaves avec cet apôtre : « Obéis-
» sez à vos maîtres temporels avec crainte et tremblement, dans la simplicité de
» votre cœur, comme si c'étoit à Jésus-Christ : n'obéissez point à l'œil, comme
» ceux qui ne veulent plaire qu'aux hommes; exécutant de bon cœur les ordres
» qui vous sont donnés, comme s'ils venoient du Seigneur, et non des hommes :
» sachant que chacun, libre ou esclave, recevra la récompense du bien qu'il aura
» fait; » et aux maîtres : « Agissez-en de même avec vos esclaves : ne les punis-
» sez point à la rigueur, sachant que leur maître et le vôtre est dans le ciel, et
» qu'il ne fait pas d'acception entre les personnes. »

» Saint Paul tenoit ce langage dans un temps où les esclaves étoient soumis par la coutume et par les lois, à tous les caprices de leurs maîtres, et où l'on ne paroissoit pas soupçonner que ces malheureux eussent la moindre part aux droits de l'humanité.

» Cependant l'on remarquera avec quelle sagesse et quelle discrétion l'apôtre fixe les devoirs respectifs des maîtres et des serviteurs. Il ne se livre pas, comme on voudroit l'exiger de nous, à de vaines et futiles déclamations contre l'injustice et la barbarie du droit d'esclavage, tel qu'il étoit reçu dans l'empire romain; c'eût été soulever les esclaves au nom de la religion, et mettre l'arme la plus dangereuse aux mains d'un nouveau Spartacus : mais saint Paul, qu'on n'oseroit accuser de foiblesse ou de connivence avec les maîtres, savoit être sage avec sobriété; il respecte l'ordre public; il se contente d'inculquer les principes qui devoient adoucir le sort des esclaves, espérant avec raison, que l'esprit du christianisme prévaudroit à la longue sur les lois civiles, et corrigeroit sans trouble et sans révolutions ce que ces lois et la coutume avoient de dur et d'odieux.

» Agréez, etc.

» JACQUIER, vice-préfet apostolique. »

————————

Le respectable M. Langlois, supérieur des Missions-Etrangères, nous adresse des renseignemens qui complètent ceux que nous avons déjà donnés relativement aux évêchés de Chine.

« La province de Canton étoit sous la jurisdiction de l'évêque de Macao. L'évêché titulaire de Macao est conservé. Les diocèses de Nanking et de Péking ne sont point encore définitivement supprimés, mais ils n'ont point d'évêque titulaire, ils sont administrés par des évêques in partibus, qui n'ont que le titre d'administrateurs. Mgr Besi est vicaire apostolique de la province de Chanton et administrateur du diocèse de Nanking. Celui de Péking est administré par le P. Castro, le seul missionnaire portugais restant en Chine. Le Pape a nommé ce religieux évêque in partibus; mais il ne veut pas accepter ce titre, et refuse de se faire sacrer. La reine de Portugal l'a nommé évêque de Péking, mais le Pape refuse de l'instituer comme évêque titulaire. »

Nous engageons le *Constitutionnel*, qui s'est fait l'écho d'une accusation contre un prêtre, à vouloir bien prêter quelque attention à la rectification suivante :

« Dans son numéro du jeudi 21 août dernier, le *Courrier de la Côte-d'Or* se prit à dire :

« Une jeune fille de quatorze ans, placée par sa mère dans la maison de travail » la mieux famée de notre ville, vient d'être enlevée à sa famille PAR LES INSTI-DGATIONS D'UN PRÊTRE. »

» Pour nous, nous avons voulu prendre du temps, pour nous assurer de ce qu'il y avoit de vrai et de faux dans cette affaire. Nous avons pris des informations; nous avons vu en personne le prêtre calomnié, qui nous a dit et affirmé :

» Qu'il n'avoit jamais eu connoissance du projet de départ de cette enfant;

» Qu'il ne s'en étoit mêlé en rien et pour rien ;

» Qu'il ne savoit nullement où on l'avoit conduite;

» Que, comme tout le monde, il ne savoit de cette affaire que ce que lui en ont appris le bruit public et les démarches faites auprès de lui d'après ce même bruit, qu'il s'est contenté jusqu'ici de démentir purement et simplement. »

(*Spectateur de Dijon.*)

Malgré le singulier rapport de M. Bocquillon, rédacteur du *National de l'Ouest*, le conseil-général de Maine-et-Loire a, dans sa séance du 27, voté des secours aux prêtres âgés et infirmes, et un subside de 500 fr. pour l'hospice de Beaupréau.

On lit dans la *France Algérienne* :

« Mgr l'évêque d'Alger doit faire, samedi prochain 30 août, la dédicace solennelle du monastère et la consécration de l'église de Notre-Dame de la Trappe de Staoueli. Cette solennité sera d'autant plus intéressante qu'elle est l'occasion unique où, après la célébration, il est permis à quiconque le désire de pénétrer dans le monastère et de le visiter entièrement.

» Les visiteurs ne manqueront pas aux Frères trappistes. La cérémonie commencera de grand matin.»

La maison des prêtres auxiliaires de Saint-Sauveur de Toulouse vient de faire une perte douloureuse dans la personne de son supérieur, M. l'abbé Julien Druilhet. Ce vénérable ecclésiastique est décédé le samedi 30 août, à 5 heures de l'après-midi, dans la 78e année de son âge. Sa mort a répondu à sa vie ; il a couronné par une fin précieuse devant Dieu et devant les hommes une longue carrière de vertus, de bonnes œuvres et de services rendus à la religion.

Czerski vient de conférer la *prêtrise* aux diacres *Dowiat* et *Rudolph*, qui, soupçonnés de sentimens rongianistes, ont été expulsés du séminaire de Pelplin. Voilà donc ce malheureux renégat, indépendamment de ses parodies sacrilèges, en contradiction ouverte avec le *symbole* de Leipsick, qui rejette le sacrement de l'ordre.

Ce *réformateur* de nouvelle espèce a fait bénir son mariage sacrilège le 21 février, et le 9 juin sa *femme* lui a donné une fille! Pourquoi nos radicaux et nos universitaires qui s'intéressent si vivement à M. Czerski n'ont-ils pas annoncé depuis long-temps cette heureuse nouvelle?

(Gazette de Metz.)

ANGLETERRE. — Un membre de l'Université d'Oxford, un des champions de l'école puséyste, M. Ward, connu par son bel ouvrage : *L'Idéal d'une Eglise chrétienne*, vient de rendre hommage à la vérité catholique, en sollicitant l'honneur d'être admis au rang des enfans de l'Eglise universelle.

Nous avons parlé de ce remarquable ouvrage, ainsi que du procès auquel il a donné lieu à Oxford, et qui s'est terminé par un jugement prononcé dans une convocation universitaire, qui condamnoit M. Ward à la dégradation et à la perte de ses grades académiques.

Au mois de juin, nous annoncions la conversion du révérend M. Capes; puis celle d'un autre curé anglican, le révérend J. Montgoméry; aujourd'hui c'est M. Ward, qui renonce aux contradictions du système anglo-catholique, reconnoît publiquement l'autorité de la véritable Eglise; mais le mouvement ne doit pas s'arrêter là, selon ce que remarque le journal anglican, l'*Ecclesiastique anglais*, où nous lisons :

« ..... En dépit de nos défauts, de nos anomalies, de notre relâchement dans la doctrine et la discipline, nous doutons que personne, et moins encore un ecclésiastique, puisse avoir de justes raisons de se séparer de l'Eglise d'Angleterre.

» Nous savons qu'en disant cela nous n'empêcherons pas de se joindre à l'Eglise de Rome les personnes qui ont déjà pris cette résolution. Aucun des argumens que nous avons fait valoir pour soutenir notre opinion n'a été ébranlé par les membres de notre Eglise qui l'ont laissée.... Gémissons pour eux et pour nous en tant que nous serons privés du secours de leurs prières et de leurs talens); mais pourquoi serions-nous tourmentés par des doutes et des inquiétudes lorsqu'il n'y a pas lieu de nous affliger?...

» Si les conversions continuent et augmentent même, sachons tirer profit de ce fait en nous efforçant de mettre la discipline de notre Eglise en plus grande conformité avec ses doctrines; car tant que nous ne serons pas entièrement arrivés là, IL Y AURA ET IL DEVRA NÉCESSAIREMENT Y AVOIR DE NOMBREUSES DÉSERTIONS. »

PRUSSE. — Nous recevons de Berlin deux lettres qui jettent une vive lumière sur la situation désespérée du schisme rongien et sur le consolant effet qu'il a produit sur la communauté catholique de cette grande capitale. A ce double titre nous croyons devoir communiquer ces renseignemens à nos lecteurs. La première lettre porte la date du 13, la seconde celle du 18 août.

« La réunion mensuelle des catholiques-allemands, qui a eu lieu avant-hier, dit la première, a présenté un effroyable spectacle. L'irritation des esprits qui s'étoit fait jour parmi eux il y a trois mois, n'en donneroit qu'une bien foible image. Aucune discussion réglée n'y étoit possible; les orateurs étoient continuellement in-

terrompus par les vociférations les plus brutales et les plus indignes d'une assem-
semblée délibérante, et les débats y avoient pris un caractère d'aigreur telle,
que le grand nombre des assistans s'en retirèrent, déclarant que jamais ils n'y re-
paroîtroient. Pendant ce désordre, il arriva une lettre de M. Müller, qui jusque là
s'étoit si constamment dévoué aux intérêts de la communauté, par laquelle il déclaroit se retirer de sa direction A sa lecture, le président se hâta de réunir tous
les papiers déposés sur son bureau, et dit aux autres membres de la direction :
Sortons d'ici, de peur qu'il ne nous arrive pis !

» Voilà donc, continue notre correspondant ; la voilà cette communauté de laquelle devoit naître l'*Eglise de la liberté et de la fraternité* ! C'est-là cet esprit qui
se targue de si grands progrès faits sur l'Eglise catholique et sur toutes les autres
communions chrétiennes ! N'est-ce pas ici l'accomplissement de la parole des Juifs
qui prétendoient chasser les démons au nom de Béelzebub? C'est sans doute à
cette habitude des tempêtes qu'est due la renonciation du docteur Theiner à la direction spirituelle des rongistes de Berlin; ceux de Breslau sont plus unanimes
sur l'anti-christianisme du concile de Leipsick. »

« J'aurois à remplir plusieurs feuilles, dit la seconde de ces lettres, si je voulois
vous faire connoître en tous leurs détails les progrès que fait la vie spirituelle
parmi les catholiques de Berlin. Nos confessionnaux (véritable échelle de la vie
religieuse), sont, à la lettre, assiégés. Des milliers de fidèles viennent se presser à
la table du Seigneur, et même aux jours ouvriers, il ne se dit pas une seule messe
sans qu'il s'y présente quelques communians. De là vient cette union, cette concorde intime qui distingue nos frères, et qui rappellent les premiers chrétiens de
l'époque apostolique. C'est aussi par là qu'ils se concilient l'estime et le respect
public qui environne notre clergé, et s'attachent à la communauté tout entière,
au point que des protestans, voisins de l'église de Sainte-Hedwige, offroient d'orner le dehors de leurs maisons, si la procession de la Fête-Dieu, au lieu de circuler dans l'intérieur, vouloit faire le tour extérieur de l'église. Ce n'est pas, au
reste, parmi la bourgeoisie seule que se déclare le respect pour tout ce qui est catholique ; il a pénétré dans les hautes classes de la société et y donne souvent lieu
aux manifestations les plus inattendues et les plus caractéristiques. Ainsi, dernièrement, un de nos plus hauts fonctionnaires qui, plus qu'un autre peut-être, gémit
des déchiremens de l'Eglise protestante, disoit à quelques amis : « A notre époque,
» *il n'y a plus que les évêques catholiques qui exercent encore un salutaire em-*
» *pire sur les esprits*, et s'il y a quelque chose dont il y ait lieu d'être surpris, c'est
» qu'ils ne veuillent pas l'exercer dans une plus grande étendue. Un évêché prin-
» cier, doté d'un revenu de 60,000 écus, étoit vacant; eh bien ! il a fallu supplier
» le candidat élu, il a fallu même recourir au pape pour l'obliger à l'accepter !
» Certes, c'est-là la preuve la plus convaincante de la pureté d'intention du clergé
» et du peuple catholique, et il est bien à désirer que cette conviction serve tou-
» jours de régulateur aux relations de l'Etat avec l'Eglise catholique. » Quel étrange
contraste le désintéressement de nos pasteurs et la concorde religieuse de leurs
ouailles, forment avec la rapacité d'un Ronge et de tant d'autres parmi ses
adeptes, et avec les orages confessionnels qui, à chacune de leurs réunions, éclatent parmi ces sectaires ! Il se confirme, au reste, que, fatigué de ces tempêtes,
Czersky songe sérieusement à se rallier à la confession d'Augsbourg. Les communes de Thorn et de Schneidemühl, par l'organe de leur pasteur et de deux de
leurs directeurs laïques, viennent de déclarer la concordance, *dans ses points essentiels*, de leur foi avec cette confession. En se ralliant à elle, ils comptent participer à la tolérance qui vient de lui être accordée. »

INDE. — Le *Catholic-Herald,* journal de Calcutta, annonce, sous la date du 16 juin, que Mgr Charbonneaux devoit être sacré à Pondichéry le 29 du courant, jour de la fête de saint Pierre et saint Paul : il avoit demandé avec instance le secours des prières des fidèles du Bengale afin d'obtenir pour lui les dons et les grâces du Saint-Esprit qui lui étoient nécessaires pour remplir les sublimes devoirs de son ministère avec fidélité, zèle et persévérance.

Missions chez les Birmans. — Le révérend Père Abbona, à la requête du roi des Birmans, a traduit un traité de géographie dans la langue du pays. Sa Majesté Birmane en a été si satisfaite, et prend tant de plaisir à lire l'ouvrage de cet excellent missionnaire, qu'outre les secours qu'il lui a déjà accordés pour l'érection de ses écoles, il lui a encore fait don d'un terrain, et fourni les briques et autres matériaux nécessaires pour la construction d'une nouvelle église à Amarapoura, capitale de l'empire. Dans une lettre que le révérend Père écrit à l'archevêque de Calcutta, il est dit que dans le courant de l'année dernière il avoit érigé une école à Moula, où cinquante enfans étoient logés, nourris et élevés gratuitement. Une autre école avoit aussi été ouverte à Amarapoura, où vingt-cinq jeunes filles étoient élevées. Nous avons aussi, ajoute-t-il, une école anglaise à Amarapoura, conduite par un Irlandais vraiment vertueux.

— Un respectable et digne babou de Kishnagur, nouvellement converti, a écrit à l'archevêque de Calcutta pour le prier de renvoyer sans délai le révérend Père Zibiburno à cette place, où environ 300 adultes s'étoient fait instruire, et étoient disposés à recevoir le baptème. Le zélé missionnaire partit aussitôt. Chemin faisant, il s'arrêta un jour à une factorerie d'indigo à Culna, où il s'entretint avec plusieurs indigènes dont quelques-uns montrèrent un grand désir de devenir chrétiens. Le propriétaire de la factorerie, qui est un nouveau converti du protestantisme, lui promit d'ériger avec le secours de ses amis une chapelle dans ce lieu. A son arrivée à Kishnagur, le révérend Zibiburno fut reçu par tous les chrétiens avec une joie d'autant plus vive que les missionnaires protestans avoient fait courir le bruit qu'il ne reviendroit plus dans cette ville.

REVUE POLITIQUE.

Les orangistes irlandais n'ont pas encore répondu à l'appel qui leur a été fait par l'association de Dublin; il ne faut point s'en étonner. La haine qu'ils ont vouée aux catholiques est bien plus vive que leur antipathie contre sir Robert Peel; ils pardonneroient volontiers à celui-ci les mesures auxquelles il a eu recours pour paralyser leur action, s'il consentoit seulement à traiter la population catholique de l'Irlande avec un peu moins d'égards qu'il ne lui en montre actuellement; s'ils se sont jetés dans l'opposition, ce n'est pas tant parce que les mesures proposées par le ministère et sanctionnées par le parlement leur sont hostiles, mais parce qu'elles sont favorables à ceux de leurs compatriotes qui professent des croyances religieuses différentes des leurs.

Les orangistes, après avoir été long-temps les maîtres de l'Irlande, s'irritent en voyant que leur ancienne suprématie est sur le point de leur être enlevée. De là ces accès de colère, auxquels ils obéissent aveuglément ; de là ces menaces qu'ils profèrent dans leurs meetings ; de là ce défi jeté au gouvernement par leurs chefs de contrecarrer les projets téméraires auxquels ils ne craignent pas de recourir pour forcer la main au cabinet.

Nous avons dit, il y a peu de jours, que sir Robert Peel se propose de remettre en vigueur l'édit porté par George IV contre les clubs orangistes. Ceux-ci le savent ; ils connoissent la détermination du premier lord de la trésorerie et ils n'ignorent point qu'il n'est pas homme à se laisser ébranler par des manifestations populaires, si redoutables qu'elles soient. Cependant ils viennent d'annoncer leur résolution de reconstituer l'orangisme sur de nouvelles bases ; cela prouve qu'ils ne sont nullement disposés à renoncer au rôle d'agitateurs. S'ils avoient l'intention de prêter main-forte aux catholiques, s'ils vouloient les aider à défendre la cause de l'indépendance, qui est la cause de tous les Irlandais sans exception, on concevroit les bravades des chefs de l'orangisme ; mais tel n'est point leur but ; c'est l'agitation à leur profit qu'ils veulent organiser ; c'est assez dire qu'ils rejettent les offres de conciliation qui leur ont été faites par l'association du rappel.

(Journal de Bruxelles.)

NOUVELLES ET FAITS DIVERS.

INTÉRIEUR.

PARIS, 5 septembre. — Le prince Jérôme Napoléon a quitté Paris samedi dernier.

— Sur la proposition de M. le ministre des affaires étrangères, le roi a nommé, par ordonnance du 27 août, M. le général de La Rue, plénipotentiaire de France au Maroc, grand officier de la Légion d'Honneur. M. Léon Roches, interprète principal de l'armée d'Afrique, et M. Pourcet, capitaine d'état-major, aide-de-camp du général de La Rue, ont été nommés officiers de la Légion d'honneur.

— Le *Messager* publie deux rapports de M. le maréchal Bugeaud, l'un du 15, l'autre du 19 août. M. le maréchal gouverneur y rend compte de divers mouvemens et coups de main exécutés aux environs d'Orléansville, par le colonel Saint-Arnaud, les lieutenans-colonels Berthier, d'Allonville et Claparède, et le capitaine Fleury.

Le 13, le lieutenant-colonel d'Allonville, appuyé par 600 hommes d'infanterie, est tombé sur le schérif Bou-Maza, l'instigateur des troubles qui avoient éclaté dans la province. Le schérif a réussi à se sauver, et nos soldats n'ont pris que sa smala. « Il faut espérer, dit en terminant M. le maréchal, que quelque heureux hasard le fera tomber entre nos mains. »

— Les Kabyles des tribus environnant Djigelly sont venus le 25 août au nombre de 12 à 1,500, attaquer les avant-postes de cette place. Malgré la foiblesse de la garnison, cruellement travaillée par la maladie, les assaillans ont été repoussés, abandonnant trois morts et une vingtaine de blessés.

— Par arrêté de M. le ministre de l'instruction publique, en date du 2 septembre, une commission composée de cinq membres est chargée de proposer les modifications dont seroient susceptibles les arrêtés relatifs aux leçons de mathématiques élémentaires et aux conférences d'arithmétique et de géométrie dans les colléges. Sont nommés membres de cette commission MM. Poinsot, Poulain de Bossay, Cazalis, Duhamel et Vieille.

Une seconde commission est chargée de signaler les mesures les plus propres à rendre fructueux l'enseignement du chant dans les colléges royaux; elle se compose de MM. Orfila, Quicherat, Henry, Rinn et Danjou.

— Voici la liste, par ordre de mérite, des élèves admissibles cette année à l'École-Normale, d'après le concours des compositions écrites Sur ce nombre, dix-huit seront choisis lors de l'examen oral qui doit avoir lieu au mois d'octobre prochain.

On remarquera, dans les noms qui forment la tête de cette liste, des élèves qui ont brillé aux précédens concours des colléges.

Nous n'indiquerons que les candidats qui se destinent à l'enseignement des lettres; nous n'avons pas encore la liste pour les sciences.

1. Bonnefond (du collège Charlemagne, 2e prix d'honneur de 1843). 2. Glachant (du collège Charlemagne, prix d'honneur de 1844).— 2. Leune (du collège Charlemagne, 2e prix d'honneur de 1844).— 4. Caro (du collège Stanislas, prix d'honneur de philosophie de 1843).— 5. Cuvillier.— 6. Blanchet.— 7. Ohmer. — 8. Salomon.— 9. Maréchal — 10. Molliand — 11. Clément.— 12. Hénou.— 13. Delviquet.— 14. Mézion.— 15. Ambertin.— 16. Thérion.— 17. Pastel. 18. Delépine.— 19. Donières.— 20. Delibes.— 21. Beulé.— 22. Bellet. — 23. Conard.— 24. Michaud.— 25. Cerisonnes.— 26. Simonnot.— 27. Berthot. — 28. Gimbertaut.— 29. Lécuyer.— 30. Castin.— 31. Dantin.— 32. Veren.— 33. Gombot.

— Plusieurs journaux annoncent que M. Lherminier va prendre la rédaction en chef du *Courrier français*, qui deviendroit ministériel, au moins en expectative, sous l'influence de M. Molé.

— Avant-hier au soir, à six heures, le premier tender du chemin de fer du nord est arrivé à la grande gare des terrains Saint-Lazare. On attend les locomotives adjugées depuis plusieurs mois.

— Le point de départ du chemin de fer de Paris à Lyon vient d'être définitivement fixé par le conseil-général des ponts-et-chaussées, appelé à se prononcer sur cette question. La ligne partira de la rue Contrescarpe, près de la Bastille, quittera Paris par Bercy et Charenton, et, suivant la vallée d'Yères, arrivera jusqu'à Melun, où elle prendra la direction de Montereau. La décision du conseil-général est conforme au projet de M. Jullien, ingénieur en chef, chargé du service de la ligne de Paris à Lyon.

— M. le préfet de police ayant été informé que certains agens salariés par l'État, préposés à la garde de monumens publics, exigeoient une rétribution des personnes admises à visiter le monument, et notamment des militaires, vient de prendre des dispositions tendant à prévenir le retour de ces abus, notamment en ce qui concerne le Panthéon.

— Les ouvriers terminent en ce moment d'importans travaux au palais du Luxembourg et dans ses dépendances.

· Ils achèvent de restaurer les quatre façades du palais, dans la grande cour d'honneur. Ils repavent cette cour, qu'on garnit de trottoirs bordés de granit tout à l'entour.

On vient aussi de terminer, rue de Vaugirard, la belle grille dressée sur l'emplacement des vieilles constructions qui obstruoient la vue du jardin.

— L'ouverture de la treizième session du congrès scientifique de France a eu lieu, lundi dernier, à Reims, dans sa grande galerie historique du palais archiépiscopal. Plus de six cents membres, français ou étrangers, assistoient à cette ou-

verture. M. l'archevêque a été nommé président-géneral à une immense majorité.
MM. de Mérode, ministre d'Etat de Belgique, Bally, ancien président de l'Académie royale de Médecine, de Caumont, membre du conseil-général d'agriculture, le vicomte de Brimont, ancien député de Reims, ont été nommés vice-présidens-généraux. Aussitôt la proclamation du résultat du scrutin, Mgr Gousset a remercié avec émotion l'assemblée de la distinction flatteuse dont il venoit d'être l'objet, et il a ajouté avec beaucoup de grâce que le palais archiépiscopal seroit ouvert à tous les membres du congrès pendant la durée de la session ; et, en effet, le soir même, ils ont été splendidement reçus dans les magnifiques salles du palais, les mêmes qui furent occupées par le roi Charles X, lors de son sacre, en 1825.

— Il a été prononcé, en France, de 1836 à 1843 (en huit années), 339 condamnations à mort. Il n'y a eu pour ces condamnations que 245 exécutions. Les 339 condamnations se répartissent ainsi, d'après la nature des crimes : 225 pour assassinat, 34 pour meurtre, 24 pour empoisonnement, 24 pour parricide, 18 pour infanticide, 12 pour incendie, 1 pour séquestration avec torture.

— Vers le milieu et au levant de la longue rue Traversière-Saint-Antoine s'élève en ce moment un édifice d'un style singulièrement sévère et qui couvre plus de deux hectares de terre. C'est la prison cellulaire modèle dite de la Nouvelle-Force. Le plan de cet édifice pénitentiaire rappelle la nervure d'un éventail. Cinq grandes ailes de bâtimens rayonnent en demi-cercle autour d'un centre commun d'où les inspecteurs verront tout ce qui se passera dans les longues galeries sur lesquelles ouvrent les portes des cellules qui sont au nombre de mille à douze cents. Cet édifice est le plus complet et le mieux entendu de ce genre qui existent tant en Europe qu'en Amérique. Il sera chauffé partout également par un puissant calorifère ; des ventilateurs l'assainiront en été. Une chapelle bien distribuée se trouve au centre ; les bâtimens d'administration sont vastes et commodes ; de nombreux préaux sont habilement ménagés pour les récréations quotidiennes et isolées ; l'eau, l'air, le gaz sont abondamment distribués. Cet important édifice, très-avancé en ce moment, sera, assure-t-on, livré au préfet de police en 1846.

Dès que la prise de possession de cette nouvelle prison sera opérée, on livrera l'ancienne prison de la Force, située au Marais, au marteau des démolisseurs.

— Selon un journal de Villefranche, un tailleur de cette ville auroit inventé un métier à coudre. Avec ce métier on pourroit faire deux cents points de couture à la minute ; au moyen d'une vis, le métier se prête à tous les contours et à toutes les formes d'habits ou de robes.

— Le chevalier Zelani vient de faire frapper, à Vienne, une très-belle médaille, dont il a lui-même gravé la matrice. Elle porte, d'un côté, le profil très-ressemblant du Saint-Père, la main levée pour donner la bénédiction pontificale *urbi et orbi*, avec la légende : *Hic est successor sancti Petri, caput Ecclesiæ catholicæ*. A l'exergue se voit la basilique de Saint-Pierre de Rome. Cette médaille trouve un grand débit à Vienne.

— On écrit des bords du Rhin que le prix des pommes de terre a haussé de 50 0/0, et qu'il est probable que le gouvernement prussien prohibera momentanément l'exportation de cette denrée.

— Les journaux de Bruxelles prétendent que la récolte des pommes de terre en Belgique n'équivaudra pas cette année au sixième d'une récolte ordinaire ; et ils appellent dès à présent l'attention du gouvernement sur les moyens de pourvoir aux besoins de la classe ouvrière pendant l'hiver prochain.

— On écrit de Londres qu'une splendide aurore boréale a été vue à l'est de la ville, vendredi soir ; elle a commencé par un pâle rayon de lumière, que l'on a aperçu dans l'ouest-nord-ouest, et qui bientôt a été suivi d'une magnifique nappe de lumière embrassant à l'horizon une étendue d'environ 90 degrés du nord à l'ouest.

— Il paroît que l'île de Hong-Kong, dont la souveraineté a été cédée à la reine de la Grande-Bretagne, n'a pas répondu aux espérances qu'elle avoit fait concevoir. C'est une île stérile qui ne produit pas en un an de quoi nourrir ses habitans pendant huit jours; c'est un bon quartier-général pour les marchands d'opium, mais il est certain maintenant qu'on n'en pourra pas faire une place de commerce. Il paroîtroit donc que déjà les Anglais cherchent à s'assurer d'un endroit meilleur. Ils ont actuellement entre les mains l'île de Chusan, position saine et fertile, à laquelle le grand développement du commerce étranger à Shang-Hai donne de l'importance sous les rapports maritime, militaire et commercial. Mais Chusan n'est entre leurs mains qu'à titre de garantie provisoire, et le terme de leur occupation est fixé au 31 décembre 1845. Il s'agiroit donc pour eux soit d'obtenir du gouvernement chinois la concession de la souveraineté de l'île, soit de trouver une occasion de l'exiger. Quelques attaques imprudentes de la part de la population chinoise, comme celle qui a été faite à Macao sur la personne de M. Davis, le commissaire anglais en Chine, et à Canton sur celles de MM. Montgommery, Martins et Staunton, et dont les Anglais ont, peut-être à dessein, différé de demander réparation, leur fourniroient au besoin les occasions qu'ils cherchent. En attendant, ils font à Chusan de grandes dépenses, et y jettent tous les fondemens d'un établissement durable.

EXTÉRIEUR.

ESPAGNE. — On lit dans le *Phare* de Bayonne, le 31 août :

« Avant-hier 29, la reine Isabelle II, sa mère et sa sœur ont quitté Mondragon pour se rendre à Bilbao, en passant par Ellorio et Durango. La famille royale doit séjourner le 30 et le 31 à Bilbao, et se mettre en route le 1er septembre, pour venir coucher à Azcoitia, dans le palais du duc de Grenada de Ega, grand d'Espagne, ancien capitaine des gardes du corps et en dernier lieu ministre de la guerre de don Carlos. C'est dans ce palais que fut célébrée la cérémonie du mariage de don Carlos avec la princesse de Beïra. LL.. MM. devoient s'arrêter le lendemain quelques heures à Azcoitia pour visiter le magnifique édifice qui renferme l'église et la maison des Jésuites; elles doivent visiter aussi la maison dans laquelle est né saint Ignace de Loyola, et venir coucher le soir à Tolosa pour se mettre le 3 en route pour Pampelune, où elles ont l'intention de faire leur entrée vers midi.

» On prépare à Pampelune beaucoup de fêtes pour solenniser le séjour de la famille royale d'Espagne et des princes français. Indépendamment des courses de taureaux, qui seront dirigées par le fameux Montès, il y en aura une de petits taureaux pour les amateurs, des feux d'artifice, des illuminations, etc. »

— Les journaux dinastyques sont remplis de petites anecdotes sur Isabelle et sur les paysans basques, lesquels, dans leur simplicité, ne craignent pas de raconter à la jeune reine leurs prouesses en faveur de la cause de son oncle le roi Charles V. Ce qui fait rire beaucoup les deux reines, qui admirent cette naïveté sans exemple dans cette époque de dissimulation.

— Les journaux de la Péninsule sont sans intérêt. La tranquillité n'avoit pas été troublée à Madrid comme on avoit pu le craindre; chaque jour un grand nombre de marchands et de négocians de toute catégorie se présente à l'intendance pour payer les droits exigés par la nouvelle loi. On a voulu ôter au parti ayacucho tout prétexte de faire tourner à son profit une coalition toute commerciale et économique. Le ministre des finances a promis toutefois à la commission du commerce de Madrid d'apporter à la loi d'impôts tous les adoucissemens que son devoir pourroit lui permettre.

— On lit dans le *Journal des Débats* :

« Les journaux de Madrid du 30 et du 31 août, qui nous sont parvenus ce soir par voie extraordinaire, ne contiennent aucune nouvelle importante. *La Gazette* publie un décret qui nomme quarante-trois nouveaux sénateurs, parmi lesquels nous remarquons le père du général Narvaez, qui a été élevé à la dignité de comte de Cagnada.

» *El Espanol* annonce que la cour supérieure de guerre et de marine a substitué la peine des travaux forcés à la peine de mort à laquelle avoient été condamnés les individus et les officiers coupables d'avoir pris part à la conspiration de Malaga.

» LL. AA. RR. le duc et la duchesse de Nemours et S. A. R. le duc d'Aumale sont entrés hier sur le territoire espagnol par Irun, où ils ont été reçus avec la plus haute distinction par les autorités et les populations espagnoles. »

IRLANDE. — Dublin, 28 août. — Dans un meeting de l'association du repeal qui a eu lieu à Belfast lundi, il a été donné lecture de la lettre suivante de M. Daniel O'Connell :

« Abbaye de Darrynane, 19 août 1843.—Messieurs, la distance qui me sépare de vous et le retard de la poste de Dublin m'ont empêché de répondre plus tôt à la lettre que vous me fîtes l'honneur de m'écrire le 16. L'élection a lieu demain, c'est-à-dire bien avant que vous ne puissiez recevoir ma réponse, et par conséquent il est inutile que j'accomplisse la formalité du refus d'acquiescer à la requête dont vous m'avez honoré, d'engager mon fils Daniel O'Connell à se mettre sur les rangs au collége électoral de Belfast.

» Aujourd'hui le temps des luttes est passé. Il faut que nous comprenions avant tout qu'en faisant tous nos efforts pour affranchir Belfast des deux factions belligérantes et également malveillantes des whigs et des tories, ces efforts doivent être avant tout dépouillés de tout sentiment de rancune et d'animosité personnelles. Pour réussir, il faut nous abstenir de toute violence, de toute invective, et principalement de toute acrimonie religieuse. Nous sommes également les adversaires des deux partis, et l'opposition que nous faisons aux tories, nous devons, nous sommes tous tenus de la faire aux whigs. Les sujets d'hostilité politique s'appliquent également à tous deux : tous deux, au sein de leur patrie, préfèrent la domination anglaise à la domination irlandaise ; tous deux s'imaginent fatalement et d'un commun accord que les Anglais sont plus capables de diriger et d'administrer les affaires de l'Irlande que les Irlandais eux-mêmes ! Il est douloureux de voir des habitans du plus beau pays de l'univers animés de sentiments aussi indignes de toute impulsion patriotique, à ce point qu'ils s'avouent inférieurs à leurs semblables, et qu'ils acceptent une dégradante infériorité !

» Jadis les volontaires de Belfast formoient l'avant-garde de cette armée qui conquit paisiblement l'indépendance constitutionnelle et qui gagna la victoire sans tache de la nationalité irlandaise, en donnant à l'Irlande la suprématie législative et judiciaire. Hélas! hélas! quel changement ! quel déplorable contraste! Combien n'est-elle pas révoltante cette hypocrite soumission à une domination anti-irlandaise !

» Mais vous, repealers de Belfast, vous, du moins, serez là pour défendre votre patrie ; vous avez arboré l'étendard de la terre de vos aïeux, et jamais vous ne baisserez le drapeau national jusqu'à ce qu'il flotte triomphalement sur Collége. Green.

» L'Irlande pour les Irlandais! telle est votre devise et la mienne! »

▼ **CIRCASSIE.** — D'après une correspondance adressée des frontières de la Russie à la *Gazette de Cologne*, le général Woronzoff, malgré les avantages qu'il prétend avoir remportés sur les montagnards du Caucase, a été obligé de battre en retraite, et d'une manière tellement précipitée, que son armée sembloit être en déroute. La nécessité de pourvoir à la subsistance des troupes, dans ces pays arides et dévastés, l'a forcé de prendre cette mesure. Les pertes de l'armée russe, comparées à celles des montagnards, ont été énormes. Elles s'élèvent de 6 à 10,000 morts, tandis que les Caucasiens n'ont pas perdu plus de 1,000 à 1,200 hommes. Un grand nombre de traînards qui n'étoient plus en état de suivre le corps de l'armée, ont dû être abandonnés par le général Woronzoff. L'ennemi, qui ne s'étoit pas montré pendant plusieurs jours, a paru tout d'un coup, lorsque la retraite a commencé, et n'a cessé de harceler les flancs de l'armée russe. Ces détails, dit le correspondant, ont été fournis par un officier qui faisoit partie de l'expédition.

TUNIS. — Nous avons des lettres de la Goulette, en date du 21 août. Les craintes d'une attaque par les troupes du bey de Tripoli ont disparu. Le bey se considère comme mystifié dans cette affaire par les Français. Leur but n'est pas encore éclairci, mais il est de fait que le brick sarde de guerre *Daino*, arrivé de Tripoli le 6 août, a apporté la nouvelle positive que le gouvernement de cette ville n'avoit jamais songé à une expédition militaire. On pense que Sa Hautesse est fort irritée contre les Français, car on se rappellera que la fausse nouvelle d'une attaque avoit été communiquée par le commandant du *Lavoisier*, steamer de guerre français. Les bruits de guerre avoient eu pour résultat d'attirer à Tunis un grand nombre de vaisseaux de guerre étrangers.

Le 7, le brick de guerre autrichien *Triton*, venant de Livourne, a jeté l'ancre dans nos eaux. Il avoit à son bord le chevalier Parazza, porteur d'un firman de la Porte ottomane, pour se faire reconnoître par le bey de Tunis comme consul général d'Autriche dans la régence ; cette affaire ne manque pas d'importance. L'année dernière, le gouvernement autrichien envoya à Tunis une corvette avec un commissaire ottoman à bord pour arranger les différends qui existoient entre les gouvernemens de Tunis et d'Autriche ; le commissaire, après plusieurs conférences avec le bey à la Goulette, quitta Tunis sans avoir rien conclu.

L'Autriche n'a jamais reconnu l'indépendance du bey de Tunis, et prétend que, lorsqu'un de ses agens se présente avec un firman de la Porte, le bey doit obéir.

De son côté, le bey proteste et allègue que toutes les autres puissances l'ont reconnu comme souverain indépendant, et dit en conséquence que, si l'Autriche désire établir un agent diplomatique dans la régence de Tunis, elle doit d'abord reconnoître le bey comme souverain.

Le *Triton* devoit partir le 25 pour Trieste avec le consul non accepté. Le bey dit que s'il eût agi autrement qu'il n'a fait, il seroit considéré comme une négation par la population, et qu'il ne consentiroit jamais à ce qu'on reconnût l'autorité du sultan.   (*Morning-Chronicle.*)

ÉGYPTE. — Les Anglais se mettent en frais de galanterie vis-à-vis du pacha d'Egypte. Nous lisons dans le *Sun* :

« La magnifique fontaine d'argent, fabriquée à Londres, aux frais de la compagnie des Indes, pour le pacha d'Egypte, a été offerte à Sa Hautesse, le 16 août, par le capitaine Lyons, agent de la compagnie à Alexandrie. L'offrande a eu lieu dans le palais, ou plus de 60 personnes s'étoient assemblées pour assister à la cérémonie. Sa Hautesse paroissoit jouir d'une excellente santé, et témoignoit une vive satisfaction pour la beauté et l'admirable main-d'œuvre du magnifique présent. Une partie des assistans déjeûna ensuite avec le capitaine Lyons. Cette superbe fontaine restera exposée à Alexandrie pendant quelque temps, afin que chacun puisse admirer à l'envi ce chef-d'œuvre d'un artiste anglais, puis elle sera transportée au Caire, sa destination ; mais le pacha n'a pas encore fixé l'emplacement de son érection.

» Il n'est pas besoin d'ajouter que la foule envahit chaque jour le palais pour la contempler. »

Il s'agit de savoir maintenant ce que ce don rapportera à l'Angleterre, qui ne sème que pour recueillir au centuple.

VARIÉTÉS.

DE LA RACE KABYLE.

La conquête du nord de l'Afrique par les Arabes, et plus tard par n'a jamais été complète ; de temps immémorial une partie du territoir presque indépendante de la domination étrangère. On comprend sous *Kabyles*, des populations d'une origine très-différente de celles des Arab Turcs, et qui, pour la plupart, habitent des pays de montagnes, d'un accè difficile, et où l'invasion arabe paroît n'avoir point pénétré.

Depuis long-temps on cherche en vain à retrouver dans les documens historiques des données positives sur l'origine de ces montagnards, et on a émis sur leur compte les opinions les plus diverses. Ces dissertations sur un point de l'histoire, qui peut-être ne sera jamais éclairci, ont assez peu d'intérêt pour nous en ce moment. Il nous importe assez peu que les kabyles soient aborigènes ou qu'ils descendent des Numides, des Berbères ou des Vandales. L'opinion la plus probable, la plus sage à nos yeux, est que cette race singulière est le résultat du mélange des différens peuples vaincus, qui sont venus chercher dans les montagnes un asile contre des ennemis implacables.

Quelle que soit la vérité à cet égard, il est constaté que les contrées habitées par les Kabyles n'offrent point le même aspect que celles occupées par les Arabes, qu'elles sont beaucoup mieux cultivées, et qu'elles renferment un assez grand nombre de villes ou de villages importans et solidement bâtis. C'est assez dire qu'ils n'ont pas, comme les Arabes, le goût de la vie errante. Mais la différence extérieure, la plus remarquable qui sépare ces deux peuples, consiste dans leur langage, qui n'offre aucune espèce de ressemblance, et qui probablement a constitué un des plus grands obstacles à la fusion des deux races.

Les Kabyles paroissent avoir embrassé l'islamisme à l'époque de l'invasion arabe, mais les dogmes de la loi musulmane ne se sont pas conservés parmi eux dans le même état de pureté que chez leurs voisins de la plaine ; ils passent, au contraire, pour vivre dans une ignorance très-grande des préceptes de la religion, et pour ne se souvenir que de ceux qui leur commandent la haine des infidèles.

Le Kabyle est en général fanatique, bien qu'il soit ignorant en matière de religion ; il est robuste de corps, brave dans le combat et laborieux. Il fabrique dans ses montagnes une partie des armes et de la poudre dont il se sert, et en fait même quelquefois un objet de commerce avec les Arabes. Son industrie s'étend encore à d'autres branches. Quand le travail lui manque dans ses foyers, le Kabyle quitte son pays natal pour aller travailler dans les villes, y faire tous les métiers et s'y amasser quelque argent, car chez lui comme chez l'Arabe la soif de l'or l'emporte sur toute autre considération; mais bientôt il retourne dans ses foyers, car sa haine de l'étranger, qu'il soit Français ou Arabe, est profonde.

Cette aversion du reste a toujours été réciproque, et les habitans des plaines n'ont jamais pardonné à ceux des montagnes d'avoir su conserver leur indépendance. C'est ainsi que, du temps des Turcs, il étoit défendu, sous les peines les plus sévères, aux *Kabyles* d'entrer en condition dans les villes; ils ne pouvoient être admis ni dans les établissemens publics, ni dans les maisons consulaires, et ils ne pouvoient être autorisés à passer la nuit sous le même toit que leur maître. Ces dispositions, qui ont été abrogées par les deys d'Alger, il y a à peine cinquante ans, prouvent suffisamment que les Kabyles étoient peu soumis du temps des Turcs et profondément détestés par eux. Tout porte à croire que le témoignage de l'obéissance des tribus Kabyles, même les plus rapprochées d'Alger, se bornoit au paiement de foibles tributs en argent; quant aux autres tribus plus éloignées, non-seulement elles ne payoient rien aux Turcs, mais encore elles exigeoient d'eux des indemnités quand ils vouloient traverser leur territoire.

Comme les Arabes, les Kabyles se divisent en tribus ou *àrach pl. d'àrch*, dont les chefs portent le nom d'*aminn*; les fractions de ce *àrach* sont désignées d'une façon variable, selon les localités. La reunion de plusieurs tribus forme chez les Kabyles des confédérations auxquelles ils donnent le nom de Kabyles. La forme du gouvernement de ces tribus paroît être entièrement démocratique, elles forment autant de petites républiques, dont les chefs fréquemment renouvelés n'ont que peu d'autorité; elles vivent entre elles dans un état d'hostilité continuelle. Il paroît que l'aristocratie si puissante chez les Arabes est moins considérée dans les montagnes des Kabyles; mais les marabouts y jouissent d'une influence presque illimitée. Ce sont eux qui dirigent la politique dans toutes les tribus, et qui. seuls, parviennent de temps à autre à établir une paix peu durable parmi elles.

Jusqu'à présent, les Kabyles ne sont pas tous également connus de nous. Les renseignemens que l'on possède sur leur compte sont très-incomplets, et la connoissance de leur langue, qui pourroit guider dans les recherches, offre de grandes difficultés.

La transition entre les deux grandes races arabe et kabyle qui se partagent le sol de l'Algérie, a lieu dans quelques localités où les deux langues sont en usage. mais les caractères généraux qui les distinguent suffisent pour reconnoître chacune de ces races au premier abord.

Le Gérant, **Adrien Le Clerc.**

PARIS. — IMPRIMERIE D'ADRIEN LE CLERE ET C°, rue Cassette, 29.

DE LA SITUATION DE L'ÉGLISE CATHOLIQUE
AU ROYAUME DE WURTEMBERG.

(Deuxième article.)

De tous les malheurs qui accablent souvent la religion de Jésus-Christ, il n'en est pas de plus déplorable que celui de la foiblesse et de l'asservissement des ministres mêmes de l'Église. A Dieu ne plaise qu'un tel reproche tombe ici sur tout le clergé du royaume de Wurtemberg! Ce pays, si malheureux qu'il soit sous ce point de vue, compte encore. grâce à Dieu, parmi ses pasteurs catholiques, de fidèles et généreux athlè-tes dont la résistance a été couronnée de l'honneur et de la palme de la persécution. Il a trouvé aussi parmi les simples laïques de très-fidèles, d'énergiques champions. Ceux-ci, au sein des deux chambres Wurtembergeoises, ne dissimulent aucunement le mécontentement de leurs frères; et par l'énergie de leurs réclamations, fondées, d'une part. sur les droits politiques des catholiques, et de l'autre, sur des faits abu-sifs dont ils exposent les preuves, donnent souvent au ministère d'assez sérieux embarras. Les dénégations, les fallacieuses explications n'ont rien qui puisse leur faire illusion, et si le ministre Schlayer parvient à se tirer du combat (et toutefois jamais sans blessures), c'est unique-ment à l'aide de ce grand et profitable procédé nouveau des ma-jorités compactes, dont les gouvernemens représentatifs savent si bien tirer avantage dans les momens critiques amenés par les conflits reli-gieux. Mais dans le Wurtemberg comme en France, c'est aux valeureux champions du droit et de la vérité, que sont acquises les sympathies catholiques. Il est juste de citer ici parmi eux le baron de Hornstein. membre de la chambre des députés, et le comte héréditaire d'Erbach. membre de celle des seigneurs. Sollicité par eux et encouragé par leur noble dévoûment à la cause catholique, le vieil évêque lui-même éleva. il y a trois ans, sa voix au sein de la seconde chambre, et y fit entendre des plaintes que son grand âge rendoit, et plus respectables, et plus touchantes. En vain elles furent combattues par des explications mi-nistérielles, appuyées du scandaleux témoignage d'un membre du *conseil ecclésiastique*, qui, en se rendant ainsi très-agréable au ministre par cette démarche, espéroit s'aplanir la voie à l'épiscopat. La chambre des dé-putés émit un vote qui accordoit, il est vrai, au ministère un *bill d'in-demnité* assez équivoque pour le passé, et lui recommandoit néanmoins les intérêts de l'Église catholique pour l'avenir. Les réclamations du comte d'Erbach portèrent la chambre des seigneurs à voter une adresse au roi, conçue et rédigée dans un sens encore plus significatif.

Ainsi pressé, le ministre se vit obligé de reculer dans la voie qu'il s'é-
toit ouverte. Ce n'est pas que le conseil ecclésiastique ait été supprimé,
comme on pouvoit l'espérer; mais l'impulsion qui, jusque-là, lui avoit
été donnée, devenant plus molle et plus indécise, lui-même se départit
de ses précédentes rigueurs, et s'abstint en plus d'une circonstance, de
persister dans ses violences contre le pouvoir épiscopal ou contre la conscience des pasteurs.

Il est incontestable aujourd'hui que l'éducation cléricale s'est considérablement améliorée : toutefois cette amélioration tient beaucoup
moins au perfectionnement des *instituts*, qu'au choix de quelques personnes plus convenables. Un meilleur enseignement se fait remarquer aussi
bien dans le *convictorium* catholique de l'Université de Tubingue, qu'au
séminaire épiscopal de Rothenbourg. C'est avec bien de la joie que la
jeunesse cléricale a appris la retraite de ce *sous-régent*, dont nous avons
à regret, dans notre précédent article, signalé l'incapacité sacerdotale.
Il a été remplacé par un jeune prêtre des plus distingués du diocèse. On peut déjà remarquer avec satisfaction, dans le même clergé,
le réveil du sentiment ecclésiastique; il comprend la nécessité de son
indépendance du pouvoir laïque en tout ce qui concerne l'exercice du
saint ministère. Il cesse de se montrer servile vis-à-vis des agens supérieurs du pouvoir. Les curés et les autres chefs ne sont plus aussi
despotiques envers leurs inférieurs; et la conduite des fidèles prouve
aujourd'hui que le Wurtemberg compte autant de catholiques dévoués
au Saint-Siége, qu'aucun autre pays de l'Allemagne. Sous le point de
vue politique dans un Etat protestant, ce qui manque peut-être au
clergé, pour fortifier et pour mettre en relief cette disposition de ses
ouailles, c'est un centre d'unité d'action catholique, autour duquel il
puisse se grouper, et qui puisse lui servir de point d'appui et de ralliement.

C'est dans ce but que le clergé et quelques hommes de marque
parmi les catholiques, avoient conçu le projet de fonder un journal où
les intérêts de l'Eglise seroient rationnellement défendus, en même
temps que cette feuille agiroit sur l'esprit public, pour la justification
des doctrines catholiques. Mais c'est-là précisément ce que le gouvernement ne veut pas tolérer, dans la crainte de voir sa conduite envers le
clergé journellement mise à découvert. Peut-être même redoute-t-il de
voir par là les opinions protestantes reconciliées avec les doctrines catholiques, que d'anciens préjugés seuls ont pu faire haïr. L'autorisation ministérielle, indispensable pour la publication de cette feuille, fut
donc péremptoirement refusée, toujours sous prétexte de *paix confessionnelle* : moyen simple autant qu'injuste de terminer tous les différends.

Car que diroit-on d'un juge qui, pour abréger un procès, fermeroit la bouche à l'une des parties plaidantes ? De là l'irritation des catholiques et l'exaspération de leur langage, lorsqu'ils publient leurs plaintes dans les feuilles étrangères, ou dans des pamphlets qui, bien qu'imprimés hors du royaume, ne laissent pas de pénétrer dans le pays. Ce sont-là des cris de détresse. Certes, des plaintes aussi amèrement exprimées n'arriveroient pas du dehors si, par des obstacles invincibles, on n'interdisoit pas de plus paisibles discussions entre les organes divers des deux partis opposés.

Le bréviaire et des rituels approuvés commencent à reparoître entre les mains des ecclésiastiques ; ce qu'une tolérance abusive avoit laissé tomber, l'oppression l'a fait renaître. Ce n'est pas à dire toutefois que *l'ordinariat* (c'est sous cette dénomination impersonnelle et abstraite que l'on désigne l'évêque) ait jusqu'ici jugé à propos de se placer à la tête de cette régénération du clergé. Bien au contraire, l'autorité épiscopale vient, tout récemment encore, de publier, non un *mandement* ou une *lettre pastorale* (ces mots sont depuis long-temps tombés en désuétude pour faire place à des dénominations puisées dans la hiérarchie civile), mais une espèce de manifeste (erlass), dans lequel, tout en laissant percer des sympathies libérales, l'on se plaint amèrement des infractions que peuple et clergé se permettent à l'égard de l'*ordo*. On pouvoit croire que l'*ordinariat*, qui laisse faire et passer tant d'autres choses, ne se seroit pas départi de cette commode maxime, lorsqu'il s'agiroit du retour vers les cérémonies catholiques indûment abrogées. Pour comble de triste inconséquence, en s'élevant ainsi contre des pratiques approuvées et observées par l'Eglise universelle, le prélat, ou plutôt ceux au moins qui l'ont réduit à n'être plus que leur instrument, réclament l'obéissance imposée au clergé par les lois canoniques. Mais ici ils ne peuvent recueillir que ce qu'ils ont aveuglément semé. Cet *ordinariat*, qui s'est mis au-dessus des prescriptions de l'Eglise, et qui, pour mieux obéir à l'autorité civile, a oublié ce qu'il doit au chef de l'Eglise ; qui, prenant pour règle unique de ses devoirs le bon plaisir du *conseil ecclésiastique*, qui le guide et lui commande, n'a pas même laissé sans atteintes l'ordre et le rang des fêtes de l'Eglise, subit aujourd'hui la conséquence de ses propres violations. Et qu'on croie bien que nous n'entendons ici ni justifier ni approuver la conduite du clergé subalterne, qui résiste à son chef. Nous ne faisons que constater un fait malheureux. Mais lorsque l'on voit ainsi le zèle apostolique reprendre sa sève primitive, n'est-il pas permis d'espérer que, pénétrant la masse entière, il arrêtera la décomposition qui y développoit ses symptômes d'une manière si alarmante ? Il est d'ailleurs encore quelques points fixes et solides où peut s'attacher le câble destiné à arrêter la barque qui depuis trop long-temps s'en alloit à la dérive. Chez les hommes d'un certain âge, qui se souviennent de temps meilleurs, le feu de la vraie foi continue à brûler sous la cendre dont on l'a recouvert. C'est ce qui se manifeste dans toutes les communes dès qu'elles ont le bonheur d'être placées sous la houlette d'un pasteur qu'on signale par l'épithète d'*ultramontain*. La joie, l'affection, le respectueux dévoûment pour ce prêtre, remplissent aussitôt tous les cœurs; il y est considéré comme le plus précieux de tous les trésors. La rapide propagation de la société des missions (bien qu'elle ne soit pas approuvée par le gouvernement), est un autre symptôme qui prouve que l'amour de l'Eglise n'est rien moins qu'éteint dans les cœurs. L'on peut mettre encore au rang de ces symptômes consolans, l'ardeur du vœu que forment les populations catholiques de voir au milieu d'elles la vénérable congrégation des Sœurs de la Charité. Que le catholicisme, qu'avec quelque apparence de raison l'on appelle ici l'*ultramontanisme*, compte en Wurtemberg des centaines d'adeptes fidèles et dévoués; c'est ce ne sauroient plus nier certains orateurs de la chambre des Etats, qui, naguère encore, y déclaroient avec une indéfinissable assurance, que « le peuple restoit profondément indifférent au fanatisme de *quelques brouillons*. » Il nous paroît utile de citer, à ce sujet, les dernières réclamations qui, il n'y a pas encore un mois, retentissoient au sein même des Etats.

Il est d'usage au royaume de Wurtemberg que les députés prononcent individuellement et à haute voix leur vote sur le budget, en le motivant suivant l'opinion de chacun, sur l'ensemble de la marche du gouvernement. Plusieurs députés catholiques, parmi lesquels se distinguoit le baron de Hornstein, saisirent cette dernière occasion de renouveler leurs réclamations contre la servitude qu'impose encore à leur Eglise le pouvoir politique. Ainsi M. le doyen de Strobel se plaignit, non sans quelque véhémence, du refus que fait le ministère de comprendre la *journalistique*, et en général la presse catholique, dans le droit commun, même sous la garantie de la censure; tandis qu'il est permis aux feuilles radicales de prodiguer l'injure à l'Eglise catholique, à ses ministres et à ses défenseurs, et que l'on tolère même que des prêtres venus de l'étranger (des rongistes), convoquent des assemblées publiques où sont énoncés et établis les principes les plus subversifs des dogmes chrétiens. Qui pourroit nier, ajouta cet orateur, qu'une pareille tolérance n'est propre qu'à troubler cette *paix confessionnelle* que toujours on invoque, et à enlever au gouvernement toute la confiance des catholiques?

Le député Mack s'exprima sur ce même sujet avec encore plus d'énergie. « Déjà, dit-il, aux diètes de 1815 et 1819, il avoit été établi que la reconnoissance de la liberté de l'Eglise catholique étoit l'une des premières exigences de la justice, et l'une des conditions les plus essentielles du bonheur public. L'on avoit reconnu qu'il étoit également imdispensable de tracer les limites du pouvoir souverain sur les institutions de l'Eglise, et d'assurer son autonomie et l'indépendance de sa juridiction. Depuis lors, il n'a pas été tenu une seule diète, sans que l'on ait examiné jusqu'à quel point il avoit été satisfait à cette nécessité; et aujourd'hui, après trente ans révolus, cette question ne se trouve pas encore éclaircie. Bien que la libre autonomie de l'Eglise soit inscrite dans notre pacte constitutionnel, nous savons que les ordres des chefs spirituels ne parviennent point à ceux à qui ils sont destinés. La disposition des bénéfices de l'Eglise fait assurément partie de son autonomie, et cependant l'Etat s'arroge le droit de rompre le lien de la juridiction spirituelle, et l'on ne nous laisse pas même entrevoir encore la possibilité d'une convention qui règle ces rapports. Nous ignorons de même quelles sont les mesures que l'on a dû prendre pour mettre un terme à l'espèce de viduité de notre Eglise, qui résulte de l'interruption de l'activité épiscopale. (L'évêque de Rothenbourg est, comme l'on sait, atteint de cécité par suite de son âge très-avancé. Cette infirmité est même devenue complète; l'on ne cesse donc de demander qu'il lui soit donné un coadjuteur *avec future succession,* selon les prescriptions canoniques. Le gouvernement wurtembergeois en sent bien la nécessité, mais il voudroit faire tomber la *mitre nationale* sur la tête de quelqu'un des membres les plus affidés du *conseil ecclésiastique.* Le Saint-Siége, on le comprend, refuse de semblables conditions.) Par suite d'un usage immémorial et de plein droit, les catholiques étoient jusqu'ici restés en possession indivisible et incontestée du nom de leur Eglise; et maintenant ils le voient écrit sur la bannière des mouvemens qui doivent avoir pour dernier résultat la négation de sa doctrine, et un combat acharné contre tout ordre catholique. C'est sur ces griefs, malheureusement incontestables, que repose le grand motif des réclamations de jour en jour plus vives des catholiques, pour obtenir un organe public de leurs croyances et de leurs sentimens, et ils ne peuvent l'obtenir! Tel est cependant aujourd'hui l'abus de la censure, ainsi que la chambre en est demeurée convaincue par la preuve qui lui en a été fournie, qu'un employé du gouvernement a pu se permettre de répandre, *par la feuille officielle,* des dénonciations conformes à ses rancunes personnelles, et que l'on a pu, sans crainte et sans honte, supprimer les réfutations dans lesquelles l'œil trop bien exercé du censeur n'avoit rien pu découvrir de répréhensible. La continuation de pareils actes, et les dispositions dont ils sont le symptôme, ne me paroissant compatibles ni avec les droits des sujets, ni avec le bien-être de la patrie, et mes convictions étant en tout opposées à celles du gouvernement, principalement en ce qui concerne nos intérêts ecclésiastiques et moraux, je ne puis donner un vote approbatif au budget. »

Cette espèce de catilinaire, prononcée en plein sénat wurtembergeois, peut servir de document authentique à la situation de l'Église catholique dans ce royaume, telle que nous l'avons simplement esquissée.

Quant à la réaction plus favorable que nous avons signalée, elle est amplement constatée par les protestans eux-mêmes. Une nouvelle association se forme à Stuttgard, avec le programme énoncé *de combattre à outrance les tendances nouvelles*. L'*Observateur* et le *Mercure* sonnent à l'envi la trompette d'alarme; ils proclament les dangers croissans que court la liberté évangélique; et tout ce que la presse du jour répand de journaux et de pamphlets, appelle à la défense du troupeau protestant, que menacent, disent-ils, la dent des loups du *romanisme*. D'où est donc venu ce souffle léger et vivifiant, précurseur de cette nouvelle floraison de l'Église catholique dans le Wurtemberg? Daigne l'esprit du Seigneur qui a si bénignement soufflé sur ce champ, jadis couvert d'arides ossemens, agiter de nouveau jusqu'à une heureuse maturité, les prémices d'une moisson qui ne se montre encore à nos yeux que dans sa florescente verdure!

REVUE ET NOUVELLES ECCLÉSIASTIQUES.

ROME.—Les *Notizie del Giorno*, du 28 août, annoncent que le cardinal Patrizi, vicaire-général de Sa Sainteté, a régénéré, le 17, par les eaux du baptême et confirmé ensuite dans la foi catholique un jeune musulman de Scutari, Ibrahim-Effendi, âgé de 27 ans, et un israélite de Constantinople, Joseph Namer, âgé de 24 ans. De nombreux fidèles ont assisté à cette cérémonie, qui a eu lieu dans l'église de Saint-Jérôme de la Charité, à Rome, et bénissoient Dieu, toujours admirable dans ses miséricordes.

PARIS.

Les passions et les préventions étroites dont l'honorable M. Thiers se fit l'organe dans la séance des *interpellations* contre les associations religieuses, ne tarderont pas à sentir que peut-être ce n'est pas la liberté qui a gagné dans leur triste triomphe. A propos d'un acte assez insignifiant et toutefois fort explicable, de la part de M. le grand-maître de l'Université, relativement à M. Merruau, l'un des directeurs et gérans du *Constitutionnel*, tous les écrivains amis de M. Thiers, qui ont si fortement poussé à des mesures beaucoup plus répressives que *le simple ordre du jour motivé*, se plaignent en ce moment de l'arbitraire et du despolisme de M. de Salvandy. De quoi s'agit-il néanmoins; et quelle est l'odieuse mesure qui cause tant de plaintes?

M. Merruau est à la fois rédacteur en chef du *Constitutionnel* et officier de l'Université. Par un sentiment qui s'explique aisément, jusqu'ici les deux derniers ministres de l'instruction publique l'inscrivoient avec empressement chaque année sur la liste des juges du concours pour l'agrégation d'histoire. M. de Salvandy, cette année, l'a rayé de sa propre main, dit-on. M. Merruau s'en est plaint; et tous les journaux universitaires ont joint leur voix à la voix du *Constitutionnel*.

Le *Commerce*, qui professe un libéralisme un peu plus élevé, a dégagé la question des considérations personnelles dans lesquelles se sont embarrassés le *Siècle*, le *Constitutionnel* et le *National* qui appuient le monopole, et ce qu'il en a dit mérite d'être bien remarqué.

« Les partisans du monopole de l'Université se plaisent à voir en elle le bouclier de la France contre les atteintes du jésuitisme : ne seroit-ce pas là la fable du cheval qui veut se venger du cerf? Quand on aura attribué à cette fiction qu'on appelle l'Etat, c'est-à-dire au pouvoir ministériel, le privilége exclusif de l'enseignement, où sera le recours, si ce pouvoir lui-même se fait Jésuite? Cela vaut pourtant la peine que l'on y songe. Nous avons vu quelque chose de semblable sous la révolution : la génération actuelle n'a pas encore eu le temps de l'oublier. C'est à ces causes que fut proclamé en 1830, par la nation souveraine, le grand principe de la liberté de l'enseignement : cette liberté est en effet la compagne de toutes les autres, et le gage nécessaire de leur avenir. Elle procède de la même source que la liberté de la presse, et ne sauroit logiquement en être séparée. En réalité le monopole de l'enseignement n'est qu'une des formes de la censure. Nous comprenons très-bien et nous admirons volontiers l'institution universitaire créée par Napoléon, mais seulement dans son cadre, c'est-à-dire dans un ensemble d'institutions fonctionnant par et pour le pouvoir absolu. Ce que nous concevons plus difficilement, c'est le rôle qui peut lui être assigné dans un régime de liberté et de gouvernement représentatif. Une corporation enseignante ne peut exister qu'avec des méthodes et des doctrines permanentes et collectives; conciliez cela si vous le pouvez, avec la règle de la responsabilité des ministres. N'est-il pas évident que l'homme porté par le vent changeant des majorités parlementaires à la tête de l'instruction publique, y apportera nécessairement ses idées et ses principes, qui font partie de son individualité; qu'il devra leur subordonner l'enseignement universitaire, sans que son action, à cet égard, puisse être limitée, puisqu'il en est seul responsable, qu'ainsi le système qui définit l'Université l'*Etat enseignant*, repose sur une fiction contraire au droit public de la France, et vicie l'enseignement public dans son principe, en le rendant mobile et variable au gré des fluctuations ministérielles? »

Ces conséquences nous paroissent entièrement logiques, et nous ne voyons pas ce que pourroient y opposer des partisans sincères des principes inscrits dans la constitution de 1830. L'article de la Charte qui établit le principe de la liberté d'enseignement n'a été rédigé, cela est évident, ni pour ni contre le clergé, ni surtout en faveur du monopole universitaire dont on vouloit également prévenir les envahissemens redoutés. L'*Etat enseignant*, eût été alors une proposition foudroyée et promptement renvoyée avec les choses que l'on s'empressoit de bannir.

Le mot de *corporation laique et enseignante* n'eût pas moins choqué les oreilles des nouveaux constituans. La liberté pour tous, tels furent les idées et les sentimens qui se firent jour avec un enthousiasme marqué dans la chambre des députés, dans les journaux et dans tous les esprits favorables à la nouvelle révolution. Aujourd'hui l'opposition et les journaux de MM. Thiers et Odilon-Barrot, à l'exemple de ces deux orateurs éminens, ne tiennent plus le même langage. On diroit que nous avons deux Chartes et deux libertés. S'agit-il de l'Université et de l'enseignement laique; il y a, d'après ces mêmes orateurs, une prééminence, une domination entière à maintenir; mais si le clergé, prêtres ou religieux, demandent à profiter de ce bénéfice dont la Charte contient le principe formellement écrit; oh! alors le *National* se charge de répondre au nom de tous : SACHEZ DONC QUE NOUS AVONS FAIT LA CHARTE CONTRE VOUS! C'est ainsi que les partis et les passions prétendent organiser les droits et la justice.

———————

Mgr Hiliani, archevêque de Damas, et métropolitain du patriarcat d'Antioche, vient de publier un *Court Exposé de la situation des catholiques de la Syrie, présenté aux ames pieuses.*

M. l'Archevêque recommande le prélat et l'objet de son voyage en France, par la déclaration suivante :

» Après avoir pris connoissance de l'exposé sur la situation des catholiques de Syrie, et nous être assuré que l'auteur de cet exposé, Mgr Jacques Hiliani, jouit de l'estime et de la confiance du Saint-Siége, nous avons recommandé et recommandons par les présentes, l'Eglise désolée de Damas à la charité de toutes les ames pieuses de notre diocèse.

» Fait à Paris, le 27 août 1845.

» † DENIS, Archevêque de Paris. »

Les aumônes peuvent être envoyées à M. Adrien Le Clerc, gérant de l'*Ami de la Religion*, rue Cassette, n° 29.

« Mgr Hiliani, dit l'*Orléanais*, né à Damas, de parens schismatiques, fut fait archevêque de cette ville à l'âge de vingt-sept ans. La grâce du ciel et ses études le conduisirent à la vérité. Il se convertit et eut le bonheur de faire rentrer dans le sein de l'Eglise catholique plusieurs autres évêques et presque tous ses diocésains. Ces conversions excitèrent contre lui la fureur du patriarche schismatique. On obtint plusieurs firmans contre lui. Enfin, après un séjour de douze ans à Constantinople, un firman très-favorable lui fut accordé; il ne put en profiter à cause des guerres de la Montagne et de la Syrie. Il fut même obligé de fuir après avoir tout perdu. A son passage à Smyrne, un jeune homme de très-bonne famille, et parent du patriarche catholique résidant à Rome, de Mgr Missir, consentit à le suivre pour lui servir d'interprète; car, élevé par les missionnaires Lazaristes, il parle très-bien le français. On sait que nos missionnaires et nos admirables Sœurs de Saint-Vincent-de-Paul font l'éducation de la jeunesse catholique de Syrie.

» Mgr Hiliani s'arrêta d'abord à Malte, puis vint à Rome, où il demeura deux mois. Après avoir visité Marseille, Lyon et quelques autres villes, il arriva à Paris. Son but, en venant à Paris, a été d'exciter l'intérêt du gouvernement en faveur des malheureux catholiques de son pays. Puisse-t-il n'être pas trompé dans son attente ! Tous les yeux des catholiques d'Orient sont tournés vers la France.

»Monseigneur a été accueilli à Paris par les Frères de Saint-Jean-de-Dieu, chez lesquels, depuis deux mois, il reçoit les soins les plus empressés. Mais sa santé, affoiblie par de si nombreuses épreuves, devenoit de jour en jour plus mauvaise ; les médecins prescrivirent les eaux de Vichy ; c'est en s'y rendant qu'il s'est arrêté à Orléans, où Monseigneur l'accueillit avec tous les égards dus à un confesseur de la foi. Après deux jours de repos, il a quitté notre ville , où il se propose de revenir. »

Il y a une nouvelle chapelle dédiée à Notre-Dame-Consolatrice, rue de la Roquette, n° 83. Son principal mérite ne consiste pas dans son architecture ni dans la richesse de ses ornemens; cette chapelle est digne d'intérêt, surtout par le titre qu'elle porte et par les consolations qu'elle présente à ceux qui viennent la visiter. L'idée qui a présidé à son établissement se trouve exprimée dans tous les tableaux et sur toutes les inscriptions que renferme ce petit temple dédié à Marie consolatrice. A la chapelle est annexé un ouvroir dirigé par les Sœurs des Ecoles chrétiennes, qui ont adopté et le nom et la règle des dignes fils du vénérable de La Salle. Cet établissement est le premier que ces religieuses aient ouvert à Paris, et il y a tout lieu d'espérer que la charité des fidèles le fera prospérer.

Dernièrement, les jeunes apprentis de l'Œuvre du patronage de la Société de Saint-Vincent-de-Paul, qui n'avoient pas encore eu le bonheur de faire leur première communion, ont reçu le pain de vie des mains de M. le curé de la paroisse Sainte-Marguerite, auquel l'Œuvre du patronage est redevable de la plus grande partie du bien qu'elle fait. Plusieurs membres de la Société de Saint-Vincent-de-Paul, les parens des enfans, les apprentis plus âgés étoient présens à cette cérémonie. Les Frères des Ecoles chrétiennes de la paroisse ont tous assisté à la messe et aux vêpres, et avec eux un grand nombre d'enfans de leurs écoles chantoient des cantiques pendant que les jeunes communians s'approchoient de la table sainte et entendoient la messe d'action de grâces. Le dimanche 31 août, ces mêmes apprentis ont reçu le sacrement de la confirmation des mains de M. l'archevêque de Calcédoine.

M. l'évêque de Belley est arrivé à Bourg pour présider aux exercices de la retraite pastorale qui s'ouvrira à Brou, dans son grand séminaire, le 11 de ce mois. Le dimanche 31 août, Mgr Devie a béni, à Buellas, deux cloches, dont l'une, du poids de 900 kilog., est un don de l'adjoint, M. Pelletier; il a ensuite donné la confirmation. L'église étoit trop petite pour les fidèles qui s'y pressoient; aussi Mgr a-t-il témoigné sa satisfaction, et dit à la commune qu'elle se faisoit remarquer entre toutes par ses sentimens religieux. Après la cérémonie, les cloches ont été montées au nouveau clocher, que des souscriptions volontaires, aidées du gouvernement et de la fabrique, ont permis de construire sans aucune imposition.

On lit dans la *Gazette du Languedoc* :

« M. l'évêque de Perpignan est arrivé avant-hier dans notre ville; S. G. passe une partie de ses vacances dans son château, près Bazière. »

— « M. l'évêque d'Evreux, venant des eaux de Cauterets, est arrivé hier dans notre ville. S. G. est descendue au palais archiépiscopal, et est allée visiter la basilique Saint-Sernin. Mgr revient dans son diocèse. »

Le dimanche 31 août a été un jour bien solennel pour la paroisse de Bagnères de Bigorre; M. l'évêque de Tarbes s'y étoit rendu pour donner la confirmation, dans le cours de sa première visite pastorale de son diocèse. Depuis cinq ans, les fidèles de ces contrées montagneuses n'avoient pu recevoir la visite du premier pasteur. Aussi l'empressement étoit-il général pour recueillir les premières bénédictions de leur nouvel évêque : enfans et adolescens, tous étoient profondément recueillis pendant l'auguste cérémonie. Mais le soir, la fête est devenue encore plus brillante et plus pompeuse. M. l'évêque d'Evreux, arrivé de la veille, a bien voulu prêcher à l'église paroissiale, après s'être fait entendre deux fois dans le même jour, aux Carmélites et à l'Hôpital. L'auditoire étoit nombreux et presqu'aussi choisi qu'à Paris. Mgr Olivier auroit pu se croire encore dans son ancienne paroisse de Saint-Roch, puisqu'en effet parmi ses auditeurs on comptoit un grand nombre de ses anciens paroissiens.

Le lendemain, les deux prélats sont repartis, sans attendre l'arrivée de M. le duc de Nemours. Mgr de Tarbes a continué sa tournée épiscopale, et Mgr d'Evreux s'est dirigé vers Toulouse, où l'appeloit une invitation pressante de Mgr d'Astros, qui ne s'étoit pas trouvé dans sa ville archiépiscopale lors du premier passage de Mgr Olivier.

M. l'archevêque de Toulouse, dont le zèle est infatigable, est parti pour continuer sa visite pastorale dans l'arrondissement de Muret.

Avant de partir, le vénérable prélat a adressé au clergé de son diocèse une circulaire concernant la retraite pastorale qui s'ouvrira à Toulouse le 7 octobre.

« Vous gémissez comme nous, dit le pieux et savant pontife, de la corruption et de l'incrédulité du siècle : cette corruption, je dis plus, cette incrédulité même, si nous ne veillons avec grand soin sur nous-mêmes, peuvent étendre jusqu'à nous leur funeste influence. L'air que l'on respire dans le monde est un air pestilentiel, capable d'altérer et de détruire les santés les plus robustes. Jusqu'à ce jour, l'Eglise de France a la consolation de voir le clergé demeurer ferme dans la foi, et fidèle à garder les prescriptions de l'Evangile; ce qui lui vaut, de la part de nos philosophes, le reproche, permettez-moi cette expression devenue commune, *de ne pas marcher avec son siècle*. S'il s'agit des sciences humaines, qui se perfectionnent toujours avec le temps, nous ne refusons pas, autant que l'étude d'une science plus élevée nous le permet, *de marcher avec le siècle*; mais quant à la science de la foi, qui, venant du ciel, fut parfaite dès qu'elle nous fut révélée;

quant aux principes de mœurs que le doigt de Dieu a gravés dans nos cœurs, non-seulement nous ne voulons pas marcher avec le siècle, qui les abandonne et qui les combat, mais nous mettons notre gloire à demeurer inébranlables dans les vérités qui nous ont été enseignées, et nous ne cessons de crier à ceux qui veulent nous entendre, qu'ils aient garde de se conformer à ce siècle pervers : *Nolite conformari in hoc seculo.*

» L'imperturbable fidélité du clergé à suivre la ligne de ses devoirs fait la gloire de la religion ; elle en assure le triomphe. Aussi voyez la joie perverse des impies, s'ils voient éclater quelque scandale parmi les ministres des autels ! Ne se souvenant pas que ces désordres ont été prédits, *necesse est ut veniant scandala,* ils en triomphent, et, par un absurde raisonnement digne d'une logique qui leur est propre, ils s'en font une arme contre la religion elle-même : hommes inconséquens autant que pervers, qui travaillent à tout corrompre, et s'élèvent contre nous, si la corruption nous atteint.

» Quant à nous, ayons au moins autant de zèle pour honorer notre foi par nos vertus, que ses ennemis en ont pour l'avilir aux yeux des peuples.

» Venez donc retremper vos ames dans les saints exercices de la retraite. »

Un amateur de Lyon a racheté, chez un marchand de livres, un exemplaire du *Génie du Christianisme,* offert, il y a plus de quarante ans, par l'illustre auteur, à l'Académie de Lyon. La lettre d'envoi étoit jointe à l'ouvrage. Voici le texte de cette lettre encore inédite :

« Messieurs,

» Depuis long-temps Lyonnais par le cœur, la place qui me rapproche aujourd'hui de votre digne archevêque m'a presque rendu votre concitoyen. C'est à ce titre que j'ose vous présenter mon foible ouvrage, en le soumettant à vos lumières et à votre indulgence. L'église de Saint-Irénée fut le berceau du christianisme dans les Gaules, et cette même église a sauvé la foi dans les derniers jours de nos calamités. La cendre des martyrs de Lyon a été deux fois jetée dans le Rhône, et deux fois la religion est sortie de cette semence sacrée. Le *Génie du Christianisme* est donc ici dans sa véritable patrie : mais, en vous faisant hommage de mon livre, je n'ignore pas, messieurs, que je l'expose à une dangereuse épreuve, car, plus vous êtes persuadés de l'importance du culte de nos pères, plus vous sentirez combien je suis resté au-dessous de mon sujet.

» J'ai l'honneur d'être, avec la plus haute considération, messieurs, votre très-humble et très-obéissant serviteur,

» Lyon, 18 prairial an XI.   DE CHATEAUBRIAND.
    7 juin 1803. »   *(Quotidienne.)*

ESPAGNE. — Le ministre de la justice et des cultes a fait publier dans la *Gazette* du 31 août une circulaire adressée à tous les administrateurs ecclésiastiques, le 26 du même mois, dans laquelle on leur enjoint de faire insérer dans les journaux et dans les bulletins officiels de province les édits ordinaires de concours pour la promotion aux cures vacantes. Du reste, on ne dit rien de nouveau relativement à la solution des affaires avec le Saint-Siége.

ALLEMAGNE. — Il se prépare, en Allemagne, une solennité si rare que nul ne se souvient d'avoir entendu parler de rien qui y ressemble, ni sous le rapport du fait qui en devient l'occasion, ni sous le rapport de la pompe qui doit y être déployée. Ce fait est le *Jubilé épiscopal* de Mgr Maximilien de Droste-Vischering, évêque de Münster, en Westphalie, et frère de l'illustre archevêque de Cologne. Cette fête si peu commune qui réunira onze évêques, d'Allemagne, de Belgique et des Pays-Bas, doit, suivant le programme arrêté par Mgr l'archevêque-coadjuteur de Cologne, embrasser une octave tout entière, et tous les prélats qui doivent y prendre part y officieront successivement *in pontificalibus*. L'on peut d'avance se faire une idée du concours des populations qui ne manqueront pas d'accourir à cette solennité religieuse. Les catholiques allemands saisiront encore cette occasion de faire éclater leur foi, en opposition avec les menées des schismatiques.

PROVINCES-RHÉNANES. — Le sieur Winter, ex-doyen-curé d'Alzey, qui, par un motif tout-à-fait semblable à celui qui a déterminé l'apostasie de Czersky, s'est agrégé aux catholiques-allemands, s'est présenté à l'audience du bourgmestre d'Alzey, requérant son ministère pour contracter un mariage civil. Les lois françaises en vigueur dans les provinces prussiennes du Rhin ne permettant pas le mariage de prêtres catholiques, et les schismatiques continuant à se dire catholiques, il a été répondu à sa demande, que la situation de sa future épouse rendoit urgente, par un refus catégorique. L'on pense que ce que cette position semi-conjugale offre de pressant, pourra bien l'obliger à se dégager du schisme, en entrant franchement dans la corporation protestante, et dans ce cas, il aura donné un exemple qui, pour les mêmes causes, pourroit être bientôt suivi par la majeure partie du clergé germano-catholique.

TRANSLATION DES RELIQUES DE SAINT ALPHONSE DE LIGUORI.

ROYAUME DE NAPLES. — Nous lisons dans le *Journal historique de Liège* :

« Après la mort du saint évêque de Sainte-Agathe des Goths dans le couvent de Nocéra des païens, près Naples, sa chambre fut convertie en chapelle, et ses restes y furent précieusement conservés. Lors de la canonisation du saint fondateur, le premier supérieur de la congrégation du très-saint Rédempteur qui fait sa résidence dans cette maison, songea au moyen d'exalter ces saintes reliques et de les exposer convenablement à la vénération des fidèles. En conséquence, Mgr Coclé, archevêque de Patras *in partibus infid.*, grand aumônier du roi et prédécesseur du recteur majeur actuel, Jean-Camille Ripoli, fit faire une magnifique statue en cire, représentant le saint évêque couché sur le côté droit, et destinée à renfermer ses reliques, selon le mode actuellement adopté en Italie. Lorsqu'elles y furent toutes placées, en présence de l'évêque du lieu qui apposa partout son cachet, on revêtit la statue d'habits pontificaux d'une richesse extraordinaire.

» Le gouvernement de Naples, à qui l'on s'étoit adressé pour obtenir l'autorisation de faire une procession dans la ville, le jour de l'exaltation, s'étoit empressé de répondre à ce vœu légitime ; mais à cause du mauvais temps, la solennité dut être remise au 20 avril.

» La ville de Nocéra offrit en ce jour le spectacle le plus ravissant et le plus imposant tout ensemble. On y accourut en foule des villes voisines et des campagnes environnantes : le chemin de fer de la capitale étoit encombré de personnes de toute condition, qui vouloient être témoins de cet événement mémorable.

» Vers midi, LL. MM, le roi et la reine de Naples avec leur auguste famille et une suite nombreuse arrivèrent au couvent.

» Etant montés immédiatement à la chambre du saint, ils y vénérèrent d'abord ses reliques. Ensuite ils se rendirent à la fenêtre du chœur de l'église, pour y voir défiler la procession, et ils y demeurèrent jusqu'à son retour. Elle fut vraiment belle et touchante. Mgr Coclé, assisté de plusieurs autres prélats et d'un clergé nombreux, plusieurs corps de musique, les confréries, l'étendard en tête, quatre régimens de ligne, une foule de pieux fidèles, des cierges à la main, et un peuple innombrable formoient le cortége.

» Les Pères du très-saint Rédempteur portoient eux-mêmes, sous un dais magnifique, la statue du saint, placée sur un riche brancard. Le bruit du canon joint à celui des instrumens, aux cris de joie, aux gémissemens et aux sanglots du peuple, étouffoit les chants religieux.

» Les arcs de triomphe qu'on rencontroit presqu'à chaque instant et les fleurs qui pleuvoient de toutes parts sur le corps du saint, offroient le spectacle le plus attendrissant. La procession traversa ainsi les principales rues de la ville, dont les habitans rivalisoient de zèle pour donner à leur saint protecteur toutes les marques possibles de leur dévotion. Le retour à l'église du monastère, l'on déposa le brancard sur un trône formé à dessein auprès du maître-autel ; l'on exposa le très-saint Sacrement, et le recteur majeur de la congrégation célébra un salut en grande pompe, auquel LL. MM. assistèrent encore.

» Les saintes reliques demeurèrent ainsi exposées pendant 8 jours. L'octave étant terminée, on forma les portes de l'église, pour éviter toute confusion, et l'on plaça religieusement les reliques du saint dans une châsse sous l'autel qui lui est consacré, où elles attendent en paix la résurrection générale. »

REVUE POLITIQUE.

La dernière promotion des nouveaux pairs se compose, comme on sait, de neuf membres de la chambre des députés ; déjà les ordonnances qui convoquent les colléges électoraux afin de nommer leurs remplaçans, sont publiées, et de toutes parts l'on voit surgir des candidatures nombreuses. On prétend que le ministère, voulant pressentir par-là les dispositions du pays au sujet des élections générales, dans le cas où il se décideroit à dissoudre la chambre actuelle, use de toutes les ressources qui sont à sa disposition en faveur de ses candidats dévoués. Les plaintes de l'opposition à cet égard sont des plus vives et des plus amères. Il faut dire cependant que là ne se bornent pas les récriminations des journaux de la gauche et du centre gauche. Chacun recommande et exalte son candidat avec la même énergie, selon les moyens que la loi et les dispositions de son parti ont mises sous sa main. Mais, s'il est vrai que nous arrivions prochainement à une dissolution de la chambre et aux grandes élections, il est du devoir des honnêtes gens, des hommes dévoués à la gloire et au bonheur du pays, et surtout à la défense de la religion, qui est le soutien des Etats, de se préparer à honorer de leurs suffrages des candidats dignes de représenter de pareils intérêts. Puisque nous sommes sous le règne des majorités, ou que du moins, selon l'esprit du système représentatif, beaucoup de mesures politiques sont votées par l'influence des minorités considérables, il importe pour le triomphe des idées vraiment sociales, que la chambre qui doit venir compte le plus possible d'hommes qui se montrent à la fois indépendans et éclairés dans les questions religieuses, fermes autant que prudens dans la défense des droits les plus élevés. Ce qui arrête chez nous, en effet, l'intelligence et l'exercice de la liberté religieuse, ce sont les vieux préjugés d'un libéralisme étroit. On feint d'oublier que le christianisme n'a jamais séparé deux choses dans son enseignement, la liberté et la charité. C'est encore là ce qu'il prêche aujourd'hui, et ce qu'il ne cessera de redire, même au plus fort des luttes et des combats les plus acharnés, qui pourront lui survenir du sein de nos sociétés modernes.

A l'occasion du procès des ouvriers charpentiers et de l'admirable plaidoyer de M. Berryer leur défenseur, le *Constitutionnel* s'est plaint de ce que le gouvernement laissoit la *classe ouvrière* aux influences du clergé et surtout du parti royaliste. La *Quotidienne* fait cette réponse, de tout point convenable :

« Le *Constitutionnel* s'écrie qu'il y a là des perfidies! En quoi, des perfidies? Le parti royaliste n'est-il pas l'expression des idées catholiques dans leur application au gouvernement des sociétés? Eh! mon Dieu, ceci n'est pas nouveau. En 1830, bien peu de jours avant les ordonnances de M. de Polignac, nous avons souvenir que les ouvriers des ports de Paris, ayant porté des vœux et des fleurs au roi Charles X à l'occasion de la prise d'Alger, et la *Quotidienne* s'étant avisée de louer cette inspiration populaire, le *Constitutionnel* s'écria que la *Quotidienne voulait faire une monarchie comme celle de don Miguel, appuyée sur la POPULACE!* Sur la POPULACE! entendez bien. La *populace* n'est donc pas la base naturelle de la révolution!

»Otons les mots odieux. Dans nos idées pratiques, il y a des masses qui ont besoin de règle et de protection. Dans les idées de domination matérielle, il y a une populace qui a besoin de compression.

» La presse de la gauche vient d'indiquer visiblement que les rapports des hommes entr'eux se rétablissent en France dans leurs naturelles conditions.

»Elle nous a parlé mystérieusement d'un hôtel du faubourg Saint-Germain où les ouvriers de Paris trouvoient un asile, des secours ou des conseils. Cela, c'est tout simplement une dénonciation de police, nous pouvons la compléter. Ce n'est pas un hôtel qu'il faut dire, c'est cent hôtels. Et encore s'agit-il bien d'hôtels? Est-ce que le parti royaliste n'a que des hôtels? Il a aussi des maisons modestes, comme il a des chaumières. Eh bien! c'est de tout cet ensemble d'habitations que partent les inspirations populaires. Si le *Constitutionnel* veut faire des délations, qu'il y comprenne en masse toutes les familles où se conservent des traditions de charité. Voilà une nouvelle loi des *suspects* à présenter à la chambre, et le parti dynastique n'aura ensuite qu'à ajouter à ses batailles judiciaires contre les ouvriers, des exécutions à main armée contre les citoyens qui les protègent, ou les conseillent, ou les consolent. »

NOUVELLES ET FAITS DIVERS.

INTÉRIEUR.

PARIS, 8 septembre. — On lit dans le *Messager* :

« Eu, 8 septembre. 9 heures du matin.

» La reine d'Angleterre vient d'arriver. Le roi est allé au-devant d'elle et est monté à son bord.

» La reine est descendue ensuite avec le roi, le prince Albert, le prince de Joinville, le prince Auguste de Saxe-Cobourg-Gotha et M. Guizot, dans le canot du roi, et a débarqué au Tréport, à neuf heures, par un temps magnifique et au milieu des acclamations de toute la population. »

—Par ordonnance du 5 sont nommés : Conseillers de cour royale : à Bordeaux, M. Henry ; à Metz, M. Saint-Gilles ; à Riom, M. Londe ; procureurs du roi : à Melun, M. Dubois ; à Epernay, M. Prestat ; à Sainte-Menehould, M. Rohault de Fleury ; à Avignon, M. Guyho ; à Nogent-le-Rotrou, M. Voysin de Gartempe ; à Saint-Claude, M. Contenet ; présidens de tribunal : à Ancenis, M. Janvier ; à Lavaur, M. Barbe ; juges : à Saint-Brieuc, M. Perrio ; à Rouen, M. Séréville ; à Saint-Malo, M. Lecompte ; juges d'instruction : à Savenay, M. Hamelin ; à Redon, M. Turin ; à Lyon, M. Pochet.

— La commission instituée au ministère de l'instruction publique pour former un recueil de chants usuels, moraux, religieux et historiques, a poursuivi son travail. Un spécimen de ce travail vient d'être livré à l'impression, et en tête de ce spécimen se trouve le programme du concours ouvert pour la composition des chants qui devront en définitive accompagner des textes poétiques recueillis par la commission. Les partitions envoyées au concours devront être adressées au ministre de l'instruction publique avant le 25 décembre.

— L'Académie des Beaux-Arts de l'Institut a jugé, dans sa séance du 6 septembre présent mois, le concours des grands prix de sculpture, dont le programme étoit *Thésée trouvant l'épée et les sandales de son père sous le rocher qu'il a soulevé.*

Il a été accordé un premier grand prix à M. Jean-Baptiste-Claude-Ernest Guillaume, de Montbard (Côte-d'Or), âgé de vingt-trois ans, élève de M. Pradier.

— Nos ports de pêche commencent à concevoir des inquiétudes sur leur prochain approvisionnement de sel. Les avis reçus des marais salais annoncent que la récolte y est mauvaise en qualité et en quantité. Le sel est fondant, chargé de limon, et ne pourra donner à la consommation que des produits avariés. D'autre part, les pluies constantes qui ont eu lieu ont considérablement restreint la cristallisation ; il en résultera que le prix augmentera, puisqu'on aura une moindre quantité de produits.

Déjà plusieurs chambres de commerce, et notamment celles de Dieppe et de Granville, ont adressé au gouvernement des représentations, dans le but d'obtenir l'autorisation d'user, au moins cette année, des sels de Portugal, notamment pour la pêche à Terre-Neuve, sauf à aviser, pendant l'année, à des mesures différentes de celles aujourd'hui prescrites, dont on n'est pas à reconnoître les fâcheux effets.   (*Journal de Granville.*)

— Une coalition nouvelle vient de se former. Les ouvriers mégissiers, qui s'étoient réunis dimanche, 31 août, en assez grand nombre, sous prétexte de faire la conduite à un d'entre eux, ont signifié aux maîtres des établissemens de tannerie situés pour la plupart dans le faubourg Saint-Marcel, qu'ils exigeoient pour la saison d'hiver ou une augmentation de salaire, ou une diminution dans les heures de travail du soir, dites *heures de veille*. Deux de ces ouvriers, considérés comme les promoteurs de la coalition, avoient été mis en état d'arrestation ; mais ils ont été relâchés depuis. On annonce que les maîtres mégissiers adhèrent à une diminution d'une heure de travail par jour.

— Le jour même où le conseil d'Etat approuvoit l'ordonnance par laquelle le dessèchement du Pourra étoit déclaré d'utilité publique, de nouvelles scènes de désordre avoient lieu dans les malheureuses communes de Saint-Mître et d'Istres, irritées des retards qu'éprouve cette interminable affaire. Le ministre de l'intérieur et le ministre de la guerre viennent de recevoir des autorités civiles et militaires des détails affligeans sur ce pays en proie à la mortalité, et que le désespoir pousse à la révolte.

— Le duel qui devoit avoir lieu entre les généraux de Bourgoin et de Bourjolli n'aura pas lieu, grâce à l'intervention toute-puissante de Mgr Dupuch, évêque d'Alger.
(*Algérie.*)

— Les jeunes fils de Méhémet-Ali viennent d'arriver à Paris. Dès hier ils visitoient la capitale et ses monumens, accompagnés de leurs jeunes concitoyens qui habitent Paris depuis quelque temps déjà.

— Quatre-vingt-dix ou cent ateliers de paveurs sont en ce moment distribués dans tous les quartiers de la capitale pour reconstruire, restaurer ou améliorer la voie publique.

La statistique de la voie publique de la capitale est curieuse; la voici : Toutes les rues, impasses, quais, ponts, places, boulevards placés bout à bout formeroient une voie de 80 myriamètres (200 lieues), présentant une superficie pavée de 4 millions 500,000 mètres carrés. Le pavé en grès a besoin d'être restauré tous les dix ans et changé tous les quarante à Paris. Enfin, la valeur totale du pavé des rues de Paris est de plus de 45 millions de francs.

— Voici de nouveaux détails sur le naufrage du brick le *Colibri*, qui s'est perdu dernièrement, comme on sait, sur la côte d'Afrique, et ils sont trop honorables pour la mémoire d'une des victimes de ce sinistre pour que nous les passions sous silence :

« Au moment de la catastrophe, sept personnes seulement se trouvoient sur le pont et ont été précipitées à la mer. Le jeune Ernest Maureur, élève de 1re classe, étoit du nombre. Doué d'une grande force physique et morale, ce jeune homme, par son énergie, parvint à rassurer ses compagnons de malheur, et, aidé par eux, rassembla quelques pièces de bois détachées du bord; puis, ayant retiré sa chemise, il la déchira pour s'en faire des liens avec lesquels il les réunit, et en construisit une espèce de radeau, pas assez fort pour porter ces sept malheureux, mais sur lequel ils se reposèrent en s'appuyant par les mains, tandis qu'ils nageoient vers la terre où les poussoient le vent et la lame. C'est ainsi que ces infortunés passèrent quatorze heures d'agonie. Auprès de la plage, où la mer étoit très-grosse, le frêle soutien fut brisé sur un banc de récifs. Exténués de faim, de fatigues et de souffrances, brisés sur les roches, les naufragés atteignirent la plage, mais le plus intéressant d'entre eux, celui que les survivans n'appellent que leur sauveur, le jeune Maureur, ne devoit plus se relever!.... Il est mort une heure après avoir touché le rivage. »
(*La Flotte.*)

— L'administration supérieure vient de prendre, pour le reboisement des terrains en pente appartenant aux communes, des mesures dont elle recommande l'application à la sollicitude des préfets.

— M. le baron de Feuchères vient de quitter Nîmes, dit la *Gazette du Bas-Languedoc*, après avoir fait l'inspection du 26me de ligne en garnison dans notre ville. Ainsi que quelques indiscrétions ont pu le dévoiler déjà, le voyage de l'honorable général n'avoit pas un but uniquement militaire; tacticien habile, M. le lieutenant-général baron de Feuchères a voulu, avant de faire la démonstration électorale imposée à son abnégation, étudier le terrain. Le résultat de cette étude a été conforme à nos impressions. M. de Feuchères est aujourd'hui parfaitement éclairé sur la situation : il se contentera du titre de bienfaiteur de la ville : il vaut bien celui de candidat malheureux.

— Le conseil-général du Cantal vient d'adopter, sur la proposition du préfet de ce département, un projet qui peut avoir les plus utiles résultats. Il s'agit d'un asile agricole destiné à recueillir les enfans trouvés, abandonnés et orphelins pauvres du département. Cet asile, où les enfans recevront une éducation morale et religieuse, et les notions pratiques de l'agriculture perfectionnée, formera une pépinière de bons valets de ferme, qui deviendront un jour d'utiles auxiliaires pour le progrès de la culture de ce pays. L'établissement sera fondé, dit l'*Echo du Cantal*, sur la propriété de l'honorable M. Delmas, préfet de Saône-et-Loire, qui en a présenté le plan, d'après celui de l'asile de Montbellet, qu'il a créé dans le département qu'il administre.

— M. Garric, conseiller honoraire à la cour royale d'Agen, est mort le 2 septembre.

— Un des principaux réfugiés espagnols, M. Balmaseda, vient de mourir à Chagny (Saône-et-Loire).

— La ville de Montbard va élever un monument à la mémoire du célèbre naturaliste Buffon, et la ville de Preyssac (Lot) s'occupe des moyens d'ériger sur sa grande place une statue au maréchal Bessières, duc d'Istrie, à qui Napoléon a plusieurs fois confié le commandement de sa garde impériale.

— Le 5 septembre, écrit-on de Toulon, le feu a pris dans le hangar à goudron situé près du chantier de construction des embarcations, dans l'arsenal de la marine. On s'est empressé de sortir toutes les matières combustibles que contenoit ce hangard, et les pompes à incendie, arrivées sur le lieu de ce nouveau sinistre, ont heureusement éteint le feu.

-- On écrit de Marseille, le 4 septembre :

« M. le docteur Steiger, qui a pris une part si active aux derniers événemens de Lucerne, et dont l'évasion à la suite d'une condamnation à la peine capitale a tant occupé la presse, est dans notre ville depuis avant-hier ; il doit se rendre en Espagne. »

— Un complot d'évasion assez étendu vient d'être découvert au bagne de Rochefort. L'établissement où sont logés les forçats longe un canal qui seul les sépare des champs. C'est toujours dans cette direction qu'ils tentent de s'échapper ; cette fois encore, c'étoit au moyen d'un souterrain partant de dessous leur lit de camp, passant sous la salle, et perçant les fondations du mur de clôture.

La voie étoit achevée, tout étoit prêt pour la fuite, lorsque les gardes s'aperçurent que plusieurs condamnés avoient rompu leurs chaînes. Cette découverte fit faire d'autres recherches, et l'on reconnut bientôt que plus de quarante de ces bandits s'étoient déjà dégagés de la même manière. Mais aucun d'eux n'a pu profiter de ces préparatifs ; heureusement, car, une fois répandus dans la campagne, ils auroient pu y exercer leurs brigandages, et c'est en définitive la capitale qui auroit reçu les fugitifs.

C'est là qu'ils auroient cherché à se rendre. Paris est le rêve du forçat qui a rompu son banc, parce que c'est la ville où il peut se cacher le plus facilement, et reprendre le métier qui l'avoit conduit aux galères, et qui l'y ramènera tôt ou tard.

EXTÉRIEUR.

ESPAGNE. — M. le duc et Mme la duchesse de Nemours sont arrivés le 5 septembre à Tolosa, et ont continué le lendemain leur route pour Pampelune.

BELGIQUE. — Le *Moniteur belge* publie deux ordonnances royales : la première a pour but de prévenir le renchérissement des denrées, que pouvoit faire craindre l'état des récoltes. Elle déclare libres à l'entrée, jusqu'à une époque qui sera ultérieurement fixée : le froment, le seigle, l'orge, le sarrasin, le maïs, les fèves ou vesces, les pois, l'avoine, le gruau et l'orge perlée, les fécules de pommes de terre et autres substances amilacées, le vermicelle, macaroni et semoule. les pommes de terre, le riz.

Il sera perçu sur ces objets un droit de balance de dix centimes par mille kilogrammes.

Par la même ordonnance, le sarrasin et les pommes de terre sont prohibés à la sortie.

La seconde ordonnance convoque le sénat et la chambre des représentans en séance extraordinaire pour le 16 septembre.

ANGLETERRE. — Le *Times* proteste contre la présence de la reine d'Angleterre aux chasses qui ont eu lieu à Gotha. « La tuerie des daims, enfermés sans pouvoir fuir, n'étoit pas, dit-il, un spectacle fait pour S M., et son cœur a dû plus d'une fois se révolter contre ce massacre exécuté sous ses yeux par le prince Albert, le roi des Belges et d'autres chasseurs. »

— Lady Augusta d'Est, fille du feu duc de Sussex, oncle de la reine d'Angleterre, vient d'épouser sir Thomas Wilde, qui a plus de 65 ans ; lady Augusta est elle-même d'un âge très mûr.

— La Tamise a débordé, le 4 septembre, dans les environs de Londres. Bankside, Lambeth, Wauxhall et Battersen, ont eu une partie de leurs maisons submergées. Grâce aux précautions récemment prises par les habitans contre les inondations, on n'a pas eu d'accidens fâcheux à déplorer ; mais la perte matérielle est assez considérable.

— La plupart des régimens anglais ont un commandant supérieur dont la position, à l'égard du corps, est à peu près celle des anciens colonels propriétaires en France, et un colonel effectif (*acting colonel*) qui exerce réellement les fonctions du commandement. Le major général sir Henry Pottinger, négociateur du traité avec la Chine, est, dit un journal de Londres, sur le point d'être nommé commandant supérieur du 75e d'infanterie. Ces sortes de sinécures sont très-recherchées, car elles assurent aux titulaires des avantages financiers considérables. qui, basés sur les marchés qu'ils ont le droit de passer pour le service du corps. constituent en réalité un véritable abus au sein d'un Etat constitutionnel.

SUISSE. — On assure que le général de Sonnenberg, qui, après avoir repoussé. à la tête des troupes de Lucerne et des petits cantons, la dernière attaque des corps-francs, étoit retourné à Naples, quitte définitivement le service des Deux-Siciles, sa présence étant jugée nécessaire dans sa patrie.

PRUSSE. — Les statuts du tribunal d'honneur institué par les étudians de l'Université de Berlin pour prévenir le duel, ont été confirmés par le gouvernement.

SAXE. — Leipsick jouissoit, le 2 septembre, d'une assez grande tranquillité ; cependant il régnoit toujours quelque agitation dans les esprits, et l'on n'étoit pas sans craindre qu'il n'y eût quelques manifestations turbulentes le 4, jour de l'anniversaire de la fête de la constitution.

On attendoit avec impatience le rapport de la commission d'enquête sur les derniers désordres.

TURQUIE. — Le gouvernement turc vient de remplir une lacune dans la législation criminelle qui régit l'empire ottoman, en publiant contre les faux témoignages une loi qui porte des peines fort sévères. Les affaires criminelles et civiles, se jugeant généralement en Turquie d'après les dépositions orales, les faux moins, jusqu'alors impunis, y étoient devenus plus nombreux, non-seulemen... ie dans aucun autre pays, mais encore que dans tous les Etats européens réu...

M. ROYER-COLLARD.

M. Royer-Collard est mort le 4 septembre à sa terre de Châ'eauvieux, Berry. Il étoit né à Sompuis, près de Vitry-le-Français, en 1765; il avoit conséquent 82 ans.

M. Royer-Collard avoit fait ses études à Chaumont, au collège des Pères de la Doctrine chrétienne, congrégation à laquelle appartenoit un de ses oncles : il professa ensuite quelque temps les mathématiques au collège de Saint-Omer, dont les Doctrinaires avoient été mis en possession après l'expulsion des Jésuites. Mais il ne tarda pas à abandonner le professorat pour le barreau, et il exerçoit la profession d'avocat à Paris, lorsqu'éclata la révolution. M. Royer-Collard en adopta les principes, mais avec la modération et la prudence qui furent les traits distinctifs de son caractère. Jusqu'au 10 août 1792, il fit partie de la commune de Paris, il en fut même le secrétaire-adjoint; mais Danton fit d'inutiles efforts pour l'entraîner dans le parti des Jacobins.

M. Royer-Collard préféra donner sa démission, et se retira à Sompuis, au sein de sa famille. Il y resta jusqu'en 1797, époque à laquelle le département de la Haute-Marne l'envoya au conseil des Cinq-Cents. M. Royer-Collard, revenu de son amour pour la révolution, étoit déjà en relation avec ceux qui entreprenoient de relever le parti royaliste; et, au milieu des Cinq-Cents, il se prononça avec une grande énergie contre le serment qu'on vouloit exiger des prêtres, et en faveur du rappel des déportés. Aussi fut-il du nombre de ceux dont le Directoire triomphant fit annuler l'élection.

Cette mesure rapprocha encore plus M. Royer-Collard du parti royaliste, et il fit partie, conjointement avec le marquis de Clermont-Gallerande, l'abbé de Montesquiou et M. Becquey, du comité qui dirigeoit en France les affaires de ce parti au nom du comte de Provence et qui servit d'intermédiaire à la curieuse correspondance échangée entre ce prince et le premier consul. M. Royer-Collard resta dans ce comité depuis 1798 jusqu'à sa dissolution en 1804, quand Louis XVIII se fixa en Angleterre. A cette époque M. Royer-Collard renonça à la politique pour se consacrer à l'étude de la philosophie. Ses travaux solitaires et entièrement ignorés étoient venus cependant à la connoissance d'un homme capable de les apprécier, et quand M. de Fontanes, en 1804, fut chargé d'organiser l'Université, il choisit, à l'étonnement général, M. Royer-Rollard pour doyen de la faculté des lettres de Paris et pour professeur de philosophie à l'école normale. M. Royer-Collard ne professa que deux ans.

En 1814, Louis XVIII, en souvenir de ses anciennes relations avec M. Royer-Collard, le nomma directeur-général de l'imprimerie et de la librairie, conseiller d'Etat et chevalier de la Légion-d'Honneur. A la seconde restauration, M. Royer-Collard fut élu député du département de la Haute-Marne; il devint en 1816 président de la commission d'instruction publique, dont M. l'abbé Frayssinous fit d'abord partie, mais que l'illustre conférencier de Saint-Sulpice s'empressa d'abandonner dès qu'il vit l'opposition qu'y rencontroient ses convictions religieuses sur l'éducation universitaire. Ce fut l'abbé Eliçagaray qui remplaça M. l'abbé Frayssinous. En 1819, M. Royer-Collard abandonna la direction de l'instruction publique. On peut dire qu'il étoit seul dans la chambre, et il se séparoit soigneusement de la gauche, réduite alors à dix-sept membres, aussi bien que du parti ministériel. Il professoit un culte égal pour le principe de la légitimité et pour les idées libérales, et il essayoit de les concilier sur un pied d'égalité complète et absolue.

Il siégeoit au centre gauche, mais avec regret, et un jour qu'il causoit avec M. Clausel de Coussergues : « Que vous êtes heureux, disoit-il à son collègue en lui montrant la droite, de siéger là ! je devrois y être aussi ; mais, ajouta-t-il en indiquant son banc, on m'a forcé de me placer ici. »

Lorsqu'à la retraite de M. de Villèle, M. Royer-Collard fut appelé à remplacer M. Ravez comme président de la chambre des députés, et quand vint le déplorable conflit qui se termina par la chute du trône, M. Royer-Collard, qui avoit puissamment contribué à l'adresse des 221, dut la présenter au roi. A cette époque, élu par sept colléges, M. Royer-Collard étoit présenté comme l'expression de l'opinion de la France. En prêtant son concours à cette adresse, M. Royer-Collard étoit loin de pressentir les événemens. Il ne voyoit qu'une question ministérielle, où il y avoit une question de révolution. Aussi, quand cette révolution arriva, M. Royer-Collard disparut de la scène politique ; il étoit dépassé, et ce fut le triomphateur du jour, M. Laffitte, qui s'assit au fauteuil de la présidence.

M. Royer-Collard vit avec une profonde douleur la marche des événemens ; son cœur se déchiroit en voyant s'acheminer vers l'exil ces trois générations de rois qu'il avoit servis, aimés, et contribué cependant par ses erreurs à conduire au malheur.

Aussi, quand on lui parloit de l'adresse des 221, il répondoit avec désespoir : « Je me suis trompé !... que puis-je dire de plus !.... J'ai cru que le roi céderoit : dans ma pensée, le roi devoit céder. »

Depuis 1830, M. Royer-Collard a peu paru à la tribune. Il y monta cependant pour s'opposer à l'abolition de l'hérédité de la pairie, et pour combattre les lois de septembre.

Membre de l'Académie française et professeur au collége de France, M. Royer-Collard étoit doué d'une érudition profonde et d'un esprit prompt et sarcastique. On se rappelle qu'un romantique lui demandant sa voix pour l'Académie, et lui citant la longue liste de ses ouvrages, en s'étonnant que M. Royer-Collard ne les connût pas, reçut cette réponse faite avec bonhomie : « Mon Dieu, Monsieur, c'est tout simple ; à mon âge on lit et on ne relit plus ! »

M. Royer-Collard a été regardé avec quelque raison peut-être comme le créateur de l'école doctrinaire. Si cette opinion n'est pas absolument juste, elle a du moins quelque apparence de vérité. Mais ce qui importe le plus, c'est que cet homme qui a joué un rôle important dans la politique et la philosophie, est mort dans les sentimens les plus chrétiens.

Le Gérant, Adrien Le Clere.

BOURSE DE PARIS DU 8 SEPTEMBRE 1845.

CINQ p. 0/0. 118 fr. 90 c.	Quatre canaux 1292 fr. 50 c.
TROIS p. 0/0. 84 fr. 26 c.	Caisse hypothécaire. 620 fr. 00 c.
QUATRE p. 0/0. 108 fr. 00 c.	Emprunt belge. 5 p. 0/0. 000 fr. 0/0.
Quatre 1/2 p. 0/0. 113 fr. 75 c.	Emprunt romain. 000 fr. 0/0.
Emprunt 1841. 00 fr. 00 c.	Rentes de Naples. 000 fr. 00 c.
Oblig. de la Ville de Paris. 1400 fr. 00 c.	Emprunt d'Haïti. 000 fr. 00 c.
Act. de la Banque. 3295 fr. 00 c.	Rente d'Espagne. 5 p. 0/0. 36 fr. 2/8.

PARIS. — IMPRIMERIE D'ADRIEN LE CLERE ET C°, rue Cassette, 29.

NOUVEAU MANUEL COMPLET DE L'ARCHITECTE

DES MONUMENS RELIGIEUX, ETC.,

Par J.-P. Schmit, ancien chef de division au ministère des cultes, etc (1).

Les nombreux travaux qui s'exécutent sur presque tous les points de la France, pour la réparation et la reconstruction des anciennes églises, et pour l'édification d'églises nouvelles, donnent lieu journellement à d'innombrables critiques sur les erreurs archéologiques qui s'y commettent. D'interminables discussions s'élèvent sur la question toujours pendante relative au style qu'il convient d'employer pour la construction d'une église moderne. On ne craint pas de faire retomber sur le clergé cet amas de reproches amers qu'ont soulevé les zélateurs ardens du style gothique qui l'accusent ouvertement d'ignorance; oubliant sans doute ou ne sachant pas qu'aucun projet quelque peu important ne peut être présenté que par un architecte, et exécuté qu'après l'approbation de l'autorité administrative. Celle-ci fait examiner les plans par des commissions au premier rang desquelles il faut placer le conseil des bâtimens civils. Il en résulte donc qu'en croyant atteindre seulement un pauvre curé, tous ces flots de critique moqueuse le plus ordinairement retombent à plat sur la tête des chefs de la préfecture ou du ministère ordonnateur; mais on oublie assez volontiers de dire que souvent les bévues commises, et si aigrement relevées, l'ont été à l'insu, ou même contre les protestations de l'ecclésiastique que l'on prétend immoler au ridicule.

Pour ce qui est du choix du style, dans les constructions nouvelles, il est rarement volontaire; car, remarquez-le bien : là où l'on voudroit faire une église gothique, on ne trouve qu'un architecte à qui le gothique est étranger. Il faut donc se contenter d'un édifice en style moderne. Ou si cet architecte est assez audacieux pour entreprendre ce qu'il ne sait pas, il faut se résigner à toutes les conséquences de son ignorance.

Le clergé est donc dans un grand embarras en de pareilles circonstances, là où l'on a coutume de se passer de lui, comme là où il peut exercer quelque influence. Il faut bien reconnoître d'autre part, que l'insuffisance encore trop générale peut-être des études archéologiques, malgré les efforts courageux faits en beaucoup d'endroits pour les propager et les rendre plus fortes, contribue beaucoup à accroître

(1) Roret, libraire-éditeur, rue Hautefeuille, 10 *bis*. Prix avec atlas, 7 fr., et 6 fr. seulement pour MM. les ecclésiastiques.

son embarras. En vain les livres sur ces matières se multiplient. Tous ne sont pas excellens, il s'en faut ; les autres se bornent à des théories trop abstraites pour servir de guides sûrs aux hommes appelés à l'exécution, et leur grand nombre même rend incertain sur le choix. La classe d'ailleurs si zélée des pasteurs de campagne, par exemple, ou des administrateurs des fabriques rurales, empêchés par la modicité de leurs ressources, ne peut se créer une bibliothèque de ce genre.

La publication d'un MANUEL où les théories sont réduites aux questions les plus essentielles, et de l'application la plus ordinaire ; où des conseils sur leur mise en pratique dans presque tous les cas qui peuvent se présenter, sont placés à côté de ces théories par un homme qui possède une longue habitude des affaires de cette nature, et des connoissances sûres en administration des bâtimens ecclésiastiques et en archéologie religieuse ; où de nombreuses figures viennent sans cesse éclaircir ce que la simple description ou la nomenclature laisseroit trop obscur ; la publication d'un semblable Manuel, disous-nous, peut être considérée comme un grand service rendu à MM. les curés, aussi bien qu'à MM. les architectes des églises (nous n'en exceptons pas quelques-uns de la capitale), aux fabriques aussi bien qu'aux conseils municipaux ; enfin aux édifices et à l'archéologie elle-même.

Tel est, suivant nous, le *Manuel de l'architecte des monumens religieux*, dû à M. Schmit, ancien chef de division au ministère des cultes, et inspecteur desdits monumens. Ce Manuel qui traite — de la construction, de l'entretien, de la restauration — et de la décoration des églises, sous le double point de vue de l'archéologie, et de son application possible, contient encore un VOCABULAIRE très-étendu D'ARCHITECTURE ET D'ARCHÉOLOGIE, et un RÉPERTOIRE assez volumineux de toutes les lois, ordonnances, réglemens et circulaires, concernant les travaux des édifices. L'auteur, en homme familier avec la matière, et les besoins auxquels il s'adresse, n'a voulu en laisser aucun en arrière.

Entre autres morceaux pleins d'intérêt que nous aurions pu citer pour servir de spécimen et de recommandation de l'ouvrage, nous avons préféré celui-ci :

De l'action ancienne du clergé sur l'art monumental, et de celle qu'il peut avoir sur sa régénération et sur la conservation de ses monumens.

« Parmi les diverses causes qui ont aidé le moyen âge quoique déchiré par les guerres, quoique ne jouissant que d'une industrie et d'une prospérité peu développées, à produire une si étonnante quantité de monumens, si étonnans eux-mêmes par l'immensité et le luxe architectural d'un grand nombre, il faut compter surtout l'action du clergé.

» Le clergé jouoit un grand rôle dans les entreprises de ce genre, principalement lorsqu'il s'agissoit d'édifier, d'achever ou de reconstruire une église importante. La plupart du temps, l'évêque lui-même étoit l'architecte de sa cathédrale, comme Fulbert, comme Maurice de Sully, comme Agricola et beaucoup d'autres, et, chose merveilleuse, il se trouvoit toujours que ces architectes en soutane et en rochet étoient de grands artistes. Qu'on juge de l'entraînement qu'excitoit parmi le peuple la vue d'un des princes de l'Eglise (ils étoient respectés alors, chacun s'agenouilloit pour recevoir leur bénédiction) traçant lui-même sur le terrain le plan de sa basilique, dirigeant les ouvriers, prenant le marteau de sa main consacrée ; aussi les travailleurs arrivoient-ils en foule ; les uns appartenant à ces confréries de *bâtisseurs d'églises* qui s'étoient dévouées par zèle à ces œuvres pieuses, et qui ne demandoient que la nourriture corporelle et les grâces spirituelles : à ceux-là étoient dévolus les travaux d'art ; les autres, bourgeois, manans, gentils-hommes, croisés pacifiques empressés de gagner les indulgences que les papes accordoient volontiers aux fidèles qui coopéroient de leur bourse ou de leurs mains à la sainte entreprise : à ceux-ci étoient attribués les travaux qui n'exigent aucune étude préalable ; ils charrioient les pierres, déblayoient le terrain, creusoient les fossés, préparoient le mortier, servoient les *bâtisseurs*, et nul ne reculoit devant ces pénibles labeurs, qui s'accomplissoient au chant des psaumes ou des cantiques.

» Dans les villes, dans les campagnes, les curés suivirent souvent l'exemple de leurs évêques, et presque toujours avec le même succès. Dans les communautés religieuses, c'étoient les moines eux-mêmes qui étoient leurs architectes, leurs tailleurs d'images, leurs maçons, et il suffira de citer Suger, pour donner une idée de ce dont ces hommes des cloîtres étoient capables, même en fait d'art.

» Aujourd'hui que fait-on? Un architecte étranger à la localité, peut-être inconnu de tout le monde, prépare à froid le plan d'une église à laquelle il ne croit pas. Ces plans sont examinés, revus, corrigés, modifiés, amendés, jusqu'à ce qu'il ne reste plus que la corde de l'étoffe. De son côté, le conseil municipal vote les fonds : autre examen, autres discussions sur le chiffre, sur les moyens, sur la répartition annuelle. Quand tout est enfin réglé ou approuvé, on procède à une adjudication, qu'obtient encore assez souvent un entrepreneur étranger ; puis quand cinq ou six ans se sont passés dans ces préliminaires, cet architecte inconnu et cet entrepreneur inconnu se mettent à exécuter un plan qui n'est pas moins inconnu à tout le monde, sauf une douzaine de conseillers municipaux, l'un marchand de farine, l'autre de toile, l'autre entrepreneur de diligences, gens fort estimables sans doute, mais qui ne savent pas plus lire dans les dessins d'un architecte que dans l'alcoran ; puis l'on s'étonne que cet entraînement qui produisoit autrefois de si grands résultats ne se représente plus ; qu'on soit réduit, faute d'argent, à couvrir l'église de tuiles au lieu de la couvrir de cuivre ; à renoncer à faire une flèche, et à se servir de chapelles qu'on ne peut garnir d'autels ; qu'on soit peut-être même obligé de laisser les chapiteaux et les moulures épannelés, de se contenter d'un pavage en minces carreaux de terre cuite, de tronquer l'abside parce que les dépenses réelles, résultat assez commun, ont laissé bien loin en arrière les dépenses présumées des devis, et que les appels faits tardivement à la charité n'ont produit que quelques dizaines d'écus quand il en faudroit des dizaines de milliers.

» Autrefois, les confréries n'exigeoient pas dix pour cent de bénéfice ; les ouvriers qui venoient travailler pour gagner le paradis, ne recevoient d'autre salaire que les indulgences attachées à l'œuvre ; l'évêque ou le curé-architecte, ne prélevoit pas un vingtième pour honoraires ; on dépensoit donc infiniment moins, tandis que le zèle excité par des moyens si puissans produisoit infiniment plus.

» Est-il vrai qu'ils n'existent plus, et qu'il seroit insensé de chercher à les recréer? Je crois qu'il y a dans cette pensée quelque chose de trop absolu. Je crois, malgré ce qu'on en a pu dire, malgré ce que j'en ai dit moi-même, je m'en accuse, que notre société n'est pas encore si profondément ensevelie sous les glaces de l'indifférence religieuse, qu'on ne puisse, par occasion, faire jaillir de son cœur engourdi quelques étincelles du feu sacré qui le brûloit autrefois; je crois qu'il existe encore chez elle quelques élémens vivaces qui ne sont inertes que parce que ceux qui devroient les reconnoître et en provoquer le développement, les méconnoissent ou les négligent.....

» Le clergé français reprend peu à peu le goût et l'étude de cet art dans lequel il se montra jadis si grand maître. Quelques séminaires déjà font de son enseignement une partie de l'enseignement clérical. Qu'il achève de s'y perfectionner, et un grand pas sera fait. »

CORRESPONDANCE SUR LA SITUATION RELIGIEUSE DU CANTON DE VAUD, EN SUISSE.

—

On nous écrit de ce canton :

« ... Il y auroit certainement des moyens très-efficaces à prendre par la haute diète helvétique, pour rétablir au sein de nos trop malheureuses populations, une paix réelle, une paix durable. Ce seroit d'abord d'interdire et de comprimer à tout jamais les déclarations de guerres impies et sacriléges au catholicisme, à ses admirables et civilisatrices institutions. Ne sont-elles pas en effet, ces institutions, la meilleure sauvegarde des vertus domestiques et civiles? En second lieu, ne seroit-il pas temps de concilier le respect et les égards qui sont dûs à tant de titres aux prêtres et aux pontifes catholiques, si abreuvés d'amertumes de nos jours, mais toujours si généreux, si dévoués? Entre mille, nous ne voulons en citer qu'un exemple, mais ce sera le plus touchant et le plus digne des temps apostoliques. A Aigle, dans notre beau et magnifique canton de Vaud, il existe, depuis bien des années, à trois lieues de la ville de Saint-Maurice-d'Agaune, en Valais, une colonie catholique composée de Français, de Sardes, d'Allemands, etc.; mais bientôt ces colons, sans toutefois abjurer le catholicisme formellement, n'étoient plus catholiques que de nom; privés de ressources temporelles pour la plupart, sans instruction religieuse, sans force morale contre la séduction, sans églises, qu'alloient devenir ces pauvres ames!... La Providence y pourvut. Au commencement de 1839, grâces aux soins de l'abbé-évêque et du chapitre de Saint-Maurice et de Bethléem, le culte catholique fut légalement et solennellement inauguré à Aigle, chef-lieu de district, et les saints mystères y furent célébrés pour la première fois avec pompe le dimanche de la Trinité, à la grande satisfaction et des catholiques et des protestans amis de l'ordre. Tout alla pour le mieux jusqu'au moment des menées anarchiques des clubs de la Jeune-Suisse en Valais... A la nouvelle de la défaite des niveleurs démagogues valaisans sur les bords du Trient, nos momiers, nos dissidens régénérateurs, nos radicaux de tous les rangs firent chorus avec l'anarchie valaisanne en déconfiture, et c'étoit à qui vociféreroit : *A bas les prêtres! à bas les aristocrates! à bas les Jésuites! à bas les institutions religieuses!*... Puis arriva la levée de boucliers et la défaite des corps francs à Lucerne, qui ne fit qu'empirer le mal, et dans l'état présent des choses, ce seroit pour le prêtre, pour le religieux surtout, risquer sa vie peut-tre, que de porter les consolations de la foi à ces brebis délaissées... Eh bien! le vénéré et courageux abbé-évêque de Saint-Maurice et de Bethléem, conduit par son ardente charité et par l'intrépidité du zèle des François de Sales, des François-Xavier et des Vincent de Paul, se fait tout à tous pour gagner des ames à Dieu, « *erit omnium novissimus et omnium minister,* » brave les menaces les plus significatives, aussi bien que les injures, et court comme le missionnaire, comme le simple curé de campagne, administrer les sacremens, célébrer les saints mystères, porter la parole de l'Evangile au milieu de cette bergerie abandonnée, dont il est le meilleur et le plus tendre des pères... Que ne fait-il pas encore?... Il ne s'occupe pas seulement avec ardeur à implanter, à raviver, à propager le catholicisme dans nos parages protestans, qui avoisinent le territoire de sa juridiction épiscopale; détaché lui-même de tout, il accueille avec bonté toutes les misères; il distribue un enseignement gratuit à l'aide des dignes et savans chanoines de son vénérable chapitre, qui marchent sur ses traces...... car l'abbaye royale de Saint-Maurice, dont la fondation remonte vers l'an 349, renferme une véritable université et un excellent pensionnat, où toute la jeunesse du Valais et des pays voisins vient puiser, avec l'amour de Dieu et des bonnes mœurs, toutes les connoissances que réclame l'état actuel et général des études modernes... Enfin le vénérable et pieux pontife réalise en entier ce beau texte de l'Evangile : « Le bon pasteur donne son ame pour le salut de ses brebis. » Quels ministres protestans donneroient la plus légère marque d'un dévoûment pareil ! Combien en voit-on, dans notre belle Helvétie, depuis 300 ans, quitter leurs demeures commodes, au péril de la vie, pour aller s'établir au chevet d'un malade et lui porter, à une distance de trois à quinze lieues, dans des huttes construites sur nos montagnes les plus escarpées, les secours de la religion ?....

» Ajoutons encore que la révolution religieuse de 1536 avoit proscrit le catholicisme du mandement d'Aigle, etc., et qu'il en demeura banni jusqu'en 1839. L'abbé-évêque et le chapitre royal des chanoines de Saint-Maurice et de Bethléem, touchés de l'abandon absolu d'un grand nombre de catholiques plus ou moins disséminés dans diverses communes protestantes, parmi une population de 15 à 20,000 ames, sollicitèrent et obtinrent du gouvernement vaudois d'y célébrer la messe... On loua à cet effet, de la noble bourgeoisie d'Aigle, concurremment avec les dissidens, une église située dans cette dernière ville, qui, avant la réforme, apparte-noit aux seigneurs des Ormonts et servoit, dans les derniers temps, et tour à tour, et aux Momiers, et aux catholiques. Depuis les tumultueuses journées de février, le radicalisme, toujours conséquent avec lui-même, persécuta d'abord tout ce qui n'étoit pas lui; travailla, sinon avec succès, du moins avec une prodigieuse activité, contre le catholicisme, contre tout principe de foi et d'ordre..... Au nom de l'émeute, un arbre de la liberté, précurseur de la plus hideuse tyrannie, a été dressé; et à côté du drapeau national qui flotte au sommet, portant ces mots magiques: *Liberté et Patrie, canton de Vaud*, on a hissé deux autres drapeaux blancs: sur l'un on lisoit : *Mort aux Jésuites!* et sur l'autre : *Amnistie pour les Lucer-nois et les Valaisans.*

» Les dissidens même, qui n'approuvoient pas la nouvelle régénération politique des Lycurgue du Montbenon, s'associèrent avec joie à ces anathèmes que les humanitaires de nouvelle apparition lançoient contre les catholiques, sans trop s'in-quiéter de l'extension que l'on donneroit plus tard au mot *Jésuite*..... et voilà que par un juste retour d'ici-bas, le conseil des Preux du radicalisme ayant obtenu un premier succès à Lausanne, ne dissimule plus ses projets, et, au nom de la tolé-rance religieuse, du libre examen, au nom de la philantropie et de l'humanité, au nom du progrès et des lumières.... se rue, en forme d'émeute, sur les dissidens, les méthodistes, et, au nom des phalanstériens du Montbenon, défense est faite aux Momiers, probablement pour les récompenser de leur zèle contre les très-révérends PP. Jésuites et le catholicisme, de se réunir, même pour prier Dieu, sous peine d'être déclarés traîtres à la patrie, traîtres de *lèse-religion nationale* réformée, dont le dogme est de ne *croire à rien* ; sous peine de voir leurs domiciles violés et pillés, leurs temples saccagés, et leurs livres de prières brûlés. Les dissidens du district d'Aigle, si intolérans envers les autres sectes, et surtout si acharnés contre le catholicisme, eurent une grande et large part à toutes ces aménités pour ne s'être pas conformés aux *tolérans* et *lumineux* arrêts des *progressistes-humanitaires*... et par suite de la réalisation de leurs actes de vandalisme. Les catholiques, grâce à leur conduite calme et mesurée, grâce à la prudence et au zèle éclairé du pontife qui les dirige, sont maintenant en possession d'une église uniquement destinée à leurs besoins religieux. Aussi le sixième anniversaire de la réintégration du culte catholique dans cette vaste et belle contrée, a-t-il été fêté le dimanche de la Trinité, avec la plus grande pompe. La messe solennelle a été célébrée par Mgr le comte Dagnaud, abbé-évêque de Saint-Maurice et Bethléem, et, après l'évangile, son vicaire-général, M. le chanoine Chervaz, protonotaire apostolique, a prononcé un discours sur *la divinité et l'influence tutélaire de la religion catholique sur la société*, qui a été écouté avec une religieuse attention, et a produit le meilleur effet sur les protestans même qui assistoient à cette auguste cérémonie.

»La révolution du canton de Vaud ne s'est opérée qu'à l'instigation des réfugiés valaisans, dans l'espoir avoué d'anéantir les gouvernemens du valais et lucernois, et avec eux le catholicisme. Or, voilà que l'intrépide général de Sonnenberg a fait justice des corps-francs, sous les murs de Lucerne, comme le brave commandant et chevalier Yost, des jeunes-suisses, sur les bords du Trient. Le régime actuel des deux cantons est plus solide, plus confortable que jamais. Le canton de Vaud, quoique sous le bon plaisir des Solon de l'émeute, est au contraire dans le malaise, la gêne : il y a anarchie dans les idées, dans les hommes et les choses. Les sectes dissidentes, le catholicisme excepté, qui, fort heureusement, est hors de cause, s'entre-déchirent... La liberté religieuse a pour elle la majorité du peuple. Mais il ne faut pas s'y méprendre : cette opinion est bien moins la conséquence d'une croyance arrêtée, d'une conviction intime, que celle d'une indifférence complète qui ne tolère tous les cultes que pour n'être pas obligée d'en professer un ; car dès qu'il s'agit pour quelques-uns d'être réellement chrétiens, s'ils ont le courage de leurs convictions, alors, aux yeux des indifférens, il semble permis de les traquer, de les maltraiter, de les injurier impunément. Voilà pourtant où en est arrivé un pays de liberté démocratique. Pauvre Suisse !... »

REVUE ET NOUVELLES ECCLÉSIASTIQUES.

ROME. — Mardi 26 août a eu lieu dans le collége Clémentin une séance solennelle consacrée à honorer la mémoire du cardinal Pacca. Plusieurs cardinaux et un grand nombre de personnages distingués y assistoient, et ont vivement applaudi les diverses compositions qui ont successivement rappelé les vertus et les longs services de l'illustre cardinal.

PARIS.

Il y a trop de prêtres en france ! C'est l'honorable M. Isambert qui l'affirme et qui le constate par une statistique de sa façon, et par des considérations dignes en tout des diatribes qui distinguent tous les discours du fameux orateur contre le clergé à la chambre élective. L'*Almanach du Mois*, recueil populaire, a la bonne fortune de publier la curieuse et nouvelle découverte de notre anti-prêtre M. Isambert. Tous les

documens officiels du ministère des cultes établissent, comme on le
sait surtout à la chambre, les trop nombreuses vacances d'une infinité
de paroisses; les communes, les évêques, de tous côtés, on se plaint vivement et depuis long-temps de l'insuffisance numérique des pasteurs
de campagne et des prêtres de secours pour les villes. Eh bien! voici
qu'on prêche en ce moment, dans des publications spécialement destinées au peuple, au prolétaire, à toute cette classe malheureuse, qui ne
va peut-être pas plus à l'église que l'écrivain qui la trompe, que l'Eglise
regorge de ministres inutiles. N'est-ce pas là de la haine à froid, de
l'injustice et de l'iniquité patente? Qu'on lise plutôt les supputations
de M. Isambert, et qu'on nous dise après cela de quelle expression il
faudroit se servir pour caractériser une passion, disons le mot le plus
doux, une manie semblable, contre le sacerdoce?

Dans l'*Almanach du Mois*, M. Isambert commence donc par établir en
fait que : « sur 34 millions de Français, il y en a 7 ou 8 à peine qui
pratiquent le culte catholique, » ce qui le conduit à ces conclusions :

« On pourroit, à la rigueur, croire que 5,000 prêtres pourroient suffire aux besoins *spirituels* de la population française; supposé néanmoins que l'Etat doive
veiller à ce que le sacerdoce soit renouvelé et porté à un nombre analogue au
chiffre de la population catholique, ne suffiroit-il pas de 10,000 prêtres pour nos
besoins?

» Si notre gouvernement avoit l'intelligence de sa position et des véritables besoins de la religion, il diroit au clergé catholique : Vos besoins ne peuvent pas
être autres que ceux du clergé irlandais. Là les prêtres se multiplient pour les
besoins de leurs paroissiens, et se transportent à de grandes distances ; ils n'ont
pas le temps d'inventer des dévotions nouvelles et de multiplier les pratiques ; ils
ont un nombreux troupeau; 2,500 suffisent pour 7 millions de population très-re-
ligieuse.

» Si le nombre des prêtres étoit ramené à ses limites véritables, ils ne pèse-
roient pas tant sur la population. On ne verroit pas tant de jeunes gens se jeter
dans les ordres monastiques, et insulter aux lois de l'Etat par le port de costumes
surannés de Capucins, de Dominicains, de Chartreux, de Trappistes, de Frères
de Saint-Jean-de-Dieu, comme on en voit plus fréquemment que jamais, même
dans les rues de Paris, depuis la dispersion apparente des Jésuites. »

Voilà bien le vieux libéralisme! et comme l'a très-bien remarqué un
journal, M. Isambert écrit toujours pour le *Constitutionnel* de 1825. Mais
voici le plus curieux, si ce n'étoit le plus impie; c'est son intérêt en faveur du clergé paroissial :

« Ce qui accable le clergé, dit-il, c'est la confession auriculaire; mais, en vérité, les cérémonies ordinaires du culte sont le devoir essentiel des prêtres de
paroisse; il dépend d'eux de renvoyer les personnes qui abusent du confessionnal, et de se réserver pour les cas rares d'un grand repentir et pour la communion pascale.

» S'il en étoit ainsi, si la confession étoit rare, comme aux premiers siècles de
l'Eglise, où elle n'étoit pour ainsi dire qu'une œuvre épiscopale, les ministres du
culte catholique ne seroient pas plus occupés que les pasteurs protestans; à moins
que les communes ne fussent populeuses, ils pourroient suffire à l'administration

spirituelle de deux ou trois paroisses rurales, comme il est arrivé sous l'empire immédiat du concordat.

» On s'occuperoit moins d'intrigue et de polémique dans le clergé; on n'y nourriroit pas l'espoir de renverser l'Université. »

Qui donc l'emporte ici de la haine, de l'ignorance de la religion, ou de la folie? Nous ne saurions le dire.

———————

Les informations canoniques de M. l'abbé Baillès, nommé évêque de Luçon, ont eu lieu le lundi et le mardi de la semaine dernière. Les pièces sont déjà au ministère pour être expédiées à Rome avant le 17 septembre, qui est un jour de courrier pour les Etats d'Italie, dont les dépèches sont transportées par les paquebots de l'Etat. Il seroit à désirer que ces procès-verbaux d'informations du nouveau prélat arrivassent avant le consistoire, que l'on présume devoir être tenu dans la dernière quinzaine de septembre. Bien qu'il n'y ait rien de positif à cet égard, on croit cependant qu'un consistoire aura lieu vers le temps que nous indiquons, et qu'alors S. E. M. le cardinal Altieri recevra le chapeau, et que M. le patriarche de Lisbonne sera préconisé.

———————

Le *Courrier du Pas-de-Calais* du 7 septembre 1845 rapporte l'extrait suivant des délibérations du conseil-général, dans la séance du 3 septembre 1845 :

«Un membre du conseil expose que Son Eminence le cardinal-évêque d'Arras vient d'adresser au gouvernement une demande tendant à ce que les chambres, à leur première session, soient appelées à voter une loi qui accorderoit des fonds nécessaires pour terminer la tour de la basilique d'Arras; il propose au conseil-général de consigner, dans les procès-verbaux de ses délibérations, l'expression de l'intérêt qu'il prend à l'achèvement de ce monument vraiment remarquable, et de recommander en conséquence au gouvernement la demande du vénérable prélat. Les vertus du cardinal de La Tour-d'Auvergne, la sage direction qu'il a su, depuis 40 ans, imprimer à l'administration de son diocèse, les sacrifices nombreux et de toute nature qu'il a faits en sa faveur... titres successivement rappelés par M. le rapporteur, ne permettent pas au conseil d'hésiter à prêter à Son Eminence le concours réclamé.

» En conséquence, il appuie avec insistance la demande par lui formée auprès du gouvernement. »

———————

Nous avons reçu la réclamation suivante :

« Nancy, le 8 septembre 1845.

» Monsieur le Rédacteur,

»Vous avez inséré dans votre estimable Journal du 4 courant, un article beaucoup trop flatteur pour moi, à l'occasion de mes nouvelles fonctions au grand séminaire. Je ne mérite pas tous ces éloges ; ce que je désire, c'est de pouvoir les justifier par ma conduite. Si toutefois, sous ces formes laudatives, on voyoit une censure tacite de l'administration de mon digne prédécesseur, je les répudierois.

» M. l'abbé George, qui sort volontairement et pour raison de santé, de cet établissement, a bien mérité de la religion. Sa conduite a été en tout temps celle d'un prêtre selon le cœur de Dieu. Les larmes de ses nombreux élèves, au moment où il leur parla de son prochain départ, prouvent, jusqu'à l'évidence, l'attachement filial qu'ils lui portent. Les prêtres ont constamment été accueillis par lui comme des confrères et des amis. Sa doctrine a toujours été exempte de nouveauté, et son administration de foiblesse.

» J'aime à rendre cet hommage à ce bon prêtre, que le choix de Monseigneur vient d'élever d'ailleurs à un poste éminent, où il continuera à travailler avec zèle à la gloire de Dieu et au salut des ames.

» Je vous prie de vouloir bien insérer cette réclamation dans un de vos prochains Numéros.

» Daignez agréer l'assurance des sentimens respectueux avec lesquels je suis,

» Monsieur le Rédacteur,

» Votre très-humble et tout dévoué serviteur,

» MARGUET, vicaire-général. »

Nous avions extrait, sans y ajouter aucune réflexion, un article de la *Gazette de Metz*, relatif à ces mutations récentes dans l'administration diocésaine du diocèse de Nancy. Nous nous étions d'autant mieux associés aux éloges accordés au vrai mérite de tous les dignitaires du diocèse désignés dans l'article, que nous ne les connoissions que par les postes d'honneur et de confiance que leur avoit accordés le premier pasteur du diocèse. D'ailleurs, ces éloges venus de la contrée, étoient accompagnés d'un juste hommage rendu également à M. l'abbé Delalle, qui nous a laissé d'excellens souvenirs de zèle, de talent et de bonne confraternité à Saint-Germain-des-Prés. Mais aujourd'hui, par-dessus tout, nous sommes heureux d'apprendre officiellement que le respectable supérieur qui abandonne la direction du grand séminaire de Nancy « a toujours eu, lui, une doctrine exempte de nouveauté. »

Dimanche 7 septembre, veille de la fête de la Nativité de la Vierge, M. l'évêque de Metz a solennellement établi dans l'église Notre-Dame l'association de l'archiconfrérie du sacré Cœur de Marie, qui existoit déjà du temps de l'épiscopat de Mgr Besson dans la chapelle du *Bon Pasteur*, devenue aujourd'hui trop exiguë et d'ailleurs trop éloignée du centre.

Dans une courte allocution, le prélat a rappelé les titres de Marie à la confiance des chrétiens et surtout des pécheurs; il a conjuré son troupeau de recourir en toute occasion à son intercession comme à la plus puissante et à la plus agréable à Dieu; S. G. a terminé avec une onction touchante en plaçant les fidèles confiés à sa garde sous la protection de la Reine conçue sans tache. L'église étoit comble, le recueillement étoit admirable.

M. l'évêque de Trèves, se rendant à Münster pour assister à la solennité du 50ᵉ anniversaire du sacerdoce de Mgr Maximilien de Droste-Wischering, frère de l'illustre archevêque de Cologne, a séjourné chez le vénérable M. Binterim, curé d'Ober-Bilck, faubourg de Düsseldorf. Toute la paroisse, en habits de fête, les diverses corporations avec leurs riches bannières en tête, sous la conduite d'un nombreux clergé, sont allées recevoir Mgr Arnoldi à la descente du bateau à vapeur.

Le soir, une procession aux flambeaux, à laquelle tout ce que ce faubourg compte de bourgeois distingués s'étoit réuni, précédée d'un beau chœur de musiciens, s'est rendue devant les appartemens que le prélat occupoit à la cure, et une brillante sérénade lui a été donnée.

Le lendemain, Monseigneur, après avoir visité les églises de Düsseldorf, est allé dîner chez le prince Frédéric de Prusse, puis a continué son voyage pour Munster.

Dans toutes les localités que le digne évêque de Trèves honore de sa présence, il rencontre le même accueil, nous dirons le même enthousiasme. Les ennemis de la religion cherchent en vain à ternir, par leurs calomnies, ce nom cher à l'Eglise; leurs efforts ne font que rendre plus brillant l'éclat de ses vertus.

ALLEMAGNE. — M. l'évêque de Fulda vient de publier un décret d'excommunication contre les auteurs des schismes rongien et czerskien. Ce décret qui prive de la communion de l'Eglise tous ceux qui y ont adhéré ou qui y adhèreront à l'avenir, a été publié dans toutes les églises du diocèse.

La même sévérité canonique a atteint l'ex-doyen-curé de la ville d'Alzey, au diocèse de Mayence. L'évêque lui a notifié, de sa propre main, l'excommunication *latæ sententiæ* fulminée contre lui. Le Mandement adressé, à ce sujet, au clergé du diocèse lui donne la consolante assurance, que l'apostasie du doyen Winter n'a été suivie de la défection d'aucun de ses paroissiens.

La *Catholique* de Mayence renferme dans son N° 104, la déclaration suivante :

« Je soussigné déclare par le présent, que je considère et regrette comme un égarement, ma précédente participation au mouvement catholique-allemand; que j'ai sollicité ma réconciliation avec la sainte Eglise catholique romaine, et que je suis au moment de rentrer au sein de ma Mère-Eglise.

» Je publierai dans un des prochains numéros des feuilles dominicales catholiques, l'exposé détaillé des motifs qui me guident dans cette démarche la plus importante ma vie.

» Mayence, le 25 août 1845.   Signé : JULIEN CNOWINTZ. »

—L'on écrit de Francfort sur-le-Mein :

« La *Gazette universelle d'Augsbourg* parle de colloques diplomatiques qui auroient eu lieu au château de Stolzenfels, sur les troubles ecclésiastiques qui agitent l'Allemagne. Suivant cette feuille, ouverte à tous les rapports des sectaires; cette question seroit sur le point d'être résolue DANS L'UN OU DANS L'AUTRE SENS, c'est-à-dire dans un sens restrictif ou approbatif. Autant qu'il puisse être donné au public de s'initier à ces mystérieuses conférences, les catholiques peuvent être assurés qu'elles n'ont rien qui doive les effrayer. L'on comprend que les puissances protestantes, tenues en bride par le grand principe de la liberté d'examen et de l'indépendance de la raison individuelle, ne puissent pas agir avec la même énergie que les puissances catholiques; mais elles ont à leur disposition des moyens de police, dont, le cas échéant, elles ne se font pas faute, comme on le voit par l'ordre récemment arrivé de Berlin à Posen, qui confine Czersky dans sa prétendue paroisse de Schneidemühl. Les événemens pourront amener d'autres mesures coërcitives, communes à toutes les souverainetés d'Allemagne. Ce sera à la diète germanique d'y pourvoir. »

BAVIÈRE. — L'ordonnance royale qui interdit aux étudians Bavarois la fréquentation de l'Université de Leipsick a été publiée avec la clause que quiconque viendroit à la violer ne pourroit être candidat à aucun des examens nécessaires pour être admissible aux fonctions publiques ni au ministère ecclésiastique, indépendamment des peines correctionnelles qui devroient les atteindre. Les autorités de police, aussi bien que les chefs des institutions scolaires, sont rendus responsables de la stricte exécution de l'ordonnance.

Des députés des communautés dissidentes de l'Allemagne méridionale et moyenne, se sont réunis, le 1er de ce mois, à Oppenheim pour délibérer sur leurs intérêts du moment; car elles ne se dissimulent pas, qu'en suite de la tentative révolutionnaire de Leipsick, l'appui qu'elles trouvoient dans la connivence des gouvernemens protestans doit leur être retiré. L'on a pris la résolution de se rendre en corps à l'assemblée synodale convoquée pour le 15, à Stuttgard. Rouge doit également s'y rendre, et passant à son retour par Francfort, y célébrer son soi-disant culte, en compagnie de quelques autres prêtres apostats dont l'arrivée est attendue dans cette ville. Il est à croire que, dans les circonstances actuelles, la secte joue de son reste.

PRUSSE. — Les embarras du gouvernement prussien, en matière religieuse, ne font que s'accroître et se compliquer de jour en jour. Des scrupules de conscience se manifestent parmi un certain nombre de pasteurs *piétistes*, qui trouvent tout à coup dans la Bible, ce que l'Eglise catholique y avoit toujours trouvé, la condamnation littérale, formelle et absolue du divorce. En conséquence, ils refusent aujourd'hui la célébration ecclésiastique aux mariages où l'une des deux parties auroit été juridiquement divorcée par un consistoire. Des plaintes en ayant été portées au ministre des cultes, celui-ci en référa aux deux hauts fonctionnaires qui se partagent le ministère de la justice et qui se divisèrent également d'opinion. M. de Savigny vouloit que les ministres récalcitrans fussent livrés aux tribunaux laïques, et forcés, en leur qualité de *serviteurs de l'Etat*, à remplir, quelle que fût d'ailleurs leur opinion, *les devoirs de leur charge*. M. Uhden, au contraire, jugea que les ministres qui, par scrupule de conscience, refusoient leur concours à des mariages de cette espèce, devoient demeurer libres de suivre les *impulsions de leur conscience*. La décision royale a été favorable à ce dernier système, de sorte qu'il dépendra dorénavant de l'opinion de chaque ministre évangélique, d'accorder ou de refuser la bénédiction nuptiale à des époux dont l'un auroit obtenu la rupture canonique d'un précédent mariage. L'on comprend à quelles étranges conséquences doit conduire un système qui, d'une part jettera dans l'incertitude une grande quantité de transactions matrimoniales, et de l'autre brise le premier élément de la constitution ecclésiastique en autorisant un simple ministre à refuser le respect et l'obéissance à un jugement consistorial. Au demeurant, cet exemple fait voir en quel discrédit tombe peu à peu l'interprétation arbitraire, et même contradictoire du texte sacré, que se permettoit le premier auteur de la réforme.

SUÈDE. — Les journaux de Stockholm publient le texte de l'arrêt de bannissement prononcé contre le peintre Nilsson, et que le roi a récemment confirmé. Ce qui s'y trouve de plus remarquable, c'est l'interprétation d'office donnée par l'avocat fiscal et agréée par le tribunal, de l'art. 16 de l'acte constitutionnel qui *garantit la liberté de conscience.* En vertu de cette interprétation, ce ne seroit *qu'aux étrangers* qu'elle auroit été accordée, comme si jamais il étoit entré dans l'idée de personne de faire inscrire dans une *Charte* la concession d'un privilége assuré aux *étrangers*.

TYROL. — Sur le mont Saint-Georges, dans la vallée de l'Inn, il existe une abbaye de Bénédictins, mère de toutes celles qui postérieurement ont été fondées en Tyrol. L'on y conserve l'image miraculeuse de la Mère de douleurs, qu'avoit placée sous un tilleul, dont elle porte encore le nom, le preux et vaillant chevalier Ruthold d'Aibling. Une solennelle neuvaine, destinée à célébrer la dixième fête séculaire de l'érection de cette statue, s'est terminée le 29 juillet. Elle avoit été ouverte par une procession solennelle, sortie de l'antique église de l'abbaye de Fiecht, et à laquelle assistoit le comte de Brandis, gouverneur-général de la province. L'on se fera une idée du pieux concours de la population tyrolienne, lorsque l'on saura que la sainte Eucharistie y a été distribuée à près de 24,000 pélerins, sans y comprendre ceux qui avoient participé aux sacremens dans les églises paroissiales des villages de la vallée.

— Le vénérable évêque de Galura, âgé de 81 ans, a ouvert et clos en personne, pendant le mois d'août, plusieurs exercices d'une retraite ecclésiastique pour son clergé. Deux Pères Jésuites du collége d'Inspruck y remplissoient le saint ministère de la prédication. Plusieurs prêtres du diocèse de Trente avoient demandé et obtenu la permission d'y assister.

REVUE POLITIQUE.

A son retour des fêtes triomphales durant son voyage en Allemagne et sur les bords du Rhin, la reine Victoria d'Angleterre vient d'arriver à la magnifique résidence royale de Normandie, au château d'Eu. Aux journaux de l'opposition qui avoient affirmé d'abord que la souveraine de la Grande-Bretagne préféroit l'al-

liance avec les cours du Nord, à l'*entente cordiale* de la France et des princes français, les organes du ministère répondent aujourd'hui par les détails pompeux de
l'arrivée et de l'accueil vraiment royal qui vient d'avoir lieu au Tréport; puis ils
ajoutent le récit de toutes les gracieusetés que les deux familles régnantes de
France et d'Angleterre se font au château d'Eu, ni plus ni moins que si de tels
personnages étoient de simples et braves bourgeois. Tout cela, dit-on, démontre
jusqu'à la dernière évidence l'union et l'entente durable entre les deux nations.
Acceptons l'augure, et ne contestons pas sur le plus ou moins de justesse des
conclusions.

Ce qui reste, ce qui demeurera incontestable, ce sont les invincibles instincts de
nationalité dans les deux pays, et leurs intérêts toujours opposés, soit dans
l'industrie, soit dans la politique. A cette heure de dynastie nouvelle, la France a
besoin de s'appuyer sur une alliance politique qui sympathise avec son gouvernement. C'est-là toute l'explication des premières concessions faites d'abord à l'Angleterre en 1830. Qu'y a-t-il maintenant de merveilleux à ce que les deux chefs de
nations depuis long-temps rivales, heureux dans leur intérieur de superbe et
nombreuse famille, cherchent à mettre comme en commun ce bonheur intime,
et à se disputer, pour ainsi dire, la palme de royales et cordiales réceptions? Pour
nous, c'est-là un échange de politesses du plus haut degré. Il est bien vrai que
lorsque les rois peuvent se visiter d'un continent à l'autre, sans inconvéniens ni
dangers pour la sécurité de leurs personnes et le calme intérieur de leurs États,
c'est une preuve que la politique générale est à la paix. Quand la puissante aristocratie féodale remplaça les funestes et cruelles guerres des seigneurs suzerains
entr'eux, par des rapports de haute amitié, d'union durable et d'exquise politesse de manières et de mœurs, il fut convenu que les autres classes de la société devoient puiser là de véritables règles *de bonne compagnie.* On se modèle
toujours sur ce qui se trouve placé en relief. Certes, il est difficile de rencontrer
en Europe, à cette heure, de plus hautes familles que celles qui sont réunies au
château d'Eu. En dehors de toute nuance de parti et d'opinion, on conviendra au
moins que l'héritière de Guillaume de Hanovre ne déroge pas en venant saluer
en Normandie la branche cadette des Bourbons.

On s'entretient beaucoup dans les provinces russes de la Baltique du grand
nombre de paysans de ces contrées qui abandonnent la confession luthérienne,
qui, pendant des siècles, étoit la religion dominante, et même, en vertu des traités de cession, la religion exclusive du pays. Ce qui les entraîne à passer à l'É-
glise russe, ce ne sont ni les cérémonies de son culte ni les prédications de ses
prêtres, c'est l'espérance qui leur est donnée de se voir déchargés des corvées et
prestations dues à leur seigneur, et la dévolution, en toute propriété, du sol dont
ils ne sont que les fermiers. Ces espérances ne pouvant se réaliser que moyennant la spoliation des nobles propriétaires, ce à quoi le gouvernement ne songe
guère, on promet en second lieu aux paysans de les transférer de leur rude climat
et de leurs terres sablonneuses dans les plus fertiles provinces du midi, et de les
y établir en qualité de libres cultivateurs aux frais de la couronne. C'est au moyen
de ces promesses, dont pas une ne sera réalisée, que les évêques russes et leur
clergé, établis contrairement aux capitulations dans ces provinces, y recrutent
l'Eglise impériale, aux dépens et au grand mécontentement du protestantisme
allemand, qui y paroissoit si solidement établi.

Les moyens de défense du protestantisme contre l'invasion du *russicisme* sont encore considérablement affoiblis par ses dissidences intérieures. L'Église luthérienne est, depuis plus de dix ans, en lutte ouverte avec la congrégation des Herrnhutters (frères moraves), qui se sont établis en Livonie en 1817, en vertu d'une charte de priviléges que leur avoit octroyée l'empereur Alexandre, et qui traçoit très-exactement les limites de leur activité religieuse, limites que cette communauté a fréquemment franchies en empiétant sur les droits de l'ancienne Église, qui paroît avoir beaucoup à souffrir de l'inimitié de ces sectaires. Ceux-ci font journellement des conquêtes même parmi la noblesse, et la haine mutuelle ne fait que s'enflammer davantage. Les luthériens appellent à leur aide la société Gustave-Adolphienne, et demandent au gouvernement la permission d'en organiser une section spéciale pour la Livonie. On comprend que cette autorisation sera d'autant plus difficilement accordée, que le gouvernement ne voit pas sans plaisir s'étendre des discordes dont son prosélytisme profite en dernière analyse.

On apprend de Beyrouth que la joie des chrétiens et la consternation des Druses ont été grandes au moment où ils ont appris l'arrestation du Schech-Hamaud, premier auteur du meurtre commis sur le Père Charles. Un neveu de ce Schech, qui avoit fait brûler également à Rascya des femmes et des enfans de chrétiens, doit avoir été arrêté à la réquisition, dit-on, du consul de Russie. Du reste, toutes choses, dans l'intérieur du Liban, restent *in statu quo*. Les troupes conservent leurs positions respectives, et depuis quelque temps les hostilités ont entièrement cessé, ce qui fait espérer que la paix pourra se rétablir. On redoute, toutefois, la famine, ou tout au moins une grande cherté, les récoltes ayant entièrement manqué en Syrie.

(*Univers*.)

NOUVELLES ET FAITS DIVERS.

INTÉRIEUR.

PARIS, 10 septembre. — On écrit d'Eu :

« Le 8 septembre à sept heures du matin, quelques coups de canon tirés dans le lointain ont signalé le yacht *Victoria and Albert*. Aussitôt le roi, la famille royale et les ministres se sont rendus au Tréport; arrivés au Tréport, le roi et sa suite sont montés dans trois canots et se sont rendus à bord du *Var*, qui s'est aussitôt mis en marche au-devant de la reine d'Angleterre. A neuf heures un quart, le roi a été reçu sur le yacht par la reine et le prince Albert. La reine est alors venue descendre au Tréport. A Eu la reine Victoria a trouvé, dans le cabinet qu'elle occupoit lors de son précédent voyage, les portraits en pied de son père et de sa mère. Le portrait du duc de Kent est de William Picci, peintre anglais, et celui de la reine douairière de Winterhalter. Le soir il y a eu spectacle dans une grande tente dressée dans le parc réservé. Les artistes de l'Opéra-Comique ont joué *Richard Cœur-de-Lion* et le *Nouveau Seigneur de Village*. »

— La reine Victoria s'est embarquée au Tréport hier à sept heures du soir pour retourner en Angleterre. Le roi et la reine des Français avec toute leur famille l'ont accompagnée jusqu'au Tréport. Louis-Philippe, le prince de Joinville et MM. Guizot et de Salvandy ont été rejoindre en mer le *Victoria and Albert* où ils sont restés plus de trois-quarts d'heure.

— Voici la liste des personnes venues au château d'Eu :

La reine; le prince Albert; lady Gainsborough, lady Canning, dames d'honneur de la reine; lord Arberdeen; lord Liverpool; le colonel Wild, aide-de-camp du prince Albert; M. Anson, secrétaire de la reine; sir James Clark, médecin de la reine ; le très-honorable lord Adolphus Fitz–Clarence, amiral.

— Hier, au milieu d'un concours nombreux, a eu lieu l'adjudication du chemin du nord et de la ligne de Fampoux à Hazebrouck. M. le ministre des travaux publics, assisté de M. le sous-secrétaire-d'Etat et de la commission spéciale, est arrivé à deux heures pour recevoir les soumissions cachetées.

Ainsi que tout le monde le sait, une seule compagnie se présentoit pour la ligne principale ; pour le chemin de Fampoux, il y avoit deux soumissions.

Après les formalités d'usage, M. de Rothschild a remis à M. le ministre, au nom des diverses compagnies qu'il représente, un pli qui a été ouvert, et dans lequel il s'engageoit, ainsi que tous ses co-intéressés, à remplir toutes les conditions de la loi et du cahier des charges, moyennant une concession de 38 années.

Le maximum fixé dans la loi étoit 41 ans, mais le ministre avoit la faculté de l'abaisser. On ignore à quel chiffre s'étoit arrêté le gouvernement, mais ce chiffre étoit nécessairement supérieur à celui de la soumission, puisque l'adjudication a été prononcée.

Pour la ligne de Fampoux à Hazebrouck, il y avoit, comme nous l'avons dit, deux soumissions : l'une, au nom de MM. de Rothschild, Hottinguer, Laffitte Blount, etc.; l'autre, au nom de MM. Félix O'Neill et comp.

MM. de Rothschild ont demandé une jouissance de 38 ans, comme pour la ligne principale. MM. Félix O'Neill et compagnie ont demandé une jouissance de 37 ans 316 jours, et ont, en conséquence, été déclarés adjudicataires.

— On lit dans le *Journal des Débats* :

« Les nouvelles de Bayonne du 8 septembre annoncent que M. le duc, madame la duchesse de Nemours et M. le duc d'Aumale sont arrivés à Bayonne en très-bonne santé. LL. AA. RR. ont été profondément touchées de l'accueil qu'elles ont reçu à Pampelune et sur toute leur route en Espagne.

» M. le duc d'Aumale est revenu à cheval par la vallée de Bastan. »

— M. le ministre de l'interieur vient d'adresser aux préfets une circulaire relative à la voirie urbaine et à la grande voirie.

Elle a principalement pour objet de porter à leur connoissance un avis du conseil d'Etat décidant que les préfets ont, dans l'état actuel de la législation , le pouvoir d'empêcher les propriétaires de faire des réparations confortatives aux bâtimens sujets à reculement, qui longent les chemins vicinaux, lorsque la reconnoissance des limites et la fixation de la largeur desdits chemins ont été préalablement opérées.

— Le même ministre a également adressé aux préfets une circulaire relative à l'émigration des ouvriers en Algérie. Les bras manquent, et l'on fait un appel aux ouvriers d'art, tels que maçons, charpentiers, menuisiers, tailleurs de pierre, serruriers, tuiliers, briquetiers, chaufourniers, manœuvres, etc., et on les engage à se rendre en Algérie, où ils trouveront un prompt et avantageux emploi de leurs bras.

« Bien que les ouvriers soient assurés de trouver du travail aussitôt après leur débarquement, dit la circulaire, cependant il seroit utile que ceux qui ont une nombreuse famille, et surtout un grand nombre d'enfans, pussent disposer de quelques ressources pour subvenir à leur subsistance jusqu'à ce qu'ils aient été placés.

» Les autorisations de passage seront accordées, comme par le passé, par M. le ministre de la guerre, sur le vu des demandes qui devront lui parvenir par l'intermédiaire obligé des préfets, dans les départemens, et à Paris, de M. le préfet de police.

» Les demandes devront être accompagnées de certificats constatant la moralité, la composition de la famille, l'âge et le sexe des enfans, la nature et le chiffre
des ressources. »

— Le *Bulletin des Lois* contient une ordonnance qui prescrit la publication de
la convention d'extradition conclue entre la France et la Prusse.

— Une lettre de Gréoulx, du 3 septembre, annonce que LL. MM. le comte et
la comtesse de Molina viennent d'obtenir l'autorisation de résider à Marseille en
attendant les passeports pour l'étranger que l'on continue à leur promettre.

Suivant les détails que donne cette correspondance, le départ de LL. MM. pour
Marseille devroit avoir lieu très-prochainement.   (*Gazette du Midi.*)

— La maladie des pommes de terre qui menace d'envahir tous les départemens
a occupé la Société d'horticulture de la Seine-Inférieure. M. Tougard, président
de cette compagnie, vient d'adresser au *Mémorial de Rouen* une lettre par
laquelle il annonce qu'ayant fait examiner une assez grande quantité de pommes
de terre atteintes de la maladie régnante, il résulte du rapport de M. Grandin,
professeur de chimie :

« Que la fécule de pomme de terre n'est nullement décomposée par la maladie
ni par les taches noires qui se trouvent dans le tubercule ; cette substance demeure intacte et sans altération ;

» Et qu'il est essentiel que toutes les personnes qui possèdent des pommes de
terre gâtées, au lieu de les jeter, les portent aux fabricans de fécule, qui en peuvent tirer un bon parti. Seulement, il faut que cette livraison s'opère le plus tôt
possible ; car il seroit très-difficile de râper les pommes de terre entièrement
pourries. »

— Nous recevons ce soir d'un honorable négociant, dit la *Réforme*, une lettre
que nous allons reproduire :

« Je revenois du Jardin-des-Plantes, nous écrit M. G., lorsqu'en passant sur la
place Notre-Dame j'ai vu, assise auprès de la porte de l'Hôtel-Dieu, une femme
dont la figure défaite et le corps maigri attestoient de longues et cruelles souffrances. Son mari étoit à côté d'elle. Je m'approchai, au moment où arrivoit un
cabriolet, qu'avoit été chercher un homme attaché à l'hospice. Je demandai à cet
homme pourquoi on ne faisoit pas entrer cette femme à l'Hôtel-Dieu. Il me répondit que son mari vouloit l'emmener.

» Alors, je m'adressai au mari, et j'allois lui représenter qu'il avoit tort d'emmener sa femme dans l'état affreux où elle se trouvoit : « Monsieur, me répondit
» il avec l'accent d'une inexprimable douleur, c'est malgré moi que j'emmène ma
» malheureuse femme : on n'en veut plus à l'hôpital... *elle est incurable*. Mais
» puisque vous avez pitié de nous, aidez-moi, je vous prie, à la faire monter dans
» cette voiture. » C'est ce que je fis, et, pendant cette opération, la pauvre femme
poussoit des cris déchirans, que lui arrachoient ses souffrances. Les passans s'ar-
rêtoient et la foule grossissoit rapidement, lorsqu'un employé de l'hôpital s'avança
pour ordonner au cocher de s'éloigner bien vite, et de ne pas faire amasser le
monde pour rien.

» Pour moi, je suivis le cabriolet à la demeure de ces pauvres gens, rue d'Aus-
terlitz, n° 4. Comment vous peindre ce que j'ai ressenti en voyant dans cette
triste demeure l'aspect de la plus effroyable misère ! J'engageai le mari à venir
avec moi chez le commissaire de police, pour tâcher d'obtenir quelques secours.
L'homme de service nous adressa aux Sœurs Saint-Vincent-de-Paul, et ce fut là
que le malheureux Orizobert reçut de l'argent et du linge, pour sa femme, mère
d'un enfant de quinze mois ! »

— Dès aujourd'hui les entrepreneurs-adjudicataires des travaux de terrasse et de maçonnerie du ministère des affaires étrangères qui va être construit dans le jardin du Palais-Bourbon, ont commencé leurs travaux.

— La chambre des députés va être aussi chauffée à la vapeur. En ce moment on construit un calorifère central d'une puissance extrême et comportant de nombreux tuyaux métalliques, qui passeront sous l'estrade du président, les bureaux des secrétaires, la tribune des orateurs, les bancs des ministres et des députés, arriveront aux tribunes du public et des journalistes, et distribueront partout une température uniforme.

— M. le marquis de Chanaleilles, pair de France, membre du conseil général de l'Ardèche, vient de mourir à Paris, dans sa 79ᵉ année.

— Un accident affreux vient de plonger la ville d'Autun dans la consternation. Vendredi, après de brillantes courses, on étoit arrivé à la course des haies, qui devoit terminer la journée. Le cheval que montoit M. Blumm (Moïse) s'est abattu ; le cheval monté par le marquis de Mac-Mahon étant lancé à fond de train, au moment du saut de la barrière, s'est empêtré dans les jambes du cheval renversé, et faisant un écart, il a été précipité sur la corde. M. de Mac-Mahon, pris sous son cheval, a été écrasé.

Une confusion inexprimable a suivi ce déplorable malheur. M. de Mac-Mahon laisse d'universels et justes regrets.

Ainsi, à peu de jours de distance, l'arrondissement d'Autun voit périr, par suite de chutes de cheval, ses deux plus hautes notabilités : M. Schneider, son plus grand industriel, et M. le marquis de Mac-Mahon, un de ses plus riches propriétaires, qui faisoit un magnifique usage de son immense fortune.

M. de Mac-Mahon étoit Ecossais d'origine. Sa famille étoit venue en France à la chute des Stuarts.

— Un convoi composé de douze wagons et de la locomotive *la Ville de Douai* est parti lundi de Lille pour Arras. Il a porté dans cette ville tout le matériel nécessaire à l'exploitation provisoire de la station. Le convoi étoit de retour le soir ; il avoit effectué en vingt-trois minutes le trajet de Douai à Lille.

— Le dimanche 31 août, a eu lieu la pose de la première pierre du viaduc de la Voise, dans la vallée de Maintenon (Eure-et-Loir).

Voici des détails sur cette solennité, extraits du *Journal de Chartres* :

« M. le préfet d'Eure-et-Loir, désigné par M. le ministre des travaux publics, avoit été chargé, au nom du roi, de présider à cette cérémonie, à laquelle avoient été invités M. le maréchal-de-camp marquis de la Maisonfort, commandant le département ; les membres du conseil-général, les autorités civiles, militaires et judiciaires, les fonctionnaires de tous ordres, MM. les maires du canton, M. le sous-préfet et M. le maire de Rambouillet. La garde nationale de Maintenon étoit sous les armes ; la musique du 10ᵉ régiment de cuirassiers s'est rendue sur les lieux. Parmi les assistans, nous avons remarqué M. le duc de Noailles, pair de France, Mᵐᵉ Recamier, M. Ampère, etc. Un concours immense des populations voisines donnoit à la cérémonie l'aspect d'une fête animée, l'ordre le plus parfait n'a pas cessé de régner.

» Il s'agissoit d'inaugurer les premiers travaux de ce long viaduc, composé de 52 arches, embrassant une étendue de 350 mètres, travail gigantesque, digne de se trouver en présence de ces constructions qu'une autre époque nous a léguées à quelques pas de là ; et qui destinées aux plaisirs d'un roi, ont déjà vu la main du temps s'appesantir sur elles : celles de nos jours doivent porter la vie et le

CONSTANTINOPLE, 20 août. — Le parti des Ulemas est celui qui a le plus fortement provoqué la chute de Riza-Pacha. Le frère du sultan a servi d'intermédiaire ; il a fait remettre à S. H. par un courrier une pétition dans laquelle il demandoit l'augmentation de son apanage. Le sultan voulut bien y consentir, et renvoya le courrier à Riza-Pacha, afin d'expédier ce firman ; mais ce courrier, qui avoit l'ordre de ne remettre la lettre qu'au sultan en personne, retourna d'abord chez son maître, qui, tout aussitôt, entrant dans un accès de colère, déchira la pétition signée par le sultan. En même temps, il se fit annoncer au sérail, où l'empereur le reçut. L. frère de S. H., ordinairement très-soumis, s'exprima en termes très-vifs : il représenta à l'empereur que ce n'étoit pas ainsi qu'il devoit traiter un frère, et qu'il étoit surpris de voir confier ses intérêts les plus chers aux mains d'un fourbe tel que Riza. Le sultan se refusoit à croire à cette déclaration et la démarche de son frère alloit échouer, lorsque Fehli-Achmed-Pacha vint se joindre à ce dernier et confirma toutes les accusations portées par le frère du sultan ; ce fut en ce moment que S. H. consentit à signer la destitution de son favori. « Mais pourquoi, dit le sultan à Fehli-Achmed, ne m'avez-vous pas informé de cela plus tôt ? — Parce que, répliqua Fehli-Achmed, jamais aucun de nous n'a pu avoir une audience sous Riza-Pacha. » Le sultan ordonna immédiatement qu'à l'avenir et sur leur demande, les pachas pourroient obtenir des audiences dans son palais.

Au demeurant, le sort de Riza est plus favorable qu'on ne s'y attendoit. L'ordre de son exil à Konia a été retiré, il conserve son palais sur le Bosphore, et touchera un traitement de 30,000 piastres. Sa fortune est, à la vérité, mise sous scellé, mais on lui en laissera probablement la plus grande partie.

On désire beaucoup le retour de Paris, de Reschid-Pacha, à qui est destiné le poste de ministre des affaires étrangères, car le ministre des finances Masir-Pacha et Schekib-Effendi, ministre des relations extraordinaires et ancien ambassadeur à Londres, sont compromis par suite de la destitution de Riza et mis en disponibilité.

Halib-Pacha, ancien capitan-pacha, remplacé par Mehemet-Ali, est nommé pacha de Bagdad. Cette nomination peut être considérée comme un exil.

Tahir vient d'être nommé pacha d'Eydin en Anatolie. Ce pachalik est le plus productif de tout l'empire turc. Tahir étoit capitan-pacha lors de la prise d'Alger.

Les nouvelles de l'Anatolie sont loin d'être satisfaisantes : on y souffre beaucoup de la disette ; dimanche dernier, une division de cavalerie et d'artillerie est revenue d'Angora, parce que les troupes manquoient de pain et de fourrage.

(*Gazette d'Augsbourg*)

Le Gérant, **Adrien Le Clere.**

BOURSE DE PARIS DU 10 SEPTEMBRE 1845.

CINQ p. 0/0. 119 fr. 00 c.	Quatre canaux 1295 fr. 00 c.
TROIS p. 0/0. 84 fr. 30 c.	Caisse hypothécaire. 625 fr. 00 c.
QUATRE p. 0/0. 000 fr. 00 c.	Emprunt belge. 5 p. 0/0. 000 fr. 0|0.
Quatre 1/2 p. 0/0. 000 fr. 00 c.	Emprunt romain. 101 fr. 2/8.
Emprunt 1841. 00 fr. 00 c.	Rentes de Naples. 000 fr. 00 c.
Oblig. de la Ville de Paris. 1405 fr. 00 c.	Emprunt d'Haïti. 000 fr. 00 c.
Act. de la Banque. 3305 fr. 00 c.	Rente d'Espagne. 5 p. 0/0. 36 fr. 6/8.

PARIS. — IMPRIMERIE D'ADRIEN LE CLERE ET Cᵉ, rue Cassette, 29.

ENTRETIENS DU PRÊTRE AVEC JÉSUS-CHRIST,

Avant et après la célébration des saints mystères, pour servir de préparations et d'actions de grâces pour tous les dimanches de l'année et les principales fêtes de Notre-Seigneur, de la sainte Vierge et des saints qui se sont le plus distingués par leurs ve.tus apostoliques ; revus et augmentés par M. L'ÉVÊQUE DE BELLEY. — 2 vol. in-12. Lyon, chez Labaume, libraire.

MÉMORIAL DU CLERGÉ, ou Méditations et Prières à l'usage des Ecclésiastiques pour les temps des retraites, etc. ; par Mgr DEVIE, évêque de Belley. — seconde édition, revue par l'auteur. 1 vol. in-12. Lyon, chez Lesne, imprimeur-libraire. Paris, Poussielgue-Rusand.

Voici deux ouvrages de science et de piété sacerdotales qui méritent d'être bien connus et pratiqués. Chez les anciens, il étoit comme convenu que celui qui avoit beaucoup voyagé, fait la guerre, étudié les lois, participé au maniement des affaires politiques, ne devoit point quitter la vie sans laisser par écrit à ses concitoyens le résultat de son expérience en ces diverses situations. Avant que l'on eût connu les rêveurs sur l'origine des choses, ces vains discoureurs de sagesse qui se nommèrent plus tard philosophes ou rhéteurs, les premiers âges de la Grèce, de Rome, avoient goûté l'expérience et les leçons de ces vieillards, dépositaires des antiques mœurs, vivantes traditions d'un âge de vertus et de gloires patriotiques. Ce que Thucydide et Xénophon décrivirent, ils l'avoient vu, ils l'avoient pratiqué. Encore se plaignoient-ils d'être bien inférieurs à leurs héroïques ancêtres. Les vieux Romains étoient encore plus énergiques à regretter dans les rares écrits qu'ils laissèrent à la république, la simple et mâle vertu des aïeux, perdue, disoient-ils, par la mollesse actuelle des jeunes patriciens les plus vantés. On sait le mot de Caton sur le genre de vie de César adolescent, mais déjà illustre dans la guerre : « Cette robe et ces reins sans ceinture me dénotent des mœurs dissolues. » L'austère patricien ne se trompoit pas ; l'immortel auteur des *Commentaires*, le plus grand guerrier de Rome, ne sut pas triompher de la volupté. Aussi un historien a-t-il remarqué que les poètes et les légionnaires donnèrent plus de larmes à sa mort, que les graves dames romaines.

De nos jours, il y a peu de militaires expérimentés qui ne tracent quelques observations sur les grandes guerres de la république et de l'empire. Les historiens de notre révolution, qui ne sont, eux, pour la plupart, ni militaires, ni voyageurs, et rarement des hommes d'Etat, sont plus embarrassés du choix que de la recherche de ces *Mémoires* de vieux soldats. On dit même que les épées les plus illustres à Marengo, à Wagram ou à Vittoria, sont redressées souvent par la plume de nos historiens, dont le récit est si preste et si dégagé.

Toujours est-il cependant que dans les arts, les sciences, la littérature et l'industrie, et dans la guerre par-dessus tout, ce sont encore les hommes spéciaux qui ont droit aux suffrages, sinon à l'admiration générale. Il est rare de ne pas trouver dans les écrits les plus récens sur l'art militaire, non-seulement la franchise, la loyauté et la simplicité du récit, mais cette autorité de l'expérience sincère et vraie, qui vous dit par le simple exposé du fait : « J'étois là ; j'ai vu le siége de Gênes ou de Saragosse dont on a tant parlé. »

Eh bien ! il est une milice plus noble et plus élevée que l'art si noble et si glorieux du maniement des armes, de la guerre. Elle compte, cette armée d'une nature si différente de celles que les princes et les nations mettent sur pied, plus de victoires et de combats que d'illustres chefs, malgré leur innombrable nomenclature. Elle est toujours conquérante, et jamais en quartiers de repos; comme son divin et sublime chef, la milice sacerdotale doit traverser le monde les armes à la main, il est vrai, mais aussi ornée des vertus les plus rares et les plus éminentes, à savoir le zèle, la prière, l'amour divin, la charité pour ses frères jusqu'au sacrifice de la vie; telle est son invincible armure : *Arma militiæ nostræ.*

Mais la guerre de cette armée doublement sacrée ne s'exerce pas d'abord et toujours au-dehors, dans les immenses et incommensurables plaines du domaine de Jésus-Christ sur la terre. C'est sur son propre cœur que le prêtre, ce soldat accompli, *bonus miles*, doit remporter les plus solides victoires, et c'est à cet art long et difficile, simple et savant à la fois, que les deux livres de Mgr Devie initient tous les enfans de la nouvelle tribu de Lévi. Qu'on ne trouve donc pas trop étranges nos premières comparaisons tirées des plus beaux exemples des hommes et des ouvrages de l'antiquité, avec ces *Entretiens du Prêtre*, et ce *Mémorial du Clergé*. Quiconque parcourra ces deux livres, celui surtout qui les expérimentera chaque jour, avant et après le saint sacrifice, estimera fort honorés les personnages et les faits de l'histoire profane, amenés ici et mis en relief. L'érudition ascétique qui a fourni tant de textes des plus saints docteurs, la sagesse profonde et sans art qui a su exposer ainsi les devoirs et les vertus du prêtre, en s'arrêtant aux sages limites pour la pratique; tout cela le cède encore au choix, au goût excellent de la suave onction qui accompagne cette manière de faire parler Jésus-Christ et le disciple, après l'ineffable communion. Le prêtre y apprendra, en effet, à faire la guerre la plus forte et la plus effective à ses propres passions, aussi bien qu'à celles qui désolent les ames confiées à ses soins. La méthode, les moyens sont toujours puisés et indiqués aux sources les plus vraies et les plus pures. Encore une fois, c'est mieux que le

leçons laissées par le vieillard expérimenté des âges héroïques. Un tel
enseignement, nous oserons le dire, participe de celui du vénérable et
sublime apôtre de Pathmos, qui parla si bien de cette charité puisée
sur la poitrine du Dieu tout amour : *Deus charitas est !*

Long-temps appliqué aux fonctions du saint ministère avec le titre
modeste de vicaire d'une ville du diocèse de Valence; directeur, professeur de théologie de grand séminaire; administrateur capitulaire
durant plusieurs années d'une Eglise veuve de son premier pasteur;
premier restaurateur d'un diocèse sans évêque depuis 89 , Mgr Devie a
parfaitement connu les devoirs, les besoins et les diverses situations du
sacerdoce. Le prêtre qui, depuis nos cinquante dernières années, est
sorti des mains si prudentes des supérieurs ecclésiastiques, n'est pas en
tout semblable à ceux que produisoient l'ancienne société et l'ancienne Eglise de France. S'il n'a pas comme l'ancien clergé la richesse
et les ressources pour les sciences sacrées, par ses vertus ecclésiastiques
au moins rivalise-t-il en plein succès avec lui.

Mais il a été formé plus à la hâte que ne le furent nos vénérables vétérans du sacerdoce. Ceux-ci avoient reçu une éducation première qui
se ressentoit fortement d'une origine riche et chrétienne. Leur instruction littéraire fut puisée en commun avec les autres jeunes gens
du monde. dans des colléges alors tous chrétiens; cette différence de
l'instruction cléricale actuelle avec celle qui dominoit sous l'ancienne
monarchie, tout cela a tour-à-tour attiré les réflexions et les sujets de
méditations de Mgr Devie. Le prêtre est l'homme de la science la
plus élevée. et aujourd'hui. généralement, il a peu de livres à sa disposition. Voilà ce qui dirige la plume de notre vénérable auteur. C'est
même là l'origine de toutes ses autres productions théologiques,
disciplinaires, ascétiques, sans même excepter son livre sur la civilité.
la tenue et le maintien des ecclésiastiques dans le monde. Ce *Traité de
la Civilité* prouve même. par quelques-uns de ses détails d'une simplicité
qui a pu paroître singulière, le haut intérêt qu'un esprit aussi pratique
et aussi élevé a toujours eu pour l'honneur sacerdotal. Mais après ces
considérations générales sur l'ensemble des publications d'un si digne
prélat, venons à quelques détails relativement à ces deux livres inappréciables, qui nous ont suggéré toutes ces réflexions préliminaires.

D'abord sur les *Entretiens des Prêtres*. Ecoutons ce qu'en dit le docte
et pieux évêque de Belley dans l'Avertissement qu'il adresse à tout son
clergé. Après avoir expliqué ce qu'on entend par *préparations et actions
de grâces*, Mgr Devie s'exprime ainsi sur son livre :

« Les chapitres VIII et IX renferment des préparations et actions de grâces
pour chaque jour de la semaine pendant quinze jours; le chapitre X contient des

préparations et actions de grâces pour tous les dimanches et les fêtes mobiles de l'année; le chapitre XI en renferme pour toutes les autres fêtes de Notre-Seigneur, de la sainte Vierge et des saints qui se célèbrent à jour fixe chaque année.

» Les préparations sont presque toujours prises dans l'Epître du jour, et les actions de grâces dans l'Evangile, ce qui établit une variété agréable et instructive où l'on peut puiser le sujet de sa méditation, et des pensées utiles pour faire des exhortations aux fidèles, soit au confessionnal, soit ailleurs.

» On retirera certainement beaucoup de fruit de ce travail, nous ne craignons pas de le dire, parce qu'il n'est pas de nous : il est dû, au moins en grande partie, à un ancien supérieur du séminaire de Saint-Irénée de Lyon, appelé de Vaugimois, qui avoit si bien caché son nom que nous avons eu beaucoup de peine à le découvrir. M. de Vaugimois étoit né à Dijon, le 31 août 1689; il étoit docteur en Sorbonne et membre de la société de Saint-Sulpice. Il fut nommé d'abord professeur à Lyon, au séminaire de Saint-Irénée, et ensuite supérieur de la même maison, le 12 février 1721. Il conserva honorablement cette place jusqu'à sa mort, qui arriva le 15 novembre 1758. Cet ouvrage fut publié il y a plus de cent ans, sous le titre d'*Entretiens abrégés avec Jésus-Christ, avant et après la messe, pour les prêtres, etc., par un prêtre du clergé.* La Providence l'ayant fait tomber entre nos mains, il y a bien des années, nous le trouvâmes si plein de l'esprit de Dieu, que nous en fîmes dès lors notre manuel. Nous en avons conseillé l'usage à plusieurs prêtres, qui ont partagé notre sentiment : nous l'avons aussi indiqué et conseillé dans le premier volume de notre *Rituel* ; mais comme il n'en a été fait que deux éditions déjà anciennes, elles sont épuisées depuis long-temps, et on ne les trouve plus dans le commerce. Il étoit donc nécessaire d'en publier une nouvelle; on alloit le faire lorsque l'éditeur a appris que nous en avions préparé une depuis long-temps, avec des changemens qui pouvoient rendre l'ouvrage plus généralement utile et plus approprié au moment présent; il nous a prié de lui communiquer notre travail, et nous l'avons fait volontiers, dans l'espérance que le clergé pourroit en tirer quelque profit.

» Voici les principaux changemens que nous avons faits :

» L'ouvrage primitif est en quatre volumes, distribués d'une manière peu commode. Nous le réduisons à deux. L'un servira depuis le premier dimanche de l'Avent jusqu'au dimanche de la Sainte-Trinité ; l'autre servira pour le reste de l'année.

» Le premier volume de l'ancienne édition renfermoit beaucoup de choses qui ne nous paroissoient pas utiles, que nous avons supprimées, nous en avons ajouté quelques-unes ; il en est d'autres qui étoient mal rédigées, nous les avons entièrement refondues : c'est ce qui est arrivé pour un examen de conscience dans lequel on s'appesantissoit beaucoup sur les devoirs des bénéficiers, et sur d'autres matières peu analogues aux besoins présens. Cet examen n'étoit ni précédé ni suivi par des prières relatives à la réception du sacrement de pénitence. Nous avons refait l'examen et ajouté des prières qui sont appropriées aux ecclésiastiques.

» Tout ce que nous avons conservé de ce premier volume pouvant servir tous les jours de l'année, nous l'avons mis à la tête de chaque volume de la nouvelle édition, ce qui en rend l'usage plus commode et plus utile. Nous y avons mis également un calendrier, dans lequel on a marqué par une étoile les saints pour la fête desquels on a mis un exercice de préparation et d'action de grâces, ou une simple prière.

» M. de Vaugimois a publié un volume séparé sur le même plan, pour tous les jours du Carême, il pourra être réimprimé plus tard, si on le désire, avec des améliorations semblables à celles que nous venons d'indiquer. »

On voit qu'ici la modestie du respectable auteur l'emporte sur tout le mérite d'un remaniement réellement entier et nouveau de l'ouvrage primitif. D'ailleurs, les lecteurs tant soit peu familiarisés avec les maîtres les plus saints et les plus savans de la vie spirituelle et sacerdotale, sauront parfaitement apprécier la *nouvelle édition* des ENTRETIENS DU PRÊTRE AVEC JÉSUS-CHRIST. Possidius raconte qu'à la mort de leur père, l'évêque Augustin, les amis et les disciples présens à ce départ pour le ciel, se disputèrent la possession de l'*Enchyridium*, qui avoit toujours servi aux prières et aux méditations du saint docteur. Avec les mêmes dispositions et en des sentimens particulièrement chers, nous avons lu et rendu compte ici d'un livre dont M. l'évêque de Belley nous assure lui-même *qu'il en fait son manuel*.

Dans le numéro suivant, nous parlerons du *Memorial*.

DE L'ŒUVRE DES APPRENTIS

Un comité de patronage s'est formé dans le but de se consacrer à la recherche et à la surveillance des enfans pauvres. Ceux de ces enfans qui sont adoptés par l'œuvre sont visités au moins une fois par mois. Ils ont chacun un livret sur lequel le maître inscrit les notes concernant le travail et la conduite de la semaine, et où le Frère indique l'exactitude aux classes et aux réunions du dimanche. A chaque visite, le livre est contrôlé; la personne chargée de ce soin consulte le maître, et d'après les notes et le compte-rendu, elle distribue à l'apprenti l'éloge ou le blâme. A la séance suivante du comité, elle apporte ses observations, elle expose les droits de son protégé à des secours.

Fidèle à la pensée générale de son œuvre, le comité de patronage n'aliène pas sa liberté et ne limite pas son action; il laisse aux nombreuses œuvres spéciales l'adoption et l'entretien des enfans dépourvus de toute ressource. Ses secours ne sont pas des engagemens, mais des récompenses.

Tous les trois mois un concours est ouvert entre tous les enfans patronés par le comité de chaque arrondissement, et des récompenses en nature, principalement en vêtemens, sont accordés à ceux qui ont mérité les meilleures notes des Frères, du maître et de la dame protectrice. Les récompenses sont données par le comité en présence des parens.

La substitution *du concours à l'adoption, de la récompense au secours*, permet au patronage d'agrandir et d'améliorer son action en diminuant beaucoup la dépense. Le discernement dans la distribution provoque l'émulation, les refus sont aussi instructifs que les dons, et la charité devient plus équitable, plus efficace à moindres frais.

Le comité central crée et développe les ressources de l'œuvre par des quêtes sous toutes les formes. Il s'occupe aussi du placement des enfans; car l'expérience a prouvé que l'assiduité aux classes et aux réunions dépendoit en grande partie des bonnes dispositions du maître. Un comité de placement est le corollaire indispensable du patronage. Mais ce n'est pas assez de trouver un maître qui accepte dans le contrat le repos de la soirée et du dimanche, la signature du livret, la visite du patronage et tous les engagemens de soins affectueux et de traitement pa-

REVUE ET NOUVELLES ECCLÉSIASTIQUES.

PARIS.

Ceux de nos philosophes législateurs qui jugent comme l'honorable M. Isambert qu'il y a TROP DE PRÊTRES EN FRANCE pour les besoins et les exigences du peuple, ne veulent pas qu'on les soupçonne d'être entièrement les ennemis de la moralisation et de l'instruction populaire. *Le clergé et les ignorantins* doivent être res'reins, sinon totalement supprimés; mais ce qu'il est urgent de favoriser, d'augmenter et de multiplier par tous les sacrifices possibles d'argent et d'autre nature, c'est l'intéressante classe des MAITRES D'ÉCOLE! Nous avons vu, en effet, depuis quelque temps, non-seulement dans la chambre, mais dans les conseils généraux, un effort comme général, pour accorder des traitemens et plus de faveurs aux instituteurs de campagne. A Dieu ne plaise que nous regardions d'un œil jaloux ou même indifférent cette généreuse sympathie pour des hommes qui se vouent à l'instruction de l'enfance! Nous ne saurions trop appuyer la pensée d'augmenter le traitement de ces laborieux cultivateurs des premières notions de l'intelligence humaine. Ce sont-là les plus honorables ouvriers. Mais en vérité, sous le point de vue rigoureux, moral et intellectuel, sont-ils donc autre chose? Trop heureuses encore les communes qui s'imposent pour eux tant de sacrifices, lorsqu'elles ne comptent pas l'instituteur comme un obstacle toujours vivant à l'enseignement de la religion et de la vertu. Ne parlons ici que des embarras suscités si fréquemment au pasteur et à son enseignement, par les pretentions plus que ridicules de l'instituteur. Laissons pour aujourd'hui le côté des mœurs et des habitudes souvent déplorables. Ces prétentions, dont on se moque tant dans les conversations particulières, on les excite par les discours publics, on les rend permanentes par les journaux hostiles au clergé, et surtout on les provoque par des articles pareils à ceux de M. Isambert. Si le curé est de trop dans les pays où l'on ne va guère à l'église, le magister devient nécessaire, c'est la conséquence que ces politiques de village ne manquent jamais de tirer de semblables théories venues de la capitale.

Vous prévoyez aisément quels sont les résultats désolans de toute cette intelligente philantropie dont M. Isambert demeure le patriarche. Toutefois l'honorable conseiller à la cour de cassation ne fait rien de bien nouveau en professant d'un côté tant de haine contre les curés et de l'autre tant de sympathie pour les maitres d'école. Le fameux Grégoire et ses amis de 94, votoient les mesures les plus cruelles contre les *prêtres réfractaires*, et péroroient journellement à la Convention pour l'émancipation des noirs. L'héritage, comme on voit, ne dégénère ni de sentiment, ni d'ardeur.

Mais qu'il nous soit permis, à propos de l'instruction primaire que nos philantropes prennent aujourd'hui sous leur protection d'une manière si injustement exclusive, de citer les excellentes considérations suivantes du *Journal de Bruxelles* :

« Séparer l'instruction de l'éducation dans l'enseignement primaire, accoutumer l'enfant à développer son intelligence en dehors de la religion, n'enseigner celle-ci que comme toute autre branche des connoissances humaines, tel est, en peu de mots, le système favori d'une certaine école qui prétend marcher à la tête du progrès. C'est ce système que nous voyons prédominer dans les écoles organisées exclusivement sous son influence.

» Nous n'aurions pas besoin de sortir de notre pays pour constater les maux que produit un pareil état de choses. En France, où les préjugés du xviii° siècle et de la révolution sont si vivaces encore, on a vu ces idées appliquées sur une grande échelle : c'est en partie sous leur influence qu'avoit été rédigée la loi de 1833 relative à l'enseignement primaire. Eh bien ! les fauteurs même de cette loi, de ces idées, n'ont pu se dissimuler le danger qui de ce côté-là menace la société. Ils n'ont pas le courage d'appliquer le seul remède efficace ; mais du moins ils nous l'ont indiqué à l'évidence, dans leurs aveux, arrachés par la force de la vérité. Qu'on nous permette de reproduire ici le témoignage d'un des organes les plus passionnés du libéralisme en France ; voici comment s'exprime le *Siècle* :

« L'instruction proprement dite n'est pas (disoit ce journal) ce qu'elle devroit
» être ; mais ce qui est plus grave encore, l'éducation morale est absolument nulle.
» Il y a un danger sérieux pour la société. Dans l'ancien régime, les prêtres étoient
» à peu près seuls chargés de l'instruction primaire. En même temps qu'ils ap-
» prenoient à lire, les enfans recevoient par eux l'éducation morale et religieuse.
» Dans l'état actuel de la législation *et surtout de son application*, rien n'a rem-
» placé cette influence du clergé sur l'esprit des enfans. Pour ceux même qui
» suivent assidument l'école, le jour du catéchisme est considéré comme un jour
» de congé. Ce jour-là l'enfant est emmené aux champs.
» Cependant, les autres jours, le maître s'occupe exclusivement de lecture,
» d'écriture, d'instruction primaire ; il croit avoir rempli toute sa tâche quand il
» a fait sa classe, il ne voit pas autre chose dans la mission qui lui est confiée ; il
» n'a d'ailleurs, ni par lui-même ni par sa position, la force, l'autorité néces-
» saires pour imposer aux enfans une foi profonde et respectueuse dans les ensei-
» gnemens moraux qu'il devroit leur donner. Qu'en résulte-t-il? C'est que la loi
» actuelle fait bien sortir des écoles un certain nombre d'enfans qui savent lire,
» écrire et à peu près compter ; mais elle répand dans la société des hommes qui
» y arrivent à l'âge des passions sans un sentiment moral, sans une notion du bien
» et du mal, du juste et de l'injuste, sans une idée de leurs devoirs envers la
» société et l'humanité, sans un adoucissement à la rudesse de leurs instincts
» primitifs, ne craignant rien, ne respectant rien, ne croyant à rien, et se sentant
» seulement un peu plus fiers et plus confians en eux-mêmes par cette demi-
» teinture d'instruction qu'ils ont reçue à l'école. Une aussi complète absence -
» d'éducation morale tend à pervertir la société. »
» Tel est le tableau de l'enseignement primaire, peint d'après nature, en France, cette terre classique du libéralisme ; nous n'avons pas besoin de le charger de nouvelles couleurs. Dire ce que l'enseignement n'est pas, lorsqu'il est dominé par des préjugés anti-religieux, c'est dire ce qu'il devroit être, ce qu'il est réellement, quand l'influence religieuse a pénétré l'école, c'est-dire, pouvons-nous ajouter, ce qu'il est dans les mains des Frères des Ecoles chrétiennes.
» Jamais on n'a vu réalisé plus complètement ce vœu de M. Guizot : l'atmosphère de l'école doit être religieuse. Grâce à ces admirables instituteurs, l'amour de la vertu, l'horreur du vice se gravent dans les cœurs, en même temps que les notions de la science pénètrent dans l'esprit. Là on voit l'enfant le plus indocile, le plus rebelle à l'autorité des parens, subir insensiblement une étonnante méta-

morphose. En même temps qu'il dépouille ses mauvais instincts, son intelligence
semble s'ouvrir; et celui qui connoît bien l'homme conçoit cela à merveille. Aussi
combien de jeunes gens qui sembloient nés pour le vice et l'ignorance, ne sont-ils
pas sortis des écoles chrétiennes, vertueux et instruits, aptes à exercer honorablement un état dans la société !

» On a voulu flétrir les Frères d'un nom ridicule, inventé par la haine et par
une mauvaise foi stupide. Les Frères n'y ont répondu qu'en montrant une génération d'enfans sortis de leurs mains. Les suffrages les plus honorables ont été
accordés à leur enseignement par les hommes les plus distingués. Napoléon les
protégea ; MM. Villemain et Cousin eux-mêmes, sans parler de M. Guizot, ont dû
se rendre à l'évidence des faits. Les faits d'ailleurs peuvent être constatés par
tout le monde. •

Nous recevons la lettre suivante sur la retraite ecclésiastique du
diocèse :

« Bayeux, le 9 septembre 1843.

» Monsieur ,

»Vous avez dernièrement annoncé, dans l'*Ami de la Religion* , qu'une retraite
ecclésiastique auroit lieu à Lisieux au commencement de ce mois. Elle vient de se
terminer, et elle a été on ne peut plus édifiante. L'ouverture s'en est faite le lundi
1er septembre , et la clôture samedi 6. Elle a été prêchée par le P. Goudelin, qui
donnoit trois instructions par jour, outre le sujet d'oraison, et elle a été suivie par
près de trois cents prêtres. Tous les exercices en ont été présidés par M. l'évêque
de Bayeux.

»Vendredi 5, à six heures du soir, les retraitans se sont rendus processionnellement du petit séminaire à l'église de Saint-Pierre, ancienne cathédrale de Lisieux, pour y renouveler, entre les mains du prélat, leurs promesses cléricales.
Cette belle et touchante cérémonie a eu lieu devant un concours immense de
fidèles, et a été précédée d'un discours dans lequel le prédicateur de la retraite a
rappelé les bienfaits du sacerdoce et les sentimens de respect, d'affection et de
bienveillance qu'ils doivent exciter dans tous les cœurs.

» La communion générale a eu lieu samedi matin au séminaire, et a présenté
aussi un spectacle bien touchant.

» Le clergé est sorti de cette retraite plein d'ardeur pour l'accomplissement de
ses devoirs, rempli d'admiration et de reconnoissance pour l'homme de Dieu qui
l'a prêchée avec un zèle et un talent au-dessus de tout éloge, et pénétré d'amour
et de vénération pour le digne et pieux pontife, qui n'a cessé d'être au milieu de
ses prêtres comme un père au milieu de ses enfans, et qui, tous les soirs, au moment de la bénédiction du très-saint Sacrement, leur adressoit avec une onction
tout apostolique une éloquente allocution qui résumoit admirablement les instructions de la journée entière. »

On lit dans la *Gazette du Languedoc* :

« Samedi dernier, un accident qui pouvoit avoir des suites fâcheuses est arrivé
a la voiture de M. l'archevêque, au passage de la Garonne, dans le bac de Ro-
ques, petit village du canton de Muret. Les chevaux, effrayés, brisant leurs liens,
se sont précipités dans la rivière. Nous sommes heureux d'annoncer que M. l'archevêque n'a personnellement couru aucun danger.

» Nous apprenons que la santé de ce vénérable prélat, qui ne présente absolument rien qui puisse inspirer de l'inquiétude, ne lui permet cependant pas de
continuer, pour ce moment, sa visite pastorale. S. G. est arrivée hier au soir au

palais archiépiscopal. Avant de quitter le canton de Muret, ce digne prélat n'écoutant jamais que les inspirations de son zèle, à voulu administrer le sacrement de la confirmation aux enfans de la paroisse de Lavernose et à tous ceux des paroisses voisines, qui, en très-grand nombre, s'étoient réunis dans ce village. Les populations des campagnes se sont précipitées sur les pas de leur premier pasteur, pour solliciter ses bénédictions et lui apporter leur tribut de respect.

» — M. l'évêque de Saint-Flour est arrivé avant-hier dans cette ville. S. G. a pris la route des Pyrénées. »

La *Gazette de Picardie* annonce la nouvelle suivante :

« Les PP. Jésuites de Saint-Acheul, se dispersant en exécution des ordres de leurs supérieurs, viennent de vendre la maison du Blamont qu'ils possédoient aux portes d'Amiens. Cette importante propriété, qui renfermoit autrefois plus de 200 élèves, a été acquise définitivement par les Dames du Bon-Pasteur, pour l'œuvre si éminemment sociale du refuge des filles repenties. »

ALLEMAGNE. — On lit dans le *Journal de Bruxelles* :

» Nous recevons la lettre suivante :

« Munster, le 6 septembre 1845.

» Je me fais un plaisir de vous transmettre quelques détails sur la fête religieuse qui vient de s'ouvrir ici hier au soir. Il s'agit du Jubilé semi-séculaire de Mgr Gaspard-Maximilien Droste de Vischering, comme évêque de Munster. Cette fête durera huit jours.

» Déjà depuis quelques jours, tous les hôtels étoient remplis ; des centaines de maisons particulières étoient destinées à recevoir les étrangers qui affluent ici de toutes parts.

» Le jubilé a été ouvert hier au soir, à huit heures, par le *Fackel Zug*, ou cortége aux flambeaux. Trois mille personnes de tout rang, portant des torches et des flambeaux de couleurs, se sont dirigées, musique en tête, vers le palais épiscopal, pour complimenter Mgr Droste. De là, le cortége a circulé au milieu d'une foule immense, à travers les principales rues de la ville dont les maisons étoient pavoisées. Le plus grand ordre et la plus grande décence ont régné dans cette démonstration religieuse. Le digne évêque, tout infirme qu'il est, s'est fait porter devant le peuple et lui a donné sa bénédiction au milieu des acclamations générales.

» Ce matin à huit heures, le clergé de la ville et des environs ainsi qu'un grand nombre de prêtres étrangers, se sont réunis à la cathédrale, et se sont rendus de là au palais épiscopal pour prendre Mgr Droste, chez lequel se trouvoient dix évêques étrangers. Ces évêques étoient : MMgrs Geissel, coadjuteur de Cologne ; Arnoldi, évêque de Trèves ; Müller, évêque suffragant de Trèves ; Drapper, évêque de Paderborn ; Van Bommel, évêque de Liége ; baron de Wyckerslooth, évêque de Curium ; Zedlag, évêque de Culm ; Waudt, évêque de Hildesheim ; Lüpke, évêque suffragant d'Osnabrück, auquel se joignit aussi Mgr Melchers, évêque suffragant de Munster. On remarquoit en outre parmi les personnages importans accourus à Munster, M. Brinckman, prévôt de Berlin ; Haerold, official de Vechta ; M. Beckedorf, conseiller privé de Berlin, récemment converti au catholicisme. Les autorités civiles et militaires faisoient toutes acte de présence.

» Mgr Droste de Vischering, archevêque de Cologne et frère du jubilaire, n'a pu prendre part à la solennité pour cause de maladie, ayant reçu, il y a quelques jours, les derniers secours de la religion.

» Mgr l'évêque de Munster, qui étoit l'objet de la fête, fut porté sur un fauteuil par le clergé vers la cathédrale, accompagné des prélats et personnes précités. Une messe solennelle y a été célébrée par Mgr Geissel qui a prononcé, après la messe, un discours analogue à la circonstance. Ensuite, on a entonné le *Te Deum*, et le cortége a escorté de nouveau le vénérable jubilaire, qui, avant de rentrer, a donné de nouveau sa bénédiction à la foule, scène attendrissante qui produisit la plus vive émotion et fit éclater un enthousiasme général.

» Il suffit d'avoir assisté à cette belle fête pour se convaincre que le peuple de la Westphalie est éminemment catholique : la joie et l'enthousiasme étoient à leur comble. Quelques personnes prétendoient que le gouvernement prussien ne voyoit pas cette fête de bon œil, supposition basée sur le refus arrivé de Berlin de tirer le canon de la garnison, qui du reste a été remplacé par celui de la ville.

» L'opinion se manifestoit d'une manière éclatante en faveur de la religion catholique, et comme les sectateurs de Ronge et consorts font beaucoup de bruit aujourd'hui, on entendoit mille propos contre eux. *Les amis des lumières*, comme ils s'appellent, savent fort bien qu'en Wesphalie on n'aime pas la lumière quand le diable tient la bougie.

» Ce soir, il y aura une magnifique illumination, et pendant huit jours une suite de réjouissances les unes plus belles que les autres.

» Agréez, etc. »

BAVIÈRE-RHÉNANE. — L'on apprend de Spire, que le 1er septembre, Mgr l'évêque de Strasbourg y est arrivé, afin de se rendre en compagnie de Mgr de Spire, à Eichstadt, pour y participer à la célébration de la onzième fête séculaire de la fondation de cet évêché, dont le siége est actuellement occupé par l'illustre comte de Reisach, ancien préfet de la congrégation *de Propaganda fide*, à Rome, et que le Saint-Père a voulu sacrer lui-même évêque de cette ville. Dix évêques prendront part à cette fête qui durera huit jours. Dans cette imposante réunion de prélats l'on comptera le cardinal-archevêque de Salzbourg, l'archevêque de Bamberg et le nonce apostolique à Munich. Chaque jour de l'octave, l'un des prélats célébrera pontificalement et prononcera un discours. En voyant les grandes solennités de septembre, a Eichstadt et à Munster, les catholiques d'Allemagne se demandent par quelles autres solennités l'épiscopat germanique se propose de célébrer l'anniversaire triséculaire de l'ouverture du saint Concile de Trente, (13 décembre 1545); où s'assemblera le peuple catholique pour exprimer à Dieu ses joyeuses actions de grâces pour la conservation de sa foi, œuvre de ce glorieux Concile, et pour le supplier de réunir, le plus tôt possible, tous les cœurs dans cette même foi apostolique, suivant la promesse du divin pasteur !

SUISSE. — L'on nous mande de Fribourg (Suisse), que pendant la seconde moitié d'août, Mgr l'évêque de Lausanne et Genève avoit réuni au séminaire cent seize curés et prêtres pour y suivre un cours d'exercices spirituels. Le vénérable prélat, malgré ses 71 ans d'âge, y prêchoit trois fois par jour.

CANADA. — Le 27 juillet dernier, le très-révérend docteur Blanchet a été sacré à Montréal évêque de l'Orégon, où il avoit déjà travaillé comme missionnaire durant huit ans, et le très-révérend Père J. C. Prince, a été aussi élevé à la dignité épiscopale comme coadjuteur de l'évêque de Montréal. Quatre autres évêques assistoient à la cérémonie. Mgr Gaulin, évêque de Kingston ; Mgr Power, évêque de Toronto, Mgr Turgeon, coadjuteur de Quebec, et Mgr Phélan, coadjuteur de Kingston. Plus de cent cinquante ecclésiastiques assistoient à la cérémonie.

ÉTATS-UNIS. — Nos lecteurs se rappelleront la désastreuse insurrection qui eut lieu à Philadelphie, il y a près de deux ans, contre les catholiques, dans laquelle les églises et plusieurs autres bâtimens servant au culte furent incendiés. La conduite calme et résignée des catholiques au milieu de cette cruelle épreuve, produisit une si vive et favorable impression sur le public, que depuis cette époque le nombre des conversions parmi les protestans n'a cessé de s'accroître. Il est tel, dit le journal de Philadelphie *The spirit of the Times*, que le zèle de deux évêques et de leurs collaborateurs, ne peut plus suffire aux besoins du diocèse.

— — On lit dans le même journal :

« Nous avons reçu du ministre catholique de Java la lettre suivante : « Mardi, 15 juillet, Mgr Closkey administra le sacrement de confirmation à 252 personnes, parmi lesquelles se trouvoient plusieurs nouveaux convertis. L'évêque exprima sa surprise et sa joie en voyant un si grand nombre de personnes préparées à recevoir ce sacrement dans la partie la plus éloignée de son vaste diocèse. Comme c'étoit la première visite d'un évêque catholique à Java, sa présence produisit les plus heureux effets sur les protestans ; ses manières et ses discours concilians contribuèrent à dissiper les préventions produites sur l'esprit des protestans contre les catholiques, par les faux rapports et les calomnies publiés partout contre ces derniers. L'évêque se rendit de là à Dansville, à 50 milles de Java, où il donna la confirmation à 72 personnes. Il n'y a que quelques années qu'on trouvoit à peine un catholique dans cette partie de pays ; maintenant il y a plusieurs chapelles et autres établissemens religieux. Les catholiques qui s'y sont établis sont la plupart des propriétaires indépendans qui cultivent leurs terres et soignent leurs troupeaux. *L'œuvre de Dieu va bon train dans ce pays.* »

REVUE POLITIQUE.

Le séjour de la reine d'Angleterre au château d'Eu n'a pas duré deux jours. M. le duc et Mme la duchesse de Nemours rentrent en France, de retour de leur visite aux reines d'Espagne et après toutes les fêtes de Pampelune. De leur côté Leurs Majestés espagnoles vont très-prochainement se mettre en route pour retourner à Madrid. On croit que ces voyages, ces distractions et ces réceptions d'enthousiasme des populations de la Catalogne et de la Biscaye, auront plus contribué à la santé de la reine Isabelle, que les bains de la Méditerranée et de l'Océan. Pauvre jeune fille ! elle n'a presque vu du haut du trône où elle est assise de si bonne heure, que les guerres civiles qui ont déchiré sa nation, que des révolutions et des massacres jusque dans la chambre de sa mère régente, que des ministres aspirant à la dictature comme Espartero! Pour quelques mois du moins la politique du gouvernement de Madrid a permis à Isabelle de voir son peuple de plus près. Elle est venue à Barcelone, naguère si terriblement maltraité. Ses yeux ont vu ces provinces de la Catalogne, du Guipuscoa et de la Biscaye, qui ont tant souffert pour la cause du roi Charles V. Peuple et souverain ont semblé, durant tout ce voyage, avoir perdu le souvenir de tant de calamités et de misères, afin de s'entendre, pour ainsi dire, à les réparer d'un commun effort. C'est bien là l'instinct monarchique de ce peuple espagnol. Son titre seul de fille de Ferdinand VII fait oublier aux sujets d'Isabelle tous les maux endurés jusqu'ici. Il faut bien reconnoître aussi que ces contrées, si fortement attachées à leur foi catholique, ont voulu par leurs acclamations, tenir compte à la jeune reine de ses premiers actes réparateurs vis-à-vis du clergé et de l'Eglise. Puisse la politique et les intrigues ne pas venir détruire ce commencement d'union entre la royauté et des populations jadis soulevées contre un gouvernement qui ne savait compter pour rien le plus vieux devoûment à la famille et au trône d'Espagne! S'il est vrai que ce voyage dans le nord de ses Etats doive décider de la main d'Isabelle, que ce soit du moins pour le maintien et le triomphe des principes de la légitimité et de la pacification du pays!

La *Gazette de France*, depuis quelque temps, fait une très-bonne et vive guerre à l'opposition de gauche et du centre gauche. Son talent, sa logique, son érudition sur les faits antérieurs, sont employés maintenant, non plus à raviver d'intempestives discussions théologiques, mais à démontrer d'une manière souvent sans réplique le peu de valeur ou de sincérité des actes politiques d'hommes qui aspirent à rendre au gouvernement du pays la part de gloire et de bonheur qui lui est due, et qu'ils reprochent à M. Guizot de ne pouvoir lui obtenir. Voici un extrait des vigoureuses argumentations de la *Gazette* :

« Dans ce moment où les journaux de MM. Thiers et Barrot cherchent en vain à ébranler la situation de M. Guizot, permettez-moi de mettre sous vos yeux un fragment de M. Thiers qui explique l'impuissance de leurs attaques, et qui donne même raison au ministère actuel contre le président du 1er mars et son opposition. Le public y verra une nouvelle preuve que les hommes du centre gauche et de la gauche dynastique ne peuvent rien pour la France. Comme vous le répétez souvent, ils se sont enchaînés eux-mêmes, ils ne sortiront de l'impasse où ils se sont placés que par une révolution. Aussi est-ce à une révolution qu'ils vont, si les portefeuilles ne tombent pas entre leurs mains. Voilà pourquoi ils refusent obstinément la réforme.

» M. Guizot est dans les conditions qu'ils ont eux-mêmes déclarées bonnes, et si bonnes que pour les obtenir ils ont dit qu'ils avoient très-bien fait de renverser un gouvernement.

» M. de Châteaubriand avoit demandé pourquoi au lieu de la régence de M. le duc d'Orléans, on avoit cru devoir décerner la couronne à ce prince, M. Thiers répondoit :

« Il falloit un nouveau roi qui admît *le grand principe de la déférence au vœu de la majorité des chambres*. Ce roi, c'est Louis-Philippe, et ce principe il l'a admis et irrévocablement fondé, le jour où dans le Palais-Bourbon, tête nue, la main levée, entouré de sa famille, des pairs, des députés, des chefs de l'armée, de tous les Français enfin qu'il étoit possible de faire assister à ce contrat auguste, il a accepté la couronne aux conditions de la charte.

» Ce jour-là *le principe de la majorité a été irrévocablement établi*. Pour ce principe, il valoit la peine, nous le répétons encore, de faire une révolution, de renverser un trône, d'élever un trône nouveau.

» C'est-là le principe qui établit entre le gouvernement représentatif sous Charles X et le gouvernement représentatif sous Louis-Philippe, la différence de l'illusion à la réalité. Jamais les Bourbons de la branche aînée n'avoient subi la majorité. Ils se servirent des terreurs du pays, appelant alternativement une passion contre une autre pour obtenir des majorités dans leur sens. Quand un peu de calme régna, à partir de 1821, ils employèrent la fraude. Quand ils n'eurent plus la ressource d'une passion opposée à une autre passion, ou celle des fraudes électorales, et que 1827 et 1829 leur présentèrent coup sur coup la vraie majorité du pays, ils commirent suivant eux un acte légitime du pouvoir constituant, suivant nous un coup d'Etat.

» Le gouvernement actuel, au contraire, a-t-il rien fait de pareil? Fondé sur le principe de la majorité, *a-t-il-cessé un instant de le pratiquer franchement et pleinement?* L'avez-vous vu une seule fois chercher à contrarier la majorité, à l'éluder, à la violenter pour lui faire s'bir un ministère qu'elle ne vouloit pas?

» A-t-on tenté avec la chambre le moindre effort pour lui faire supporter le ministère actuel, s'il lui étoit désagréable? Tout le monde s'en souvient; le ministère est venu en personne invoquer son jugement, ce spectacle étoit tout nouveau. Il est venu lui mander lui-même quels ministres et quel système, quels hommes et quelles choses elle vouloit? On a insisté auprès d'elle et elle n'a entendu un langage, je dirois presque impérieux, que pour lui demander de déclarer ses volontés et ses préférences! Et quant à la majorité de 86 voix, elle s'est prononcée : on a marché, on a agi, et tous les jours on marche, on se renforce, on grandit appuyé sur cette détermination. Voilà le vrai gouvernement représentatif, fondé sur l'intérêt et le vœu du pays, en un mot, le gouvernement du pays par le pays.

» A tout cela on fera une objection. On dira que la majorité de la chambre n'est la représentation du pays qu'autant qu'une loi électorale prévenant toute fraude, et suffisamment étendue, appelle à l'exercice des droits électoraux tous les citoyens dignes de voter,— *je répondrai que, dans le système actuel, la fraude est reconnue impossible*; que la réduction de l'âge à 25 ans, du cens à 200 francs, a satisfait tous les esprits raisonnables. J'ajouterai enfin une raison plus forte que ces raisons de détail, une raison fondamentale, *c'est qu'une combinaison électorale même restreinte, donne toujours la vraie majorité, quand l'opinion est généralement et fortement prononcée*.

» En 1827 aucune loi ne nous garantissoit contre la fraude des préfets, la presse seule nous gardoit, le double vote existoit, l'âge étoit fixé à trente ans, le cens à 300 fr., et nous avons obtenu cette majorité sage, courageuse, admirable, devant laquelle a disparu la branche aînée. *Il est donc vrai que les différences de détail entre un système électoral et un autre, n'influent en rien sur le résultat, et que bientôt l'opinion du pays triomphe, pourvu seulement qu'on assemble des électeurs, qu'on leur demande des députés et qu'on obéisse à la majorité qu'ils ont donnée. Oui, quelle que soit la combinaison électorale, la majorité est la bonne souveraine.* »

» La majorité est la bonne souveraine. Que veulent donc dire les plaintes du *Constitutionnel* et du *Siècle?* Ce n'est pas la majorité nationale qui est la bonne souveraine, c'est bien la majorité de la loi actuelle. Allons donc, messieurs, de

la patience! M. Guizot peut vous dire comme à ce chancelier à qui on appliquait
une loi qu'il avoit faite : *Patere legem quam fecisti.*»

NOUVELLES ET FAITS DIVERS.

INTÉRIEUR

PARIS, 12 septembre. — On lit dans le *Journal des Débats* :

« L'ordonnance royale qui approuve l'adjudication passée le 9 septembre 1843,
par le ministre des travaux publics, pour la concession du chemin de fer de Paris
à la frontière de Belgique, et des embranchemens dirigés de Lille sur Calais et
Dunkerque, a été signée par le roi au château d'Eu, hier 10 septembre.

» Aux termes de cette ordonnance, MM. de Rothschild frères, Hottinguer et
Cᵉ, Charles Laffitte, Blount et Cᵉ, sont et demeurent définitivement con essiou-
naires dudit chemin de fer et desdits embranchemens, moyennant le rabais sur la
durée de la concession, exprimé dans leur soumission, et sous les clauses et conditions, tant de la loi du 15 juillet 1845, que du cahier des charges annexé à cette
loi.

» Une autre ordonnance, portant la même date, a été signée par le roi, par la-
quelle est approuvée l'adjudication passée le 9 septembre 1843, au profit de
MM. Félix O'Neil, marquis de Flers, Alphonse Laurent, Louis Riant, Gabriel
Heim et Frédéric Chamier, pour la concession du chemin de fer de Fampoux à
Hazebrouck. »

— On lit dans le *Moniteur algérien* du 4 :

« M. le maréchal duc d'Isly, gouverneur-général de l'Algérie, est parti aujour-
d'hui à quatre heures du soir, pour profiter du congé que M. le ministre de la
guerre lui a accordé sur sa demande.

» Bien qu'aucune communication officielle n'eût prévenu les administrations,
l'armée ni la population, de l'heure du départ de M. le gouverneur-général, tous
les fonctionnaires, les officiers de l'armée présens à Alger, les négocians et colons, se sont réunis spontanément à l'hôtel du gouvernement, pour grossir son
cortége. La population s'est portée en foule sur son passage, depuis la place du
gouvernement jusqu'à l'Amirauté, où M. l'amiral et un grand nombre d'officiers
de marine attendoient son arrivée.

» Là M. le maréchal a pris congé des personnes qui l'entouroient : « Je quitte
l'Algérie, a-t-il dit, mais je laisse ses destinées en bonnes mains. — Messieurs,
a-t-il ajouté, je voudrois vous embrasser tous : je vous embrasse dans la personne
du général en chef. » En disant ces mots, il a embrassé M. le lieutenant-général
de Lamoricière.

» M. le maréchal est descendu ensuite dans l'embarcation qui l'attendoit, avec
les officiers-généraux et fonctionnaires supérieurs qui ont pu y trouver place. A
ce moment, un coup de canon a été tiré à bord du stationnaire. D'autres embarcations ont reçu la plupart des personnes présentes, qui sont allées prendre congé
de M. le duc d'Isly, à bord. Une salve a continué au moment où M. le gouverneur-général a mis le pied sur le *Caméléon*. Ce navire a levé l'ancre à quatre
heures et demie. »

— M. le maréchal Bugeaud est arrivé à Cette samedi dernier. Il a dû partir le
lendemain même par le premier convoi du chemin de fer de Montpellier, pour se
rendre de là près de M. le maréchal Soult, à Soultberg.

— D'après les nouvelles d'Haïti reçues à Londres, sur le refus du président de
payer les sommes dues à la France, avant que les deux parties de la république
soient réunies sous son autorité, l'envoyé français auroit demandé ses passeports.

Il faut attendre des renseignemens plus précis sur ces nouvelles, qui ne sont pas données comme officielles.

— Il existe maintenant à Paris cinq crèches complétement organisées et ouvertes au public. Ces crèches sont : rue de la Comète, 14 ; rue du Cherche-Midi, 69 ; rue du Faubourg-du-Roule, 12 ; rue Saint-Lazare, 114, et rue Pauquet (Chaillot), 5. En voyant le jardin, la tente, les fleurs de Chaillot, en voyant surtout la nouvelle crèche de la rue Saint-Lazare, le costume avenant des berceuses, ce simple et charmant mobilier, ces nattes où jouent les enfans sur la terrasse, toute cette propreté élégante, nous ne pourrions croire qu'il y a six mois à peine tout cela n'étoit qu'une espérance. Aujourd'hui, cependant, c'est si bien la réalité, que le cœur du visiteur en est tout joyeux. *(Globe.)*

— La maladie des pommes de terre, qui a fait tant de mal en Hollande et en Belgique, ayant pénétré dans plusieurs départemens du nord et de l'ouest, M. le ministre de l'agriculture et du commerce a adressé à ce sujet une série de questions à la société royale et centrale d'agriculture, et aux principaux instituts agricoles de France.

Bientôt l'administration publiera des documens précis sur le caractère, la marche et les causes de la maladie, et sur les moyens qui paroissent les plus efficaces et les plus praticables pour s'opposer au développement du fléau, et pour tirer le meilleur parti de la récolte de cette année, sans que la santé des hommes et des animaux puisse en souffrir. *(Messager.)*

— Nous pouvons annoncer maintenant que toutes les craintes que l'on avoit conçues sur la moisson se sont dissipées. Le beau temps qui est revenu à propos pour permettre de couper les avoines et les blés, permet aussi de les rentrer dans l'état le plus satisfaisant. Notre département et celui de l'Eure auront donc, au lieu d'une médiocre récolte, comme on le craignoit, dans les régions les moins favorisées, une récolte ordinaire, et dans la plupart une excellente année.

Les pommes de terre seules ne donneront pas leur contingent. Mais si l'on exécute les sages mesures dont nous avons parlé, et qui consistent à faire faire de la fécule de celles qui sont atteintes de la maladie, il y aura peu de perte.
(Mémorial de Rouen.)

— La chaleur, qui depuis quelques jours vient de reprendre, produit les effets les plus salutaires sur la vigne ; les grains du raisin prennent à vue d'œil un entier développement. La maturité, qui menaçoit d'être languissante et tardive, va promptement se manifester, et pour peu que cette chaude température continue à exercer sa fécondante influence, on ne tardera guère à faire la récolte. Les produits, dont la qualité paroissoit devoir être douteuse, pourront bien augmenter de prix et de valeur. *(Propagateur de la Champagne.)*

— M. Donoso-Cortès, secrétaire de la reine d'Espagne, et M. Carasco, ministre des finances dans le cabinet Gonzalès-Bravo, ont quitté hier Paris pour retourner à Madrid.

— Il y a à Coutances, sur la cathédrale, deux flèches ; sur les deux flèches devroient figurer deux croix, mais un accident a privé l'une des deux flèches de ce symbole. Or, la ville, désirant avoir une cathédrale ornée de tous ses attributs, chargea, il y a peu de temps, son architecte, du soin de faire confectionner une croix qui fût le pendant de l'autre. L'artiste, dédaigneux du modèle, voulut innover, et fit construire une croix tellement monstrueuse, que l'on ne put établir un échafaudage capable de la hisser. L'architecte, peu embarrassé, supprima alors la moitié de la tige qui sert de pivot intérieur, de sorte que la croix, n'ayant plus d'aplomb suffisant pour résister aux vents, est ébranlée à chaque instant, et compromet la conservation de la pyramide. Le ministre de la justice, informé de la mésaventure, va calmer l'inquiétude des Coutançais, en leur adressant un modèle de croix pareil à l'autre, d'une proportion plus raisonnable, et de l'argent pour la construire.

— On lit dans le *Propagateur de la Champagne* :

« On nous informe qu'un instituteur communal du canton de Nogent-sur-Seine vient, ou est sur le point de donner sa démission par suite des corrections manuelles qu'il a infligées à une partie de ses élèves. Cette démission seroit, dit-on, forcée par suite des récriminations fort légitimes des parens.

» Toujours des conflits entre les instituteurs et les curés. Un certain nombre d'habitans d'une commune du canton de Villenauxe, vient d'adresser une plainte à l'autorité supérieure contre l'instituteur pour mauvais traitemens et sévices graves envers les élèves. — L'instituteur prétend, de son côté, que c'est à l'instigation du desservant que les plaignans agissent. — On parle d'une enquête sur les faits reprochés à l'instituteur. »

— Le comité supérieur de l'instruction primaire, à Metz, a trouvé le moyen d'assurer à tous les instituteurs du département de la Moselle, sur leurs vieux jours, une existence à peu près à l'abri du besoin. Moyennant une première mise de 20 fr. et une cotisation mensuelle de 2 fr., tout instituteur, après trente années d'exercice, aura une pension dont le minimum sera de 200 fr., reversible par moitié sur la tête de sa femme.

— Le congrès de Reims a adopté les cinq propositions suivantes sur les marques de fabrique : 1° les marques d'origine obligatoires ; 2° les marques de qualité facultatives ; 3° l'estampille du détaillant obligatoire ; 4° le timbre de la cité pour légalisation de la marque du fabricant, facultatif ; 5° le timbre du gouvernement, pour légalisation du timbre de la cité, pour le commerce extérieur, également facultatif.

— Les notaires des environs d'Arras ont arrêté qu'ils ne feroient plus de ventes publiques les dimanches et fêtes.   (*Gazette de Flandre et d'Artois.*

— Le général Florès, ex-président de la république de l'Équateur, qui a quitté son pays afin de lui épargner les horreurs de la guerre civile, conserve son rang et ses biens ; il va voyager durant deux ans en Europe.

— Santa Anna, l'ex-président du Mexique, est encore à la Havane. Il reste à la tête d'une fortune immense qu'il avoit eu soin de mettre à l'abri durant sa présence au pouvoir. Il ne paroît pas disposé à suivre l'exemple du général Florès.

— Un grand atelier de contrefaçon de livres français vient d'être découvert en France même, à Angoulême. Cet atelier avoit des ramifications à Ribérac et à Cognac. Dans l'atelier de Cognac, la police a saisi des milliers de feuilles imprimées à moitié ou tout-à-fait, des pages composées dans les galées, sous les rangs, sur les marbres, dans les châssis. A Angoulême, la découverte est bien plus importante. On a saisi environ dix-huit mille volumes, qui ont rempli douze tombereaux. La saisie se compose en grande partie d'ouvrages destinés à l'enseignement de la langue française, de la géographie, de l'histoire, des langues latine et grecque, de la géométrie, de la morale. On assure aussi qu'on y a remarqué des ouvrages d'un genre plus élevé, plusieurs exemplaires des œuvres de M. de Lamartine, et même, dit-on, un exemplaire de la dernière publication de M. Thiers, l'*Histoire du Consulat et de l'Empire*. La police de Paris a aidé la police locale dans toutes ces recherches, dirigées avec un soin et un zèle tout particuliers par M. Bailleul, commissaire-inspecteur en chef de l'imprimerie et de la librairie.

— Une nouvelle de la plus haute importance pour l'avenir commercial de l'Alsace, de la Franche-Comté et des provinces voisines, est donnée par l'*Indus-*

triel Alsacien de Mulhouse; c'est la découverte d'une mine de houille à Champagney (Haute-Saône.)

— Dimanche dernier, le bateau inexplosible n° 20 faisoit escale à Mauves, près Nantes, lorsqu'un bachot contenant dix-huit personnes, destinées à s'embarquer pour Nantes, vint frapper avec violence contre le steamer. Le choc le renvoya contre un bateau amarré à la rive. La toue fut brisée et tous les voyageurs furent précipités dans la Loire, qui dans cet endroit est très-profonde et d'un courant très-rapide. On parvint cependant à sauver les passagers, à l'exception de deux enfans qui ont péri dans les flots.

— L'Algérie n'est pas aussi peuplée, comme on l'a cru d'abord par suite de sa résistance. Nous croyons pouvoir dire aujourd'hui en approchant de la vérité qu'elle n'a pas plus de 2,500,000 habitans. Mais comme il est à peu près reconnu qu'elle présente un guerrier sur six habitans, il en résulte que nous avons eu affaire à 400,000 combattans environ. Joignons à cela les difficultés du terrain sur une grande partie de la surface qui est montagneuse, les rigueurs du climat partout, l'absence de chemins, la rareté des eaux dans certaines contrées, la privation complète d'alimens pour les hommes, la facilité qu'ont les habitans de fuir et de soustraire toutes leurs richesses mobilières, l'obligation pour nos colonnes de tout emporter avec elles, même leurs malades et leurs blessés qu'elles ne pourroient déposer nulle part, l'impossibilité de terminer la guerre par de grandes batailles et de saisir de grands intérêts concentrés, tout cela, disons-nous, considéré par de bons juges, forme un ensemble d'obstacles dont l'armée n'a pas triomphé sans gloire.

Au reste, les hommes judicieux n'auront pas manqué de comparer la guerre du Caucase à celle de l'Algérie. Ces deux entreprises se ressemblent presque par tous les points, et nos soldats sont loin de redouter la comparaison.

(*France Algérienne.*)

— On écrit de la Guadeloupe, Pointe-à-Pitre :

« Notre ville commence à renaître et à reprendre un peu cet aspect qu'elle avoit lorsque le tremblement de terre est venu la renverser. Sur onze cents maisons qui avoient été détruites, sept cents sont rebâties; mais elles ont été construites en bois, de sorte que si l'on a moins à craindre d'une commotion terrestre, on a tout à redouter d'un incendie. Il est arrivé un architecte de Paris, M. de Frémondille, dont le système consiste faire des maisons en fer. De cette manière, le feu n'auroit aucun accès. Ce mode de construction est destiné, sans doute, à remplacer dans nos contrées inter-tropicales tout autre genre de bâtisse. Il est regrettable qu'on ne l'ait pas adopté plus tôt ici. »

EXTÉRIEUR.

MADRID. — Dans la soirée du 5, une bande de conspirateurs essaya de pénétrer dans la caserne d'*el Posito*; mais l'autorité étoit sur ses gardes, et repoussa vigoureusement l'attaque. Les insurgés ont eu quatre hommes tués, et une vingtaine de blessés. Du côté de la troupe, un officier fut tué, un autre grièvement blessé, ainsi qu'un soldat.

Une tentative fut aussi faite sur l'hôtel du général Cordova, gouverneur de Madrid, et le poste de garde dut faire feu pour la repousser.

A une heure du matin, la tranquillité étoit rétablie. Dans la journée, le conseil de guerre s'est réuni pour juger les insurgés pris les armes à la main dans les différens quartiers, et qui sont au nombre d'une trentaine environ.

— On écrit de Madrid, le 4 septembre :

« M. Thiers est arrivé dans cette capitale hier dans la soirée. Il a pour compagnon de voyage M. le comte de Walewski, qui a été chargé par lui, en 1840, d'une mission en Orient. »

BELGIQUE. — Nous apprenons que de grands propriétaires de Flandres, et notamment M. Huyghe de Saint Laurent, viennent de déclarer à leurs fermiers que cette année ils n'auront rien à payer du chef de terres qu'ils tiennent à bail et sur lesquelles des pommes de terre avoient été plantées.

La conduite aussi noble que belle de ces propriétaires mérite certes d'être signalée, et nous sommes heureux de servir, en cette circonstance, d'organe à l'expression de la gratitude publique. Puisse cet exemple trouver de nombreux imitateurs!   (*Nouv. de Bruges.*)

PRUSSE. — La police de Berlin vient d'enjoindre aux maires de cafés et d'estaminets de veiller, sous peine de perdre leurs patentes, à ce qu'il ne soit prononcé aucuns discours religieux ou politiques dans leurs établissemens.

SILÉSIE. — De nouveaux troubles ont éclaté le 30 août, à Tarnowitz, en Silésie, à l'occasion de l'arrivée en cette ville de Ronge, l'un des chefs des néo-catholiques allemands. Il paroît que la foule s'est ameutée autour de l'auberge où il étoit descendu, en poussant des cris et en proférant des menaces. Mais l'ordre, un moment très-sérieusement compromis, a été rétabli par l'heureuse et conciliante intervention des bourgeois catholiques eux-mêmes. L'attitude et la conduite du clergé méritent tous les éloges.

GRÈCE. — On écrit d'Athènes, le 24 août, que M. Piscatory, notre ambassadeur en Grèce, étoit parti pour Constantinople, d'où il devoit revenir à Athènes avec M. le duc de Montpensier.

MEXIQUE. — On a, par le *Trent*, qui vient d'arriver à Southampton, des nouvelles du Mexique qui ne présentent rien de décisif. Le gouvernement de ce pays pousse toujours à la guerre contre les Etats-Unis, mais il se heurte contre de nombreux obstacles. Ainsi, il a demandé au congrès un emprunt de 15 millions de dollars (73 millions de francs), mais le congrès, sentant l'impossibilité où est le Mexique de trouver cette somme sur son crédit, ne paroît pas disposé à autoriser l'emprunt.

Autre fait, et celui-là est caractéristique. Les forces navales du Mexique consistent en deux bâtimens à vapeur, deux bricks et quelques petits navires. On hâtoit, à Vera-Cruz, l'équipement de cette misérable flotille,... afin qu'elle eût le temps de se réfugier à la Jamaïque, sous les drapeaux anglais, avant que la marine américaine ne mît la main dessus !

Le gouvernement des Etats-Unis ne cesse pas d'envoyer des troupes au Texas, où le pavillon fédéral est définitivement arboré depuis le 17 juillet.

Le Gérant, Adrien Le Clere.

BOURSE DE PARIS DU 12 SEPTEMBRE 1845.

CINQ p. 0/0. 118 fr. 70 c.	Quatre canaux 1295 fr. 00 c.
TROIS p. 0/0. 84 fr. 00 c.	Caisse hypothecaire. 652 fr. 50 c.
QUATRE p. 0/0. 0 00 fr. 00 c	Emprunt belge. 5 p. 0/0. 000 fr. 0/0.
Quatre 1/2 p. 0/0. 000 fr. 00 c.	Emprunt romain. 104 fr. 0/0.
Emprunt 1841. 00 fr. 00 c.	Rentes de Naples. 000 fr. 00 c
Oblig. de la Ville de Paris. 1405 fr 00 c.	Emprunt d'Haïti. 00 0 fr. 00 c.
Act. de la Banque. 3310 fr 00 c.	Rente d'Espagne. 5 p. 0/0. 00 fr. 0/0.

PARIS. — IMPRIMERIE D'ADRIEN LE CLERE ET C°, rue Cassette, 29.

MÉMORIAL DU CLERGÉ,

Ou Prières et Méditations à l'usage des Ecclésiastiques pour le temps des retraites, pour célébrer l'anniversaire des principales grâces qu'ils ont reçues et
pour se préparer à la mort, par Mgr Devie, évêque de Belley. — *Seconde
édition*, revue par l'auteur. 1 vol. in-12. Lyon, chez Lesne, imprimeur-libraire.
Paris, Poussielgue-Rusand.

———

Nous avons moins à parler de ce Mémorial que des entretiens du
prêtre avec Jésus-Christ, parce que c'est un livre heureusement fort
répandu, et que ce Journal en a d'ailleurs fait connoître antérieurement le mérite et l'à-propos. Dans l'avertissement que M. l'évêque de
Belley adresse également à son clergé, l'objet de ce travail véritablement sanctifiant est parfaitement expliqué.

« En nous préparant, dit le pieux prélat, à célébrer le cinquantième anniversaire de notre promotion au sacerdoce, nous avons dû faire de sérieuses réflexions
sur les grâces que nous avons reçues pendant le cours de notre vie, sur les pouvoirs qui nous ont été confiés comme ministre de Jésus-Christ, sur les devoirs que
nous avions à remplir, surtout en cette qualité, et plus particulièrement encore
sur les fautes nombreuses que nous avons commises. A la suite de cet examen,
nous avons dû nous occuper aussi du compte que nous aurions à rendre prochainement de notre administration au juge suprême des vivants et des morts : *Cogi-
tavi dies antiquos, et annos æternos in mente habui* (Ps. 76.)

» Afin que ces réflexions fussent plus profondes et plus efficaces, nous avons
cru devoir les mettre par écrit et nous en nourrir jusqu'au moment où de vénérables prélats ont daigné interrompre leurs importantes occupations pour venir
joindre leurs prières aux nôtres et invoquer sur nous les divines miséricordes.
Cette auguste cérémonie eut lieu dans l'église de Brou, attenante à notre grand
séminaire, le 8 septembre 1841, le dernier jour de la retraite pastorale, en présence du clergé du diocèse et d'une foule d'étrangers, prêtres et laïques, et qui
n'oublieront jamais le spectacle sublime que leur offrit cette réunion d'évêques
dont les mains se levoient en même temps pour nous bénir tous. Nous osons espérer que ces dignes prélats pardonneront à notre reconnoissance d'inscrire ici
leurs noms : Son Eminence Mgr Louis-Jacques-Maurice de Bonald, cardinal-archevêque de Lyon ; — Mgr Jacques-Marie-Adrien-Césaire Mathieu, archevêque
de Besançon et notre métropolitain ; — Mgr Antoine-Jacques de Chamon, évêque
de Saint-Claude;—Mgr Philibert de Bruillard, évêque de Grenoble;—Mgr Béni-
gne-Urbain Dutrousset-d'Héricourt, évêque d'Autun ; — Mgr Joseph-Marie-Eu-
gène de Jerphanion, évêque de Saint-Dié ; — Mgr François-Victor Rivet, évêque
de Dijon ; — Mgr Pierre Chatrousse, évêque de Valence. »

Mais il nous semble principalement opportun de montrer par la citation entière de l'une de ces Méditations, quelle est la méthode et la
pensée du docte et pieux prélat dans la composition et la disposition de
ses sujets d'oraisons. Evidemment il suit le mode des anciens qui, tout
en formant le cœur, ne manquoient point d'instruire et d'orner l'esprit.
Ou plutôt c'est quelque chose de l'adorable méthode du Sauveur Jésus,

ne dédaignant pas les images, les comparaisons tirées de la nature, de l'art, tantôt ordinaires et tantôt sublimes. Mgr Devie, en maître habilement formé à cette école divine, donne, par exemple, une parfaite leçon de sainte et édifiante philosophie de l'histoire dans le sujet d'Oraison suivant :

MÉDITATION SUR LE TOMBEAU DE BOSSUET.

« La réputation ecclésiastique la plus étonnante et la plus digne d'envie, s'il étoit permis à un chrétien de se livrer à ce sentiment, est celle de Bossuet. Aucun genre de gloire ne lui a manqué sous le rapport de la science et de l'éloquence. Mon intention aujourd'hui est d'en faire l'objet de ma méditation. C'est en votre adorable présence, ô mon Dieu ! que je viens la faire, afin que les lumières de la foi me fassent discerner ce qui est vraiment utile et digne d'envie, de ce qui ne l'est pas. Accordez-moi toutes les grâces dont j'ai besoin pour bien faire ce discernement.

» O Jésus ! qui nous avez appris que la science la plus nécessaire pour vos disciples est d'être doux et humble de cœur, *Discite à me, quia mitis sum, et humilis corde* (Matth. 31, 29.), apprenez-nous vous-même à aimer cette science et à l'apprécier par-dessus tout : *Jesu, mitis et humilis corde, miserere nobis.*

» Esprit de vérité, toute science vient de vous, et tout doit se rapporter à vous ; enseignez-moi toutes les vérités nécessaires et utiles pour ma sanctification et la sanctification des autres : *Doce me facere voluntatem tuam, quia Deus meus es tu.* (Ps. 142, 10.)

» Vierge sainte, vous avez mis toute votre science à conserver dans votre cœur les paroles et les exemples de votre divin Fils : obtenez-moi la grâce de faire comme vous, et de préférer la science du salut à toutes les autres : *Maria autem conservabat omnia verba hæc, conferens in corde suo.* (Luc. 2, 19.)

» Mon ange gardien, ce n'est pas pour m'apprendre les sciences profanes que vous êtes chargé de veiller sur moi, mais uniquement pour m'apprendre le chemin du ciel. Obtenez-moi la grâce de ne jamais m'en écarter : *Hodie illumina, custodi, rege et guberna.*

» Glorieux saint Paul, dont Bossuet a fait un si magnifique éloge, vous m'avez appris que la science enfle, et que la charité édifie : *Scientia inflat, caritas verò ædificat.* (1 Cor. 8, 1.) Obtenez-moi la grâce de goûter cette doctrine et de la mettre en pratique. Je vous demande la même grâce, saint Raymond, vous qui avez fait un si bel usage de la science, et qui ne l'avez fait servir qu'à devenir plus saint.

» 1° Bossuet étoit encore étudiant et simple clerc, lorsqu'un des membres de la société la plus brillante et la plus spirituelle de Paris, assura qu'il connoissoit un jeune homme qui, séance tenante, après quelques momens de recueillement, prêcheroit sur le sujet qu'on jugeroit à propos de lui indiquer. Bossuet fut appelé, et après quelques momens de préparation, il excita l'admiration de l'auditoire par le discours *impromptu* qu'il débita. Dès ce moment il fixa les regards du siècle qui a obtenu le nom de Grand, parce qu'il fournissoit un grand nombre d'hommes qui, comme Bossuet, se distinguoient par des talens éminens. Qu'il fut heureux, ce semble, ce jeune homme, d'obtenir de si bonne heure une réputation que tant d'autres n'obtiennent qu'après d'immenses travaux, et que souvent ils n'obtiennent pas !... Plus heureux cependant est celui qui, par sa piété, fixe les regards du ciel ! Ce genre de bonheur, Bossuet le goûta aussi, et il peut devenir le partage de tous.

» 2° Le premier succès de Bossuet n'étoit qu'un rayon de cette gloire qu'il acquit bientôt après son admission au sacerdoce. A peine âgé de trente-quatre ans, il prêcha l'Avent et le Carême devant Louis XIV et la cour brillante qui l'entouroit. Il fixa l'attention du roi à un tel point que ce monarque envoya complimenter son père d'avoir un tel fils. Quelle gloire, ô mon Dieu! Qu'il est difficile de conserver l'humilité dans de pareilles circonstances! Qui jamais, parmi nous, oseroit prétendre à de tels triomphes? Et, cependant, avec quelle facilité on se livre à la joie lorsqu'on a pu conquérir quelques légers applaudissemens!

» De plus grands succès encore sont préparés à Bossuet dans les *Oraisons funèbres* qu'il prononce ; là, non-seulement il est supérieur à tous, mais il est supérieur à lui-même. L'étonnement, l'admiration ne sont suspendus que pour laisser couler les larmes de ses auditeurs. Plus un sujet est stérile par lui-même, tel que celui de la duchesse d'Orléans, plus il a le talent de l'embellir par les charmes d'une éloquence inattendue, parce qu'elle paroissoit sans fondement dans le sujet qu'il traitoit. Mais la morale évangélique est toujours féconde quand la science et la piété la mettent en œuvre. Que sera-t-il donc lorsque les événemens, les qualités personnelles des sujets dont il parle, fourniront l'occasion à ces grands mouvemens qui touchent, qui remuent, et entraînent les esprits les moins susceptibles d'être ébranlés? Aussi, l'oraison funèbre de la reine d'Angleterre et du grand Condé sont au-dessus de tout éloge. On les présente à tous les siècles comme des modèles qui ne seront jamais surpassés, rarement égalés. N'oublions pas cependant ce qui en caractérise la beauté, c'est qu'on y présente les grandeurs humaines comme un *pompeux néant.*

» 3° Le *Discours sur l'histoire universelle* paroît, et le magnifique tableau des révolutions du monde semble faire pâlir les tableaux des révolutions particulières et personnelles. Sous la plume de Bossuet, il semble qu'on voit l'action de la Providence qui *fait et défait les empires* pour accomplir *les desseins concertés dans les conseils* mêmes de la divinité. Le plus acharné ennemi de la religion et du clergé vouloit attacher son nom à cette production brillante, qu'il regarde comme le plus beau livre dont la littérature française ait droit de s'enorgueillir. Pourquoi faut-il, ô mon Dieu! qu'en admirant l'auteur de ce magnifique ouvrage, tant de personnes soient si peu disposées à en cueillir les fruits et à se nourrir des vérités saintes qu'il renferme!

» 4° Un autre genre de gloire appartient à Bossuet ; il est moins brillant aux yeux du monde, mais plus précieux aux yeux de la religion : c'est l'étendue, la profondeur et l'exactitude de ses connoissances théologiques. Qui peut lire sans étonnement l'*Histoire des variations* des Eglises protestantes et les *Avertissemens* dont elle est suivie ? Quelle vaste érudition, quelle force de raisonnement, quelle variété de pensées, quelle sévère exactitude dans la manière de réfuter les erreurs les plus subtiles! C'est à juste titre que, sous ce rapport, on l'a comparé aux Pères de l'Eglise les plus savans, et qu'on voudroit lui en donner le titre.

» 5° La science théologique de Bossuet ne se bornoit pas à la connoissance des dogmes; il étoit aussi profond moraliste et surtout grand ennemi de la morale relâchée. Son *Traité sur l'Usure* et la condamnation d'une foule de propositions qui eut lieu dans l'assemblée du clergé de 1700 dont il étoit l'âme, (comme il l'étoit toujours dans ces sortes d'assemblées) annoncent la vigueur de son jugement et la vigilance active dont il étoit animé toutes les fois qu'il s'agissoit de conserver le dépôt que Jésus-Christ a confié à son Eglise, et qui nous est transmis par les évêques successeurs des apôtres. — Faites-nous la grâce, ô mon Dieu! d'en être toujours les gardiens fidèles, et ne permettez pas qu'une fausse compassion pour les pécheurs nous empêche de leur faire connoître la sainte violence qu'il faut se faire sur la terre quand on vise à conquérir le ciel.

» 6° Le genre de doctrine sur lequel Bossuet est le moins connu et le moins apprécié, c'est celui de la piété et de la perfection évangélique. On ne s'imagine pas qu'un esprit si profond et si élevé puisse s'abaisser à écouter, à étudier les détails minutieux, ce semble, dans lesquels il faut entrer pour conduire les ames dans les diverses voies de perfection que la grâce leur fournit. Mais en cela on se trompe, on est même injuste. Il suffit de lire ses *Lettres spirituelles*, pour voir que la direction des ames ne lui étoit pas étrangère, qu'il y prenoit un véritable intérêt, et qu'il remplissoit cette mission avec cette supériorité de vues et de talens qui se manifestoit dans tout ce qu'il faisoit ou entreprenoit. Ses *Méditations sur l'Evangile*, ses *Elévations sur les Mystères*, et ses autres ouvrages ascétiques, respirent les sentimens de la foi la plus vive et de la piété la plus tendre.

» 7° Mais Bossuet n'étoit-il que directeur, théologien ou orateur? Non, son talent ne se bornoit point là, et on voit facilement que la clef de toutes les sciences étoit entre ses mains quand il avoit envie de s'y introduire. Ses *Avertissemens aux protestans* et sa *Politique tirée de l'Ecriture sainte*, font apercevoir en lui l'homme qui connoit et apprécie les bases fondamentales de tout bon gouvernement, et la marche qu'il faudroit suivre pour éviter et prévenir ces collisions et ces boule-versemens qui soulèvent les nations contre les nations, et n'engendrent que des crimes et des malheurs. Qui nous donnera, ô mon Dieu! de voir s'établir ces prin-cipes de modération, de sagesse et de justice que vous avez consignés dans vos divines Ecritures, et dont une triste et longue expérience nous a si fortement prouvé l'importance et la nécessité!

» 8° Oui, Seigneur, en voyant dans Bossuet tous ces prodiges de science et d'éloquence, j'ai senti de temps en temps s'élever dans mon ame un sentiment d'envie; j'aurois voulu fixer, comme Bossuet, les regards de l'univers. Cepen-dant, à le bien prendre, que lui reste-t-il de ce brillant cortége qui s'attache à son nom? *Laudantur ubi non sunt*, disoit saint Augustin, en parlant de tous les grands hommes qui ont paru successivement dans le monde; ils sont loués là où ils ne sont plus. Mais à quoi leur servent ces magnifiques éloges, s'ils ont fait un mauvais usage des talens qu'ils avoient reçus? Ce n'est pas ce triste sentiment que nous inspire Bossuet; tous ses talens ont été consacrés à la religion, et c'est ce qu'il nous importe de méditer et d'imiter; tous les applaudissemens qu'il a reçus, tous les éloges qu'on lui a prodigués, ne lui serviroient de rien aujour-d'hui, s'il n'avoit pas eu soin de dire comme le prophète : *Non nobis, Domine, non nobis, sed nomini tuo da gloriam* (Ps. 113, 9); s'il avoit retenu quelques grains de cet encens qui ne doit brûler qu'aux pieds de l'Eternel.

» Bossuet n'a donc emporté dans l'autre vie que le bien qu'il a fait, que les vertus qu'il a pratiquées, que les intentions surnaturelles qu'il nourrissoit dans son cœur. Ce ne sont pas ses ouvrages les plus brillans, les plus vantés, qui font maintenant sa gloire et son bonheur; ce sont, au contraire, les sacrifices qu'ils lui ont donné occasion de faire et qu'il a fait bien souvent avec une générosité hé-roïque.

« » C'est parce qu'il étoit profondément pieux que sa gloire n'a pas été sans nuage. Attaqué successivement par les protestans et les incrédules, dont il étoit le désespoir par la force de son raisonnement, on a cherché à trouver des foi-blesses, de la passion même dans ses œuvres de zèle, pour conserver dans son in-tégrité le dépôt de la foi. Grande leçon pour nous de ne chercher en tout que la gloire de Dieu, puisque c'est la seule chose qui nous reste et qui puisse être re-compensée.

» Qu'importe à Bossuet maintenant la critique exercée contre ses ouvrages, contre sa personne, contre ses intentions? Il disoit de son vivant, il dit plus effieffacement encore comme l'apôtre : *Qui judicat me, Dominus est.* (I Cor. 4, 4.) Et ce sont les paroles que je dois retenir pour le bouquet spirituel.

EXEMPLE.

» On a reproché à Bossuet sa conduite envers Fénelon ; mais le jugement du Saint-Siége intervenu dans cette affaire le justifie sur le fond. Quant à la forme et à la chaleur immodérée qu'il a paru mettre dans les procédés, les torts viennent-ils de lui, ne viennent-ils que de lui ? Dieu seul doit en être juge. Mais il ne faut pas oublier la réponse qu'il fit à Louis XIV : « Qu'auriez-vous fait, lui demanda le roi, si je m'étois tourné du côté de Fénelon pour l'appuyer ? *Sire,* répondit Bossuet, *le danger alors m'auroit paru plus grand, et j'aurois crié vingt fois plus fort.*» Dans une autre occasion, le grand roi lui témoigna quelque étonnement de ce qu'il avoit fait un traité contre les spectacles : J'y vais souvent, ajouta le monarque, et je ne crois pas faire mal. *Sire,* répondit Bossuet, *les spectacles ont pour eux de grands exemples, et contre eux d'invincibles raisons.*

» *Loquebar.... in conspectu regum: et non confundebar.* (Ps. 118, 46.) »

C'est bien ainsi qu'ont dû entretenir leurs prêtres dans leurs fréquentes réunions de prières et de méditations, les plus illustres et saints docteurs de l'Eglise.

REVUE ET NOUVELLES ECCLÉSIASTIQUES.

PARIS.

M. l'évêque du Mans, sous la date du 2 août dernier, vient de publier une INSTRUCTION et ORDONNANCE adressée au clergé de son diocèse, TOUCHANT LES RELIQUES DE LA VRAIE CROIX ET DES SAINTS. Cette instruction ou ordonnance ne renferme pas moins de 72 pages in-4°, et peut être justement considérée comme un résumé très-complet de cette importante question de l'enseignement de l'Eglise. Le savant prélat traite successivement et avec détails : 1° des reliques en général ; 2° des reliques de la vraie croix ; 3° des reliques des saints. L'INSTRUCTION ou ORDONNANCE commence par l'exposition suivante :

« Une des graves obligations attachées à notre charge pastorale, nos chers coopérateurs, est de veiller sans cesse à la pureté de la doctrine et à la légitimité du culte religieux, jusques dans ses moindres détails. Nous devons étendre notre sollicitude aux diverses parties de notre diocèse, malgré leur multiplicité, et porter nos regards partout, non pour exercer sur vous une domination sévère, rien n'est plus éloigné de nos pensées, mais pour vous aider, dans l'effusion de nos sentimens paternels, à remplir fidèlement des devoirs qui vous sont communs avec nous, et dont vous aurez à rendre compte aussi bien que nous.

» Les officiers d'un roi de la terre n'ont rien plus à cœur que de glorifier leur maître et d'honorer ceux qui participent à sa dignité ; ils sentent que la moindre négligence de leur part seroit une faute qu'on ne leur pardonneroit pas aisément, et, pour cela, ils l'évitent avec une extrême vigilance.

» Seroit-il possible que nous fussions moins zélés, moins actifs, moins vigilans pour la gloire du roi immortel qui nous a constitués ses ministres, pour l'honneur de ses saints, qui sont ses amis et les princes glorieux de son royaume éternel ? Vous ne le voulez pas, nous en sommes sûrs ; nous ne le voulons pas non plus. Cependant, il résulte des remarques que nous avons faites plus d'une fois, dans nos visites diocésaines, et des renseignemens qui nous sont venus par d'autres voies, que, relativement aux saintes reliques, des abus se sont établis en différens lieux, par défaut d'attention ou par ignorance ; ces abus tendroient plutôt à augmenter qu'à diminuer, si un remède intelligent n'y étoit porté.

» C'est à nous, nos chers coopérateurs, de prendre l'initiative et à vous de nous seconder. Nous appelons votre concours, et vous nous l'accorderez sans hésiter.

» Pour l'intelligence du réglement que nous allons formuler, nous croyons utile de vous exposer, sur les reliques en général, sur les reliques de la vraie Croix et sur les reliques des Saints, en particulier, des principes puisés aux sources les plus pures de la liturgie et du droit canonique. »

Le conseil-général de la Vendée, qui est censé représenter une contrée renommée pour son attachement à la religion et à l'Église, s'est distingué au contraire dans ses délibérations de la session de 1845, par une hostilité flagrante contre tout ce que les catholiques vendéens ont de plus cher. On croiroit vraiment que nous sommes aux plus tristes momens de 1831, alors que les croix, les évêchés, les missions et toutes les institutions religieuses avoient à trembler pour leur conservation. Assurément, si l'honorable M. Isambert avoit présidé à la rédaction des délibérations suivantes, elles n'auroient pu se formuler en d'autres termes ni contenir d'autres prescriptions.

Le conseil emet le vœu :

« Que le concordat de 1801 soit rigoureusement exécuté en ce qui concerne le nombre des siéges épiscopaux, et à l'égard de deux petits séminaires illégalement établis dans la Vendée ;

» Que le gouvernement porte toute son attention sur les prédicateurs nomades qui, sous le nom de missionnaires, occasionnent le trouble dans les campagnes et y propagent des principes contraires aux institutions qui nous régissent ;

» Que le gouvernement fasse usage de tous les pouvoirs que lui donnent les lois pour supprimer une congrégation d'hommes clandestinement établie à Saint-Germain-l'Aiguiller, et dont l'existence illégale a déjà été plusieurs fois signalée par le conseil-général et par le conseil d'arrondissement de Fontenay ;

» Que le gouvernement use de tous les moyens en son pouvoir pour empêcher les curés et desservans d'annoncer aux prônes les fêtes supprimées ;

» Que des dispositions soient prises par le gouvernement pour mettre un terme aux abus de l'administration des fabriques, et pour que la comptabilité de ces établissemens soit soumise aux même formes que celle des communes ;

» Que les quêtes faites dans les communes sous le nom de boisselage, par les curés et desservans, soient interdites comme illégales. »

Les travaux de restauration de l'église Saint-Germain-l'Auxerrois approchent de leur terme. La statue en marbre blanc du chancelier Etienne d'Aligre vient d'être placée dans une chapelle récemment restaurée au midi du chœur.

En ce moment les ouvriers creusent de larges et profondes tranchées dans l'intérieur de cette église, au milieu de la nef, dans le chœur et tout à l'entour de la nef et du chœur, sous les galeries latérales, pour y poser un calorifère.

En faisant ces fouilles, les ouvriers ont rencontré de nombreuses

tombes brisées et de nombreux gisemens d'os humains. Ces ossemens
·sont recueillis avec soin et transportés dans l'un des trois grands cimetières publics. Dans quelques jours, la chapelle de la Vierge, dont
le maître-autel vient d'être fait et le porche peint à fresque par M. Mot-
tez, va être débarrassée de ses échafaudages et livrée au jugement du
public.

Le porche peint de Saint-Germain-l'Auxerrois sera le premier qu'on
verra à Paris.

Par suite des sacrifices généreux qui atteignent en ce moment les
quelques maisons de Jésuites situées en France, une des œuvres religieuses les plus intéressantes de Lyon se trouve privée de son zélé
directeur, le P. Matton, qui est allé résider à Fribourg.

« Il y a dans Lyon, dit la *Gazette de Lyon*, à peu près 6,000 Allemands ou Al-
saciens, parmi lesquels on compte environ 1,200 soldats de la garnison. Sur ce
nombre, il se trouve beaucoup de catholiques que la facilité de s'adresser à un
prêtre parlant leur langue maternelle ramène à l'accomplissement de leurs devoirs religieux, et encourage à y persévérer; il en est d'autres plus fervens pour
qui cette facilité est superflue, mais non moins précieuse.

» Le P. Matton, originaire de l'Alsace, supportoit seul le poids de la direction
spirituelle de ces deux classes d'individus, que son activité et son zèle rendoient
de jour en jour plus nombreux. Depuis long-temps, il avoit été obligé d'abandonner le bas-chœur de la cathédrale, et de demander l'ancienne église de son ordre, l'église du collége royal, afin d'y réunir *ses paroissiens*. Le recteur de l'académie s'étant empressé de déférer à cette demande, les exercices religieux du
dimanche avoient lieu dans ce dernier local, avec accompagnement de chants allemands.

» Ce n'est pas à nous à dévoiler ce que le P. Matton a fait dans ce ministère et
en-dehors, non-seulement pour le bien de la religion, mais aussi pour le bien de
la société, dont nul ne pouvoit mieux que lui connoître et par conséquent guérir
les misères cachées, les plaies intimes. Il nous suffit de dire que son départ subit
cause d'inexprimables regrets à tous ceux qui le connurent, quelle que soit l'opinion et la classe à laquelle ils appartiennent. »

Le *Réveil du Midi*, nouveau journal de Toulouse, annonce que le
maire de cette ville vient d'envoyer une supplique à Rome, à l'effet de
hâter la canonisation de la bienheureuse Germaine Cousin, dont la
sainteté se manifeste toujours par de nouveaux miracles.

Voici de nouveaux détails sur le Congrès scientifique de Reims :

« J'arrive de Reims, où vient d'avoir lieu la 15° session du *congrès scientifique
de France*, institution nomade dont le but est de faire jaillir successivement la
lumière sur tous les points du royaume. Jamais, pour le recevoir, on n'avoit
montré tant de sympathie et déployé tant de magnificence. Mgr l'archevêque,
beaucoup de membres du clergé de Reims et de plusieurs autres diocèses ; le
conseil-général du département, la ville, la population tout entière, ont rivalisé
de zèle et d'empressement, le premier en ouvrant au congrès les magnifiques
salons de son palais archiépiscopal, les seconds en apportant le concours de leurs

lumières, les autres en votant des fonds, en donnant des fêtes et en mettant leurs trésors scientifiques et leurs maisons particulières à la disposition des étrangers. Le congrès comptoit onze cents adhérens.

» En voyant la vieille cathédrale, parée dès ornemens de sa gloire, étaler ses joyaux, ses antiques tapisseries, en l'entendant tous les jours exprimer majestueusement sa joie par la voix de ses bourdons, en voyant des savans en tout genre et de tous les pays se presser dans l'enceinte du palais archiépiscopal, à l'ombre de cette même cathédrale qui sembloit s'être rajeunie, on pouvoit se croire revenu au temps où le savant Gerbert, invité par l'archevêque Adalbéron, venoit prendre dans ces lieux mêmes la direction des écoles, et, par sa brillante parole, attiroit des élèves du fond de l'Allemagne, de l'Italie, des Espagnes et de toutes les contrées de l'Europe. C'étoit merveille de voir les savans de tout âge fraterniser avec le prêtre, l'écouter, l'applaudir et parler des choses saintes, à leur tour, avec un respect profond. De son côté, le clergé s'est constamment montré, dans toutes les parties, à la hauteur de sa mission. A l'exemple du savant prélat qui dirigeoit avec tant de dignité, de tact et d'esprit, ces tournois de la pensée, il a fait constamment preuve de science autant que de piété et de charité. De part et d'autre, en apprenant à se mieux connoître, on a appris à s'estimer et à s'aimer. Le congrès scientifique n'auroit produit que ce résultat, qu'il faudroit encore bénir son passage dans la noble cité, jadis reine de la Gaule-Belgique.

» Vous dire le zèle avec lequel, dès sept heures du matin jusqu'à onze heures du soir, chacun couroit à la section qu'il avoit choisie, vous résumer tant d'habiles et savantes discussions, vous dire comment quelques-uns oublient qu'une partie de nous-mêmes a besoin de manger; vous raconter les savantes excursions qui ont eu lieu dans les églises et partout où l'antiquité a laissé quelques vestiges, sous la conduite de savans archéologues, surtout de MM. Bourassé et Didron, qui savent si bien déchiffrer ces magnifiques poèmes en pierre composés par nos aïeux; vous décrire la belle messe pontificale du dimanche où le prélat, après s'être montré si bon, a paru si majestueux, où le clergé et d'antiques cérémonies propres à l'église de Reims, ont fait passer sous nos yeux tant de pompe et de dignité. vous dire les fêtes qui se sont succédé, les ravissans concerts donnés par la société philharmonique dans l'immense *salle du festin royal*, qui servoit également aux séances générales du congrès, vous dire enfin combien les étrangers ont été enchantés des Rémois et les Rémois des étrangers, c'est ce que je n'entreprendrai pas. Je me contenterai de former, en terminant, le vœu bien sincère que partout le *congrès scientifique* soit reçu comme à Reims, et que partout, comme là. le clergé y prenne part, se mêle activement à ces pacifiques combats, accoure, à l'exemple de Mgr l'évêque de Versailles, des lieux éloignés pour l'encourager de sa présence, et pour prouver ainsi qu'il est, comme il l'a toujours été, non pas l'ennemi, mais l'ami sincère et dévoué des lumières et du véritable progrès.

» *Un membre du congrès scientifique de Reims.* »

M. l'abbé Souaillard, jeune prêtre doué de connoissances musicales assez étendues, et animé d'un zèle éclairé pour la restauration de la musique sacrée, vient de quitter la paroisse Saint-Vincent de Châlons-sur-Saône pour entrer dans l'ordre de Saint-Dominique, rétabli par le R. P. Lacordaire.　　　　　　　　　　　　　(*Gazette de Lyon.*)

L'*Abeille union catholique d'Alsace* se voit forcée de suspendre ses publications. L'*Abeille* lègue ses abonnés à l'*Espérance de Nancy.*

On nous écrit du diocèse d'Agen :

« Monsieur,

» M. Jean Labat de Lapeyrière, curé d'Aiguillon, dont le souvenir ne s'effacera jamais du cœur de ses paroissiens, est mort à l'âge de quatre-vingt-quatre ans, le 20 août dernier, après une courte maladie, consolé et fortifié par les sacremens de l'Eglise.

» M. de Lapeyrière étoit un des ecclésiastiques les plus vénérables du diocèse d'Agen, et un de ces prêtres qui, fidèles à l'Eglise et au Saint-Siége, eurent l'honneur de confesser la foi aux jours mauvais de la première révolution. Emprisonné, enchaîné et déporté pour la foi, qui pourroit dire tout ce qu'il eut à souffrir d'indignes traitemens pendant les neuf ou dix ans que dura la persécution? Quand il plut à la divine Providence de briser ses fers, quand des jours meilleurs brillèrent sur la France, enfant soumis de l'Eglise qu'il aima toujours, M. de Lapeyrière fut un des premiers qui se présenta au nouvel évêque d'Agen, Mgr Jacoupy, envoyé par le souverain Pontife, pour réparer le mal que l'impiété avoit fait à la religion pendant le cours de la tourmente révolutionnaire. Ce saint prêtre avoit un tact merveilleux pour tout ce qui regardoit les fonctions de son ministère, pour les bien remplir et se faire aimer. Il connoissoit toutes les convenances et possédoit au plus haut degré les qualités de l'esprit et du cœur. Humble et modeste, quoique issu d'une des familles les plus honorables, les plus anciennes et les plus distinguées de ce pays, il refusa constamment les honneurs et les dignités qu'on lui offrit. Content de faire le bien à Aiguillon, heureux d'aimer ses paroissiens et d'en être aimé, toute son ambition se bornoit à gagner des ames à Dieu et à répandre autour de lui les bienfaits de son inépuisable charité. Dieu seul connoît toutes les infortunes qu'il a consolées, toutes les misères qu'il a soulagées, toutes les larmes qu'il a essuyées. Sa fortune qu'il tenoit de ses pères, et qui étoit immense, il l'employoit à nourrir les pauvres et les malheureux, et à faire élever les jeunes gens de sa paroisse qui se destinoient à l'état ecclésiastique, et dont il étoit le soutien et la seule ressource. Plusieurs d'entre eux, un bon nombre même, revêtus aujourd'hui du caractère sacerdotal, lui doivent cet insigne bonheur. Son traitement étoit aussi à la disposition de tous ceux qui avoient des besoins. Aussi sa mort est regardée à Aiguillon comme un malheur public pour la localité. Toute la population désolée et inconsolable de sa perte, sans distinction de riches ni de pauvres, de nobles ni de plébéiens, assista à ses funérailles, qui furent pompeuses et magnifiques, et qui eurent lieu le 21 du mois d'août. Plus de trente prêtres et chanoines s'y trouvèrent réunis; un vicaire-général présidoit cette lugubre et imposante cérémonie. M. le maire et ses adjoints, revêtus de leurs insignes, pleurant, et la tête découverte comme le reste des habitans, suivoient sa dépouille mortelle, à la tête du conseil municipal. Le convoi, escorté par la garde nationale, traversa toutes les rues de la cité et des faubourgs. Après le service divin, qui fut offert pour le repos de son ame, et pendant lequel on vit des pleurs couler de tous les yeux, son corps, conformément à ses désirs et à ses dernières volontés, au lieu d'être porté dans le tombeau de sa famille, fut porté dans le cimetière de la paroisse, où il fut inhumé au milieu de ses enfans, qu'il avoit si tendrement aimés et chéris. Là, après un dernier adieu qui fut dit sur sa tombe, et où furent rappelées ses vertus sacerdotales, ses lumières, ses bonnes œuvres et tant d'autres traits qui ornèrent si brillamment cette vie si belle et si pure, la foule s'approcha avec respect pour contempler une dernière fois les traits de celui qui fut plus de trente-six ans son pasteur et son père, et, le cœur navré d'amertume, gardant le souvenir du prêtre modèle, du pasteur vénéré qu'elle venoit de quitter, et dont ses larmes sincèrement répandues étoient la plus belle oraison funèbre, se retira, persuadée qu'elle avoit un protecteur de plus dans le ciel, et priant Dieu de diriger le choix difficile d'un digne successeur.

» Ainsi disparoissent peu à peu les membres de l'ancien clergé, ces anciens du sanctuaire, qui consolèrent l'Eglise aux jours de ses malheurs, par leur fidélité, et rappelèrent à la France, à l'Europe et au monde entier l'héroïsme des anciens confesseurs de la foi. Bientôt ils auront tous disparu, la mort les aura tous frappés, et il ne restera plus que le souvenir de leurs exemples et de leurs vertus, que l'Eglise consignera dans ses fastes comme un monument éternel élevé à sa gloire et à celle de Dieu.

» Je suis, etc.   EUGÈNE SENTENAC, prêtre.

» Moncrabeau, le 10 septembre 1845. »

CHAMBÉRY. — Hier lundi, 8 septembre, à dix heures du matin, a eu lieu avec solennité, selon la coutume, la procession annuelle et générale du saint Sacrement, en accomplissement du vœu de Victor Amédée II, et en action de grâces pour la délivrance de Turin en 1706. Le saint Sacrement, porté par M. l'archevêque, étoit, comme à l'ordinaire, suivi d'une des chambres du sénat en robes rouges, et de MM. les nobles syndics en costume consulaire. La procession avoit été précédée d'une messe solennelle célébrée par M. le chanoine Girard, prévôt du chapitre métropolitain, et a été terminée par la bénédiction du saint Sacrement. Les troupes d'infanterie de la garnison qui étoient sous les armes, pendant toute la durée de la cérémonie, ont fait les salves d'usage.

Nos places, nos rues et nos églises étoient encombrées d'une foule considérable attirée par la solennité du jour, et en partie composée d'un grand nombre d'étrangers se rendant à Notre-Dame de Myans ou revenant de ce lieu de pélerinage renommé, qui réunit toujours, à l'occasion de cette fête, un immense concours de personnes venues de toutes parts.

BAVIÈRE. — Tandis qu'en Saxe et en Prusse le combat le plus acharné et le plus redoutable par ses conséquences se soutient entre les deux grandes divisions protestantes, le consistoire supérieur de Munich cherche par toutes sortes de moyens à le prévenir en Bavière. Il recommande avec ardeur le maintien de la foi à la révélation, et supplie chacun de s'abstenir de personnalités dans ses écrits polémiques. Se dissimule-t-il qu'en Bavière, aussi bien que dans toutes les autres contrées de l'Allemagne, l'indifférence ou l'incrédulité systématique ont gangrené toutes les classes instruites et élevées de l'agrégation protestante? Par quel moyen pourra-t-on jamais parvenir à empêcher le développement de l'application la plus absolue du principe de libre examen, qui est le banc de sable sur lequel Luther et ses complices ont élevé leur édifice?

— Le 7 septembre a commencé la célébration de la onzième fête

séculaire de la fondation de l'évêché d'Eichtadt, qu'ont honorée de leur
présence deux archevêques et quatre évêques. Elle a été inaugurée par
une procession solennelle, où étoient portées les reliques de saint Wil-
libald, premier évêque de cette ville, et de sa sœur sainte Walbourge,
fondatrice et première abbesse du célèbre monastère de son nom. Cent
trente paroisses ont annoncé leur intention de se rendre processionnellement à la cathédrale, pour y rendre hommage au saint fondateur. Mgr de Reisach ayant obtenu du Saint-Père, pour cette solennelle
octave, une indulgence plénière, quarante prêtres occuperont les confessionnaux pendant toute la durée de la solennité. L'Eglise des Jésuites vient d'être rendue au culte; trois Rédemptoristes y remplissent
provisoirement les saintes fonctions.

ESPAGNE. — La triste situation du culte et du clergé est toujours la
même, sous le rapport financier, malgré les promesses si répétées du
gouvernement. On sait que la loi avoit fixé la dotation de ces deux objets sacrés à 159 millions de réaux, en dehors de plusieurs autres
moyens de subsistance, qui devoient être maintenus. Eh bien! pour
tout à-compte la commission de dotation n'a encore reçu dans toute
l'année que 20 millions de réaux. C'est donc là une continuation d'un
état de pénurie et d'abandon dont les besoins du culte et du clergé n'a-
perçoivent pas le terme.

GRAND-DUCHÉ DE BADE. — Un conflit en tout semblable à celui
qui a causé l'arrestation de l'archevêque de Cologne, vient de s'élever
entre le gouvernement grand-ducal de Bade et l'archevêque de Fribourg.
Le prélat avoit enjoint à son clergé, pour tous cas de mariages mixtes,
d'en référer à l'autorité métropolitaine, et le gouvernement s'est hâté de
déclarer nulle et non avenue cette disposition, comme incompatible
avec les lois de l'Etat, et contraire à la pratique observée jusqu'ici. De
son côté, l'archevêque vient de réitérer ses ordres, à cet égard, et d'en
prescrire la stricte observation, en vertu de l'obéissance promise sous
la foi du serment par les prêtres au moment de leur ordination. L'on
ne laisse pas d'être inquiet d'une collision de cette nature dans un pays
où la population catholique est numériquement de beaucoup supérieure
à la population protestante. On a d'ailleurs tout lieu de craindre, pour
l'Allemagne méridionale, une de ces réactions catholiques qui ne manquent pas de soulever l'opinion dès qu'un gouvernement protestant se
permet d'attenter à la personne d'un prince de l'Eglise.

PRUSSE. — L'on apprend de Stettin que Czersky s'est refusé à toutes
les propositions de conciliation que lui ont faites les *Philophotes* (amis
des lumières). « Je suis, a-t-il répondu, sur le rocher qui est le Christ.
Je n'entends aucunement dissimuler ma rupture avec Ronge et les
siens; je veux au contraire lui donner la plus grande publicité. »

SUISSE. — L'on apprend de Schaffhouse, que le docteur Frédéric Hurter venoit d'être nommé historiographe - aulique de l'empereur d'Autriche. Il se trouvoit en route pour se rendre à Rome, d'où il retournera à Vienne pour prendre possession de son nouvel emploi. Pendant le court séjour qu'il vient de faire dans sa ville natale, il est devenu l'objet d'une démonstration dont le sens n'est pas trop difficile à démêler. Pendant la nuit un inconnu lança contre une de ses fenêtres une bouteille *remplie de sang*, qui alla se briser contre le mur, où se voit encore une large trace du contenu du vase.

— Le grand conseil a agréé la proposition d'une loi qui privera de tous droits politiques et civils tout citoyen du ressort du canton qui feroit défection à la religion de l'Etat. Le petit conseil a été chargé de rédiger ce projet de loi et de le présenter à la sanction du grand conseil à sa première réunion.

REVUE POLITIQUE.

M. le maréchal Bugeaud, duc d'Isly, après avoir quitté l'Algérie, et transmis le gouvernement général de la colonie à M. de Lamoricière, s'est dirigé aussitôt après son débarquement à Cette, vers le château de Soultberg à Saint-Amant, où réside M. le ministre de la guerre. Nous ne voyons rien jusque-là qui justifie ce qu'avoient annoncé les journaux sur la prétendue mésintelligence survenue, affirmoit-on, entre ces deux sommités militaires et gouvernementales. Il ne paroît pas non plus que le gouverneur-général de l'Algérie se prépare à ne pas reprendre son poste supérieur, après l'expiration du congé qu'il vient d'obtenir. Ses adieux aux autorités d'Alger ont laissé entrevoir, au contraire, que le maréchal gouverneur s'empresseroit de venir donner suite à tous ses plans d'attaque et de défense militaire, et surtout de colonisation. L'adresse que le président du tribunal d'Alger a lue au maréchal avant son départ est très-remarquable et très-honorable pour sa haute administration. Aussi, dans la réponse qu'il lui a faite, le duc d'Isly a-t-il prononcé avec émotion les paroles suivantes :

«Monsieur le président, ayez la bonté de me remettre l'adresse que vous venez de lire au nom de vos concitoyens. Je la conserverai comme un titre de noblesse ; elle restera dans mes archives à côté du brevet qui m'a fait duc d'Isly, et qui perpétue dans ma famille le souvenir d'un grand service rendu par l'armée d'Afrique à la France et à sa colonie. »

Depuis quelques jours, les journaux les moins susceptibles d'être accusés d'excès de zèle pour la morale publique, ne cessent de s'élever contre le scandale des agiotages sur les actions des chemins de fer. Dans sa *Revue de Paris*, le *Constitutionnel* ne craint pas de dire que la passion du jeu de Bourse à cette heure va non-seulement jusqu'au délire, mais qu'elle surpasse le scandale effréné pour l'argent, que l'on vit autrefois sous la régence, dans la rue Quincampoix, alors que tout Paris vouloit avoir des actions de la trop fameuse banque de Law. Nous ne pouvons ni ne voulons aller vérifier les récits du *Constitutionnel* sur ce qui se passe à la Bourse, sur la place et dans les rues environnantes ; s'il est vrai, comme ce journal l'affirme,

que des hommes de tous les rangs et de tous les états, que des femmes, et
jusqu'à des enfans, se fassent porter des siéges de très-bonne heure, afin
de pouvoir résister à la fatigue que l'attente trop longue du *moment du jeu* leur
fait éprouver : mais il suffit certes de tous ces bruits de journaux de toute nuance,
pour faire gémir profondément sur l'état moral d'une pareille société. *Avez-vous
du Nord* ; *voulez-vous du Fampoux*, tout le monde s'aborde, dit-on, dans les riches quartiers de la finance, au boulevard de Gand et à la Chaussée-d'Antin, par
ces questions d'agiotage. Là régnent le plaisir et l'argent. Il est bien évident que
dès que la religion et son frein salutaire n'arrêtent plus les ames et ne dominent
plus sur les mœurs privées, ce sont de telles passions qui doivent se faire jour jusqu'au scandale, dans les mœurs publiques. Vous qui travaillez sans relâche à rendre odieux le clergé et son enseignement évangélique, les gardiens et les
apôtres de toute moralité, vous avez certes aujourd'hui et bien malheureusement, peu de crédit pour aider à réparer tant de maux. D'ailleurs cet entraînement
déplorable de tant d'hommes et de femmes de nos jours, vers les jeux de Bourse
et de hasard, cette soif d'argent et d'émotions subitement obtenus, sans
d'autre activité que celle de la passion la plus insatiable, ne sont pour ainsi dire
qu'une nouvelle importation d'Angleterre. De tout temps et bien plus qu'en
France, à Londres et dans les trois royaumes unis, on a joué de cette manière,
sur tout et à propos de tout. La grande hérésie et le grand schisme que les mœurs
et la passion d'Henri VIII ont amenés sur cette terre jadis nommée *Terre des saints*,
semblent revivre avec chaque génération de l'opulente aristocratie de cette nation.
L'industrie si active et si prodigieuse des Anglais se fait sentir dans tous les rangs ;
il faut à ce peuple un bien-être, un confort, et plus que cela, des jouissances qui
nécessitent beaucoup d'argent. Chose étonnante, dit un économiste, les *clubs* de
Londres dans les jeux et les paris voient circuler plus de guinées que Manchester
et Liverpool pour leurs gigantesques manufactures. Dernièrement dans la plus célèbre des TAVERNES on a parié des sommes incalculables sur le mauvais temps de la
saison.... On dit que le beau soleil de septembre est venu désoler les plus acharnés parieurs. En France de semblables mœurs s'introduisent. Notre jockeys-clubs
et nos lions ont aussi la passion des chevaux, des paris et de l'agiotage sur les
chemins de fer. Toute une jeunesse dorée, comme on la nomme, se presse, se
pousse sur les marches du temple de la fortune ; les heureux redoublent leurs dépenses et leurs folies ; les maltraités par le sort attendent mieux, jusqu'à ce que
ruinés et perdus, ils forcent leurs familles désolées à venir, les yeux baignés de
larmes, redemander le cadavre d'un suicidé, à cet effrayant dépôt qui porte à
Paris le nom de MORGUE. Tels sont les résultats trop tristes, mais exacts, où l'on
voit chaque jour aboutir et l'absence des idées religieuses, et les publications im-
morales de tant d'écrivains aveugles ou égarés. Pourquoi donc nous enlever le
peu qui restoit à la France de nos antiques mœurs qui firent nos pères si honnêtes et si glorieux ? L'Angleterre, quoi qu'on tente depuis un siècle, ne sauroit
nous servir de modèle ; elle-même ne sauroit échapper aux crises qui la menacent à propos *des céréales et des ouvriers*, qu'en revenant à cette unité de foi
qui, grâces à Dieu, nous distingue encore d'elle et de tant d'autres nations.

NOUVELLES ET FAITS DIVERS.

INTÉRIEUR.

PARIS, 15 septembre. — Une ordonnance royale du 8 septembre, rendue sur le rapport de M. le ministre de l'instruction publique, et publiée par le *Moniteur*, place les salles d'asile, les ouvroirs, les écoles des divers degrés et autres établissemens primaires de tout ordre, sous l'autorité des comités institués à Paris en vertu de la loi sur l'instruction primaire. La présidence des comités spéciaux, institués par l'art. 2 de l'ordonnance royale du 8 novembre 1833, est attribuée au maire ou à l'un de ses adjoints.

— A compter du 1er octobre prochain, il est formellement interdit, par un arrêté de M. le préfet de la Seine, approuvé par M. le ministre de l'instruction publique, aux maîtresses de pensions et d'institutions dans le département de la Seine, de recevoir des dames en chambre dans les établissemens qu'elles dirigent.

En conséquence, ne seront admises dans ces établissemens que des élèves soumises à la règle commune de la maison, des sous-maîtresses régulièrement brevetées et les personnes à gages nécessaires au service.

Toutefois, un délai est accordé jusqu'au 1er janvier 1846, en faveur des institutrices qui, par suite d'engagemens contractés antérieurement à la promulgation du présent arrêté, se trouveroient avoir chez elles des dames en chambre à l'époque du 1er octobre.

Passé le délai du 1er janvier aucune pension, aucune institution de demoiselles ne pourra plus admettre ou conserver de dames en chambre.

Il sera exercé une surveillance spéciale à ce sujet, et tout établissement qui seroit reconnu être en contravention sur ce point sera fermé immédiatement.

— Le *Moniteur* publie les deux ordonnances du roi, datées du 10 août, à Eu, qui homologuent les deux adjudications des chemins de fer de Paris à la frontière du Nord et de Fampoux à Hazebrouck.

— MM. le comte d'Alton-Shée, pair de France, Blount, de la maison Ch. Laffitte, baron de Saint-Athin, et Barbet, maire de Rouen, ont déposé la demande de concession du chemin de fer de Dieppe à Fécamp, entre les mains du ministre des travaux publics.

— Si nous sommes bien informés, dit le *Journal des Chemins de Fer*, voici l'ordre dans lequel seront faites les adjudications des lignes restant à concéder :

1° Paris à Strasbourg, Tours à Nantes, vers la fin d'octobre;

2° Creil à Saint-Quentin, dans la première quinzaine de novembre;

3° Paris à Lyon et Lyon à Avignon, vers le milieu de décembre.

Toutes les lignes votées par les chambres dans la dernière session se trouveroient ainsi adjugées avant l'ouverture de la session 1845-46.

— M. Dumon, ministre des travaux publics, est parti hier pour le midi de la France. Le ministre visitera les tracés de chemins de fer et les chemins de fer en construction.

— L'académie des Beaux-Arts a nommé samedi M. Lemaire, sculpteur, pour successeur de M. Bosio. Le nombre des votans étoit de 31. M. Lemaire a obtenu 18 suffrages, M. Rude en a obtenu 10, M. Simard 3, M. Foyatier 1.

— La même académie a jugé, dans la même séance, le concours des grands prix d'architecture dont le programme, proposé aux concurrens, étoit une *église cathédrale pour une ville capitale*. Les prix décernés sont : premier grand prix à M. Félix Thomas, de Nantes, âgé de trente ans, élève de M. Lebas; premier second grand prix à M. Pierre Trémaux, de Charay (Saône-et-Loire), âgé de vingt-six ans, élève de M. Lebas; deuxième second grand prix à M. Charles–Auguste–Philippe Lainé, de La Rochelle (Charente-Inférieure), âgé de ving-neuf ans, élève de feu M. Guénepin et de M. Achille Leclerc.

— M. le contre-amiral de Hell vient d'envoyer sa démission de préfet maritime de Cherbourg, parce qu'il n'a pas cru qu'il fût possible de concilier ses devoirs de député et d'administrateur.

— M. le marquis de Talleyrand-Périgord, prince de Chalais, est le candidat de l'opposition légitimiste au collége électoral de Blois.

— La *Démocratie pacifique* ouvre une souscription pour offrir une médaille à M. Eugène Sue. Et quel est le nom qui se trouve porté le premier sur la liste? Celui de M. Champion, l'homme au petit manteau bleu.

— L'installation de la statue équestre du duc d'Orléans, sur la place intérieure du Louvre, va motiver des embellissemens et des améliorations dans cette enceinte ; aujourd'hui les travaux commencés consistent en un pavage en petites pierres aux abords de la statue : ce pavage est circonscrit dans des trottoirs octogones. Le projet d'embellissement consiste en quatre compartimens exhaussés du sol d'un quart de mètre environ. Ces compartimens seront gazonnés au centre et dallés sur les bords. Quatre fontaines, de la forme de celles que l'on voit aux Champs-Elysées, compléteront ces embellissemens. Ces divers travaux, en commencement d'exécution, ne seront guère terminés qu'au retour de la belle saison.

— Sous ce titre : *Encore le Campo-Santo de Paris*, le *Bulletin des Arts* publie l'article suivant qui sera lu avec intérêt :

« Les plans de ce grand monument sont à l'étude, et il est probable que l'entreprise recevra bientôt un commencement d'exécution. Voici les détails qui nous sont parvenus. Le monument doit occuper un terrain de cinq arpens, aux portes de Paris, en dedans des fortifications : il aura la configuration extérieure d'une gigantesque cathédrale gothique, avec son portail, ses bas-côtés, son chœur et son abside; le vaste espace renfermé dans cette enceinte architecturale du style fleuri du quatorzième siècle, comprendra six préaux entourés de constructions massives et voûtées dans le style roman à plein ceintre ; ces constructions n'auront qu'un seul étage percé de fenêtres rondes et carrées ; le rez-de-chaussée offrira sur quatre faces une galerie ouverte d'un seul côté, sous laquelle seront disposés les tombeaux décorés de statues et de bas-reliefs. L'édifice reposera sur des caves qui accueilleront des sépultures moins ornées, recouvertes seulement de pierre, de marbre et de lames de métal avec des inscriptions. L'étage ménagé au-dessus des galeries, et réservé exclusivement à des chambres sépulcrales pour les familles et les corporations, devra plus particulièrement sa décoration à la peinture murale. Dans les galeries, chaque tombe aura la même dimension, c'est-à-dire une arcade entière ; dans les souterrains, le sol et les murs se chargeront également d'épitaphes ; à l'étage supérieur, les chambres seront de différentes grandeurs. Il est probable que ces chambres ne recevront que des corps embaumés. Les préaux, plantés d'arbres verts et tapissés de gazon, auront aussi leurs morts et leurs attributs funèbres. Une chapelle s'élèvera majestueusement au centre du Campo-Santo, qu'elle dominera par son clocher et qu'elle abritera en quelque sorte sous une ombre religieuse. Le caractère de ce monument sera magnifique et solennel à l'extérieur. On comprend tout ce que l'art trouvera de travail et d'honneur dans la création de ce musée de la mort, la statuaire surtout et la peinture à fresque, qui n'ont pas d'autres ressources que de chétives allocations du budget des beaux-arts. Le Campo-Santo sera, comme nous l'avons déjà dit, une exposition d'art permanente, un atelier toujours en activité. Espérons que cet établissement, stable, facile à conserver, remplacera bientôt en partie nos cimetières éternellement mobiles, où les morts doivent être aussi mal à l'aise que leurs tombeaux. Paris ne peut rester en arrière des villes de Bologne, de Vérone et de Ferrare, qui ont chacune son Campo-Santo, et qui en sont fières. »

— Nous avons parlé, il y a quelques jours, des dispositions prises par l'autorité relativement aux gardiens des monumens publics. Voici, sur les agens auxquels est confiée la garde de ces monumens, les renseignemens que publie un journal :

Il y a à Paris quatre monumens que le public est admis à visiter sans qu'il soit besoin de carte de permission ; ce sont : le Panthéon, l'Arc-de-Triomphe de l'Etoile, la Colonne de la place Vendôme et la Colonne de Juillet. A chacune de ces monumens sont attachés des gardiens, choisis ordinairement parmi d'anciens militaires, nommés par le ministre des travaux publics et placés sous l'autorité du préfet de police. Ces gardiens doivent être revêtus d'un uniforme. Aucun traitement n'est alloué à ces agens, aucune indemnité ne leur est accordée.

En échange des charges que leur impose l'emploi dont ils sont investis, l'administration leur permet de recevoir, des visiteurs, la rétribution que ceux-ci veulent bien leur offrir ; mais *il leur est expressément interdit de solliciter ou d'exiger du public la remise d'une somme quelconque.* Cette prescription est établie surtout en vue des militaires qui, n'ayant pas les moyens de faire une générosité, seroient privés de visiter des monumens que, plus que les autres citoyens, ils ont intérêt à connoître. En cas d'infraction à cette mesure, et dans le cas aussi où le gardien commettroit un acte d'inconvenance envers le public, il recevroit une admonestation qui, après récidive, pourroit être suivie de l'expulsion, surtout si le gardien commet des actes coupables par suite d'ivrognerie.

En ce qui concerne la basilique de Saint-Denis, l'organisation n'est plus la même. L'administration des travaux publics y a placé un gardien, qui, comme les autres, peut recevoir les offrandes des visiteurs ; mais il y a au-dessus de lui d'autres agens qui dépendent du chapitre et qui comptent avec lui. Il n'entre rien de la perception de ces agens dans la caisse de l'Etat ; il en est fait, dit-on, une répartition entre les divers employés de la basilique.

Nous ajouterons, pour complément à ces détails, que la défense de laisser pénétrer à l'intérieur et sur le faîte de l'Arc-de-Triomphe de l'Etoile pendant les représentations de l'Hippodrome, a suscité des réclamations de la part du public et des gardiens, et que, sur les observations présentées par un inspecteur des monumens, cette défense va être levée.

— On transporte en ce moment dans l'hôtel occupé en dernier lieu par Mme la baronne de Feuchères le mobilier qui garnit l'hôtel de la présidence de la chambre des députés. C'est là que logera le président durant les travaux d'agrandissement qui vont être exécutés en vertu d'une loi votée durant la dernière session.

— La *Gazette de Dusseldorf* assure que le fermier d'un domaine du duc d'Aremberg, près de Dusseldorf, a trouvé un moyen pour empêcher la pourriture des pommes de terre et même pour guérir celles qui seroient déjà atteintes. Ce moyen est fort simple : il consiste à herser profondément la terre où sont plantés les tubercules, de manière à établir une évaporation qui diminue la fermentation produite par l'humidité.

— Des négocians de la Belgique font acheter en ce moment, dans le département du Nord, des quantités considérables de haricots. L'*Echo de la Frontière* exprime la crainte que cette denrée ne renchérisse au préjudice des ouvriers du département, ou ne vienne à leur manquer l'hiver prochain. Il appelle la sollicitude de l'autorité à cet égard.

— Le conseil-général de la Côte-d'Or refuse de s'associer au vœu émis par le conseil d'arrondissement de Dijon, que les électeurs qui ne se rendroient pas aux élections fussent frappés d'une amende, par la raison que cette mesure est incompatible avec le serment exigé par la loi, et qu'elle porteroit atteinte à la liberté.

Il a rejeté également la proposition tendant à obtenir que les élections aient lieu au chef-lieu du département.

— La Cour royale de Rouen, chambre des mises en accusation, a, par arrêt du 12 septembre, déclaré M. Rosemond de Beauvallon suffisamment prévenu d'avoir, en mars 1845, commis un homicide volontaire sur la personne de M. Dujarier, et d'avoir commis cet homicide avec préméditation. En conséquence, la Cour a renvoyé M. Rosemond de Beauvallon devant la Cour d'assises du département de la Seine-Inférieure, pour y être jugé conformément à la loi.

Il paroît que M. de Beauvallon, que l'on prétend en ce moment en Espagne, est dans l'intention de se constituer prisonnier aussitôt que cette décision lui sera connue.

On dit que l'affaire sera jugée dans la première session du quatrième trimestre de 1845.

— Un événement terrible est arrivé le 12 de ce mois sur le chemin de Lyon à Saint-Etienne. Au moment où la locomotive n° 31, rencontroit deux autres locomotives accrochées ensemble, sa chaudière éclata et ses flancs déchirés s'abattirent avec fracas sur le tender n° 37. Chacune des trois machines étoit montée par trois hommes, un mécanicien, un chauffeur et un aide. Les sieurs Limone, chauffeur, et Michon, aide du n° 37, furent projetés morts contre le talus de la tranchée. Le mécanicien Perrin ne fut pas projeté, mais il reçut une blessure grave à l'épaule. Parmi les hommes attachés aux deux machines, le mécanicien Deville et l'aide Esparon, du n° 31, ont seuls été contusionnés.

On ne sait encore à quoi attribuer cette explosion.

— C'est le 18 de ce mois que doit être inaugurée à Miramont (Lot-et-Garonne) la statue en bronze élevée à la mémoire du vicomte de Martignac, ancien ministre de l'intérieur et député de l'arrondissement de Marmande. C'est un juste hommage rendu au ministre intègre, à l'orateur éloquent et à l'homme de bien.

— La ville de Digne a été, dernièrement, d'après le *Journal des Basses-Alpes*, témoin d'un phénomène météorologique assez curieux. Vers les huit heures et demie du soir, alors que, malgré le temps pluvieux, il y avoit encore quelques oisifs sur les promenades, une étoile filante, d'un éclat extraordinaire, s'est, pour ainsi dire, abattue sur Digne et l'a traversée en se dirigeant du sud-est au nord-ouest, à une hauteur presque insignifiante. Toutes les promenades ont été un instant illuminées.

EXTÉRIEUR.

ESPAGNE. — On écrit de Madrid, le 8 septembre :

« La cour est attendue ici vers le 14 de ce mois, de retour de son voyage dans les provinces basques. Le général Narvaez doit précéder la reine de deux jours, et arrivera à Madrid dans la journée du 12.

» L'autorité déploie la plus grande vigilance et la plus grande énergie, et on espère que son attitude imposera assez aux conspirateurs pour les faire renoncer à des tentatives qui leur ont attiré déjà d'aussi sévères répressions. Le gouvernement est fort tranquille et parfaitement informé de tout ce qui trame. La garnison de Madrid est maintenant de 12,000 hommes et se compose des troupes d'élite.

Un jeune Français, M. Mauguin, fils du député, a eu, lors de l'insurrection du 5, une fâcheuse aventure. Il se promenoit paisiblement dans la rue, lorsqu'il a été saisi avec violence par des soldats et jeté en prison. Quoiqu'il n'eût pas essayé d'opposer la moindre résistance, il a été cependant très-maltraité ; il a reçu plusieurs coups de crosse et deux coups de sabre sur la tête. M. Mercier, attaché de l'ambassade française, et qui est en ce moment chargé d'affaires à Madrid, s'est empressé de se rendre auprès du général Cordova, gouverneur de Madrid, qui a fait mettre aussitôt M. Mauguin en liberté.

» On annonce d'une manière positive, pour demain, l'exécution d'un des individus pris les armes à la main dans la dernière émeute ; il sera conduit au supplice en même temps qu'un capitaine du régiment de la Reine-mère, qui a été convaincu d'avoir, la veille de l'émeute, reçu de l'argent pour prendre part à la conspiration.

» Ces exécutions si fréquentes en Espagne répandent moins de terreur dans la population qu'elles n'excitent à la vengeance. »

— La *Gazette de Madrid* du 8 septembre publie une ordonnance de la reine, dans laquelle il est dit que, voulant honorer la mémoire de l'illustre général Cordova, lequel commandoit en chef l'armée du Nord dans la bataille de Mendigorria, qui décida du sort du trône et du pays, et prenant aussi en considération le mérite de son frère le maréchal-de-camp Cordova, et sa conduite dans les derniers événemens de Madrid, S. M. a daigné accorder à leur mère, dona Maria de la Paz Valcarcel, la grandesse de Castille et les titres de marquise de Mendigorria, et vicomtesse d'Arlaban, lesquels passeront, à sa mort, à son susdit fils don Fernando-Fernandez de Cordova et à ses descendans.

— *El Castellano* porte à huit le chiffre des conjurés tués dans les rues de Madrid.

Deux individus ont été, dit-on, condamnés à la peine de mort.

ANGLETERRE. — La reine Victoria, venant du Tréport, a débarqué vendredi 10 septembre, vers midi, à Cowes (île de Wight) et s'est immédiatement rendue à Osborne-House.

IRLANDE. — Une démonstration du repeal a eu lieu à Bruff ; on y comptoit 20 à 30,000 personnes. Les métiers de Limerick avoient, dans cette circonstance, déployé 20 belles bannières. Le fauteuil a été occupé par M. Michel Ryan, de Bruree, qui avoit revêtu l'uniforme du club de 82.

SUISSE. — Le grand-conseil de Berne s'est réuni le 11 courant en séance extraordinaire ; sur 240 membres, 250 étoient présens. Le rapport du conseil exécutif, dont il a été donné lecture, embrasse six points principaux : 1° la situation du canton depuis le 1er avril ; 2° l'opposition qui s'est manifestée dans le pays contre les institutions catholiques ; 3° les vices de la constitution ; 4° les actes administratifs du gouvernement dans ces momens de crise ; 5° les tendances de l'association populaire ; 6° celles de la presse périodique. La conclusion est celle-ci : le conseil exécutif demande, ou l'approbation de ses actes par un vote de confiance, ou l'autorisation de se retirer.

L'avoyer Neuhaus a pris la parole pour développer les motifs qui ont engagé la majorité des membres du conseil exécutif à convoquer le grand-conseil : « Ce sont, a-t-il dit, les attaques continuelles de la presse, qui nous forcent à demander au grand-conseil si nous sommes ou non dignes de la confiance du peuple ; les débats publiés feront connoître la véritable situation du pays ; les propositions que nous avons formulées dans le sens d'une réforme constitutionnelle prouveront d'ailleurs suffisamment que nous ne voulons pas rester stationnaires. »

Après avoir entendu M. Neuhaus, l'assemblée s'est ajournée au lendemain, sans prendre aucune décision.

— Le grand-conseil de Lucerne s'est également réuni le 9, et a nommé une commission chargée d'examiner la question de l'amnistie recommandée par la diète.

HOLLANDE. — La nouvelle Bourse d'Amsterdam a été inaugurée le mercredi 10 septembre. Le roi de Hollande et les princes ses fils assistoient à cette solennité, après laquelle un déjeûner splendide leur a été offert à l'Hôtel-de-Ville ; à trois heures, la Bourse a été ouverte au public. Le bâtiment a 78 mètres de longueur sur 59 1[2 de largeur à l'extérieur, et toute la surface est 2,833 mètres carrés, dont 2,043 sont couverts. La première pierre en fut posée le 29 mars 1842.

Le nombre de pavillons qui décorent l'édifice est de 59. Au milieu se trouve celui de la ville d'Amsterdam, entouré de ceux des huit autres provinces ; à droite et à gauche, les drapeaux d'Orange sont entourés de pavillons aux couleurs russes et prussiennes. Le pavillon national, ceux de Batavia, de Wurtemberg, de France, d'Angleterre, d'Autriche, sont placés autour de deux drapeaux aux couleurs nationales, et de deux autres aux couleurs d'Orange. Au-dessus des galeries flottent les pavillons de toutes les puissances ayant des consuls résidant à Amsterdam.

ALLEMAGNE. — Nos lecteurs se souviennent peut-être des négociations auxquelles donna lieu, il y a quelque temps, la mesure par laquelle les chefs des diverses maisons ducales de Saxe s'attribuoient le titre d'altesse royale au lieu du titre d'altesse sérénissime que leur reconnoissoit le pacte organique de la confédération allemande. Aussitôt les autres ducs allemands suivirent cet exemple, et la diète germanique déclara, sur la proposition de la Prusse, qu'elle reconnoîtroit aux ducs régnans de Saxe et d'Anhalt le titre d'altesse, à la condition qu'il seroit commun à tous les princes du même rang, et qu'il ne pourroit se traduire dans une langue étrangère par altesse royale. Cette décision ne satisfit qu'à moitié les membres puînés de la famille de Saxe, en faveur desquels la mesure avoit surtout été prise. La France, l'Angleterre, la Belgique, le Portugal continuèrent de donner aux princes de Saxe-Cobourg le titre d'altesse royale, et ne cessèrent de faire des démarches auprès des cours allemandes pour leur faire approuver cette qualification, dont la non-reconnoissance auroit, lors du dernier voyage de la reine Victoria, causé un conflit de préséance fâcheux pour le prince Albert. Une puissance allemande négocie également pour faire attribuer ce titre aux membres de la famille de Saxe-Altenbourg, et la diète germanique aura prochainement à s'occuper pour la seconde fois de la question.

RUSSIE. — Dans les mois de juin et de juillet, on a ressenti une chaleur tellement extraordinaire dans le sud de la Russie, que les troupes ne pouvoient marcher que la nuit. La sécheresse qui en est résultée à causé de grandes pertes. Tout porte à croire que, cette année, on aura une très-mauvaise récolte dans cette partie de la Russie.

AMÉRIQUE.—Le paquebot à vapeur *Unicorn* est entré jeudi dernier à Liverpool venant d'Halifax, après une traversée de treize jours : aucun acte d'hostilité ouverte n'a encore signalé la rupture entre les Etats-Unis et le Mexique ; mais les probabilités d'une guerre entre ces deux pays augmentent néanmoins de plus en plus. Tous les consuls mexicains ont quitté le territoire de l'Union pour rentrer dans leur pays. Les Etats-Unis continuent à faire marcher des troupes vers le Texas et à mettre en état leurs bâtimens de guerre : pour suppléer au défaut de troupes régulières , le gouvernement de Washington a décidé que les points fortifiés du littoral seroient occupés par des milices en uniforme.

La Californie a organisé un gouvernement indépendant de la métropole , et en tout semblable à ceux du Texas et des Etats-Unis. On considère ce fait comme un acheminement à l'admission ultérieure de cette province dans l'Union américaine, qui semble destinée à s'assimiler peu à peu les fragmens qui se détachent du Mexique.

Clavier-Transpositeur, pour l'orgue et le piano, inventé par M. L'ABBÉ CLERGEAU, curé au diocèse de Sens.

Nous avons déjà parlé du Clavier-Transpositeur de M. l'abbé Clergeau : nous aimons aujourd'hui à communiquer à nos lecteurs ce que pensent de l'intéressante invention de M. le curé de Villeblevin, les hommes qui s'occupent avec zèle et avec goût de la musique religieuse, tels M. l'abbé C.-M. Le Guillou, entre autres, auquel nous avions spécialement demandé des renseignemens plus précis. Voici le résultat de son examen :

« Le Transpositeur de M. l'abbé Clergeau a cela de particulier, dit M. l'abbé Le Guillou, qu'il réunit tous les avantages possibles, sans avoir le moindre inconvénient. 1° Il abaisse l'instrument par demi-ton, jusqu'à trois tons; il l'élève de même, avec la plus grande facilité. Il permet ainsi, d'une part, de tout rapporter au ton d'*ut* si on le veut, et d'une autre, de chanter aussi bas ou aussi haut qu'on le désire, tout en exécutant la musique telle qu'elle est marquée; 2° Il peut s'appliquer sur le clavier d'un instrument déjà fabriqué, et s'introduire, sans augmentation de frais, dans les instrumens à construire; 3° le mécanisme est très-simple, d'une grande solidité, et n'augmente aucunement les chances de réparations quelquefois susceptibles d'indisposer contre les découvertes les plus avantageuses; 4° On est toujours parfaitement libre de s'en servir, ou de n'en point user; 5° En résumé, c'est une invention précieuse que tout le monde voudra avoir sur son piano ou sur son orgue, et dont on s'empressera sans doute de doter toutes les orgues d'église, comme *ne nuisant en aucune façon, et pouvant fréquemment, et en certains cas surtout, rendre les plus grands services*.

» Il ne faudroit pas s'étonner que le Transpositeur de M. l'abbé Clergeau, loué d'ailleurs par les hommes les plus honorables, trouvât quelques contradicteurs. Les critiques injustes comme les passions humaines ne s'en prennent jamais qu'au bien. Aussi M. l'abbé Clergeau n'a point à s'inquiéter : son invention est bonne et de bon aloi, elle restera et lui méritera les suffrages de quiconque entend l'art comme il faut l'entendre, en sage et non en égoïste, en homme généreux et éclairé. »

Le Gérant, **Adrien Le Clerc.**

BOURSE DE PARIS DU 15 SEPTEMBRE 1845.

CINQ p. 0/0. 118 fr. 30 c.	Quatre canaux 0060 fr. 00 c.
TROIS p. 0/0. 83 fr. 90 c.	Caisse hypothécaire. 635 fr. 00 c.
QUATRE p. 0/0. 108 fr. 50 c.	Emprunt belge. 5 p. 0/0. 000 fr. 0/0.
Quatre 1/2 p. 0/0. 600 fr. 00 c.	Emprunt romain. 104 fr. 0/0.
Emprunt 1841. 00 fr. 00 c.	Rentes de Naples. 000 fr. 00 c.
Oblig. de la Ville de Paris. 1405 fr. 00 c.	Emprunt d'Haïti. 000 fr. 00 c.
Act. de la Banque. 3330 fr. 00 c.	Rente d'Espagne. 5 p. 0/0. 00 fr. 0/0.

PARIS. — IMPRIMERIE D'ADRIEN LE CLERE ET Cⁱᵉ, rue Cassette, 29.

DE LA DESTRUCTION DES ORDRES RELIGIEUX, EN FRANCE,
AU DIX-HUITIÈME SIÈCLE (1).

(Premier article.)

" Il y a long-temps qu'on l'a dit : L'histoire, dépositaire des secrets du passé, les révèle aux générations suivantes ; et, dans le souvenir d'événemens auxquels celles-ci n'ont point assisté, elle leur offre avec l'expérience des âges la règle d'une conduite prudente et éclairée. Des mêmes causes naissent les mêmes effets; et souvent un siècle voit se renouveler des maux qui avoient affligé les siècles antérieurs, mais dont il n'avoit pas su découvrir le principe. On doit donc accueillir avec reconnoissance les travaux de ces esprits laborieux qui, animés de l'ardent amour du pays et de la vérité, ainsi que du désir de prévenir les maux dont l'un et l'autre sont menacés, s'imposent la tâche pénible de scruter l'histoire, et présentent à leurs concitoyens les résultats de leurs consciencieuses recherches. C'est à ce titre que l'*Ami de la Religion* signale à tous les amis de la cause religieuse l'ouvrage que M. Prat vient de publier sous le titre d'*Essai historique sur la destruction des ordres religieux en France au* XVIII° *siècle*.

Bien que la situation des hommes et des choses ne soit plus la même, les principes et les intérêts de la religion sont néanmoins attaqués par des efforts non moins acharnés et par des ennemis toujours pareils. Ce livre, qui arrive à propos, exige donc de nous une analyse fidèle et étendue.

Après avoir mis sous les yeux du lecteur le tableau des ordres religieux qu'anéantirent les fureurs révolutionnaires, M. Prat remonte à l'origine des événemens qui en amenèrent la chute. Dès le milieu du XVII° siècle, une hérésie née du protestantisme avoit organisé, contre l'Eglise, la guerre la plus habile et la plus acharnée que lui eût jusqu'alors livrée le génie de l'erreur. Le jansénisme attaquoit l'Eglise dans plusieurs de ses dogmes, et tendoit à en saper la constitution; les habitudes catholiques de la France et la religion d'un grand roi opposoient à ses projets des obstacles qu'il eut l'adresse de faire servir à ses avantages. Il environna ses doctrines perverses des orgueilleuses apparences de l'hypocrisie, se posa en réformateur des abus et en apôtre de la morale évangélique. Il s'efforça sourdement de mettre la division dans le clergé pour en paralyser la force; de déprimer le Saint-Siége, de soule-

(1) Un fort vol. in-8°. A Paris, chez Poussielgue-Rusand, rue du Petit-Bourbon-Saint-Sulpice, 3.

ver l'épiscopat contre le souverain Pontife, et d'exciter dans le clergé inférieur des rancunes jalouses contre l'épiscopat.

Les instituts religieux vivant sous des règles dictées par l'esprit de l'Eglise et approuvées par le Saint-Siége, étoient un des liens puissans qui rattachoient à Rome l'Eglise de France ; et par leur dévoûment à la pratique des conseils évangéliques et à l'autorité pontificale, ils s'attiroient l'estime et la confiance des peuples : c'étoit donc là que le jansénisme devoit rencontrer les plus sérieuses difficultés, et ces difficultés ne pouvoient disparoître qu'avec les institutions elles-mêmes. Il eût été imprudent de leur livrer d'abord une attaque générale. Les sectaires entreprirent d'y recruter des partisans ou de les mettre aux mains les uns avec les autres, bien sûrs que leurs divisions les ébranleroient jusque dans leurs fondemens, et prépareroient ainsi leur décadence. Malheureusement de si perfides manœuvres n'échouèrent pas toujours : le vertige de l'hérésie s'empara de plusieurs têtes indociles et même de quelques congrégations déchues du premier esprit de leur règle.

L'institut de saint Ignace, créé pour la défense de la foi catholique, resta fidèle à sa mission. Le jansénisme, qui ne put y faire un seul adepte, le voua dès lors à ses vengeances ; et par une tactique aussi habile que déloyale, il sembla dresser contre un ordre seul toutes ses batteries, et réduire ainsi aux proportions d'une dispute de partis la guerre générale qu'il faisoit au catholicisme.

La magistrature française comptoit alors dans son sein quelques-uns de ces hommes qui, joignant l'audace au génie de l'intrigue, des passions haineuses à l'art de les cacher sous l'apparence du bien public, savent intéresser à leur cause les qualités généreuses d'un corps entier, et le porter à des actes qui laissoient percer la haine et l'injustice d'un grand nombre d'entre eux. Ce furent des hommes de ce caractère qui apportèrent encore leur concours aux jansénistes. L'auteur croit qu'il auroit suffi d'une main vigoureuse pour arrêter les parlemens sur la pente fatale où la plus insidieuse des hérésies alloit les placer ; mais alors l'autorité royale étoit entre des mains incapables de la faire respecter. Louis XIV n'étoit plus ; et Louis XV, qui avoit pris de ses mains d'abord si pures les rênes du gouvernement souillées par les orgies de la régence, traînoit alors dans la volupté la gloire d'une jeunesse sans tache. La puissance de l'intrigue se développoit librement : l'autorité royale tomboit dans le mépris ; le sentiment religieux s'affoiblissoit dans tous les cœurs, et les fidèles troublés par la bruyante opiniâtreté du jansénisme chanceloient dans leurs croyances.

A la faveur de tant de désordres, se formoient d'autres partis non moins hostiles à la religion.

La philosophie voltairienne, contrariée dans sa marche par les écrits, par les discours, par la conduite régulière de la partie du clergé restée fidèle à sa vocation, et des Jésuites en particulier, et par l'éducation profondément religieuse que ces religieux donnoient à la jeunesse, unit contre eux ses efforts aux efforts des jansénistes qu'elle n'aimoit pas davantage.

La franc-maçonnerie, fraîchement importée d'Angleterre en France, y multiplioit ses loges et ourdissoit dans l'ombre ses trames perfides : les ordres religieux, par le seul fait de leur existence, s'opposoient à ses desseins; elle jura leur ruine.

Enfin un cinquième parti, celui des spéculateurs politiques, animé du même esprit d'irréligion, méditoit les moyens de détruire les ordres religieux, pour s'emparer de leurs biens, et pensoit aussi à commencer son œuvre par la suppression de la Compagnie. Les biens de cet ordre n'offroient pas, il est vrai, une riche proie à la cupidité; mais il falloit bien commencer par la milice la plus agissante : c'en fut assez pour le faire tomber le premier.

Assaillie par une ligue si puissante et si audacieuse, la Compagnie de Jésus devoit enfin succomber. Et, afin que dans cette conjuration il n'y eût de noble que le sort des victimes, ce fut la marquise de Pompadour qui en assura le succès. Cette femme, que l'intrigue et la corruption avoient élevée de la fange jusque sur les marches du trône, étoit à la fois maîtresse du cœur et de la puissance d'un monarque indolent. Sa faveur humilioit la France : ses caprices effaçoient la gloire de nos armes, et procuroient à nos ennemis de faciles triomphes. Pour ne point être obligée de céder tôt ou tard à l'indignation publique, la favorite voulut s'assurer dans le titre de dame de la reine, une position stable à la cour. Cette qualité exigeoit dans celles qui y prétendoient des sentimens religieux, ou du moins des dehors de dévotion qui ne s'allioient guère avec la conduite de la marquise. Celle-ci néanmoins ne désespéra pas de trouver un confesseur assez complaisant pour accommoder la religion à ses vues. Elle s'adressa au Père de Sacy : mais elle avoit compté sans la conscience de ce religieux. Le Père de Sacy, après avoir inutilement employé, pour la ramener à une pratique sincère de la vertu, tous les moyens que lui suggéra un zèle éclairé, lui déclara nettement qu'elle devoit ou sortir de la cour ou renoncer aux faveurs de la religion. La marquise vouloit se servir de la religion, mais non de la pratique : elle s'offensa de la courageuse vertu du Jésuite, le renvoya avec fureur et dévoua l'ordre tout entier à sa vengeance. Les jansénistes, les philosophes, les économistes, de fougueux parlementaires se mirent à ses ordres. Il lui falloit encore un homme d'Etat qui voulût exécuter ses projets : elle le trouva dans le duc de Choiseul.

Le duc de Choiseul avoit à satisfaire une ambition démesurée, des préjugés philosophiques, et des spéculations politiques à réaliser : il servoit ses projets en servant la vengeance de la marquise de Pompadour; il s'y associa. La destruction des Jésuites fut un des premiers actes de son ministère. Le ministre français, d'accord avec la marquise, méditoit son projet; des nuées de libelles calomniateurs répandus dans toute la France, y préparoient les esprits, lorsque les exécutions du ministre portugais, encore moins humain et plus irréligieux que Choiseul, enhardirent celui-ci et les parlemens à commencer, contre les Jésuites de France, une guerre d'extermination. Ils l'ouvrirent par l'affaire trop fameuse du Père de La Valette; et depuis lors, marchant d'attentat en attentat, ils ne suspendirent leurs coups que lorsqu'ils ne trouvèrent plus de victimes à frapper. L'enseignement de l'Ordre fut calomnié, sa doctrine falsifiée, l'esprit de ses règles méconnu, l'autorité et l'appui du concile de Trente et du Saint-Siége accusés d'erreur et d'aveugle partialité. Enfin, la Compagnie fut proscrite. Le dauphin, la famille royale, une imposante minorité dans chaque parlement, tout ce qu'il y avoit en France d'hommes sages et religieux protestèrent contre ces violences ou s'en indignèrent; l'épiscopat français et le souverain pontife prirent en main la cause de l'innocence opprimée et réclamèrent les droits de l'Eglise usurpés par une magistrature sacrilége; tout fut inutile : les haines exaltées par les succès, dirigées par La Chalotais, Monclar, etc., par les chefs des partis philosophique et janséniste, bravèrent les cris de l'humanité, de la justice et de la religion. La Compagnie de Jésus tomba sous leurs coups au milieu des applaudissemens de l'hérésie et de l'impiété; mais sa chute entraîna un peu plus tard celle des autres institutions religieuses; c'étoit en effet à ce dernier résultat que tendoient les efforts des ennemis de l'Eglise. Déjà Voltaire avoit dit à La Chalotais qui prenoit ses ordres : « Il faut espérer qu'après avoir purgé la France des Jésuites, on sentira combien il est honteux d'être soumis à la *puissance ridicule* (au pape) qui les a établis... Vous avez fait sentir bien finement l'*absurdité* d'être soumis à cette puissance, et le danger ou du moins l'inutilité de tous les autres moines qui sont perdus pour l'Etat, et qui en dévorent la substance... Cependant vos évêques, *proh pudor!* s'intitulent encore *évêques par la grâce du Saint-Siége!* » D'Alembert, ami intime de La Chalotais, lui rendoit aussi témoignage que ses comptes-rendus dans l'affaire des Jésuites étoient en même temps les réquisitoires de la philosophie contre l'état régulier et contre l'Eglise catholique.

« Parmi tant de magistrats, s'écrioit le philosophe, qui ont écrit dans l'affaire de la Société, de longs réquisitoires, M. de La Chalotais paroît surtout avoir envisagé cette affaire en homme d'Etat, én philosophe, en magistrat éclairé et *dégagé de tout esprit de haine et de parti*. Il ne s'est point amusé à prouver laborieusement et foiblement que les autres moines valoient beaucoup mieux que les Jésuites; il a vu de plus haut et plus loin; sa marche au combat a été plus franche et plus ferme. — L'esprit monastique, a-t-il dit, est le fléau des Etats; de tous ceux que cet esprit anime, les Jésuites sont les plus nuisibles, parce qu'ils sont les plus puissans; c'est donc par eux qu'il faut commencer à secouer le joug de cette nation pernicieuse... »

D'autres fois, dans l'enthousiasme qu'excitoit en lui cet événement, d'Alembert s'écrioit :

« Pour moi, qui vois tout en ce moment couleur de rose, je vois d'ici les jansénistes mourant l'année prochaine de leur belle mort, après avoir fait périr cette année-ci les Jésuites de mort violente, la tolérance s'établir, les protestans rappelés, les prêtres mariés, la confession abolie, et le *fanatisme* écrasé sans qu'on s'en aperçoive. »

Les ennemis de la religion ne s'endormirent point dans leur triomphe : ils s'occupèrent activement à poursuivre leurs avantages. M. Prat, qui a fait une étude approfondie de leurs ouvrages, leur a arraché des secrets importans, et il a consigné dans son lumineux travail des révélations qui ne laissent aucun doute sur le complot tramé contre l'Eglise. Voltaire, impatient de la voir anéantie, insinua au roi de Prusse le dessein d'exciter contre elle une persécution à toute outrance ; mais Frédéric , plus circonspect que le patriarche de Ferney, lui répondit :

« Il n'est point réservé aux armes de détruire l'*infâme* ; elle périra par le bras de la *vérité* et par la séduction de l'intérêt. Si vous voulez que je développe cette idée, voici ce que j'entends. J'ai remarqué, et d'autres comme moi, que les endroits où il y a plus de couvens de moines, sont ceux où le peuple est le plus *aveuglément attaché à la superstition*. Il n'est pas douteux que si l'on parvient à détruire ces asiles du *fanatisme*, le peuple ne devienne un peu indifférent et tiède sur ces objets qui sont actuellement ceux de sa vénération. Il s'agiroit de détruire les cloîtres , au moins de commencer à diminuer leur nombre. Ce moment est venu , parce que le gouvernement français et celui de l'Autriche sont endettés, qu'ils ont épuisé les ressources de l'industrie pour acquitter leur dette , sans y parvenir. L'appât des riches abbayes et des couvens bien rentés est tentant. En leur représentant le mal que les cénobites font à la population de leurs Etats , ainsi que l'abus du grand nombre des *cucullati* qui remplissent les provinces, en même temps la facilité de payer une partie de leurs dettes en y appliquant les trésors de ces communautés qui n'ont point de successeurs, je crois qu'on les détermineroit à commencer cette *réforme* ; et il est à présumer qu'après avoir joui de la sécularisation de quelques bénéfices, leur avidité engloutira le reste.

» Tout gouvernement qui se déterminera à cette opération sera ami des philosophes et partisan de tous les livres qui attaqueront les *superstitions* populaires et le *faux* zèle qui voudra s'y opposer.

»Voilà un petit projet que je soumets à l'examen du patriarche de Ferney; c'est à lui, comme père des fidèles, de le rectifier et de l'exécuter.

» Le patriarche m'objectera peut-être ce qu'on fera des évêques; je lui réponds qu'il n'est pas temps d'y toucher, qu'il faut commencer par détruire ceux qui soufflent l'embrasement du fanatisme au cœur du peuple. Dès que le peuple sera refroidi, les évêques deviendront de petits garçons, dont les souverains disposeront dans la suite des temps comme ils voudront. »

L'épiscopat, si noblement courageux en 93, et les énergiques réclamations de nos évêques actuels, ont certes donné un solennel démenti aux espérances du philosophisme.

Mais le projet de Frédéric, ajoute M. Prat, entroit également dans le plan du ministère et dans les vues du philosophisme. Voltaire n'eut pas besoin d'un long examen pour en saisir toute la portée.

«Votre idée, répondit-il aussitôt à son royal disciple, d'attaquer par les moines la superstition christicole, est d'un grand capitaine. Les moines une fois abolis, l'erreur est exposée au mépris universel. On écrit beaucoup en France sur cette matière; tout le monde en parle; mais on n'a pas cru cette affaire assez mûre. On n'est pas assez hardi en France; les dévots ont encore du crédit. »

La religion, en effet, exerçoit encore son influence salutaire sur les classes inférieures de la société : les contrées éloignées des grands centres de corruption restoient attachées à la foi de saint Louis; et il eût été téméraire d'attaquer au milieu d'elles les asiles de la vertu et les pieux cénobites qui les habitoient. Il falloit donc que la philosophie procédât à son œuvre avec précaution, et qu'elle cherchât dans une temporisation nécessaire le succès de son entreprise et l'accomplissement de ses vœux. Il se rencontra dans les rangs du clergé un philosophe mitré, qui osa prendre sur lui l'exécution de ce plan. Brienne, qui avoit le mot des philosophes, fut l'agent principal de cette mission impie. Devenu ministre de Louis XVI, il fit établir contre les *ordres réguliers*, une commission destructive. Celle-ci ne fit pas long-temps attendre les espérances dont elle avoit flatté les adversaires de l'Eglise. Munie des arrêts du conseil d'Etat que lui donnoient des pouvoirs illimités, elle se mit à bouleverser tous les ordres religieux, sous le prétexte menteur de les réformer. Elle fit d'abord reculer la profession religieuse jusqu'à l'âge de vingt-deux ans commencés, pour les hommes, et jusqu'à l'âge de dix-huit ans accomplis, pour les femmes, c'est-à-dire à un âge que l'on n'attend pas ordinairement pour s'ouvrir une carrière; elle convoqua les chapitres avec fracas, porta le trouble et la confusion dans les maisons religieuses, modifia, changea leurs règles à son gré, leur en imposa de nouvelles, fomenta des rivalités, des divisions, des inimitiés entre les membres d'un même ordre ou d'une même communauté, suscita des tracasseries sans cesse renaissantes aux religieux fidèles à l'esprit de leur fondateur, prit sous sa protection les rebelles ou les brouillons, supprima de nombreux établissemens, et abolit des congrégations entières; et, lorsqu'elle eut exercé ces ravages dans la profession régulière, elle fit publier par le conseil d'Etat un arrêt qui les approuvoit et les glorifioit.

Effrayé de ces déplorables résultats, le clergé s'en préoccupa vivement dans son assemblée générale de 1775, et porta ses alarmes au pied du trône de Louis XVI; mais ce bon prince livroit déjà ses intentions trompées à des ministres moins sincères que lui. Brienne d'ailleurs n'abandonnoit pas au hasard le succès de ses mesures. Dès que l'assemblée se fut séparée, il travailla, de concert avec plusieurs de ses collègues, l'esprit du jeune monarque, et parvint à lui arracher un édit qui consacroit les maux contre lesquels le clergé réuni avoit fait des protestations solennelles.

Pour prévenir de nouvelles réclamations, Brienne fit dissoudre la commission dite *de la réforme des réguliers;* mais il la maintint sous d'autres titres et lui obtint des pouvoirs encore plus étendus, sous prétexte d'examiner les demandes en suppression et union ou translation de titres, de bénéfices et biens ecclésiastiques. Ce subterfuge ne trompa point le clergé. L'assemblée de 1780, une des plus respectables que la France eût vues jusqu'alors, prit en sérieuse considération l'état désolant où Brienne avoit réduit les instituts religieux. Mgr du Lau, digne organe d'une assemblée si illustre, lui fit un tableau effrayant des ravages exercés par la commission de l'état régulier, et conjura ses auditeurs d'arrêter enfin les progrès d'un mal qui menaçoit même l'existence de l'Eglise au milieu de nous. L'assemblée partagea les alarmes du noble prélat, et, d'un consentement unanime, elle adressa au roi des remontrances où l'on remarque les passages suivans :

« De quelque côté, Sire, que se tournent les regards de vos sujets, ils s'arrêtent avec un attendrissement douloureux sur les ruines encore fumantes de plusieurs monastères, et sur la dispersion d'une foule de religieux, ou sécularisés, ou vivant avec la même liberté parmi les écueils d'un monde corrupteur. L'histoire de ces derniers temps présente peut-être dans un court espace de quelques années plus d'exemples de suppressions et de destructions que la longue succession des âges précédens.... En un mot, la fatale cognée est comme à la racine de l'institut monastique et menace de renverser cet arbre majestueux, déjà frappé de stérilité dans plusieurs de ses branches. C'est aux évêques, et surtout aux évêques assemblés, qu'il appartient de prévenir cette calamité, en se hâtant de manifester le vice, le danger et les progrès du système destructeur. Nous serions comptables d'un long silence à Dieu, à l'Eglise, aux citoyens, à la postérité, à vous-même,

Sire, dont nous devons éclairer la conscience, comme ministres de Jésus-Christ et comme pasteurs des ames.... Sans insister sur la tendre affection dont saint Louis honora constamment les ordres réguliers, sans vous les montrer d'âge en âge toujours couverts et défendus par le bouclier tutélaire de la puissance royale, nous vous conjurons, Sire, d'interroger l'auguste auteur de vos jours. Du fond du monument où reposent les cendres de ce grand prince s'élève une voix forte et imposante qui crie sans cesse aux maîtres du monde que l'esprit de conservation est comme la pierre fondamentale d'un heureux gouvernement, qu'on ne sauroit enchaîner par trop de liens le terrible pouvoir de détruire, et que les établissemens monastiques forment dans l'Eglise et dans l'Etat, comme autant de puissantes et redoutables citadelles qui veillent sans relâche sur le dépôt sacré de la foi, des mœurs, de l'éducation, de l'autorité... »

Peu contens de ces remontrances généreuses, les prélats assemblés remirent au roi un mémoire sur le même sujet, et lui exprimèrent le vœu que la nouvelle commission fût dissoute. Mais Louis XVI enchaînoit ses intentions religieuses aux volontés impies ou fascinées de son conseil; il laissa entre les mains du ministère Brienne des armes terribles que celui-ci promena librement sur les instituts encore debout. Chaque jour on vit disparoître quelque vestige de l'état florissant des ordres réguliers; et lorsque la révolution éclata dans la France, cet antique édifice ne conservoit plus que des ruines majestueuses derrière lesquelles s'abritoient encore ou de saints religieux décidés à s'ensevelir sous ces décombres, ou quelques apostats qui attendoient les ennemis du dehors pour les aider à les abattre. Ces jours malheureux se levèrent bientôt sur la patrie. Brienne, enfant perdu de la philosophie, arriva aux affaires d'un gouvernement que les dépouilles des ordres religieux ne purent suffisamment enrichir, suscita de nouveaux embarras à son pays, développa les désordres dont les sectes avoient répandu les funestes semences, et laissa Louis XVI en présence des Etats-Généraux.   V. J.

                     (*La suite au prochain Numéro.*)

REVUE ET NOUVELLES ECCLÉSIASTIQUES.

ROME.—Le cardinal Altiéri, qui, depuis son élévation au cardinalat, avoit continué de résider à Vienne pour y attendre son successeur dans la nonciature apostolique, est arrivé à Rome le 5 septembre. Le lendemain de la fête de la Nativité de la sainte Vierge, et les deux jours suivans, S. Em. a reçu selon l'usage les visites officielles et les félicitations du Sacré-Collége, du corps diplomatique et de la noblesse romaine. Un consistoire public a dû avoir lieu le jeudi 11 septembre, dans lequel le Saint-Père a remis le chapeau et les autres insignes de sa haute dignité au nouveau cardinal. Le Pape, nous écrit-on, continue à jouir d'une parfaite santé. Le procès-verbal des informations de

Mgr Baillès, évêque nommé de Luçon, n'étant pas malheureusement parvenu assez tôt à Rome pour que le prélat ait pu être préconisé dans ce dernier consistoire, il est bien à craindre que son institution canonique ne soit retardée de plusieurs mois.

PARIS.

Nous avons déjà donné d'intéressans détails sur le congrès scientifique de France, ouvert à Reims le 1er septembre 1845, et qui vient de clore dans cette ville sa 13e session, au milieu des applaudissemens universels.

La circonstance la plus importante à nos yeux, et celle qui nous paroît la plus digne de fixer l'attention des lecteurs de l'*Ami de la Religion*, c'est le rôle qu'a joué le clergé dans cette session du congrès scientifique.

Le congrès de 1845 a été ouvert, on peut le dire, sous les auspices de M. l'archevêque de Reims. C'est lui qui, comme président et fondateur de l'Académie de Reims, a demandé et obtenu le choix de sa ville archiépiscopale, pour être le siége de la 13e session. C'est lui qui a présidé au congrès et à l'organisation du congrès; c'est lui qui a offert pour la tenue des séances, les salons de son palais archiépiscopal; lui qui, pendant dix jours, y a fait les honneurs avec la plus noble et la plus généreuse hospitalité; et tous ont admiré la dignité, le tact exquis, la parfaite amabilité dont le savant prélat a constamment donné des preuves dans les circonstances délicates et difficiles.

A l'exemple de son premier pasteur, le clergé de Reims, en grand nombre, et plusieurs ecclésiastiques de quelques autres diocèses, ont assisté régulièrement à toutes les séances du congrès. Partout le clergé s'est montré à la hauteur de sa mission, et les savans étrangers et nationaux se sont plu à reconnoître dans ses rangs, des talens distingués, une science profonde, embellie par une piété toute sacerdotale; il étoit bien consolant pour la religion, de voir à Reims le prêtre accueilli, fêté par la science, l'aimant et sachant se faire aimer d'elle.

Déjà le vœu en a été plusieurs fois émis, il l'a été à Reims à l'issue du congrès, et nous croyons devoir l'émettre ici, que le clergé continue dans toute la France ce qu'il a commencé à Reims. Chaque grande ville à son tour recevra le congrès; que partout le clergé ne craigne pas d'y prendre place. Il ne sauroit qu'être bien placé dans une réunion d'hommes graves et sérieux. Il a autrefois marché à la tête de la science; la tempête l'en a écarté, il est temps de montrer que les moyens matériels et non la bonne volonté lui ont manqué pour continuer l'œuvre de ses pères. D'ailleurs, il est bon que dans ces luttes pacifiques où chaque science est représentée, la science religieuse soit là pour faire respecter le dogme chrétien et les vérités morales et philosophiques dont le maintien est essentiel au bon ordre; il est bon que

le clergé dissipe, en se faisant connoître, les préventions d'un grand
nombre. Il est bon enfin, qu'il aille puiser, dans le contact des savans,
une émulation et un désir d'apprendre, qui ne peut que lui être très-
utile pour lui-même.

On écrit du diocèse de La Rochelle :

« Saintes est, en ce moment, agitée par de pieuses émotions.

» Le 19 mai 1843, un des ouvriers occupés, dans l'église souterraine de Saint-
Pierre, à des travaux de terrassement, mit à découvert une maçonnerie qui avoit
la forme d'une voûte. Quelques coups de pioche en eurent bientôt enlevé les clés,
et alors apparut un tombeau sur lequel on lisoit le mot *Eutropius*, écrit en
lettres majuscules du ive siècle.

» Aussitôt les autorités furent convoquées, et l'on procéda à l'ouverture de ce
tombeau. Sous la couverture existoit une couche de charbon pilé, qui fut retirée
avec soin, et l'on mit à jour une capse en plomb, renfermant une boîte qui paroissoit très-usée. Celle-ci ayant été ouverte, des ossemens, que l'on reconnut
pour être ceux d'un homme de haute taille, une tête d'adulte et les ossemens d'un
enfant de quelques mois, furent les objets qui frappèrent les regards des spectateurs étonnés. Ces reliques furent déposées dans une boîte en bois attachée avec
plusieurs cordons sur lesquels le président du tribunal civil, le procureur du
roi, le maire et un des juges de paix apposèrent leur sceau respectif ; et depuis lors, ce précieux dépôt resta confié à la garde de M. André, curé de la paroisse.

» Un manuscrit du xvie siècle, existant à la bibliothèque royale de Paris, en
constate historiquement l'authenticité. Il rapporte qu'en 1081 les moines de
Cluny prirent possession, à Saintes, du couvent de Saint-Eutrope, et qu'on leur
remit les reliques de ce martyr, avec celles de saint Léonce, ancien évêque de
cette ville ; elles avoient été recueillies par Pallade, autre évêque de Saintes, qui
avoit bâti une église en leur honneur ; mais les moines, la trouvant trop petite
pour l'affluence des fidèles qui venoient les honorer, bâtirent, de 1081 à 1096,
l'église qui est encore debout. On attendit le passage du pape Urbain II à Saintes
pour accomplir la translation qui n'eut lieu que la nuit, les portes étant fermées
pour éviter les accidens qu'auroit pu occasionner la foule. Le respect que l'on
portoit à ces reliques ne permit pas de faire l'ouverture de la capse qui les renfermoit. Le manuscrit ajoute que le tombeau fût placé derrière l'autel de l'église
basse, et les détails qu'il donne sur sa forme sont exacts.

» Au commencement du xive siècle, alors que les guerres de religion ensanglan-
toient le sol de la Saintonge, le couvent de Saint-Eutrope ne renfermoit plus que
trois moines qui, appréhendant pour eux-mêmes, se retirèrent à Bordeaux. Suivant un procès-verbal de l'époque, ils avoient élevé l'autel de l'église basse jusqu'au-dessus du tombeau, de manière à le dérober à la vue des ennemis de la
vraie foi. On suppose qu'ils avoient déposé dans un bloc de mortier, placé sur la
voûte du tombeau, près de 300 médailles en argent qu'on a retrouvées, médailles
larges comme des pièces de 50 c., à l'effigie, la plupart d'un *Carolus Rex*, et dont
quelques-unes portent celle de François Ier. A la révolution de 1792, l'église fut
de nouveau profanée, l'autel démoli, et une tradition, affoiblie par le temps, altérée par la divergence des opinions populaires, indiquoit seule l'existence des
ossemens de saint Eutrope dans l'église souterraine, lorsqu'ils furent retrouvés en
1843.

» Mgr l'évêque de La Rochelle, alors à Rome, fit faire, à son retour, toutes les recherches nécessaires pour arriver à la découverte de la vérité, et on eut à constater de nouveau l'authenticité des précieux restes.

» Le 8 septembre dernier, après une messe solennelle dite dans l'église de Saint-Pierre, le prélat monta en chaire, et, d'une voix émue, donna lecture d'un décret, rendu par lui, pour la reconnoissance des reliques. Ensuite il entonna le *Te Deum*, et l'on partit processionnellement pour Saint-Eutrope. La marche étoit ouverte par les bannières des deux églises ; puis venoient les religieuses de la marine, les orphelines confiées à leurs soins, les Sœurs de l'hospice civil, les dames du couvent de Chavagnes, celles de la Providence, 200 prêtres en surplis, dont dix portoient des chapes magnifiques. Une foule innombrable suivoit le pieux cortége. Dès le matin, les habitans des campagnes voisines avoient abandonné leurs travaux pour assister à cette cérémonie, qui a été imposante, dit l'*Echo Rochelois*, par sa pompe et par les souvenirs qu'elle rappeloit. Durant la nuit, on avoit porté dans l'église haute le coffre contenant les ossemens, pour qu'il fût exposé pendant plus de trente jours à la vénération des fidèles.

» Au milieu de l'estrade où on l'a placé, on voit sur un transparent le mot *Eutropius*. A gauche, on lit : *Hic est fratrum amator et populi* (c'est ici celui qui aime ses frères et le peuple), et à droite : *Hic est qui multum orat pro civitate* (c'est ici celui qui prie beaucoup pour la ville). A la chute du jour, les habitans du faubourg Saint-Eutrope ont illuminé leurs maisons.

» L'éclat de cette première cérémonie fait pressentir toute la majesté de celle qui aura lieu le 10 octobre pour la translation des reliques dans l'ancien tombeau. Dix ou douze prélats doivent, dit on, y assister. »

—————————

On lit dans la *Gazette de Metz* :

« Depuis nombre d'années, le gouvernement prussien s'est emparé, pour la livrer aux protestans, de la belle et ancienne église des Jésuites à Trèves, qui, après la révolution, servoit de chapelle au grand séminaire. L'autorité ecclésiastique n'a jamais cessé de réclamer, près qui de droit, contre cette usurpation, mais sans succès.

» Cependant, lors du voyage de Guillaume IV à Trèves, en 1842, ce monarque reconnoissant lui-même la justice de ces réclamations, et voulant effacer les fâcheuses impressions que le règne précédent avoit laissées dans les provinces rhénanes, promit formellement à Mgr Arnoldi de lui restituer cette église dès qu'un temple protestant seroit construit dans l'ancien palais de Constantin ; des mesures devoient être prises promptement à cet égard.

» Mgr Arnoldi, voyant que rien ne se faisoit, malgré la parole royale, vouloit réclamer de nouveau près du roi, lors de l'entrevue que le prélat eut avec S. M. à Stolzenfels. Mais le prince, trop occupé des préparatifs de réception de la reine Victoria, ne put accorder d'audience particulière à M. l'évêque de Trèves.

» Plus tard son suffragant, accompagné de M. l'abbé Holzer, curé de Saint-Castor à Coblentz, se rendit aussi à Stolzenfels faire sa cour au roi, et put demander, au nom de son évêque, la restitution de l'église en question.

» A cette nouvelle réclamation, si nous sommes bien informés, le monarque parut très-étonné et s'écria : « Comment ! cette église n'est pas encore rendue !...
» J'aviserai, Monsieur l'abbé ; » et le roi en prit note sur-le-champ.

» Ce seul fait démontre quel esprit règne dans le cabinet de Berlin, et comment la volonté du prince est entravée. »

—————————

M. l'abbé Villemagne, supérieur du petit séminaire de Saint-Jean et

chanoine-honoraire de la cathédrale, vient de succomber à une longue
et douloureuse maladie. C'est une perte bien regrettable pour le diocèse, le chapitre, et surtout la maison qu'il dirigeoit avec le plus grand
succès. *(Gazette de Lyon.)*

On écrit de Breslau, le 8 septembre, à la *Gazette de Cologne* :

« Ce matin, vers sept heures, lorsque M. Ronge arrivoit avec le premier train
du chemin de la Silésie, pour se rendre à Brieg, à l'effet d'y célébrer le service
divin, il a été arrêté et conduit chez le président de police, où il est resté quelque
temps. Mais vers huit heures et demie il a pu continuer son voyage. »

SUISSE. — Le gouvernement de Lucerne a publié la circulaire suivante à l'occasion de la fête annuelle d'actions de grâces :

« Jamais nous n'avons eu plus de raison que cette année de remercier notre
Père céleste, d'implorer sa protection et de faire pénitence.

» Que le peuple suisse prenne en ce saint jour la résolution de revenir à la
justice et de quitter les voies de la révolte, de la violence et de l'iniquité! Qu'il
cesse d'insulter aux choses saintes et de persécuter la foi catholique, d'opprimer
ses frères et de leur préparer des fers! Que le Dieu tout-puissant donne au gouvernement la force et le courage de contenir les passions mauvaises, de protéger
le droit et la justice, de réprimer la révolte contre les lois divines et humaines,
d'arrêter le torrent qui menace de tout emporter dans l'abîme, nos mœurs et
nos croyances, nos institutions politiques et religieuses !

» Remercions Dieu, chers compatriotes, des grâces qu'il nous a faites pendant
cette année. Son bras tout-puissant nous a tirés deux fois des plus grands dangers ; il a sauvé notre liberté, notre indépendance et notre religion ; il nous a
envoyé le secours de nos fidèles alliés contre nos ennemis. Honneur, gloire et
reconnoissance au Dieu tout-puissant!

» Prions Dieu, chers compatriotes, d'abaisser un regard favorable sur les sacrifices qu'il a demandés de nous; prions-le d'unir tous les hommes de bien
contre les efforts de l'injustice, de l'incroyance et de l'anarchie ; prions-le de
sauver notre liberté, notre foi, notre patrie. »

—La convention entre le gouvernement et le conseil de la ville de Sion,
au sujet des Frères de Marie, a été ratifiée ces jours derniers. Les vénérables religieux ouvriront les cours de l'école normale dans le courant
de l'automne et ils s'installeront dans la maison de M. le Dr. Oddet, à
Sion. Le réglement de la commission scolaire au sujet de cet établissement est soumis en ce moment à la sanction du gouvernement et de
Mgr l'évêque. *(Gazette du Simplon.)*

TUNIS. — La fête de saint Louis a été célébrée, le 25 août, dans la
chapelle érigée à sa mémoire sur les ruines de Carthage. Là, s'étoient
réunis les consuls des puissances catholiques, les états-majors de nos
bâtimens en station sur la rade, et la plupart des négocians ou employés
dans les troupes du bey, qui résident à Tunis. Il s'y trouvoit même un
nombre d'étrangers beaucoup plus considérable que les années précédentes, ce qui prêtoit à cette solennité toute française l'aspect d'une
fête générale. Les tentes dressées autour de l'église, les voitures groupées

sur plusieurs points, cette population improvisée, en uniforme, en habit noir, en burnous, en robe, tout présentoit un coup-d'œil pittoresque et donnoit de l'animation à ces lieux si long-temps déserts.

Avant la messe de la solennité du jour, Mgr l'évêque de Rosalia, vicaire apostolique de Tunis, assisté par l'aumônier de la chapelle, M. Bourgade, avoit procédé à la consécration de l'église.

Cette cérémonie, pendant laquelle ont été sanctifiées en détail les différentes parties du monument, a commencé à cinq heures du matin.

La veille au soir et une partie de la nuit, l'aumônier et un religieux, le P. Anselme, chancelier de l'évêque, étoient restés en prière dans la chapelle, et avoient récité *Matines* et *Laudes*.

L'autel a reçu la pierre sainte, contenant le tombeau où sont renfermées les reliques des saints martyrs, et le procès-verbal sur parchemin de la consécration de la chapelle, signé par M. l'évêque, l'aumônier de la chapelle, M. le consul de France à Tunis, les officiers du consulat, le commandant de la station, le consul de France à la Goulette, les consuls des nations étrangères présens à la cérémonie, et M. Jourdain, architecte du roi.

Mais ce sont les reliques de saint Louis même que la chapelle Saint-Louis attend, et le jour de leur réception comptera dans ses fastes.

Les canons du vaisseau le *Neptune*, stationnant dans la rade, en face la chapelle, ont salué la bénédiction.

Une solennité, en commémoration de la consécration de la chapelle, a été indiquée pour le 11 octobre de chaque année.

Dernièrement, S. A. R. M. le duc de Montpensier exprimoit le désir que cette cérémonie eût lieu pendant son séjour à Tunis, mais l'absence de M. l'évêque de Rosalia, en voyage au sud de la régence, la rendit impossible.

Cette solennité d'une consécration est un événement important et fort rare, surtout en pays étranger, où l'Église ne consent jamais à consacrer un établissement religieux que lorsque cet établissement a des garanties de durée. Il y a trois ans, à Constantinople, l'église des Dominicains, résidant depuis fort long-temps dans cette ville, fut consacrée. Cette cérémonie eut un retentissement politique.

Après la messe, l'évêque, qui s'exprime en italien, a, dans un discours facile et brillant, fait ressortir toute l'importance de l'événement. Ce discours a été écouté dans la plus grande attention, et vivement applaudi par les nombreux personnages présens à cette touchante et imposante cérémonie.

Enfin, il a été chanté un *Te Deum* que les salves du vaisseau le *Neptune* et de la corvette à vapeur le *Lavoisier* ont accompagné.

————◦◦◦————

TYROL. — Nous avons dernièrement parlé du Jubilé millénaire de la fondation de l'abbaye de Fietsch, sur le mont Saint-Georges, dans le Tyrol.

Cette solennité avoit amené un immense concours, non-seulement de la population tyrolienne, mais aussi de la population voisine de Bavière qui fut accueillie et hébergée par les habitans de la vallée, avec une affection toute chrétienne. Que l'on se souvienne de la guerre acharnée que se firent, en 1809, ces deux peuples, et l'on verra à quoi sont bonnes ces migrations pieuses que l'on appelle pélerinages, et qui, réunissant au pied des mêmes autels les enfans de ceux qui, il y a trente-six ans, se combattoient dans ces mêmes vallées, n'en font plus qu'un peuple de frères.

Pendant les dix jours que dura la sainte solennité, plus de 60,000 personnes s'y trouvoient mêlées et confondues, sans qu'il en soit résulté le moindre désordre. Rien n'étoit beau comme de voir ces longues processions, précédées de leurs bannières et suivies de leurs curés, serpenter sur les âpres sentiers de ces montagnes, récitant le rosaire et entremêlant ses divisions de pieux cantiques. C'est principalement dans ces pratiques religieuses que se trouve l'élément le plus puissant de la réunion des Germains en un seul corps de nation, et non dans les menées ténébreuses des sectes irréligieuses qui se disputent l'empire moral de ce vaste pays.

REVUE POLITIQUE.

L'agitation religieuse qui se manifeste en Allemagne commence à préoccuper non-seulement les gouvernemens de ces contrées mises en émoi, mais encore les écrivains politiques de la France et de l'Angleterre. Ces derniers publicistes ne peuvent encore se faire à l'idée que ces mouvemens de populations, ces agitations qui commencent par des discussions et finissent comme à Leipsick par de sanglantes émeutes, ne doivent être attribués qu'à deux faits très-évidemment amenés par la réforme du XVIe siècle. Premièrement, les peuples sont à bout de patience sur le dépérissement successif des dogmes primitifs, qui met ainsi leur croyance en poussière ; secondement, le joug des gouvernemens protestans est devenu, par des mesures de plus en plus tracassières, intolérable aux catholiques de ces divers Etats. Si hautes et profondes que soient les méditations de nos politiques sur les causes de l'agitation religieuse de l'Allemagne, elles n'en sauroient découvrir d'autres en réalité, que les deux faits que nous venons d'indiquer. L'histoire du passé, comme les événemens présens, se sont chargés de nous instruire très-éloquemment sur ce point.

Inutilement donc on disserte dans le *Constitutionnel*, le *Siècle* et le *Commerce*, pour assigner en dehors des croyances froissées, les motifs du mouvement religieux d'au-delà du Rhin. A notre avis, l'établissement des institutions constitutionnelles et du système représentatif ne pacifieroit pas ce pays. Si l'Allemand est rêveur et porté aux discussions nébuleuses sur l'histoire, la philosophie et la théologie, il faut convenir aussi qu'il a toujours montré une ardeur et un vif attachement pour tout ce qui touche à sa croyance. Ronge et Czerski peuvent bien favoriser l'explosion de quelques besoins de libertés politiques; mais ils suscitent principalement de la part des populations indignées de leurs saci iléges prédications, une nouvelle énergie en faveur de la foi catholique. Que la Prusse et l'Autriche se modèlent plus ou moins, d'après les vœux et les raisonne-mens de nos libéraux français et anglais, sur notre forme de gouvernement, les Allemands n'en seront pas moins très-ardens sur la question religieuse. Les ca-tholiques seront encore aussi préoccupés des questions des *mariages mixtes* et de la liberté de leurs évêques, et les protestans sincères, alarmés de la dissolution qui menace leur Eglise évangélique. Voilà ce que la politique ne peut et ne doit point chercher à méconnoître. Est-ce que l'Angleterre n'est pas la terre classique du gouvernement représentatif, de la liberté et des garanties constitutionnelles? Voyez cependant comment, après les mille et une divisions des *dissents* en ma-tière de la religion, la question des *céréales* la menace et la presse à cette heure! Est-ce la politique qui a manqué dans le gouvernement vis-à-vis de l'Ir-lande? Ou bien n'est-ce pas la religion opprimée qui met tant d'énergie depuis cinquante ans dans les discours d'O'Connell, et de patience dans l'ame des ca-tholiques de cette île malheureuse? Et l'Espagne enfin avec ses transitions san-glantes de ministères et de révolutions, n'a-t-elle pas aussi son système repré-sentatif? Tous ces pays, non plus que l'Allemagne, ne sauroient être amenés à une situation calme et prospère, par cette seule pondération des pouvoirs-que la politique nous prêche chaque jour. Quand les consciences sont agitées ou froissées dans leurs besoins les plus légitimes, il n'est pas étonnant de voir le sol trembler et l'effervescence dans un pays.

Après trois séances de débats, le grand conseil de Berne a adopté, à la majo-rité de 138 voix contre 42, la proposition du gouvernement impliquant le vote de confiance. Cette proposition est ainsi conçue :

« Le grand conseil de Berne, après avoir entendu le rapport du conseil exécu-tif sur la situation politique du pays, se rallie aux conclusions de ce rapport ten-dant à développer le progrès dans l'administration de l'Etat; mais par les voies légales seulement, et tout en combattant énergiquement les tentatives de dés-ordre. »

« L'événement qui vient de s'accomplir ici, ajoute une correspondance de Berne adressée au *Journal des Débats*, pourra paroître de peu d'impor-tance à des observateurs superficiels : qu'est-ce que c'est en effet, dans la politique de l'Europe, que les vicissitudes qui agitent le grand ou le petit con-seil de la république de Berne? Les hommes d'Etat n'en jugeront pas ainsi, et je ne crains pas de dire qu'ils applaudiront sincèrement au vote d'hier. La Suisse étoit depuis près d'un an sur un chemin qui menoit droit à une révolution, à la pire des révolutions. Elle y marchoit rapidement à la suite de Berne. Un pas de plus, et elle y tomboit infailliblement. Ce pas, on ne doutoit pas qu'elle le fît il y a deux mois à peine ; c'étoit une opinion univer-selle. On le disoit partout, les uns tristement, les autres d'un air de triomphe. Cette appréhension s'est plus d'une fois fait jour au sein de la précédente Diète. Je l'ai rencontrée dans tous les discours et sur tous les visages, à Zurich, à Lu-cerne, dans les petits cantons, ici même au sein du premier Etat de la république. Le vote d'hier a heureusement démenti ces sinistres prévisions : c'est un pas en arrière que Berne vient de faire, et vous savez que Berne mène une partie de la Suisse. Tout n'est pas sauvé sans doute, tous les dangers n'ont pas disparu, le radicalisme n'est pas vaincu; mais tout n'est pas perdu, et dans l'état où se trouve la Suisse, c'est un bonheur dont il faut savoir se contenter. »

Les journaux de Madrid du 10 septembre, arrivés aujourd'hui, continuent à représenter l'état de la capitale comme assez peu rassurant. L'inquiétude est toujours grande, et l'agitation des esprits, au lieu de se calmer, sembloit croître encore. Le 9 au soir, malgré une pluie battante, il s'est formé à Madrid plusieurs rassemblemens; il a fallu faire sortir des troupes, faire circuler des patrouilles et établir des postes sur les places publiques et dans les rues. Une rixe avoit eu lieu deux jours auparavant entre des soldats et des bourgeois, dans un village appelé Chambéry, à une demi-lieue de Madrid, et il paroît que huit soldats ont été tués. Outre la coalition des négocians et des marchands de Madrid, qui n'ouvroient leurs magasins et leurs boutiques que comme forcés et contraints, et celle des banquiers et des agens de change, qui ne veulent jusqu'à présent négocier aucune affaire à la Bourse, on annonce une coalition des éditeurs et des libraires de province, qui ont décidé qu'ils n'enverront plus leurs livres par courriers, à cause du dernier décret sur le port des lettres et des journaux.

La *Gazette de Madrid*, le seul journal où le gouvernement en ce moment fait défendre ses actes, contient un article où le ministère annonce qu'il est fermement résolu de faire exécuter toutes les mesures qu'il a décrétées. Il regarde l'opposition qui se manifeste contre lui à Madrid comme l'œuvre de quelques hommes qui ont voulu se servir d'un prétexte pour couvrir leurs trames révolutionnaires.

NOUVELLES ET FAITS DIVERS.

INTÉRIEUR.

PARIS, 17 septembre. — M. Schneider a été nommé député par le collège électoral d'Autun, en remplacement de M. Schneider, son frère, décédé.

— Ont été nommés par ordonnance du 12 septembre : président du tribunal de 1re instance de Chaumont (Haute-Marne), M. Limonnet, en remplacement de M. des Etangs, admis à faire valoir ses droits à la retraite; procureur du roi à Belfort (Haut-Rhin), M. Véron-Réville; substitut à Schelestadt (Bas-Rhin), M. Schnéegans; substitut à Wissembourg, M. de Ferralde; juge et substitut à Strasbourg, MM. Lang et Véran; procureur du roi, substitut et juge à Saverne, MM. Catoire, Matha et Coste; substituts à Colmar, MM. Gist et Klié; substitut à Altkirch, M. Emery; juge à Belfort, M. Malhélat; juge à Bressuire, M. Paillé.

— M. le maréchal duc d'Isly est arrivé le 9 au matin à Soultberg, et en est reparti le 11 pour Toulouse. D'après l'*Emancipation*, le maréchal Bugeaud auroit déclaré qu'il retourneroit en Afrique. « Nous nous reverrons bientôt, a-t-il dit à des officiers qui doivent aller rejoindre incessamment; nous tâcherons de cueillir encore quelque gloire, quoiqu'il ne nous reste que peu de chose à faire. »

— M. le maréchal Bugeaud est attendu à Paris dans les premiers jours d'octobre; jusque-là il doit visiter le camp de Saint-Médard et les Pyrénées, et passer quelques jours dans sa terre d'Exideuil.

— On lit dans le *Moniteur Algérien*, du 10 :

« Les nouvelles apportées par le dernier courrier de l'ouest sont assez satisfaisantes. La majeure partie de la province d'Oran est tranquille, et les impôts achèvent de s'acquitter complètement. Les travaux de la route de ceinture de Tiaret à Sebdou sont poussés avec activité.

» Quelques partis de cavaliers Angades inquiètent, comme par le passé, les tribus de l'extrême frontière de l'ouest.

» La présence d'Abd-el-Kader à sa déira, sur la basse Molouïa, avec des goums nombreux, continue à tenir ces tribus en émoi. Des colonnes mobiles se tiennent constamment sur le qui-vive, et toutes les mesures sont prises pour s'opposer immédiatement à toute tentative sérieuse de l'émir.»

— Le calme paroît renaître dans la subdivision d'Orléansville, la sécurité des routes se rétablit et l'impôt commence à se payer dans toutes les tribus; toutefois, nous ne devons pas nous dissimuler que nous sommes à l'époque du Ramadan; que cette époque d'exaltation religieuse coïncide avec celle qui suit les récoltes et précède les labours, c'est-à-dire l'époque où les Arabes sont complètement désarmés. Quelques nouveaux mouvemens insurrectionnels n'auroient donc rien qui dût nous surprendre , et nous sommes en mesure de les étouffer complètement.

— Nous recevons de Cherchell les nouvelles suivantes:

« Un des nombreux chériffs , qui ont paru cette année dans le Dahra, vient de tenter une nouvelle levée de boucliers chez les Beni-Ferah et les Beni-Menasser. Le commandant supérieur de Cherchell, informé de son apparition dans le pays, fit sortir 350 hommes de sa garnison pour disperser le rassemblement avant qu'il ait eu le temps de se grossir. Un engagement très-vif eut lieu le 6 septembre sur l'Oued M'selmoun entre la petite colonne française qui aborda à la baïonnette· l'ennemi fort d'environ 800 combattans des Beni-Ferah et de diverses fractions des Beni-Menassers. Déjà nous avions eu 5 hommes tués et 22 blessés , lorsqu'au milieu du feu le plus vif, M. Moullé, officier de spahis, chef du bureau arabe de Cherchell, et Abd-el-Kader-ben-Omar , agha des Beni-Menassers, sortirent des rangs et représentèrent énergiquement aux Beni-Menassers toute la folie et le danger de leur conduite , leur promettant l'aman s'ils livroient l'intrigant fanatique qui les entraînoit ainsi à une ruine certaine. Ceux-ci, écoutant des voix qui leur sont depuis long-temps connues, se dispersèrent aussitôt, et une heure après, le chériff Mohamed , garotté avec son domestique, étoit amené à Cherchell , sous l'escorte de 27 de ces mêmes Beni-Menassers qu'il venoit d'entraîner au combat.

» Tout le monde sentira la portée politique de ce fait d'un chériff prêchant la guerre sainte et livré à l'autorité française par ceux-là mêmes de ses coréligionnaires qui avoient d'abord pris les armes à sa voix. Cet homme, que dans le principe on croyoit être le Bou-Maza de la dernière insurrection du Dahra, est le même qui a tenté récemment de soulever les Beni-Zoug-Zoug. Le vapeur l'*Achéron* , arrivé cette nuit de Cherchell, l'a amené à Alger, et il va être traduit devant un conseil de guerre.

» Le reste de la subdivision de Milianah jouit du calme le plus complet.

» La subdivision de Medeah continue à être tranquille ; l'impôt y rentre avec facilité.

» Dans la province de Sebaou , les traces d'agitation ont presque complètement disparu; nos marchés sont fréquentés par les Kabyles; les impôts et les amendes, frappés par suite de l'insurrection du mois de juillet, s'acquittent exactement. »

— On écrit d'Alger, 7 octobre, au journal l'*Afrique* :

« Alger, 4 septembre.

» Ce que vous avez dit d'une affaire qui devoit avoir lieu entre les généraux Bourgon et Bourjolly est positif. Toutes les conditions du duel étoient réglées : M. le général Yussuf étoit le témoin de M. Bourgon; M. Bourjolly avoit choisi le général Korte. Il étoit convenu qu'on se battroit à l'épée. Deux fauteuils devoient être placés derrière les combattans, et quand l'un d'eux auroit été assez grièvement blessé pour ne plus pouvoir se servir de son épée, cés messieurs se seroient assis et auroient continué à se battre au pistolet. C'étoit un duel à mort! La cause de cette malheureuse affaire remonte à une discussion assez vive qui auroit eu lieu, il y a quelques années, entre M. Bourgon, alors colonel, et M. Bourjolly, général inspecteur.

» M. Bourgon a demandé au maréchal l'autorisation d'aller à Mostaganem pour se battre avec le général Bourjolly. Après quelques *hésitations, l'autorisation a été accordée*. Heureusement l'affaire s'est éventée ; l'évêque et le procureur-général sont venus protester auprès du maréchal , l'un au nom des lois, l'autre au nom de la religion , contre l'autorisation donnée à M. Bourgon. C'est alors, mais alors seulement, que le maréchal a envoyé à M. Bourgon un capitaine de gendarmerie, avec l'ordre de ne pas s'embarquer et de rejoindre immédiatement son poste. »

— On parle de M. le duc de Broglie comme devant succéder à M. Royer-Collard à l'Académie française. M. de Rémusat se met aussi, dit-on, sur les rangs.

— M. Odilon Barrot vient de traverser Lyon , se rendant à Marseille, où il doit s'embarquer pour la Corse. M. Odilon Barrot passera de Corse en Italie.

— M. le prince Théodore de Galitzin , conseiller d'État au service de Russie . vient d'arriver à Paris avec des dépêches de Saint-Pétersbourg.

— On vient de publier à la mairie du 10e arrondissement les bans du mariage de M. le duc de Blacas avec Mlle des Cars.

— Les maîtres et les ouvriers typographes de Paris ont fondé, il y a deux ans. un banquet annuel, en souvenir du tarif consenti entre eux. Ce banquet avoit réuni l'année dernière 600 personnes, et tout s'étoit passé dans le plus grand ordre. Dimanche, au moment où les convives, maîtres et ouvriers, arrivoient au nombre de 800 chez M. Ragache, restaurateur, rue de Sèvres, à Vaugirard, on n'a pas été peu surpris de rencontrer aux portes de la salle du restaurant, des agens de police chargés d'en interdire l'entrée. Les convives se sont retirés paisiblement, et ils ont ainsi prouvé combien étoient peu fondées les craintes qui paroissoient avoir motivé cette mesure

— Les ouvriers charpentiers, condamnés à des peines sévères par le tribunal de la Seine, ont appelé de ce jugement devant la cour royale de Paris. La plupart de ces hommes, qui ont déjà subi une détention préventive de deux à trois mois, avoient demandé qu'en attendant les débats de leur appel, on voulût bien leur accorder la liberté sous caution. Cette faveur leur a été refusée par la chambre des appels de police correctionnelle de Paris.

— Le 9 septembre, à dix heures du soir, Charles V et S. M. la reine Marie-Thérèse d'Espagne sont arrivés de Gréoulx à Marseille, où M. de Tinan. aide-de-camp du maréchal Soult, les avoit précédés de quelques heures. Le prince n'ayant voulu aucun honneur militaire, le piquet envoyé à l'hôtel de Noailles, qu'il a choisi pour sa résidence , a été remercié, et il n'est resté que quelques agens de police dont l'attitude a été assez convenable.

A l'approche de la voiture, des groupes nombreux de réfugiés espagnols n'ont pu contenir leur émotion ; ils revoyoient celui pour qui et avec qui il avoient tant souffert, qui , à leur tête, s'exposa à périr fusillé peut-être comme le dernier des prisonniers. La police n'a pas cru avoir la force de refouler l'expression de ces sentimens, et elle a eu le bon esprit de se montrer tolérante comme l'a été celle de Lyon et d'Avignon. Que dire à de pauvres gens qui ont tout perdu et qui croyoient avoir tout retrouvé, en revoyant celui qu'ils respectent comme un père ?

Les deux royaux voyageurs, vivement émus, ont remercié avec effusion les personnes qui se trouvoient le plus près d'eux, et se sont aussitôt retirés dans leurs appartemens.

D'après les ordres de Paris, les principales autorités se sont empressées de visiter LL. MM. Le général Parchappe étoit accompagné de l'état-major de la division.

— Un accident qui pouvoit avoir des suites plus graves est arrivé sur la voie de fer d'Orléans à Tours, à la hauteur de Suèvres, près du pont de la Clandière : des traverses destinées à soutenir les rails ont été dérangées à dessein, et lorsque la locomotive qui transporte les sables est arrivée, elle a déraillé; la secousse a été violente, et trois agens qui se trouvoient dessus ont été renversés; l'un d'eux a été lancé au loin, et, en retombant sur le dos, s'est assez sérieusement blessé; les deux autres n'ont éprouvé que des contusions. Le conducteur a pu arrêter la locomotive en détournant la vapeur; sans cela la chaudière eût infailliblement éclaté. La locomotive, légèrement endommagée, a été ramenée à Blois, où elle a été réparée.

La compagnie du chemin de fer a offert 1,000 fr. à celui qui feroit connoître le coupable. Cette importation des mœurs anglaises est loin de sympathiser avec nos idées. Nous ne saurions, du reste, trop vivement nous élever contre ces tentatives criminelles. Leurs auteurs ignorent donc la pénalité dont ils seroient passibles s'ils étoient connus? L'art. 16 de la loi du 16 juillet dernier, sur la police des chemins de fer, est ainsi conçu :

« Quiconque aura volontairement détruit ou dérangé la voie de fer, placé sur la voie un objet faisant obstacle à la circulation, ou employé un moyen quelconque pour entraver la marche des convois ou les faire sortir des rails, sera puni de la réclusion; s'il y a eu homicide ou blessures, le coupable sera, dans le premier cas, puni de mort, et, dans le second cas, de la peine des travaux forcés à temps. »

EXTÉRIEUR.

ESPAGNE. — La reine devoit rentrer, le 15, à Madrid, où le président du conseil et l'ambassadeur de France ont dû arriver samedi dernier.

— La municipalité a nommé quatre de ses membres et les quatre plus forts contribuables, qui, sous la présidence d'un intendant désigné par le gouvernement, doivent procéder à la répartition de la contribution territoriale, conformément au nouveau système tributaire.

BELGIQUE. — Un événement qui auroit pu avoir les suites les plus graves, vient de menacer d'une destruction complète la magnifique cathédrale de Tournay, le chef-d'œuvre de l'architecture romane.

Samedi, à midi un quart, au moment où tous les ouvriers de la cathédrale étoient sortis, des étrangers qui examinoient cet admirable monument, aperçurent le feu qui s'échappoit de la seconde toiture du transsept sud de l'édifice. Ils en informèrent MM. les vicaires-généraux Voisin et Descamps qui passoient en ce moment. Bientôt l'alarme fut donnée, et aussitôt tous les habitans du voisinage s'empressèrent d'accourir pour éteindre l'incendie. En peu d'instans, on parvint à se rendre maître du feu, qui avoit déjà envahi plusieurs mètres de la toiture.

Cet événement ne peut être attribué qu'à l'incurie de quelques ouvriers plombiers qui, il y a quelques jours, ont opéré des soudures dans cette partie de l'édifice.

ANGLETERRE. — Samedi, à une heure, dit le *Times*, la reine Victoria a présidé un conseil privé à Osborne-House. Parmi les personnages présens, on remarquoit le prince Albert, lord Wharncliffe, le lord chancelier, le duc de Wellington, sir Robert Peel, sir J. Graham, lord Stanley, etc. On assure qu'on y a décidé que le parlement seroit de nouveau prorogé du 2 octobre au 27 novembre.

— Le *Times* annonce que le gouvernement britannique vient de conclure, avec la compagnie de la navigation à vapeur de l'Océan-Pacifique, une convention pour le transport des malles sur la côte occidentale d'Amérique, entre Valparaiso et Panama. C'est là un fait important ; car les malles, en traversant l'isthme à Chagres, pourront être apportées régulièrement par les paquebots de la compagnie des Indes-Occidentales, au lieu de faire un immense détour en doublant le cap Horn.

ITALIE. — Une lettre particulière de Venise, du 4 septembre, annonce que 200 soldats italiens, sous le commandement d'un officier autrichien, ont péri en traversant un pont qui menaçoit ruine, situé entre Bellune et Feltre. Ce pont s'est écroulé instantanément, et ces 200 hommes ont trouvé la mort dans la rivière profonde qu'il traversoit. L'officier qui marchoit à leur tête ayant de l'avance sur eux, a pu atteindre, sain et sauf, la rive opposée.

TYROL. — Le 19 du mois dernier, un immense quartier de roc s'est détaché d'une montagne, près de Steg, dans le Tyrol, et a couvert de ses débris la grande route sur une étendue de cent toises. La rivière d'Eisack, remplie de grandes masses de pierres, est sortie de son lit, et a inondé les prairies environnantes. Après de prodigieux efforts, la route étoit de nouveau praticable le 25. Le 30, l'Adige avoit atteint à Trente une hauteur de quatorze pieds ; le débordement causé par cette crue a couvert d'eau les campagnes, et endommagé les routes à plusieurs endroits.

ALLEMAGNE. — La diète germanique vient de clore sa session de cette année et de s'ajourner au 8 janvier prochain. La plupart des représentans des divers Etats de la confédération ont déjà quitté Francfort.

GRÈCE. — Le général Kalergi a cessé d'être aide-de-camp du roi Othon, et a été nommé au poste de commandant du cercle d'Arcadie. Sa résidence future sera Tripolitza. Ce changement de position n'est qu'un exil déguisé. Le colonel Skaravellos, autre ennemi de Coletti, a été mis en disponibilité. Le pouvoir du premier ministre paroît mieux assis que jamais.

PERSE. — A l'occasion du mariage du prince héréditaire de Perse, il y a eu des fêtes brillantes à Téhéran. Le shah a donné deux grands dîners qui furent présidés par un de ses oncles, S. A. R. Malek-Assem–Mirza. Au premier furent invités tout le corps diplomatique et les hauts fonctionnaires de la cour ; au second assistèrent les employés des missions étrangères et les fonctionnaires persans du deuxième rang.

S. A. R. le prince Waldemar de Prusse étoit présent aux fêtes du mariage, ainsi que MM. Lottin de Laval et de Gastine, voyageurs français.

Le Gérant, **Adrien Le Clere.**

BOURSE DE PARIS DU 17 SEPTEMBRE 1845.

CINQ p. 0/0. 118 fr. 15 c.	Quatre canaux 1290 fr. 00 c.
TROIS p. 0/0. 83 fr. 95 c.	Caisse hypothécaire. 625 fr. 00 c.
QUATRE p. 0/0. 000 fr. 00 c.	Emprunt belge. 5 p. 0/0. 000 fr. 0/0.
Quatre 1/2 p. 0/0. 000 fr. 00 c.	Emprunt romain. 104 fr. 0/0.
Emprunt 1841. 00 fr. 00 c.	Rentes de Naples. 000 fr. 00 c.
Oblig. de la Ville de Paris. 1405 fr. 00 c.	Emprunt d'Haïti. 000 fr. 00 c.
Act. de la Banque. 3327 fr. 50 c.	Rente d'Espagne. 5 p. 0/0. 37 fr. 0/0.

PARIS. — IMPRIMERIE D'ADRIEN LE CLERE ET Cⁱᵉ, rue Cassette, 29.

DE LA DESTRUCTION DES ORDRES RELIGIEUX, EN FRANCE,
AU DIX-HUITIÈME SIÈCLE (1).

(Deuxième article.)

Ici la question des ordres religieux entre dans une nouvelle phase et ouvre à l'historien une plus vaste carrière. L'œuvre de destruction commencée par la magistrature sur un seul institut, étendue par une commission à tous les autres corps réguliers, est maintenant reprise et poursuivie à outrance dans une assemblée tumultueuse. Les partis hostiles à la religion qui, en tramant dans l'ombre des complots contre l'Eglise, ou en soufflant dans le public leur haine anti-religieuse, avoient paru se tenir en dehors des attaques livrées à l'état régulier, se déclarent tous contre lui et préludent ouvertement par sa ruine entière à celle de la religion. La narration du livre qui nous occupe, toujours si rapide et si attachante, acquiert ici un nouveau degré de chaleur et d'intérêt qu'elle n'avoit cependant pas fait désirer au lecteur. Les bruyans débats qui amenèrent la proscription des ordres religieux et la ruine de l'Eglise, M. Prat semble les décrire sous l'impression profonde qu'il auroit rapportée de ces séances orageuses auxquelles il viendroit d'assister. La physionomie de l'assemblée, l'attitude des tribunes, l'action des orateurs, les déclamations et les blasphèmes des uns, les solides raisons et le noble langage des autres, le courage de ceux-ci, l'animosité de ceux-là, les désordres qui règnent en même temps dans la capitale et dans les provinces, M. Prat raconte et décrit tout avec une chaleur, avec une précision et une vérité qui transportent le lecteur sur le théâtre où se passent tant de scènes tour à tour terribles et sublimes.

Les assemblées électorales, quoique travaillées et agitées par les sectes et les partis qui se disputoient leurs suffrages, prirent en considération l'état des ordres réguliers, et toutes, excepté deux où dominoit le calvinisme ou le philosophisme, insérèrent dans leurs cahiers la demande expresse de leur conservation, soit pure et simple, soit avec quelques modifications. Mais elles confièrent leur mandat à des hommes qui méditoient la ruine de ces mêmes instituts qu'elles leur avoient fait jurer de défendre. Le tiers-état surtout, élu presque tout entier dans un esprit d'opposition à la noblesse et au clergé, apportoit aux états-généraux des principes d'indépendance et d'irréligion, et la volonté bien arrêtée d'en faire la base de ses délibérations. La séparation des ordres

(1) Un fort vol. in-8°. A Paris, chez Poussielgue-Rusand, rue du Petit-Bourbon-Saint-Sulpice, 3.

comment Dieu pourroit reprendre à l'homme des biens et la liberté qu'il lui a donnés..... »

Garat alloit continuer cette étrange argumentation, mais ses amis même en arrêtèrent le cours : Garat attaquoit moins l'état régulier que la religion elle-même ; or le parti qui vouloit préparer la ruine de celle-ci par la destruction de celui-là, avoit encore besoin de cacher ses desseins ultérieurs ; mais les défenseurs de l'Eglise arrachèrent le voile que Garat venoit de soulever, et sommèrent l'assemblée de re-connoître le droit que la religion avoit toujours eu parmi nous, d'être la religion de l'Etat. Ceux qui méditoient sa perte, n'avoient garde de lui reconnoître ce droit. Ils se déclarèrent incompétens, et par *respect* même pour cette religion, ils passèrent à l'ordre du jour. Remarquons ici que la tactique des génuflexions parlementaires, des protestations de respect et d'amour pour la *vénérable foi de nos pères*, n'est pas d'in-vention nouvelle ; elle date du jour où l'on inventa le poignard respec-tueux. La faction qui, dans la constituante, mania si souvent cette arme dangereuse, se hâta de prouver son respect pour la religion par la sup-pression des instituts qu'elle avoit fondés. L'abbé de Montesquiou et le protestant Barnave proposèrent tour-à-tour un projet de suppression. Celui du premier conservoit des égards pour l'humanité et sembloit ré-server à des temps meilleurs le soin de réparer une grande injustice ; celui du second ne laissoit aucun regret à l'intolérance. Le projet de Montesquiou sauvoit un peu plus l'honneur de la majorité, celui de Barnave remplissoit mieux ses vues. Elle mit le premier en délibération et adopta l'autre par voie d'amendement. Vainement les orateurs de la droite firent entendre les vœux des provinces, les volontés des commet-tans, les réclamations des corporations, des communautés religieuses, qui toutes protestoient de leur attachement à leur institut ; rien n'ar-rêta la majorité dans le cours de ses attentats, et le 13 février 1790, elle défendit, en proscrivant la profession religieuse, de se vouer par état à la pratique des conseils de l'Evangile.

« Ainsi, ajoute l'auteur, le parti de l'assemblée qui, par le nombre et par la vio-lence, dominoit toutes les discussions, et que formoient des hommes tous dés-avoués par la religion catholique, délibérant sur une matière en dehors de sa compétence et au-dessus de ses attributions, contre le vœu presque unanime des provinces de qui les députés tenoient leurs pouvoirs, sans intelligence de la question agitée, contre les protestations des évêques de l'assemblée, des prêtres orthodoxes et de tous les nobles catholiques qui siégeoient à côté d'eux, malgré les réclamations des parties intéressées, sur des prétextes étrangers à la question et contraires à l'Eglise, adopta contre les ordres religieux un décret de suppres-sion proposé par un calviniste. »

Voilà cependant les débats et le décret qu'on invoque contre la religion pour lui défendre de recueillir quelques chrétiens sous un même toit, dans une communauté de prières !

Ce décret faisoit aux religieux qu'il frappoit une position nouvelle et créoit aux évêques de nouveaux devoirs que ceux-ci surent remplir. Un grand nombre d'entre eux publièrent alors des mandemens, soit pour protester contre les usurpateurs, soit pour consoler, encourager et éclairer les religieux dignes de leur profession, soit enfin pour menacer les apostats des anathèmes de l'Eglise, et prémunir les fidèles contre le scandale de leur conduite. Ces mandemens ou ces lettres pastorales, monumens honorables du zèle et de la science de leurs auteurs, excitèrent les colères de la faction, mais ils méritèrent les éloges du souverain pontife qui unit ses plaintes aux plaintes des évêques français.

V. J.

(*La fin au prochain Numéro.*)

REVUE ET NOUVELLES ECCLÉSIASTIQUES.

ROME. — La fête de la Nativité de la sainte Vierge, qui avoit été précédée par une neuvaine de pieux exercices dans toutes les églises de Rome, a été célébrée avec une grande pompe dans l'antique église de *Sainte-Marie du peuple*, desservie par les religieux ermites de Saint-Augustin. Depuis le règne de Sixte-Quint, et conformément aux prescriptions de ce grand pontife, ses vénérables successeurs se font un pieux devoir de tenir à pareil jour, dans cette église, en l'honneur de la Mère de Dieu, ce qu'on appelle à Rome *chapelle papale*. Sa Sainteté le pape Grégoire XVI s'y est donc rendu le 8 septembre, accompagné de toute sa cour. Après y avoir assisté sur son trône à la messe solennelle qu'a chantée le cardinal Fransoni, en présence du Sacré-Collège, des archevêques et évêques, de la prélature et des magistrats de Rome, le Saint-Père est retourné à sa résidence du Quirinal.

— Le P. Luigi Ungarelli, barnabite, assistant général de la congrégation des clercs réguliers de Saint-Paul, membre du collége philosophique de l'Université romaine et de l'académie pontificale d'archéologie, est mort à Rome le 21 août, à la suite de plusieurs attaques d'apoplexie.

Ce religieux très-savant dans les langues orientales, avoit étudié avec succès les hiéroglyphes égyptiens, et venoit d'achever une explication illustrée des obélisques qui existent à Rome. Il étoit âgé de 66 ans.

PARIS.

Parmi les nombreuses ordonnances émanées récemment de M. le ministre de l'instruction publique Grand-Maître de l'Université, il en est une qui préoccupe avec anxiété la plupart des curés, principalement ceux qui exercent leurs augustes et pénibles fonctions dans les paroisses de campagne. Nous voulons parler de la dernière ordonnance qui nomme une commission pour régler le chant et les compositions musicales dans les écoles normales et primaires de toute la France. Non-seulement cette commission a cela d'étrange qu'on n'a même pas songé à y adjoindre un seul ecclésiastique, bien qu'il s'agisse principalement de chants sacrés, mais tout annonce qu'on s'y est plus préoccupé de former le goût des jeunes gens pour la musique en général, que pour le chant sacré proprement dit. Outre qu'il en résultera cette anomalie qu'à l'opposé des anciens, qui ne faisoient enseigner à l'enfance et au peuple que les hymnes sacrées et patriotiques en usage dans les temples et dans les cérémonies nationales, on sera obligé de choisir des chants dans toute espèce de recueil, en dehors quelquefois de la croyance et de la foi catholique. Puis, tout le monde sait que l'instituteur dans les campagnes et dans les bourgs, ne peut se dispenser chaque dimanche de se placer au lutrin de l'église paroissiale afin de régler et de soutenir le chant des offices sacrés. Or, dans le choix des morceaux indiqués par la commission du chant formée par le ministre, le plain-chant ne figure en aucune manière. Dès-lors, le chant de l'église ne se trouvant pas obligatoire pour les écoles primaires et normales, les instituteurs se croiront dispensés de seconder les curés dans les offices. Déjà leur qualité d'élève des écoles Normales, les rend souvent à leurs propres yeux suffisamment philosophes pour se croire au-dessus de la fonction de chantre. C'est tout au plus s'ils consentent de temps à autre à faire parade de leur voix ou de leur goût musical, en exécutant au moment de *l'élévation* ou du *salut* des grandes solennités, quelques morceaux choisis et de nouvelle composition. Diriger le lutrin et les cérémonies pendant que le pasteur est à l'autel, initier leurs élèves et ceux d'entre les jeunes gens du village qui ont de la voix, aux chants de l'église et aux principes du plain-chant, tout cela paroit aujourd'hui, aux yeux des instituteurs, peu approprié à leur capacité, et peu digne de la haute direction qu'ils pensent avoir reçue dans les écoles normales. On sait quels embarras cette importance exagérée et souvent ridicule des instituteurs occasionne aux curés. Il y a donc une grave lacune dans l'ordonnance et la formation de la *commission du chant* émanée du ministère de l'instruction publique. Dans l'histoire de notre nation, le plain-chant se montre toujours comme la base de tout chant vraiment populaire. Depuis Charlemagne, c'est toujours de l'Église qu'est venu l'enseignement et la pratique du chant sacré. Les simples et sublimes accens des prières catholiques que de si grands hommes et de si grands artistes du moyen âge et des siècles suivans ont embellis par leurs compositions musicales, sont certes assez élevés pour fixer le goût de notre jeunesse et de nos instituteurs. De toutes parts, le clergé fait des efforts considérables pour rendre au culte de l'Église, principalement pour le chant, sa majesté antique ; on doit donc espérer que le gouvernement et M. le ministre de l'instruction publique en particulier, encourageront ce zèle pour la maison de Dieu, et chercheront surtout à ne pas lui susciter des obstacles. Dispenser les écoles primaires et normales de l'étude obligée du plain-chant, seroit sûrement la plus forte des entraves que puissent rencontrer les pasteurs déjà si peu secondés dans les cérémonies du culte et le rétablissement de la pompe sacrée que l'on peut attendre des modestes ressources de nos églises de campagne.

M. l'abbé Matalène nous communique la déclaration suivante, avec prière de l'insérer dans l'*Ami de la Religion* :

« Ayant eu le malheur de rapporter, d'après certains journaux, dans mon livre intitulé : *Les Sophismes d'un prélat contemporain*, des faits offensans envers la personne et le caractère de M. l'Archevêque de Paris, faits dont je reconnois aujourd'hui toute la fausseté ; me croyant dès lors obligé en conscience de prévenir mes lecteurs contre les mauvaises impressions que leur publication a dû laisser dans leur esprit touchant mes sentimens de vénération, d'estime et de soumission pour Sa Grandeur, je déclare rétracter complètement ces faits ; et, pour obvier aux fâcheux effets qu'ils ont pu produire, je désire que ma rétractation acquière la plus grande publicité possible.

» L'abbé P. MATALÈNE. »

Le *Courrier des Campagnes*, dans lequel s'étoit fondu le *Bien Social* après sa condamnation par M. l'Archevêque de Paris, annonce qu'il va se fondre à son tour dans l'*Esprit public*, nouveau journal dont M. Charles Lesseps, ancien rédacteur en chef du *Commerce*, prend la direction.

« Plusieurs rédacteurs du *Courrier des Campagnes*, et en particulier
» M. l'abbé Clavel, au dire de ce journal, sont dès aujourd'hui au nom-
» bre des collaborateurs, de L'ESPRIT PUBLIC, qui reproduira incessamment
» dans ses colonnes, en articles de variétés, l'ouvrage de l'ancien rédac-
» teur du *Bien social*, sous ce titre : LES LIBERTÉS CANONIQUES ET NATIONALES
» DE L'ÉGLISE EN FRANCE, ou *Explications sur la condamnation du* BIEN SO-
» CIAL *par M. l'Archevêque de Paris et par plusieurs autres prélats*, avec un
» *Exposé impartial des principaux incidens qui ont précédé, suivi et accompagné*
» *cette mesure de l'autorité ecclesiastique.* »

Dimanche dernier Mgr l'évêque de Limoges a officié pontificalement à Notre-Dame-de-la-Daurade, à Toulouse, à l'occasion de la fête patronale de cette église. Le digne prélat a été reçu à la porte principale par M. le curé, entouré de tout son clergé, et il est monté à l'autel au milieu d'une foule immense qui se pressoit pour recevoir sa bénédiction. La paroisse de la Daurade, qui compte avec orgueil Mgr de Limoges au nombre de ses enfans, étoit heureuse de le voir aujourd'hui revêtu des insignes de l'épiscopat, après l'avoir vu jeune lévite s'exercer aux modestes fonctions qui précèdent le sacerdoce. Le vénérable évêque n'étoit pas moins ému de se trouver au pied du même autel où il eut le bonheur d'offrir pour la première fois le saint sacrifice. On remarquoit dans l'enceinte un grand nombre de fidèles appartenant aux deux paroisses où S. G. a exercé successivement avec tant d'éclat les fonctions pastorales. Ces circonstances touchantes ajoutoient puissamment à l'éclat de cette belle solennité.

Mgr de Limoges est reparti le lendemain pour retourner dans son diocèse.

--------●--------

On écrit de Malines :

« M. le chanoine Speeck, professeur de morale au grand-séminaire de Malines, vient d'être nommé curé de l'église de Saint-Charles à Anvers. M. le chanoine Speeck est un homme de science et de zèle. Cette nomination contribuera à diminuer les regrets universels qu'a excités la mort de M. De Bruyn.

» Cette nomination et la mort de M. le chanoine Laremans, président du grand-séminaire, laissoient deux places vacantes dans cet établissement. S. E. Mgr le cardinal-archevêque les a remplies par la nomination de M. l'abbé Lauwers, directeur du séminaire, au poste important de président, et par celle de M. l'abbé Van de Velde, professeur de philosophie au petit-séminaire de Malines, en remplacement de M. Speeck. M. l'abbé de Pauw, élève de la faculté de théologie de l'Université de Louvain, remplace M. l'abbé Lauwers comme directeur.

» Ces trois nominations fournissent une preuve nouvelle de la profonde sagesse qui caractérise les actes de Mgr le cardinal-archevêque. Confier l'éducation cléricale à un corps enseignant plein de savoir, de zèle et de modestie, et qui connoît si bien les exigences et les besoins de l'époque, c'est assurer à son diocèse pour de longues années, un clergé en tout point à la hauteur de sa mission.

» La veille des vacances, Son Eminence est allée au grand-séminaire annoncer la nomination du nouveau président, et, à cette occasion, le prélat a lu et promulgué, en présence des maîtres et des élèves, les nouveaux statuts, dont il s'occupoit depuis plus de deux ans. Des personnes qui ont connoissance de ces statuts, assurent que ce travail du cardinal est des plus remarquables et au-dessus de tout éloge.

» Après la cérémonie, les élèves, ravis de joie et de reconnoissance, ont aussitôt improvisé une brillante illumination. Rien ne manquoit à cette fête de famille ; les cœurs suppléoient à tout ce que le temps ne permettoit pas de faire. C'est sous ces douces émotions que le lendemain ils ont commencé leurs vacances.

» On dit que d'après les nouveaux statuts, les élèves de première année de théologie auront un cours à part, et que le roulement des cours ne commencera qu'à la seconde année de théologie. C'est un perfectionnement qui sera apprécié par tous ceux qui sont au courant de l'enseignement théologique. Ce changement va nécessiter la création d'une chaire de théologie de plus. On assure que le choix du nouveau professeur est déjà arrêté. »

--------●--------

ALLEMAGNE. — L'on se souvient que le gouvernement hanovrien avoit fait saisir toute l'édition du Catéchisme du vénérable Pierre Canisius, que l'évêque de Hildesheim vouloit substituer a 1 Catéchisme semi-protestant d'Ontrup, qui étoit en usage dans son diocèse. Il s'en

est suivi une sorte de convention entre l'évêque et le gouvernement,
en vertu de laquelle un nouveau Catéchisme doit être rédigé; *bien
entendu* que le gouvernement protestant du Hanovre s'en réserve l'examen et l'approbation s'il *y a lieu.* Les journaux protestans d'Allemagne.
qui rendent compte de cette disposition. la trouvent aussi simple que
naturelle, et cela au moment où tout le protestantisme allemand réclame à grands cris, pour lui-même, l'indépendance et l'affranchissement du pouvoir politique.

— L'on mande de Silésie, que le curé de Reichenbach a repris possession, au nom de la paroisse catholique, de l'ancienne église d'un
monastère qui, depuis trente-cinq ans, étoit abandonnée. Il prenoit
ainsi les devans sur les schismatiques rongiens, qui, s'ils parvenoient à
s'établir dans la ville, ne manqueroient pas de la demander pour y célébrer leur culte. Le 15 et le 16 août dernier, les sectaires se sont réunis à Breslau, en un prétendu synode provincial. L'on s'y est longuement disputé sur la rédaction des articles du symbole de Leipsick,
mais sans parvenir à s'entendre ni sur leur sens ni sur leur rédaction.
Depuis lors, Jean Ronge a repris le cours de ses voyages apostoliques,
marqués par bien des vicissitudes contraires. A Oppeln, il a été salué
par des huées, accompagnées d'une grêle de pierres. La même avanie
lui étoit arrivée quelques jours auparavant à Grottkau. Plus heureux
à Offenbach, s'il faut en croire les feuilles protestantes, il auroit été
accueilli avec enthousiasme par une partie de la population, qui, d'a-
près ces journaux, *se laissoit fouler aux pieds des chevaux pour obtenir une
poignée de main* de ce nouveau réformateur.

————

ANGLETERRE.—La dédicace solennelle de la nouvelle et magnifique
église qu'on vient de construire à Liverpool, dans Edmond-Street, eut
lieu avec la plus grande pompe le mardi 2 septembre, au milieu d'un
immense concours de peuple; cinq évêques et soixante-et-dix prêtres
s'y trouvèrent réunis. La solennité de la dédicace devoit durer toute
l'octave.   (*Liverpool-Mercury.*)

— On lit dans le journal protestant *Western-Luminary* : « Nous apprenons avec douleur que la semaine dernière M. Ruscombe Poole of
Bridgewater, second fils de feu R. Poole, écuyer, avec sa femme, trois
de ses sœurs et ses domestiques, ont embrassé la foi catholique. »

————

AUSTRALIE. — A la réunion en avril dernier de l'Association de
Saint-Patrice pour la Propagation de la Foi tenue à Sidney, M. l'archevêque Polding qui présidoit, dit qu'il avoit reçu de son vénérable
confrère et ami, Mgr Pompallier, ce saint évêque de la nouvelle Zé-
lande, une lettre datée du 13 mars, dans laquelle il lui marquoit qu'il
étoit entouré de ruines de tous côtés, mais que. dans la dernière insurrection des naturels contre les Européens établis dans le pays, où un
si grand nombre de ces derniers périrent, sa maison, ses chapelles et

tout ce qui lui appartenoit avoit été religieusement respecté par les naturels, que ni lui ni aucun de ses missionnaires n'avoient reçu la moindre injure, et qu'ils avoient les plus vives actions de grâces à rendre à Dieu de ce que, au milieu de si terribles désastres, il avoit daigné veiller sur eux, et protéger d'une manière si visible la mission de la Nouvelle-Zélande. Le saint prélat dit dans sa lettre que les chefs des naturels étoient venus le trouver, et lui avoient dit : « Evêque! » n'aie pas peur. Nous savons que tu n'es venu ici parmi nous que » pour nous faire du bien. Nous savons aussi que tu ne te mêles pas » des affaires politiques. Continue d'en agir ainsi, et tu n'as rien à » craindre. » L'évêque ajoute qu'à sa connoissance aucun des indigènes qui avoient embrassé la foi chrétienne n'avoit eu part aux outrages exercés contre les Européens. Cette conduite de leur part, ajoute l'archevêque de Sidney, prouve que les vraies maximes de la foi catholique exercent déjà une puissante influence sur les esprits des nouveaux convertis.

PRUSSE.—L'on mande de Posen, que dans les premiers jours de septembre il y est arrivé une religieuse lithuanienne, de l'ordre de Saint-Basile, qui étoit parvenue a s'échapper des mains de l'apostat Joseph Simiaszko, ancien évêque de Minsk, du rit grec-uni, aujourd'hui archevêque schismatique de Lithuanie. Ce renégat, qui, comme l'on sait, avoit servi d'instrument au gouvernement russe pour déterminer ou pour forcer la défection de l'église grecque-unie et son incorporation a l'église impériale de Russie, n'ayant pu parvenir à faire adhérer au schisme les religieuses du monastère de Minsk, les avoit fait mettre aux fers, deux à deux, et les faisoit conduire ainsi enchaînées a Pototsk, après leur avoir fait subir mille tortures. Celle-ci seule, qui appartenoit à une riche et noble famille de Lithuanie, fut traitée avec un peu moins de rigueur, et un sacrifice pécuniaire fait à propos, lui procura les moyens d'échapper et de franchir la frontière. On lui a fourni, a Posen, des secours suffisans pour pouvoir arriver en France, et y solliciter un asile dans quelque communauté religieuse.

STUTTGARD, 12 *septembre.* — La manière dont le gouvernement de Wurtemberg envisage la nouvelle communauté catholique dissidente se manifeste dans les deux pièces suivantes :

I. *Le consistoire évangélique à la direction de la ville de Stuttgard.*

« Par ordonnance du 10 de ce mois, relativement à la cession aux catholiques dissidens de l'église Saint-Léonard à Stuttgard, pour y célébrer leur culte, les ministres de l'intérieur, des cultes et de l'instruction publique ont chargé le consistoire évangélique de faire savoir ce qui suit aux catholiques dissidens :

» Suivant les principes généralement connus du droit ecclésiastique, lesquels sont parfaitement d'accord avec l'acte de constitution (§ 27-30), l'exercice libre et public de la religion d'une communauté ecclésiastique naissante suppose qu'elle est reconnue par l'Etat. Or, bien que cette reconnoissance ait déjà eu lieu

à l'égard des catholiques dissidens du Wurtemberg, une requête où ils sollicitent l'approbation de leur nouvelle église est soumise en ce moment à la décision
des autorités.

» Durant cet état de choses, il a été permis aux dissidens de célébrer entre eux
leurs exercices religieux, et on ne les a point empêchés de discuter leurs affaires,
même dans des assemblées publiques. Si l'on a pleinement satisfait par là à la liberté de conscience, une transgression à cette limite provisoirement tracée seroit
une violation des lois existantes que le gouvernement ne peut laisser enfreindre
impunément. Quoiqu'à son point de vue l'Église évangélique n'ait aucun sujet de
s'opposer aux catholiques dissidens, elle doit nécessairement avoir égard aux rapports de droit public et ne sauroit prêter son appui à des mesures qui y sont contraires. Comme il ne sauroit y avoir de doute que la célébration d'un culte public
dans un temple évangélique de cette ville, ainsi que le souhaitent les catholiques
dissidens, dont le petit nombre (y compris même leurs coreligionnaires qui peuvent venir de l'étranger), n'a pas besoin, pour s'édifier, d'un local de cette grandeur, ne soit permise qu'à une société religieuse autorisée, l'église de Saint-
Léonard ne sauroit être concédée aux catholiques dissidens pour y célébrer un
service solennel. »

» La décision ci-dessus du ministère est portée à la connoissance de la direction de cette ville, pour qu'elle fasse les démarches ultérieures.

» Stuttgard, le 11 septembre 1845.

» Pour copie conforme :

» *Direction de la ville,*   GAERSTNER. »

II. *Le ministre de l'intérieur, des cultes et de l'instruction publique, à la direction
de la ville de Stuttgard.*

« Le consistoire évangélique fera savoir à la direction de la ville que la cession
de l'église Saint-Léonard aux catholiques allemands, pour y célébrer un service
solennel, ne peut être permise pour le moment. Cette décision sera communiquée
aux chefs des dissidens, avec la remarque que leur requête pour être reconnus
à titre de communauté ecclésiastique étant encore l'objet d'un examen, ils ne
peuvent être autorisés à tenir publiquement leur culte, et doivent se borner,
comme jusqu'ici, à faire leurs exercices de dévotion dans l'église réformée ou
dans la maison d'un particulier quelconque. Si l'on se proposoit de tenir une
grande assemblée dans un local profane et sans les cérémonies du culte, aucun
empêchement n'y sera fait, pourvu qu'il n'y ait pas à craindre des désordres,
chose inévitable dans une assemblée sous la voûte du ciel. On doit faire observer
aux dissidens que toute insubordination nuiroit aux succès de leur requête, qui
va se décider bientôt.

» Stuttgard, le 10 septembre 1845. »   (*Mercure de Souabe.*)

━━━━━━━━━━━━━━━━

SUISSE. — La *Gazette ecclésiastique de Suisse* annonce pour la mi-oc-
tobre prochain l'ouverture des cours de théologie au séminaire de Lucerne, confié, comme l'on sait, aux RR. PP. Jésuites. Le programme
de leur enseignement a été approuvé par M. l'évêque de Bâle et Soleure.

━━━━━━━━━━━━━━━━

INDE. — Une lettre du P. Anastase, capucin du canton de Lucerne, et
missionnaire apostolique aux Indes, annonce que le jour de l'Épipha-
nie neuf Hindous, dont huit adultes, et le neuvième un jeune garçon

NOUVELLES ET FAITS DIVERS.
INTÉRIEUR.

PARIS, 19 septembre. — Par une nouvelle décision, les appels des hommes de la réserve, qui, aux termes de l'instruction du 9 juin 1836, devoient, pour le deuxième semestre 1845, s'effectuer à partir du premier dimanche de septembre, commenceront le premier dimanche d'octobre.

— La convention pour la concession des chemins de fer de Dieppe et de Fécamp a été signée samedi par le ministre des travaux publics, et MM. Blount, d'Alton-Shée, Michel de Saint-Allein, A. Barbet, maire de Rouen, et Osmont, banquier à Dieppe. La durée de la concession est de 94 ans.

— Le conseil-d'Etat a approuvé dans sa dernière séance les statuts de la société anonyme du chemin de fer du nord.

— Une ordonnance du roi crée, à Mézières, une école normale primaire d'institutrices pour le département des Ardennes.

— Une commission vient d'être nommée au ministère de la marine, pour s'occuper des travaux et des salaires des ouvriers de nos arsenaux. Il s'agit de préparer des tarifs faisant connoître la dépense en matières et en main-d'œuvre pour chaque article de la nomenclature du matériel naval.

— M. le ministre de l'agriculture et du commerce vient de décider qu'une école d'agriculture pratique seroit annexée, avec le concours de l'Etat, à l'asile agricole fondé à Montbellet, près de Mâcon, pour les enfans pauvres et abandonnés. Cette école formera d'habiles fermiers, d'intelligens métayers, de bons employés de fermes propres à hâter les progrès de l'agriculture.

Vingt-quatre bourses de 525 fr. chacune sont déjà fondées à cette école ; sur cette somme, 450 fr. seront affectés à la nourriture et à l'entretien des élèves, les 75 fr. de surplus resteront à la masse pour être distribués, à la fin de l'année, à titre d'encouragemens, aux élèves qui montreront de l'aptitude et du zèle. Il seroit à désirer que tous nos départemens fussent pourvus de semblables institutions.

— Le retour à Paris de M. le duc de Nemours est annoncé pour lundi ou mardi. C'est aujourd'hui vendredi qu'a dû être passée la grande revue d'honneur, au camp de la Gironde, et, après la distribution des croix, les troupes regagneront leurs garnisons. Il étoit temps, du reste, que ces exercices arrivassent à leur terme. La pluie va bientôt rendre ces terres impraticables.

— Il s'ouvrira à Paris, le 1er novembre, un congrès médical, se proposant de centraliser tous les efforts des médecins, des pharmaciens et des vétérinaires de France, afin que la loi dont la présentation aux chambres est promise pour la prochaine session, offre le moins de lacunes possible.

— On lit dans la *France* :

« Une cérémonie touchante avoit rassemblé hier dans l'église de Saint-Thomas-d'Aquin l'élite de la société française, chrétienne et royaliste : le duc de Blacas épousoit mademoiselle Des Cars ! Jamais mariage n'a réuni peut-être plus de convenances, et n'a fait naître de plus universelles sympathies que celui que la religion venoit ici consacrer ; et pour compléter l'illustration de cette solennité remarquable, M. de Ravignan bénissoit le bonheur des deux époux.

» Dans un discours trop promptement terminé, le saint Augustin des temps modernes a fait entendre les plus suaves paroles ; et celui dont la voix puissante sait lutter contre le torrent de l'impiété, est parvenu à réduire sa majestueuse éloquence au murmure du ruisseau coulant sur le sable le plus pur. — C'est au nom d'un jeune Blacas, membre déjà distingué d'un ordre vénérable, dont M. de Ravignan est lui-même une des gloires, que le nouveau confesseur de la foi a fait admirer et aimer des accens affectueusement fraternels. Son éloge de deux familles où la vertu, entre autres grandeurs, est héréditaire, a eu tout l'attrait d'une heureuse conviction. M. de Ravignan a paru se complaire dans l'énumération des hautes qualités qu'il avoit à récompenser de sa louange. Il a prononcé avec ame les mots de piété, de sagesse, de patience, de résignation, de dévoûment..... Une seule expression a paru manquer à la justesse du panégyriste : c'est la fidélité... Ah ! sans doute, empruntant au plus célèbre écrivain de l'antiquité une de ses images les plus vantées, M. de Ravignan a jugé que cette fidélité si tendre, si éprouvée, si courageuse et si connue, brilleroit d'un plus vif éclat par *son absence* dans un discours dont on sentoit qu'elle avoit été l'inspiration, la cause, le but et le charme.»

— Un Français établi à Londres adresse au *Constitutionnel* un renseignement assez curieux :

« A la nouvelle bourse de Londres, l'ambassadeur français a fait sculpter dans la pierre, sur un modèle donné et avec la permission de la reine, les armes de la maison d'Orléans. Cet écusson, qui est immense, est placé à l'intérieur de New-Exchange, et indique, au lieu d'une inscription, l'endroit où se réunissent les négocians français.

» Ainsi, vous le voyez, ajoute le correspondant, tandis que vous avez pour emblème national, à Paris, *un livre ouvert* représentant les tables de la loi entourées de drapeaux tricolores, les armes de la maison de Bourbon, aux trois fleurs de lis, brillent de tout leur éclat au-delà de la Manche, soutenues par deux archanges qui les protégent. Au bas de l'écusson fleurdelisé on lit l'exergue : *Montjoie! Saint-Denis!*

» Ce que l'on n'ose en France, on le fait hardiment en Angleterre. »

— On estime déjà à la Monnaie de Paris que près de la moitié des pièces de 10 centimes à l'N et de six liards qu'on croyoit en circulation auront été perdues, fondues, ou seront passées à l'étranger, si bien que l'opération du retrait sera loin d'être aussi importante qu'on le supposoit.

Paris est déjà complétement épuisé de ses pièces de six liards et de deux sous à l'N. Il n'en vient plus que des départemens par le canal des receveurs-généraux.

— On vient de construire à la Monnaie de Paris la plus haute cheminée de machine à vapeur qu'il y ait, non-seulement dans la capitale, mais peut-être dans toute l'Europe ; elle a 90 mètres (270 pieds) d'élévation. Elle est entièrement ronde, excepté à la base, qui est carrée.

— Le passage souterrain qu'on vient d'établir pour servir de communication entre les Tuileries et la terrasse du bord de l'eau, est éclairé par de petites fenêtres circulaires, appelées œils-de-bœuf, prenant jour sur l'allée du parterre, située immédiatement au-dessous de la terrasse ; ces fenêtres étant à hauteur d'homme, les gardiens du jardin des Tuileries ont remarqué que le plus grand nombre des promeneurs jetoient, en passant, un coup-d'œil indiscret dans ces œils-de-bœuf. Aussi s'est-on empressé de placer, à un mètre de distance du mur, une galerie de bois treillagée, qui défend l'approche du souterrain dans toute sa longueur.

— M. Allard, envoyé à Toulon pour rechercher les auteurs de l'incendie du Mourillon, est de retour à Paris ; il persiste à croire, dit un journal, que les forçats sont étrangers à ce sinistre. Un seul foyer a suffi pour mettre le feu, et un seul individu seroit coupable ; mais quel est ce coupable ? C'est ce que toutes les recherches, toutes les investigations n'ont pu faire découvrir encore.

— Depuis long-temps on se plaignoit de vols nombreux commis dans l'église

Saint-Roch, soit pendant les offices, soit durant les autres heures consacrées aux prières. Ainsi peu de jours se passoient sans qu'on ne dérobât aux personnes qui venoient faire une station pieuse, ou des sacs, ou des cannes, ou des parapluies, ou des chapeaux. Le suisse avoit beau veiller, instruit de pareilles plaintes, le voleur restoit inconnu, tant il apportoit d'adresse à s'emparer de ces divers objets. Cependant le suisse remarqua un individu dont les allures lui parurent singulières; assidu à traverser l'église sous différens déguisemens, cet homme éveilla l'attention des employés. Il y a un mois à peine, une personne agenouillée, attentive à suivre la messe dans son livre, se lève lorsque le prêtre quitte l'autel, se dispose à sortir, cherche son chapeau qu'elle avoit placé sur une chaise derrière elle, et dedans son mouchoir. Plus rien. Le suisse soupçonne le personnage dont nous venons de parler; il l'aperçoit en effet; le rejoint dans le passage Saint-Roch. Notre homme étoit coiffé du chapeau volé, dans sa poche étoit le mouchoir. On l'arrête; on le conduit chez le commissaire de police. Son nom? Bailly Laval. Sa profession? homme de lettres. Ses antécédens? sept condamnations subies depuis 1857. Perquisition faite chez lui, on trouve des reconnoissances du mont-de-piété constatant l'engagement de cannes et de parapluies. Amené devant la juridiction correctionnelle, Bailly, qui s'exprime avec facilité, avec élégance même, avoue le dernier vol. Il est condamné à deux ans de prison.

— Nous voulons aujourd'hui rappeler un acte de vandalisme révolutionnaire, à propos de quelques lettres inédites que nous trouvons dans la *Revue du Midi*, publiée à Montpellier, numéro du 31 août 1845.

Voici ce qu'on lit dans une lettre écrite de Paris, le 10 avril 1810, à l'illustre comtesse d'Albani, par Mme de Souza, l'auteur d'*Adèle de Sénange* :

« Le cardinal (Albani) est venu me voir, et nous avons parlé tableaux. A la seconde phrase j'ai avoué modestement mes découvertes sur les quais. Il m'a proposé de m'accompagner; et nous avons été chez un tapissier. A travers plusieurs magnifiques croûtes, le cardinal a vu une Vierge. Il m'a dit tout ému : *Achetez cela.* J'ai demandé le prix : *trois louis.* Le cardinal a été à l'autre bout de la chambre et s'est mis à pleurer. Je me suis empressée de lui demander ce qu'il avoit. *C'est à moi ce tableau*, m'a-t-il dit, *c'est de la Villa Albani : c'est de Sassoferrato.* — *Eh ! mon Dieu, Monseigneur*, ai-je dit, *gardez-le.* — *Non, j'ai tant perdu, que cela de plus n'y fera rien.* Alors, ma très-chère, j'ai acheté ce tableau que le marchand nous a dit lui avoir été cédé pour un flambeau de bouillotte par un militaire venant d'Italie. »

Or, comment le cardinal Albani retrouvoit-il ainsi à travers les croûtes d'un obscur marchand cette Vierge d'un illustre peintre, de Sassoferrato? c'est que ce cardinal, lors de la prise de Rome, par Berthier, avoit vu confisquer tout ce qu'il possédoit. Ses tableaux, ses médailles, ses livres furent mis à l'encan, et c'est encore par suite de cette dilapidation que la bibliothèque de médecine de Montpellier renferme, outre un grand nombre de manuscrits précieux, vingt trois volumes manuscrits de la reine Christine de Suède, achetés alors par un officier français, qui les céda plus tard à cette bibliothèque.

Mais combien de trésors artistiques et littéraires, enlevés en même temps au cardinal Albani, n'ont pas été aussi heureux que ces quelques débris, et ont dû périr en des mains ignorantes et insoucieuses !   (*Gazette de Lyon.*)

— On cite le desservant d'une commune du canton d'Ardres (Pas-de-Calais), qui, depuis que la moisson a commencé, n'a point cessé un seul jour d'aider de ses bras, dans les travaux des champs, ceux de ses paroissiens qui avoient le plus besoin d'assistance.

— On sait la précieuse découverte qu'on vient de faire à Meudon de monumens et de tombeaux celtiques. Outre les dolmens, les armes et les instrumens divers qui ont été trouvés, une quantité d'ossemens qu'on évalue égale à celle de 130 squelettes humains a été découverte. Ces ossemens ont été transportés au château royal de Meudon, où M. Serres, de l'Académie des sciences, a déjà passé neuf séances à chercher à composer des squelettes complets de tous ces ossemens mêlés. Il est parvenu à en composer plusieurs. D'après la disposition du crâne, M. Serres a parfaitement pu reconnoître les deux grandes races celtiques.

— MM. Arago, Gay-Lussac et Biot, membres de l'institut, ont été désignés d'office par le tribunal de commerce de Rouen, à l'effet de constater, en descendant sur les lieux et par tous les moyens possibles, les causes du sinistre de Monville, avant de prononcer son jugement entre les assurés et les compagnies d'assurances.

— Madame Gourbeyre, veuve du contre-amiral Gourbeyre, mort gouverneur de la Guadeloupe, est arrivée au Havre, venant de la Pointe-à-Pitre, sur le navire le *Zampa*.

— M. le docteur Lallemand, membre de l'Institut, est arrivé à Marseille le 11 de ce mois; il se rend à Pise. L'illustre docteur va donner ses soins à Ibrahim-Pacha, qui est affecté d'une maladie de vessie assez aiguë. Déjà le docteur Torri avoit été appelé auprès de lui et lui avoit fait une opération qui paroît avoir bien réussi. Les soins de M. le docteur Lallemand compléteront sans doute la guérison du fils de Mehemet-Ali.

— Le préfet du département des Bouches-du-Rhône a reçu l'ordre de faire commencer immédiatement les travaux de desséchement de l'étang du Pourra. Une somme de 35,000 francs est allouée à cet effet par le gouvernement. Les communes intéressées contribueront aux dépenses pour 15,000 francs, et le département affectera aux travaux une somme égale à celle accordée par le gouvernement. Comme il est à présumer que ces divers crédits seront insuffisans, le gouvernement proposera une loi aux chambres, tendant à accorder une somme nécessaire à l'exécution complète du desséchement.

Les premiers travaux indiqués au projet des ingénieurs, et que l'on va entreprendre sans retard, consistent à endiguer l'étang d'Engrenier, trop petit actuellement pour recevoir les eaux du Pourra et dans lequel celles-ci seront déversées, dès que sa contenance sera agrandie; la nature des travaux fait espérer que la mauvaise saison, dans laquelle on va entrer, ne les contrariera pas, et l'on arriveroit ainsi à terminer promptement les opérations du desséchement.

— Le *Rhône*, journal de Lyon, rapporte le trait suivant:

« Un propriétaire de la Croix-Rousse a pour locataire d'une des mansardes de sa maison un pauvre ouvrier, père de famille. Le propriétaire, n'ayant pas touché le montant de ses deux derniers termes, s'est rendu récemment chez son locataire. Grand émoi dans la famille de l'ouvrier. Celui-ci étoit malade; il n'avoit aucune ressource; il ne pouvoit pas payer. Le propriétaire, après s'être rendu compte de la situation exacte de son débiteur, lui dit: « Vous ne pouvez rester ici. » L'ouvrier comprenoit que le propriétaire le chassoit, faute de paiement; mais celui-ci reprit aussitôt: « Vous êtes trop mal, votre famille est trop nombreuse; vous des-» cendrez deux étages et vous aurez deux chambres. Le prix de votre location res-» tera le même, et vous me paierez quand vous voudrez. »

— Des faits graves se sont passés, la semaine dernière, dans le pays de Sault, aux confins de l'Arriége.

Les habitans d'Escouloubre, s'attribuant le droit de faire pacager leurs bestiaux sur les terrains limitrophes des propriétés communales, et appartenant au marquis de Larochefoucault, en usoient sans scrupule. Les gardes attachés au service de ce propriétaire, lassés de l'inutilité de leurs prohibitions, saisirent un jour un certain nombre de bœufs et de brebis, qu'ils conduisirent et déposèrent à Roque fort, sous la garde de la brigade de gendarmerie.

Deux cents hommes, armés de pioches, de haches et de bâtons, quittant, le lendemain, le village d'Escouloubre, allèrent en tumulte réclamer à Roquefo les bestiaux qu'on leur avoit enlevés. Les gendarmes n'opposèrent à ces factieu qu'une courte résistance, dont la prolongation n'eût peut-être pas été sans dan ger ; force fut de leur céder.

A leur retour pourtant, ils abattirent bon nombre de jeunes arbres et mirent l feu à diverses constructions qu'heureusement on a pu sauver.

Un détachement de 150 hommes du 8ᵉ de ligne, en garnison à Limoux, s'es transporté sur les lieux, ainsi que le juge d'instruction et le procureur du roi.

— Un douloureux accident est arrivé dimanche soir, à neuf heures et demie dans le port d'Orléans.

Depuis près d'une heure déjà, tous les voyageurs étoient débarqués de l'Inex plosible arrivé le soir même de la Basse-Loire, lorsque l'une des passagères qu avoit voulu retourner sur le bateau pour surveiller elle-même le transport de se bagages, tomba, on ne sait comment, dans la Loire, dont les eaux sont en ce mo ment très-hautes. Au bruit de sa chute, car personne ne l'a vue tomber, tout l'é quipage du bateau et les mariniers présens rivalisèrent de zèle et d'empresse ment pour tâcher de la sauver; mais, soit qu'elle ait été entraînée au loin par le courant, ou, ce qui est plus probable, qu'elle ait passé sous un bateau, toutes les recherches, qui se sont prolongées pendant plusieurs heures, ont été infructueu ses. Son corps n'avoit pas encore été retrouvé mardi soir.

La victime de ce déplorable accident est une dame âgée d'environ 40 ans, Mme la comtesse de Buch, qui, depuis la mort de son mari, habitoit Fontaine-bleau avec son frère, M. le marquis de Saint-Cyr. Elle étoit accompagnée, dans son voyage, de son frère et de ses trois enfans, dont l'ainée à seize ou dix-sep ans.

— On écrit de Brest, le 15 septembre :

« Un effroyable événement vient de jeter le deuil dans notre population.

» Hier au soir dimanche, sur les huit heures, la goëlette la *Doris*, partie de Brest depuis quatre ans, faisoit son retour au port ; elle venoit des Antilles. En trée dans la rade, elle fut assaillie par une bourrasque qui la coucha sur le côte impossible d'amener les voiles pour qu'elle se relevât : elle a couru un instan puis a sombré. Elle portoit 55 d'hommes d'équipage et 12 à 15 passagers. De que le stationnaire eut connoissance de cette terrible catastrophe, il tira le cano d'alarme, et tous les bâtimens expédièrent des embarcations de sauvetage, qu ne savoient d'abord où se diriger et qui étoient contrariées par des grains affreu. Grâce aux secours administrés malgré ces obstacles, 50 et quelques personnes on été sauvées.

» Le commandant, M. Lemoine, lieutenant de vaisseau, s'est noyé; son mal heureux père est un brave capitaine de vaisseau en retraite. Un enseigne auxi liaire, second de ce bâtiment, un volontaire faisant fonctions d'officier, et un chirurgien auxiliaire sont aussi victimes de ce désastre. Il n'est échappé de l'état major que le commis d'administration. »

EXTÉRIEUR.

ESPAGNE. —On écrit d'Alicante, 10 courant, qu'une conspiration vient d'y tre découverte. Le projet des révolutionnaires étoit de commencer, comme toujours, par assassiner les premiers fonctionnaires de la ville, mais ils n'ont pu ganer un seul soldat à leur cause. Un lieutenant-colonel en retraite, beau-frère de urbano, devoit être le chef de ce mouvement. Diverses arrestations ont eu lieu, entre autres celle du fameux Cendra et du commandant en second des douaniers. Cette conspiration n'étoit qu'une ramification de celle de Madrid, où se trouvent les principaux moteurs.

BELGIQUE. — Les chambres belges ont tenu, mardi 16 septembre, leur première séance de la session extraordinaire, et ont entendu la lecture de l'exposé des motifs de l'arrêté relatif aux céréales. La chambre des représentans a ensuite procédé à la vérification des pouvoirs.

Dans la séance du 17, la chambre des représentans s'est occupée de la formation de son bureau définitif. M. Liedts, ayant réuni 67 suffrages sur 71, a été proclamé président de la chambre. M. le vicomte Vilain XIV a également été nommé deuxième vice-président par 42 voix sur 75, en remplacement de M. d'Hoffschmidt, nommé ministre des travaux publics. MM. Fleussu et Osy, candidats de l'opposition, ont réuni au premier scrutin 52 suffrages ; au second scrutin, M. Fleussu a obtenu le même nombre de voix.

HOLLANDE. — Le gouvernement hollandais a cru devoir aussi prendre des mesures pour encourager l'importation des substances alimentaires. Le journal officiel, du 15 de ce mois, publie un arrêté qui réduit considérablement les droits d'importation sur ces denrées.

A partir du 15 septembre, les droits d'entrée seront pour les pommes de terre, 5 cents les 10 rasières ; orge, 1 cent les 100 livres ; riz, 1 cent les 100 livres ; fèves, pois et lentilles, 10 cents par last ; gruau et orge mondé, fl. 3 les 100 livres ; farines, fl. 3 les 100 livres.

Il sera fait aux chambres, dans la prochaine session, les propositions nécessaires pour donner force de loi aux dispositions de cet arrêté.

ANGLETERRE.—Un journal de Londres, le *Globe,* prétend que plusieurs vaisseaux anglais sont partis avec l'autorisation de leurs propriétaires, pour le Mexique, afin d'y prendre des lettres de marque pour courir sus aux navires marchands américains. On cite entre autres le *Shamrock*, très-fin voilier, que la marine royale a vendu au commerce il y a quelques mois. Le *Times*, de son côté, affirme qu'un grand nombre de lettres de marque en blanc ont été déposées à la Havane par l'ordre du gouvernement mexicain, et sont toutes prêtes à être utilisées en cas de besoin

— Le *Hampshire telegraph* nous apprend qu'on va élever de nouvelles fortifications à Portsmouth. Une double batterie sera érigée : elle aura 600 pieds de long. Derrière cette batterie de nouvelles casernes seront construites pour recevoir deux compagnies d'artillerie. Un fossé profond entoure ces divers travaux.

— Le *Morning-Post* du 16, annonce qu'un triste accident est arrivé au duc de Buckingham. Il paroîtroit qu'au moment où le duc chassoit, son fusil a éclaté, et qu'il a eu la main horriblement fracturée.

PRUSSE. — L'impératrice de Russie, le prince et la princesse des Pays-Bas sont arrivés le 9 septembre à Koenigsberg. S. M. est accompagnée de la grande-duchesse Olga.

Les nouvelles de Berlin, en date du 13, qui font mention du voyage de l'impératrice, ne parlent pas de l'arrivée de l'empereur. Il est très-possible cependant qu'il vienne à Berlin.   (*Feuilles de Francfort.*)

RUSSIE. — Les feuilles allemandes annoncent que l'empereur Nicolas s'
mis en route pour le Caucase.

ITALIE.—Le roi de Wurtemberg, qui voyage sous le nom de comte de T
est arrivé à la villa Sepolina, sur les bords du lac de Côme ; il y passera l'
tomne et les premiers mois de l'hiver.

SAXE. — On lit dans la *Gazette de Leipsick* du 11 septembre :

« Le prince Jean a répondu de la manière suivante à l'Adresse de la députati
de la bourgeoisie :

« Les sentimens manifestés par les députés de la ville de Leipsick me réjouissent,
» me rassurent et me confirment dans l'opinion que l'élite de la bourgeoisie d
» Leipsick est restée étrangère aux délits commis, et que même elle les déteste
» du fond du cœur. Mes efforts continueront d'être voués au bonheur du roi et d
» la patrie, dans le ferme espoir qu'au milieu des circonstances présentes tous les
» patriotes se rallieront autour du trône de leur souverain héréditaire. »

AUTRICHE. — Les secousses de tremblement de terre recommencent à Raguse et tiennent les esprits en alarme. Le 16 août a eu lieu la première secousse
à quatre heures trente-huit minutes du soir. Ce mouvement, précédé et suivi
d'un grand mugissement souterrain, fut d'abord ondulatoire, puis saccadé, et dura
huit secondes entières. Peu de minutes avant ce tremblement de terre, la mer s'é
leva beaucoup au-dessus de son niveau accoutumé et submergea toute la chaussée
de Gravosa. Le 17 on a également ressenti deux secousses saccadées, dont l'une à
trois heures et demie, fut de deux secondes, et l'autre à neuf heures quarante-
cinq minutes du soir a duré moins encore. Le 19, il y a encore eu une secousse
très-violente, et une autre le 20. Le 19 août est la date du désastre de Monville.

BUENOS-AYRES. —On lit dans le *Morning-Post* du 16 septembre :

« Des lettres particulières de Buenos-Ayres nous annoncent que l'intervention
des puissances européennes dans la querelle entre Buenos-Ayres et Montevidéo
a fait naître une vive sympathie chez les Américains en faveur de Rosas.»

—Les différends entre Buenos-Ayres et Montevidéo sont toujours en suspens
au sujet des bâtimens frappés par le décret du 15 février. M. Ouseley a informé
le comité des négocians anglais qu'il avoit des conférences avec le ministre Arana,
et qu'il les informeroit ultérieurement des mesures qu'ils avoient à prendre dans
leurs intérêts. Le *Sultana*, qui étoit au nombre des cinq bâtimens anglais retenus
en rade de Buenos-Ayres, n'a pas attendu la décision, et a effectué son retour
en Europe avec sa cargaison. Deux des navires français qui avoient éprouvé le
même sort, l'*Universel* et l'*Ave-Maria*, ont pris également leur parti, et ont
quitté la rade de Buenos-Ayres.

Le Gérant, **Adrien Le Clere.**

DE LA DESTRUCTION DES ORDRES RELIGIEUX, EN FRANCE,
AU XVIII° SIÈCLE (1).

(Troisième et dernier article.)

La constance des réguliers et surtout des religieuses ne causa pas aux factieux un dépit moins violent : ils mirent en usage pour la fatiguer et la vaincre, les vexations, les tracasseries de tout genre, les injures, les calomnies, l'imposture et d'autres moyens plus honteux encore qui échouèrent également devant la conscience des persécutés. Ils crurent que la promesse d'une riche pension seroit plus efficace. C'est pourquoi dans les discussions que nécessita la nouvelle position des réguliers, ils donnèrent la priorité aux apostats et leur promirent un sort plus heureux ; « car, disoit Mirabeau, accorder un sort plus favorable aux » religieux qui sortiront du cloître qu'à ceux qui y resteront, c'est se » servir d'un moyen *très-légitime et très-innocent* de faire évacuer les mo- » nastères... »

Ces débats présentèrent une circonstance sur laquelle M. Prat appelle l'attention de ses lecteurs, et qui est en effet digne de la fixer.

« L'assemblée, dit-il, par son décret du 13 février, avoit consommé l'œuvre de destruction que la magistrature d'un autre règne avoit commencée sur la Compa- gnie de Jésus.

» Ce corps illustre, objet éternel des fureurs de l'impiété, avoit été immolé par les parlemens aux haines du jansénisme et de la philosophie. Il en restoit encore quelques débris qui, disséminés dans le royaume, protestoient par leurs vertus soumises contre les calomnies dont ils étoient les innocentes victimes, et por- toient partout avec eux un témoignage involontaire de l'injustice de leurs oppres- seurs. Le sort de ces vénérables proscrits et le souvenir de leurs services exci- toient les sympathies des ames généreuses. Plusieurs fois leur nom avoit retenti à la tribune : l'évêque de Nancy, l'abbé Maury avoient évoqué le souvenir de leur gloire avec celui de leurs malheurs. Mais occupés à défendre, dans l'assemblée, les droits et l'existence de la religion catholique elle-même, ils eurent cent fois l'occasion de gémir sur leur oppression, et jamais la liberté de réclamer leur rap- pel. Ils n'auroient pas même pensé à demander à l'assemblée pour ces religieux une pitié que ceux-ci ne sollicitoient point, si, par une excentricité qu'on peut à peine s'expliquer, les orateurs de la gauche n'eussent pris l'initiative. Tandis que le parti anti-catholique délibéroit sur les frais des funérailles de l'état reli- gieux qu'il venoit d'immoler arbitrairement à sa haine, plusieurs de ces coryphées firent la motion expresse que les Jésuites participeroient aux faveurs qu'on alloit accorder aux religieux sécularisés... Les Jésuites étoient malheureux et victimes

_____

(1) Un fort vol. in-8°. A Paris, chez Poussielgue-Rusand, rue du Petit-Bourbon- Saint-Sulpice, 5.

de l'injustice, leur sort fournissoit un texte abondant de condoléances philanthro-
piques et de déclamations contre le *despotisme* de l'ancien régime. C'est pourquoi l'abbé Grégoire s'écrioit : « Parmi les cent mille vexations de l'ancien gou-
» vernement qui a tant pesé sur la France, on doit compter celle qui a été exercée
» sur un ordre célèbre, sur les Jésuites; il faut les faire participer à votre jus-
» tice. » — « Le premier acte, reprenoit le protestant Barnave, le premier acte
» de la liberté naissante doit être de réparer les injustices du despotisme. Je pro-
» pose une rédaction de l'amendement en faveur des Jésuites. » L'amendement
de Barnave fut adopté à l'unanimité. (*Moniteur*, séance du 19 février 1790.) Le
Journal de Paris, alors rédigé par Garat, Coudorcet et Regnauld de Saint-Jean-
d'Angely, s'associa à cet acte de réparation ; et rendant hommage à Lavie, qui
déjà, dans une séance précédente, avoit réveillé un souvenir que le temps sembloit avoir effacé, il ajoutoit : « Au moment où les législateurs de la France dé-
» crétoient cette destruction universelle des ordres religieux, il avoit prononcé
» le nom des Jésuites ; il avoit rappelé leurs malheurs oubliés ; il avoit appris en
» quelque sorte à l'assemblée nationale qu'il existoit encore de ces infortunés qui
» avoient été sacrifiés, non pas à la liberté, non pas à la raison et à la patrie,
» *mais à l'esprit de parti, mais à la vengeance, mais à des haines implacables.*»
(1790, n° 31.)

»D'après Grégoire, Barnave, Lavie et toute l'assemblée constituante, la suppression des Jésuites fut une *vexation*, une *injustice du despotisme* qu'il appartenoit
à la *liberté de réparer*. Nous prenons d'abord acte de l'aveu, et nous demandons ensuite s'il y a quelque chose de plus ressemblant à l'arrêt des parlemens
qui proscrivit les Jésuites, que le décret de l'assemblée qui supprimoit tous les
ordres religieux? Si le premier n'est pas juste, le second l'est-il davantage? Si les
parlemens commirent un acte d'iniquité, l'assemblée, en les imitant, se montra-
t-elle plus équitable? Ces deux actes sont identiques ; ils méritent donc les mêmes
qualifications, et, d'après les chefs du parti anti-catholique, il faut les flétrir de
celles de *vexations* et d'*injustices* du despotisme. »

Nous recommandons ce passage à M. Thiers : cet honorable député
a-t-il bien pensé qu'en évoquant de nos jours sur les Jésuites les vieux
arrêts des parlemens, il appeloit sur nous les *cent mille vexations de l'ancien gouvernement qui a tant pesé sur la France?* — Qu'il abdiquoit l'héritage de l'Assemblée constituante pour se faire le héraut des *injustices
du despotisme?* — Les parlemens, disent Grégoire, Barnave, Lavie et
Condorcet, ont exercé une cruelle vexation, un injuste despotisme sur
les Jésuites; ils les ont immolés à des haines implacables; il faut que
la liberté et la justice réparent l'iniquité des parlemens; et le vote unanime de l'Assemblée nationale proteste contre l'acte de l'ancienne magistrature. Les anciens parlemens, reprennent à leur tour MM. Thiers,
Odilon Barrot et Dupin, ont porté contre la Société de Jésus, des
arrêts de proscription, il faut les faire revivre; et tout le parti *libéral*
répète le cri de mort contre les Jésuites. Il faut convenir que, depuis
l'Assemblée constituante, la justice et la liberté ont bien rétrogradé.

Mais l'Assemblée constituante elle-même précipitoit la liberté dans une voie où elle devoit trouver les chaînes dont les radicaux veulent aujourd'hui la charger. Après avoir statué sur le sort des apostats, elle délibéra sur la disposition des biens ecclésiastiques déclarés *nationaux*, pour forcer les autres religieux à évacuer leurs monastères. Le parti qui tyrannisoit l'Assemblée enleva ensuite au clergé séculier l'administration de ses biens, quoique les évêques, Maury, l'intrépide Cazalès et d'autres nobles députés lui eussent, au danger de leur vie, prouvé l'injustice de ses procédés. Les députés de la droite appelèrent à la France de cette inique décision. Les provinces, indignées des opérations de la gauche, unirent leurs réclamations à la protestation solennelle de la minorité, tandis que l'audace des ennemis de l'Eglise, excitée soit par les discours, soit par les agens de la faction, se porta, en quelques contrées, aux derniers excès contre les catholiques.

Les opérations subséquentes de la majorité n'étoient guère propres à calmer cette terrible fermentation. Les ordres religieux étoient proscrits, et l'Eglise, comme une place ouverte de toute part, se trouvoit exposée sans défense aux attaques de ses ennemis. Ceux-ci jugèrent qu'il étoit temps d'en consommer la ruine. Alors sortit du comité ou du club janséniste ce monstrueux ouvrage, qui, sous le nom de *Constitution civile du clergé*, appliquoit à l'Eglise les prétentions que, depuis plus de quarante ans, le pouvoir civil exerçoit sur l'état régulier, et introduisoit l'anarchie dans l'ordre hiérarchique, la confusion dans la discipline, la profanation dans le sanctuaire, l'incertitude, le trouble et la division dans les rangs des fidèles. Dans ce plan de culte, la religion étoit tout au plus un instrument d'administration civile; et ses ministres, séparés du souverain Pontife, indépendans les uns des autres, dépendant de la masse du peuple électeur, et réduits au rôle de fonctionnaires publics, ne devoient plus recevoir des ordres que de la police, et ne puiser leurs inspirations que dans la pensée gouvernementale. La conduite si courageuse du clergé français, qui préféra l'exil et la mort à l'infidélité qu'on lui proposoit, fit justice, on peut le dire, pour toujours, de toute *constitution civile du clergé*.

Quant aux ordres religieux, leur destruction étoit décrétée; la constitution civile du clergé ne s'en occupoit plus que pour disperser ceux que la conscience et l'amour de la vertu retenoient encore dans leurs couvens ou leurs monastères.

Le parti qui avoit eu le courage de produire cette œuvre au grand jour, eut encore l'audace de l'adopter et de la défendre à la face du monde civilisé; et, comme s'il eût tenu à montrer que, dans l'Assemblée, il en étoit seul l'auteur, il fit décréter à plusieurs reprises que le côté droit ne seroit point entendu dans cette affaire. Les évêques, les prêtres et les députés catholiques à leur tour, laissant à la faction toute sa honte, protestèrent plusieurs fois par l'organe de M. l'évêque de Clermont, qu'ils ne prendroient aucune part aux délibérations de la gauche sur cette question, qu'ils regarderoient comme non avenu le décret qui résulteroit de ses déclamations contre l'Eglise. Cependant, ce décret étoit le signal du schisme : il étoit urgent de le prévenir en éclairant la conscience des fidèles; c'est pourquoi les évêques de l'Assemblée publièrent une *Exposition des principes sur la constitution civile du clergé*, qu'adoptèrent les autres évêques du royaume. Cette union fit la force du clergé et offrit aux fidèles une règle sûre de conduite au milieu du schisme qui se déclaroit. La faction, qui n'avoit peut-être pas trouvé dans sa conscience le pressentiment de la courageuse attitude du clergé, voulut lui imposer par force sa nouvelle religion, elle qui avoit décrété la liberté de tous les cultes. Elle exigea donc de tous les membres du clergé qu'ils prêtassent serment de fidélité à sa *constitution civile*. Les évêques et les prêtres de la droite répondirent à cette infâme motion par un énergique refus que répéta l'immense majorité du clergé du royaume. Dès lors le parti anti-catholique se trouva en lutte avec la religion, et amené par l'opiniâtreté même de son injustice à tourmenter la vertu ou à briser, par des supplices barbares, les cœurs qu'il ne pouvoit pas intimider. Il chassa d'abord de leurs siéges ou de leurs presbytères les évêques et les pasteurs légitimes; il mit à leurs places de lâches ministres recrutés parmi ces partisans DE LA DÉMOCRATIE CLÉRICALE qui avoient déjà tenté dès cette époque d'introduire dans la constitution de l'Eglise les désordres politiques, et des systèmes d'indépendance impossibles à réaliser en dehors de l'anarchie, ou parmi ces vils rebuts de l'état religieux que leur institut avoit rejetés avec horreur de son empire. Son clergé ainsi formé, le parti dut encore lui créer des ouailles; mais la foi des peuples alors instruits des principes de la religion, se leva devant lui comme un obstacle insurmontable. Les maisons religieuses que la violence n'avoit pas détruites, remplirent les espérances que l'Eglise avoit fondées sur elles. Les intrus accompagnés de leurs bandes sacriléges purent bien en briser les portes et y pénétrer, mais jamais ils ne purent en emporter aucune adhésion.

Les bornes qui nous sont prescrites ne nous permettent pas de reproduire quelques-uns des admirables traits de constance que M. Prat a recueillis et consignés dans l'*Essai historique*. C'est dans ce travail, au reste, qu'il faut voir l'ensemble d'un tableau dont un extrait ne pourroit donner qu'une trop foible idée.

Le courage des évêques, des prêtres, des religieuses, des réguliers, enveloppés dans les mêmes malheurs, prit un caractère sublime lorsque l'Assemblée législative ayant armé les passions que la constituante avoit déchaînées, leur livra ces admirables confesseurs. Alors commencèrent dans la capitale ces massacres de septembre, préludes affreux de tant d'autres forfaits. Les clubs des provinces, qui étoient dans le secret de la conjuration, renouvellent ces horreurs dans tous les lieux où ils sont établis, et dans la France entière, un sang pur ruisselant sous des haches homicides expie les forfaits de la nation.

« Cependant les peuples voisins, les regards fixés sur la France, contemploient avec effroi les scènes épouvantables qui la désoloient. A l'exemple du Père commun des fidèles, tous tendoient les bras aux prêtres, aux réguliers, aux religieuses échappés à une terre qui dévoroit ses habitans. Mais sous la Convention tout espoir fut interdit au malheur : la France sembla se changer en une vaste prison où l'on ne voyoit plus que des poignards, des échafauds, du sang humain, des têtes décollées, des cadavres mutilés : la mort planoit sur elle; au milieu du silence de la terreur, des hommes à figures atroces, accompagnés de la guillotine, parcouroient les provinces épouvantées, cherchant et tuant tous ceux qu'ils soupçonnoient ne point partager leurs fureurs, ou désirer un autre ordre de choses; et, à ce titre, vouant au dernier supplice les religieux, les ecclésiastiques et les citoyens qui croyoient encore à la vertu. »

L'heure de la justice sonna enfin pour les bourreaux. Dieu ne confia qu'à eux-mêmes le soin de sa vengeance. Les factions divisées exercèrent sur elles-mêmes cette rage de massacre qui avoit immolé tant d'innocentes victimes. Robespierre, dont le triomphe ou la défaite avoit été l'occasion de ces sanglantes exécutions, tomba lui-même sous les fureurs révolutionnaires.

« A la nouvelle de sa mort, la France respire, le crime perd de son audace, la probité ose se montrer. La religion même commence à reparoître; l'opinion publique, si long-temps étouffée, bénit le retour de l'humanité; elle invoque même assez haut le culte de la vertu pour se faire respecter des nouveaux législateurs, qui, malgré eux, s'occupent à la satisfaire. Le Directoire, héritier des haines antireligieuses de la Convention, entreprend par des décrets timidement cruels d'étouffer dans leur premier essor les nobles instincts qui se réveillent dans le peuple français. Aux arrêts de mort, il fait succéder des arrêts de déportation, tandis que par ses armées républicaines il exerce son impiété au centre même de l'unité catholique. Dans l'espoir d'asservir l'Eglise dans son chef, il fait traîner le souverain pontife en-deçà des monts; mais la présence du vicaire de Jésus-Christ ressuscite parmi nous l'antique religion de nos aïeux, et le vénérable Pie VI doublement grand, et par son rang et par ses malheurs, aux yeux d'une nation naturellement généreuse, arrive au lieu de son dernier exil, à travers des populations prosternées devant lui.

» Napoléon, maître absolu d'un pouvoir qu'il avoit d'abord partagé avec deux collègues, a compris la France; mais il a trop consulté son ambition. Il a fondé

son système de puissance sur les besoins des cœurs; et au lieu de servir la re
gion, il a voulu que la religion servît ses projets; mais la religion est une souve
raine et non une esclave; elle donne des préceptes et des ordres, et n'en reçoit pas.
On peut mépriser sa puissance et braver ses lois; on n'échappe jamais aux peines
qui les sanctionnent. Napoléon l'oublia et il se perdit : il calcula sur ses propres
intérêts les services qu'il rendit à l'Eglise; il rouvrit les temples et rappela les
ministres du culte; mais il voulut régler leurs devoirs sur ses volontés : il rétablit quelques communautés religieuses, mais il entreprit d'enchaîner l'esprit de
l'Evangile. Enfin, au lieu de rendre à l'Eglise ses droits et ses prérogatives, il
prétendit lui imposer des lois; et Napoléon, précipité du faîte de sa puissance, fut
relégué sur un rocher perdu au milieu des mers.

» La religion depuis lors a vu s'agiter autour d'elle bien des vicissitudes
aucune ne lui a apporté la pleine liberté de son action; on lui dispute encore le
droit d'enseigner les hommes et de former des chrétiens sur le modèle de son
divin chef. L'avenir sera-t-il plus juste pour elle? cet avenir est-il bien éloigné?
nous ne le savons pas. Mais ce que nous savons, c'est que l'œuvre de Jésus-Christ
s'accomplira malgré les hommes; c'est que, tant que brillera sur la terre le feu
céleste que cet Homme-Dieu est venu y apporter, il embrasera les cœurs qui s'en
approcheront, et ce feu sacré ne s'éteindra qu'avec le monde. Ce que nous savons
encore, c'est que quiconque, foible ou puissant, osera heurter la pierre angulaire
sur laquelle est élevé l'édifice de l'Eglise, se brisera contre elle. La politique ne se
joua jamais impunément de la religion. »

C'est par cette conclusion que M. Prat couronne son livre : quoique
dans cet article nous ayons souvent emprunté ses expressions pour indiquer la suite de ses idées et l'enchaînement des faits qu'il raconte,
nous avons dû citer ce passage tout entier, pour mieux faire apprécier
la spécialité de ses vues et la couleur chaude et souvent énergique de
son style.

La sèche analyse que nous venons de faire de l'*Essai historique sur la
destruction des ordres religieux*, nous dispense de nous étendre davantage
sur son importance et sur les belles qualités qui le distinguent. Qu'il
nous suffise d'ajouter que nous ne connoissons pas d'ouvrage plus
propre à éclairer les esprits dans les temps où nous vivons. L'idée de
montrer par les faits que la liberté religieuse et l'existence même du
catholicisme sont en cause dans les associations que l'on poursuit, est
juste, nouvelle et féconde; mais dans sa fécondité même elle présentoit
plusieurs dangers : il étoit à craindre que souriant à l'écrivain, elle ne
l'entraînât dans des longueurs, dans des récits identiques, prolixes et
fatigans, ou dans des applications et des allusions que le lecteur auroit
mieux aimé faire de lui-même. M. Prat, à qui elle appartient, a su éviter
ces inconvéniens : maître de son sujet, il le manie à son gré et le conduit avec intelligence; sobre mais sage dans ses réflexions, clair,
exact dans son récit, noble et rapide dans son style, plein des convic-

tions religieuses, il répand sur toute sa narration un intérêt dramatique qui ne fait jamais défaut à ses lecteurs. Plus heureux que tant d'autres que les mêmes circonstances voient naître et mourir, cet ouvrage restera.   V. J.

--- ●●● ---

REVUE ET NOUVELLES ECCLÉSIASTIQUES.

ROME. — Ainsi que notre correspondance particulière nous l'avoit annoncé, S. S. le pape Grégoire XVI a tenu, le jeudi 11 septembre, au palais du Quirinal, un consistoire public pour donner le chapeau de cardinal à S. Em. le prince Louis Altiéri.

Le nouveau cardinal s'étoit rendu d'abord à la chapelle qui est contiguë à la salle du consistoire, et là il avoit prêté le serment prescrit par les constitutions apostoliques, en présence des cardinaux Micara, doyen du sacré collège; Ostini, camerlingue du sacré collège; Fransoni, premier cardinal de l'ordre des prêtres; Riario-Sforza, premier de l'ordre des diacres, et camerlingue de la sainte Eglise; Bernetti, vice-chancelier, et Mgr Simonetti, pro-secrétaire de la sainte congrégation consistoriale et du sacré collège.

Après cette cérémonie du serment, le cardinal Altiéri a été introduit dans la salle du consistoire par les cardinaux-diacres, et accompagné jusqu'au trône du saint Père, dont il a baisé d'abord le pied, puis la main, et reçu enfin le double embrassement. Il a ensuite parcouru les rangs du sacré collège et reçu l'accolade de chacun de ses vénérables frères. Installé à sa place, il est revenu devant le trône du souverain Pontife, qui a posé sur sa tête le chapeau de cardinal avec le cérémonial et les paroles d'usage si belles et si touchantes.

Dans ce consistoire, l'un des avocats consistoriaux a plaidé, pour la première fois, devant le saint Père, la cause de béatification du vénérable serviteur de Dieu Mgr Vincent-Marie Strambi, évêque de Macerata et Tolentino.

Tous les cardinaux se sont ensuite transportés dans la chapelle du Quirinal, où, après le *Te Deum* solennellement chanté, ils ont embrassé une seconde fois le nouveau cardinal en signe de félicitation. A l'issue du consistoire, le cardinal Altiéri a été reçu en audience particulière par le pape dans ses appartemens. Dans l'après-midi il a fait en grande cérémonie la visite d'usage à la basilique de Saint-Pierre et au cardinal doyen. Enfin, dans la soirée, Mgr Della Porta, camérier secret de S. S., lui a fait au palais Altiéri, en présence d'une société d'élite, la remise officielle du chapeau.

—Le dimanche 7 septembre, Mgr Jean Luquet, prêtre du séminaire des Missions-Etrangères de Paris, désigné pour coadjuteur de Mgr Bonnand, évêque de Drusipare et vicaire apostolique de Pondichéry, a reçu dans l'église de Sainte-Marie *in Vallicella*, des mains de S. Em. le cardinal Fransoni, la consécration épiscopale avec le titre d'évêque d'Esebon *in partibus*. Le vénérable consécrateur étoit assisté par Mgr Pichi, archevêque d'Héliopolis, et par Mgr Brunelli, archevêque de Thessalonique. Un grand nombre d'ecclésiastiques et de pieux fidèles s'étoient rendus avec empressement à cette auguste cérémonie qui avoit un intérêt tout particulier pour les Français résidant à Rome.

— Mgr Louis Nevi, premier minutant de la secrétairerie d'Etat, et chanoine de la basilique de Saint-Laurent *in Damaso*, est mort le 9 septembre, à l'âge de 80 ans, muni de tous les secours de la religion.

PARIS.

RETRAITES PASTORALES.

La retraite du diocèse de Viviers, qui vient de se terminer, a été on ne peut plus édifiante. Commencée le 9 septembre, la clôture a eu lieu le mardi 16. Elle a été prêchée par M. Combalot, homme d'une grande foi et d'un profond savoir. Il donnoit trois instructions par jour, et elle a été suivie par deux cent cinquante prêtres. Mgr l'évêque présidoit à tous les exercices.

Le dernier jour tous les retraitans se sont rendus processionnellement à la cathédrale pour y recevoir le pain de vie et y renouveler entre les mains du prélat les promesses cléricales. Cette belle et touchante cérémonie a eu lieu en présence d'un concours nombreux de fidèles non-seulement de la ville, mais du Bourg-Saint-Andéol, Montélimart, etc., etc.

Après la messe, célébrée par Mgr l'évêque, le prédicateur de la retraite est monté en chaire et a donné un discours dans lequel il a rappelé tous les bienfaits et toutes les grâces qui découlent sur les fidèles par le ministère sacerdotal; ce discours a produit une sainte émotion dans tout l'auditoire.

Le clergé est sorti de cette retraite plein d'ardeur pour l'accomplissement de ses devoirs, rempli d'admiration et de reconnoissance pour l'homme de Dieu qui l'a prêchée avec un zèle et un talent au-dessus de tout éloge, et pénétré d'amour et de respect pour le digne et pieux pontife qui n'a cessé d'être au milieu de ses prêtres, comme un père au milieu de ses enfans.

Mercredi matin a eu lieu, à la cathédrale d'Orléans, la clôture de la retraite des prêtres. Mgr paroissoit doucement ému en contemplant le corps respectable qu'il préside.

C'étoit en effet, dit l'*Orléanais*, un beau spectacle que tous ces hommes d'intelligence et de cœur, qui se comprennent, qui s'aiment, et qui, à la face des autels, s'encouragent à relever les pierres de l'édifice religieux et social.

Qu'on ne demande donc plus ce que faisoient les reclus du séminaire, groupés autour de leur évêque, aux pieds d'un orateur qui n'est enfin que l'un d'eux! A la différence des écoles de philosophie humaine, qui ne s'entendent pas, celui qui parle là est sûr d'être com-

pris, parce qu'il parle une langue commune à tous ; tous admettent la
même base de vérité, la même loi de charité. Réunis, ils s'animent à
défendre l'une et à pratiquer l'autre. Et que leur disoit-on? Apparem-
mént ce qui leur fut dit dès le commencement : Allez, le monde ou
se moquera de vous ou vous haïra ; mais que cela ne vous empêche
pas de lui faire du bien et de le bénir ; abaissez les folles hauteurs de
l'esprit mondain ; guérissez les plaies innombrables du cœur humain ;
traversez le siècle avec la croix, et croyez-vous assez riches et assez
heureux, lorsqu'ayant tout perdu, et n'ayant obtenu que le dédain ou
le mépris, vous arriverez au terme avec quelques ames bien malades.
bien flétries que vous aurez réconciliées avec elles-mêmes, et rendues
à la vertu et au bonheur.

La plus grande partie des ecclésiastiques du diocèse se trouvoient
réunis dans la cathédrale pour entendre une dernière fois M. l'abbé
Mollevaut, qui s'étoit arraché à ses calmes occupations pour apporter
quelques bonnes instructions à nos prêtres orléanais, saint homme
dont Mgr Fayet a donné cette admirable définition :

« C'est la vertu qui enseigne la vertu, l'humilité qui prêche l'humi-
« lité, la douceur qui conseille la douceur. »

M. l'abbé Mollevaut a, dans quelques paroles parfaitement senties.
remercié MM. les ecclésiastiques du diocèse de la pieuse assiduité avec
laquelle ils avoient suivi les exercices de la retraite. Ce devoir accompli, l'orateur a rappelé avec quelle touchante émulation Mgr s'étoit associé à leurs pénibles travaux, et avec quelle affable sollicitude il s'étoit
enquis de tout ce qui les concernoit ; puis, s'adressant aux fidèles, le
bon vieillard leur a dit de regretter de n'avoir pu entendre la touchante
allocution prononcée par Mgr, le dernier jour de la retraite ; il a terminé en félicitant les ecclésiastiques et les fidèles d'avoir pour guide
un pasteur aussi éminent que Mgr Fayet.

Après avoir entendu M. l'abbé Mollevaut rappeler aux ecclésiastiques
les nouvelles obligations qu'ils avoient contractées envers Monseigneur,
un prêtre de nos amis nous dit cette parole qui peut résumer toute la
cérémonie :

L'éloquence et la vertu viennent de rendre hommage à la vertu et à
l'éloquence.

————

Le même jour avoit lieu à Moulins la clôture de la retraite pastorale.
Un temps magnifique contribuoit à donner à cette fête un éclat dont
elle pouvoit se passer. Le digne évêque, qui sembloit rajeunir à la
vue de ce clergé nombreux, presque entièrement formé par ses mains,
présidoit à cette touchante solennité avec cette grâce et cette dignité
qui lui sont familières.

A ses côtés figuroit un personnage au teint oriental, à la longue
barbe des anciens patriarches. Tous les regards étoient fixés sur lui.
C'étoit l'archevêque de Damas, métropolitain du patriarchat d'Antio-

che, venu de son lointain diocèse pour réclamer la protection du gouvernement français en faveur des chrétiens persécutés du Liban, et venant demander aux eaux de Vichy une santé que lui ont ravie les déplorables catastrophes auxquelles il vient d'échapper.

———

La retraite pastorale s'est terminée à Nancy le 9, après une semaine entière passée dans les hautes méditations qui découlent du caractère sacerdotal et dans les pures jouissances d'une réunion fraternelle. MM. les vicaires-généraux ont parlé tour à tour avec le talent, la science et le zèle qui les distinguent. Il est inutile d'ajouter qu'ils ont recueilli d'unanimes suffrages.

Mgr l'évêque de Nancy a présidé à tous les exercices; il a félicité les prêtres du spectacle édifiant dont ils l'avoient rendu l'heureux témoin pendant ces jours de rénovation, de paix et de salut. L'onction de ses paroles a pénétré toutes les ames, et le digne pontife peut se promettre encore que les fruits de cette belle retraite ne seront perdus ni pour le temps, ni pour l'éternité.   (*Gazette de Lorraine*.)

———

Une mission a été donnée dernièrement dans la paroisse de Fournols, diocèse de Clermont. Plusieurs autres paroisses du voisinage ont voulu prendre part à ces pieux exercices qui ont produit parmi cette nombreuse population des fruits aussi abondans qu'ils promettent d'être durables. Deux communions générales ont eu lieu, l'une pour les hommes et l'autre pour les femmes : plus de 1600 hommes se sont présentés à la sainte table avec une piété et un recueillement édifians. La mission a été terminée par la plantation solennelle d'une croix. La foule étoit si grande, que la procession se déployoit sur une étendue d'environ quatre kilomètres. L'ordre le plus parfait et le maintien le plus religieux n'ont pas cessé, malgré cet immense concours, d'accompagner cette marche solennelle du signe sacré de notre salut. La procession est rentrée dans l'église au milieu des mêmes prières et du chant des cantiques : elle a été terminée par le *Te Deum* et par la bénédiction du Saint-Sacrement.

———

M. l'évêque de Nancy a récemment annoncé à son clergé l'établissement d'une commission permanente qui devra être consultée sur toutes les constructions ou réparations de monumens ou d'établissemens religieux. On ne pourra même se permettre la vente de quelque objet d'art ou faire des acquisitions importantes qui intéressent les églises ou le culte, sans avoir préalablement demandé l'avis de la commission. Cette mesure est sage, elle aura les plus heureux résultats en prévenant de fâcheuses dégradations, et il est à espérer qu'on évitera les lenteurs semblables à celles que l'on déplore de la part des commissions pour les bâtimens civils.   (*Gazette de Metz*.)

On lit dans le *Journal de Rennes* :

« On parle d'une découverte qui vient d'être faite à l'évêché, en exécutant quelques travaux de réparations. Un ouvrier menuisier a trouvé dans un retrait de mur, où sans doute il avoit été caché à l'époque de la révolution, un reliquaire contenant des restes de saint Modéran, ancien évêque de Rennes. Ces reliques ont été examinées et reconnues authentiques par l'autorité ecclésiastique. On ajoute que l'intention de Mgr l'évêque de Rennes est d'en opérer la translation solennelle à la cathédrale Saint-Pierre, vers la fin du mois d'octobre. »

Les embarras des schismatiques rongiens paroissent augmenter de jour en jour. Tandis que le gouvernement wurtembergeois leur refuse l'usage temporaire d'un temple protestant, et leur défend de célébrer en plein air leur prétendu culte, le gouvernement hessois fait renvoyer de Marbourg le soi-disant curé Kerbler, et défend d'y laisser séjourner tout autre prêtre de la secte catholique-allemande. Cet arrêté du ministère vient d'être notifié au potier d'étain Seidel, qui, dans cette ville, se donne le titre ridicule de directeur de la congrégation rongienne.

M. Echanove, archevêque de Tarragone, qui depuis environ dix ans étoit éloigné de son siège par suite des discordes civiles et résidoit à Rome, vient de rentrer en Espagne. Arrivé le 9 de ce mois à Perpignan, il a passé un jour à l'évêché, et le 11 il a franchi la frontière par le Perthus.

Le jour de la fête de la Nativité de la sainte Vierge, le comte et la comtesse de Molina se sont rendus à la cathédrale de Marseille. Reçus par le chapitre, et conduites aux sièges qui leur avoient été préparés dans le chœur, LL. MM. ont entendu la grand'messe avec ce recueillement d'une foi vraie qui ennoblit les rois et atteste qu'ils reconnoissent un maître au-dessus d'eux. L'assistance étoit devenue nombreuse quand on a su quels étoient les personnages reçus dans l'église, et elle leur a donné, à leur sortie, des témoignages de respect et d'intérêt. Quant à la cérémonie, plus que modeste pour des princes qui avoient vu les magnificences religieuses de Tolède, elle a été cependant aussi convenable que pouvoit le permettre l'état du culte dans la pauvre cathédrale de Marseille. (*Gazette du Midi.*)

ANGLETERRE. — Plusieurs puséystes ont récemment embrassé le catholicisme. Ce mouvement religieux se propage, et le *Morning advertiser* publie à ce sujet les réflexions suivantes :

« Les journaux sont remplis de nouvelles conversions de protestans au catholicisme. Une famille tout entière de l'ouest de l'Angleterre vient d'embrasser la communion romaine ; le mari et ses trois sœurs sont proches parens d'un ministre qui habite la localité. Ce fait est une nouvelle preuve que l'enseignement tractarien prépare les néophytes aux dogmes de l'Eglise de Rome, et cependant le clergé puséyste prétend qu'il n'y a aucune liaison entre la théologie d'Oxford et celle de Rome. Il est pénible de penser qu'il y a peut-être aujourd'hui plusieurs milliers de ministres protestans qui sont payés pour enseigner la religion protestante, et qui de cœur sont tout aussi attachés à l'Eglise de Rome que si déjà ils faisoient partie de sa communion. C'est-là un des maux qui résultent de nos établissemens ecclésiastiques. »

Ces doléances des journaux protestans au sujet des fréquentes conversions qu'ils ne peuvent plus passer sous silence, confirment de plus en plus l'espérance que nous avons toujours manifestée de voir les puséystes ramenés au catholicisme par la force inévitable du mouvement qu'ils ont eux-mêmes imprimé à leurs études et à leurs travaux ecclésiastiques.

Ces conversions à la foi catholique deviennent aussi nombreuses que remarquables. Le recteur de Bridgewater (Sommerset), M. Cayes, à la tête d'un nombre assez considérable de ses paroissiens les plus respectés, vient de consommer son abjuration des erreurs anglicanes; déjà même ils ont entrepris de se construire une chapelle. D'autre part, M. Wart, d'Oxford, vient de publier les motifs de son retour à l'Eglise catholique. A la question qui pourroit lui être adressée sur le motif qui a si long-temps retardé sa conversion, il répond. qu'ayant toujours cru que dans l'Eglise anglicane il étoit permis de croire tout ce que croit l'Eglise romaine, il n'avoit pas pensé que cette démarche fût nécessaire; mais que l'intervention de l'évêque et de l'Université lui ayant prouvé qu'à cet égard il étoit dans l'erreur, il avoit cru de son devoir d'obéir, à l'instant même, aux impulsions de sa conscience.

———————————

BAVIÈRE.—MUNSTER.—Les annales de l'Eglise ne nous avoient jusqu'ici transmis le souvenir que d'un seul fait semblable à celui que nous venons de célébrer; encore faut-il, pour le retrouver, remonter jusqu'à saint Remi, archevêque de Reims, qui, comme notre évêque, porta pendant plus d'un demi-siècle la houlette pastorale. C'est le 6 septembre 1795 que Mgr de Droste fut sacré évêque-suffragant de Munster, par l'archevêque Maximilien-François, électeur de Cologne et évêque de Munster. fils de la grande impératrice Marie-Thérèse. La carrière épiscopale du suffragant, depuis titulaire du diocèse, a été pleine de vicissitudes, de tribulations, mais aussi de fruits de bénédiction pour son Eglise; et c'est pour en consacrer le souvenir que ce jubilé extraordinaire a été solennisé dans nos murs avec un éclat qui passe toute description. Pendant que la magnifique procession, qu'un grand nombre d'évêques et de prélats étrangers honoroit de sa présence, passoit devant l'hôtel patrimonial des comtes de Droste-Vischering, le vénérable confesseur Clément-Auguste, archevêque de Cologne, dont la foible santé ne lui permettoit pas de se mêler à cette sainte réunion, s'étoit fait porter à la fenêtre de son appartement, d'où, les yeux pleins de larmes, il contemploit le cortège triomphal de son frère. Sa pensée se reportoit sans doute sur la différence de cette imposante cérémonie, et de l'enlèvement nocturne dont il avoit été la victime. Le banquet offert par la ville, et préparé au palais du roi, fut servi à six cents couverts, et la journée se termina par la plus magnifique illumination, à laquelle se prêtoient merveilleusement les localités de la cité. Des milliers de lampions de diverses couleurs, éclairoient la place de la cathédrale. Tous les clochers, toutes les tours de l'antique cité resplendissoient au loin dans la contrée, et y proclamoient en quelque sorte l'amour et la vénération que portoit le troupeau à son vénérable pasteur.

Sous l'ancien règne, et au commencement même du règne actuel, cette grande manifestation de la puissance pastorale sur le cœur des peuples catholiques, outre qu'elle eût offusqué le préjugé protestant, eût sans doute paru un danger politique que l'on se seroit empressé de prévenir en renfermant la solennité entre les murs de la cathédrale. Il n'en est plus de même aujourd'hui que le roi ne peut plus être trompé sur les véritables dispositions de ses peuples catholiques envers son auguste personne. Aussi S. M. a-t-elle voulu prendre sa part de la fête et des honneurs rendus au doyen de l'épiscopat catholique, en lui faisant présenter de sa part les insignes de l'*Aigle noire*, le premier des ordres de son royaume.

PRUSSE. — *Posen, 7 septembre.* — Les habitans catholiques de notre ville ont envoyé une députation au roi à Berlin, avec la demande d'installer une commission chargée de faire une enquête sur les troubles graves qui ont éclaté à Posen les 28 et 29 juillet. Cette députation est composée de deux bourgeois et d'un propriétaire qui s'est fait connoître en 1841 comme médiateur heureux des différends entre le gouvernement et l'archevêque de Gnesne et de Posen, M. de Dunin, prisonnier à cette époque dans la forteresse de Colberg. (*Gazette d'Augsbourg.*)

REVUE POLITIQUE.

Il est étrange et triste tout à la fois de voir avec quelle facilité les plus hautes intelligences et les plus nobles caractères se laissent quelquefois atteindre par les préjugés du vulgaire et par les préventions de l'esprit de parti. Dans un discours qu'il a prononcé tout récemment au sein du conseil-général de Saône-et-Loire, M. de Lamartine, après avoir développé des idées larges et de généreux sentimens sur la nécessité d'ouvrir toutes les sources de l'instruction supérieure aux enfans des classes pauvres, a rappelé la grande lutte et les derniers débats qui se sont engagés sur la question de la liberté d'enseignement. Voici en quels termes s'est exprimé à cet égard l'illustre député de Mâcon :

« Jetons un regard autour de nous. Qui est-ce qui agite l'esprit public, la France, la famille, la conscience du pays depuis quelques années? C'est précisément cette terrible question pendante entre l'enseignement ecclésiastique et l'enseignement laïque, entre l'éducation livrée tout entière à une Eglise, et l'enseignement livré tout entier à l'Etat. Dans les termes où elle est posée, il n'y a que deux solutions en perspective : ou la domination souveraine restituée à l'Eglise sur l'enseignement, c'est-à-dire une nouvelle et complète inféodation de l'esprit humain à l'autorité traditionnelle et immobile, avec les conséquences dans l'avenir que le passé vous déclare, c'est-à-dire l'abdication de l'esprit humain dans les mains d'un sacerdoce souverain de l'intelligence ; ou bien une tyrannie de l'Etat sur les consciences, violentant les volontés des pères de famille, arrachant les enfans à la religion des mères, pour les jeter de force à la philosophie des professeurs; l'intelligence et la conscience humaine administrées par l'Etat, à la façon des concordats, des lycées et des polices de l'empire, qu'on nous présente comme l'idéal des gouvernemens, et qui ne seroit, en pareille matière, que l'idéal de la servitude, et la pire des servitudes, la servitude de l'esprit. Ni l'une ni l'autre de ces solutions n'est la vérité. Le type de nos institutions, c'est la liberté. La liberté d'enseignement et la liberté religieuse doivent être les premières et les plus inviolables conséquences de la liberté politique. La révolution n'a pas affranchi les corps pour enchaîner les intelligences. »

'Or, est-ce bien dans ces termes absolus qu'a été posée la question pendante entre les évêques, défenseurs des intérêts religieux des pères de famille, et l'Université qui refuse à ces intérêts sacrés la plus légitime satisfaction? Est-il juste, est-il vrai, est-il digne de la haute impartialité de M. de Lamartine de croire et de propager cette erreur que le clergé ne veut renverser le monopole universitaire que pour relever à sa place un autre monopole dont il auroit tous les profits? Sans doute, en ce qui concerne l'Université, cette prétention au privilège exclusif d'élever la jeunesse n'est pas une supposition gratuite : *la tyrannie de l'Etat sur les consciences, violentant les volontés des pères de famille, arrachant les enfans à la religion des mères pour les jeter de force à la philosophie des professeurs,* cette odieuse tyrannie est un fait que l'Université a érigé et veut maintenir comme un droit. Mais dans quels écrits ou dans quels actes M. de Lamartine a-t-il vu que le clergé n'aspire qu'à *restituer à l'Eglise une domination souveraine sur l'enseignement?* Sur quelles preuves l'accuse-t-il de prétendre faire *abdiquer l'esprit humain dans les mains d'un sacerdoce souverain de l'intelligence?* Nous serions tentés de croire que M. de Lamartine n'a pas lu les Mémoires des évêques, et qu'il ne juge leurs réclamations que d'après les commentaires passionnés des orateurs et des journaux qui, pour en empêcher le succès, en ont dénaturé le sens et la portée véritable. Les évêques, dans tous leurs écrits publics, dans toutes leurs communications particulières avec le gouvernement, n'ont demandé d'abord à l'Université, que de faire une part plus large et plus sérieuse à l'enseignement religieux, au développement de la foi et des sentimens chrétiens dans l'éducation publique : ils ont demandé, en un seul mot, que l'Université, plus digne de sa haute mission et plus fidèle aux engagemens qu'elle a implicitement contractés envers les pères de famille, élevât dans les principes et dans la pratique de la foi catholique, les enfans d'une nation qui est catholique par tout ce qui la constitue. Et quand ils ont vu, quand on leur a déclaré que sur ce point essentiel l'Université ne vouloit ou ne pouvoit pas mieux faire, il a bien fallu, comme leur conscience leur en faisoit un devoir, comme la Charte leur en donnoit le droit, chercher dans une liberté promise un remède à des maux extrêmes. Et c'est alors qu'ils ont réclamé la faculté d'ouvrir purement et simplement à côté des établissemens universitaires, d'autres collèges où la foi et les habitudes religieuses des enfans fussent entourées de plus solides garanti s. Or, en cela, ils n'ont précisément demandé que cette liberté d'enseignement et cette liberté religieuse qui, selon M. de Lamartine, doivent être *les premières et les plus inviolables conséquences de la liberté politique.*

Il importe donc, comme on le voit, de rétablir bien nettement la question telle que le clergé l'a posée : il importe de prévenir, en si grave matière, les erreurs volontaires ou les méprises de bonne foi qui peuvent conduire à d'irréparables conséquences. Quand on va chercher dans les préventions hostiles ou seulement intéressées de l'Université, l'opinion et les vœux du clergé sur la grave question de la liberté d'enseignement, il est aisé de repousser ces vœux comme une prétention exorbitante, et de condamner cette opinion comme un préjugé du moyen-âge. Mais si l'on prend la peine de lire, un peu à l'écart de tout le bruit que font les intérêts et les passions, les réclamations calmes et mesurées de l'épiscopat tout entier, on arrive à reconnoître que la seule liberté qu'il réclame, M. de Lamartine la demande avec lui comme un droit inviolable. La chose vaut donc la peine qu'on s'éclaire : on finira peut-être par s'entendre.

L'*Echo de Vésonne*, qui s'imprime à Périgueux, et qui est en mesure de bien connoître les intentions de M. le maréchal Bugeaud, publie, dans son dernier numéro, une note évidemment communiquée et de laquelle il résulteroit que le seul but du maréchal, en rentrant en France, est de provoquer la formation d'une grande commission, chargée de constater la situation des choses en Algérie et de rechercher les moyens d'assurer l'avenir de notre colonie africaine.

Voici, du reste, la note que publie l'*Echo de Vésonne* :

« Rien n'a transpiré encore sur l'entrevue qui a eu lieu entre le maréchal Soult et le maréchal Bugeaud. En attendant que le résultat de leur conférence soit connu, nous pouvons communiquer à nos lecteurs, comme les tenant d'une source sûre, quelles ont été les intentions et les vues du gouverneur-général en rentrant en France.

» Elles consistent positivement à demander au gouvernement, entre autres mesures, qu'une commission composée de pairs, de députés, et d'hommes capables pris en dehors des chambres, soit envoyée en Algérie pour constater la véritable situation des choses, pour rechercher, avec le gouverneur-général et tous les hommes pratiques, les moyens les plus propres à assurer l'avenir de la colonie.

» Le problème que cette commission auroit à résoudre seroit celui-ci : libérer la France dans le plus court délai possible du fardeau politique et financier que lui impose l'Algérie, et par suite libérer le plus promptement possible l'Algérie des éventualités de la politique européenne. »

Les journaux de Madrid du 16, qui nous sont parvenus ce soir par voie extraordinaire, ne contiennent aucune nouvelle importante. Le ministère espagnol paroit décidé à ne pas réunir les cortès pour le 10 octobre, mais à attendre quelques semaines de plus pour être en mesure de présenter des résultats positifs sur l'exécution du nouveau système de contributions qui est aujourd'hui le point de mire de toutes les oppositions.

Tous les bruits qui ont été répandus sur une prétendue crise ministérielle sont dénués de fondement. Les ministres sont d'accord sur toutes les questions politiques et matérielles.

La Esperanza prétend que M. Castillo y Ayensa est arrivé à Barcelone, se rendant de Rome à Madrid.

Le gouvernement belge vient de nommer une commission qui sera chargée de faire une enquête sur la condition des classes ouvrières et nécessiteuses , et de rechercher les moyens d'améliorer les institutions consacrées à leur soulagement. Le ministre de la justice, M. d'Anethan, a fait à cette occasion un rapport au roi, dans lequel il signale les efforts déjà faits par le gouvernement pour améliorer le sort des classes pauvres, et le *Moniteur belge* publie, à la suite de ce rapport, l'arrêté suivant :

« LÉOPOLD, roi des Belges , etc.,

» Art. 1er. Il est créé près du ministre de la justice une commission ayant pour mission :

» 1° De rechercher les lacunes qui existent dans les institutions consacrées au soulagement et à l'amélioration du sort des classes ouvrières et indigentes du pays ;

» 2° D'examiner et de discuter les moyens pratiques de combler ces lacunes, et d'en faire le rapport à l'administration ;

» 3° De donner son avis motivé sur toutes les pièces, documens, rapports et projets qui lui seront renvoyés à cette fin par l'administration ;

» 4° De signaler à l'attention de l'administration les institutions utiles de l'étranger, en faisant ressortir celles de ces institutions qui leur paroîtroient de nature à être introduites dans notre pays.

» Art. 2. Un arrêté royal fixera le nombre et les attributions des membres de cette commission et la marche de ses travaux. »

L'ouverture solennelle des Etats de la cinquième diète constitutionnelle de Saxe a eu lieu à Dresde le 14.

Après les cérémonies religieuses d'usage , le roi est entré dans la salle, accompagné des princes Jean et Albert, et a prononcé le discours d'inauguration ; nous n'extrairons de ce document que le passage qui fait allusion aux événemens de Leipzig et la péroraison. Voici ces deux passages :

« Nos relations extérieures sont dans un état prospère ; bien que l'intérieur nous offre aussi un aspect satisfaisant, il y a quelques faits affligeans à signaler ; un événement profondément regrettable, qui blesse mon cœur dans ses sentimens les plus chers, a eu lieu récemment dans une des villes les plus importantes du royaume ; vous partagerez ma douleur, je n'en doute pas. L'agitation qui se manifeste sur plusieurs points dans les affaires religieuses et qui menace de faire cesser toute harmonie, et de troubler l'ordre légal, en dépassant toute mesure, mérite la plus sérieuse attention. Sans tenir compte de la différence des confessions des diverses églises reconnues, j'ai promis, à mon avènement au trône, de sauvegarder avant tout les sentimens religieux que le peuple de Saxe a su conserver d'une manière si honorable. J'ai exprimé la conviction que les Etats de Saxe seront guidés par le même respect pour ce qu'il y a de plus sacré au monde : vous justifierez, messieurs, cette confiance, et je compte que vous m'accorderez votre appui, pour que les principes de l'église ne soient pas ébranlés et pour que les piliers fondamentaux de l'Etat et du bien-être de l'humanité, la religion et la loi, ne soient pas sapés à leur base....

» Fort de la conscience d'avoir exécuté, pour ma part , avec une scrupuleuse loyauté, les clauses du pacte constitutionnel, j'ai le droit de demander que tous les Saxons agissent de la même manière : je vous engage surtout, messieurs, à me seconder dans la ferme résolution de maintenir à l'intérieur le règne de la constitution et des lois, afin que le nom saxon continue à être partout respecté, et que des constitutions comme la nôtre ne cessent pas d'être regardées comme le plus sûr rempart contre l'anarchie, et comme la meilleure garantie de solidité pour le lien qui unit le prince et le peuple, lien dont l'affermissement peut seul assurer le bonheur du pays. »

NOUVELLES ET FAITS DIVERS.

INTÉRIEUR.

PARIS, 22 septembre.—MM. Desprez, Quénault, Dumas, Moulin et Bergevin ont été élus députés à Lyon, à Coutances, à Rochefort, à Issoire et à Blois, en remplacement de MM. Fulchiron, Bonnemains, Tupinier, Girot de l'Anglade et Doguerau, élevés à la dignité de pairs de France.

— Par ordonnance du roi, en date du 20 septembre, rendue sur le rapport de M. le ministre de l'agriculture et du commerce, la société anonyme formée à Paris sous la dénomination de *Compagnie du chemin de fer du Nord* est autorisée.

Sont approuvés les status de ladite société, tels qu'ils sont contenus dans l'acte passé devant M⁰ Halphen et Dupont, notaires à Paris, lequel acte restera annexé à la présente ordonnance.

— Par ordonnance datée d'Eu le 21 août, il est ouvert au ministre secrétaire d'état des travaux publics, sur l'exercice 1845, un crédit supplémentaire de 241,000 fr. applicable au chapitre 17 : *Exploitation des chemins de fer exécutés par l'Etat.*

La régularisation de ce crédit supplémentaire sera proposée aux chambres lors de leur prochaine session.

— D'après une décision récente de M. le ministre de la marine, un agent tout spécial va être envoyé en Corse, pour faire un rapport sur les ressources que pourroient fournir à notre marine les immenses forêts de cette contrée.

Il paroît que ces ressources sont assez considérables pour combler les vides causés par l'incendie du Mourillon dans les bois de construction. Quant à la qualité des bois que l'on tireroit de la Corse, les dernières expériences ont prouvé que le pin laricio, que l'on trouve en très-grande quantité dans les forêts de Paneca, a toute la force et l'élasticité du pin sylvestre de Riga et de Norwége, quand on le coupe, toutefois, à l'âge de 100 à 120 ans.

—Le *Moniteur algérien* nous apporte aujourd'hui les résultats pour la province d'Alger, de l'espèce de recensement prescrit par M. le maréchal Bugeaud, dans le but de connoître le nombre des officiers et soldats qui seroient disposés à servir d'instrumens à son système de colonisation.

Voici les chiffres du tableau que publie le journal officiel de la régence : Un officier supérieur, 17 capitaines, 2 lieutenans, 5 sous-lieutenans, 3,985 sous-officiers et soldats se présentent pour la colonisation militaire. Le total des fonds dont plusieurs d'entre eux disposent est de 1,673,813 francs. On ne connoît encore le résultat du travail que pour la province d'Alger ; mais le *Moniteur algérien* estime que lorsque toutes les demandes auront été recueillies, elles présenteront un chiffre de 8 à 10 mille hommes.

En publiant ces détails, le journal officiel s'empresse de déclarer que ni le gouvernement ni les chambres ne sont engagés, et que la mesure pourra être repoussée ou adoptée, sans que la discipline ait à en souffrir.

Le *Moniteur algérien* fait précéder l'insertion de la note que nous venons d'analyser de l'observation suivante :

« Le défaut d'espace nous a obligé à renvoyer à notre numéro d'aujourd'hui » l'article suivant sur les chances de succès de la colonisation militaire ; cet arti- » cle devoit être publié dans notre numéro du 4 septembre. »

Le 4 septembre, M. Bugeaud remplissoit encore les fonctions de gouverneur-général, et la note émane évidemment de lui. M. le général Lamoricière, qui a peu de goût pour la colonisation militaire, aura voulu sans doute que l'origine de l'article fût bien constatée.

— Le rapport du jury central sur les produits de l'industrie française exposés en 1844 vient d'être publié par les soins du ministre de l'agriculture et du commerce. Cet important document, précédé des pièces officielles concernant l'exposition, et suivi d'une table des noms des exposans, forme trois forts volumes in-8".

— L'académie des Beaux-Arts de l'Institut a jugé dans sa séance de samedi le concours des grands prix de paysage historique, dont le sujet traité par les concurrens étoit *Ulysse et Nausicaa.*

Un premier grand-prix a été décerné à M. Jean-Achille Benouville, de Paris, âgé de trente ans, élève de M. Picot.

— Mercredi 24, jeudi 25 et vendredi 26 aura lieu à l'École royale des Beaux-Arts l'exposition publique du concours des grands prix de peinture d'histoire, dont le sujet à traiter par les concurrens étoit *Jésus dans le prétoire.*

— Le nom de M. Royer-Collard a été honoré par toute la presse, quel que fût le jugement que chaque journal eût à porter sur ses actes politiques et sur ses opinions philosophiques. M. Royer-Collard a appartenu à plusieurs corps de l'État qui voudront, sans doute, rendre à sa mémoire un dernier hommage. Le conseil royal de l'instruction publique vient de prendre cette initiative envers l'ancien grand-maître de l'Université et le professeur illustre. Voici la résolution qu'a adoptée le conseil :

« Le conseil royal de l'instruction publique exprime, à l'unanimité, les profonds regrets que lui inspire la mort de M. Royer-Collard, qui a tant honoré l'Université, et comme professeur de philosophie, et comme président de la commission d'instruction publique, et il émet le vœu que M. le ministre veuille bien placer dans la salle des séances du conseil, à côté du portrait de M. de Fontanes, le portrait de celui qui a été le second grand-maître de l'Université. »

C'est dans sa dernière séance seulement que l'Académie française a reçu la notification de la mort de M. Royer-Collard ; elle a décidé aussitôt que la séance seroit levée.

— *L'Armoricain,* journal de Brest, confirme aujourd'hui les détails que nous avons donnés sur la perte de la goëlette la *Doris.* Seulement, le nombre des passagers, que la première lettre reçue portoit à 18, étoit de 9 seulement, ce qui réduit le nombre des morts à 31. Ce n'en est pas moins un bien triste désastre. La goëlette avoit déjà franchi toutes les passes du goulet, lorsqu'elle a sombré sous l'effet de la rafale.

— Le roi vient de commander à l'usine d'Indret, pour son service privé, un petit yacht royal qui pourra entrer dans tous les ports de la Normandie ; aussi, pour ce motif, S. M. l'a-t-elle baptisé du nom de *Passe-Partout.* Le ministre vient aussi de commander un navire de 100 chevaux, qui sera mis au service de M. le lieutenant de vaisseau Bourgois, pour y adapter son hélice.

(*Courrier de Nantes.*)

— On commence à se ressentir même à Paris de la mesure prise par le gouvernement belge relativement à l'introduction des grains et légumes farineux. Chaque jour on charge dans les environs de la capitale des bateaux de pommes de terre en destination de la Belgique, ce qui a fait augmenter de près d'un franc le prix du sac pesant environ 150 kil.

— Le *Mémorial de Rouen* annonce que M. Dupont (de l'Eure), qui se trouve en ce moment à sa maison de campagne de Rouge-Perrier, est très-gravement malade. Le *National* affirme, au contraire, que la santé de M. Dupont est très-satisfaisante.

— On annonce que la santé du prince Louis, altérée assez gravement pendant quelques semaines, s'est sensiblement améliorée dans ces derniers jours.

— Un ouvrier maçon occupé aux travaux de construction qui s'exécutent en ce moment dans l'ancienne chapelle de la Vierge de l'église Saint-Philippe-du-Roule, a mis à découvert, à une profondeur d'un mètre cinquante centimètres du sol, un cercueil de plomb de forme ancienne.

Ce cercueil, fortement détérioré par l'effet du temps et de l'enfouissement, étoit entr'ouvert et laissoit échapper divers ossemens, notamment une tête garnie à sa mâchoire supérieure de la presque totalité de ses dents. Une plaque en cuivre, qui avoit dû être fixée sur le cercueil, a été arrachée par suite de l'exhumation. On a pu y lire l'inscription suivante : :

« Cy gît messire Patrice, comte Darcy, commandant de l'ordre de Saint-Lazare et du Mont-Carmel, chevalier de l'ordre royal et militaire de Saint-Louis, maréchal des camps et armées du Roy, âgé de 54 ans. Décédé en octobre 1779. — *Requiescat in pace.* »

M. le curé de Saint-Philippe-du-Roule a donné l'ordre de descendre le cercueil dans les caveaux de l'église, où il sera déposé et tenu à la disposition de la famille ; la date d'octobre 1779 fait naturellement présumer que des membres de cette famille sont encore existans.

EXTÉRIEUR.

BELGIQUE. — L'*Emancipation de Bruxelles* du 21 septembre annonce que le projet de loi relatif aux denrées alimentaires, présenté à la chambre des représentans par le ministère, a été complètement approuvé par la section centrale. Aucun changement important n'a été apporté.

Dans l'article 1er du projet de la section centrale, il est seulement ajouté que le gouvernement pourra en outre accorder jusqu'au 1er juin 1846 la remise totale ou partielle des droits d'entrée sur les farines.

Dans l'article 5, aux différentes denrées que le gouvernement propose de prohiber à la sortie, la section centrale a ajouté les pois, les fèves, les vesces et les gruaux de toute espèce.

— On lit dans l'*Indépendance Belge* :

« Nous sommes heureux de pouvoir annoncer que le vœu que nous avons exprimé de voir les gens riches ou seulement aisés, renoncer cet hiver à la consommation des pommes de terre et nourrir autrement les personnes de leurs maisons, a été parfaitement bien accueilli. La plupart des journaux du pays ont reproduit nos observations en y donnant une adhésion sans réserve. Nous disions alors que déjà, dans plusieurs maisons de Bruxelles, la résolution dont nous parlions avoit été prise ; elle se généralise.

» Aujourd'hui nous apprenons que le roi a donné l'ordre de cesser tout achat de pommes de terre pour sa maison. »

— Le roi Léopold a dû partir aujourd'hui de Bruxelles pour le camp de Beverloo, où une dizaine de mille hommes exécuteront de grandes manœuvres le 23 et le 24 de ce mois.

IRLANDE. — Le parti du repeal vient de faire une grande perte en

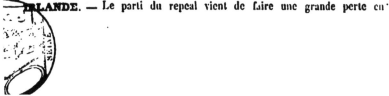

la personne de M. Thomas Osborne Davis, enlevé brusquement à sa famille et à ses amis politiques. M. Davis, à peine âgé de trente-un ans, était l'ame de la fraction la plus jeune et la plus enthousiaste du parti du repeal, connue sous le nom de la *jeune Irlande*. A l'aide du journal la *Nation*, dont il étoit rédacteur en chef, M. Davis exerçoit dans le pays une influence qui ne le cédoit qu'à celle d'O'Connell. Plein d'ardeur pour la cause sacrée dont il avoit entrepris la défense, il a succombé aux fatigues d'un travail excessif. Les adversaires politiques de M. Davis eux-mêmes rendoient justice à l'élévation de ses talens et à la noblesse de son caractère; aussi la fin prématurée de ce jeune patriote cause-t-elle en Irlande un deuil universel. La commission du repeal, assemblée extraordinairement à l'occasion de ce triste événement, a décidé que les obsèques de M. Davis, fixées à jeudi prochain, seroient entourées de toute la pompe qui convient à une manifestation nationale.

ALLEMAGNE. — La *Gazette* du soir de Manhein assure que les Etats du Zollverein se proposent de publier une prohibition d'exportation des céréales et des pommes de terre. Suivant ce journal, une seule maison de commerce de Manheim auroit expédié en une seule semaine vingt-neuf mille mesures de blé pour Strasbourg.

SUISSE. — On écrit de Bâle 19 septembre :

« Tandis que l'agitation semble diminuer dans le canton qui en avoit été jusqu'à ce jour le principal foyer, et que les chefs de la république de Berne reviennent à des sentimens plus pacifiques, le gouvernement argovien s'occupe d'organiser une seconde landwehr comprenant tous les hommes de 40 à 50 ans, tolère des réunions de corps-francs, et laisse former sur ses frontières, des rassemblemens de révoltés de nature à inquiéter ses voisins de Lucerne. Bâle-Campagne conserve toujours la même attitude agressive, et appelle de tous ses vœux la reprise des hostilités. Un de ses chefs de corps-francs est allé dernièrement passer une revue à Zoffingue, le *vorort* révolutionnaire de la Suisse allemande. De tous côtés, les cantons menacés se mettent en mesure de faire face à toutes les éventualités. La ville de Lucerne a été mise en état de résister à un coup de main. Les principales avenues des petits cantons se garnissent d'ouvrages qui en assurent la défense. Schwytz s'est réservé pour l'avenir l'honneur de marcher, comme jadis, à l'avant-garde de la Suisse primitive. Zug, plus exposé qu'aucun de ses alliés à une surprise, n'en a pas moins promis de mettre sa petite armée à la disposition des Lucernois, pour être employée de la manière la plus avantageuse pour la défense de la fédération conservatrice.

» Le lieutenant-général de Sonnenberg, ayant obtenu son congé du service de Naples, est de retour à Lucerne, où il va prendre place dans le conseil d'Etat et remplir les fonctions de commandant en chef de la force armée. »

Le Gérant, **Adrien Le Clere.**

BOURSE DE PARIS DU 22 SEPTEMBRE 1845.

CINQ p. 0/0. 117 fr. 95 c.	Quatre canaux 1292 fr. 50 c.
TROIS p. 0/0. 83 fr. 80 c.	Caisse hypothécaire. 635 fr. 00 c.
QUATRE p. 0/0. 000 fr. 00 c.	Emprunt belge. 5 p. 0/0. 000 fr. 0/0.
Quatre 1/2 p. 0/0. 600 fr. 00 c.	Emprunt romain. 104 fr. 1/0.
Emprunt 1841. 00 fr. 00 c.	Rentes de Naples. 000 fr. 00 c.
Oblig. de la Ville de Paris. 1400 fr. 00 c.	Emprunt d'Haïti. 000 fr. 00 c.
Act. de la Banque. 3335 fr. 00 c.	Rente d'Espagne. 5 p. 0/0. 03 fr. 0/0.

PARIS. — IMPRIMERIE D'ADRIEN LE CLERE ET C°, rue Cassette, 29.

CAISSE DE RETRAITE POUR LES PRÊTRES AGÉS OU INFIRMES.

—

Il y a trente-cinq mille prêtres en France qui vivent du médiocre sa-laire dont l'humble existence du plus petit employé de l'Etat auroit peut-être bien de la peine à se contenter. Cela ne les empêche pas d'ouvrir leur ame à toutes les misères qui les entourent, leur cœur à toutes les souffrances, leur bourse même, cette bourse si pauvre, à tous les indigens. Cette vie de privations, de saints labeurs et de sacrifices continuels, ils l'ont volontairement embrassée de préférence à toutes les carrières où le travail conduit d'ordinaire à la fortune : quoique la plus pauvre et la plus dure, ils l'ont embrassée avec amour, aux plus belles années de leur jeunesse, à l'âge des espérances ambitieuses, alors que par une résolution décisive, et par un choix de vie définitif, le jeune homme s'élance à la poursuite de ses beaux rêves d'avenir. Ils savoient donc à quels besoins quelquefois extrêmes les condamnoit ce noble choix : l'auguste dignité du sacerdoce, son action bienfai-sante sur toutes les misères de l'humanité, ont fait disparoître aux yeux de ces hommes généreux, sous l'éclat d'une gloire plus pure que les gloires humaines, l'obscurité de leur existence, la rudesse de leurs travaux, le retour quotidien des mêmes privations ; ils n'ont pas craint d'être pauvres, pourvu qu'ils pussent être utiles à leurs frères.

Mais l'Etat qui recueille aussi le fruit de chaque goutte de sueur qui tombe de leur front, l'Etat qui a dépouillé l'Eglise des biens dont elle pouvoit honorer ou adoucir l'existence de ses ministres, l'Etat qui a pris l'engagement solennel de pourvoir à tous les besoins du clergé que cette violente spoliation privoit de ses propres ressources, l'Etat peut-il croire qu'il a satisfait à cette obligation sacrée lorsqu'il a alloué un traitement de 6 à 800 fr. à chacun de ces hommes que tant de vertus et de si nombreux services rendent également recommandables ? Tout le monde en fait l'aveu, la foible rétribution assignée par le budget à nos curés de campagne, n'est en rapport ni avec la dignité de leur minis-tere, ni avec les besoins absolus de leur existence, et c'est au gouver-ment, puisqu'il en a pris l'engagement, à mettre enfin ces humbles, mais toujours infatigables bienfaiteurs de l'humanité, à l'abri des pri-vations d'un état de gêne continuelle. Depuis que les autels ont été re-levés parmi nous, la France a passé par tant de crises politiques, que la situation de ses finances, nous le reconnoissons, a pu ne pas lui per-mettre cette juste, cette nécessaire réparation. Les guerres de l'empire, es lourdes charges de 1814 et 1815 peuvent, jusqu'à un certain point,

expliquer, sinon justifier complétement l'excessive parcimonie du trésor public à l'égard du clergé des campagnes.

Mais aujourd'hui que la France est assez riche pour voter annuellement un budget qui dépasse de plusieurs centaines de millions les crédits des époques antérieures, nous ne saurions voir, malgré les vaines protestations d'intérêt qui descendent chaque année de la tribune sur la portion la plus pauvre du clergé, qu'une indifférence trop
réelle et une sorte de déni de justice dans une plus longue persistance
à maintenir le chiffre actuel de la plupart des traitemens ecclésiastiques.

Certes, cet héroïque clergé de nos campagnes ne se plaint pas de sa
glorieuse indigence : à tout le bien qu'il fait en silence, il sait ajouter
le mérite de souffrir sans se plaindre. Mais son admirable désintéressement doit-il nous empêcher de nous souvenir de ses besoins ? Si du
sein de la chambre qui dispose des ressources de l'État, nulle voix ne
s'élève en faveur du clergé; en dehors de ces assemblées où il n'a
point de représentans, nous parlerons pour lui, nous ne cesserons de
faire entendre nos légitimes plaintes jusqu'à ce qu'un gouvernement
équitable et prévoyant comprenne enfin qu'il est de son devoir et de
son intérêt de préparer, pour les soumettre aux chambres, quelques
mesures réparatrices.

Toutefois, c'est peut-être moins encore le présent que l'avenir de
la plupart des prêtres succursalistes qui mérite de fixer l'attention
et d'éveiller les sympathies du gouvernement et des chambres.
Tant qu'il a de la jeunesse et des forces, le prêtre se contente du
peu de pain qui le fait vivre. Mais quand l'âge ou des infirmités
précoces, le mettent dans l'affreuse alternative ou de conserver,
contre sa conscience, un poste dont il ne peut plus remplir les saintes fonctions, ou de résigner le seul titre qui lui donne quelques
moyens d'existence, que veut-on qu'il devienne? Le gouvernement n'a
pas encore songé à ces glorieux invalides de la charité, du zèle et du
dévoûment sacerdotal. Le gouvernement, qui assure des pensions de
retraite à tous ceux qui l'ont servi dans l'armée, dans la magistrature,
dans les diverses hiérarchies des administrations publiques, n'a oublié
que les services de l'ordre le plus élevé. Ce n'est pas à titre de fonctionnaires cependant que nous réclamons en faveur des ministres de
l'Eglise une parité de récompense : mais il ne faut jamais perdre de vue
la position exceptionnelle de l'Etat vis-à-vis de l'Eglise de France. L'Etat
s'est emparé de toutes ses ressources : pour en légitimer la possession il
a, dans un contrat solennel, pris l'obligation de pourvoir aux besoins
indispensables du clergé. Or, n'est-ce pas un des droits les plus sacrés

de ceux qui ont usé leur vie dans le saint ministère des ames, de trouver au bout de leur sainte carrière un abri contre la misère, une ressource contre la faim?

Ce que l'Etat n'a point fait jusqu'ici, plusieurs évêques, malgré la pénurie de leurs propres ressources, n'ont pas hésité à le tenter. Les entrailles de ces premiers pasteurs se sont émues à la vue de la vieillesse indigente et délaissée de leurs coopérateurs. Le zèle et la sollicitude pastorale ont essayé pour secourir d'aussi respectables infortunes, de suppléer aux moyens matériels qui leur manquoient par les combinaisons d'une charité toujours ingénieuse. Des caisses diocésaines se sont établies pour assurer des secours aux prêtres que leur âge ou leurs infirmités éloignent du saint ministère. On ne sauroit trop applaudir à ces témoignages d'une paternelle affection pour des prêtres qui ont si bien mérité de l'Eglise. Parmi les prélats qui ont eu la noble pensée de préparer de ces caisses de secours à ces vénérables ouvriers évangéliques, nous sommes heureux de citer le nom d'un pontife qui ne montre pas moins d'affectueuse sollicitude pour le bien-être temporel de son clergé, qu'il n'a montré de zèle pour l'affermissement de la discipline ecclésiastique. Voici la lettre circulaire que M. l'évêque de Viviers vient d'adresser au clergé de son diocèse, ainsi que les statuts d'une caisse de retraite approuvés par ordonnance royale du 18 juin 1844.

« Nos très-chers Coopérateurs,

» Si nous nous devons aux fidèles comme aux prêtres de notre diocèse, il existe pour nous une obligation plus particulière de nous occuper de ceux qui nous sont associés, quoique à un degré différent, dans le même sacerdoce et dans la direction des ames.

» Les intérêts spirituels de notre clergé nous touchent plus que toute autre chose, parce qu'ils se lient aux intérêts les plus chers du reste de nos ouailles. Cependant nous ne saurions négliger ce qui se rapporte à son existence temporelle : *Il ne peut souffrir sans que nous souffrions nous-même*, et nous voudrions qu'il nous fût possible d'assurer un sort convenable à chaque prêtre, quelque poste qu'il eût occupé, afin qu'exempt des soucis de l'avenir et des sollicitudes de la terre, il fût tout entier aux choses divines dont il est chargé.

» Aussi, n'avons-nous cessé, depuis le commencement de notre épiscopat, de songer aux moyens de subvenir à des besoins que recommandent souvent une sainte pauvreté et les sacrifices quotidiens d'une longue vie. Nous avons toujours pensé qu'il est peu juste que le prêtre consacré sans réserve au service de l'autel, ne trouve pas à l'autel le pain de ses vieux jours, comme celui de ses années de peine et de travail. Nous voudrions que des ressources suffisantes, qui n'auroient rien de précaire, fussent accordées, à titre de retraite fixe, aux prêtres à qui l'âge ou des infirmités précoces commandent de se retirer de la partie active du saint ministère. En effet, ne sont-ils pas voués à des fonctions qui méritent la reconnoissance pour le moins autant que les autres services publics, si l'on considère surtout que, par leurs engagemens irrévocables, ils se sont fermé toute voie de retour à une carrière différente? Néanmoins, jusqu'à aujourd'hui, leur vieillesse laissée en proie à l'indigence, reçoit à peine quelques secours souvent incertains et toujours insuffisans.

» En l'absence des pensions de retraites qui ne sont point dans les prévisions du budget de l'Etat, et tandis que l'Eglise de France ne sauroit assigner à ses ministres une rétribution quelconque sur des domaines qu'elle ne possède plus, nous avons cru qu'il étoit de notre devoir de créer dans notre diocèse une caisse ecclésiastique qui suppléât à ce qui manque au clergé sous ce rapport.

» Le but de cette caisse sera de pourvoir, par des pensions calculées sur ses ressources, aux besoins des prêtres âgés ou infirmes. Elle sera alimentée à l'aide des moyens indiqués par la législation, et en usage, avec les meilleurs résultats, dans un grand nombre de diocèses de France. On fera parmi nous l'application de la disposition légale qui consacre le sixième du produit de la location des bancs et des chaises à cette pieuse destination. Ainsi les églises, ou pour mieux dire, les fidèles contribueront, comme c'est de toute justice, à l'acquit d'une dette sacrée. Il y aura en cela une sorte de réalisation de la pensée de saint Paul, qui nous apprend que *ceux qui travaillent dans le lieu saint, doivent recevoir du lieu saint leurs alimens corporels.* C'est-là, sous tous les rapports, le droit de nos prêtres, et c'est par conséquent notre devoir à nous, de leur procurer la jouissance nécessaire de ce droit acquis à des titres sacrés.

» Mais ici, N. T. C. C., nous entendons vos réclamations qui s'élèvent de tous les points du diocèse, en faveur de vos églises dépourvues, en tant de localités, des objets les plus indispensables. Vous craignez que le culte divin n'en souffre d'une manière affligeante pour la piété; qu'il ne manque de dignité et de décence par l'excès du dénûment, et votre amour de la beauté même matérielle de la maison de Dieu vous porteroit d'avance à faire le sacrifice de votre propre droit. Nous comprenons ce sentiment qui est digne de vous. La considération sur laquelle il est fondé nous auroit fait hésiter nous-même, si nous n'avions dû faire prévaloir dans notre esprit un intérêt d'un ordre supérieur. Nous estimons que l'existence du prêtre, pierre vivante du sanctuaire, est plus précieuse aux yeux du Seigneur et doit être plus chère à l'Eglise, que la décoration de ces temples bâtis de la main des hommes; nous croyons que les murs de ces édifices, témoins de vos travaux et de vos forces épuisées dans l'exercice du ministère sacré, réclament moins pour eux-mêmes que pour la vieillesse du prêtre que couronne une vertueuse indigence. Enfin, nous vous dirons avec simplicité, que ni votre esprit d'abnégation, ni votre piété généreuse, ne peuvent vous faire renoncer, pour vos confrères et pour vos successeurs, aux avantages d'une mesure qui doit satisfaire à la fois aux vœux les plus légitimes et aux besoins les plus incontestables.

» Loin de prendre ombrage de cette mesure, les fidèles rendront justice, aussi bien que vous, au sentiment qui nous l'a fait adopter, et, comme vous, ils seront disposés à reconnoître la sainteté de la destination des sommes perçues sur les églises. Nous avons pour garant de ces bonnes dispositions leur zèle religieux, ainsi que la confiance et l'affection dont ils vous entourent. Ils seront heureux d'avoir un moyen de contribuer au soulagement de leurs prêtres. Nous espérons même que ce sera un motif de plus pour la population de notre diocèse de venir généreusement en aide aux fabriques de vos églises paroissiales. MM. les fabriciens entreront dans notre pensée, et le sentiment d'équité qui les distingue leur fera comprendre la parfaite convenance des sacrifices que nous réclamons.

» Notre intention étoit d'abord de ne point soumettre au prélèvement du sixième les églises dont les ressources peu abondantes n'atteindroient pas un chiffre que nous nous proposions de déterminer. En y réfléchissant, nous avons reconnu que ces exceptions ne seroient pas sans inconvénient. Il étoit juste en effet que dans le principe la mesure fût générale et absolue; mais lorsque la caisse aura été fondée et le mode de recouvrement parfaitement bien assis, on pourra profiter des ressources acquises et de l'élévation des produits au-dessus des besoins, pour introduire des modifications qui exonèrent plus ou moins les fabriques. Un jour même pourroit arriver où ce fardeau cesseroit entièrement de peser sur elles. Cela dépendra de l'importance des sommes qui viendront s'adjoindre aux premiers fonds de la caisse, soit par les souscriptions du clergé, soit par les dons volontaires des fidèles, soit enfin par les quêtes qui pourroient être faites dans les églises, si elles devenoient nécessaires. Il est donc permis d'espérer que, dans un avenir peu éloigné, on obtiendra un capital assez considérable pour constituer en faveur de notre clergé une dotation si heureuse. Il vous appartient, N. T. C. C., de hâter par votre concours efficace la réalisation de cette espérance si douce au cœur de votre évêque.

» Vous verrez par les statuts de l'ordonnance constitutive de la caisse dont il s'agit, qu'elle est administrée par un conseil ecclésiastique, qui représente en quelque sorte tout le clergé, et qui fera la répartition des fonds, selon l'appréciation la plus exacte des besoins. Veuillez, N. T. C. C., faire tous vos efforts pour assurer les résultats les plus désirables à l'institution que nous vous annonçons : vous donnerez en cela une preuve d'attachement pour vos confrères que vous soulagerez dans leurs besoins, et pour nous que vous consolerez dans nos affections les plus profondes.

» Vous trouverez à la suite de cette lettre les statuts de la caisse de retraite, l'ordonnance royale du 18 juin 1844, et notre ordonnance épiscopale du 15 juillet 1843, relatives au même objet.

» Recevez, nos bien-aimés Coopérateurs, avec la nouvelle assurance de nos sentimens, notre bénédiction paternelle.

» ✝ HIPPOLYTE, évêque de Viviers.

» Viviers, le 25 juillet 1843. »

Statuts de la caisse de retraite pour les prêtres âgés ou infirmes du diocèse de Viviers, approuvés par ordonnance royale du 18 juin 1844.

«Art. 1er.—Une caisse de retraite est établie à Viviers, en faveur des prêtres âgés ou infirmes du diocèse.

»Art. 2.—L'évêque, sur l'avis du conseil d'administration, statuera sur les demandes d'admission aux secours de ladite caisse.

»Art. 3. — Le conseil d'administration sera présidé par l'évêque, et composé : 1° D'un vicaire général; 2° d'un chanoine; 3° du supérieur du grand séminaire; 4° de trois curés ou desservans; 5° du secrétaire de l'évêché, qui remplira les fonctions de secrétaire du conseil.

»Tous ces membres seront nommés par l'évêque. La nomination du trésorier sera également faite par lui et soumise à l'agrément de M. le ministre des cultes.

»Art. 4. — Les revenus de la caisse de retraite se composeront : 1° Des biens meubles ou immeubles qu'elle pourra être autorisée à acquérir ou recevoir; 2° du prélèvement du sixième du produit de la location des bancs, chaises, places et tribunes dans les églises, conformément aux dispositions du décret du 13 thermidor an XIII, dont l'exécution seroit autorisée dans le diocèse; 3° des quêtes faites pour ladite caisse; 4° des souscriptions volontaires de la part des différens membres du clergé et des simples fidèles.

»Art. 5.—Les fonds de la caisse de retraite, quelle qu'en soit l'origine, seront placés en rentes sur l'Etat.

»Art. 6.—Les charges de l'établissement, indépendamment de celles qui seroient inhérentes à la propriété des biens, seront de subvenir aux besoins des prêtres admis aux secours de la caisse de retraite, et des prêtres du diocèse dont la situation l'exigeroit : ces secours ne pourront toutefois être alloués qu'après l'acquittement des autres charges.

»Art. 7.—Le trésorier sera chargé de percevoir les revenus et d'acquitter les dépenses. Les mandats des dépenses seront signés par l'évêque ou par celui des vicaires généraux qui fera partie du conseil d'administration.

»Art. 8. — Le trésorier présentera au conseil d'administration, chaque année, dans le courant de décembre, le budget des recettes et dépenses de l'exercice suivant. Ce budget sera approuvé par ledit conseil et rendu exécutoire par l'évêque.

»Art. 9.—Le trésorier rendra chaque année, au mois de janvier, ses comptes en recettes et en dépenses de l'année écoulée.

»Donné à Viviers, le 1er janvier 1844.

» ✝ J. HIPPOLYTE, évêque de Viviers. »

ORDONNANCE DE L'ÉVÊQUE DE VIVIERS.

« Nous Joseph-Hippolyte Guibert, par la miséricorde divine et la grâce du Saint-Siége apostolique, évêque de Viviers.

» Vu le décret du 13 thermidor an XIII (1er juillet 1805), qui autorise le prélèvement et l'application du sixième du produit de la location des bancs, chaises et places dans les églises, en faveur des prêtres âgés ou infirmes;

» Vu l'ordonnance royale du 18 juin 1844, qui autorise l'exécution, dans notre diocèse, du décret précité, et approuve l'établissement d'une caisse de retraite;

» Vu les statuts de ladite caisse approuvés par la même ordonnance;

» Considérant que la charge de premier pasteur du diocèse nous impose le devoir aussi doux que sacré, de pourvoir aux besoins de nos coopérateurs qui, après avoir servi l'Eglise avec zèle et édification, ont été ou seront dans le cas de renoncer aux fonctions actives du saint ministère, à cause de leur âge ou de leurs infirmités;

» Avons ordonné et ordonnons ce qui suit :

» Art. 1er. A partir du 1er janvier 1846, le sixième du produit de la location des bancs, chaises, places et tribunes dans les églises de notre diocèse, sera prélevé, conformément aux statuts précités, par les trésoriers des fabriques, et transmis à l'évêché, à la fin de chaque semestre, pour être versé dans la caisse de retraite.

» Art. 2. Le sixième sera prélevé sur le produit net, c'est-à-dire, après déduction faite des frais de location, s'il en existe, mais non d'entretien.

» Art. 3. Sont nommés membres du conseil d'administration de la caisse : MM. Gervaix, vicaire-général; Mayaud, chanoine; Albouys, supérieur du grand séminaire; Ruelle, curé de Privas; Pouzet, curé de Baix; Georges, curé de Rosières;

» MM. Chabal, chanoine (trésorier), et Bonnaud (secrétaire.)

» Art. 4. Sont nommés membres adjoints audit conseil, avec droit d'assister aux réunions, MM. Desgaches, curé d'Annonay; Lionneton, supérieur du petit séminaire de Bourg-Saint-Andéol; Cros, curé de Chalançon; Léorat, curé de Félines, et Sautel, vicaire à l'Argentière.

» Art. 5. Nous chargeons MM. les curés et les membres des fabriques, en ce qui les concerne, de l'exécution de la présente ordonnance.

» Donné à Viviers, le 26 juillet 1843.

» † J.-HIPPOLYTE, évêque de Viviers.

» Par Mandement de Monseigneur :

» A. BONNAUD, chanoine-secrétaire. »

REVUE ET NOUVELLES ECCLÉSIASTIQUES.

PARIS.

M. le contre-amiral Cécille, commandant les forces navales françaises stationnées dans les mers de l'Inde et de la Chine, a adressé au roi de la Cochinchine, pour obtenir la liberté de Mgr Lefèvre, et faire cesser les cruautés auxquelles les chrétiens sont en butte, une lettre que nous sommes heureux de publier comme un noble et consolant témoignage de la protection que, dans ces contrées lointaines, nos missionnaires peuvent encore attendre de la part des agens de la France :

« Sire,

» J'ai appris qu'en exécution des ordres de Votre Majesté, l'évêque d'Isamopolis, Mgr Lefèvre, a été arrêté en Basse-Cochinchine, qu'il est détenu dans les prisons de votre royaume, et que de nouvelles persécutions ont été dirigées contre les chrétiens. Il ne m'appartient pas de contrôler les actes de l'illustre Thien-Try. Cependant je me permettrai, autant dans l'intérêt du roi que dans celui de l'humanité et de la justice, de soumettre respectueusement à son jugement personnel quelques observations qui, je l'espère, porteront la lumière de la vérité à son esprit.

» Le roi ignore apparemment que cette religion chrétienne qu'il fait poursuivre avec tant d'acharnement est professée par tous les souverains et par tous les peuples de l'Occident; qu'elle prescrit aux premiers la justice et la clémence; qu'elle leur enseigne à considérer comme leurs propres enfans les sujets soumis à leur domination et à les traiter comme tels; qu'elle commande aux peuples l'obéissance, aux supérieurs la soumission aux lois, de respecter et d'honorer les parens, de traiter tous les hommes en frères, de les aimer, de les secourir et de les consoler dans le malheur; en un mot, que les préceptes de cette religion divine sont basés sur les principes de la morale la plus pure, la plus sublime et la plus sainte.

» Le roi a-t-il donc oublié que ce fut à des chrétiens français que son aïeul Gyalong, de glorieuse mémoire, dut de recouvrer sa couronne? que l'évêque d'Adran fut son conseiller le plus dévoué et un ami fidèle dans le malheur comme dans la prospérité? qu'à cette époque mémorable la religion chrétienne était permise en Cochinchine, et qu'un grand nombre de Cochinchinois ont pu l'embrasser sans crime contre les lois? Est-il juste de punir aujourd'hui des enfans qui tiennent leur croyance de leurs pères, et le roi pourra-t-il, sans frémir, ordonner la mort de 5 à 600,000 chrétiens qui existent dans son empire, dont il se fait des ennemis, et qui pourtant ne demanderoient qu'à le respecter et l'aimer, s'il leur étoit permis de pratiquer une religion qu'ils estiment plus que la vie?

Que le roi y réfléchisse sérieusement ; car je le lui dis dans toute la sincérité de mon ame, le cri des martyrs arriveroit jusqu'au cœur de leurs frères de l'Occident, et soulèveroit un sentiment universel d'indignation et de vengeance.

» La France a été de tout temps l'amie des rois de la Cochinchine A une époque désastreuse, Gyalong étoit méconnu, errant et proscrit dans ses propres États. Il porta des regards d'espérance vers l'Occident, et le roi de France, Louis XVI, s'empressa de souscrire au traité d'alliance avec ce prince, et ce fut en partie à cet acte politique que votre aïeul dut de remonter sur le trône. La Cochinchine est entourée de nations puissantes, jalouses ou ambitieuses, qui tôt ou tard menaceront son indépendance. Un appel au roi des Français pourroit encore, dans un temps malheureux, devenir la planche de salut des souverains anamites. Mais le roi des Français est chrétien, toute la nation française professe le même culte. Croyez-vous, Sire, qu'après avoir blessé dans leurs sentimens religieux le roi et la nation, en faisant persécuter ou mettre à mort non-seulement vos sujets catholiques, mais aussi des Français, ils soient bien disposés à secourir les ennemis de leurs frères ?—Vous le voyez, Sire, la politique et l'humanité condamnent une conduite qui n'a pu être suggérée que par des conseillers perfides et ignorans, avides de faire leur profit des biens confisqués à leurs victimes.

» Est-ce donc à une époque où l'empereur de la Chine vient de permettre à ses sujets de professer librement la religion catholique dans toutes les parties de son immense empire, que l'on verra l'illustre Thieu-Try ordonner de poursuivre les chrétiens avec une cruauté dont on ne trouve plus d'exemple que chez les peuples privés des bienfaits de la civilisation ?

» Il seroit digne d'un grand roi d'imiter l'exemple donné par l'empereur du Céleste-Empire. Cet acte de justice lui vaudroit la reconnoissance des nations de l'Occident, et lui attireroit l'amour et le dévoûment de ses propres sujets.

» Après avoir, comme homme et comme chrétien, soumis ces considérations à l'appréciation impartiale du roi, je viens, comme chef des forces navales françaises, et chargé de la protection de mes compatriotes dans cette partie du monde, demander la libération de Mgr Lefèvre, détenu en ce moment dans les prisons de la Cochinchine. Je prie le roi de le faire remettre au commandant Fornier-Duplan, capitaine de l'Alcmène, porteur de cette lettre, assurant d'avance Sa Majesté que cet acte de clémence sera hautement apprécié par le roi des Français.

» J'ai l'honneur, etc.   Signé CÉCILLE.

» Singapore, à bord de la *Cléopâtre*, le 15 mai 1845. »

———————

Un journal annonce ce matin que M. l'archevêque de Cologne, Mgr Clément de Droste-Vischering, seroit mort le 14 septembre. Nous avions bien appris qu'une maladie grave de l'illustre confesseur de la foi inspiroit les plus vives inquiétudes. Mais ce qui nous fait espérer encore que la triste nouvelle d'une perte si regrettable est fausse, ce sont les lettres mêmes qui nous ont annoncé la gravité de sa maladie : ces lettres sont d'une date postérieure au jour où, d'après la feuille qui donne la nouvelle de sa mort, le vénérable archevêque auroit cessé de vivre.

———————

Deux fautes d'impression qui deviendroient des erreurs historiques, si elles n'étoient pas rectifiées, ont été commises dans le récit que nous avons publié page 690 du N° 4117, sur la découverte des reliques de saint Eutrope, dans l'église de Saint-Pierre, à Saintes.

Le manuscrit de la Bibliothèque royale, qui constate historiquement l'authenticité de ces reliques, est du xi° et non du xvi° siècle. — Une semblable erreur de chiffre place au commencement du xiv° siècle les guerres de religion, qui, dans le xvi°, ont ensanglanté le sol de la Saintonge.

Nous profiterons de l'occasion que nous offre cette rectification, pour faire connoître que c'est à M. l'abbé Pallu du Parc, supérieur du séminaire de La Rochelle, qu'appartient l'honneur des longues et savantes recherches qui ont abouti à dissiper tous les doutes sur l'authenticité des reliques de saint Eutrope.

———————

Mercredi dernier s'est terminée, sous la présidence M. l'évêque de Metz, la retraite pastorale du diocèse. Elle avoit commencé le mercredi précédent. Dès ce jour, 150 prêtres se trouvoient réunis au séminaire pour y suivre les exercices donnés par M. l'abbé Millet.

La parole éloquente du prédicateur a, pendant tout ce temps, captivé l'attention de ses auditeurs et fait sur leur esprit la plus profonde impression. On ne peut pas parler plus dignement que cet orateur du sacerdoce, des devoirs qu'il impose et des vertus qu'il exige.

La cérémonie de la clôture de la retraite a eu lieu à l'évêché, dans la chapelle Sainte-Glossinde. Cette chapelle rappeloit de touchans souvenirs aux retraitans; c'est là que presque tous avoient reçu l'imposition des mains et avoient été promus à la dignité sacerdotale. Le prédicateur leur en a dit un mot, en développant avec beaucoup de talent la comparaison qu'il avoit établie, dans son discours, entre la personne sacrée de Jésus-Christ évangélisant les hommes et persécuté par eux, et les prêtres continuant le même ministère et souffrant la même persécution.

Après cette cérémonie, les retraitans sont revenus dans les appartemens de M. l'évêque. Le prélat leur a dit quels doux sentimens il avoit éprouvés en se trouvant au milieu d'eux, combien son cœur avoit été réjoui et comblé d'espérances : il a terminé en leur donnant quelques conseils propres à leur faire conserver long-temps les fruits des pieux exercices auxquels ils venoient de participer.

———————

La réponse du roi de Prusse au discours que Mgr le coadjuteur de Cologne a prononcé à l'entrée de la métropole, confirme ce que nous disions dernièrement des bonnes dispositions qui animent aujourd'hui personnellement, en faveur des catholiques, le monarque mieux éclairé par les événemens. Voici ses propres expressions :

« Je vous ai envoyé, M. l'archevêque, comme messager de paix, vous avez parfaitement répondu à mon attente; je connois vos sentimens loyaux et tout votre attachement pour ma personne; comptez, de ma part, sur toute réciprocité. »

Mgr le coadjuteur de Cologne, accompagné de son suffragant Mgr Clœssen, revenant de la fête de Munster, s'est arrêté à Essen, pour y donner le sacrement de confirmation. L'affluence des fidèles étoit si grande, que les deux prélats ont dû procéder à l'administration de ce sacrement dans deux églises différentes, celle de la paroisse et celle des Sœurs de la Charité. Dans la première, l'on a compté 1,700 confirmands, et dans la seconde jusqu'à 1,600. Le lendemain, 10, Mgr de Geissel se rendit dans l'antique église abbatiale de Werden, où après avoir ouvert à la vénération des fidèles le tombeau dans lequel reposent les reliques de saint Ludger, il confirma encore plus de 1,800 personnes. Après ce qui s'étoit passé à Essen, à l'occasion de la procession de la Fête-Dieu, l'on s'attendoit à quelque démonstration de la part des protestans, mais rien ne troubla cette auguste cérémonie du culte catholique.

Nous lisons dans le *Journal de Rennes* :

« Nous avions été induits en erreur sur la prétendue découverte d'un reliquaire de saint Modéran, dans l'intérieur de l'évêché. Voici la vérité exacte à ce sujet :

» Mgr de Lesquen, évêque de Rennes, avant de se démettre de ses fonctions, avoit écrit en Italie pour se procurer des reliques de saint Modéran, l'un de ses prédécesseurs sur l'ancien siége de Rennes : il désiroit en enrichir sa cathédrale. On sait que ces précieux restes existoient au monastère de *Berzetto*, dans les Apennins, où le bienheureux Modéran étoit mort en 730. La lettre de notre prélat, par suite d'une circonstance imprévue, resta quelques années sans réponse : l'évêque du pays auquel elle étoit adressée, étoit mort lorsqu'elle parvint à sa destination. C'est cette année seulement que les reliques du saint évêque du VIII° siècle ont été expédiées d'Italie, avec toutes les garanties désirables, et qu'elles ont été reçues à Rennes.

» La translation solennelle de ces glorieuses dépouilles d'un des protecteurs célestes de l'église de Rennes, est fixée au 26 octobre prochain. Ce sera pour le diocèse et notre ville en particulier, une de ces fêtes que, dans les siècles de foi, on eût regardée comme nationale et des plus intéressantes pour tous les habitans de notre antique cité. »

Une cloche énorme vient d'être fondue pour l'église Notre-Dame-de-la-Garde, à Marseille. Cette cloche, dite bourdon, doit être placée ces jours-ci. Sa hauteur est de deux mètres cinquante centimètres, et sa plus grande largeur transversale de près de deux mètres. Le battant seul pèse 300 kilog. Grace à un mécanisme ingénieux de pose, il *ne faudra que quatre hommes* pour la mettre en mouvement. Le son sera entendu à six lieues. La cérémonie du baptême se fera avec une grande pompe ; Mgr l'évêque, dit-on, officiera ; le parrain sera M. Reynard, maire de Marseille, et la marraine madame W. Puget. La cloche recevra les noms de *Marie Louise*.

IRLANDE. — *Dublin, 20 septembre.* — Le *Freeman's journal* annonce que les prélats catholiques ont condamné le projet ministériel d'éducation académique ; voici le texte de leur déclaration :

« Afin que nos fidèles ouailles ne craignent pas que nous changions d'avis sur la récente mesure législative d'éducation académique, nous les soussignés, archevêques et évêques, croyons de notre devoir pour elles et pour nous de renouveler notre déclaration solennelle, qu'elle est dangereuse pour la foi et pour la morale, ainsi qu'il a été déclaré dans les résolutions unanimement adoptées en mars dernier, par les évêques assemblés d'Irlande. »

Suivent les signatures des archevêques de Cashel et de Tuam · et de 16 évêques.

Le *Freeman's journal* ajoute :

« Ce document, signé par deux archevêques et seize évêques, exprime franchement et distinctement l'opinion du clergé irlandais. Quant aux autres prélats, il y en a un qui ne s'est pas encore prononcé ; un autre est malade. Reste six prélats, c'est-à-dire deux archevêques et quatre évêques qui ne se rallient pas à l'expression de cette opinion. »

SAXE. — La première chambre saxonne a tenu le 15 une séance qui a offert un grand intérêt. Le gouvernement y a présenté un décret dirigé contre les mouvemens religieux, et surtout contre *les amis des lumières* (*Licht-freunde*). À l'appui de ce décret, le président du conseil, M. de Könneritz a donné lecture d'un assez long exposé destiné à retracer l'origine de la société des amis des lumières, à caractériser ses principales tendances, et à justifier l'édit déjà porté par le gouvernement contre cette association le 17 juillet, édit qui a été violemment attaqué dans le public, et qui passe pour avoir contribué aux manifestations de Leipsick. Le but final que se proposent les amis des lumières, suivant M. de Könneritz, seroit : « de mettre le sentiment variable de chaque époque à la place de l'éternelle parole de Dieu. » Un des coryphées de l'association étoit accusé d'avoir dit dans une assemblée tenue à Halle, le 6 août, que « puisque l'on repoussoit le principe de toute autorité quelconque en matière de foi, il falloit abandonner aussi le dernier reste des vieilles croyances, qui est la foi en Christ. » Des tendances de cette espèce, ajoute l'exposé, conduisent, d'une part, à l'athéisme et au panthéisme ; d'autre part, à une contrainte plus grande que jamais en matière de foi.

Ce discours terminé, un membre, M. le bourgmestre Wehner, a demandé le renvoi du décret aussi bien que d'un autre concernant les dissidens qui se disent catholiques allemands, à l'examen d'une commission spéciale à désigner. Cette motion, appuyée par le prince Jean (qui siège à la première chambre), a été adoptée à l'unanimité.

REVUE POLITIQUE.

Le passage de huit à dix députés de la chambre élective à la chambre de nomination royale (nous n'osons plus nous servir du mot d'*élévation à la dignité de pair*), a nécessité la convocation des collèges électoraux qui venoient de perdie leurs représentans. Ces élections partielles se présentoient comme une première escarmouche de la grande bataille que l'on croyoit à la veille de s'engager sur toute la ligne des élections. Chaque parti avoit fait un appel au patriotisme de ses fidèles. Nous ne savons si tous ont répondu : ce qu'il y a de certain, c'est que les forces réunies de M. Thiers et de M. Barrot ont succombé sous les masses compactes de ceux qu'on est convenu d'appeler *conservateurs*. La victoire du ministère est complète : le *Journal des Débats*, qui la célèbre, n'est ni modeste, ni généreux dans son triomphe ; il a oublié que l'ironie est toujours cruelle dans la bouche des vainqueurs, et que le persifflage qui insulte aux vaincus n'est jamais de bon goût. L'opposition, qui après tout n'a rien perdu, considère ce résultat comme à peu près insignifiant : quoique les députés qui sont allés mourir au Luxembourg ne soient pas des phénix, de leurs cendres ministérielles il ne pouvoit sortir que de nouveaux soutiens du 29 octobre. La métamorphose étoit prévue.

Mais si ce premier succès qui ouvre les portes de la chambre élective à un nouveau renfort de fonctionnaires, n'a rien en lui-même qui doive nous surprendre, nous ne cacherons pas qu'il nous semble de nature à inspirer de sérieuses craintes pour un prochain avenir. Nous ne sommes, Dieu merci, d'aucune conspiration contre des portefeuilles ; on ne nous trouvera jamais ni derrière une émeute, ni derrière une intrigue ; autant que les plus zélés conservateurs, nous sommes les amis de l'ordre : mais l'ordre public et les intérêts matériels qu'il protège, ne sont pas, à nos yeux, les seuls biens dont les représentans de la France doivent se constituer les fidèles et fermes défenseurs : des biens d'un ordre supérieur, tous les intérêts moraux qui se rattachent à la vie, aux progrès, aux libertés, à la dignité, à la religion d'un grand peuple, réclament plus impérieusement encore la haute sollicitude et le courageux appui de la chambre qui en est à peu près l'unique et suprême arbitre. Pour une telle mission, des instincts conservateurs, des goûts honnêtes de bon propriétaire, le zèle et les connoissances pratiques d'un fonctionnaire dévoué ne suffisent pas. Il faut un certain élan de jeune patriotisme, de fortes croyances, de pur désintéressement et de noble indépendance que vous ne trouverez jamais dans ces phalanges immobiles de fonctionnaires de tous grades, soumis par l'habitude autant que par l'intérêt à toutes les volontés des ministres, qui ont le dangereux pouvoir de les arrêter ou de les faire rapidement avancer dans la carrière des honneurs. Or, sous un régime de démocratie comme le nôtre, il est dans la nature même des choses que la résistance au développement progressif des libertés politiques ou religieuses, vienne toujours du côté du pouvoir : et qu'adviendra-t-il dans ces luttes parlementaires, si le pouvoir ministériel est toujours assuré de trouver au fond de l'urne où se décident par le nombre les plus graves questions, les boules favorables d'une majorité de serviteurs dociles? La lutte alors n'est plus qu'une vaine parade, la représentation nationale une fiction, le vote des députés un mensonge.

Sans donc nous prononcer pour un système d'exclusion absolue, sans vouloir que tout fonctionnaire public soit privé de l'honneur de représenter la France, ou que la France dans la chambre élective soit privée du concours de ses lumières, nous croyons qu'il est temps enfin, qu'il est urgent de mettre des limites à cet envahissement du Palais-Bourbon par cette foule qui l'assiége, chaque jour plus nombreuse, de magistrats, de militaires, d'employés civils, d'aides-de-camp et de secrétaires de cour. Et si les électeurs, dominés par des vues d'ambition personnelle ou d'intérêt local, continuoient à porter leurs suffrages, non sur l'homme le plus intègre et le plus éclairé, mais sur le plus riche en crédit et le plus prodigue en séduisantes promesses, ce seroit à la chambre elle-même, pour peu qu'elle ait le sentiment de sa dignité et la conscience de son devoir, à fermer ses portes à un abus qui ruine sa force morale, et tend à l'avilir dans l'opinion de la France comme aux yeux de l'Europe.

Voici le bulletin électoral de la journée :

A Rochefort, nomination d'un aide-de-camp de la cour.

A Blois, nomination du président du tribunal.

A Coutances, nomination d'un avocat-général à la cour de cassation.

A Issoire, nomination de M. Moulin, avocat-général à la cour royale de Riom.

Total quatre élections faites, et quatre fonctionnaires élus.

Voici maintenant notre prédiction :

M. le colonel Dumas sera bientôt général.

M. Bergevin ne tardera pas à s'installer dans quelque haut siége de la magistrature.

M. Quesnault deviendra conseiller ou président à la cour de cassation.

Nous verrons M. Moulin premier président de quelque cour royale. Et les électeurs qui les ont nommés verront aussi monter la cote de leurs contributions ; mais ils l'auront bien mérité. Malheureusement, ils ne sont pas les seuls à porter la peine de leur complaisance ou de leur aveuglement.   (*Esprit public.*)

Nous lisons dans la *Gazette d'État de Lucerne* :

CONGRÈS CATHOLIQUE A ZUG.

« Au milieu des déplorables perturbations qui désolent notre patrie, plus d'un homme de bien avoit énoncé le désir de voir ce que l'on y trouve encore de loyaux confédérés se réunir pour aviser aux moyens de ramener en Suisse une solide paix et pour se promettre fraternellement d'employer toute leur influence à faire adopter ces mesures dans toute leur étendue.

» La réunion des catholiques les plus considérés de *treize cantons*, qui vient d'avoir lieu à Zug les 15 et 16 de ce mois, est un premier pas vers la pacification générale. Nous saluons ce congrès comme un événement de la plus haute portée, et c'est avec une profonde joie que nous enregistrons un fait destiné à produire les plus salutaires et les plus durables conséquences.

» Des magistrats catholiques avoient depuis quelque temps conçu la pensée d'entreprendre enfin quelque chose de décisif pour mettre un frein aux hostilités incessantes dirigées avec une si effrayante activité contre le catholicisme, en découvrant à la Suisse entière les véritables desseins des catholiques, et lui dévoilant en même temps les abominables impostures et les calomnies de ses adversaires. L'un de nos plus illustres confédérés, dont un membre de l'assemblée catholique a dit avec raison que son nom seul vaut d'importans services, a pris sur lui d'adresser à un petit nombre d'hommes haut placés l'invitation de se rendre à Zug, le 15 septembre, pour délibérer sur la situation actuelle de la patrie et spécialement sur celle des populations catholiques. Le plus grand nombre des invités se rendirent avec joie à cette invitation ; de toutes les parties de la Suisse ils arrivèrent à Zug. Ni l'éloignement, ni les intempéries, ni les soupçons, ni les persécutions même auxquelles cette démarche pouvoit les exposer, ne purent les arrêter, et c'est ainsi que *cinquante-sept* magistrats et autres personnages consi-dérables se sont trouvés réunis le 13, se saluant avec affection et se tendant leurs fraternelles mains.

« Les affaires ont été traitées avec la dignité qui convenoit à leur importance. Les délibérations se sont prolongées pendant deux jours entiers, depuis le matin jusqu'à une heure assez avancée de l'après-midi. Pas une parole offensante, pour les partis ou pour les personnes, n'a été prononcée ; mais il s'est manifesté con-stamment une volonté ferme et unanime *d'engager son bien et son sang pour la foi que l'on professe*, de soutenir envers et contre tous les droits de sa confession, de les défendre en élevant toujours les réclamations du droit violé contre toute espèce d'injustices déjà accomplies ou encore en projet, et cela avec unani-mité, sans distinction de cantons ni de localités.

» Assurance, reconnoissance et indépendance des droits confessionnels, tel est le résumé de la prétention unanime des représentans des populations catholiques ; telle aussi a été leur unanime résolution.

» Il a été déclaré à la même unanimité, que de même que l'on exige toute garantie pour les droits confessionnels et le libre exercice du culte catholique, on reconnoît les droits de la confession protestante à la même garantie, que l'on n'en-tend l'entraver en quoi que ce puisse être, et qu'en général on a l'intention, au moyen de la reconnoissance pleine et entière des droits des deux confessions et d'une inviolable adhésion au Pacte fédéral, de rentrer dans la voie de la paix pu-blique, sur les bases convenues et posées par les ancêtres. Pour atteindre ce but, on est disposé à s'unir avec tous les loyaux protestans, avec tous les véritables amis de la patrie commune. Dès ce moment, l'assemblée a déterminé et adopté les démarches et les mesures propres à préparer et à amener cette désirable union.

» Ayant ainsi accompli son importante tâche, l'assemblée s'est séparée comme elle s'étoit formée, sans bruit et sans éclat. Des hommes qui ne s'étoient point antérieurement connus, devenus amis et inséparables alliés, retournèrent chacun en son domicile, pour s'occuper immédiatement de l'accomplissement des paroles données. »

NOUVELLES ET FAITS DIVERS

INTÉRIEUR.

PARIS, 24 septembre.—Une ordonnance du roi, datée d'Eu, le 20 septembre, et publiée hier par le *Moniteur*, autorise la société anonyme du chemin de fer de Paris à Saint-Germain à porter son fonds social à neuf millions de francs, au moyen de la création de six mille actions nouvelles de cinq cents francs chacune.

Une autre ordonnance approuve la délibération de l'assemblée générale des actionnaires de la Société de Sainte-Barbe, qui porte à un million le capital de cette société.

— Par deux ordonnances royales, en date du 19 septembre, M. Graëb capitaine de vaisseau de première classe, a été nommé gouverneur de l'île Bourbon, en remplacement de M. le contre-amiral Bazoche ; et M. Pariset, contrôleur de la marine de première classe, ex-commissaire général ordonnateur aux colonies, a été nommé gouverneur de la Guyane française, en remplacement de M. le capi-taine de vaisseau Layrle, appelé au gouvernement de la Guadeloupe.

— M. de Belleyme fils a été élu député à Vendôme au scrutin de ballotage.

— M. le duc et Mme la duchesse de Nemours sont revenus de Bordeaux à

Paris sans s'arrêter dans aucune ville. LL. AA. RR. sont parties hier pour Eu.

Le camp de Saint-Médard est levé. M. le duc d'Aumale est parti de Bordeaux pour son domaine de Châteaubriand, en Bretagne.

— M. le maréchal ministre de la guerre fait poursuivre l'étude d'un projet de défense des côtes baignées par l'Océan. L'étude des divers systèmes de fortifications sur nos côtes est faite simultanément sur les lieux par les officiers du génie, les ingénieurs de la marine et ceux des ponts et chaussées.

— Le ministre des finances, dont l'attention a été appelée par les agens forestiers sur les progrès alarmans du déboisement, vient d'adresser aux ministres de l'agriculture et du commerce, des travaux publics et de l'intérieur des propositions tendant à faire nommer une commission mixte composée de fonctionnaires compétens appartenant aux quatre ministères, à laquelle seroit confiée l'étude de cette immense question. Afin de faciliter à cette commission les recherches auxquelles elle devra se livrer pour trouver la cause du déboisement, comme pour signaler les moyens de reboiser le sol, le ministre des finances, en faisant connoître que la contenance des terrains à reboiser s'élève en totalité à un million 214,292 hectares, soumet les moyens suivans pour parvenir au reboisement :

« Soumission au régime forestier des terrains communaux situés en montagnes.

» Exemption d'impôt, pendant un certain laps de temps, en faveur des communes et des particuliers qui auroient reboisé des terrains en pente.

» Distribution de semences et de plants, sous la condition, pour les particuliers, de soumettre leurs terrains au régime forestier, au moins en ce qui concerne le pâturage.

» Etablissement d'une bonne et forte organisation de gardes communaux suffisamment rétribués.

» Récompenses honorifiques.

» Augmentation des droits de douanes sur la houille et les bois, en diminution des droits de navigation sur les canaux.

» Modification de la législation pénale.

— Le comte et la comtesse de Molina ont reçu de M. le préfet l'avis officiel qu'ils pouvoient quitter la France. En conséquence, LL. MM. s'apprêtent à aller rejoindre à Gênes les deux infans. Il est facile de comprendre la joie qu'éprouvent les augustes exilés, depuis si long-temps privés de voir leur famille. Il y a onze ans que Charles V quitta à Londres ses deux fils encore enfans pour se rendre en Navarre, et sept ans que la reine se sépara d'eux à Salzbourg, les confiant à l'infante Amélie. Le comte de Montemolin reste à Bourges où la politique anglo-française persiste encore à le retenir; mais aucune épreuve ne paroît devoir lasser ce jeune prince qui a la conscience de défendre la cause de toute sa famille en arborant, comme il l'a fait, le drapeau de la réconciliation.

(*Gazette du Midi.*)

— M. Jollivet et M. le baron Charles Dupin ont été réélus délégués de la Martinique.

— La *Gazette du Midi* annonce que la veille même du jour où le pape devoit aller à Saint-Louis, il adressoit à M. Crétineau-Joly un bref de félicitation sur son *Histoire de la Compagnie de Jésus*, et y joignoit la croix de commandeur de Saint-Sylvestre, distinction qui n'a été accordée qu'à trois ou quatre personnes depuis que l'ancien ordre de l'Eperon-d'Or a été réorganisé.

— Voici le relevé des phares, fanaux et balises existant sur les côtes de France fait sur le travail estimatif de la commission des phares :

Sur les côtes de l'Océan et de la Manche, cent vingt-trois phares ou fanaux disposés à feu fixe, tournans et à courtes éclipses, répartis dans dix-sept départemens.

Sur le littoral de la Méditerranée, trente phares ou fanaux ayant la même combinaison d'éclairage, et répartis dans huit départemens.

Les balises ou tours en maçonnerie élevées sur les côtes pour guider les marins aux approches de terre, dans les anses et aux embouchures des fleuves, sont au nombre de vingt-quatre. La valeur de ces divers édifices et du matériel servant à l'éclairage est estimée 10,658,000 fr.

— Encore un événement à déplorer dans la marine royale!

Le bâtiment à vapeur le *Serpent*, en service au Sénégal, portoit des approvisionnemens de Saint-Louis au comptoir de Gabon, lorsque la chaudière éclatant, ses débris et la vapeur qui s'est répandue ont tué onze hommes et en ont blessé neuf autres.

La coque du navire est en fer; elle sort des chantiers de M. Cavé, de Paris; grâce à sa solidité, elle a résisté à l'effet de l'explosion. Une construction en bois eût certainement coulé en pareille occasion. On attribue l'accident à un manque de surveillance du mécanicien en chef, qui étoit descendu à terre pour un moment, sans avoir laissé les instructions nécessaires à l'aide-mécanicien pendant le temps de cette absence.

La perte matérielle peut être évaluée de 60,000 à 80,000 fr.

— Le gouvernement se propose d'émettre, cette année, pour deux millions de pièces de 25 et 50 centimes, 1 et 2 francs. Les pièces de 25 et 50 centimes sont surtout nécessaires. Le commerce de Paris commence à se plaindre de la rareté de la petite monnoie.

— La catégorie la plus démoralisée, la plus dangereuse de toute cette écume de la population parisienne qui vient chaque jour s'offrir en pâture à la police et aux tribunaux, est celle de ces batteurs de pavés que l'on désigne sous le nom de *rôdeurs de barrières*. Un certain nombre de ces individus ont pour rendez-vous habituel le *paradis* de ces petits spectacles que notre civilisation tolère, sous prétexte que le théâtre adoucit les mœurs, corrige le vice et tend à l'amélioration sociale: c'est là que ces dangereux oisifs se concertent, échangent des renseignemens, recrutent des auxiliaires. Tout est redoutable chez ces misérables, tout, jusqu'à la démonstration de leur joie, et leur cynisme dépasse de beaucoup tout ce qu'un esprit honnête pourroit supposer de plus hideux. Voici un nouvel exemple des excès auxquels se livrent avec impunité ces individus, qu'avec nos lois on ne peut arrêter hors du cas de flagrant délit.

Dimanche dernier, un peu avant la fin du jour, deux Sœurs des écoles de charité sortoient du jardin du Luxembourg par la grille de la rue de Fleurus. Devant le théâtre, dit de Bobino, situé dans cette rue, stationnoit un groupe de gens de mauvaise mine, dont les voix rauques, les juremens, les obscénités révoltantes faisoient presser le pas aux promeneurs obligés de passer là pour regagner leur domicile. Tout à coup un de ces hommes, vêtu d'une blouse toute souillée de fange, s'écrie en montrant du doigt les dignes Sœurs:

« Voilà le beau sexe comme je l'adore! je parie que je leur fais boire un canon sur le comptoir.»

Aussitôt, et sans attendre que le défi fût tenu, il s'élança vers les deux Sœurs, saisit la plus jeune à bras le corps et l'emporte en courant dans la rue Duguay-Trouin, entièrement déserte et bordée des deux côtés par les murs des jardins dépendant des habitations voisines. L'autre Sœur veut venir au secours de sa compagne, mais elle est entourée par le reste de la bande, et ces misérables, se tenant par a main, se mettent à danser autour d'elle en chantant l'ignoble ronde des Bohémiens de Paris.

Cependant plusieurs honnêtes habitans du voisinage, et quelques personnes qui se trouvoient sur la terrasse du café du théâtre, témoins de cette scène de brutalité, s'étoient mis à la poursuite du plus audacieux de la bande. Arrivés vers le milieu de la rue Duguay-Trouin, ils rencontrèrent la jeune Sœur, qu'à leur approche le malfaiteur avoit violemment jetée contre l'un des murs où elle s'étoit blessée à la tête. Pendant qu'ils la ramenoient, la bande s'étoit dissipée, et les deux saintes filles purent regagner la rue Notre-Dame-des-Champs, sans craindre d'autre mauvaise rencontre.

Nous ne savons si plainte a été portée de ce méfait, mais nous tenons ce récit d'un témoin oculaire.

— Les nouvelles que nous recevons de nos terre-neuviers par les navires qui viennent de rentrer en France, après avoir effectué leur seconde pêche, sont excellentes. La plupart sont en bonne voie de pêche, et quelques-uns ont déjà leur chargement complet.

Le *Bélus* est arrivé à Cette avec 100,000 morues; la *Minerve*, à Rochefort, avec 70,000. Un navire de Dieppe est arrivé à Bordeaux avec un chargement de 120,000 morues.

— La colonne de la Grande-Armée, à Boulogne, est terminée, après quarante et un ans de travaux. La première pierre en a été posée par le maréchal Soult le 9 novembre 1804, et c'est seulement en septembre 1843 qu'elle a pu être achevée.

— On écrit de *Vire* qu'un des plus importans manufacturiers de cette ville vient, après six années de recherches et d'expériences, de découvrir le moyen de composer un papier et un carton très-solides avec les residus de féculerie mélangés de partie égale de papier de laine. Jusqu'à ce jour, on n'avoit tiré presque aucun parti utile des débris de la pomme de terre. Si le nouveau moyen réussit, ce produit acquerra une grande valeur, et l'agriculture y trouvera en définitive un nouveau bénéfice.

— M. le comte de Normont, ancien capitaine de cuirassiers, chevalier de Saint-Louis, est décédé samedi dernier en son château de Quiévrechain, à l'âge de 87 ans.

— Des malfaiteurs se sont introduits, le 13, dans l'église d'Arros, canton de Sainte-Marie, et ont enlevé, après avoir brisé deux serrures, l'argent que renfermoit le tronc des pauvres. Heureusement, la somme étoit de peu d'importance et ne justifioit guère les périls auxquels ces malfaiteurs se sont exposés. Ce tronc ne contenoit que *cinquante centimes.*   (*Mémorial des Pyrénées*)

— A la suite d'une pluie diluvienne, qui est tombée presque sans interruption du 27 août au soir jusqu'à la nuit du 30, l'Adige a inondé toutes les vallées qu'il parcourt et a détruit les récoltes, qui présentoient la plus belle apparence. Le dommage est considérable. Dans certains endroits, les eaux se sont élevées à une hauteur qu'elles n'avoient pas atteint depuis 1757.

— La cour d'assises de la Seine s'est occupée pendant plusieurs jours de l'affaire de la bande de malfaiteurs connus sous le nom d'*endormeurs.* Les débats de cette affaire se sont terminés samedi par la condamnation de tous les accusés. Pendant le résumé de M. le président, l'un de ces malheureux a éprouvé une violente attaque d'épilepsie. Il poussoit des cris effrayans, et se livroit à des contorsions affreuses. L'un des jurés a reçu de cette scène une impression si pénible qu'il s'est trouvé mal.

Le jury, en déclarant tous les accusés coupables, a admis en faveur de quatre d'entre eux des circonstances atténuantes; ce sont les femmes Rubineau, Desfourneaux, Ceronetti et Hugueny. La cour, par son arrêt, a condamné à 20 ans de travaux forcés et à l'exposition Sirat, sorti du bagne au mois de mai dernier; à 20 ans de travaux forcés, qui se confondront avec une peine antérieure, Magnier; à 12 ans, Féninger; à 8 ans, Bernelki, Danzell et Labriche; à 7 ans, Gasc, Pichenot et Lampoëch, le révélateur; à 10 ans de réclusion, Mayas et Mallot; à 7 ans, la femme Robineau; à 6 ans, Hugueny; à 5 ans, la fille Ceronetti; à 5 ans de prison la femme Desfourneaux. La fin de l'audience a été troublée par les vociférations et les menaces de plusieurs des condamnés.

— Le tribunal correctionnel de Draguignan a condamné, le 5 de ce mois, à trois mois d'emprisonnement et 500 fr. d'amende, le sieur T..., entrepreneur de routes, qui avoit essayé de corrompre le sieur P..., agent-voyer, auquel il avoit adressé deux billets de mille francs. Cette dernière somme a été confisquée au profit des hospices de Draguignan.

— La tombe de Gluck vient d'être retrouvée par hasard. En réparant les murs du village de Mutzleindorff, près de Vienne, on a découvert, appuyée contre le pied de ce mur et au-dessous du niveau du sol, une petite table de marbre gris où est gravée l'inscription suivante, en langue allemande et en caractères romains : « Ici repose un brave Allemand, zélé chrétien et époux fidèle, Christophe, chevalier de Gluck, grand maître dans l'art sublime de la musique. Il est mort le 15 novembre 1787. »

— Un journal anglais dit qu'un balayeur, appelé Edouard Riley, a reçu la nouvelle qu'un major-général Riley, mort dernièrement à Madras, l'avoit nommé son légataire universel en lui laissant une somme de 50,000 liv. sterl. (1 million 250,000 fr.) Riley n'a rien eu de plus pressé que de se rendre en cabriolet chez un tailleur, qu'il a mené dans la cour où se trouvoient assemblés les balayeurs. Il a donné au tailleur l'ordre de leur prendre mesure à tous, puis il a fait venir un bottier pour fournir une paire de bottes, et un boucher pour fournir un gigot à chaque homme. Riley a loué une maison dans Argyle-square; en prenant possession de sa nouvelle demeure, il se propose de donner un grand dîner à tous les balayeurs de Londres. La façade de la maison sera illuminée.

EXTÉRIEUR.

ESPAGNE. — *Madrid, 16 septembre.* — La reine a éprouvé les meilleurs résultats de son voyage et des distractions qui l'ont accompagné. Sa santé paroît être très-satisfaisante.

Le président du conseil, général Narvaez, est un peu souffrant. Toutefois, cette indisposition ne l'empêche pas de s'occuper des détails de son ministère.

La Banque de Saint-Ferdinand continuera d'avancer au ministère les 60 millions de réaux (15 millions de francs) par mois qui lui sont nécessaires pour le dernier trimestre de l'année. Les contributions se paient bien partout.

PORTUGAL. — Des journaux de Lisbonne reçus à Madrid annoncent que le gouvernement a découvert une conspiration ourdie par le général Iriarte. On croit qu'il est caché à Oporto.

(*El Castellano.*)

BELGIQUE. — La chambre des représentans belges s'est ajournée indéfiniment le 20 septembre, après avoir adopté à l'unanimité le projet de loi sur les denrées alimentaires.

Ce projet n'a subi que deux amendemens. L'un a pour but d'accorder la remise du droit de tonnage aux navires qui importeront des pommes de terre de bonne qualité; l'autre, d'autoriser le gouvernement à réduire, à enlever même tout-à-fait le droit auquel sont assujettis le bétail et tous les autres objets de consommation.

Dans le cours de cette session extraordinaire, terminée si rapidement, la discussion a été toute spéciale et n'a fait qu'effleurer le terrain politique.

HOLLANDE. — Nous lisons dans les journaux de La Haye qu'une enquête a été ouverte dans les Pays-Bas sur les substances alimentaires. Quelques résultats étant déjà connus, le gouvernement s'est hâté de mettre sous les yeux du public les renseignemens qu'il a recueillis. Il résulte de cette première communication que l'avenir n'est pas aussi sombre qu'il a pu le paroître. Les souffrances seront moins cruelles qu'on ne l'avoit cru.

Toutefois, le gouvernement des Pays-Bas a pensé qu'il étoit de son devoir d'adoucir la situation, et c'est pour cela que le journal officiel de La Haye a publié un arrêté de Guillaume dont le but est de prévenir le renchérissement des denrées. « En Belgique, en Allemagne, partout enfin, dit un journal des Pays-Bas, on trouve la même sollicitude pour les classes pauvres. En France, au contraire, vos entrepreneurs de félicité publique restent dans une déplorable incurie aux approches d'un hiver qui peut être si funeste aux classes pauvres. Que leur importe, pourvu qu'ils augmentent leurs revenus par le honteux trafic des actions du chemin de fer?... »

ANGLETERRE. — Les journaux de Londres publient des correspondances de la Nouvelle-Zélande jusqu'à la date du 6 mai. Les Anglais, pour détourner le danger qui menace leurs établissemens, cherchent à semer la division entre les naturels. Le brick de la marine royale britannique le *Hasard* a transporté d'Auckland à la baie des Iles des munitions de guerre destinées à un chef nommé Tomati-Walker, dont la tribu fort nombreuse est en hostilité ouverte avec celle du fameux Heki, le principal adversaire de l'occupation anglaise; sans la diversion causée par ces querelles intestines, les indigènes, encouragés par la prise de Kororarika, se fussent déjà présentés devant Auckland, chef-lieu des établissemens anglais dans ces parages. Les habitans de cette ville s'attendent d'ailleurs à être attaqués d'un moment à l'autre, et ils se préparent à une vigoureuse défense. Le gouverneur de Van-Diemen'sland leur a expédié, à diverses reprises, des troupes, de l'argent et des approvisionnemens de toute espèce. On assure qu'après l'affaire de Kororarika, les indigènes ont massacré neuf résidens américains, associssant ainsi leur haine contre tous les étrangers, sans distinction d'origine.

IRLANDE. — Nous lisons dans le *Morning-Advertiser* :

« Dublin, 18 septembre 1845.

» Les dépouilles mortelles de Thomas Davis ont été déposées ce matin dans les caveaux du cimetière de Harold's-Cross. Le génie n'est d'aucun parti. — La vérité de cet adage ne fut jamais plus palpable que ce matin, quand les hommes de toutes les sectes, de toutes les opinions se sont réunis dans le Baggoz-Street pour payer leurs derniers hommages aux restes mortels d'un homme distingué par sa franchise, son honneur, sa vertu et les plus nobles sentimens. — M. Davis étoit un étudiant distingué de Trinity-Collège. Il étoit membre de l'Académie royale irlandaise, de la société archéologique, de l'union, des arts, etc., et les membres les plus distingués de toutes ces sociétés suivoient son convoi, parti de la maison mortuaire à 9 heures.

» Le cercueil étoit en tête du cortége, suivi par les voitures des parens et des amis du défunt. Le lord-maire et les autorités civiques venoient ensuite. Puis on voyoit les membres du club de 82 en grand uniforme et portant un crêpe au bras gauche. En arrivant près du cimetière du Mont-Jérôme, le cercueil a été placé sur une bière traînée par un cheval caparaçonné de velours noir, suivi par les membres du club de 82, deux par deux, et conduit à l'église, où le service fu-

nebre a été célébré par un prêtre de la haute église. Peu après les dépouilles ont été déposées dans un caveau, au milieu de la consternation générale et des profonds regrets de ses nombreux amis et des admirateurs enthousiastes de ses talens et de ses qualités. »

SUISSE. — Le célèbre jurisconsulte Ammann, qui vient d'être appelé de Thurgovie à Lucerne, reprend l'enquête relative à l'attentat du 8 décembre, qui paroît avoir été conduite avec peu d'intelligence et peut-être aussi avec peu de bonne volonté. Il conduit en même temps l'enquête secrète ouverte sur le meurtre du conseiller Leu. Les indices recueillis à ce sujet ont déjà produit l'arrestation de plusieurs individus soupçonnés d'être les auteurs ou les complices de ce crime. Parmi eux se trouvent le nommé Rebsamen, connu par les menaces qu'il avoit proférées contre Leu, et Jacques Muller, de la commune de Litean, qui, au dire des compagnons de sa précédente captivité, avoit juré haine et vengeance à la victime d'Ebersoll. Le gouvernement de Lucerne a radicalement réorganisé le corps des gendarmes (land-jæger), et le 4 septembre il a reçu son serment.

PRUSSE. — La *Gazette d'Augsbourg* assure positivement que les diètes provinciales seront convoquées à Berlin l'hiver prochain, et appelées à se former en assemblées constituantes. Elle annonce en même temps que les ministres opposés aux intentions libérales du roi quitteront le cabinet.

ÉGYPTE. — Au lieu de se rendre au Caire, ainsi qu'on l'avoit d'abord annoncé, le pacha d'Égypte, dit une lettre du 9 septembre, a mieux aimé faire une promenade en mer. Il est parti d'Alexandrie le 29 août, à bord du vaisseau l'*Alep*: les consuls de la Grèce et de la Belgique l'ont accompagné dans cette excursion, qui s'est prolongée jusqu'à Rhodes. On étoit de retour le 9 septembre.

Méhémet-Ali, pour donner plus de solidité et de sévérité aux transactions internationales, a réorganisé les tribunaux mixtes, tant à Alexandrie qu'au Caire, afin de juger convenablement toutes les affaires commerciales. Un bureau de timbre et d'enregistrement a été également établi.

L'été d'Égypte a été terrible, non-seulement par les grandes chaleurs, mais aussi par l'apparition de fièvres intermittentes pernicieuses. Plusieurs Européens y ont succombé, et en dernier lieu encore M. Ribulla, vice-consul portugais à Alexandrie.

HAITI.—On apprend des Cayes que la population de cette ville s'est insurgée, et qu'elle attendoit, sous les armes, la réponse du président Pierrot à des propositions qu'elle lui avoit adressées.

S'il n'adhéroit pas à cette espèce d'*ultimatum*, les habitans, réunis à des villageois, accourus des environs, étoient décidés à marcher contre les troupes du gouvernement, pour forcer Pierrot à se démettre du pouvoir en faveur d'Accaou, leur chef.

Le Gérant, **Adrien Le Clerc.**

BOURSE DE PARIS DU 24 SEPTEMBRE 1845.

CINQ p. 0/0. 117 fr. 65 c.
TROIS p. 0/0. 83 fr. 50 c.
QUATRE p. 0/0. 108 fr. 40 c.
Quatre 1/2 p. 0/0. 600 fr. 00 c.
Emprunt 1841. 00 fr. 00 c.
Oblig. de la Ville de Paris. 1400 fr. 00 c.
Act. de la Banque. 3325 fr. 00 c.
Quatre canaux. 1290 fr. 50 c.
Caisse hypothécaire. 625 fr. 00 c.
Emprunt belge. 5 p. 0/0. 000 fr. 0/0.
Emprunt romain. 104 fr. 0/0.
Rentes de Naples. 000 fr. 00 c.
Emprunt d'Haïti. 000 fr. 00 c.
Rente d'Espagne. 5 p. 0/0. 00 fr. 0/0.

PARIS. — IMPRIMERIE D'ADRIEN LE CLERC ET Cⁱᵉ, rue Cassette, 29.

SITUATION DE L'ÉGLISE CATHOLIQUE EN DANEMARCK.

Il n'est personne qui ne sache qu'à son origine, et long-temps après encore, la réforme luthérienne ne demandoit qu'à être tolérée, et qu'alors même qu'elle eut acquis plus de forces, elle bornoit ses prétentions à obtenir une situation de droit dans l'empire. La guerre de trente ans, avec son sanglant épisode de l'invasion de Gustave-Adolphe. n'avoit point d'autre but ostensible : *liberté religieuse, liberté de conscience*, c'étoit partout, en France comme en Allemagne, son cri de ralliement.

Alors, l'autorité pontificale étoit. comme elle l'est encore aujourd'hui, qualifiée de *tyrannie des consciences*, bien qu'elle ne déployât, comme elle le fait encore, d'autre moyen coërcitif contre les hérésies. que d'exclure de la société catholique ceux qui. en abjurant la foi, se condamnent eux-mêmes, et par le fait se sont déjà séparés d'elle. Mais partout où à l'aide du glaive temporel la réforme devint dominante, elle fit une loi politique de l'apostasie. et, inspirée par elle, la législation civile sanctionna par des pénalités énormes l'intolérant prosélytisme de l'hérésie triomphante. Nous avons sous les yeux une lettre de Copenhague, qui fournit de curieux renseignemens sur la législation danoise, en matière de religion, et sur la situation qui y est faite à l'exercice si étroitement restreint du culte catholique.

« Si nous jetons, dit cette lettre, un coup-d'œil sommaire sur les lois, les ordonnances. les rescrits royaux, successivement publiés par le gouvernement danois contre l'exercice du culte catholique, nous en trouvons vingt-cinq rendus en moins d'un siècle et demi; encore ne suis-je pas certain de n'en point oublier quelques-uns. Un pareil nombre de lois, rendues en si peu de temps sur le même objet, forme assurément un témoignage on ne peut plus authentique du zèle de nos maîtres pour le salut des peuples placés sous leur sceptre; et s'ils s'étoient aussi continuellement préoccupés des crimes et des délits qui compromettent la sûreté publique, le peuple danois seroit probablement devenu le plus moral de tous les peuples, tandis qu'il peut sans injustice être cité comme l'un des plus corrompus.

» Les lois de Christian V (1683) et de Christian VII (1766), se référant aux lois de leurs prédécesseurs, qui sont encore en vigueur, défendent aux catholiques tout exercice public ou privé de leur culte, et cela peut se comprendre, puisque, d'après la doctrine de Luther, il constitue une détestable idolâtrie; c'est-à-dire le plus grand outrage qui puisse être fait au Créateur. Elles défendent, de plus, la résidence dans le royaume aux prêtres et aux moines catholiques, mais surtout *aux Je-suites*. A ceux-ci, comme s'exprime la loi, point de grâce; *leurs têtes doivent être couchées à leurs pieds.*

» Avant d'entrer dans le détail des lois et ordonnances qui pèsent sur nous, il me paroît nécessaire de vous mettre au fait de ce que nous appelons la chancellerie et de ce qui concerne les colonies danoises, aux Indes occidentales.

» La chancellerie danoise est le premier et le plus important de nos ministères. Elle comprend l'administration politique tout entière. Elle régit toutes les affaires civiles et religieuses du Danemarck proprement dit, c'est-à-dire du Jutland et des îles. A l'exception des finances et *'*es affaires étrangères, elle cumule les attributions de tous les autres ministères. Le chef de la chancellerie est donc le premier ministre, et après le roi, le premier personnage du royaume. Pour ce qui est des colonies, elles ne comprennent que trois médiocres îles, du groupe des Antilles; la plus grande des trois est celle de Saint-Thomas, qui entretient un comptoir sur la côte de Guinée, et un autre aux Indes anglaises.

» De toutes les lois dont je vous ai parlé, une seule accorde une maigre concession aux catholiques; c'est celle du 11 mars 1682, qui, sous des restrictions fort sévères, accorde l'exercice du culte catholique dans la seule ville de Fredericia, en Jutland. A cette époque, le commerce attiroit dans cette ville beaucoup d'étrangers, de sorte que la concession étoit faite bien plus aux intérêts du commerce qu'à ceux de la religion. Il faut toutefois bien se garder d'accorder ici au mot de tolérance sa signification réelle. Ainsi il étoit bien entendu qu'elle ne pouvoit s'appliquer à cette liberté de conscience qui auroit, comme aujourd'hui en Norwége, permis à un protestant d'embrasser la foi catholique, ou à un catholique marié avec une protestante, de faire élever ses enfans dans sa religion. Ici, tolérance ne signifie autre chose que la permission gracieusement octroyée par le gouvernement aux catholiques de se bâtir à leurs frais une chapelle, toujours à la condition que tout enfant né d'un mariage mixte seroit élevé dans la confession luthérienne, et avec défense expresse à tout prêtre catholique de se laisser voir hors de la chapelle, autrement qu'en costume séculier. Les ordonnances des 2 janvier 1779 et 20 septembre 1754, étendirent ce mémorable bienfait aux colonies des Indes occidentales, sous l'expresse réserve, toutefois, que jamais aucun Jésuite n'oseroit aborder leur territoire. Ces dispositions ont été confirmées par une dernière loi du 4 décembre 1816.

» Un décret de la chancellerie danoise, de 1780, s'exprime d'une manière dubitative sur la question de savoir si des enfans nés de parens catholiques peuvent être baptisés dans les temples luthériens, à moins que leurs parens ne s'obligent à les élever dans la foi dite évangélique. La question paroît plus étrange qu'elle ne l'est en réalité ; car, comme en Danemarck les ministres du culte de l'Etat sont seuls aptes à délivrer, sous forme de certificats baptismaux, des actes de naissance, les catholiques se trouvoient forcés de recourir aux ministres luthériens, sous peine de priver leurs enfans de leur état civil. Le 20 septembre 1799, et le 17 janvier 1800, il intervint cependant deux ordonnances qui décidèrent la question dans le sens le moins oppressif, avec la réserve, toutefois, qu'en tous cas le baptême ne pourroit être ainsi conféré, que suivant le rit luthérien. La clause étoit au moins superflue, car dans tout le royaume il ne se trouveroit pas un seul pasteur qui eût la moindre connoissance d'un rituel catholique. Comme d'ailleurs le clergé danois n'est pas moins que celui d'Allemagne infecté de théories rationalistes, les parens catholiques, une fois la cérémonie légale accomplie, pouvoient en toute conscience faire réitérer le baptême de leurs enfans sous condition.

» Deux ordonnances des 4 juillet 1795 et 6 septembre 1808, émanées de la chancellerie, autorisent les ministres, mais sans les y obliger, à donner, en cas de maladie mortelle, la communion luthérienne à des catholiques. Dans ce cas, y est-il dit, le pasteur aura soin d'instruire le malade de la différence qui existe entre les doctrines luthériennes et catholiques sur la confession et la communion. Le moment pour établir une pareille controverse, est comme l'on voit admirablement choisi. Il doit aussi appeler son attention sur les conséquences de cette communion. Hélas ! plus d'un de nos frères ont succombé aux mesures prescrites par cette loi d'hypocrisie qui n'a pour objet qu'un prosélytisme déguisé. Car lorsque l'un de ces malades est revenu à la santé, et qu'il croit pouvoir continuer à pratiquer sa religion native, on lui dit : Vous n'êtes plus catholique, vous êtes notre néophyte, et vous nous appartenez à jamais. En vain le malheureux confesse son ignorance ; en vain il allègue sa foiblesse morale et physique ; il est réputé converti à la religion de l'Etat, et malheur à lui s'il osoit retourner à son Eglise. Au 21 décembre de la même année 1808, la chancellerie d'Etat ajouta un supplément à cette loi, qui charge le pasteur, en cas de refus de sa communion, de représenter au catholique, que la doctrine de son Eglise n'exige point la réception du viatique comme condition du salut, afin de le détourner au moins de faire appeler près de son lit de mort un prêtre de son Eglise. Ainsi, en vertu de cette détestable loi, le ministre luthérien, armé du pouvoir de pénétrer près du catholique mourant, ne se borne pas à profiter de sa foiblesse et des inquiétudes qu'il fait naître en lui pour le porter à un acte d'apostasie, il s'efforce encore, par une interprétation abusive des préceptes de sa propre Eglise, de le tromper sur ses devoirs.

» L'ordonnance du 13 mai 1720 n'accorde qu'aux seuls ministres luthériens le droit de célébrer les mariages entre époux de religions différentes. Dans ces cas, il est prescrit au ministre de se faire donner par la partie catholique un acte de promesse, qui doit être inscrit, en texte original, au livre des matricules paroissiales, de faire élever tous ses enfans dans la religion luthérienne. Les ordonnances des 14 décembre 1748 et 30 avril 1824 interdisent formellement et de la manière la plus sévère à tout prêtre catholique, de bénir un mariage quelconque sans l'autorisation expresse de la chancellerie d'Etat. Une autre ordonnance du 18 mai 1827, excepte toutefois les colonies de cette insidieuse et despotique disposition. La loi du 22 octobre 1701 enjoint aux autorités ecclésiastiques et civiles, d'exercer la plus rigoureuse surveillance sur les enfans nés des mariages mixtes, et d'empêcher surtout que l'épouse ne puisse être induite, par des séductions conjugales, à abandonner la foi luthérienne.

» D'après le Rituel de l'Eglise évangélico-luthérienne, aucun catholique ne pouvoit être enterré suivant les rites de son culte. Mais depuis que le gouvernement a jugé à propos d'accorder quelques concessions à quelques localités spéciales, la chancellerie a cru devoir adresser, sous la date du 26 novembre 1816, une instruction aux ministres, en vertu de laquelle ils sont autorisés à enterrer les catholiques, en jetant une poignée de terre sur leurs cercueils. Nos deux prêtres attachés, en qualité d'aumôniers, à la légation d'Autriche, ne peuvent suivre le char mortuaire de leurs ouailles qu'en habits séculiers; il ne leur est permis ni de prendre leur surplis, ni de faire porter la croix à ces obsèques, et il leur est ordonné de réciter avec la plus grande promptitude possible les prières de l'Eglise. Dignes prêtres du Seigneur, ils distribuent dans leur chapelle les sacremens et la parole de Dieu avec le zèle le plus édifiant; ils exercent toutes les fonctions de leur saint ministère sans accepter aucune rétribution ou droits d'étole, et jusqu'ici aucun catholique n'a été mis en terre par un ministre protestant.

» Si nous sommes ainsi opprimés en Danemarck, la faute, au moins en partie, en est à nous-mêmes. Si tous les catholiques de la capitale venoient à s'entendre, quelque jour, pour rédiger et signer collectivement une pétition qui ne manqueroit pas, sans doute, d'être appuyée par les représentans des puissances catholiques près notre cour, nos ministres commenceroient peut-être à réfléchir un peu sérieusement sur les motifs d'une pareille démarche. Jadis la France et l'Espagne se faisoient un honneur et un devoir de protéger en tous lieux, de leur influence, l'Eglise catholique, et chacune de ces deux puissances entretenoit une chapelle dans les hôtels de leurs ambassades. Depuis l'année 1830, la légation française, en Danemarck, juge superflu d'entendre la messe, et les chargés d'affaires de S. M. catholique ont également fermé leur chapelle et mis sous clefs les ornemens et les vases sacrés. Ainsi réduits à notre propre foiblesse, et abandonnés de toutes les puissances de notre communion, l'AUTRICHE seule exceptée (que le ciel veuille bénir pour ses bienfaits!), nous succombons sans ressource ni remède, sous ce fatras de lois oppressives, et depuis une cinquantaine d'années, le nombre de ceux qui fréquentoient les chapelles catholiques s'est considérablement éclairci. Un seul rayon d'espérance luit encore à nos yeux. Si la question de la liberté religieuse, indistictement appliquée à toutes les sectes protestantes, et qui déjà se fait jour dans notre presse périodique, vient à surgir au sein de nos chambres ; si quelque rhéteur radical vient à s'en emparer pour la soumettre à une discussion publique des Etats, alors, sans doute, et en dépit de la résistance de la corporation des pasteurs, le gouvernement pourra se trouver irrésistiblement entraîné dans la voie de concessions religieuses qui pourront s'étendre jusqu'à nous, et, à cet égard, l'exemple de la Norwége sera d'un grand poids dans ces importans débats.»

REVUE ET NOUVELLES ECCLÉSIASTIQUES.

PARIS.

En parlant de l'assemblée des catholiques qui se sont réunis à Lucerne, pour se concerter sur les moyens de conserver la liberté religieuse, le *Siècle* s'exprime en ces termes :

« Personne ne sera dupe de cette combinaison jésuitique. Les Jésuites ne sont pas l'Eglise, ils n'ont pas un symbole particulier de foi. *Cette compagnie se cache sous le masque de la religion pour dominer la société par la corruption. C'est-là un fait judiciairement avéré dans tous les pays de l'Europe, et même à Rome.* On ne pense pas à exclure les Jésuites parce qu'ils appartiennent à un ordre religieux ; *on demande qu'ils soient frappés par la loi comme* CORRUPTEURS, *comme brouillons, comme artisans de discordes publiques.* Il seroit en vérité trop commode de venir infecter la société de la bave la plus impure, et d'en être quitte pour dire : Ceci est une affaire de liberté confessionnelle. S'il en étoit ainsi, tous les crimes, toutes les dissolutions, toutes les intrigues, pourroient s'excuser par un motif de conscience. Les gens de Lucerne déclarent encore une fois qu'ils ne céderoient pas devant un décret fédéral, parce que les matières religieuses ne sont pas du domaine de la diète, mais, encore une fois aussi, la question des Jésuites n'est pas une question religieuse, c'est une question de moralité et de tranquillité publiques. »

Ne diroit-on pas qu'entre le *Siècle* et le *Constitutionnel*, il y a assaut de haine et d'imputations absurdes contre ces religieux que tant de calomnies ne rendent que plus respectables et plus chers à tous les catholiques?

————————

M. l'archevêque de Reims et MM. les évêques de Saint-Flour, d'Agen et de Limoges se sont rencontrés à Périgueux, et y ont été reçus au palais épiscopal.

Cette réunion est à coup sûr la chose du monde la plus légitime et la plus simple à expliquer, si elle avoit besoin d'explication. Mais il est convenu aujourd'hui, entre certaines gens, que les évêques ne peuvent ni se voir ni visiter leurs familles, sans couvrir sous ces démarches innocentes des projets menaçans contre l'Etat et la tranquillité publique. « Cette fois, dit la feuille libérale de la localité, ils n'ont pas le prétexte » de la bénédiction de la petite église de Vergt. Ils ont marché à front » découvert ; mais de même que leur réunion, il y a deux ans, fut le si» gnal de la levée de boucliers de l'épiscopat contre l'Université, nous ne » tarderons pas à apprendre, à la suite de leur entrevue, quelque nou» velle prétention politico-religieuse du haut clergé. »

Pauvres esprits malades, rassurez-vous : quand les évêques se montrent quelque part, *ils passent*, comme celui qui les envoie, *faisant le bien*, et ne laissant sur leur passage d'autre souvenir que celui de leurs bons discours et de leurs bonnes œuvres.

————————

Le chef d'une nombreuse et honorable famille israélite a reçu le baptême, dimanche dernier, dans la chapelle des Néophytes. Ce vieillard, âgé de 78 ans, a vivement édifié le clergé et les fidèles qui ont assisté à la cérémonie de sa régénération ; il a reçu les noms de Marie-Grégoire.

————————

Nous avons donné, dans notre numéro du 20 septembre, le douloureux récit d'un acte inouï de cruauté exercé contre quelques religieuses lithuaniennes de l'ordre de Saint-Basile, à cause de leur inébranlable attachement à la foi catholique.

Un journal polonais raconte le martyre de ces héroïques femmes, avec des circonstances qui navrent le cœur. Voici, d'après l'*Univers*, les nouveaux détails empruntés au *Trois-Mai* :

« Le 23 de ce mois, les Polonais réfugiés à Paris assistoient, dans l'église de Saint-Roch, à un service funèbre célébré en l'honneur de 47 religieuses martyrisées récemment dans la ville de Witebsk avec un raffinement de cruauté qu'on se refuseroit à croire possible, si des témoins dignes de foi n'attestoient pas les détails qu'ils donnent et si l'histoire de l'Eglise n'étoit pas là pour nous prouver qu'en fait de barbarie tout est possible à la rage des hérétiques et des tyrans.

» Ces religieuses, établies, depuis un temps immémorial, près du petit village de Kowno, étoient basiliennes et remplissoient parmi le peuple à peu près la même mission que remplissent nos Sœurs de la Charité. Elles instruisoient les enfans, prenoient soin des veuves, des vieillards, travailloient et assistoient les pauvres du fruit de leur travail. Elles avoient malheureusement pour aumônier un malheureux prêtre, nommé Siemiazko, de l'espèce de ceux dont les gouvernemens oppresseurs aiment à faire des princes de l'Eglise. Ce misérable, étant devenu évêque, apostasia, et voulut entraîner dans son crime les saintes filles dont l'exemple auroit dû le sauver. Après les avoir obsédées de toutes les manières, et vainement employé les promesses, la persuasion, les menaces, les vexations, voyant qu'il n'obtenoit rien, il résolut d'en finir par la rigueur. Pendant la nuit, des cosaques cernèrent le couvent, se saisirent des religieuses avec la plus révoltante brutalité, les garrottèrent et les conduisirent dans cet état, à pied, jusqu'à Witebesk, à vingt lieues environ de Kowno. Là, elles furent enfermées dans un couvent de religieuses schismatiques, à qui on les donna pour servantes, ou plutôt comme esclaves. Ceux qui connoissent la profonde ignorance, les mœurs déréglées et l'ardent fanatisme de ces religieuses grecques, comprendront aisément les mauvais traitemens que les basiliennes eurent à supporter. Destinées aux plus rudes et aux plus vils travaux, à peine nourries d'un peu de pain noir, chacune d'elles étoit en outre frappée régulièrement, tous les vendredis, de cinquante coups de bâton, et bientôt leurs corps exténués furent couverts de cicatrices et de plaies. Mais elles montrèrent plus de courage encore que leurs ennemis ne montroient de férocité. S'animant entre elles à souffrir pour la gloire de Dieu, elles persévérèrent dans la religion catholique. La colère de l'apostat Siemiazko s'en accrut : il fit de nouveau mettre ces saintes filles aux fers, et les condamna aux travaux forcés. On leur avoit jusque-là donné pour nourriture un demi-hareng salé par jour, on ne leur donna plus qu'une demi-livre de pain noir et une petite mesure d'eau ; et tandis qu'elles souffroient ainsi la faim et la soif, on les assujettit comme des manœuvres au service des maçons qui construisent le palais épiscopal. Plusieurs ont été plongées dans l'eau jusqu'au col et submergées de temps en temps, à mesure qu'elles refusoient d'apostasier ; d'autres, condamnées aux mines et placées où le danger étoit plus grand, ont été écrasées ; enfin, l'on *a arraché les yeux à huit d'entre elles.*

» Leur foi a surmonté ces épreuves ; pas une n'a foibli, mais trente sont mortes.

» Parmi les dix-sept qui vivoient encore, après la mort, disons mieux, après le triomphe de ces trente martyres, trois seulement eurent assez de force pour profiter d'une occasion qui se présenta d'échapper au supplice. Elles purent franchir les portes de leur prison, parce que les religieuses schismatiques qui les gardoient étoient tombées dans l'ivresse, à la suite d'une de ces orgies qui solennisent leurs fêtes. Ce ne fut pas sans regret qu'elles abandonnèrent leurs compagnes et qu'elles renoncèrent à la gloire de mourir ; mais elles espéroient quelque chose, pour leur foi et pour leur patrie, du témoignage qu'elles avoient à rendre devant l'Europe. A travers mille dangers elles pénétrèrent en Autriche, et l'une d'elles, la vénérable supérieure de cette communauté, est actuellement à Paris. C'est elle qui dépose des faits que nous venons de rapporter. »

M. Ward, dont nous avons dernièrement rapporté la conversion, et sa jeune épouse, ont été confirmés, le 14 septembre, au collège d'Oscott, par Mgr Wiseman, ainsi que madame Campbell Smith qui a tout récemment embrassé la foi catholique, à l'exemple de son mari, qui l'avoit fait quelques mois auparavant. Un grand nombre de personnes assistoient à cette cérémonie ; on remarquoit parmi elles MM. Bernard

Smith et Talbot, ministres protestans convertis qui ont dû être ordonnés diacres ces jours derniers. MM. Montgomery et Capes étoient aussi
présens.

———◆◆◆———

ALLEMAGNE. — La *Gazette* d'*Elberfeld* (Prusse), toujours si
riche en impostures, vient de pousser l'impudence jusqu'à publier, en latin et en allemand, le prétendu texte d'un bref fulminant
que le Saint-Père auroit adressé aux évêques prussiens, pour leur notifier sa désapprobation formelle de la fête du Jubilé de l'épiscopat de
Mgr de Munster. Sa Sainteté y déploreroit le dépérissement de la foi
dans la Westphalie et en adresseroit le reproche aux évêques, *qui in
ædibus suis sedere inanibus causis coguntur, muneris prædicatoris immemores.*
Et cependant, il ordonneroit au vénérable évêque de Munster de se
borner à prêcher une seule fois, pendant la messe solennelle, et très-
brièvement, sur le texte de saint Jean, *mes enfans, aimez-vous.* Cette scandaleuse et maladroite contrefaçon d'un bref pontifical se termine par
cette phrase d'une latinité si peu romaine : *Cæterum et istos sex clericos
qui puellam sibi quinque vulnera Christi ridiculo modo arrogantem, quocun-
que adjuvarent, anathematizamus.* Il va sans dire que la feuille d'Elberfeld
prône ce chef-d'œuvre d'impudence et se porte garant de son authenticité envers ses lecteurs protestans, auxquels il n'est rien de ce genre
que l'on ne puisse faire accroire. Ils ne remarqueront pas même que du
prétendu bref, daté du 4 septembre, ne pouvoit ressortir aucun effet
quant à son principal objet, le Jubilé de Munster, dont la solennelle
célébration devoit commencer le 5 au soir.

———

AUTRICHE. — Il est un fait on ne peut pas plus consolant au
milieu des désordres religieux qui affligent l'Allemagne : c'est que les
insultes même que le protestantisme *éclairé* et le schisme rongien dé-
versent à flots sur les pratiques les plus touchantes et les plus saintes
du culte catholique, ont pour effet immédiat d'y rattacher davantage
les populations catholiques. Toute occasion est saisie par elles pour
proclamer hautement leur vénération envers la très-sainte Vierge, les
reliques et tout objet que les traditions paternelles ont consacré.
Ainsi à Botzen (Tyrol), l'on a célébré, les 6, 7 et 8 septembre, la fête
séculaire de la translation d'une image de la Sainte Vierge, très-vénérée
dans le pays depuis près de dix siècles. Les fidèles de la contrée s'é-
toient cotisés pour fournir à la fonte de *sept cloches*, qui, solennellement bénites le 5, annoncèrent dans la soirée du même jour l'ouverture de la fête, laquelle fut honorée de la présence de Mgr l'évêque
de Trente. Le jour de la Nativité, après avoir célébré la messe pontificale, le vénérable prélat conduisit l'immense procession qui
se composoit de tous les habitans de la ville et des paroisses de la
contrée. L'on y portoit les reliques de saint Célestin, martyr, et de
saint Henri de Botzen. Un chœur de jeunes personnes environnoit

l'image miraculeuse portée par quatre prêtres, et jonchoient de
fleurs le chemin qu'elle parcouroit ; les hommes portoient près d'elles
des torches de cire, et l'air retentissoit des cantiques alternativement
chantés par les deux sexes. à l'honneur de la Mère divine. La procession. sortie de l'église après la messe pontificale, ne put y rentrer qu'à
cinq heures du soir, tant étoit grande l'affluence des pèlerins et des
autres fidèles accourus des montagnes et des vallées du Tyrol. Par un bref
du 4 avril dernier, le souverain Pontife avoit accordé une indulgence
plénière à tous les fidèles, qui, pendant ces trois jours, visiteroient l'é-
glise de Botzen et y rempliroient les conditions ordinaires pour participer à cette grâce.

BAVIÈRE. — *Munich,* 17 *septembre.* — Il est certain aujourd'hui que
notre gouvernement et celui de Vienne prendront des mesures contre
l'extension des communes de dissidens.   (*Feuilles allemandes.*)

GRAND-DUCHÉ DE BADE, 16 *septembre.* — Hier, environ 60 prêtres
évangéliques de Heidelberg jusqu'à la frontière de la Suisse, y compris
un de l'Alsace et un de Wurtemberg, se sont assemblés pour se prononcer contre les prétentions exclusives du piétisme, qui se regarde
comme la seule et véritable Eglise protestante, et pour se déclarer en
faveur des droits spirituels des rationalistes.   (*Gazette du Haut-Rhin.*)

LEIPSICK. — L'on sait aujourd'hui qu'une poignée de ces littéra-
teurs, dont la famélique cohue assiége les librairies de Leipsick, mêlés
à quelques étudians, ont les premiers entonné le célèbre cantique de
Luther, dans l'intention manifeste d'outrager le prince Jean. Ni le recteur de l'académie ni le bourguemestre n'ayant jugé à propos d'intervenir,
le bas peuple prit part à cette manifestation qui, comme cela ne pouvoit manquer d'arriver, dégénéra bientôt en actes de violences. Aujour-
d'hui que la part de chacun, dans ces désordres, est faite et connue, la
députation urbaine a séparé la cause de la bourgeoisie qu'elle représente, de celle de sa magistrature, en faisant présenter au roi et à son
auguste frère des adresses loyales et respectueuses. dans lesquelles la
députation, en exprimant la plus profonde douleur des événemens
du 12, proteste hautement contre toute imputation de participation de
la bourgeoisie à ces scènes de scandales. Les réponses du roi et du prince
ont été également cordiales et gracieuses.

PRUSSE. Posen, 14 *septembre.* — La députation de notre ville qui se
proposoit de se rendre à Berlin, n'est allée que jusqu'à Stettin, l'audience qu'elle sollicitoit lui ayant été refusée. Le roi a formellement
déclaré qu'il ne voyoit pas avec plaisir ces démarches de députation de
corporations non constituées, et qu'il ne convenoit qu'aux Etats assemblés et aux communes, de lui en présenter. S. M. a déclaré qu'elle sa-

voit qu'il existoit à Posen et dans les autres villes de son royaume des fauteurs de troubles qui ne se proposoient que d'affoiblir l'attachement de son peuple pour sa personne. « Je les connois parfaitement, a dit le roi, et ils n'échapperont pas à la punition qu'ils méritent. » Quant à l'objet de la demande, S. M. a dit que le Code général de Prusse assuroit a tous les sujets Prussiens, la liberté de conscience. « Le monde, a-t-il ajouté, marche dans la voie du progrès, et, ni moi ni aucun autre ne pourroient arrêter sa marche. Au reste, j'ai ordonné que Czersky ne vienne plus à Posen. » Un membre de la députation, M. Ignace de Lipski, a fait observer que cette loi avoit été violée secrètement ; le roi lui a répondu qu'une enquête seroit ouverte à ce sujet.

La députation est de retour à Posen, venant de Stettin.

L'ancien prêtre catholique romain, Post, désigné comme curé des communes dissidentes de Rawicz, de Lissa, de Schwersenz, de Posen, etc., a pris sa demeure dans notre ville sans attirer jusqu'à présent l'attention. (*Gazette d'Augsbourg.*)

SAXE. — *Leipsick*, 21 *septembre.* — Des communications de la diète qui ont été faites jusqu'à présent, il résulte, touchant les rapports des catholiques dissidens dans le royaume de Saxe, que le gouvernement ne juge pas cette question mûre pour une décision, surtout comme les catholiques dissidens ont présenté le 20 août un nouveau statut fort étendu, touchant leur croyance et leur organisation commerciale, mais qu'il leur sera accordé dès à présent certaines facilités par rapport à la co-jouissance d'églises évangéliques et à l'accomplissement de baptêmes. Le gouvernement n'ayant pu accorder des facilités de sa propre autorité, demande que tous les Etats s'expliquent dans le plus court délai possible. (*Gazette universelle allemande.*)

SUISSE. — L'on mande de Genève, que depuis les collisions des corps-francs avec Lucerne et les petits cantons, le 27,000 catholiques appartenant au canton de Genève se sont serrés de plus près et se présentent aujourd'hui en masse compacte et indivisible. Tous reconnoissent qu'avec la chute de Lucerne la Suisse catholique tout entière tomboit sous la tyrannique et sanglante main du jacobinisme helvétique, et ils préfèrent une mort honorable à un sort aussi affreux. Unis à Lucerne par la prière qui demande le bienfait d'une solide paix, ils se préparent aussi, en cas de besoin, à assister de tous leurs moyens leurs frères de la Suisse centrale.

— La fête de la dédicace dite des Anges, avoit attiré à Notre-Dame-des-Ermites une immense population venue de Bavière, du Tyrol et de l'Alsace. On y a compté plus de 20,000 communions en un seul jour : preuve nouvelle de la réexcitation si remarquable du sentiment religieux parmi les catholiques de langue allemande.

REVUE POLITIQUE.

A aucune époque, et dans quelques mains que fût le pouvoir, l'opposition prétendue libérale n'a paru se piquer d'une grande justice envers les possesseurs de portefeuilles ministériels. L'impartialité ne fut jamais dans sa nature, et bien certainement l'indigne abus qu'elle a fait du droit constitutionnel de discuter et de blâmer les actes du pouvoir, est une des causes du profond discrédit où elle est tombée, et dans lequel chaque jour elle s'enfonce davantage. De plus, elle a été fort soupçonnée de n'être pas irréprochable à l'endroit du désintéressement : telles mesures, telles idées. telles tendances que les journaux de M. Thiers et de M. Barrot attaquent aujourd'hui avec l'accent d'une patriotique et d'ailleurs très-juste indignation, ne leur inspirent pas à beaucoup près, au fond de leur conscience, les mêmes sentimens de répulsion et de blâme. Plusieurs du moins se l'imaginent, et les feuilles ministérielles, autrefois leurs alliées, aujourd'hui leurs ennemies, ne se font pas faute de révéler un secret qui fut aussi le leur. Voyez ce qui se passe en ce moment au sujet des dernières élections. Battus sur tous les points, la gauche et le centre gauche, non contens de dénoncer les manœuvres plus ou moins légales du ministère dont ils convoitent l'héritage, se sont émus d'une vertueuse colère ; à l'heure qu'il est, ce sont les organes de M. Thiers qui fulminent les plus chauds anathèmes contre la corruption, contre toutes les cupidités avides, contre tous les appétits grossiers, qui se ruent dans les colléges électoraux. Ceux qui, en fait de droiture et d'intégrité politique, ont, par une longue carrière sans tache, acquis le droit de flétrir plus énergiquement ces scandales, font beaucoup moins de bruit de leur indignation que ces vertueux opposans de la gauche et du centre son voisin. Et cependant — chose triste à remarquer — la conscience publique s'éveille à peine à tous ces bruits de corruption : trop habituée à ces élans d'une colère factice, elle a presque pris le parti de ne plus s'en émouvoir, et pour se laisser tranquillement rendormir, il lui a suffi d'entendre les défenseurs du ministère d'aujourd'hui répondre aux futurs défenseurs du ministère de demain : « Nous savons à quoi nous en tenir sur votre ardent » amour de la morale en matière d'élections. Il nous souvient que vous n'avez » pas toujours eu ces honorables scrupules : quand vous serez parvenus à vous » faire une quatrième fois ministres, nous vous rappellerons vos vertueuses phi- » lippiques. »

Il nous semble qu'il y auroit quelque chose de plus grave et d'aussi juste que ces récriminations à opposer aux lamentations des feuilles libérales *sur la corruption publique, sur le trafic des consciences, sur l'abaissement de nos mœurs, sur cette substitution honteuse des plus vils intérêts aux sentimens généreux qui font la force et la vie des nations.* Nous pourrions demander au *Siècle* et au *Constitutionnel*, au vieux parti républicain du *National* comme à la jeune secte puritaine de la *Réforme*, s'ils sont tout-à-fait innocens de la déplorable décadence qui excite aujourd'hui leurs vives plaintes? Ces scandales qui les font gémir ne sont-ils pas les tristes fruits de leurs doctrines? Depuis 15 ou 30 ans qu'ils ne cessent d'attaquer la religion, de déconsidérer le clergé dans l'esprit des peuples, de ruiner son influence sur l'éducation de la jeunesse, qu'ont-ils fait si ce n'est renverser, autant qu'il étoit en leur pouvoir, la seule digue qui pût contenir ce torrent de corruption, ce flot de cupidités insatiables que des mains plus adroites dirigent aujourd'hui contre eux pour les écarter du pouvoir?

Un peu de bon levain restoit encore dans cette masse corrompue. L'honorable M. de Cormenin, dans le dernier de ses spirituels écrits, a fait reluire à nos regards comme un signe de salut pour la France l'influence de la femme chrétienne miraculeusement sauvée dans ce naufrage de nos mœurs religieuses et de nos grandeurs nationales. Eh bien! ces mêmes journaux qui s'élèvent avec tant de force contre la dégradation croissante de notre société, attaquent en même temps avec un aveuglement stupide ou la plus criminelle impiété les saints asiles où les jeunes filles puisent encore dans une éducation solidement chrétienne les fortes et douces vertus qui peuvent nous sauver. A propos d'une mesure administrative qui interdit aux maîtresses de pension de recevoir avec leurs jeunes élèves des dames pensionnaires, ces honnêtes journaux se sont avisés que la confiance des mères de famille alloit sans trop d'entraves vers les pensionnats des communautés religieuses. L'idée leur est venue de faire établir sur le parfait modèle de l'Université de France, un monopole d'éducation pour les filles, qui formeroit l'heureux pendant du monopole des collèges. Le système alors seroit complet, les femmes auroient leur Université laïque, leur conseil royal laïque, leurs agrégées, leurs professeurs et peut-être aussi leur Grande-Maîtresse laïque. — A cette organisation de l'éducation des filles donnée par l'Etat, il ne manqueroit plus que de produire les heureux fruits que nous voyons dans les générations qui sortent des collèges. La France seroit évidemment sauvée de la corruption, et nos vertueux réformateurs n'auroient plus qu'à se reposer dans la contemplation de leur nouveau chef-d'œuvre.

EXPÉDITION FRANCO-ANGLAISE DE TAMATAVE.

Nous avons, sur les événemens qui se sont passés à Madagascar et sur la malheureuse expédition franco-anglaise, des détails beaucoup plus étendus que ceux qui ont été publiés jusqu'à présent; ils sont empruntés à un article qui devoit paroître dans la *Feuille hebdomadaire de l'île Bourbon*, du 1er juillet, et qui a été supprimé par la censure coloniale.

« Des traitans français et anglais établis à Tamatave, sur la côte-est de Madagascar, où ils avoient à grands frais créé plusieurs établissemens, se livroient paisiblement à leur commerce, protégés par des lois spéciales qui les concernoient. Ces commerçans étoient d'autant plus rassurés sur les intentions amicales de la reine Ranavalo, que le grand-juge de Tamatave les avoit félicités publiquement, au nom de Ranavalo-Manjaka, de leur bonne conduite et de leur fidélité à remplir leurs engagemens envers les Hovas.

» Mais ils ne tardèrent point à s'apercevoir que ces paroles si flatteuses n'étoient qu'un piège qu'on leur tendoit. Les Hovas devinrent exigeans, capricieux, et se flattoient que le temps n'étoit pas éloigné où ils chasseroient tous les blancs établis chez eux. Le 13 mai dernier, on leur signifia qu'ils eussent à quitter le territoire malgache, à moins qu'ils ne consentissent à se soumettre à *l'épreuve du tanguin ou poison*, lorsqu'ils en seroient requis, à être *vendus comme esclaves* en cas de délit, et à ne plus abandonner la grande terre de Madagascar. Ils ont cherché à ramener ces forcénés par la douceur, les invitant à faire connoître les griefs qu'on avoit contre eux; les Hovas, sourds à leurs interpellations, leur déclarèrent qu'en les chassant, ils s'approprieroient tout ce qu'ils possédoient dans l'île, ne leur laissant que *quinze jours* pour terminer leurs affaires. Depuis ce temps, ils furent abreuvés d'humiliations, menacés de la prison, si, le 1ᵉʳ juin, ils n'avoient pas quitté le sol malgache, comme s'il étoit matériellement possible d'opérer, dans un si court délai, une liquidation commerciale. Néanmoins ces menaces n'ont pas été mises à exécution au jour fixé.

» M. Romain Desfossés, commandant la station navale de Bourbon, instruit de ce qui se passoit à Madagascar, expédia aussitôt la corvette la *Zélée* pour Tamatave, et partit lui-même le 8 juin sur la corvette le *Berceau*. Il arriva en rade de Tamatave quelques heures après la corvette anglaise le *Conway*, qui venoit également pour protéger ses nationaux, et qu'avoit précédée la *Zélée*.

» Ces vaisseaux durent se prêter un mutuel secours, puisqu'ils avoient à venger une mutuelle injure : le commandant anglais, sir William Kelly, se mit entièrement sous les ordres de M. Romain Desfossés. Deux officiers furent envoyés, de part et d'autre, vers Radzakafilz, commandant des Hovas, résidant à Tamatave, pour lui demander des explications sur la détermination qu'avoit prise sa souveraine d'expulser les traitans de son île. Ce chef refusa insolemment d'en donner aucune, et ne voulut pas recevoir les deux officiers anglais et français. Le commandant français écrivit une lettre à la reine Ranavalo, par laquelle il lui demandoit un délai pour le départ des traitans. Une autre lettre, conçue dans les mêmes termes, fut adressée à Radzakafilz. Ce chef fit dire qu'il avoit déjà répondu au commandant du *Conway*, arrivé quelques heures avant M. Desfossés, qu'il n'accorderoit pas de nouveaux sursis, ayant prolongé de quinze jours l'expulsion des traitans. M. Desfossés voulut tenter de nouvelles démarches, dictées par des sentimens de bienveillance et d'humanité.

» Le barbare Radzakafilz y répondit insolemment, en déclarant de nouveau que, si, le 15, les traitans ne partoient pas de bonne volonté, il les expulseroit par la force. M. Desfossés insista et lui demanda un nouveau délai, afin que ceux-ci eussent le temps d'opérer leur liquidation. — Pas une minute de plus! répondit-il. M. Desfossés fit alors connoître officiellement qu'il mettoit sous la sauvegarde du pavillon français les traitans et leurs propriétés. Il pensoit que cet avertissement produiroit son effet sur l'esprit du Malgache, et il ne s'attendoit pas à un acte d'hostilité de sa part; car, après la déclaration du brave commandant français, les Hovas livrèrent au pillage et à l'incendie l'établissement de M. Joseph Bédos. Cette insulte faite au pavillon français ne laissoit qu'un parti à prendre.

» Cependant deux officiers du *Berceau* et du *Conway* se présentent sur la plage pour remettre une protestation rédigée et signée par les commandans anglais et français. Cette mission n'obtient aucun succès. On n'est pas plus heureux dans une nouvelle tentative faite auprès de Radzakafilz par le commandant du *Conway*, accompagné du lieutenant du *Berceau*. A deux heures de l'après-midi, ce chef fit connoître que la résolution de la reine étoit irrévocable et qu'il n'y seroit fait aucun changement.

» Les négociations terminées, les moyens de conciliation épuisés, les vaisseaux français et anglais durent transporter à leur bord respectif les effets des traitans ainsi expulsés : c'est ce qu'on effectua les 13 et 14 juin. Le 15, la compagnie de débarquement fut rassemblée, les munitions de guerre distribuées. Un plan d'attaque fut aussitôt dressé par le commandant français et entièrement approuvé par le commandant anglais. Les Malgaches, au nombre de quinze cents environ, étoient retranchés dans un fort solidement construit, flanqué de vingt pièces de canon, entouré d'un fossé profond et défendu par d'épaisses dunes de sable circulaires, où les boulets venoient s'amortir. Deux bastions étoient placés à distance du fort principal, dont l'un casemate offroit aux Malgaches un moyen facile de s'introduire dans le fort et d'en sortir à volonté. A deux heures et demie, le débarquement s'effectue, l'attaque commence, et le fort est canonné par les corvettes françaises et anglaises. Le *Berceau* tiroit sur le grand fort, le *Conway* et la *Zélée* sur les deux bastions. Dans quelques minutes, le mât de pavillon du fort est coupé par un boulet parti du *Berceau*. Les batteries extérieures sont démontées par les boulets de nos vaisseaux. A trois heures, les forts ne tiroient plus qu'à de longs intervalles, on en profite pour procéder au débarquement des compagnies sur la plage.

» Deux cent vingt Français et quatre-vingts Anglais environ se disposent à s'emparer du fort protégé par de nombreuses batteries et par un corps nombreux de Hovas. Ce petit nombre de braves, trompés par de faux renseignemens donnés de bonne foi par les traitans sur la force des assiégés, n'en combattent pas moins avec un héroïque courage. Les Hovas, sans sortir de leur fort, se bornent à tirer à mitraille. Cinq pièces qui garnissoient les bastions sont immédiatement enclouées. Vingt canons du fort vomissent la mitraille sur les Français et les Anglais. Une lutte opiniâtre a lieu dans le fossé qui sépare les deux enceintes. Le lieutenant en pied de la *Zélée*, Bertho, descendu sur la plage, s'élance le premier sur l'un des forts, et tombe mortellement frappé d'un coup de sagaye, au moment d'y planter le pavillon français. Sa tête sanglante est aussitôt mise au haut d'une pique comme un trophée.

» Anglais et Français, tous se sont signalés par des prodiges de valeur : ils n'ont cédé qu'au nombre et à la mitraille. Les Français, après avoir tiré douze cents coups de canon, ont laissé sur le champ de bataille 19 morts et 42 blessés, et les Anglais 4 hommes tués et 12 blessés, après avoir tiré six cents coups de canon.

» Les munitions et les moyens matériels pour pénétrer dans le fort épuisés, le commandant Desfossés fit battre le rappel et embarquer les troupes.

» Le 16, M. Desfossés, suivi de 40 hommes armés, descend sur la plage pour protéger l'embarquement de quelques quarts de salaisons appartenant à M. J. Bedos, moins pour sauver ce foible débris, que pour forcer les Hovas à une sortie qu'ils avoient jusque-là refusée en s'obstinant à demeurer dans leur fort. Les Malgaches préférèrent laisser cet embarquement s'effectuer sans tirer une seule cartouche, plutôt que de se mesurer en rase campagne avec nos troupes ; car les navires de guerre se tenoient préparés pour les moissonner, s'ils étoient sortis de leur retranchement.

» On ne peut évaluer le nombre des Hovas qui ont succombé dans l'attaque, mais il a dû être considérable. Les traitans qui ont pris part au combat ont reconnu parmi les morts plusieurs chefs hovas.

» Le 17, le *Berceau* est parti à huit heures du matin de la rade de Tamatave pour Bourbon. La *Zélée* s'est transportée sur les différentes parties de la côte de Madagascar pour recueillir les traitans français. Ceux de Tamatave ont été embarqués sur le *Cosmopolite*. »

PRUSSE. — Le rescrit ministériel du 10 de ce mois, qui supprime l'association des *Amis des lumières*, est conçu en ces termes :

« Vous avez été informé, par le rescrit du 8 mai de cette année, des principes qui doivent être adoptés à l'égard des assemblées populaires telles qu'elles avoient eu lieu jusqu'ici, pour la discussion d'intérêts généraux, particulièrement dans la province de Saxe, ainsi qu'à porter un jugement sur les efforts des Amis de la lumière, et maintenant le gouvernement connoît clairement la position qu'il doit prendre vis-à-vis d'eux, ainsi que les mesures auxquelles il doit s'arrêter.

» Et d'abord, il n'a pas été possible de méconnoître que les réunions des Amis de la lumière, telles qu'elles ont été tenues presque partout, par exemple, à Coethen, Naumbourg, Eisleben, Breslau et Kœnigsberg, et, antérieurement, à Schœnebeck et à Stounsdorf, ont tout-à-fait le caractère des associations défendues par des considérations générales, et que, par conséquent, leur prohibition étoit commandée par la raison même.

» L'on a remarqué en outre que, dans leurs assemblées, les Amis de la lumière ont quitté depuis long-temps le terrain purement religieux, et dépassé les limites d'une simple défense contre les prétendus piétistes. Ils ont fait entrer dans la sphère de leurs délibérations la question concernant l'organisation ecclésiastique, et, en particulier, les rapports de l'Eglise avec l'Etat.

» Ils ont fait des critiques de manière à soulever les masses en examinant la conduite du gouvernement vis-à-vis du pasteur Wislicenus. La tendance des Amis de la lumière n'a pas seulement un caractère religieux, mais encore un caractère politique. Sous ce double rapport, elles sont incompatibles avec les institutions existantes. Prenant en considération ces circonstances, le roi a arrêté, par ordre du 5 de ce mois, 1° que les assemblées des Amis de la lumière sont interdites lorsque le nombre et la diversité des conditions de ceux qui y prennent part et le lieu de la réunion leur donneront le caractère d'assemblée populaire. Ces assemblées ne seront jamais autorisées par la police, qui empêchera celles que l'on pourroit vouloir tenir sans son consentement, ou même en dépit de sa défense expresse. Dans le cas rare où ceci seroit impraticable ou dangereux, les instigateurs, chefs et directeurs de l'assemblée seront mis hors d'état de la renouveler par des punitions stipulées au paragraphe 12 des instructions de la régence, en date du 28 octobre 1817, et au paragraphe 48 de l'appendice y annexé.

» Pour motiver ces mesures, il n'est pas nécessaire de remonter au décret de la diète germanique du 5 juillet 1832, que l'on doute être applicable à la province de Prusse. Les assemblées politiques comme telles sont du ressort de la police provinciale qui peut les interdire si elle le juge nécessaire dans l'intérêt public. S. M. a de plus ordonné : 1° qu'on défendît aux Amis des lumières de se constituer en sociétés privées sous quelque nom qu'elles se présentent. De telles sociétés, que les paragraphes 3 et 4 (titre VI, partie 11 du code prussien) laissent aux autorités le soin d'autoriser ou de défendre, ne seront plus tolérées. Les défenses à ce sujet seront exécutées, s'il y a lieu, avec la même rigueur qu'à l'égard des sociétés populaires.

» Veuillez donner aux autorités les instructions nécessaires et enjoindre aux censeurs de refuser désormais l'autorisation pour faire imprimer les annonces de ces assemblées et les invitations pour s'y rendre.

» En conséquence de ce rescrit ministériel, les instituteurs ecclésiastiques qui ont pris part jusqu'à ce jour à des assemblées des Amis protestans, ont reçu l'ordre de s'abstenir de toute participation à de telles assemblées. »

NOUVELLES ET FAITS DIVERS

INTÉRIEUR.

PARIS, 26 septembre. — M. Delzers, professeur suppléant à la Faculté de droit de Paris, a été élu député par le collège électoral d'Espalion (Aveyron).

—Après avoir séjourné fort peu de temps en Bretagne, M. le duc d'Aumale est reparti pour Eu.

—Par ordonnance du roi en date du 21 septembre, sont nommés :

Juge au tribunal de première instance de Blidah (Algérie), M. Mongellas, con-

seiller auditeur à la cour royale de la Guadeloupe, en remplacement de M. Ma-
thelat, appelé à d'autres fonctions ;

Juge au tribunal de première instance de Bone (Algérie), M. Bordes, juge d'instruction au siége de Blidah, en remplacement de M. Jourdan, appelé à d'autres
fonctions ;

Juge au tribunal de première instance de Blidah, M. Jourdan, juge au siége de
Bone, en remplacement de M. Bord s, appelé à d'autres fonctions.

— Par ordonnance du 22 septembre, la société anonyme formée à Paris sous
la dénomination de *Compagnie du chemin de fer de Fampoux à Hazebrouck* est
autorisée.

— Le consul du roi à Bahia (Brésil) a adressé à M. le ministre des affaires
étrangères un rapport fort intéressant qui signale la découverte, à quatre-vingts
lieues de la ville, d'une abondante mine de diamans, qui est déjà, pour la province
de Bahia, une source de richesses incalculables.

Cette mine gît dans un endroit désert, inaccessible, et par conséquent inhabité.
Sa découverte est l'effet du pur hasard. Le chef d'une riche compagnie anglaise
a déjà acheté et exporté pour plus de quatre millions de ses produits. Comme
l'exploitation est abandonnée au premier venu, c'est à qui arrivera pour partager
le butin. Le consul du roi dit, en terminant son rapport, que ce lieu sauvage et
malsain compte déjà de huit à neuf mille émigrans de tous les points du Brésil,
qui sont venus planter là leurs tentes et extraire les riches produits de cette
mine.

— M. le vice-amiral Baudin, préfet maritime à Toulon, a signalé au ministre
de la marine, comme présentant beaucoup de dangers pour les établissemens de
la marine de l'Etat, le voisinage des navires de commerce auxquels on met le feu
avant de faire les travaux de carénage. Afin de prévenir un événement semblable
à celui qui a ruiné le Mourillon, il va être pris des mesures qui auront pour objet de faire amarrer au nouveau port marchand de Toulon les bâtimens que l'on
chauffera, et qui dans cette partie ne présenteront aucun danger pour les chantiers et autres établissemens.

— Des lettres de Gibraltar, en date du 12 septembre, annoncent qu'Abd-el-
Kader organise ses forces chez les tribus du Maroc non soumises à l'empereur
Abderrahman.

— Tout est rentré dans l'ordre dans le cercle de Cherchell. Les Beni-Ferah sont
venus se mettre à la discrétion de M. le colonel L'Admirault, aussitôt que cet
officier supérieur a paru sur leur territoire avec sa colonne. La punition exemplaire du chef de la révolte achèvera de les ranger à l'obéissance la plus complète,

— Le chef arabe que la tribu des Beni-Menasser nous a livré, et qu'un instant
on avoit cru être le fameux Bou-Maza, se nomme Mohammed–ben–Ahmed–ben–
Reghiona; une lettre trouvée sur lui fait penser que Bou-Maza, alors malade, l'a-
voit accrédité comme son représentant. Un second prisonnier a été fait avec lui :
c'est un disciple digne du maître par son fanatisme; il s'appelle Mohammed-ben-
Zahnoun, de la tribu des Ouled-sidi-Sala, dans le pays des Sendjess. Tous deux
ont été condamnés à mort, et leur arrêt, confirmé le 17 septembre, a dû être
exécuté à Cherchell le lendemain. Dans le cercle de Cherchell, tout est rentré
dans l'ordre.

— Nous lisons dans une lettre de Rome, en date du 15 septembre :

« Aujourd'hui a eu lieu l'élection du lieutenant du magistère de l'Ordre de
Saint-Jean de Jérusalem (Malte) , en remplacement du bailli Carlo Candida, décédé. La veille, tous les suffrages se réunissoient en faveur de l'honorable bailli

Ferretti, que d'éminens services et de hautes lumières sembloient désigner pour
cette dignité suprême ; mais le bailli ayant formellement déclaré qu'il n'accepteroit pas, c'est le commandeur de Colloreddo qui a été élu. »

— Un journal anglais, le *Morning-Chronicle*, prétend que, lors de l'entrevue
entre la famille royale d'Espagne et les princes français en Espagne, il a été convenu que la reine Isabelle et l'infante sa sœur viendroient en France au printemps
prochain.

— Une dépêche télégraphique transmise par le préfet de la Drôme au ministre
de l'intérieur, fait savoir que la digue construite sur le Roubion, aux abords du
pont de Montélimart, a été emportée le 24 septembre, dans la soirée, par un orage
épouvantable. La route royale a été interceptée sur une étendue de plusieurs
mètres. Les soldats de la garnison ont rivalisé de zèle et de courage pour rétablir
la circulation. On pense que personne n'a péri.

— L'Académie française a procédé hier au renouvellement de son bureau.
M. Lebrun a été élu directeur, M. Tissot a été élu chancelier.

— Au 1er janvier 1843, les rentes viagères inscrites au trésor public s'élevoient
en nombre à 13,096, et en sommes à 2,645,293. Les pensions inscrites étoient de
47,046,201 fr., réparties entre 107,309 titulaires. Voici la nature de ces pensions :
65 de la pairie et de l'ancien sénat ; 2,272 pensions civiles ; 4,238 pensions ecclésiastiques ; 96,833 pensions militaires ; 2,765 pensions de donataires, et 1,016
pensions à titre de récompense nationale.

— Au 1er janvier dernier, le trésor étoit débiteur, envers les titulaires de cautionnemens, d'une somme de 234,431,287 fr., appartenant à 57,110 individus, ce
qui donne pour chacun une moyenne de 4,103 fr. Sur ces 57,110 titulaires de
cautionnemens, 49,797 sont en fonctions, et 7,313 hors de fonctions. Ils se classent ainsi, pour la totalité, par ministère : 29,102 justice, 33 instruction publique, 331 intérieur, 886 travaux publics, 301 guerre, 158 marine, 25,897
finances.

Au 1er avril 1844, les cautionnemens inscrits et dont les fonds ont été employés
aux dépenses générales de l'État pendant la période précédente, s'élevoient à
152,975,908 fr., les cautionnemens qui ont été versés au trésor, en exécution
des lois des 28 avril 1816 et 25 juin 1820, et dont les budgets des mêmes années
ont profité à titre de ressources extraordinaires, se montent à 65,122,000 francs,
ce qui donne un total de 218,097,908 francs, portés en recette aux budgets. Les
opérations auxquelles ont donné lieu, depuis la loi du 28 avril 1816, les créations
et les suppressions d'emplois, les augmentations ou les réductions dans les fixa-
tions des cautionnemens, ont élevé ceux-ci de 16,333,379 fr., formant le total
général ci-dessus de 234,431,297 fr.

— M. Gerbidon, directeur du contrôle central au ministère de la marine, vient
d'être chargé d'une mission extraordinaire à Toulon, où il doit se rendre immédiatement. Il est chargé, dit-on, de constater exactement les pertes réalisées
dans les approvisionnemens de la marine par l'incendie du Mourillon, et de proposer les mesures à prendre pour les réparer promptement.

— La statue équestre de Guillaume-le-Taciturne va être embarquée prochainement pour le Havre, où un navire hollandais la prendra à son bord pour la
transporter en Hollande.

— Mme la comtesse Desaix, veuve du général comte Desaix, de Thonon (Savoie),
vient de mourir à Ferney-Voltaire. Cette dame étoit âgée de 76 ans.

— Le corps de Mme la comtesse de Buch, qui a si malheureusement péri en
débarquant d'un bateau à vapeur, à Orléans, a été retrouvé samedi dernier à

Meung-sur-Loire. L'inhumation a eu lieu dans cette commune. Tous les bijoux que portoit Mme du Buch ont été retrouvés sur elle.

— Selon le *Courrier de Marseille*, le personnage marocain Mohammed-Ben-Serrour, regardé d'abord comme un envoyé de l'empereur du Maroc auprès du roi des Français, et qui a reçu à Marseille tous les honneurs qui sembloient dus à son rang, auroit trompé la bonne foi des autorités marseillaises : il n'est ni prince, ni ambassadeur, ni personnage important, et il seroit parti assez à temps pour échapper aux explications que des informations certaines auroient permis qu'on lui demandât. Il emporte une fort belle montre dont il lui a été fait présent.

— On lit dans l'*Echo de la Frontière* :

« Nous sommes à même de donner des détails sur l'explosion arrivée aux forges et laminoirs d'Anzin. Lundi, vers deux heures, la chaudière d'une puissante machine à vapeur fit explosion par une de ses extrémités, fut enlevée par la force de la vapeur hors de son fourneau et de sa maçonnerie, et lancée, à travers les murs qu'elle brisoit, jusque dans la campagne. Ce projectile de nouvelle espèce, qui pesoit peut-être 5,000 kilogrammes, a rasé dans sa marche tout ce qui pouvoit lui faire obstacle ; il est venu donner dans la terre, a rebondi et ricoché encore à 50 mètres plus loin. La toiture, les vitres et les meubles du bel établissement métallurgique d'Anzin, appartenant aujourd'hui à la Société générale de Bruxelles, ont beaucoup souffert. On diroit d'une citadelle qui vient de soutenir un siége. Si le générateur lancé par l'explosion, avoit pris sa route du côté de la grande cheminée et de la vaste halle où gisent les cylindres et les fourneaux, il renversoit tout sur son passage, et tuoit peut-être cent ouvriers. Malheureusement il en est encore un très-grand nombre atteint par cet accident funeste et imprévu. Dix ouvriers ont été blessés dans cette terrible explosion ; trois le sont très-grièvement, et succomberont peut-être ! Ils ont reçu immédiatement les soins de M. le docteur Gravis, médecin de la compagnie d'Anzin. M. J. Guillemin, directeur de l'établissement, s'est blessé lui-même légèrement, dans son empressement à voler au secours de ses ouvriers, et en voulant rassembler tout son monde en lieu sûr. On attribue la cause de l'explosion à la mauvaise construction de la chaudière qui a éclaté. »

— On écrit de Brignoles (Var), 10 septembre :

« Depuis quelque temps, l'arrondissement de Brignoles est dévasté par des malfaiteurs, qui s'attaquent principalement aux églises, et qui, jusqu'ici, n'ont pu être placés sous la main de la justice. Un dernier vol vient d'être commis dans la petite ville de Montfort, mais, grâce à quelques indices et à l'activité de la force armée, les auteurs de ce crime sont écroués.

» Les nommés Jean-Baptiste Meiffren et François Courtaut, se trouvant à Montfort dans les premiers jours du mois, prirent des renseignemens détaillés près d'une femme de cette ville sur l'intérieur de l'église et sur le nombre de troncs qui pouvoient s'y trouver. Deux jours après, à l'aide d'une voiture laissée sur la voie publique, et qu'ils rapprochèrent d'une des fenêtres, ils pénétrèrent dans l'église en cassant quelques vitres, défoncèrent les troncs au nombre de sept et enlevèrent tout l'argent qu'ils contenoient. Il paroit même qu'ils firent des tentatives pour pénétrer dans la sacristie, où étoient renfermés les vases sacrés et les ornemens de prix; mais ils n'ont jamais pu y parvenir. »

EXTÉRIEUR.

ESPAGNE. — Le nombre des personnes emprisonnées par suite des événemens du 5 est maintenant très-peu considérable, et la plupart ont été rendues à la liberté. Le conseil de guerre a fait preuve de modération.

— On lit dans *el Castellano* du 19 septembre :

« Le chef politique de Pontevedra vient de publier une circulaire défendant de faire remplir les fonctions d'alcade–juge par des femmes. Il paroît que dans certains villages, où cela avoit lieu, les pères ou les maris abandonnoient leurs filles et leurs femmes dès qu'elles étoient désignées pour cet emploi. »

— On reçoit tous les jours à Madrid de nouveaux et affligeans détails au sujet des dommages causés par les trombes et les inondations dont les provinces ont été victimes. A Tarragone, plusieurs maisons ont été détruites, ainsi qu'une partie de l'hôpital ; à Tortose, les pertes éprouvées sont très-considérables. En Andalousie, on parle d'un grand nombre de personnes qui ont péri. Enfin les localités qui n'ont eu à souffrir que dans les maisons ou dans les récoltes, se trouvent encore très-heureuses comparativement à ce qui s'est passé chez leurs voisins. Il est à remarquer que, dans presque toutes les provinces de l'Espagne, on a ressenti plus ou moins les effets de cette tempête, qui a parcouru tout le pays depuis la province de Tarragone jusqu'à celle de Malaga, le long de la Méditerranée.

BELGIQUE. — A peine commencée, la session extraordinaire des chambres est arrivée à son terme.

Le sénat a adopté à l'unanimité les deux projets de loi qui étoient en discussion : l'un relatif aux denrées alimentaires et l'autre accordant un crédit de 950,000 fr. pour l'achèvement des travaux du canal de la Campine.

Dans le cours de la discussion, M. le ministre de l'intérieur a annoncé que tous les renseignemens qui lui parvenoient chaque jour des différentes provinces du pays, s'accordoient sur ce point qu'en définitive la récolte est généralement satisfaisante et que dans certaines parties du pays, la récolte des pommes de terre ne seroit pas aussi mauvaise qu'on l'avoit craint d'abord.

M. le ministre des travaux publics, de son côté, a dit que le gouvernement prenoit déjà toutes ses mesures pour assurer du travail aux ouvriers, et il a ajouté que probablement, cet hiver, les concessionnaires des diverses lignes de chemins de fer qui doivent traverser le Hainaut, commenceroient à mettre ces travaux à exécution.

Après l'adoption des deux projets de loi, la séance a été levée, et la session a été ajournée indéfiniment.

HOLLANDE. — Le roi de Hollande a ordonné que la dîme prélevée sur tous les champs plantés de pommes de terre, au profit des domaines, qui forme une partie du revenu que la loi fondamentale a fixé pour S. M., ne sera pas perçue cette année.

ANGLETERRE. — Hier matin, dit le *Morning-Chronicle*, l'ignoble torture du fouet a encore été appliquée à un malheureux trompette de l'artillerie royale de Wolwich. Cet homme avoit volé quelques shillings à un camarade. Pour cette faute, il fut condamné à recevoir 150 coups de fouet, supplice qu'il supporta avec beaucoup de courage ; puis il fut transporté à l'hôpital, et quand il sera en état de marcher, il sera chassé du régiment au son de la marche du *Coquin*. Cette dernière punition, du moins, se comprend.

PRUSSE. — Nous lisons dans la *Gazette de Cologne* du 24 septembre, que M. Bodelschwingh, ministre du cabinet en Prusse, prendra, à partir du 1er octobre, le portefeuille du ministère de l'intérieur.

ITALIE. — Des appartemens sont déjà retenus à Palerme pour l'impératrice de Russie et sa suite, qui se composera de 60 à 70 personnes. S. M. habitera le palais de Butera. 3 ou 4 frégates l'accompagneront de Gênes à Palerme. Le gouvernement napolitain semble très-satisfait de cette visite. On espère que l'empereur viendra chercher l'impératrice au printemps prochain et visitera Naples.

ment, il n'éprouvoit qu'un immense désir de se cacher de plus en p
Autant il étoit heureux de répondre à ceux qui alloient le consulte
particulier, autant il redoutoit d'être obligé de montrer son savoi
public. Tous ceux qui avoient recours à ses lumières le trouvoient
jours prêt à éclaircir leurs doutes, à résoudre les questions difficil
les mettre sur la voie des véritables doctrines. Il possédoit surtout
rare degré l'art d'encourager les jeunes gens qui lui paroissoient
de l'aptitude pour les sciences : il trouvoit toujours l'occasion de
donner quelques éloges, soit pour un premier succès, soit pour c
heureuse disposition, soit pour toute autre bonne qualité. Sans le   l
courager, il savoit avec une merveilleuse bonté leur faire connoît
qui leur manquoit encore, et avec une grande clarté et précision d'.
il leur indiquoit la voie certaine, du véritable progrès.

Le P. Ungarelli ne s'étoit pas moins distingué dans la chaire sacrée.
En 1815, il avoit été choisi avec le P. Cadolini, l'un des orateurs le
plus célèbres de son temps, aujourd'hui cardinal évêque d'Ancône,
pour prêcher les exercices d'une mission dans l'église de Saint-Charles
à' Catenari. Dans cette mémorable mission, comme dans toutes les
autres circonstances où il annonça la parole de Dieu, son éloquence
ne brilla pas d'un moindre éclat que son zèle apostolique.

Chargé par le cardinal Fontana de former une collection des écrivains Barnabites, le P. Ungarelli s'appliqua à ce travail avec un zèle
que redoubloit encore la pensée qu'il posoit ainsi les premières pierres
d'un monument élevé à la gloire de son Ordre. Il n'a publié que le
premier volume de cette bibliothèque, lequel contient les vies et des
notices littéraires des auteurs Barnabites qui ont fleuri dans l'espace
d'un siècle, de 1533 à 1633.

Le Pape Grégoire XVI, qui, malgré les nombreuses sollicitudes d'un
pontificat sous lequel les affaires religieuses de la chrétienté ont présenté tant et de si difficiles complications, a trouvé dans l'immense
activité de son zèle et dans son amour pour les sciences et les arts, les
moyens d'enrichir la ville éternelle de nouveaux trésors, venoit de
créer au Vatican un musée des antiquités égyptiennes. Le savant Pontife appela le P. Ungarelli à le seconder dans cette glorieuse entreprise. Pour répondre dignement aux vues élevées du Saint-Père, le
religieux Barnabite se consacra tout entier dès ce moment à l'étude
des monumens égyptiens. C'est par ses vastes connoissances et ses
précieux travaux sur les antiquités de l'Egypte qu'il s'est fait particulièrement une haute réputation dans le monde savant. Son ouvrage
intitulé : *Interpretatio obeliscorum Urbis*, est un guide sûr et une
mine féconde pour ceux qui s'occupent à chercher dans les signes hié-

glyphiques l'histoire, la religion, les coutumes et les lois d'un peuple célèbre et encore si peu connu. Le cardinal Tosti, en faisant hommage de cet ouvrage au Pape Grégoire XVI, avoit raison de dire dans on pître dédicatoire : « Après un silence de tant de siècles, les obélisques qui se dressent dans Rome, chargés d'hiéroglyphes, commencent enfin à parler. » Le P. Ungarelli eut en effet la gloire de donner le premier une langue à ces pages muettes écrites depuis tant de iècles sur le granit : c'est lui que l'on peut nommer à juste titre leur antique interprète. Tout ce qu'il a fallu de recherches, de science et le fatigues pour composer un tel ouvrage, ne peut être apprécié que r les savans, qui le regardent avec admiration comme un travail implet qu'aucun d'eux n'auroit osé entreprendre. Aussi n'est-ce pas Rome ni en Italie seulement que la mort du P. Ungarelli laissera de ongs regrets : l'Europe entière déplorera sa perte comme celle de l'homme le plus versé dans les études savantes, et spécialement dans la science des antiquités égyptiennes.

Depuis un an, le P. Ungarelli avoit été frappé de plusieurs attaques de paralysie. Forcé d'interrompre ses travaux scientifiques, son esprit n'avoit plus d'autre occupation que la méditation des années éternelles. La prière, la lecture de quelques livres de piété, les consolations divines de la religion et les douceurs de quelques amitiés illustres ont rempli les derniers temps de sa vie. Le P. Ungarelli est mort le 24 août 1843, dans sa pauvre cellule du couvent de San Carlo a Catinari.

REVUE ET NOUVELLES ECCLÉSIASTIQUES.
PARIS.

Dimanche dernier, le *Veni Creator* a été chanté, avant la grand'messe, dans toutes les églises de Paris pour attirer les bénédictions de Dieu sur la retraite ecclésiastique qui a été ouverte le soir au séminaire de Saint-Sulpice. M. l'Archevêque préside lui-même à ces pieux exercices : les sermons sont prêchés par M. l'abbé Plantier, professeur à la faculté de théologie de Lyon.

Le 26 de ce mois a eu lieu la clôture de la première retraite pastorale du clergé du diocèse d'Évreux; dont M. l'abbé Chalandon, vicaire-général, a dirigé les pieux exercices. Les nombreux ecclésiastiques présens ont admiré le zèle infatigable, la rare modestie et les talens distingués du jeune orateur chrétien. Sa parole simple et noble tout à la fois a parfaitement répondu à tout ce qu'en attendoit le digne prélat d'Évreux, si bon juge en cette matière, et a constamment captivé l'attention de son nombreux auditoire.

Le vendredi à sept heures du soir, aux sons des bourdons de la cathé-

drale, les vénérables prêtres qui avoient suivi la retraite sont pro
nellement entrés dans cette belle église splendidement illum
là, au milieu des hymnes et des cantiques sacrés, ils sont venus
deux renouveler entre les mains de leur évêque les solennell
messes de leur ordination. On ne peut dire avec quel attendris
on a vu le premier agenouillé devant le pontife le vénérable abb
bert, chanoine et grand chantre de la cathédrale, chargé d'année
vertus, marchant à la tête de cette phalange sacerdotale qui p
toute a été élevée à son école, car long-temps il fut le supérieur
minaire, et chacun se plaît à le saluer encore de ce nom.

La vaste église étoit remplie d'une foule pieuse et attentive qu
cile à la voix du premier pasteur, étoit accourue pour être témo
cette magnifique cérémonie après laquelle M. l'abbé Chalandon a
noncé un éloquent discours sur les bienfaits temporels et spirituc
pandus dans la société par le ministère du prêtre.

Le samedi à 7 heures du matin le clergé a reçu la communion
main du pontife, et après la messe un doyen du diocèse et un v
rable curé ont adressé, au nom de tous, à monseigneur des par
pleines de reconnoissance pour le bienfait de la retraite qu'il venoi
leur accorder, et de respect et d'attachement à sa personne.

Nous avons eu raison de révoquer en doute la nouvelle de la n
de Mgr l'archevêque de Cologne, annoncée par tous les journaux.
Mercure de Westphalie confirme l'espérance que nous avions exprim
de voir cet illustre pontife conservé pour long-temps encore à l'Egl
dont il est l'une des gloires. Suivant ce journal, le médecin du vé
rable prélat trouve que son état s'est amélioré, et il pense pouvoir
pondre de sa vie, à moins qu'il ne survienne quelques accidens ext
ordinaires.

Dans notre contrée, nous sommes heureux de pouvoir le dire, le
pompes de la religion se déploient sans que les sentimens de haine o
de mépris qui existent sans doute au fond de quelques cœurs, produisen
aucune manifestation contre la pensée publique si généralement fav
rable à notre croyance divine.

Plusieurs cérémonies l'ont attesté : l'an dernier, celle d'Evran; celle
de Pleudihen, il y a quelques jours.

Cette dernière solennité a été précédée de la réception de notre évê
que, par le clergé de la paroisse auquel s'étoit réunie une partie des
nombreux ministres que Pleudihen a fournis au sacerdoce. Nous avons
appris avec plaisir que notre digne curé de Saint-Sauveur avoit pris la
parole en leur nom. Le vénérable prélat a répondu avec une vive émo
tion partagée par les nombreux assistans.

La journée du 14, fête de l'Exaltation de la Sainte-Croix, avoit été
parfaitement choisie pour la translation d'une parcelle de cet arbre du

..... dans l'église de Pleudihen, où l'on inauguroit en même temps les
r.....ques des saints Clément, Constant et Fortunat. M. Le Borgue, grand-
v.....aire, a plusieurs fois adressé aux fidèles qui assistoient à ces céré-
m.....nies avec tant de piété et de recueillement, des paroles pleines d'onc-
t.....n..... de saint enthousiasme.   (*Impartial de Dinan.*)

Nous lisons dans le même journal :

« Encore un vétéran du sanctuaire qui vient de disparoître ! M. Louis Duval,
..... é de Pleurtuit, est décédé le 11 de ce mois, à l'âge de 84 ans, après une vie
r.....aplie de bonnes œuvres. Il a succombé à une maladie de cœur, dont il souf-
f.....it depuis plusieurs années. Ses obsèques ont eu lieu au milieu d'un nombreux
c.....gé du canton et des environs, au milieu de ses paroissiens habitués à le con-
s.....dérer comme leur p.re plutôt à cause de sa charité et de son affabilité qu'à
r.....son de son âge. »

Le 23 septembre, Mgr l'archevêque de Tours a béni la chapelle que
madame la vicomtesse Kogniat vient de faire élever à son château du
Combat; les paroles pénétrantes que le vénérable prélat a prononcées
dans la chapelle d'abord, qu'il a prononcées ensuite avec une affection
toute pastorale aux habitans des communes environnantes, réunis pour
cette touchante cérémonie, ont vivement ému les assistans.

S. M. le roi de Sardaigne a nommé chevalier de l'ordre de Saint-
Maurice et de Saint-Lazare, M. Depéry, évêque de Gap. C'est aux souvenirs qu'il a laissés comme professeur dans un établissement de ses
états, que ce prélat doit, dit-on, cette distinction que le roi a voulu
rendre plus personnelle en lui faisant présent d'une croix magnifique.

On lit dans l'*Hermine de Nantes* :

« Une nouvelle paroisse *extrà-muros*, vient d'être fondée au village de la
Forterie ; elle sera placée sous l'invocation de Saint-Joseph.

» Mercredi dernier, Monseigneur l'évêque de Nantes, accompagné de MM. l'abbé
Gigneau, vicaire-général, Lefort et Lemortelec, chanoines sous-secrétaires de
l'évêché, et d'un grand nombre d'ecclésiastiques, s'est rendu sur le lieu pour
la pose et la bénédiction de la première pierre de la nouvelle église.

» Un nombre considérable de personnes assistoient à cette cérémonie,
parmi lesquelles on remarquoit l'honorable famille de Sesmaisons, M. Lelasseur,
ancien juge, etc., etc. »

ESPAGNE. — L'épiscopat espagnol vient encore d'éprouver une nouvelle perte. Mgr de San Blas, évêque de Huesca, est mort le 15
de ce mois dans son palais épiscopal, après une longue maladie : tous
les partis en ont témoigné de vifs regrets. Sa charité, son zèle et sa
prudence joints à des connoissances très-vastes dans la science ecclésiastique lui avoient mérité l'estime et la vénération de tous ses diocésains.

— M. l'archevêque de Tarragone est arrivé le 19 à Gerona, où après avoir prêté le serment à la reine et à la constitution, il a été complimenté par toutes les autorités de la ville, et par plusieurs autres personnages. Ensuite le clergé l'a emmené processionnellement à la cathédrale, où on a chanté le *Te Deum*. On ne peut exprimer la joie et l'enthousiasme avec lesquels il a été reçu partout.

— *Madrid*, 20 *septembre*. — Les ministres des affaires étrangères et de grâce et justice redoublent d'efforts pour obtenir la solution satisfaisante des négociations entamées avec la cour de Rome. Loin d'être rompues, comme on l'avoit dit, ces négociations continuent, et l'on espère même, avant la convocation et la réunion des cortès, avoir obtenu le résultat désiré. Sans doute les questions qui s'agitent entre les cours de Rome et de Madrid sont très-délicates ; mais comme un esprit de concessions mutuelles et de bienveillante modération préside aux négociations, rien n'empêchera que l'on arrive à une solution satisfaisante.

— Nous lisons dans le *Catolico* de Madrid du 20 septembre :

« Nous avons été témoin hier au soir d'une scène attendrissante et pleine d'édification : on alloit administrer le Saint-Viatique à une dame du palais. Le saint Sacrement partit de l'église de l'Incarnation à sept heures et demie, dans le carrosse de la maison royale spécialement consacré à ce service, et appelé , pour cette raison, le carrosse de Dieu. Le prêtre administrant descendit où descendent nos rois, au pied de l'escalier principal où les voitures royales seules arrivent et s'arrêtent. Il entra précédé d'une foule de personnes, dont une partie est attachée au palais, portant toutes des flambeaux allumés, et suivi de plusieurs dames de la demeure royale, tenant en main des cierges. Un des prêtres sacristains de la chapelle du château l'accompagna, en manteau ecclésiastique , depuis le moment de son entrée au palais jusqu'à sa sortie. Après avoir traversé la galerie de Glaces, le prêtre se rendit à la chambre de la malade.

» Nous avons vu les personnes royales tenant dans leurs mains des cierges allumés, accompagner le Seigneur jusqu'au pallier du grand escalier, où se trouve l'antichambre des Hallebardiers. Prosternées à genoux, la reine Isabelle, sa mère et sa sœur, adorèrent dévotement leur Dieu, et ne se retirèrent que lorsque le prêtre fut remonté en carrosse. Six hallebardiers l'escortèrent en venant au palais et en retournant à l'église. Une foule immense étoit accourue pour assister à ce religieux spectacle , et admirer le pieux maintien et l'édifiant exemple de la famille royale. »

HESSE-ÉLECTORALE, 23 septembre. — Le gouvernement a rendu, le 18 courant , un nouveau décret concernant les *catholiques-allemands*. Les catholiques-allemands du Hanau avoient demandé que le curé de cette ville fût autorisé à officier pour leurs baptêmes, mariages et enterremens, et ceux de Marbourg avoient demandé l'autorisation de se constituer d'après le principe de la profession de foi du concile de Leipsick, et le concours des prêtres protestans aux cérémonies de leur culte.

Voici le décret : « Une secte, qui veut se constituer d'après les prin-

cipes et les réglemens du concile de Leipsick, ne peut être ni tolérée,
ni reconnue dans la Hesse-Electorale. — On ne peut accorder aux
membres d'une pareille secte le concours de curés évangéliques. On ne
peut tolérer plus long-temps les réunions particulières de cette secte, et
les membres ne pourront se livrer à leurs dévotions que dans leurs
maisons. » (*Gazette des Postes de Francfort.*)

La secte catholique allemande fait sonner bien haut, dans son
plus bruyant organe, la *Gazette de Francfort*, la joie que lui cause
l'acquisition d'un sieur Mayer, de Trachtelfingen en Souabe, dont elle
ne peut assez exalter le *caractère pieux, modeste et moral en tous points.*

Or, ledit Charles Meyer, ancien vicaire de sa commune natale, avoit
plusieurs fois encouru la suspense, et même la réclusion dans une
maison de correction ecclésiastique pour cause d'intempérance notoire
et scandaleuse, au point d'être devenu l'objet du mépris et des risées
de la jeunesse de son village. En donnant sur cet individu une notice
biographique où le scandale le dispute au ridicule, une feuille allemande félicite la communauté schismatique de la précieuse adhésion
d'un pareil néophyte, en même temps qu'elle prend en pitié sa folle
confiance dans un si misérable appui.

Une lettre de Berlin, que publient les *Débats*, contient des détails intéressans sur la situation des sectes qui agitent maintenant l'Allemagne. Tous les faits qu'elle rapporte sont déjà connus de nos lecteurs;
mais la manière dont ils sont appréciés par ce journal nous détermine
à reproduire quelques passages de cette lettre :

«Vous entendez lire et vous lisez tous les jours que de nouvelles communes se
forment de toutes parts, et que par toutes les villes où passent les réformateurs,
ils y laissent le noyau d'une congrégation de néophytes. Mais ce qu'on ne dit pas,
c'est que beaucoup de ces communes se composent d'une ou deux familles, et
qu'en plus d'un lieu la majorité des résidens a protesté contre sa prétendue conversion.

» Il ne faut pas non plus s'alarmer du bruit que font en tombant toutes ces
branches qui se détachent du vieux tronc de l'unité catholique, car beaucoup sont
des branches mortes qui n'emportent avec elles aucune sève, et qui jonchent la
terre sans reverdir ni fleurir. Les protestans qui qualifient le mouvement actuel
de l'Allemagne de seconde réformation me paroissent singulièrement rabaisser la
première. Il n'y a rien à comparer dans les deux, ni pour les hommes ni pour les
choses.

» Il est de l'intérêt des églises qui se fondent d'avoir toujours une confession
de foi aussi élastique que possible ; l'église allemande a largement usé de ce
principe, et rien n'est moins aisé que de trouver en elle un corps de doctrine palpable et saisissable. On y peut distinguer cependant deux grandes divisions sur
lesquelles les causes géographiques n'ont pas été sans influence. La scission de
Ronge avec Rome est bien plus tranchée que celle de Czerski, et cela tient principalement à la différence des populations auxquelles l'un et l'autre s'adressent.

» Il a été remarqué avec justesse que le premier, ayant son centre à Breslau, étoit

tourné vers l'Occident et la race germanique, et que le second, parti de Schnei_
demuhl, se tournoit vers l'Orient et la race slave. Or, les populations slaves, par
la nature de leur esprit, par leurs mœurs, par leurs tendances mystiques, ont été
de tout temps portées vers le catholicisme. Czerski, pour agir sur elles, s'est
éloigné le moins possible des doctrines catholiques : il a fait la part de la raison
et de la libre interprétation bien moins grande qu'elle ne l'est dans la confession
de Breslau ; il admettoit, par exemple, sept sacremens, quand Ronge et ses adhérens n'en admettoient que deux, et il donnoit à son église le nom de catholique
apostolique, quand son confrère en schisme appeloit la sienne catholique allemande.

» Ronge étoit sur un tout autre terrain. Il touchoit à la patrie de la raison pure;
il s'adressoit à des populations qui étoient en contact avec le protestantisme, et
qui avoient déjà absorbé par tous les pores l'air de la philosophie et de l'esprit
d'examen. Aussi descendoit-il rapidement la pente du rationalisme, et son catholicisme ne fut bientôt plus qu'une doctrine purement humaine. Il y eut donc
dès l'origine une lutte entre ces deux tendances, et ce fut pour essayer d'établir
une sorte d'unité dans le mouvement que fut convoquée l'assemblée à laquelle a
été donné le nom de concile de Leipsick. Le lieu seul de la réunion disoit déjà
beaucoup. Comme vous le voyez, le mouvement se germanisoit, et, pour ainsi
dire, s'occidentalisoit de plus en plus; la tendance protestante l'emportoit.

» Le conciliabule de Leipsick posa des principes fort larges; il établit des
dogmes obligatoires tout-à-fait généraux, la croyance à une Eglise chrétienne invisible, au pardon des péchés, à la vie éternelle. Les écritures étoient reconnues
pour la source la plus véridique de toute doctrine; la tradition n'étoit acceptée
que comme complément. Deux sacremens seulement étoient admis, le baptême
et l'eucharistie; les autres n'étoient regardés que comme des usages pieux, consacrés par la tradition. La communion devoit être faite sous les deux espèces,
la messe dite dans la langue nationale; le dogme de la transsubstantiation étoit
rejeté. En somme, le concile n'engendroit qu'une confession de foi négative; il
rejetoit la suprematie de Rome, l'intercession des saints, la confession auriculaire; il retranchoit presque tous les sacremens, mais il n'établissoit pas de dogmes positifs. Au lieu de dire : « Nous croyons, » il disoit : « Nous ne croyons
pas. »

» Aussi cette assemblée, qui avoit pour but d'établir l'unité dans l'œuvre des *Séparatistes*, ne fit-elle que la rendre encore plus impossible. La confession de foi
fut immédiatement l'objet de protestations multipliées, et plusieurs de ceux qui
s'étoient détachés de l'Eglise catholique rentrèrent au bercail. »

REVUE POLITIQUE.

La discorde est dans les rangs de ce parti révolutionnaire, qui, étroitement
uni pendant les quinze années de la restauration, marcha comme un seul homme,
tantôt en plein soleil de la tribune et de la presse, tantôt dans la nuit des loges
maçonniques et des conspirations militaires, au renversement de l'antique monarchie, jusqu'aux journées fameuses où le trône fut emporté dans un dernier
orage. Le lendemain de ce triomphe inespéré, les chefs de l'opposition libérale
montèrent au pouvoir; quelques-uns sont tombés, d'autres se sont élevés à leur
place : le principe n'a pas cessé de régner sous des noms propres différens et
sous des dates diverses. Avant 1830, lorsque, réduite à quelques tribuns d'un
haut talent et d'une audace intrépide, l'opposition libérale sembloit ne s'opiniâ-

trer au combat que pour l'honneur de ses principes, il y avoit dans cette lutte désespérée contre une dynastie puissante, une sorte de grandeur, celle au moins du désintéressement, car ni Foy ni Manuel, dans leurs fougueux assauts à la tribune, ne songeoient certes pas à conquérir misérablement un portefeuille. Aujourd'hui, l'on ne remarque pas assez combien cette opposition, si glorifiée au temps de ses défaites, a dû s'amoindrir par sa propre victoire. Nous ne voulons pas dire seulement que ses chefs d'aujourd'hui n'ont pas, à beaucoup près, la taille des chefs qui les ont précédés. C'est dans sa nature même que l'opposition libérale a subi l'affaissement moral, qui en fait à peine actuellement une ombre d'elle-même. Elle a beau se draper encore et se grandir sur ses trophées d'une autre époque, quand elle en est réduite, comme nous le voyons depuis quinze ans, à se laisser conduire tour à tour par les hommes qui gouvernent aujourd'hui, et par ceux qui demain saisiront le pouvoir à leur place, il est manifeste aux yeux de tous qu'il n'y a plus de vie dans son sein. L'énergie de la foi qu'elle avoit dans ses fausses doctrines a fait place à l'animosité de quelques ambitions rivales : ce n'est plus la terrible cause de la révolution qui la passionne ; les idées, c'est-à-dire tout ce qu'il y a de grand, même dans un parti qui se trompe, ne viennent qu'en seconde ligne, et à l'appui des intérêts personnels : elle n'est plus excitée que par une convoitise étroite et basse du pouvoir.

Les symptômes de cette triste décadence se révèlent plus clairement encore dans les divisions qui viennent d'éclater entre les fractions dont se compose l'opposition de gauche. Dans ce conflit entre M. Garnier-Pagès et M. Ledru-Rollin, entre le *National* et la *Réforme*, entre tous les organes de la gauche, depuis son centre jusqu'à ses limites extrêmes, quels principes, quelles doctrines sont en lutte? Certainement ni les hommes, ni les journaux que nous venons de citer n'entendent de la même manière ni ne poursuivent avec la même rigueur le développement et l'application des idées révolutionnaires. Mais est-ce bien sur ces nuances qui les distinguent encore, que roule le débat? Nullement. Il n'est question que de savoir si l'on se donnera la main pour renverser le ministère. La chute de M. Guizot et l'élévation de M. Thiers, c'est-là la grande, c'est-là l'unique affaire qui met actuellement en branle tous les rangs de la gauche. Mais de savoir si M. Thiers réglera sa politique sur d'autres principes, portera d'autres idées que M. Guizot dans la conduite des affaires ; mais de savoir si l'honneur de la France sera mieux gardé, sa prospérité matérielle plus favorisée, ses relations commerciales plus étendues, ses libertés plus largement comprises, ses besoins religieux plus amplement satisfaits, oh! vraiment l'opposition de gauche ne s'en occupe guère. Bien qu'elle eût quelques raisons d'y réfléchir, bien que le passé de M. Thiers président du conseil soit de nature à éveiller quelques craintes sur la marche de son ministère futur, l'opposition ne s'en met pas en peine ; qu'importe aux hommes de la gauche que l'homme du 1er mars ne promette à nos oreilles que l'air joué depuis cinq ans par M. Guizot? L'essentiel, encore une fois, c'est de hisser M. Thiers au pouvoir : il seroit trop ingrat si une fois redevenu ministre il ne tendoit pas un bout de portefeuille aux généreux amis qui lui auront fait la courte échelle. Les boucs trop crédules et les renards perfides n'ont existé que dans la fable.

Si ces misérables débats n'avoient d'autre effet que de mettre à nu le fond de

certaines consciences qui ont fait sonner bien haut leur patriotisme et leur désintéressement, nous pourrions nous féliciter des enseignemens qui en ressortent,
sans trop nous affliger du scandale qui les accompagne. Mais nos institutions sont
peut-être menacées d'en recevoir le fâcheux contre-coup. Lorsqu'on suit de près
la polémique des feuilles libérales, et même lorsqu'on se rappelle la plupart des
discussions parlementaires, on est tenté de se demander si le gouvernement représentatif, dans l'esprit de ses prôneurs les plus ardens, a un autre but que de
mettre en jeu les passions egoïstes, si la machine constitutionnelle n'est pas
lement entre leurs mains une machine à ministres. Resteroit alors à savoir si la
France consentiroit long-temps à laisser exploiter de la sorte sa fortune et la place
élevée qu'elle occupe en Europe. Nous croyons, quant à nous, que la nation la
plus grande et la p us fière de l'univers, malgré de trop longues humiliations, ne
descendra jamais jusqu'au niveau de ces peuples dégradés qui, assurés de ne
porter qu'un bât, marchent avec une indifférence stupide sous le commandement
du premier soldat ou du dernier rhéteur que la fortune ou l'audace leur donnent
pour maître. Nous le croyons fermement sur la foi de quatorze siècles de gloire,
et nous espérons en ses destinées providentielles.

Les journaux de Madrid annoncent que M. Thiers va partir pour l'Angleterre.
C'est le premier voyage du personnage qui ne pourra avoir *pour but* de visiter
les champs de bataille de l'empire.

Le métier d'historien fait ici défaut à l'homme d'intrigue; aussi dit-on que
M. Thiers a été à Madrid pour nouer le mariage du duc de Montpensier avec la
sœur d'Isabelle, et qu'il va en Angleterre pour obtenir le consentement du ministère anglais à ce mariage.

Nous voilà bien loin de l'histoire de l'empire. Napoléon se passoit très-bien de
la permission des Anglais pour ses affaires de famille.   (*Gazette de France.*)

Depuis quelques jours la circulaire suivante a été répandue à Zurich et sans
doute aussi dans d'autres parties de la Confédération :

« Zurich, le 18 septembre.

» Depuis que le gouvernement et le grand-conseil du canton de Berne ont manifesté leur résolution de résister à une attaque révolutionnaire contre la Suisse,
le danger d'une guerre civile a disparu pour le moment ; mais si l'on veut recon-
quérir la base d'une paix confessionnelle durable et assurer un développement
paisible des rapports fédéraux, il faut que les hommes qui ont à cœur ces deux
intérêts profitent de cet intervalle pour s'entendre sur les moyens d'arriver à ce
double but. Vous savez que ces jours derniers une réunion de catholiques a eu
lieu à Zug, sous la présidence de M. le landammann Baumgartner, de Saint-Gall.
Nous ne savons pas encore ce qu'elle a décidé, mais nous espérons le savoir bientôt. Cette circonstance exige que les protestans qui désirent aussi la paix religieuse et le développement paisible des rapports fédéraux, se réunissent de leur
côté pour délibérer sur ce qu'il convient de faire. C'est pourquoi nous les invitons
instamment à se rendre à Zurich pour s'entendre confidentiellement. Nous avons
fixé à cet effet le jeudi 25 septembre, à neuf heures du matin, dans la salle des
Charpentiers. Nous espérons pouvoir rendre compte à l'assemblée des délibérations des catholiques de Zug, et nous aurons l'honneur de soumettre des résolutions à l'assemblée. Nous aimons à croire que vous prendrez en considération la

situation toujours alarmante du pays, et que vous vous rendrez à notre invitation pour seconder nos efforts qui sont devenus plus nécessaires que jamais.

» Nous avons l'honneur, etc.
» *Signé* H. MOUSSON, Dr BLUNTSCHLI. »

Le conseil municipal de Leipsick vient d'envoyer au prince Jean une adresse
dans laquelle il blâme énergiquement l'attentat du 12 août, et exprime l'espoir
que S. A. R. n'attribuera pas le crime de quelques mécontens à la population
... et fidèle de Leipsick.

Voici la réponse du prince.

« L'adresse du conseil municipal de Leipsick que m'a remise le bourguemestre
docteur Gros, et les sentimens qui y sont exprimés m'ont fait le plus grand plaisir. J'ai toujours compté sur l'attachement des bons et loyaux habitans de Leipsick pour la famille royale, et suis bien éloigné de vouloir attribuer à toute une
population l'attentat d'une foule égarée.

» Je consacrerai à l'avenir avec fidélité et fermeté tous mes efforts au bien de
la patrie.

» Dresde, 12 septembre 1845. Signé JEAN, duc de Saxe. »
(*Gazette Universelle Allemande.*)

Les correspondances de Montevideo qui nous arrivent par la voie anglaise, nous
apprennent, il est vrai, que les plénipotentiaires français et anglais ont présenté
à Rosas l'ultimatum suivant : 1° Retirer ses troupes du territoire de la république
orientale; 2° Retirer son escadre du port de Montevideo; 3° Aussitôt que cela
aura été fait, les plénipotentiaires feront déposer les armes aux résidens Français, Anglais et autres, qui ont pris part à la lutte.

Mais Rosas, habitué sans doute à la complaisance dont les gouvernemens français et anglais ont fait preuve à son égard, et persuadé que la protection qu'ils
semblent accorder à leurs nationaux n'est pas bien sincère, ne se montre nullement disposé à accepter cet ultimatum. Peut-être tout cela n'est-il encore qu'une
de ces scènes de comédie diplomatique auxquelles nous sommes habitués depuis
nombre d'années.

Nos nationaux ! Après l'abandon dans lequel on les a laissés, il paroîtroit vraiment étrange que l'on s'occupât d'eux sincèrement. Sans parler des intérêts commerciaux de nos concitoyens qu'on a laissé périr lâchement, que l'on considère
un peu tant de sang précieux répandu à flots et toutes ces victimes qui se
voyoient sacrifiées en étendant inutilement des mains suppliantes vers la France !

En effet, il résulte d'un état publié récemment que, sur le nombre total de
Français qui ont pris les armes pour la défense de Montevideo, du 2 juin 1843
au 2 juin 1845, on compte 155 tués et morts de leurs blessures.

Le nombre total des blessés a été de 441. 642 malades français avoient été
reçus à l'hôpital, 72 étoient morts. Il reste dans l'hôpital 21 blessés et 34 malades.

Par lettre particulière du Port-au-Prince du 25 août, nous apprenons, dit le
Courrier du Havre, qu'il y a de l'agitation dans le sud d'Haïti. Le président a
donné au général Acaau le commandement de l'arrondissement de l'Anse-à-
Veaux. Sa présence dans cet endroit a engagé les habitans de Torbeck et de la
plaine des Cayes à pétitionner auprès du président, afin qu'il fût nommé chef du
département du sud.

Le président, loin d'acquiescer à leur demande, a rappelé Acaau au Cap. Cedernier hésitoit à se rendre aux ordres du gouverneur. Pendant ce temps, les habitans des montagnes ont pris les armes, et ils demandent Acaau en remplacement du général Frimont.

Le général Jeannot qui commande à Jérémie a marché contre les rebelles, et les a mis en déroute après quelques exterminations.

Il n'y a aucune nouvelle des Cayes, où l'on craint aussi un soulèvement.

NOUVELLES ET FAITS DIVERS

INTÉRIEUR.

PARIS, 29 septembre. — On dit que, lundi 6 octobre, le roi passera une grande revue, si le temps le permet, dans les cours des Tuileries et du Louvre, sur le Carrousel et les quais. Le défilé aura lieu au pied de la statue équestre de M. le duc d'Orléans.

— On annonce le retour de M. le maréchal Soult à Paris pour le 21 octobre. M. Guizot quittera, de son côté, sa propriété de Beau-Séjour, près Paris, à la fin de la semaine prochaine.

— M. le ministre du commerce vient, par une circulaire à laquelle sont annexés des modèles d'états statistiques, d'inviter les prud'hommes à procéder aux inspections des ateliers prescrites par les lois de leur institution, et à consigner, d'après les cadres qu'il leur envoie, le résultat de leur enquête.

— Le journal ministériel de Rodez annonce qu'une pétition se signe à Espalion contre l'élection de M. Delzers, par ce motif que ce scrutin auroit été fermé avant trois heures du soir, contrairement aux prescriptions de l'article 50 de la loi du 19 avril 1831.

— Par une ordonnance royale, en date du 20 septembre, M. le vice-amiral de Moges a été nommé préfet du 1er arrondissement maritime, en remplacement de M. le contre-amiral de Hell.

— Par la même ordonnance, M. le contre-amiral Dupetit-Thouars a été nommé préfet du 3e arrondissement maritime, en remplacement de M. le contre-amiral Menouvrier-Dufresne.

— Par décision royale du 20 septembre, M. le contre-amiral Deloffre a été nommé major-général de la marine à Toulon, en remplacement de M. le contre-amiral Cosmao-Dumanoir.

— Une ordonnance royale du 9 de ce mois déclare le collège communal de Périgueux, collège royal de troisième classe.

— M. le ministre de l'intérieur vient d'adresser une circulaire à tous les préfets, dans laquelle il leur recommande d'inviter les administrations municipales à prendre des mesures pour que les logeurs, aubergistes et hôteliers soient tenus d'avoir dans leurs établissemens des lits à une seule place, de manière que les soldats en voyage puissent, à l'avenir, coucher isolément.

— Nous apprenons de l'exil que toute la famille royale se trouve réunie depuis le milieu de ce mois au château de Frohdorff, où MADAME, duchesse de Berri, est arrivée, accompagnée de Mme la princesse de Lucinge. Mme la comtesse de Marnes, MADEMOISELLE et M. le comte de Chambord passent en famille la fin de septembre, ensuite Mme la duchesse de Berri ira pour quelques semaines à sa résidence de Brunsée, avant de retourner à Venise.

— M. le ministre de l'intérieur est parti hier dimanche pour sa propriété de Mirambeau. M. Duchâtel doit être absent quinze jours.

— M. de Rambuteau est parti pour Londres, afin de visiter les marchés publics de cette capitale.

— M. J. Crétineau-Joly est arrivé hier à Paris, venant de Rome. Des lettres de Naples où l'historien de la *Compagnie de Jésus* a séjourné pendant quelque temps, annoncent que M. Crétineau-Joly s'occupe d'un grand travail qui ne tardera pas à paroître

— On nous assure, dit le *Messager*, que M. le duc d'Aumale a chargé un architecte et plusieurs artistes d'aller visiter son magnifique château d'Ecouen, le seul grand château de la renaissance qui soit resté intégralement debout dans les environs de Paris. Ces artistes lui présenteront un devis de tous les travaux d'art qu'il y auroit à faire pour rendre tout son éclat à ce bel édifice, construit au XVIᵉ siècle, par Ducerceau, pour le célèbre connétable Anne de Montmorency.

Tous les travaux que l'on pourra faire à Ecouen ne vaudront jamais la destination que le malheureux prince de Condé avoit donnée à Ecouen pour recevoir et instruire les orphelins que nos discordes civiles ont faits.

— Le semestre des arrérages de la rente 5 p. 100 sur l'Etat est échu, et se paie depuis le 22 septembre. Un journal signale l'empressement des rentiers à se faire payer et ajoute :

« Ce n'est pas, bien entendu, la banqueroute ou la suspension de paiement que les rentiers redoutent ; mais ils ont hâte de toucher leurs semestres pour s'engager dans les compagnies de chemins de fer. »

— On restaure en ce moment le palais de l'Elysée-Bourbon, que la loi de 1831 a affecté au douaire de la reine Marie-Amélie.

— Plus de huit cents typographes, maîtres et ouvriers, se sont réunis hier dans un banquet pour célébrer le deuxième anniversaire de la mise à exécution du tarif des prix de main-d'œuvre. Plusieurs toasts et divers morceaux de chant ont été vivement applaudis. Un chant de M. Auguste Bouchet, musique de M. Ed. Bonnet, a été chanté avec goût par M. Allien, jeune compositeur d'imprimerie. Tout s'est passé avec un ordre parfait.

— La grande cour de Louis XIV, à l'Hôtel-de-Ville, est en ce moment pleine de décombres. En faisant des démolitions, les ouvriers ont découvert deux inscriptions sur un marbre noir, dont voici le texte :

« 1660. Entrevue de Louis XIV, roi de France et de Philippe d'Espagne, dans l'île des Faisans, où la paix fut jurée entre les deux rois. — Mariage du roi avec Marie-Thérèse d'Autriche, infante d'Espagne. — Entrée solennelle de Leurs Majestés dans la ville de Paris, au milieu des acclamations du peuple.

» 1684. Le roi accorde la paix aux Algériens, punit les Génois, force ses ennemis d'accepter une trève de vingt ans, et remet à la prière des Espagnols 5,500,000 livres de contributions. »

— Samedi des ouvriers étoient occupés à démolir les deux vilaines échoppes qui se trouvoient adossées à la façade de l'église Saint-Leu, de chaque côté du portail ; et, pour nous servir d'une expression de Victor Hugo, s'étoient attachées là comme des verrues qui nuisoient au caractère architectural du monument, et le déshonoroient. Ces échoppes, qui empiétoient encore sur la largeur déjà assez restreinte de la rue Saint-Denis, et gênoient la circulation, étoient venues s'implanter là assez arbitrairement lors de la fermeture des églises pendant la révolution de 89, et, finissant par acquérir, à la longue, le titre de propriété, elles étoient louées assez cher à des marchands bimbelotiers.

— M. Lasseré, préposé au magasinage du papier timbré à l'administration du timbre, a été arrêté jeudi comme prévenu d'avoir détourné des objets confiés à sa garde. Une instruction judiciaire est commencée par suite de cette affaire qui se présente sous un caractère assez grave. On dit qu'un imprimeur, chef d'une maison importante de Paris, compromis dans cette affaire, a pris la fuite.

— M. A. Roland et ses élèves, les 40 montagnards français, sont prochainement attendus à Marseille, d'où ils s'embarqueront pour la Terre-Sainte. Plusieurs ec-clésiastiques doivent, dit-on, les y accompagner.

— La statue de M. de Martignac a été inaugurée à Miramont (Lot-et-Garonne), le 18 septembre. Toutes les autorités de la commune et de l'arrondissement assis-toient à cette solennité, dont l'épisode le plus intéressant a été une improvisation du poète Jasmin.

Nous ferons assurément plaisir à nos lecteurs en leur communiquant la traduc-tion suivante, tout-à-fait littérale, de cette nouvelle inspiration du poète agenais :

« Les marteaux retentissent, le marbre resplendit, et le ciseau célèbre les plus grands hommes aussi bien que la plume et la palette. Aussi, partout maintenant, sur les places, dans les rues, la France élève des statues; et partout ses enfans rassemblés autour d'un piédestal admirent l'homme qui aima la gloire, dédaignant la fortune, prince des autels, ou roi de la tribune, lion de la guerre, ou agneau de la paix.

» Sur ce beau morceau de bronze qui lui manquoit, quel bonheur pour nous de pouvoir aujourd'hui saluer dans sa ville, fière de lui, le ministre populaire qui auroit sauvé son roi! Il vouloit, lui, la France forte, heureuse et bénie; son amour étoit pour le roi et le peuple, sa haine pour personne; il ne vouloit qu'un drapeau pour la France, s'efforçant de concilier tous les partis. Quel labeur! quel miracle! Et il l'auroit accompli sans doute, si les embûches ne s'étoient dressées sur sa route. Il paroit si bien ses discours d'esprit et de bon sens, que sa parole ensorceloit. Musique, fleurs et miel, tomboient de ses lèvres. Et ... et le trône resta sourd quand sa voix retentissoit... Mais silence devant une fosse!

» Ne parlons que de lui, car il est ressuscité. Le voilà devant vous. On diroit qu'il revient pour nous consoler. Il étoit si miséricordieux que jamais il ne fit que le bien. Grand par l'esprit, il fut plus grand encore par le cœur. Aussi son ame brûlante le consuma de bonne heure. A belle vie, belle mort. Le pays l'a bien pleuré, et quand il y pense, il le pleure encore.

» L'homme qui lui prit son fameux siège d'or tomba bientôt au bruit de la Mar-seillaise. On l'assit sur le banc du crime, car le sang bouilloit dans la veine natio-nale, et cette colère nous eût menés trop loin peut-être. Le grand homme, ma-lade, entend un appel; il y vole, achetant cher à la science quelques momens de santé. Il redevient le grand avocat, sauve la vie à son rival; mais il donne au ciel la sienne, sachant bien que c'étoit pour paiement.

» Oh! des fleurs! des palmes comme s'il en pleuvoit! Dans ce jour, plus que jamais, pour lui le pays flamboie; et si l'homme de bien, l'avocat de la paix, ne peut mêler ensemble tous les drapeaux à la chambre, devant son piédestal ils sont du moins tous confondus! »

— La doyenne des bouquinistes de Paris, la veuve J..., dont les poudreux éta-lages garnissent depuis près de soixante ans une notable partie des parapets du pont Saint-Michel, vit venir vers elle samedi dernier un homme d'un âge avancé, mais dont la misère et les chagrins sembloient avoir bien plus que les années creusé le visage et courbé la taille. Cet homme tira de dessous la vieille houpe-lande en lambeaux qui recouvroit le reste de ses vêtemens plus misérables en-core un gros volume en mauvais état, usé, maculé, mais sur la tranche duquel reluisoient encore quelques parcelles de dorure. « Matériellement parlant, dit-il à la marchande, cela ne vaut pas grand'chose; j'y tenois cependant, mais je ne me sens pas le courage de me laisser mourir de faim; donnez-moi ce que vous voudrez. »

La bonne femme examine le volume; c'étoit l'*Histoire de l'Astronomie de tous les peuples*, par Bailly. Cet ouvrage, dans l'état de délabrement où il se trouvoit, ne valoit pas 50 centimes ; mais la vieille marchande eut pitié du dénuement de ce pauvre homme, et elle lui en donna 1 fr. Ce dernier, le marché consommé, se rendit chez un boulanger de la rue de la Vieille-Bouclerie ; il en ressortit bientôt tenant un morceau de pain qu'il alla dévorer sur le bord de la rivière, afin d'échapper aux regards dont il craignoit d'être l'objet.

Cependant, M. G..., chanoine de Notre-Dame, qui, selon son habitude, bouquinoit dans ces parages, avoit été témoin de toute cette scène. Il prit dans la boîte, où l'avoit placé la bouquiniste, le volume acheté par elle à ce malheureux, et sa surprise fut grande en lisant sur le verso du titre ces lignes, tracées d'une main assurée, mais dont l'encre étoit devenue couleur de rouille.

« Mon jeune ami, mon arrêt de mort vient d'être prononcé ; demain, à pareille heure, j'aurai cessé de vivre. Je vous laisse sans appui dans le monde, au milieu de la plus horrible tourmente : c'est-là un de mes chagrins les plus vifs. J'avois promis de vous servir de père ; Dieu ne permet pas que ma promesse s'accomplisse ! Recevez ce volume comme un témoignage de ma vive amitié, et gardez-le en mémoire de moi. BAILLY. »

Vivement ému à la lecture de ces quelques phrases, le chanoine jeta 2 francs à la marchande, et, le volume à la main, il courut au vieillard, qu'il n'avoit pas perdu de vue, et qui, assis sur la dernière marche de l'escalier qui conduit du quai à la grève, achevoit de dévorer son morceau de pain. Il l'interrogea, et apprit de ce malheureux que, fils naturel d'un personnage important, il avoit été, après la mort de son père, l'élève et en quelque sorte l'enfant adoptif de Bailly, qui, la veille de sa mort, lui avoit fait parvenir cet exemplaire de l'ouvrage qui, en 1784, lui avoit ouvert les portes de l'Académie.

Le chanoine apprit en outre qu'après avoir été pendant longues années dans l'instruction publique, ce pupille de l'infortuné Bailly, atteint d'une maladie périodique des plus graves, avoit été obligé de résigner ses fonctions, d'où résultoit la misère affreuse dans laquelle il se trouvoit. Touché de compassion, le bienfaisant chanoine emmena chez lui le pauvre vieillard, qui, grâce à d'actives démarches, va être admis à l'hospice de Larochefoucauld, où désormais la misère ne sauroit l'atteindre.

EXTÉRIEUR.

ESPAGNE. — Madrid, 22 septembre. — Hier la reine a tenu sur les fonts baptismaux la fille du comte Bresson, ambassadeur de France. Une semblable cérémonie n'avoit pas été vue depuis long-temps au palais. Elle a eu lieu avec une grande solennité.

La liste des membres du conseil royal sera publiée demain par la *Gazette*. Elle renfermera trente nominations. Le cabinet est toujours très-uni ; personne, en ce moment, ne songe sérieusement à une modification de ministère.

D'après la nouvelle division de la capitale, chacun des deux quartiers du nord et du midi comprend cinq districts. Le quartier du nord compte 89,870 ames ; le quartier du midi, 98,357 ames ; total, 188,227 ames.

ANGLETERRE. — Les steamers francais, le *Caïman* et le *Pluton*, s'étant rendus mardi dernier du Tréport à Sheerness pour y prendre un chargement de houille, le *Morning-Chronicle* s'est attaché à faire ressortir, avec sa malveillance ordinaire pour la France, ce fait que l'amiral anglais stationné dans ce port n'auroit pas rendu le salut à nos bâtimens. Le *Standard* lui répond que, si l'on n'a pas rendu le salut, c'est tout simplement parce que les moyens matériels manquoient. Le *Trafalgar*, de 120, est, dit-il, parti avec l'escadre d'évolution : le vaisseau garde-côte, l'*Océan*, est dans le dock et se trouve désarmé de ses canons; enfin le *June* et le *Snake* n'ont pas de poudre à bord.

— Les chefs torys et orangistes se sont réunis en comité secret à Belfast afin de se concerter pour la défense des intérêts protestans qu'ils trouvent compromis par le système politique de sir Robert Peel. A ce meeting figuroient en première ligne le comte de Roden, le comte d'Enniskillen, le vicomte O'Neil, le marquis de Downshire, le comte de Mount-Cashel, le colonel Verner, en un mot la plupart des grands propriétaires protestans de l'Irlande.

HOLLANDE. — Des désordres ont éclaté dans plusieurs villes de Hollande, et notamment à la Haye, à Delf et à Harlem, à l'occasion du renchérissement des subsistances. Ces désordres ont été promptement réprimés, et sans qu'aucun malheur soit à déplorer.

ETATS-UNIS. — Les dernières nouvelles reçues des Etats-Unis sont tout-à-fait contradictoires : d'après les unes, le général Taylor, commandant le corps américain d'occupation du Texas, seroit tranquille dans sa position de *Corpus-Christi*, et n'auroit encore vu paroître le moindre soldat mexicain. Selon les autres, les forces mexicaines seroient arrivées sur le Rio-Grande, et si elles passent le fleuve, un engagement devient imminent. Une lettre de Baltimore, en date du 1er septembre, va plus loin et annonce qu'une bataille auroit eu lieu, que les troupes américaines auroient été mises en déroute, que le général Taylor auroit été tué dans l'action, et que les Mexicains auroient fait 500 prisonniers.

Il est inutile d'ajouter que ce bruit, si peu d'accord avec toutes les prévisions, avec toutes les probabilités, a besoin de confirmation.

CHINE. — Les nouvelles de Chine vont jusqu'au 12 juin. Elles ont quelque importance sous le rapport commercial. L'importation des cotonnades est toujours considérable et paroît augmenter. Le gouverneur de Hong-Kong est vivement attaqué par les journaux de la colonie pour une ordonnance qui établit une taxe sur les maisons et les terres au profit de la police coloniale. Les résidens anglais veulent maintenir la maxime capitale de la constitution britannique, qui veut que personne ne soit obligé au paiement d'une taxe que lorsqu'il y a consenti par lui-même ou par son représentant légal. Les colons contestent donc au gouverneur sir J. Davis, le droit d'établir aucune imposition, et demandent un conseil électif. On finira probablement par céder à leur demande.

CHILI. — Le président du Chili a ouvert le congrès le 1er juin dernier. Il est dit que le traité de commerce conclu avec le gouvernement anglais n'avoit pas encore été ratifié par ce dernier, à cause de quelques objections qui ont été soulevées. Quant aux négociations avec la France, elles ont été suspendues; mais le président s'occupoit activement de négocier un traité avec la Belgique.

Le Gérant, Adrien Le Clere.

BOURSE DE PARIS DU 29 SEPTEMBRE 1845.

CINQ p. 0/0. 117 fr. 75 c.	Quatre canaux 0/00 fr. 00 c.
TROIS p. 0/0. 83 fr. 40 c.	Caisse hypothécaire. 620 fr. 00 c.
QUATRE p. 0/0. 108 fr. 50 c.	Emprunt belge. 5 p. 0/0. 0/00 fr. 0/0.
Quatre 1/2 p. 0/0. 600 fr. 00 c.	Emprunt romain. 103 fr. 4/8.
Emprunt 1841. 00 fr. 00 c.	Rentes de Naples. 050 fr. 00 c.
Oblig. de la Ville de Paris. 1400 fr. 00 c.	Emprunt d'Haïti. 000 fr. 00 c.
Act. de la Banque. 3334 fr. 00 c.	Rente d'Espagne. 5 p. 0/0. 00 fr. 0/0.

PARIS. — IMPRIMERIE D'ADRIEN LE CLERE ET C°, rue Cassette, 29

Lightning Source UK Ltd.
Milton Keynes UK
UKHW011006021118
331648UK00007B/265/P